HSK 5급

고수들의 합격전략

4주 단기완성

합격 노하우의 노른자를 한 권에 담다

수많은 수험생들과 학습 현장에서 함께한 지도 어느덧 14년이 되었다. 그간 그들이 무엇을 어려워하는지 또 어떤 문제점을 가지고 있는지를 끊임없이 함께 고민하고 함께 해결해 왔다. 늘 시간에 쫓기는 바쁜 세대이기에 모든 것을 다 알려주기 보다는 문제를 보는 눈, HSK형 문제 풀이 사고력을 키우는 데 주력하였다. 저자는 이러한 합격 노하우를 거르고 걸러 학습자에게 최적화된 종합서를 집필하게 되었다.

HSK는 끊임없이 진화하는 시험이다

신HSK는 정식 시행 이후 한 차례 개정을 거치면서 지금까지 꾸준히 난이도를 조율해 왔다. 2010년의 시험과 현재 시험의 난이도는 그야말로 천지 차이다. 따라서 본서는 최근 2~3년간의 기출 문제를 과학적으로 분석하여 출제 비중이 가장 높은 핵심 합격전략을 제시하였고, 이에 학습자들이 문제 유형을 파악한 뒤 바로 해결할 수 있는 능력을 길러 단시간에 효과적으로 실전에 적응하고 대비할 수 있도록 하였다. 또한 합격공략을 토대로 고난도 문제에 대한 해법을 함께 제시함으로써 고득점을 위한 전략도 세울 수 있도록 하였다. 체계적으로 본서를 따라 학습한다면 HSK 5급을 수월하게 취득할 수 있으리라 확신한다.

다 잘될 거예요. 우리 팀!!!

강의를 하면서 가장 행복하고 감사했던 순간은 늘 우리 학생들이 합격 소식을 전해왔을 때이다. 그들이 매번 힘들고 포기하고 싶다고 말할 때마다 용기와 격려, 그리고 할 수 있다는 자신감을 듬뿍 불어넣어 주는 것 역시 나의 역할이라고 생각했다. 모쪼록 본서를 통해 수많은 수험생이 긍정적인 마인드와 자신감을 장착하고 합격의 주인공이 되길 바라며, 본서가 그들의 HSK 인생 교재가 되기를 바란다. 끝으로 집필 과정 내내 짜증 제조기 같았던 나에게 늘 아낌없는 응원과 변함없는 격려를 해준 나의 사랑하는 가족과 동료 선생님들께 감사의 마음을 전한다.

저자 정소연, 김보름, 김은정, 이선민

❶ HSK란?

HSK(汉语水平考试 Hànyǔ Shuǐpíng Kǎoshì)는 제1언어가 중국어가 아닌 사람의 중국어 능력을 평가하기 위해 만들어진 중국 정부 유일의 국제 중국어 능력 표준화 고시로 생활·학습·업무 등 실생활에서의 중국어 운용 능력을 중점적으로 평가하며 현재 세계 112개 국가, 860개 지역에서 시행되고 있습니다.

❷ 시험 진행 방식

지필 시험(Paper-Based Test)	기존 방식의 시험지와 OMR답안지로 진행하는 시험
IBT 시험(Computer-Based Test)	컴퓨터로 진행하는 시험

❸ HSK의 용도 및 등급별 수준

HSK는 국내외 대학(원) 및 특목고 입학·졸업 시 평가 기준, 중국 정부 장학생 선발 시 평가 기준, 각급 업체 및 기관의 채용·승진 시 평가 기준이 되는 시험입니다. HSK는 1급~6급으로 구성된 시험이며, 등급별 수준은 하단의 표와 같습니다.

급수	어휘량	수준
HSK 6급	5,000 단어	중국어 정보를 듣거나 읽는데 있어 쉽게 이해할 수 있고, 중국어로 구두상이나 서면상으로 자신의 견해를 유창하고 적절하게 전달 가능
HSK 5급	2,500 단어	중국어 신문과 잡지를 읽을 수 있고 중국어 영화나 TV프로그램을 감상할 수 있으며, 중국어로 비교적 완전한 연설 가능
HSK 4급	1,200 단어	여러 분야의 화제에 대해 중국어로 토론을 할 수 있으며, 비교적 유창하게 중국인과 대화 및 교류가 가능
HSK 3급	600 단어	중국어로 일상생활, 학습, 업무 등 각 분야의 상황에서 기본적인 회화가 가능하고, 중국여행 시 대부분의 상황에서 중국어로 대응 가능
HSK 2급	300 단어	중국어로 간단하게 일상생활에서 일어나는 화제에 대해 이야기를 하는 것이 가능
HSK 1급	150 단어	간단한 중국어 단어와 문장을 이해하고 사용할 수 있으며, 기초적인 일상 회화를 구사하는 것이 가능

❹ 시험 접수 방법 & 준비물

인터넷 접수	HSK한국사무국 홈페이지(http://www.hsk.or.kr)를 통해 접수
우편 접수	구비 서류를 준비하여 HSK한국사무국에 등기우편으로 발송 • 구비 서류 : 응시원서(홈페이지 다운로드), 사진 2장(1장은 응시원서에 부착), 응시비입금영수증
방문 접수	서울공자아카데미에 방문하여 접수 • 구비 서류 : 응시원서(홈페이지 다운로드), 사진 3장, 응시료

▶ 시험 당일 준비물

• 수험표 : 인터넷/우편접수 시 홈페이지에서 출력, 방문 접수 시 접수처에서 배부

• 유효신분증 & 필기구 : '주민등록증, 운전면허증, 기간 만료 전의 여권, 주민등록증발급신청확인서, 청소년증, 청소년증발급신청확인서' 등의 신분증 & '2B연필 및 지우개' 등의 필기구

❺ HSK 5급 시험의 구성

시험 내용		문항수		시험 시간	점수
듣기	제1부분	20	45문항	약 30분	100점
	제2부분	25			
듣기 영역에 대한 답안 작성시간				5분	
독해	제1부분	15	45문항	45분	100점
	제2부분	10			
	제3부분	20			
쓰기	제1부분	8	10문항	40분	100점
	제2부분	2			
합계		100문항		약 120분	300점

❻ 합격 점수 및 성적 조회

• 각 영역별 만점은 100점으로 총점 180점 이상이면 합격

• 성적 조회는 시험일로부터 1개월 후, 중국고시센터 홈페이지(http://www.chinesetest.cn)에서 조회 가능 [수험표 상의 수험번호(准考证号) 총 18자리, 성명(수험표와 동일한 영문 또는 한자 성명), 홈페이지 상의 인증번호(验证号)를 입력하면 조회 가능]

• 성적표는 시험일로부터 45일 후 접수 시 선택한 방법(우편 또는 방문)으로 수령

• HSK 성적은 시험일로부터 2년간 유효

〈5급 성적표 예시〉

HSK 5급은 '듣기, 독해, 쓰기'의 세 가지 영역으로 구성되어 있으며, 각 영역은 '듣기 : 제1부분, 제2부분 / 독해 : 제1부분, 제2부분, 제3부분 / 쓰기 : 제1부분, 제2부분'으로 세분화되어 있습니다. 지금부터는 각 영역별 문제 수, 문제 유형 및 출제 내용 등을 구체적으로 살펴보도록 합시다.

듣기

듣기 제1부분 : 대화를 듣고 질문에 답하기 (총 20문항 / 1번~20번)

남녀의 짧은 대화를 듣고 마지막에 제시되는 질문에 알맞은 정답을 보기에서 고르는 형식으로 제1부분에서는 남녀가 한 번씩 주고받는 대화문으로 출제됩니다.

듣기 제1부분 문제 예시

[문제]

1. A 女的不舒服
   B 男的是医生
   C 小郭推荐了药
   D 要的效果不好

[녹음 지문 & 질문]

女：小郭，你眼睛好点儿了吗？

男：好多了，多亏了你推荐的药，真没想到效果会这么好。

问：根据对话，可以知道什么？

듣기 제2부분 : 대화 및 단문을 듣고 질문에 답하기 (총 25문항 / 21번~45번)

듣기 제2부분 21번~30번까지는 남녀의 짧은 대화를 듣고 마지막에 제시되는 질문에 알맞은 정답을 보기에서 고르는 형식으로 남녀가 두 번 이상 주고 받는 대화문으로 출제됩니다. 31번~45번까지는 짧은 단문을 듣고 마지막에 제시되는 질문에 알맞은 정답을 고르는 문제입니다.

듣기 제2부분 문제 예시

[문제]

31. A 皮肤严重瘙痒
    B 引起过敏
    C 听力减弱
    D 有触电般的疼痛

32. A 没有果实
    B 可以制药
    C 会放电
    D 能吸声

[녹음 지문 & 질문]

第31到32题是根据下面一段对话：

世界之大，有些事情我们闻所未闻、见也未见。印度有一种非常奇特的树。如果人们不小心碰到它，会立刻感到和触电一样的疼痛。通过研究发现，这种树有发电、蓄电和放电的本领。这种树的电流强弱和时间有密切关系。中午电流较强；半夜电流很弱。植物学家推测，这种树的电能是由太阳的热能或光能转化而来的。然而，它是如何转化的以及放电现象对它的生长有何作用等问题，目前仍是一个未解之谜。

31. 人如果碰到了这种树，会怎么样？
32. 关于这种树，可以知道什么？

독해

독해 제1부분 : 빈칸 채우기 (총 15문항 / 46번~60번))

독해 제1부분은 지문의 빈칸에 적합한 어휘 또는 문장을 고르는 문제로 어휘를 채우는 문제가 12문항, 문장을 채우는 문제가 3문항 출제됩니다.

독해 제1부분 문제 예시

57-60

　　古往今来，人们把做生意的人叫做"商人"；___57___上用来交换的物品叫做"商品"；做生意的行业叫做"商业"。___58___，都要冠以"商"字。原来，这与中国的商朝有关。

　　早在4000年前，黄河流域居住着一个古老的部落——商部落，他们的首领叫契。契的六世孙王亥发明了牛车，开始服牛驯马，促使农牧业迅速发展，因此使商部落的生产力显著提高，剩余物品也___59___增加起来了。于是王亥经常率领部落成员与其他部落进行物物交易。久而久之，人们便把这些从事交易的商部落人___60___为"商人"，把用于交换的物品叫做"商品"，把商人从事的职业叫做"商业"。

57. A 市场　　　B 单位　　　C 家庭　　　D 媒体

58. A 哪怕是不会做生意的农民
　　 B 即使商人的社会地位非常低
　　 C 虽然商业交易发展速度很快
　　 D 无论是什么只要与生意有关

59. A 迟早　　　B 至今　　　C 逐渐　　　D 随时

60. A 夸　　　　B 称　　　　C 瞧　　　　D 叫

독해 제2부분 : 일치하는 내용 고르기 (총 10문항 / 61번~70번)

독해 제2부분은 100~150자 내외의 짧은 지문을 읽고 지문의 내용과 일치하는 보기를 고르는 문제이며 질문은 따로 제시되지 않습니다.

> **독해 제2부분 문제 예시**
>
> 61. 孩子在经历挫折之后最希望从父母那里得到的并不是安慰，更不是责备，而是父母的鼓励与信任。就算孩子在竞争中失败了也无关紧要，只要父母能对他们挑战的过程给予肯定和赞赏，他们就会更有信心并愿意接受新的挑战，争取下一次的胜利。
>
>   A 父母的教育比学校的教育更有效
>   B 父母的鼓励能让孩子变得自信
>   C 孩子在失败时需要父母的安慰
>   D 应该让孩子多经历挫折

독해 제3부분 : 지문을 읽고 알맞은 정답 고르기 (총 20문항 / 71번~90번)

독해 제3부분은 긴 지문을 읽고 주어진 문제에 알맞은 정답을 고르는 문제로 한 지문에 4개의 문제가 출제됩니다.

> **독해 제3부분 문제 예시**
>
> 71-74
>   考古研究表明，早在人类还没有文字的时候，送花的习俗已经诞生了。为什么从古至今，人们都喜欢以花示好呢？
>   根据社会学家和人类学家的分析，由于难以长期保存，鲜花具有了类似奢侈品的属性。只有在物质资料相对有保障的情况下，花才能作为一个独立的事物被应用于人类的

生活中，并作为提供精神愉悦的角色而得到大家喜爱。因为这样，在人类文明发展初期，鲜花只在少数贵族和统治阶级之间流行，并没有走进一般人的视线，被大众接受。另外，在植物栽培史上，鲜花的栽培要比农作物晚。这说明，人只有填饱了肚子才有心情考虑必需品以外的东西，比如装饰品及奢侈品等等。因此，鲜花就成为了一种具有双重属性的产品。第一，它源于大自然，有"自然属性"；第二，它又可作为礼物送人，具有"社会属性"。

在人类文明早期，赠送鲜花的意义十分单一，只是单纯地表达赠予人想把珍贵和美好送给你的心意，然而时代发展至今，它的艺术分类更加细化，也有了一些不成文的小规则——装饰小花束，传递感情的花语等。

虽然花店里的鲜花好像都只是为了满足人们的视觉消费而已，但花儿给人类带来的欢喜是确实存在的。比如，在同等环境下，鲜花可以帮助男性获得女性的好感，从而提高约会的成功率；而在室内放置鲜花，对人体精神状态带来显著可见的正面影响；而收到鲜花这一行为也会充分激发人们内心的愉悦和幸福感。

71. 鲜花具有社会属性，是因为它：

　　A 可以作为礼品　　　　　　　　B 是常见的植物

　　C 难以长期保存　　　　　　　　D 通常表达特殊的意义

72. 第2段主要谈什么？

　　A 鲜花畅销的原因　　　　　　　B 鲜花有双重属性

　　C 鲜花的栽培方法　　　　　　　D 鲜花的各种用途

73. 最后一段主要想告诉我们：

　　A 鲜花供不应求　　　　　　　　B 鲜花有害于身体

　　C 鲜花令人愉快　　　　　　　　D 鲜花不能表达心意

74. 根据这篇文章，下列哪项正确？

　　A 鲜花不易保存　　　　　　　　B 男性对鲜花更感兴趣

　　C 鲜花是近现代才出现的　　　　D 鲜花的栽培曾一度被禁止

쓰기

쓰기 제1부분 : 어순 배열하기 (총 8문항 / 91번~98번)

제시된 4~6개의 어휘를 중국어의 어순에 맞게 배열하여 하나의 완벽한 문장을 완성하는 문제입니다.

> **쓰기 제1부분 문제 예시**
>
> 91. 意见　　都　　大家　　自己的　　提出了

쓰기 제2부분 : 80자 내외의 짧은 글짓기 (총 8문항 / 91번~98번)

쓰기 제2부분은 총 2문항으로 5개의 제시어를 모두 사용하여 한 편의 글을 엮는 99번과 주어진 사진을 보고 한 편의 글을 짓는 100번으로 구성되어 있습니다. 99번과 100번 모두 80자 내외의 분량의 글을 완성합니다.

> **쓰기 제2부분 문제 예시**
>
> 99. 手术、　恢复、　按照、　否则、　营养
>
> 100.
>
>

HSK 시험을 처음으로 혼자서 준비하는 분들 중에는 전체 문법을 다루는 두꺼운 문법책을 고르거나 예전에 수업하면서 배웠던 필기가 빼곡한 회화책을 공부하려는 분들이 계십니다. 여기서 주의할 점은 **"HSK 학습과 문법 학습과 회화 학습은 각각 그 목적과 학습 방법이 다르다"**라는 것입니다. HSK 시험 내용에 문법과 회화가 모두 포함되긴 하지만, 그렇다고 해서 이 모든 것을 통달해야 볼 수 있는 시험은 아닙니다.

우선, 처음부터 모든 것을 다 알아야 한다는 부담을 내려놓고, HSK 시험이 어떤 형식으로 출제되는지 파악하도록 합니다. 각 부분마다 평가하는 언어 능력(듣기, 독해, 쓰기)이 다른데 문제 유형에 익숙해질수록 스스로 문제를 푸는 방식을 터득할 수 있고 시간을 단축할 수 있습니다. 지피지기면 백전백승이다! 문제를 알아야 풀지요.^^

그 다음, 이제 중국어 문법의 핵심(강조!)인 문장성분을 파악하여, 기본 문장의 어순에 대한 감각을 기릅니다. 이 말은 복잡한 문법 지식을 다 갖추라는 말이 아니라, '주어+술어+목적어'를 판단하는 능력을 갖추라는 뜻입니다. 이 기본 뼈대를 세우면 조금씩 근육과 살(보어, 부사어, 관형어 등등)을 붙여 나갈 수 있습니다. 뼈대 없이 근육과 살을 먼저 붙이는 것은 있을 수 없는 일이죠!!

그리고 나서, 전문가의 가이드를 적극 활용합니다. 산 정상에 오르는 데에도 등산로가 있듯이 급수를 취득하는 데에도 가이드가 필요합니다. HSK 전문강사의 강의 노하우가 담긴 출제 빈도가 높은 문제 유형과 꼭 알아야 하는 핵심 이론을 집중적으로 공략합니다. HSK는 다루는 주제와 어법 범위가 넓고 또 제한된 시간 안에 풀어야 하기 때문에 전략적인 접근과 훈련이 없으면 시작부터 쉽게 지치게 됩니다.

마지막으로, HSK 5급은 중급에서 고급으로 난이도가 상승하는 급수이기 때문에 2,500개의 국가한반에서 제공한 5급 필수어휘를 반드시 숙지해야 하고 또한 문장 구조에 대한 이해가 필요합니다.

HSK 5급은 중국어의 기본 문장 구조를 충실히 학습하되 고급 어휘까지 학습해야 합격과 고득점이란 두 마리 토끼를 잡을 수 있습니다. 또한 장기간 준비하기보다는 전략적으로 단기간 집중해서 준비하는 것이 급수 취득에 더 유리합니다. 학습자 여러분의 친절한 학습 가이드가 되어 줄 본 교재의 합격 공략법 103개를 공략1부터 차근차근 꾸준히 학습해 봅시다. 학습 플랜을 따라 학습하다 보면 4주 후에는 시험에 대한 자신감과 실력이 모두 향상된 자신을 발견하게 될 것입니다.

여러분 모두의 합격을 기원합니다.

「HSK 5급 고수들의 합격전략」은 HSK 전문 강사들이 다년간에 걸쳐 축적한 HSK 5급 합격 공략법 103개를 단기간에 효과적으로 학습할 수 있도록 구성한 교재입니다. 또한 합격 공략법을 '영역별 유형 분석 및 풀이 전략 파악 → 유형별 기본기 다지기 → 유형별 합격 공략 비법을 익히며 실전 문제 풀어보기 → 유형별 실전 테스트 풀기 → 영역별 미니모의고사 풀기 → 실전모의고사로 마무리'의 효과적인 흐름을 따라가며 마스터할 수 있도록 했습니다. 따라서 합격에 필요한 기본기를 다지는 것부터 시작해 실전 모의고사까지 풀어볼 수 있어 교재 한 권만으로도 '기본 개념 탑재 + 실전 대비'가 가능합니다. 아래의 도표를 보면 각 영역별 합격 공략 비법을 한눈에 파악할 수 있습니다.

듣기
합격 공략 **24개**

제1부분
합격 공략 15개
제2부분
합격 공략 9개

독해
합격 공략 **30개**

제1부분
합격 공략 12개
제2부분
합격 공략 9개
제3부분
합격 공략 9개

고득점 고수들의
5급 합격 공략
103개
마스터

쓰기
합격 공략 **49개**

제1부분
합격 공략 41개
제2부분
합격 공략 8개

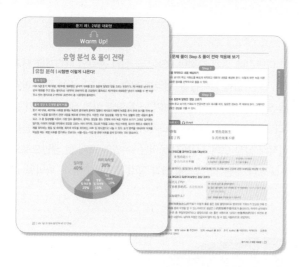

1 영역별 유형 분석 & 풀이 전략 파악

듣기·독해·쓰기 영역별 세부 출제 유형 및 각 유형별 출제 확률을 분석한 후, HSK 전문 강사의 노하우가 담겨 있는 '문제 접근법+정답률을 높이는 방법'을 학습한 다음, 체계적인 풀이 STEP을 따른 '문제 풀이 전략'까지 학습하도록 구성하여 문제 풀이 시간을 단축하고 정답을 정확히 고를 수 있도록 하였습니다.

2 HSK 5급 합격 공략법 103개 마스터

듣기·독해·쓰기 전 영역에서 가장 많이 출제되는 문제를 103개로 분류한 뒤 이에 맞는 합격 공략법 103개를 '① 공략법 및 주요 문법·어휘 학습 → ② 공략법에 따라 실전문제 직접 풀어보기'의 체계적 흐름에 따라 마스터할 수 있도록 하였으며, 이와 함께 220점 이상의 고득점까지 얻을 수 있는 고득점 공략도 수록하였습니다.

3 유형별 실전테스트 & 영역별 미니모의고사

각 문제 유형별 합격 공략 비법을 학습한 후엔 실제 문제 형식을 그대로 옮겨 놓은 '실전테스트'를 풀어 봄으로써 배운 내용을 점검할 수 있도록 하였습니다. 또한 각 영역을 학습한 뒤에 '영역별 미니모의고사'를 풀어보며 전체적인 실전 감각까지 기를 수 있도록 하였습니다.

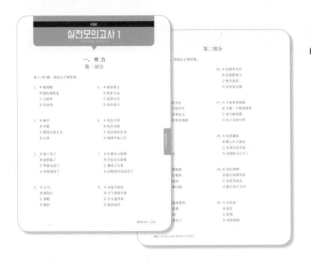

4 최종 실전모의고사 2회분 수록

교재의 내용을 모두 학습하고 나서 실제 시험과 동일한 방식의 '실전모의고사'를 풀어봄으로써 자신의 실력을 스스로 테스트하고 실전 감각까지 키울 수 있도록 하였습니다. 또한 시험용 OMR 답안지를 수록하여 직접 정답을 기재하며 문제를 풀어보아 시간을 조절하며 실전에 대비할 수 있도록 하였습니다.

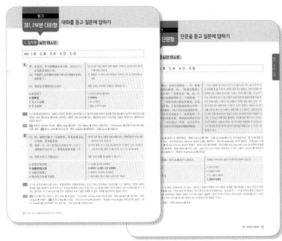

5 분권으로 쉽게 보는 해설편 제공

교재의 실전문제 및 미니모의고사, 실전모의고사 2회분의 해설·해석·어휘를 수록한 해설편을 학습자들의 편의를 위해 분권으로 분리하여 제공하며, 옆에서 직접 강의하는 듯한 저자의 상세한 해설 및 본 교재에 다 담지 못한 시험 대비 주요 팁 등을 수록해 학습자들의 궁금증을 말끔히 해소할 수 있도록 하였습니다.

6 어휘력 향상을 위한 5급 단어장 제공

HSK 4급의 필수 어휘는 1200개이지만 5급 필수어휘는 2,500개로 어휘량이 2배 이상 증가합니다. 따라서 5급을 준비하면서는 문장 구조에 대한 이해력을 높이고 고급 어휘를 학습해야 합니다. 이에 국가한반에서 지정한 5급 필수 어휘 2,500개를 언제 어디서나 들고 다니며 암기할 수 있도록 휴대용 5급 단어장을 제공합니다.

목차

CONTENTS

쓰기

■ 쓰기 제1부분

■ 쓰기 제2부분

실전모의고사

4주 완성 학습 플랜

▶ 학습 플랜 활용법

1) 하단의 학습 플랜은 5급 합격 공략법 103개를 4주에 걸쳐 학습하도록 설계된 것입니다.

2) 학습 플래너에서 각 날짜별로 배정된 학습 내용을 그날그날 학습하도록 합니다.

3) 학습을 완료하면 '학습 완료'에 체크(V) 표시를 합니다.

4) 본 학습 플래너는 자신의 학습 속도 및 학습 분량에 맞게 조절해서 사용 가능합니다.

  (ex) 이틀치를 하루에 학습할 경우 '2주 완성 학습 플랜'으로 활용 가능

5) 실전모의고사를 풀 때는 OMR 카드에 답안을 기입하며 실전처럼 풀도록 합니다

• 학습 시작 날짜: _____월 _____일		• 학습 종료 날짜: _____월 _____일	
• 하루 평균 학습 시간: _____시간		• 시험 예정일: _____월 _____일	

	DAY 01 _____월 _____일	DAY 02 _____월 _____일	DAY 03 _____월 _____일
1 주차	[듣기 제1, 2부분 대화형] 합격 공략 01~03 + 실전테스트	[듣기 제1, 2부분 대화형] 합격 공략 04~06 + 실전테스트	[듣기 제1, 2부분 대화형] 합격 공략 07~12 + 실전테스트
	학습 완료 ( )	학습 완료 ( )	학습 완료 ( )

DAY 04 _____월 _____일	DAY 05 _____월 _____일	DAY 06 _____월 _____일	DAY 07 _____월 _____일
[듣기 제1, 2부분 대화형] 합격 공략 13~15 + 실전테스트 + 미니모의고사	[듣기 제2부분 단문형] 합격 공략 16~18 + 실전테스트	[듣기 제2부분 단문형] 합격 공략 19~21 + 실전테스트	[듣기 제2부분 단문형] 합격 공략 22~24 + 실전테스트 + 미니모의고사
학습 완료 ( )	학습 완료 ( )	학습 완료 ( )	학습 완료 ( )

	DAY 08 _____월 _____일	DAY 09 _____월 _____일	DAY 10 _____월 _____일
2 주차	[독해 제1부분] 합격 공략 25~27 + 실전테스트	[독해 제1부분] 합격 공략 28~30 + 실전테스트	[독해 제1부분] 합격 공략 31~36 + 실전테스트 + 미니모의고사
	학습 완료 ( )	학습 완료 ( )	학습 완료 ( )

DAY 11	DAY 12	DAY 13	DAY 14
_____월 _____일	_____월 _____일	_____월 _____일	_____월 _____일
[독해 제2부분] 합격 공략 37~39 + 실전테스트	[독해 제2부분] 합격 공략 40~42 + 실전테스트	[독해 제2부분] 합격 공략 43~45 + 실전테스트 + 미니모의고사	[독해 제3부분] 합격 공략 46~48 + 실전테스트
학습 완료 ( )	학습 완료 ( )	학습 완료 ( )	학습 완료 ( )

3 주차	DAY 15	DAY 16	DAY 17
	_____월 _____일	_____월 _____일	_____월 _____일
	[독해 제3부분] 합격 공략 49~51 + 실전테스트	[독해 제3부분] 합격 공략 52~54 + 실전테스트 + 미니모의고사	[쓰기 제1부분] 기초어법 합격 공략 55~58 + 실전테스트
	학습 완료 ( )	학습 완료 ( )	학습 완료 ( )

DAY 18	DAY 19	DAY 20	DAY 21
_____월 _____일	_____월 _____일	_____월 _____일	_____월 _____일
[쓰기 제1부분] 합격 공략 59~66 + 실전테스트	[쓰기 제1부분] 합격 공략 67~76 + 실전테스트	[쓰기 제1부분] 합격 공략 77~82 + 실전테스트	[쓰기 제1부분] 합격 공략 83~88 + 실전테스트
학습 완료 ( )	학습 완료 ( )	학습 완료 ( )	학습 완료 ( )

4 주차	DAY 22	DAY 23	DAY 24
	_____월 _____일	_____월 _____일	_____월 _____일
	[쓰기 제1부분] 합격 공략 89~95 + 실전테스트 + 미니모의고사	[쓰기 제2부분] 합격 공략 96~97 + 실전테스트	[쓰기 제2부분] 합격 공략 98~99 + 실전테스트
	학습 완료 ( )	학습 완료 ( )	학습 완료 ( )

DAY 25	DAY 26	DAY 27	DAY 28
_____월 _____일	_____월 _____일	_____월 _____일	_____월 _____일
[쓰기 제2부분] 합격 공략 100~101 + 실전테스트	[쓰기 제2부분] 합격 공략 102~103 + 실전테스트 + 미니모의고사	실전모의고사 1	실전모의고사 2
학습 완료 ( )	학습 완료 ( )	학습 완료 ( )	학습 완료 ( )

듣기
제1, 2부분
대화형

대화를 듣고 질문에 답하기

听力

Warm Up!
유형 분석 & 풀이 전략

1. 일치형
   녹음과 그대로 일치하는 어휘 고르기

2. 의미 파악형
   같은 의미를 나타내는 표현 고르기

3. 핵심 어휘형
   장소, 직업/신분에 관한 정보 파악하기

4. 행동 및 화제형
   무엇을 하는지 무엇에 대해 말하는지 파악하기

5. 어투 및 태도형
   화자의 태도와 감정 파악하기

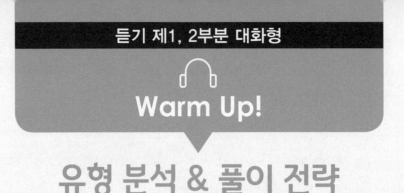

듣기 제1, 2부분 대화형

Warm Up!

유형 분석 & 풀이 전략

유형 분석 | 시험엔 이렇게 나온다!

출제 방식

HSK 5급 듣기 제1부분, 제2부분 대화형은 남녀의 대화를 듣고 질문에 알맞은 답을 고르는 유형이다. 제1부분은 남녀가 한 번씩 대화를 주고받는 형식으로 1번부터 20번까지 총 20문항이 출제되고 제2부분의 대화문은 남녀가 대화를 두 번 이상 주고받는 형식으로 21번부터 30번까지 총 10문항이 출제된다.

출제 경향 & 유형별 출제 비율

듣기 제1부분, 제2부분 대화형 문제는 녹음의 끝부분에 문제의 질문이 제시되기 때문에 녹음을 듣기 전에 보기를 먼저 분석한 뒤 녹음을 들으면서 관련 내용을 메모해 두어야 한다. 지문은 주로 일상생활, 직장 및 학교 생활에 관한 내용이 출제되고, 그 중 일상생활 지문이 가장 많이 출제된다. 문제는 정답을 찾는 유형에 따라 녹음 지문과 보기가 그대로 일치하는 일치형, 어휘의 의미를 파악해서 정답을 고르는 의미 파악형, 장소와 직업을 고르는 핵심 어휘형, 화자의 행동과 대화의 주제를 파악하는 행동 및 화제형, 화자의 태도를 파악하는 어투 및 태도형으로 나눌 수 있다. 듣기 영역을 대비하여 어휘를 학습할 때는 개별 어휘를 암기하는 것보다는 사물–장소–직업 등 관련 어휘를 함께 암기하는 것이 중요하다.

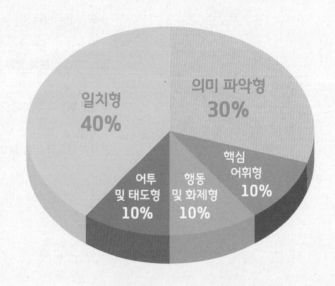

풀이 전략 | 문제 풀이 Step & 풀이 전략 적용해 보기

Step 1

보기의 핵심 키워드를 파악하고 내용 예상하기

녹음을 듣기 전에 미리 보기의 핵심 키워드를 빠르게 파악하고 대화의 내용을 예상해 둔다. 이렇게 하면 녹음 지문의 이해도를 높여 필요한 정보를 선택적으로 들을 수 있다.

Step 2

들은 내용을 메모하고 질문에 알맞은 정답 고르기

남녀의 정보를 구분하여 듣고 보기의 키워드가 언급되면 O/X 표시를 하고, 필요한 정보는 꼭 메모해 둔다. 그래야만 질문을 듣고 나서 알맞은 정답을 고를 수 있다.

풀이 전략 · 적용해 보기 🎧 01.mp3

1. A 女的不舒服　　　　　　　　B 男的是医生
   C 小郭推荐了药　　　　　　　D 药的效果不错

STEP 1　보기의 핵심 키워드를 파악하고 내용 예상하기

1. A 女的不舒服　　　B 男的是医生
   C 小郭推荐了药　　D 药的效果不错

A 여자는 몸이 안 좋다	B 남자는 의사이다
C 샤오궈가 약을 추천했다	D 약효가 좋다

보기의 어휘 不舒服(몸이 불편하다), 医生(의사), 药(약), 药的效果(약의 효과)를 보아 건강에 관한 대화임을 예상할 수 있다.

STEP 2　들은 내용을 메모하고 질문에 알맞은 정답 고르기

女: 小郭, 你眼睛好点儿了吗?
男: 好多了, 多亏了你推荐的药, 真没想到效果会这么好。
问: 根据对话, 可以知道什么?

여: 샤오궈, 눈은 좀 괜찮아졌어?
남: 많이 좋아졌어. 네가 추천해 준 약 덕분이야. 약효가 이렇게 좋을 줄은 정말 몰랐어.

질문: 대화를 통해 무엇을 알 수 있는가?

녹음에서 남자가 真没想到效果会这么好(약효가 이렇게 좋을 줄은 정말 몰랐어)라고 했으므로 키워드가 언급된 D에 O 표시를 한다. 질문이 대화를 통해 무엇을 알 수 있는가이므로 정답은 D 药的效果不错(약효가 좋다)이다. 여자가 남자에게 你眼睛好点儿了吗? (눈은 좀 괜찮아졌어?)라고 물었으므로 A는 틀린 내용이며, 남자가 你推荐的药(네가 추천해 준 약)라고 했으므로 C도 틀린 내용이다. 남자의 직업은 언급되지 않아 B는 알 수 없는 내용이므로 오답이다.

정답　D 药的效果不错

어휘　郭 Guō 명 성(姓) 씨　推荐 tuījiàn 동 추천하다　效果 xiàoguǒ 명 효과　多亏 duōkuī 동 덕분이다, 덕택이다　没想到 méixiǎngdào 생각지도 못하다

01 일치형

녹음과 그대로 일치하는 어휘 고르기

기본기 다지기 기본 개념 잡기 & 공략 미리보기

듣기 제1부분, 제2부분 대화형에서는 녹음과 보기의 어휘가 그대로 일치하는 내용이 정답인 문제가 상당수 출제된다. 이러한 일치형 문제는 대부분 상태 또는 상황을 묻는 질문이며 보기는 주로 문장형으로 제시된다.

| 기본 개념 잡기 1 | 주요 질문 유형

상태나 상황을 묻는 질문은 关于……，可以知道什么？(~에 관해 무엇을 알 수 있는가?) 등의 형식으로 제시된다.

- 关于男的，可以知道什么？ 남자에 관해 무엇을 알 수 있는가?
- 关于这首歌，下列哪项正确？ 이 노래에 관해 다음 중 옳은 것은?

| 기본 개념 잡기 2 | 일치형 문제

1. 100% 일치형

1) 지문과 보기가 그대로 일치하는 경우 ★★★

(녹음) 我最近胃不舒服，所以不能吃辣的。 요즘 속이 불편해서 매운 걸 못 먹어.

(보기) 胃不舒服 속이 불편하다

녹음의 胃不舒服(속이 불편하다)가 보기에 동일하게 제시되었다.

2) 어휘 배열만 다른 경우 ★

(녹음) 我的驾照拿到了，我再也不用挤地铁了！ 운전 면허가 나와서 더 이상 지하철에 끼어 타지 않아도 돼!

(보기) 拿到了驾照 운전 면허를 취득했다

녹음의 驾照拿到了(운전 면허를 취득하다)가 보기에서는 배열 순서만 바뀌어 拿到了驾照로 제시되었다.

2. 80% 일치형

1) 일부 어휘를 추가하거나 삭제한 경우 ★★★

(녹음) 我觉得还行，但还要征求一下大家的意见，听听其他人的意见。

내 생각엔 그런대로 괜찮은데 아무래도 모두의 의견을 좀 구해서 다른 사람의 의견을 들어 봐야 할 거 같아.

(보기) 还要征求意见 의견을 더 구해야 한다

녹음의 还要征求一下大家的意见(모두의 의견을 더 구해야 한다)이 보기에 还要征求意见(의견을 더 구해야 한다)으로 일부 어휘가 삭제된 형식으로 제시되었다.

2) 일부 어휘를 비슷한 표현으로 바꾼 경우 ★

(녹음) 的确有点儿辣，你吃这个菜，这个比较清淡。 확실히 좀 맵네. 너 이거 먹어. 이게 그나마 싱거워.

(보기) 吃 清淡些 的 菜 약간 싱거운 음식을 먹어라

녹음의 比较清淡(좀 싱겁다)이 보기에 清淡些(약간 싱겁다)로 제시되었다.

| 공략 미리보기 |

합격 공략 01   들리는 것을 정답으로 고르라!

합격 공략 02   남녀 대화의 키워드를 종합하라!

합격 공략 03   [220점 이상 고득점] 함정 보기에 주의하라!

합격 공략 (01) 들리는 것을 정답으로 고르라!

보기의 내용을 그대로 들려주는 경우 ★★
보기에 있는 어휘나 표현이 녹음에 그대로 들리면 그것이 정답일 확률이 높다. 따라서 보기의 키워드를 파악한 뒤 녹음을 들으면서 그대로 언급되는지 주의해서 듣고, 녹음에 언급된 표현에는 O표시를 해 둔다. 그리고 마지막에 제시되는 질문을 듣고 정답 여부를 판단하도록 한다.

실전문제 🎧 02.mp3

A 商家送货慢
B 快递有破损
C 已经申请退货了
D 包裹被雨淋湿了

STEP 1   보기의 핵심 키워드를 파악하고 내용 예상하기

A 商家送货慢
B 快递有破损
C 已经申请退货了
D 包裹被雨淋湿了

A 판매자의 상품 배송이 느리다
B 택배가 파손되었다
C 이미 반품 신청을 했다
D 소포가 비에 젖었다

보기의 어휘 送货慢(발송이 늦다), 破损(파손되다), 退货(반품하다), 包裹(소포) 등을 보고 택배에 어떤 문제가 생겼는지 겨냥하여 녹음을 듣는다.

STEP 2   들은 내용을 메모하고 질문에 알맞은 정답 고르기

男：喂，您好，您的快递到了。

女：不好意思，我已经申请退货了，请您拿回去吧。

问：女的为什么不签收快递？

남: 여보세요. 안녕하세요. 택배가 도착했는데요.

여: 죄송하지만 제가 반품 신청을 했거든요. 다시 가져가 주세요.

질문: 여자는 왜 택배 수령 사인을 하지 않았는가?

녹음에서 여자가 已经申请退货了(이미 반품 신청을 했다)라고 했으므로 그대로 일치하는 보기 C에 O표시를 한다. 질문에서 여자가 택배 수령 사인을 하지 않은 이유를 물었으므로 정답은 C 已经申请退货了(이미 반품 신청을 했다)이다.

정답 C 已经申请退货了

어휘 申请 shēnqǐng 동 신청하다   退货 tuìhuò 동 반품하다   快递 kuàidì 명 택배   破损 pòsǔn 명 파손   商家 shāngjiā 명 업체
送货 sònghuò 동 상품을 보내다   包裹 bāoguǒ 명 소포   淋湿 línshī 동 비에 흠뻑 젖다   签收 qiānshōu 동 수령 사인을 하다

합격 공략 02 남녀 대화의 키워드를 종합하라!

남녀의 대화 속 키워드를 합치면 정답이 되는 경우

보기의 키워드가 녹음에 100% 일치하거나 어순만 바꾸어 제시되는 정답도 있지만 남녀의 대화를 종합하여 파악해야 하는 경우도 있다. 녹음에 언급되는 보기의 키워드를 정확히 듣고 메모해 두면 어렵지 않게 정답을 고를 수 있다.

실전문제 🎧 03.mp3

A 初次参加新闻发布会
B 是一名记者
C 工作经验不够丰富
D 第一次担任主持人

STEP 1   보기의 핵심 키워드를 파악하고 내용 예상하기

A 初次参加新闻发布会

B 是一名记者

C 工作经验不够丰富

D 第一次担任主持人

A 처음 언론발표회에 참석한다

B 기자이다

C 업무 경험이 풍부하지 않다

D 처음으로 진행자를 맡았다

보기의 어휘 新闻发布会(언론발표회), 记者(기자), 工作经验(업무 경험), 主持人(진행자)을 통해 언론발표회의 진행에 관한 대화임을 예상할 수 있다.

들은 내용을 메모하고 질문에 알맞은 정답 고르기

男：王秘书，你以前参加过我们公司的新闻发
　　布会吗？

女：没有，这是我第一次来参加的。真没想到
　　现场居然这么火爆。

问：关于女的，可以知道什么？

남: 왕 비서, 예전에 우리 회사 언론발표회에 참석한 적 있나?

여: 아니요, 이번이 처음 참석하는 겁니다. 현장이 이렇게 열기가 뜨거
　　울 줄은 정말 몰랐습니다.

질문: 여자에 관하여 무엇을 알 수 있는가?

남자의 말에 언급된 新闻发布会(언론발표회)를 듣고 키워드가 있는 보기 A에 메모한다. 남자의 질문에 대해 여자는 第一
次来参加的(처음 참석하는 겁니다)라고 했으므로, 남녀의 대화를 종합해 보면 보기 A의 내용이 녹음과 일치하는 것을 알
수 있다. 질문이 여자에 관해 알 수 있는 것이므로 정답은 A 初次参加新闻发布会(처음 언론발표회에 참석한다)이다. 第
一次와 初次는 같은 의미이다.

정답 A 初次参加新闻发布会

어휘 新闻发布会 xīnwén fābùhuì 언론발표회　担任 dānrèn 图 맡다, 담당하다　主持人 zhǔchírén 몡 사회자, 진행자　秘书
mìshū 몡 비서　现场 xiànchǎng 몡 현장　居然 jūrán 閉 뜻밖에　火爆 huǒbào 휑 열기가 넘치다, 뜨겁다

합격 공략 03 [220점 이상 고득점] 함정 보기에 주의하라!

보기의 핵심 어휘가 녹음에 2개 이상 언급되는 경우

보기의 핵심 어휘가 녹음에 2개 이상 언급될 경우 녹음의 내용을 정확하게 파악하지 않으면 오답을 고르기 쉽다. 녹음에
등장했다고 해서 성급하게 답을 고르지 말고 대화의 내용을 꼼꼼히 들으면서 키워드가 언급된 보기에 추가 정보를 메모해
두어야 함정 보기를 피해 정확한 정답을 고를 수 있다.

실전문제 🎧 04.mp3

A 打电话咨询
B 先看看网上评价
C 在网站办会员卡
D 亲自去看酒店的环境

보기의 핵심 키워드를 파악하고 내용 예상하기

A 打电话咨询
B 先看看网上评价
C 在网站办会员卡
D 亲自去看酒店的环境

A 전화를 걸어 문의한다
B 먼저 인터넷 후기를 본다
C 웹 사이트에서 멤버십 카드를 만든다
D 직접 가서 호텔 환경을 살핀다

보기의 어휘 咨询(상담하다), 网上评价(인터넷 후기), 会员卡(멤버십 카드), 酒店的环境(호텔의 환경)을 보고 호텔 예약에 관한 대화임을 예상할 수 있다.

女：这家酒店最近在搞优惠活动，看起来价格低服务好，就定这家吧。

男：急什么！先看看酒店的具体位置、环境和网友的体验和评价，然后再决定去不去看吧。

问：男的建议女的怎么做？

여: 이 호텔이 최근에 할인 행사를 하는데 보니까 가격도 저렴하고 서비스도 좋으니 여기로 정하자.

남: 급할게 뭐 있어! 먼저 호텔의 구체적인 위치와 환경 그리고 네티즌 후기랑 평가를 보고 그리고 나서 보러 갈지 말지 정하자.

질문: 남자는 여자에게 어떻게 하자고 했나?

여자가 할인 행사를 하는 호텔로 정하자고 하자 남자는 호텔에 관한 자세한 정보로 位置(위치)과 环境(환경), 그리고 网友的评价(네티즌 후기)를 보자고 했으므로 키워드가 언급된 보기 B와 D에 O표시를 한다. 질문이 남자가 여자에게 어떻게 하자고 했는가이므로 정답은 B 先看看网上评价(먼저 인터넷 후기를 본다)이다. 녹음에서 环境이 언급되었지만 문맥상 직접 가서 본다는 게 아니라 먼저 관련 정보를 알아본 뒤 보러 갈지 결정하자고 했으므로 보기 D는 정답이 아니다.

정답 B 先看看网上评价

어휘 咨询 zīxún 통 상담하다, 자문하다   网上 wǎngshàng 온라인, 인터넷   评价 píngjià 명 통 평가(하다)   会员卡 huìyuánkǎ 멤버십 카드   亲自 qīnzì 부 친히, 직접   酒店 jiǔdiàn 명 호텔   优惠活动 yōuhuì huódòng 명 할인 이벤트   具体 jùtǐ 형 구체적이다   位置 wèizhì 명 위치   网友 wǎngyǒu 명 네티즌   体验 tǐyàn 명 통 체험(하다)

남녀의 대화를 듣고 질문에 알맞은 정답을 고르세요. 🎧 05.mp3

[제1부분]

1. A 做法错了
   B 很清淡
   C 有点儿油腻
   D 不太新鲜

2. A 系统安装失败
   B 电脑系统太旧
   C 电脑中病毒了
   D 软件是几年前下载的

3. A 男的来得太晚了
   B 比赛日期提前了
   C 女的觉得比赛很无聊
   D 下半场还没开始

[제2부분 대화형]

4. A 母校发展史
   B 自己的成功经历
   C 如何提高学习效率
   D 克服懒惰心理

5. A 工资太低
   B 人际关系复杂
   C 想跟妻子去旅游
   D 要搬到其他城市

02 의미 파악형
같은 의미를 나타내는 표현 고르기

기본기 다지기 기본 개념 잡기 & 공략 미리보기

녹음 지문의 어휘가 정답인 보기와 그대로 일치하기도 하지만, 같은 의미를 나타내는 표현으로 바꾸어 제시되기도 한다. 대표적으로 동의어와 어휘 해설 등의 방법으로 같은 의미를 나타낸다.

| 기본 개념 잡기 1 | 주요 질문 유형

의미 파악형 질문은 女的是什么意思? (여자는 어떤 의미인가?) 등의 형식으로 제시된다. 주요 질문 유형은 아래와 같다.

- 根据对话，可以知道什么? 대화에 근거하여 무엇을 알 수 있는가?
- 男的是什么意思? 남자는 어떤 의미인가?

| 기본 개념 잡기 2 | 의미 파악형 문제

1. 반대말을 부정형으로 제시하는 경우 ★★

한 어휘의 반대말에 부정부사(不/没)를 붙이면 본래의 어휘와 같은 뜻이 된다. 만일 보기에 부정부사가 결합된 어휘가 있으면 녹음을 듣기 전에 긍정형으로 바꾸어 생각한 뒤 녹음을 듣도록 한다.

(녹음)	很好 좋다	很多 많다	便宜 싸다	坚持 유지하다	很容易 쉽다
(보기)	= 不错	= 不少	= 不贵	= 不放弃	= 不难

2. 유사한 표현으로 제시하는 경우 ★★★

한 어휘를 유사한 의미로 나타내는 방법에는 동의어를 사용하거나 어휘의 뜻을 풀어서 설명하는 방법, 비유적인 방법 (관용어, 돌려 말하기) 등이 있다.

	(녹음)	(보기)
1) 동의어	最好 아주 좋다 迟到了 지각하다	= 最佳 아주 뛰어나다 = 来晚了 늦게 오다
2) 어휘 해설	失眠 잠을 이루지 못하다 同学 학우	= 睡不着觉 잠을 못 자다 = 在同一个学校学习 같은 학교에서 공부하다
3) 관용어	很多 많다 没问题 문제 없다	= 有的是 많이 있다 = 不成问题/不要紧 문제가 되지 않는다/괜찮다

4) 돌려 말하기   她的身材特别好 그녀의 몸매가 매우 좋다   = 羡慕她的身材 그녀의 몸매가 부럽다

| 공략 미리보기 |

합격 공략 04   '不/没+반대말'로 생각하라!

합격 공략 05   동의어와 어휘 해설로 의미를 파악하라!

합격 공략 06   [220점 이상 고득점] 관용적 표현을 암기하라!

합격 공략 **04** '不/没 + 반대말'로 생각하라!

같은 의미를 나타내는 방법 (1) – 不/没 + 반대말

같은 의미를 나타내는 방법 중 가장 자주 사용하는 것은 반대말에 부정부사 不/没(안/못)를 사용하는 것이다. 예를 들어 对(맞다)는 '没(안) + 错(틀리다)'로 표현할 수 있다. 따라서 보기에 상태나 상황을 나타내는 어휘가 있으면 '不/没 + 반대말'을 미리 연상하고 녹음을 듣도록 한다.

실전문제 🎧 06.mp3

A 待遇不理想
B 做事要认真
C 比较辛苦
D 时间灵活

STEP 1   보기의 핵심 키워드를 파악하고 내용 예상하기

A 待遇不理想
B 做事要认真
C 比较辛苦
D 时间灵活

A 대우가 이상적이지 않다
B 일을 성실하게 해야 한다
C 비교적 고생스럽다
D 시간이 탄력적이다

보기의 어휘 待遇(대우), 做事(일하다), 辛苦(고생스럽다)를 보고 회사 생활에 관한 대화임을 예상할 수 있다. 보기 어휘의 유사한 표현으로 不理想(이상적이지 않다)은 差(나쁘다)를, 认真(성실하다)은 不马虎(대충하지 않다)를, 辛苦(고생스럽다)는 不轻松(수월하지 않다)을, 灵活(탄력적이다)는 不固定(고정적이지 않다)을 연상해 두자.

男：我知道做保险销售不容易，但没想到这么
　　不容易。

女：现在做哪一行都不轻松，不过付出努力总会
　　有收获的，我敢肯定你的收入会提高很多。

问：女的是什么意思？

남: 보험 판매가 어려운 줄은 알았지만, 이렇게 어려울 줄 몰랐어요.
여: 요즘은 어떤 분야의 일을 하든 다 수월하지 않죠. 그래도 노력하면 틀림없이 얻는 것도 있을 거예요. 단언컨대 당신의 수입도 많이 오를 거예요.

질문: 여자는 어떤 의미인가?

녹음에서 남자는 没想到这么不容易(이렇게 어려울 줄은 몰랐다)라고 하여 보험 판매 일이 쉽지 않다고 했고 이에 여자는 现在做哪一行都不轻松(요즘 어떤 분야의 일을 해도 다 수월하지 않다)이라고 하며 남자의 말에 동의하고 있다. 남자의 말에 사용된 不容易(쉽지 않다)와 여자의 말에 사용된 不轻松(수월하지 않다)은 보기 C의 辛苦(고생스럽다)와 같은 뜻이므로 C에 O표시를 한다. 질문에서 여자가 한 말의 뜻을 묻고 있으므로 정답은 C 比较辛苦(좀 고생스럽다)이다.

정답　C 比较辛苦

어휘　待遇 dàiyù 몡 통 (급여·지위 등의) 대우(하다)　灵活 línghuó 혱 융통성이 있다　保险 bǎoxiǎn 몡 보험　销售 xiāoshòu 통 팔다　行 háng 몡 직업, 업무　付出 fùchū 통 지불하다, (노력을) 들이다　收获 shōuhuò 몡 통 수확(하다)

합격 공략 **05**　동의어와 어휘 해설로 의미를 파악하라!

같은 의미를 나타내는 방법 (2) – 동의어, 어휘 해설

같은 의미를 나타내는 또 다른 방법은 동의어를 활용하거나 어휘를 풀어서 설명하는 것이다. 어휘 해설은 보통 문장으로 제시되므로 의미를 빠르게 파악할 수 있어야 한다. 예를 들면 녹음의 饿了(배고프다)를 肚子里没有食物(배 안에 음식이 없다)로 보기에 제시할 수 있다. 동의어는 자주 출제되는 어휘를 암기해 두도록 한다.

실전문제　🎧 07.mp3

A 有点儿油腻
B 开个面包店吧
C 教你烤面包
D 男的做得不错

A 有点儿油腻
B 开个面包店吧
C 教你烤面包
D 男的做得不错

A 좀 느끼하다
B 빵집을 열어라
C 빵 굽는 법을 가르쳐 주겠다
D 남자가 잘 만든다

보기의 어휘 面包店(빵집), 面包(빵), 做(만들다)를 보고 빵 만드는 것과 관련된 대화임을 예상할 수 있다. 보기의 어휘와 유사한 표현으로 油腻는 不清淡(담백하지 않다)을, 做得不错는 做得很好(잘 만들다)와 手艺好(솜씨가 좋다) 등을 들 수 있다. 녹음에 이러한 표현이 나오는지 주의해서 듣는다.

STEP 2 들은 내용을 메모하고 질문에 알맞은 정답 고르기

男：这是我亲手烤的鲜奶油蛋糕，你来尝尝吧。

女：好香啊！没想到你的手艺这么好，都可以
自己开个面包店了。

问：女的是什么意思？

> 남: 이거 내가 직접 구운 생크림 케이크인데 맛 좀 봐 봐.
> 여: 정말 맛있다! 네 솜씨가 이렇게 좋은 줄 몰랐어. 빵집 열어도 되겠다.
>
> 질문: 여자는 어떤 의미인가?

녹음에서 남자가 这是我亲手烤的鲜奶油蛋糕(이거 내가 직접 구운 생크림 케이크야)라고 했으므로 남자가 직접 케이크를 만들었음을 알 수 있고, 이에 여자가 好香啊！没想到你的手艺这么好(정말 맛있다! 네 솜씨가 이렇게 좋은 줄 몰랐어)라고 했으므로 남자가 케이크를 잘 만들었음을 알 수 있다. 여자의 말에 사용된 어휘 好香(맛있다), 手艺这么好(솜씨가 이렇게 좋다)는 보기 D의 做得不错(잘 만들다)와 유사한 표현이므로 보기 D에 O표시를 한다. 질문에서 여자의 말의 뜻을 물었으므로 정답은 D 男的做得不错(남자가 잘 만들었다)이다.

정답 D 男的做得不错

어휘 油腻 yóunì 匓 기름지다　烤 kǎo 匟 불에 굽다　亲手 qīnshǒu 匎 손수, 직접　鲜奶油蛋糕 xiānnǎiyóu dàngāo 생크림 케이크
手艺 shǒuyì 匓 솜씨

합격 공략 **06** [220점 이상 고득점] 관용적 표현을 암기하라!

같은 의미를 나타내는 방법 (3) – 관용적 표현

관용어는 글자 그대로가 아닌 특수한 의미를 지닌 말이다. 때문에 따로 암기하지 않으면 의미를 파악하기가 어렵다. 시험에서는 관용어의 동의어나 뜻을 묻는 문제가 출제되기 때문에 자주 출제되는 관용어를 암기해 두도록 한다. 또한 오답을 유도하기 위해 보기에 관용어의 문자적인 의미가 제시되는 경우가 있으므로 주의해야 한다.

실전문제 🎧 08.mp3

A 曾经流行一时
B 很受欢迎
C 歌名叫《红》
D 值得一听

A 曾经流行一时
B 很受欢迎
C 歌名叫《红》
D 值得一听

A 예전에 유행한 적이 있었다
B 아주 인기가 있다
C 노래 제목이 '붉다'이다
D 한 번쯤 들을 만하다

보기의 어휘 受欢迎(인기가 있다), 歌名(노래 제목)을 보고 노래의 인기에 관한 대화임을 예상할 수 있다. 보기 B의 受欢迎(인기가 있다)과 비슷한 뜻을 가진 관용어로는 红(인기 있다), 走红(인기가 오르다) 등이 있고 有人气(인기가 있다)로도 표현할 수 있다.

男：你听过这首歌吗？现在，这首歌真的太火了，走到哪儿都能听到有人在放，她不愧是情歌天后！
女：我哪有功夫听歌啊？不过我听别人说过，这首歌最近非常红。
问：关于这首歌，可以知道什么？

남: 너 이 노래 들어봤어? 지금 이 노래 정말 인기 있거든. 어딜 가나 사람들이 틀어 놓은 걸 들을 수 있어. 그녀는 발라드의 여왕다워!
여: 내가 노래 들을 시간이 어디 있니? 하지만 다른 사람들이 요즘 굉장히 인기 있다고 하는 건 들었어.

질문: 이 노래에 관하여 무엇을 알 수 있는가?

녹음에서 남자가 여자에게 노래를 소개해 주면서 太火了(매우 인기 있다)라고 했고, 이에 여자도 이 노래에 대해 非常红(굉장히 인기 있다)이라고 했으므로 노래가 인기 있음을 알 수 있다. 火와 红은 문자 그대로 '불', '빨갛다'라는 뜻이 아니라 관용적 의미로 '인기가 있다'라는 뜻이므로 보기 B에 O표시를 한다. 질문에서 이 노래에 관해 알 수 있는 내용을 물었으므로 정답은 B 很受欢迎(아주 인기가 있다)이다.

정답 B 很受欢迎

어휘 曾经 céngjīng 閉 일찍이, 이전에   一时 yìshí 몡 한때, 한동안   受欢迎 shòu huānyíng 환영을 받다, 인기가 있다   值得 zhíde 동 ~할 만한 가치가 있다   不愧 búkuì ~답다, ~라고 할 만하다   情歌 qínggē 몡 발라드   天后 tiānhòu 몡 여왕

필수 암기! 동사 동의어

□	抱歉 bàoqiàn 미안해하다	对不起 duìbuqǐ 미안해하다
□	陈列 chénliè 진열하다, 두다, 놓다	摆放 bǎifàng 진열하다, 두다, 놓다
□	提前 tíqián 앞당기다	事先 shìxiān 사전에
□	参加 cānjiā 참가하다	出席 chūxí 출석하다
□	观察 guānchá 관찰하다	打量 dǎliang 관찰하다, 훑어보다
□	打算 dǎsuàn 계획하다	计划 jìhuà 계획하다
□	出发 chūfā 출발하다	动身 dòngshēn 출발하다
□	开始 kāishǐ 시작하다	动手 dòngshǒu 시작하다
□	发脾气 fāpíqi 화를 내다	发火 fāhuǒ 화를 내다

□ 回 huí 돌아가다	返 fǎn 돌아가다
□ 感动 gǎndòng 감동시키다, 감동하다	打动 dǎdòng 감동시키다
□ 感冒 gǎnmào 감기에 걸리다	着凉 zháoliáng 감기에 걸리다
□ 管 guǎn 맡다	负责 fùzé 책임지다
□ 失望 shīwàng 실망하다	灰心 huīxīn 낙담하다
□ 得到 dédào 획득하다, 얻다	获得 huòdé 획득하다, 얻다
□ 选 xuǎn 선택하다, 고르다	拣 jiǎn 선택하다, 고르다
□ 重视 zhòngshì 중시하다	讲究 jiǎngjiu 중시하다
□ 招待 zhāodài 대접하다	款待 kuǎndài 환대하다, 대접하다
□ 商量 shāngliang 상의하다	讨论 tǎolùn 토론하다
□ 说起 shuōqǐ 언급하다	提起 tíqǐ 언급하다
□ 合作 hézuò 협력하다	协作 xiézuò 협력하다
□ 结婚 jiéhūn 결혼하다	成家 chéngjiā 결혼하다

필수 암기! 형용사 동의어

□ 棒 bàng 훌륭하다, 좋다	精彩 jīngcǎi 훌륭하다, 좋다
□ 沉 chén 무겁다	重 zhòng 무겁다
□ 大意 dàyì 세심하지 못하다, 부주의하다	粗心 cūxīn 세심하지 못하다, 부주의하다
□ 独特 dútè 독특하다	特别 tèbié 독특하다
□ 孤独 gūdú 고독하다, 외롭다	寂寞 jìmò 고독하다, 외롭다
□ 刻苦 kèkǔ 열심이다, 애쓰다	用功 yònggōng 열심이다, 애쓰다
□ 艺术 yìshù 예술적이다	巧妙 qiǎomiào (방법이나 기술이) 교묘하다
□ 周到 zhōudào 주도면밀하다	全面 quánmiàn 주도면밀하다
□ 积极 jījí 적극적이다	主动 zhǔdòng 적극적이다, 능동적이다
□ 不对劲 búduìjìn 이상하다	不正常 búzhèngcháng 정상이 아니다
□ 出色 chūsè 우수하다	优秀 yōuxiù 우수하다
□ 个别 gèbié 극소수의	少数 shǎoshù 극소수의
□ 关键 guānjiàn 중요한	重要 zhòngyào 중요하다
□ 乐观 lèguān 낙관적이다	有希望 yǒu xīwàng 희망이 있다
□ 不好 bùhǎo 안 좋다　　差 chà 나쁘다	欠佳 qiànjiā 좋지 않다　　恶劣 èliè 열악하다

□ 榜样 bǎngyàng 모범, 본보기	模范 mófàn 모범, 본보기	
□ 长处 chángchu 장점	优点 yōudiǎn 장점	
□ 国际 guójì 국제	世界 shìjiè 세계	
□ 生意 shēngyi 장사	买卖 mǎimai 장사, 매매	
□ 岁数 suìshu 나이, 연령	年龄 niánlíng 나이, 연령	
□ 甜头 tiántou 이점, 좋은 점	好处 hǎochu 이점, 좋은 점	
□ 标志 biāozhì 상징, 표지	象征 xiàngzhēng 상징	
□ 冲突 chōngtū 모순, 충돌	矛盾 máodùn 모순, 갈등	
□ 隔壁 gébì 이웃(집)	邻居 línjū 이웃(집)	
□ 工夫 gōngfu 시간	时间 shíjiān 시간	
□ 借口 jièkǒu 구실, 핑계	理由 lǐyóu 이유, 까닭	
□ 手段 shǒuduàn 수단, 방법	方法 fāngfǎ 방법	
□ 特征 tèzhēng 특색, 특징	特点 tèdiǎn 특색, 특징	
□ 新闻 xīnwén 뉴스	消息 xiāoxi 소식	
□ 点子 diǎnzi 방법, 생각	办法 bànfǎ 방법	注意 zhǔyi 방법, 생각
□ 起初 qǐchū 처음, 최초	最初 zuìchū 처음, 최초	(一)开始 (yì)kāishǐ 처음(부터)

□ 有两下子 yǒu liǎngxiàzi 솜씨가 있다	有能力 yǒu nénglì 능력이 있다 有本事 yǒu běnshi 재능이 있다
□ 好得不能再好 hǎo de bùnéng zàihǎo 더 좋을 수 없다	最好 zuì hǎo 가장 좋다 再好不过了 zài hǎobúguò le 더없이 좋다
□ 好(不)容易 hǎo(bu)róngyi 간신히, 가까스로	很不容易 hěn bùróngyì 겨우
□ 伤脑筋 shāng nǎojīn 골머리를 앓다	感到头疼 gǎndào tóuténg 머리 아프다 让人头疼 ràng rén tóuténg 머리 아프게 하다
□ 几乎认不出来了 jīhū rènbuchūlái le 못 알아볼 뻔했다	认出来了 rènchūlái le 알아보다
□ 有的是 yǒudeshì 대단히 많다	很多 hěnduō 아주 많다

□ 不在乎 búzàihu 개의치 않다	不在意 búzàiyì 개의치 않다
	不介意 bújièyì 신경을 쓰지 않다
	无所谓 wúsuǒwèi 상관없다
□ 打交道 dǎ jiāodao 왕래(교제)하다	来往 láiwǎng 왕래하다
	接触 jiēchù 접촉하다, 교제하다
□ 算了 suàn le 됐어, 필요 없어	得了 dé le 됐다
□ 出毛病 chū máobing 고장이 나다	出故障 chū gùzhàng 고장이 나다
	坏了 huài le 망가지다
□ 倒数第一 dàoshù dìyī 꼴등	成绩不好 chéngjì bùhǎo 성적이 좋지 않다
□ 炒鱿鱼 chǎo yóuyú 해고하다, 자르다	解雇 jiěgù 해고하다
□ 不简单 bùjiǎndān 대단하다	了不起 liǎobuqǐ 대단하다
□ 出难题 chū nántí 난처하게 하다	为难 wéinán 난처하다, 난처하게 만들다
□ 家常便饭 jiāchángbiànfàn 다반사, 흔히 있는 일	常见的事 chángjiàn de shì 자주 보는 일
□ 包在我身上 bāozài wǒ shēnshang 나한테 맡겨	我来负责任 wǒ lái fù zérèn 내가 책임지다
	交给我办 jiāogěi wǒ bàn 나에게 맡기다
□ 不见得 bújiànndé 반드시 ~한 건 아니다	不一定 bùyídìng 반드시 ~한 것은 아니다
	未必 wèibì 반드시 ~한 것은 아니다
□ 吃苦 chīkǔ 고생하다	经受艰苦 jīngshòu jiānkǔ 어려움을 겪다
□ 来不及 láibují 시간 · 겨를이 없다	赶不上 gǎnbushàng 제시간에 댈 수 없다
	没时间 méi shíjiān 시간이 없다
□ 不要紧 búyàojǐn 괜찮다, 별일 아니다	没事儿 méi shìr 괜찮다
	没关系 méi guānxi 괜찮다
	没什么 méi shénme 별거 아니다
□ 太阳从西边出来了 tàiyáng cóngxībian chūlai le 해가 서쪽에서 뜨겠다, 예상 밖이다	出乎意料 chūhūyìliào 예상을 벗어나다
□ 发福了 fāfú le 몸이 좋아졌다, 살쪘다	胖了 pàng le 뚱뚱해지다
□ 有把握 yǒu bǎwò 자신(가능성)이 있다	有自信 yǒu zìxìn 자신있다
□ 帮倒忙 bāng dàománg 도우려다 오히려 방해만 된다	给人添麻烦 gěirén tiānmáfan 남에게 폐를 끼치다

남녀의 대화를 듣고 질문에 알맞은 정답을 고르세요. 🎧 09.mp3

[제1부분]

1. A 善于沟通
   B 做过经理
   C 逻辑性强
   D 极为严肃

2. A 风景优美
   B 交通快捷方便
   C 气候不好
   D 当地人热情好客

3. A 十分坦率
   B 比较积极
   C 经验丰富
   D 有些小气

[제2부분 대화형]

4. A 张经理辞职了
   B 业务部换经理了
   C 女的是副总裁
   D 张经理换部门了

5. A 不能临时取消
   B 随时都可以使用
   C 只能用两个小时
   D 要提前预订

핵심 어휘형

03

장소, 직업/신분에 관한 정보 파악하기

기본기 다지기 **기본 개념 잡기 & 공략 미리보기**

장소와 직업/신분을 묻는 문제는 보기를 보고 문제를 짐작할 수 있다. 따라서 자주 출제되는 장소와 직업/신분 어휘를 미리 학습해 놓아야 하고 특히 남녀의 정보를 구분해서 듣는 것이 중요하다.

| 기본 개념 잡기 1 | 주요 질문 유형

장소와 직업/신분을 묻는 질문은 是做什么的? (무엇을 하는 사람인가?), 在哪儿? (어디에서?) 등의 형식으로 제시된다. 주요 질문 유형은 아래와 같다.

· 男的是做什么的? 남자는 무엇을 하는 사람인가?

· 对话可能发生在哪儿? 대화는 어디에서 발생했을 가능성이 높은가?

| 기본 개념 잡기 2 | 장소와 직업/신분 문제

1. 핵심 키워드를 직접 언급하는 경우

(녹음) 他上午在图书馆学习，中午到学校食堂吃午饭，然后下午和同学一起去电影院看电影。
그는 오전에 도서관에서 공부하고 점심에는 학교 식당에서 점심을 먹는다. 그리고 오후에 친구와 함께 영화관에 가서 영화를 본다.

问：他下午可能在哪儿? 그는 오후에 어디에 있는가?

(보기) A 图书馆 도서관   B 学校食堂 학교 식당   C 电影院 영화관   D 宿舍 기숙사

보기의 어휘가 녹음에 직접 언급되었고 질문에서는 下午(오후)에 어디에 있었는지 물었으므로 알맞은 정답은 电影院(영화관)이다. 이처럼 보기의 어휘가 그대로 언급될 경우 시간, 인물 등 부가적인 정보가 함께 제시되므로 들으면서 보기에 추가 정보를 함께 메모해 두어야 한다.

2. 핵심 키워드를 간접적으로 유추해야 하는 경우

(녹음) 我们球员们的今天比赛结果不是很好。但我们已经尽了最大努力，我为我们球队感到自豪。
우리 축구 선수들의 오늘 경기 결과는 그다지 좋지 않습니다. 하지만 우리는 이미 최선을 다했기 때문에 저는 우리 팀이 자랑스럽습니다.

问：说话人的职业是什么? 말하는 사람의 직업은 무엇인가?

(보기) A 教练 코치   B 球员 축구 선수   C 播音员 아나운서   D 观众 관객

녹음에 球员(축구 선수)가 언급되었지만, 말하는 사람이 선수들에게 격려의 말을 하고 있으므로 말하는 사람의 직업으로 알맞은 것은 教练(코치)이다.

합격 공략 07	장소 관련 어휘로 장소를 유추하라!
합격 공략 08	직업/신분 관련 어휘로 직업/신분을 유추하라!
합격 공략 09	[220점 이상 고득점] 관계를 알 수 있는 호칭을 잘 들으라!

합격 공략 **07** 장소 관련 어휘로 장소를 유추하라!

각 장소와 관련된 어휘

장소 문제는 녹음에 정답이 그대로 제시되는 경우도 있지만 대부분 관련 어휘를 통해 유추해야 하는 경우가 많다. 예를 들면 정답이 银行(은행)인 문제에서 녹음에 存钱(저금하다), 汇款(송금하다) 등을 제시하고 장소를 유추하도록 한다.

실전문제 🎧 10.mp3

A 银行   B 商场
C 电梯里   D 机场

STEP 1 보기의 핵심 키워드를 파악하고 내용 예상하기

A 银行	B 商场		A 은행	B 상점
C 电梯里	D 机场		C 엘리베이터 안	D 공항

보기의 어휘가 모두 장소이므로 장소를 묻는 문제임을 알 수 있다. 각 장소와 관련된 어휘를 연상해 둔다.

STEP 2 들은 내용을 메모하고 질문에 알맞은 정답 고르기

女：你好，这儿可以刷卡吗？
男：真不好意思，我们暂时不能刷卡，现在只能用现金结账。
问：女的最可能在哪儿？

여: 안녕하세요. 여기 카드 되나요?
남: 정말 죄송한데요, 저희가 잠시 카드 사용이 안 돼서요. 지금은 현금으로만 결제가 가능합니다.
질문: 여자는 어디에 있을 가능성이 큰가?

녹음의 도입부에서 여자가 这儿可以刷卡吗? (여기 카드 되나요?)라고 했고 이어 남자가 现在只能用现金结账(현재 현금으로만 결제할 수 있어요)이라고 했으므로 刷卡(카드로 결제하다)와 结账(계산하다)을 듣고 물건 값을 지불하는 상황임을 알 수 있다. 따라서 여자가 있는 장소로 가장 알맞은 곳은 B 商场(상점)이다.

정답 B 商场
어휘 商场 shāngchǎng 명 상점 刷卡 shuākǎ 통 카드로 결제하다 结账 jiézhàng 통 계산하다

합격 공략 **08** 직업/신분 관련 어휘로 직업/신분을 유추하라!

각 직업/신분과 관련된 어휘

직업/신분 문제 역시 관련 어휘를 듣고 정답을 유추해야 하는 경우가 많다. 예를 들어 정답이 空姐(스튜어디스)인 경우 녹음 지문에 飞机(비행기), 安全带(안전벨트) 등의 어휘가 제시될 수 있다. 이와 같이 직업/신분을 나타내는 관련 어휘를 함께 알아두는 것이 필요하며, 녹음을 들으면서 남자의 직업인지 여자의 직업인지, 예전 직업인지 아니면 현재의 직업인지 등의 추가적인 정보도 꼼꼼히 체크하며 듣는다.

실전문제 🎧 11.mp3

A 演员	B 作家
C 模特	D 记者

STEP 1 보기의 핵심 키워드를 파악하고 내용 예상하기

A 演员	B 作家
C 模特	D 记者

A 배우	B 작가
C 모델	D 기자

보기의 어휘가 모두 직업을 나타내므로 직업을 묻는 문제임을 알 수 있다. 각 직업과 관련된 어휘를 연상해 둔다.

STEP 2 들은 내용을 메모하고 질문에 알맞은 정답 고르기

女：很多观众觉得您在这部电视剧的角色和以往大不一样，您怎么评价自己的演技呢？

男：这是我第一次扮演反面角色的，这对我来说是一种全新的挑战，我认为我还有很大的发展空间。

问：男的最可能是做什么的？

여: 많은 시청자들이 이번 드라마의 배역이 기존과는 많이 다르다고 느꼈을 텐데 자신의 연기를 어떻게 평가하시나요?

남: 이번에 제가 처음으로 악역을 맡았는데 저에겐 완전히 새로운 도전이었고요. 저는 아직도 커다란 발전 가능성이 있다고 생각합니다.

질문: 남자는 어떤 일을 하는 사람인가?

녹음에서 여자의 말에 观众(시청자), 电视剧的角色(드라마 배역), 演技(연기) 등의 어휘가 사용되었고 남자의 말에 扮演反面角色(악역을 연기하다)가 있으므로 연기와 관련된 직업이 제시된 보기 A에 O 표시를 한다. 질문이 남자가 어떤 일을 하는지 물었으므로 정답은 A 演员(배우)이다.

정답 A 演员

어휘 模特 mótè 몡 모델 电视剧 diànshìjù 몡 TV드라마 评价 píngjià 툉 평가하다 演技 yǎnjì 몡 연기 扮演 bànyǎn 툉 ~의 역을 맡아 하다 反面角色 fǎnmiànjuésè 몡 악역 全新 quánxīn 혱 완전히 새롭다 挑战 tiǎozhàn 몡 툉 도전(하다)

관계를 나타내는 호칭

직업/신분을 묻는 문제에서 대화에서 사용된 호칭으로 직업 또는 신분을 파악할 수 있다. 호칭은 한 번만 언급되므로 남녀 대화의 시작 부분에 주의하여 듣도록 한다.

필수 암기! 주요 호칭

□ 姥姥 lǎolao 외할머니	□ 编辑 biānjí 에디터
□ 教练 jiàoliàn 코치님	□ 大夫 dàifu 의사 선생님
□ 老板 lǎobǎn 사장님	□ 教授 jiàoshòu 교수
□ 舅舅 jiùjiu 외삼촌	□ ……总 zǒng ~사장/대표
□ 导演 dǎoyǎn 감독님	□ 师傅 shīfu 기술자, 운전기사

실전문제 🎧 12.mp3

A 运动员	B 学生
C 售货员	D 教练

STEP 1 보기의 핵심 키워드를 파악하고 내용 예상하기

A 运动员	B 学生
C 售货员	D 教练

A 운동 선수	B 학생
C 판매원	D 코치

보기의 어휘를 보고 직업/신분을 묻는 문제임을 예상할 수 있다. 대화의 시작 부분에 상대를 어떤 호칭으로 부르는지 주의해서 듣는다.

STEP 2 들은 내용을 메모하고 질문에 알맞은 정답 고르기

女：教练，不好意思，我让您失望了。

男：不要灰心，下次一定能有个更好的成绩，其实失败也是一种机会。我相信你能行！

问：女的可能是做什么的？

남: 코치님, 실망시켜 드려 죄송합니다.

여: 낙심하지 마. 다음에 틀림없이 더 좋은 성적을 낼 수 있을 거야. 실패도 실은 기회란다. 나는 네가 해낼 거라 믿는다!

질문: 여자는 무엇을 하는 사람인가?

녹음의 시작 부분에서 여자가 남자를 부르는 호칭에 주목한다. 教练(코치)이라고 했으므로 여자는 운동 선수, 남자는 코치임을 알 수 있다. 따라서 여자의 직업으로 알맞은 것은 A 运动员(운동 선수)이다.

정답 A 运动员

어휘 教练 jiàoliàn 명 코치   灰心 huīxīn 동 낙심하다

필수 암기! 장소, 직업/신분의 관련 어휘

장소 : 报社 bàoshè 신문사

직업 : 记者 jìzhě 기자

- □ 采访 cǎifǎng 인터뷰하다
- □ 编辑 biānjí 편집, 편집하다
- □ 报道 bàodào 보도하다
- □ 杂志 zázhì 잡지

장소 : 医院 yīyuàn 병원

직업 : 医生 yīshēng 의사 (= 大夫 dàifu)   护士 hùshi 간호사   患者 huànzhě 환자 (= 病人 bìngrén)

- □ 住院 zhùyuàn 입원하다
- □ 病房 bìngfáng 병실
- □ 出院 chūyuàn 퇴원하다
- □ 看病 kànbìng 진료하다
- □ 开药 kāiyào 약을 짓다
- □ 打针 dǎzhēn 주사를 맞다
- □ 动手术 dòng shǒushù 수술을 하다
- □ 诊断 zhěnduàn 진단하다
- □ 输液 shūyè 링거를 맞다 (= 打点滴 dǎ diǎndī, 挂水 guàshuǐ)
- □ 门诊 ménzhěn 외래 진료
- □ 急诊 jízhěn 응급 진료
- □ 您哪儿不舒服？ Nín nǎr bù shūfu? 어디가 아프신가요?
- □ 吃点儿药，多休息。 chī diǎnr yào, duō xiūxi. 약 좀 드시고 많이 쉬세요.

장소 : 售票处 shòupiàochù 매표소

직업 : 售票员 shòupiàoyuán 매표원

- □ 门票 ménpiào 입장권
- □ 退票 tuì piào 표를 환불하다
- □ 检票 jiǎn piào 표를 검사하다
- □ 凭票入场 píngpiào rùchǎng 표로 입장하다
- □ 请买票。 Qǐng mǎi piào. 표를 구매하세요.
- □ 请出示票。 qǐng chūshì piào. 표를 보여 주세요.

장소 : 饭店 fàndiàn 호텔   宾馆 bīnguǎn 호텔   酒店 jiǔdiàn 호텔

직업 : 服务员 fúwùyuán 종업원

- □ 前台 qiántái 프론트 데스크
- □ 单人间 dānrénjiān 1인실 (= 单间儿 dānjiānr)
- □ 双人间 shuāngrénjiān 2인실
- □ 标准间 biāozhǔnjiān 스탠다드 룸
- □ 房卡 fángkǎ 객실 카드
- □ 预订房间 yùdìng fángjiān 방을 예약하다
- □ 登记 dēngjì 체크인하다
- □ 退房 tuì fang 체크아웃하다
- □ 交押金 jiāo yājīn 보증금을 내다
- □ 有空房间吗？ Yǒu kōngfángjiān ma? 빈방 있나요?

장소 : 商店 shāngdiàn 상점   服装店 fúzhuāngdiàn 옷 가게   鞋店 xiédiàn 신발 가게

직업 : 售货员 shòuhuòyuán 판매원   客人 kèrén 고객

- □ 件 jiàn 옷, 사건을 세는 단위
- □ 条 tiáo 치마, 바지를 세는 단위
- □ 双 shuāng 양말, 신발을 세는 단위
- □ 裤子 kùzi 바지
- □ 付钱 fù qián 지불하다
- □ 刷卡 shuā kǎ 카드로 결제하다
- □ 付现金 fù xiànjīn 현금으로 결제하다
- □ 手机支付 shǒujī zhīfù 모바일로 결제하다

- 裙子 qún zi 치마
- 连衣裙 liányīqún 원피스
- 皮鞋 píxié 구두
- 玩具 wánjù 완구, 장난감
- 日用品 rìyòngpǐn 생활용품
- 跟儿 gēnr 구두굽
- 瘦 shòu 옷이나 신발 등이 작다, 끼다 (= 紧 jǐn)
- 肥 féi 크다, 헐렁하다
- 式样 shìyàng 스타일 (= 款式 kuǎnshì)
- 大小 dàxiǎo 크기, 사이즈
- 合适 héshì 적당하다, 알맞다
- 颜色 yánsè 색상, 컬러
- 收银台 shōuyíntái 계산대
- 送货上门 sònghuò shàngmén 집으로 배달해 주다 (= 送到门口 sòngdào ménkǒu)
- 买一送一 mǎi yī sòng yī 하나를 사면 하나를 덤으로 주다, 1+1
- 走起来有点紧。 Zǒu qǐlái yǒu diǎn jǐn. 걸어보니 조금 끼네요.

- 发票 fāpiào 영수증
- 打折 dǎzhé 할인하다
- 讲价 jiǎng jià 값을 흥정하다
- 优惠活动 yōuhuì huódòng 할인 행사
- 试穿 shìchuān 입어 보다
- 买东西 mǎi dōngxi 물건을 사다 (= 购物 gòuwù)
- 优惠价 yōuhuìjià 우대가격
- 退货 tuì huò 반품하다
- 退钱 tuì qián 환불하다
- 退换 tuìhuàn 교환하다
- 到货 dào huò 화물, 상품이 도착하다
- 包退包换 bāotuì bāohuàn 반품과 교환을 보증하다

장소 : 餐厅 cāntīng 음식점, 식당 (= 饭馆 fànguǎn) 小吃店 xiǎochīdiàn 분식점, 스낵바

직업 : 服务员 fúwùyuán 종업원

- 酸 suān 시다
- 甜 tián 달다
- 苦 kǔ 쓰다
- 辣 là 맵다
- 咸 xián 짜다
- 淡 dàn 싱겁다
- 清淡 qīngdàn 담백하다
- 油腻 yóunì 기름지다, 기름기가 많다
- 份 fèn 요리를 세는 단위
- 盘 pán 접시를 세는 단위
- 再来一瓶吧。 Zài lái yī píng ba。 한 병 더 주세요.
- 还要别的吗? Hái yào bié de ma? 다른 거 더 필요하세요?

- 瓶 píng 병을 세는 단위
- 碗 wǎn 그릇을 세는 단위
- 欢迎光临 huānyíng guānglín 어서오세요
- 菜单 càidān 메뉴, 식단, 차림표
- 点菜 diǎncài 주문하다
- 上菜 shàngcài 요리를 내다, 상을 차리다
- AA制 AAzhì 더치페이하다 (= 各付各的 gè fù gè de)
- 带走 dàizǒu 테이크아웃하다 (= 打包 dǎbāo)
- 外卖 wàimài 배달음식, 음식을 포장/배달하다

장소 : 电视台 diànshìtái TV 방송국 广播电台 guǎngbō diàntái 라디오 방송국

직업 : 播音员 bōyīnyuán 아나운서 主持人 zhǔchírén 사회자, MC 导演 dǎoyǎn 감독

- 节目 jiémù 프로그램
- 主持人 zhǔchírén 진행자, MC

- 收听 shōutīng 라디오를 청취하다
- 观众 guānzhòng 시청자, 관객

- 采访 cǎifǎng 인터뷰하다
- 直播 zhíbō 생방송
- 嘉宾 jiābīn 게스트
- 听众 tīngzhòng 라디오 청취자

- 收看 shōukàn 시청하다
- 收视率 shōushìlǜ 시청률
- 电视剧 diànshìjù TV드라마
- 热播剧 rèbōjù 인기 드라마

장소 : 图书馆 túshūguǎn 도서관

직업 : 图书管理员 túshū guǎnlǐyuán 도서관 사서

- 借书 jiè shū 책을 빌리다
- 还书 huán shū 책을 반납하다
- 借书证 jièshūzhèng 도서 대출증
- 过期 guòqī 기한이 지나다

- 罚款 fákuǎn 벌금(을 내다)
- 续借 xùjiè 대출 기한을 연장하다
- 阅览室 yuèlǎnshì 열람실

장소 : 火车站 huǒchēzhàn 기차역　火车 huǒchē 기차

직업 : 站务员 zhànwùyuán 역무원

- 高铁 gāotiě 고속열차
- 硬座 yìngzuò 일반좌석
- 硬卧 yìngwò 일반침대칸
- 软卧 ruǎnwò 특실침대칸
- 乘客 chéngkè 승객

- 餐车 cānchē 식당칸
- 站台 zhàntái 플랫폼
- ……次列车 ……cì lièchē ~편 열차
- 开往 kāiwǎng ~로 향하여 출발하다
- 出示车票 chūshì chēpiào 차표를 보여 주다

장소 : 机场 jīchǎng 공항　飞机 fēijī 비행기

직업 : 空姐 kōngjiě 스튜어디스　空少 kōngshǎo 스튜어드 (= 空哥 kōnggē)　机长 jīzhǎng 기장

- 航班 hángbān 항공편
- 机票 jīpiào 비행기표
- 护照 hùzhào 여권
- 起飞 qǐfēi 이륙하다
- 降落 jiàngluò 착륙하다
- 登机 dēngjī 탑승하다

- 登机口 dēngjīkǒu 탑승게이트
- 海关 hǎiguān 세관
- 签证 qiānzhèng 비자
- 出境手续 chūjìng shǒuxù 출국수속
- 入境手续 rùjìng shǒuxù 입국수속
- 飞机晚点了。Fēijī wǎndiǎn le. 비행기가 연착했다.

- ……次航班马上要起飞了。……cì hángbān mǎshàng yào qǐfēi le. ~편 항공기가 곧 이륙합니다.

장소 : 停车场 tíngchēchǎng 주차장

- 停车位 tíngchēwèi 주차 자리
- 车位已满 chēwèi yǐ mǎn 이미 만차이다

직업 : 教练 jiàoliàn 코치

- 我们的选手 wǒmen de xuǎnshǒu 우리 선수들
- 表现得不错 biǎoxiàn dé búcuò 활약이 괜찮다

직업 : 作家 zuòjiā 작가

- 写书 xiě shū 책을 쓰다
- 新书 xīnshū 신간
- 小说 xiǎoshuō 소설

- 散文 sǎnwén 산문
- 靠写文章生活 kào xiěwénzhāng shēnghuó 글을 써서 생활하다

신분 : 邻居 línjū 이웃 (= 隔壁 gébì)

- 搬家 bānjiā 이사하다
- 远亲不如近邻 yuǎnqīn bùrú jìnlín 가까운 이웃이 먼 친척보다 낫다
- 住在楼上 zhùzài lóushàng 윗층에 살다

직업 : 导演 dǎoyǎn 감독　演员 yǎnyuán 연기자

- 表演 biǎoyǎn 공연하다, 퍼포먼스
- 演出 yǎnchū 연출하다
- 台词 táicí 대사
- 角色 juésè 배역, 역할
- 拍电影 pāi diànyǐng 영화를 찍다
- 拍戏 pāixì 드라마 촬영하다
- 明星 míngxīng 인기스타

직업 : 导游 dǎoyóu 가이드

- 安排行程 ānpái xíngchéng 여행 일정을 짜다
- 游客 yóukè 여행객
- 参观 cānguān 견학하다
- 自由活动 zìyóu huódòng 자유활동
- 集合 jíhé 집합하다

기타 직업

- 清洁工 qīngjiégōng 환경미화원
- 推销员 tuīxiāoyuán 세일즈맨, 판매원
- 律师 lǜshī 변호사
- 厨师 chúshī 주방장
- 会计师 kuàijìshī 회계사
- 摄影师 shèyǐngshī 사진사

남녀의 대화를 듣고 질문에 알맞은 정답을 고르세요. 🎧 13.mp3

[제1부분]

1. A 导演
   B 主持人
   C 作家
   D 志愿者

2. A 银行
   B 停车场
   C 宿舍
   D 面包店

3. A 家具店
   B 宾馆
   C 旅行社
   D 卧室

[제2부분 대화형]

4. A 在学校网站上
   B 学校门口
   C 艺术学院
   D 在广场上

5. A 演员
   B 教授
   C 记者
   D 公务员

04

행동 및 화제형
무엇을 하는지 무엇에 대해 말하는지 파악하기

기본기 다지기 | 기본 개념 잡기 & 공략 미리보기

행동 문제는 남자 혹은 여자가 현재 하고 있는 행동 또는 앞으로 할 행동을 묻는 유형으로 동사를 중점적으로 들어야 한다. 화제는 대화의 이야깃거리를 묻는 문제로 직접 어휘가 제시되기 보다는 대화의 내용을 통해 유추해야 하는 경우가 많다.

| 기본 개념 잡기 1 | 주요 질문 유형

행동과 대화의 주제를 묻는 질문은 在干什么? (무엇을 하고 있는가?), 谈的是什么? (말하는 것이 무엇인가?) 등의 형식으로 제시된다. 주요 질문 유형은 아래와 같다.

행동
- 男的在干什么? 남자는 무엇을 하고 있는가?
- 女的打算做什么? 여자는 무엇을 하려고 하는가?
- 女的劝男的做什么? 여자는 남자에게 무엇을 하도록 권하는가?

화제
- 女的谈的是什么? 여자는 무엇을 말하고 있는가?
- 他们俩在谈论什么问题? 그 두 사람은 어떤 문제에 대해 이야기하고 있는가?

| 기본 개념 잡기 2 | 행동과 화제를 묻는 문제

1. 핵심 키워드를 직접 언급하는 경우

(녹음) 女：我的平板<u>电脑</u>最近老是自动关机，我要拿去修理店<u>维修</u>。
여 : 내 테블릿pc가 요즘 자꾸 저절로 꺼져서 수리점에 고치러 가야겠어.

男：是吗？ 它该没过保修期，我去找找发票。
남 : 그래? 아직 보증 기간 안 지났어. 내가 영수증 찾아볼게.

问：女的要做什么？ 여자는 무엇을 하려 하는가?

(보기) A 维修 电脑 컴퓨터를 수리하다　B 逛街 윈도우 쇼핑하다　C 拍照 사진을 찍다　D 开发票 영수증을 발행하다

보기의 어휘인 电脑(컴퓨터)와 维修(수리하다)가 여자의 말에 그대로 등장했다. 여자가 컴퓨터가 고장나서 수리점에 가져가야겠다고 했으므로 여자가 하려는 행동은 컴퓨터 수리이다.

2. 핵심 키워드를 간접적으로 유추해야 하는 경우

(녹음) 小姐，有<u>大一号</u>的吗？这<u>双</u>太小了，我<u>穿</u>不进去。
아가씨, 한 치수 더 큰 게 있나요? 이건 너무 작아서 신을 수가 없어요.

问：男的可能在做什么？ 남자는 무엇을 하고 있는가?

(보기) A 买房子 집을 사다　B 穿衣服 옷을 입다　C 染发 염색하다　D 买鞋 신발을 사다

녹음에 보기의 어휘가 언급되지 않았지만 大一号(한 치수 큰 것)와 양사 双(쌍), 동사 穿(신다)이 언급됐으므로 남자는 신발을 사고 있음을 알 수 있다.

| 공략 미리보기 |

합격 공략 10	행동은 언제, 누가를 함께 파악하라!
합격 공략 11	어휘의 공통점을 종합하여 화제를 찾으라!
합격 공략 12	[220점 이상 고득점] 행동 문제는 让에 주의하라!

합격 공략 **10** 행동은 언제, 누가를 함께 파악하라!

동사와 부가적인 정보 함께 듣기

행동 문제는 동사를 잘 들어야 올바른 정답을 고를 수 있다. 보통 녹음에서는 여러 개의 동사가 함께 제시되고 질문에서 특정 시간 및 특정 인물의 행동을 묻는다. 따라서 동사를 주의해서 들으면서 시간 정보(과거/현재/미래, 오전/오후 등)와 등장인물(남자/여자/제3자)에 따른 행동을 파악해야 한다.

실전문제 14.mp3

A 洗澡   B 睡觉
C 在看电视   D 复习功课

STEP 1   보기의 핵심 키워드를 파악하고 내용 예상하기

A 洗澡   B 睡觉
C 在看电视   D 复习功课

A 샤워하다	B 잠을 자다
C TV를 보고 있다	D 수업 내용을 복습하다

보기의 어휘가 모두 동작을 나타내므로 행동을 묻는 문제임을 예상한다. 보기의 키워드 洗澡(샤워하다), 睡觉(잠을 자다), 看电视(TV를 보다), 复习(복습하다)가 녹음에 언급되는지와 시간 및 인물 정보를 함께 듣는다.

STEP 2   들은 내용을 메모하고 질문에 알맞은 정답 고르기

女：小吴，都几点了？快去洗澡吧，该睡觉了。
　　明天星期一要上学了，作业都写完了吗？
男：等一会儿，动画片马上要结束了。
问：小吴在干什么？

여: 샤오우, 벌써 몇 시니? 빨리 가서 샤워하고 자야지. 내일 월요일이라 학교 가야 하는데 숙제는 다 했니?
남: 잠깐만요. 만화 곧 끝나요.

질문: 샤오우는 무엇을 하고 있는가?

녹음에서 여자의 말에 洗澡(샤워하다)와 睡觉(잠자다), 写作业(숙제하다) 등의 여러가지 행동이 언급되었고 이어 남자는 动画片马上要结束了(만화가 곧 끝나요)라고 말했다. 여자는 남자에게 해야 할 일에 대해 말하고 있고 남자는 현재 TV를

보고 있음을 알 수 있다. 녹음에 여러 개의 동사가 등장했지만 질문에서 샤오우(남자)가 현재 무엇을 하고 있는지를 물었으므로 알맞은 정답은 C 在看电视(TV를 보고 있다)이다.

정답 C 在看电视

어휘 功课 gōngkè 명 학습, 수업   动画片 dònghuàpiàn 명 만화 영화, 애니메이션

 **합격 공략 11 어휘의 공통점을 종합하여 화제를 찾으라!**

어휘의 공통점 = 화제

화제, 즉 대화의 이야깃거리는 대화에서 반복적으로 등장한다. 그런데 한 가지 어휘만 반복되는 것이 아니라 의미가 연관된 어휘를 바꾸어 제시하므로 어휘 간의 공통점을 찾는 것이 중요하다. 예를 들어 대화문에 学历(학력), 大企业(대기업), 工资(급여), 面试(면접)가 제시된다면 이 대화의 주제는 找工作(취업하다)인 것이다. 또한 한 사람이 화제를 직접 언급한 뒤 다른 사람이 부연 설명을 하는 경우도 있으므로 남녀의 대화에서 공통점을 파악하도록 한다.

실전문제 15.mp3

A 考察和天气	B 天气和交通
C 时间和路况	D 城市交通安全问题

STEP 1 보기의 핵심 키워드를 파악하고 내용 예상하기

A 考察和天气　　B 天气和交通
C 时间和路况　　D 城市交通安全问题

A 현지 조사와 날씨	B 날씨와 교통
C 시간과 도로 상황	D 도시 교통 안전 문제

보기의 어휘가 모두 명사형이고 의미상 화제를 묻는 문제임을 알 수 있다. 녹음에 이와 관련된 어휘가 등장하는지 주의해서 듣는다.

STEP 2 들은 내용을 메모하고 질문에 알맞은 정답 고르기

女：听天气预报说，今夜到明天有大雨。
男：那一定会影响交通，我打算明天去天津出
　　差呢。
女：不用担心，去天津要走高速公路，应该没
　　有问题。市区内交通恐怕会有些混乱。
男：也是，明天肯定堵车堵得厉害，还是早点
　　儿出门比较好。

问：他们在谈论什么？

여: 일기예보에서 오늘밤부터 내일까지 비가 많이 온다더라.
남: 그러면 교통에 영향이 있겠는데. 나 내일 천진으로 출장 갈 계획인데.
여: 걱정 마. 천진 가려면 고속도로 타야 되니까 문제 없을 건데 시내 교통은 아마 좀 복잡할 수 있겠다.
남: 그렇지. 내일 길이 많이 막힐 테니까 아무래도 일찍 출발하는 게 좋을 거 같아.

질문: 그들은 무슨 이야기를 하고 있는가?

여자의 말에 언급된 天气预报(일기예보)와 有大雨(비가 많이 오다)를 듣고 보기 A와 B의 天气(날씨)에 메모한다. 남자의

말에 언급된 会影响交通(교통에 영향을 줄 것이다)과 堵车堵得厉害(차가 심하게 막히다)를 듣고 보기 B의 交通(교통)과 C의 路况(도로 상황)에 메모한다. 대화의 내용이 비가 와서 차가 막힐 수 있으니 출장 갈 때 일찍 출발하자는 내용이므로 대화의 주제가 날씨와 교통에 관한 것임을 알 수 있다. 따라서 이들이 하고 있는 이야기로 알맞은 것은 B 天气和交通(날씨와 교통)이다.

정답 B 天气和交通

어휘 考察 kǎochá 명 통 현지 조사(하다)   路况 lùkuàng 명 도로 상황   高速公路 gāosùgōnglù 명 고속도로   混乱 hùnluàn 형 혼란하다

합격 공략 **12** [220점 이상 고득점] 행동 문제는 让에 주의하라!

누가 누구에게 무엇을 제안하는가

행동 문제는 주로 男的想做什么? (남자는 무엇을 하고 싶어 하는가?)와 같은 질문도 제시되지만, 女的让男的做什么? (여자는 남자에게 무엇을 하라고 하는가?)와 같이 누가 누구에게 무엇을 하라고 하는지를 묻기도 한다. 따라서 녹음을 들으면서 행동을 나타내는 동사와 함께 제안자와 행동자를 잘 구분해서 들어야 한다.

실전문제 🎧 16.mp3

A 健康问题   B 减肥
C 治疗   D 运动

STEP 1   보기의 핵심 키워드를 파악하고 내용 예상하기

A 健康问题	B 减肥	A 건강 문제	B 다이어트하다
C 治疗	D 运动	C 치료하다	D 운동하다

보기의 어휘가 健康问题(건강 문제), 减肥(다이어트하다), 治疗(치료하다), 运动(운동하다)이므로 건강과 관련된 대화임을 예상할 수 있다.

STEP 2   들은 내용을 메모하고 질문에 알맞은 정답 고르기

女 : 节食、吃药、针灸也都试过了，为什么一直坚持可怎么总也减不下去，瘦不下来啊？

男 : 你呀，只靠节食没有用，这样会容易出现反弹，还是得运动。

问 : 男的让女的做什么？

여: 음식 조절에 약, 침, 뜸까지 다 해 봤는데, 어째서 꾸준히 해도 줄지도 않고 빠지지도 않는 거야?

남: 너 말이야, 단식만으로는 소용없어. 그러면 쉽게 요요 현상이 생기니까 운동해야 해.

질문: 남자는 여자에게 무엇을 하라고 하는가?

여자의 말에 节食(음식조절)과 怎么总也减不下去，瘦不下来啊? (어째서 꾸준히 해도 줄지도 않고 빠지지도 않는 거야?)를 듣고 여자가 다이어트를 하고 있음을 알 수 있다. 남자는 이를 듣고 还是得运动(아무래도 운동해야 해)이라고 말

하고 있으므로 남자가 여자에게 권하는 것은 운동임을 알 수 있다. 따라서 남자가 여자에게 제안하는 행동으로 알맞은 것은 D 运动(운동하다)이다. 만일 질문의 让(~하게 하다)을 놓치고 녹음의 내용에서 여자의 행동만을 파악한다면 减肥(다이어트하다)로 잘못된 정답을 고를 수 있으니 질문에 제시되는 제안자와 행동자를 꼼꼼히 파악하도록 하자.

정답 D 运动

어휘 治疗 zhìliáo 图 치료하다　节食 jiéshí 图 절식하다, 음식을 절제하다　针灸 zhēnjiǔ 图 침질과 뜸질 图 침을 놓고 뜸을 뜨다　靠 kào 图 기대다　反弹 fǎntán 图 내렸다가 다시 오르다

📚 필수 암기! 행동, 화제의 관련 어휘

学习 공부

□ 写作业 xiě zuòyè 과제를 하다	□ 教室 jiàoshì 교실
□ 背课文 bèi kèwén 본문을 암기하다	□ 上课 shàng kè 수업하다
□ 复习 fùxí 복습을 하다	□ 下课 xià kè 수업이 끝나다
□ 预习 yùxí 예습을 하다	□ 课间休息 kèjiān xiūxi 쉬는 시간
□ 上学 shàngxué 등교하다	□ 操场 cāochǎng 운동장
□ 下学 xiàxué 하교하다	□ 专业 zhuānyè 전공
□ 期中考试 qīzhōng kǎoshì 중간고사	□ 毕业论文 bìyè lùnwén 졸업논문
□ 期末考试 qīmò kǎoshì 기말고사	□ 读博士 dú bóshì 박사 과정을 공부하다
□ 成绩 chéngjì 성적	□ 读硕士 dú shuòshì 석사 과정을 공부하다
□ 图书馆 túshūguǎn 도서관	□ 考研究生 kǎoyánjiūshēng 대학원 시험을 보다

娱乐 오락

□ 看电影 kàn diànyǐng 영화를 보다	□ 舞会 wǔhuì 댄스파티
□ 电影院 diànyǐngyuàn 영화관	□ 足球比赛 zúqiú bǐsài 축구시합
□ 看演唱会 kàn yǎnchànghuì 콘서트를 보다	□ 散步 sànbù 산책하다
□ 看电视 kàn diànshì TV를 보다	□ 下棋 xiàqí 바둑, 장기, 체스를 두다
□ 连续剧 liánxùjù 연속극 드라마	□ 郊游 jiāoyóu 소풍 가다
□ 收看 shōukàn 시청하다	□ 看小说 kàn xiǎoshuō 소설책을 보다
□ 照相 zhàoxiàng 사진을 찍다	□ 上网 shàngwǎng 인터넷을 하다
□ 跳舞 tiàowǔ 춤을 추다	□ 玩电脑游戏 wán diànnǎo yóuxì 컴퓨터 게임을 하다
□ 晚会 wǎnhuì 파티	

结婚 결혼

□ 谈恋爱 tán liàn'ài 연애하다	□ 过门儿 guòménr 시집 가다
□ 找对象 zhǎo duìxiàng 배우자를 찾다	□ 办喜事 bàn xǐshì 결혼식을 하다
□ 红娘 hóngniáng 중매쟁이	□ 终身大事 zhōngshēn dàshì 종신지대사(=결혼)
□ 相亲 xiāngqīn 선을 보다	□ 吃喜糖 chī xǐtáng 결혼 사탕을 먹다

- 分手 fēnshǒu 헤어지다
- 求婚 qiúhūn 프로포즈하다
- 好日子 hǎorìzi 경사스러운 날
- 婚礼 hūnlǐ 결혼식
- 成家 chéngjiā 결혼하다, 가정을 꾸리다
- 约会 yuēhuì 데이트하다
- 门当户对 mén dāng hù duì 두 집안 조건이 비슷하다

- 喝喜酒 hē xǐjiǔ 결혼 축하주를 마시다
- 白头偕老 báitóu xiélǎo 백년해로하다
- 伴娘 bànniáng 신부들러리
- 娶老婆 qǔ lǎopo 아내를 얻다
- 送红包 sòng hóngbāo 축의금을 보내다
- 结婚登记 jiéhūn dēngjì 혼인신고

运动 운동

- 爬山 páshān 등산을 하다
- 游泳 yóuyǒng 수영을 하다
- 滑冰 huábīng 스케이트를 타다
- 滑雪 huáxuě 스키를 타다
- 练气功 liàn qìgōng 기공을 연마하다
- 打太极拳 dǎ tàijíquán 태극권을 하다

- 做健美操 zuò jiànměicāo 에어로빅을 하다
- 打乒乓球 dǎ pīngpāngqiú 탁구를 하다
- 篮球 lánqiú 농구
- 羽毛球 yǔmáoqiú 배드민턴
- 高尔夫球 gāo'ěrfūqiú 골프
- 健身房 jiànshēnfáng 헬스클럽

工作 일

- 上班族 shàngbānzú 직장인, 샐러리맨
- 同事 tóngshì 동료
- 老板 lǎobǎn 사장
- 秘书 mìshū 비서
- 开会 kāihuì 회의하다
- 出差 chūchāi 출장가다
- 上班 shàngbān 출근하다
- 下班 xiàbān 퇴근하다
- 请假 qǐngjià 휴가를 내다
- 高峰时间 gāofēng shíjiān 러시아워
- 加班 jiābān 야근하다
- 工资 gōngzī 급여

- 发传真 fā chuánzhēn 팩스를 보내다
- 办公室 bàngōngshì 사무실
- 人事部 rénshìbù 인사과
- 销售部门 xiāoshòu bùmén 영업부
- 找工作 zhǎo gōngzuò 구직하다
- 就业 jiùyè 취업하다
- 面试 miànshì 면접시험
- 辞职 cízhí 사직하다
- 跳槽 tiàocáo 직장을 옮기다
- 退休 tuìxiū 퇴직하다
- 下岗 xiàgǎng 퇴직하다, 직장을 그만두다

教育子女 자녀교육

- 独生子女 dúshēng zǐnǔ 외아들, 외동딸
- 小皇帝 xiǎohuángdì 사랑만 받으며 자란 독생 자녀
- 升学 shēngxué 진학하다
- 补习班 bǔxíbān 학원
- 奖学金 jiǎngxuéjīn 장학금
- 宿舍 sùshè 기숙사

- 重点大学 zhòngdiǎn dàxué 중점대학
- 接孩子 jiē háizi 아이를 데리러 가다
- 送孩子 sòng háizi 아이를 데려다주다
- 辅导功课 fǔdǎo gōngkè 공부를 봐 주다
- 家长会 jiāzhǎnghuì 학부모회

做家务 가사

- 下厨 xiàchú 요리하다 (=做饭 zuòfàn, 做菜 zuòcài)
- 洗碗 xǐwǎn 설거지하다
- 洗衣 xǐyī 빨래하다
- 搞卫生 gǎo wèishēng 청소하다 (=打扫 dǎsǎo)

天气 날씨

- 下雨 xiàyǔ 비가 오다
- 下雪 xiàxuě 눈이 내리다
- 刮风 guāfēng 바람이 불다
- 台风 táifēng 태풍
- 晴天 qíngtiān 맑은 날씨
- 阴天 yīntiān 흐린 날씨
- 最高气温 zuì gāo qìwēn 최고기온
- 干燥 gānzào 건조하다
- 潮湿 cháoshī 습하다
- 晴转多云 qíng zhuǎn duō yún 맑다가 점차 흐려지다
- 风力 fēnglì 풍력
- 风向 fēngxiàng 풍향
- 见不到太阳 jiànbudào tàiyáng 해가 안 보이다

日常生活 일상생활

- 起床 qǐchuáng 일어나다
- 睡觉 shuìjiào 잠자다
- 打电话 dǎ diànhuà 전화하다
- 招待客人 zhāodài kèrén 손님을 접대하다
- 参加婚礼 cānjiā hūnlǐ 결혼식에 참석하다
- 等人 děngrén 기다리다
- 探亲 tànqīn 친척(가족)을 방문하다
- 送礼物 sòng lǐwù 선물을 주다
- 过年 guònián 새해를 맞이하다
- 装修 zhuāngxiū 인테리어를 하다
- 修理 xiūlǐ 수리하다
- 借钱 jièqián 돈을 빌리다
- 帮助别人 bāngzhù biérén 다른 사람을 도와주다
- 取钱 qǔqián 돈을 찾다
- 存钱 cúnqián 저금하다
- 换钱 huànqián 환전하다
- 配钥匙 pèi yàoshi 열쇠를 맞추다
- 养宠物 yǎng chǒngwù 애완동물을 기르다
- 聊天儿 liáotiānr 수다 떨다
- 逛街 guàngjiē 거리를 구경하다, 윈도우 쇼핑하다
- 闯红灯 chuǎng hóngdēng 신호를 위반하다
- 罚款 fákuǎn 벌금(을 부과하다)

남녀의 대화를 듣고 질문에 알맞은 정답을 고르세요. 🎧 17.mp3

[제1부분]

1. A 练瑜伽

   B 练车

   C 做数学题

   D 下象棋

2. A 中国传统文化

   B 中国菜的特点

   C 一种传统小吃

   D 做菜方法

3. A 广播找医生

   B 给病人打针

   C 送男的去医院

   D 联系家属

[제2부분 대화형]

4. A 参加签名会

   B 退换衣服

   C 吃面条

   D 看车展

5. A 网上搜索与下载

   B 学中文的动画片

   C 汉语教材

   D 课外活动

05 어투 및 태도형
화자의 태도와 감정 파악하기

기본기 다지기 ｜ 기본 개념 잡기 & 공략 미리보기

어투 및 태도를 묻는 문제는 말하는 사람의 감정과 태도를 파악해야 한다. 녹음에서는 감정이 드러나는 억양보다는 어휘나 표현을 사용하므로, 일상생활에서 자주 접하는 감정과 태도를 나타내는 어휘와 표현을 학습하는 것이 중요하다.

｜ 기본 개념 잡기 1 ｜ 주요 질문 유형

어투와 태도를 묻는 질문은 是什么口气？(어떤 어투인가?), 觉得怎么样？(어떻게 생각하는가?) 등의 형식으로 제시된다. 주요 질문 유형은 아래와 같다.

- 男的是什么口气？　남자는 어떤 어투인가?
- 女的对男的是什么态度？　여자는 남자에 대해 어떤 태도인가?
- 男的觉得怎么样？　남자는 어떻게 생각하는가?
- 女的对这件事怎么看？　여자는 이 일을 어떻게 여기는가?

｜ 기본 개념 잡기 2 ｜ 어투 및 태도를 묻는 문제

1. 뉘앙스로 파악하는 경우

> (녹음) 女：遇到困难不应该逃避，<u>应该积极地解决，你先努力去做吧</u>。
> 여 : 어려움을 만났을 때 피해서는 안 돼. 적극적으로 해결해야지. 우선 열심히 해 봐.
>
> 问：女的是什么态度？　여자는 어떤 태도인가?
>
> (보기) A 生气 화가 난다　　B 鼓励 격려한다　　C 高兴 즐겁다　　D 担心 걱정한다

어투와 태도를 묻는 문제는 녹음 지문에 정답 어휘가 그대로 등장하지 않는 경우가 많다. 따라서 대화의 부정적/긍정적 뉘앙스를 통해 유추해야 한다. 녹음에서 여자가 应该积极地解决，你先努力去做吧(적극적으로 해결해야지. 우선 열심히 해 봐)라고 했으므로 여자는 격려하고 있음을 알 수 있다.

2. 반어문으로 파악하는 경우

> (녹음) 女：我今天嗓子疼，头也有点儿疼。
> 여 : 나 오늘 목이 아파. 머리도 좀 아프고.
>
> 男：这么冷的时候，穿这么小，<u>不感冒才怪呢！</u>
> 남 : 이렇게 추울 때, 옷을 그렇게 적게 입었으니 감기가 안 걸리는 게 이상하지!
>
> 问：男的是什么语气？　남자는 어떤 어투인가?
>
> (보기) A 怀疑 의심한다　　B 鼓励 격려한다　　C 责怪 책망한다　　D 佩服 감탄한다

어투와 태도를 묻는 문제의 지문에는 종종 반어문이 등장한다. 녹음에서 남자가 不感冒才怪呢(감기가 안 걸리는 게 이상하지)라고 했으므로 남자는 여자를 책망하고 있음을 알 수 있다.

| 공략 미리보기 |

합격 공략 13	보기를 긍정적/부정적 뉘앙스로 구분하라!
합격 공략 14	반어문의 진짜 뜻을 파악하라!
합격 공략 15	[220점 이상 고득점] 필수 관용어와 사자성어를 암기하라!

합격 공략 13 보기를 긍정적/부정적 뉘앙스로 구분하라!

보기를 뉘앙스로 먼저 구분해 두기

보기의 어휘가 어투와 태도, 감정을 나타낸다면 먼저 긍정적/부정적 의미로 분류한다. 그리고 녹음에 부정적인 내용이 언급되면 긍정적 의미의 보기를 먼저 소거시킨다. 어투와 태도를 묻는 문제에서는 주로 두 번째 화자의 태도를 묻는 경우가 많으므로 두 번째 화자의 대화를 잘 들어야 하며, 자주 출제되는 어투, 태도, 감정을 나타내는 어휘 및 표현을 암기해 두도록 한다.

실전문제 🎧 18.mp3

| A 赞成 | B 推辞 |
| C 反对 | D 无所谓 |

STEP 1 **보기의 핵심 키워드를 파악하고 내용 예상하기**

| A 赞成 | B 推辞 |
| C 反对 | D 无所谓 |

| A 찬성하다 | B 사양하다 |
| C 반대하다 | D 상관없다 |

보기의 어휘가 모두 태도를 나타내므로 뉘앙스를 판단한다. 먼저 보기 A의 赞成(찬성하다)은 긍정적 의미, 보기 B의 推辞(사양하다), C의 反对(반대하다)는 부정적인 의미이며, D의 无所谓(상관없다)는 중의적 의미이다.

STEP 2 **들은 내용을 메모하고 질문에 알맞은 정답 고르기**

女：我们能不能考虑请大学好友马杰来主持婚礼？

男：当然可以，要是他能来，那就再好不过了。

问：男的是什么态度？

여: 우리 대학 절친 마지에한테 결혼식 사회를 부탁하는 거 생각해 볼 수 있을까?

남: 당연히 되지. 만약에 마지에가 올 수 있으면 더할 나위 없이 좋지.

질문: 남자의 태도는 어떠한가?

녹음에서 여자는 결혼식 사회를 마지에라는 친구에게 부탁하는 것을 남자에게 제안했고, 남자는 이에 대해 当然可以(당연히 되지)라고 하면서 那就再好不过了(그럼 더할 나위 없이 좋지)라고 덧붙였다. 대화의 내용이 긍정적인 뉘앙스이므로 부정적인 의미인 보기 B와 C에 X를 표시한다. 질문에서 남자의 태도를 묻고 있으므로 알맞은 정답은 A 赞成(찬성하다)이다.

정답 A 赞成

어휘 赞成 zànchéng 명 동 찬성(하다) 推辞 tuīcí 동 거절하다, 사양하다 无所谓 wúsuǒwèi 상관없다. 관계없다 婚礼 hūnlǐ 명 결혼식, 혼례 主持 zhǔchí 동 사회를 보다

합격 공략 14 반어문의 진짜 뜻을 파악하라!

반어문은 글자 그대로 해석해서는 안 된다

반어문은 주로 의문문의 형태로 쓰이는데 실제로 질문하는 것이 아니라 자신의 의도를 강조하기 위한 수단으로 사용한다. 우리말에서도 "누가 아니래"는 '아니다'라는 뜻이 아니라 '그렇다'라는 뜻인 것과 같이 중국어도 동일하다. 반어문은 형식만 외워서 응용하기 어려우므로 간단한 예문을 함께 암기하여 어감을 익히도록 한다.

你们公司**不是**有员工宿舍吗？ (= 有)
너희 회사에 직원용 기숙사 있지 않아? (=있다)

실전문제 🎧 19.mp3

A 去医院检查   B 吃早饭
C 锻炼身体   D 营养平衡

STEP 1   보기의 핵심 키워드를 파악하고 내용 예상하기

A 去医院检查   B 吃早饭
C 锻炼身体   D 营养平衡

A 병원에 가서 검사한다   B 아침밥을 먹는다
C 몸을 단련한다   D 영양이 밸런스가 맞다

보기의 어휘에 锻炼(단련하다), 营养(영양) 등이 있으므로 건강에 관한 내용임을 알 수 있다.

STEP 2   들은 내용을 메모하고 질문에 알맞은 정답 고르기

男: 算了，我早饭不吃了。
女: 那怎么行，早饭不吃，对健康不利，你没
    听说过不吃早饭会容易长胖吗？
问: 女的认为男的应该怎么做？

남: 아니에요. 저 아침밥 안 먹어요.
여: 그럼 되겠니? 아침밥 안 먹으면 건강에 안 좋아. 아침밥 안 먹으면
    쉽게 살찐다는 거 못 들어봤어?
질문: 여자는 남자가 어떻게 해야 한다고 생각하는가?

남자는 아침을 안 먹겠다고 했고, 이에 대해 여자가 那怎么行? (그럼 되겠니?)이라고 하여 남자의 말에 반대의 뜻을 나타냈다. 那怎么行은 반어적 표현으로 不行(안 된다)의 뜻이므로 여자는 아침밥을 먹어야 한다고 생각하고 있음을 알 수 있다. 따라서 여자가 남자가 행동하길 바라는 것으로 알맞은 것은 B 吃早饭(아침밥을 먹다)이다.

정답 B 吃早饭

어휘 平衡 pínghéng 명 형 균형(이 맞다) 算了 suàn le 그만두다 不利 búlì 형 불리하다 长胖 zhǎngpàng 동 살찌다

합격 공략 15 [220점 이상 고득점] 필수 관용어와 사자성어를 암기하라!

반어문과 관용어/사자성어가 함께 제시되는 경우

관용어와 사자성어는 학습자들이 중국어를 배우면서 가장 어렵게 느끼는 부분이다. 어투와 태도를 묻는 문제에서는 난이도를 높이기 위해 반어문과 관용어/사자성어 등을 함께 출제하기도 한다. 따라서 5급 시험에서 자주 출제되는 관용어와 사자성어를 미리 학습해 두어야 하는데, 경우에 따라 주변 대화의 내용을 통해 정답의 힌트를 얻을 수 있으므로 녹음을 꼼꼼히 듣도록 한다.

你们何必大惊小怪呢? 사소한 일에 그리 놀랄 필요가 있어요?

실전문제 🎧 20.mp3

A 认为没什么用   B 不太喜欢武术
C 不知该学什么   D 觉得自己年纪大

STEP 1   보기의 핵심 키워드를 파악하고 내용 예상하기

A 认为没什么用
B 不太喜欢武术
C 不知该学什么
D 觉得自己年纪大

A 별 소용이 없다고 생각한다
B 무술을 별로 좋아하지 않는다
C 무엇을 배워야 할지 모르겠다
D 자신이 나이가 많다고 생각한다

보기에 认为(~라고 여기다), 觉得(~라고 생각하다) 등의 어휘가 있으므로 화자의 태도를 묻는 문제임을 예상할 수 있다. 보기의 키워드 没什么用(소용이 없다), 武术(무술), 该学(배워야 한다), 年纪大(나이가 많다)에 주의해서 녹음을 듣는다.

STEP 2   들은 내용을 메모하고 질문에 알맞은 정답 고르기

女: 你不是说学武术一直都是你的梦想吗? 怎么现在机会来了, 你却犹豫起来了呢?
男: 我都这把年纪了, 学什么武术啊? 我要是再年轻十岁就好了。
问: 男的为什么犹豫?

여: 무술 배우는 게 줄곧 너의 꿈이라고 하지 않았어? 지금 기회가 왔는데 왜 망설이는 거야?
남: 내가 이 나이에 무슨 무술을 배워 십 년만 더 젊었으면 좋았을 거야.

질문: 남자는 왜 망설이는가?

녹음에서 여자는 남자에게 무술 배우는 것을 망설이는 이유를 물었고 남자는 이에 대해 我都这把年纪了(이 나이에)라고 하고 学什么武术啊(무슨 무술을 배워)라고 반문했다. 这把年纪는 '나이가 많다'라는 뜻을 나타내는 관용적 표현이고 学什么武术는 '무술을 배울 필요가 없다'라는 의미임을 알 수 있다. 따라서 남자가 망설이는 이유로 알맞은 것은 D 觉得自己年纪大(자신이 나이가 많다고 생각한다)이다.

정답 D 觉得自己年纪大
어휘 武术 wǔshù 명 무술   犹豫 yóuyù 동 망설이다   这把年纪 zhè bǎ niánjì 이 나이에

不满 bùmǎn 불만

- 批评 pīpíng 꾸짖다
- 指责 zhǐzé 질책하다
- 责备 zébèi 탓하다
- 抱怨 bàoyuàn 원망하다
- 真是的 zhēn shì de 아 진짜! 침나!
- 怎么搞的 zěnme gǎo de 어떻게 된 거예요?
- 什么玩意儿? shénme wányìr? 뭐하는 사람(물건)이야?
- 亏你还是个大学生 kuī nǐ háishì ge dàxuéshēng 너도 대학생이라고……

- 都怪你 dōu guài nǐ 다 당신 때문이에요
- 太不像话了 tài bú xiànghuà le 말같지도 않다
- 别提了 bié tí le 말도 마세요
- 又来了 yòu lái le 또 이런다
- 没完没了 méiwán méiliǎo 끝이 없다
- 真不够意思 zhēn bú gòu yìsi 정말 맘에 안 들어요

同意 tóngyì 동의

- 赞成 zànchéng 찬성하다
- 赞同 zàntóng 찬성하다
- 肯定 kěndìng 긍정(인정)하다
- 谁说不是呢? shéi shuō búshì ne? 누가 아니래요?
- 那还用说 nà háiyòng shuō 말할 것도 없어요, 그렇고 말고
- 我也是这么想的 wǒ yěshì zhème xiǎng de 저도 그렇게 생각해요

- 没说的 méi shuō de 나무랄 데가 없다
- 说的也是 shuō de yě shì 맞아요
- 可不是嘛 kě búshì ma 물론이죠, 그렇고 말고
- 就是(嘛) jiùshì(ma) 맞아요, 그러니까요

反对 fǎnduì 반대

- 否定 fǒudìng 부정하다
- 不同意 bù tóngyì 동의하지 않다
- 不承认 bù chéngrèn 잡아떼다
- 不赞同 bú zàntóng 찬성하지 않다
- 得了 dé le 됐어요 (=算了 suàn le)
- 不怎么样 bù zěnmeyàng 별로예요
- 下辈子 xiàbèizi 다음 생에서나(=이번 생에서는 불가능해요)
- 开什么玩笑 kāi shénme wánxiào 무슨 농담을 그렇게 해요?
- 不是那么回事儿 búshì nàmehuíshì 그렇게 된 일이 아니에요
- 有什么大不了的 yǒu shénme dàbuliǎo de 뭐 대단한 게 있다고요

- 谁说的? shéi shuō de 누가 그래요? .
- 别做梦了 bié zuò mèng le 꿈 깨요
- 死了这条心吧 sǐle zhètiáoxīn ba 마음 접으세요
- 哪儿啊? nǎr a? 어디 그래요?(=그렇지 않아요)
- 想得美 xiǎngdeměi 꿈도 아무지네요
- 那怎么行 nà zěnme xíng 그러면 어떻게 해요

表扬 biǎoyáng 칭찬

- 称赞 chēngzàn 칭찬하다
- 鼓励 gǔlì 북돋우다
- 佩服 pèifú 탄복하다

- 像那么回事儿 xiàng nàme huíshìr 그럴듯하다
- 像样 xiàngyàng 그럴듯하다, 제대로 격식을 갖추다
- 不简单 bù jiǎndān 간단하지 않다, 굉장하다

□ **了不起** liǎobuqǐ 대단하네요

□ **真棒** zhēn bàng 정말 대단해요

□ **真有你的** zhēn yǒu nǐ de 정말 너답다(=대단하다)

□ **真厉害** zhēn lìhài 정말 대단해요

不在意 búzàiyì 개의치 않음

□ **不在乎** bú zàihu 대수롭지 않게 여기다

□ **随你的便！** suí nǐ de biàn! 당신 마음대로 하세요!

□ **无所谓** wúsuǒwèi 상관없다

□ **管它呢！** guǎn tā ne! 무슨 상관이에요!

□ **关我什么事儿！** Guān wǒ shénme shìr! 저랑 무슨 상관이에요!

吃惊 chījīng 놀람

□ **意外** yìwài 의외이다

□ **不会吧** búhuìba 아닐 걸요, 그럴리가

□ **没想到** méixiǎngdào 생각지 못하다

□ **竟然** jìngrán 뜻밖에, 의외로 (=**居然** jūrán)

□ **做梦也没想到** zuòmèng yě méixiǎngdào 꿈에도 생각하지 못했다

□ **太阳从西边出来了** tàiyáng cóngxībian chūlai le 해가 서쪽에서 뜨겠다

□ **没想到你竟然是这种人** méi xiǎngdào nǐ jìngrán shì zhèzhǒngrén 네가 이런 사람일 줄 몰랐어

□ **看不出来你还有这本事** kànbùchūlái nǐ háiyǒu zhèběnshi 네가 이런 재능이 있다니

谦虚 qiānxū 겸손

□ **客气** kèqi 정중하다, 사양하다

□ **说到哪儿去了** shuōdào nǎrqù le 무슨 말씀을요

□ **虚心** xūxīn 겸손하다

□ **算不了什么** suànbuliǎo shénme 그리 대단한 것이 아니다, 별것 아니다

□ **哪里哪里，还差得远呢。** Nǎlǐ nǎlǐ, hái chàdeyuǎn ne. 별말씀을요, 아직 멀었어요.

□ **不敢当，您过奖了** bùgǎndāng, nín guòjiǎng le 과찬이세요

可惜 kěxī 아쉬움

□ **后悔** hòuhuǐ 후회하다

□ **遗憾** yíhàn 아쉽다

□ **真可惜，你不能参加。** Zhēn kěxī, nǐ bùnéng cānjiā. 당신이 참석하지 못해 아쉬워요.

□ **要是早知道这样，我就不来了。** Yàoshi zǎo zhīdào zhèyàng, wǒ jiù bù lái le. 만약 이럴 줄 알았더라면 안 오는 건데.

无奈 wúnài 어쩔 수 없음

□ **没办法** méi bànfǎ 방법이 없다

□ **我只好这么说了。** Wǒ zhǐhǎo zhème shuō le. 이렇게 말할 수 밖에 없었어요.

愤怒 fènnù 분노

□ **气愤** qìfèn 분하다

□ **你凭什么？** Nǐ píng shénme? 네가 뭔데?

□ **生气** shēngqì 화내다

□ **管好你自己吧！** Guǎn hǎo nǐ zìjǐ ba! 너나 잘해!

□ **发脾气** fā píqi 성질을 내다

□ **你这是什么意思？** Nǐ zhè shì shénmeyìsī? 너 그게 무슨 뜻이야?

不是……吗? búshì……ma? ~이/가 아니에요?	你**不是**说过要去环游世界**吗**? (= 你说过要去环游世界) 세계일주 한다고 하지 않았어요? (= 세계일주 한다고 말했다)
难道……吗? nándào……ma? 설마 ~해요?	连小孩子都知道,**难道**你不知道**吗**? (=你知道) 어린애도 다 아는데 설마 모르세요? (= 알 것이다)
谁说……呢? shuí shuō……ne? 누가 ~라고 해요?	**谁说**不是**呢**? (=是) 누가 아니래요? (= 그렇다)
还……什么? hái……shénme? 아직 무엇을 ~해요?	你**还**犹豫**什么**? (=别犹豫) 뭘 망설여요? (=망설이지 마라)
怎么能……呢? zěnmenéng……ne? 어떻게 ~할 수 있어요?	你**怎么能**老迟到**呢**? (=不能迟到) 어떻게 늘 지각할 수 있어요? (= 지각하면 안 된다)
哪儿有……的? nǎr yǒu……de? ~한 게 어디 있어요?	**哪儿有**这么便宜**的**? (=没有这么便宜的) 이렇게 싼 게 어디 있나요? (= 이렇게 싼 건 없다)
什么时候……? shénmeshíhou……? 언제 ~했어요?	我**什么时候**答应过你? (=没有答应过你) 제가 언제 그렇게 한다고 했어요? (= 그렇게 한다고 한 적 없다)
……什么呀? ……shénme ya? ~하긴 뭘 ~해요?	好吃**什么呀**? (=不好吃) 맛있긴 뭘 맛있어요? (= 맛없다)
那还用说? nàháiyòngshuō? 더 말할 필요 있어요?	A:中国地大人多! B:**那还用说**? (=那当然) A: 중국은 땅이 넓고 사람이 많네요! B: 더 말할 필요 있나요? (= 당연히 그렇다)
何必(何苦)……呢? hébì(hékǔ)……ne? 구태여 ~할 필요가 있어요?	**何必**如此操心**呢**? (=不用操心) 구태여 이렇게 걱정할 필요가 있어요? (= 걱정할 필요가 없다)
有什么……? yǒu shénme……? 무슨 ~한 게 있어요?	他**有什么**了不起的? (=没有了不起的) 그가 뭐 대단한 게 있어요? (= 대단하지 않다)
谁/哪儿/怎么……? shéi/nǎr/zěnme……? 누가/어디/어떻게 ~하겠어요?	**谁**知道呢? (=都不知道) 누가 알겠어요? (= 모두 모른다) 我**哪儿**知道? (=我不知道) 제가 어디 알아요? (= 나는 모른다) 我**怎么能**知道啊? (=我不知道) 제가 어떻게 알 수가 있어요? (= 나는 모른다)

남녀의 대화를 듣고 질문에 알맞은 정답을 고르세요. 🎧 21.mp3

[제1부분]

1. A 惊讶
   B 发愁
   C 不耐烦
   D 痛苦

2. A 现场球迷太多
   B 人们都爱看直播
   C 不同意男的的话
   D 当然要来现场看

3. A 月底签合同
   B 男的想提前回国
   C 回国日期推迟了
   D 投资方取消了合作

[제2부분 대화형]

4. A 灰心
   B 激动
   C 沮丧
   D 委屈

5. A 不知道学术会日程
   B 是这次学术会的嘉宾
   C 电子邮件密码忘了
   D 很可能已经出国了

남녀의 대화를 듣고 질문에 알맞은 정답을 고르세요. 🎧 22.mp3

[제1부분]

1. A 整体不错
   B 很不满意
   C 相当糟糕
   D 很不专业

2. A 网络剧
   B 音乐短片
   C 电影
   D 广告

3. A 感冒了
   B 肠胃不适
   C 想吃甜的
   D 牙齿不好

4. A 担心
   B 祝贺
   C 遗憾
   D 羡慕

5. A 饭店
   B 果园
   C 葡萄酒厂
   D 酒吧

6. A 很快就结束了
   B 话题没有新意
   C 气氛热烈
   D 大家都不发言

7. A 主题公园
   B 家乡变化
   C 业余时间
   D 河流长度

8. A 别因小失大
   B 要抓紧时间赚钱
   C 别不懂装懂
   D 多听别人的意见

9. A 担心手术风险大
    B 走路不灵活
    C 手受伤了
    D 已经完全恢复了

13. A 孩子
    B 奶奶
    C 邻居
    D 外公

10. A 太旧了
    B 被撕成两半了
    C 缺了一个角
    D 是老款的纸巾

14. A 传统文化
    B 自然地理
    C 各地美食
    D 神话传说

[제2부분 대화형]

11. A 批准请假
    B 卫生最重要
    C 把女的调到人事部
    D 让女的加班

15. A 梯子在柜台旁边
    B 女的个子很高
    C 男的找到了杂志
    D 四层是经济类的书

12. A 崇拜导演
    B 想成为谈判官
    C 不想演这个角色
    D 演得非常好

듣기
제2부분
단문형

단문을 듣고 질문에 답하기

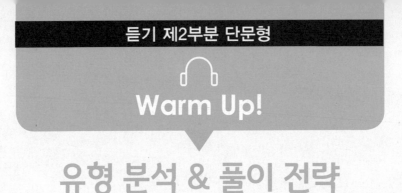

Warm Up!

유형 분석 & 풀이 전략

유형 분석 | 시험엔 이렇게 나온다!

출제 방식

HSK 5급 듣기 제2부분 단문형은 150~300자 내외의 짧은 글을 듣고 마지막에 제시되는 질문에 알맞은 답을 고르는 유형이다. 한 지문에 2~3개의 문제가 출제되며 31번부터 45번까지 총 6개의 지문 안에 15문항이 출제된다.

출제 경향 & 유형별 출제 비율

듣기 제2부분 단문형 문제의 지문은 주로 교훈적인 이야기 글, 정보를 전달하는 설명문과 실용문, 관점을 제시하는 논설문과 보도문 등이 출제된다. 이전에는 이야기 글의 비중이 높았으나 최근 들어 정보 전달성 지문의 비중이 크게 늘었다. 단문형은 하나의 지문을 모두 들은 후 마지막에 제시되는 질문에 대한 답을 찾아야 하기 때문에 녹음을 듣기 전에 먼저 보기를 파악한 뒤 녹음을 들으면서 들리는 정보에 표시를 해야 정답을 고를 수 있다. 또한 출제되는 지문의 종류에 따라 정답이 언급되는 위치(서론, 결론)가 다르므로 지문의 특징과 정답의 힌트(조동사, 동사)를 미리 알아두면 보다 전략적으로 내용을 파악할 수 있다.

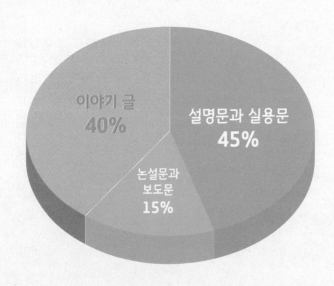

풀이 전략 | 문제 풀이 Step & 풀이 전략 적용해 보기

Step 1

보기의 핵심 키워드를 파악하고 내용 예상하기

녹음을 듣기 전 제시된 보기를 분석하여 글의 내용과 질문을 예상한다. 또한 녹음과 대조하기 위한 보기의 핵심 키워드를 파악해 둔다.

Step 2

들은 내용 메모하기

녹음에서 보기의 키워드가 언급되거나 유사한 표현이 나오면 O/X로 표시해 두고 필요한 정보는 메모한다.

Step 3

질문에 알맞은 정답 고르기

일반적으로 지문의 흐름에 따라 문제가 출제되므로 문제는 순서대로 풀도록 하고 마지막에 제시되는 질문을 듣고 알맞은 정답을 고른다.

풀이 전략   적용해 보기   🎧 23.mp3

31. A 皮肤严重瘙痒
    B 引起过敏
    C 听力减弱
    D 有触电般的疼痛

32. A 没有果实
    B 可以制药
    C 会放电
    D 能吸声

STEP 1   **보기 파악하기**

31. A 皮肤严重瘙痒
    B 引起过敏
    C 听力减弱
    D 有触电般的疼痛

A 피부가 심하게 가렵다
B 알레르기를 일으킨다
C 청력이 감퇴한다
D 감전과 같은 통증이 있다

보기의 키워드 皮肤瘙痒(피부가 가렵다), 过敏(알레르기), 听力减弱(청력 감퇴), 疼痛(통증) 등을 통해 몸의 이상 현상에 관한 내용을 겨냥하여 녹음을 듣는다.

32. A 没有果实
    B 可以制药
    C 会放电
    D 能吸声

A 열매가 없다
B 약으로 만들 수 있다
C 전기를 방출할 수 있다
D 소리를 흡수할 수 있다

보기의 키워드는 果实(열매), 制药(약으로 만들다), 放电(전기를 방출하다), 吸声(소리를 흡수하다)이고 可以와 能 등의 조동사가 있으므로 어떤 효과나 능력에 관한 내용을 겨냥하여 녹음을 듣는다.

STEP 2 들은 내용 메모하기

世界之大，有些事情我们闻所未闻、见也未见。印度有一种非常奇特的树。31如果人们不小心碰到它，会立刻感到和触电一样的疼痛。通过研究发现，32这种树有发电、蓄电和放电的本领。这种树的电流强弱和时间有密切关系，中午电流较强；半夜电流很弱。植物学家推测，这种树的电能是由太阳的热能或光能转化而来的。然而，它是如何转化的以及放电现象对它的生长有何作用等问题，目前仍是一个未解之谜。

세상이 넓다 보니 듣지도 보지도 못한 일들이 있다. 인도에 굉장히 신기한 나무가 있는데 31사람들이 실수로 만지면 바로 감전된 것 같은 통증을 느끼게 된다. 연구를 통해 32이 나무가 전기를 만들고 저장하고 방출하는 능력을 가지고 있음이 밝혀졌다. 이 나무의 전류의 세기는 시간과 밀접한 관련이 있어 정오에 전류가 다소 강하고, 한밤중에는 아주 약하다. 식물학자들은 나무의 전기 에너지가 태양의 열에너지나 빛에너지가 전환되어 생기는 것으로 추측한다. 그러나, 어떻게 전환하는지와 전류 방출 현상이 나무의 성장에 어떤 역할을 하는지 등에 관한 문제는 지금까지도 여전히 풀리지 않는 수수께끼이다.

녹음에서 인도에 있는 신기한 나무를 소개하며 如果人们不小心碰到它，会立刻感到和触电一样的疼痛(사람들이 실수로 만지면 바로 감전된 것 같은 통증을 느끼게 된다)라고 했으므로 키워드가 그대로 언급된 31번 보기 D에 O표시를 해 둔다. 이어서 这种树有发电、蓄电和放电的本领(이 나무는 전기를 만들고 저장하고 방출하는 능력을 가지고 있다)라는 내용을 듣고 32번 보기 C에 O표시를 한다. 다른 보기 A, B, D는 언급되지 않았다.

STEP 3 질문에 알맞은 정답 고르기

31. 问：人如果碰到了这种树，会怎么样？ 사람이 이 나무를 만지면 어떻게 되는가?
질문이 사람이 나무를 만졌을 때 어떻게 되는가이므로 정답은 D 有触电般的疼痛(감전과 같은 통증이 있다)이다.

32. 问：关于这种树，可以知道什么？ 이 나무에 대해 무엇을 알 수 있는가?
나무에 대해 알 수 있는 것을 물었으므로 정답은 C 会放电(전기를 방출할 수 있다)이다.

정답 31. D 有触电般的疼痛 32. C 会放电

어휘 瘙痒 sàoyǎng 휑 가렵다 过敏 guòmǐn 휑 알레르기 减弱 jiǎnruò 통 약해지다 触电 chùdiàn 명 통 감전(되다) 般 bān 조 ~같은 疼痛 téngtòng 명 아픔, 동통 制药 zhìyào 통 약을 만들다 闻 wén 통 듣다 未 wèi 閉 ~하지 않다 印度 Yìndù 지명 인도 奇特 qítè 휑 기묘하다 碰 pèng 통 닿다, 접촉하다, 건드리다 蓄电 xùdiàn 전력을 저장하다 放电 fàngdiàn 명 통 방전(하다) 本领 běnlǐng 명 능력 密切 mìqiè 휑 밀접하다 半夜 bànyè 명 한밤중, 심야 推测 tuīcè 통 추측하다 热能 rènéng 명 열에너지 光能 guāngnéng 명 빛에너지 转化 zhuǎnhuà 통 전환하다 现象 xiànxiàng 명 현상 未解之谜 wèijiězhīmí 풀리지 않는 수수께끼

이야기 글

세부 내용과 교훈 및 주제 파악하기

01

기본기 다지기 | 기본 개념 잡기 & 공략 미리보기

이야기 글에서는 유머, 에피소드, 고사성어 등에 관한 지문이 주로 출제되고 이야기를 통해 깨달을 수 있는 교훈적인 내용이 함께 제시된다. 대부분의 문제는 이야기의 전개에 따라 순서대로 풀리며 주로 등장인물 및 사건에 관한 세부 내용을 묻는 문제와 교훈과 주제를 묻는 문제가 출제된다.

| 기본 개념 잡기 1 | 이야기 글의 보기 유형

1. 세부 내용을 묻는 문제

31. A 不太谦虚 그다지 겸손하지 않다
    B 是著名画家 유명 화가이다
    C 以卖画儿为生 그림을 팔아 생계를 유지하다
    D 对茶叶要求很高 찻잎에 대한 요구치가 높다

보기에 등장인물의 이름 및 소개, 사건 전개에 관한 내용 있으면 지문이 이야기글임을 예상할 수 있다. 보기를 통해 얻을 수 있는 정보(등장인물, 사건)를 꼼꼼히 파악한 뒤 녹음을 들으면서 대조해야 한다.

2. 교훈 및 주제를 묻는 문제

32. A 为人要谦虚 사람 됨됨이가 겸손해야 한다
    B 做事要谨慎 일을 할 때 신중해야 한다
    C 遇事不能犹豫 일에 닥쳐서 망설여서는 안된다
    D 世界上没有后悔药 세상에 후회를 치료하는 약은 없다

보기에 당위성을 나타내는 조동사 要와 不能이 있고 谦虚(겸손하다), 慎重(신중하다) 등의 긍정적이고 발전적인 의미의 어휘가 있으므로 교훈을 묻는 문제임을 예상할 수 있다.

| 기본 개념 잡기 2 | 주요 질문 유형

1. 세부 내용을 묻는 문제

세부 내용을 묻는 문제는 특정 인물이나 사건에 관한 옳은 내용 또는 특정 행동의 목적과 이유 등을 묻는다.

• 关于王阿姨，可以知道什么？ 왕 씨 아주머니에 관해 무엇을 알 수 있는가?
• 下列哪项是丽丽愿意和朋友分享的？ 다음 중 리리가 친구들과 공유하고 싶어 하는 것은?
• 大臣们为什么劝阻宋太宗？ 대신들은 왜 송태종을 말렸는가?

2. 교훈 및 주제를 묻는 문제

주제 및 교훈을 묻는 문제는 글의 중심 내용과 글쓴이가 말하고자 하는 것을 묻는다.

• 这段话主要讲的是什么道理？ 이 글이 주로 말하는 것은 어떤 이치인가?
• 作者想告诉我们什么？ 글쓴이가 우리에게 알려 주고자 하는 것은?

합격 공략 **16** 세부 내용은 보기에 O/×를 표시하며 들으라!

일치하지 않는 내용 먼저 소거하기

이야기 글에서 세부 내용을 묻는 문제의 보기는 대부분 문장형으로 제시되므로 빠르게 주어와 술어 부분으로 나누어 키워드를 파악한 뒤 녹음에 언급되는 어휘 또는 표현에 O/× 등으로 표시한다. 세부 내용을 묻는 문제는 일반적으로 옳은 내용을 묻는 문제와 목적, 이유, 결과를 묻는 형식으로 출제되는데, 두 유형 모두 일치하지 않는 내용을 소거하며 녹음을 들으면 어렵지 않게 정답을 고를 수 있다.

실전문제 🎧 24.mp3

A 善于投资
B 经营一家餐厅
C 从事房地产行业
D 以前是亿万富翁

STEP 1   보기의 핵심 키워드를 파악하고 내용 예상하기

A 善于投资
B 经营一家餐厅
C 从事房地产行业
D 以前是亿万富翁

A 투자를 잘한다
B 식당을 운영한다
C 부동산업에 종사한다
D 예전에 억만장자였다

보기의 어휘가 모두 사람에 대한 설명이므로 등장인물에 관한 세부정보를 묻는 문제임을 예상할 수 있다. 보기의 어휘 投资(투자), 经营餐厅(식당 운영), 房地产(부동산), 亿万富翁(억만장자)가 녹음에 언급되는지 주의해서 듣는다.

STEP 2   들은 내용 메모하기

我的邻居王阿姨，刚搬来时家里经济状况不好，她在餐厅里刷盘子，做钟点工。她还会把别人丢掉的废旧瓶子捡回家，攒多了就可以卖钱。后来她攒了一笔小钱，她就开始投资做小生意，就这样一直靠着勤俭，如今她已经是一个大富翁了。

나의 이웃, 왕 씨 아주머니가 막 이사왔을 때는 집안 경제 상황이 좋지 않아서 식당에서 접시를 닦는 아르바이트를 하셨다. 또 남이 버린 병을 주워 와서 많이 모이면 내다 파셨다. 나중에 아주머니는 약간의 돈을 모아서 투자를 하여 작은 장사를 시작하셨다. 이렇게 줄곧 근검절약하여 지금은 큰 부자가 되셨다.

很多人都认为投资和钱是分不开的，想要投资就得有一大笔钱，否则就是天方夜谭：没有十万八万，就别谈什么投资，谈了也没什么意义。其实这是一个错误的想法，没有人可以一天就成为富豪，富人的钱也是靠自己的努力赚来的。

我不是说所有人都要像她一样，但这个经验是很有价值的，赚钱就要从小钱开始。

많은 사람들이 투자와 돈은 떼어 놓을 수 없어서 투자를 하고 싶으면 거금이 있어야 하는데 그렇지 않으면 꿈 같은 이야기라고 생각한다. 그래서 큰 돈이 없으면 무슨 투자를 논하지도 말아야 하고 말해봐야 의미가 없는 거라고 생각한다. 사실 이것은 잘못된 생각이다. 하루 만에 부호가 될 수 있는 사람은 없다. 부자들의 돈도 자신의 노력으로 벌어들인 것이다.

나는 모든 사람들이 그녀와 같아야 한다고 말하는 것이 아니다. 하지만 이 경험은 아주 가치가 있다. 돈 버는 것은 작은 돈부터 시작해야 한다.

녹음의 초반에 王阿姨(왕 씨 아주머니)에 관한 소개가 등장한다. 보기의 키워드가 언급되는지 살펴보면 A의 키워드가 她就开始投资做小生意(그녀는 투자를 시작하여 작은 장사를 시작하셨다)라고 했으므로 일치하는 내용임을 알 수 있다. B의 餐厅(식당)은 아주머니가 아르바이트를 한 곳이므로 틀린 내용이고, C의 房地产(부동산)은 언급되지 않았으며 富翁(부자)은 예전이 아니라 지금의 상태이므로 역시 틀린 내용이다.

STEP 3 질문에 알맞은 정답 고르기

问：关于王阿姨，可以知道什么？ 왕 씨 아주머니에 관해 무엇을 알 수 있나?

질문에서 왕 씨 아주머니에 관한 정보를 물었으므로 녹음과 일치하는 내용인 A 善于投资(투자를 잘한다)가 정답이다.

정답 A 善于投资

어휘 善于 shànyú ~를 잘하다 投资 tóuzī 통 투자하다 经营 jīngyíng 통 경영하다 从事 cóngshì 통 종사하다 房地产行业 fángdìchǎn hángyè 부동산업 富翁 fùwēng 명 부자, 부호 刷盘子 shuā pánzi 접시를 닦다 钟点工 zhōngdiǎngōng 명 파트타이머 废旧 fèijiù 형 낡아서 못쓰게 되다 攒 zǎn 쌓다, 모으다 卖钱 màiqián 팔아서 돈으로 바꾸다 勤俭 qínjiǎn 형 부지런하고 알뜰하다 分不开 fēnbukāi 나눌 수 없다 大笔钱 dàbǐqián 거액의 돈 天方夜谭 Tiānfāng yètán 명 아라비안나이트, 허황되고 터무니없는 이야기 富豪 fùháo 명 부호 赚钱 zhuànqián 통 돈을 벌다

합격 공략 **17** 이야기의 교훈과 주제는 이 단어 뒤에 나온다!

교훈과 주제를 나타내는 표현

이야기 글의 교훈과 주제는 전체 내용을 통해 파악할 수도 있지만 특정한 힌트가 주어지기도 한다. 바로 화자가 강조하기 위해 사용하는 접속사 所以(그래서), 因此(그러므로), 然而(그러나), 但是(그러나)나 당위를 나타내는 조동사 要(~해야 한다), 应该(마땅히 ~해야 한다) 등이 그것이다. 보기가 교훈 또는 주제와 관련된 내용이라면 녹음을 들을 때 이러한 접속사와 조동사가 언급되는지 파악하고, 특히 주제는 질문을 던져 제시하는 경우도 있으므로 의문문에도 주의한다.

실전문제 🎧 25.mp3

A 人需要学会等待
B 要好好干农活儿
C 奔跑的时候要看前边
D 世界上没有免费的午餐

A **人需要**学会等待
B **要**好好干农活儿
C 奔跑的时候**要**看前边
D 世界上没有免费的午餐

> A 사람은 기다릴 줄 알아야 한다
> B 농사일을 잘 해야 한다
> C 달릴 때에는 앞을 봐야 한다
> D 세상에 공짜는 없다

보기에 要(해야 한다)가 반복적으로 등장하므로 교훈을 묻는 문제임을 알 수 있다. 보기의 키워드 学会等待(기다릴 줄 알다), 农活儿(농사일), 看前边(앞을 보다), 没有免费的午餐(공짜 점심이 없다=공짜는 없다)이 녹음에 언급되는지 확인한다.

　　一天，有个农夫正在田里干活儿。突然，他看见有一只野兔从旁边的草丛里慌慌张张地跑出来。野兔见到有人而受了惊吓，它拼命地奔跑，没想到一头撞在田边的大树上，便倒在那儿一动也不动了。农夫走过去一看，兔子已经死了。因为它跑得太快，脖子都撞折了。农夫高兴极了，他一点力气都没花，就白捡了一只又肥又大的兔子。他心想，要是天天都能捡到兔子，那日子就好过了。

　　从此，他再也不肯出力气干农活了。他天天守在大树旁边，等待第二只、第三只兔字自己撞到这个大树上来。<u>然而</u>，世上哪有那么多便宜的事啊？这个农夫当然再也没有捡到撞死的兔子，而且他的田里也没有收获任何粮食。不靠自己勤勤恳恳的劳动，而想靠碰好运过日子，是不会有好结果的。

어느 날, 한 농부가 밭에서 일을 하고 있었는데 갑자기 야생 토끼 한 마리가 옆의 숲속에서 정신없이 달려 나오는 것을 보았다. 야생 토끼는 사람이 있는 것을 보고 깜짝 놀라 필사적으로 달리다가 뜻밖에 밭 기슭에 있는 큰 나무에 부딪히고는 그곳에 쓰러져 꼼짝도 하지 않았다. 농부가 가 보니 토끼는 이미 죽어 있었다. 너무 빨리 달려서 목이 부딪혀 부러진 것이다. 농부는 조금도 힘을 쓰지 않고 토실토실하고 커다란 토끼를 공짜로 줍게 되어 너무 신이 났다. 그는 만약 매일매일 이렇게 토끼를 주울 수 있다면 잘 살게 되겠다고 생각했다.

이때부터 그는 더 이상 힘들게 농사일을 하지 않으려 했다. 그는 매일매일 나무 옆에서 두 번째, 세 번째 토끼가 이 나무에 부딪히기를 기다렸다. 하지만 세상에 그렇게 쉬운 일이 어디 있겠는가? 이 농부는 당연히 더 이상 부딪혀 죽은 토끼를 줍지 못했다. 그리고 그의 밭에서는 어떠한 양식도 수확하지 못했다. 스스로 근면 성실하게 일하지 않고 운에만 기대어 살고자 하면 좋은 결과가 생길 수 없다.

녹음의 내용은 우연히 죽은 토끼를 줍게 된 후 일하지 않으려 한 농부의 이야기이다. 녹음의 중간 이후 부분에서 언급된 접속사 然而(그러나)에 주목해야 한다. 뒷부분에 世上哪有那么多便宜的事啊(세상에 쉬운 일이 어딨겠는가)라고 반문했으므로 화자는 '세상에 쉬운 일이 없다'라고 생각한다는 것을 알 수 있다. 또한 글의 마지막에 不靠自己的劳动, 不会有好的结果(스스로 일하지 않으면 좋은 결과가 있을 수 없다)라고 했으므로 화자는 스스로의 노력을 중시한다는 것을 다시 한 번 확인할 수 있다.

问：这段话主要想告诉我们什么？　이 글이 우리에게 알려 주고자 하는 것은?

보기의 키워드가 녹음에 직접 언급되지 않았지만 마지막 결론 부분에서 화자는 세상에 쉬운 일이 없고 스스로 노력해야 결과를 얻을 수 있다는 교훈을 이야기하고 있으므로 알맞은 정답은 D 世界上没有免费的午餐(세상에 공짜는 없다)이다.

정답　D 世界上没有免费的午餐

어휘　农活儿 nónghuór 명 농사일　奔跑 bēnpǎo 동 빨리 뛰다　等待 děngdài 동 기다리다　干活儿 gànhuór 일 (노동, 몸 쓰는 일)을 하다　野兔 yětù 산토끼　草丛 cǎocóng 명 수풀　惊吓 jīngxià 동 깜짝 놀라다　拼命地 pīnmìngde 필사적으로　不料

búliào [부] 뜻밖에   折断 zhéduàn [통] 꺾(이)다   脖子 bózi [명] 목   不肯 bùkěn ~하려 하지 않다   守 shǒu [통] 지키다   粮食 liángshi [명] 양식, 식량   勤恳 qínkěn [형] 근면 성실하다   劳动 láodòng [명][통] 노동(하다)

합격 공략 **18** [220점 이상 고득점] 인물의 대화를 통해 핵심 내용을 파악하라!

교훈 및 주제가 직접 제시되지 않는 경우

대부분의 이야기글은 결론 부분에 교훈 또는 중심 내용이 제시된다. 그러나 일부 이야기글은 중심 내용을 직접 언급하지 않기 때문에 학습자가 전체 스토리를 파악하여 교훈과 주제를 도출해야 한다. 이때 등장인물의 대화에 사건으로부터 얻은 깨달음이나 가르침 등이 언급되기도 하므로 대화를 주의 깊게 들으면 교훈과 주제를 파악할 수 있다.

실전문제 🎧 26.mp3

A 要多听取别人的意见
B 要尊重他人的好意
C 遇事要冷静
D 不要轻信别人

STEP 1 보기의 핵심 키워드를 파악하고 내용 예상하기

A 要多听取别人的意见
B 要尊重他人的好意
C 遇事要冷静
D 不要轻信别人

A 다른 사람의 의견을 많이 경청**해야 한다**
B 타인의 호의를 존중**해야 한다**
C 일이 닥쳤을 때 침착**해야 한다**
D 남을 쉽게 믿지 마라

보기에 要(해야 한다)가 반복적으로 등장하므로 교훈을 묻는 문제임을 알 수 있다. 보기의 키워드 多听取别人的意见(다른 사람의 의견을 많이 경청하다), 尊重他人的好意(타인의 호의를 존중하다), 冷静(침착하다), 不要轻信别人(남을 쉽게 믿지 마라)가 녹음에 언급되는지 주의해서 듣는다.

STEP 2 들은 내용 메모하기

有一个教育考察团在一次访问过程中迷路了，正在所有人都不知该怎么办好时，一个男孩儿主动上前说可以帮助他们。大家都非常高兴，也非常感谢这个小男孩，男孩非常细致地给他们说明了路线。确认他们都听明白以后，小男孩才离开。当考察团正要按照男孩说的路线出发时，一个路人却叫住了他们。他微笑着说："刚才那个男孩儿告诉你们的路线是错的，但为了尊重他的好意，我只好等他走了之后再过来告诉你们正确的路线。"

한 교육시찰단이 방문 중 길을 잃었다. 마침 모두가 어찌할 바를 모르고 있었을 때, 한 소년이 자발적으로 나서서 그들을 도울 수 있다고 말했다. 모두들 굉장히 기뻐하며 그 소년에게 고마워했다. 소년은 매우 자세히 그들에게 길을 설명해 주었다. 그들이 다 이해했는지 확인한 후 소년은 떠났다. 시찰단이 소년이 말한 길로 출발하려 했을 때 한 행인이 그들을 불러 세웠다. 그는 미소를 띠며 말했다. "방금 전 소년이 알려준 길은 잘못됐습니다. 하지만 아이의 호의를 존중하기 위해 저는 부득이하게 그 아이가 떠나고 나서야 바른 길을 알려 드리려고 왔답니다."

이 이야기에서는 직접적인 교훈이 무엇인지 명확하게 파악하기 어렵다. 경청하라는 것인지 쉽게 믿지 말라는 것인지 모호하다. 그러나 행인이 为了尊重他的好意(아이의 호의를 존중해 주기 위해)라고 하였다.

STEP 3 질문에 알맞은 정답 고르기

问：这段话主要想告诉我们什么? 이 이야기가 우리에게 알려 주고자 하는 것은?

행인은 아이가 잘못된 정보를 전해 주는 것을 알고 있었지만 아이를 존중해서 떠날 때까지 기다렸다가 바른 정보를 전해 주었으므로 행인의 행동과 말을 통해 이야기의 교훈을 파악할 수 있다. 따라서 정답은 B 要尊重他人的好意(타인의 호의를 존중해야 한다)이다.

정답 B 要尊重他人的好意

어휘 听取 tīngqǔ 통 청취하다, 귀를 기울이다　尊重 zūnzhòng 통 존중하다　好意 hǎoyì 명 호의, 선의　遇事 yùshì 통 일이 발생하다, 일에 부딪치다　冷静 lěngjìng 형 침착하다 통 침착하게 하다　学会 xuéhuì 통 습득하다, 배워서 할 수 있게 되다　考察团 kǎochátuán 명 시찰단　迷路 mílù 통 길을 잃다　主动 zhǔdòng 형 자발적이다, 적극적이다　上前 shàngqián 통 앞으로 나아가다　路人 lùrén 명 행인

필수 암기! 이야기 글의 주제로 자주 등장하는 사자성어

拔苗助长 bá miáo zhù zhǎng

뜻	빨리 자라라고 모를 뽑다. 모든 일에는 순리가 있다.
유래	송나라의 성질 급한 한 농부가 자신의 논에 심어 놓은 벼 모종을 빨리 자라게 하고 싶어서 손으로 벼의 모종을 조금씩 뽑아 키를 높여 놓자 벼가 둥둥 떠서 다 말라 죽어 버렸다는 이야기에서 유래하였다.

狐假虎威 hú jiǎ hǔ wēi

뜻	여우가 호랑이의 위세를 빌려 호기를 부린다. 아무 능력이 없는 사람이 배경만 믿고 거들먹대다.
유래	호랑이가 어느 날 여우 한 마리를 잡았다. 여우는 죽음을 모면하고자 거짓말을 꾸며 냈다. 나는 옥황상제로부터 백수의 왕으로 임명을 받았다. 나를 잡아먹으면 너는 천벌을 받게 될 것이야. 내 말을 못 믿겠거든 내 뒤를 따라와 봐. 여우가 앞장서고 그 뒤를 호랑이가 따르니 길에 있는 모든 짐승들이 두려워 다 도망을 갔다. 이를 본 호랑이가 여우의 말이 맞다고 생각했다. 그러나 사실 짐승들은 뒤에 있는 호랑이를 보고 도망친 것이었다.

朝三暮四 zhāo sān mù sì

뜻	아침에 세 개, 저녁에 네 개. ① 변덕스러워 갈피를 잡을 수 없다. ② 간사한 꾀로 남을 속여 희롱하다.
유래	송나라 저공이라는 사람이 많은 원숭이를 길렀다. 그는 집안 식구들의 먹을 것까지 덜어가며 원숭이들을 먹였는데 점차 먹이를 대는 일이 어려워졌다. 그는 먹이를 줄이기 전에 원숭이들을 달래려고 "먹이를 아침에는 세 개를 주고 저녁에 네 개를 주겠다"라고 말했다. 그러자 여러 원숭이들이 가 불같이 화를 냈다. 이에 저공이 "그렇다면 아침에 먹이를 네 개 주고 저녁에 세 개 주도록 하겠다"라고 말했더니 원숭이들이 모두 좋아하였다.

掩耳盗铃 yǎn ěr dào líng

뜻	귀를 막고 방울을 훔치다. 눈 가리고 아웅하다.
유래	한 좀도둑이 진나라 범 씨의 집에 커다란 종이 달려있는 걸 보고 훔치려 했다. 그런데 종이 너무 무거워 옮길 수 없을 것 같았다. 도둑은 종을 조각 내어 가져가려고 망치로 종을 내리쳤다. 그러자 "뎅"하며 큰 소리가 났다. 도둑은 사람들에게 들킬까 봐 겁이 나서 얼른 자기 귀를 막았다. 자기가 들리지 않으면 남도 모를 줄 안 것이다. 자신의 잘못을 자기가 외면한다고 해서 남도 모르는 줄 아는 것은 귀를 가리고 종을 깨뜨리는 도둑과 똑같이 어리석은 일이다.

亡羊补牢 wáng yáng bǔ láo

뜻	양을 잃고서 그 우리를 고친다. ① 소 잃고 외양간을 고치더라도 늦지 않았으니 더 이상의 손실을 예방하는 것이 중요하다. ② 지난일을 후회하기 보다는 앞으로의 손실을 빨리 막아 더 이상의 손실을 보지 말아야 한다.

笨鸟先飞 bèn niǎo xiān fēi

뜻	우둔한 새가 먼저 난다. 부지런함으로 능력이 모자란 것을 메운다.

刻舟求剑 kè zhōu qiú jiàn

뜻	칼을 강물에 떨어뜨리자 뱃전에 그 자리를 표시했다가 나중에 그 칼을 찾으려 한다. ① 어리석고 미련하여 융통성이 없다. ② 옛 것을 지키다 세상의 변화를 모르고 눈 앞에 보이는 것만 고집한다.
유래	초나라 사람이 배를 타고 강을 건너다가 그만 칼을 물 속에 빠뜨렸다. 그는 곧 칼을 빠뜨린 뱃전에 표시를 했다. 배가 강기슭에 닿자 표시를 해 둔 뱃전에서 물 속으로 뛰어들어 칼을 찾았지만 칼이 있을 리 만무했다.

孟母三迁 mèng mǔ sān qiān

뜻	맹자의 어머니가 맹자의 교육을 위해 세 번이나 이사를 하였다. 교육에는 주위 환경이 중요하다.
유래	맹자의 어머니는 어려운 형편에서 아들 교육에 정성을 쏟았다. 아버지가 죽고 맹자가 어머니를 따라 처음 이사한 곳은 공동묘지 근처였다. 그러자 맹자는 곡을 하며 장례 치르는 흉내만 내며 놀았다. 그리하여 맹자의 어머니는 시장 근처로 이사를 갔다. 그런데 이번에는 맹자가 장사꾼 흉내만 내는 것이었다. 다음으로 서당 옆으로 이사를 갔다. 그러나 맹자는 글 읽는 시늉을 내며 놀았다.

井底之蛙 jǐng dǐ zhī wā

뜻	우물 안 개구리. 견문이 좁고 세상물정에 어두운 사람을 비유한다.

自相矛盾 zì xiāng máo dùn

뜻	뚫을 수 없는 방패와 못 뚫을 게 없는 창은 공존할 수 없다. 앞뒤가 서로 맞지 않고 모순되다. 자가당착이다. 자체모순이다.
유래	창과 방패를 함께 가지고 다니며 파는 사람이 있었다. 그는 방패를 들고는 "내 방패는 세상에서 제일 견고해서 어떤 창도 이 방패는 뚫지 못하오"라고 하고, 창을 들고는 "내 창은 세상에서 가장 예리한 창이라 뚫지 못하는 방패가 없소이다"라고 했다. 이에 주변에서 구경을 하던 사람들이 물었다. "그러면 당신의 창으로 당신의 방패를 찌르면 어떻게 되는 거요?" 그러자 장사꾼은 말문이 막혀 짐을 챙겨 부랴부랴 그 자리를 떠났다.

녹음을 듣고 질문에 알맞은 정답을 고르세요. 🎧 27.mp3

1. A 眼睛闭上了
   B 脸变大了
   C 变成了两个人
   D 表情变了

2. A 他们俩都不懂艺术
   B 朋友善于画漫画
   C 说话人想买这幅画
   D 说话人心情不好

3. A 要换个角度看问题
   B 要多听别人的意见
   C 遇事要冷静
   D 不能不懂装懂

4. A 成绩不理想
   B 父亲不支持他唱歌
   C 不知道如何选择
   D 无法顺利毕业

5. A 椅子不能随便坐
   B 要学会放弃
   C 唱歌不会有好前途
   D 要分清需要和想要

02 설명문과 실용문
나열된 정보 대조하기

기본기 다지기 | 기본 개념 잡기 & 공략 미리보기

설명문과 실용문은 정보 전달을 목적으로 하는 글이기 때문에 세부 정보를 묻는 문제가 주로 출제된다. 따라서 녹음을 들으면서 세부 정보를 보기에 꼼꼼히 메모해 두는 것이 중요하다. 실용문은 녹음의 도입부를 듣고 어떤 실용문인지 파악할 수 있다.

| 기본 개념 잡기 1 | 설명문과 실용문

1. 설명문이란?

객관적인 정보 전달을 목적으로 한 글로, 중국에 관한 주제(명절, 풍속, 문화, 관광지), 생활에 관한 주제(상식, 건강 정보), 과학에 관한 주제(신소재) 등이 출제된다. 설명문은 머리말에서 설명하는 대상(주제)을 간략히 소개하고 본문에서 예시, 나열, 분류, 대조 등의 방법으로 구체적으로 주제에 대해 설명한 뒤 맺음말에서 다시 한 번 정리하여 마친다.

- **설명문의 주제** : 中国的情人节 "七夕节"　중국 발렌타인데이 '칠석절'
  　　　　　　　　　　不冬眠的太阳熊　동면하지 않는 말레이곰

2. 실용문이란?

특정한 필요와 목적에 의해 쓰여진 글로, 안내문, 초청장, 광고문 등이 포함된다. 안내문은 주로 행사의 취지나 목적, 시간과 장소, 주의사항 등의 정보가 포함되고 광고문은 상품 광고와 채용 공고 등이 출제된다.

- **실용문의 주제** : 竞赛公告　경연 대회 공고
  　　　　　　　　　国际护士节　국제 간호사의 날

| 기본 개념 잡기 2 | 주요 질문 유형

설명문과 실용문에서 질문은 주로 특정 주제에 관한 세부 내용을 묻는 문제(下列哪项正确/可以知道什么)와 어휘의 뜻을 묻는 문제 등이 출제된다.

- 七夕的夕是什么意思?　칠석의 '석'은 어떤 의미인가?
- 关于太阳熊的习性, 下列哪项正确?　말레이곰의 습성에 관해 다음 중 옳은 내용은?
- 竞赛的主题是什么?　경연 대회의 주제는 무엇인가?
- 关于国际护士节, 可以知道什么?　국제 간호사의 날에 관해 알 수 있는 것은?

합격 공략 **19** 설명문은 나열된 정보를 보기와 하나씩 대조하라!

예시, 비유 등의 나열된 정보 대조하기

설명문에서는 내용의 이해를 돕기 위해 예시, 비유 등을 자주 사용하므로, 녹음에서 나열되는 정보를 보기와 하나씩 대조하며 들어야 한다.

〈 예시와 비유를 나타내는 표현 〉

□ 一方面……, 另一方面……。 한편으로는 ~하고, 다른 한편으로는 ~하다	一方面想要接触知识和文化，另一方面却没有时间或舍不得花时间。 한편으로는 지식과 문화를 접하고자 하지만, 다른 한편으로 시간이 없거나 시간을 할애하기를 아까워한다.
□ 首先、……, 其次、……, 最后、……。 먼저 ~하고 그 다음으로 ~하고 마지막으로 ~하다	如何才能做一个精彩的演讲呢？首先、通过呼吸保持精神集中；其次、尽量使用通俗易懂的语言；最后、要学会利用停顿。 어떻게 해야만 멋진 연설을 할 수 있을까? 우선, 호흡을 통해 정신 집중 상태를 유지하고, 그 다음으로 가급적 이해하기 쉬운 어휘를 사용하며, 마지막으로 맺고 끊기를 잘 할 줄 알아야 한다.
□ 比如……。/ 例如……。 / 譬如……。 예를 들면 ~와 같다	网购这种消费模式有很多优点，比如选择更多、价格更优惠。 인터넷 쇼핑이라는 소비방식에는 많은 장점이 있다. 예를 들어, 선택의 폭이 더 넓고, 가격이 더 많이 할인된다.

실전문제 🎧 28.mp3

A 地震多发区会常下雪
B 内蒙古曾下过黄色的雪
C 雪的颜色是由光的反射形成的
D 黑色的雪预示着灾害

STEP 1 보기의 핵심 키워드를 파악하고 내용 예상하기

A 地震多发区会常下雪

B 内蒙古曾下过黄色的雪

C 雪的颜色是由光的反射形成的

D 黑色的雪预示着灾害

A 지진 다발 지역에 눈이 자주 온다
B 내몽고에 노란색 눈이 내린 적이 있다
C 눈의 색상은 빛의 반사로 만들어진다
D 검정색 눈은 재해를 예고한다

보기에 雪的颜色(눈의 색상)에 관한 어휘가 반복적으로 등장하므로 눈의 색상에 관한 설명문임을 예상할 수 있다. 보기의 키워드는 地震多发区(지진 다발지역), 内蒙古(내몽고)와 黄色的雪(노란색 눈), 由光的反射形成(빛의 반사로 만들어진다), 黑色(검은 색)와 灾害(재난)이다.

STEP 2 들은 내용 메모하기

很多人都认为雪除了白色，不可能有其它颜色。其实很多地方都下过有颜色的雪，比如西藏和南极等地都下过粉红色的雪；内蒙古等地区还下过黄色的雪；北冰洋一个岛上曾下过一场绿色的雪；更加让人惊奇的是，有的地方竟然还下过乌黑的雪。

为什么雪会有不同的颜色呢？那是因为雪中夹杂了有颜色的物质。在寒冷地区，藻类分布很广，品种也很多。这些藻类有绿色的、红色的、还有黄色的。这些藻类重量比较轻，一遇大风便飘飘扬扬飞向高空，附着在雪片上，并快速繁殖，因此对雪起了"染色剂"的作用。

由此可见，雪本身是白色的，但在特殊的天气条件下，也会呈现出令人惊奇的颜色。

많은 사람들이 눈은 흰색을 제외하고 다른 색은 없을 것이라 생각한다. 사실 많은 지역에서 색깔이 있는 눈이 내린 적이 있다. 예를 들면 티벳과 남극에서는 분홍색 눈이 내린 적이 있고, 내몽고에서는 노란색 눈이 내린 적이 있으며 북극해의 한 섬에서는 녹색 눈이 내린 적이 있다. 더 놀라운 것은 어떤 지역에서는 심지어 새까만 눈이 내린 적도 있다는 것이다.

눈은 어떻게 서로 다른 색을 가질 수 있는 것일까? 그것은 눈에는 색이 있는 물질들이 섞여 있기 때문이다. 추운 지방에는 조류가 넓게 분포되어 있고 종류도 다양하다. 이러한 조류는 녹색, 붉은 색 그리고 노란 색도 있다. 조류는 무게가 가벼워서 강한 바람을 만나면 둥실둥실 높은 하늘로 날아가서 눈의 표면에 붙어 빠르게 번식한다. 그래서 눈에 '염색제' 작용을 일으키게 된다.

이를 통해 눈은 본래 흰색이지만 특수한 기상 조건에서는 신기한 색을 띨 수도 있다는 것을 알 수 있다.

녹음의 앞 부분에서 很多地方都下过有颜色的雪(많은 지역에서 색깔이 있는 눈이 내린 적이 있다)라고 말하고 比如(예를 들어) 뒤에 구체적인 예시를 들고 있다. 설명문에서는 예시와 비유를 나타내는 표현에 주목해야 하는데, 설명문의 세부 내용을 묻는 문제의 정답이 바로 이 예시와 비유에 자주 등장하기 때문이다. 녹음에서 内蒙古等地区还下过黄色的雪(내몽고 등의 지역에서는 노란색 눈이 내린 적 있다)라고 했으므로 일치하는 내용의 보기 B에 메모해 둔다.

STEP 3 질문에 알맞은 정답 고르기

问：根据这段话，下列哪项正确？ 이 글에 따라 다음 중 옳은 내용은?

이 글에 근거하여 옳은 내용을 묻고 있으므로 알맞은 정답은 B 内蒙古曾下过黄色的雪(내몽고에 노란색 눈이 내린 적이 있다)이다.

정답 B 内蒙古曾下过黄色的雪

어휘 地震 dìzhèn 명 지진 内蒙古 Nèi Měnggǔ 지명 내몽고 曾 céng 부 일찍이 反射 fǎnshè 명 통 반사(하다) 形成 xíngchéng 통 형성하다 预示 yùshì 명 통 예지(하다) 灾害 zāihài 재해 其它 qítā 명 기타, 그 외 西藏 Xīzàng 지명 티베트 北冰洋 Běibīngyáng 지명 북극해 乌黑 wūhēi 형 새까맣다 夹杂 jiāzá 통 뒤섞이다, 혼합하다 物质 wùzhì 명 물질 寒冷 hánlěng 형 한랭하다, 몹시 춥다 藻类 zǎolèi 명 조류(주로 수중에서 생활하며 동화 색소를 가지고 독립 영양 생활을 하는 원생생물의 총칭) 飘扬 piāoyáng 통 바람에 휘날리다 附着 fùzhuó 통 부착하다 雪片 xuěpiàn 명 눈송이 繁殖 fánzhí 번식하다 染色剂 rǎnsèjì 명 염색제 由此可见 yóucǐ kějiàn 이로부터 알 수 있다 特殊 tèshū 형 특수하다 呈现 chéngxiàn 통 나타내다 惊奇 jīngqí 형 이상히 여기다

단편적인 정보 수집하기

설명문은 하나의 주제에 관한 자세한 설명으로 이루어져 있어 각각의 정보가 서로 관련이 있는 반면에, 실용문은 시간, 장소, 주제, 특징 등 관련성이 적은 단편적인 정보들이 다량으로 제시된다. 이러한 정보들은 한꺼번에 기억하기 어려우므로 녹음을 들으면서 수시로 메모해야 한다. 예를 들면 공지나 주의사항에서 날짜, 장소, 주제 등 단편적인 정보가 들리면 모두 즉시 메모하는 것이 좋다.

〈 메모 요령 〉

• 녹음의 내용을 한자로 메모하지 말고 병음과 한국어로 빠르게 메모한다.

(녹음)　　人才招聘竞争**越来越**激烈。 인재 모집 경쟁이 점점 치열해진다.

(메모 방법) *rencai* 뽑기 치열 ↑

실전문제 🎧 29.mp3

A 设计师	B 评审委员
C 网友	D 模特

STEP 1　보기의 핵심 키워드를 파악하고 내용 예상하기

A 设计师	B 评审委员
C 网友	D 模特

A 디자이너	B 심사 위원
C 네티즌	D 모델

보기가 직업/신분을 나타내는 어휘이고, 设计师(디자이너), 模特(모델)가 있으므로 패션과 관련된 내용임을 예상할 수 있다.

STEP 2　들은 내용 메모하기

本次服装设计大赛的主题是青春、个性。参加比赛的设计师的年龄限制在20周岁以上至28周岁以下。希望所有参赛者，通过此次活动可以充分表现自我、展示自我、认识自我，并体现新时代的审美观点。整个大赛以公平、公正、公开的原则进行，参加比赛的作品将被放在网上，由网友打分，评选出最佳设计奖。如果想具体了解活动流程，请点击查看详情。

이번 패션디자인 대회의 주제는 청춘과 개성입니다. 경연에 참가하는 디자이너의 연령 제한은 만 20세 이상에서 만 28세 이하까지입니다. 이번 경연을 통해 모든 참가자들이 자신을 충분히 표현하고 드러내며 알아갈 수 있길 바랍니다. 또한 새로운 시대의 미의 관점을 구현해 내길 바랍니다. 모든 경연은 공평. 공정. 공개를 원칙으로 진행됩니다. 경연에 참가한 작품은 인터넷에 공개되어 네티즌들이 점수를 매기는 것으로 최고 디자인상을 선정하게 됩니다. 행사 진행 과정을 자세히 알고 싶으면 '자세히 보기'를 클릭해 주세요.

녹음의 도입 부분에 服装设计大赛(패션디자인 대회)가 언급되었으며 이어 이 대회에 관한 단편적인 정보들이 제시되었다. 대회의 主题(주제), 年龄限制(연령 제한), 打分(채점) 등이므로, 주제는 '청춘, 개성'이라고 메모하고, 연령 제한은 '20~28세', 채점은 '네티즌'이라고 자신이 알아 볼 수 있는 방식으로 빠르게 메모해 둔다.

질문에 알맞은 정답 고르기

问：参赛作品由谁来评分？ 참가 작품은 누가 점수를 매기는가?

질문이 대회에 참가하는 작품은 누가 점수를 매기는가인데, 녹음에 由网友打分(네티즌이 점수를 매긴다)이라고 했으므로 정답은 C 网友(네티즌)이다. 评分은 打分과 같은 의미이다.

정답 C 网友

어휘 设计师 shèjìshī 명 디자이너 网友 wǎngyǒu 명 네티즌 评审委员 píngshěn wěiyuán 명 심사위원 模特 mótè 명 모델 服装 fúzhuāng 명 복장, 의복 设计 shèjì 명 통 설계·디자인(하다) 主题 zhǔtí 명 주제 青春 qīngchūn 명 청춘 个性 gèxìng 명 개성 限制 xiànzhì 통 제한·한정(하다) 充分 chōngfèn 형 충분하다 表现 biǎoxiàn 명 통 표현(하다) 自我 zìwǒ 명 자아, 자기자신 体现 tǐxiàn 통 구체적으로 드러내다 审美观点 shěnměi guāndiǎn 명 심미관 公平 gōngpíng 형 공평하다 公正 gōngzhèng 형 공정하다 公开 gōngkāi 명 공개(하다) 原则 yuánzé 명 원칙 打分 dǎfēn 통 점수를 매기다 评选 píngxuǎn 통 심사하여 뽑다, 선정하다 流程 liúchéng 명 진행과정, 절차 点击 diǎnjī 통 클릭하다 查看详情 chákàn xiángqíng 상세한 내용을 살펴보다

합격 공략 **21** [220점 이상 고득점] 어휘의 뜻을 묻는 문제는 뒷부분에 힌트가 있다!

특정 어휘의 뜻을 묻는 경우

특정 어휘의 뜻을 묻는 문제는 신조어나 전문 용어, 속담, 사자성어 등이 주로 출제된다. 비록 모르는 어휘라고 해도 핵심 어휘가 언급된 녹음의 전후 문맥을 살피면 뜻을 충분히 파악할 수 있다. 특히 해당 어휘가 언급된 바로 뒷부분에 어휘의 뜻이 자주 제시되니 주의해서 듣도록 한다.

실전문제 🎧 30.mp3

A 笑容很美
B 让人生气
C 说话的水平不同
D 手段很巧妙

보기의 핵심 키워드를 파악하고 내용 예상하기

A 笑容很美
B 让人生气
C 说话的水平不同
D 手段很巧妙

A 웃는 얼굴이 아름답다	
B 사람을 화나게 한다	
C 말하는 수준이 다르다	
D 수단이 절묘하다	

보기의 키워드는 笑容(웃는 얼굴), 让人生气(화나게 하다), 说话的水平(말하는 수준), 手段(수단)이다.

交谈是社交活动中必不可少的内容，更是一门艺术。俗话说： "一句话让人跳，一句话让人笑。" 关键在于你能把话说得有多巧妙。这里所谓的巧妙指的是用别人最想听的方式去表达自己最想说的话。用这种技巧来处理棘手的情况或人际关系，你自然会令人感觉 "如坐春风" 而不是 "言语可憎"。在现代社会里，人们之间的交流越来越密切。因此，交谈不仅是人们日常生活中的一个重要组成部分，更成了人们事业成败的一个举足轻重的先决条件。一个说话讲究艺术的人，更能提高个人的社会地位。

대화는 사교 활동에서 필수적인 것이며 더 나아가 하나의 예술이다. 속담에 '말 한마디로 사람을 화나게도 하고 미소 짓게도 한다'는 말이 있다. 중요한 것은 당신이 말을 얼마나 절묘하게 할 수 있는가이다. 여기서 말하는 절묘함이란 다른 사람이 가장 듣고 싶어 하는 방식으로 자신이 가장 하고 싶은 말을 하는 것이다. 이러한 기교로 곤란한 상황이나 인간 관계를 해결할 수 있다. 그러면 당신은 자연스레 다른 사람들로 하여금 '말을 믿게' 느끼게 하는 것이 아니라 '봄바람처럼 편안함'을 느끼게 할 것이다. 현대 사회에서 사람 간의 교류는 점점 밀접해지고 있다. 이 때문에 대화는 일상생활의 중요한 부분일 뿐만 아니라 사업의 성패에 중요한 영향을 미치는 전제 조건이 되었다. 말하는 기술을 중시하는 사람은 사회적 지위를 더 높일 수 있다.

녹음은 交谈(대화)의 중요성에 대한 설명으로 시작하여 속담을 예시로 들었고 그 뒷부분에 속담의 뜻을 자세히 설명하고 있다. 속담이 말하고자 하는 바를 关键在于你能把话说得有多巧妙(중요한 것은 당신이 말을 얼마나 절묘하게 할 수 있는가이다)라고 했으므로 일치하는 어휘 巧妙(절묘하다)가 있는 보기 D에 메모한다.

问：根据本文， "一句话让人笑" 指的是什么意思? 본문에 따르면 '一句话让人笑'는 무엇을 가리키는가?
질문이 '一句话让人笑'의 뜻을 묻고 있으므로 알맞은 정답은 D 手段很巧妙(수단이 절묘하다)이다.

정답 D 手段很巧妙

어휘 笑容 xiàoróng 명 웃는 얼굴   手段 shǒuduàn 명 수단, 방법   巧妙 qiǎomiào 형 (방법이나 기술 등이) 교묘하다   交谈 jiāotán 동 이야기를 나누다   社交活动 shèjiāo huódòng 명 사교활동   必不可少 bì bù kě shǎo 성 없어서는 안 된다, 반드시 필요하다   俗话 súhuà 명 속어, 속담   在于 zàiyú 동 ~에 달려있다   表达 biǎodá 동 생각과 감정을 표현하다   处理 chǔlǐ 동 처리하다   棘手 jíshǒu 형 처리하기가 까다롭다, 애먹다   人际关系 rénjìguānxì 명 대인관계   如坐春风 rú zuò chūn fēng 봄바람 속에 앉아 있는 듯하다   言语 yányǔ 명 말, 언어   可憎 kězēng 형 밉살스럽다, 꺼림칙하다   密切 mìqiè 밀접하다   组成部分 zǔchéng bùfen 명 구성 부분   事业 shìyè 명 사업   成败 chéngbài 명 성공과 실패   举足轻重 jǔ zú qīng zhòng 성 중대한 영향을 끼치다   先决条件 xiānjué tiáojiàn 명 선결조건   讲究 jiǎngjiu 동 중요하게 여기다   地位 dìwèi 명 지위

녹음을 듣고 질문에 알맞은 정답을 고르세요. 🎧 31.mp3

1. A 会发出各种声音
   B 有些器官退化了
   C 寿命比较长
   D 行动缓慢

2. A 月亮
   B 萤火虫
   C 星星
   D 路灯

3. A 深海鱼都十分危险
   B 阳光无法照射到海底
   C 海底有很多秘密
   D 海底没有绿色植物

4. A 听报告
   B 研究讨论
   C 看展览
   D 做实验

5. A 合影照片
   B 日程表
   C 研讨主题
   D 最新研究结果

6. A 第五天有闭幕晚会
   B 他们将到国外游览
   C 第三天进行交流
   D 整个活动持续一周

03

논설문과 보도문
화자의 주장 및 객관적인 정보 파악하기

기본기 다지기   기본 개념 잡기 & 공략 미리보기

논설문과 보도문에서는 화자의 관점을 묻는 문제와 세부 정보를 묻는 문제가 주로 출제된다.

I 기본 개념 잡기 1 I 논설문과 보도문

1. 논설문이란?

논설문은 자신의 주장이나 관점을 논리적으로 전달하는 글로, 연구 결과에 대한 학술 논문, 신문과 잡지의 사설/평론, 특정 문제에 대한 화자의 견해 등이 출제된다. 논설문은 문제를 제기하여 글을 쓴 동기와 목적을 밝히고 특정 어휘를 정의하거나 반문의 형식을 자주 사용한다. 본론에서는 자신의 주장과 이를 뒷받침하는 근거를 제시하는데 앞서 배운 나열하는 표현을 자주 사용한다. 결론에서는 자신의 주장을 요약하거나 다시 한 번 강조한다.

- **논설문의 주제** : 传统是留给后代的宝贵财富   전통은 후대에게 남겨 줄 소중한 재산이다.

  机舱内是否允许使用手机还是未知数   기내의 핸드폰 사용을 허용해야 하는지는 미지수이다.

2. 보도문이란?

보도문은 객관적인 근거에 따라 사건이나 상황을 정확하게 전달하는 글로, 육하원칙에 따라 서술된다. 따라서 문제의 질문도 육하원칙의 내용을 묻는 경우가 많은데, 뉴스 보도뿐만 아니라 조사 결과에 관한 리포트 등도 포함된다.

- **보도문의 주제** : 导致交通事故原因调查及分析结果   교통사고 유발 원인에 대한 조사 분석 결과

  传统文化类综艺节目的收视率在上升   전통문화 관련 예능 프로그램의 시청률 상승

I 기본 개념 잡기 2 I 주요 질문 유형

논설문과 보도문에서는 화자의 관점과 견해를 묻는 문제(有什么看法/想告诉我们什么)와 육하원칙에 따른 세부 내용을 묻는 문제 등이 출제된다.

- 关于A，说话人是什么观点？   A에 관해 말하는 이는 어떤 견해를 가지고 있는가?
- 说话人建议什么？   말하는 사람은 무엇을 건의하는가?
- 根据这段话，下列哪项正确？   이 글에 따라 다음 중 옳은 내용은?

I 공략 미리보기 I

합격 공략 22	논설문에서는 要와 不能을 주목하라!
합격 공략 23	보도문은 객관적인 정보와 마지막 문장에 주목하라!
합격 공략 24	[220점 이상 고득점] 일치하지 않는 하나를 고르라!

합격 공략 **22** 논설문에서는 要와 不能을 주목하라!

주장과 관점을 나타내는 표현

논설문 문제의 보기는 주로 要/不能과 함께 공익적인 내용이 함께 제시되므로 이러한 보기가 제시되면 논설문임을 예상할 수 있다. 말하는 사람의 주장은 당위성을 나타내는 어휘 要(~해야 한다), 不能(~해서는 안 된다)과, 관점과 견해를 나타내는 어휘 认为(~라고 생각한다) 등을 사용하므로 녹음에 이러한 표현이 언급되면 특별히 주의해서 들어야 한다.

〈 주장과 관점을 나타내는 표현 〉

의무/금지	**要** 해야 한다 **必须** 반드시 **(应)该** 마땅히 ~해야 한다
	得 해야 한다 **不能** ~하면 안 된다 **不要** ~하지 말라 **不(应)该** ~해서는 안 된다
관점/견해	**我认为** 나는 ~라고 생각한다 **我觉得** 나는 ~라고 생각한다 **依我看** 내가 보기에는
	从……的角度来看 ~의 관점으로 보면

실전문제 🎧 32.mp3

A 要保护城市环境
B 要传承优秀文化
C 不能只追求物质享受
D 要学会抛弃有些事物

STEP 1 보기의 핵심 키워드를 파악하고 내용 예상하기

A 要保护城市环境
B 要传承优秀文化
C 不能只追求物质享受
D 要学会抛弃有些事物

A 도시 환경을 보호해야 한다
B 우수한 문화를 전승해야 한다
C 물질적 향락만 추구해서는 안 된다
D 어떤 것은 버릴 줄도 알아야 한다

보기에 要(해야 한다)와 不能(해서는 안 된다)이 있으므로 화자의 관점 또는 주장을 묻는 문제임을 예상할 수 있다. 보기의 키워드는 保护城市环境(도시환경 보호), 传承优秀文化(우수한 문화 계승), 只追求物质享受(물질적 향락만 추구), 学会抛弃(포기할 줄 알다)이다.

STEP 2 들은 내용 메모하기

近年来，由于经济、社会的快速发展，我们的生活也随之发生了巨大的变化，其中就包括城市和乡村的面貌。这种飞速的变化使人们还来不及细想，就把一些事物放弃了，有些文化就失落了。好在还有很多人，他们具有更长远的眼光。他们意识到，不管变化来得多么快、多么令人欣喜，有些事物是我们不能抛弃的，

최근 경제, 사회의 급격한 발달로 우리의 삶도 그에 따라 엄청난 변화가 생겼다. 그 중에는 도시와 농촌의 모습도 포함된다. 이러한 급속한 변화는 사람들이 미처 자세히 생각할 겨를도 없이 어떤 물건은 포기하게 만들었고 어떤 문화는 잃어버리게 하였다. 다행히 아직 많은 사람들은 장기적인 안목을 가지고 있다. 그들은 변화가 얼마나 빠르게 진행되고 얼마나 사람들을 즐겁게 하는지에 관계없이 어떤 것들은 우리가 포기해서는 안 되며 소중히 여기고 전승해야 한다는 것을 알고

并要珍视而且传承下去。比如那些凝聚着前人的灵感和心意的古老建筑、雕塑以及世代相传的故事和歌谣，是我们得自前人必须留给后人的宝贵财富。

있다. 예를 들어 선인의 영감과 뜻이 응집된 옛 건축물, 조각품 및 대대손손 전해 내려오는 이야기와 가요 등은 우리가 선조로부터 받은 것이니 마땅히 후대 사람들에게도 남겨 주어야 하는 귀중한 재산인 것이다.

녹음의 시작 부분에서 我们的生活发生了巨大的变化(우리의 삶에 커다란 변화가 생겼다)라고 하여 현상을 소개하였고, 이어 이러한 현상이 가져온 부정적인 결과를 放弃(포기하다), 失落(잃어버리다) 등의 어휘를 사용하여 설명하였다. 녹음의 중간 부분에 당위성을 나타내는 조동사 不能(~해서는 안 된다)과 要(~해야 한다)를 사용하여 화자의 견해를 제시하였는데 有些事物是我们不能抛弃的, 并要珍视而且传承下去(어떤 것들은 우리가 포기해서는 안 되며 소중히 여기고 전승해야 한다)라고 했으므로 보기의 키워드가 언급된 B에 메모해 둔다.

STEP 3 질문에 알맞은 정답 고르기

问：说话人主要想告诉我们什么？ 화자는 우리에게 무엇을 알려주고자 하는가？

질문이 화자가 말하고자 하는 것이 무엇인가이므로 알맞은 정답은 B 要传承优秀文化(우수한 문화를 전승해야 한다)이다.

정답 B 要传承优秀文化

어휘 传承 chuánchéng 통 전승하다   追求 zhuīqiú 통 추구하다   物质享受 wùzhì xiǎngshòu 물질적 향락   抛弃 pāoqì 통 버리고 돌보지 않다, 포기하다   事物 shìwù 명 사물   随之 suízhī 이에 따라   巨大 jùdà 형 거대하다   包括 bāokuò 통 포함하다   乡村 xiāngcūn 명 농촌, 시골   面貌 miànmào 명 면모   细想 xìxiǎng 통 면밀히 생각하다, 숙고하다   失落 shīluò 통 소실되다   好在 hǎozài 부 다행히도   欣喜 xīnxǐ 형 즐거워하다   珍视 zhēnshì 통 소중하게 여기다   凝聚 níngjù 통 응집하다   灵感 línggǎn 명 영감   心意 xīnyì 명 마음   古老 gǔlǎo 형 오래되다   建筑 jiànzhù 명 건축물   雕塑 diāosù 명 조각   世代相传 shì dài xiāng chuán 성 대대로 전해지다   歌谣 gēyáo 명 가요   宝贵 bǎoguì 형 귀중하다   财富 cáifù 명 부, 재산

합격 공략 **23** 보도문은 객관적인 정보와 마지막 문장에 주목하라!

객관적인 정보 수집하기

보도문은 사건이나 상황을 객관적으로 대중에게 알리는 글이기 때문에 대부분 육하원칙에 따라 쓰여진다. 따라서 보도문은 '누가, 언제, 어디서, 무엇을, 어떻게, 왜' 등의 정보를 꼼꼼히 메모해 두어야 한다. 또한 조사 결과와 같은 내용은 구체적인 수치도 언급되므로 숫자 정보에 주의해야 하며, 찬반 양론을 알리는 보도문에서는 찬성하는 견해와 반대하는 견해를 구분하여 파악해야 한다.

실전문제 🎧 33.mp3

A 2	B 4
C 100	D 8

STEP 1 보기의 핵심 키워드를 파악하고 내용 예상하기

보기가 숫자로 제시되었으므로 녹음을 들으면서 숫자가 언급되는지 주의해야 한다. 또한 숫자는 단위(양사)를 함께 들어야 하며 간단한 계산을 할 수도 있음에 주의한다.

STEP 2 들은 내용 메모하기

四川文物博物馆对志愿解说员的工作量要求是：保证每月至少来馆服务两次，每次服务时间不少于4小时，每年服务时间不少于100小时。可是许多志愿者的服务时间远远超过了这个标准。据博物馆工作人员介绍："这些志愿者没有任何报酬，只是凭着对中国历史文化的热爱，心甘情愿被博物馆'占用'业余时间。他们虽然没有功底，但有热情，更愿意与参观者互动交流。他们无私奉献、不求回报的精神给参观者留下了深刻的印象。"

사천 문화재 박물관 자원봉사 해설사들의 업무량에 대한 요구 사항은 다음과 같다. 매월 최소 2회 박물관에서 봉사하고, 봉사 시간은 매회 4시간 이상, 매년 100시간 이상으로 한다. 하지만 수많은 자원봉사자들의 봉사 활동 시간은 이 기준을 훨씬 초과했다. 박물관 직원에 따르면 "이들 자원봉사자들은 어떠한 보수도 받지 않고 단지 중국역사 문화에 대한 열정 때문에 자신의 여가시간을 박물관에 기꺼이 '빼앗기고 있습니다'. 그들은 비록 기초는 없지만, 열정이 있어서 견학자들과 더욱 서로 소통하기를 원합니다. 그들의 사심 없는 봉사와 대가를 바라지 않는 정신은 견학자들에게 깊은 인상을 남겨 주었습니다."

녹음은 사천 문화재 박물관의 자원봉사 해설사들의 업무량에 관한 설명으로 시작한다. 여러 개의 구체적인 숫자가 언급되는데 每月至少来馆服务两次, 每次服务时间不少于4小时, 每年服务时间不少于100小时(매월 최소 2회 박물관에서 봉사하고, 봉사 시간은 매회 4시간 이상, 매년 100시간 이상으로 한다)를 듣고 단위를 함께 메모해 둔다.

STEP 3 질문에 알맞은 정답 고르기

问：志愿者解说员每年的服务时间应该不少于多少小时? 자원봉사 해설사는 매년 몇 시간 이상 봉사 활동을 해야 하는가?
질문에서 자원봉사 해설사가 매년 몇 시간 이상 봉사 활동을 해야 하는지 물었으므로 정답은 C 1000이다.

정답 C 100

어휘 志愿 zhìyuàn 통 자원하다　解说员 jiěshuōyuán 명 해설사　保证 bǎozhèng 통 보증하다, 확보하다　报酬 bàochou 명 보수, 사례금　占用 zhànyòng 통 남의 것을 점용하다　功底 gōngdǐ 명 기초　互动 hùdòng 통 상호작용을 하다, 서로 영향을 주다　无私 wúsī 형 사심이 없다　奉献 fèngxiàn 명 통 공헌·기여(하다)　回报 huíbào 명 통 보답(하다)

합격 공략 24 [220점 이상 고득점] 일치하지 않는 하나를 고르라!

옳지 않은 내용 고르기

세부 내용을 묻는 문제에서 가장 난이도가 높은 질문은 下列哪项不是……? (다음 중 ～으로 옳지 않은 것은?)이다. 녹음 지문을 다 들은 후에 문제의 질문이 제시되기 때문에 만일 옳은 내용을 고르는 문제인 줄 알고 정답을 고르면 결국 오답을 선택하게 된다. 따라서 보기의 핵심 어휘와 녹음을 대조할 때 2개의 보기가 일치한다면 옳지 않은 것을 고르는 문제일 가능성이 높다는 것을 염두에 두고 문제를 풀어야 한다.

A 培养独立性
B 放松身心
C 增长见闻
D 留学前的实地考察

STEP 1 보기의 핵심 키워드를 파악하고 내용 예상하기

A 培养独立性
B 放松身心
C 增长见闻
D 留学前的实地考察

A 독립심을 키운다
B 심신을 편안하게 한다
C 견문을 넓힌다
D 유학 전 현지 답사를 하다

보기의 어휘를 통해 유학에 관한 지문임을 예상할 수 있다. 보기의 핵심 어휘는 独立性(독립심), 放松(긴장을 풀다), 见闻(견문), 实地考察(현지 답사)이다.

STEP 2 들은 내용 메모하기

近年来，在各地学生中刮起了一股"暑期游学"风，很多学生选择在暑假时去国外游学。根据调查，学生参加游学团的目的主要有三种：增长见识、留学前的实地考察，还有人单纯为了减压放松。但游学归来后却发现并没有什么实际效果，游大于学，还有些人只游不学，很多参加游学的孩子回来以后除了一些旅游景点之外，对当地的文化风俗却没有太深的印象，外语口语能力也依旧还是老样子，没什么变化。

최근 들어 각 지역의 학생들 사이에 '여름 방학 스터디 투어(study tour)' 열풍이 일었다. 많은 학생들이 여름 방학에 해외 스터디 투어를 선택한다. 조사에 따르면 학생들이 스터디 투어에 참가하는 데는 3가지 목적이 있었다. 견문을 넓히는 것, 유학 전 현지를 답사하는 것, 그리고 단순하게 스트레스를 풀기 위한 것이었다. 그러나 스터디 투어에서 돌아온 뒤 어떤 실제적인 효과가 없다는 것을 발견했다. 여행의 비중이 학습보다 커서 어떤 사람들은 여행만 하고 공부는 하지 않기 때문에 스터디 투어에 참가하는 많은 아이들은 돌아온 후 몇몇 관광지를 빼면 현지 문화에 대해 그렇게 깊은 인상을 갖지 못했고, 또한 외국어 회화 능력도 그대로여서 별다른 변화가 없었다.

녹음에서 暑期游学(여름 방학 스터디 투어)를 소개하며 스터디 투어에 참가하는 목적에 대해 설명하고 있다. 이 목적은 增长见识、留学前的实地考察，还有人单纯为了减压放松(견문을 넓히는 것, 유학 전 현지를 답사하는 것, 그리고 단순하게 스트레스를 풀기 위한 것)인데, 이 내용은 보기 B, C, D와 일치하므로 O표시를 해 둔다.

STEP 3 질문에 알맞은 정답 고르기

问：下面哪项不是学生游学的主要目的? 다음 중 학생들이 스터디 투어를 떠나는 주된 목적이 아닌 것은?

질문이 학생들이 스터디 투어를 가는 주된 목적이 아닌 것이므로 정답은 A 培养独立性(독립심을 키우다)이다.

정답 A 培养独立性

어휘 培养 péiyǎng 통 양성하다, 키우다 独立性 dúlìxìng 명 독립성 见闻 jiànwén 명 견문, 보고 들은 것 实地考察 shídì kǎochá 현지 답사 股 gǔ 양 맛·기체·냄새·힘 등을 세는 단위 调查 diàochá 명 통 조사(하다) 增长 zēngzhǎng 통 증가하다, 신장하다 见识 jiànshí 명 식견, 견문 旅游景点 lǚyóu jǐngdiǎn 명 관광 명소 依旧 yījiù 부 여전히 老样子 lǎoyàngzi 옛 모습, 옛날 그 모양

녹음을 듣고 질문에 알맞은 정답을 고르세요. 🎧 35.mp3

1. A 应聘者的要求
   B 应聘者的综合能力
   C 应聘者的关注点
   D 应聘者的情况

2. A 性格不活泼
   B 非常乐观积极
   C 有团队精神
   D 缺乏积极性

3. A 员工培训制度
   B 企业文化
   C 职务发展前景
   D 薪资待遇

4. A 最近正在热播
   B 只能在网站上收看
   C 观众不爱看
   D 在周末播出

5. A 综艺节目的流行是必然的
   B 传统文化已经脱离了新时代
   C 中小学生要学古诗词
   D 传统文化的传播形式需创新

녹음을 듣고 질문에 알맞은 정답을 고르세요. 🎧 36.mp3

1. A 待遇丰厚
   B 要求很低
   C 公司的规模很大
   D 可以到国外工作

2. A 秘书
   B 部长
   C 主任
   D 总裁

3. A 很有幽默感
   B 最终未被录用
   C 沟通能力强
   D 写了一份报告

4. A 能治疗各种疾病
   B 可以杀死细菌
   C 一定能获得维生素D
   D 可以补充热量

5. A 清晨6~7点

   B 上午10~11点

   C 下午4~5点

   D 午后5~7点

6. A 会引起头晕

   B 会对眼睛造成损伤

   C 皮肤会发炎

   D 会挡住大部分紫外线

7. A 怕他疲劳

   B 怕他耽误国事

   C 担心他养成不良习惯

   D 怕被老百姓讽刺

8. A 虚心使人进步

   B 万事开头难

   C 读书有好处

   D 国家太平

독해
제 1 부분

빈칸 채우기

Warm Up!
유형 분석 & 풀이 전략

1. 어휘 호응형
앞뒤 성분과의 관계 파악하기

2. 문맥 파악형
어휘의 의미부터 문맥의 흐름까지 파악하기

3. 유의어 비교형
유의어의 차이점 파악하기

4. 문장 채우기형
글의 논리적인 흐름 파악하기

Warm Up!

유형 분석 & 풀이 전략

유형 분석 | 시험엔 이렇게 나온다!

출제 방식

HSK 5급 독해 제1부분은 지문의 빈칸에 적합한 어휘 또는 문장을 고르는 문제로 46번부터 60번까지 총 15문항이 출제되며, 한 지문당 3~4문항이 주어진다. 15문항 중 어휘를 채우는 문제가 12문항, 문장을 채우는 문제가 3문항 출제된다.

출제 경향 & 유형별 출제 비율

독해 제1부분은 빈칸에 알맞은 어휘를 채우는 문제가 12문항이기 때문에 어휘력이 80%를 차지하는 영역이다. 따라서 고득점을 위해서 어휘의 의미는 물론 그 용법까지 파악하는 것이 필수적이다. 압도적인 출제 1순위 품사는 동사이며 그 뒤를 이어 명사, 형용사, 부사 등이 출제된다. 단음절 동사와 양사도 출제되지만 출제빈도가 상대적으로 낮다. 총 3문항이 출제되는 문장 채우기는 문장 연결 능력을 테스트하므로 접속사가 있다면 호응관계를 파악하고, 글의 전후 문맥과 흐름을 이해하는 것이 중요하다. 글의 종류는 설명문의 출제 비중이 가장 높고, 중국의 문화와 지역을 소개하는 글과 에피소드가 꾸준히 출제되고 있다.

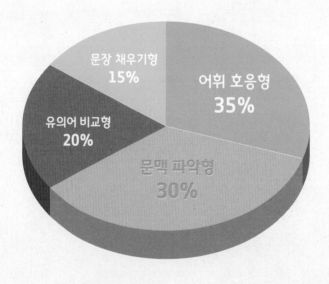

풀이 전략 | 문제 풀이 Step & 풀이 전략 적용해 보기

Step 1

빈칸의 앞뒤 파악하기

어휘 채우기 문제는 빈칸의 문장 성분 및 앞뒤 의미 관계를 파악하고, 문장 채우기 문제는 문맥의 흐름 및 연결 관계를 나타내는 어휘(접속사, 부사)를 파악해 둔다.

Step 2

보기 분석하여 알맞은 정답 고르기

어휘 채우기 문제는 보기의 뜻과 품사를 파악하여 빈칸에 들어갈 알맞은 정답을 고른다. 문장 채우기 문제는 호응 관계를 이루는 접속사가 있는지, 흐름상 대조와 보완을 나타내는 표현이 있는지, 순접/역접을 나타내는 표현이 있는지 등을 파악하여 빈칸에 들어갈 알맞은 정답을 선택한다.

※ Step1과 Step2의 순서를 반대로 하여 접근할 수도 있다.

풀이 전략 적용해 보기

　　古往今来，人们把做生意的人叫做"商人"；　57　上用来交换的物品叫做"商品"；做生意的行业叫做"商业"。　58　，都要冠以"商"字。原来，这与中国的商朝有关。

　　早在4000年前，黄河流域居住着一个古老的部落——商部落，他们的首领叫契。契的六世孙王亥发明了牛车，开始服牛驯马，促使农牧业迅速发展，因此使商部落的生产力显著提高，剩余物品也　59　增加起来了。于是王亥经常率领部落成员与其他部落进行物物交易。久而久之，人们便把这些从事交易的商部落人　60　为"商人"，把用于交换的物品叫做"商品"，把商人从事的职业叫做"商业"。

57. A 市场　　　　　B 单位　　　　　C 家庭　　　　　D 媒体

58. A 哪怕是不会做生意的农民
    B 即使商人的社会地位非常低
    C 虽然商业交易发展速度很快
    D 无论是什么只要与生意有关

59. A 迟早　　　　　B 至今　　　　　C 逐渐　　　　　D 随时

60. A 夸　　　　　　B 称　　　　　　C 瞧　　　　　　D 叫

古往今来，人们把做生意的人叫做"商人"；
___57___上用来交换的物品叫做"商品"；做生意的
行业叫做"商业。___58___，都要冠以"商"字。原
来，这与中国的商朝有关。

早在4000年前，黄河流域居住着一个古老的部
落——商部落，他们的首领叫契。契的六世孙王亥
发明了牛车，开始服牛驯马，促使农牧业迅速发展，
因此使商部落的生产力显著提高，剩余物品也
___59___增加起来了。于是王亥经常率领部落成员与
其他部落进行物物交易。久而久之，人们便把这些
从事交易的商部落人___60___为"商人"，把用于交
换的物品叫做"商品"，把商人从事的职业叫做"
商业"。

예로부터 지금까지, 사람들은 장사하는 사람을 일컬어 '상인'이라 하고, ___57___에서 교환하는 데 쓰이는 물품을 일컬어 '상품'이라 하며, 장사하는 업종을 일컬어 '상업'이라 한다. ___58___, 모두 다 '상'자로 타이틀을 붙이는데 알고보니 이것은 중국의 상나라 왕조와 관련이 있었다.

일찍이 4000년 전, 황하유역엔 상부족이라고 하는 오래된 부족이 살고 있었다. 그들의 족장은 '시에'라고 불렸다. '시에'의 6세손인 왕허는 소달구지를 개발하고 말과 소를 길들여 농업과 목축업을 발전시켰다. 그리하여 상부족의 생산력이 뚜렷하게 향상되었고 잉여 물품도 ___59___ 증가하기 시작하였다. 그래서 왕허는 자주 부족원을 이끌고 다른 부족과 물물거래를 하였다. 이렇게 오랜 시간이 흐르자 사람들은 이들 교역에 종사하는 상부족인들은 '상인'이라 ___60___ 되었으며, 교환에 사용하는 물품은 '상품', 상인이 종사하는 직업을 '상업'이라 부르게 되었다.

57. 보기 4개가 모두 명사이다. 빈칸 뒤에 방위명사 上이 있으므로 빈칸은 上과 결합할 수 있는 명사 자리임을 알 수 있다.

58. 보기는 모두 문장으로 빈칸에 알맞은 문장을 넣어야 한다. 빈칸 뒤에 부사 都(모두)가 있으므로 이와 호응하는 문장을 고른다.

59. 빈칸 앞에 부사 也(~도)가 있고 뒤에 술어 增加(증가하다)가 있으므로 빈칸은 또 다른 부사어의 자리임을 알 수 있다. 보기는 모두 부사이므로 의미가 어울리는 부사를 넣는다.

60. 보기 4개가 모두 단음절 동사이며, 빈칸 뒤에 결과보어 为(~으로 되다), 빈칸 앞에 개사 把가 있으므로, '把+A+동사+为+B' 형식을 만족하는 동사를 골라야 한다.

57. A 市场　　　　B 单位
　　C 家庭　　　　D 媒体

A 시장　　　　B 단위/부문
C 가정　　　　D 언론

빈칸은 방위사 上과 결합할 수 있는 명사 자리이다. 보기 중 上과 자주 결합하는 명사는 A 市场, B 单位, D 媒体이다. 빈칸 뒷부분에 用来交换的物品(교환에 사용하는 물품)이라고 했으므로 의미상 가장 적합한 것은 A 市场(시장)이다.

58. A 哪怕是不会做生意的农民
　　B 即使商人的社会地位非常低
　　C 虽然商业交易发展速度很快
　　D 无论是什么只要与生意有关

A 설사 장사할 줄 모르는 농민이라 할지라도
B 설사 상인의 사회적 지위가 매우 낮더라도
C 비록 상거래 발전 속도가 매우 빠르지만
D 무엇이든 장사와 관련만 있으면

보기에 공통적으로 접속사가 있으므로 호응 관계를 파악하도록 한다. 빈칸 뒷절의 부사 都(모두)와 호응할 수 있고, 의미상 뒷절 要冠以"商"字(모두 商자를 타이틀로 붙인다)와 연결되는 것을 선택해야 한다. D의 无论(~에도 불구하고)은 '无论……都……(~에 관계없이 모두 ~하다)'의 호응 관계를 이루므로 정답은 D 无论是什么只要与生意有关(무엇이든 장사와 관련만 있으면)이다. A의 哪怕(설사 ~할지라도)와 B의 即使(설사 ~할지라도)은 '哪怕/即使……也……(설사 ~할지라도 ~하다)'의 호응 관계를 이루고, C의 虽然(비록 ~할지라도)은 '虽然……，但是……(비록 ~지만 ~하다)'의 호응 관계를 이룬다.

59. A 迟早　　　　　　B 至今

　　　C 逐渐　　　　　　D 随时

| A 조만간 | B 지금까지 |
| C 점차 | D 아무 때나 |

보기는 모두 부사로, 부사는 빈칸의 앞뒤 문장을 파악해야 한다. 빈칸 앞문장에서 商部落的生产力显著提高(상부족의 생산력이 현저히 높아졌다)라고 했고, 빈칸의 문장이 '잉여 물품도 ~하게 증가하기 시작했다'라는 뜻을 나타내므로 의미상 알맞은 정답은 C 逐渐(점차)이다.

60. A 夸　　　　　　　B 称

　　　C 瞧　　　　　　　D 叫

| A 과장하다 | B 칭하다 |
| C 보다 | D 부르다 |

빈칸은 모두 단음절 동사이고, 빈칸 앞에 개사 把가 있고, 빈칸 뒤에 결과보어 为가 있다. '把+A+동사+为+B(A를 B라고 부르다)'의 형식에 들어갈 수 있는 것은 称이 유일하므로 정답은 B 称(칭하다)이다.

정답 57. A　58. D　59. C　60. B

어휘 지문 古往今来 gǔwǎngjīnlái 옛날부터, 지금까지　商人 shāngrén 명 상인, 장사꾼　交换 jiāohuàn 명 동 교환(하다)　商品 shāngpǐn 명 상품　行业 hángyè 명 업종　商业 shāngyè 명 상업　冠以 guànyǐ ~라고 타이틀을 붙이다　流域 liúyù 명 유역　居住 jūzhù 명 거주하다, 살다　古老 gǔlǎo 형 오래되다　部落 bùluò 명 부락, 부족　首领 shǒulǐng 명 수령, 우두머리　契 Xiè 인명 시에 [상조(商朝)의 시조(始祖) 순(舜)임금의 신하였다고 전해짐]　王亥 wánghài 인명 왕하이[BC 약1775 상(商) 고조]　驯 xùn 동 길들이다　农牧业 nóngmùyè 농목업, 농업과 축산업의 합칭　生产力 shēngchǎnlì 명 생산력　显著 xiǎnzhù 형 현저하다, 뚜렷하다　促使 cùshǐ 동 ~하게 하다　剩余 shèngyú 명 잉여, 나머지　物品 wùpǐn 명 물품　率领 shuàilǐng 동 이끌다, 거느리다　成员 chéngyuán 명 구성원　物物交易 wùwùjiāoyì 물물거래　久而久之 jiǔ ér jiǔ zhī 성 오래오래 지속되다　보기 市场 shìchǎng 명 시장　单位 dānwèi 명 단체/기관 등의 단위, 부문　家庭 jiātíng 명 가정　媒体 méitǐ 명 미디어　哪怕 nǎpà 접 설령 ~할지라도　农民 nóngmín 명 농민　社会地位 shèhuì dìwèi 사회적 지위　商业交易 shāngyè jiāoyì 명 상거래　迟早 chízǎo 명 부 조만간　至今 zhìjīn 동 지금에 이르다 부 지금까지　逐渐 zhújiàn 부 점차, 차츰　随时 suíshí 부 수시로, 아무때나　夸 kuā 동 과장하다, 칭찬하다　称 chēng 동 부르다, 칭하다　瞧 qiáo 동 보다　叫 jiào 동 외치다, 부르다

01 어휘 호응형
앞뒤 성분과의 관계 파악하기

기본기 다지기 기본 개념 잡기 & 공략 미리보기

중국어에서는 특정 어휘들 간에 고정적으로 호응하여 짝을 이루는 词汇搭配(어휘호응)가 매우 중요하다. 예를 들어, '사건이 발생하다'를 发生事故(○)로 표현하지 产生事故(×)라고 하지 않는다. 이러한 어휘간의 조합은 암기해 두지 않으면 문제를 해결할 수 없다. 최근 어휘 난이도 역시 점차 높아지는 추세이므로, 어휘의 의미는 물론 용법과 쓰이는 상황까지 함께 학습해 두도록 하자.

l 기본 개념 잡기 l 앞뒤 성분 파악하기

중국어의 기본 어순은 '주어+(부사어)+술어+(보어)+(관형어)+목적어'로 빈칸에 보기를 무조건 대입하여 해석으로 문제를 풀기 보다는 문장의 구조를 파악하여 호응 구조에 따라 알맞은 어휘를 넣어야 한다.

1. 술어와 동태조사 ★★★

빈칸 뒤에 동태조사(了, 着, 过)가 있으면 빈칸은 동사술어 자리이다.

　　동사술어　　 + 동태조사(了, 着, 过)

50年后, 他　终于　　获得　　了　2017年的诺贝尔　物理奖。
　　　　　주어　부사어　동사술어　了　　　관형어　　　목적어

50년 후, 그는 마침내 2017년도 노벨 물리학상을 받게 되었다.

2. 목적어와 술어

동사술어와 의미가 호응하는 명사를 목적어에 배치한다.

　　동사술어 + 　명사목적어

这一发明　为信息通讯行业的发展　作出　了　巨大的　　贡献　。
　주어　　　　부사어　　　　　　동사술어　了　관형어　명사목적어

이 발명은 정보통신 산업의 발전에 엄청난 기여를 했다.

3. 관형어와 명사

1) 중심어 명사 넣기

주어, 목적어 등의 명사를 수식하는 관형어인 '……的' 혹은 '수사+양사'나 很多 등의 수량구가 빈칸 앞에 있으면 빈칸은 명사의 자리이다. 따라서 관형어와 의미가 어울리는 명사를 넣는다.

　　관형어('수사+양사' / '……的') + 　명사

经过数万年的进化, 它们　形成　了　多种适应环境的　方式　。
　　　　　　　　　주어　동사술어　了　　관형어　　　명사목적어

수만 년의 진화를 거쳐, 그들은 환경에 적응하는 다양한 방식을 형성하였다.

2) 관형어 넣기

만일 빈칸 뒤에 '的+명사'가 있으면 빈칸은 명사를 꾸며주는 관형어 자리이므로 명사와 의미가 어울리는 어휘를 선택한다.

 관형어(동사/형용사/명사) + (的) + 명사

昂贵的住宿费、交通费以及对 陌生 环境的畏惧等问题，都会导致人们放弃去环游世界 。
　　　　　　　　　　　　　관형어　명사

엄청나게 비싼 숙박비, 교통비 및 낯선 환경에 대한 두려움 등이 사람들로 하여금 세계일주를 포기하게 만든다.

4. 부사어와 술어

1) 중심어 술어 넣기

부사어는 술어 앞에서 수식하는 성분으로 빈칸 앞에 부사어(부사, 조동사, ……地, '개사구')가 있으면 빈칸은 술어(동사/형용사) 자리이다.

 부사어(시간사/부사/조동사/……地/개사구) + 술어(동사/형용사)

我们在人生失意的时候，**也要勇敢地** 面对 困难。
　　　　　　　　　　　　부사어(부사+조동사+……地)　술어　목적어

우리는 인생이 뜻대로 되지 않을 때라도 용감하게 어려움에 직면해야 한다.

2) 부사어 넣기

빈칸 뒤에 술어(동사/형용사)가 있으면 빈칸은 부사어 자리이다.

 부사어(시간사/부사/조동사/……地/개사구) + 술어(동사/형용사)

受到老师的批评后，他 有点儿 不耐烦 地 说："老师，……？"
　　　　　　　　　주어　부사어(부사)　부사어(……地)　술어

선생님께 꾸지람을 받고 그는 다소 귀찮은 듯 말했다. "선생님. ……?"

| 공략 미리보기 |

합격 공략 25　서로 어울리는 술어–목적어를 조합하라!

합격 공략 26　서로 어울리는 관형어–명사를 조합하라!

합격 공략 27　[220점 이상 고득점] 호응 관계 어휘를 다양하게 조합하라!

합격 공략 25 서로 어울리는 술어–목적어를 조합하라!

술어의 힌트는 목적어 & 목적어의 힌트는 술어

문장이 길고 복잡할수록 기본 문장 구조를 분석하여 '주어, 술어, 목적어'를 찾는 것이 가장 중요하다. 그리고 이러한 호응 관계를 파악하여 빈칸에 들어갈 어휘의 문장 성분과 품사를 파악해야 한다. 술어는 목적어를 보고, 목적어는 술어를 통해 힌트를 얻을 수 있다. 또한 고정적으로 결합하는 '술어(동사)+목적어(명사)'를 암기해 두면 더욱 빠르게 어울리는 어휘를 정답으로 고를 수 있다.

부사어 + 술어 + 관형어 + 목적어

一项研究发现，**静静地** 　**听**　 **着** 雨滴打在树叶上的 **声音** ，有助于缓解压力。
　　　　　　부사어　술어　　　　관형어　　　목적어

부사어 静静地(조용히)의 수식을 받고 동태조사 着가 결합된 동사술어 听(듣다)은 관형어 뒤에 위치한 명사목적어 声音
(소리)과 술어-목적어의 호응 관계를 이룬다.

해석　한 연구에서 조용히 빗방울이 나뭇잎을 때리는 소리를 듣고 있으면 스트레스 해소에 도움이 된다는 것을 발견했다.

어휘　雨滴 yǔdī 몡 빗방울　静静地 jìngjìngde 가만히, 조용히　缓解 huǎnjiě 동 해소하다, 완화시키다

실전문제 📖🔍

所谓 "阅读" 是默读，不和别人分享，读者和书之间可以____个人的关系。
A 建立　　　　　　　B 造成　　　　　　　C 建设　　　　　　　D 产生

STEP 1　빈칸의 앞뒤 파악하기

所谓 "阅读" 是默读，不和别人分享，读者和
书之间可以____个人的关系。

소위 '열독'이란 묵독으로 다른 사람과 함께 나누지 않는 것이며, 독자
와 책 사이에는 개인적인 관계를 ____ 수 있다.

빈칸 앞에 부사어인 조동사가 있으므로 빈칸은 술어 자리이다. 빈칸 뒤의 목적어 关系(관계)와 의미가 어울리는 어휘가 들
어가야 한다.

STEP 2　보기 분석하여 알맞은 정답 고르기

A 建立　　　　　B 造成
C 建设　　　　　D 产生

A 맺다　　　　　　　　　　B 초래하다
C 건설하다　　　　　　　　D 생기다

보기에 제시된 어휘는 모두 동사이고 공통적으로 '만들다, 세우다'라는 뜻을 가지고 있다. 빈칸 뒤의 목적어 关系는 '관계
를 맺다'가 의미상 적합하므로 빈칸에 들어갈 어휘는 A 建立(맺다)이다. 보기의 어휘와 각각 호응하는 어휘를 살펴보면 다
음과 같다.

A **建立** 동 맺다, 세우다	**建立**关系 관계를 맺다　**建立**友情 우정을 맺다
B **造成** 동 초래하다	**造成**损失 손실을 초래하다　**造成**不良的后果 나쁜 결과를 초래하다
C **建设** 동 건설하다	**建设**城市 도시를 건설하다　**建设**强大的海军 강력한 해군을 건설하다
D **产生** 동 생기다	**产生**影响 영향이 생기다　**产生**兴趣 흥미가 생기다

정답　A 建立

어휘　所谓 suǒwèi 소위, 이른바 ~라는 것은　默读 mòdú 동 속으로 읽다, 묵독하다　分享 fēnxiǎng 동 함께 나누다

합격 공략 **26** 서로 어울리는 관형어–명사를 조합하라!

빈칸 앞에 관형어가 있는 경우 vs 빈칸 뒤에 '的명사'가 있는 경우

빈칸 앞에 관형어가 있으면 빈칸에 의미가 어울리는 명사를 넣고, 빈칸 뒤에 '的명사'가 있으면 빈칸에 들어갈 관형어로 의미가 어울리는 동사/형용사/명사를 넣는다. 관형어는 크게 '수사+양사'와 '……的'의 두 가지가 있는데 구조조사 的가 있는 형식이 출제 비중이 높고, 그 중에서도 형용사 관형어의 비중이 가장 높다. 따라서 서로 의미가 어울리는 형용사–명사의 어휘 조합을 따로 학습해 두는 것이 유리하다.

1. 관형어(형용사) + 的 + 명사

韩美两国当事者对六方会谈的重新召开表明 **十分** <u>谨慎</u> **的** <u>态度</u>。
　　　　　　　　　　　　　　　　　　　　　형용사　的　　명사

관형어 谨慎(신중하다)은 명사 态度(태도)를 꾸며주기 때문에 서로 의미가 호응한다. 또한 빈칸 앞에 정도부사가 있으면 형용사를 1순위로 배치한다.

해석 한미 양국의 당국자들은 6자 회담 재개에 대해 매우 신중한 태도를 보였다.

어휘 当事者 dāngshìzhě 관계자　六方会谈 liù fāng huìtán 6자 회담　召开 zhàokāi 图 열다

2. 형용사의 다양한 역할

문장에서 형용사는 술어, 부사어, 보어, 관형어 등 다양한 역할로 사용된다.

a. 술어　　自己的言行要<u>谨慎</u>　자신의 언행에 신중해야 한다
b. 부사어　<u>乐观</u>地认为　낙관적으로 여기다　　<u>充分</u>发挥　충분히 발휘하다
c. 보어　　说<u>清楚</u>　명확하게 말하다　　准备得很<u>充分</u>　충분히 준비하다
d. 관형어　<u>鲜艳</u>的衣服　화려한 색의 옷　　<u>严肃</u>的表情　심각한 표정

실전문제

古人认为最_____的学习方法就是亲身去经历和实践，这样才能巩固知识。

A 乐观　　　　　　　B 有效　　　　　　C 有限　　　　　　D 帮助

STEP 1 빈칸의 앞뒤 파악하기

古人认为最____的学习方法就是亲身去经历和实践，这样才能巩固知识。

> 옛날 사람들은 가장 ____한 학습 방법은 바로 몸소 겪어보고 실천해 보는 것이며, 이렇게 해야 지식을 공고히 다질 수 있다고 생각했다.

빈칸 앞에는 정도부사 最(가장)가 있고 뒤에는 관형어를 만드는 구조조사 的가 있으므로 빈칸은 형용사 관형어 자리임을 알 수 있다.

STEP 2 보기 분석하여 알맞은 정답 고르기

A 乐观　　　　　　B 有效
C 有限　　　　　　D 帮助

> A 낙관적이다　　　　　B 효과 있다
> C 유한하다　　　　　　D 돕다

독해 제 1 부분 | 103

보기 D 帮助(돕다)는 동사이므로 정도부사의 수식을 받을 수 없으므로 적합하지 않다. 나머지 보기는 모두 형용사인데 그중에서 学习方法(학습 방법)를 수식하는 형용사로 알맞은 것은 B 有效(효과적인)이다. 보기의 어휘와 각각 호응하는 어휘를 살펴보면 다음과 같다.

A 乐观 형 낙관이다	乐观的态度 낙관적인 태도	乐观的人生观 낙관적인 인생관
B 有效 형 효과가 있다	有效的方法 효과적인 방법	有效的措施 효과적인 조치
C 有限 형 유한하다	有限的时间 한정된 시간	能力有限 능력에 한계가 있다
D 帮助 동 돕다 명 도움	帮助消化 소화를 돕다	感谢您的帮助 당신의 도움에 감사하다

정답 B 有效

어휘 亲身 qīnshēn 부 친히, 몸소   实践 shíjiàn 명 동 실천(하다)   巩固 gǒnggù 동 견고하게 하다

합격 공략 27 [220점 이상 고득점] 호응 관계 어휘를 다양하게 조합하라!

명사-동사, 명사-형용사 다양하게 조합하기

호응 관계 어휘를 다양한 구조로 바꾸어 활용할 수 있다. 예를 들어 '주어-술어'를 '술어-목적어'로, 또는 '수식어-피수식어'의 관계로 활용할 수 있다. 즉, 명사는 주어 또는 목적어가 될 수 있고, 동사와 형용사가 술어 또는 관형어가 될 수 있다. 하나의 어휘가 다양한 품사를 갖는 경우 활용할 수 있는 범위가 더 넓어진다. 이러한 호응 관계의 다양성을 이해하면 문장 구조를 파악하고 정답을 도출하는데 큰 도움이 된다.

1. 주어-술어 → 수식어(관형어)-피수식어(명사)

印象　非常　深刻 인상이 매우 깊다 → 深刻的　印象 깊은 인상
주어(명사)　부사어　술어(형용사)　　　관형어(형용사)　명사

2. 술어-목적어 → 주어-목적어 (술어 첨가)

恢复　健康 건강을 회복하다 → 健康　得到了　恢复 건강이 회복되다
술어(동사)　목적어(명사)　　주어(명사)　　　목적어(명사)

실전문제

　　调查结果表明：撞车等交通事故的发生，与汽车颜色有着＿＿＿的联系。其中，黑色汽车是最容易发生事故的。

　A 唯一　　　　　　B 紧急　　　　　　C 密切　　　　　　D 全面

STEP 1 빈칸의 앞뒤 파악하기

调查结果表明：撞车等交通事故的发生，与汽车颜色有着___的联系。其中，黑色汽车是最容易发生事故的。

> 조사 결과에서 충돌 등의 교통사고의 발생은 차량의 색상과 ____한 관련이 있음이 나타났다. 그 중 검은색 차량이 가장 쉽게 사고가 발생했다.

빈칸 뒤에는 관형어를 만드는 구조조사 的와 피수식어인 联系(관련)가 있으므로 联系와 의미가 어울리는 관형어를 찾아야 한다.

STEP 2 보기 분석하여 알맞은 정답 고르기

A 唯一   B 紧急
C 密切   D 全面

> A 유일하다   B 긴급하다
> C 밀접하다   D 전면적이다

보기의 어휘는 모두 형용사이다. 빈칸의 문장이 '交通事故(교통사고)가 汽车颜色(차의 색깔)와 ～한 관련이 있다'라는 의미이므로 적합한 것은 C 密切(밀접하다)이다. 다른 보기는 모두 联系와 문맥상 어울리지 않는 어휘들이다. 보기의 어휘와 각각 호응하는 어휘를 살펴보면 다음과 같다.

A 唯一 휑 유일하다	**唯一**的选择 유일한 선택 **唯一**道路 유일한 길
B 紧急 휑 긴급하다	**紧急**情况 긴급 상황 **紧急**会议 긴급 회의
C 密切 휑 밀접하다	**密切**的关系 밀접한 관계 **密切**相关 밀접하게 관련있다
D 全面 휑 전면적이다	**全面**的检查 전반적인 검사 **全面**发展 전반적으로 발전하다

정답 C 密切

어휘 调查 diàochá 명 동 조사(하다)   表明 biǎomíng 동 분명하게 나타내다   撞车 zhuàngchē 동 차가 충돌하다

📚 필수 암기! 술어-목적어 호응 어휘

술어+목적어 ★★★

□ 把握 bǎwò 잡다	**把握**机会(=机遇) bǎwò jīhuì(=jīyù) 기회를 잡다
	把握时机 bǎwò shíjī 타이밍을 잡다
□ 办理 bànlǐ 처리하다	**办理**手续 bànlǐ shǒuxù 수속을 처리하다
	办理业务 bànlǐ yèwù 업무를 처리하다
□ 包含 bāohán 포함하다	**包含**意义(=意思) bāohán yìyì(=yìsi) 의미를 포함하다
	包含道理 bāohán dàoli 이치를 포함하다
□ 保持 bǎochí 유지하다	**保持**健康 bǎochí jiànkāng 건강을 유지하다
	保持安静 bǎochí ānjìng 정숙을 유지하다
□ 表达 biǎodá 표현하다	**表达**想法 biǎodá xiǎngfa 생각을 표현하다
	表达感情 biǎodá gǎnqíng 감정을 표현하다

□ 采取 cǎiqǔ 취하다	采取措施 cǎiqǔ cuòshī 조치를 취하다
	采取行动 cǎiqǔ xíngdòng 행동을 취하다
□ 参加 cānjiā 참가하다	参加考试 cānjiā kǎoshì 시험을 치다(참가하다)
	参加聚会 cānjiā jùhuì 모임에 참가하다
□ 承担 chéngdān 지다	承担责任 chéngdān zérèn 책임을 지다
	承担工作 chéngdān gōngzuò 업무를 맡다
□ 充满 chōngmǎn 가득하다	充满信心 chōngmǎn xìnxīn 자신감이 가득하다
	充满活力 chōngmǎn huólì 활력이 넘친다
□ 创造 chuàngzào 창조하다	创造记录 chuàngzào jìlù 기록을 세우다
	创造财富 chuàngzào cáifù 부를 창조하다
□ 从事 cóngshì 종사하다	从事工作 cóngshì gōngzuò 일을 하다, ~일(직업)에 종사하다
	从事行业 cóngshì hángyè ~업종에 종사하다
□ 促进 cùjìn 촉진시키다	促进交流 cùjìn jiāoliú 교류를 촉진시키다
	促进发展 cùjìn fāzhǎn 발전을 촉진시키다
□ 达到 dádào 도달하다	达到目的 dádào mùdì 목적을 달성하다
	达到效果 dádào xiàoguǒ 효과를 거두다
□ 导致 dǎozhì 초래하다	导致损失 dǎozhì sǔnshī 손실을 초래하다
	导致失败 dǎozhì shībài 실패를 초래하다
□ 犯 fàn 범하다	犯错误 fàn cuòwù 실수를 저지르다
□ 符合 fúhé 부합하다	符合要求 fúhé yāoqiú 요구에 부합하다
	符合条件 fúhé tiáojiàn 조건에 부합하다
□ 改善 gǎishàn 개선하다	改善环境 gǎishàn huánjìng 환경을 개선하다
	改善条件 gǎishàn tiáojiàn 조건을 개선하다
□ 缓解 huǎnjiě 해소하다	缓解压力 huǎnjiě yālì 스트레스를 해소하다
	缓解疲劳 huǎnjiě píláo 피로를 해소하다
□ 积累 jīlěi 쌓다, 누적하다	积累经验 jīlěi jīngyàn 경험을 쌓다
	积累知识 jīlěi zhīshi 지식을 쌓다
□ 建立 jiànlì 맺다, 세우다	建立关系 jiànlì guānxì 유대관계를 맺다
	建立纪念馆 jiànlì jìniànguǎn 기념관을 세우다
□ 交流 jiāoliú 교류하다	交流感情 jiāoliú gǎnqíng 감정을 나누다
	交流想法 jiāoliú xiǎngfǎ 생각을 나누다
□ 具备 jùbèi 갖추다	具备能力 jùbèi nénglì 능력을 갖추다
	具备条件 jùbèi tiáojiàn 조건을 갖추다

☐ 克服 kèfú 극복하다	克服困难 kèfú kùnnán 어려움을 극복하다
	克服问题 kèfú wèntí 문제를 극복하다
☐ 来自 láizì ~에서 오다	来自中国 láizì Zhōngguó 중국에서 오다
☐ 浪费 làngfèi 낭비하다	浪费资源 làngfèi zīyuán 자원을 낭비하다
	浪费时间 làngfèi shíjiān 시간을 낭비하다
☐ 利用 lìyòng 이용하다	利用工具 lìyòng gōngjù 도구를 이용하다
	利用时间 lìyòng shíjiān 시간을 이용하다
☐ 了解 liǎojiě 이해하다	了解情况 liǎojiě qíngkuàng 상황을 이해하다
	了解一个人 liǎojiě yígèrén 한 사람을 이해하다
☐ 满足 mǎnzú 만족시키다	满足要求 mǎnzú yāoqiú 요구를 만족시키다
	满足需求 mǎnzú xūqiú 수요를 충족시키다
☐ 面对 miànduì 마주 보다, 직면하다	面对竞争 miànduì jìngzhēng 경쟁에 임하다
	面对问题 miànduì wèntí 문제에 직면하다
☐ 面临 miànlín 직면하다, 당면하다	面临挑战 miànlín tiǎozhàn 도전에 당면하다
	面临危机 miànlín wēijī 위기에 직면하다
☐ 培养 péiyǎng 양성하다	培养人才 péiyǎng réncái 인재를 양성하다
	培养能力 péiyǎng nénglì 능력을 기르다
☐ 起到/起着 qǐdào/qǐzhe 일으키다	起到/起着 + 作用 qǐdào/qǐzhe zuòyòng 역할을 하다
	起着/起着 + 效果 qǐdào/qǐzhe xiàoguǒ 효과가 나다
☐ 缺乏 quēfá 부족하다	缺乏经验 quēfá jīngyàn 경험이 부족하다
	缺乏耐心 quēfá nàixīn 인내심이 부족하다
☐ 伸 shēn 뻗다	伸手 shēn shǒu 손을 뻗다
	伸懒腰 shēn lǎnyāo 기지개를 켜다
☐ 失去 shīqù 잃다	失去个性 shīqù gèxìng 개성을 잃다
	失去机会 shīqù jīhuì 기회를 잃다
☐ 实现 shíxiàn 실현하다	实现梦想 shíxiàn mèngxiǎng 꿈을 이루다
	实现理想 shíxiàn lǐxiǎng 이상을 실현하다
☐ 提出 tíchū 제기하다	提出意见 tíchū yìjiàn 의견을 제시하다
	提出辞职 tíchū cízhí 사직을 신청하다
☐ 提高 tígāo 높이다	提高水平 tígāo shuǐpíng 수준을 높이다
	提高效率 tígāo xiàolǜ 효율을 높이다
☐ 提供 tígōng 제공하다	提供服务 tígōng fúwù 서비스를 제공하다
	提供信息 tígōng xìnxī 정보를 제공하다

□ 威胁 wēixié 위협하다	威胁健康 wēixié jiànkāng 건강을 위협하다
	威胁安全 wēixié ānquán 안전을 위협하다
□ 欣赏 xīnshǎng 감상하다	欣赏风景 xīnshǎng fēngjǐng 경치를 감상하다
	欣赏他 xīnshǎng tā 그를 마음에 들어 하다(높게 평가하다)
□ 显示 xiǎnshì 나타내 보이다	显示能力 xiǎnshì nénglì 능력을 나타내 보이다
	显示威风 xiǎnshì wēifēng 위엄을 과시하다
□ 享受 xiǎngshòu 누리다	享受生活 xiǎngshòu shēnghuó 삶을 누리다
	享受服务 xiǎngshòu fúwù 서비스를 즐기다
□ 养成 yǎngchéng 누리다	养成习惯 yǎngchéng xíguàn 습관을 기르다
□ 摇 yáo 흔들다	摇尾巴 yáo wěiba 꼬리를 치다(흔들다)
	摇头 yáo tóu 고개를 젓다
□ 掌握 zhǎngwò 파악하다, 숙달하다	掌握知识 zhǎngwò zhīshi 지식을 습득하다
	掌握技术 zhǎngwò jìshù 기술을 숙달하다
□ 征求 zhēngqiú 구하다	征求意见 zhēngqiú yìjiàn 의견을 구하다
□ 制定 zhìdìng 제정하다	制定计划 zhìdìng jìhuà 계획을 짜다
	制定方案 zhìdìng fāng'àn 방안을 세우다
□ 追求 zhuīqiú 추구하다	追求目标 zhuīqiú mùbiāo 목표를 추구하다
	追求完美 zhuīqiú wánměi 완벽을 추구하다
	追求时尚 zhuīqiú shíshàng 유행을 좇다

필수 암기! 주어-술어 호응 어휘

주어+술어

□ 精彩 jīngcǎi 훌륭하다	比赛精彩 bǐsài jīngcǎi 경기가 훌륭하다
	表演精彩 biǎoyǎn jīngcǎi 공연이 훌륭하다
□ 优秀 yōuxiù 뛰어나다	成绩优秀 chéngjì yōuxiù 성적이 뛰어나다
□ 广泛 guǎngfàn 넓다	分布广泛 fēnbù guǎngfàn 분포가 넓다
□ 周到 zhōudào 세심하다	服务周到 fúwù zhōudào 서비스가 빈틈없고 세심하다
□ 密切 mìqiè 밀접하다	关系密切 guānxi mìqiè 관계가 밀접하다
□ 丰富 fēngfù 풍부하다	经验丰富 jīngyàn fēngfù 경험이 풍부하다
□ 激烈 jīliè 격렬하다	竞争激烈 jìngzhēng jīliè 경쟁이 치열하다
	比赛激烈 bǐsài jīliè 시합이 격렬하다
□ 坚定 jiāndìng 확고하다	立场坚定 lìchǎng jiāndìng 입장이 확고하다
□ 悠久 yōujiǔ 유구하다	历史悠久 lìshǐ yōujiǔ 역사가 유구하다

□ 明确 míngquè 명확하다	目标明确 mùbiāo míngquè 목표가 명확하다
□ 差/强 chà/qiáng 떨어지다/좋다	能力差/强 nénglì chà/qiáng 능력이 떨어지다/좋다
□ 严重 yánzhòng 심각하다	污染严重 wūrǎn yánzhòng 오염이 심각하다
□ 谨慎 jǐnshèn 신중하다	言行谨慎 yánxíng jǐnshèn 언행이 신중하다
□ 表明/显示/证明 biǎomíng/xiǎnshì/zhèngmíng 나타내다/보여 주다/증명하다	研究表明 yánjiū biǎomíng 연구에서 밝히다
	调查表明 diàochá biǎomíng 조사에서 밝히다
	统计表明 tǒngjì biǎomíng 통계에서 보여 주다
	数据表明 shùjù biǎomíng 데이터에서 보여 주다
□ 坚强 jiānqiáng 강하다	意志坚强 yìzhì jiānqiáng 의지가 강하다

필수 암기! 관형어-명사 호응 어휘

관형어(的)+명사

□ 必要 bìyào 필요하다	必要的知识 bìyàode zhīshi 필요한 지식
□ 不必要 búbìyào 불필요하다	不必要的误会 búbìyào de wùhuì 불필요한 오해
□ 诚恳 chéngkěn 간절하다	诚恳的态度 chéngkěn de tàidù 간곡한 태도
□ 充分 chōngfèn 충분하다	充分的理由 chōngfèn de lǐyóu 충분한 이유
	充分的准备 chōngfèn de zhǔnbèi 충분한 준비
□ 巨大 jùdà 거대하다	巨大的压力 jùdà de yālì 엄청난 스트레스
□ 强烈 qiángliè 강렬하다	强烈的阳光 qiángliè de yángguāng 강렬한 햇빛
	强烈的刺激 qiángliè de cìjī 강렬한 자극
□ 热烈 rèliè 열렬하다	热烈的掌声 rèliè de zhǎngshēng 뜨거운 박수소리
□ 深刻 shēnkè 깊다	深刻的印象 shēnkè de yìnxiàng 깊은 인상
□ 舒适 shūshì 쾌적하다	舒适的环境 shūshì de huánjìng 쾌적한 환경
□ 鲜艳 xiānyàn 선명하다	鲜艳的色彩 xiānyàn de sècǎi 선명한 빛깔
□ 优美 yōuměi 아름답다	优美的环境 yōuměi de huánjìng 아름다운 환경
	优美的歌声 yōuměi de gēshēng 아름다운 노랫소리
□ 优秀 yōuxiù 우수하다	优秀人才 yōuxiù réncái 우수한 인재
□ 有限 yǒuxiàn 유한하다	有限的资源 yǒuxiàn de zīyuán 한정된 자원
□ 有效 yǒuxiào 효과적이다	有效措施 yǒuxiào cuòshī 효과적인 조치

부사어(地)+술어

□ **不断** búduàn 끊임없이	不断**进步** búduàn jìnbù 끊임없이 진보하다
	不断**提高** búduàn tígāo 끊임없이 향상되다
□ **充分**(地) chōngfèn(de) 충분히	充分(地)**发挥** chōngfèn(de) fāhuī 충분히 발휘하다
	充分(地)**显示** chōngfèn(de) xiǎnshì 충분히 보여 주다
□ **根本**(就) gēnběn(jiù) 전혀, 아예	根本(就)**没有** gēnběn(jiù) méiyǒu 전혀 없다, 전혀 ~하지 않았다
□ **特意**(=专门) tèyì(=zhuānmén) 특별히	特意**准备** tèyì zhǔnbèi 특별히 준비하다
□ **优先/慎重** yōuxiān/shènzhòng 우선하다/신중하다	优先/慎重**考虑** yōuxiān/shènzhòng kǎolǜ 우선적으로/신중하게 고려하다
□ **逐渐** zhújiàn 점차, 점점	逐渐**发展** zhújiàn fāzhǎn 점차 발전하다
□ **主动** zhǔdòng 능동적이다	主动**道歉** zhǔdòng dàoqiàn 자발적으로 사과하다

실전 테스트 정답 및 해설_해설편 p.033

빈칸에 들어갈 알맞은 어휘 또는 문장을 고르세요.

1–3.

　　二战期间，为了加强对战斗机的防护，军方邀请了一位著名统计学家　1　完善军用飞机护甲的方案。军方提供的数据　2　，机翼、机身中央和尾翼容易遭到破坏。因此，军方主张主要加固这些弹痕多的部分。但统计学家却指出更应该注意弹痕少的部分，因为这些部分受到重创的飞机　3　没机会返航。根据他的判断，军方最后加固了除飞机的机翼、机身中央和尾翼的其他部分。

　　1. A 诊断　　　　　B 询问　　　　　C 制定　　　　　D 违反

　　2. A 主张　　　　　B 批准　　　　　C 体现　　　　　D 表明

　　3. A 确定　　　　　B 根本　　　　　C 只好　　　　　D 竟然

4-7.

　　有些人喜欢开着灯睡觉，而有些人则因睡前开灯看书，睡着后便忘了关。开灯睡觉是一种浪费__4__的行为，还会降低睡眠质量。人体生物节律，包括生物钟是人类在适应环境过程中自然形成的。__5__，夜间开着灯睡觉，或在__6__的阳光下睡觉，都会使人产生一种"光压力"。"光压力"会影响人体正常代谢功能，比如使人体的心跳、脉搏、血压异常，久而久之，最终可能__7__疾病。

4. A 资金　　　　　B 材料　　　　　C 能源　　　　　D 成分

5. A 如果破坏了这些规律　　　　B 自从电灯出现以来
　 C 为了提高睡眠质量　　　　　D 如果继续这样破坏环境

6. A 强烈　　　　　B 明确　　　　　C 激烈　　　　　D 热烈

7. A 配合　　　　　B 传染　　　　　C 实现　　　　　D 导致

02

문맥 파악형
어휘의 의미부터 문맥의 흐름까지 파악하기

기본기 다지기 **기본 개념 잡기 & 공략 미리보기**

문맥 파악형은 빈칸의 앞뒤 어휘의 호응 관계뿐만 아니라 문맥을 함께 파악해야 하는 유형으로, 보기에 헷갈리는 어휘가 2개 이상 제시되어 하나의 단서만으로는 정답을 찾기 힘든 문제이다. 따라서 빈칸의 앞뒤 어휘는 물론 앞뒤 문장의 구조까지 파악해야만 정확한 정답을 고를 수 있다.

| **기본 개념 잡기** | **문맥을 파악하여 빈칸 채우기**

1. 어휘의 뜻과 빈칸의 전후

빈칸에 알맞은 어휘를 고를 때 가장 먼저 앞뒤 어휘와 어울리는지 살핀다. 그러나 앞뒤 어휘뿐만 아니라 그 밖의 어휘와도 어울리는지 고려해야 한다.

> ……，我是看你＿可怜＿才送饭给你，……
>
> ……, 나는 네가 ＿불쌍해＿ 보여서 밥을 가져다 준 것이지, ……
>
> A 糊涂 어리석다　　B 狡猾 교활하다　　C 寂寞 외롭다　　D 可怜 불쌍하다

빈칸 앞의 주어 你(너)를 보면 4개의 보기가 모두 들어갈 수 있지만, 빈칸 뒤의 送返给你(네게 밥을 주다)와의 의미까지 고려하여 D 可怜(불쌍하다)이 적합함을 알 수 있다.

2. 전방위적인 힌트

빈칸의 문장만으로는 정확한 정답을 찾기 어려운 경우가 있다. 이런 경우 빈칸에서 한두 문장 또는 두세 문장으로 확장하여 전방위적인 힌트를 찾아야 한다.

> 这可以用日常生活中的一个＿现象＿来解释：**如果把碎玻璃扫到一起，玻璃越碎，堆起来的颜色就越白。**
>
> 이것은 일상생활 속의 한 가지 ＿현상＿으로 설명할 수 있다. 만약에 깨진 유리를 쓸어 모은다고 하자. 유리가 잘게 깨질수록 쌓아 놓았을 때 색은 더 하얗다.
>
> A 教训 교훈　　B 习惯 습관　　**C 现象 현상**　　D 形式 형식

빈칸 앞의 관형어 日常生活中的(일상생활 속의)와의 의미 관계를 살펴보면 어울리는 어휘는 A, B, C이므로 힌트가 더 필요하다. 빈칸의 뒷문장 如果把碎玻璃扫到一起，玻璃越碎，堆起来的颜色就越白(만약에 깨진 유리를 쓸어 모은다고 하자, 유리가 잘게 깨질수록 쌓아 놓았을 때 색이 더 하얗다)는 교훈이나 습관이 아닌, 현상을 말하고 있으므로 C 现象(현상)이 들어가야 한다.

3. 문장부호 힌트

빈칸 뒤에 물음표가 있으면 의문문임을 알 수 있는 것처럼 문장부호를 보고 빈칸에 들어갈 어휘의 힌트를 얻을 수 있다.

> ……从书中获得的智慧更 <u>实用</u> 、**更重要**。
>
> …… 책 속에서 얻은 지식이 더 <u>실용적이고</u> 더 중요하다.
>
> A 实用 실용적이다   B 高档 고급스럽다   C 合法 합법적이다   D 多余 쓸데없는

문장부호 모점(、)은 병렬 관계인 단어 또는 구에 사용하므로 모점으로 연결된 단어나 구는 동일하거나 유사한 개념 또는 구조이다. 따라서 빈칸은 重要(중요하다)와 같은 개념이거나 비슷한 뉘앙스인 A 实用(실용적이다)이 가장 적합하다.

I 공략 미리보기 I

합격 공략 28	빈칸의 힌트를 2개 이상 확보하라!
합격 공략 29	전방위적인 힌트를 확보하라!
합격 공략 30	[220점 이상 고득점] 문장의 구조에서 힌트를 얻으라!

합격 공략 (28) 빈칸의 힌트를 2개 이상 확보하라!

어휘의 뜻과 빈칸의 전후가 힌트

보기에 빈칸의 앞뒤 어휘와 호응하는 것이 2개 이상 있어 정확한 정답을 고르기 어려운 경우, 빈칸의 앞뒤 어휘뿐만 아니라 다른 어휘와도 호응하는지 파악하도록 한다.

> 因此上汉语课前，可以先**润润** <u>嗓子</u> ，这可能有助于**汉语的语音学习**。
>
> A 眼睛   B 脖子   C 嗓子   D 肌肉

빈칸 앞의 술어 润润(축이다)과 어울리는 보기는 A와 C이다. 따라서 빈칸의 전후의 다른 힌트를 확보해야 한다. 빈칸 뒷 문장에 汉语的语音学习(중국어 음성 학습)가 있으므로 C 嗓子(목구멍)가 들어가야 한다.

[해석] 이 때문에 중국어 수업 전, 우선 <u>목</u> 을 좀 축이면, 중국어 음성 학습에 도움이 될 수 있다.

[어휘] 润 rùn 통 축이다   脖子 bózi 몡 목(신체부위)   嗓子 sǎngzi 몡 목청, 목구멍   肌肉 jīròu 몡 근육   语音 yǔyīn 몡 말소리, 언어의 음성

실전문제 📖🔍

    有一个老头叫智叟得知这件事后，____他太傻，对愚公说："人怎么可能搬掉两座大山呢？更何况你都快要九十岁了，走路都不方便。"

A 相信   B 发愁   C 笑话   D 确认

有一个老头叫智叟得知这件事后，＿＿他太傻，对愚公说："人怎么可能搬掉两座大山呢？更何况你都快要九十岁了，走路都不方便。"

쯔쏘우라고 불리는 한 노인이 이 일을 알게 된 후, 그가 너무 어리석다고 ＿＿＿했다. 위공에게 말하길, "사람이 어떻게 큰 산을 둘이나 옮길 수 있겠나? 더군다나 자네는 내일모레가 아흔이라 걷는 것도 불편하지 않은가."

빈칸 뒤의 어휘가 他太傻(그가 너무 어리석다)로 '주어+술어'의 구조이다. 따라서 빈칸은 접속사이거나 '주어+술어'를 목적어로 갖는 동사가 와야 함을 알 수 있다.

A 相信   B 发愁
C 笑话   D 确认

| A 믿다 | B 걱정하다 |
| C 비웃다 | D 확인하다 |

보기의 어휘는 모두 동사이고 发愁(걱정하다)를 제외한 A, C, D는 '주어+술어'를 목적어로 가질 수 있는 동사들이지만 빈칸의 뒷문장 人怎么可能搬掉两座大山呢？更何况你都快要九十岁了，走路都不方便(사람이 어떻게 큰 산을 둘이나 옮길 수 있겠나? 더군다나 자네는 내일모레가 아흔이라 걷는 것도 불편하지 않은가)을 보면 믿거나 확인하는 것이 아니라 비웃는 내용임을 알 수 있으므로 가장 알맞은 정답은 C 笑话(비웃다)이다.

정답   C 笑话

어휘   智叟 Zhìsǒu 인명 쯔쏘우   得知 dézhī 통 알게되다   傻 shǎ 형 어리석다

합격 공략 **29** 전방위적인 힌트를 확보하라!

전방위적인 힌트

빈칸의 바로 앞뒤에서만 힌트를 찾기 어려운 경우 빈칸이 있는 문장에서 한 문장씩 범위를 더 넓혀 어휘가 아닌 문장 차원의 전방위적인 힌트를 파악해야 한다.

科学家发现，这些现象在干旱地区非常罕见。 相反 ，在很多湿热地区，却非常流行，……
A 果然   B 相反   C 同时   D 因此

보기 B, C, D는 삽입어로 빈칸에 모두 들어갈 수 있다. 따라서 앞뒤 문장의 흐름을 파악해야 한다. 빈칸 앞문장에서 在干旱地区非常罕见(건조한 지역에서는 굉장히 보기 드물다)이라고 했고, 빈칸 뒷문장에서 在很多湿热地区，却非常流行(고온다습한 지역에서는 오히려 굉장히 유행한다)이라고 했으므로 앞뒤 문장이 상반된 내용임을 알 수 있다. 따라서 A 相反(서로 반대되다)이 들어가야 한다.

해석   과학자들은 이러한 현상이 건조한 지역에서는 굉장히 보기 드물다는 것을 발견했다. 반대로 고온다습한 지역에서는 오히려 굉장히 유행하는데, ……

어휘   干旱地区 gānhàn dìqū 건조한 지역   罕见 hǎnjiàn 형 보기 드물다   果然 guǒrán 부 과연, 생각한 대로

人为什么会做梦，梦又有什么意义？人类_____了近百年还没找到答案。

A 想象　　　　　　B 观察　　　　　　C 思考　　　　　　D 幻想

STEP 1 빈칸의 앞뒤 파악하기

人为什么会做梦，梦又有什么意义？人类
__了近百年还没找到答案。

인간은 왜 꿈을 꾸고 꿈은 또 어떤 의미가 있는 것일까? 인류는 백 년 가까이 _____했지만 여전히 답을 찾지 못했다.

빈칸 뒤에 了가 있으므로 술어 자리임을 알 수 있다.

STEP 2 보기 분석하여 알맞은 정답 고르기

A 想象　　　　　　B 观察

C 思考　　　　　　D 幻想

A 상상하다　　　　　　B 관찰하다

C 깊이 생각하다　　　　　D 공상하다

보기의 어휘는 모두 동사이다. 전후 문맥을 살펴보면, 빈칸 뒤에 还没找到答案(여전히 답을 찾지 못했다)이라고 하였으니, 답을 찾는 것과 관련없는 상상하다(想象)와 공상하다(幻想)는 제외한다. 빈칸 문장 앞에 있는 의문문을 추가로 살펴보면, 梦(꿈)은 왜 꾸고 또 꿈의 意义(의미)가 무엇인가라고 묻고 있다. 따라서 '어떤 의미를 가지고 있는지'는 눈으로 관찰하는 대상이 될 수 없으므로 가장 알맞은 정답은 C 思考(깊이 생각하다)이다.

정답 C 思考

어휘 做梦 zuòmèng 꿈을 꾸다　意义 yìyì 몡 의의, 의미　人类 rénlèi 몡 인류

합격 공략 **30** [220점 이상 고득점] 문장의 구조에서 힌트를 얻어라!

문장에 대조와 예시, 열거가 있는 경우

빈칸의 앞뒤 성분과의 호응으로 알맞은 정답을 고를 수 없으면 다른 어휘와의 호응을 고려해야 한다. 만일 문장에 대조와 예시를 나타내는 어휘들이 있고 빈칸이 바로 이 안에 제시되어 있으면, 이것을 따로 분류한 뒤 주-술-목 기본 성분을 먼저 찾고 그 다음 대조와 예시를 분석하도록 한다.

〈 대조와 예시를 나타내는 방법 〉

1. 문장 부호 모점(、) : 모점은 병렬 관계인 단어 또는 구에 사용하고 모점으로 연결된 단어와 구는 동일한 개념과 구조를 나타낸다.

2. 어휘/구조의 반복 : 여러 개의 문장에 동사/서수/주제어 등이 반복되어 동일한 구조임을 알 수 있고, 주로 세미콜론(;)을 사용하여 문장이 병렬 구조임을 나타낸다.

3. 어휘(比如…… / 例如…… / ……等) : 예시를 나타내며 단어와 구를 하나 이상을 열거하여 제시한다.

只要你再添一点点热情、一点点信心、一点点_____，就会使失败成为通向成功的导体。

A 感想   B 勇气   C 风格   D 行为

STEP 1 빈칸의 앞뒤 파악하기

只要你再添一点点**热情**、一点点**信心**、一点点**___**，就会使失败成为**通向成功的导体**。

> 단지 약간의 **열정**, 약간의 **믿음**, 약간의 ___를 더하기만 하면 실패를 성공으로 가는 유도체가 되게 할 수 있다.

빈칸 앞에는 一点点(아주 약간)이 있고 앞의 어휘들과 모점(、)으로 연결되어 동일한 구조가 반복되고 있다. 一点은 명사 앞에 사용하여 아주 작은 양을 나타내며, 앞의 병렬 구조에서도 동일하게 热情(열정), 信心(믿음)과 같은 명사가 반복되므로 빈칸은 긍정적 의미를 나타내는 명사 자리임을 알 수 있다.

STEP 2 보기 분석하여 알맞은 정답 고르기

A 感想   B 勇气
C 风格   D 行为

A 감상, 소감	B 용기
C 스타일	D 행위

보기는 모두 명사인데 보기 D 行为(행위)를 제외한 나머지 보기 A, B, C는 모두 一点点과 의미상 호응한다. 지문의 뒷부분에 通向成功的导体(성공으로 통하는 유도체)가 언급되고 빈칸의 앞에 '열정', '믿음'이 조건으로 제시되었으므로 실패를 성공으로 만드는 또 하나의 조건으로 알맞은 것은 B 勇气(용기)이다.

정답 B 勇气

어휘 添 tiān 통 보태다, 더하다, 첨가하다 导体 dǎotǐ 명 유도체 感想 gǎnxiǎng 명 감상, 소감 勇气 yǒngqì 명 용기 风格 fēnggé 명 스타일 行为 xíngwéi 명 행위

✏️ **필수 암기!** 품사별 빈출 어휘

동사	
□ 结合 jiéhé 통 결합하다	□ 亲爱 qīn'ài 통 친애하다
□ 来自 láizì ~에서 오다	□ 安慰 ānwèi 통 위로하다
□ 放弃 fàngqì 통 포기하다	□ 不如 bùrú ~만 못하다
□ 合作 hézuò 통 협력하다	□ 笑话 xiàohua 명 우스운 이야기 통 비웃다
□ 躲 duǒ 통 피하다, 숨다	□ 靠 kào 통 기대다, 접근하다
□ 放松 fàngsōng 통 늦추다, 긴장을 풀다	□ 感受 gǎnshòu 통 느끼다 명 느낌
□ 称 chēng 통 ~라고 부르다	□ 到达 dàodá 통 도달하다
□ 属于 shǔyú 통 ~에 속하다	□ 砍 kǎn 통 도끼 등으로 찍다, 베다

□ 模仿 mófǎng 통 모방하다	□ 培养 péiyǎng 통 배양하다
□ 存 cún 통 저장하다, 모으다	□ 去世 qùshì 통 세상을 뜨다
□ 赶 gǎn 통 서두르다	□ 接触 jiēchù 통 접촉하다
□ 观察 guānchá 통 관찰하다	□ 挑战 tiǎozhàn 통 도전하다
□ 吃亏 chīkuī 통 손해를 보다	□ 否定 fǒudìng 통 부정하다
□ 思考 sīkǎo 통 깊이 생각하다	□ 恢复 huīfù 통 회복하다
□ 爱惜 àixī 통 소중히 여기다	□ 称赞 chēngzàn 통 칭찬하다
□ 消失 xiāoshī 통 사라지다	□ 显示 xiǎnshì 통 보여 주다
□ 犹豫 yóuyù 통 머뭇거리다, 망설이다	□ 接待 jiēdài 통 접대하다
□ 牵 qiān 통 (잡아)끌다	□ 生气 shēngqì 통 화내다
□ 捡 jiǎn 통 줍다	□ 赞成 zànchéng 통 찬성하다
□ 融合 rónghé 통 융합하다	□ 询问 xúnwèn 통 알아보다

형용사

□ 真实 zhēnshí 형 진실하다	□ 宝贵 bǎoguì 형 진귀한
□ 丑 chǒu 형 추하다, 못생기다	□ 亲切 qīnqiè 형 친절하다
□ 巧妙 qiǎomiào 형 교묘하다, 절묘하다	□ 呆 dāi 형 멍하다, 어리둥절하다
□ 密切 mìqiè 형 밀접하다	□ 谨慎 jǐnshèn 형 신중하다
□ 合理 hélǐ 형 합리적이다	□ 完整 wánzhěng 형 완정하다
□ 狡猾 jiǎohuá 형 교활하다	□ 显然 xiǎnrán 형 명백하다
□ 唯一 wéiyī 형 유일한	□ 坚强 jiānqiáng 형 굳세다
□ 倒霉 dǎoméi 형 운이 없다	□ 慌张 huāngzhāng 형 당황하다
□ 独特 dútè 형 독특하다	□ 幸运 xìngyùn 형 운이 좋다
□ 了不起 liǎobuqǐ 형 대단하다	□ 相似 xiāngsì 형 비슷하다, 서로 닮다

명사

□ 本领 běnlǐng 명 능력	□ 常识 chángshí 명 상식
□ 形状 xíngzhuàng 명 형상	□ 错误 cuòwù 명 착오 형 잘못되다
□ 利益 lìyì 명 이익	□ 餐厅 cāntīng 명 식당
□ 角度 jiǎodù 명 각도, 문제를 바라보는 각도	□ 运气 yùnqì 명 운
□ 毛病 máobìng 명 고장	□ 智慧 zhìhuì 명 지혜
□ 权力 quánlì 명 권력, 권한	□ 岸 àn 명 물가, 해안
□ 翅膀 chìbǎng 명 날개	□ 情绪 qíngxù 명 정서, 기분
□ 价值 jiàzhí 명 가치	□ 情景 qíngjǐng 명 광경, 정경

□ 效率 xiàolǜ 명 능률, 효율	□ 未来 wèilái 명 미래, 가까운 미래
□ 营养 yíngyǎng 명 영양	□ 皮肤 pífū 명 피부
□ 现象 xiànxiàng 명 현상	□ 成就 chéngjiù 통 사업을 이루다 명 성취
□ 意义 yìyì 명 의미, 의의	□ 遗憾 yíhàn 형 유감스럽다 명 여한(아쉬움)
□ 好运 hǎoyùn 명 행운	□ 嗓子 sǎngzi 명 목구멍
□ 心理 xīnlǐ 명 심리	□ 前途 qiántú 명 전도, 장래성
□ 年纪 niánjì 명 나이	□ 必要 bìyào 명 형 필요(로 하다)
□ 荣誉 róngyù 명 영예	□ 委屈 wěiqu 형 억울하다 명 억울함
□ 表情 biǎoqíng 명 표정	□ 等待 děngdài 통 기다리다 명 기다림

부사

□ 不见得 bújiànde 부 반드시 ~한 것은 아니다	□ 连忙 liánmáng 부 얼른
□ 立刻 lìkè 부 곧, 바로	□ 急忙 jímáng 부 급히
□ 纷纷 fēnfēn 형 분분하다 부 잇달아	□ 更加 gèngjiā 부 더욱
□ 不必 búbì ~할 필요 없다	□ 特意 tèyì 부 특별히
□ 毕竟 bìjìng 부 필경	□ 分别 fēnbié 부 각각, 따로 통 헤어지다, 구별하다
□ 根本 gēnběn 부 전혀, 아예(부정 강조)	□ 好像 hǎoxiàng 부 마치 ~과 같다 통 유사하다
□ 逐步 zhúbù 부 한 걸음 한 걸음, 차츰차츰	

기타

□ 事实上 shìshíshang 사실상	□ 如何 rúhé 대 어떻게, 어떠한가
□ 表面上 biǎomiànshang 표면적으로	□ 通常 tōngcháng 명 부 통상적으로, 일반적으로
□ 基本上 jīběnshang 대부분, 대체적으로	□ 同时 tóngshí 접 동시(에)
□ 成功 chénggōng 통 명 형 성공(하다), 성공적이다	□ 意外 yìwài 형 뜻밖의, 예상 밖이다 명 뜻밖의 사고
□ 危险 wēixiǎn 명 형 위험(하다)	□ 所谓 suǒwèi 소위 ~라는 것은
□ 打招呼 dǎ hāohu 인사하다	

빈칸에 들어갈 알맞은 어휘 또는 문장을 고르세요.

1–3.

　　妈妈做的饭菜总能勾起我们的食欲。那是因为妈妈的味道是我们从小就熟悉的味道，这种味道能满足人们的生理和心理需求。这是习惯的___1___。不仅是这样，有过特殊印象的食物也能引起人们的食欲。那是因为其食物所带来的快乐被大脑___2___了下来，就算过了很多年，那种快乐的___3___会被再次激活，在这种刺激下，食欲自然就产生了。

1. A 类型　　　　　B 力量　　　　　C 成分　　　　　D 权力

2. A 刺激　　　　　B 影响　　　　　C 记忆　　　　　D 幻想

3. A 感受　　　　　B 智慧　　　　　C 观念　　　　　D 核心

4–7.

　　人的年龄越大就越喜欢回忆过去，一句话或一个场景都能勾起他们的回忆，甚至是每当看到年轻人犯错误时，都会让他们想起自己当年___4___的经历。

　　正是由于这个原因，目前社会上刮起了一股"回忆录"热风。一位出版社的编辑表示，近来很多老人打电话来___5___出版回忆录的问题，其中有的老人阅历丰富，想将自己的经历和感受写下来；___6___，但对于他们来说那是只属于他们的独一无二的历史。出一本回忆录，人生好像才算___7___。回忆过去是每个人的权利，与身份、地位和社会角色毫无关系。

4. A 相似　　　　　B 片面　　　　　C 短暂　　　　　D 独特

5. A 争取　　　　　B 咨询　　　　　C 否认　　　　　D 征求

6. A 不愿回忆痛苦的往事　　　　B 人生经历很坎坷
　 C 有的老人经历并不特殊　　　　D 不愿说出自己的真实想法

7. A 时髦　　　　　B 完整　　　　　C 领先　　　　　D 神秘

유의어 비교형
유의어의 차이점 파악하기

03

기본기 다지기 **기본 개념 잡기 & 공략 미리보기**

유의어 비교형은 비슷한 뜻을 가진 유의어들의 차이점을 파악하는 문제로 보기에 유의어가 최소 2개 이상 제시되어 정답이 헷갈리기 때문에 정답을 고르기 쉽지 않은 유형이다. 시험에서 바로 활용할 수 있는 유의어의 구분 방법과 자주 출제되는 유의어들을 학습해 두자.

| 기본 개념 잡기 | **유의어를 구분하여 빈칸 채우기**

1. 품사나 글자로 구분할 수 있는 유형

1) 품사가 다른 경우 : 한 글자만 같고 품사가 다르다. 문장에서 담당하는 역할도 확연히 다르다.

充满 통 충만하다, 가득하다	充满着热情和力量 열정과 힘이 가득하다
充分 형 충분하다 부 충분히, 십분	充分的准备 충분한 준비 充分了解 충분히 이해하다

充满과 充分은 같은 글자 充이 있지만 품사가 다르다. 充满은 목적어를 가질 수 있으나 充分은 형용사이기 때문에 목적어를 가지지 못한다. 또한 充分은 부사어로 동사 앞에 쓰기도 한다.

2) 다른 한 글자로 구분할 수 있는 경우 : 한 글자가 같고 품사도 같다. 나머지 글자로 차이를 파악할 수 있다.

权利 명 권리	消费者的权利 소비자의 권리　保护权利 권리를 보호하다
权力 명 권력, 권한	国家权力 국가의 권력　掌握权力 권력을 장악하다

权利와 权力는 같은 글자 权이 있고 품사도 모두 명사이다. 그러나 利는 '이익'이란 뜻을 나타내어 权利는 '권리'를 의미한다. 力는 '힘'이란 뜻을 나타내므로 权力는 '권력'을 의미한다. 이 둘은 전혀 다른 의미를 가진 단어이다.

2. 품사나 글자로 구분하기 어려운 유형

글자나 품사로 명확히 구분할 수 없으며 의미도 비슷하여 구분하기가 가장 어려운 유형이다. 이때는 어휘를 사용하는 상황적 의미로 구분해야 한다.

纷纷 부 잇달아, 계속해서 형 분분하다, 많다	同学们纷纷发言 학우들이 잇달아 발언하다 (많은 사람/물건이 동시다발적으로) 议论纷纷 의견이 분분하다 (의견이나 물건 등이 어수선하게)
陆续 부 잇달아, 계속해서	陆续走进会场 잇달아 회의장으로 들어오다 (일정 간격으로 순서대로 하나씩)
继续 통 계속하다	继续说下去 계속해서 말하다 (중단했던 것을 이어서)

纷纷과 陆续, 继续는 모두 '계속하다'라는 뜻이 있지만 사용하는 상황과 의미에 차이점이 있다. 纷纷은 '동시다발적', '어수선하다'라는 의미가 포함되어 있고, 陆续는 '순서대로 하나씩'이라는 의미가 있다. 继续는 '중단했다가 이어서'라는 뜻이기 때문에 호응하는 어휘도 각각 다름을 알 수 있다.

| 공략 미리보기 |

합격 공략 31   유의어는 가장 먼저 품사를 확인하라!

합격 공략 32   차이나는 한 글자로 구분하라!

합격 공략 33   [220점 이상 고득점] 상황적 의미로 구분하라!

합격 공략 31 유의어는 가장 먼저 품사를 확인하라!

품사를 확인한 뒤 호응 관계 파악하기

유의어가 보기에 제시되면 가장 먼저 품사를 확인해야 한다. 품사의 차이는 문장에서 쓰이는 역할이 다르다는 것을 나타낸다. 따라서 지문의 빈칸이 어떠한 문장성분 자리인지를 확인하고 이 문장성분에 들어갈 수 있는 품사를 확인한 뒤 보기에서 적합한 어휘를 골라야 한다. 품사를 확인한 뒤에는 빈칸 앞뒤 어휘와의 의미적 호응으로 정확한 정답을 고른다.

香港出生人数下降 **与经济因素**　＿＿ 有关 。
　　　　　　　　　　　개사구　　　술어

A 关于 ~에 관하여　　　　 B 有关 관련이 있다

빈칸 앞에 개사구가 있으므로 빈칸은 술어 자리인데, 주어진 보기에서 关于는 개사이고 有关이 동사이므로 B 有关(관련이 있다)이 들어가야 한다.

해석 홍콩의 출생 인구 수의 하락은 경제적인 요인과 관련이 있다.

어휘 下降 xiàjiàng 동 하강하다, 낮아지다　因素 yīnsù 명 원인, 요인

실전문제

一提起台风，人们便想起它带来的狂风和暴雨所引起的＿＿＿危害。

A 严格　　　　　　B 严禁　　　　　　C 严重　　　　　　D 严肃

STEP 1   빈칸의 앞뒤 파악하기

一提起台风，人们便想起它带来的狂风和暴雨所引起的＿＿＿＿＿危害。

태풍을 언급하면 사람들은 그것이 동반하는 광풍과 폭우로 일어나는 ＿＿＿＿＿한 피해를 떠올린다.

빈칸 뒤에 명사 危害(피해)가 있으므로 빈칸은 관형어 자리이다.

A 严格 　　　　　　　B 严禁
C 严重 　　　　　　　D 严肃

A 엄격하다	B 엄금하다
C 심각하다	D 엄숙하다

보기의 어휘 중 A, C, D는 형용사이고 B는 동사이므로 B를 먼저 제외시킨다. 보기는 모두 동일한 글자 严이 있는 유의어이므로 빈칸 앞뒤 어휘와의 호응 관계를 살펴야 한다. 빈칸은 危害(피해)를 수식하므로 정답은 의미상 적합한 C 严重(심각하다)이다.

A **严格** 혱 엄격하다	**要求严格** 요구가 엄격하다　**严格**的制度 제도가 엄격한 제도
B **严禁** 툉 엄금하다	**严禁**超车 추월을 엄금하다
C **严重** 혱 심각하다	情况**严重** 상황이 심각하다　**严重**的后果 심각한 결과
D **严肃** 혱 엄숙하다	气氛**严肃** 분위기가 엄숙하다　**严肃**的表情 엄숙한 표정

정답 C 严重

어휘 狂风 kuángfēng 몡 광풍　暴雨 bàoyǔ 몡 폭우, 소나기　危害 wēihài 몡 손상, 피해

합격 공략 **32** 차이나는 한 글자로 구분하라!

차이나는 한 글자로 뜻과 용법을 구분할 수 있다

한 글자만 같고 나머지 한 글자가 다른 경우, 이 다른 한 글자의 의미로 유의어의 차이점을 파악할 수 있다.

人们为了种种原因抛弃使用汽车：避免交通堵塞、　<u>减少</u>　**尾气排放** 或是锻炼身体等。
　　　　　　　　　　　　　　　　　　　　　　　　술어　　　　목적어

A 减轻 덜다　　　B 减少 줄이다　　　C 减小 감소하다　　　D 减弱 약화시키다

빈칸은 尾气排放(배기가스 배출)을 목적어로 갖는 동사술어 자리이다. 주어진 보기 어휘에서 '减(덜 감, 줄이다)'을 뺀 나머지 글자를 보면, 轻(가벼울 경)은 무게가 가볍다는 뜻, 少(적을 소)는 양이 적다는 뜻, 小(작을 소)는 크기가 작다는 뜻, 弱(약할 약)는 힘이 약하다는 뜻이다. 목적어 배기가스 배출(尾气排放)은 '양'을 줄인다는 표현이 적합하므로 정답은 C 减少(줄이다)가 된다.

해석 사람들은 교통 체증을 피하고, 배기가스 배출을 줄이거나 체력 단련 등의 다양한 이유로 자동차 사용을 포기한다.

어휘 抛弃 pāoqì 툉 포기하다　避免 bìmiǎn 툉 나쁜 상황을 피하다　交通堵塞 jiāotōng dǔsè 몡 교통체증　尾气 wěiqì 몡 배기가스　排放 páifàng 툉 배출하다

실전문제

读书并不是唯一的学习方法，但不管怎么说，读书还是最＿＿＿的学习方法。

A 有趣　　　　　　B 有效　　　　　　C 有利　　　　　　D 有限

读书并不是唯一的学习方法，但不管怎么说，读书还是最＿＿的学习方法。

> 독서는 결코 유일한 학습 방법은 아니지만 그래도 어쨌든 독서는 그래도 여전히 가장 ＿＿＿ 한 방법이다.

빈칸 뒤에 '的명사'가 있으므로 빈칸은 관형어 자리임을 알 수 있다. 따라서 学习方法와 의미가 어울리는 어휘를 찾아야 한다.

STEP 2　보기 분석하여 알맞은 정답 고르기

A 有趣　　　　　B 有效
C 有利　　　　　D 有限

> A 재미있다　　　　　B 효과적이다
> C 유리하다　　　　　D 유한하다

보기의 어휘는 모두 형용사이고 공통적으로 有가 있는 유의어이다. 따라서 다른 글자 하나로 차이점을 파악해 보면 趣는 '흥미, 재미'를 나타내고, 效는 '효과'를 나타낸다. 利는 '이로움, 이익'이란 뜻이고, 限은 '한계'라는 뜻이다. 지문이 학습 방법에 대해 설명하면서 독서가 유일하진 않아도 최고의 방법이라고 역설하고 있으므로 가장 적합한 어휘는 B 有效(효과적이다)이다.

A **有趣** 형 재미있다	**有趣**的活动 재미있는 활동　**有趣**的故事 재미있는 이야기
B **有效** 형 효과적이다	**有效**(的)措施 효과적인 조치　**有效**(的)办法 효과적인 방법
C **有利** 형 유리하다	**有利**条件 유리한 조건　**有利**于健康 건강에 유익하다
D **有限** 형 유한하다	**有限**的时间 한정된 시간　生命**有限** 생명은 유한하다

정답　B 有效

어휘　唯一 wéiyī 형 유일한　不管 bùguǎn 접 ~에 관계없이

합격 공략 **33** [220점 이상 고득점] 상황적 의미로 구분하라!

품사나 글자로 구분하기 어려운 유의어

사전적 의미가 매우 유사한 유의어, 예를 들면 形状(형상)-形态(형태), 逐渐(점차)-逐步(차츰차츰)와 같은 것들인데 이러한 어휘는 품사나 다른 글자 하나로 차이점을 명확하게 파악하기 어려우므로 단어가 사용되는 상황적 의미로 구분해야 한다.

形态 명 형태	**形状** 명 형상
구조를 일정하게 갖추고 있는 모양으로, 물리적 상태, 의식 상태, 감정 상태, 단체의 상황 등 유무형의 표괄적 개념을 나타낸다. 예 随着社会形态的不同，现代人对保留传统的思想越来越淡薄了。 사회형태가 달라져감에 따라 현대인의 전통을 지키려는 의식이 점점 약해졌다.	사물의 생긴 모양이나 상태를 의미함. 예 它具有三角形的形状。 삼각형 모양을 갖추고 있다.

逐渐 图 점차	逐步 图 차츰차츰
시간의 흐름에 따라 자연적으로 변화됨을 나타낸다. 예 美丽的草原逐渐变成了沙漠。 　　아름다운 초원이 점점 사막으로 변했다.	사람이 계획, 의도, 목표를 가지고 단계적으로 진행시킴을 나타낸다. 예 我们打算逐步降低成本。 　　우리는 점진적으로 원가를 낮출 계획이다.

실전문제

　　适当地鼓励孩子，不仅可以增强孩子的自信心，还能提高学习兴趣，最终可以使他们＿＿去求知。

A 主动　　　　　　B 生动　　　　　　C 活跃　　　　　　D 自动

STEP 1 빈칸의 앞뒤 파악하기

适当地鼓励孩子，不仅可以增强孩子的自信心，还能提高学习兴趣，最终可以使他们＿＿＿＿去求知。

> 적절하게 아이들을 격려하면 아이들의 자신감을 강화시켜줄 수 있을 뿐만 아니라 학습에 대한 흥미도 향상시킬 수 있어 결국 그들이 ＿＿＿＿ 지식을 탐구하게 만들 수 있다.

빈칸 앞에 주어 他(그)가 있고 뒤에는 동사술어가 있으므로 빈칸은 부사어 자리임을 알 수 있다. 전체 문장이 적당하게 아이를 격려할 때 自信心(자신감), 兴趣(흥미)가 생긴다고 하며 이것이 빈칸 뒤의 어휘 求知(지식 탐구)에 영향을 준다고 말한다. 따라서 '자신감과 흥미가 그들로 하여금 ~하게 지식을 탐구하게 한다'라는 의미가 완성될 수 있도록 알맞은 어휘를 넣어야 한다.

STEP 2 보기 분석하여 알맞은 정답 고르기

A 主动　　　　　　B 生动
C 活跃　　　　　　D 自动

> A 주동적이다　　　　　B 생동감 있다
> C 활기차다　　　　　　D 자동적이다

보기의 어휘는 형용사이고 이 중에서 生动(생동적이다)과 活跃(활기차다)는 의미가 어울리지 않으므로 제외시킨다. 主动과 自动이 단독으로 부사어로 쓰일 수 있다. 主动은 '남이 시키거나 요청하지 않아도 스스로 행동한다'라는 의미이며, 自动은 주로 '기계, 장치가 어떤 작용에 의해 스스로 작동한다'라는 뜻이 있다. 문장의 의미가 '아이들의 탐구의 주체가 된다'이므로 알맞은 정답은 A 主动(주동적이다)이다.

A **主动** 형 주동적이다	**主动**学习 알아서 공부하다　　**主动**帮助 자발적으로 돕다
B **生动** 형 생동감 있다	语言**生动** 언어가 생동감 있다　　描绘**生动** 묘사가 생동감 있다
C **活跃** 형 활기차다 　　　　 동 활기를 띠게 하다	气氛**活跃** 분위기가 활기차다　　市场**活跃** 시장이 활기차다
D **自动** 형 图 자동적인	**自动**开门 자동으로 열리다　　全**自动** 전자동

정답 A 主动

어휘 适当 shìdàng 혱 적절하다, 적당하다 增强 zēngqiáng 통 증강하다, 강화하다 自信心 zìxìnxīn 몡 자신감 兴趣 xìngqù 몡 흥미 最终 zuìzhōng 몡 최종 求知 qiúzhī 통 지식을 탐구하다

필수 암기! 유의어

到达 dàodá 통 도착하다	**达到** dádào 통 도달하다, 이르다
(+장소) 구체적인 장소에 도착하다	(+목적, 정도) 목적을 달성하다, 정도에 도달하다
到达目的地 목적지에 도착하다	达到目的 목적을 달성하다
到达山顶 산 정상에 도착하다	达到水平 수준에 도달하다
效果 xiàoguǒ 몡 효과	**后果** hòuguǒ 몡 결과
주로 좋은 결과를 가리킴	주로 나쁜 결과를 가리킴
效果明显 효과가 뚜렷하다.	造成严重的后果 심각한 결과를 초래하다
达到惊人的效果 놀라운 효과에 이르다	后果可怕 결과가 두렵다
损害 sǔnhài 통 손해를 주다, 해를 끼치다	**伤害** shānghài 통 상처를 주다, 해치다
사업, 건강, 이익 등에 손해를 끼치다	타인의 감정, 몸 등에 상처를 주다
损害健康 목적지에 도착하다	伤害自己 자신을 해치다
损害利益 산정상에 도착하다	伤害自尊心 자존심에 상처를 주다
把握 bǎwò 통 쥐다, 파악하다 몡 자신감, 가망	**掌握** zhǎngwò 통 마스터하다, 장악하다
추상적인 것을 잡다, 파악하다	전체적으로 장악하다, 정통하다
① 시기, 기회를 잡다 　把握机会 기회를 잡다 　把握时机 시기를 잡다	① 지식, 기술을 정복하다, 정통하다 　掌握知识 지식을 마스터하다 　掌握技术 기술을 숙련되게 익히다
② 중점, 본질을 파악하다 　把握实质 본질을 파악하다 　把握重点 중점을 파악하다	② 권력, 운명을 장악하다 　掌握命运 운명을 주재하다 　掌握政权 정권을 장악하다
③ 믿음, 자신감 　有把握 자신(가망)이 있다	
坚决 jiānjué 혱 단호하다, 결연하다	**坚强** jiānqiáng 혱 굳세다, 꿋꿋하다
태도나 행동, 결정에 단호하다	의지나 신념이 강하다
态度坚决 태도가 단호하다	意志坚强 의지가 강하다
坚决反对 단호하게 반대하다	信念坚强 신념이 강하다
反映 fǎnyìng 통 반영하다, 보고하다	**反应** fǎnyìng 통 반응하다 몡 반응
(+목적어) 객관적 사실이나 현상이 다른 사물을 통해 드러나다	(+목적어X) 자극에 대한 반응을 가리킴
反映出来 반영되다	化学反应 화학 반응
反映意见 의견을 반영하다	反应迟钝 반응이 느리다

发生 fāshēng 통 발생하다, 일어나다	**产生** chǎnshēng 통 생기다, 나타나다
(+사건, 일)	(+감정, 영향) 추상적인 것에 사용함
发生地震 지진이 일어나다 发生变化 변화가 일어나다	产生影响 영향이 나타나다 产生兴趣 흥미가 생기다
优秀 yōuxiù 형 뛰어나다, 빼어나다	**优美** yōuměi 형 아름답다
성적, 작품 등이 뛰어나다	외관이 예쁘고 아름답다
成绩优秀 성적이 우수하다 优秀人才 우수한 인재	风景优美 경치가 아름답다 优美的姿态 아름다운 자태
合适 héshì 형 알맞다, 적당하다, 적합하다	**适合** shìhé 통 ~에 적합하다, ~하기에 알맞다
(+목적어X) 크기, 시기, 언행이 적절하다	(+목적어) 무엇에 적합하다
大小合适 크기가 알맞다 对······很合适 ~에 적합하다	① 누구, 무엇에 적합하다 　　很适合你 너에게 잘 어울리다 　　适合我的口味 내 입맛에 맞다 ② ~을 하기에 적합하다 　　适合做礼物 선물로 적합하다
特意 tèyì 부 특별히, 모처럼, 일부러	**特别** tèbié 형 특별하다 부 특별히, 유달리
일부러 마음을 먹고	보통의 것과 구별됨
特意为你准备 특별히 너를 위해 준비하다	特别喜欢 유달리 좋아하다 非常特别 매우 특별하다
正确 zhèngquè 형 맞다, 올바르다	**准确** zhǔnquè 형 오차 없이 정확하다
옳고 틀리지 않음	오차가 없이 정확함
正确的办法 옳은 방법 答案正确 답이 정확하다	发音准确 발음이 정확하다 准确的时间 정확한 시간
形状 xíngzhuàng 명 외관, 형상	**形象** xíngxiàng 명 이미지
눈에 보이는 물체의 모습	사람의 감정을 일으키는 태도, 형상, 이미지
东西的形状 물건의 형상 形状很奇怪 모양이 아주 이상하다	树立形象 이미지를 만들다 人物形象 인물 이미지
办法 bànfǎ 명 방법, 조치	**方式** fāngshì 명 방식, 일정한 형식
일 처리나 문제 해결의 방법	일 처리를 위한 고정적인 형식
想办法 방법을 생각하다 解决问题的办法 문제를 해결할 방법	生活方式 생활방식 思维方式 사고방식
成功 chénggōng 통 성공하다 형 성공적이다	**胜利** shènglì 통 승리하다 명 승리
만족할 만한 결과를 얻다 (↔실패)	승패를 가리는 경기에서 이기다
实验成功了 실험이 성공했다 成功地举行 성공적으로 개최하다	比赛胜利了 시합에서 승리하다 赢得胜利 승리를 얻다

利用 lìyòng 图 이용하다	**使用** shǐyòng 图 사용하다
(+시간, 기회 등 추상적인 것)	(+물건, 기계 등 구체적인 것)
利用时间 시간을 이용하다	使用工具 도구를 사용하다
利用机会 기회를 이용하다	使用说明书 사용설명서
帮忙 bāngmáng 图 돕다	**帮助** bāngzhù 图 돕다 图 도움
(+목적어X) 이합동사	(+목적어)
帮一个忙 돕다	帮助别人 다른 사람을 돕다
给我帮忙 저를 도와주세요	对……很有帮助 ~에 아주 도움이 되다
放松 fàngsōng 图 느슨하게 하다, 이완시키다	**轻松** qīngsōng 图 수월하다, 홀가분하다
근육, 정신 상태가 긴장되었다가 풀림	일이 수월하다, 기분이 홀가분하다
放松肌肉 근육을 이완시키다	轻松愉快 홀가분하고 유쾌하다
放松警惕 경계를 늦추다	工作很轻松 일이 수월하다
发现 fāxiàn 图 발견하다, 알아차리다	**发明** fāmíng 图 발명하다
사물이나 법칙을 찾아냄, 일이나 마음을 미리 앎	세상에 없던 것을 창조함
发现新大陆 신대륙을 발견하다	四大发明 4대 발명
发现线索 실마리를 발견하다	发明了蒸汽机 증기 기관을 발명하다
满足 mǎnzú 图 만족하다, 만족시키다	**满意** mǎnyì 图 만족스럽다, 흡족하다
기대, 조건 등을 채우다	바람에 부합하고 모자람이 없어 흡족함
满足要求 요구를 만족시키다	很满意 아주 만족스럽다
满足于现在 현재에 만족하다	感到满意 만족을 느끼다
严重 yánzhòng 图 심각하다	**严格** yángé 图 엄격하다
상황이 심각하거나 위급하다	제도나 규칙에 빈틈없고 진지하다
病情严重 병세가 위독하다	管理很严格 관리가 아주 엄격하다
严重的问题 심각한 문제	严格遵守 엄격하게 준수하다

독해 제 1 부분

빈칸에 들어갈 알맞은 어휘 또는 문장을 고르세요.

1-3.

　　一位心理学家做了一个实验：在两家公司里，分别用两种不同的方式发放奖金。第一种采用的是递增500美元的方式：第一季度发3,000美元，第二季度3,500元，第三季度发4,000美元，第四季度发4,500美元。与此　1　，第二种采用的是递减的方式：第一季度发4,500美元，第二季度减为4,000美元……。虽然这两种方式的奖金总额都是15,000美元，但是第一种方式的满意度却　2　高于第二种。

　　为什么会这样？心理学家这样解释：对于不可确定的收益，人们总是期待一次比一次多。员工一般情况下难以　3　奖金的数额，如果一次比一次发得多，他们就会感到高兴；反之，他们就会感到无比失望，甚至还会表现出强烈的抱怨情绪。

1. A 相反　　　　　B 一致　　　　　C 同时　　　　　D 既然

2. A 必要　　　　　B 明显　　　　　C 丝毫　　　　　D 究竟

3. A 预约　　　　　B 预防　　　　　C 预报　　　　　D 预测

4-7.

如果有一台机器，只需平时用水量的十分之一就能把手洗得干干净净，___4___？

第二届全球重大挑战峰会于7月15日在北京开幕，全球近800名科学、工程和产业界领袖及学生代表参加。浙江大学Hero学生团队就___5___这样一台空气洗手机, 在参赛的15支世界顶尖名校代表队中获得了大赛唯一的金奖。

在接受采访的过程中，这些学生表示："其实研制这台机器的___6___就是想节约水资源。因为洗手是日常生活中必须要做的一件事，那么为了节约用水，就只能减少用水量。这台空气洗手机的用水量只有___7___的十分之一，通过压力将空气和水混合并喷出的原理，人们可以把手洗干净。"

据了解，目前该团队持有"空气洗手装置"的4个专利，并计划继续改进设备、走向商业化，在能源节约和城市建设过程中发挥作用。

4. A 这有什么了不起的
   B 其原理非常简单
   C 你愿意试一下吗
   D 你能了解内部结构吗

5. A 凭借　　　　B 代替　　　　C 处理　　　　D 配合

6. A 决定　　　　B 动机　　　　C 规模　　　　D 功能

7. A 日常　　　　B 经常　　　　C 平常　　　　D 当时

04 문장 채우기형
글의 논리적인 흐름 파악하기

기본기 다지기 **기본 개념 잡기 & 공략 미리보기**

독해 제1부분에서 15개 문항 중 3개 문항은 빈칸에 알맞은 문장을 고르는 문제가 출제된다. 한 편의 글은 '도입-전개-결말'이라는 논리적인 발전 순서가 있으므로 여기에서 벗어난 문장은 들어갈 수 없다. 따라서 논리적인 문맥 파악과 더불어 반드시 글의 큰 흐름을 파악한 뒤 빈칸을 채우자.

| 기본 개념 잡기 | 글의 논리적 흐름을 파악하는 방법

1. 접속사의 호응 관계 파악하기

문장과 문장은 인과/가정/전환/양보 등 다양한 관계로 연결되며, 이러한 의미 관계는 일반적으로 접속사와 부사 등의 호응 관계로 나타낼 수 있다.

> 即使是悲剧结局, **也充满着希望和光明** , 这种意外的结局被称为 "欧・亨利式结尾"。
>
> 설사 비극적 결말이라 할지라도 (희망과 빛이 넘쳐), 이런 의외의 결말은 '오 헨리식 결말'이라고 불리운다.

양보관계 접속사 호응 관계, '即使……也……(설령 ~할지라도 ~하다)'를 파악하여 전후 문장을 알맞게 연결할 수 있다.

2. 시간 순서, 원인/결과 등 의미상의 전개 파악하기

문장의 논리 관계는 반드시 접속사를 통해서만 나타내는 것은 아니다. 접속사를 사용하지 않고도 인과 관계를 나타내거나 사건이 발생한 시간 순서, 주제-부연 설명 등의 순서로 문장을 논리적으로 연결하기도 한다.

> 我早就不是跟你说应该掌握一门外语吗? 你看, **这次多亏外语成绩才能找到工作啦** !
>
> 내가 예전부터 외국어 하나쯤은 해야 한다고 했지? 거 봐, 이번에 외국어 덕분에 취업했잖아!

의미상의 인과 관계를 파악하여 전후 문장을 연결할 수 있다. 원인은 '예전부터 외국어 학습을 강조했다'이고, 그 결과 '이번에 그 덕으로 취업에 성공했다'인 문장을 완성한다.

3. 문장 부호

문장 부호는 문장의 종류를 파악할 수 있는 눈에 보이는 단서이다. 물음표(?)는 의문문을 나타내고, 모점(、)은 비슷한 개념인 단어나 구의 병렬 관계를 나타내며, 큰따옴표(" ")는 대화문을 나타낸다.

> **复杂的声调是怎么产生的呢** ? 一项研究给出了一种新的解释——潮湿的气候。
>
> 복잡한 성조는 어떻게 생겨난 것일까? 한 연구에서 '습한 기후'라는 새로운 해석을 내놓았다.

빈칸 뒤에 물음표가 있으면 의문문을 넣어야 한다. 빈칸의 앞뒤에서 질문한 배경 및 질문에 대한 대답이 서로 연결되는 의문문을 선택하도록 한다. 종종 전체 문장을 모두 읽어야 정확한 정답을 찾을 수 있는 경우도 있다.

합격 공략 **34** 호응 관계를 이루는 접속사를 파악하라!

접속사의 호응 관계

만일 빈칸의 앞뒤 문장에 호응 관계를 이루는 접속사 또는 부사가 있으면 이와 호응 관계를 이루는 접속사 또는 부사가 있는 보기가 정답일 확률이 높다. 따라서 5급에서 자주 출제되는 필수 접속사의 호응 관계를 미리 학습해 두는 것이 좋다.

실전문제

> 为了与电子书抗衡，传统出版商不断提高纸质书的整体质量。因此，有业内人士提出，电子书的出现，对于纸质书而言，_____，也是发展动力。
>
> A 既是生存压力   B 尽管是有利的
> C 最终会被取代   D 有一定的风险

STEP 1 빈칸의 앞뒤 파악하기

为了与电子书抗衡，传统出版商不断提高纸质书的整体质量。因此，有业内人士提出，电子书的出现，对于纸质书而言，_____，也是发展动力。

전자책에 대항하기 위해 전통적인 출판사들은 부단히 종이책의 전체적인 퀄리티를 향상시켰다. 이 때문에 한 업계 인사는 전자책의 출현이 종이책에 있어서는 _____, 발전 동력이기도 하다라고 밝혔다.

빈칸 뒤에 부사 也是(또한 ~이다)가 있으므로 이와 호응 관계를 이루는 문장을 넣어야 한다.

STEP 2 보기 분석하여 알맞은 정답 고르기

A 既是生存压力
B 尽管是有利的
C 最终会被取代
D 有一定的风险

A 생존 압박이기도 하고
B 비록 유익한 것이지만
C 결국 대체될 것이다
D 어느 정도의 리스크가 있다

뒷절에 쓰인 부사 也와 호응 관계를 이루는 접속사가 보기에 있는지 확인한다. 보기 A와 B에 접속사가 있다. 보기 A의 既는 '既……, 也……(~이기도 하고 ~이기도 하다)'의 호응 관계를 이루어 앞절과 뒷절이 구성이 같거나 유사한 의미로 구성된다. B의 尽管은 '尽管……, 但……(비록 ~하지만 그러나 ~하다)'의 호응 관계를 이루어 앞절과 뒷절의 의미가 서로 상반된다. 따라서 빈칸에 들어갈 알맞은 정답은 A 既是生存压力(생존 압박이기도 하다)이다.

어휘 电子书 diànzǐshū 명 전자도서, 전자책   抗衡 kànghéng 통 필적하다, 맞서다   出版商 chūbǎnshāng 명 출판사   整体 zhěngtǐ 명 전체   业内人士 yènèi rénshì 업계인사, 업계관계자   提出 tíchū 통 제기하다   对……而言(=对……来说) duì……éryán(=duì……láishuō) ~에게 있어서   生存 shēngcún 명 통 생존(하다)   有利 yǒulì 형 유리하다, 유익하다   取代 qǔdài 통 대체하다   风险 fēngxiǎn 명 위험, 리스크

합격 공략 35 의미로 문장의 논리적 전개를 파악하라!

문장의 연결 관계를 파악할 수 있는 아무런 단서가 없는 경우

문장의 연결 관계는 접속사와 같은 명확한 단서를 사용하지 않고 나타낼 수도 있다. 예를 들어 시간을 나타내는 어휘, 상황의 시간적 전개 등이 그것이다. 문장의 의미를 통해 논리적인 연결 관계를 파악해야 하므로 먼저 빈칸의 앞뒤 문장을 파악한 뒤 의미가 연결되는 보기를 정답으로 선택해야 한다.

有一名老人，叫愚公，他家的门口有两座山，　<u>挡住了路</u>　，出门很不方便。

A 挡住了路 길을 막았다   B 十分矛盾 매우 모순된다

빈칸 앞뒤에 문장의 연결 관계를 파악할 수 있는 접속사나 부사 등이 없으므로 의미를 살펴야 한다. 빈칸의 앞은 '집 앞에 산 두 개가 있다'이고 뒤는 '나가기가 불편하다'이므로 '집 앞에 산이 있어 길을 막아 나가기 불편하다'라는 자연스러운 의미 관계로 문장을 완성해야 한다.

해석 위공이라고 불리는 한 노인이 있었다. 그의 집 앞엔 산이 둘 있어 길을 막아서 외출하기가 불편했다.

어휘 挡住 dǎngzhù 통 저지하다, 가리다   矛盾 máodùn 형 모순적이다

실전문제

对他们来说，＿＿＿＿＿＿，它的重要性超过了工作、学习以及和朋友的交往，他们觉得工作、学习，甚至跟朋友约会都占用了锻炼的时间，于是不惜旷课、旷工去锻炼身体。

A 锻炼只不过是在反复劳动　　　　B 个人教练没有任何必要
C 锻炼成了强制性的任务　　　　　D 工作、人际关系非常重要

STEP 1 빈칸의 앞뒤 파악하기

对他们来说，＿＿＿＿＿，它的重要性超过了工作、学习以及和朋友的交往，他们觉得工作、学习，甚至跟朋友约会都占用了锻炼的时间，于是不惜旷课、旷工去锻炼身体。

그들에게 있어서 ＿＿＿＿＿. 그것(운동)의 중요성은 일, 공부 및 친구와의 교제를 뛰어넘는다. 그들은 일, 공부, 심지어 친구와 만남이 운동 시간을 차지한다고 여겨 무단결석, 무단결근을 불사하고 운동을 하러 간다.

빈칸 앞뒤에 접속사와 같은 단서가 없으므로 의미 관계를 살펴봐야 한다. 빈칸의 뒷문장이 它的重要性超过了工作、学习(그것의 중요성이 일과 공부를 뛰어넘는다)라고 했으므로 빈칸은 '일과 공부보다 중요한 것'을 나타냄을 알 수 있다.

STEP 2 보기 분석하여 알맞은 정답 고르기

A 锻炼只不过是在反复劳动
B 个人教练没有任何必要
C 锻炼成了强制性的任务
D 工作、人际关系非常重要

A 운동은 단지 반복적인 노동에 불과하다
B 개인적인 운동은 아무런 필요가 없다
C 운동은 강제적인 임무가 되었다
D 일과 인간관계는 매우 중요하다

보기 A와 B는 운동이 중요하지 않다는 뜻이므로 제외시킨다. D는 일이 중요하다고 했으므로 빈칸 뒤의 내용과 맞지 않는다. C가 운동의 강제성을 말하고 있으므로 적합한 정답은 C 锻炼成了强制性的任务(운동은 강제적인 임무가 되었다)이다.

정답 C 锻炼成了强制性的任务

어휘 占用 zhànyòng 통 남의 것을 점용하다   不惜 bùxī 통 아끼지 않다   旷课 kuàngkè 통 무단결석하다   旷工 kuànggōng 통 무단결근하다   只不过 zhǐbúguò 부 단지 ~에 불과하다   反复 fǎnfù 통 되풀이하다   劳动 láodòng 명 통 노동(하다)   教练 jiàoliàn 명 코치   必要 bìyào 명 통 필요(하다)   强制性 qiángzhìxìng 명 강제성   人际关系 rénjìguānxì 명 대인관계

합격 공략 36 [220점 이상 고득점] 글의 전체 스토리를 파악하라!

스토리를 파악해야 하는 경우

문장 채우기 문제에서 눈에 보이는 단서(접속사) 또는 문장과 문장의 의미 관계로 정답을 찾을 수 없다면 전체 지문을 읽고 스토리를 파악해야 한다. 지문이 설명문이라면 '주제-부연설명'의 구조를 확인하고, 지문이 이야기 글이라면 사건의 전개(스토리)를 파악한 뒤 보기를 분석하여 의미가 연결되는 문장을 넣어야 한다. 이러한 유형은 주로 이야기 글에서 자주 출제되고 문제를 푸는 데 시간이 많이 소요되는 난이도가 높은 유형이다.

실전문제

　　有两个书法家，一个极认真模仿古人；另一个正好相反，要求每一笔每一画都不同于古人，讲究自然及个性。有一天，第一个书法家嘲笑第二个书法家，说："请问，_____？"后一个书法家并不生气，而是反问了一句："您的字究竟哪一笔是您自己的呢？"第一个书法家听了，顿时张口结舌。人要从没有路的地方走出一条路来，不要失去了自己的个性，一味地模仿别人，那样只会迷失自我，连自己的命运都把握不了了。

　　A 您果然不是书法家
　　B 这是您自己的字体吗
　　C 难道你连模仿都不会
　　D 您的哪一笔是古人的呢

有两个书法家，一个极为认真模仿古人；另一个正好相反，要求每一笔每一画都不同于古人，讲究自然及个性。有一天，第一个书法家嘲笑第二个书法家，说："请问，_____？"后一个书法家并不生气，而是反问了一句："您的字究竟哪一笔是您自己的呢？"第一个书法家听了，顿时张口结舌。

人要从没有路的地方走出一条路来，不要失去了自己的个性，一味地模仿别人，那样只会迷失自我，连自己的命运都把握不了了。

두 서예가가 있었다. 한 사람은 지극히 진지하게 옛사람을 모방했고, 다른 서예가는 반대로 한 획 한 획을 옛사람과 다르게 자연스러움과 개성을 중시하였다. 어느 날, 첫 번째 서예가가 두 번째 서예가를 비웃으며 말했다. "실례지만, _____?" 두 번째 서예가는 화를 내지 않고 한 마디 반문을 했다. "당신의 글자는 도대체 어떤 획이 당신 자신의 것인가요?" 첫 번째 서예가가 이 말을 듣고는 잠시 말문이 막혔다.

사람은 길이 없는 곳에서 길을 개척해야지 자신의 개성을 잃어서는 안 된다. 무턱대고 다른 사람을 모방하면 자신을 잃을 뿐이며 자신의 운명까지도 잡지 못하게 된다.

빈칸에 물음표가 있으므로 의문문을 넣어야 한다. 빈칸의 전후 상황만으로는 논리적인 의미 관계를 파악하기 어려우므로 글의 전체 스토리를 살펴본다. 등장인물은 두 서예가이고 글의 도입부에 一个极为认真模仿古人；另一个正好相反，要求每一笔每一画都不同于古人，讲究自然及个性(한 사람은 지극히 진지하게 옛사람을 모방했고, 다른 서예가는 반대로 한 획 한 획을 옛사람과 다르게 자연스러움과 개성을 중시하였다)이라고 하여 두 서예가의 특징을 설명했다. 빈칸의 문장은 첫 번째 서예가가 두 번째 서예가에게 하는 대화의 일부이다. 또한 빈칸의 뒷부분에 두 번째 서예가가 첫 번째 서예가에게 您的字究竟哪一笔是您自己的呢? (당신의 글자는 도대체 어떤 획이 당신 자신의 것인가요?)라고 반문하는 내용을 볼 수 있다.

A 您果然不是书法家
B 这是您自己的字体吗
C 难道你连模仿都不会
D 您的哪一笔是古人的呢

A 당신은 과연 서예가가 아니군요
B 이게 당신의 자신의 서체인가요
C 설마 모방도 못하세요
D 당신의 어떤 획이 옛사람의 것인가요

보기를 살펴보면 A는 의문문이 아니므로 제외시킨다. 빈칸의 앞에 嘲笑……说(비웃으며 ~라고 말했다)라고 했으므로 빈칸은 첫 번째 서예가가 두 번째 서예가를 비웃는 내용, 즉 상대방을 무시하는 듯한 내용이 들어가야 한다. 두 번째 서예가는 자신의 개성을 중시하고 첫 번째 서예가는 옛사람을 모방했으므로 가장 알맞은 정답은 D 您的哪一笔是古人的呢(당신의 어떤 획이 옛사람의 것인가요)이다.

정답 D 您的哪一笔是古人的呢

어휘 模仿 mófǎng 통 모방하다　酷似 kùsì 통 몹시 닮다　嘲笑 cháoxiào 통 비웃다, 빈정거리다　反问 fǎnwèn 통 반문하다　顿时 dùnshí 분 갑자기, 일시에　张口结舌 zhāng kǒu jié shé 성 말문이 막히다　一味地 yíwèi de 분 단순히, 무턱대고　迷失 míshī 통 잃다　果然 guǒrán 분 과연, 생각한 대로　书法家 shūfǎjiā 명 서예가　字体 zìtǐ 명 글자체　模仿 mófǎng 통 모방하다

빈칸에 들어갈 알맞은 어휘 또는 문장을 고르세요.

1-4.

　　在日常生活中，我们经常会遇见这样的情况，在遇到堵车、天气恶劣、交通事故等问题时，不少司机常会产生愤怒情绪，我们把这种由压力或挫折感所＿＿1＿＿的愤怒情绪叫做"路怒症"，而这个路怒症会使司机有攻击性行为。

　　一项研究显示，用虚拟实景让志愿者驾驶大型车辆，通过狭窄迂回的道路，期间司机需应付不同的限速提示，并且＿＿2＿＿会有20辆车逼近他们。志愿者开始先听一些情绪高昂，节奏快的歌曲，10分钟后再＿＿3＿＿忧伤抒情的慢歌。结果显示，曲调高昂的音乐虽会让司机心情愉悦，＿＿4＿＿；而忧伤的慢歌则有助于减压，超速、偏离车道等情况也会随之减少。

1. A 针对　　　　B 导致　　　　C 突出　　　　D 吸引

2. A 分别　　　　B 假设　　　　C 大约　　　　D 其中

3. A 播放　　　　B 展开　　　　C 传播　　　　D 出示

4. A 但也会让司机心平气和
　 B 尽量配合研究人员
　 C 路况不好时要尽量减速
　 D 但也会使司机注意力不集中

5-8.

　　有一个文学青年前去拜访英国知名主编，希望发表自己的作品。主编看过青年的作品后很欣赏，不仅选登了其中一部分，还把他留在身边当助手，因此青年很___5___主编。

　　可是随着一起工作的时间变长，两人在文章批判标准上产生了分歧。一次，在主编出差期间，青年没有征求主编的意见，擅自删掉了两篇主编已___6___的文章。大家都觉得青年自作主张，一定会被开除。青年也认识到了错误，___7___向主编道歉。没想到主编却说："我看了你编的杂志，___8___，可后来我把之前的杂志和你新编的都拿给别人看，结果很多人都说你编的好，看来你是对的！"

　　从那之后，主编在许多稿件上都会征求青年的意见，杂志社办得越来越好，青年最后也成了大作家。

5. A 鼓励　　　　B 抱怨　　　　C 感激　　　　D 讽刺

6. A 刊登　　　　B 确定　　　　C 改善　　　　D 集中

7. A 虚心　　　　B 勤奋　　　　C 谨慎　　　　D 主动

8. A 内容十分单一
　　B 有很多错别字
　　C 开始的确很生气
　　D 内容很受读者喜爱

빈칸에 들어갈 알맞은 어휘 또는 문장을 고르세요.

1-3.

　　蜜蜂是营群体生活的昆虫，＿＿1＿＿一个蜂窝内生活着数万只蜜蜂。蜂窝一般很狭小、阴暗且潮湿，这些＿＿2＿＿都非常适宜各种细菌和微生物的生长。不过，储存在蜂窝内的花粉、蜂蜜等都不会腐败变坏。这是为什么呢？科学家发现，在蜂窝内有一种叫蜂胶的物质，它可以有效地抑制和杀灭蜂窝内的病菌、霉菌而对蜜蜂无害。原来，蜂胶是有助于蜜蜂清洁蜂窝环境、＿＿3＿＿食物以及保证蜜蜂健康的良药。

1. A 时常　　　　B 通常　　　　C 随时　　　　D 照常

2. A 程序　　　　B 规则　　　　C 资源　　　　D 条件

3. A 搬运　　　　B 组织　　　　C 保存　　　　D 吸收

4-7.

　　羌族是中国西部的一个古老的民族，羌族人和其他少数民族一样能歌善舞，他们对歌舞的热爱体现在羌族的"萨朗"。萨朗是最具羌族＿＿4＿＿的圆圈群舞，目前已被列入四川省第二＿＿5＿＿非物质文化遗产名录。羌语中称"萨朗"，原是"唱起来，跳起来"的意思，可后来词义扩大，＿＿6＿＿。

　　羌族萨朗属于集体性歌舞，由能歌善舞者领头，男女分列拉手成圈，边跳边唱，动作灵活多样，所唱的歌曲多是祖辈口头＿＿7＿＿下来的古老民歌，主要用羌语演唱，是中国羌族独有代表性文化。

4. A 利益　　　　B 特色　　　　C 资格　　　　D 理论

5. A 些　　　　　B 幅　　　　　C 批　　　　　D 丝

6. A 成为了羌族舞的统称　　　　B 失去了它原有的意义
　　C 萨朗不再被羌族人使用　　　D 其形式发生了变化

7. A 思考　　　　B 流传　　　　C 延长　　　　D 反应

독해
제 2 부분

阅读

일치하는 내용 고르기

독해 제 2 부분

Warm Up!

유형 분석 & 풀이 전략

유형 분석 | 시험엔 이렇게 나온다!

출제 방식

HSK 5급 독해 제2부분은 100~150자 내외의 비교적 짧은 지문을 읽고 지문의 내용과 일치하는 보기를 고르는 유형으로 61번부터 70번까지 총 10문제가 출제되며 질문은 따로 제시되지 않는다.

출제 경향 & 유형별 출제 비율

독해 제2부분에서 가장 많이 출제되는 글은 설명문으로 중국 문화, 과학, 상식에 관한 내용이 출제된다. 문제 유형으로는 세부 내용 대조하기, 글의 주제 찾기, 접속사/개사를 활용하여 글에서 강조하는 내용 찾기 등으로 나눌 수 있다. 지문과 보기의 어휘가 전반적으로 난이도가 높기 때문에 얼마만큼 빠르고 정확하게 지문과 보기를 대조하여 일치하는 정답을 찾아내는지가 가장 중요하다. 빠르게 정답을 찾기 위해서 먼저 보기를 분석한 뒤 지문과 대조하도록 한다.

풀이 전략 | 문제 풀이 Step & 풀이 전략 적용해 보기

Step 1

보기 분석하기

보기에 반복되는 어휘는 중심 소재이므로 그 이외의 부분에서 핵심 키워드를 파악한다. 또한 보기를 통해 글의 종류와 내용을 예상한다.

Step 2

지문과 대조하여 정답 고르기

지문을 빠르게 읽으면서 보기의 핵심 키워드를 지문과 대조하여 O/X 표시를 한 뒤 일치하는 내용을 고른다. 지문의 주제가 정답인 경우가 있으므로 지문의 주제도 함께 파악하도록 한다.

풀이 전략 > 적용해 보기

61. 孩子在经历挫折之后最希望从父母那里得到的并不是安慰，更不是责备，而是父母的鼓励与信任。就算孩子在竞争中失败了也无关紧要，只要父母能对他们挑战的过程给予肯定和赞赏，他们就会更有信心并愿意接受新的挑战，争取下一次的胜利。

A 父母的教育比学校的教育更有效
B 父母的鼓励能让孩子变得自信
C 孩子在失败时需要父母的安慰
D 应该让孩子多经历挫折

STEP 1 보기 분석하기

61. A 父母的教育比学校的教育更有效
    B 父母的鼓励能让孩子变得自信
    C 孩子在失败时需要父母的安慰
    D 应该让孩子多经历挫折

A 부모의 교육이 학교 교육보다 더 효과적이다
B 부모의 격려는 아이가 자신감을 가질 수 있게 한다
C 아이가 실패하면 부모의 위로가 필요하다
D 아이가 더 많은 좌절을 겪게 해 주어야 한다

보기에 父母(부모), 孩子(아이), 教育(교육)와 같은 어휘가 있으므로 교육과 관련된 글임을 예상할 수 있다. 보기의 키워드를 살펴보면 A는 父母的教育更有效(부모의 교육이 더 효과적이다), B는 父母的鼓励(부모의 격려)와 自信(자신감), C는 失败(실패)와 父母的安慰(부모의 위로), D는 多经历挫折(좌절을 많이 겪어 보라)이다.

孩子在经历挫折之后最希望从父母那里得到的<u>并不是安慰</u>，更不是责备，<u>而是父母的鼓励与信任</u>。就算孩子在竞争中失败了也无关紧要，只要父母能对他们挑战的过程给予肯定和赞赏，他们就<u>会更有信心</u>并愿意接受新的挑战，争取下一次的胜利。

아이가 좌절을 겪고 나서 부모에게 바라는 것은 <u>결코 위로가 아니고</u>, 책망은 더욱 아니며, 부모의 격려와 신뢰이다. 설령 아이가 경쟁에서 실패를 하더라도 그것은 중요하지 않다. 아이들이 도전하는 과정에서 부모가 인정해 주고 칭찬만 해 주어도 아이들이 더욱 자신감을 가지게 될 뿐만 아니라 새로운 도전을 기꺼이 받아들여 다음의 승리를 쟁취하게 된다.

보기의 키워드를 지문과 대조해 보면 A의 내용은 언급되지 않았으므로 제외시킨다. 또한 아이들이 좌절을 겪은 뒤 부모에게 바라는 것은 并不是安慰(위로가 아니다)라고 하였으므로 C도 일치하지 않는 내용이다. 또한 좌절을 겪어야 한다고 주장한 것은 아니므로 보기 D도 소거시킨다. 지문에서 아이들이 실제로 원하는 것은 而是父母的鼓励与信任(부모의 격려와 신뢰이다)라고 했고 이것이 아이들을 会更有信心(더욱 자신감 있게 한다)이라고 하였으므로 일치하는 내용은 B 父母的鼓励能让孩子变得自信(부모의 격려는 아이가 자신감을 가질 수 있게 한다)이다.

정답 B 父母的鼓励能让孩子变得自信

어휘 **지문** 挫折 cuòzhé 명 통 좌절(하다)   安慰 ānwèi 명 통 위로(하다)   责备 zébèi 통 탓하다   信任 xìnrèn 명 통 신임(하다)   就算 jiùsuàn 접 설령 ~하더라도   无关紧要 wú guān jǐn yào 성 중요하지 않다, 대수롭지 않다   挑战 tiǎozhàn 명 통 도전(하다)   给予 jǐyǔ 통 ~을 주다   赞赏 zànshǎng 통 칭찬하다   争取 zhēngqǔ 통 쟁취하다   胜利 shènglì 명 통 승리(하다)   **보기** 有效 yǒuxiào 형 효과가 있다

01 1:1 대조형
키워드를 파악하여 세부 내용 대조하기

기본기 다지기 기본 개념 잡기 & 공략 미리보기

지문이 전문적인 내용의 설명문일 경우 난이도가 높은 어휘가 등장하기 때문에 보기를 분석하고 지문과 대조하는 데 시간이 많이 할애될 수밖에 없다. 따라서 전략적으로 보기의 핵심 키워드를 파악하여 지문과 1:1로 대조하는 방법으로 문제를 풀어야 한다.

| 기본 개념 잡기 | 세부 내용 대조하기

1. 보기에서 반복되는 어휘를 제외한 부분이 키워드다.

독해 제2부분의 보기는 모두 긴 문장으로 제시되기 때문에 보기를 모두 다 대조하려 하지 말고 반복되는 어휘를 먼저 제외한 뒤, 핵심 키워드만 찾아야 한다. 이 핵심 키워드가 바로 지문과 대조해야 하는 내용이며 반복되는 어휘는 글이 설명하는 대상이다.

> (보기) A 承德避暑山庄始建于明朝 청더 피서 산장은 명대에 건설을 시작했다
>
> B 承德避暑山庄属于皇家建筑 청더 피서 산장은 황실건축물에 속한다
>
> C 承德避暑山庄只用于军事训练 청더 피서 산장은 군사 훈련에만 쓰인다
>
> D 承德避暑山庄目前不对外开放 청더 피서 산장은 현재 대외적으로 개방하지 않는다

承德避暑山庄(청더 피서 산장)이 보기에 반복되므로 이를 제외한 부분을 핵심 키워드로 파악하여 지문과 대조한다.

2. 보기의 단정적인 표현에 주의한다.

보기에 只(단지), 都(모두), 最(가장), 一定(반드시)과 같이 단정적이거나 범위를 나타내는 표현이 있으면 반드시 지문에도 동일하게 언급되는지 확인해야 한다. 명사, 동사만을 지문과 대조할 경우 이러한 부사어를 놓쳐 오답을 고를 수도 있다.

> (지문) 在社交中，适当的赞美能使他人变得更加积极、热情，并能增强他人的上进心和责任感；而过度的赞美则会使他人对你生厌，对人际关系的发展起到不利影响。
>
> 사교에서 있어서, 적당한 칭찬은 타인을 더욱 적극적이고 열정적으로 변화시킬 수 있을 뿐만 아니라 타인의 향상심과 책임감도 강화시켜줄 수 있다. 그러나 과도한 칭찬은 오히려 당신에게 싫증을 느끼게 하여 대인 관계에 있어 나쁜 영향을 줄 수도 있다.
>
> (보기) C 所有赞美都能促进交往 모든 칭찬은 모두 교제를 촉진시킬 수 있다. (×)

보기의 키워드 赞美(칭찬)를 지문에서 适当的(적당한)인 경우와 过度的(과도한)인 경우로 나누어 선기능과 역기능을 설명하였으므로 보기의 所有赞美(모든 칭찬)는 지문과 일치하지 않는다.

합격 공략 **37** 보기의 반복되는 어휘를 제외한 부분에 주목하라!

핵심 키워드 찾기

보기에 반복되는 어휘는 대부분 설명의 대상으로 중국 문화, 자연, 과학 분야의 의미가 생소한 전문용어인 경우가 많다. 때문에 이렇게 반복되는 어휘(중심 소재)의 뜻을 파악하는데 시간을 낭비하지 말자. 독해 제2부분은 지문과 일치하는 내용을 고르는 것이므로 이러한 전문 용어는 해석하지 않아도 된다. 반복된 어휘는 주로 주어에 제시되므로 보기를 분석할 때 술어와 목적어를 핵심 키워드로 삼아 지문과 대조하도록 한다.

실전문제

塔里木沙漠公路是目前世界上在流动沙漠中修建的最长的公路。该公路的建成对加速油气资源的开发、塔里木盆地的经济发展发挥了重要作用。同时，它贯穿号称"死亡之海"的塔克拉玛干大沙漠，对于渴望穿越塔克拉玛干大沙漠的游客来说，这无疑是提供了最好的条件。

A 塔里木沙漠公路年久失修
B 塔里木沙漠公路过路费很高
C 塔里木沙漠公路修建在流动沙漠中
D 塔里木沙漠公路是世界第一条死亡公路

STEP 1   보기 분석하기

A 塔里木沙漠公路年久失修

B 塔里木沙漠公路过路费很高

C 塔里木沙漠公路修建在流动沙漠中

D 塔里木沙漠公路是世界第一条死亡公路

> A 타림 사막 고속도로는 장기간 방치되었다
> B 타림 사막 고속도로의 도로 사용 요금은 매우 비싸다
> C 타림 사막 고속도로는 유동사막에 건설되었다
> D 타림 사막 고속도로는 세계 최악의 죽음의 도로이다

보기에 반복적으로 등장하는 搭理木沙漠公路(타림 사막 고속도로)는 설명의 대상이므로 그 이외의 부분에 주목한다. A의 핵심 키워드는 年久失修(장기간 방치되다), B는 过路费很高(도로 요금이 비싸다), C는 修建在流动沙漠中(유동사막에 건설되다), D는 死亡的公路(죽음의 도로)이므로 지문과 대조한다.

STEP 2   지문과 대조하여 정답 고르기

塔里木沙漠公路是目前世界上在流动沙漠中修建的最长的公路。该公路的建成对加速油气资源的开发、塔里木盆地的经济发展发挥了重要作用。同时，它贯穿号称 "死亡之海" 的塔克拉玛干大沙漠，对于渴望穿越塔克拉玛干大沙漠的游客来说，这无疑是提供了最好的条件。

> 타림 사막 고속도로는 현재 유동사막에 건설된 세계적으로도 가장 긴 고속도로이다. 이 도로의 준공은 기름, 가스 자원의 개발과 타림 분지의 경제발전을 가속화시키는 데 중요한 역학을 했다. 또한 일명 '죽음의 바다'라고 불리는 타클라마칸 사막을 관통하여 타클라마칸 사막 횡단을 갈망하는 여행객들에게 두말할 것 없이 최고의 조건을 제공해 주었다.

보기의 핵심 키워드를 지문과 대조한다. C의 핵심 키워드 流动沙漠(유동 사막)가 지문의 첫 줄에 등장하여 世界上在流动沙漠中修建的最长的公路(현재 유동사막에 건설된 세계적으로도 가장 긴 고속도로이다)라고 하였으므로 일치하는 내용은 C 塔里木沙漠公路修建在流动沙漠中(타림 사막 고속도로는 유동사막에 건설되었다)이다.

정답   C 塔里木沙漠公路修建在流动沙漠中

어휘   [지문] 目前 mùqián 몡 지금, 현재   塔里木沙漠公路 Tǎlǐmù shāmò gōnglù 타림 사막 고속도로   修建 xiūjiàn 동 건설하다   建成 jiànchéng 동 준공하다   加速 jiāsù 동 가속시키다   资源 zīyuán 몡 자원   开发 kāifā 동 개발하다   盆地 péndì 몡 분지   发挥 fāhuī 동 발휘하다   贯穿 guànchuān 동 관통하다   号称 hàochēng 동 ~라고 불리다   塔克拉玛干沙漠 Tǎkèlāmǎgān shāmò 타클라마칸 사막   渴望 kěwàng 동 갈망하다   穿越 chuānyuè (산 등을) 넘다, 통과하다   无疑 wúyí 의심할 바 없다, 틀림없다   [보기] 年久失修 niánjiǔ shīxiū 장기 방치(건물이 지어진 지가 오래됐고, 장기간 방치되어 수리되지 않은 상태를 말함)   过路费 guòlùfèi 도로 사용 요금, 도로 통행 요금   流动沙漠 liúdòng shāmò 유동사막   死亡 sǐwáng 동 사망하다

핵심 키워드 찾기 ➡ 지문에 표시하기 ➡ 주술목 대조하기

문장형으로 제시되는 보기에서 핵심 키워드가 길면 대조하기 어려우므로 간단한 단어 1~2개로 간추려야 한다. 즉 술어 또는 목적어를 핵심 키워드로 삼은 뒤 지문에 출현했으면 밑줄로 표시하고, 키워드가 언급된 부분과 보기를 대조한다. 이 때 보기 전체 문장이 그대로 지문에 등장할 수도 있지만, 지문의 내용 중 일부만 보기에 제시되기도 하므로 지문과 대조할 때는 주어-술어-목적어를 중심으로 대조하도록 한다.

실전문제 📖

> "听"是儿童音乐教育过程中的第一步，并且是最重要的一步。儿童在正式学习音乐之前，若能欣赏足够的音乐，就像具备了学习音乐的隐形的、内在的"基本装备"，日后一旦接触到音乐学习活动，便能很快地进入状态，更容易理解和喜爱音乐。
>
> A 音乐能提高成人的观察力
> B 听歌曲有助于婴儿学说话
> C 听音乐让孩子的孤独感增强
> D 学习音乐前懂得欣赏很重要

STEP 1　보기 분석하기

A 音乐能提高成人的观察力
B 听歌曲有助于婴儿学说话
C 听音乐让孩子的孤独感增强
D 学习音乐前懂得欣赏很重要

A 음악은 성인의 관찰력을 향상시킬 수 있다
B 노래를 듣는 것은 아기가 말을 배우는 데 도움이 된다
C 음악이 아이의 외로움을 증대시킨다
D 음악을 학습하기에 앞서 감상할 줄 아는 것이 중요하다

보기에 音乐(음악), 歌曲(노래), 婴儿(아기)이 있으므로 음악과 아이 교육에 관한 내용임을 예상할 수 있다. 보기의 핵심 키워드로 A는 观察力(관찰력), B는 婴儿学说话(아기가 말을 배우다), C는 孤独感(외로움), D는 懂得欣赏(감상할 줄 알다)이다.

STEP 2　지문과 대조하여 정답 고르기

"听"是儿童音乐教育过程中的第一步，并且是最重要的一步。儿童在正式学习音乐之前，若能欣赏足够的音乐，就像具备了学习音乐的隐形的、内在的"基本装备"，日后一旦接触到音乐学习活动，便能很快地进入状态，更容易理解和喜爱音乐。

'듣기'는 아동 음악 교육과정의 첫 걸음이자 가장 중요한 스텝이다. 어린이가 정식으로 음악을 학습하기에 앞서 충분히 음악을 감상할 수 있다면 이것은 마치 음악학습에 보이지 않는 내적인 '기본장비'를 갖춘 것과 같다. 따라서 이후에 일단 음악학습 활동을 접하면 매우 빠르게 몰입하여 보다 더 쉽게 음악을 이해하고 좋아할 수 있다.

보기의 핵심 키워드 중 A, B, C의 키워드는 지문에 등장하지 않았고, D의 欣赏(감상하다)이 등장했다. 지문에서 学习音乐

之前，若能欣赏足够的音乐，就像具备了学习音乐的隐形的、内在的"基本装备"（음악을 학습하기에 앞서 충분히 음악을 감상할 수 있다면 이것은 마치 음악학습에 보이지 않는 내적인 '기본장비'를 갖춘 것과 같다)라고 했으므로 일치하는 내용은 D 学习音乐前懂得欣赏很重要(음악을 학습하기에 앞서 감상할 줄 아는 것이 중요하다)이다.

정답 D 学习音乐前懂得欣赏很重要

어휘 지문 若 ruò 젭 만약 ~라면　欣赏 xīnshǎng 통 감상하다　足够 zúgòu 형 충분하다　具备 jùbèi 통 갖추다　隐形 yǐnxíng 통 자태를 숨기다　内在 nèizài 통 내재하다　装备 zhuāngbèi 명 장비, 장치　接触 jiēchù 통 닿다, 접촉하다　状态 zhuàngtài 명 상태　喜爱 xǐ'ài 통 좋아하다, 호감을 가지다　보기 成人 chéngrén 명 성인　观察力 guānchálì 명 관찰력　歌曲 gēqǔ 명 노래　有助于 yǒuzhùyú ~에 도움이 되다　婴儿 yīng'ér 명 영아, 젖먹이　孤独感 gūdúgǎn 명 고독감　增强 zēngqiáng 통 증강하다　懂得 dǒngde 통 알다, 이해해다

합격 공략 ③⑨ [220점 이상 고득점] 추상적인 형용사는 Skip하라!

중국 문화, 자연을 소개하는 글

중국 문화나 자연 경관을 소개하는 글에서 전문 용어도 난해하지만 학습자들이 문장을 해석할 때 가장 어렵게 느끼는 부분은 화려한 수식어구들이다. 그러나 중요한 것은 독해 제2부분에서 일치하는 내용의 정답으로 제시되는 내용은 이러한 화려한 미사여구가 아니라 객관적인 정보라는 사실이다. 따라서 지문에 이러한 화려한 수식어구들이 장황하게 나열되어 있다면 과감하게 무시하고, 객관적인 정보와 문장의 뼈대인 주어-술어-목적어를 중심으로 살피는 것이 좋다.

실전문제

> "中国最美的农村"婺源是一个山明水秀的地方。它位于江西省东北部，温和湿润，四季分明，雾日较多。春天恰是婺源旅游最好的季节，尤其是4-5月。漫山的红杜鹃，满坡的绿茶，金黄的油菜花，加上白墙黛瓦，五种颜色，和谐搭配，胜过世上一切的图画。
>
> A 婺源四季如春
> B 婺源地处江苏省西北部
> C 婺源人擅长画画
> D 春季是婺源旅游的最佳季节

STEP 1　보기 분석하기

A 婺源四季如春
B 婺源地处江苏省西北部
C 婺源人擅长画画
D 春季是婺源旅游的最佳季节

A 우위안은 사계절이 봄과 같다
B 우위안은 강소성 북서 지역에 위치한다
C 우위안 사람들은 그림을 잘 그린다
D 봄철이 우위안 여행의 가장 좋은 계절이다

보기에 婺源(우위안)이 반복적으로 등장하므로 婺源에 관한 설명문임을 예상할 수 있다. 보기의 핵심 키워드로 A는 四季

如春(사계절이 봄과 같다)이고 B의 키워드는 江苏省西北部(강소성 북서 지역), C의 키워드는 擅长画画(그림에 뛰어나다), D의 키워드는 春季(봄철)와 旅游(여행)이다.

STEP 2 지문과 대조하여 정답 고르기

"中国最美的农村"婺源是一个山明水秀的地方。它位于江西省东北部，温和湿润，四季分明，雾日较多。春天恰是婺源旅游最好的季节，尤其是4-5月。漫山的红杜鹃，满坡的绿茶，金黄的油菜花，加上白墙黛瓦，五种颜色，和谐搭配，胜过世上一切的图画。

'중국의 가장 아름다운 농촌' 우위안(婺源)은 산 좋고 물 맑은 곳으로, 강서성 동북부에 위치한다. 습윤하며, 사계절이 분명하고, 안개 끼는 날이 비교적 많다. 봄철은 딱 우위안의 여행에 가장 좋은 계절로, 특히나 4-5월이 좋다. 온 산에 진달래가 지천이고, 온 언덕에 녹차가 그득하고, 황금색 유채꽃에 흰 벽에 푸른 기와가 더해져 다섯 가지 색이 조화롭게 어울려 세상 어떤 그림보다도 뛰어나다.

지문의 후반부에 다양한 형용사를 사용하여 우위안의 아름다움을 소개한 부분은 제외해 놓고 지문을 살펴본다. 보기의 핵심 키워드를 대조해 보면 四季分明(사계절이 분명하다)이라고 했으므로 A는 일치하지 않는다. B는 지문에서 江西省东北部(강서성 동북부)라고 했으므로 역시 일치하지 않고, C의 내용은 언급되지 않았다. D의 키워드가 언급된 부분에서 春天恰是婺源旅游最好的季节(봄철은 딱 우위안의 여행에 가장 좋은 계절이다)라고 했으므로 일치하는 내용은 D 春季是婺源旅游的最佳季节(봄철이 우위안 여행의 가장 좋은 계절이다)이다.

정답 D 春季是婺源旅游的最佳季节

어휘 고유명사 婺源 Wùyuán 우위안 현 [중국 장시성(江西省) 상라오(上饶)에 있는 현]   山明水秀 shānmíng shuǐxiù 산 좋고 물 맑다   温和 wēnhé 형 온난하다   湿润 shīrùn 형 습윤하다   雾日 wùrì 안개 끼는 날   漫山 mànshān 온 산에 가득하다(지천이다)   红杜鹃 hóngdùjuān 명 진달래   满坡 mǎnpō 온 언덕에 그득하다   油菜花 yóucàihuā 명 유채꽃   白墙黛瓦 báiqiángdàiwǎ 하얀 벽에 푸른빛 기와   和谐 héxié 형 잘 어울리다   搭配 dāpèi 동 조합하다   胜过 shèngguò ~보다 낫다   보기 四季如春 sìjì rú chūn 성 사계절이 봄 날씨 같다   擅长 shàncháng 동 뛰어나다, 재주가 있다   最佳 zuìjiā 형 최적이다, 가장 적당하다

실전 테스트   정답 및 해설_해설편 p.049

다음 중 지문과 일치하는 내용의 보기를 고르세요.

1. 电影《英雄》、《十面埋伏》的导演张艺谋是中国目前最著名的导演之一。他在拍摄时注重细节的真实性，并且惯用浪漫的色彩，作品也多与中国传统文化相关。因此受到了国内外的广大关注。此外，除了拍摄电影他还担任过2008年北京奥运会开幕式和闭幕式的总导演。

　　A 张艺谋拍摄时重视细节的真实性
　　B 张艺谋是传统文化的宣传代表
　　C 张艺谋只拍摄过电影
　　D 张艺谋拍的历史剧很受欢迎

2. 中国的著名诗句"此时无声胜有声"是说默默无声却比有声更感人。传统艺术的表现方法中也有一种称做 "留白"的表现手法，被广泛应用于书画、诗歌等领域。在书画作品中，留白往往是留下一定的空白，给人以想象的空间；在诗词作品中，留白则指用简洁的语言来表达。

A 留白只适用书画作品
B 诗歌中的留白是指给人以想象的空间
C 留白是一种艺术表现手法
D 留白是现代文学的表现方法

3. 便仓镇位于盐城市204国道向南五十里处，这里的枯枝牡丹以奇、特、怪、灵著称于世。被名为"枯枝牡丹"，意为着这种花在花开的时候，枝叶枯萎而花朵艳丽。由于枯枝牡丹稀少珍贵，近年来当地政府对其不断加大保护力度。

A 枯枝牡丹种类繁多
B 枯枝牡丹受到大力保护
C 牡丹一般在开花后才长叶子
D 枯枝牡丹开花盛期为2月

4. 眼药水在使用和保存的过程中，药液会由于保存环境的改变而很容易被空气中的微生物污染，从而使药效逐渐减弱，甚至会产生安全问题。因此，眼药水一旦打开，应尽快用完，长时间放置的眼药水最好及时扔掉，以免误用。

A 眼药水不宜过多使用
B 不能同时使用两种眼药水
C 眼药水应该低温储藏
D 眼药水打开后容易被污染

5. 随着现代人生活方式的不断改变，科技水平的不断提高，自行车的功能也在发生变化。它不再以代步工具的身份而受到欢迎，而是逐步向运动型、山地型、休闲型工具转变，成为了人们健身的重要选择。

A 自行车是环保的使者
B 自行车的功能在发生变化
C 自行车是年轻人健身的首选
D 自行车失去了传统的代步工具的功能

주제 찾기형
글의 중심 내용 찾기

기본기 다지기 **기본 개념 잡기 & 공략 미리보기**

독해 제2부분의 일치하는 내용 고르기에서는 글의 주제가 정답으로 출제되기도 한다. 글의 중심 내용을 어떻게 전략적으로 파악하는지 살펴보자.

I 기본 개념 잡기 I 주제 찾기

1. 주제는 주로 글의 첫문장에 제시된다.

설명문이나 논설문은 글의 중심 내용을 가장 먼저 제시하고 부연 설명을 길게 덧붙이는 경우가 많고 가끔씩 주제가 가장 마지막 문장에 제시되는 경우도 있다. 일반적인 글의 구조는 다음과 같다.

주제	부연 설명
핵심 내용 일반적/추상적 진술 단정	뒷받침하는 내용 구체적 진술 예시, 검증

2. 포괄적, 추상적인 내용의 보기는 주제를 찾는 문제다.

세부 내용을 대조하는 문제인지 아니면 주제를 찾는 문제인지는 보기를 보면 알 수 있다. 대부분 주제는 추상적이고 포괄적인 내용이므로 보기가 이러한 내용일 경우 지문의 주제를 찾도록 한다.

3. 주제가 직접 언급되지 않는 경우 ★★

지문에 주제가 직접적으로 언급되지 않는다면 전체 지문을 포괄하는 내용을 짐작할 수 있어야 한다.

(지문) 如果一种现象消失得像它出现时那样匆匆，那么我们就把它称做时尚。
만약 어떤 현상이 출현할 때처럼 그렇게 빠르게 사라진다면 우리는 그것을 트렌드라고 부른다.

(보기) 时尚是不断变化的 (O)
트렌드는 끊임없이 변화하는 것이다

지문과 보기에 일치하는 어휘는 时尚(트렌드) 하나이지만 지문에서 사용된 消失(사라지다), 出现(출현하다), 匆匆(분주한 모양) 등의 어휘를 통해 变化(변화)를 짐작할 수 있다.

I 공략 미리보기 I

합격 공략 40	주제는 첫 문장을 보라!
합격 공략 41	글의 내용을 포괄적 · 귀납적 · 추상적으로 요약하라!
합격 공략 42	[220점 이상 고득점] 사자성어, 속담은 교훈을 찾으라!

합격 공략 **40** 주제는 첫 문장을 보라!

설명문의 구조 = 주제 + 부연 설명

설명문과 논설문에서 글의 중심 내용은 대부분 첫 문장을 보면 알 수 있다. 주제 문장은 포괄적이고 단정적이며 일반적인 내용으로 구성되고, 주제를 강하게 어필하기 위해 의문문의 형태로 제시하기도 한다. 주제를 소개한 뒤에는 구체적인 예시, 뒷받침하는 근거 등이 제시된다. 만일 보기에 추상적이고 포괄적인 내용의 문장이 제시되었다면 주제 문제임을 염두에 두고 글의 첫 문장을 살펴보라.

실전문제

中国是世界上酿酒历史最早的国家。古代的四川酒文化则是中国酒文化百花园中的一朵奇葩，尤其是以"六朵金花"为代表的传统白酒，几乎占了全国名酒的40％。四川的"天益老号"是一处始于南齐时期的古老的酿酒作坊，距今已有1500年历史，是中国传统白酒工艺的历史见证。

A 四川人热情好客
B "六朵金花"是指六个女孩儿
C 中国酿酒历史悠久
D "天益老号" 主要生产红酒

STEP 1 보기 분석하기

A 四川人热情好客
B "六朵金花"是指六个女孩儿
C 中国酿酒历史悠久
D "天益老号" 主要生产红酒

A 사천 사람들은 친절하고 호의적이다
B '여섯 송이 금화'는 여섯 명의 여자 아이들을 가리킨다
C 중국은 양조 역사가 오래됐다
D '티엔이 라오하오'는 주로 와인을 생산한다

보기의 어휘 酿酒(양조), 红酒(와인)를 보고 술에 관한 글임을 예상할 수 있다. 보기의 핵심 키워드로 A는 四川人(사천 사람), B는 六朵金花(여섯 송이 금화), C는 酿酒历史(양조 역사), D는 天益老号(티엔이 라오하오)이다.

STEP 2 지문과 대조하여 정답 고르기

中国是世界上酿酒历史最早的国家。古代的四川酒文化则是中国酒文化百花园中的一朵奇葩，尤其是以"六朵金花"为代表的传统白酒，几乎占了全国名酒的40％。四川的"天益老号"是一处始于南齐时期的古老的酿酒作坊，距今已有1,500年历史，是中国传统白酒工艺的历史见证。

중국은 세계에서 양조 역사가 가장 일찍 시작된 국가이다. 고대 사천의 술 문화는 수많은 중국 술 문화 중의 걸작이다. 특히 '여섯 송이 금화'를 대표로 하는 전통 바이지우는 전국 명주의 거의 40%를 차지한다. 사천의 '티엔이 라오하오'는 남조 제나라 시기에 시작된 오래된 양조 작업장으로 지금까지 1,500년의 역사를 가졌으며, 중국 전통 바이지우 가공기술의 역사적 증거이다.

지문의 첫 문장에서 中国是世界上酿酒历史最早的国家(중국은 세계에서 양조 역사가 가장 일찍 시작된 국가이다)라고 했으므로 정답은 C 中国酿酒历史悠久(중국은 양조 역사가 오래됐다)이다.

정답 C 中国酿酒历史悠久

어휘 지문 酿酒 niàngjiǔ 통 술을 빚다, 담그다   朵 duǒ 양 송이   奇葩 qípā 명 진기한 꽃   代表 dàibiǎo 통 대표하다   占 zhàn 통 차지하다   南齐 NánQí 남제 [남조(南朝)의 하나인 '제']   古老 gǔlǎo 형 오래되다   作坊 zuōfang 명 공방, 작업장   距今 jùjīn 통 지금으로부터 (얼마간) 떨어져 있다   工艺 gōngyì 명 수공예, 기술   见证 jiànzhèng 명 증인, 증거   보기 好客 hàokè 통 손님 접대를 좋아하다

합격 공략 **41** 글의 내용을 포괄적 · 귀납적 · 추상적으로 요약하라!

글의 핵심 내용을 요약 = 주제

글의 주제가 정답인 경우 보기와 지문이 대부분 그대로 일치하지만, 난이도가 높은 문제는 지문에는 구체적이고 자세한 설명을 나열하고, 보기에는 포괄적 · 귀납적 · 추상적인 어휘를 정답으로 제시해 놓는 경우가 있다. 따라서 이러한 문제에서는 보기의 핵심 키워드가 지문과 일치하는지 문자적으로 대조하는 방법이 아니라 지문의 전체 내용을 파악한 뒤 보기의 핵심 키워드와의 의미를 대조해야 한다.

실전문제

　　有些国家的学生在大学生活即将结束之前，通常会利用最后一个学期进行一次为期一年的出国旅行，去体验一下外国新鲜的生活方式。这样做主要是为了培养学生的生存技能，同时还可以积累工作经验，另外还可以培养他们积极的生活态度。

A 该旅行一般由政府组织
B 旅行是为了赚钱
C 旅行前需要拿到毕业证
D 这种旅行对学生有益

STEP 1   보기 분석하기

A 该旅行一般由政府组织
B 旅行是为了赚钱
C 旅行前需要拿到毕业证
D 这种旅行对学生有益

A 이 여행은 보통 정부에서 조직한다
B 여행은 돈을 벌고자 함이다
C 여행에 앞서 졸업증서를 취득해야 한다
D 이러한 여행은 학생들에게 유익하다

보기에 공통적으로 旅行(여행)이 언급되므로 여행에 관한 글임을 예상할 수 있다. 보기의 핵심 키워드로 A는 政府(정부), B는 赚钱(돈을 벌다), C는 毕业证(졸업증명서), D는 对学生有益(학생에게 유익하다)이다.

STEP 2 지문과 대조하여 정답 고르기

有些国家的学生在大学生活即将结束之前，通常会利用最后一个学期进行一次为期一年的出国旅行，去体验一下外国新鲜的生活方式。这样做主要是为了培养学生的生存技能，同时还可以积累工作经验，另外还可以培养他们积极的生活态度。

어떤 나라의 학생들은 대학생활을 마치기 전에 보통 마지막 한 학기를 활용하여 1년간 해외여행을 하며 외국의 신선한 생활방식을 체험해 본다. 이는 학생의 생존능력을 기름과 동시에 일하는 경험을 쌓고 그 밖에 적극적인 삶의 태도를 키워주고자 함이다.

지문의 시작 부분에서 많은 학생들이 대학 졸업 전에 해외여행을 한다는 것을 소개하며 이어 这样做主要是为了培养学生的生存技能，同时还可以积累工作经验，另外还可以培养他们积极的生活态度(이는 학생의 생존능력을 기름과 동시에 일하는 경험을 쌓고 그 밖에 적극적인 삶의 태도를 키워주기 위함이다)라고 하여 여행의 이로움에 대해 언급하였다. 보기 D의 키워드가 의미상 일치하는 내용이므로 정답은 D 这种旅行对学生有益(이러한 여행은 학생들에게 유익하다)이다.

정답 D 这种旅行对学生有益

어휘 **지문** 即将 jíjiāng **뿌** 곧, 머지않아   通常 tōngcháng **명** 보통   为期 wéiqī **동** 기한을 ~으로 하다   体验 tǐyàn **동** 체험하다   培养 péiyǎng **동** 배양하다, 키우다   **보기** 政府 zhèngfǔ **명** 정부   赚钱 zhuànqián **동** 돈을 벌다   毕业证 bìyèzhèng **명** 졸업증명서   有益 yǒuyì **형** 유익하다, 도움이 되다   生存 shēngcún **명동** 생존(하다)   技能 jìnéng **명** 기능

합격 공략 42 [220점 이상 고득점] 사자성어, 속담은 교훈을 찾으라!

사자성어, 속담 및 신조어가 나타내는 교훈과 의미 파악하기

독해 제2부분에서는 대부분 중국 문화/관광지/위인을 소개하는 지문이 자주 등장하는데, 그 밖에도 매회 빠지지 않고 출제되는 지문은 사자성어와 속담에 관한 글이며, 최근 들어 신조어도 자주 출제되고 있다. 이러한 사자성어와 속담 및 명언이 등장하는 지문은 정답이 대부분 교훈으로 제시되는 경우가 많다. 이들의 뜻을 정확히 모른다고 해도 부연 설명에서 충분히 파악할 수 있으므로 '사자성어·속담·명언' 이하의 내용을 중점적으로 살펴 보도록 한다. 이들은 주로 지문에서 큰 따옴표(" ") 안에 주어진다.

〈뜻풀이나 어휘 해설을 나타내는 표현〉

• A是指……/A代表…… A는 ~을 가리킨다 ★★

• (A的)意思是(说)…… (A의) 뜻은 ~이다

• 这句话告诉我们…… 이 말은 우리에게 ~을 알려준다

• 这种现象被称为/叫做…… 이 현상을 ~라고 부른다

• (就)像……一样 마치 ~와 같다

"欲穷千里目，更上一层楼"出自唐朝诗人王之涣的《登鹳雀楼》。这句诗告诉我们，在取得成绩之后，不能满足于现状，而应该继续努力，这样才能实现更高的理想。换言之，只有不断进取的精神，才能望得更远。

A 取得成绩后仍需努力
B 王之涣被称为诗圣
C 不要设定过高的目标
D 唐朝盛行田园诗

STEP 1   보기 분석하기

A 取得成绩后仍需努力
B 王之涣被称为诗圣
C 不要设定过高的目标
D 唐朝盛行田园诗

A 성취한 뒤에도 계속 노력해야 한다
B 왕즈환은 시성(시의 성인)으로 불린다
C 지나치게 높은 목표를 세우지 말라
D 당나라 때는 전원시가 성행했다

보기에 诗圣(시성)과 田园诗(전원시)가 있으므로 시에 관한 글임을 예상한다. 보기의 핵심 키워드로 A는 仍需努力(여전히 노력이 필요하다), B는 王之涣(왕즈환), C는 过高的目标(지나치게 높은 목표), D는 田园诗(전원시)이다.

STEP 2   지문과 대조하여 정답 고르기

"欲穷千里目，更上一层楼"出自唐朝诗人王之涣的《登鹳雀楼》。这句诗告诉我们，在取得成绩之后，不能满足于现状，而应该继续努力，这样才能实现更高的理想。换言之，只有不断进取的精神，才能望得更远。

'천 리까지 다 보기 위해 건물 한 층을 더 오르네' 이 시구는 당나라 시인 왕즈환의 「등학작루」에 나온다. 이 구절은 우리에게 어느 정도 성과를 얻고 난 뒤, 현재 상황에 만족하지 말고 계속해서 노력해야만 보다 더 높은 이상을 실현시킬 수 있다는 것을 알려 준다. 다시 말해 끊임없이 정진하려는 정신이 있어야만 비로서 더 멀리 볼 수 있다는 뜻이다.

지문에 큰따옴표로 명언이 제시되어 있다. 보기의 핵심 키워드를 대조해 보면 B와 D의 키워드는 언급되지 않았고, C의 키워드는 지문에 能实现更高的理想(더 높은 이상을 실현시킬 수 있다)으로 제시되지만 목표를 세우지 말라는 말이 아니므로 틀린 보기이다. 뜻을 설명하는 데 사용하는 这句诗告诉我们(이 시는 우리에게 알려 준다) 이하의 내용에서 不能满足于现状，而应该继续努力(현재에 만족해서는 안 되며 계속 노력해야 한다)라고 했으므로 일치하는 정답은 A 取得成绩后仍需努力(성취한 뒤에도 계속 노력해야 한다)이다.

정답   A 取得成绩后仍需努力

어휘   지문 欲穷千里目，更上一层楼 yù qióng qiān lǐ mù, gèng shàng yì céng lóu 천 리 멀리까지 보기 위해 다시 누각을 한 층 더 오르다   出自 chūzì 통 ~로부터 나오다   唐朝 Tángcháo 명 당나라 왕조   诗人 shīrén 명 시인   王之涣 Wángzhīhuàn 인명 왕지환(당대 시인)   《登鹳雀楼》 dēngguànquèlóu 「등학작루」   取得 qǔdé 통 얻다, 획득하다   满足 mǎnzú 통 만족하다   现状 xiànzhuàng 명 현 상태   实现 shíxiàn 통 실현하다   换言之 huànyánzhī 바꿔 말하면   보기 仍 réng 부 여전히   被称为 bèichēngwéi ~라고 불리다   诗圣 shīshèng 명 시성, 고금에 가장 뛰어난 시인, 당대 시인 두보(杜浦)를 지칭하는 말   设定 shèdìng 통 설정하다, 세우다   过高 guògāo 지나치게 높다   盛行 shèngxíng 통 매우 널리 유행하다   田园诗 tiányuánshī 명 전원시

다음 중 지문과 일치하는 내용의 보기를 고르세요.

1. 每个人都会经历青春期，那个时期的人们，由于自我意识开始觉醒并迅速发展，很容易出现以自我为中心的倾向。但这个时期一旦过去了，人们就会开始冷静地、全面地认识并审视自己，不会过分炫耀，更不会过分掩饰。而那种认为自己最独特、最重要的想法会逐渐消失。

    A 青春期的人容易产生愤怒情绪

    B 过分炫耀对青春期的孩子有帮助

    C 应该多多关注处于青春期的孩子

    D 青春期的人容易以自己为中心

2. 在西藏日喀则的东南部，有一处被誉为摄影家眼中的天堂的地方，叫做多庆错。很多人根据谐音将其称为"多清湖"。这里不仅有清澈湛蓝的湖水，不远处还有卓木拉日雪山与之相依相伴，风景美不胜收，因此吸引了不少国内外的摄影爱好者。

    A 多庆错景色秀丽

    B 多庆错气候湿润

    C 多庆错的湖水是绿色的

    D 多庆错位于山东省

3. 想象力是创造的基础与前提，尤其是在文学创作方面，想象力的重要性更为突出。比如中国神话中女娲补天的传说，古希腊神话中复仇女神的传说等等，都充分展现了人类丰富的想象力。而这些凭借想象力构成的神话传说是世界文学的重要源头。

    A 文学是神话的源头

    B 文学起源于古希腊

    C 文学创作离不开想象力

    D 神话传说具有鲜明的民族特色

4. 在中国的俗语和成语中，和"十"字相关的词语很多。如 "十年树木"、"十年磨一剑"、"十年寒窗" 等。这里的 "十" 代表的不是一个简单的数字，而是长期的坚持。如果长期坚持做一件事情，能让情况发生根本性的改变。历史证明，过早放弃的人都不会成功。

A 俗语与历史有关
B 坚持下去才能成功
C 放弃是成功的前提
D 俗语中 "十" 代表着不同的意义

5. 四合木起源于1.4亿年前的古地中海植物区系，是一种较低矮的小灌木。因为它是一种极为古老且十分稀有的树种，所以有着植物界的 "大熊猫" 与 "活化石" 之称。目前，国家重点保护野生植物名录已将四合木确定为国家一级保护植物。

A 四合木只生长在中国
B 四合木在1400年前被发现
C 四合木是一种高大的树种
D 四合木相当珍贵

강조형

03

강조하는 내용 찾기

기본기 다지기 **기본 개념 잡기 & 공략 미리보기**

독해 제2부분의 일치하는 내용 고르기에서는 지문에서 강조하는 내용이 정답으로 제시되기도 한다. 강조는 특정한 어휘를 통해 나타내기도 하지만 인과 관계, 전환 관계 접속사를 통해서도 나타낼 수 있다.

| 기본 개념 잡기 | 강조하는 표현

1. 접속사 ★★★

1) 虽然/尽管……, 但是/不过/可是/然而 + 중요한 내용   비록 ~일지라도, 그러나 ~하다

화자가 강조하려는 내용이 '그러나' 뒤에 등장한다. 따라서 但是/不过/可是/然而과 같은 역접/전환 접속사 이하의 부분을 중점적으로 파악해야 한다.

哥哥刚参加工作，热情很高，但是缺乏经验。

오빠는 일을 막 시작해서 열정은 많지만 경험이 부족하다.

2) 因为 + 원인, 所以/因此/因而 + 결과   ~때문에 그래서/그러므로 ~하다

인과 관계를 나타내는 접속사로 '그래서' 뒷부분이 강조하는 내용이다. 따라서 所以/因此/因而과 같은 순접 접속사 이하의 부분을 중점적으로 파악해야 한다.

因为地球有引力，所以苹果会落地。

지구는 인력이 있기 때문에 그래서 사과는 땅에 떨어진다.

2. 삽입어 ★★

삽입어는 문장의 첫머리에 쓰이는데 글의 핵심 내용 또는 반전되는 내용 앞에 쓰인다.

• 与此相反   이와 반대로
• (由此)可见   이로써 알 수 있다
• 总(而言)之   요컨대, 한마디로 말하면
• (也)就是说   다시 말하면 ~이다
• 换句话说(=换言之)   바꾸어 말하면, 다시 말하면

| 공략 미리보기 |

| 합격 공략 43 | 但是 뒤에는 강조하는 내용이 나온다! |

| 합격 공략 44 | 삽입어 뒤에 요약하는 내용이 나온다! |

| 합격 공략 45 | [220점 이상 고득점] 이야기 글은 대화문을 주목하라! |

但是(不过/可是/然而) + 강조하는 내용

글의 앞부분에 아무리 논리적인 내용이 길게 이어져도 마지막 문장에 역접/전환을 나타내는 접속사가 있으면 글의 무게 중심은 이 접속사 뒤로 실리게 된다. 즉 但是의 앞부분은 뒷부분을 설명하기 위한 서론이 되므로 지문에 역접/전환 접속사(但是/不过/可是/然而)가 제시되면 그 이하의 내용에 주목하도록 한다.

실전문제 📖

相信不少上班一族有过这样的经历：白天想去博物馆但没时间，你下班了，博物馆也闭馆了；而周末去的时候，却又人满为患，影响了参观质量。这让很多市民只能 "望馆兴叹"。不过，这样的情况今后有望得到改变，有一些博物馆宣布将开展博物馆奇妙夜活动：为市民参观提供便利，要尝试开放夜场。

    A 更多博物馆将免费开放
    B 博物馆白天挤满了人
    C 有些博物馆晚上也要开放
    D 博物馆要招聘讲解员

STEP 1   보기 분석하기

A 更多博物馆将免费开放

B 博物馆白天挤满了人

C 有些博物馆晚上也要开放

D 博物馆要招聘讲解员

> A 더 많은 박물관이 무료로 개방할 것이다
> B 박물관은 낮에 사람이 붐빈다
> C 어떤 박물관은 저녁에도 개방하려고 한다
> D 박물관은 해설사를 모집하려고 한다

보기에 공통적으로 博物馆(박물관)이 있으므로 이에 관한 글임을 예상한다. 보기의 핵심 키워드로 A는 免费开放(무료 개방), B는 白天挤满(낮에 붐비다), C는 晚上也要开放(저녁에도 개방하려고 한다), D는 招聘讲解员(해설사 모집)이다.

STEP 2   지문과 대조하여 정답 고르기

相信不少上班一族有过这样的经历：白天想去博物馆但没时间，你下班了，博物馆也闭馆；而周末去的时候，却又人满为患，影响了参观质量。这让很多市民只能 "望馆兴叹"。不过，这样的情况今后有望得到改变，有一些博物馆宣布将开展博物馆奇妙夜活动：为市民参观提供便利，要尝试开放夜场。

> 많은 회사원들에게 이런 경험이 있을 것이다. 낮에 박물관에 가고 싶은데 시간이 없고, 퇴근하면 박물관도 휴관이고, 주말에 가면 또 사람이 많아 참관에 영향을 받는다. 이것은 수많은 시민들을 그저 '박물관을 바라보고 감탄만' 할 수 있게 만들었다. 하지만, 이런 상황은 앞으로 변화될 전망이다. 몇몇 박물관들이 시민들의 견학 편의를 제공하기 위해 시범적으로 야간개장을 운영하며, '박물관이 살아 있다(Night at the Museum)' 행사를 한다고 선언한 것이다.

보기의 핵심 키워드 중 A와 D는 언급되지 않았고 B는 지문에 白天(낮)은 언급되었지만 그 이하의 내용이 불일치하므로 제외시킨다. 역접/전환을 나타내는 접속사 不过 이하에서 有一些博物馆宣布将开展博物馆奇妙夜活动(몇몇 박물관들이 시범적으로 야간개장을 운영할 예정이다)이라고 했으므로 일치하는 정답은 C 有些博物馆晚上也要开放(어떤 박물관은 저녁에도 개방하려고 한다)이다.

정답 C 有些博物馆晚上也要开放

어휘 [지문] 闭馆 bìguǎn 통 (도서관 · 박물관 등이) 문을 닫다　人满为患 rén mǎn wéi huàn 성 사람이 많아 탈이다　质量 zhìliàng 명 질, 질적인 내용　兴叹 xīngtàn 통 탄식하다　有望 yǒuwàng 통 희망이 있다　开展 kāizhǎn 통 펼치다, 전개하다　便利 biànlì 통 형 편리하다, 편리하게 하다　尝试 chángshì 통 시도해 보다　开放 kāifàng 통 개방하다　夜场 yèchǎng 명 야간 공연 [보기] 挤满 jǐmǎn 가득차다　讲解员 jiǎngjiěyuán 명 해설자

합격 공략 44 삽입어 뒤에 요약하는 내용이 나온다!

글의 요약 앞에 사용하는 삽입어

설명이 길고 복잡한 내용으로 전개될 때 앞선 내용을 간결한 문장으로 요약해 주는 말을 글의 가장 뒷부분에 제시하는데, 바로 이 때 삽입어(也就是说/换句话说/总之)를 활용한다. 이렇게 글에서 강조하는 내용 또는 요약한 내용을 정답으로 제시하는 경우가 많으므로 지문에 삽입어가 제시되었다면 그 이후 부분을 보기와 중점적으로 대조해야 한다.

실전문제

人们在网购时通常会参考买家的评价。如果某件商品有十个好评，两个差评，你会想要购买这件商品吗？俗话说得对："好事不出门，坏事传千里"。心理学中有一个术语叫"负面偏好"，于正面的信息相比，我们的大脑通常对负面信息有更强烈、更持久的反应。换句话说，我们更加容易受到负面信息的影响。

A 网购评价时要谨慎
B 人们一般更关注负面信息
C 人的记忆力在慢慢减退
D 价格是购物的首要因素

STEP 1 보기 분석하기

A 网购评价时要谨慎
B 人们一般更关注负面信息
C 人的记忆力在慢慢减退
D 价格是购物的首要因素

A 인터넷 쇼핑을 할 때는 신중해야 한다
B 사람들은 일반적으로 부정적인 정보에 더 관심을 가진다
C 사람의 기억력은 천천히 감퇴한다
D 가격은 구매의 가장 중요한 요소이다

보기에 网购(인터넷 쇼핑)와 购物(쇼핑) 등의 어휘를 보아 인터넷 쇼핑과 관련된 글임을 예상한다. 보기의 핵심 키워드로 A는 谨慎(신중하다), B는 负面信息(부정적 정보), C는 记忆力(기억력), D는 价格(가격)이다.

STEP 2 **지문과 대조하여 정답 고르기**

人们在网购时通常会参考买家的评价。如果某件商品有十个好评，两个差评，你会想要购买这件商品吗？俗话说得对："好事不出门，坏事传千里"。心理学中有一个术语叫"<u>负面偏好</u>"，于正面的信息相比，我们的大脑通常对负面信息有更强烈、更持久的反应。<u>换句话说</u>，我们更加容易受到负面信息的影响。

사람들은 인터넷 쇼핑을 할 때 보통 구매자의 후기를 참고한다. 만약 어떤 상품이 10개의 좋은 후기와 2개의 나쁜 후기가 있다면, 당신은 이 상품을 구매할 것인가? 옛말에 틀린 말이 없는데, '좋은 일은 문밖을 나가지 않지만, 나쁜 일은 천리에 전해진다'고 했다. 심리학에 '부정편향'이라는 학술용어가 있다. 긍정적인 정보에 비해서 우리의 대뇌는 통상적으로 부정적인 정보에 더 강렬하고 더 오래 기는 반응을 가진다는 것이다. <u>다시 말해,</u> 우리는 부정적인 정보의 영향을 더 쉽게 받는다.

보기의 핵심 키워드를 지문과 대조해 보면 A, C, D의 키워드는 언급되지 않았다. 지문의 마지막 부분에 삽입어 换句话说(다시 말해/바꾸어 말해서)가 있으므로 전체 글을 요약한 문장이 제시되었음을 알 수 있다. 换句话说 뒷부분에 我们更加容易受到负面信息的影响(우리는 부정적인 정보의 영향을 더 쉽게 받는다)이라고 하여 보기 B의 내용과 일치하므로 정답은 B 人们一般更关注负面信息(사람들은 일반적으로 부정적인 정보에 더 관심을 가진다)이다.

정답 B 人们一般更关注负面信息

어휘 ^{지문} 网购 wǎnggòu 통 인터넷 쇼핑을 하다　评价 píngjià 명 통 평가(하다)　好评 hǎopíng 명 호평　差评 chāpíng 명 비추천 후기　俗话 súhuà 명 속담　术语 shùyǔ 명 학술용어　负面 fùmiàn 명 나쁜 면, 부정적인 면　偏好 piānhào 통 선호하다　正面 zhèngmiàn 명 긍정적인 면　通常 tōngcháng 명 일반, 보통　大脑 dànǎo 명 대뇌　强烈 qiángliè 형 강렬하다　持久 chíjiǔ 형 오래 지속되다　反应 fǎnyìng 명 반응　^{보기} 谨慎 jǐnshèn 형 신중하다　记忆力 jìyìlì 명 기억력　减退 jiǎntuì 통 감퇴하다　首要 shǒuyào 형 가장 중요하다　因素 yīnsù 명 원인, 요소, 조건

합격 공략 45 [220점 이상 고득점] 이야기 글은 대화문을 주목하라!

대화문에 담긴 유머 이해하기

독해 제2부분의 이야기글 지문에서는 유머와 풍자가 담긴 글이 주로 출제되고, 유머 코드를 보기의 정답으로 제시하는 경우가 많다. 따라서 겉으로 전개되는 사건 자체보다는 반전이 있는 유머와 풍자를 이해할 수 있어야 하며, 이러한 유머와 풍자는 대화문을 통해서도 파악할 수 있다.

실전문제

有一位作家很希望获得诺贝尔文学奖。一天，他在作者签售会上遇见了一位读者，作家问："听说你看过我写的小说，我很高兴。请谈谈你的感想？"读者回答："感想倒没有，只是自从我看了你的大作以后，就再也不用吃安眠药了。"

A 作家的回答很不满意
B 作家的小说写得很糟
C 这是一本写给失眠者的书
D 读者不知道怎么回答才好

독해 제 2 부분

STEP 1　보기 분석하기

A 作家的回答很不满意
B 作家的小说写得很糟
C 这是一本写给失眠者的书
D 读者不知道怎么回答才好

A 작가의 답변은 불만족스럽다
B 작가의 소설은 엉망이다
C 불면증 환자들을 위해 쓴 책이다
D 독자는 어떻게 답변해야 좋을지 몰랐다

보기에 作家(작가), 小说(소설), 读者(독자)가 있으므로 이에 관한 내용임을 예상할 수 있다. 보기의 핵심 키워드로 A는 作者的回答(작가의 대답)이고 B는 写得很糟(엉망으로 쓰다), C는 失眠者(불면증 환자), D는 不知道怎么回答(어떻게 대답할지 모르겠다)이다.

STEP 2　지문과 대조하여 정답 고르기

　　有一位作家很希望获得诺贝尔文学奖。一天，他在作者签售会上遇见了一位读者，作家问：“听说你看过我写的小说，我很高兴。请谈谈你的感想？”读者回答：“感想倒没有，只是自从我看了你的大作以后，就再也不用吃安眠药了。”

　　어떤 작가가 노벨 문학상을 굉장히 받고 싶어 했다. 어느 날 그는 저자 사인회에서 한 독자를 만났다. 작가가 물었다. "제가 쓴 소설을 읽어 보셨다고요. 정말 기쁘네요. 당신의 감상을 말씀해 주시겠어요?" 독자가 대답했다. "감상은 없고요. 그냥 제가 당신의 대작을 읽은 이후로는 더 이상 수면제가 필요가 없어졌답니다."

지문에서 독자가 只是自从我看了你的大作以后，就再也不用吃安眠药了(그냥 제가 당신의 대작을 읽은 이후로는 더 이상 수면제가 필요가 없어졌답니다)라고 하였는데 이것은 실제로 수면제를 먹지 않았다는 뜻이 아니라 그만큼 소설이 지루해서 잠이 왔다는 풍자이므로 알맞은 정답은 B 作家的小说写得很糟(작가의 소설은 엉망이다)이다.

정답　B 作家的小说写得很糟

어휘　지문 诺贝尔文学奖 nuòbèiěr wénxuéjiǎng 명 노벨 문학상　作者签售会 zuòzhě qiānshòuhuì 명 저자 사인회　遇见 yùjiàn 통 만나다, 조우하다　读者 dúzhě 명 독자　感想 gǎnxiǎng 명 감상　大作 dàzuò 명 대작　安眠药 ānmiányào 명 수면제　보기 糟 zāo 형 엉망이다　失眠者 shīmiánzhě 불면증 환자

다음 중 지문과 일치하는 내용의 보기를 고르세요.

1. 人们通常认为，消费者对于汽车品牌的喜爱程度主要受汽车性能的影响，比如马力或者油耗。然而一项研究指出：在选购汽车时，除了性能以外，外观也在人们的重点考虑之列。品牌忠诚度以及人们对于品牌的喜爱在一定程度上也会受到外观影响的。当然，这并不是说人们只看重外观。

A 马力大的汽车不受欢迎

B 消费者很在乎汽车的外观

C 汽车油耗越低性能就越好

D 汽车的大小与性能有密切关系

2. 2002年，电视剧《不要和陌生人说话》在中国热播，这部电视剧间接反映了中国人不善与陌生人接触的保守思想。但是现代教育理念却认为，让孩子从小就和陌生人适当接触对其成长是有益的，他们应该学会在需要帮助时如何向陌生人求助。

A 父母是孩子的第一任老师

B 父母应加强与孩子的交流

C 孩子应学会和陌生人沟通

D 电视剧对孩子的影响极大

3. 一项研究显示，人在无聊时大脑的思维是最自由的，可以无拘无束地发挥想象，在想象的世界里"漫游"，人们常说的"天马行空"，就是这个意思。然而，这种不受限制的想象并不是一无是处的，它为创造性思维提供了良好的条件。也就是说，无聊或许可以激发人们的创造力。

A 无聊时人容易犯困

B 人类历史上的发明靠的都是想象

C 无聊也有它的好处

D 人在无聊时意志很脆弱

4. 近年来，股票作为投资的一种重要方式更加受到投资者的青睐。与基金相比，股票相对的利润更大，但是风险很高，因此，投资者在进入股市前最好先仔细观察，谨慎投资。也就是人们常说的：股市有风险，入市需谨慎。投资者应根据自己的经济状况，量力而行。

A 股票比基金更加安全

B 股票必需一次性投入大笔的钱

C 基金的利润比股票多

D 投资股票需谨慎

5. 骆驼曾是沙漠里唯一的交通工具，被称为"沙漠之舟"。但随着现代社会科学的不断发展，能够在沙漠里行进的现代化交通工具越来越多。因此，骆驼作为交通工具的身影也渐渐淡出人们的视线。如今，我们已经很少能看到成群的骆驼驮着货物在沙漠里穿行的情景了。

A 骆驼的运输功能在减弱

B 骆驼面临灭绝

C 沙漠污染越来越严重

D 骆驼依然是沙漠交通的"主力军"

다음 중 지문과 일치하는 내용의 보기를 고르세요.

1. 有这样一种城市，市内有很多地块是用吸水材料建成的，这些地块平时可供市民休闲，遇到暴雨天则能大量吸收雨水，解决城市积水问题。由于这种像海绵一样能吸水的特性，这类城市被称为"海绵城市"。另外，被吸收的雨水还可以再次利用，有助于缓解城市水资源的紧张。

A 海绵城市人口流动较大
B 海绵城市能吸收和利用雨水
C 海绵城市多在南方降雨多的地方
D 海绵城市市民休闲设施相对落后

2. 采访是记者这一行业的"必修课"，采访看起来简单，其实不然。光是采访前的准备工作就足以让人应接不暇。首先，要查找相关资料、充分了解被采访者。然后要制订采访提纲，设计好采访中的问题，其中更要注意的是提问方式。

A 采访过程中要善于随机应变
B 采访时要注意语气
C 采访前要做很多准备
D 采访前要先去拜访被采访者

3. 常年被冰雪覆盖的北极生活着一种会变色的动物——海象。它们是如何变色的呢？原来当海象处在冰冷的海水中时，由于血管收缩，皮肤就会变为灰白色。而它们上岸以后，血管又会扩张，因此皮肤又会变为棕红色。当一群海象爬在岩石上时，看上去就像一块巨大的棕红色地毯。

A 海象在海里是为寻找食物
B 海象在水中皮肤呈棕红色
C 北极和南极都有海象
D 海象的肤色多变

4. 西瓜是盛夏时节人们最爱的消暑食品之一。西瓜的西字大多数人认为是取其"来自西域"的意思。其实，它还有一个不为人知的名字。根据《本草纲目》记载，西瓜性寒、味甘、解暑，因此在古时，它又被称作"寒瓜"。

A 西瓜有清热解毒的功效
B 西瓜古时也称为寒瓜
C 西瓜清朝时期传入中国的
D 西瓜不适宜在北方种植

5. 世界上有很多东西都可以转让、赠予，但有一样东西仅仅属于你自己，而且比其他任何东西都更忠诚于你，那就是你的经历。你经历过的人和事，以及你在经历过程中而产生的感受和思考，都将是你宝贵的人生财富。

A 经历对人生没有什么作用
B 经历是人生的财富
C 没有丰富经历的人都没有朋友
D 经历相似的人互相不信任

독해
제 3 부분

지문을 읽고
알맞은 정답 고르기

Warm Up!
유형 분석 & 풀이 전략

1. 세부 내용 대조형
문제의 핵심 키워드를 지문과 대조하기

2. 중심 내용 파악형
글의 주제, 교훈, 제목 파악하기

3. 어휘 의미 추론형
사자성어, 신조어, 속담의 의미 추론하기

Warm Up!

유형 분석 & 풀이 전략

유형 분석 | 시험엔 이렇게 나온다!

출제 방식

HSK 5급 독해 제3부분은 긴 지문을 읽고 주어진 문제에 알맞은 정답을 고르는 유형으로 71번에서 90번까지 총 20문항이 출제된다. 한 편의 지문에 4개의 문제가 주어지며 총 5편의 지문이 출제된다.

출제 경향 & 유형별 출제 비율

독해 제3부분은 제한된 시간 안에 긴 지문을 읽고 문제를 풀어야 하기 때문에 시간을 효율적으로 활용해야 한다. 따라서 문제를 먼저 읽고 키워드를 파악한 후 지문에서 필요한 부분만 찾아 중점적으로 읽어야 시간을 절약할 수 있다. 출제되는 문제의 유형에 따라 세부 사항을 묻는 세부 내용 대조형, 주제와 중심 내용을 묻는 중심 내용 파악형, 특정 어휘의 뜻을 묻는 어휘 의미 추론형으로 나눌 수 있다. 문제의 유형에 따라 지문에 정답이 제시된 위치가 다르기 때문에 먼저 제시된 4개의 문제를 파악한 뒤 문제를 푸는 순서를 계획해야 한다. 글의 종류는 교훈이 담긴 이야기, 위인 이야기, 사회, 경제, 과학, 중국의 지역 및 문화에 관한 소개가 주로 출제된다.

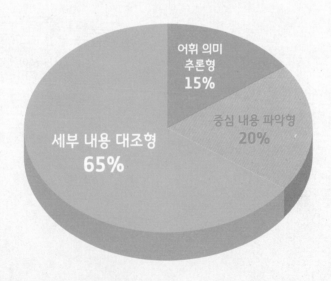

풀이 전략 | 문제 풀이 Step & 풀이 전략 적용해 보기

Step 1

문제의 키워드 파악하기

먼저 4개 문제의 유형을 파악한 뒤 문제를 푸는 순서를 정한다. 그리고 나서 질문의 키워드를 파악하고, 지문과 대조할 보기의 키워드를 파악해 둔다. 키워드를 미리 파악해 두는 것으로 지문을 읽는 시간을 크게 단축시킬 수 있다.

Step 2

지문에서 키워드를 찾아 알맞은 정답 고르기

질문과 보기의 키워드를 지문에서 빠르게 찾아 키워드가 등장한 부분을 정독하며 보기와 대조한다. 지문의 흐름과 문제의 순서가 대부분 일치하지만, 옳은 내용 또는 그른 내용을 찾는 문제와 같이 전체 지문을 파악해야 하는 경우, 동시에 함께 풀이해야 할 문제를 점검한 후 속독으로 정답을 찾도록 한다.

풀이 전략 적용해 보기

　　考古研究表明，早在人类还没有文字的时候，送花的习俗已经诞生了。为什么从古至今，人们都喜欢以花示好呢？

　　根据社会学家和人类学家的分析，由于难以长期保存，鲜花具有了类似奢侈品的属性。只有在物质资料相对有保障的情况下，花才能作为一个独立的事物被应用于人类的生活中，并作为提供精神愉悦的角色而得到大家喜爱。因为这样，在人类文明发展初期，鲜花只在少数贵族和统治阶级之间流行，并没有走进一般人的视线，被大众接受。另外，在植物栽培史上，鲜花的栽培要比农作物晚。这说明，人只有填饱了肚子才有心情考虑必需品以外的东西，比如装饰品及奢侈品等等。因此，鲜花就成为了一种具有双重属性的产品。第一，它源于大自然，有"自然属性"；第二，它又可作为礼物送人，具有"社会属性"。

　　在人类文明早期，赠送鲜花的意义十分单一，只是单纯地表达赠予人想把珍贵和美好送给你的心意，然而时代发展至今，它的艺术分类更加细化，也有了一些不成文的小规则——装饰小花束，传递感情的花语等。

　　虽然花店里的鲜花好像都只是为了满足人们的视觉消费而已，但花儿给人类带来的欢喜是确实存在的。比如，在同等环境下，鲜花可以帮助男性获得女性的好感，从而提高约会的成功率；而在室内放置鲜花，对人体精神状态带来显著可见的正面影响；而收到鲜花这一行为也会充分激发人们内心的愉悦和幸福感。

71. 鲜花具有社会属性，是因为它：

    A 可以作为礼品　　　　　　　　　　B 是常见的植物

    C 难以长期保存　　　　　　　　　　D 通常表达特殊的意义

72. 第2段主要谈什么？

    A 鲜花畅销的原因　　　　　　　　　B 鲜花有双重属性

    C 鲜花的栽培方法　　　　　　　　　D 鲜花的各种用途

73. 最后一段主要想告诉我们：

    A 鲜花供不应求　　　　　　　　　　B 鲜花有害于身体

    C 鲜花令人愉快　　　　　　　　　　D 鲜花不能表达心意

74. 根据这篇文章，下列哪项正确？

    A 鲜花不易保存　　　　　　　　　　B 男性对鲜花更感兴趣

    C 鲜花是近现代才出现的　　　　　　D 鲜花的栽培曾一度被禁止

STEP 1　문제의 키워드 파악하기

71. 鲜花具有社会属性，是因为它：

    A 可以作为礼品

    B 是常见的植物

    C 难以长期保存

    D 通常表达特殊的意义

생화는 사회적 속성을 지니는데 왜냐하면?
A 선물로 삼을 수 있기 때문이다
B 흔한 식물이기 때문이다
C 오랫동안 보존하기 어렵기 때문이다
D 특수한 의미를 나타내기 때문이다

질문의 키워드는 社会属性(사회적 속성)이고, 보기의 키워드는 A 礼品(선물), B 常见(흔하다), C 难以保存(보존하기 어렵다), D 特殊的意义(특수한 의미)이다.

72. 第2段主要谈什么？

    A 鲜花畅销的原因

    B 鲜花有双重属性

    C 鲜花的栽培方法

    D 鲜花的各种用途

두 번째 단락은 주로 무엇을 말하는가?
A 생화가 잘 팔리는 원인
B 생화는 이중 속성을 가진다
C 생화의 재배 방법
D 생화의 각종 용도

두 번째 단락의 주제를 묻는 문제이다. 주제는 주로 도입부와 결론에서 제시된다. 특히 마지막 부분에 所以(그래서), 因此(이 때문에), 可见(~로 알 수 있다), 总之(결국) 등이 있다면 주의한다. 보기의 키워드는 A 畅销(잘 팔리다), B 双重属性(이중 속성), C 栽培(재배 방법), D 用途(용도)이다.

73. 最后一段主要想告诉我们：

A 鲜花供不应求
B 鲜花有害于身体
C 鲜花令人愉快
D 鲜花不能表达心意

마지막 단락이 우리에게 알려주고자 하는 것은?

A 생화의 공급이 부족하다
B 생화는 몸에 해롭다
C 생화는 사람들을 기분 좋게 해준다
D 생화는 마음을 표현할 수 없다

마지막 단락의 주제를 묻는 문제이다. 보기의 키워드는 A 供不应求(공급이 부족하다), B 有害(유해하다), C 令人愉快(기분을 좋게 하다), D 不能表达心意(마음을 표현할 수 없다)이다.

74. 根据这篇文章，下列哪项正确？

A 鲜花不易保存
B 男性对鲜花更感兴趣
C 鲜花是近现代才出现的
D 鲜花的栽培曾一度被禁止

본문에 근거하여 다음 중 옳은 것은?

A 생화는 보존이 쉽지 않다
B 남성이 생화에 더 관심이 많다
C 생화는 근현대에 비로서 출현했다
D 생화의 재배는 일찍이 한 차례 금지된 적이 있다

옳고 그름을 판단하는 문제이다. 보기의 키워드를 찾아 지문에서 일치하거나 유사한 표현을 대조해야 한다. 보기의 키워드는 A 不易保存(보존하기 쉽지 않다), B 男性更感兴趣(남성이 더 관심을 갖는다), C 近现代才出现(근현대에 비로소 출현했다), D 栽培曾被禁止(재배가 예전에 근지된 적이 있다)이다.

STEP 2 지문에서 키워드 찾아 알맞은 정답 고르기

考古研究表明，早在人类还没有文字的时候，送花的习俗已经诞生了。为什么从古至今，人们都喜欢以花示好呢？

根据社会学家和人类学家的分析，由于[74]难以长期保存，鲜花具有了类似奢侈品的属性。只有在物质资料相对有保障的情况下，花才能作为一个独立的事物被应用于人类的生活中，并作为提供精神愉悦的角色而得到大家喜爱。因为这样，在人类文明发展初期，鲜花只在少数贵族和统治阶级之间流行，并没有走进一般人的视线，被大众接受。另外，在植物栽培史上，鲜花的栽培要比农作物晚。这说明，人只有填饱了肚子才有心情考虑必需品以外的东西，比如装饰品及奢侈品等等。[72]因此，鲜花就成为了一种具有双重属性的产品。第一，它源于大自然，有"自然属性"；第二，[71]它又可作为礼物送人，具有"社会属性"。

在人类文明早期，赠送鲜花的意义十分单一，只是单纯地表达赠予人想把珍贵和美好送给你的心意，然而时代发展至今，它的艺术分类更加细化，也有了一些不成文的小规则——装饰小花束，传递感情的花语等。

고고학 연구에서 다음과 같이 밝혔다. 일찍이 인류가 아직 문자가 없을 때 꽃을 선물하는 풍습이 이미 탄생했다. 예로부터 지금까지 사람들은 왜 꽃으로 호의를 나타내길 좋아하는 것일까?

사회학자와 인류학자의 분석에 따르면 [74]장기간 보관이 어렵기 때문에 생화는 사치품과 같은 속성을 지니게 되었다고 한다. 물질적 재화가 상대적으로 보장된 상황에서 꽃은 비로서 독립적인 사물로서 인간의 생활 속에 응용될 수 있었다. 게다가 정신적인 즐거움을 주는 역할로 사람들에게 사랑을 받았다. 바로 이 때문에 인간의 문명 발달 초기에 생화는 소수의 귀족과 지배 계급 사이에서만 유행하며, 결코 일반인들의 시선에 들어 대중들에게 받아들여지지 않았다. 이 밖에 식물의 재배 역사상 생화의 재배는 농작물보다 더 늦다. 이것은 인간이 오로지 배불리 먹어야만 비로서 필수품 이외의 물건, 예를 들어 장식품 및 사치품 등을 고려할 마음이 생겼다는 것을 의미한다. [72]때문에 생화는 일종의 이중속성을 갖는 상품이 되었다. 첫째, 대자연에서 왔기 때문에 '자연의 속성'을 지니며, 둘째, 거선물로 줄 수 있기 때문에 '사회적 속성'을 지닌다.

인류 문명 초기에 생화를 선물한다는 의미는 굉장히 단순했다. 그저 선물 주는 사람이 귀중함과 아름다움을 당신에게 준다는 마음을 표현한 것이다. 그러나 오늘까지 발전하면서 생화의 예술적 분류는 보다 더 세분화되었으며 몇몇 성문화되지 않은 작은 규칙들인 장식용 꽃다발, 감정을 전달하는 꽃말 등도 생겨났다.

虽然花店里的鲜花好像都只是为了满足人们的视觉消费而已，73但花儿给人类带来的欢喜是确实存在的。比如，在同等环境下，鲜花可以帮助男性获得女性的好感，从而提高约会的成功率；而在室内放置鲜花，对人体精神状态带来显著可见的正面影响；而收到鲜花这一行为也会充分激发人们内心的愉悦和幸福感。

비록 꽃집에서 생화는 그저 사람들의 시각을 만족시키는 소비에 불과할 뿐이다. 73하지만 꽃이 사람들에게 주는 기쁨은 확실히 존재한다. 예를 들어 동일한 환경에서 생화는 남성이 여성의 호감을 얻어 데이트 성공률을 높여주는 데 도움을 준다. 또한 실내에 생화를 놓아 두면 몸과 정신 상태에 눈이 보이는 분명한 긍정적 영향을 준다. 그리고 꽃을 받는 행위 역시 사람들의 마음 속 기쁨과 행복감을 충분히 불러일으킬 수도 있다.

71. 지문에 질문의 키워드가 그대로 언급되었다. 可作为礼物送人(선물로 줄 수 있다)고 하였으므로 사회적 속성은 바로 선물로서의 기능 때문임을 알 수 있다. 따라서 정답은 A이다.

72. 두 번째 단락의 마지막 부분에 접속사 因此(이 때문에)로 시작하는 부분에서 鲜花就成为了一种具有双重属性的产品。第一，它源于大自然，有"自然属性"；第二，它又可作为礼物送人，具有"社会属性"(생화는 일종의 이중속성을 갖는 상품이 되었다. 첫째, 대자연에서 왔기 때문에 '자연의 속성'을 지니며, 둘째, 선물로 줄 수 있기 때문에 '사회적 속성'을 지닌다)라고 하였다. 따라서 정답은 B이다.

73. 강조하고 싶은 말에 자주 쓰이는 접속사 但是(그러나)의 뒤를 살펴본다. 但花儿给人类带来的欢喜是确实存在的(그러나 꽃이 사람들에게 주는 즐거움은 확실히 존재한다)라고 하였다. 따라서 정답은 C이다.

74. 지문에서 不易(쉽지 않다)와 같은 뜻 다른 표현인 难以(어렵다)를 사용하여 难以长期保存(장기 보존하기 어렵다)이라고고 했으므로 정답은 A이다.

정답 71. A 72. B 73. C 74. A

어휘 지문 考古 kǎogǔ 명 고고학 表明 biǎomíng 동 분명하게 보이다 人类 rénlèi 명 인류 习俗 xísú 명 풍습 诞生 dànshēng 동 탄생하다 示好 shìhǎo 동 호의를 보이다 分析 fēnxi 명 동 분석(하다) 难以 nányǐ ~하기 어렵다 类似 lèisì 형 유사하다 奢侈品 shēchǐpǐn 명 사치품 属性 shǔxìng 명 속성 物质资料 wùzhì zīliào 명 재화 相对 xiāngduì 형 상대적이다 保障 bǎozhàng 명 동 보장(하다) 独立 dúlì 명 독립(하다) 事物 shìwù 명 사물 应用 yìngyòng 동 응용하다 愉悦 yúyuè 명 기쁨 角色 juésè 명 역할 贵族 guìzú 명 귀족 统治阶级 tǒngzhì jiējí 명 지배 계급 视线 shìxiàn 명 시선 栽培 zāipéi 동 재배하다 填饱 tiánbǎo 동 배불리 먹다 装饰品 zhuāngshìpǐn 명 장식품 源于 yuányú ~에서 기원하다 赠送 zèngsòng 동 증정하다 意义 yìyì 명 의의, 의미 单一 dānyī 형 단일하다 单纯地 dānchún de 단순히 赠予人 zèngyǔrén 명 기부자 珍贵 zhēnguì 형 귀중하다 美好 měihǎo 형 좋다, 훌륭하다 至今 zhìjīn 동 지금에 이르다 分类 fēnlèi 명 분류 细化 xìhuà 동 세분화하다 不成文 bùchéngwén 형 성문화 되지 않은 规则 guīzé 명 규칙, 법칙 花束 huāshù 명 꽃다발 恋人 liànrén 명 연인 传递 chuándì 동 전달하다 花语 huāyǔ 명 꽃말 满足 mǎnzú 동 만족시키다 消费 xiāofèi 명 동 소비(하다) 而已 éryǐ 조 ~일 뿐이다 存在 cúnzài 명 존재(하다) 放置 fàngzhì 동 두다, 놓다 显著 xiǎnzhù 형 또렷하다 可见的 kějiàn de 눈에 보이는 正面影响 zhèngmiàn yǐngxiǎng 긍정적인 영향 行为 xíngwéi 명 행위 充分 chōngfèn 부 충분히 激发 jīfā 동 (감정을) 불러일으키다 보기 作为 zuòwéi 동 ~으로 삼다(여기다) 礼品 lǐpǐn 명 선물 常见 chángjiàn 동 자주(흔히) 보다 栽培 zāipéi 동 재배하다 用途 yòngtú 명 용도 畅销 chàngxiāo 형 동 잘 팔리다 双重属性 shuāngchóng shǔxìng 명 이중 속성 栽培 zāipéi 동 재배하다 用途 yòngtú 명 용도 供不应求 gōng bú yìng qiú 공급이 수요를 따르지 못하다 有害于 yǒuhài yú ~에 해롭다 表达 biǎodá 동 (생각, 감정을) 나타내다 心意 xīnyì 명 마음, 성의 一度 yí dù 한 차례, 한 번

세부 내용 대조형

01

문제의 핵심 키워드를 지문과 대조하기

기본기 다지기 › 기본 개념 잡기 & 공략 미리보기

세부 내용을 묻는 문제는 쉽게 말해 핵심 키워드를 지문에서 찾는 원리인데, 이 핵심 키워드는 문제에 제시되어 있다. 따라서 문제에 제시된 핵심 키워드를 정확하게 찾는 것이 중요하다.

| 기본 개념 잡기 1 | 주요 질문 유형

세부 내용을 묻는 문제는 의문대사를 사용한 문제와 옳은 내용/그른 내용을 묻는 문제로 나눌 수 있다.

1. 의문대사를 이용한 질문

- 为什么有很多人要取悦他人？　왜 사람들은 남의 환심을 사려하는가?
- 章鱼发现瓷器后会怎么做？　문어는 도자기를 발견하면 어떻게 하는가?
- 这家公司的洗衣粉出现了什么问题？　이 회사의 가루세제에 무슨 문제가 생겼나?

2. 옳은 내용/그른 내용을 묻는 질문

- 根据上文，可以知道什么？　윗글에 근거하여 무엇을 알 수 있나?
- 根据上文，下列哪项正确？　윗글에 근거하여 다음 중 옳은 것은?
- 根据第2段，可以知道：　두 번째 단락에 근거하여 알 수 있는 것은?

| 기본 개념 잡기 2 | 세부 내용 대조하는 방법

1. 의문대사 문제

질문에 의문대사가 있으면 의문대사 바로 앞뒤의 어휘(동사/명사) 또는 시간/장소를 나타내는 어휘와 고유명사, 숫자 등이 핵심 키워드가 된다. 이러한 핵심 키워드는 지문에 대부분 그대로 등장하므로 지문에서 핵심 키워드를 빠르게 찾는 것이 관건이다.

2. 옳은 내용/그른 내용 문제

옳은 내용/그른 내용을 고르는 문제는 보기의 4개 핵심 키워드를 지문에서 찾아 하나씩 대조해야 한다. 다만 보기의 어휘와 지문의 어휘가 일치하지 않고 유사한 표현으로 제시될 수 있으므로 문자적인 대조가 아니라 의미를 함께 파악하여 대조해야 한다.

※ 보기를 최대한 활용하는 방법

① 보기는 지문의 내용을 알 수 있는 힌트이자 지문과 대조해야 할 키워드이다.

② 4개의 보기 중에서 관련성이 떨어지는 보기는 정답에서 제외시킨다.

③ 보기가 지문과 그대로 일치하지 않고 유사한 표현을 사용하거나 요약해서 제시되므로 정확한 해석이 필요하다.

④ 보기의 출현 순서는 지문의 전개 순서와 다를 수 있다.

합격 공략 **46** 의문대사 문제는 질문에 핵심 키워드가 있다!

의문대사 앞뒤의 어휘, 시간/장소/고유명사/숫자 = 핵심 키워드

세부 내용을 묻는 문제 중 의문대사가 있는 문제는 의문대사의 앞뒤 어휘(동사/명사)와 시간/장소/고유명사/숫자가 핵심 키워드가 된다. 따라서 지문에서 핵심 키워드가 있는 문장을 중점적으로 살펴 알맞은 정답을 골라야 한다. 대부분 질문의 핵심 키워드는 지문에 100% 그대로 등장하지만 정답 보기가 다른 어휘로 제시될 수 있으므로 의미도 함께 파악하여 대조하도록 한다.

> (질문) 当等来的食物不理想时，老鼠会有**什么**表现？
>
> 기다리던 음식이 이상적이지 않을 때, 쥐는 어떤 행동을 하는가?
>
> (지문) 当发现等来的食物不理想时，老鼠会有明显的反应，如行动停顿、**看看**自己刚才**错过的美食**等。
>
> 기다리던 음식이 이상적이지 않을 때, 쥐는 분명한 반응을 보인다. 예를 들어 멈칫거리거나, 자신이 방금 놓친 음식 등을 본다.
>
> (정답) 回头**看看错过的食物** 고개를 돌려 놓친 음식을 본다

→ 질문에서 의문대사 什么(무엇)의 뒤에 있는 어휘 表现(표현, 행동)과 시간을 나타내는 当等来的食物不理想时(기다리던 음식이 이상적이지 않을 때)가 핵심 키워드가 된다.

실전문제 📖

> 　　动物园有一只大猩猩，假装被铁笼的支架压着了。当管理人员急急忙忙地赶来救它时，它却突然放开手臂，紧紧地抱住了管理员。原来，这只大猩猩感到自己很寂寞，只是为了有个玩伴儿，才演出了这场"苦肉计"。
>
> 　　大猩猩为什么抱了管理人员？
>
> A 要威胁他
> B 想找人玩儿
> C 它感到很委屈
> D 要保护小猩猩

STEP 1 문제의 키워드 파악하기

大猩猩**为什么**抱了管理人员?

A 要威胁他

B 想找人玩儿

C 它感到很委屈

D 要保护小猩猩

> 고릴라는 **왜** 관리인을 끌어안았니?
>
> A 그를 위협하려고
> B 놀 사람을 구하려고
> C 억울하다고 여겨서
> D 새끼 고릴라를 보호하려고

질문에 의문대사 为什么(왜)가 사용되었으며 핵심 키워드는 抱了管理人员(관리인을 끌어안았다)이다. 보기의 키워드는 A는 威胁(위협하다), B는 玩儿(놀다), C는 委屈(억울하다), D는 保护(보호하다)이다.

STEP 2 지문에서 키워드 찾아 알맞은 정답 고르기

动物园有一只大猩猩, 假装被铁笼的支架压着了。当管理人员急急忙忙地赶来救它时, 它却突然放开手臂, 紧紧地抱住了管理员。原来, 这只大猩猩感到自己很寂寞, 只是为了有个玩伴儿, 才演出了这场"苦肉计"。

> 동물원의 한 고릴라가 철제 우리의 지지대에 깔린 척하자, 관리인이 황급히 달려와 고릴라를 구해주었다. 그런데 되려 갑자기 팔을 펼치더니 관리인을 꼭 끌어안았다. 알고 보니 고릴라는 적적해서 그저 놀이 동무가 있었으면 해서 '고육지책'을 짜낸 것이었다.

질문의 키워드가 지문의 중간 부분에 그대로 제시되었다. 질문이 관리인을 끌어안은 이유이므로 키워드의 주변 문장을 살펴본다. 키워드의 뒷부분에 목적과 이유를 나타내는 为了(~하기 위해서)가 제시되며 只是为了有个玩伴儿(그저 놀이동무가 있었으면 해서)이라고 했으므로 알맞은 정답은 B 想找人玩儿(놀 사람을 구하려고)이다.

정답 B 想找人玩儿

어휘 지문 大猩猩 dàxīngxing 명 고릴라 假装 jiǎzhuāng 동 ~한 척하다 笼 lóng 명 동물을 가두는 우리 支架 zhījià 명 받침대, 지지대 压 yā 동 내리누르다 急忙 jímáng 형 급하다 放开 fàngkāi 동 펴다 手臂 shǒubì 명 팔 抱 bào 동 껴안다 寂寞 jìmò 형 쓸쓸하다, 적적하다 玩伴 wánbàn 명 놀이 동무 苦肉计 kǔròujì 명 고육지책 보기 威胁 wēixié 동 위협하다 委屈 wěiqu 형 억울하다 小猩猩 xiǎoxīngxing 명 새끼 고릴라

합격 공략 47 옳은 내용/그른 내용 찾기 문제는 보기의 키워드를 하나씩 대조하라!

보기의 4개 키워드 대조하기

옳은 내용/그른 내용을 찾는 문제는 질문이 주로 可以知道什么? (무엇을 알 수 있는가?)와 下列哪项正确? (다음 중 어느 것이 옳은가?) 두 종류로 출제되므로 이 질문을 확인하자마자 바로 보기의 키워드를 찾아야 한다. 보기 4개의 키워드를 지문에서 찾은 뒤 옳고 그름을 대조해야 하므로 문제를 푸는 데 상당한 시간이 소요된다. 또한 간혹 옳지 않은 내용(그른 내용)을 찾는 문제(下列哪项不正确?)도 출제되므로 질문을 정확히 읽도록 하자.

〈문제 유형에 따른 풀이 순서〉

독해 제3부분에서는 문제 유형에 따라 푸는 순서를 미리 정해 두는 것이 좋다. 만일 지문의 흐름대로 문제를 풀다가 마지막에 옳은 내용을 고르는 문제가 있을 경우 지문을 처음부터 다시 읽어야 하는 상황이 벌어질 수도 있다. 따라서 다음과 같이 문제를 푸는 순서를 정하도록 하자.

시간 흐름	①②③④와 동시에 〈옳은 내용/그른 내용 찾기 문제〉 보기의 키워드가 전체 지문에 등장하므로 다른 문제들과 동시에 풀어야 한다.	① 〈의문대사를 이용한 세부 내용 문제〉 키워드로 접근한다.	② 〈특정 단락이 제시된 문제〉 해당 단락에서 정답을 찾을 수 있다.	③ 〈특정 어휘의 의미 파악 문제〉 어휘의 앞뒤 부분에서 정답을 찾을 수 있다.
		④ 〈주제 문제〉 다른 문제들을 풀면서 자연스럽게 주제를 찾을 수 있으므로 가장 마지막에 푼다.		

실전문제

　　一天，有个魏国人去楚国办事。楚国在魏国的南面，可这个人不问青红皂白让驾车人赶着马车一直向北走去。

　　路上有人问他的车是要往哪儿去，他大声回答说："去楚国！"路人告诉他说："到楚国去应往南走，你这是在往北走，方向不对。"那人满不在乎地说："没关系，我的马跑得快着呢！"路人替他着急，拉住他的马，阻止他说："方向错了，你的马跑得再快，也到不了楚国呀！"那人依然毫不醒悟地说："不要紧，我带的路费多着呢！"路人又极力劝阻他说："虽说你带的钱很多，可是你走的不是那个方向，再多的钱也只能白花呀！"那个一心只想着要到楚国去的魏国人有些不耐烦了，便说："这有什么难的，我的车夫赶车的本领高着呢，怎么会到不了楚国呢？"那个路人无奈，只好松开了拉住车把子的手，眼睁睁看着那个盲目上路的魏人向北而行……。

　　根据本文，下面正确的是：

A 魏国人是个盲人
B 车夫分不清方向
C 魏国在楚国的北边
D 方向错了也可以到达目的地

STEP 1　문제의 키워드 파악하기

根据本文，下面正确的是：

A 魏国人是个盲人
B 车夫分不清方向
C 魏国在楚国的北边
D 方向错了也可以到达目的地

본문을 근거로 다음 중 올바른 것은?

A 위나라 사람은 맹인이다
B 마부는 방향을 분간하지 못한다
C 위나라는 초나라의 북쪽에 있다
D 방향이 틀려도 목적지에 도달할 수 있다

질문은 옳은 내용을 고르는 문제이고 보기에 魏国人(위나라 사람), 魏国(위나라)가 있으므로 옛날 이야기임을 알 수 있다. 보기의 키워드로 A는 盲人(맹인), B는 车夫(마부), C는 魏国在北边(위나라는 북쪽에 있다), D는 方向错了(방향이 틀렸다)이다.

STEP 2 지문에서 키워드 찾아 알맞은 정답 고르기

一天，有个魏国人去楚国办事。楚国在魏国的南面，可这个人不问青红皂白让驾车人赶着马车一直向北走去。

路上有人问他的车是要往哪儿去，他大声回答说："去楚国！"路人告诉他说："到楚国去应往南走，你这是在往北走，方向不对。"那人满不在乎地说："没关系，我的马跑得快着呢！"路人替他着急，拉住他的马，阻止他说："方向错了，你的马跑得再快，也到不了楚国呀！"那人依然毫不醒悟地说："不要紧，我带的路费多着呢！"路人又极力劝阻他说："虽说你带的钱很多，可是你走的不是那个方向，再多的钱也只能白花呀！"那个一心只想着要到楚国去的魏国人有些不耐烦了，便说："这有什么难的，我的车夫赶车的本领高着呢，怎么会到不了楚国呢？"那个路人无奈，只好松开了拉住车把子的手，眼睁睁看着那个盲目上路的魏人向北而行……。

어느 날, 한 위나라 사람이 초나라로 일을 보러 갔다. 초나라는 위나라의 남쪽에 있었지만 그는 막무가내로 마부에게 북쪽으로 서둘러 가자고 했다.

길에서 어떤 사람이 그에게 어디로 가느냐고 묻자, 그는 큰 소리로 답했다. "초나라에 가오!" 행인은 그에게 알려주었다. "초나라에 가려면 남쪽으로 가야죠, 당신은 북쪽으로 가고 있으니 방향이 잘못되었습니다." 위나라 사람은 전혀 아랑곳하지 않았다. "괜찮소, 내 말이 빠르다오!" 행인이 조급해 그의 말 고삐를 잡아 저지하며 말했다. "방향이 틀렸소, 당신의 말이 아무리 빨라도 초나라로 갈 수가 없소!" 위나라 사람은 전혀 깨닫지 못했다. "괜찮소, 내 노자 돈이 많으니!" 행인은 또 다시 있는 힘껏 그를 설득하며 말했다. "비록 노자돈이 많다고 하지만 이 방향이 아닌데 아무리 많은 돈이라도 헛되이 쓰기만 하지요!" 오로지 초나라에 갈 생각밖에 없는 위나라 사람은 다소 귀찮아졌다. "그게 뭐 어렵소, 내 마부는 마차 끄는 솜씨가 대단한데 어찌 초나라에 갈 수가 없단 말이요?!" 행인은 어쩔 수 없이 마차 고삐를 풀어 주고 눈을 뻔히 뜨고 그저 무모하게 북쪽으로 향하는 위나라 사람을 바라볼 수밖에 없었다.

보기의 키워드를 지문과 대조해 보면 A의 키워드는 언급되지 않았고 B는 지문에 我的车夫赶车的本领高着呢(내 마부는 마차 모는 솜씨가 좋다)라고 했으므로 틀린 내용이다. C는 주어와 목적어의 위치가 바뀌어 楚国在魏国的南面(초나라는 위나라의 남쪽에 있다)이라고 했으므로 옳은 내용이다. D의 키워드는 方向错了，你的马跑得再快，也到不了楚国呀(방향이 틀리면 당신의 말이 아무리 빨리 달려도 초나라에 도착할 수 없다)라고 했으므로 틀린 보기이다. 따라서 옳은 내용은 C 魏国在楚国的北边(위나라는 초나라의 북쪽에 있다)이다.

정답 C 魏国在楚国的北边

어휘 지문 楚国 Chǔguó 초나라   魏国 Wèiguó 위나라   不问青红皂白 búwèn qīnghóngzàobái 성 청홍흑백을 따지지 않다, 대충 건성으로 하다, 다짜고짜로   满不在乎 mǎnbúzàihu 전혀 개의치 않다   拉住 lāzhù 통 부여잡다, 끌어당기다   阻止 zǔzhǐ 통 저지하다   依然 yīrán 부 여전히   毫不 háobù 부 조금도 ~않다   醒悟 xǐngwù 통 깨닫다, 각성하다   路费 lùfèi 명 노자돈, 여행비   极力 jílì 통 있는 힘을 다해서   劝阻 quànzǔ 통 그만두도록 말리다   不耐烦 búnàifán 형 성가시다, 귀찮다   本领 běnlǐng 명 능력, 솜씨   无奈 wúnài 통 어쩔 수 없다   松开 sōngkāi 통 풀다, 늦추다, 놓다   把子 bǎzi 명 손잡이, 핸들   眼睁睁 yǎnzhēngzhēng 눈을 뻔히 뜨고 무기력하게 바라보는 모양   盲目 mángmù 형 맹목적인   보기 盲人 mángrén 명 맹인

한 마디로 요약한 귀납적 보기

문제의 난이도를 높이는 방법 중 하나는 바로 귀납적 보기이다. 이 유형은 지문의 어휘와 보기의 키워드가 일치하지는 않지만 의미상 가장 적합한 것을 정답으로 골라야 하기 때문에, 지문의 내용을 정확히 이해해야만 정확한 정답을 고를 수가 있다. 따라서 이때는 정답이 아닌 3개의 보기를 먼저 소거시킨 뒤 남는 하나를 정답으로 고르는 '3+1'기법을 활용하는 것도 좋은 방법이다. 일반적으로 오답인 3개의 보기는 지문과 전혀 공통점이 없는 경우가 많으므로 오답을 먼저 소거시킨 뒤 정답을 고르도록 하자. 이 '3+1'기법은 특히 고난이도 6급 어휘가 포함된 보기에서 전략적으로 사용할 수 있다.

(지문) 有一次，老鼠敢向狮子挑战，想要同它一决高低，却被狮子拒绝了。狮子说，"如果我答应你，你就可以得到曾与狮子比武的殊荣；而我呢，以后所有的动物都会耻笑我竟然和弱小的老鼠打架，弄得自己无地自容。那不是一件可笑的事吗？"说完，它头也不回地向树林深处走去。

한번은 쥐가 사자에게 도전장을 내어 그와 누가 높고 낮은지 겨루어 보고 싶어 했지만 사자에게 거절당했다. 사자가 말했다. "만일 내가 네게 응수하면 너는 사자와 겨뤘다는 영광을 얻겠지만 나는 앞으로 연약한 쥐와 싸웠다고 모든 동물들이 비웃게 되어 쥐구멍에라도 들어가고 싶을 만큼 부끄러워질 테니까. 이거 웃긴 일 아니니?" 사자는 말을 마치고는 고개도 돌아보지 않고 숲 깊은 곳으로 갔다.

(질문) 狮子为什么拒绝了老鼠的挑战?

사자는 왜 쥐의 도전을 거절했는가?

(정답) 不屑与老鼠比武 쥐와 겨룰 가치가 없다고 생각해서

→ 지문의 你得到殊荣(너는 영광을 얻는다), 所有的动物都耻笑我(모든 동물들이 나를 비웃는다)라는 내용이 보기에는 귀납적으로 요약되어 不屑比武(겨룰 가치가 없다)로 표현되었다.

실전문제 📖

这个游戏让我们发现空罐就是闲置的资源。所谓闲置的资源，就是指对别人可能有用、对自己暂时没用的资源。每个人都有很多闲置的空罐，或者被抱在怀中，或者被丢弃在角落里。如果这些资源被充分整合利用，我们将惊叹于自己的所得。所以，不要轻易放弃任何资源，即使它现在没用。

关于闲置的资源，可以知道什么？

A 可以扔掉
B 污染环境
C 往往被忽视
D 会占用空间

STEP 1 문제의 키워드 파악하기

关于闲置的资源，可以知道什么？

A 可以扔掉
B 污染环境
C 往往被忽视
D 会占用空间

유휴 자원에 관하여, 무엇을 알 수 있는가?

A 버려도 된다
B 환경을 오염시킨다
C 종종 소홀히 여겨진다
D 공간을 차지한다

질문의 키워드는 闲置的资源(유휴 자원)이다. 보기의 키워드는 A는 扔掉(버리다), B는 污染环境(환경을 오염시키다), C는 被忽视(소홀히 여겨진다), D는 占用空间(공간을 차지하다)이다.

STEP 2 지문에서 키워드 찾아 알맞은 정답 고르기

这个游戏让我们发现空罐就是闲置的资源。所谓闲置的资源，就是指对别人可能有用、对自己暂时没用的资源。每个人都有很多闲置的空罐，或者被抱在怀中，或者被丢弃在角落里。如果这些资源被充分整合利用，我们将惊叹于自己的所得。所以，不要轻易放弃任何资源，即使它现在没用。

이 게임은 우리가 빈 깡통이 유휴 자원이라는 것을 알게 해 준다. 이른바 유휴 자원이란 바로 다른 사람에겐 유용하나 자신에게는 잠시 효용이 없는 자원을 말한다. 누구나 다 쓰지 않고 놀리는 많은 '빈깡통'이 있다. 가슴 속에 품었을 수도 구석진 곳에 내버려져 있을 수도 있다. 만약 이런 자원들이 충분히 다시 모아져 이용된다면, 우리는 자신이 얻은 바에 놀랄 것이다. 그러니 함부로 어떤 자원이라도 포기하지 마라. 설사 그것이 지금은 쓸모 없을지라도.

먼저 질문의 키워드가 언급된 단락을 살펴보면 闲置的资源(유휴 자원)의 의미를 설명한 뒤 或者被抱在怀中，或者被丢弃在角落里(가슴 속에 품었을 수도 구석진 곳에 내버려져 있을 수도 있다)라고 하였다. 지문이 보기의 키워드와 그대로 일치하지 않지만 방치된 자원이 사람들의 관심을 받지 못하고 있음을 알 수 있으므로 알맞은 정답은 C 往往被忽视(종종 소홀히 여겨진다)이다.

정답 C 往往被忽视

어휘 [지문] 空罐 kōngguàn 명 빈 깡통　闲置 xiánzhì 동 쓰지 않고 놀리다, 내버려두다　资源 zīyuán 명 자원　所谓 suǒwèi 이른바 ~라는 것은　丢弃 diūqì 동 내던지다, 포기하다　角落 jiǎoluò 명 구석(진 곳)　整合 zhěnghé 동 조정을 거쳐 다시 합치다　利用 lìyòng 동 이용하다　惊叹 jīngtàn 동 경탄하다　所得 suǒdé 명 소득, 얻은 것　[보기] 忽视 hūshì 동 소홀히 하다, 경시하다　占用 zhànyòng 동 점용하다

다음 지문을 읽고 질문에 알맞은 답을 고르세요.

1-4.

　"美图秀秀"是中国人都知道的一款图片处理软件，可对图片进行美化、拼接等各种特殊处理，更要得的是，这款软件是免费的。

　美图秀秀是由一位叫吴欣鸿的人开发的。吴欣鸿高中毕业后，没有选择上大学，而是开始了创业。他先后创办了一家企业网站服务公司和一个交友网站，但都以失败而告终，然而他始终没有放弃自己的创业梦想。

　一天，他想将自己画的画儿上传到网上。在搜索修图工具的过程中，他意外地发现人们对个性化图片的需求很大。而当时的图片处理软件大都专业性很强，很难被普通人掌握 。他想，为何不开发一款简单好用的图片处理软件呢？这一想法令他兴奋不已。

　于是，吴欣鸿再次出发，先创办了美图网，不久之后便推出了美图秀秀软件。这款软件刚一推出就受到了众多网友的热捧。这也再一次说明吴欣鸿的想法是正确的。经过不断地调试和升级，美图秀秀软件功能越来越多，性能也日渐稳定。截至2015年1月，美图秀秀的用户已超过4亿，日活跃量高达两万多次。吴欣鸿终于成功了。

1. 根据第2段，吴欣鸿：

　　A 选择了边上学边创业　　　　B 开了一家电脑公司
　　C 想找一个稳定的工作　　　　D 创业失败过

2. 第3段中画线词语"这一想法"指的是：

　　A 代替别的处理图片　　　　　B 开发图片处理软件
　　C 可以开一家照相馆　　　　　D 卖处理好的图片

3. 美图秀秀刚推出时：

    A 没有太多人知道   B 收费太高

    C 受到网友欢迎   D 运行方面出了问题

4. 根据上文，下列哪项正确？

    A 美图秀秀的用户有两万多人   B 吴欣鸿最后还是失败了

    C 吴欣鸿认为创业不能成功   D 美图秀秀简单易学

5–8.

买卖猴子和投资，你看懂多少？

有一个故事：一天，村庄里来了一个陌生人。他告诉村民们，他将以每只70元的价格收购猴子。村庄附近的森林里有很多猴子出没，村民开始对它们进行大肆捕捉。收猴人以每只70元的价格，收购了几千只猴子。当猴子的数量开始减少的时候，村民们停止了捕捉。

这时，收猴人放出话来，每只猴子的收购价格提高到150元。这个价格是原来的两倍，村民们又重新投入到捕猴的行动中。

不久，猴子的数量更少了。村民们再次停止捕猴，开始恢复他们的耕作。收猴人把每只猴子的收购价提高到180元。但是，森林里的猴子已经很少了，哪怕村民们再努力，也很难抓到一只猴子。

后来，收猴人把收购价格提高到350元。不过，他说自己必须回城里处理一些事情，收购猴子的事由他的助手代理。在收猴人回城之后，他的助手指着被老板收购到的几千只猴子对村民说："我们来做一笔交易吧。我以每只猴子300元的价格卖给你们，等我的老板从城里回来，你们再以350元的价格卖给他。"村民拿出所有的积蓄买下所有的猴子。但是，他们再也没看见收猴人和他的助手出现。从此，森林里又到处都是猴子的身影了。

你看懂了吗？投资和抓猴子一样。据统计，市场上面90%的散户都是那些买猴子的人，那个人可能会是您。不管你在哪个投资市场，股市还是现货发售市场，只有识破庄家主力等阴谋策略，才能立于不败之地。

5. 根据第3段，收猴人为什么提高了猴子的价格？

   A 鼓励村民多抓猴子 　　　　　　B 猴子越来越少了

   C 有很多人要收购猴子 　　　　　D 市场上猴子供应不足

6. 根据上文，下列哪项正确？

   A 村民们很会买卖 　　　　　　　B 收猴人挣了很多钱

   C 收猴人帮助村民赚钱 　　　　　D 猴子给森林带来很大危害

7. 关于助手，可以知道：

   A 既聪明又能干 　　　　　　　　B 赔偿了村民们损失的钱

   C 与收猴人是同伙 　　　　　　　D 权村民释放猴子

8. 上文主要想告诉我们什么？

   A 要保护野生动物 　　　　　　　B 股市里有风险

   C 相信自己才能成功 　　　　　　D 做买卖需要信任

02 중심 내용 파악형
글의 주제, 교훈, 제목 파악하기

기본기 다지기 기본 개념 잡기 & 공략 미리보기

한 편의 글에는 반드시 전달하고자 하는 중심 내용이 있다. 설명문과 논설문에서는 이것을 주제라고 하고, 이야기 글에서는 교훈이라고 한다. 독해 제3부분에서는 글의 주제와 교훈, 제목을 묻는 문제가 2~3문항 정도 출제되며 주로 각 지문의 마지막 문항으로 출제된다.

| 기본 개념 잡기 1 | 주요 질문 유형

1. 주제 및 교훈을 묻는 질문

- 上文主要谈的是： 윗글이 주로 이야기하는 것은?
- 这篇文章主要告诉我们？ 이 글이 우리에게 시사하는 바는?

2. 제목을 묻는 질문

- 最适合做上文标题的是： 윗글의 제목으로 가장 적합한 것은?
- 下列哪项最适合做上文标题？ 다음 중 윗글의 제목으로 가장 어울리는 것은?

| 기본 개념 잡기 2 | 중심 내용 파악하는 방법

1. 주제 및 교훈을 묻는 문제

설명문과 논설문의 주제는 대부분 글의 서론 또는 결론 부분에 직접적인 문장으로 제시되곤 한다. 그러나 이야기 글은 주제나 교훈이 직접 제시되기보다는 글을 끝까지 다 읽어야 추론할 수 있는 경우가 많다. 다만 이야기 글에서 등장인물의 대화 속에 교훈이 직접 언급되는 경우가 상당수 있으므로 대화의 내용도 꼭 살피는 것이 좋다.

2. 제목을 묻는 문제

글의 제목을 묻는 문제의 경우 한두 가지 단어로 요약되기 때문에 지문에 반복적으로 등장하는 어휘에 주목해야 하고, 동일한 단어가 반복되지 않아도 '무엇에 관한 글'인지를 파악하는 것이 중요하다.

| 공략 미리보기 |

합격 공략 49	서론과 결론에서 주제와 교훈을 찾으라!
합격 공략 50	제목은 반복적으로 언급된 어휘를 종합하라!
합격 공략 51	[220점 이상 고득점] 특정 단락의 주제는 그 단락에서만 찾으라!

주제와 교훈이 등장하는 위치

한 편의 글에는 글쓴이가 전달하고자 하는 바, 즉 중심 내용이 담겨 있다. 설명문과 논설문은 주로 글의 서론 또는 결론에 주제가 제시되고, 이야기 글은 글의 마지막 부분이나 대화문 속에서 주제와 교훈을 파악할 수 있다. 이밖에도 서론에서 제기하는 의문문이나 역접 접속사(然而, 但是)를 통해 글에서 강조하는 바를 찾을 수 있다. 주제와 교훈을 묻는 문제 역시 보기의 핵심 키워드를 파악한 뒤 지문의 서론과 결론 부분에 키워드가 언급되었는지 대조해야 한다.

〈 주제와 교훈이 등장하는 위치 〉

	설명문의 주제	논설문의 주제	이야기 글의 교훈
서론	○	–	대화문
본론	–	–	
결론	–	○	○

실전문제 📖🔍

　　罗森在一家夜总会里吹萨克斯，收入不高，然而，却总是乐呵呵的，对什么事都表示出乐观的态度。他常说：“太阳落了，还会升起来，太阳升起来，也会落下去，这就是生活。”

　　罗森很爱车，可惜凭他的收入想买车是不可能的。与朋友们在一起的时候，他总是说：“要是有一部车该多好啊！”眼中充满了无穷的向往。有人逗他说：“你去买彩票吧，中了奖就有车了！”

　　于是他买了两美元的彩票。可能是上天优待于他，罗森凭着两美元的一张体育彩票，果然中了个大奖。

　　罗森终于如愿以偿，他用奖金买了一辆车，终日开着车兜风，夜总会也去得少了，人们常常看见他吹着口哨在林荫道上行驶，车也总是擦得一尘不染的。

　　有一天，罗森把车停在楼下，半小时后下楼时，发现车被盗了。

　　朋友们得知后，都担心他受不了这个打击，便相约来安慰他：“罗森，车丢了，你千万不要太悲伤啊！”

　　罗森大笑起来，说道：“哈哈，我为什么要悲伤啊？”

　　朋友们百思不得其解地相互看了看。

　　“假如你们谁不小心丢了两美元，会悲伤吗？”罗森接着说。

　　“当然不会！”朋友们说。

　　“是啊，我丢的就是两美元啊！”罗森笑着说。

本文主要想告诉我们什么？

A 容易得到的，也容易失去

B 期望越高，失望越大

C 要乐观对待生活

D 彩票中奖不一定是好事

STEP 1 　문제의 키워드 파악하기

本文主要想告诉我们什么？

A 容易得到的，也容易失去

B 期望越高，失望越大

C 要乐观对待生活

D 彩票中奖不一定是好事

본문이 우리에게 시사하는 바는?

A 쉽게 얻은 것은 쉽게 잃는다

B 기대가 클수록 실망도 크다

C 낙관적으로 삶을 대하자

D 복권에 당첨되는 것이 꼭 좋은 일은 아니다

글의 중심 생각(교훈)을 묻는 문제이다. 보기의 핵심 키워드로 A는 容易得到(쉽게 얻다), B는 期望高(기대가 크다), C는 乐观(낙관적이다), D는 彩票中奖(복권 당첨)이다.

STEP 2 　지문에서 키워드 찾아 알맞은 정답 고르기

罗森在一家夜总会里吹萨克斯，收入不高，然而，却总是乐呵呵的，对什么事都表示出乐观的态度。他常说："太阳落了，还会升起来，太阳升起来，也会落下去，这就是生活。"

罗森很爱车，可惜凭他的收入想买车是不可能的。与朋友们在一起的时候，他总是说："要是有一部车该多好啊！"眼中充满了无穷的向往。有人逗他说："你去买彩票吧，中了奖就有车了！"

于是他买了两美元的彩票。可能是上天优待于他，罗森凭着两美元的一张体育彩票，果然中了个大奖。

罗森终于如愿以偿，他用奖金买了一辆车，终日开着车兜风，夜总会也去得少了，人们常常看见他吹着口哨在林荫道上行驶，车也总是擦得一尘不染的。

有一天，罗森把车停在楼下，半小时后下楼时，发现车被盗了。

로손은 한 나이트클럽에서 색소폰을 연주한다. 수입은 많지 않지만 그는 늘 벙글벙글 웃으며, 어떤 일에도 낙관적인 태도를 보였다. "태양은 지면 또 떠오르고, 떠오르면 또 지는 거지. 이것이 인생이야."라고 그는 종종 말하곤 했다.

로손은 자동차를 좋아했지만 안타깝게도 그의 수입으로 차를 구입하는 것은 불가능했다. 친구들과 함께 있을 때면, "자동차가 한 대 있으면 얼마나 좋을까!"라고 그는 늘 동경에 찬 눈망울로 말했다. 누군가 장난치며 말했다. "복권을 사 봐, 당첨되면 차가 생기잖아!"

그래서 그는 2 달러짜리 복권을 구입했다. 아마도 하나님이 그를 특별대우를 해준 것일까. 로손은 2 달러짜리 스포츠복권 한 장으로 아니나 다를까 거액에 당첨이 되었다.

로손은 마침내 바라던 대로 당첨금을 가지고 차를 한 대 구입했다. 하루 종일 드라이브를 하며 나이트클럽에도 거의 나가지 않았다. 사람들은 자주 그가 휘파람을 불며 먼지 한 톨 없이 깨끗하게 닦은 차를 타고 가로수 길을 다니는 걸 보았다.

그러던 어느 날, 로손이 차를 아래층에 세워 두었는데, 30분 뒤 내려갔을 때 차를 도난 당한 것을 발견했다.

朋友们得知后，都担心他受不了这个打击，便相约来安慰他："罗森，车丢了，你千万不要太悲伤啊！"

罗森大笑起来，说道："哈哈，我为什么要悲伤啊？"

朋友们百思不得其解地相互看了看。

"假如你们谁不小心丢了两美元，会悲伤吗？"罗森接着说。

"当然不会！"朋友们说。

"是啊，我丢的就是两美元啊！"罗森笑着说。

> 친구들이 소식을 듣고 로손이 이 충격을 감당하지 못할까 봐 걱정이 되어 그를 위로하려 찾아왔다. "로손, 차를 잃어버렸다고 절대로 너무 슬퍼하면 안돼!"
> 로손이 크게 웃으며 말했다. "야, 내가 왜 슬퍼해야 돼?"
> 친구들은 도무지 이해가 되지 않는 듯 서로를 바라보았다.
> 로손이 말했다. "만약에 너희들이 실수로 2달러를 잃어버렸다면, 슬프겠니?"
> 친구들이 말했다. "당연히 아니지!"
> 로손이 웃으며 말했다. "그렇지! 내가 잃어버린 건 2딜러잖아!"

글의 중심 생각은 서론 또는 결론 부분에 제시된다. 지문이 이야기 글이므로 대화문 역시 중점적으로 살펴봐야 한다. 지문의 첫 문장에서 罗森(로손)은 수입이 많지 않지만 然而, 对什么事都表示出乐观的态度(그러나 어떤 일에든 낙관적인 태도를 보였다)라고 하여 등장인물의 성격을 언급했다. 로손이 복권을 사서 당첨됐고 그것으로 차를 샀으나 도난당한 사건이 일어났고 지문의 후반부 친구와의 대화문을 보면, 로손이 嘿，我为什么要悲伤啊？(야, 내가 왜 슬퍼해 해?), 我丢的就是两美元啊！(내가 잃어버린 것은 2달러잖아!)라고 했으므로 낙관적으로 상황을 바라보고 있음을 알 수 있다. 따라서 이 글이 주는 교훈으로 알맞은 정답은 C 要乐观对待生活(낙관적으로 삶을 대해야 한다)이다.

정답 C 要乐观对待生活

어휘 [지문] 夜总会 yèzǒnghuì 명 나이트클럽 吹 chuī 동 불다 萨克斯 sàkèsī 명 색소폰 乐呵呵 lèhēhē 벙글벙글 升起 shēngqǐ 동 떠오르다 凭 píng 개 ~에 힘입어 充斥 chōngchì 동 가득 채우다 无穷 wúqióng 형 무궁하다, 한이 없다 憧憬 chōngjǐng 동 동경하다 逗 dòu 동 놀리다 中奖 zhòngjiǎng 동 복권에 당첨되다 彩票 cǎipiào 명 복권 上天 shàngtiān 명 하느님 优待 yōudài 동 우대하다 如愿以偿 rú yuàn yǐ cháng 성 소원성취하다 兜风 dōufēng 동 드라이브하다 口哨 kǒushào 명 휘파람 林阴道 línyīndào 가로수가 우거진 길 行驶 xíngshǐ 동 운행하며 달리다 纤尘不染 xiān chén bù rǎn 성 먼지가 티끌 만큼도 없다 被盗 bèidào 동 도난 당하다 得知 dézhī 동 소식을 알게 되다 如命 rúmìng 목숨처럼 중히 여기다 眨眼功夫 zhǎyǎn gōngfu 눈 깜짝할 새 担忧 dānyōu 동 걱정하다 打击 dǎjī 명 타격(을 주다) 相约 xiāngyuē 서로 약속하다 安慰 ānwèi 동 위로하다 悲伤 bēishāng 형 비탄에 잠기다, 슬퍼하다 百思不得其解 bǎisī bùdé qíjiě 도저히 이해가 되지 않는다 警惕 jǐngtì 명 동 경계심(을 가지다) [보기] 期望 qīwàng 명 동 기대(하다) 乐观 lèguān 형 낙관적이다 对待 duìdài 동 대하다

합격 공략 **50** 제목은 반복적으로 언급된 어휘를 종합하라!

글의 제목 정하기

글의 주제는 설명문, 논설문에서 직접적인 문장으로 제시되는 경우가 많지만 제목은 전체 글의 내용을 함축하기 때문에 글의 내용을 잘 이해하고 있어야 한다. 지문을 충분히 읽을 수 있는 시간이 있다면 관계없지만 만일 그렇지 않다면 전략적으로 제목을 찾는다. 일반적으로 설명문이나 논설문, 이야기 글의 제목은 글에서 반복되는 어휘를 가장 많이 사용하며, 글의 전체 내용을 종합할 수 있는 포괄적이고 추상적인 어휘가 제목으로 많이 사용된다.

　　在一家餐馆里，一位老太太买了一碗汤，在餐桌前坐下，突然想起忘了取面包。她起身，取了面包，重又返回餐桌，然而她发现自己的座位上坐着一个老头儿，正喝着她的那碗汤。"他无权喝我的汤。"老太太心想，"可是，或许他太穷了，我还是一声不响算了。不过，可总不能让他一个人把汤全喝了。"于是，老太太拿了汤匙，与那个老头儿同桌，面对面地坐着，不声不响地用汤匙喝汤。

　　就这样，一碗汤被两个人共喝着，一把汤匙被他们轮流使用着。两个人都默默无语。这时，老头儿突然站起身，端来了一盘面条，放在老太太面前，面条里插着两把叉子。两个人继续吃着，吃完后，各自起身，准备离去。"再见。"老太太说。"再见。"老头儿回答，他显得很愉快，感到欣慰，因为他自认为今天做了一件好事，帮助了一位贫穷的老太太。

　　老头儿走后，老太太这才发现，旁边的一张饭桌上，放着一碗无人喝的汤， 一碗显然被人忘了喝的汤……。

　　最适合做本文标题的是：

A 老太太和老头儿

B 一碗汤的故事

C 一场斗争

D 老太太的施舍

STEP 1　문제의 키워드 파악하기

最适合做本文标题的是：

A 老太太和老头儿

B 一碗汤的故事

C 一场斗争

D 老太太的施舍

본문의 제목으로 가장 적합한 것은?

A 노부인과 노인

B 한 그릇의 수프 이야기

C 한 차례의 투쟁

D 노부인의 은혜

글의 제목을 묻는 문제이다. 보기의 핵심 키워드로 A는 老太太和老头儿(노부인과 노인), B는 一碗汤的故事(한 그릇의 수프 이야기), C는 一场斗争(한 차례의 투쟁), D는 老太太的施舍(노부인의 은혜)이다.

STEP 2　지문에서 키워드 찾아 알맞은 정답 고르기

　　在一家餐馆里，一位老太太买了一碗汤，在餐桌前坐下，突然想起忘了取面包。她起身，取了面包，重又返回餐桌，然而她发现自己的座位上坐着一个老头儿，正喝着她的那碗汤。

어느 식당에서 한 노부인이 수프를 한 그릇 사고 식탁 앞에 앉았는데 갑자기 빵을 가져오지 않은 것이 생각이 났다. 그녀는 몸을 일으켜 빵을 가져왔다. 다시 식탁으로 돌아왔더니 왠 노인이 자신의 자리에 앉아 한창 그녀의 수프를 먹고 있었다. "저 사람은 내 수프를 먹을

"他无权喝我的汤。"老太太心想，"可是，或许他太穷了，我还是一声不响算了。不过，可总不能让他一个人把汤全喝了。"于是，老太太拿了汤匙，与那个老头儿同桌，面对面地坐着，不声不响地用汤匙喝汤。

就这样，一碗汤被两个人共喝着，一把汤匙被他们轮流使用着。两个人都默默无语。这时，老头儿突然站起身，端来了一盘面条，放在老太太面前，面条里插着两把叉子。两个人继续吃着，吃完后，各自起身，准备离去。"再见。"老太太说。"再见。"老头儿回答，他显得很愉快，感到欣慰，因为他自认为今天做了一件好事，帮助了一位贫穷的老太太。

老头儿走后，老太太这才发现，旁边的一张饭桌上，放着一碗无人喝的汤，一碗显然被人忘了喝的汤……。

권리가 없잖아" 노부인은 속으로 생각했다. "하지만, 어쩌면 저 노인이 너무 가난할지도 모르잖아. 그냥 아무 말도 하지 말자. 그래도 어쨌든 저 사람 혼자서 내 수프를 다 먹게 할 순 없어." 그래서 노부인은 스푼을 가져와서 그 노인과 얼굴을 맞대고 같이 앉아 묵묵히 스푼으로 수프를 먹었다.

이렇게, 수프 한 그릇을 두 사람이 함께 먹으면서 스푼 하나를 돌려가며 썼다. 두 사람 모두 묵묵하니 말이 없었다. 이 때, 노인이 갑자기 일어나더니 면 요리를 한 접시 들고 와서는 노부인의 앞에 내려놓았다. 그릇에는 포크 두 개가 꽂혀있었다. 두 사람은 계속해서 먹었다. 다 먹고 나서는 각자 일어나서 떠날 준비를 하였다. "안녕히 가시오." 노인이 말했다. "안녕히 가시오." 노인이 대답했다. 노인은 굉장히 즐겁고 기뻐 보였다. 한 가난한 노부인을 도왔다며 자신이 오늘 좋은 일을 했다고 여겼기 때문이었다.

노인이 떠나고 난 뒤, 노부인은 그제서야 옆 식탁에 먹는 사람이 없는 수프 한 그릇 놓여 있는 것을 발견했다. 누군가 잊은 것이 분명해 보이는 한 그릇의 수프가……

지문은 한 식당에서 일어난 사건으로 등장인물은 한 노부인(老太太)과 한 노인(老头儿)이다. 전체 지문에서 가장 많이 등장하는 어휘는 一碗汤(수프 한 그릇)으로 이를 중심으로 이야기가 전개된다. 이 글의 교훈이 아닌 제목을 묻는 문제이므로 이야기 전체를 종합할 수 있는 어휘를 파악해야 한다. 먼저 보기 A는 등장인물이 이야기를 대표한다고 보기 어려우므로 제외시키고, 보기 C는 다툼에 관한 내용이 없으므로 적합하지 않다. 보기 D는 이야기에서 실제로 베푼 사람은 노부인이 아닌 노인이므로 틀린 내용이다. 이야기가 한 그릇의 수프로 인한 오해와 베풂이 주요 스토리이므로 알맞은 제목은 B 一碗汤的故事(수프 한 그릇 이야기)이다.

정답 B 一碗汤的故事

어휘 [지문] 餐馆 cānguǎn 명 식당 餐桌 cānzhuō 명 식탁 重又 chóngyòu 부 다시, 재차 无权 wúquán 권리가 없다 或许 huòxǔ 부 어쩌면 一声不响 yì shēng bù xiǎng 한 마디 말도 하지 않다 汤匙 tāngchí 명 숟가락 不声不响 bù shēng bù xiǎng 말 한마디도 없이, 묵묵히 共 gòng 부 함께 轮流 lúnliú 동 돌아가면서 하다 默默无语 mòmò wúyǔ 아무 말도 하지 않다 端 duān 동 두 손으로 받쳐 들다 叉子 chāzi 명 포크 显得 xiǎnde ~하게 보이다 欣慰 xīnwèi 형 기쁘고 위안이 되다 贫穷 pínqióng 형 가난하다 显然 xiǎnrán 형 명백하다 [보기] 斗争 dòuzhēng 명 동 투쟁(하다) 施舍 shīshě 동 은덕을 베풀다 명 은덕을 베풂

합격 공략 51 [220점 이상 고득점] 특정 단락의 주제는 그 단락에서만 찾으라!

특정 단락의 주제를 묻는 문제

주제를 묻는 문제 중 특정 단락의 주제를 묻는 경우가 있다. 예를 들어 第3段主要谈的是?(세 번째 단락이 주로 말하는 것은?)과 같은 문제가 제시되면 다른 단락은 배제하고 해당 단락의 중심 내용만 파악해야 한다. 오답을 유도하기 위해 전체 지문의 주제를 함께 제시하는 경우가 있으므로 질문의 포인트에 유의한다. 소단락의 주제 역시 가장 첫 문장에 주제가 언급되며 그 이하는 부연 설명(뒷받침하는 근거, 사례)으로 구성된다. 부연 설명에는 주로 '比如, 例如, 如, 像, 举个例子说'와 같은 어휘를 사용하여 주제를 뒷받침하는 근거나 사례를 덧붙인다.

〈 설명문의 구성의 예 〉

1단락	전체 글의 주제, 설명의 대상에 관한 간략한 소개
2단락	소주제 + 부연 설명
3단락	소주제 + 부연 설명
4단락	전체 내용을 간략히 정리(주제를 다시 제시하기도 함)

실전문제

(중략)

2단락 很多人都有减肥的经历，可惜大部分都以失败告终了。当我们询问失败者给自己定下减多少公斤的目标时，大部分人都会给出3公斤或者5公斤等单一的数字。然而，那些成功者给自己定下的是"2~4公斤"这样有上限和下限的目标。一般来说，下限都是比较容易达成的目标，而上限则是一个非常有挑战性的目标。当人们在完成很容易达成的目标后，会有很强的成就感，并在继续挑战最高目标中，一再地享受到这种成就感。这样人们能不断体验到成就感，因此就会更容易成功达到目标。

3단락 同理，在购物中人们也有类似的心理。比如说超市大卖场有减价活动，同一组商品，在减价30%时和减价20%~40%时，我们更倾向于选择后者。这是为什么呢？人们会感觉，那些降价20%的商品一定质量比较好，或是品牌更佳，降价40%的商品则在价格上更具有吸引力，而单一的降价30%，价格上既没有太便宜，又不像是品质很好的样子，所以人们反而不愿意选择它了。

第三段主要谈的是什么？

A 讨价还价的技巧
B 打折商品没有吸引力
C 影响购物选择的心理
D 人们的购物倾向各不相同

第三段主要谈的是什么?

A 讨价还价的技巧
B 打折商品没有吸引力
C 影响购物选择的心理
D 人们的购物倾向各不相同

세 번째 단락이 주로 말하고자 하는 것은 무엇인가?

A 흥정의 테크닉
B 할인 상품은 매력이 없다
C 구매 선택에 영향을 주는 심리
D 사람들의 구매 성향은 크게 다르다

질문은 세 번째 단락에서 말하고자 하는 것이 무엇인가이다. 보기의 키워드로 A는 技巧(테크닉), B는 没有吸引力(매력이 없다), C는 选择的心理(선택의 심리), D는 购物倾向各不相同(구매 성향이 다 다르다)이다.

2단락 很多人都有减肥的经历, 可惜大部分都以失败告终了。当我们询问失败者给自己定下减多少公斤的目标时, 大部分人都会给出3公斤或者5公斤等单一的数字。然而, 那些成功者给自己定下的是 "2~4公斤" 这样有上限和下限的目标。一般来说, 下限都是比较容易达成的目标, 而上限则是一个非常有挑战性的目标。当人们在完成很容易达成的目标后, 会有很强的成就感, 并在继续挑战最高目标中, 一再地享受到这种成就感。这样人们能不断体验到成就感, 因此就会更容易成功达到目标。

3단락 相对于那些单一的数字, 人们一般会更喜欢有上限和下限的一组数字。同理, 在购物中人们也有类似的心理。比如说超市大卖场有减价活动, 同一组商品, 在减价30%时和减价20%~40%时, 我们更倾向于选择后者。这是为什么呢? 人们会感觉, 那些降价20%的商品一定质量比较好, 或是品牌更佳, 降价40%的商品则在价格上更具有吸引力, 而单一的降价30%, 价格上既没有太便宜, 又不像是品质很好的样子, 所以人们反而不愿意选择它了。

많은 사람들이 다이어트 경험이 있으나, 대부분 실패로 막을 내린다. 다이어트에 실패한 사람들에게 얼마나 감량할지 본인에게 설정한 목표를 물어보았을 때, 대다수가 3kg 혹은 5kg 등 단일한 숫자를 제시했다. 그러나 다이어트에 성공한 사람들은 '2~4kg'라는 상한선과 하한선이 있는 목표를 설정했다. 일반적으로 하한선은 비교적 달성하기 쉬운 목표인 반면 상한선은 굉장히 도전적인 목표이다. 쉽게 달성할 수 있는 목표를 이루면 굉장히 강한 성취감이 생기고 계속해서 최고 목표에 도전하면서 다시금 이러한 성취감을 맛보게 된다. 이렇게 사람들이 끊임없이 성취감을 느낌으로 하여 보다 더 쉽게 성공적으로 목표를 달성할 수 있게 되는 것이다.

단일한 숫자에 비해 사람들은 보통 상한선과 하한선이 나열된 숫자를 좋아한다. 같은 이치로, 구매 시에도 사람들은 이와 유사한 심리를 갖는다. 예를 들어, 대형마켓에서 할인 행사가 있을 때, 같은 상품이라도, 30% DC와 20%~40% DC가 있으면, 우리는 후자를 선택하는 경향이 더 강하다. 왜 이런 것일까? 사람들은 20% DC하는 상품은 분명히 퀄리티가 비교적 좋거나 브랜드가 더 좋다고 느끼며, 40% DC하는 상품은 가격면에서 매력이 있다고 생각했다. 반면 단일 숫자인 30% DC는 가격면에서도 너무 저렴한 것도 아니고 그렇다고 퀄리티가 좋아 보이지도 않아 보여서 오히려 그것을 선택하길 원치 않는다.

단락의 시작 부분에 相对于那些单一的数字, 人们一般会更喜欢有上限和下限的一组数字(단일한 숫자에 비해 사람들은 보통 상한선과 하한선이 나열된 숫자를 좋아한다)라는 사람들의 심리를 언급했고, 쇼핑 시(在购物中)에 나타나는 유사한 심리를 比如说(예를 들어) 이하에 제시하였다. 따라서 알맞은 정답은 C 影响购物选择的心理(구매 선택에 영향을 주는 심리)이다. 이 단락은 技巧(테크닉)를 말하는 것이 아니므로 보기 A를 제외시키고, 할인 상품이 매력이 없다는 내용의 B는 언급되지 않았다. D는 단락의 첫 문장에서 사람들의 일반적인 심리를 제시하였기 때문에 역시 틀린 내용이다.

정답 C 影响购物选择的心理

어휘 지문 告终 gàozhōng 통 끝을 알리다   询问 xúnwèn 통 알아보다, 문의하다   单一 dānyī 형 단일하다   上限 shàngxiàn 명 상한   下限 xiàxiàn 명 하한   达成 dáchéng 통 달성하다   挑战性 tiǎozhànxìng 명 도전성   成就感 chéngjiùgǎn 명 성취감   享受 xiǎngshòu 통 누리다, 즐기다   体验 tǐyàn 명 통 체험(하다)   相对 xiāngduì 형 상대적이다   单一 dānyī 형 단일하다   上限 shàngxiàn 명 상한   下限 xiàxiàn 명 하한   同理 tónglǐ 명 같은 이치이다   类似 lèisì 형 유사하다, 비슷하다   减价活动 jiǎnjià huódòng 명 할인행사   倾向 qīngxiàng 명 경향 통 마음이 쏠리다   品牌 pǐnpái 명 상표, 브랜드   佳 jiā 형 좋다, 아름답다   降价 jiàngjià 통 할인하다   具有 jùyǒu 통 가지다   吸引力 xīyǐnlì 명 매력, 흡인력   反而 fǎn'ér 부 오히려   보기 讨价还价 tǎojià huánjià 흥정하다   技巧 jìqiǎo 명 기교, 테크닉   各不相同 gè bù xiāngtóng 서로 다르다, 제각기 다르다

실전 테스트   정답 및 해설_해설편 p.064

다음 지문을 읽고 질문에 알맞은 답을 고르세요.

1-4.

牛玉亮是国家级非物质文化遗产口技的传承人，也被人们称为"善口技者"。

牛玉亮说："我小时候喜欢听大自然的各种声音，也爱模仿。直到我工作后，跟着武汉杂技团去上海表演，才认识了我师父周志成和师叔孙泰。"拜师学艺后，牛玉亮下了苦功夫，每天早上5点就起床到郊外，倾听、模仿各种来自大自然的声音。牛玉亮说："1958年，我在芜湖演出时，就曾跟着一只黄莺学了整整8天。口技模仿的声音来自真实的生活，要想学好口技就必须走近大自然，了解大自然，学习大自然。"

这种对口技的痴迷，再加上模仿天赋和勤学苦练，很快，牛玉亮在口技界<u>声名鹊起</u>。但他并不满足于此，经过多年的刻苦钻研，成功地研究出了循环发声法、循环呼吸法，并用于表演，使口技的发声和声域都比从前更为宽广。这就是"牛氏"口技绝活儿。不仅如此，他在口技的表演形式上也不断创新，注重表演的故事性，还将口技与沙画、相声、诗朗诵等结合起来，深受好评。

1. 根据第2段，可以知道什么？

 A 牛玉亮在芜湖演了8天   B 口技表演源于大自然

 C 牛玉亮从小就拜师学艺   D 口技表演需要创造力

2. 画线词语 "声名鹊起" 最可能是什么意思?

　　A 名声大振　　　　　　　　　B 百家争鸣

　　C 声名狼藉　　　　　　　　　D 莫名其妙

3. 文中, "牛氏" 口技绝活儿指的是:

　　A 具有故事性的表演　　　　　B 循环发声、呼吸法

　　C 相声和诗朗诵的结合　　　　D 世代相传下来的技巧

4. 下列哪项最适合做上文标题?

　　A 民间表演艺术——口技　　　B 口技的起源与发展

　　C 善口技者——牛玉亮　　　　D 寻找口技,寻找传统

5-8.

　　地球上树木种类繁多,不同种类的树木,它们的树枝、树叶、果实的形状大小也不同,即使是同一种树木,也存在着一定的差别。但有一点是共同的,那就是:几乎所有树木的树干都是圆柱形的。这是为什么呢?为了生存,世界上所有的生物总是朝着最应环境的方向发展。树木也不例外,圆柱形的树干就是树木对自然环境适应的结果。

　　首先,根据数学原理,在表面积同等的情况下,圆柱体的容积是最大的。如果要用相同数量的材料做成容积最大的东西,最合适的当然是圆柱体了。我们日常生活中的自来水管、煤气管等都是应用这个原理的。

　　其次,圆柱体具有最大的支撑力。高大的树冠的重量全靠一根主干支撑,尤其是硕果累累的果树,挂上成百上千的果实,须有强有力的树干支撑,才能维持生存。

　　此外,圆柱体的树干还能最大限度地减轻外来的伤害。我们知道,树木的皮层是树木输送营养物质的通道,皮层一旦中断,树木就会死亡。树木是多年生的植物,它的一生难免要遭受很多外来的伤害,特别是自然灾害的袭击。如果树干是方

形、扁形或有其他棱角的，更容易受到外界的冲击和伤害。圆形的树干就不同了，狂风吹打时，不论风卷着尘砂杂物从哪个方向来，受影响的都只是极少部分。可见，圆柱形树干才是最理想的形状。

5. 煤气管为什么做成圆柱体？

    A 容积最大   B 更加实用

    C 更结实   D 便于安装

6. 根据第3段，圆柱体树干对果树有什么好处？

    A 更快地输送营养   B 可以减少虫害

    C 能够缩短果实的成熟期   D 能够提供强大的支撑力

7. 根据最后一段，下列哪项正确？

    A 自然灾害对树木没什么影响   B 要禁止乱砍乱伐

    C 树干皮层负责输送营养   D 狂风对树干的危害最大

8. 上文主要想告诉我们：

    A 植物的生长条件   B 树干为什么是圆柱体的

    C 大自然的生存规律   D 人应该尊重并保护自然

03 어휘 의미 추론형
사자성어, 신조어, 속담의 의미 추론하기

기본기 다지기 **기본 개념 잡기 & 공략 미리보기**

어휘 의미 추론형은 지문에 제시된 사자성어, 신조어, 속담, 관용어 등의 어휘의 뜻을 묻는 문제이다. 대부분 지문을 통해 해당 어휘의 의미를 추론할 수 있으며 비유적인 의미를 포함한다.

ㅣ기본 개념 잡기 1ㅣ 주요 질문 유형

• 第一段中 "初衷" 是什么意思? 첫 번째 단락의 '初衷'은 어떤 의미인가?

• 与第三段画线词语 "高妙" 最相近的意思是: 세 번째 단락의 밑줄 친 어휘 '高妙'와 가장 가까운 의미는 무엇인가?

• 第3段划线词语的意思是: 세 번째 단락의 밑줄 친 어휘의 뜻은 무엇인가?

ㅣ기본 개념 잡기 2ㅣ 어휘의 의미를 추론하는 방법

1. 해당 어휘의 바로 앞뒤에 의미가 제시된다.

어휘의 뜻을 묻는 문제는 글의 논리적인 흐름 속에서 어휘가 제시되므로 밑줄 친 어휘의 앞뒤 문장으로 대부분 의미를 파악할 수 있다. 따라서 해당 어휘를 지칭하는 대사나 유사한 표현이 있는 부분을 중점적으로 살펴봐야 한다. 또한 해당 어휘가 직접 언급되지 않아 인과관계를 따져 추론해야 하는 경우도 있다.

① 밑줄 친 어휘가 포함된 문장을 먼저 분석한다.

② 전후 맥락을 파악한다. 이 때 '这个(이것)/这样(이렇게), 如此(이와 같이), 它(그것)'와 같은 대사나, '是指(~은 ~을 가리킨다)'과 같이 뜻을 설명하는 어휘가 있는 문장을 중점적으로 본다.

③ 전체 문장의 흐름 및 주제와 연관지어 추론한다.

2. 글 전체의 문맥을 파악해야 한다.

밑줄 친 어휘의 사전적 의미가 아닌 글에서 나타내는 비유적인 의미를 묻는 경우가 있다. 이때는 글의 내용을 전체적으로 파악해야 한다. 주로 질문에서 根据上文(윗글에 따르면)을 사용하는데 보기에는 오답을 유도하는 문자적인 의미가 제시될 수 있으므로 이에 유의해야 한다.

ㅣ공략 미리보기ㅣ

합격 공략 52	밑줄 친 어휘 앞뒤 문장을 살펴보라!
합격 공략 53	의미가 직접 언급되지 않았다면 전후 문맥으로 추론하라!
합격 공략 54	[220점 이상 고득점] 오답을 먼저 소거하고 아는 글자로 추론하라!

합격 공략 **52** 밑줄 친 어휘 앞뒤 문장을 살펴보라!

밑줄 친 어휘 앞뒤에 힌트가 있다.

어휘의 뜻을 묻는 경우 대부분 해당 어휘의 주변 문장을 통해 의미를 파악할 수 있다. 밑줄 어휘가 명사라면 대사 这个(이)를 사용해 해당 어휘의 뜻을 설명하고, 밑줄 어휘가 형용사나 동사라면 대사 这样(이렇게)이 사용된 문장으로 그 의미를 나타내게 된다.

人生在世，每个人都有着<u>自己的原则</u>。<u>这个</u>原则无论是大是小，可也总是影响着你的一生。

세상을 살면서 모든 사람은 각자만의 원칙을 가지고 있다. 이 원칙은 크든 작든 당신의 일생에 영향을 준다.

→ 밑줄 친 어휘의 뒷부분에 동일한 명사 原则(원칙)가 대사 这个(이)와 함께 사용되어 이 原则가 어떠한 것인지 부연설명하고 있음을 알 수 있다.

실전문제 📖

那天晚上，电视刚转播完一场足球赛，我就按响了楼上人家的门铃。我知道楼上男主人很喜欢足球，便说是来聊聊球赛。男主人的兴奋劲就上来了，对我吐出一大堆足球明星。我则谦虚地说："看足球只是我的第三爱好，听钢琴才是我的第二爱好。"接下来，话题就转到钢琴上来了。我便壮着胆子说了几首钢琴名曲，最后特别强调："只要听到钢琴的声音，电视里再好看的足球比赛，我也不会看。道理很简单——第三爱好必须让位于第二爱好！"男主人顺势问道："那你的第一爱好是什么？"我笑着说："真不好意思，我的第一爱好是睡觉，所以，当我<u>进入第一爱好</u>时，第二爱好就……"。

第2段中，画线的词句最可能是什么意思？

A 看足球比赛

B 睡觉

C 欣赏钢琴曲

D 和妻子聊天

STEP 1 문제의 키워드 파악하기

第2段中，画线的词句最可能是什么意思？

A 看足球比赛

B 睡觉

C 欣赏钢琴曲

D 和妻子聊天

두 번째 단락에서 밑줄 친 문구는 어떤 의미인가?

A 축구시합을 시청하다

B 잠을 자다

C 피아노 곡을 감상하다

D 아내와 수다 떤다

질문은 두 번째 단락에서 밑줄 친 문구 进入第一爱好(첫 번째 취미에 몰입할 때)의 의미를 묻는 문제이다. 보기의 키워드는 모두 일반적인 취미를 가리킨다.

STEP 2 지문에서 키워드 찾아 알맞은 정답 고르기

那天晚上，电视刚转播完一场足球赛，我就按响了楼上人家的门铃。我知道楼上男主人很喜欢足球，便说是来聊聊球赛。男主人的兴奋劲就上来了，对我吐出一大堆足球明星。我则谦虚地说："看足球只是我的第三爱好，听钢琴才是我的第二爱好。"接下来，话题就转到钢琴上来了。我便壮着胆子说了几首钢琴名曲，最后特别强调："只要听到钢琴的声音，电视里再好看的足球比赛，我也不会看。道理很简单——第三爱好必须让位于第二爱好！"男主人顺势问道："那你的第一爱好是什么？"我笑着说："真不好意思，我的第一爱好是睡觉，所以，当我进入第一爱好时，第二爱好就……"。

그날 저녁, TV에서 축구 중계를 끝내자마자, 나는 바로 윗집의 초인종을 눌렀다. 나는 위층 주인 아저씨가 축구를 좋아하는 것을 알아서 축구 시합 이야기를 했다. 주인 아저씨는 바로 신이 나서 나에게 한 무더기의 축구 스타들을 쏟아냈다. 반면 나는 겸손을 떨며 말했다. "축구 시합을 보는 것은 세 3번째 취미이고, 피아노 음악을 듣는 것이 제 2번째 취미입니다." 이어서 화제는 피아노로 옮겨갔다. "피아노 소리를 듣기만 하면, TV에서 암만 재미난 축구 경기가 있어도 저는 안 봅니다. 간단한 이치인데요. 3번째 취미가 2번째 취미에게 자리를 내어주는 것이죠!" 주인 아저씨는 내친김에 물었다. "그러면 첫 번째 취미는 무엇인가요?" 나는 웃으며 말했다. "정말 죄송한데요, 제 첫 번째 취미는 잠자는 것입니다. 그래서 제가 첫 번째 취미에 몰입할 때, 두 번째 취미는……".

지문에 다양한 취미의 종류가 언급되지만 밑줄 친 어휘의 명사 第一爱好(첫 번째 취미)가 바로 밑줄 문장 앞에 제시되어 있다. 我的第一爱好是睡觉(저의 첫 번째 취미는 잠자는 것입니다)라고 하였으므로 정답은 B 睡觉(잠자다)이다.

정답 B 睡觉

어휘 [지문] 转播 zhuǎnbō 통 중계방송하다　按 àn 통 누르다　门铃 ménlíng 명 도어벨, 초인종　兴奋劲 xīngfènjìn 명 신명, 흥, 흥분　吐出 tǔchū 통 내뱉다　一大堆 yídàduī 한 무더기　足球明星 zúqiúmíngxīng 명 축구스타　谦虚 qiānxū 형 겸손하다　话题 huàtí 명 화제　转 zhuǎn 통 전환하다　壮着胆子 zhuàngzhe dǎnzi 큰 맘 먹고, 용기내서　名曲 míngqǔ 명 명곡　让位 ràngwèi 통 자리를 내주다　顺势 shùnshì 부 ~하는 바람에, ~하는 김에　[보기] 画线 huàxiàn 줄 치다　词句 cíjù 명 어구　欣赏 xīnshǎng 통 감상하다

합격 공략 53 의미가 직접 언급되지 않았다면 전후 문맥으로 추론하라!

앞뒤 문장에 해당 어휘의 뜻이 언급되지 않을 경우

만일 밑줄 친 어휘의 앞뒤 문장에서 의미를 파악할 수 없다면 전체 문맥으로 뜻을 유추해야 한다. 먼저 밑줄 친 해당 어휘가 포함된 문장을 분석한 뒤 앞뒤 문장의 인과 관계를 통해 상식적으로 추론할 수 있는 의미를 고르도록 한다.

실전문제 📖

　　年近40的比利在一个公司工作了15年，他每天用同样的方法做着同样的工作，每个月领着同样的薪水。一天，<u>愤愤不平</u>的他决定要求老板给他加薪及升职。他向老板概述了他提出这样一个要求的理由：“毕竟，我已经有了15年的经验。”“我亲爱的员工，”老板叹着气说，“你没有15年的经验，你只是一种经验用了15年。”

　　"愤愤不平"的意思是：

A 非常生气
B 失去平衡
C 地位很高
D 待遇不错

STEP 1　문제의 키워드 파악하기

"愤愤不平"的意思是：

A 非常生气
B 失去平衡
C 地位很高
D 待遇不错

'愤愤不平'의 의미는?

A 굉장히 화가 나다
B 균형을 잃다
C 지위가 높다
D 대우가 괜찮다

밑줄 친 어휘의 의미를 파악하는 문제이다. 보기의 키워드를 파악해 둔다.

STEP 2　지문에서 키워드 찾아 알맞은 정답 고르기

　　年近40 的比利在一个公司工作了15 年，他每天用同样的方法做着同样的工作，每个月领着同样的薪水。一天，<u>愤愤不平</u>的他决定要求老板给他加薪及升职。他向老板概述了他提出这样一个要求的理由：“毕竟，我已经有了15 年的经验。”“我亲爱的员工，”老板叹着气说，“你没有15 年的经验，你只是一种经验用了15 年。”

나이가 마흔을 바라보는 빌리는 한 회사에서 15년간 일을 했다. 그는 매일 같은 방법으로 같은 업무를 하며, 매월 같은 급여를 받았다. 하루는, <u>몹시 분개한</u> 그가 사장에게 급여 인상과 승진을 요구하기로 결정했다. 그는 사장에게 그가 이런 요구를 하는 이유를 간단하게 말했다. "어쨌든, 저는 이미 15년의 경험이 있는 거지요." "존경하는 사원님." 사장이 한숨 쉬며 말했다. "당신은 15년의 경험을 가진 것이 아닙니다. 당신은 그저 하나의 경험을 15년간 사용한 것입니다."

밑줄 친 어휘는 관형어로 주인공인 他(그)를 꾸며주고 있다. 밑줄 어휘의 앞뒤 문맥을 살펴보면 앞부분에서 年近40 的比利在一个公司工作了15 年, 他每天用同样的方法做着同样的工作, 每个月领着同样的薪水(마흔이 다 된 빌리가 한 회사에서 15년을 일했는데 매일 같은 방법으로 같은 일을 하며 매월 같은 월급을 받았다)라고 하였고 뒷부분에 决定要求老板给他加薪及升职(사장에게 월급 인상과 승진을 요구하기로 했다)이라고 했으므로 주인공이 오랜 기간 부당한 대우 속에서 참아 왔음을 예상할 수 있다. 따라서 주인공을 꾸며주는 말 愤愤不平의 의미로 알맞은 정답은 A 非常生气(매우 화가 나다)이다.

정답 A 非常生气

어휘 지문 领 lǐng 동 수령하다   薪水 xīnshuǐ 명 봉급   愤愤不平 fènfèn bùpíng 매우 불만스럽다   加薪 jiāxīn 동 임금을 올리다   升职 shēngzhí 동 승진하다   概述 gàishù 동 간략하게 말하다   提出 tíchū 동 제기하다   毕竟 bìjìng 부 어쨌든, 필경   员工 yuángōng 명 사원   叹气 tànqì 동 탄식하다, 한숨 쉬다 보기 失去 shīqù 동 잃다   平衡 pínghéng 명 균형, 평형   地位 dìwèi 명 지위   待遇 dàiyù 명 동 대우(하다)

합격 공략 **54** [220점 이상 고득점] 오답을 먼저 소거하고 아는 글자로 추론하라!

문맥으로도 의미를 추론하기 어려운 경우

밑줄 친 어휘의 뜻은 대부분 밑줄 앞뒤 문장에 직접 언급되거나 문맥을 통해 상식적인 인과 관계를 파악하여 추론할 수 있다. 그러나 이를 통해서도 의미를 파악할 수 없다면 확실히 정답이 아닌 보기 3개를 먼저 소거해 봐야 한다. 그리고 밑줄 친 어휘에서 자신이 아는 글자의 뜻을 최대한 활용해야 한다. 오답은 문맥과 관계없는 내용을 먼저 제외시킨다.

실전문제 📖🔍

　　小宋向老板讲述了自己找这本书的经过。老板被他这种求学的热情深深感动了, 赶忙让工匠下水池从散乱的湿纸堆中捞出了那半部书。小宋捧着湿淋淋的书回到了家, 小心翼翼地一张一张地分开、晾干, 然后装订成了书。这样, 他终于得到了梦寐以求的书!

　　画线部分"梦寐以求"的意思最可能是:

A 提出请求
B 完美无缺
C 共同目标
D 迫切地希望

STEP 1 문제의 키워드 파악하기

画线部分 "梦寐以求" 的意思最可能是:

A 提出请求

B 完美无缺

C 共同目标

D 迫切地希望

밑줄 친 부분 '梦寐以求'의 의미는?

A 요청을 제기하다
B 완전무결하다
C 공통의 목표
D 절실하게 바라다

밑줄 친 어휘의 의미를 파악하는 문제이다. 보기의 키워드를 파악해 둔다.

STEP 2 지문에서 키워드 찾아 정답 고르기

　　小宋向老板讲述了自己找这本书的经过。老板被他这种求学的热情深深感动了，赶忙让工匠下水池从散乱的湿纸堆中捞出了那半部书。小宋捧着湿淋淋的书回到了家，小心翼翼地一张一张地分开、晾干，然后装订成了书。这样，他终于得到了<u>梦寐以求</u>的书!

샤오쏭은 사장에게 자신이 그간 이 책을 찾았던 내력을 상세히 들려주었다. 사장은 그의 학문 탐구의 열정에 깊이 감명을 받아, 서둘러 공인들에게 수조에 들어가서 마구 흩어진 젖은 종이 더미 속에서 그 반 권의 책을 건져 올리게 했다. 샤오쏭은 물이 뚝뚝 떨어지는 책을 두 손으로 받쳐들고 집으로 돌아와서는 한 장 한 장 조심스럽게 떼어내서 그늘에 말린 후 제본하여 책으로 만들었다. 이렇게 그는 마침내 꿈에 그리던 책을 얻게 되었다!

밑줄 친 어휘 梦寐以求는 书(책)을 수식하는 관형어이고 이 책을 얻은 사람이 他(그)이므로 지문에서 이 책이 어떤 책인지 확인해야 한다. 먼저 지문의 시작 부분에서 샤오쏭이 自己找这本书(자신이 이 책을 찾았다)라고 하여 누군가에게 요청하지 않고 혼자 찾았으므로 A와 C를 소거한다. 사장이 인부들에게 수조에 들어가 捞出了那半部书(그 반 권의 책을 건져 내었다)라고 했으므로 책은 완전 무결하지 않으므로 B도 소거한다. 그리고 샤오쏭은 그 책을 집에 가지고 가서 小心翼翼地一张一张地分开、晾干，然后装订成了书(조심스럽게 한 장 한 장 펼쳐서 말린 뒤 책으로 만들었다)라고 하였다. 이제 밑줄 어휘에서 아는 글자를 살펴보면 梦(꿈)과 求(구하다)이므로 샤오쏭이 책을 구하려고 했던 이야기의 내용과 일치함을 알 수 있다. 따라서 梦寐以求의 의미로 알맞은 정답은 D 迫切地希望(간절히 바라다)이다.

정답 D 迫切地希望

어휘 ^{지문} 讲述 jiǎngshù 통 진술하다　老板 lǎobǎn 명 상점의 주인　求学 qiúxué 학문을 탐구하다　赶忙 gǎnmáng 부 서둘러, 급히　工匠 gōngjiàng 명 공인, 직공　水池 shuǐchí 명 못, 수조　散乱 sǎnluàn 형 어지럽게 흩어지다　捞 lāo 통 물 등의 액체 속에서 건지다　捧 pěng 통 두 손으로 받쳐들다　湿淋淋 shīlínlín (물방울이 떨어질 정도로) 흠뻑 젖다　小心翼翼 xiǎoxīnyìyì 성 매우 조심스럽다　晾干 liànggān 그늘진 곳에서 말리다　装订 zhuāngdìng 명 통 장정(하다), 제본(하다)　梦寐以求 mèng mèi yǐ qiú 성 꿈 속에서도 바라다, 자나깨나 바라다, 갈망하다　^{보기} 请求 qǐngqiú 명 통 요청(하다)　完美无缺 wánměiwúquē 성 완전무결하다, 티끌만한 결점도 없다　目标 mùbiāo 명 목표　迫切 pòqiè 형 절실하다, 절박하다

다음 지문을 읽고 질문에 알맞은 답을 고르세요.

1-4.

　　仔细观察不难发现，大部分商场的一楼都是卖化妆品和珠宝首饰什么的，而衣服总是在楼上。这绝不是偶然的，那到底是为什么呢？

　　化妆品和珠宝是属于需求弹性很大的商品，通俗点说就是属于可买可不买的东西。如果放在一楼的话，逛商场的人们都要路过，极有可能在等人、接电话的时候，无意中看到一两件中意的商品，然后顺手买下。从商家营销的角度来说，这也能够增加销售额。

　　此外，无论是化妆品还是珠宝，都有着精美的包装和外形，就连充满嗅觉诱惑的香水和化妆品味道，也成为吸引路人进入商场的秘密武器。这样一楼专柜的形象好了，就会给人档次很高的印象，相当于给商场做了一个很成功的"<u>面子工程</u>"。

　　位置更为重要的是男装女装的所在楼层，与男装相比，女装一般会在二、三层等较低的楼层。因为女性顾客对时装的需求弹性更大，一旦发现合适的，可能随机买得很多。但男性一般有购买需求才会去商场，所以不会介意多上一层楼。而且，服装的销售量总是商场里最大的，有时候甚至人满为患。如果一楼是衣服的卖场，有可能会被堵得满满的，从外面看就会跟菜市场似的。

　　可见，大部分商场这么设计都有其道理的。

1. 根据第2段，化妆品和珠宝设在一楼有什么好处？

　　A 满足顾客需要　　　　　　　　　B 便于客户结账

　　C 有利于销售收入　　　　　　　　D 增强神秘感

2. 画线词语"面子工程"指的是：

　　A 品牌折扣　　　　　　　　　　　B 昂贵的价格

　　C 高档的形象　　　　　　　　　　D 漂亮的服务员

3. 在商场中，销量最多的商品是：

A 服装   B 化妆品

C 小型家电   D 孕婴用品

4. 本文主要谈什么？

A 如何为商场做宣传   B 商场如何分配楼层

C 化妆品的营销方法   D 商场的优惠活动

5-8.

汉森在一家广告公司工作，他在创意广告方面很有天赋，他的创意总是出人意料。不久前，他接到一个任务：策划制作一个特殊的沙滩广告，目的只有一个——为了预防皮肤癌的发生，呼吁人们别过久地晒太阳。

为了做好这个广告，汉森花了整整一周的时间到沙滩观察。在考察中他发现，人们在来度假时一定会带着智能手机。于是，他想到了一个好主意：也许可以在无线网络上做文章。之后，汉森与他的技术团队，花了数十天时间，终于研究出一款可供250位手机使用者同时接入网络的阴影无线网络系统。

团队用蓝色挡板在沙滩盖起一栋巨型建筑，再将阴影无线网络安装在了建筑里。顾名思义，阴影无线网络只有在建筑的阴影里才有信号，而且当太阳移动时，蓝色建筑的影子发生变化，信号区域也会随之变化。"哪儿有阴影，哪儿就有免费Wi-Fi"，这对沙滩上的游人来说多有诱惑力！很快，那些喜欢在沙滩游玩的人们主动放弃热情的太阳，被吸引到阴影里了。

汉森的广告词是：无线网络与阳光不可兼得。许多人表示这句广告词很绝妙。

5. 关于那个沙滩广告，可以知道什么？

A 是为了宣传一家沙滩旅馆   B 提醒人们不要过久晒太阳

C 吸引了很多游客去沙滩   D 提醒人们保护海洋环境

6. 画线词语"做文章"最可能是什么意思？

　　A 研究新方法　　　　　　　　　　B 写一部网络小说

　　C 反复进行测试　　　　　　　　　　D 做贡献

7. 关于那个巨型建筑，可以知道什么？

　　A 影响景区的美观　　　　　　　　　B 是当地的标志性建筑

　　C 可以防晒　　　　　　　　　　　　D 内部装有无线网络

8. 根据上文，下列哪项正确？

　　A 很多人不愿意去沙滩　　　　　　　B 沙滩免费提供充电服务

　　C 汉森的创意被拒接了　　　　　　　D 阴影处才有信号

다음 지문을 읽고 질문에 알맞은 답을 고르세요.

1–4.

　　王静在外贸公司工作已经3年了，可她在公司的业绩一直平平的。原因是她的上司是个非常傲慢和刻薄的人，他对王静所有的工作都不加以称赞，反而时常泼些冷水。有一次，王静主动搜集了一些有关出口的最新环保标准的信息，但是上司知道了，不但不称赞她主动工作，反而批评她不专心本职工作。被一次次否定之后，王静再也不敢主动工作了，对工作也逐渐失去了热情。

　　后来，公司换了新主管。新主管经常鼓励大家不要拘泥于部门与职责的限制，特别是提倡大家要畅所欲言。由于新主管的积极鼓励，王静也积极地发表自己的看法了，对工作的热情也空前高涨，并且还主动学会了新东西。王静非常惊讶，原来自己还有这么多的潜能可以发掘。

　　其实，王静的变化，就是所谓的"皮格马利翁效应"起到了作用。运用到企业管理中，就要求领导对下属要投入感情、希望，使下属得以发挥自身的主动性、积极性和创造性。如领导在交办某一项任务时，不妨对下属说："我相信你一定能办好"、"你是会有办法的"……这样下属就会容易受到启发和鼓励，往更好的方向努力。随着心态的改变，行动也越来越积极，最终做出更好的成绩。

1. 王静为什么被上司批评了？

　　A 工作不认真　　　　　　　　B 上班时间做自己的兼职

　　C 搜集出口信息　　　　　　　D 给公司造成重大损失

2. 根据第1段，王静为什么失去了工作热情？

　　A 人际关系紧张　　　　　　　　　B 无法适应公司环境

　　C 在一家公司呆太久　　　　　　　D 总是被否定

3. 关于新主管，下列哪项正确？

　　A 有多方面的才能　　　　　　　　B 任何事都亲自动手

　　C 不会称赞员工　　　　　　　　　D 激发了员工的积极性

4. "皮格马利翁效应"对领导者有什么启示？

　　A 要给员工涨工资　　　　　　　　B 要善于鼓励员工

　　C 要让员工信任领导　　　　　　　D 要虚心听取下属的意见

5–8.

　　仿生机器鱼，顾名思义，是一种外形像鱼，配备有探测传感器的自主机器。它能够在水中持续游动数小时，主要用于发现水中的污染物。当发现污染物时，它便会绘制实时三维图，并标明当前水中存在什么物质以及位于什么地方。

　　除了寻找污染物外，机器鱼还会对污染物进行持续监视。这些机器鱼都使用高级群集智能技术，当其中有一条鱼发现有害物质时，会把详细资料发送给其他同伴，然后它们会聚集在发现物质的区域来共同探测。

　　另外，机器鱼唯一的动力来自尾巴，由后部伸出的大鳍和小鳍带动。它们分别接在两只电机上，依次运动，给鱼提供前进的动力。

机器鱼装有自主导航装置，在电池电量变低时，机器鱼会自动游回充电站充电，同时将水质数据通过无线局域网传送给研究人员。

　　如果试验进行良好，那么机器鱼就可用来监测世界各地河流、湖泊和海洋的污染。

5. 机器鱼主要用于：

　　A 寻找海底沉船　　　　　　　　　B 为潜水员照明

　　C 发现水中污染物　　　　　　　　D 帮助进行海滩搜救

6. 关于机器鱼的尾巴，可以知道什么？

　　A 是前进的动力　　　　　　　　　B 带有小型螺旋桨

　　C 能够发出信号　　　　　　　　　D 可以上发条

7. 电量低时，机器鱼会怎么做？

　　A 静止不动，等待救援　　　　　　B 自行游回充电站

　　C 利用太阳能充电　　　　　　　　D 自动关机

8. 根据机器鱼，下列哪项正确？

　　A 可以在水下工作一个月　　　　　B 目前只能绘制平面图

　　C 体型一般都比较大　　　　　　　D 可互相发送信息

쓰기
제 1 부분

书写

어순 배열하기

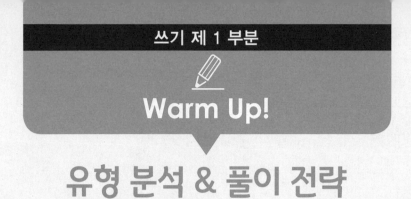

쓰기 제 1 부분

Warm Up!

유형 분석 & 풀이 전략

유형 분석 | 시험엔 이렇게 나온다!

출제 방식

HSK 5급 쓰기 제1부분은 4~6개의 제시된 어휘를 중국어 어순에 맞게 배열하여 하나의 완벽한 문장을 완성하는 것으로 91번부터 98번까지 총 8문항이 출제된다.

출제 경향 & 유형별 출제 비율

어순 배열하기에서 가장 많이 출제되는 것은 문장의 핵심 성분인 주어, 술어, 목적어와 수식 성분인 관형어, 부사어를 적절하게 배치하는 기본 문형 문제로 약 70% 정도를 차지한다. 이외에 把자문, 被자문, 겸어문 등 특수한 어순 규칙을 갖는 특수 문형 문제가 30%를 차지한다. 기본 문형 문제와 특수 문형 문제에서 가장 중요한 것은 문장의 핵심 성분인 주어, 술어, 목적어를 먼저 알맞은 자리에 배치하는 것이다. 주요 뼈대를 바르게 세워야 나머지 살을 붙일 수 있으므로 복잡한 어순을 달달 외우는 것보다는 중국어의 기본 어순부터 기본기를 착실히 다지는 것이 중요하다. 본 챕터에서는 기본 문형을 기초 어법부터 시작하여 동사술어문의 주술목, 관형어, 부사어, 보어 배치를 학습하고, 동사술어문 이외의 다양한 술어문을 학습한 뒤, 특수 문형은 把자문, 被자문, 연동문, 겸어문, 존현문, 비교문 완성하기를 학습하도록 한다.

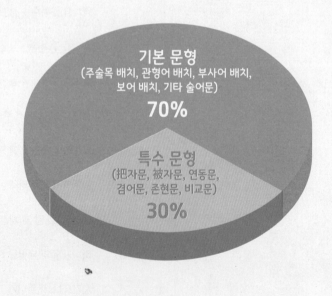

풀이 전략 | 문제 풀이 Step 파악 & 풀이 전략 적용해 보기

Step 1

술어 배치하기

제시된 어휘의 품사를 확인하여 술어가 될 수 있는 어휘(동사, 형용사)를 술어에 배치한다. 또한 특수 문형을 만드는 어휘(把, 被, 让)나 형식(동사 2개)이 있는지 확인한다.

Step 2

주어와 목적어 배치하기

배치한 술어의 주어와 목적어가 될 수 있는 어휘를 '주어+술어+목적어' 순서로 배치한다. 만일 술어가 형용사이거나 목적어를 갖지 않는 동사라면 주어만 배치한다.

Step 3

남은 어휘 배치하기

남은 어휘 중 관형어/부사어/보어가 될 수 있는 것을 파악하여 알맞은 자리에 배치한다. 마지막으로 문장 부호(마침표, 물음표 등)를 반드시 기입한다.

풀이 전략 적용해 보기

> 91. 意见   都   大家   自己的   提出了
>
> → _____

STEP 1   술어 배치하기

제시어 중 술어가 될 수 있는 동사나 형용사를 찾는다. 동사 提出(제기하다) 뒤에 동태조사 了가 결합되어 있으므로 提出了를 술어에 배치한다.

STEP 2   주어, 목적어 배치하기

술어의 주어와 목적어가 될 수 있는 명사나 대사를 찾는다. 술어 提出의 대상으로 意见(의견)을 목적어에 배치하고, 提出의 행위의 주체로 대사 大家(모두)를 주어에 배치한다.

STEP 3   남은 어휘 배치하기

남은 어휘에서 부사 都(모두)는 부사어이므로 술어 앞에 배치하고, '……的' 는 명사 앞에 위치하는 관형어이므로 自己的(자신의)를 의미상 알맞은 意见 앞에 배치하여 문장을 완성한다.

정답 大家都提出了自己的意见。 모두 다 자신의 의견을 제시했다.

어휘 意见 yìjiàn 몡 의견   提出 tíchū 동 제기하다

01 중국어의 어법 개념 잡기
품사와 문장성분

기본 개념 잡기

중국어의 어법은 어순이라고 해도 과언이 아닐만큼 중국어를 학습하면서 어순에 대한 감각을 기르는 것은 매우 필수적이다. 중국어 문장을 이루는 성분에는 어떤 것들이 있는지 이러한 문장성분은 어떠한 품사들이 담당하는지 개념을 다져보자.

| 기본 개념 잡기 1 | 품사

품사는 단어를 어법적 기능에 따라 분류한 것으로 중국어의 품사는 크게 12가지로 나눌 수 있다.

1. 명사 : 사람, 사물, 시간, 장소, 방위 등을 나타내는 단어이다.

   1) 일반명사　自行车 자전거　　城市 도시

   2) 고유명사　中国 중국　　北京 북경

   3) 집합명사　人类 인류　　车辆 차량

   4) 추상명사　原则 원칙　　友情 우정

   5) 시간명사　现在 현재　　刚才 방금

   6) 장소명사　图书馆 도서관　　商店 상점

   7) 방위명사　东(边) 동(쪽)　　前(面) 앞(쪽)

2. 대사 : 대사는 명사, 동사, 형용사 및 구와 다소 복잡한 내용까지 대체하거나 지시하는 단어이다.

   1) 인칭대사 : 사람이나 사물을 대신 가리키는 단어이다.

     我 나　他们 그들　自己 자기　它 그(것)

   2) 지시대사 : 기본적으로 가까운 것은 这(이)를 먼 것은 那(그, 저)를 사용한다.

     这 이　那 그(저)　这里 이곳, 여기　那样 그렇게, 저렇게

   3) 의문대사 : 누구, 어디, 무엇 등 모르는 것을 말할 때 사용하며 의문문과 반어문에 주로 쓰인다.

     谁 누구　什么 무엇　哪 어느　怎(么)样 어떻게, 어떠하냐

3. 수사 : 수를 나타내는 단어로 기수, 서수, 어림수가 있다.

   1) 기수 : 정수, 소수, 분수 등 수의 많고 적음을 나타낸다.

     零 영(0)　八 팔(8)　千 천(1000)

   2) 서수 : 첫 번째, 두 번째와 같이 순서를 나타낸다.

     第一 첫 번째　第二 두 번째

   3) 어림수 : 대략적인 수를 나타낸다.

     左右 가량, 안팎　前后 전후, 쯤

4. 양사 : 사람이나 사물을 세는 단위와 동작의 횟수를 나타내는 단어이다.

　　1) 명량사 : 사람, 사물 등을 세는 단위이다.

　　　辆 대 → 一辆车 차 한 대　　　　　　　　　　　双 켤레 → 一双袜子 양말 한 켤레

　　　公斤 kg → 三公斤 3kg

　　2) 동량사 : 동작의 횟수를 나타낸다.

　　　次 번 → 看过两次 두 번 본 적이 있다　　　　　一下 좀 ~해 보다, 잠깐 → 等一下 잠깐 기다려

　　　趟 번 → 去一趟西安 서안에 한 번 다녀오다

5. 동사 : 동작, 변화, 존재 등을 나타내는 단어이다.

　　1) 타동사(及物动词) : 목적어를 갖는 동사로 명사, 대사, 동사(구), 형용사(구), 각종 구를 목적어로 가진다. 일부 타동사는 두 개의 목적어를 갖질 수 있다.

　　　看书 책을 보다 (명사 목적어)

　　　显得很漂亮 예뻐 보인다 (형용사구 목적어)

　　　开始上课 수업을 시작하다 (동사 목적어)

　　　告诉他一个好消息 그에게 좋은 소식을 알려주다 (두 개의 목적어)

　　2) 자동사(不及物动词) : 목적어를 가질 수 없는 동사이다. 대표적으로 '술어+목적어'의 구조인 이합동사가 포함된다.

　　　帮忙(이합동사) 돕다 → 给我帮忙 / 帮我的忙 나를 돕다

　　　旅行 여행하다 → 去上海旅行 상해로 여행가다

　　3) 조동사(능원동사) : 동사를 도와 능력, 바람, 당위, 허가를 나타낸다.

　　　• 능력을 나타내는 조동사　能 ~할 수 있다　　　　　会 ~할 수 있다(할 줄 알다)

　　　• 바람을 나타내는 조동사　想 ~하고 싶다　　　　　要 ~하려고 하다

　　　• 당위를 나타내는 조동사　应该 (마땅히) ~해야 한다　得 ~해야 한다

　　　• 허락을 나타내는 조동사　可以 ~해도 된다

6. 형용사 : 사람이나 사물의 성질이나 모습을 나타내고, 동작과 행위의 상태를 설명하는 단어이다.

　　1) 일반형용사　高 높다　　短 짧다　　错 틀리다　　可爱 귀엽다

　　2) 특수한 형용사

　　　• 술어가 될 수 없는 형용사(非谓形容词)　男 남　　女 여　　共同 공통의　　大型 대형의

　　　• 상태형용사 : 주로 '명사+형용사'의 형태로 구성되어 정도부사, 정도보어와 결합하지 않는다.

　　　　雪白 눈처럼 새하얗다 → 很雪白 (×)　　　冰凉 얼음처럼 차갑다 → 冰凉极了 (×)

7. 부사 : 동작의 빈도, 범위, 상태의 정도, 부정의 유무, 어투 및 뉘앙스 등을 나타내는 단어이다.

　　1) 어기부사 : 분위기/뉘앙스를 나타내는 부사　到底 도대체　　简直 그야말로

　　2) 시간부사 : 시간을 나타내는 부사　正在 마침　　刚刚 방금

　　3) 빈도부사 : 동작의 빈도수를 나타내는 부사　经常 늘상　　偶尔 이따금

　　4) 범위부사 : 동작의 범위를 나타내는 부사　都 모두　　仅仅 겨우

　　5) 상태부사 : 동작/상태의 상황을 나타내는 부사　逐渐 점차　　互相 서로

　　6) 정도부사 : 상태의 정도를 나타내는 부사　很 매우　　特别 특히

　　7) 부정부사 : 부정을 나타내는 부사　不 동사, 형용사 등의 부정을 표시함　　没 ~않다

8. 개사 : 개사는 주로 명사 또는 대사와 결합하여 개사구의 형태로 시간, 장소, 방식, 대상 등을 나타내며, 술어 앞이나 전체 문장 앞에서 부사어 역할을 한다. 일부 개사는 술어 뒤에서 보어 역할을 하기도 한다.

1) 장소/시간을 나타내는 개사　在 ~에서　　从 ~로부터

2) 화제를 나타내는 개사　对 ~에 대하여　　关于 ~에 관하여

3) 방향을 나타내는 개사　向 ~를 향하여　　往 ~를 향하여

4) 근거/방식을 나타내는 개사　按照 ~에 따라　　根据 ~에 근거하여

5) 대상을 나타내는 개사　给 ~에게　　跟 ~와

6) 원인/목적을 나타내는 개사　为 ~를 위하여　　因 ~때문에

9. 접속사 : 단어, 구, 절, 문장 등을 연결해 주는 기능을 가진 단어이다.

1) 병렬관계를 나타내는 접속사　A和B A와 B　　A或者B A 혹은 B

2) 점층관계를 나타내는 접속사 호응 관계　不但A, 而且B A뿐만 아니라 B하다

3) 선후관계를 나타내는 접속사 호응 관계　首(先)A, 然后B 우선 A하고 그리고 나서 B하다

4) 선택관계를 나타내는 접속사 호응 관계　不是A, 就是B A가 아니면 B이다

5) 가정관계를 나타내는 접속사 호응 관계　如果A, 那么B 만약에 A라면 그렇다면 B할 것이다

6) 조건관계를 나타내는 접속사 호응 관계　只有A, 才B 오로지 A해야만 겨우 B하다

7) 전환관계를 나타내는 접속사 호응 관계　虽然A, 但是B 비록 A하지만 그러나 B하다

8) 인과관계를 나타내는 접속사 호응 관계　因为A, 所以B A때문에 그래서 B하다

9) 목적관계를 나타내는 접속사　为了A, B A를 위해서 B하다

10) 양보관계를 나타내는 접속사 호응 관계　即使A也B 설사 A할지라도 그럼에도 불구하고 B하다

10. 조사 : 문장의 구조나 동사의 상태 혹은 말투를 도와주는 단어로 어법적 기능만 갖는다.

1) 구조조사 : 단어나 구 뒤에 붙어 수식 구조 및 보어 구조를 만든다.
  • 的(de): 명사 앞에서 명사를 꾸며주는 구조를 만든다.　我的书 내 책
  • 地(de): 동사 앞에서 동사를 꾸며주는 구조를 만든다.　生动地表达 생동감 있게 표현하다
  • 得(de): 술어 뒤에서 보충해 주는 보어 구조를 만든다.　说得很流利 유창하게 말하다

2) 동태조사 : 동작의 상태를 나타내는 단어이다.
  • 了 : 동사 뒤에서 완료를 나타낸다.　他留下了深刻的印象。 그는 깊은 인상을 남겼다.
  • 着 : 동사 뒤에서 동작이나 상태의 지속을 나타낸다.　他微笑着说。 그는 웃으며 말했다.
  • 过 : 동사 뒤에서 경험을 나타낸다.　我去过内蒙古大草原。 나는 내몽고 대초원에 가 본 적이 있다.

3) 어기조사 : 문장 끝에 쓰여서 문장의 뉘앙스를 만들어 주는 기능을 한다.
  • 吗 : 문장 끝에 쓰여 의문을 나타낸다.　你同意? 동의하나요?
  • 吧 : 문장 끝에 쓰여 명령 또는 확인형 의문을 나타낸다.
    先征求一下他的意见吧。 우선 그의 의견부터 구해 봐.
    在保修期内是可以免费维修的吧? 무상 수리 보증 기간 내에는 무료로 수리할 수 있죠?

11. 감탄사(叹词): 감탄, 놀람, 의외, 실망 등을 나타내는 단어이다.

哎 에!/야! (놀람, 반가움을 나타냄)　　嗯 응/그래

12. 의성어(象声词): 소리나 모양, 움직임을 묘사하는 단어이다.

轰隆 콰르릉, 덜커덕 (천둥·폭음·수레·기계 따위의 소리)　　喵 야옹 (고양이 울음소리)

확인학습 I

다음에 제시된 어휘의 품사를 연결해 보세요. (정답 해설편 p.078)

1. 激烈　•　　　　　　　　• 명사

2. 第一　•　　　　　　　　• 대사

3. 忽然　•　　　　　　　　• 수사

4. 海鲜　•　　　　　　　　• 양사

5. 保持　•　　　　　　　　• 동사

6. 自从　•　　　　　　　　• 접속사

7. 如何　•　　　　　　　　• 형용사

8. 从而　•　　　　　　　　• 부사

9. 届　•　　　　　　　　　• 개사

| 기본 개념 잡기 2 | 문장성분

각 단어는 문장에서 구성 요소로 역할을 담당하는 데 이것을 문장성분이라고 한다. 중국어에는 총 6개의 문장성분이 있으며 핵심 성분인 주어, 술어, 목적어와 수식/보충 성분인 관형어, 부사어, 보어로 나눌 수 있다. 문장성분 간의 관계를 파악하는 것이 어순을 배열하는 핵심 원리이다. 품사는 단어의 정체성으로 변하지 않지만, 문장성분은 문장 속 위치에 따라 역할이 바뀐다. 즉, 하나의 품사가 문장에서 어느 위치에 오는지에 따라 다양한 역할을 할 수 있다.

부사어	관형어	주어	부사어	술어	보어	관형어	목적어
刚才	我的	朋友	在水里	救	出了	一只	猫
시간명사	인칭대사+조사	명사	개사+명사	동사	동사+조사	수사+양사	명사
(방금)	(나의)	(친구가)	(물에서)	(구해)	(냈다)	(한 마리)	(고양이를)

1. 주어 : 주어란 행동의 주체, 묘사의 대상으로 '~이/가'에 해당한다. 일반적으로 명사나 대사가 주어가 되며, 구나 문장도 주어가 될 수 있다.

夏至是二十四节气之一。　하지는 24절기 중 하나이다.
当老师是我的梦想。　선생님이 되는 것은 나의 꿈이다.

2. 술어 : 술어란 주어의 행위나 상태를 나타내며 '~하다'에 해당한다. 주로 동사나 형용사가 술어가 된다.

我办了一张健身卡。　나는 헬스장 회원권을 하나 끊었다.
这次的合作非常顺利。　이번 협력은 굉장히 순조로웠다.

3. 목적어 : 목적어란 행위의 대상을 나타내며 주로 '~을/를'에 해당한다. 주로 명사나 대사가 목적어가 되고 형용사(구)와 동사(구)도 목적어가 될 수 있다.

人们都很喜欢熊猫。　사람들은 다 팬더를 좋아한다.

我不知道该怎么做。　나는 어떻게 해야 할지를 모르겠다.

4. 관형어 : 관형어란 소속, 수량, 성질을 나타내며 '~의, ~한'에 해당한다. 명사를 수식하거나 제한하며, 주어나 목적어 앞에서 쓰인다.

我的电脑是不是中病毒了？　내 컴퓨터가 바이러스에 걸린 거 아닌가?

她是一名职业模特。　그녀는 (한 명의 직업) 모델이다.

5. 부사어 : 부사어는 술어 앞에 놓여 술어를 수식하거나 문장 제일 앞에 놓여 전체 문장을 수식하는 성분이다. 주로 시간명사, 부사, 조동사, 개사구, 형용사, 구조조사 地가 결합된 구 등이 부사어로 쓰인다.

我已经退房了。　나는 이미 체크아웃했다.

你可以买些股票。　당신은 약간의 주식을 구입해도 된다.

6. 보어 : 보어란 술어 뒤에 쓰여서 결과, 방향, 가능, 정도, 수량을 보충해 주는 성분이다.

我突然想起来了。　갑자기 생각이 떠올랐어.

你的演讲准备得怎么样？　강연 준비는 어떻게 돼 가요?

확인학습 I

다음 중 빈칸에 알맞은 문장 성분을 써 넣으세요. (정답 해설편 p.078)

1. 老刘　已经　签了　正式的　购房合同。
   (　)　(　)　(　)　(　)　(　)

2. 他　曾经　担任过　国家队的　主教练。
   (　)　(　)　(　)　(　)　(　)

3. 这样做　可以　节省　不少　粮食。
   (　)　(　)　(　)　(　)　(　)

4. 这个　岛屿　不　对外　开放。
   (　)　(　)　(　)　(　)　(　)

5. 这种　药物　能　促进　消化并吸收。
   (　)　(　)　(　)　(　)　(　)

02 주어/술어/목적어 배치
문장의 뼈대 세우기

기본기 다지기 **기본 개념 잡기 & 공략 미리보기**

문장의 핵심 성분은 주어, 술어, 목적어로 동사가 술어인 문장을 동사술어문이라고 하고, 형용사가 술어인 문장을 형용사 술어문이라고 한다. 제시어 중 술어를 먼저 파악해야만 주어와 목적어를 알맞게 배치할 수 있다. 형용사 술어는 목적어를 가지지 않으니 주의한다.

| 기본 개념 잡기 1 | 술어의 특징

1. 문장에서 반드시 필요한 핵심 성분으로 '주어+술어+(목적어)'의 어순을 이룬다.

동사 술어　这次的 _{관형어}　**角色** _{주어}　**是** _{술어}　一名 _{관형어}　**警察**。 _{목적어}　이번 배역은 경찰관입니다.

형용사 술어　这幅 _{관형어}　**画儿** _{주어}　真 _{부사어}　*好看*。 _{술어}　이 (한 폭의) 그림이 정말 예쁘다.

2. 술어는 부사어의 수식을 받는다.

他 _{주어}　**真会** _{부사어}　*活跃* _{술어}　气氛。 _{목적어}　그는 분위기를 정말 잘 띄울 줄 안다.

3. 술어 뒤에 보어를 사용할 수 있다.

这家的 _{관형어}　家具 _{주어}　设计 _{술어}　**得真不错**。 _{得+보어}　이 집 가구는 디자인이 참 괜찮아.

4. 술어는 동태조사와 결합한다.

我 _{주어}　刚才 _{부사어}　买 _{술어}　了 _{동태조사}　一排 _{관형어}　电池。 _{목적어}　나는 방금 전에 건전지를 한 줄 샀다.

| 기본 개념 잡기 2 | 주어의 특징

1. 일반적으로 동사 술어는 행위의 주체를, 형용사 술어는 묘사의 대상을 주어로 가지며 주어는 술어 앞에 놓는다.

동사 술어　我 _{주어}　在 _{부사어}　修改 _{술어}　简历呢。 _{목적어}　나는 이력서를 수정하고 있다.

형용사 술어　对手的 _{관형어}　*实力* _{주어}　特别 _{부사어}　强。 _{술어}　상대의 실력이 유난히 강하다.

2. 명사와 대사뿐만 아니라 형용사(구), 동사(구), 주술구, 술목구도 주어가 될 수 있다.

找工作 _{주어(술목구)}　是 _{술어}　迟早的 _{관형어}　事。 _{목적어}　일자리 찾는 건 조만간의 일이다(=시간문제다).

3. 명사 주어는 관형어의 수식을 받을 수 있다.

这款理财产品的　　利息　　比银行　　高。　이 재테크 상품의 이자가 은행보다 높다.
관형어　　　　　　주어　　부사어　　술어

| 기본 개념 잡기 3 | 목적어의 특징

1. 일반적으로 행위의 대상이 목적어가 되며 동사 술어 뒤에 쓰인다.

你们　　赶紧　　去办理　　登机手续吧。　어서 탑승 수속하러 가세요.
주어　　부사어　　술어　　목적어

2. 명사와 대사뿐만 아니라 형용사(구), 동사(구), 주술구, 술목구도 목적어가 될 수 있다.

公司　　决定　　正式录用你。　회사는 당신을 정식으로 고용하기로 했다.
주어　　술어　　목적어(술목구)

3. 목적어는 관형어의 수식을 받을 수 있다.

非常　　感谢　　大家的　　支持。　여러분의 응원에 대단히 감사드려요.
부사어　　술어　　관형어　　목적어

4. 이중목적어를 취하는 동사는 목적어를 2개 갖는다.

这个　　　故事　　告诉　　我们　　什么道理？　이 이야기는 우리에게 어떤 이치를 알려 주는가?
관형어　　주어　　술어　　목적어1(간접목적어)　목적어2(직접목적어)

| 공략 미리보기 |

합격 공략 55	술어를 찾는 3가지 방법을 기억하라!
합격 공략 56	주어와 목적어를 찾는 2가지 방법을 기억하라!
합격 공략 57	의문대사와 吗가 있으면 의문문을 완성하라!
합격 공략 58	[220점 이상 고득점] 서술성 목적어를 갖는 동사에 주의하라!

합격 공략 55 술어를 찾는 3가지 방법을 기억하라!

술어 앞엔 부사어, 술어 뒤엔 동태조사/보어 ★★★

중국어의 기본 어순은 '주어+술어+목적어'이므로, 술어로 먼저 중심을 잡고 주어와 목적어를 파악하여 뼈대를 잡은 뒤, 관형어, 부사어, 보어 등 나머지 성분들을 의미와 어순에 맞게 배치해야 한다. 제시어의 품사를 파악하여 동사 술어와 형용사 술어를 찾을 수 있으며, 이들과 함께 결합되어 있는 어휘와 문장성분을 보고 술어를 찾을 수도 있다. 제시어는 단어 하나만 제시된 경우도 있지만 '단어+단어'로 제시되는 경우도 있으니 술어와 자주 결합하는 어휘와 문장성분을 숙지하여 술어를 빠르게 찾도록 한다.

1. '동사 + 동태조사(了/着/过)'로 술어 찾기

동태조사는 동사 술어 뒤에 사용하므로 제시어 중 동태조사 了(완료), 着(지속), 过(경험)가 뒤에 붙어 있는 동사는 술어임을 알 수 있다.

他　从事过　服装行业。　그는 패션업계에 종사한 적이 있다.
　　동사+过

2. '동사/형용사 + 구조조사得'로 술어 찾기 (구조조사 得와 결합된 술어는 95% 이상이 동사로 출제된다)

보어는 술어 뒤에 위치한다. 따라서 구조조사 得가 뒤에 결합된 동사/형용사는 술어에 배치한다.

她　表现得　相当不错。　그녀는 상당히 좋은 모습을 보여주었다.
　　동사+得

孩子　困得　都快睁不开眼睛了。　아이는 졸려서 눈도 못 뜰 지경이다.
　　형용사+得

3. '부사어 + 동사/형용사'로 술어 찾기

부사어는 술어 앞에 위치하므로 부사어가 앞에 결합되어 있는 동사/형용사는 술어에 배치한다.

他　还在发愁　呢。　그는 아직도 걱정하고 있다.
　　부사+동사

名胜古迹　应该受到　保护。　명승고적은 마땅히 보호받아야 한다.
　　조동사+동사

실전문제 ✎

经济损失　　地震海啸　　巨大的　　造成了

→ ＿＿＿＿＿＿＿＿＿＿＿＿＿＿＿＿＿＿＿

STEP 1 술어 배치하기

제시어 중 술어가 될 수 있는 것으로 동태조사 了가 결합되어 있는 동사 造成(초래하다)을 술어에 배치한다.

주어와 목적어가 될 수 있는 제시어는 地震海啸(지진 해일)와 经济损失(경제적 손실)인데 술어 造成이 'A가 B를 초래하다(A造成B)'라는 의미 관계를 나타내므로 주어에 地震海啸를, 목적어에 经济损失를 배치한다.

구조조사 的가 결합되어 있는 巨大的(엄청난)는 관형어이므로 의미가 어울리는 经济损失 앞에 배치하여 문장을 완성한다.

주어	술어	관형어	목적어
地震海啸 명사 (지진 해일이)	造成了 동사+了 (초래했다)	巨大的 형용사+的 (엄청난)	经济损失 명사 (경제적 손실을)

정답　地震海啸造成了巨大的经济损失。　지진 해일이 엄청난 경제적 손실을 초래했다.

어휘　地震海啸 dìzhèn hǎixiào 명 지진 해일　造成 zàochéng 동 야기하다, 초래하다　巨大 jùdà 형 거대하다　损失 sǔnshī 명 손실, 손해

합격 공략 56 　주어와 목적어를 찾는 2가지 방법을 기억하라!

앞뒤 어휘와 의미 관계로 주어/목적어 배치하기 ★★★

술어를 배치한 뒤에는 주어와 목적어를 배치해야 하는데, 주어와 목적어 모두 명사/대사인 경우가 많으므로 어떤 것을 주어에, 어떤 것을 목적어에 배치할지 파악해야 한다. 가장 눈에 띄는 단서로는 명사가 어떤 어휘와 결합되어 있는지 살펴보고(제시어가 '명사+부사'이면 명사는 주어, '명사+了'이면 명사는 목적어일 가능성이 크다), 또 주어-술어, 술어-목적어의 의미가 연결되는지 파악하여 배치하도록 한다.

1. '명사 + 부사어'로 주어 찾기

제시어 중 명사 뒤에 부사어가 결합되어 있으면 이 명사는 주어일 가능성이 크다. 부사어는 주어 뒤, 술어 앞에서 '주어+부사어+술어'의 어순을 이루기 때문이다.

这种　情绪还会　影响　他们的　决定。　이러한 정서는 그들의 결정에도 영향을 줄 수 있다.
　　　명사(주어)+부사어　술어　　　　목적어

2. '관형어 + 명사'로 주어, 목적어 찾기

제시어 중 관형어가 앞에 결합된 명사는 주어나 목적어일 가능성이 크다.

律师　正在　征求　双方的意见。　변호사는 양측의 의견을 구하고 있다.
주어　부사　술어　관형어+목적어

3. 술어와의 의미 관계로 주어, 목적어 찾기

일반적으로 주어는 술어의 행위의 주체, 목적어는 행위의 대상이라는 의미 관계를 가진다. 또한 동사에 따라서 특정한 의미 관계를 가지는데, 동사 有는 'A有B(A에 B가 있다, A는 B를 가지고 있다)'라는 의미를 나타내기 때문에 A는 소유자/장소, B는 소유물/불특정 사람/불특정 사물이라는 의미가 되도록 주어와 목적어를 배치해야 한다.

多做运动　对我们的身体　很　有　好处。　많이 운동하는 것은 우리 몸에 많은 장점이 있다.
　주어　　　　부사어　　부사어　술어　목적어

市政府正在　　完善　　逐步　　基础设施

→ _____

STEP 1 술어 배치하기

제시어 중 술어가 될 수 있는 어휘로, 유일한 동사인 完善(완벽하게 하다)을 술어 자리에 배치한다.

STEP 2 주어, 목적어 배치하기

市政府(시정부)가 부사 正在(~하고 있다)와 결합되어 있으므로 주어에 배치한다. 나머지 명사 基础设施(기초 시설)은 목적어에 배치한다.

STEP 3 남은 어휘 배치하기

남은 어휘 부사 逐步(점차)는 부사어로 쓰이므로 술어 앞에 배치하여 문장을 완성한다.

주어	부사어	술어	관형어	목적어
市政府	**正在逐步**	**完善**	**基础**	**设施**
명사	부사+부사	동사	명사	명사
(시정부는)	(점진적으로 ~하는 중)	(완비하다)	(기초)	(시설을)

정답 市政府正在逐步完善基础设施.　시정부는 현재 점진적으로 기초 시설(인프라)을 완비해 가는 중이다.

어휘 市 shì 명 시　政府 zhèngfǔ 명 정부　逐步 zhúbù 부 한 걸음 한 걸음. 점차　完善 wánshàn 동 완전지게 하다　设施 shèshī 명 시설

합격 공략 57 의문대사와 吗가 있으면 의문문을 완성하라!

의문대사의 문장 성분에 주의하기

제시어에 의문대사나 어기조사 吗가 있으면 의문문을 완성하도록 한다. 다만 무엇을 질문하는지에 따라 의문대사는 다양한 자리에 위치할 수 있는데, 예를 들어 为什么(왜)/怎么(어떻게)/如何(어떻게)는 주로 부사어로 쓰이고, 什么(무엇)/谁(누구) 등은 주어나 목적어, 관형어 자리에 사용된다. 의문대사가 어떤 문장 성분에 쓰이는지 파악하기 위해서 먼저 문장의 기본 성분인 주어, 술어, 목적어를 찾은 다음 의미 관계를 살펴 의문문을 완성해야 한다. 마지막으로 문장을 완성한 뒤에는 물음표(?)를 반드시 기입하도록 한다.

1. '吗'가 있으면 의문문 만들기

제시어 중 어기조사 吗가 있으면 의문문을 완성한다. 문장을 완성한 뒤 문장 끝에 '吗？'를 붙인다.

你　　打算　　周末去看望爷爷吗？ 주말에 할아버지 뵈러 갈 거예요?
주어　　술어　　목적어(부사어+술어1+술어2+목적어)+어기조사

2. '의문대사'가 있으면 의문문 만들기

제시어 중 의문대사가 있으면 의문대사의 문장 성분을 파악하여 의문문을 완성한다.

谁　可以单独　完成　这个项目？　누가 혼자서 이 프로젝트를 완성할 수 있습니까?
주어　부사어　술어　목적어

3. 의문대사가 있어도 의문문이 아닌 경우

의문문을 내포한 평서문의 경우 의문대사가 있어도 의문을 나타내지 않으므로 주의해야 한다.

双方　讨论了　<u>如何</u>进一步展开合作。　양측은 어떻게 더욱 협력할지를 토론했다.
주어　술어　목적어(부사어+술어+목적어)

汽车的　　安全性　　得到保证　　无人驾驶　　该如何

→ _____

STEP 1　**술어 배치하기**

제시어에 의문대사 如何(어떻게)가 있으므로 의문문임을 알 수 있다. 동사 得到(얻다)를 술어에 배치한다.

STEP 2　**주어, 목적어 배치하기**

술어 得到의 목적어는 이미 제시어에 결합되어 있으므로 安全性(안전성)을 주어에 배치한다.

STEP 3　**남은 어휘 배치하기**

구조조사 的가 결합되어 있는 汽车的(자동차의)는 의미상 어울리는 安全性 앞에 배치하고 无人驾驶(자율주행)는 관형
어로 汽车 앞에 배치한다. 의문대사 如何(어떻게)는 부사어로 쓰이므로 조동사와 결합된 该如何를 술어 앞에 배치하여
문장을 완성한다.

관형어	주어	부사어	술어	목적어
无人驾驶+汽车的 명사+명사+的 (자율주행 자동차의)	**安全性** 명사 (안전성은)	**该+如何** 조동사+의문대사 (어떻게 ~해야 하는가)	**得到** 동사 (얻다)	**保证?** 명사 (확보를)

정답　无人驾驶汽车的安全性该如何得到保证？ 자율주행 자동차의 안전성은 어떻게 확보해야 하는가?

어휘　保证 bǎozhèng 통 보증하다, 확보하다　无人驾驶 wúrénjiàshǐ 명 무인자동운전, 자율주행

서술성 목적어를 갖는 동사

일반적으로 동사는 명사나 대사를 목적어로 갖지만 일부 동사는 명사나 대사가 아닌 형용사(구), 동사(구), 술목구, 주술구 등을 목적어로 갖기도 한다. 따라서 제시어에 술어가 될 수 있는 어휘가 2개일 경우, 하나가 서술성 목적어를 갖는 동사이면 먼저 술어에 배치하고, 의미가 어울리는 형용사(구), 동사구(구), 술목구, 주술구를 목적어로 배치해야 한다.

1. 동사(구) 목적어를 갖는 동사

□ 急于 jíyú 급히 서둘러 ~을 하려고 하다
□ 希望 xīwàng ~하기를 희망하다
□ 期待 qīdài ~하기를 기대하다
□ 打算 dǎsuàn ~하려고 하다

□ 善于 shànyú ~를 잘하다
□ 盼望 pànwàng ~하기를 간절히 바라다
□ 决定 juédìng ~하기로 결정하다

遇事不要急于下结论。 어떤 일이 일어나도 급하게 결론을 내리지 마라.

领导者要善于发现问题。 리더는 문제를 잘 발견해야 한다.

希望大家能取得好成绩。 모두들 좋은 성적을 얻을 수 있길 바랍니다.

3. 형용사(구) 목적어를 갖는 동사

□ 变得 biànde ~해지다, ~하게 변화되다	□ 显得 xiǎnde ~하게 보이다, ~인 것처럼 보이다

人才的竞争变得越来越激烈。 인재 경쟁이 점점 더 치열해진다.

他的表情显得很不自然。 그의 표정이 매우 부자연스러워 보인다.

실전문제

犹豫	他	有些	显得

→ _____

STEP 1 **술어 배치하기**

제시어 중 술어가 될 수 있는 것은 동사 显得(~하게 보이다)와 형용사 犹豫(망설이다) 2개이다. 显得는 서술성 목적어를 가지는 동사이므로 술어 자리에 배치한다.

STEP 2 **주어, 목적어 배치하기**

显得는 서술성 목적어로 형용사(구)를 가지므로 犹豫를 목적어에 배치하고 他를 주어에 배치한다.

정도부사 有些(약간, 조금)는 형용사를 꾸며주므로 犹豫 앞에 배치하여 문장을 완성한다.

주어	술어	목적어
他 인칭대사 (그는)	**显得** 동사 (~하게 보이다)	**有些犹豫** 부사+형용사 (약간 망설이다)

정답 他显得有些犹豫。 그는 좀 망설이는 것처럼 보인다.

어휘 犹豫 yóuyù 형 주저하다, 망설이다　有些 yǒuxiē 뷔 조금, 약간

실전 테스트　정답 및 해설_해설편 p.079

제시된 어휘를 조합하여 문장을 완성하세요.

1. 好像　杀毒软件　那个　过期了

   → _____

2. 具有　花生　营养价值　很高的

   → _____

3. 已经　我的　品牌经理　推销方案　批准了

   → _____

4. 一家　健身房　我在　担任　个人教练

   → _____

5. 促进了　经济文化上的　交流　丝绸之路

   → _____

03 관형어 배치
명사를 꾸며주는 성분 배치하기

기본기 다지기 **기본 개념 잡기 & 공략 미리보기**

문장의 핵심 성분인 주어, 술어, 목적어를 배치했다면 이제 수식 성분을 배치해야 한다. 관형어는 명사를 꾸며주는 수식 성분으로 주어, 목적어, 개사와 결합하는 명사의 앞에 쓰인다. 구조조사 的의 유무에 따라 크게 2 가지 유형으로 나눌 수 있으며, 제시어 중 관형어가 될 수 있는 것을 찾아 의미 관계에 따라 주어 혹은 목적어 앞에 배치하도록 한다.

| 기본 개념 잡기 | 관형어의 종류

1. 구조조사 的가 필요한 관형어

'명사/대사 + 的' + 명사	他的收入 그의 수입	青少年的好习惯 청소년의 좋은 습관
'2음절 형용사 + 的' + 명사	美丽的风景 아름다운 풍경	热闹的街道 떠들썩한 거리
'각종 구 + 的' + 명사	有经验的人 경험있는 사람 在路上遇见的人 길에서 만난 사람	相当不错的成绩 상당히 좋은 성적 历史悠久的城市 역사가 오래된 도시

※ 각종 구 : 2개 이상의 단어가 결합된 것을 '구'라고 하며, 명사구, 형용사구, 동사구, 주술구, 개사구 등이 있다.

2. 구조조사 的가 필요없는 관형어

1) 수량을 나타내는 관형어

수사 + 양사 + 명사	一个人 한 사람	两本书 책 두 권
지시대사 + 수사 + 양사 + 명사	这件衣服 이 옷	那两座山 그 두 개의 산
很多/不少 + 명사	很多家长 많은 학부모	不少问题 적지 않은 문제

2) 성질/특징을 나타내는 관형어

단음절 형용사 + 명사	新现象 새로운 현상	老样子 옛 모습
재료를 나타내는 명사 + 명사	玻璃杯 유리컵	木头桌子 나무 탁자
색상 + 명사	红衣服 붉은 옷	白色衬衫 하얀 셔츠
분야/나이 + 명사	电影演员 영화배우	中年教授 중년의 교수

3. 일부 명사, 형용사, 동사는 구조조사 的 없이 명사와 결합하여 한 단어처럼 쓰인다.

个人信息 gèrén xìnxī 개인 정보	营养价值 yíngyǎng jiàzhí 영양가
交通工具 jiāotōng gōngjù 교통수단	游戏软件 yóuxì ruǎnjiàn 게임 소프트웨어
优秀人才 yōuxiù réncái 우수한 인재	优惠价格 yōuhuì jiàgé 우대가(할인가격)
使用说明 shǐyòng shuōmíng 사용 설명	参考资料 cānkǎo zīliào 참고 자료
设计方案 shèjì fāng'àn 설계방안	打折商品 dǎzhé shāngpǐn 할인 상품
培训活动 péixùn huódòng 연수 프로그램	消费观念 xiāofèi guānniàn 소비관
实验报告 shíyàn bàogào 실험 보고서	联系方式 liánxì fāngshì 연락 방식
自然资源 zìrán zīyuán 자연 자원	有关人员 yǒuguān rényuán 관계자
服装模特 fúzhuāng mótè 패션모델	开放时间 kāifàng shíjiān 개방 시간
业余爱好 yèyú àihào 여가 취미	

| 공략 미리보기 |

합격 공략 59	수량사와 '……的'는 명사 앞에 배치하라!
합격 공략 60	관형어의 빈출어순은 '인지수량……的'이다.
합격 공략 61	문장에서 관형어의 자리는 단 3군데임을 기억하라!
합격 공략 62	[220점 이상 고득점] 관형어의 예외적인 어순에 주의하라!

합격 공략 **59** 수량사와 '……的'는 명사 앞에 배치하라!

관형어의 대표적인 2가지 형식

양사는 명사 앞에서 관형어로 쓰이므로, '……양사' 형태의 제시어가 주어진다면 명사 앞에 관형어로 배치한다. '……양사' 형태의 관형어는 주로 '지시대사+수사+양사'의 형식으로 쓰인다. 구조조사 的는 명사 앞에서 명사를 제한 및 수식하는 구조를 만드므로, '……的' 형태의 제시어도 의미 관계에 따라 명사 앞에 관형어로 배치하도록 한다.

1. '(지시대사)+수사+양사'+명사

一双鞋 신발 한 켤레
수사+양사+명사

这些资料 이 자료들
지시대사+양사+명사

那两家公司 이 두 회사
지시대사+수사+양사+명사

2. '……的'+명사 ★★★

周围的**环境** 주변의 환경　　对角色的**把握** 배역에 대한 자신감
명사+的+명사　　　　　　　개사구+的+명사

非常丰富的**知识** 풍부한 지식　　表达的**方式** 표현 방식　　我认识的**人** 내가 아는 사람
형용사구+的+명사　　　　　　동사+的+명사　　　　　　주술구+的+명사

> 农村人的　　反映了　　这幅　　生活　　作品
>
> → _____

쓰기 제1부분

STEP 1　**술어 배치하기**

동태조사 了가 결합되어 있는 동사 反映了(반영했다)를 술어에 배치한다.

STEP 2　**주어, 목적어 배치하기**

술어 反映의 행위의 대상으로 어울리는 日常生活(일상생활)를 목적어에 배치하고, 행위의 주체로 作品(작품)을 주어에 배치한다.

STEP 3　**남은 어휘 배치하기**

'지시대사+양사' 형태인 这幅(이 한 폭의)는 관형어이므로 명사 앞에 배치해야 하는데 幅는 그림을 세는 단위이므로 作品 앞에 배치하고, 구조조사 的가 결합된 农村人的(농촌 사람들의) 역시 관형어이므로 의미상 알맞은 生活 앞에 배치하여 문장을 완성한다.

관형어		주어	술어	관형어	목적어
지시대사	양사			……的	
这 (이)	幅 (한 폭의)	作品 명사 (작품은)	反映了 동사+了 (반영했다)	农村人的 명사+的 (농촌 사람들의)	生活 명사 (삶을)

정답　这幅作品反映了农村人的日常生活。　이 작품은 농촌 사람들의 삶을 반영했다.

어휘　幅 fú 양 그림 등을 세는 단위　作品 zuòpǐn 명 작품　反映 fǎnyìng 동 반영하다　农村 nóngcūn 명 농촌

합격 공략 60 관형어의 빈출어순은 '인지수량……的'이다!

수량사를 기준으로 관형어의 어순 배열하기

하나의 명사를 꾸며주는 관형어가 2개 이상인 경우 일정한 어순에 따라 배치된다. 관형어의 어순은 일반적으로 '소유/소속 +지시대사+수량사+'……的'+1음절형용사+성질/특징명사'를 나타내는데, 소유/소속에서부터 수량사까지는 범위를 한정 하기 때문에 제한성 관형어라고 말하고, '……的'부터 성질/특징명사까지는 묘사의 뜻이므로 묘사성 관형어라고 부른다. 시험에 가장 많이 출제되는 관형어의 어순은 '인칭대사+지시대사+수사+양사+……的'이므로 간단히 '인지수량……的' 로 암기해 두자.

〈 관형어 간의 어순 〉

제한성 관형어			묘사성 관형어			명사
① 소유/소속(的)	② 지시대사	③ 수량	④ ……的	⑤ 1음절형용사	⑥ 성질/특징	
인칭대사 지명　　(的)	这 那	수사+양사 很多 不少	형용사 동사　　的 각종 구	好 新 老	색상 재료 분야 나이	
		一项 하나의	伟大的 위대한			发明 발명
	那 그	位 ~분	有经验的 경험이 있는		汉语 중국어	老师 선생님
他的 그의	这 이	九个 아홉 개의	关于长寿的 장수에 관한	新 새로운		发现 발견

※ ⑥번 자리에는 的 없이 결합하는 명사/형용사/동사가 위치한다. 따라서 묘사성 관형어는 '的가 있는 관형어 + 的가 없 는 관형어'의 순서로 배치한다.

실전문제 ✏️

| 摄影 | 他是 | 一个 | 爱好者 | 业余的 |

→ _____

STEP 1 　술어 배치하기

동사 是(이다)를 술어 자리에 배치한다.

STEP 2 　주어, 목적어 배치하기

동사 是는 'A是B(A는 B이다)'의 구조를 이루는데 이미 他(그)가 주어 자리에 있으므로 他와 동격인 명사 爱好者(애호가) 를 목적어에 배치한다.

남은 어휘는 摄影(촬영), 一个(하나의), 业余的(아마추어의)인데, 관형어의 어순 '수량사+……的+성질/특징'의 순서에 맞게 一个业余的摄影으로 연결한 뒤 爱好者 앞에 배치하여 문장을 완성한다.

주어	술어	관형어				목적어
		수사	양사	……的	성질/특징	
他 인칭대사 (그는)	是 동사 (~이다)	一 (한)	个 (명)	业余的 (아마추어의)	摄影 명사 (촬영)	爱好者 명사 (애호가)

정답 他是一个业余的摄影爱好者。 그는 아마추어 사진촬영 애호가이다.

어휘 业余 yèyú 형 아마추어의, 초심자의 摄影 shèyǐng 명 동 촬영(하다) 爱好者 àihàozhě 명 애호가

합격 공략 61 문장에서 관형어의 자리는 단 3군데임을 기억하라!

문장에서 관형어가 올 수 있는 자리

관형어는 명사를 수식하는 성분인데, 바로 이 명사가 문장에서 다양한 위치에 사용되기 때문에 관형어의 위치도 다양하게 변할 수 있다. 만일 관형어가 수식하는 명사가 목적어라면 관형어는 목적어 앞에 위치하고, 주어라면 관형어는 주어 앞에 위치하며, 개사와 결합하는 명사라면 관형어는 개사와 결합하는 명사의 앞에 위치한다. 따라서 관형어를 배치할 때 관형어가 어떤 성분과 의미가 어울리는지 파악하는 것이 중요하다.

1. 목적어 앞 ★★★

他是 一位著名的 演员。 그는 저명한 배우이다.
　　　관형어　　목적어

2. 주어 앞

她的那句 话 引起了大家的注意。 그녀의 그 말 한 마디가 모두의 주목을 끌었다.
관형어　　주어

3. 개사의 목적어 앞

我 在 昨天说的那个 地方 等着你。 네가 어제 말한 그곳에서 널 기다리고 있어.
　　개사　　관형어　　　명사

실전문제

效果　　他提出的　　取得了　　合作方案　　相当好的

→ _____

술어 배치하기

동태조사 了가 결합된 取得了(얻었다)를 술어 자리에 배치한다.

STEP 2 **주어, 목적어 배치하기**

술어 取得의 행위의 대상으로 의미가 어울리는 效果(효과)를 목적어에, 效果를 얻는 주체로 方案(방안)을 주어에 배치한다.

STEP 3 **남은 어휘 배치하기**

구조조사 的가 결합되어 있는 他提出的(그가 제시한)는 관형어이므로 의미가 어울리는 方案 앞에 배치하고, 相当好的(상당히 좋은)는 效果 앞에 배치하여 문장을 완성한다.

관형어		주어	술어	관형어	목적어
……的	성질/특성			……的	
他提出的	**合作**	**方案**	**取得了**	**相当好的**	**效果**
인칭대사+동사+的	명사	명사	동사+了	부사+형용사+的	명사
(그가 제시한)	(협력)	(방안은)	(얻었다)	(상당히 좋은)	(효과를)

정답   他提出的合作方案取得了相当好的效果。 그가 제시한 협력방안은 상당히 좋은 효과를 거뒀다.

어휘   提出 tíchū 통 제기하다 合作 hézuò 명 통 합작(하다), 협력(하다) 方案 fāng'àn 명 계획, 방안 啊当 xiāngdāng 부 상당히

합격 공략 62 [220점 이상 고득점] 관형어의 예외적인 어순에 주의하라!

관형어의 예외적인 어순

일반적으로 '……的' 관형어는 수량사 관형어 뒤에 위치한다. 하지만 '……的' 관형어에 시간이나 장소와 같은 제한성 수식어가 포함되어 있다면 수량사 관형어와 '……的' 관형어의 위치가 바뀌게 된다.

1. 기본 어순 : 일반적으로 '……的' 관형어는 수량사 관형어 뒤에 위치한다.

那位   个子高的   人   就是我们老师。 그 키가 큰 분이 바로 우리 선생님이시다.
수량사   ……的   명사

2. 예외 어순 : 시간이나 장소 등의 수식어가 포함된 '……的' 관형어는 수량사 관형어 앞에 온다.

'……的' 관형어에 시간이나 장소와 같은 제한성 수식어가 포함되면 '시간/장소/소유+각종 구的+수사+양사+1음절 형용사'의 어순을 나타낸다. 즉 수량사 관형어와 '……的' 관형어의 위치가 바뀌게 된다.

昨天在操场上打篮球的   那个   人   就是小刘。
시간 + 장소 + '……的'   수량사   명사

어제 운동장에서 농구한 그 사람이 바로 샤오류우이다.

3. (참고) 시간이나 장소 어휘가 없는 '……的' 관형어가 의미를 강조하기 위해 수량사 앞에 올 수도 있다.

이러한 경우 제시어에 '수사+양사+명사'를 결합시켜 제시하므로 '……的' 형태인 제시어를 '수사+양사+명사' 앞에 배치하도록 한다.

微笑是 　表达情绪的　 一种方式。　미소는 기분을 표현하는 한 방식이다.
　　　　　　……的　　　수량사+명사

> 一种　　这是　　最近一两年出现的　　新现象
>
> → _____

STEP 1　술어 배치하기

동사 是(~이다)를 술어 자리에 배치한다.

STEP 2　주어, 목적어 배치하기

동사 是는 'A是B(A는 B이다)'의 구조를 이룬다. 这是가 주어와 술어가 결합된 형태로 제시되었으니 나머지 명사 성분 新现象(새로운 현상)을 목적어 자리에 배치한다.

STEP 3　남은 어휘 배치하기

이제 남은 어휘 一种(한 가지)과 最近一两年出现的(최근 일이 년에 출현한)를 배치해야 하는데 最近一两年出现的(시간+각종 구的)에는 시간사가 포함되어 있으므로 관형어의 예외적인 어순, '시간+각종 구+的+수사+양사+1음절 형용사'에 따라 一种 앞에 배치하여 문장을 완성한다.

주어	술어	관형어				목적어
		시간/장소+……的	수사	양사	1음절 형용사	
这 지시대사 (이것은)	是 동사 (~이다)	最近一两年出现的 (최근 일이 년 간 나타난)	一 (한)	种 (종류)	新 (새로운)	现象 명사 (현상)

정답　这是最近一两年出现的一种新现象。　이것은 최근 일이 년 간 나타난 한 가지 새로운 현상이다.

어휘　出现 chūxiàn 图 출현하다　现象 xiànxiàng 图 현상

제시된 어휘를 조합하여 문장을 완성하세요.

1. 这届　　她获得了　　的冠军　　超模大赛

   → _____

2. 疯狂的　　是个　　我姐姐曾经　　球迷

   → _____

3. 这是一个　　关于　　神话故事　　黄河的

   → _____

4. 开幕　　上海国际电影节　　第二十一届　　即将

   → _____

5. 方案　　详细的　　我们　　制定了　　推广

   → _____

04 부사어 배치
술어를 꾸며주는 성분 배치하기

기본기 다지기 | 기본 개념 잡기 & 공략 미리보기

부사어는 술어 또는 전체 문장을 수식하는 성분이다. 쓰기 제1부분에서는 주어 뒤 술어 앞에서 시간/장소/대상 및 상황이나 분위기를 나타내는 부사/조동사/개사구가 중점적으로 출제되며, 2개 이상의 부사어의 어순 및 예외적인 부사어의 위치를 묻는 문제도 높은 비중으로 출제된다. 부사어의 기본 어순과 2개 이상의 부사어의 어순을 중점적으로 학습하도록 한다.

| 기본 개념 잡기 | 부사어의 종류

1. 부사

동사나 형용사 앞에서 어기, 시간, 빈도, 범위, 상태, 정도, 부정을 나타낸다.

부사 + 술어   她   偶尔   会   去   健身房   锻炼。   그녀는 가끔 헬스장에 운동하러 간다.
주어   부사어(부사)   조동사   술어1   목적어1   술어2

2. 조동사

동사 앞에서 가능, 바람, 당위 등을 나타낸다.

조동사 + 술어   我们   要   邀请   一些   专家。   우리는 몇몇 전문가들을 초청하려 한다.
주어   부사어(조동사)   술어   관형어   목적어

3. 개사구

개사는 명사(구) 또는 대사와 결합하여 개사구의 형식으로 시간, 장소, 대상, 주체, 피동, 비교 등을 나타낸다.

개사구 + 술어   我   对花生   过敏。   나는 땅콩에 알레르기가 있다.
주어   부사어(개사구)   술어

4. 형용사(구)地

형용사(구)는 단독으로 또는 구조조사 地와 결합하여 '～하게'라는 뜻을 나타낸다. 주로 '정도부사+형용사+地' 또는 '형용사 중첩+地'의 형태로 사용한다.

형용사(구)地 + 술어   这样做   才   能   更容易   被人   接受。
주어(동사구)   부사   조동사   부사어(형용사구)   개사구   술어

이렇게 해야만 더 쉽게 사람들에게 받아들여질 수 있다.

5. 시간명사

시간을 나타내는 명사는 주어의 앞과 뒤에 모두 위치할 수 있다.

시간명사 + 술어   我   刚才   有   急事。   제가 방금 전에 조금 급한 일이 있었어요.
주어   부사어(시간명사)   술어   목적어

6. 의문대사

일부 의문대사는 부사어 자리에 쓰인다.

의문대사 + 술어　　如何　　进一步　　发展?　어떻게 한 걸음 더 발전하는가?
　　　　　　　　　부사어(의문대사)　부사　　　　술어

ㅣ 공략 미리보기 ㅣ

합격 공략 63	부사어의 어순은 '시부조……地개'이다!
합격 공략 64	부사어의 예외적인 어순에 주의하라!
합격 공략 65	자주 쓰는 부사어의 고정격식을 따로 암기하라!
합격 공략 66	[220점 이상 고득점] 부사 간에도 어순이 있다!

합격 공략 **63** 부사어의 어순은 '시부조……地개'이다!

부사어의 어순 배열하기

부사어는 문장에서 '주어+부사어+술어'의 어순을 이루어 주어 뒤, 술어 앞에 위치한다. 이때 여러 개의 부사어가 동시에 제시될 경우 어순에 맞게 배열해야 한다. 부사어는 대표적으로 시간명사, 부사, 조동사, 형용사(구)地, 개사구 등이 있는데, 이들 간에는 다음과 같은 어순 규칙이 있다.

1. 기본 문장의 어순 : 주어 + 부사어 + 술어

주어	부사어		술어
你们	现在 지금	→ 시간명사	解释
	就 바로	→ 부사	
	要 ~해야 한다	→ 조동사	
	认真地 진지하게	→ 형용사(구)地	
	跟我 나에게	→ 개사구	

2. 부사어 간의 어순 : '시간명사 + 부사 + 조동사 + 형용사(구)地 + 개사구' ★★★

주어	부사어						술어
	시간명사	부사	조동사	형용사(구)地 (동작자 묘사)	개사구	……地 (동작 묘사)	
你们 당신들은	**现在** 지금	**就** 바로	**要** ~해야 한다	**认真地** 진지하게	**跟我** 나에게	**一个一个地** 하나씩	**解释** 설명하다

※ '……地' 형태 부사어는 동작자 묘사 시에는 개사구 앞(주어와 가까운 위치)에, 동작 묘사 시에는 개사구 뒤(술어와 가까운 위치)에 위치한다. 시험에는 주로 '형용사(구)地+(개사구)+동사'의 형태로 출제된다.

一年前　　那家手游公司　　破产　　已经　　了

→ _____

STEP 1　술어 배치하기

동사 破产(파산하다)을 술어에 배치한다.

STEP 2　주어, 목적어 배치하기

술어 破产의 주체로 那家手游公司(그 모바일 게임 회사)를 주어에 배치한다.

STEP 3　남은 어휘 배치하기

남은 어휘 시간명사 一年前(일 년 전)과 부사 已经(이미)은 부사어 간의 어순 '시부조……地개'에 따라 一年前已经으로 연결하고, 동태조사 了는 술어 뒤에 배치하여 문장을 완성한다.

관형어	주어	부사어		술어
		시간명사	부사	
那家手游 지시대사+양사+성질/특징 (그 모바일 게임)	**公司** 명사 (회사는)	**一年前** (일 년 전에)	**已经** (이미)	**破产了** 동사+了 (파산했다)

정답　那家手游公司一年前已经破产了。　그 모바일 게임 회사는 일 년 전에 이미 파산했다.

어휘　手游 shǒuyóu 몡 모바일 게임. 手机游戏(모바일 게임)의 줄임말　破产 pòchǎn 몡 동 파산(하다)

합격 공략 64 ▶ 부사어의 예외적인 어순에 주의하라!

부사어의 예외적인 어순

부사어에는 일정한 어순 규칙이 있어 '시간명사+부사+조동사+형용사(구)地+개사구'의 어순을 나타냄을 학습하였다. 그러나 일부 부사어는 예외적인 어순을 갖는데 자주 출제되는 부사어의 예외적인 어순을 중점적으로 살펴보자.

1. 예외적인 어순을 나타내는 부사 : 조동사 + 부사

일반적으로 부사는 조동사 앞에 위치하지만, 아래의 부사들은 조동사 뒤에서 동사와 바로 결합한다.

- '……时' 시리즈　　　及时 적시에　　准时 정시에　　按时 정해진 시간대로
- '尽……' 시리즈　　　尽量 가능한 한　　尽快 되도록 빨리　　尽早 되도록 일찍
- 기타　　　　　　　　立即 즉시　　轻易 함부로　　重新 다시　　随便 마음대로　　互相 서로

请	不	要	轻易	放弃。	쉽게 포기하지 마세요.
请	부정부사	조동사	부사	술어	

2. 예외적인 어순을 나타내는 개사구 : 개사구 + 부사

개사구가 '언제, 언제부터' 등 시간을 나타내는 경우, '개사구+부사'의 순서로 배치한다. 대표적으로 在, 从(从……起) 등이 있다.

我哥哥	从小	就	喜欢	书法。	우리 오빠는 어려서부터 서예를 좋아했다.
주어	개사구	부사	술어	목적어	

우리希望 立即 能 措施 采取

→ _____

STEP 1 술어 배치하기

제시어 중 술어가 될 수 있는 동사는 希望(희망하다)과 采取(취하다)인데 希望는 앞에 동작의 주체인 我们(우리)이 결합되어 있으므로 술어임을 알 수 있다.

STEP 2 주어, 목적어 배치하기

希望은 서술성 목적어를 가지므로 동사 采取를 목적어에 배치한다. 采取는 조치, 방법, 행동 등을 목적어로 취하므로 措施(조치)를 목적어에 배치한다. 전체 문장의 주어는 我们(우리)이다.

STEP 3 남은 어휘 배치하기

남은 어휘인 조동사 能(~할 수 있다)과 부사 立即(즉시)를 배치해야 하는데, 立即는 조동사의 뒤에 배치하는 예외적인 부사이므로 조동사 能 뒤에 배치하여 能立即로 연결한다. 그리고 나서 서술성목적어 앞에 能立即采取措施으로 연결하여 문장을 완성한다.

주어	술어	목적어			
		조동사	부사	동사	목적어
我们 인칭대사 (우리는)	希望 동사 (~하길 바란다)	能 (~할 수 있다)	立即 (즉시)	采取 (취하다)	措施 (조치)

정답 我们希望能立即采取措施。 우리는 즉시 조치를 취할 수 있기를 바랍니다.

어휘 立即 lìjí 🅑 즉시 采取 cǎiqǔ 🅓 채택하다. 취하다 措施 cuòshī 🅜 조치

고정격식을 이루는 부사어

몇몇 개사구와 부사 都는 자주 쓰는 고정적 형식이 있다. 부사어의 어순 규칙을 기억하여 어순을 배열하는 것보다 이러한 고정격식을 별도로 암기해 놓으면 문제를 더욱 빠르게 풀 수 있다.

1. '对 + 대상' + 부사/조동사 + 술어 ★

부사와 조동사는 '对+대상'의 앞과 뒤에 모두 올 수 있지만, 술어가 '형용사, 심리동사(감정/상태), 有, 感/感到'인 경우에는 주로 '对+대상'의 뒤에 위치한다.

他　对自己的要求　非常　严格。 그는 자기 자신에게 매우 엄격하다.
주어　对+대상　　부사　술어

2. '离 + 시간/장소' + 부사 + 술어(远, 近, 有, 剩)

공간적, 시간적 거리를 나타내는 개사 离는 위와 같은 고정격식을 이룬다.

离考试　只　剩　三天。 시험까지 겨우 3일 남았다.
离+시간　부사　술어　목적어

3. 시간명사/부사/조동사 + '由 + 명사' + 술어

개사 由는 술어의 의미에 따라 동작의 주체, 구성요소, 원인/근거를 나타내므로 반드시 함께 쓰이는 술어를 기억해야 한다. 일반적으로 시간사, 부사, 조동사는 由 앞에 배치한다.

• '由 + 동작의 주체' + 술어(负责/办理/决定/主持)

这件事　以后　由我　来　负责。 이 일은 앞으로 제가 책임지겠습니다.
주어　　부사어　由+동작의 주체　来　술어

• (是) + '由 + 구성요소' + 술어(组成/组织/构成) + (的)

路　是　由足和各　组成　的。 길 로자는 발 족자와 각각 각자로 이루어져 있다.
주어　是　由+구성요소　술어　的

• (是) + '由 + 원인/근거' + 술어(引起) + (的)

地震　是　由什么　引起　的? 지진은 무엇이 일으키는 것인가?
주어　是　由+원인/근거　술어　的

4. 부사 都의 고정 격식

• 의문대사(什么时候/哪儿/谁/什么) + 都

她　跟　谁　都　合得来。 그녀는 누구와도 잘 맞는다.
주어　개사　의문대사　都　술어

• 任何/所有/一切/(几乎)每 + 명사 + 都

几乎　每个人　都　想　追求　幸福。 거의 모든 사람들이 다 행복을 추구하고 싶어 한다.
부사어　每+양사+명사　都　부사어　술어　목적어

• 一点儿 + (명사) + 都 + 不/没(有)

他　一点儿　都　不　在乎。 그는 조금도 개의치 않는다.
주어　一点儿　都　不　술어

学生   对课程   熟悉   新来的   还不

→ _____

STEP 1   술어 배치하기

熟悉(익숙하다)를 술어에 배치한다. 熟悉는 형용사로 '익숙하다, 친숙하다'의 뜻으로 쓰이거나, 동사로 '잘 알다, 숙지하다'의 뜻으로 쓰인다.

STEP 2   주어, 목적어 배치하기

술어 熟悉의 주체로 적합한 学生(학생)을 주어에 배치한다.

STEP 3   남은 어휘 배치하기

남은 어휘에서 구조조사 的가 결합된 新来的(새로 온)는 관형어이므로 学生 앞에 배치한다. 개사구 对课程(커리큘럼에 대해)과 부사 还不(아직 ~하지 않다)는 모두 부사어인데, 개사구 对课程은 술어가 형용사 혹은 심리동사인 경우 부사가 对개사구 뒤 술어 앞에 배치되므로, 对课程还不熟悉로 연결하여 문장을 완성한다.

관형어	주어	부사어		술어
		对+대상	부사	
新来的 형용사+동사+的 (새로 온)	**学生** 명사 (학생은)	**对课程** (커리큘럼에 대해)	**还不** (아직 ~하지 않다)	**熟悉** 동사 (익숙하다)

정답 新来的学生对课程还不熟悉。 새로 온 학생은 커리큘럼에 대해 아직 익숙하지 않다.

어휘 课程 kèchéng 몡 교육과정, 커리큘럼   还 hái 뿐 아직, 여전히   熟悉 shúxī 혱 알다, 익숙하다

합격 공략 66 [220점 이상 고득점] 부사 간에도 어순이 있다!

'부사+부사'의 어순

부사는 어기부사(简直/究竟), 시간부사(已经/正在), 빈도부사(经常/偶尔), 범위부사(只/都), 상태부사(逐渐/互相), 정도부사(比较/非常), 부정부사(不/没有) 등 크게 7가지로 나뉘는데, 문장에서 부사가 2개 이상 등장하면 일반적으로 '어기+시간+빈도+범위+상태+정도+부정'의 순서로 배치된다. 다만 공식만으로는 접근하기 어려우므로 시험에 자주 출제되는 '부사+부사'의 예를 암기해 두도록 하자.

〈 시험에 자주 출제되는 '부사+부사' 〉

□ **一直+在** 줄곧 ~하는 중	□ **千万+别** 절대로 ~하지 마라
□ **正在+逐渐/逐步** 한창 점진적으로	□ **万万+没(有)** 전혀 ~하지 못했다
□ **已经+陆续** 이미 속속들이	□ **最好+不要** 가급적 ~하지 않는 것이 좋다
□ **稍微+有点儿** 다소 약간	□ **再也不……了** 더 이상 ~하지 않다
□ **真是+太……了** 정말 너무 ~하다	□ **到处+都(是)** 여기저기 다 ~이다
□ **从来+不/没(有)** 여태까지 ~한 적이 없다	□ **马上+就** 바로, 곧
□ **还+不/没(有)** 아직 ~하지 않다(않았다)	□ **很快+就** 매우 빨리
□ **并+不/没(有)** 결코 ~하지 않다(않았다)	□ **早+就** 일찌감치, 진작
□ **并+非** 결코 ~가 아니다	□ **不能再……了** 더는 ~할 수 없다

蔬菜的价格一直在上涨。 채소 가격이 계속 오르고 있다.

我国的经济正在逐渐好转。 우리 나라 경제가 한창 점진적으로 호전되고 있다.

地上真是太滑了。 바닥이 정말 너무 미끄럽다.

실전문제

国外先进技术　　进入中国市场　　已　　陆续

→ _____

STEP 1 **술어 배치하기**

제시어 중 동사 进入(들어온다)를 술어 자리에 배치한다.

STEP 2 **주어, 목적어 배치하기**

술어 进入의 목적어는 '들어오는 곳'이어야 하는데 이미 中国市场(중국시장)이 목적어로 결합되어 있다. 주어로 '들어오는 주체'가 어울리므로 国外先进技术(외국 선진 기술)를 주어에 배치한다.

STEP 3 **남은 어휘 배치하기**

남은 어휘 부사 已(이미)와 부사 陆续(잇따라)는 부사 간의 어순 '어시빈범상정부'에 따라 已陆续로 배치하여 문장을 완성한다.

주어	부사어		술어	목적어
	시간부사	상태부사		
国外先进技术 명사 (외국 선진 기술은)	已 (이미)	陆续 (잇따라)	进入 (들어오다)	中国市场 명사 (중국 시장)

정답 国外先进技术已陆续进入中国市场。 외국 선진 기술은 이미 중국 시장으로 잇따라 들어왔다.

어휘 先进 xiānjìn 혱 진보적이다, 선진적이다   陆续 lùxù 튄 끊임없이, 계속하여, 잇따라

제시된 어휘를 조합하여 문장을 완성하세요.

1. 发愁　　她　　总是为　　事情　　未来的

   → _____

2. 下周的　　王导演　　准备　　一直　　专心地　　乐器表演

   → _____

3. 员工　　请先　　公开此消息　　不要向

   → _____

4. 在大学时代　　我丈夫　　就　　手工　　热爱

   → _____

5. 疲劳驾驶　　是　　的行为　　不负责任　　对生命安全

   → _____

보어 배치
술어를 보완해 주는 성분 배치하기

05

기본기 다지기 | 기본 개념 잡기 & 공략 미리보기

보어는 술어(동사, 형용사) 뒤에서 의미를 보충해 주는 문장 성분으로 동작의 '결과, 방향, 정도, 가능, 수량' 등의 의미를 나타낸다. 가장 출제율이 높은 것은 정도보어 문장이다. 보어의 종류와 어순을 함께 살펴보도록 하자.

| 기본 개념 잡기 | 보어의 종류

1. 결과보어

동사 뒤에 형용사, 동사, 개사구를 사용하여 동작의 결과 또는 변화를 나타낸다.

동사 + 형용사	洗干净 깨끗이 닦다 来晚了 늦게 왔다
동사 + 동사	看懂 (보고) 이해하다 变成 ~으로 변하다
동사 + 개사구	刻在心里 마음에 새기다

2. 방향보어

술어(동사, 형용사)의 뒤에 방향을 나타내는 동사를 붙여 동작의 방향 및 파생 의미를 나타낸다.

| 형용사 + 上/下/进/出/回/过/起 + 来/去 | 好起来 나아지다. 좋아지다   冷下去 (계속) 추워지다 |
| 동사 + 上/下/进/出/回/过/起 + 来/去 | 留下 남기다   爬上去 (기어) 올라가다   看出来 간파하다 |

3. 가능보어

동사술어와 결과보어, 방향보어 사이에 得/不를 사용하여 동작의 가능과 불가능을 나타낸다.

동사 + 得/不 + 결과보어	看得懂 (보고) 이해할 수 있다 看不懂 (보고) 이해할 수 없다
동사 + 得/不 + 방향보어	爬得上去 (기어) 올라갈 수 있다 爬不上去 (기어) 올라갈 수 없다
동사 + 得/不 + 기타형식	吃得了liǎo (다) 먹을 수 있다 吃不了liǎo (다) 먹을 수 없다

4. 정도보어

술어(동사, 형용사) 뒤에 형용사(구)나 동사(구)를 사용하여 동작이나 상태의 정도 또는 동작으로 인한 결과를 나타낸다.

동사 + 得 + 형용사(구)	吃得很香 맛있게 먹다 做得不好 잘 못하다
동사/형용사 + 得 + 동사(구)	高兴得跳了起来 기뻐서 펄쩍펄쩍 뛰다 酸得让人受不了 참을 수 없을 정도로 시다
형용사 + 极了/死了/透了/多了	好极了 아주 좋다 冻死了 얼어 죽겠다
형용사 + 得很/得慌/得要命/不得了	忙得很 매우 바쁘다 饿得慌 몹시 배고프다

5. 수량보어

1) 시량보어 : 동작이 유지, 지속되는 시간을 나타낸다.

동사 + (了) + 시간의 양 + (了)　持续一个星期 일주일 동안 지속하다　学了一年 일년을 배웠다

看了一个小时了 한 시간째 보고 있다

2) 동량보어 : 동작의 횟수를 나타낸다.

동사 + (了) + 횟수　参加一次 한 번 참가하다　看了一遍 (처음부터 끝까지) 한 번 봤다

┃ 공략 미리보기 ┃

합격 공략 67	제시어에 得가 있으면 정도보어 문장을 만들라!
합격 공략 68	개사구 결과보어 7총사를 기억하라!
합격 공략 69	시량보어의 2가지 어순을 기억하라!
합격 공략 70	[220점 이상 고득점] 정도보어에 동사구가 올 때 어순에 주의하라!

합격 공략 67 제시어에 得가 있으면 정도보어 문장을 만들라!

정도보어 문장 완성하기

5급 쓰기 제1부분의 보어 문제에서 가장 자주 출제되는 것은 바로 구조조사 得를 사용한 정도보어이다. 보어의 어순은 기본 문장의 어순과 다른 특징이 있기 때문에 제시어를 보고 보어가 있는 문장인지를 파악해야 한다. 만일 제시어에 '구조조사 得, 동사, 형용사'가 있으면 정도보어가 있는 문장을 완성하도록 한다. 가장 대표적인 문장 구조는 아래와 같다.

• **동사술어** + 得 + 정도부사/부정부사 + 형용사 ★★★

他（说）汉语　说　得　很/不　流利。　그는 중국어를 아주 유창하게 한다/중국어가 유창하지 않다.
　　　　　　　술어　得　정도부사/부정부사　형용사

※ 주어와 목적어 사이에 조사 的를 사용하기도 한다.

他的汉语说得很流利。　그는 중국어를 아주 유창하게 한다.

• **동사술어** + 得 + 형용사 중첩

我　把房间　打扫　得　干干净净。　나는 방을 아주 깨끗하게 청소했다.
　　　　　　술어　得　형용사 중첩

실전문제 ✏️

为员工的生活　考虑　很周到　得　老板

→ _____

STEP 1 **술어 배치하기**

구조조사 得, '정도부사+형용사'인 很周到(매우 세심하다)가 있으므로 정도보어 문장임을 알 수 있다. 동사 考虑(고려하다)를 술어에 배치하고, '술어+得+정도부사+형용사'의 형태 考虑得很周到를 완성한다.

STEP 2 **주어, 목적어 배치하기**

술어 考虑의 행동의 주체로 老板(사장)을 술어 앞에 배치시킨다.

STEP 3 **남은 어휘 배치하기**

남은 어휘 개사구 为员工的生活(직원들의 생활을 위해)는 부사어로 쓰이므로 술어 앞에 배치하여 문장을 완성한다.

주어	부사어	술어	보어
老板 명사 (사장님은)	**为员工的生活** 개사구 (직원들의 생활을 위해)	**考虑** 동사 (생각한다)	**得很周到** 得+정도부사+형용사 (매우 세심하게)

정답 老板为员工的生活考虑得很周到。 사장님은 직원들의 생활을 매우 세심하게 생각한다.

어휘 员工 yuángōng 명 직원과 노무자   周到 zhōudào 형 꼼꼼하다, 세심하다

합격 공략 68 **개사구 결과보어 7총사를 기억하라!**

동사 + 개사구 결과보어 ★★★

수많은 개사 중 단 7개의 개사가 술어 뒤에서 개사구의 형태로 결과보어로 쓰인다. 하지만 개사구는 부사어와 혼동될 수 있으므로 개사구 결과보어로 자주 쓰이는 표현을 암기해 두도록 한다. 개사구 결과보어는 특히 把자문 술어의 기타성분으로 높은 빈도로 출제되고 있다.

〈 개사구 결과보어 7총사 〉

1. **동사** + 在 + 장소/시간	**放**在桌子上 탁자 위에 놓다
2. **동사** + 于 + 장소/시간/대상/비교	**取材**于《西游记》 「서유기」에서 소재를 얻었다 **有利/有助/有害**于健康 건강에 유익하다/도움이 되다/해롭다 ※ '형용사+于'는 비교의 뜻을 나타낸다. 三**大**于二 3은 2보다 크다
3. **동사** + 自 + 출발점	**来**自韩国 한국에서 오다
4. **동사** + 向 + 방향	**走**向成功 성공을 향해 가다
5. **동사** + 往 + 방향	**开**往上海 상해로 출발하다
6. **동사** + 到 + 시간/장소/정도/수량	**发**到邮箱里 메일로 보내다
7. **동사** + 给 + 대상	**送**给母亲 어머니께 보내드리다

命运　掌握　在自己的手里。 운명은 자신의 손 안에 있다.
주어　　술어　　개사구 결과보어

어휘 命运 mìngyùn 통 운명   掌握 zhǎngwò 통 지배하다, 장악하다

猪价格下降的	4月底	将持续到	趋势

→ _____

STEP 1 술어 배치하기

동사 持续(지속되다)를 술어에 배치한다. 持续 뒤에 개사 到(~까지)가 결합되어 있으므로 개사구 결과보어 문장임을 알 수 있다.

STEP 2 주어, 목적어 배치하기

술어 持续의 주어로 의미가 알맞은 趋势(추세)를 배치한다.

STEP 3 남은 어휘 배치하기

구조조사 的가 있는 猪价下降的(돼지 값이 떨어지는)는 관형어이므로 명사 趋势 앞에 배치한다. 持续到는 개사구 결과 보어인데 到 뒤에는 시간, 장소, 정도, 수량이 와야 하므로 4月底(4월 말)를 배치시켜 문장을 완성한다.

관형어	주어	부사어	술어	보어
猪价格下降的	**趋势**	**将**	**持续**	**到4月底**
주술구+的	명사	부사	동사	개사+명사
(돼지 값이 떨어지는)	(추세)	(장차)	(지속되다)	(4월 말까지)

정답 猪价格下降的趋势将持续到4月底。 돼지 값이 하락하는 추세는 4월 말까지 지속될 것이다.

어휘 猪 zhū 명 돼지 下降 xiàjiàng 동 하강하다, 떨어지다 趋势 qūshì 명 추세, 경향 将 jiāng 부 장차 持续 chíxù 동 지속하다 月底 yuèdǐ 명 월말

합격 공략 69 시량보어의 2가지 어순을 기억하라!

시량보어의 어순

시량보어는 동작이 얼마동안 일어났는지 '시간의 양'을 나타내는 표현으로 부사어로 쓰이는 시간 표현과 다르다. 부사어에 쓰이는 시간은 동작이 일어나는 특정한 시점(两点)이나 기간(在上学期间)이 쓰이고, 보어에 쓰이는 시간은 보통 동작이 일어난 시간의 양(两个小时)을 나타낸다. 이러한 시량보어는 목적어가 어떤 어휘인지에 따라 어순이 바뀌므로 시량보어의 어순에 주의하자.

〈시간 부사어와 시량 보어의 비교〉

시간 부사어	他两点下课。 그는 2시에 수업을 마친다. (시점)
시량보어	他看了两个小时。 그는 2시간 동안 보았다. (시간의 양)

1. 목적어가 일반명사일 때

목적어 + 동사 + (了) + 시량보어 / 동사 + (了) + 시량보어(的) + 목적어

| 我 | 看**电视** | **看**
술어 | **了**
了 | **一个小时**。
시량보어 | 나는 TV를 한 시간 동안 보았다. |

| 我 | **看**
술어 | **了**
了 | **一个小时(的)**
시량보어 | **电视**。
목적어(일반명사) | 나는 TV를 한 시간 동안 보았다. |

2. 목적어가 대사/지명일 때

동사 + 목적어 + 시량보어

| 她 | **找**
술어 | **你**
목적어(대사) | **半天**
시량보어 | **了**。 | 내가 중국에 온 지 벌써 반년이 되었다. |

3. 목적어가 인명/호칭일 때

동사 + 목적어 + 시량보어 / 동사 + 시량보어 + 목적어

| 我 | **跟**
술어 | **了** | **王老师**
목적어(호칭) | **这么多年**。
시량보어 | 나는 왕 선생님을 여러 해 동안 따랐다. |

| 我 | **跟**
술어 | **了** | **这么多年**
시량보어 | **王老师**。
목적어(호칭) | 나는 왕 선생님을 여러 해 동안 따랐다. |

 실전문제

> 将　　10天　　左右　　这次汽车展览会　　持续
>
> → _____

STEP 1　**술어 배치하기**

동사 持续(지속하다)를 술어에 배치한다.

STEP 2　**주어, 목적어 배치하기**

술어 持续의 행동의 주체 这次汽车展览会(이번 자동차 전시회)를 주어에 배치한다.

STEP 3　**남은 어휘 배치하기**

부사 将은 부사어에 쓰이므로 술어 持续 앞에 배치하고, 어림수 左右(~정도)는 수량사 뒤에 사용하므로 10天(10일) 뒤에 배치한다. 10天左右는 시간의 양을 나타내는 시량보어이므로 술어 뒤에 배치하여 문장을 완성한다.

관형어	주어	부사어	술어	보어
这次汽车 지시대사+양사+명사 (이번 자동차)	**展览会** 명사 (전시회)	**将** 부사 (장차)	**持续** 동사 (지속되다)	**10天左右** 수사+명사+명사 (10일 정도)

정답 这次汽车展览会将持续10天左右。 이번 자동차 전시회는 약 열흘간 계속될 것이다.

어휘 汽车展览会 qìchē zhǎnlǎnhuì 모터쇼 将 jiāng 🖫 장차 持续 chíxù 🖫 지속하다

합격 공략 70 [220점 이상 고득점] 정도보어에 동사구가 올 때 어순에 주의하라!

'술어+得+동사구 정도보어'에서 술어와 보어의 동사 순서에 주의하기

'술어+得+동사구/주술구/술목구' 형태의 정도보어 문장은 구조조사 得 앞에 올 술어와 得 뒤의 보어에 속하는 동사를 구분해서 배치해야 한다. 정도보어에 동사구/주술구/술목구가 쓰일 경우 이 정도보어는 주로 得 앞 술어의 결과를 나타내거나 그 상태를 묘사한다. 특히 어느 것이 술어인지 보어인지 어순에 대한 힌트가 없을 때, 동작의 선후관계 또는 원인결과를 따져 먼저 발생한 동작을 술어에, 그 이후에 일어난 동작을 보어에 배치하도록 한다.

他 **兴奋** 得 睡不着觉。 그는 흥분한 나머지 잠들지 못했다.
　　술어　　得 동사구(술어+가능보어)

吓 得 我出了一身冷汗。 놀라서 온몸에 식은땀이 났다.
술어 得 주술구(주어+술어+관형어+목적어)

실전문제

委屈　　那位小姑娘　　哭了起来　　得

→ _____

STEP 1　**술어 배치하기**

구조조사 得와 형용사 委屈(억울하다), '술어+보어'인 哭了起来(울기 시작했다)가 있으므로 정도보어 문장임을 알 수 있다. 술어가 될 수 있는 제시어가 2개 있을 때, 술어와 보어의 어순은 먼저 발생한 일을 술어에, 그로 인한 결과는 보어에 배치한다. 여기에서는 '억울해서 → 울기 시작했다'가 논리적인 인과 관계이므로 委屈得哭了起来로 연결한다.

STEP 2　**주어, 목적어 배치하기**

제시어 중에서 명사는 那位小姑娘(그 어린 아가씨) 하나만 제시되었으므로 주어 자리에 배치하여 문장을 완성한다.

관형어	주어	술어	보어
那位小	**姑娘**	**委屈**	**得哭了起来**
지시대사+양사+1음절형용사	명사	형용사	得+동사구
(그 어린)	(아가씨)	(억울하다)	(~해서 울기 시작했다)

정답 那位小姑娘委屈得哭了起来。 그 어린 아가씨는 억울한 나머지 울기 시작했다.

어휘 姑娘 gūniáng 🖲 처녀, 아가씨 委屈 wěiqu 🗐 억울하다

제시된 어휘를 조합하여 문장을 완성하세요.

1. 表现得　　他　　在比赛中　　特别活跃

  → _____

2. 相当快　　恢复得　　姥姥手术后　　元气

  → _____

3. 整整齐齐　　书籍　　书架上的　　摆放得

  → _____

4. 781年　　中国　　始建于　　最古老的　　城墙

  → _____

5. 会计工作　　她　　从事了　　十年的

  → _____

06 다양한 술어문
형용사술어문에서 주술술어문까지

기본기 다지기 기본 개념 잡기 & 공략 미리보기

중국어에는 다양한 술어문이 있다. 동사가 술어이면 동사술어문, 형용사가 술어이면 형용사술어문 등 무엇이 술어가 되느냐에 따라 문장의 성격이 달라진다. 이번 챕터에서는 다양한 술어문의 형식과 특징을 파악하여 키워드 하나만으로 문장의 종류를 파악하도록 하자.

| 기본 개념 잡기 | 다양한 술어문의 종류

1. 형용사술어문 ★★★

형용사가 술어인 문장으로 술어 앞에 정도부사를 쓸 수 있고 목적어를 가지지 않는다. 쓰기 제1부분에서 매회 1문항 정도 꾸준히 출제된다.

赛场上的　气氛　非常　热烈。　경기장의 분위기가 굉장히 뜨겁다.
관형어　　주어　정도부사　형용사 술어

2. 주술술어문

주술구(주어+술어)가 술어인 문장으로 큰 주어에 대해 주술구가 부연 설명을 해 주는 문형이다.

开幕式　规模很大。　개막식이 규모가 매우 크다.
큰 주어　주술구 술어(작은 주어+작은 술어)

3. 是자문

동사 是가 술어인 문장으로 판단, 존재 등을 나타낸다.

手机　是　我们生活中必不可少的　东西。　핸드폰은 우리 생활에 없어서는 안 되는 물건이다.
주어　是　　　관형어　　　　목적어

4. 有자문

동사 有가 술어인 문장으로 소유, 존재 등을 나타낸다.

人生　有　很多　意义。　인생엔 많은 의미가 있다.
주어　有　관형어　목적어

5. 请자 청유문

동사 请을 사용하여 요청과 부탁을 나타내며 请 뒤에 대부분 술목구 등의 동사구가 온다.

请　输入　密码。　비밀번호를 입력해 주세요.
请　술어　목적어

합격 공략 **71** 형용술어문의 술어에는 정도부사를 함께 배치하라!

형용사술어문의 특징

제시어에 만일 동사가 없고 형용사만 있으면 형용사술어문을 완성하도록 한다. 형용사는 일반적으로 정도부사의 수식을 받으므로 정도부사를 형용사 앞에 배치한다. 또한 형용사는 목적어를 가지지 않으므로 형용사술어문에서는 주어만 배치하도록 한다.

〈 시험에 자주 출제되는 정도부사 〉

▫ **很** 매우	▫ **非常** 대단히, 굉장히	▫ **十分** 대단히, 십분
▫ **极其/极为** 지극히, 매우	▫ **挺……的** 매우, 아주	▫ **太……了** 너무
▫ **特别** 특히, 특별히	▫ **格外** 유달리, 유난히	▫ **尤其** 특히나
▫ **相当** 상당히	▫ **比较** 비교적	▫ **更** 더욱
▫ **有点儿** 다소, 조금	▫ **有些** 조금, 약간	▫ **越来越** 점점 더

很方便 아주 편하다   非常好 매우 좋다   有点儿闷热 좀 후덥지근하다   越来越漂亮 점점 예뻐지다

실전문제 ✏️

> 恶劣   沙漠的   极其   气候条件
>
> → _____

STEP 1 술어 배치하기

제시어에 동사가 없고 형용사와 정도부사가 있으므로 형용사술어문을 완성한다. 형용사 恶劣(열악하다)를 술어에 배치시킨다.

형용사는 묘사의 대상이 주어가 되므로 恶劣의 묘사의 대상으로 气候条件(기후 조건)을 주어에 배치한다.

구조조사 的가 결합된 沙漠的(사막의)는 관형어이므로 의미상 알맞은 气候条件 앞에 배치시키고 정도부사 极其(지극히)는 恶劣 앞에 배치하여 문장을 완성한다.

관형어	주어	부사어	술어
沙漠的气候 명사+的+성질/상태 (사막의 기후)	条件 명사 (조건은)	极其 부사 (지극히)	恶劣 형용사 (열악하다)

정답　沙漠的气候条件极其恶劣。　사막의 기후 조건은 지극히 열악하다.

어휘　沙漠 shāmò 명 사막　极其 jíqí 부 지극히, 매우　恶劣 èliè 형 열악하다

합격 공략 72　주술술어문은 큰 주어와 작은 주어를 구별하라!

작은 주어는 큰 주어의 일부분

주술술어문은 술어의 구조가 '주어+술어'로 전체 문장은 주어가 2개처럼 보인다. 하지만 하나의 화제에 대해 설명하는 구조이므로 문장에서 주어는 하나이다. 따라서 무엇이 큰 주어이고 작은 주어인지 구별해야 하는데 일반적으로 작은 주어는 큰 주어의 일부분 또는 속성을 나타내기 때문에 구조조사 的를 넣어서 의미가 성립되면 的의 앞의 것을 큰 주어에 배치하도록 한다.

1. 주술술어문의 구조 : 큰 주어 + 술어(작은 주어 + 작은 술어)

문장 구조	큰 주어 (화제)	큰 술어 (부연 설명)	
		작은 주어	작은 술어
	那两家公司 그 두 회사는	竞争 경쟁이	非常激烈 굉장히 치열하다

2. 큰 주어와 작은 주어를 구별하는 방법

구조조사 的를 사이에 넣어서 '관형어+的+명사'의 의미가 성립되면 的 앞의 어휘를 큰 주어에, 的 뒤의 어휘를 작은 주어에 배치한다. 큰 주어가 작은 주어를 포함하는 포괄적 의미를 가진다.

	큰 주어	큰 술어	
주술술어문	那辆汽车	性能 + 特别好 작은 주어 + 작은 술어	그 차량은 성능이 특히 좋다.
큰 주어 + 的 + 작은 주어(O)	那辆汽车的性能	特别好	그 차량의 성능이 특히 좋다.
작은 주어 + 的 + 큰 주어(X)	性能的那辆汽车	特别好	성능의 그 차량이 특히 좋다.

心理承受能力　　很大　　每个人的　　差别

→ _____

STEP 1　술어 배치하기

제시어에 동사가 없으므로 술어가 될 수 있는 형용사 大(크다)를 술어에 배치한다. 형용사술어문은 목적어를 가지지 않으므로 주어에만 명사가 필요한데 제시어에는 명사가 2개이므로 주술술어문임을 예상한다.

STEP 2　주어, 목적어 배치하기

명사 2개 중 무엇이 큰 주어인지 파악하기 위해서 구조조사 的로 연결시켜 본다. 心理承受能力(심리적 부담 능력)와 差别(차이)를 연결시키면 心理承受能力的差别(심리적 부담 능력의 차이)로 연결되므로 心理承受能力를 큰 주어에 배치하고 差别를 작은 주어에 배치한다.

STEP 3　남은 어휘 배치하기

구조조사 的가 있는 每个人的(모든 사람의)는 관형어이므로 心理承受能力 앞에 배치하여 문장을 완성한다.

관형어	큰 주어	큰 술어	
		작은 주어	작은 술어
每个人的	**心理承受能力**	**差别**	**很大**
지시대사+양사+명사+的	명사	명사	정도부사+형용사
(모든 사람의)	(심리적 부담 능력은)	(차이가)	(아주 크다)

정답　每个人的心理承受能力差别很大。　모든 사람의 심리적 부담 능력은 차이가 아주 크다.

어휘　承受 chéngshòu 동 감당하다, 이겨내다　差别 chābié 명 차별, 차이

합격 공략 73　동사 是를 사용하는 두 종류의 문장을 기억하라!

是자문과 '是……的' 강조구문

일반적으로 동사 是를 사용하는 문장 중 가장 많이 출제되는 것은 是자문으로, 是자문은 'A是B'의 형식을 이루며 'A는 B이다'라는 뜻을 나타낸다. 이때 목적어는 주어와 동등 관계이고 보통 주어의 성질이나 직업을 나타낸다. 그리고 동사 是를 사용하는 또 하나의 문장으로 '是……的' 강조구문이 있는데 이것은 是자문과 다른 의미를 나타낸다. '是……的' 강조구문은 이미 일어난 일의 시간, 장소, 방식, 행위자, 목적 등을 是과 的 사이에 배치하여 이를 강조한다. 이 때 是는 '~이다'라는 뜻의 동사 술어가 아니며 생략이 가능하다.

1. 是자문

주어 + 是 + 목적어 ★★★

동등 관계 青春期是人们成长过程中的关键期。 사춘기는 성장과정에서 중요한 시기이다.

성질 설명 长城是世界上七大奇迹之一。 만리장성은 세계 7대 기적 중의 하나이다.

2. '是……的'강조구문

주어 + (是) + 강조하는 내용 + 술어 + 的 ★

시간 강조 我父亲是去年退休的。 아버지께서는 작년에 퇴직하셨다.

※ '是……的'강조구문이 아닌 경우

的 뒤의 명사/대사가 생략된 문장 : 这个词典是新的。 이 사전은 새 것이다.

실전문제

| 小说 | 这实际上是 | 一部 | 非常出色的 | 讽刺 |

→ ＿＿＿＿＿＿＿＿＿＿＿＿＿＿＿＿＿

STEP 1 술어 배치하기

동사 是(~이다)를 술어 자리에 배치한다.

STEP 2 주어, 목적어 배치하기

是의 주어로 这(이)가 이미 제시되어 있으므로 목적어를 찾는다. 명사인 小说(소설)를 목적어에 배치한다.

STEP 3 남은 어휘 배치하기

남은 어휘 중 一部(한 권)와 非常出色的(매우 뛰어난), 讽刺(풍자)는 관형어의 어순 '수사+양사+……的+성질/특징'에 따라 一部非常出色的讽刺로 완성하고, 명사 小说 앞에 배치하여 문장을 완성한다.

주어	부사어	술어	관형어	목적어
这	**实际上**	**是**	**一部非常出色的讽刺**	**小说**
지시대사	명사+방위사	동사	수사+양사+형용사구的+성질/상태	명사
(이것은)	(실제로)	(~이다)	(한 권의 굉장히 뛰어난 풍자)	(소설)

정답 这实际上是一部非常出色的讽刺小说。 이것은 사실 굉장히 뛰어난 풍자 소설이다.

어휘 实际上 shíjìshang 🔑 사실상, 실질적으로   出色 chūsè 🔑 출중하다   讽刺 fěngcì 🔑 🔑 풍자(하다)

합격 공략 **74** 有자문은 소유와 존재를 나타낸다!

有자문

有자문은 주어가 무엇이냐에 따라 의미 관계가 바뀌는데 'A有B'에서 A가 소유자이면 'A(소유주)가 B(소유물)를 가지고 있다'를 나타내고, A가 장소이면 'A(장소)에 B(무엇)가 있다'라는 뜻을 나타낸다. 따라서 有자문은 주어와 목적어의 의미 관계를 파악하여 어순을 배열해야 한다.

1. 소유 : 주어 + 有/没有 + 목적어

苹果有促进消化的功能。 사과는 소화를 촉진시키는 기능을 가지고 있다.

소유를 나타낼 때 有 앞에 정도부사를 사용할 수 있다.

这是我度过的最有意义的一个生日。 이것은 내가 보낸 가장 의미있는 생일이다.

2. 존재 : 장소 + 有/没有 + 목적어

花上有一只美丽的蝴蝶。 꽃 위에 아름다운 나비 한 마리가 있다.

실전문제

我们公司的发展　　突出的贡献　　对　　有　　他

→ _____

STEP 1 술어 배치하기

동사 有(있다)를 술어 자리에 배치한다.

STEP 2 주어, 목적어 배치하기

有의 주어로 무엇을 소유할 수 있는 他(그)를 배치하고, 소유물 突出的贡献(두드러진 기여)은 목적어에 배치한다.

STEP 3 남은 어휘 배치하기

개사 对(~에)는 개사구(개사+명사)를 이루므로 我们公司的发展(우리 회사의 발전)과 결합시켜 부사어 자리에 배치하여 문장을 완성한다.

주어	부사어	술어	관형어	목적어
他	对我们公司的发展	有	突出的	贡献
인칭대사	개사+대사+명사+的+명사	동사	형용사+的	명사
(그는)	(우리 회사의 발전에)	(있다)	(두드러진)	(공헌)

정답　他对我们公司的发展有突出的贡献。 그는 우리 회사의 발전에 두드러진 기여를 했다.

어휘　突出 tūchū 혱 두드러지다, 뛰어나다　贡献 gòngxiàn 몡 통 기여(하다)

합격 공략 75 请자 청유문은 请으로 시작한다!

请과 청유문

동사 请은 청유문과 겸어문에 사용하는데, 정중하게 부탁할 때 사용하는 청유문일 경우 주어를 생략하고 请으로 시작하며 请자 뒤에 대부분 술목구가 등장한다. 그러나 겸어문일 경우 주어를 생략하지 않고, 요청 또는 초대의 뜻을 나타낸다. 请자 청유문은 把자문과도 함께 자주 출제된다.

1. 청유문 : 请 + 술어

请输入您的账号密码。 계좌 비밀번호를 입력해 주세요.

※ 서면어에 사용되어 문장의 난이도가 높아지는 경우도 있다.

非工作人员请勿入内。 스태프 외 출입금지.

> **어휘** 非 fēi 통 ~이 아니다 人员 rényuán 명 요원 勿 wù 팀 ~하지 마라

2. 겸어문 : 주어 + 请 + 목적어/주어 + 술어

我们将请一位著名学者来演讲。 우리는 저명한 학자를 한 분 모셔 와서 강연을 할 것이다.

실전문제 ✏️

主要观点   请   概括   作者的   用一句话

→ _____

STEP 1 술어 배치하기

제시어 중 술어가 될 수 있는 동사로 请(~해 주세요), 用(사용하다), 概括(요약하다)가 있다. 请은 청유문과 겸어문을 만들 수 있는데 제시어에 행동하는 주체가 없으므로 청유문을 완성한다. 나머지 동사 2개는 연동문으로 완성한다. 用은 연동문의 술어1에 쓰여 수단·방법을 나타내므로 술어1에 用을, 술어2에 概括를 배치한다.

STEP 2 주어, 목적어 배치하기

명사 一句话(한 마디 말)와 主要观点(주요 관점)을 동사 用과 概括의 목적어로 각각 배치시킨다.

STEP 3 남은 어휘 배치하기

구조조사 的가 결합된 作者的(작가의)는 관형어이므로 의미가 어울리는 主要观点 앞에 배치하여 문장을 완성한다.

请	술어	관형어	목적어	술어	관형어	목적어
请 동사 (~해 주세요)	**用** 동사 (사용하다)	**一句** 수사+양사 (한 마디)	**话** 명사 (말)	**概括** 동사 (요약하다)	**作者的主要** 명사+的+형용사 (작가의 주요)	**观点** 명사 (관점)

정답 请用一句话概括作者的主要观点。 한 마디로 저자의 주요 관점을 요약하세요.

어휘 概括 gàikuò 통 간단하게 요약하다   观点 guāndiǎn 명 관점, 입장

합격 공략 76 [220점 이상 고득점] 주술술어문에서는 부사어의 위치에 주의하라!

주술술어문에서의 부사어의 위치

주술술어문의 어순 배열하기에서 부사어가 함께 제시될 경우 난이도가 높아진다. 이는 부사어가 전체 문장의 부사어인지 술어를 이루는 주술구 내부의 부사어인지를 판단해야 하기 때문이다. 만일 전자라면 부사어는 작은 주어 앞에 위치해야 하고, 만일 후자라면 부사어는 주술구 내부의 작은 술어 앞에 위치해야 한다.

做事　　一定要　　**主次**　　分明。 일할 때는 반드시 주된 것과 부차적인 것을 분명히 해야 한다.
큰 주어　　부사어　　큰 술어(작은 주어+작은 술어)

他　　目前　　竞技状态　　非常　　**稳定**。 그는 현재 경기 컨디션이 굉장히 안정적이다.
큰 주어　부사어　　큰 술어(작은 주어+부사어+작은 술어)

실전문제

态度真诚　　要　　向别人道歉时　　一定

→ _____

STEP 1　술어 배치하기

명사 态度(태도)와 형용사 真诚(진실하다)은 이미 결합되어 있고 조동사 要(~해야 한다)가 있다. 제시어 중 술어가 될 수 있는 다른 어휘가 없으므로 주술술어문임을 예상하고 态度真诚을 술어에 배치한다.

STEP 2　주어, 목적어 배치하기

제시어에 주어가 될 수 있는 어휘가 없는데, 상대에게 명령하거나 불특정 다수에게 당위성을 전하는 문장에서는 주어를 종종 생략한다.

STEP 3　남은 어휘 배치하기

남은 어휘 向别人道歉时(다른 사람에게 사과할 때)과 부사 一定(반드시), 조동사 要(~해야 한다)는 부사어의 어순에 따라 向别人道歉时一定要로 배치하여 문장을 완성한다.

부사어		술어	
		작은 주어	작은 술어
向别人道歉时	**一定要**	**态度**	**真诚**
개사구+동사+时	부사+조동사	명사	형용사
(다른 사람에게 사과할 때는)	(반드시 ~해야 한다)	(태도가)	(진실하다)

정답 向别人道歉时一定要态度真诚。 다른 사람에게 사과할 때는 반드시 태도가 진실해야 한다.

어휘 真诚 zhēnchéng 톙 진실하다

실전 테스트   정답 및 해설_해설편 p.087

제시된 어휘를 조합하여 문장을 완성하세요.

1. 创意表演   精彩   十分   开幕式上的

   → _____

2. 格外   隔音效果   这种材料   好

   → _____

3. 丝绸   做的   这件   睡衣   是用

   → _____

4. 传统建筑   那条胡同   里   有不少

   → _____

5. 请   安全规则   遵守   自觉

   → _____

07 把자문
목적어를 술어 앞에 도치시키는 특수 문형

기본기 다지기 **기본 개념 잡기 & 공략 미리보기**

중국어의 기본 어순은 주어–술어–목적어인데, 이와 다른 독특한 어순을 가진 문장을 특수 문형이라고 한다. 把자문은 대표적인 특수 문형으로 목적어를 술어 앞에 도치시킨다. 쓰기 제1부분에서 매회 1문제씩 꾸준히 출제되는 부동의 1순위 특수 문형이다.

I 기본 개념 잡기 I 把자문의 특징

1. 把자문과 기본 문장의 비교

把자문은 술어의 행위의 대상, 즉 의미상의 목적어가 把자와 함께 술어의 앞으로 도치되어 '어떻게 처리하다', '어떤 행위를 가하다'라는 처치의 의미를 강조하는 문형이다.

把자문의 어순 : 주어 + 把의미상의 목적어 + 술어 + 기타성분

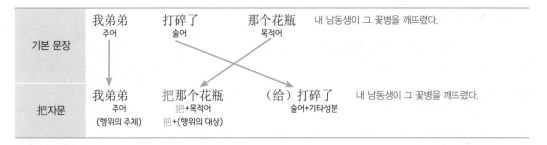

2. 把자문 술어의 특징

把자문의 술어는 동사를 단독으로 사용하지 않고, 동사 뒤에 기타성분을 붙인다.

동사 + 了	我把剩下的菜**扔**了。	나는 남은 음식을 버렸다.
동사 + 着	你把介绍信**拿**着。	너 소개장을 잘 가지고 있어.
동사 + 결과보어	你要把汉语**学**好。	너 중국어를 잘 배워야 해.
	我把那幅画**挂**在墙上了。	나는 그 그림을 벽에 걸었다.
동사 + 방향보어	我把数码相机**带**来了。	내가 디지털카메라를 가지고 왔다.
동사 + 정도보어	她把衣服**洗**得很干净。	그녀가 옷을 깨끗하게 빨았다.
동사 + 시량보어	他把会议时间**提**前了两个小时。	그가 회의 시간을 2시간 앞당겼다.
동사 + 동량보어	我把这部电影**看**了三遍。	나는 이 영화를 3번 보았다.
동사의 중첩	我们应该把这个问题**研究**研究。	우리는 이 문제를 좀 검토해봐야 한다.
동사 + 목적어	我把那个箱子**给**他了。	나는 그 상자를 그에게 주었다.

합격 공략 **77** 把자문의 기본 어순을 기억하라!

목적어가 술어 앞에 오는 把자문

把자문의 가장 큰 특징은 목적어가 술어 앞에 위치한다는 것이다. 문제의 제시어에 把가 있으면 把자문임을 예상하고, 술어를 배치한 뒤 술어 앞에 把와 의미상의 목적어를 배치하도록 한다.

1. 把자문 = 주어 + 부사어 + 把의미상의 목적어 + 술어 + 기타성분 ★★★

你　　能　　把剪刀　　递　　给我吗？ 。 가위를 제게 건네주실 수 있어요?
주어　　부사어　　把+의미상의 목적어　　술어　　　보어

2. 부사어는 把 앞에 위치한다.

부사　　不把, 没把, 别把, 快把, 就把, 刚把, 已经把

조동사　　想把, 要把, 会把, 能把

我们　　已经　　**把**日程　　安排　　好了。 우리는 일정을 이미 다 안배했다.
주어　　부사어　　把+의미상의 목적어　　술어　　보어

실전문제 ✎

読完了　　他　　已经　　博士课程　　把

→ _____

STEP 1 **술어 배치하기**

제시어에 把가 있으므로 把자문임을 알 수 있다. 보어 完(완성되다)과 동태조사 了가 결합되어 있는 读完了(다 읽었다)를 술어에 배치한다. 把자문에서는 술어가 '동사+了'인 형식이 가장 빈번하게 출제된다.

STEP 2 **주어, 목적어 배치하기**

술어 读의 주어로 他(그)를 배치하고, 把가 이끄는 의미상의 목적어로는 博士课程(박사과정)을 배치한다.

남은 어휘 부사 已经(이미)은 부사어이므로 把 앞에 배치하여 문장을 완성한다.

주어	부사어	把의미상의 목적어	술어+기타성분	
			동사	결과보어+了
他 인칭대사 (그는)	已经 부사 (이미)	把博士课程 把+명사 (박사과정을)	读 (공부하다)	完了 (완성했다)

정답 他已经把博士课程读完了。 그는 이미 박사과정을 수료했다.

어휘 课程 kèchéng 뗑 교육과정, 커리큘럼

합격 공략 **78** 把자문 술어 뒤에 자주 쓰이는 기타성분을 기억하라!

把자문 술어 뒤의 기타성분과 고정격식

把자문은 '무엇을 어떻게 처치하다'라는 처치한 결과를 나타내기 때문에 동사 뒤에 결과보어를 자주 사용한다. 가장 자주 사용하는 결과보어는 '在, 到, 给, 成'이다. 그중 개사구 결과보어가 제시될 경우 부사어로 혼동하지 않도록 주의해야 한다.

1. 동사 + 결과보어(在/到/给/成) ★★★ : '~에/~까지/~에게/~로 ~하다'

동사 + 在장소/시간   请把铅笔放在桌子上。 연필을 탁자 위에 놓으세요.

동사 + 到장소/시간   服务员把行李箱搬到客房里了。 종업원이 캐리어를 객실로 운반해 주었다.

동사 + 给대상   我已经把作业交给了老师。 나는 과제를 이미 선생님께 제출했다.

동사 + 成변화된 결과   我想把美元换成人民币。 저는 달러를 인민폐로 바꾸고 싶어요.

2. 弄 + 결과보어 : '~하게 하다'

弄坏 고장내다, 망가뜨리다   弄丢 잃어버리다   弄脏 더럽히다   弄乱 흐트러트리다, 어지럽히다
弄明白 알다, 이해하다   弄糊涂 헷갈리다, 정신을 흐리게 만들다   弄清楚 분명히 하다

孩子把衣服弄脏了。 아이가 옷을 더럽혔다.

3. 把A + 当做/当成/作为/看做(是) B : 'A를 B로 여기다'

老师把我们当做自己的孩子对待。 선생님은 우리를 자신의 자녀로 여기며 대하신다.

我会尽快　发给　把　相关资料　你们

→ _____

STEP 1 **술어 배치하기**

제시어에 把가 있으므로 把자문임을 알 수 있다. 发给(~에게 보내다)가 '동사+결과보어' 형태이므로 发가 술어임을 알 수 있다.

STEP 2 **주어, 목적어 배치하기**

인칭대사 我(나) 뒤에 조동사 会(~일 것이다)와 부사 尽快(가능한 빨리)가 결합되어 있으므로 주어에 배치하고, 把 뒤에는 의미상의 목적어로 相关资料(관련자료)를 배치한다.

STEP 3 **남은 어휘 배치하기**

부사는 이미 배치되어 있고, 결과보어 给 뒤에는 대상이 와야 하므로 남은 어휘 你们(당신들)을 배치하여 문장을 완성한다.

주어	부사어	把의미상의 목적어	술어+기타성분	
			동사	개사구 결과보어
我 인칭대사 (나는)	**会尽快** 조동사+부사 (가능한 빨리 ~할 것이다)	**把相关资料** 把+명사 (관련자료를)	**发** (보내다)	**给你们** 개사+인칭대사 (당신들에게)

정답 我会尽快把相关资料发给你们。 제가 가능한 빨리 관련자료를 당신들에게 보내겠습니다.

어휘 尽快 jǐnkuài 图 가능한 빨리　相关资料 xiāngguān zīliào 관련자료

합격 공략 79 [220점 이상 고득점] **把자문에서 부사의 예외적인 위치에 주의하라!**

把자문에서 부사의 예외적인 위치

把자문에서 부사는 일반적으로 개사 把 앞에 위치하지만 일부 부사는 예외적으로 술어 앞에 위치한다. 어떠한 부사가 예외적인 위치를 갖는지 살펴보자.

1. 범위를 나타내는 부사 都/全部 ★

범위부사 都/全部는 복수를 나타내는 말 뒤에 놓이므로, 주어가 복수인지 把의 의미상의 목적어가 복수인지를 따져 배치해야 한다.

她　把手机里的信息　全部　删除　了。그녀는 핸드폰 속의 정보를 모두 다 지웠다.
주어　　把의미상의 목적어　　부사어　술어　기타성분

2. 부정부사 不

고정격식 및 관용구에서 술어 앞에 쓰기도 한다.

他　　**把**谁　　都**不**　　**放**　　在眼里。 그는 누구도 안중에 없다.
주어　把의미상의 목적어　부사어　술어　　기타성분

她　　把　　文学创作上　　全部精力　　都　　放在

→ _____

STEP 1　술어 배치하기

제시어에 把가 있으므로 把자문임을 알 수 있다. 放在(~에 놓다)가 '동사+개사구 결과보어'의 형태이므로 放이 술어임을 알 수 있다.

STEP 2　주어, 목적어 배치하기

동사 放의 행동의 주체로 她(그녀)를 주어에 배치하고 把의 의미상의 목적어로는 放의 대상이 될 수 있는 全部精力(모든 에너지)를 배치한다.

STEP 3　남은 어휘 배치하기

在 뒤에는 장소 어휘가 와야 하므로 방위명사 上이 결합되어 있는 文学创作上(문학 창작 위)을 배치한다. 부사 都는 복수를 나타내는 어휘 뒤에 위치하므로 全部精力 뒤에 배치하여 문장을 완성한다.

주어	把목적어	부사어	술어+기타성분	
			동사	개사구 결과보어
她 인칭대사 (그녀는)	**把全部精力** 把+명사 (모든 에너지를)	**都** 부사 (모두)	**放** (두다)	**在文学创作上** 개사+명사+방위사 (문학 창작 위에)

정답　她把全部精力放在文学创作上。　그녀는 모든 에너지를 문학 창작에 두고 있다.

어휘　精力 jīnglì 명 정력, 에너지　文学 wénxué 명 문학　创作 chuàngzuò 명 동 창작(하다)

제시된 어휘를 조합하여 문장을 완성하세요.

1. 回收站里的文件   他   把   删除了

   → _____

2. 聚会的事情   王太太   居然   忘了   把

   → _____

3. 我不小心   洒在   电脑键盘上   把咖啡   了

   → _____

4. 把我   弄   这道题   糊涂了

   → _____

5. 下载到   如何   软件   手机上   将

   → _____

08 被자문

피동의 뜻을 나타내는 특수 문형

기본기 다지기 | 기본 개념 잡기 & 공략 미리보기

被자문은 피동의 뜻을 나타내는 특수 문형으로 주어가 무엇에 의하여 어떤 행위를 당했는지를 나타내는 문장이다. 시험에서는 평균 2회에 약 1문항 정도 출제되며 把자문과 번갈아 가며 출제되기도 한다.

| 기본 개념 잡기 | 被자문의 특징

1. 被자문과 把자문의 비교

被자문은 '무엇에 의해 어떤 행동을 당하다'라는 피동의 의미를 나타내는 문장으로, 행위를 가한 주체에 개사 被를 결합시켜 술어 앞에 두고, 행위를 당한 대상은 주어에 둔다.

被자문의 어순 : 주어 + 被행위의 주체 + 술어 + 기타성분

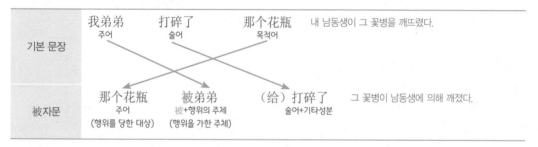

기본 문장	我弟弟 주어	打碎了 술어	那个花瓶 목적어	내 남동생이 그 꽃병을 깨뜨렸다.
被자문	那个花瓶 주어 (행위를 당한 대상)	被弟弟 被+행위의 주체 (행위를 가한 주체)	（给）打碎了 술어+기타성분	그 꽃병이 남동생에 의해 깨졌다.

2. 被자문 술어의 특징

被자문에서도 동사술어를 단독으로 사용하지 않고, 뒤에 기타성분을 함께 사용한다. 把자문과 달리 동태조사 着와 동사의 중첩은 쓰지 않는다.

동사 + 了	比赛被**取消**了。 시합이 취소되었다.
동사 + 过	我没被**打**过。 나는 맞아 본 적이 없다.
동사 + 결과보어	衣服被咖啡**弄脏**了。 옷이 커피에 더럽혀졌다.
	小鸟被**放**回森林里了。 작은 새는 숲 속으로 보내졌다.
동사 + 방향보어	足球被我**踢**进了球门。 축구공은 나에 의해 골문으로 차여 들어 갔다.
동사 + 정도보어	教室被我们**打扫**得干干净净。 교실은 우리에 의해 깨끗하게 청소되었다.
동사 + 시량보어	他被乘客**骂**了半天。 그는 승객에게 한참 욕을 먹었다.
동사 + 동량보어	他被老师**批评**了一顿。 그는 선생님께 한바탕 혼이 났다.
동사 + 목적어	他被**选为**车间主任了。 그는 작업장 주임으로 뽑혔다.

| 공략 미리보기 |

합격 공략 80	被자문은 행위의 주체와 행위를 당한 대상을 정확히 구분하라!
합격 공략 81	被의 동의어와 고정격식을 기억하라!
합격 공략 82	[220점 이상 고득점] 被자문에서 부사어의 예외적인 위치에 주의하라!

합격 공략 80 被자문은 행위의 주체와 행위를 당한 대상을 정확히 구분하라!

행위의 주체와 행위의 대상

被자문은 피동을 나타내며, 被 앞 주어 자리에 행위를 당하는 대상을 배치하고, 被 뒤에 행위를 가하는 행위의 주체를 배치한다. 따라서 정확한 被자문 어순을 배열하기 위해서는 무엇보다 행위를 가하는 주체와 행위를 당하는 대상을 정확히 구분해야 한다.

1. 被자문 : 주어 + 부사어 + 被행위의 주체 + 술어 + 기타성분 ★★★

我 　 也 　 被他的解释 　 搞 　 糊涂了。　나도 그의 설명에 의해 어리둥절해졌다.
행위를 당한 대상 　 부사어 　 被+행위의 주체 　 술어 　 보어

2. 被 뒤의 행위의 주체는 생략할 수 있다.

他的辞职申请 　 被 　 批准 　 了。　그의 사직 신청이 승인되었다.
행위를 당한 대상 　 被 　 술어

3. 부사어는 被 앞에 위치한다.

부사 　 不被, 没被, 别被, 很快就被, 刚被, 已经被

조동사 　 会被, 能被, 可能被

那边靠窗的座位 　 已经 　 被别人 　 预定 　 了。　그쪽 창가 자리는 이미 다른 사람에 의해 예약되었다.
행위를 당한 대상 　 부사어 　 被+행위의 주체 　 술어

실전문제

被　　他的　　取消了　　比赛资格

→ _____

STEP 1　술어 배치하기

제시어에 被가 있으므로 被자문임을 알 수 있다. 동태조사 了가 결합되어 있는 取消了(취소했다)를 '술어+기타성분'에 배치한다.

STEP 2 주어, 목적어 배치하기

被자문에서는 행위를 받는 대상이 주어가 되므로 술어 取消를 당하는 대상으로 比赛资格(경기자격)를 주어에 배치한다.

STEP 3 남은 어휘 배치하기

구조조사 的가 있는 他的(그의)는 관형어로 명사인 比赛资格 앞에 배치한다. 제시어에 다른 어휘가 없으므로 행위의 주체가 생략된 被자문으로 문장을 완성한다.

관형어	주어	被행위의 주체	술어+기타성분	
			동사	了
他的比赛 인칭대사+的+명사 (그의 경기)	**资格** 명사 (자격은)	**被** (~에 의해)	**取消** (취소하다)	**了** (~했다)

정답 他的比赛资格居然被取消了。 그의 경기자격이 취소되었다.

어휘 资格 zīgé 몡 자격   取消 qǔxiāo 됭 취소하다

합격 공략 81 被의 동의어와 고정격식을 기억하라!

피동문의 다양한 형태

피동의 의미는 被 외에도 让, 叫, 为를 사용해 나타낼 수 있다.

1. 被의 동의어 : 주어 + 부사어 + 被(=让/叫) 행위의 주체 + 술어 + 기타성분

我的钱包　被小偷　偷　走了。 내 지갑을 도둑이 훔쳐갔다.
　　　　　被 +행위의 주체

他　又　让人　给骗　了。 그는 또 사람에게 속았다.
　　　让 +행위의 주체

我的自行车　叫朋友　骑　走了。 내 자전거를 친구가 타고 갔다.
　　　　　叫+행위의 주체

2. 그 밖의 형식

- **주어 + 부사어 + 被행위의 주체 + (给) + 술어 + 기타성분** : 술어 앞에 给를 쓰면 좀 더 구어적인 표현이 된다.

  我　被他的故事　给　感动了。 나는 그의 이야기에 감동받았다.

- **주어 + 부사어 + 为행위의 주체 + 所 + 술어 + 기타성분** : 주로 서면어에 사용하고 주로 2음절 동사가 술어에 위치하며 기타성분은 생략되기도 한다.

  我为他的故事所感动。 나는 그의 이야기에 감동받았다.

3. 被자문의 고정격식

被자문은 행위의 주체자가 생략된 채 특정 동사들과 자주 결합되어 고정격식처럼 쓰인다.

•A被认为(是)B A는 B라고 여겨지다	这会被认为是很不礼貌的行为。 이것은 예의 없는 행동으로 여겨질 수 있다.
•A被选为B A가 B로 뽑히다	小明被选为班长。 샤오밍은 반장으로 뽑혔다.
•A被评为B A가 B로 평가받다/선정되다	妈妈连续三年被评为优秀教师。 엄마는 3년 연속 우수교사로 평가되었다.
•A被称为(是)B A가 B라고 불리다	黄河被称为母亲河。 황허는 젖줄로 불린다.
•A被作为B ＝A被当做B ＝A被看做(是)B A는 B라고 여겨지다	白葡萄酒渐渐被作为开胃酒。 백포도주는 점차 '식전 와인'으로 여겨졌다. 好人被当做犯人。 좋은 사람이 범인으로 여겨졌다. 他被看做是一位优秀老师。 그는 우수한 선생으로 여겨졌다.
•A被列为B A가 B로 채택되다	平遥古城被列为世界文化遗产。 핑야오 고성은 세계문화유산으로 채택되었다.

 **실전문제**

被称为   长城   世界建筑史上的   奇迹之一   是

→ _____

STEP 1 술어 배치하기

제시어에 被가 있으므로 被자문임을 알 수 있다. 被 뒤에 동사 称为가 있고 제시어 중 是가 있으므로 被자문 술어의 고정격식 被称为是(~이라고 부르다)을 술어로 배치한다.

STEP 2 주어, 목적어 배치하기

被 뒤에 바로 술어가 결합되어 있으므로 행위의 주체자는 생략되었음을 알 수 있다. 被자문에서는 동작을 당하는 대상이 주어가 되므로 称为의 대상이 될 수 있는 长城(만리장성)을 주어에 배치한다.

STEP 3 남은 어휘 배치하기

구조조사 的가 결합된 世界建筑史上的(세계 건축 역사상의)는 관형어이므로 명사 奇迹(기적) 앞에 배치하고 이것을 是의 뒤에 두어 문장을 완성한다.

주어	被행위의 주체	술어+기타성분	
		동사	是+관형어+목적어
长城 명사 (만리장성은)	**被** (~에 의해)	**称为** (~라고 부르다)	**是世界建筑史上的奇迹之一** (세계 건축 역사상 기적 중의 하나)

长城被称为是世界建筑史上的奇迹之一。 만리장성은 세계 건축 역사상 기적 중의 하나이다.

어휘 建筑 jiànzhù 명 건축   奇迹 qíjì 명 기적   之一 zhīyī 명 ~중의 하나

합격 공략 82 [220점 이상 고득점] 被자문에서 부사어의 예외적인 위치에 주의하라!

被자문에서 주의해야 할 부사어의 위치

被자문에서 부사어는 일반적으로 '被행위의 주체' 앞에 위치하지만 일부 부사어는 상황에 따라 술어 앞에 쓰이기도 한다.

1. 不小心은 부주의한 행동을 한 사람 뒤에 사용한다.

手机里的信息　**被我**　**不小心**　**删除**　了。 핸드폰 안의 정보를 내가 실수로 삭제했다.
　　　　　　　　被+행위의 주체　부사어　　술어

他　**不小心**　**被雪**　**滑**　倒了。 그가 실수로 눈에 미끄러져 넘어졌다.
주어　부사어　被+행위의 주체

2. 일부 형용사(地) 부사어는 被 뒤 술어 앞에 배치할 수 있다.

飞往香港的航班　**被**　**临时**　**取消**　了。 홍콩행 항공편이 임시 취소되었다.
　　　　　　　被　부사어　술어

他的要求　**被**　**断然**　**拒绝**　了。 그의 요구는 단호하게 거절되었다.
　　　　被　부사어　술어

실전문제

| 我 | 合同被 | 不小心 | 撕破了 |

→ _____

STEP 1　술어 배치하기

제시어에 被가 있으므로 被자문임을 알 수 있다. 동태조사 了가 결합되어 있는 撕破了(찢어졌다)를 '술어+기타성분'에 배치한다.

STEP 2　주어, 목적어 배치하기

被자문에서는 동작을 당하는 대상이 주어가 되므로 술어 撕破의 대상이 될 수 있는 合同(계약서)을 주어에 배치한다.

STEP 3　남은 어휘 배치하기

被 뒤에는 행위의 주체가 와야 하므로 我(나)를 배치하고, 일반적으로 부사어는 被 앞에 놓지만, 不小心(실수로)은 부주의한 행동을 한 사람 뒤에 사용하므로 我 뒤에 배치하여 문장을 완성한다.

주어	被행위의 주체	부사어	술어+기타성분	
			동사	了
合同 명사 (계약서가)	被我 被+인칭대사 (나에 의해)	不小心 (실수로)	撕破 (찢다)	了 (~했다)

정답 合同被我不小心撕破了。 계약서가 내 실수로 찢어졌다.

어휘 合同 hétong 圐 계약서 撕破 sīpò 찢다

실전 테스트 정답 및 해설_해설편 p.091

제시된 어휘를 조합하여 문장을 완성하세요.

1. 他　　录取了　　被　　外资企业　　一家

   → _____

2. 具体的　　被　　日程　　下来　　还没有　　确定

   → _____

3. 交通工具　　被认为是　　飞机　　最安全的

   → _____

4. 应用到　　无人驾驶车　　将被　　现实生活中

   → _____

5. 逐渐　　鼓励和支持　　重视　　被人们　　所

   → _____

09 연동문

동사가 2개일 땐 시간 순서에 따라 배치하기

기본기 다지기 **기본 개념 잡기 & 공략 미리보기**

연동문은 하나의 주어에 2개 이상의 술어를 사용한 문장이다. 이 동사들은 시간 순서로 나열하거나 목적/수단/방식 등의 관계에 따라 배치한다. 따라서 연동문의 어순과 부사어와 동태조사의 위치에 주의하여 학습하도록 한다.

| 기본 개념 잡기 | 연동문의 특징

1. 연동문의 기본 어순

연동문은 하나의 주어에 술어가 2개 이상 있는 문장으로 일반적으로 동작이 발생한 순서, 수단/방식, 목적의 관계에 따라 술어가 배치된다. 연동문은 술어의 배치 순서와 부사어, 동태조사의 위치에 주의해야 한다.

연동문의 어순 : 주어 + 술어1 + (목적어1) + 술어2 + (목적어2)

연동문	妈妈 주어	去 술어1	超市 목적어1	买 술어2	菜。 목적어2	엄마는 마트에 음식을 사러 가신다.

2. 연동문의 유형

연동문은 술어의 의미 관계에 따라 다음의 유형으로 나눌 수 있다.

1) 선후 관계 연동문 : 동작의 발생 순서에 따라 먼저 일어난 동작을 앞에 나중에 일어난 동작을 뒤에 배치한다.

他 下了 课 就 回 家。 그는 수업을 마치고 바로 귀가한다.
　　술어1(선)　　　　술어2(후)

2) 목적 관계 연동문 : 술어2가 술어1 (来, 去, 上, 到)의 목적이 된다.

我们一会儿 去 游泳。 우리는 조금 이따가 수영하러 간다.
　　　　　술어1 술어2(목적)

3) 수단/방식 관계 연동문 : 술어1 (用, 坐, 骑, 陪, 靠, 带)이 술어2를 하는 수단/방식을 나타낸다.

你也可以 用汉语 来 说。 중국어로 말씀하셔도 됩니다.
　　　술어1(수단/방식)　 술어2

　※ 수단 · 방식 관계 연동문 '술어1+(목적어1)+来+술어2'는 자주 출제되므로 반드시 기억해 두자.

4) 有연동문 : 술어1이 有/没有인 연동문이다.

我 有 一些事情 要处理。 나는 처리해야 할 일이 좀 있다.
　　술어1(有)　　　　술어2(앞의 명사를 수식)

5) 특수한 연동문 : 술어1을 긍정형식으로, 술어2를 부정형식으로 사용한다.

他 抓着 母亲的手 不放。 그는 어머니의 손을 잡고 놓지 않았다.
　　술어1(긍정)　　　　술어2(부정)

합격 공략 **83** 연동문은 시간 순서에 따라 동사를 배열하라!

연동문의 기본 어순

연동문에서 2개의 동사술어는 각각 일정한 의미 관계를 나타내는데, 시간의 선후 관계, 수단/방식, 목적 관계에 따라 어순이 배열된다. 일반적으로 동작이 발생한 시간 순서에 따라 술어의 위치가 결정되므로 2개의 술어 중 어떤 것이 먼저 발생하고 어떤 것이 나중에 발생하는지를 파악하여 배치하도록 한다.

연동문의 기본 어순 : 주어 + **술어1** + **(목적어1)** + **술어2** + **(목적어2)**
먼저 발생   + 나중에 발생
수단/방식   + 주요 행동
去/来/上/到   + 목적

실전문제

去   挂号处   一下   您先   询问

→ _____

STEP 1   술어 배치하기

제시어에 동사가 2개 있으므로 연동문임을 예상한다. 동사 去(가다)와 询问(문의하다)은 시간 순서에 따라 '가서 문의하다'가 자연스러우므로 去를 술어1에, 询问을 술어2에 배치한다.

STEP 2   주어, 목적어 배치하기

인칭대사 您(귀하)에 부사 先(먼저)이 뒤에 결합되어 있으므로 您이 주어임을 알 수 있다. 명사 挂号处(접수처)는 장소이므로 의미상 술어 去의 목적어에 배치한다.

STEP 3   남은 어휘 배치하기

남은 어휘인 동량사 一下(좀 ~하다)는 询问 뒤에 배치하여 문장을 완성한다.

주어	부사어	술어1	목적어1	술어2	보어
您 인칭대사 (귀하)	先 부사 (먼저)	去 동사 (가다)	挂号处 명사 (접수처)	咨询 동사 (문의하다)	一下 동량사 (좀 ～하다)

정답 您先去挂号处咨询一下。 먼저 접수처에 가셔서 문의해 보세요.

어휘 挂号处 guàhàochù 접수처   咨询 zīxún 图 자문하다, 상의하다

합격 공략 84 연동문에서 부사어의 위치에 주의하라!

연동문에서 주의해야 할 부사어의 위치

연동문에서 부사어는 일반적으로 술어1 앞에 위치한다. 하지만 경우에 따라 예외적인 부사어의 위치가 있으므로 주의해야 한다.

1. 연동문의 기본 어순 : 주어 + 부사어 + 술어1 + (복적어1) + 술어2 + (목적어2)

부사어는 일반적으로 술어1 앞에 사용한다.

你 也应该 找时间 去医院 做检查。 넌 아무래도 시간을 내서 검사하러 병원에 가봐야겠다.
　 부사+조동사 술어1 술어2 술어3

2. 有연동문에서 부사어의 위치

有연동문에서 조동사/개사구는 주로 술어2 앞에 배치한다.

我 没有 什么理由 可以 反对。 나는 반대할 수 있는 어떠한 이유도 없다.
　 술어1 　　 조동사 술어2

我 有 时间 跟你 吃 饭。 나는 너와 밥 먹을 시간이 있다.
　 술어1 　 개사구 술어2

3. 선후 관계 연동문에서 부사의 예외적인 위치

선후관계 연동문에서는 부사를 수식하는 동사 앞에 사용한다.

他 下了班 没有 回家 直接 就 去医院 看母亲。 그는 퇴근 후 집에 가지 않고 바로 어머님을 뵈러 병원으로 갔다.
　 술어1 부정부사 술어2 부사 부사 술어3 술어4

你 还是 全 好了 再 出院 吧。 너 아무래도 다 나은 후에 퇴원하는 게 좋겠다.
　 부사 부사 술어1 부사 술어2

실전문제 ✏

敢　　我　　那家餐厅　　不　　吃海鲜　　去

→ _____

STEP 1 술어 배치하기

제시어에 동사가 吃(먹다)과 去(가다)가 있으므로 연동문임을 예상한다. 의미상 '어디에 가서 먹다'가 자연스러우므로 시간 순서에 따라 去를 술어1에 吃를 술어2에 배치한다. 목적 관계를 나타내는 연동문에서는 来/去 등이 술어1이 된다.

STEP 2 주어, 목적어 배치하기

먼저 술어 去와 吃의 주체가 될 수 있는 주어로 我(나)를 배치하고, 那家餐厅(그 식당)은 장소이므로 去의 목적어에 배치한다.

STEP 3 남은 어휘 배치하기

남은 어휘 부사 不(안/못)와 조동사 敢(감히 ~하다)은 부사어로서 연동문에서는 주로 술어1 앞에 위치하므로 去 앞에 배치하여 문장을 완성한다.

주어	부사어	술어1	관형어	목적어1	술어2	목적어2
我 인칭대사 (나는)	不敢 부사+조동사 (감히 ~을 못하다)	去 동사 (가다)	那家 지시대사+양사 (그)	餐厅 명사 (식당)	吃 동사 (먹다)	海鲜 명사 (해산물)

정답 我不敢去那家餐厅吃海鲜。 나는 그 식당에 해산물을 먹으러 못 가겠다.

어휘 海鲜 hǎixiān 명 해산물

합격 공략 85 [220점 이상 고득점] 연동문에서 동태조사의 위치에 주의하라!

연동문에서의 동태조사의 위치

연동문은 2개 이상의 동사술어가 등장하기 때문에 동작의 완료, 경험, 지속을 나타내는 동태조사를 어디에 결합시키는지 주의해야 한다. 연동문의 유형에 따른 동태조사의 위치를 알아보자.

1. 주어 + 술어1 + 술어2 + 了/过 ★

목적, 수단/방식을 나타내는 연동문에서는 술어2 뒤에 了/过를 배치한다.

목적 我 去 北京 学过 汉语。 나는 북경에 중국어를 배우러 가 본 적이 있다.
　　　　　술어1　　　술어2

수단/방식 哥哥 骑 自行车 走了。 우리는 밥을 먹고 출발했다.
　　　　　　　　술어1　　　　술어2

※목적관계 연동문에서 술어1이 去, 来, 上, 到일 때는 동태조사(了)를 붙이지 않지만 去, 来, 上, 到가 술어2가 될 때는 붙일 수 있다. 예: 他上课去了。 그는 수업하러 갔다.

2. 주어 + 술어1 + 了/过 + 술어2

술어1이 완료된 후 술어2가 발생할 경우, 了/过는 술어1 뒤에 위치한다. 이때 술어1이 완료가 되어야 술어2가 발생한다는 조건의 의미가 있다. 주로 선후 관계 연동문이 이러하다.

我们 下了 课 一起 回 宿舍 吧。 우리 수업 마치고 같이 기숙사로 돌아가자.
　　　술어1　　　　　　술어2

我们 吃过 饭 就 出发。 우리는 밥을 먹고 출발했다.
　　　술어1　　　　술어2

3. 주어 + 술어1 + 着 + 술어2

술어1이 동시 동작, 수단/방식을 나타낼 경우 着는 술어1 뒤에 위치한다.

수단/방식　我 喜欢 躺着 看 电视。 나는 누워서 TV보기를 좋아한다.
　　　　　　　　　술어1　술어2

※ (참고) 주어 + 술어1 + 着 + 술어1 + 着 + 술어2 : 술어1 하다 보니 술어2 하게 되다

小孩子 哭着哭着 睡着了。 아이는 울다 울다 잠들었다.
　　　술어1　　　술어2

실전문제

> 移民　　王老师家　　去了　　欧洲
>
> → _____

STEP 1　술어 배치하기

제시어에 동사가 2개 있으므로 연동문임을 예상한다. 목적 관계 연동문에서는 来/去를 술어1에 배치하고 그 뒤에 동태조사 了를 붙이지 않는다. 그러나 제시어 去에 동태조사 了가 결합되어 있으므로 去를 술어2에 배치하고, 移民을 술어1에 배치한다.

STEP 2　주어, 목적어 배치하기

술어 移民과 去의 행동의 주체가 되는 王老师家(왕 선생님 댁)를 주어에 배치하고, 欧洲(유럽)를 去의 목적어에 배치하여 문장을 완성한다.

주어	술어1	술어2	목적어
王老师家 명사 (왕 선생님 댁)	移民 동사 (이민하다)	去了 동사+了 (갔다)	欧洲 명사 (유럽에)

정답 王老师家移民去了欧洲。 왕 선생님 댁은 유럽으로 이민가셨다.

어휘 移民 yímín 동 이민하다　欧洲 Ōuzhōu 지명 유럽

제시된 어휘를 조합하여 문장을 완성하세요.

1. 网络主播　　她利用　　业余时间　　做

   →＿＿＿＿＿＿＿＿＿＿＿＿＿＿＿＿＿＿＿＿＿＿＿

2. 买了　　豪车　　一辆　　老刘　　贷款

   →＿＿＿＿＿＿＿＿＿＿＿＿＿＿＿＿＿＿＿＿＿＿＿

3. 来形容　　班主任当时的　　用　　表情无法　　语言

   →＿＿＿＿＿＿＿＿＿＿＿＿＿＿＿＿＿＿＿＿＿＿＿

4. 蜜蜂　　靠　　来发声　　振动翅膀

   →＿＿＿＿＿＿＿＿＿＿＿＿＿＿＿＿＿＿＿＿＿＿＿

5. 网上　　很多　　有　　可以　　下载　　免费资料

   →＿＿＿＿＿＿＿＿＿＿＿＿＿＿＿＿＿＿＿＿＿＿＿

10

겸어문
하나가 둘의 역할을 하는 겸어문 완성하기

기본기 다지기 ▶ 기본 개념 잡기 & 공략 미리보기

겸어문은 하나의 단어가 목적어와 주어를 동시에 겸하는 문장으로, 대표적으로 겸어문을 만드는 동사에는 让, 使 등이 있다. 따라서 제시어에 이러한 어휘가 있으면 겸어문의 어순에 따라 문장을 완성하도록 한다.

l 기본 개념 잡기 l 겸어문의 특징

1. 겸어문의 기본 어순

겸어문은 술어1의 목적어가 술어2의 주어 역할을 하는 문장으로 쉽게 말해 2개의 문장이 겹쳐진 구조이다.

겸어문의 어순 : 주어 + 술어1 + 목적어1(=주어2) + 술어2 + 목적어2

겸어문	妈妈 주어	让 술어1	我 목적어1/주어2	打扫 술어2	房间。 목적어2	엄마가 내게 방을 청소하라고 하셨다.

2. 겸어문의 유형

겸어문을 만드는 동사에는 使, 让, 叫, 请 등이 있고 동사의 의미에 따라 아래와 같이 분류할 수 있다.

1) 사역 · 명령 · 요청 · 부탁을 나타내는 겸어문 ★★★

父亲 叫 他 坐 在椅子上。 아버지께서 그를 의자에 앉게 하셨다.
주어 술어1 목1/주2 술어2

2) 애증을 나타내는 겸어문

他 总是 抱怨 别人 不 理解 他。 그는 늘 남들이 그를 몰라준다고 원망한다.
주어 술어1 목1/주2 술어2

3) 호칭 · 인정을 나타내는 겸어문

我们 选 小刘 当 我们的班长。 우리는 샤오리우를 우리반 반장으로 뽑았다.
주어 술어1 목1/주2 술어2

4) 有자 겸어문 : 술어1이 有/没有인 겸어문 ★

我 有 一个朋友 准备 考研究生。 나는 대학원 시험을 준비하는 친구가 한 명 있다.
주어 술어1 목1/주2 술어2

l 공략 미리보기 l

합격 공략 86	겸어문을 만드는 동사를 기억하라!
합격 공략 87	겸어문에서 부사어의 위치에 주의하라!
합격 공략 88	[220점 이상 고득점] 혼합된 문장은 작은 부분부터 결합시키라!

합격 공략 86 겸어문을 만드는 동사를 기억하라!

겸어문을 만드는 동사

겸어문을 만드는 특정 동사들이 있다. 가장 대표적인 것이 사역의 의미 '~에게 ~을 하게 하다'를 나타내는 让과 같은 동사인데, 이와 같은 동사에는 어떠한 것들이 있는지 알아보도록 하자.

1. 사역 · 명령 · 요청 · 부탁을 나타내는 동사 ★★★ : '~에게 ~을 시키다'

□ 让 ~하도록 시키디	□ 使 ~하게 하다	□ 叫 ~하게 하다	□ 令 ~하게 하다
□ 要求 요구하다	□ 建议 건의하다	□ 劝 권하다	□ 请 부탁하다

谦虚　使　人　进步，　骄傲　使　人　落后。
주어　술어1　목1/주2　술어2　　주어　술어1　목2/주2　술어2

겸손은 사람을 발전시키고, 교만은 사람을 뒤처지게 한다.

2. 애증을 나타내는 동사 : '~이/가 ~하는 것을 좋아하다/싫어하다'

□ 喜欢 좋아하다	□ 讨厌 싫어하다	□ 批评 꾸짖다	□ 表扬 칭찬하다
□ 感谢 감사하다	□ 羡慕 부러워하다	□ 责备 탓하다	□ 原谅 용서하다

老师　表扬　我　学习进步了。 선생님께서 내 성적이 좋아졌다고 칭찬해주셨다.
주어　술어1　목1/주2　술어2

3. 호칭 · 인정을 나타내는 동사: '~을/를 ~라고 부르다/여기다'

□ 叫 부르다	□ 称 칭하다	□ 选 뽑다, 선출하다	□ 认 인정하다

술어1(叫/称/选/认) + 겸어 + 술어2(当/作/为) + 목적어

人们　称　他　为　歌王。 사람들은 그를 '가왕'이라고 부른다.
주어　술어1　목2/주2　술어2　목적어2

실전문제 ✏️

让我　　他的　　意外　　感到　　一举一动

→ _____

STEP 1 술어 배치하기

제시어에 동사 让(~로 하여금 ~하게 하다)이 있으므로 겸어문을 완성한다. 동사 让을 술어1의 자리에, 동사 感到(느꼈다)를 술어2 자리에 배치한다.

STEP 2 주어, 목적어 배치하기

让의 목적어는 이미 我(나)가 결합되어 있다. 感到의 목적어에는 형용사나 심리동사가 어울리므로 형용사 意外(의외이다)

를 배치시킨다. 문장 전체의 주어, 즉 让의 주어로는 '나에게 의외라고 느끼게 한' 것이 되어야 하므로 一举一动(일거수일투족)을 배치한다.

STEP 3 남은 어휘 배치하기

구조조사 的가 결합된 他的(그의)는 관형어이므로 一举一动 앞에 배치하여 문장을 완성한다.

관형어	주어	술어1	목1/주2	술어2	목적어2
他的 인칭대사+的 (그의)	一举一动 명사 (일거수일투족은)	让 동사 (~하게 하다)	我 인칭대사 (나)	感到 동사 (느끼다)	意外 형용사 (의외이다)

정답 他的一举一动让我感到意外。 그의 일거수일투족은 내게 의외였다.

어휘 意外 yìwài 형 의외이다, 예상 밖이다 一举一动 yìjǔyídòng 일거수일투족, 모든 행동

합격 공략 87 겸어문에서 부사어의 위치에 주의하라!

겸어문에서 부사어의 위치

겸어문에서 부사어는 일반적으로 술어1 앞에 위치한다. 하지만 경우에 따라 예외적인 부사어의 위치가 있으므로 주의해야 한다.

1. 겸어문의 기본 어순 : 주어 + 부사어 + 술어1(让, 使, 叫, 令) + 목1/주2 + 술어2 + 목적어2

부정부사/조동사는 일반적으로 술어1 앞에 사용한다.

爸爸 不 让 我 玩 电脑游戏。 아빠는 내가 컴퓨터 게임을 못하게 한다.
　　 부사어 술어1 목1/주2 술어2 　목적어2

2. 정도부사의 예외적 위치

정도부사는 형용사/심리동사 바로 앞에 사용한다. 그러나 真, 真是, 太는 술어1 앞에 사용한다.

这件事 使 我 感到 很 吃惊。 이 일은 나를 매우 놀라게 했다.
　　 술어1 목2/주2 술어2 정도부사 심리동사

这件事 真 让 人 头疼。 이 일은 정말 사람을 골치 아프게 한다.
　　 정도부사 술어1 목1/주2 술어2

3. 주의해야 할 别/不要/少

• 别는 让 앞에 쓰여 '~으로 하여금 ~을 하게 하지 말라'라는 뜻을 나타낸다.

别 让 消极心态 影响 你的生活。 부정적인 마음이 당신의 생활에 영향을 주게 하지 마라.
부사어 술어1 　목1/주2 　술어2 　목적어2

• 不要/少는 술어1이 '권하다'라는 의미인 동사일 때, 술어2(금지할 행동) 앞에 배치한다.

医生 建议 爸爸 不要 抽烟。 의사는 아빠에게 담배를 피우지 말라고 권했다.
　 술어1 목2/주2 부사어 　술어2

母亲 劝 他 少 玩游戏。 어머니께서는 그에게 게임을 좀 줄이라고 권하셨다.
　 술어1 목2/주2 부사어 　술어2

这个　　兴奋　　使人　　十分　　好消息

→ _____

STEP 1　술어 배치하기

제시어에 동사 使(~로 하여금 ~하게 하다)가 있으므로 겸어문임을 알 수 있다. 使를 술어1의 자리에, 兴奋(흥분하다)을 술어2 자리에 배치한다.

STEP 2　주어, 목적어 배치하기

使의 목적어는 제시어에 이미 결합되어 있으므로 使의 주어로 好消息(좋은 소식)를 배치한다.

STEP 3　남은 어휘 배치하기

这个(이것)는 관형어이므로 명사 好消息 앞에 배치하고 十分(매우)은 정도부사이므로 술어1이 아닌 심리동사 兴奋 앞에 배치하여 문장을 완성한다.

관형어	주어	술어1	목1/주2	부사어	술어2
这个好 지시대사+양사 +1음절형용사 (이 좋은)	**消息** 명사 (소식은)	**使** 동사 (~하게 하다)	**人** 명사 (사람)	**十分** 부사 (매우)	**兴奋** 동사 (감격하다)

정답　这个好消息使人十分兴奋。　이 좋은 소식은 사람들을 매우 감격시켰다.

어휘　消息 xiāoxi 몡 소식　兴奋 xīngfèn 통 흥분하다, 감격하다

합격 공략 **88** [220점 이상 고득점] 혼합된 문장은 작은 부분부터 결합시키라!

다양한 문장과 결합된 겸어문

한 문장 속에 다른 문장이 포함된 형태도 시험에 종종 출제된다. 전체 문장이 어떤 것인지, 포함된 문장이 어떤 것인지 한 번에 파악할 수 있으면 좋지만, 불가능할 경우 작은 어순부터 결합시켜 전체 문장을 완성해야 한다.

1. 겸어문 안에 연동문이 포함된 경우

爸爸　　叫　我　　去机场　接奶奶。　아버지께서 나에게 공항에 가서 할머니를 모시고 오도록 하셨다.
주어　　술어1　목1/주2　　연동문(술어2+술어3)

2. 연동문 안에 겸어문이 포함된 경우

我　打　电话　<u>叫　他　来我的办公室</u>。　나는 전화해서 그에게 내 사무실에 오라고 했다.
주어　술어1　목적어1　　겸어문(술어2+목2/주3+술어3+목적어3)

3. 겸어문 안에 把자문이 포함된 경우

妈妈　让　我　<u>把垃圾　扔了</u>。　엄마가 나에게 쓰레기를 버리게 했다.
주어　술어1　목1/주2　把자문(把목적어+술어2)

4. 겸어문이 관형어로 쓰인 경우

我　找到了　一份　<u>让人满意的</u>　工作。　나는 마음에 드는 일자리를 구했다.
주어　술어　관형어　겸어문(관형어)　목적어

嘉宾　　掌声　　用热烈的　　主持人　　让观众　　来欢迎
→ _____

STEP 1　술어 배치하기

제시어에 동사 让이 있으므로 겸어문임을 알 수 있다. 그 밖에 술어가 될 수 있는 어휘로 用(사용하다)과 연동문으로 결합된 来欢迎(와서 환영하다)이 있는데, 用은 수단이나 방식을 나타내는 연동문의 술어1에 사용하므로 술어 1에 배치하고, 来欢迎을 술어2에 배치한다.

STEP 2　주어, 목적어 배치하기

각각의 술어에 맞는 목적어를 배치해 보면, 동사 欢迎(환영하다)과 어울리는 목적어는 嘉宾(게스트)이고, 用(사용하다)과 어울리는 목적어는 掌声(박수 소리)이다. 그리고 겸어동사 让의 주어로는 행위의 주체자로 의미가 어울리는 主持人(사회자)를 배치한다. 그러면 의미상 主持人让观众用掌声来欢迎嘉宾이 완성된다.

STEP 3　남은 어휘 배치하기

구조조사 的가 결합된 热烈的(열렬한)는 관형어이므로 掌声 앞에 배치하여 문장을 완성한다.

주어	술어1	목1/주2	술어2	관형어	목적어2	술어3	목적어3
主持人 명사 (사회자는)	让 동사 (~하게 하다)	观众 명사 (관중으로 하여금)	用 동사 (사용하다)	热烈的 형용사+的 (열렬한)	掌声 명사 (박수 수리)	来欢迎 동사+동사 (환영하다)	嘉宾 명사 (게스트를)

정답　主持人让观众用热烈的掌声来欢迎嘉宾。　사회자는 관객들에게 뜨거운 박수로 게스트를 환영해 달라고 했다.

어휘　主持 zhǔchí 图 주관하다　热烈 rèliè 형 열렬하다　掌声 zhǎngshēng 명 박수소리　嘉宾 jiābīn 명 귀한 손님, 내빈

제시된 어휘를 조합하여 문장을 완성하세요.

1. 他在比赛中　　令人　　的表现　　遗憾

   → _____

2. 真让人　　佩服　　勇气　　那些年轻人的

   → _____

3. 这番演讲　　他的　　深受启发　　令人

   → _____

4. 使　　面临　　许多员工　　失业的风险　　公司经营不佳

   → _____

5. 只能期待会　　出现　　现在我们　　有奇迹

   → _____

11 존현문

시간/장소가 주어가 되는 문장 만들기

기본기 다지기 | 기본 개념 잡기 & 공략 미리보기

일반적으로 문장의 주어는 사람 또는 사물, 화제를 나타내는 어휘인데, 시간 또는 장소 어휘가 주어가 되어 존재의 뜻을 나타내는 문장이 있다. 이러한 존현문은 어떠한 특징이 있는지 알아보도록 하자.

| 기본 개념 잡기 | 존현문의 특징

1. 존현문의 기본 어순

존현문은 존재, 출현, 소멸을 나타내는 문장으로 시간/장소 어휘가 주어가 되며, 사람/사물 어휘는 목적어에 위치한다. 이러한 존현문의 술어는 존재, 출현, 소멸을 나타내며 동태조사 着/了, 결과보어, 방향보어와 결합하는 특징이 있다.

존현문의 어순 : 주어(시간/장소+방위명사) + 술어(동사+着/보어了) + 관형어 + 목적어(사람/사물)

존현문	床上 주어(장소)	放着 술어(동사+着)	一堆叠好的 관형어	衣服。 목적어(사물)	침대에 잘 개켜진 옷이 놓여 있다.

2. 존현문의 유형

존현문은 의미에 따라 아래와 같이 분류할 수 있다.

1) 존재를 나타내는 존현문 ★★★ : 정지한 상태 및 사물의 배치를 나타낸다.

信封上 　 贴着 　 一个邮票。　편지봉투에 우표가 한 장 붙어 있다.
주어(장소)　술어(동사着)　목적어(사물)

2) 출현을 나타내는 존현문 : 출현, 발생, 증가, 접근 등을 나타낸다.

隔壁 　 新 　 搬来了 　 一对夫妻。　옆집에 부부가 새로 이사 왔다.
주어(장소)　부사어　술어(동사+보어了)　목적어(사람)

3) 소실을 나타내는 존현문 : 분실, 감소 등을 나타낸다.

书架上 　 少了 　 几本书。　책장에 책 몇 권이 줄었다.
주어(장소)　술어(동사+了)　목적어(사물)

3. 존현문의 특징과 주의할 점

1) 존현문의 주어는 장소 또는 시간이지만, 여기에 在, 到, 从 등과 같은 개사를 붙이지 않는다. 장소를 나타내는 주어는 일반적으로 '장소/사물명사+上/里'의 형태로 사용한다.

从前边来了几辆汽车。(×)

→ 前边来了几辆汽车。　앞에 차 몇 대가 왔다.

2) 목적어는 반드시 불특정한 것으로, 这/那 등의 지시대사를 붙이지 않는다. 주로 '수사+양사+……的+명사' 형태로 사용한다.

中午12点来过那位客人。(×)

→ 中午12点来过一位客人。　12시에 손님이 한 분이 오셨었다.

3) 술어 뒤에는 주로 동태조사 着/了나 방향보어, 결과보어 등을 사용한다.

树上	掉下了	一个	苹果。	나무에서 사과 하나가 떨어졌다.
주어(명사+上)	술어(동사+방향보어+了)	관형어(수사+양사)	목적어	

| 공략 미리보기 |

합격 공략 89	존현문 술어의 특징을 파악하라!
합격 공략 90	존현문의 주어에 시간 또는 장소 어휘를 배치하라!
합격 공략 91	[220점 이상 고득점] 그 밖의 존재를 나타내는 동사

합격 공략 **89** 존현문 술어의 특징을 파악하라!

존현문 빈출 동사

만일 제시어에 개사(在/从) 없이 장소 또는 시간을 나타내는 말과 '동사+着/(결과보어·방향보어)了'가 주어져 있다면, 존현문을 완성하도록 한다. 존현문에 자주 사용되는 특정 동사들의 형식을 알아보도록 하자.

〈 존현문 빈출 술어 〉

1. 존재의 의미 • 동사 + 着 • 동사 + 결과보어 了	坐着 앉아 있다 放着 놓여 있다 画着 그려져 있다 排列着 배열되어 있다 站着 서있다 停着 세워져 있다 挂着 걸려 있다	写着 쓰여져 있다 住着 살고 있다 摆着 놓여 있다 躺着 누워 있다 堆着 쌓여 있다 贴着 붙어 있다 种着 심겨 있다	充满着 가득하다, 넘치다 流传着 전해져 내려오고 있다 充满了 가득 찼다 挂满了 잔뜩 걸려 있다 摆满了 잔뜩 진열되어 있다
2. 출현의 의미 • 동사 + (방향보어)了	来了 왔다 出现了 출현했다	搬来(了) 이사왔다 飞来了 날아왔다	多了 늘었다 跑(过)来了 달려왔다
3. 소실의 의미 • 동사 + (방향보어)了	走了 갔다 少了 빠졌다(줄었다)	死了 죽다 丢了 잃어버렸다	掉下了 떨어졌다 消失了 사라졌다

 **실전문제**

墙上　　贴着　　很多　　电影海报　　宿舍的

→ _____

STEP 1 **술어 배치하기**

명사에 방위사(上)가 결합된 墙上(벽 위)과 '동사+着' 형태인 贴着(붙어 있다)가 있으므로 존현문임을 알 수 있다. 贴着를 술어에 배치한다.

STEP 2 **주어, 목적어 배치하기**

존현문의 주어는 시간 또는 장소이고 목적어는 사람 또는 사물이므로 墙上은 주어에 海报(포스터)는 목적어에 배치한다.

STEP 3 **남은 어휘 배치하기**

남은 어휘 宿舍的(기숙사)는 의미상 墙上과 어울리므로 墙上 앞에 관형어로 배치하고, 很多(아주 많은)는 电影海报(영화 포스터) 앞에 관형어로 배치하여 문장을 완성한다.

관형어	주어	술어	관형어	목적어
宿舍的 명사 (기숙사)	墙上 명사+上 (벽 위)	贴着 동사+着 (붙어 있다)	很多电影 부사+형용사+명사 (많은 영화)	海报 명사 (포스터)

정답 宿舍的墙上贴着很多电影海报。 기숙사 벽에 많은 영화 포스터가 붙어 있다.

어휘 宿舍 sùshè 몡 기숙사   墙 qiáng 몡 벽   贴 tiē 동 붙이다   海报 hǎibào 몡 포스터

합격 공략 90 존현문의 주어에 시간 또는 장소 어휘를 배치하라!

존현문 주어의 특징

존현문의 가장 큰 특징은 시간 또는 장소가 주어가 된다는 것이다. 실제 장소의 의미를 가진 门口, 前边과 같은 어휘를 사용할 뿐만 아니라 사물 어휘에 장소를 나타내는 방위명사 '上/里'를 사용하여 장소의 뜻을 나타낸다. 따라서 제시어에 존현문에 자주 쓰이는 술어와 함께 '명사+방위명사(上/里)' 형태가 있으면 존현문을 완성하도록 한다.

〈 존현문 빈출 주어 〉

▫ 门上 문에	▫ 天空中 하늘에	▫ 脸上 얼굴에
▫ 阳台上 발코니에	▫ 墙上 벽에	▫ 屋子里 방 안에
▫ 隔壁 이웃집	▫ 街上 거리에	▫ 抽屉里 서랍장 안에
▫ 墙角 담이나 벽의 모퉁이	▫ 窗台上 창틀에	▫ 台下 무대 아래에
▫ 当地 현지, 그 지방	▫ 书架上 책장에	▫ 网(络)上 인터넷에

※ 门口(입구), 前边(앞쪽)과 같은 어휘는 바로 장소임을 알아보고 쉽게 주어로 배치할 수 있다. 그러나 桌子(탁자), 手(손)와 같은 사물이나 신체부위는 장소 주어로 쓰기 위해 上/里와 같은 방위사를 항상 붙인다. 그리고 阳台(발코니), 公园(공원)처럼 장소임이 확실한 단어들은 방위사를 종종 생략하지만, 정확하게 어느 곳을 나타내기 위해서 阳台上(발코니 위), 公园里(공원 안)와 같이 방위사를 붙여 사용하기도 한다.

大大小小的　　阳台　　摆满了　　上　　花盆

→ _____

STEP 1 술어 배치하기

장소를 나타내는 阳台(베란다)와 '동사+보어了' 형태의 摆满了(가득 놓여있다)를 보고 존현문임을 예상하고 摆满了를 술어에 배치한다.

STEP 2 주어, 목적어 배치하기

존현문의 주어는 '명사+방위명사(上/里)'의 형태이므로 阳台와 上(위)을 결합시킨다. 목적어는 존재하는 사람 또는 사물이어야 하므로 花盆(화분)을 목적어에 배치한다.

STEP 3 남은 어휘 배치하기

구조조사 的가 결합된 관형어 大大小小的(크고 작은)는 花盆 앞에 배치하여 문장을 완성한다.

주어	술어	관형어	목적어
阳台上	**摆满了**	**大大小小的**	**花盆**
명사+上	동사+결과보어+了	형용사 중첩+的	명사
(베란다에)	(가득 놓여 있다)	(크고 작은)	(화분)

정답　阳台上摆满了大大小小的花盆。　베란다에 크고 작은 화분들이 가득 놓여 있다.

어휘　阳台 yángtái 몡 발코니, 베란다　摆 bǎi 동 진열하다, 놓다　花盆 huāpén 몡 화분

합격 공략 **91** ▶ [220점 이상 고득점] 그 밖의 존재를 나타내는 동사

존재를 나타내는 是/有/在

존현문뿐만 아니라 동사 是, 有, 在도 존재의 의미를 나타낼 수 있다. 존재를 나타낼 때의 동사 是, 有, 在의 문장 구조를 숙지해 두자.

1. 장소 + 是 + 사람/사물 : '어디에 무엇이 있다'

世界上　　到处都　　是　　有才华的　　人。　세상 곳곳에 재능 있는 사람들이 있다.
주어(어디)　부사어　술어(是)　관형어　목적어(무엇)

2. 장소 + 有/没有 + 사람/사물 : '어디에 무엇이 있다/없다'

网络上　　有　　丰富的学习　　资源。　인터넷에 풍부한 학습 자원이 있다.
주어(어디)　술어(有)　관형어　　목적어(무엇)

3. 사람/사물 + 在 + 장소 : '무엇이 어디에 있다'

保险柜的钥匙　　在　　桌子的抽屉里。　금고 열쇠는 테이블 서랍 속에 있다.
주어(무엇)　　술어(在)　목적어(어디)

絶対　　并没有　　世界上　　艺术品　　完美的

→ _____

STEP 1　**술어 배치하기**

제시어에 장소를 나타내는 어휘 世界上(세상에)과 동사 没有가 있으므로 존재를 나타내는 문장을 완성한다. 没有를 술어에 배치한다.

STEP 2　**주어, 목적어 배치하기**

有자문이 존재를 나타낼 경우 장소가 주어가 되고, 사람 또는 사물이 목적어가 되므로 世界上을 주어에, 艺术品(예술품)을 목적어에 배치한다.

STEP 3　**남은 어휘 배치하기**

구조조사 的가 결합된 完美的(완벽한)는 관형어이므로 의미상 알맞은 艺术品 앞에 배치하고, 부사 绝对(절대적으로)는 형용사 完美 앞에 배치하여 문장을 완성한다.

주어	부사어	술어	관형어	목적어
世界上	并	没有	绝对完美的	艺术品
명사+上	부사	동사	부사+형용사+的	명사
(세상에)	(결코)	(없다)	(절대적으로 완벽한)	(예술품)

정답　世界上并没有绝对完美的艺术品。　세상에 절대적으로 완벽한 예술품은 결코 없다.

어휘　绝对 juéduì 휑 절대적인 ⣾ 절대적으로

제시된 어휘를 조합하여 문장을 완성하세요.

1. 小麦   墙角   几袋   堆着

   → _____

2. 顾客止步   门上   的   牌子   挂着一块

   → _____

3. 一批   校园的操场上   新增了   运动设备

   → _____

4. 出现了   一道   天空中   闪电   突然

   → _____

5. 孩子的   到处   都是   房间里   零食

   → _____

12 비교문

비교문 완성하기

기본기 다지기 | 기본 개념 잡기 & 공략 미리보기

비교문은 두 대상의 정도를 비교하는 문장이다. 일반적으로 개사 比를 사용한 비교문 출제 빈도가 가장 높고, 이 밖에 有/没有, 不如와 같은 수단을 활용한 비교문도 종종 출제된다. 유형별 비교문의 구조를 공식처럼 대입하여 정답을 도출해 보자.

| 기본 개념 잡기 | 비교문의 특징

1. 비교문의 기본 어순

비교문은 두 대상을 비교하여 술어 뒤에 구체적으로 얼만큼 차이가 나는지를 정도보어나 수량보어 등을 통해 나타낸다. 대표적인 比자 비교문은 다음과 같은 어순을 이룬다.

비교문의 어순 : 주어 + 比 + 비교의 대상 + 술어

비교문	新买的手机 주어	比旧的 比+비교의 대상	好用。 술어	새로 구입한 핸드폰이 예전 것보다 쓰기 편하다.

2. 비교문의 유형

1) 比자 비교문

크게 술어가 형용사인 경우와 동사인 경우로 나눌 수 있다. 'A가 B보다 어떠하다'라는 뜻을 나타낸다.

형용사 술어　香港的冬天　比北京　更　暖和。홍콩의 겨울은 북경보다 더 따뜻하다.
　　　　　　　　주어　　比+비교의 대상　　　형용사술어

동사 술어　今天的收入　比去年　增加了。올해 수입은 작년보다 늘어났다.
　　　　　　주어　　比+비교의 대상　동사술어

2) 有/没有 비교문

'A가 B만큼 (그렇게) 어떠하다'라는 뜻으로 정도가 그만큼 미치거나 못 미침을 나타낸다.

北方　没有南方　这么热。북쪽은 남쪽만큼 이렇게 덥지 않다.
주어　没有+비교의 대상　这么/那么술어

3) 기타 비교문

'A不如B'는 'A가 B보다 못하다'라는 뜻을 나타낸다.

他写汉字　不如我　写得好。그는 한자 쓰는 게 나보다 못하다.
주어　　不如+비교의 대상　술어

4) 최상급

'가장/제일~하다'라는 뜻을 나타내는 문장으로, 개사 比를 활용한 비교문과, 그 밖의 다양한 형태로 나타낼 수 있다.

最好。제일 좋다.　＝比什么都好。무엇보다도 좋다.
最+형용사　　　　比+의문대사+都+형용사

합격 공략 92 형용사가 술어인 比비교문 어순

주어 + 比비교의 대상 + 형용사술어

比자 비교문은 두 대상을 비교하여 어느 정도 차이가 나는지를 정도부사, 수량/정도보어 등을 사용해서 나타낸다. 형용사가 술어인 경우 更/还와 같은 정도부사를 술어 앞에 사용하고, 得多/一点儿/수량사/不了多少와 같은 수량/정도보어는 술어 뒤에 사용하여 구체적인 차이를 나타낼 수 있다. 따라서 제시어에 개사 比와, 형용사 술어가 있으면 비교문을 완성하되, 어순에 주의해서 배치하도록 한다.

1. 주어 + 比비교의 대상 + 정도부사 + 형용사술어

我　比他　更/还　高。 내가 그보다 더 크다.
　　　　 정도부사　형용사술어

2. 주어 + 比비교의 대상 + 형용사술어 + 수량/정도보어

我　比他　高　得多/多了/很多。 내가 그보다 많이 크다.
　　　　 형용사술어　정도보어

我　比他　高　一点儿/一些。 내가 그보다 조금 크다.
　　　　 형용사술어　수량보어

我　比他　高　10厘米。 내가 그보다 10cm 크다.
　　　　 형용사술어　수량보어

我　比他　高不了　多少。 나는 그보다 얼마 크지 않다.
　　　　 형용사술어　수량보어

3. 주어 + 부사어 + 比비교의 대상 + 형용사술어

我　明显　比他　高。 내가 그보다 분명히 더 크다.

※ 要는 개사 比 앞 또는 술어 앞에 사용하여 비교의 정도를 강조할 수 있다.

我要比他高。 내가 그보다 더 크다.

我比他要高。 내가 그보다 더 크다.

실전문제 🖊

| 出色 | 刘秘书在 | 比我 | 更 | 语言方面 |

→ _____

STEP 1 술어 배치하기

제시어에 개사 比(~보다)가 있으므로 비교문임을 알 수 있다. 형용사 出色(출중하다)를 술어에 배치한다.

STEP 2 주어, 목적어 배치하기

개사 比 뒤에 我(나)가 이미 결합되어 있으며, 주어로는 刘秘书(유 비서)를 배치한다.

STEP 3 남은 어휘 배치하기

주어 뒤에 결합되어 있는 개사 在 뒤에는 개사와 결합하는 명사로 语言方面(언어 방면)을 비치하고, 정노부사 更(훨씬)은 형용사 앞에 배치히여 문장을 완성한다.

주어	부사어	比비교의 대상	정도부사	술어
刘秘书 명사 (유 비서는)	在语言方面 개사+명사 (언어 방면에서)	比我 比+인칭대사 (나보다)	更 (훨씬)	出色 형용사 (뛰어나다)

정답 刘秘书在语言方面比我更出色。 유 비서는 언어 방면에서 나보다 훨씬 뛰어나다.

어휘 秘书 mìshū 명 비서   出色 chūsè 형 뛰어나다, 출중하다

합격 공략 93 동사가 술어인 比비교문의 어순

주어 + 比비교의 대상 + 동사술어

比비교문에서 동사가 술어인 경우 비교한 차이를 나타낼 때, '早/晚'과 같은 1음절 형용사를 동사 앞에 사용하거나 '得早/了수량사'와 같은 보어를 술어 뒤에 사용하여 구체적인 차이를 나타낸다. 또한 증가와 감소를 나타내는 동사를 사용하여 비교한 결과를 나타내기도 한다. 동사가 술어인 比비교문의 어순과 특징을 숙지하여 비교문을 완성해 보자.

1. 주어 + 比비교의 대상 + 1음절 형용사(早/晚/多/少) + 1음절 동사술어(了) + (수량보어)

我　比他　早　来了。 내가 그보다 일찍 왔다.
　　　　　1음절 형용사　동사술어

我　比他　早　来了　五分钟。 내가 그보다 5분 일찍 왔다.
　　　　　1음절 형용사　동사술어　수량보어

2. 주어 + 比비교의 대상 + 동사술어 + 보어

我 比他 来 得早。 내가 그보다 일찍 왔다.
　　　　 동사술어 정도보어

3. 주어 + 比비교의 대상 + '증가/감소' 동사(了)+ (수량보어)

今年的产量 比去年 减少了。 올해 생산량이 작년보다 줄었다.
　　　　　　 동사술어

今年的产量 比去年 提高了 两倍。 올해 생산량이 작년보다 2배 높아졌다.
　　　　　　 동사술어 수량보어

실전문제

减少了	广播台的	听众	明显比去年

→ _____

STEP 1　술어 배치하기

제시어에 개사 比가 있으므로 비교문을 완성한다. 동태조사 了가 결합되어 있는 减少(감소하다)를 술어에 배치한다.

STEP 2　주어, 목적어 배치하기

比 뒤에 往年(예년)이 이미 결합되어 있으며, 주어로 听众(청취자)을 배치한다.

STEP 3　남은 어휘 배치하기

구조조사 的가 결합된 관형어 广播台的(라디오 방송국의)는 명사 听众(청취자) 앞에 배치하여 문장을 완성한다.

관형어	주어	부사어	比비교의 대상	술어
广播台的 명사+的 (방송국의)	**听众** 명사 (청취자는)	**明显** 형용사 (확실히)	**比去年** 比+명사 (작년보다)	**减少了** 동사+了 (줄었다)

정답　广播台的听众明显比往年减少了。 라디오 방송국 청취자는 예년보다 확실히 줄어들었다.

어휘　广播台 guǎngbōtái 명 라디오 방송국　听众 tīngzhòng 명 청취자　明显 míngxiǎn 형 뚜렷하다, 분명하다　往年 wǎngnián 명 예년, 옛날

주어 + 有/不如비교의 대상 + (这么/那么) + 형용사

有/不如를 사용해서도 비교의 뜻을 나타낼 수 있다. 比비교문은 '~보다 어떠하다'라는 차이를 나타낸다면, 有/不如은 '~만큼 어떠하다'라는 동등한 정도를 나타낸다. 제시어에 有/不如와 형용사, 그리고 这么/那么가 있으면 비교문을 완성하도록 한다.

1. 주어 + 有/没有비교의 대상 + (这么/那么) + 형용사술어 : 'A는 B만큼 (이렇게/그렇게) ~하다/~하지 못하다'

儿子　有爸爸　（那么）高。　아들은 아빠만큼 (그렇게) 크다.
　　　有비교의 대상　　　　형용사술어

儿子　没有爸爸　（那么）高。　아들이 아빠만큼 (그렇게) 크지 않다.
　　　没有비교의 대상　　　　형용사술어

2. 주어 + 不如비교의 대상 + (这么/那么) + 형용사술어 : 'A는 B만큼 (이렇게/그렇게) ~하지 못하다'

儿子　不如爸爸　（那么）高。　아들이 아빠만큼 (그렇게) 크지 않다.
　　　不如비교의 대상　　　　형용사술어

실전문제

以前　　最近来华旅游　　多　　没有　　的外国人　　那么

→ _____

STEP 1　술어 배치하기

제시어에 没有(~만 못하다)와 형용사 多(많다), 그리고 那么(그렇게)가 있으므로 비교문임을 알 수 있다. 형용사 多를 술어 자리에 배치한다.

STEP 2　주어, 목적어 배치하기

비교문에서는 주어와 비교의 대상이 동등한 개념이어야 하므로 最近(최근)과 以前(예전)을 비교하는 두 대상으로 둔다.

STEP 3　남은 어휘 배치하기

구조조사 的가 결합된 的外国人은 앞에 관형어를 배치해야 하므로 의미상 알맞은 最近来华旅游를 관형어로 배치한다. 비교하는 두 대상 중 구체적이고 확실한 것이 주어가 되므로, 最近来华旅游的外国人을 주어에 배치하고, 以前을 没有 뒤에 비교의 대상으로 배치한다. 부사어 那么는 형용사술어 多 앞에 배치하여 문장을 완성한다. 비교의 대상에는 주어와 중복되는 어휘를 종종 생략한다는 것을 기억하자.

관형어	주어	没有+비교의 대상	这么/那么	술어
最近来华旅游的 술목구+的 (최근 중국에 여행 오는)	外国人 명사 (외국인은)	没有以前 没有+명사 (예전보다 ~하지 않다)	那么 (그렇게)	多 형용사 (많다)

정답 最近来华旅游的外国人没有以前那么多。 최근 중국에 여행 오는 외국인은 예전만큼 그렇게 많지 않다.

어휘 来华 láihuá 통 중국에 오다

합격 공략 **95** [220점 이상 고득점] 최상급을 나타내는 비교문

최상급을 나타내는 표현

'A가 가장 어떠하다'라는 최상급의 의미를 나타내는 비교문은 그 종류가 다양하다. 그 중 개사 比를 이용한 비교문이 높은 난이도로 출제된다. 최상급을 나타내는 비교문의 공식과 예문을 함께 익혀 두어 제시어를 보고 바로 문장을 완성할 수 있도록 하자.

1. **最 + 형용사**   最好。 제일 좋다.

2. **再 + 형용사 + 不过了**   再好不过了。 더없이 좋다.

3. **형용사 + 得不能再 + 형용사 + 了**   好得不能再好了。 더 이상 좋을 수 없다.

4. **没有 + 比비교의 대상 + 更 + 형용사 + 的了**   没有比这个再好的了。 이것보다 더 좋은 건 없다.

5. **比 + 의문대사 + 都 + 형용사**   比什么都好。 무엇보다도 좋다.

6. **比 + 任何 + 명사 + 都 +형용사**   比任何东西都好。 어떤 것보다도 좋다.

任何东西   妈妈的爱   比   都要   伟大

→ _____

술어 배치하기

개사 比가 있으므로 비교문임을 알 수 있다. 형용사 伟大(위대하다)를 술어에 배치한다.

STEP 2 **주어, 목적어 배치하기**

주어와 비교의 대상을 찾아야 하는데, 대사 任何(어떠한 ~라도)와 범위부사 都(모두)가 함께 제시되어 있으므로 최상급 비교문임을 알 수 있다. '比+任何+명사+都+형용사'의 어순이므로 比任何东西都를 완성하고 주어에는 妈妈的爱(어머니의 사랑)를 배치한다.

STEP 3 **남은 어휘 배치하기**

要는 비교문에서 강조하는 역할을 한다. 都와 결합되어 있는 都要를 술어 앞에 배치하여 문장을 완성한다.

주어	比비교의 대상	부사어	술어
妈妈的爱 관형어+명사 (엄마의 사랑)	**比任何东西** 比+任何+명사 (그 어떤 것보다)	**都要** (더)	**伟大** 형용사 (위대하다)

정답 妈妈的爱比任何东西都要伟大. 엄마의 사랑은 그 어떤 것보다도 위대하다.

어휘 伟大 wěidà 형 위대하다

제시된 어휘를 조합하여 문장을 완성하세요.

1. 比 　 她的收入 　 去年同期 　 一倍 　 增长了

   → _____

2. 反而比以前 　 舅舅退休后 　 忙了 　 更

   → _____

3. 比 　 人的生命 　 一切 　 宝贵 　 都要

   → _____

4. 那么 　 记忆力 　 远不如从前 　 好 　 我的

   → _____

5. 复杂 　 手续 　 不少 　 比原来的 　 现在办理租房的

   → _____

제시된 어휘를 조합하여 문장을 완성하세요.

1. 是一种   消极心理的   抱怨   表现

   → _____

2. 承受着   巨大的   一直   压力   她

   → _____

3. 这种农作物   成熟   会在   秋天

   → _____

4. 带入   把饮料   请勿   场内

   → _____

5. 露出了   微笑   她脸上   甜美的

   → _____

쓰기
제 2 부분

80자 내외의 짧은 글짓기

Warm Up!

유형 분석 & 풀이 전략

유형 분석 | 시험엔 이렇게 나온다!

출제 방식

HSK 5급 쓰기 제2부분은 총 2문항으로, 5개의 제시어를 모두 사용하여 한 편의 글을 엮는 99번과, 주어진 사진을 보고 한 편의 글을 짓는 100번으로 구성되어 있다. 99번과 100번 모두 80자 내외의 분량으로 글을 완성한다. 완성된 문장은 OMR 답안지의 원고지에 원고지 작성법을 준수하여 기재하도록 한다.

출제 경향 & 유형별 출제 비율

쓰기 영역은 총 40분 동안 1, 2부분을 모두 풀어야 하기 때문에, 제1부분에는 약 10분의 시간을, 제2부분에는 약 30분의 시간을 할애하는 것이 좋다. 30분 동안 80자 내외의 글 2편을 완성해야 하므로 한 문제에 너무 많은 시간을 할애해서는 안 되며, '주제 정하기, 스토리 구상하기, 글 완성하기'에 각각 알맞게 시간을 배정해야 한다. 99번과 100번은 일상생활, 회사 생활, 대학 생활과 관련된 주제가 주로 출제된다. 자신의 경험을 바탕으로 하거나 자신이 잘 알고 있는 주제를 선정하여 에피소드 형식의 글을 쓰거나 논설문 형식의 글을 완성해도 좋다.

풀이 전략 | 99번 문제 풀이 Step 파악 & 풀이 전략 적용해 보기

Step 1

제시어 분석하여 주제 정하기
5개 제시어의 뜻과 품사, 자주 결합하는 어휘 등을 파악하여 소재가 가장 풍부한 것을 주제어로 정한다.

Step 2

스토리 구상하기
5개 제시어를 사용할 수 있는 대강의 스토리를 구상하여 '도입-전개-마무리'로 뼈대를 세운다.

Step 3

작문하기
5개 제시어와 자주 결합하는 어휘를 중심으로 살을 붙여 한 편의 글을 완성한다.

풀이 전략 적용해 보기

99. 아래의 제시어를 모두 사용하여 80자 내외의 단문을 완성하세요.

手术、 恢复、 按照、 否则、 营养

STEP 1 제시어 분석하여 주제 정하기

手术 shǒushù 명 수술	做手术 수술을 하다 手术很成功 수술이 성공적이다
恢复 huīfù 동 회복하다	恢复得不错 회복이 썩 괜찮다 恢复健康 건강을 회복하다
按照 ànzhào 개 ~에 따라	按照情况 상황에 따라 按照计划 계획대로
否则 fǒuzé 접 그렇지 않으면	(전환의 의미를 나타냄)
营养 yíngyǎng 명 영양	补充营养 영양을 보충하다 注意营养 영양에 주의하다

주제어/주제 : 手术、恢复、营养 / 수술 후 잘 회복하기 위한 이야기

STEP 2 스토리 구상하기

도입 : 누나가 운동을 하다가 갑자기 배가 아파 **수술(手术)**을 하게 되었다.

전개 : 다행히 수술이 잘 되었고 **회복(恢复)**도 잘 되고 있다. 의사 선생님이 지금 상태대로라면 곧 퇴원할 수 있다고 했다.

마무리 : **영양(营养)** 보충을 잘하고 과격한 운동을 하지 말라고 했다. **안 그러면(否则)** 재발할 수 있다고 했다.

×	×	我	姐	姐	上	个	星	期	做	运	动	时	,		突	然
肚	子	疼	,		我	们	马	上	送	她	去	医	院	做	了	手
术	。	手	术	很	成	功	,		恢	复	得	也	不	错	。	今
天	医	生	说	,		按	照	现	在	的	情	况	,		再	过	几
天	就	可	以	出	院	了	,		出	院	以	后	要	多	补	充
营	养	,		一	个	月	之	内	不	能	做	剧	烈	运	动	,
否	则	会	复	发	。											

48

80

해석 누나가 지난주에 운동을 하다가 갑자기 배가 아파서, 바로 병원에 데려가서 수술을 했다. 수술은 성공적이었고, 회복도 잘 되었다. 오늘 의사 선생님께서, 지금 상황대로면 며칠 더 지나서 퇴원할 수 있을 거라고 말씀하셨다. 퇴원 후 영양 보충을 많이 해야 하고 한 달 안에는 격한 운동을 하지 말아야 하며 안 그러면 재발할 수 있다고 하셨다.

어휘 出院 chūyuàn 통 퇴원하다 补充 bǔchōng 통 보충하다 剧烈 jùliè 형 격렬하다 复发 fùfā 통 재발하다

풀이 전략 | 100번 문제 풀이 Step 파악 & 풀이 전략 적용해 보기

Step 1

사진 분석하여 주제 정하기

사진의 핵심 동작 및 상황을 파악하여 주제를 정한다.

Step 2

스토리 구상하기

사진 속 동작 및 상황과 관련된 자신의 에피소드나 관점을 구상하고, 적합한 글의 종류(에피소드 또는 논설문)를 선택하여 '도입-전개-마무리'로 스토리를 세운다.

Step 3

작문하기

논설문은 제안할 내용을 결론에 제시하고, 에피소드 글은 사건의 전개 후 개인적인 감상을 덧붙여 글을 완성한다.

풀이 전략 적용해 보기

100. 아래의 사진을 보고 80자 내외의 단문을 완성하세요.

STEP 1 사진 분석하여 주제 정하기

사진은 쓰레기가 쌓여 있는 모습이다.

주제 : 不要乱扔垃圾 쓰레기를 함부로 버리지 말자

STEP 2 스토리 구상하기

도입 : 사람들이 **쓰레기를 함부로 버리는 것**(乱扔垃圾)을 **자주 본다**(经常能看到).

전개 : 쓰레기를 함부로 버리면 **환경을 오염시키고**(污染环境), **도시 미관에 지장을 준다**(影响城市的美观). 또한 **도로에 버리면**(丢在马路上) **환경 미화원들이**(环卫工人) **치우는 데**(收拾) **위험이 따른다**(会有危险).

마무리 : 모두의 **안전과 환경을 위해**(为了安全和环境) 함부로 쓰레기를 버리지 말라.

STEP 3 **작문하기**

×	×	我	们	经	常	能	看	到	有	些	人	乱	扔	垃	圾。	
这	是	一	种	不	文	明	的	行	为	，	乱	扔	垃	圾	有	
很	多	坏	处	：	第	一	、	会	污	染	环	境	；	第	二、	48
会	影	响	城	市	的	美	观	；	第	三	、	丢	在	马	路	
上	，	环	卫	工	人	收	拾	的	时	候	会	有	一	定	的	80
危	险	。	所	以	，	为	了	我	们	的	安	全	、	建	康	
和	环	境	，	请	不	要	乱	扔	垃	圾	。					

해석 우리는 몇몇 사람들이 함부로 쓰레기를 버리는 것을 자주 보게 됩니다. 이것은 교양 없는 행위이며, 쓰레기를 함부로 버리는 것은 해로운 점이 많습니다. 첫째, 환경을 오염시킬 수 있고, 둘째, 도시 미관에 지장을 줄 수 있으며, 셋째, 도로에 버리면 환경 미화원들이 쓰레기를 치우는 데 어느 정도 위험이 따릅니다. 그러니 우리의 안전, 건강 그리고 환경을 위해 함부로 쓰레기를 버리지 맙시다.

어휘 坏处 huàichu 명 해로운 점, 나쁜 점 美观 měiguān 명 미관 环卫工人 huánwèi gōngrén 명 환경 미화원

01 원고지 작성법

원고지에 올바른 방법으로 글 작성하기

기본기 다지기 기본 개념 잡기 & 공략 미리보기

쓰기 제2부분의 99번과 100번 문항은 각각 80자 내외의 글을 원고지에 작성해야 한다. 답안지의 원고지는 가로 16칸, 세로 7줄로 주어진다. 중국어 원고지 작성법에는 지켜야 하는 주의사항이 있으므로 반드시 숙지하여 감점을 피하도록 하며, 문장부호의 기능을 파악하여 적절하게 사용하도록 한다.

| 기본 개념 잡기 1 | 원고지 작성 시 주의사항

1. 단락의 처음 두 칸은 비우고 시작하기

각 단락이 시작하는 부분에서 두 칸을 띄고, 글자는 한 칸에 한 글자씩 기입한다.

×	×	小	马	的	第	一	份	工	作	是	杭	州	电	子	工
业	学	院	的	外	语	教	师	。	但	他	并	不	甘	于	此

2. 문장부호

1) 기본적으로 문장부호는 한 칸에 하나씩 쓴다.

上	。	这	绝	不	是	偶	然	的	，	那	到	底	是	为	什
么	呢	？													

2) 콜론(:)과 큰따옴표(" ")는 다른 문장부호가 연이어 나오면, 한 칸에 두 개를 같이 쓴다.

说	:"	我	们	已	经	结	婚	30	年	了	。"				
说	:"	你	知	道	吗	？"									

3) 또한 쉼표(,), 마침표(。), 모점(、), 느낌표(!), 물음표(?), 콜론(:), 세미콜론(;)은 원고지의 첫 칸에 쓰지 않으므로 윗줄 가장 마지막 칸의 글자와 함께 적는다.

他	认	识	了	一	位	《	北	京	青	年	报	》	的	记	者。
×															

4) 따옴표, 묶음표, 괄호 등 두 개의 문장부호가 짝을 이루어 쓰는 경우 시작부호(", ')는 마지막 칸에 쓰지 않고 행을 바꾸어 기입한다.

											说	:
"	先	生	,	我								

5) 대시기호(——)와 말줄임표(……)는 두 칸에 걸쳐 쓴다.

永	远	不	会	离	开	他	的	家	乡	——		中	国	。	
我	…	…	。"												

3. 아라비아 숫자와 알파벳

아라비아 숫자는 한 칸에 두 글자씩, 영어 대문자는 한 칸에 한 글자씩, 소문자는 한 칸에 두 글자씩 쓴다.

	20	19	年	3	月	14	号				
	A	B	cd								

4. '80'자 표시

7줄 원고지에서 다섯 째 줄 오른쪽에 '80'자 표시가 되어 있다. 7줄을 모두 채우면 112자로 주어진 원고지 이상의 분량은 기입할 수 없으니 글자 수에 유의해서 작성해야 한다.

80

| 기본 개념 잡기 2 | 문장부호의 종류와 기능

명칭	문장부호	기능 및 예시
마침표 (句号)	。	평서문의 끝에 사용하여 문장이 끝났음을 나타낸다. 예) 围棋起源于公元前6世纪的中国。
쉼표 (逗号)	,	문장과 문장 사이에서 짧게 쉴 때 사용한다. 예) 当水温降到20℃时，海参才会苏醒过来。
모점 (顿号)	、	병렬된 단어와 단어, 구와 구 사이에 쓴다. 예) 有氧运动如步行、骑自行车等，能有效地调节身心状态。
물음표 (问号)	?	의문을 나타낸다. 예) 你的智慧是从哪里来的？
느낌표 (叹号)	!	감탄 혹은 명령, 강한 반문 등을 나타낸다. 예) 真是不可思议！ 예) 我哪里比不过他呀！
세미콜론 (分号)	;	병렬로 나열되는 절과 절 사이에 쓴다. 예) 微笑是笑之国度里的国王；微笑是笑之花海中的牡丹。

콜론 (冒号)	:	앞 내용의 예를 들어 보충설명을 할 때 쓴다. 또한 대화문의 큰따옴표 앞에 쓴다. 예 北京紫禁城有四座城门：武门、神武门、东华门、西华门。 예 老人回答说："来自经验的积累。"
큰따옴표 (引号)	" "	대화문, 인용, 강조할 때 쓴다. 예 他苦笑道："不是每根竹子都能做成篮子的。" 예 "有物"就是要有内容，"有序"就是要有条理。
작은따옴표 (单引号)	' '	큰따옴표 안에 다시 따옴표를 사용할 때 쓴다. 예 "我们其实都是'海绵'。"
말줄임표 (省略号)	……	말을 줄이거나 생략할 때 쓴다. 예 第一台航空发动机，还有……都在这里诞生。
말바꿈표 (破折号)	——	어떤 단어에 대한 부연설명, 동격을 나타내거나 화제를 전환할 때 쓴다. 예 张衡发明了世界上第一台 预测地震的仪器——地动仪。
큰묶음표 (书名号)	《 》	제목을 나타낸다. 예 《白鹿原》获得了广泛好评。

확인 학습

다음 글을 원고지 작성법에 따라 원고지에 옮기세요. (정답 해설편 p.103)

　　这次的方案是我们部门新来的小王写的，他十分巧妙地指出了公司存在的问题，还提出了解决方案。该方案实施后，取得了明显的效果。同事们都说，小王不仅十分能干，还很谦虚，只要他再积累几年经验，就可以升职。

48

80

99번 – 주제와 스토리 구상하기

주제와 전체 스토리를 구상하여 뼈대 세우기

기본기 다지기 **기본 개념 잡기 & 공략 미리보기**

80자 내외의 글을 작문하기에 앞서 글의 주제와 스토리를 구상하는 것이 필요하다. 전체의 틀을 잡아야 세부적인 내용을 덧붙일 수 있으므로 본 챕터에서는 글의 전체적인 틀을 잡는 순서와 시간 분배에 대해 살펴보도록 한다.

| 기본 개념 잡기 | 15분 글쓰기 과정

1. 주제 선정하기 <1분>

5개의 제시어 중에서 쓸거리가 많은 포괄적인 어휘를 주제로 정한다. 두 개 이상의 어휘를 조합하여 정할 수도 있으며, 명사, 동사, 형용사를 주제어로 정한다.

제시어: 错误、虚心、面对、过程、经验 → 주제어/주제: 虚心、面对 / 겸손하게 직면하기

2. 제시어에 어휘 결합시키기 <1분>

제시어 중에서 서로 의미가 어울리는 어휘가 있으면 제시어끼리 결합시키고, 그 밖의 제시어는 각각 주제에 맞게 살을 붙인다. '술어–목적어', '주어–술어', '수식어–피수식어' 등의 구조로 호응 어휘를 결합시켜 둔다.

虚心、面对 → 虚心面对 겸손하게 직면하기   错误 → 犯错误 실수를 저지르다

过程 → 成长过程 성장과정   经验 → 好经验 좋은 경험

3. '도입–전개–마무리'의 스토리 세우기 <3분>

주제어와 호응 어휘를 중심으로 '도입–전개–마무리'의 스토리를 만든다.
- 도입 : 우리는 살면서 많은 실수를 저지른다(犯错误).
- 전개 : 이것은 성장하는 과정이자(成长过程) 우리에겐 좋은 경험(一个好经验)이다.
- 마무리 : 실망하지 말고 겸손하게 직면하자(虚心面对).

4. 원고지 작성법에 유의하여 스토리가 자연스럽게 연결되도록 살을 붙여서 80자 내외의 글을 완성한다. <10분>

| 공략 미리보기 |

합격 공략 96	쓸거리가 많은 주제를 정하라!
합격 공략 97	[220점 이상 고득점] 고급스러운 어휘를 사용하라!

 **96** 쓸거리가 많은 주제를 정하라!

1분 동안 주제 정하기

5개 제시어에 대한 충분한 분석 없이 바로 글을 쓰려고 하면 글의 스토리가 완전하지 못해 억지스러운 글이 될 수밖에 없다. 따라서 한 문항을 푸는 시간 15분 중에서 5개의 제시어를 분석하고 주제를 정하는 1분을 잘 활용해야 한다. 이 1분간 주제어를 선정하고 전체 스토리의 주제를 세워야 한다. 주제는 명사, 동사, 형용사 제시어 중에서 정하고 자신의 경험을 기초로 하여 자신있게 쓸 수 있는 주제를 선정하도록 한다.

〈 쓰기 제2부분의 3대 화제 〉

일상생활	业余生活 여가생활　　旅行 여행　　网络 인터넷　　读书 독서　　家庭 가정
	聚会 모임　　宠物 애완동물　　购物 쇼핑　　健康 건강
대학 생활	毕业 졸업　　就业 취업　　面试 면접　　考试 시험　　论文 논문　　校园生活 캠퍼스 생활
회사 생활	出差 출장　　业务 업무　　压力 스트레스　　会议 회의　　顾客 고객　　管理时间 시간관리

실전 문제 ✏️

> 专业、招聘、随时、学历、出色

STEP 1　제시어 분석하여 주제 정하기

专业 zhuānyè 명 전공	专业毕业 ~전공을 졸업하다　专业符合职位要求 전공이 직무 요구에 부합하다
招聘 zhāopìn 통 모집하다	招聘广告 모집광고　网上招聘 온라인 구인
随时 suíshí 부 수시로, 아무 때나	随时加班 수시로 야근하다　随时来问我 아무때나 제게 물어보세요
学历 xuélì 명 학력	要求本科学历 4년제 학위를 요구하다　学历很高 학력이 높다
出色 chūsè 형 특별히 훌륭하다	出色的员工 뛰어난 직원　工作做得十分出色 업무를 굉장히 훌륭하게 수행하다

주제어/주제: 专业、招聘、学历 / 모집 공고를 보고 지원한 에피소드

STEP 2　스토리 구상하기

도입: 큰 언니는 대학을 졸업하고 구직 중이다.

전개: **출중한 학력**(出色的学历)인데도 쉽지 않다. 며칠 전 한 회사의 **구인 광고**(招聘广告)를 보았는데 **전공**(专业)은 맞는데 **수시로**(随时) 야근을 해야 한다고 한다. 그래도 좋은 기회라서 시도해 보기로 결정했다.

마무리: 언니에게 좋은 결과가 있기를 바란다.

	我	的	大	姐	刚	大	学	毕	业	，	正	在	找	工
作	。	尽	管	她	有	出	色	的	学	历	，	还	是	很	难
找	。	前	几	天	她	看	到	了	一	家	公	司	的	招	聘
广	告	，	姐	姐	的	专	业	正	好	符	合	这	个	职	位。
招	聘	广	告	上	虽	然	说	要	随	时	加	班	，	但	这
可	是	个	好	机	会	，	所	以	她	决	定	去	试	试	。
我	很	希	望	她	能	有	好	的	结	果	。				

48

80

해석 우리 큰 언니는 대학을 갓 졸업하고 한창 구직 중이다. 비록 출중한 학력을 지녔지만 그래도 찾기가 어렵다. 며칠 전 언니는 한 회사의 구인광고를 보게 되었다. 언니의 전공이 딱 이 직위에 적합했다. 비록 소개에는 수시로 야근을 해야 한다고 되어 있지만 그래도 좋은 기회라 언니는 시도해 보기로 결정했다. 언니에게 좋은 결과가 있었으면 좋겠다.

어휘 职位 zhíwèi 명 직위

〈99번 빈출 제시어와 모범 예문〉

동사 제시어	모범 예문
□ 安慰 ānwèi 위로하다, 위안하다	安慰他别难过 그에게 슬퍼하지 말라고 위로하다
□ 出差 chūchāi 출장가다	经常出差 자주 출장가다
□ 打招呼 dǎ zhāohu 인사하다	热情地和他打招呼 열정적으로 그와 인사하다
□ 保持 bǎochí 지키다, 유지하다	保持安静 정숙을 유지하다 保持安全距离 안전 거리를 유지하다
□ 放松 fàngsōng 느슨하게 하다	全身放松 전신에 힘을 빼다 让自己放松 스스로 느긋하게 하다
□ 丰富 fēngfù 풍부하다, 풍부하게 하다	丰富的知识 풍부한 지식 丰富生活 삶을 풍요롭게 하다
□ 改善 gǎishàn 개선(하다)	改善生活 생활을 개선하다 改善条件 조건을 개선하다
□ 沟通 gōutōng 교류하다, 소통하다	经常和孩子沟通 자주 아이와 소통하다 善于沟通 의사 소통을 잘하다
□ 合作 hézuò 합작하다, 협력하다	与他合作 그와 협력하다 密切合作 긴밀하게 협력하다

☐ 忽视 hūshì 소홀히 하다, 경시하다	忽视安全 안전을 소홀히 하다 不可忽视 소홀히 해서는 안 된다

명사 제시어	모범 예문
☐ 家庭 jiātíng 가정	温暖的家庭 따뜻한 가정 家庭生活很幸福 가정 생활이 행복하다
☐ 智慧 zhìhuì 지혜	要有智慧 지혜가 있어야 한다 要用智慧创造更加美好的未来 지혜를 사용해서 보다 더 아름다운 미래를 만들어야 한다
☐ 服装 fúzhuāng 의복	服装设计师 의상 디자이너 服装店 옷가게
☐ 决赛 juésài 결승전	进入决赛 결승전에 진출하다 这场决赛非常精彩 이번 결승전은 매우 멋졌다
☐ 志愿者 zhìyuànzhě 자원봉사자	参加志愿者活动 자원봉사활동에 참가하다
☐ 聚会 jùhuì 모임	参加同学聚会 동창회에 참석히디 在聚会上 모임에서
☐ 信息 xìnxī 정보	个人信息 개인정보 提供信息 정보를 제공하다
☐ 资料 zīliào 자료	收集资料 자료를 수집하다 网上查阅资料 인터넷에서 자료를 검색하다
☐ 效率 xiàolǜ 효율, 능률	提高效率 효율을 높이다 工作效率 업무 효율
☐ 奖金 jiǎngjīn 보너스, 상금	拿奖金 보너스를 타다 发奖金 보너스를 지급하다(보너스가 나오다)

형용사 제시어	모범 예문
☐ 惭愧 cánkuì 부끄럽다	心里感到非常惭愧 마음으로 굉장히 부끄럽게 여기다
☐ 独特 dútè 독특하다	独特的方式 독특한 방식 具有独特的魅力 독특한 매력을 지니다
☐ 活跃 huóyuè 휑 활기차다 동 활기를 띠게 하다	气氛很活跃 분위기가 매우 활기차다 活跃氛围 분위기를 띄우다
☐ 谨慎 jǐnshèn 신중하다	办事要小心谨慎 일처리가 신중해야 한다
☐ 骄傲 jiāo'ào 거만하다, 교만하다	感到骄傲 자랑스럽게 여기다 不能骄傲自满 교만해서는 안된다
☐ 可靠 kěkào 믿을 만하다	他是个诚实可靠的人 성실하고 믿을 만한 사람 这个消息不太可靠 이 소식은 그다지 믿을 만하지 않다

□ 可惜 kěxī 섭섭하다	多可惜啊！ 얼마나 아쉬운지! 可惜妈妈不买 아쉽게도 엄마는 사지 않았다
□ 灵活 línghuó 융통성이 있다	要有灵活性 융통성이 있어야 한다 采取灵活的方法 유연한 방법을 취하다
□ 陌生 mòshēng 생소하다, 낯설다	在陌生的城市 낯선 도시에서 不要轻信陌生人 낯선 사람을 경솔하게 믿지 마라
□ 巧妙 qiǎomiào 교묘하다, 절묘하다	想出了巧妙的解决方案 절묘한 해결 방안을 생각해 냈다 这座房子设计得非常巧妙 이 집은 설계를 매우 절묘하게 했다

합격 공략 **97** [220점 이상 고득점] 고급스러운 어휘를 사용하라!

사자성어, 속담, 명언 사용하기

중국어의 사자성어, 속담, 명언은 특별한 상황에서만 사용하는 표현이 아니라 드라마, 뉴스, 인터넷 댓글 등 일상생활에서도 자주 사용하는 표현이다. 같은 뜻이라도 이들을 사용하면 좀 더 고급스러운 느낌을 줄 수 있다. 따라서 일상생활에서 사용하는 사자성어, 속담, 명언을 미리 학습하여 고득점을 위한 아이템으로 준비하도록 하자.

〈 인용할 때 사용하는 표현 〉

• 俗话说："……。" 속담에 '___'라고 했다.
• 人们常常说："……。" 사람들은 자주 '___'라 말한다.
• 有这样一句老话：……。 이러한 옛말이 있다. '___'

실전 문제

专业、招聘、随时、学历、出色

STEP 1 **제시어 분석하여 주제 정하기**

专业 zhuānyè 몡 전공	专业毕业 ~전공을 졸업하다 专业符合职位要求 전공이 직무 요구에 부합하다
招聘 zhāopìn 통 모집하다	招聘广告 모집광고 网上招聘 온라인 구인
随时 suíshí 뮈 수시로, 아무 때나	随时加班 수시로 야근하다 随时来问我 아무때나 제게 물어보세요
学历 xuélì 몡 학력	要求本科学历 4년제 학위를 요구하다 学历很高 학력이 높다
出色 chūsè 혱 특별히 훌륭하다	出色的员工 뛰어난 직원 工作做得十分出色 업무를 굉장히 훌륭하게 수행한다

주제어/주제 : 专业、招聘、学历 / 취업하려는 남동생에 관한 에피소드

STEP 2　스토리 구상하기

※ 고급 어휘 활용하기 : 같은 뜻이지만 고급스러운 표현을 사용하면 고득점에 유리하다.
- 很容易(아주 쉽다) 대신 易如反掌(식은 죽 먹기)을 사용한다.
- 经济状况不好(경제 상황이 안 좋다) 대신 经济不景气(경기 불황)를 사용한다.
- 金子在哪儿都会发光(금은 어디에 있든지 빛이 난다)이라는 명언을 사용한다.

도입 : 남동생은 학력이 굉장히 좋다(学历非常出色). 경영학 전공(经营学专业)이다.
전개 : 남동생에게 취직이 쉬운 일(很容易 → 易如反掌的事)일 줄 알았다. 하지만 경기 불황(经济状况不好 → 经济不景气)으로 일자리 찾기가 쉽지 않았다. 많은 채용박람회(招聘会)에 가 봤다.
마무리 : 가족들은 동생에게 "능력있는 사람은 빛이 나는 법이야(金子在哪儿都会发光)"라고 격려해 줬다.

STEP 3　작문하기

		我	弟	弟	是	经	营	学	专	业	毕	业	的	，	而
且	学	历	也	很	出	色	。	我	以	为	对	他	来	说	找
工	作	是	件	易	如	反	掌	的	事	情	。	可	最	近	经
济	不	景	气	，	很	难	找	工	作	，	而	且	随	时	都
有	失	业	的	可	能	。	他	已	经	参	观	了	许	多	招
聘	会	，	还	是	没	消	息	。	家	里	人	都	鼓	励	他
说	： "	别	着	急	，	金	子	在	哪	儿	都	会	发	光	！ "

48
80

해석 : 내 남동생은 학력에 굉장히 출중한데다가 경영학 전공 졸업이라서 나는 동생에겐 일자리 찾기가 식은 죽 먹기일 줄 알았다. 하지만 최근 경기 불황으로 일자리 찾기도 쉽지 않다. 동생 말이 벌써 수차례 채용박람회에도 가 보았지만, 여전히 무소식이란다. 식구들은 "조급할 것 없어. 능력 있는 사람은 빛이 나는 법이란다"라며 동생을 격려하는 말을 해 준다.

〈고득점을 위한 사자성어, 속담, 명언〉

□ **冰冻三尺，非一日之寒** bīng dòng sān chǐ, fēi yí rì zhī hán 얼음 석 자는 하루 이틀에 언 것이 아니다, 오랜 시간 동안 꾸준히 해야 한다	我知道，冰冻三尺，非一日之寒，我相信只要不断努力学习，总有一天我会把英语说得非常流利。 나는 얼음 석 자가 하루 이틀에 언 것이 아님을 안다. 내가 끊임없이 공부한다면 언젠가는 영어를 유창하게 할 것이라고 믿는다.
□ **才貌双全** cái mào shuāng quán 재색을 겸비하다	大家都说她是才貌双全的"女秀才"。 모두들 그녀가 재색을 겸비한 '수재'라고 한다.
□ **持之以恒** chí zhī yǐ héng 오랫동안 꾸준하게 나아가다	减肥要有持之以恒的决心。 다이어트는 끈기를 가지고 계속하는 결단이 있어야 한다.

□ **得不偿失** dé bù cháng shī 얻는 것보다 잃는 것이 많다	如果消费者急于想使用iPhone手机而在网上出高价购买，结果会**得不偿失**。 만약 소비자가 iphone을 인터넷에서 서둘러 고가에 구입하면 득보다 실이 많을 수 있다.
□ **机不可失，时不再来** jī bù kě shī, shí bú zài lái 기회를 놓치면 다시 오지 않는다	爸爸总说**机不可失，时不再来**，有了机会一定要把握住。 아버지께서 기회는 놓치면 다시 오지 않으니 기회가 생기면 반드시 꽉 잡으라고 하셨다.
□ **积少成多** jī shǎo chéng duō 적은 것이 쌓이면 많게 된다, 티끌 모아 태산이다	如果你听力不好的话，每天背几句吧，**积少成多**，你的听力水平慢慢就会提高。 만일 듣기가 좋지 않다면, 매일 문장을 몇 개씩 외워 봐. 티끌 모아 태산이라고 듣기 수준이 점차 좋아질 거야.
□ **金子在哪儿都发光** jīnzi zài nǎr dōu fāguāng 금은 어디에 있던 빛을 낸다, 능력만 있으면 어디에 있든 드러나게 된다	**金子在哪儿都发光**，你到哪儿都会有人要的。 능력만 있으면 어디에 있든 드러나게 된다고. 넌 어딜 가나 원하는 사람이 있을 거야.
□ **吃一堑，长一智** chī yí qiàn, zhǎng yí zhì 한 번 좌절을 당하면 그만큼 더 지혜로워진다	**吃一堑，长一智**嘛，下次要慎重啊。 좌절을 경험하면 더 지혜로워진다잖아. 다음엔 신중해져야 해.
□ **量力而行** liàng lì ér xíng 자신의 능력에 맞게 행하다	各位同学，大家**量力而行**，能捐多少就捐多少。 학우 여러분, 능력껏 낼 수 있는 만큼 기부하세요.
□ **美中不足** měi zhōng bù zú 옥의 티	我喜欢那套房子，但**美中不足**的是离上班的地方太远。 난 그 집은 좋은데, 옥에 티는 출근하는 곳에서 너무 멀다는 거야.
□ **千里之行，始于足下** qiān lǐ zhī xíng, shǐ yú zú xià 일의 성공은 작은 것에서 큰 것으로 점차 쌓여서 이루어진다, 천리 길도 한 걸음부터	**千里之行，始于足下**，你得踏踏实实地从头开始。 천리 길도 한 걸음부터야. 착실하게 처음부터 시작해야지.
□ **青梅竹马** qīng méi zhú mǎ 소꿉친구, 죽마고우	他们俩是**青梅竹马**，后来结婚了。 걔네 둘은 어려서부터 소꿉친구였는데 나중엔 결혼했어.
□ **人山人海** rén shān rén hǎi 인산인해, 모인 사람이 대단히 많다	广场上**人山人海**。 광장이 인산인해다.
□ **失败乃成功之母** shī bài nǎi chéng gōng zhī mǔ 실패는 성공의 어머니이다	**失败乃成功之母**，这次不成，还有下次，我们应该给他们鼓励。 실패는 성공의 어머니야. 이번에 안 되도 다음 번이 있으니까 우리가 그들을 격려해 줘야 해.
□ **十全十美** shí quán shí měi 완벽하여 흠잡을 데가 없다, 완전무결하다	世上没有**十全十美**的东西。 세상에 완벽한 물건은 없다.

世上无难事，只怕有心人 shì shàng wú nán shì, zhǐ pà yǒu xīn rén 이 세상에서 마음만 먹으면 못할 일이 없다	教师用"世上无难事，只怕有心人"这句俗语来鼓励我们克服学习中的困难。 선생님께서는 자주 '이 세상에서 마음만 먹으면 못할 일이 없다'는 말로 공부하면서 겪는 어려움을 극복하도록 격려하신다.
万事开头难 wàn shì kāi tóu nán 모든 일은 시작이 어렵다	万事开头难，但是一旦开始就很容易了。 무슨 일이든 처음이 어렵지, 시작하면 쉽다.
一寸光阴一寸金 yícùn guāngyīn yícùn jīn 시간은 금이다	一寸光阴一寸金，所以我们一定要珍惜宝贵的时间。 시간은 금이라고 했으니 우리는 시간을 소중히 해야 한다.
一举两得 yì jǔ liǎng dé 한가지 일로써 동시에 두 가지의 이득을 얻다. 일거양득, 일석이조	如果你步行上班，既省钱又能锻炼身体，这样你将一举两得。 만약에 걸어서 출근하면 돈도 아끼고 체력도 단련하니 일석이조이다.
一口吃不成(个)胖子 yì kǒu chī bù chéng (ge) pàng zi 한 입 먹었다고 돼지가 되지는 않다. 첫술에 배부르랴. 로마는 하루 아침에 이루어지지 않았다	俗话说："一口吃不成个胖子"，目标只能一点一点地去实现。 속담에 '첫술에 배부르랴'라고 하듯이 목표는 조금씩 조금씩 이루어 가는 수밖에 없다.
易如反掌 yì rú fǎn zhǎng 손바닥을 뒤집는 것처럼 쉽다. 식은 죽 먹기이다	语言学习对有些人来说易如反掌。 언어 학습이 어떤 이들에게는 식은 죽 먹기이다.
只要功夫深，铁杵磨成针 zhǐ yào gōng fu shēn, tiě chǔ mó chéng zhēn 공을 들여 열심히 노력하면 절굿공이도 갈아서 바늘을 만들 수 있다. 의지를 가지고 노력한다면 무엇이든 해낼 수 있다	只要功夫深，铁杵磨成针，经过五年的刻苦努力，他终于掌握了英语。 노력하면 무엇이든 해낼 수 있다. 5년간의 각고의 노력으로 그는 마침내 영어를 마스터했다.
足不出户 zú bù chū hù 두문불출, 집 밖을 나서지 않는다	我们足不出户就可以购物。 우리는 집 밖을 나서지 않아도 물건을 살 수 있다.

아래의 제시어를 모두 사용하여 80자 내외의 단문을 완성하세요.

1. 浪费、可怕、粮食、珍惜、养成

　　　　　　　　　　　　　　　　　　　

　　　　　　　　　　　　　　　　　　　

　　　　　　　　　　　　　　　　　　　 48

　　　　　　　　　　　　　　　　　　　

　　　　　　　　　　　　　　　　　　　 80

　　　　　　　　　　　　　　　　　　　

　　　　　　　　　　　　　　　　　　　

2. 信任、利润、任何、共同、合作

　　　　　　　　　　　　　　　　　　　

　　　　　　　　　　　　　　　　　　　

　　　　　　　　　　　　　　　　　　　 48

　　　　　　　　　　　　　　　　　　　

　　　　　　　　　　　　　　　　　　　 80

03

99번 – 어법 포인트 활용하기
접속사/부사를 활용하여 논리적으로 글쓰기

기본기 다지기 **기본 개념 잡기 & 공략 미리보기**

문장과 문장이 연결되어 한 편의 글로 구성될 때 글의 흐름을 자연스럽게 연결시켜 주는 것은 바로 접속사와 부사 등이다. 접속사는 문장을 연결시켜 줄 뿐만 아니라 글자수를 확보하는 좋은 수단이 된다. 또한 부사, 개사구, 보어 등을 활용하면 더욱 세련된 문장을 완성할 수 있다. 정확한 용법을 익혀 고득점을 얻도록 하자.

| 기본 개념 잡기 | 어법 포인트 활용하기

1. 접속사 활용하기

접속사는 문장과 문장을 논리적으로 연결시켜주기 때문에 접속사를 적절히 활용하면 글을 더욱 자연스럽게 완성할 수 있다.

> (제시어) 教育 명 동 교육(하다)   缺乏 형 부족하다

妹妹刚刚参加教育工作，热情很高，**缺乏**经验。

여동생은 막 교육 일을 하기 시작했는데 열정이 높고 경험이 부족하다.

→ 妹妹刚刚参加教育工作，<u>虽然**热情很高，但是缺乏**经验</u>。
접속사 '虽然……, 但是……'

여동생은 막 교육 일을 하기 시작했는데 열정은 높지만 경험이 부족하다.

2. 부사, 보어, 양사 활용하기

부사는 상태나 어기, 정도를 부가적으로 설명해 주는 말이고, 양사는 사물과 동작을 세는 단위이며, 보어는 동작의 결과, 방향, 가능, 수량, 정도를 나타낸다. 따라서 이러한 어법 포인트를 활용해서 내용이 더 풍부한 글을 완성할 수 있다.

> (제시어) 任务 명 임무   重要 형 중요하다

我接受了**任务**，我觉得任务很**重要**。

나는 임무를 받았는데 나는 임무가 아주 중요하다고 생각한다.

→ 我接受了<u>一项</u>**重要的任务**，可是<u>做起来并不</u>简单。
　　　　　　양사　　　　　　　　　　　　보어　　부사

나는 중요한 임무 하나를 받았는데 해 보니까 결코 쉽지 않았다.

| 공략 미리보기 |

합격 공략 98 접속사와 부사로 문장을 매끄럽게 연결하라!

합격 공략 99 [220점 이상 고득점] 처치 곤란 부사의 활용법을 익히라!

합격 공략 98 접속사와 부사로 문장을 매끄럽게 연결하라!

접속사와 부사

접속사는 문장과 문장을 연결시켜주는 역할만 하는 것이 아니라 논리적인 의미 관계를 형성해 준다. 따라서 적절하게 접속사를 활용하면 글이 더욱 매끄럽고 자연스러운 흐름을 갖게 된다. 5개의 제시어의 어휘 결합을 파악하여 글의 도입-전개-마무리의 스토리를 세웠다면, 이 스토리가 서로 자연스럽게 연결될 수 있도록 접속사와 부사를 활용해 보도록 하자.

실전 문제 ✏️

梦想、逃避、千万、坚强、尽管

STEP 1 제시어 분석하여 주제 정하기

梦想 mèngxiǎng 명 꿈	实现梦想 꿈을 이루다 我的梦想是当一名…… 내 꿈은 ~이 되는 것이다
逃避 táobì 통 도피하다	逃避困难 어려움을 피하다 逃避责任 책임을 회피하다
千万 qiānwàn 부 부디, 제발	千万不能放弃 절대 포기할 수 없다 千万不要灰心 절대 낙심하지 말라
坚强 jiānqiáng 형 굳세다, 꿋꿋하다	坚强地面对 꿋꿋하게 직면하다 坚强的性格 굳센 성격
尽管 jǐnguǎn 부 얼마든지, 접 비록 ~지만	尽管可能会失败，但是…… 실패할 수 있지만, 그러나

주제어/주제 : 梦想 / 꿈을 이루기 위한 길

STEP 2 스토리 구상하기

도입 : 누구나 꿈(梦想)이 있지만 꿈을 실현하는(实现) 사람은 아주 적다.

전개 : 비록 꿈의 길(梦想的路)이 가기 어려워도, 어려움을 피하는 것(逃避困难)이 문제를 해결하는 것은 아니다. 꿋꿋하게 직면(坚强地面对)해야 한다.

마무리 : 비록(尽管) 실패할 수는 있겠지만 시도(试一试)도 하지 않는다면 후회할 것이다(会后悔的).

※ 어법 포인트 활용하기

- 虽然(=尽管) A，但是 B 비록 A하지만 그러나 B하다
- 如果 A, （那么）就 B 만약 A한다면 B할 것이다
- 不管 A, 都 B A에 관계없이 모두 B하다
- 一定会……的 틀림없이 ~할 것이다

STEP 3 작문하기

		每	个	人	都	有	梦	想	,		可	是	实	现	梦	想
的	人	却	很	少	。		**虽**	**然**	梦	想	的	路	很	难	走	,

但	是	逃	避	困	难	是	不	能	解	决	问	题	的	。		不	48
管	有	多	难	，	都	要	坚	强	地	面	对	，	千	万	不		
能	放	弃	。	尽	管	可	能	会	失	败	，	但	是	如	果	80	
不	去	试	一	试	的	话	，	那	么	就	一	定	会	后	悔		
的	。																

해석 누구나 다 꿈이 있다. 하지만 꿈을 실현시키는 사람은 굉장히 적다. 비록 꿈을 좇는 길은 매우 어렵다. 하지만 어려움을 피하면 문제를 해결할 수 없다. 아무리 힘들고 어려워도 꿋꿋하게 맞서고 절대로 포기하면 안 된다. 비록 실패할 수는 있지만 그래도 만약 시도도 해보지 않는다면 틀림없이 후회하게 될 것이다.

어휘 实现 shíxiàn 통 실현하다, 달성하다　面对 miànduì 통 직면하다　放弃 fàngqì 통 포기하다

〈 쓰기 영역에서 활용도가 높은 접속사 〉

인과 관계	□ **因为/由于**……, **所以/因此/因而**……　~때문에 ~하다 因为他平时努力学习，所以这次考出了好成绩。 <small>그는 평소에 열심히 공부했기 때문에 이번에 좋은 성적을 냈다.</small>	
	□ **之所以**……, **是因为**……　~한 까닭은 ~하기 때문이다 大家之所以喜爱大熊猫，是因为它长得特别可爱。 <small>모두가 팬더를 좋아하는 까닭은 귀엽게 생겼기 때문이다.</small>	
	□ **既然**……, **(那么)就**……　기왕 ~한 이상 ~하다 你既然答应了，就要说话算数。 <small>이미 승낙을 했으니 한 말은 꼭 지켜야지.</small>	
가정 관계	□ **如果**……(**的话**), (**那么)就**……　만약 ~라면 ~일 것이다 如果没有家人的鼓励和支持，就没有今天的成功。 <small>만약에 가족들의 격려와 지지가 없었더라면 오늘의 성공도 없었을 것이다.</small>	
	□ ……, **否则**……　~하지 않으면 ~하게 된다 做事不能拖拖拉拉，否则会浪费时间。 <small>일을 꾸물대서는 안 된다. 안 그러면 시간을 낭비한다.</small> 어휘 拖拖拉拉 tuōtuōlālā 늑장을 피우다, 꾸물대다	
조건 관계	□ **只要**……, **就**……　~만 하면 ~하게 된다 (결과를 이루는 수많은 조건 중 하나) 只要有毅力，就没有克服不了的困难。 <small>의지만 있다면 극복하지 못할 어려움은 없다.</small> 어휘 毅力 yìlì 명 굳센 의지　克服 kèfú 통 극복하다	

	□ **只有**⋯⋯, **才**⋯⋯　오로지 ∼해야만 비로소 ∼하게 된다 (결과를 이루는 유일한 조건)
	只有付出努力，才能取得成功。
	오로지 노력해야만 비로서 성공할 수 있다.
	어휘 付出努力 fùchū nǔlì 노력을 기울이다　取得 qǔdé 동 얻다
	□ **不管**(=**无论**)⋯⋯, **都**⋯⋯　∼에 관계없이 ∼하다
	(不管이 이끄는 절에는 의문대사, 정반의문문, 선택의문문, '多+형용사' 등의 형식을 사용한다.)
	不管做什么事都要有耐心。[의문대사]
	어떤 일을 하던지 인내심을 가져야 한다.
	不管是学习还是工作，我们都要学会寻找窍门。[선택형]
	공부가 되었든 일이 되었든 우리는 요령을 찾을 줄 알아야 한다.
	어휘 窍门 qiàomén 명 비결, 요령
전환 관계	□ **虽然**(=**尽管**)⋯⋯ **但是**(**却**)⋯⋯　비록 ∼하지만 ∼하다
	虽然我们现在有了良好的生活条件，但是我们不能浪费。
	비록 우리가 현재 좋은 생활 조건을 가지게 되었지만 낭비해서는 안 된다.
점층 관계	□ **不但**(=**不仅**)⋯⋯, **而且/还**⋯⋯　∼뿐만 아니라 게다가 ∼도
	西红柿不但可以生吃，还可以熟吃。
	토마토는 날것으로 먹을 수 있을 뿐만 아니라 익혀서도 먹을 수 있다.
양보 관계	□ **即使**(=**哪怕**)⋯⋯, **也**⋯⋯　설사 ∼할지라도 ∼하다
	即使遇到再大的困难，我们也要想办法克服。
	설사 아무리 커다란 어려움에 부딪힌다 할지라도 우리는 방법을 강구해서 극복해야 한다.
목적 관계	□ **为了**⋯⋯, ⋯⋯　∼을 위해 ∼하다
	为了你的健康，下定决心戒烟吧！
	당신의 건강을 위해서 금연을 결심하세요!
	어휘 下定决心 xiàdìngjuéxīn 마음먹다, 결심을 내리다　戒烟 jièyān 담배를 끊다
선택 관계	□ **不是**⋯⋯, **而是**⋯⋯　∼가 아니라 ∼이다
	挫折不是失败，而是成功的开始。
	좌절은 실패가 아니라 성공의 시작이다.

합격 공략 99 [220점 이상 고득점] 처치 곤란 부사의 활용법을 익히라!

글의 흐름과 동떨어진 것 같은 처치 곤란 부사

99번 문제의 5개 제시어 중에는 전체 지문의 흐름상 '생뚱맞아' 보이는 어휘가 한두 개 정도 등장하여 수많은 응시생들을 곤란하게 한다. 대표주자는 부사인데, 대부분 한국어식으로 해석하거나 용법에 대한 잘못된 이해에서 비롯되는 경우가 많다. 5급 시험에서 자주 출제되는 주요 처치 곤란 부사들을 알아보자.

〈 처치 곤란 부사의 용법 〉

▫ 干脆 gāncuì	부 차라리, 아예, 시원스럽게 (= 索性) 工资这么低，干脆别干了。급여가 이리 낮은데 차라리 하지 말아라. 형 (주로 말이나 행동이)시원스럽다, 명쾌하다 (= 痛快，爽快，大方) 他赢得干脆。그는 시원하게 이겼다.
▫ 尽管 jǐnguǎn	부 얼마든지, 마음 놓고, 주저하지 말고 你有什么困难尽管说，我们会帮助你的。 무슨 어려움이 있으면 얼마든지 말해. 우리가 너를 도와줄 거야. 접 비록 ~하지만 (= 虽然) 尽管困难重重，他们还是很顺利地完成了任务。 비록 어려움이 수두룩하지만 그들은 그럼에도 불구하고 순조롭게 임무를 완성했다.
▫ 临时 línshí	형 임시의 现在的班主任只是临时的。현재 담임선생님은 그냥 임시이다. 부 ① (때에 이르러, 예고도 없이, 없었던 일이) 갑자기 今天的约会临时取消了。오늘 약속이 갑자기 취소되었다. 부 ② (때에 이르러) 임시로, 잠시 张老师病了，李老师给我们临时代课。 장 선생님이 아파서 이 선생님께서 우리에게 임시로 수업해 주신다.
▫ 难免 nánmiǎn	형 면하기 어렵다, 불가피하다 考试前不认真准备，不及格是难免的。 시험 전에 착실히 준비를 하지 않으면 불합격은 피할 수 없다. 부 피하기 어렵다, ~하게 마련이다 年轻人经验不足，工作中难免出现差错。 젊은이들은 경험이 부족해서 업무 중 실수가 생길 수밖에 없다.

실전 문제

项链、至今、浪漫、微笑、母亲

STEP 1 제시어 분석하여 주제 정하기

项链 xiàngliàn 명 목걸이	一条珍珠项链 진주 목걸이 하나　戴上项链 목걸이를 하다(차다)
至今 zhìjīn 부 지금까지	至今没什么变化 지금까지 별다른 변화가 없다
浪漫 làngmàn 형 로맨틱하다	爸爸很浪漫 아버지가 낭만적이시다　浪漫的气氛 낭만적인 분위기
微笑 wēixiào 명 동 미소(짓다)	一边微笑一边说话 미소를 지으며 말하다
母亲 mǔqīn 명 모친, 어머니	遇见你母亲 네 어머니를 만나다　照顾母亲 어머니를 돌보다

주제어/주제 : 项链、母亲 / 아빠가 엄마에게 목걸이 선물을 하다

도입 : 오늘은 부모님의 결혼기념일이다.

전개 : 아빠는 엄마에게 **목걸이**(项链)를. 엄마는 아빠에게 넥타이를 사드렸다. 아빠는 **미소를 지으며**(微笑) **지금까지도**(至今) **엄마**(母亲)를 처음 본 날을 잊지 못한다고 했다.

마무리 : 아빠도 이렇게 **낭만적**(浪漫)일 수 있다는 것을 처음 알았다.

※ 어법 포인트 활용

- 送 ~에게 ~을 주다
- 给 ~에게
- 一边A一边B A하면서 B하다
- 虽然A，但是B 비록 A일지라도 B하다
- 至今 + 仍然/还 지금까지 여전히/아직도
- 不管A，都B A에 관계없이 모두 B하다
- 原来 알고 보니

		昨	天	是	父	母	的	结	婚	30	年	纪	念	日	。	
爸	爸	送	妈	妈	一	条	珍	珠	项	链	，		而	妈	妈	给
爸	爸	买	了	一	条	领	带	。	爸	爸	一	边	微	笑	，	48
一	边	对	我	们	说	："	虽	然	已	经	结	婚	30	年	了，	
但	我	至	今	仍	然	记	得	遇	见	你	母	亲	的	那	天。	80
不	管	到	什	么	时	候	，	我	都	爱	她	。"	原	来	爸	
爸	也	可	以	这	么	浪	慢	。								

해석 어제는 우리 부모님의 결혼 30주년 기념일이었다. 아빠는 엄마에게 진주 목걸이를 선물하셨고 엄마는 아빠에게 넥타이를 하나 사드렸다. 아빠는 미소를 지으며 우리에게 말씀하셨다. "결혼한 지 30년이나 되었지만 난 지금도 여전히 네 엄마를 만난 그 날을 기억한단다. 언제까지나 엄마를 사랑할 거란다." 알고 보니 우리 아빠도 이렇게 낭만적일 수 있었다.

어휘 纪念日 jìniànrì 몡 기념일 珍珠 zhēnzhū 몡 진주 领带 lǐngdài 몡 넥타이 遇见 yùjiàn 통 만나다. 조우하다

아래의 제시어를 모두 사용하여 80자 내외의 단문을 완성하세요.

1. 冷静、千万、火灾、措施、迅速

48

80

2. 尊重、亲切、看望、至今、毕业

48

80

04 100번 – 에피소드 만들기
사진을 보고 주제와 상황에 맞게 글짓기

기본기 다지기 **기본 개념 잡기 & 공략 미리보기**

100번 유형은 제시된 사진을 보고 80자 내외의 한 편의 글을 짓는 문제로, 일상생활, 회사 생활 등 우리 주변에서 흔히 볼 수 있는 상황들이 사진으로 등장한다. 99번처럼 정해진 어휘를 사용해야 하는 것이 아니므로 주제 선정이 비교적 자유롭고, 에피소드뿐만 아니라 교훈을 전달하는 논설문도 완성할 수 있다.

| 기본 개념 잡기 | **100번 유형 접근법 (에피소드)**

1. 사진에 등장하는 소재/상황을 주제로 활용하기

100번 문제는 사진 속의 소재와 상황을 주제로 삼아야 한다.

이 사진은 학생들이 시험을 보는 장면이다. 사진에 등장한 소재가 考试(시험)이므로 주제를 '**시험을 본 에피소드**'로 정하고 시험과 관련된 에피소드를 쓰도록 한다.

2. 사진을 통해 육하원칙 설정하기

사진에 등장하는 인물, 시간, 장소, 행동 등의 정보를 파악하여 육하원칙을 설정한다.

이 사진을 통해
언제(今天上午), **어디에서**(在公司), **누가**(我和同事们), **무엇을 하다**(开会), **상황/감정**(进行得非常顺利), **결과**(圆满结束)
등을 설정할 수 있다.

| 공략 미리보기 |

합격 공략 100   사진 속 사물과 상황을 파악하여 감정과 연결시키라!

합격 공략 101   [220점 이상 고득점] 구어체는 문어체로, 에피소드는 보도문으로 바꾸라!

합격 공략 100 사진 속 사물과 상황을 파악하여 감정과 연결시키라!

사진을 영화처럼 재구성하기

사진을 보고 한 편의 스토리를 만드는 것은 그리 간단한 일이 아니다. 하지만 사진 속의 정보를 구체적으로 파악하여 상상해 보면 영화처럼 재구성할 수 있다. 먼저, 스토리의 도입과 전개에 육하원칙(언제, 어디서, 누가, 무엇을, 어떻게, 왜)에 해당하는 정보를 서술하고, 인물의 표정과 감정/분위기를 나타내는 어휘를 떠올려 마무리에 배치하도록 한다. 이때 분량을 늘리려고 무리하게 문장을 만들기보다는 간단한 대화를 넣은 것이 좋은 방법이 될 수 있다.

실전 문제 ✎

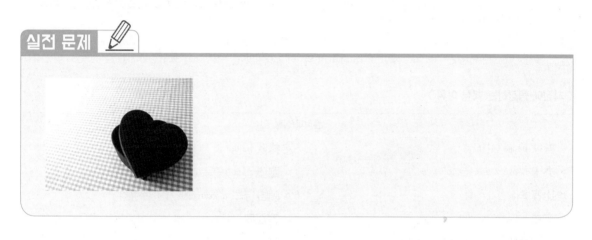

STEP 1   사진 분석하여 주제 정하기

1) 인물과 사물, 사건과 상황

: 언제(오늘 今天), 사물(선물 礼物), 사건(내 생일 我的生日), 누가(남자친구 男朋友), 무엇(하트 모양 상자 心形盒, 진주목걸이 珍珠项链)

2) 인물의 표정, 분위기

: 너무 예쁘다 漂亮极了, 정말 기뻤다 真的很开心

STEP 2   스토리 구상하기

도입 : 오늘은 **내 생일**(我的生日)이다. 친구들이 **선물**(礼物)을 많이 해 주었다.
전개 : **남자친구**(男朋友)도 선물을 하나 줬는데 **하트 모양 상자**(心形盒)였다.
마무리 : 서프라이즈 선물을 받아서 **너무 기뻤다**(真的很开心).

STEP 3   작문하기

		今	天	是	我	的	生	日	。	朋	友	们	都	送	了
我	很	多	礼	物	。	男	朋	友	也	送	了	我	一	个	礼
物	。	包	装	盒	是	心	形	的	,	我	问	他	里	面	是
什	么	,	他	却	非	常	神	秘	地	说	:	"	你	看	了 以

48

后	就	知	道	了	。	"	我	小	心	地	打	开	盒	子	,		里
面	是	一	条	珍	珠	项	链	,	简	直	漂	亮	极	了	。		
收	到	了	意	外	的	惊	喜	,	我	真	的	很	开	心	。		

해석 오늘은 내 생일이다. 친구들이 모두 많은 선물을 해 주었다. 남자친구도 하나 주었는데 포장 상자가 하트 모양이었다. 안에 뭐냐고 물으니 남자친구는 비밀스럽게 말했다. "보면 알아." 나는 조심스럽게 상자를 열었다. 안에는 진주 목걸이가 하나 있었는데 너무 예뻤다. 깜짝 선물을 받아서 나는 정말 기뻤다.

어휘 包装盒 bāozhuānghé 명 포장박스 心形 xīnxíng 명 하트형 神秘 shénmì 형 신비하다 珍珠项链 zhēnzhū xiàngliàn 명 진주 목걸이 简直 jiǎnzhí 부 그야말로, 정말 意外 yìwài 형 의외이다, 뜻밖이다 惊喜 jīngxǐ 명 놀람과 기쁨, 깜짝 이벤트 및 선물

〈 사진에 등장하는 핵심 어휘 〉

동작과 상황	
□ 搬家 bānjiā 이사하다	□ 排队 páiduì 줄 서다
□ 办卡 bànkǎ 카드를 신청하다	□ 跑步 pǎobù 구보, 조깅, 달리기
□ 比赛 bǐsài 경기, 시합	□ 骑自行车 qí zìxíngchē 자전거를 타다
□ 表白 biǎobái 고백하다	□ 签合同 qiān hétong 계약서에 서명하다
□ 参加婚礼 cānjiā hūnlǐ 예식에 참가하다	□ 洒 sǎ (음식 따위를) 엎지르다
□ 出汗 chūhàn 땀이 나다	□ 散步 sànbù 산책하다
□ 打篮球 dǎ lánqiú 농구를 하다	□ 晒太阳 shài tàiyáng 썬탠하다
□ 打乒乓球 dǎ pīngpāngqiú 탁구를 치다	□ 摄影 shèyǐng 사진을 찍다
□ 打针 dǎzhēn 주사를 놓다	□ 受伤 shòushāng 부상 당하다
□ 钓鱼 diàoyú 낚시하다	□ 弹钢琴 tán gāngqín 피아노를 치다
□ 度蜜月 dù mìyuè 신혼여행을 가다	□ 踢足球 tī zúqiú 축구를 하다
□ 挂号 guàhào 접수하다	□ 玩儿游戏 wánr yóuxì 게임하다
□ 逛街 guàngjiē 거리를 거닐며 구경을 하다	□ 握手 wòshǒu 악수하다
□ 购物 gòuwù 쇼핑하다	□ 下象棋 xià xiàngqí 장기 두다
□ 合影 héyǐng 두 사람이나 여럿이 함께 사진을 찍다	□ 下围棋 xià wéiqí 바둑을 두다
□ 滑冰 huábīng 스케이트를 타다	□ 欣赏风景 xīnshǎng fēngjǐng 풍경을 감상하다
□ 滑雪 huáxuě 스키를 타다	□ 养宠物 yǎng chǒngwù 애완동물을 기르다
□ 画画(儿) huàhuàr 그림을 그리다	□ 养花 yǎnghuā 꽃을 가꾸다
□ 划船 huáchuán 배를 젓다	□ 游泳 yóuyǒng 수영을 하다
□ 换轮胎 huàn lúntāi 타이어를 교체하다	□ 运动 yùndòng 운동하다
□ 健身 jiànshēn 헬스하다	□ 咨询 zīxún 상담하다, 자문하다
□ 举行婚礼 jǔxíng hūnlǐ 결혼식을 하다	□ 着凉 zháoliáng 감기에 걸리다

▫ 理发 lǐfà 커트하다, 이발하다	▫ 装修 zhuāngxiū 인테리어하다
▫ 旅行 lǚxíng 여행하다(=旅游 lǚyóu)	▫ 做手术 zuò shǒushù 수술하다
▫ 爬山 pá shān 등산하다	▫ 做贺卡 zuò hèkǎ 축하카드를 만들다
▫ 拍照片 pāi zhàopiàn 사진을 찍다	

감정 표현	
▫ 不耐烦 búnàifán 귀찮다, 짜증난다, 성가시다	▫ 难过 nánguò 괴롭다, 속상하다
▫ 惭愧 cánkuì 송구스럽다	▫ 兴奋 xīngfèn 흥분하다
▫ 担心 dānxīn 걱정하다	▫ 幸福 xìngfú 행복하다
▫ 发愁 fāchóu 걱정하다	▫ 遗憾 yíhàn 아쉽다, 아쉬움
▫ 放心 fàngxīn 마음을 놓다	▫ 愉快 yúkuài 유쾌하다
▫ 激动 jīdòng 감격하다	▫ 着急 zháojí 조급하다
▫ 满意 mǎnyì 만족하다	▫ 自豪 zìháo 자부심을 느끼다

합격 공략 101 [220점 이상 고득점] 구어체는 문어체로, 에피소드는 보도문으로 바꾸라!

문어체를 활용한 보도문의 글

고득점을 얻는 방법으로 사자성어, 속담 등을 사용하는 것 외에도 고급 표현을 활용할 수 있다. 회화체의 표현은 문어체로 바꾸거나 에피소드 형식의 글은 보도문 형식으로 바꾸는 것이다. 이는 몇 가지 어휘를 대체하여 나타낼 수 있으므로 관련 어휘를 살펴보도록 하자.

〈 구어체를 문어체로 〉

▫ 就 곧, 바로 → 便 곧, 바로	▫ 一点儿也没有 조금도 ~가 없다 　→ 毫无 조금도 ~가 없다
▫ 这个 이, 이것 → 该 이	
▫ 把 ~을/를 → 将 ~을/를	▫ 大家都知道, …… 모두들 다 알다 　→ 众所周知, …… 모두 다 알다시피
▫ 和 ~와/과 → 与 ~와/과	▫ 非常重要 굉장히 중요하다 → 至关重要 굉장히 중요하다
▫ 这时 이때 → 此时 이때	

〈 보도문에 자주 사용하는 표현 〉

▫ 从……方面看 ~관점에서 보면	▫ 研究结果表明…… 연구결과 ~라고 나타났다
▫ 统计显示…… 통계에서 ~와 같이 보여준다	▫ 调查显示…… 조사 결과 ~으로 나타났다
▫ 据了解/据悉…… 소식에 따르면 ~라고 한다	▫ 意味着…… ~을 뜻한다
▫ 据统计 …… 통계에 따르면 ~라고 한다	▫ 以……为主 ~가 위주이다

STEP 1 사진 분석하여 주제 정하기

사진은 쇼핑을 하고 있는 여성의 모습으로 여성의 소비 생활과 경제적 지위의 향상에 관한 보도문을 주제로 구상해 본다. 먼저 육하원칙으로, 누가(中国城市女性), 무엇(消费), 상황(女性就业比例高) 등을 파악한다. 그로 인한 결과 및 영향으로는 여성이 미래의 소비 증가의 주역이다(未来消费增长的主力军) 등을 구상한다.

STEP 2 스토리 구상하기

도입 : **중국 도시 여성(中国城市女性)**의 **취업률(就业率)**이 약 70%이고 독립적인 **소득원(经济来源)**을 보유하고 있다.
전개 : 소비 측면에서 여성은 강력한 **결정권(决策力)**을 지니며 자신에 대한 관심이 높다.
마무리 : 향후 **소비 증가의 주역(消费增长的主力军)**이 될 것이다.

STEP 3 작문하기

		据	统	计	,	中	国	城	市	女	姓	就	业	率	高
达	70	%	。	这	么	高	的	就	业	率	**意**	**味**	**着**	城	市
女	性	有	独	立	经	济	来	源	。	**从**	消	费	主	题	**方**
面	**看**	,	女	性	拥	有	强	大	的	决	策	力	,	且	关
爱	自	己	。	因	此	,	女	性	消	费	将	是	未	来	消
费	增	长	的	主	力	军	。								

48

80

해석 통계에 따르면 중국의 도시 여성의 취업률은 70%에 육박한다. 이렇듯 높은 취업률은 도시 여성이 독립적인 소득원을 보유하고 있음을 의미한다. 소비 측면에서 보면 여성은 강력한 결정권을 지니며 또한 자신에게 관심이 많다. 때문에 여성소비는 향후 소비증가의 주축이 될 것으로 보인다.

어휘 统计 tǒngjì 명 통 통계(하다) 就业 jiùyè 통 취업하다 意味着 yìwèizhe 통 의미하다, 뜻하다 独立 dúlì 통 독립하다 经济来源 jīngjì láiyuán 명 경제적 원천 消费 xiāofèi 명 통 소비(하다) 主题 zhǔtí 명 주제 拥有 yōngyǒu 통 보유하다 决策 juécè 통 방법·정책을 결정하다 未来 wèilái 명 멀지 않은 장래 增长 zēngzhǎng 통 늘어나다, 증가하다 主力军 zhǔlìjūn 명 주력부대, 중심이 되는 세력

실전 테스트   정답 및 해설_ 해설편 p.108

아래의 사진을 보고 80자 내외의 단문을 완성하세요.

1.

<table>
<tr><td></td><td></td><td></td><td></td><td></td><td></td><td></td><td></td><td></td><td></td><td></td><td></td><td></td><td></td></tr>
</table>

48

80

2.

																48

																80

100번 – 논설문 쓰기
사진을 보고 주장하는 글 짓기

기본기 다지기 | 기본 개념 잡기 & 공략 미리보기

100번 유형은 에피소드 글뿐만 아니라 교훈을 전달하는 논설문 형식의 글을 완성할 수 있다. 사진을 보고 사건/상황을 파악한 뒤 현상/문제점 및 장점을 제시하고 자신의 견해를 덧붙여서 완성한다.

| 기본 개념 잡기 | 100번 유형 접근법 (논설문)

1. 도입 : 사진을 일반적인 현상으로 묘사하기

자신의 견해를 전달하는 논설문을 완성하기 위해서 사진 속 상황/사건 자체를 정확하게 묘사하는 것보다는 사진과 관계된 일반적인 사건이나 현상을 제시하는 것이 좋다.

2. 전개 : 문제를 제기하고 해결 방법 제시하기 / 장단점을 열거하기

일반적인 사건에 존재하는 문제를 제기한다. 그리고 이를 해결하기 위한 방법을 2~3개 정도 나열한다. 또는 장점을 열거하여 이 현상이 가져다 주는 이점을 부각시킬 수도 있다.

3. 마무리 : 주장으로 마무리하기

문제를 제기한 뒤 해결 방법을 나열했다면 마무리에서는 이 내용을 다시 한 번 종합하여 핵심 주장을 제시한다. 또는 우리의 삶에 가져다 주는 이점으로 인해 이 현상이 유익하다는 것을 다시 한 번 강조한다.

도입 : 이 사진은 택배를 받는 장면인데, 일반적인 현상 묘사로 다음과 같이 표현할 수 있다.

随着生活水平的提高，快递行业也在迅速发展。快递的出现给人们的生活带来了很大的便利。

생활 수준이 향상됨에 따라, 택배 산업이 빠르게 발전하고 있다. 택배의 출현은 사람들의 삶에 큰 편리함을 가져다 주었다.

전개 : 택배 수령 시 문제점과 이에 대한 구체적인 해결 방법을 함께 제시한다.

但是，签收快递也有些注意事项。首先，确定收件人；其次，确认购买的物品。

하지만 택배 수령 사인에도 주의사항이 있다. 먼저 수령인을 확인하고, 그 다음으로 구매한 물품을 확인한다.

마무리 : 이러한 문제를 해결하기 위한 종합적인 견해를 제시한다.

无论我们多想马上拿到快递，都要先冷静下来，确认以后再签收。

택배를 얼마나 빨리 받고 싶든 관계없이 먼저 냉정을 찾고 확인한 뒤 사인하고 수령해야 한다.

합격 공략 **102** 논설문의 구성과 주요 표현을 활용하라!

논설문의 구조

에피소드 글은 사건의 흐름에 따라 자유롭게 스토리를 전개할 수 있지만, 논설문은 논리적인 전달을 위해 '일반적인 사건/현상 묘사', '문제 제기 및 해결 방법 제시', '핵심 주장'으로 글을 구성하는 것이 좋다.

〈 논설문의 구성 및 주요 표현 〉

구성		주요 표현
도입	사건, 현상	• 图片上有 _몇_ 个人在 _행동_ 。 사진에 (몇)사람이 (행동)을 하고 있다. • 随着生活水平的提高， _행동_ 的人也越来越多了。 생활수준이 향상됨에 따라 (행동)하는 사람들 역시 점점 많아지고 있다. • 最近 _행동_ 很受欢迎/非常流行。 최근 들어 이러한 (행동)이 인기를 끌고 있다/굉장히 유행하고 있다.
전개	문제 제기	• _행동_ 给我们的生活带来了很多益处/方便/ 便利。 (행동)은 우리의 삶에 수많은 이점/편리/편의를 가져다주었다. • 那么， _행동_ 有什么好处呢？ 그렇다면, (행동)은 어떤 장점이 있을까? • 那么，人们为什么喜欢 _행동_ 呢？ 그렇다면, 사람들은 왜 이 (행동)을 좋아할까(=즐겨할까)? • 但， _행동_ 时，也有些注意事项。 그러나 (행동)을 할 때는 역시 주의사항이 있다. • 那么， _행동_ 时，要注意什么？ 그렇다면, (행동)할 때 무엇에 주의해야 할까?
	해결 방법	• 第一，……；第二，……；第三，……。 첫째, …… 둘째, …… 세째, …… • 一来，……；二来，……；三来，……。 첫 번째로는, …… 두 번째로는, …… 세 번째로는, …… • 首先，……；其次，……；最后，……。 우선은, …… 다음으로는, …… 마지막으로…… • 比如，……，……，……等。 예를들어, ……, ……, ……등이 있다.
마무리	주장 및 제안	• 为了……，多 _행동_ 吧。 〜하기 위해, (행동)을 많이 하자. • 可见， _행동_ 的好处真不少。 이로서 (행동)의 좋은 점이 정말 적지 않다는 것을 알 수 있다. • 怪不得人们都喜欢 _행동_ 。 어쩐지 그래서 사람들은 모두 (행동)을 좋아하는 것이었구나(=즐겨 하는 것이었구나).

	• 我们也开始_행동_吧。 우리도 (행동)을 시작하자. • 为了……，我们一定要注意这些事项。 〜을 위해, 우리는 반드시 이러한 사항에 주의해야 한다.

실전 문제 🖊

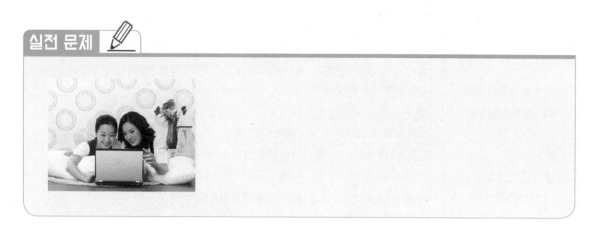

STEP 1 사진 분석하여 주제 정하기

사진은 인터넷 쇼핑을 하는 모습으로 인터넷 쇼핑의 장점에 관한 자신의 견해를 전달하는 글을 구상한다.

STEP 2 스토리 구상하기

도입 : 두 사람이 인터넷 쇼핑을 하고 있다(图片上有两个人在网购). 인터넷이 보급됨에 따라 인터넷 쇼핑을 하는 사람들이 점점 많아졌다(随着网络的普及, 网购的人也越来越多了).

전개 : 사람들은 왜 인터넷 쇼핑을 좋아할까(人们为什么喜欢网购呢)? 먼저 인터넷 쇼핑은 시간을 절약하게 하며(可以让我们节省很多时间), 상품 가격이 비교적 저렴하고(网络商品一般都比较便宜), 어떤 상품이든지 집까지 배송이 가능하다(无论是什么商品, 都可以直接送到家门口).

마무리 : 인터넷 쇼핑에 장점이 많다는 것을 알 수 있다(可见, 网购的好处真不少).

STEP 3 작문하기

		随	着	网	络	的	普	及	，	网	购	的	人	也	越
来	越	多	了	。	人	们	为	什	么	喜	欢	网	购	呢	？
第	一	、	网	购	可	以	让	我	们	节	省	很	多	时	间
第	二	、	网	络	商	品	一	般	都	比	较	便	宜	；	第
三	、	无	论	是	什	么	商	品	，	都	可	以	直	接	送
到	家	门	口	。	可	见	，	网	购	的	好	处	真	不	少	。

48

80

해석 인터넷이 보급됨에 따라 인터넷 쇼핑을 하는 사람들도 많아졌다. 사람들은 왜 인터넷 쇼핑을 좋아할까? 첫째, 인터넷 쇼핑은 우리에게 많은 시간을 절약하게 해준다. 둘째, 인터넷 쇼핑상품은 일반적으로 저렴한 편이다. 셋째, 어떤 상품이건 바로 집까지 배송해준다. 인터넷 쇼핑이 참 좋은 점이 적지 않다는 걸 알 수 있다.

어휘 网络 wǎngluò 몡 인터넷   普及 pǔjí 통 보급되다   可见 kějiàn ~을 알 수 있다   节省 jiéshěng 통 아끼다, 절약하다

〈도입에 자주 사용하는 随着로 현상 표현하기〉

현상	
随着生活水平的提高, 생활 수준이 향상됨에 따라	随着生活水平的提高，越来越多的人会选择出国旅游。 생활 수준이 향상됨에 따라 점점 더 많은 사람들이 해외여행을 선택한다. 随着生活水平的提高，绿色生活方式越来越引人关注。 생활 수준이 향상됨에 따라 'Green lifestyle'이 점점 더 사람들의 관심을 받는다.
随着科技的进步, 과학기술이 발전함에 따라	随着科技的进步，我们的生活变得越来方便了。 과학기술이 발전함에 따라 우리의 생활도 점점 편리해졌다. 随着科技的进步，人们的生活质量也越来越提高。 과학기술이 발전함에 따라 사람들의 삶의 질도 점차 향상된다.
随着网络的普及, 인터넷이 보급됨에 따라	随着网络的普及，上网的人越来越多。 인터넷이 보급됨에 따라 인터넷 접속 인구가 점차 늘고 있다. 随着网络的普及，网上购物越来越流行。 인터넷이 보급됨에 따라 인터넷 쇼핑이 점점 유행하고 있다.
随着生活节奏的加快, 삶의 리듬이 빨라짐에 따라	随着生活节奏的加快，各种压力也越来越大。 삶의 리듬이 빨라짐에 따라 각종 스트레스도 점점 커진다. 随着生活节奏的加快，方便的小包装食品已被广泛接受。 삶의 리듬이 빨라짐에 따라 편리한 소형 포장음식들이 널리 받아들여지고 있다.

〈전개에 자주 사용하는 장점의 예〉★★★

健身与美容 헬스와 뷰티	
• 有减肥效果 다이어트 효과가 있다 • 对减肥很有帮助 다이어트에 대단히 도움이 된다 • 缓解压力 스트레스를 완화시키다 • 减轻疲劳 피로를 줄이다 • 改善睡眠质量 수면의 질을 개선시키다 • 锻炼身体 체력 단련을 하다	• 增强体质 체질을 강화시키다 • 保持苗条的身材 날씬한 몸매를 유지하다 • 有益于抗衰老 안티에이징에 도움이 된다 • 恢复体力和精力 체력과 에너지를 회복한다 • 增强免疫力 면역력을 강화시키다
上网 인터넷	
• 获取各种最新的知识和信息 　각종 최신 지식과 정보를 얻는다 • 利用无限的网络资源 　끝없이 많은 인터넷 자원을 이용한다 • 学会更多课堂外的知识 　교실 밖 지식을 더 많이 익힌다	• 不出家门就可以游览天下 　집을 나서지 않아도 세상을 둘러볼 수 있다 • 不用去求人，自己可以动手查找资料 　사람에게 도움을 청할 필요 없이 스스로 자료를 검색할 수 있다

宠物 애완동물	
• 给家里带来快乐 가정에 즐거움을 선사한다	• 提高老人的生活情趣　노인들의 삶의 즐거움을 높여준다
• 有共同的话题 공통의 대화거리가 있다	• 对于家里的安全也有很大的好处
• 解决人的寂寞 외로움을 해결해준다	주택 안전에도 대단히 좋은 점이 많다
• 让人的心情有效地调节	• 缓解有些病人的症状
기분을 효과적으로 조절해준다	일부 환자들의 증상을 완화시켜주기도 한다
• 带着小宠物出去溜溜，可以起到健身的作用	• 培养孩子的责任心，爱心和耐心
애완동물과 산책을 하면 헬스 효과를 일으킨다	아이들의 책임감, 사랑하는 마음과 인내심을 길러준다

业余爱好 취미활동	
• 丰富你的业余生活	
당신의 여가생활을 풍부하게 해준다	• 提高工作效率 업무 능률을 향상시킨다
• 享受生活/人生/美食	• 让工作更有效率 업무 능률을 더 높여 주다
생활/인생/맛있는 먹거리를 즐기다	• 让你交到更多朋友 더 많은 친구를 사귀게 해준다
• 欣赏风景 경치를 감상하다	• 增进朋友之间的友谊 친구 간의 정을 두텁게 하다
• 放松一下心情 마음을 좀 편안하게 푼다	• 让你精力充沛 에너지가 넘치게 해준다
• 让心情轻松愉快 기분을 가볍고 즐겁게 만들어준다	• 忘掉生活的烦恼 생활의 고민거리를 잊는다
• 帮助培养感情 감정을 기르는데 도움이 된다	

其他 기타	
• 节省时间 시간을 절약하다	• 减少不必要的浪费 불필요한 낭비를 줄인다
• 节约用水 물을 아끼다	• 提高生活品质 삶의 질을 높인다
• 既省时又省钱 시간도 절약하고 돈도 절약한다	• 预防疾病 질병을 예방하다
• 提供便利 편의를 제공하다	• 对……很有帮助 ～에 대단히 도움이 되다
• 保护环境 환경을 보호하다	• 有利于…… ～에 유익하다

〈 전개에 자주 사용하는 주의사항의 예 〉 ★★★

礼仪礼貌 에티켓	
• 摘下帽子 모자를 벗다	
• 看对方的眼睛 상대방의 눈을 바라본다	• 穿着要整齐 옷차림은 단정하게 하라
• 不要戴手套 장갑을 끼지 말아라	• 说话要自信 말할 때는 자신감 있게 하라
• 把手机关掉 핸드폰을 끄다	• 态度要真诚 태도는 진실해야 한다
• 把手机设置成静音模式	• 要遵守时间 시간을 준수해야 한다
핸드폰을 무음상태로 설정하다	• 脸上要露出笑容 얼굴에는 웃음을 띠어야 한다
• 把手机调成震动 핸드폰을 진동으로 하다	• 不要紧张 긴장하지 말아야 한다

运动 운동	
• 适量运动 적당하게 운동하다	
• 不能时间过长 시간을 너무 길게 하지 마라	• 游泳前要做好热身 수영 전에 웜업을 해라

购物　쇼핑	
• 货比三家　구입 시 여러 군데를 비교한다 • 看评价和体验　평가 및 실제후기를 본다 • 注意细节方面的问题　디테일한 문제에 주의한다 • 看快递速度　택배속도를 확인한다	• 差评不要犹豫　나쁜 후기를 주저하지 말라 • 最好选旗舰店　가급적 공식 쇼핑몰(플래그십 스토어)을 선택하라 • 一定要验货　반드시 구매상품을 검사하라

上网　인터넷	
• 有很多不健康的内容　불건전한 내용들이 많다 • 网络犯罪会威胁青少年的身心健康和安全 　인터넷 범죄가 청소년들의 심신건강과 안전을 위협할 수 있다	• 沉迷于网络游戏放弃工作 　인터넷 게임에 빠져 일을 내팽개친다 • 会耽误学习　학업을 그르치게 된다

합격 공략 103 [220점 이상 고득점] 금지를 나타내는 논설문을 쓰라!

금지 표지판 및 부정적 행동의 사진

100번 유형의 문제에서는 흡연 금지, 낚시 금지, 수영 금지 등의 경고 표지판과 운전 중 휴대전화 사용, 쓰레기 버리기 등 부정적 행동과 관련된 사진도 제시되기도 한다. 이러한 사진은 전달하려는 메시지가 분명하므로 금지를 나타내는 글의 구성을 파악하여 자주 사용하는 금지 표현을 활용하도록 한다.

〈 금지를 나타내는 논설문의 구성 및 주요 표현 〉

구성		주요 표현
도입	사진 묘사	• 图片上有 몇 个人在 부정적 행동 。 　사진에 (몇)사람이 (부정적 행동)을 하고 있다. • 这是一个禁止 부정적 행동 的标志。 　이것은 (부정적 행동)을 금지하는 표지판이다. • 图片上有一个 부정적 행동을 금지하는 的牌子。 　사진에 (부정적 행동을 금지하는) 표지판이 있다.
	뜻 설명	• 我们在很多公共场所都能看到这种牌子。 　우리는 수많은 공공장소에서 이러한 표지판을 볼 수 있다. • 它的意思是 "禁止 부정적 행동 "。 　그 의미는"(부정적 행동)을 금지한다"는 것이다. • 부정적 행동/표지판 내용 是不好的行为。 　(부정적 행동/표지판 내용)은 좋지 못한 행동이다. • 我们都知道 부정적 행동 一点儿好处都没有。 　우리는 모두 (부정적 행동)이 이점이 하나도 없음을 알고 있다.
전개	질문 제시	• 那么，为什么禁止呢？主要原因如下： 　그렇다면, 어째서 금지하는가? 주된 원인은 다음과 같다: • 那么， 부정적 행동 有什么负面影响？ 　그렇다면, (부정적 행동)은 어떤 부정적인 영향이 있는가? • 那么， 부정적 행동 的危害有哪些呢？ 　그렇다면, (부정적 행동)의 위험은 어떤 것이 있는가? • 我们为什么要注意不 부정적 행동 呢？ 　우리는 왜 (부정적 행동)을 하지 않도록 주의해야 하는가?

		• 怎样才能解决？ 어떻게 해야만 해결할 수 있는가?
마무리	답변 제시	• 第一，……；第二，……；第三，……。 첫째, ……. 둘째, ……. 셋째, ……. • 一来，……；二来，……；三来，……。 첫 번째로는, ……. 두 번째로는, ……. 세 번째로는, ……. • 首先，……；其次，……；最后，……。 우선은, ……. 다름으로는, ……. 마지막으로……. • 比如，……，……，……等。 예를들어, ……, ……, ……등이 있다.
	주장 및 제안	• 为了……，我们一定遵守这种标志。 ~을 위해서 우리는 반드시 이런 표지판을 준수해야겠다. • 为了……，请不要忽视这个标志！ ~을 위해서, 이 표지판을 가볍게 보지 마세요! • 请大家不要 부정적 행동 。 여러분 (부정적 행동)을 하지 맙시다.

STEP 1 **사진 분석하여 주제 정하기**

사진은 흡연 금지를 나타내는 표지판으로 흡연을 금해야 하는 이유를 나열하여 금연을 주장하는 논설문을 구상해 본다.

STEP 2 **스토리 구상하기**

도입 : 이것은 흡연을 금지하는 표지이다(这是一个禁止吸烟的标志).

전개 : 우리는 많은 공공장소에서 이 표지를 볼 수 있다(我们在很多公共场所都能看到这种牌子). 그러면 왜 금지하는 것일까(那么，为什么禁止呢)? 흡연은 각종 질병을 일으키고(吸烟会导致各种疾病), 개인의 건강뿐만 아니라 주변 사람에게도 간접 흡연의 해를 입히게 된다(不仅危害个人健康，周围人也会受到二手烟的危害).

마무리 : 자신과 다른 사람의 건강을 위해(为了自己和他人的健康) 이 표지를 무시하지 마라.

STEP 3 **작문하기**

		这	是	一	个	禁	止	吸	烟	的	标	志	。	我	们
在	很	多	公	共	场	所	都	能	看	到	这	种	牌	子	。

那	么	，	为	什	么	禁	止	呢	？	第	一	、	吸	烟	会	48
导	致	各	种	疾	病	甚	至	癌	症	；	第	二	、	吸	烟	
不	仅	会	危	害	个	人	身	体	健	康	，	周	围	人	也	80
会	受	到	二	手	烟	的	危	害	。	为	了	自	己	和	他	
人	的	健	康	，	请	不	要	忽	视	这	个	标	志	！		

해석 이것은 흡연을 금지하는 표지이다. 우리는 수많은 공공장소에서 이러한 표지를 볼 수 있다. 그렇다면, 어째서 금지하는 것일까? 첫째, 흡연은 각종 질병 심지어 암을 유발할 수 있다. 둘째, 흡연은 개인의 건강을 해칠 뿐만 아니라, 주변 사람들도 간접흡연의 피해를 입을 수 있다. 자신과 타인의 건강을 위해 이러한 표지를 간과하지 말자!

어휘 牌子 páizi 명 팻말 吸烟 xīyān 통 담배를 피우다 公共场所 gōnggòng chǎngsuǒ 명 공공장소 导致 dǎozhì 통 야기하다, 초래하다 疾病 jíbìng 명 질병 癌症 áizhèng 명 암(질병) 二手烟 èrshǒuyān 명 간접흡연 危害 wēihài 명 통 해(를 끼치다) 忽视 hūshì 통 경시하다 标志 biāozhì 명 표지, 피켓

〈금지 표지판 및 부정적 행동에 관한 표현〉 ★★

금지 표지판 및 부정적 행동	중심 행동 및 이유
 **禁止乱扔垃圾** 쓰레기 투기 금지	• 要重视卫生 위생을 중시해야 한다 • 要保持清洁 청결을 유지해야 한다 • 要美化环境 환경을 미화해야 한다 • 要保护花草树木 화초를 보호해야 한다 • 环境保护，人人有责 환경보호는 우리 모두의 책임이다 어휘 禁止 jìnzhǐ (~하는 걸) 금지하다 扔垃圾 rēng lājī 쓰레기를 버리다 重视 zhòngshì 중시하다 卫生 wèishēng 위생(적이다) 保持 bǎochí 유지하다, 지키다 清洁 qīngjié 청결하다 美化 měihuà 미화하다 花草树木 huācǎo shùmù 화초와 나무
禁止使用手机 휴대전화 사용 금지	• 室内应保持安静 실내 정숙을 유지해야 한다 • 会影响到里面的机器系统 내부 기계시스템에 지장을 줄 수 있다 • 大声说话会影响别人 큰 소리로 말하면 타인에게 지장을 줄 수 있다 어휘 使用 shǐyòng 사용하다 安静 ānjìng 조용하다 机器系统 jīqì xìtǒng 기계시스템

 **禁止携带宠物入内** 애완동물 출입 금지	• 会影响别人(别的顾客) 타인에게 지장을 줄 수 있다 • 担心宠物乱跑、乱拉屎 애완동물이 함부로 다니며 변을 볼까 우려된다 • 担心宠物毛发会引起过敏 애완동물의 털이 알레르기를 유발할까 우려된다 **어휘** 携带 xiédài 휴대하다　宠物 chǒngwù 애완동물　顾客gùkè 고객, 손님　拉屎 lāshǐ 변을 보다　过敏 guòmǐn 알레르기
 **禁止停车** 주차 금지	• 会导致堵车 교통 체증을 초래하다 • 会影响人们走路 사람들이 다니는데 지장을 줄 수 있다 • 会扰乱交通秩序 교통 질서를 어지럽힐 수 있다 **어휘** 停车 tíngchē 주차하다　导致 dǎozhì (어떤 사태를) 야기하다, 초래하다　堵车 dǔchē 교통이 꽉 막히다　扰乱 rǎoluàn 어지럽히다, 뒤죽박죽 되게 하다　交通秩序 jiāotōng zhìxù 교통질서
 **禁止钓鱼** 낚시 금지	• 担心水太脏，鱼都被污染了 물이 더러워서 물고기가 오염될까 우려된다 • 水里会有需要保护动物 물 속에 보호동물이 있을 수 있다 • 要保护环境 환경을 보호하려고 • 要保障人们的安全 사람들의 안전을 보장하려고 **어휘** 钓鱼 diàoyú 낚시를 하다　污染 wūrǎn 오염시키다　保障 bǎozhàng (생명, 권리 등을) 보장하다　安全 ānquán 안전(하다)
 **禁止外带食物入内** 외부 음식 반입 금지	• 担心食物会沾到店里的物品 상점 물건에 음식물이 묻을까 우려된다 • 担心吃了以后乱扔垃圾 먹고 나서 함부로 쓰레기를 버릴까 우려된다 • 担心会污染室内空气 실내공기를 오염시킬까 우려된다 **어휘** 食物 shíwù 음식물　入内 rùnèi 들어가다, 입장하다　沾 zhān 묻(히)다　物品 wùpǐn 물품　室内 shìnèi 실내
 **禁止游泳** 수영 금지	• 水太深，很危险 물이 깊어서 위험하다 • 水里会有危险的动物 물 속에 위험한 동물이 있을 수 있다 • 水太脏，对皮肤不好 물이 더러워서 피부에 좋지 않다 • 水太脏，会影响健康 물이 더러워서 건강에 지장을 줄 수 있다 **어휘** 深 shēn 깊다　危险 wēixiǎn 위험(하다)　脏 zāng 더럽다, 불결하다　皮肤 pífū 피부

 **禁止通行** 통행 금지	• 也许前面在修路　어쩌면 전방에 도로 정비 중일 수 있다 • 也许前面的路是死路　어쩌면 전방이 막힌 길일 수 있다 • ……，以免发生事故　사고 발생을 피하기 위해서 (~해야 한다) **어휘** 通行 tōngxíng 통행하다, 다니다　也许 yěxǔ 어쩌면, 아마도　修路 xiūlù 도로를 정비하다　死路 sǐlù 막다른 길, 막힌 길　以免 yǐmiǎn ~하지 않도록, ~않기 위해서　发生事故 fāshēng shìgù 사고가 나다
 **禁止出入** 출입 금지	• 要保护里面的东西　내부의 물건을 보호하려고 • 相关者以外不能出入　관련자 이외에는 출입할 수 없다 • 会妨碍他人工作或休息　업무나 휴식에 지장을 줄 수 있다 • 要充分保护私人空间　사적인 공간을 충분히 보호하려고 **어휘** 出入 chūrù 출입하다, 드나들다　相关者 xiāngguānzhě 관계자　妨碍 fáng'ài 지장을 주다, 방해하다　私人空间 sīrén kōngjiān 개인 공간
 **禁止拍照录像** 녹화 촬영 금지	• 会有版权问题　판권 문제가 있을 수 있다 • 要保护文物　문화재를 보호하려고 • 为了保证参观环境，……　견학 환경을 확보하기 위해서 (~해야 한다) **어휘** 拍照 pāizhào 사진을 찍다　录像 lùxiàng 녹화하다　版权 bǎnquán 저작권, 판권　文物 wénwù 문물　参观 cānguān (전람회·공장·명승고적 등을) 참관하다

실전 테스트　정답 및 해설_ 해설편 p.110

아래의 사진을 보고 80자 내외의 단문을 완성하세요.

1.

48

80

2.

48

80

아래의 제시어와 사진을 보고 80자 내외의 단문을 완성하세요.

1. 虚心、竞争、改变、对手、不足

48

80

2.

48

80

HSK 5급

고수들의 합격전략
4주 단기완성

실전모의고사

新汉语水平考试
HSK(五级)

注　意

一、HSK(五级)分三部分：

    1. 听力(45题，约30分钟)

    2. 阅读(45题，45分钟)

    3. 书写(10题，40分钟)

二、 听力结束后，有5分钟填写答题卡。

三、 全部考试约125分钟(含考生填写个人信息时间5分钟)。

실전모의고사 1

一、听 力
第一部分

第 1-20 题：请选出正确答案。

1. A 做面膜
    B 做防晒准备
    C 去海外
    D 学冲浪

2. A 秘书
    B 空姐
    C 机场安检人员
    D 记者

3. A 涨工资了
    B 股票涨了
    C 贷款还清了
    D 环境变好了

4. A 公司
    B 胡同口
    C 酒吧
    D 报社

5. A 游客量大
    B 离家太远
    C 机票太贵
    D 没有景点

6. A 状态不错
    B 刻苦训练
    C 是国家队出身
    D 成绩不如上次

7. A 打算自己装修
    B 学好功夫很难
    C 嫌房子太贵
    D 没找到合适的房子

8. A 高速不能走
    B 天气预报不准
    C 出交通事故
    D 航班延迟

9. A 明天有绘画课
   B 剪刀是为女儿买的
   C 这把剪刀有点儿大
   D 妈妈想自学剪纸

10. A 本月中旬
    B 下个月末
    C 越快越好
    D 什么时候都可以

11. A 企业文化
    B 综合竞争力
    C 技术团队
    D 产品质量

12. A 应把花盆搬进来
    B 花盆固定好了
    C 给花浇多了水
    D 花盆需要晒太阳

13. A 喜欢在家做菜
    B 厨艺不太好
    C 从网上学的
    D 要多吃蔬菜

14. A 女的打算辞职
    B 地铁不经过女的的单位
    C 男的不喜欢坐地铁
    D 那列地铁还未开通

15. A 马上要毕业了
    B 想进报社实习
    C 只有一份兼职
    D 是美术专业的

16. A 上课表现
    B 期末考试
    C 期中考试
    D 平时成绩

17. A 在百货大楼
    B 一直往西走就能到
    C 只需要10分钟
    D 在十字路口往右拐

18. A 人流量不多
    B 租金不合理
    C 位置确实很好
    D 适合开面包店

19. A 推荐给王主编
   B 在杂志上发表
   C 退给作者
   D 再进行修改

20. A 平时表现不好
   B 已成为正式员工
   C 换部门了
   D 工作不太主动

第二部分

第 21-45 题：请选出正确答案。

21. A 手机店
    B 健身房
    C 理发店
    D 海鲜店

22. A 具有本科学历
    B 必需是中国学生
    C 发表过学术论文
    D 可以没有英语成绩

23. A 急诊室
    B X线室
    C 健身房
    D 康复中心

24. A 适合敏感肌肤
    B 可以美白肌肤
    C 含中药成分
    D 具有防晒功能

25. A 说话的速度要快
    B 成败不重要
    C 鼓励女的
    D 比赛被推迟了

26. A 收视率太差
    B 充满想象力
    C 更有意思
    D 没有真实感

27. A 不需要带地图
    B 下载一个旅游软件
    C 请当地导游
    D 自己安排行程

28. A 水管漏水
    B 楼上有人浇水
    C 水龙头没关好
    D 电视机自己开了

29. A 没打招呼
    B 怕打扰到邻居
    C 家里有病人
    D 楼上孩子太吵

30. A 小吃街
    B 故宫
    C 商场
    D 对面胡同

31. A 出生于1912年
    B 每年都为她庆祝生日
    C 创办了国际护士理事会
    D 对护理事业贡献巨大

32. A 以物质奖励为主
    B 庆祝活动持续一周
    C 每年的主题都不同
    D 全体护士休假一天

33. A 搬行李
    B 带他去学生会办公室
    C 帮他找校长
    D 照看行李

34. A 讲信用
    B 特别怕热
    C 样子严肃
    D 骄傲自满

35. A 那位老人已经退休了
    B 那天报到的学生很少
    C 那名学生不尊重老人
    D 那位老爷爷是副校长

36. A 睡眠质量不好
    B 睡眠不足
    C 精神压力过大
    D 经济负担重

37. A 注意力下降
    B 没有食欲
    C 视力下降
    D 头发容易掉

38. A 现代人夜生活丰富
    B 消极情绪会传染
    C 睡眠负债在都市很普遍
    D 年轻人压力都很大

39. A 做家务太累了
    B 丈夫缺点多
    C 常与丈夫吵架
    D 和婆婆很难相处

40. A 要学会原谅他人
    B 要懂得尊重老人
    C 别过分追求完美
    D 要换个角度思考

41. A 空白多于黑点儿
    B 最后被女儿撕了
    C 上面有一幅名画
    D 有母亲的签名

42. A 故意把酒打翻
    B 免费品尝酒
    C 找明星宣传
    D 送小礼物

43. A 全被喝光了
    B 获得金奖
    C 并没有引起关注
    D 只签了一份合同

44. A 满足顾客的要求
    B 吸引顾客
    C 节省材料
    D 提高凉粉的价格

45. A 做凉粉的手艺不好
    B 善于发现商机
    C 不会经营餐馆
    D 多次创业失败

二、阅 读

第一部分

第 46-60 题：请选出正确答案。

46-48.

空气发电技术目前很少有人问津，___46___是矿物能源的价格很低，以致人们还无需去考虑更换发电技术。目前，能源专家对空气发电前景看好：空气发电与热力发电___47___，前者的二氧化碳排放量仅是后者的二十分之一，还可以有效控制温室气体的排放。如果该技术能___48___使用，那么它将是生态能源领域的一项新突破。

46. A 结论   B 成果   C 原因   D 规律

47. A 尽早   B 不如   C 有关   D 相比

48. A 投入   B 到达   C 推动   D 具备

49-52.

我们打开电脑，会发现电视中只有C盘、D盘、E盘，___49___。尽管很多人都没有在意过，但有些人却对此十分疑惑。其实在电脑刚诞生的时候，还没有硬盘和光驱，那时数据存储主要靠软盘。软盘驱动器按照___50___占据了3.5英寸的A盘和5.25英寸的B盘的位置。后来，随着硬盘的___51___，新的硬盘只能占据C盘以后的盘符了。如今，A盘早已被U盘所___52___，而B盘更是早早地就被淘汰掉了，所以人们通常只能看到C盘以后的盘符了。

49. A 没发现鼠标   B 防火墙没有用
    C 却没有A盘和B盘   D 它们的作用并不明显

50. A 顺序　　　　　　B 比率　　　　　　C 效果　　　　　　D 成分

51. A 出席　　　　　　B 成立　　　　　　C 承受　　　　　　D 产生

52. A 雇用　　　　　　B 代替　　　　　　C 妨碍　　　　　　D 承担

53–56.

　　"熊孩子"是目前中国父母们称呼孩子的流行语，通常是指年龄小、不懂事、乱翻东西、不守规矩，往往没有受过___53___的教育的孩子。

　　熊孩子们在恶作剧时常常会竭尽所能把家里___54___得一团糟。你刚刚打扫好的卧室、第二天公司要用的会议材料、你心爱的玩偶……全都会成为牺牲品。他们的叫喊声回荡在每一家饭馆和每一节车厢里。看到小孩儿做了一些不可理喻的、带有___55___性的事情时，家长会说："这熊孩子"。

　　"熊孩子"有时候也表示对调皮孩子的爱称，那些孩子虽然调皮捣蛋，___56___，带给人们更多的是快乐。

53. A 强烈　　　　　　B 良好　　　　　　C 珍惜　　　　　　D 神秘

54. A 扔　　　　　　　B 撕　　　　　　　C 搞　　　　　　　D 扯

55. A 破坏　　　　　　B 保守　　　　　　C 改善　　　　　　D 传染

56. A 不尊敬师长　　　　　　　　　　B 做了很多错事
　　 C 可没有得到大人们的重视　　　　D 但他们本身是带着善意的

57-60.

　　火车上手机信号差，并不是因为沿途基站少、火车___57___太快等等，其实干扰火车上手机信号的"真凶"竟然是车窗玻璃。

　　研究显示，火车的能耗1/3用于控制车厢内的温度，其中3%左右的能量会通过车窗流失。为了减少热量的流失，保持车厢内的温度，火车车窗的玻璃上通常会涂上一层超___58___的金属涂层。

　　但是，这层对节能非常有用的涂层却有一个缺点，就是___59___手机信号。火车车厢是金属制成的，车窗也涂上金属涂层之后，整个车厢就变成了一个"法拉第笼"（由金属或者良导体构成的笼子）。它能有效地隔绝笼体内外的电磁波的干扰，因此___60___，在车厢内使用手机信号自然就不那么好了。

57. A 发送　　　　　　B 逃跑　　　　　　C 移动　　　　　　D 传播

58. A 浅　　　　　　　B 薄　　　　　　　C 嫩　　　　　　　D 斜

59. A 消灭　　　　　　B 阻挡　　　　　　C 躲藏　　　　　　D 退步

60. A 可以让一些光线通过　　　　　　B 很多乘客会提出抗议
　　　C 坐火车干脆别使用手机　　　　　D 电磁信号很难传到车厢内

第二部分

第 61-70 题：请选出与试题内容一致的一项。

61. 在孩子的成长过程中，父母的陪伴是必不可少的，有效的陪伴对孩子与他人建立亲密关系起着决定性的作用。有的父母一边玩儿手机一边陪孩子，这种陪伴是无效的。要用真诚的倾听和沟通陪伴孩子，这样才能使他们增加安全感，形成稳定而积极的心态。

A 有效陪伴利于孩子健康成长
B 不要过早让孩子接触手机
C 父母要与孩子多进行沟通
D 好的习惯要从小培养

62. 如今，"打工度假"已成为一种时尚。很多年轻人往往会在大学的最后一个学期选择利用大概一个学期的时间到国外旅行。而且旅行期间的所有支出都由他们在当地打工赚取，这种方式的旅行不仅可以帮助开阔视野，也可以在正式工作前让他们体验一下真实的社会。

A 打工度假是一种冒险行为
B 打工度假会耽误学习
C 打工度假在年轻群体中很流行
D 打工度假是一种逃避现实的现象

63. 人类活动所造成的各种污染使原本美丽的自然面目全非，其中光污染使我们失去了繁星满天的夜空。近年来，不少星空爱好者开始选择到西藏去看星星，这是因为西藏大部分地区还未受到光污染的侵害，星空资源非常丰富。

A 光污染使我们看不到太阳
B 光污染是一种自然灾害
C 很多人去西藏看星星
D 西藏的地理位置很低

64. 世界上一次性建设里程最长的高速铁路是中国的兰新高速铁路。它横跨甘肃、青海和新疆三省区，全长1776公里，同时也是中国首条在高原和戈壁荒漠地区修建的高速铁路。因此，兰新高速铁路被誉为现代"钢铁丝绸之路"。

A 兰新高速铁路预计明年通车
B 兰新高速铁路经过高原地区
C 中国西南地区目前还没有铁路
D 兰新高速铁路主要用于货运

65. 孔子说："民无信不立。"意思是一个人如果没有诚信，就不可能在社会上立足，说明了诚信的重要性。在市场经济中，企业的诚信也同样重要，它是对企业在道德、法律等方面的肯定，是一个企业的无形财产。没有诚信的企业便没有竞争资本，因此诚信也被称为企业家的"金质名片"。

A 金质名片是企业家地位的象征
B 企业都需要大量资金做后台
C 企业的竞争是人才的竞争
D 诚信对企业的发展极其重要

66. 人们一般认为在谈判中双方存在差异不是一件好事，这让双方难以沟通。其实不然，这种不同之处可以刺激双方产生更多想法，会使谈判更有利可图，富有创造性。多问对方几个有关差异的问题，多听取对方的意见，会让对方更加信任你，从而得到更加理想的结果。

A 谈判的关键在于能否说服对方
B 不同意见对谈判有益
C 谈判双方都要为自己争取利益
D 谈判时要尽量使双方达成一致

67. 近年来，社区老年大学的成立受到了很多退休老人的好评。因为老年大学不仅丰富了他们的业余生活，还改善了老年人的心理健康状况。很多老人刚退休的时候，不适应每天呆在家里，无所事事的生活，而老年大学很好地解决了这一问题。社区老年大学的课程十分丰富，如书法、太极拳、象棋、盆栽等。

A 老年人都不希望退休
B 退休后的生活十分丰富
C 老年大学很难迅速普及
D 老年大学有益于老人们的身心健康

68. 服装搭配软件是时尚女性最爱的安卓软件之一。这款软件能够搭建一个虚拟的"试衣间"，给模特"穿"上选中的衣服，当然还可以任意搭配鞋、包等，以达到你最喜欢的效果。这样你就可以看到实际效果，在琳琅满目的衣服中挑选最适合你的那款。

A 该软件需要付费
B 该软件提供虚拟试衣功能
C 该软件的开发人是一位女性
D 和男性相比女性更爱网购

69. "手指阅读器"是一项最新发明，它看上去和一般的戒指没什么两样，但是却有识别文字并发声阅读的功能。使用者将戴着阅读器的手指放置于文字上，阅读器就会朗读出来。手指阅读器适用于盲人和视力减退者，以及不能识别文字的人群。

A 手指阅读器具备发声功能
B 手指阅读器无法识别图片
C 手指阅读器是用来锻炼手指的
D 手指阅读器是专门为盲人研发的

70. 大多数企业家创办企业的目的都是为了获取利润。但是有一些企业家却并非如此，他们以解决社会问题为出发点，被称为"社会企业家"。他们为理想所驱动，具有创造力、质疑现状、开拓新机遇、拒绝放弃，为建设一个更好的社会而努力。

A 所有企业家都应担负社会责任
B 利润是所有企业家的出发点
C 社会企业家以建设美好社会为目的
D 社会企业家为了社会放弃理想

第三部分

第 71-90 题：请选出正确答案。

71-74.

相信几乎所有的人都有过这种经历：当一首歌听过多遍后，脑子里满是这首歌的旋律，刷牙洗脸的时候嘴里不由自主哼出来的也是这首歌，甚至走在上班的路上，耳边还是它的旋律。我们说这是"耳虫"在不知不觉中"侵入"了你的大脑，它的学名叫做"不自主的音乐想象"。"耳虫"现象虽然普遍，但它基本上是无害的，只有少数人表示耳虫让他们无法集中注意力做事。

那么，这种现象有没有规律性呢？答案虽然是否定的，但是研究人员发现当人们频繁接触同一种音乐时，出现"耳虫"现象的机率更高，受到的影响也更大。

到目前为止，"耳虫"现象还没有确切的科学依据，但调查中发现了一些有效的解脱方法。其中，最有效果的方法就是"无为而治"，即什么也不干或者直接睡觉去。其次是用其他方法分散注意力，如和别人聊天或者做一些自己感兴趣的事情，这些都是比较可行的方法。

71. 根据第1段，"耳虫"现象：

A 只有极少人经历过   B 比较普遍的

C 是一种侵入大脑的虫子   D 通常不会影响到正常生活

72. "耳虫"现象什么时候更容易出现？

A 失眠时   B 精神压过大时

C 持续听高分贝的音乐时   D 频繁听同种音乐时

73. 第3段中的画线词语最可能是什么意思？

    A 不治之症   B 没人能治得了

    C 什么都不做   D 原因还不明确

74. 下列哪种<u>不</u>是解脱"耳虫"现象的方法？

    A 控制好自己的情绪   B 直接睡觉去

    C 分散注意力   D 做感兴趣的事情

75-78.

    张芳在一家酒店工作，负责酒店内部设计。由于工作关系，她经常去世界各地出差。然而，每次出差时，白天辛苦的工作并没能让她入眠。这是因为酒店房间里有太多的娱乐设施，对休息造成影响。比如电视、电脑、电话、杂志，还有免费无线网络，可以随时用手机上网。这些休闲娱乐的项目虽然可以给顾客提供一定的方便，但却让他们不能专心休息。

    于是，她想，如果有个酒店，能让客人舒舒服服地睡个好觉，一定会大受欢迎。出差回来后，张芳开始对自己的酒店进行<u>大刀阔斧</u>的改造：将客房里的电视、钟表、电话等电子产品全部撤走，只留下一张床、一盏光线较暗的灯。另外，她还让酒店准备了许多软硬高低不同的枕头，供客人自己选择。

    如果在这样一个单纯的环境里，客人依然不能入睡，酒店还会安排睡眠师帮助其入眠。从那以后，入住张芳的酒店的每一位客人都可以享受一夜好眠，这让他们非常开心，尤其是那些有睡眠障碍的人，便成了酒店的常客。

    这样，张芳不仅解决了自己的睡眠问题，还为酒店带来了巨大的收益。

75. 根据第1段，张芳：

    A 出差时睡不好觉   B 还没学会倒时差

    C 抱怨酒店网速太慢   D 喜欢睡前玩手机

76. 根据上文，画线词语最可能是什么意思？

A 为顾客表演　　　　　　　　B 规模很大

C 用大刀拆旧房　　　　　　　D 做事风格很独特

77. 关于改造后的客房，可以知道什么？

A 无线网络设置了密码　　　　B 换成了大床

C 为客人提供个人保险箱　　　D 室内灯光变暗了

78. 根据上文，下列哪项正确？

A 张芳是一名专门睡眠师　　　B 酒店换了老板

C 酒店获得了更大的利润　　　D 张芳的想法是错的

79–82.

　　郑作新是著名的鸟类专家，他从小就好奇心特别旺盛，对任何事都很感兴趣，特别喜欢探索自然界的奥秘。

　　郑作新的家乡有一座山叫鼓山，峰顶有一个老虎洞，洞内经常发出老虎的吼叫声。因此，登山的人大都"望洞却步"，不敢靠近。可好奇心强的郑作新却有点半信半疑：都说有老虎，怎么从没有人见过呢？

　　于是，他约了几个胆子大的小伙伴，带好防身用的工具和干粮，决心去探探这老虎洞。当他们爬上山顶，找到山洞之后，孩子们顿时紧张起来，一个个都瞪大了眼睛，小心翼翼地往前移动着脚步。

　　他们刚走近洞口时，猛然一声震耳欲聋的虎啸声传来。有几个孩子吓得连忙往后退。但是，声响过后又马上恢复了平静，根本没出现什么老虎。于是，郑作新和伙伴们壮了壮胆，再次走到洞前，认真听了好半天，终于明白是怎么回事了：原来是山上的狂风吹过山洞，发出了巨大的声响，像老虎吼叫一般。一传十，十传百，传来传去变成了"山顶上有老虎"。

　　就这样郑作新和伙伴们"捉住老虎"的消息很快传遍了当地。从此，人们登鼓山时再也不用绕开老虎洞了。

79. 以前登鼓山的人为什么"望洞却步"？

    A 洞口太高　　　　　　　　　　B 以为洞内有老虎

    C 没有通往山洞的路　　　　　　D 这个山洞没有尽头

80. 根据第4段，下列哪项正确？

    A 老虎出现了　　　　　　　　　B 听到洞里的流水声

    C 吼声原来是风声　　　　　　　D 洞里有人居住

81. 关于郑作新，可以知道什么？

    A 好奇心强　　　　　　　　　　B 是个探险家

    C 常让父母操心　　　　　　　　D 喜欢恶作剧

82. 上文主要告诉我们：

    A 要爱护身边的动物　　　　　　B 凡事都要坚持到底

    C 要多听别人的意见　　　　　　D 要有怀疑精神

83-86.

    著名心理学家埃里克森认为，在幼儿阶段，如果孩子得到自我管理的机会和支持，那么他们长大后自主选择和控制行为的能力会非常高。

    六到七岁的时候，大部分孩子已经学会认识钟表，并对时间以及与时间相关的规则有了一定的概念，比如会看懂课程表，知道完成作业和上交的期限等。

    然而，很多家长经常会出于担心孩子迟到、害怕孩子浪费时间等方面的考虑，总喜欢<u>不厌其烦</u>地跟在孩子的后面，不停地催促孩子做这做那：到了晚上要催促孩子睡觉，早上要提醒他们起床，连做作业也有父母监督。长此以往，孩子很可能找不到自我存在感。

正确的做法是，应该事先和孩子商量，让他们自主安排时间。比如，孩子出去玩儿之前，可以事先跟孩子商量，玩多长时间就要回家；看电视的时候，可以让孩子自己决定看到什么时候，到点就按照约定执行。总之，家长不应该控制孩子的时间，而应该让他们学会自己支配时间，并成为时间的主人。

83. 六到七岁的孩子，大多会：

    A 看懂课程表　　　　　　　　B 自己上下学
    C 帮父母做家务　　　　　　　D 监督父母

84. 第3段划线词语最可能是什么意思？

    A 心情愉快　　　　　　　　　B 非常认真
    C 不怕麻烦　　　　　　　　　D 很不耐烦

85. 根据第4段，家长要：

    A 帮助孩子写作业　　　　　　B 替孩子安排时间
    C 鼓励孩子自我管理时间　　　D 教育孩子听从父母的话

86. 本文主要想告诉我们什么？

    A 不要经常催促孩子　　　　　B 孩子无法自我控制
    C 要多抽出时间陪孩子　　　　D 要培养孩子的自主能力

87—90.

只有年轻人才会网购？如果你这样想就大错特错了。中国互联网消费趋势报告显示，50岁以上的中老年群体正逐渐成为不少网购商品的主要消费者。

该报告通过数据分析发现，使用网络购物的50岁以上的中老年用户已经达到175万人，其中，成功完成过网上交易的人数达130万。这些曾被电商忽视的中老年群体如今"摇身一变"，成为了网购的

"新生代"。更令人吃惊的是，56岁以上消费者购买图书的比例比90后年轻人高82%、比80后高42%，且比平均水平高38%。

那么，中老年消费者爱在网上买什么呢？排名第一的是食品和饮料。80岁的陆奶奶说："这些大件不好拿，网购的话，就可以送到家里了。"她在网上购物一般会选择大米、油、卫生纸等分量大、体积大的物品，网购只要在家动动手指，快递就会送到家里，方便多了。

另外，老年人今年网购的出境旅游上的花费同比增长了167%。境内旅游中，酒店消费增加20倍，景点门票增加3倍。老年人对线上旅游产品的热情还带动了相关产品的网购量。例如，老年人在语言培训等方面的消费也大幅增加。

可见，老年群体无疑成为了新的经济增长点。

87. 根据第1段，可以知道什么？

A 老年人使用网络很困难　　　　　B 只有年轻人才会网购
C 电商发展速度极快　　　　　　　D 老年人越来越喜欢网购

88. 第3段中陆奶奶的例子，主要是为了说明：

A 老人的生活中有很多不便　　　　B 许多老年人不愿出门
C 老年人爱网购的主要原因　　　　D 老人不想寻求他人的帮助

89. 老年人语言培训消费增长得益于：

A 线上旅游消费的增长　　　　　　B 老年人喜欢网购书籍
C 网络教育的发展　　　　　　　　D 政府的支持

90. 最适合做上文标题的是：

A 老年人的读书热　　　　　　　　B 网购的利与弊
C 电商对实体经济带来的影响　　　D 老年人成为网购主力军

三、书 写
第一部分

第 91-98 题：完成句子。

例如：发表　　　这篇论文　　　什么时候　　　是　　　的

　　　<u>这篇论文是什么时候发表的？</u>

91. 温柔　　　奶奶说话　　　十分　　　的语气

92. 无法　　　他的理由　　　对方　　　说服

93. 厚厚的书　　　书架　　　整齐地　　　摆满了　　　上

94. 我　　　了　　　字幕文件　　　不小心把　　　删除

95. 目前我们的　　　包括沿海地区　　　配送范围　　　不

96. 充满了　　　让我　　　家人的　　　力量　　　支持

97. 积极乐观的心态　　　能　　　带来好机会　　　给我们

98. 期待能与贵公司　　　我们　　　非常　　　进行品牌合作

第二部分

第 99-100 题：写短文。

99. 请结合下列词语（要全部使用，顺序不分先后），写一篇80字左右的短文。
    交流、网络、消极、合理、缺少

100. 请结合这张图片写一篇80字左右的短文。

新汉语水平考试
HSK(五级)

注　意

一、HSK(五级)分三部分：

    1. 听力(45题，约30分钟)

    2. 阅读(45题，45分钟)

    3. 书写(10题，40分钟)

二、**听力结束后，有5分钟填写答题卡。**

三、全部考试约125分钟(含考生填写个人信息时间5分钟)。

실전모의고사 2

| 정답 및 해설 | 해설편 p.165

一、听力
第一部分

第 1-20 题：请选出正确答案。

1.　A 是二手的
　　B 很小巧
　　C 可无线充电
　　D 能恢复数据

2.　A 不擅长射击
　　B 是国家队的
　　C 学过射击
　　D 想当射击教练

3.　A 颜色显得暗
　　B 西服太旧了
　　C 不合适
　　D 非常时尚

4.　A 文化
　　B 经济
　　C 历史
　　D 政治

5.　A 外公
　　B 舅舅
　　C 姑妈
　　D 姥姥

6.　A 8:00
　　B 8:15
　　C 8:30
　　D 8:45

7.　A 还没出院
　　B 腿没恢复好
　　C 要领取保险金
　　D 可以加强训练

8.　A 没找到地方
　　B 记错了地址
　　C 找了12个小时
　　D 在商场迷路了

9. A 自己的努力
    B 家人的支持
    C 完善的训练计划
    D 运气

10. A 没买门票
    B 迷路了
    C 看错了门牌号
    D 闯入了私人展厅

11. A 做节目需要
    B 准备讲座
    C 要采访一位军人
    D 对战争历史感兴趣

12. A 免税店
    B 网吧
    C 游乐场
    D 商场

13. A 火越烧越旺
    B 能够按时完成
    C 要重视个人的力量
    D 团队能力差

14. A 很委屈
    B 没胃口
    C 太困了
    D 眼睛不适

15. A 还没爬到山顶
    B 没看见前面台阶
    C 累得走不动了
    D 爬了半个多小时

16. A 没收到通知
    B 跟同学关系不好
    C 感觉没什么意义
    D 要陪客户吃饭

17. A 不赞成男的的意见
    B 要重新研发新产品
    C 要加强宣传
    D 应完善现有产品

18. A 在澳洲签合同
    B 负责销售工作
    C 5号在欧洲
    D 正在考虑辞职

19. A 要拍婚礼视频

    B 快要结婚了

    C 刚出差回来

    D 无法参加朋友的婚礼

20. A 亲自做晚餐

    B 给父母拍照

    C 陪父母去旅行

    D 送黄金戒指

第二部分

第 21-45 题：请选出正确答案。

21. A 手很巧
    B 聪明能干
    C 做过志愿者
    D 是男的的同屋

22. A 出国签证
    B 卖自行车
    C 网上购物
    D 还贷款

23. A 女的没进入决赛
    B 大赛结果不公平
    C 女的没拿到冠军
    D 男的观看了比赛

24. A 正在打工
    B 很喜欢摄影
    C 开了一家电脑公司
    D 当过模特

25. A 父亲不喜欢小提琴
    B 制作小提琴
    C 是著名指挥家
    D 拉小提琴超过50年

26. A 要随时加班
    B 待遇不怎么样
    C 想多抽点时间陪家人
    D 工作环境太差

27. A 先参观博物馆
    B 下午要拍合影
    C 集合时间不确定
    D 不能单独行动

28. A 女的要买插头
    B 充电器找到了
    C 充电线比较旧
    D 充电器是新的

29. A 贷款
    B 退款
    C 电子银行
    D 跨行转账

30. A 讲课很生动
    B 是教历史的
    C 对学生很严格
    D 发表了很多论文

31. A 以为我逃课了
    B 喜欢抽烟
    C 和我同学吵架了
    D 去参加家长会了

32. A 我感到很惭愧
    B 我现在是高中生
    C 爸爸帮我做功课
    D 爸爸被老板批评了

33. A 国王没有儿子
    B 被齐国吞并了
    C 国力弱小
    D 失去了民心

34. A 搬走了
    B 得救了
    C 被火烧完了
    D 被消灭了

35. A 常在河边走会湿鞋
    B 远水救不了近火
    C 要远离齐国
    D 楚国已经灭亡了

36. A 数据量不足
    B 研究对象限于年轻人
    C 实验样本更丰富
    D 以网络游戏为研究对象

37. A 脑力
    B 领导力
    C 熟练的操作能力
    D 组织能力

38. A 可靠的人
    B 喜欢玩游戏的人
    C 善于合作的人
    D 游戏中表现好的人

39. A 用什么材料做
    B 选鞋跟的高度
    C 选哪种颜色好
    D 做哪种样式好

40. A 不好搭配
    B 穿起来很舒服
    C 两只不一样
    D 符合他的要求

41. A 三思而后行
B 为人要谦虚
C 做人要有原则
D 遇事不能犹豫

44. A 防止食品变质
B 由政府提供
C 是分享活动
D 有食品安全问题

42. A 地面网络
B 飞行信号
C 自动驾驶系统
D 飞机的飞行系统

45. A 实现公平分配
B 解决环境问题
C 增加食品销量
D 避免食物浪费

43. A 实际效果未必好
B 乘客不能接受
C 应该立即施行
D 利大于弊

二、阅 读
第一部分

第 46-60 题：请选出正确答案。

46-48.

　　马在古代是一种非常重要的交通工具。到了唐代，骑马成为最大众化的习俗，上至贵族，下至平民，均以骑马为___46___。正因为唐代骑马之风大盛，所以相马术也流行一时。中唐大诗人李贺曾作《马诗二十三首》，其中多首涉及相马。例如第4首中写道："向前敲瘦骨，犹自带铜声。"意思是说，只有骨瘦___47___坚硬的马才是好马。

　　随着生产力的发展，现代交通工具早已取代了马，但骑马仍然是一项___48___乐趣、深受人们喜爱的体育运动。

46. A 时尚　　　　　B 高等　　　　　C 豪华　　　　　D 公平

47. A 既　　　　　　B 则　　　　　　C 与　　　　　　D 而

48. A 扩大　　　　　B 充满　　　　　C 吸引　　　　　D 贡献

49-52.

　　随着"她经济"概念的出现，女性的市场潜力更加受到关注。对于旅游市场而言，同样如此。旅游消费已经超过网购、奢侈品，成为女性首选的休闲娱乐消费。80%女性认为旅行比奢侈品更有___49___，还可以让其人生更具幸福感。

　　目前，女性已经成为旅游的实际"主导者"。调查显示，在团队或者家庭出游中，女性不仅是决策的主导者，还担任着重要的___50___，包括出游目的地，日程安排，游玩项目等，都是由女性做出决定的。

　　另外，女性在旅游中最关注的___51___是安全和环境。一名上海游客赵某在受访时表示："即使一些国家非常具有吸引力，___52___，肯定会被排除的"。

49. A 价值　　　　　　B 核心　　　　　　C 义务　　　　　　D 代表性

50. A 指挥　　　　　　B 角色　　　　　　C 请求　　　　　　D 职务

51. A 话题　　　　　　B 因素　　　　　　C 证据　　　　　　D 后果

52. A 可当地人并不热情　　　　　　　　B 我或许会很满足
　　C 而且许多人觉得无所谓　　　　　　D 但安全没有保障的话

53-56.

　　有一位著名的二胡名家，在一次演奏会中发现手上所拿的二胡＿＿53＿＿不是自己平时所用的那把，而是一把破旧的二胡。原来是有人故意把它换掉了，想让他在观众面前出丑。

　　二胡名家虽然心中不快，但他必须用这把二胡上台表演。他对观众说："今天我将在这里＿＿54＿＿给各位看，只要演奏的人用心用情，无论用什么样的乐器，都能演奏出好的音乐。"

　　于是，他就用心地演奏起来。观众从那把破旧的二胡中，＿＿55＿＿，每个人都被深深地吸引了。在演奏结束时，观众都给予他最热烈的＿＿56＿＿，肯定他的音乐才华和演奏技巧。

53. A 居然　　　　　　B 依然　　　　　　C 忽然　　　　　　D 果然

54. A 说明　　　　　　B 证明　　　　　　C 模仿　　　　　　D 宣传

55. A 发出刺耳的声音　　　　　　　　　B 对此非常好奇
　　C 发现那把二胡的价值　　　　　　D 听到了最打动人心的音乐

56. A 气氛　　　　　　B 掌声　　　　　　C 祝贺　　　　　　D 争论

57–60.

失业不仅给个人带来经济负担，而且对___57___社会的影响也不小。所谓摩擦性失业，一般是指由于劳动人员的暂时流动而造成的失业，包括由于季节性因素造成的失业。例如，为了寻找新的工作而___58___后，工人暂时未能找到工作而造成的失业现象，就是典型的摩擦性失业。

经济总是变动的，工人寻找最适合自己的工作是需要时间的，因此，一定数量的摩擦性失业是不可避免的。然而，从目前中国的就业市场来看，主要的___59___在于，求职者不能按照自己的意愿找到合适的岗位；而企业很难找到合适的人才，又不能适应求职者的要求。归根到底，摩擦性失业对个人来说是时间的浪费，___60___。

57. A 统一　　　　　　B 个别　　　　　　C 整个　　　　　　D 大规模

58. A 保留　　　　　　B 追求　　　　　　C 辞职　　　　　　D 退休

59. A 矛盾　　　　　　B 观点　　　　　　C 优势　　　　　　D 意外

60. A 充分发挥了作用　　　　　　　　　B 是对家人的责任
　　C 其实也是一种机会　　　　　　　　D 对社会来说也是资源的浪费

第二部分

第 61-70 题：请选出与试题内容一致的一项。

61. 人工智能程序"阿尔法围棋"在"人机围棋大战"中最终获胜，这让很多人开始不安。可事实上，这并不意味着人工智能已经超越了人类，只能再次证明人类的程序设计能力超强。如果有一天阿尔法围棋可以独自去海滩度假的话，"战胜"人类才会成为可能。

A 决赛在沙滩进行
B 人类担忧自身安全
C 人工智能还不能超越人类
D 阿尔法喜欢下围棋

62. 目前，带鱼、黄花鱼、金枪鱼等经济价值高的深海鱼在捕鱼业中深受欢迎。它们生活在深海区域，受污染程度低，并且营养价值极高，因此成为了餐桌上的常客。但是，这些深海鱼生长速度缓慢、繁殖困难，过度捕捞会导致这些鱼类的数量急剧下降，甚至灭绝。

A 深海鱼营养价值很高
B 海底资源非常丰富
C 海洋污染日益严重
D 深海鱼的生长速度很快

63. 孩子在经历挫折之后最希望从父母那里得到的并不是安慰，更不是责备，而是父母的鼓励与信任。就算孩子在竞争中失败了也无关紧要，只要父母能对他们挑战的过程给予肯定和赞赏，他们就会更有信心并愿意接受新的挑战，争取下一次的胜利。

A 父母的教育比学校的教育更有效
B 父母的鼓励能让孩子变得自信
C 孩子在失败时需要父母的安慰
D 应该让孩子多经历挫折

64. 人们常说"外行看热闹"，对于不懂摄影的人来说，摄影看起来就是按下快门这么简单。可事实上，内行们眼中的摄影是一门需要思考和等待的艺术。为了这一按，要经过漫长的观察和选择。虽然也会有妙手偶得的佳作，但是这种直觉也有赖于长期的思考和拍摄经验的积累。

    A 照片能反映出摄影师的水平

    B 好的摄影师只靠直觉

    C 作品通常是偶然获得的

    D 摄影是一门需要思考的艺术

65. 中国有很多跟诸葛亮相关的俗语，"事后诸葛亮"就是其中之一，它具有讽刺意义，比喻一些人在事情发生前不发表任何意见，在出现糟糕的结果之后反而滔滔不绝，说自己早就料到事情的结果是这样。民间俗语中也常用"马后炮"也是用来讽刺这种人。

    A 诸葛亮总是在事后发表意见

    B 这句俗语常被用来讽刺人

    C 沉默是最好的解决方法

    D 这句俗语指的是下棋的方法

66. 澳洲东部的海域里，有一种神奇的小鱼叫清洁鱼。鱼如其名，清洁鱼专为生病的大鱼搞清洁，所以又被称为"鱼医生"。当生病的大鱼前来求医时，首先张开大口，让小小的清洁鱼进入到它的嘴里来。清洁鱼只凭嘴尖去清洁病鱼伤口上的坏死组织和致病的细菌，而这些被"清除"的污物正是它们的食物。

    A 清洁鱼用嘴尖"工作"

    B 清洁鱼主要以大鱼为食

    C 深海鱼身上携带很多细菌

    D 清洁鱼攻击力很强

67. "三十而立"是一个成语，是说"30岁的人应该能依靠自己的本领独立承担责任，并已经确定自己的人生目标"。目前很多年龄将近30岁的人受这种传统观念的影响，不能面对自己生活及事业上的失败，心中充满了压力对社交也失去了兴趣。这种现象被称为"29岁现象"。

A 29岁是人生中最重要的时期
B 成年人应该懂得承担责任
C 30岁以后压力会变大
D "29岁现象"与传统观念有关

68. 所谓"手游"就是指可以在手机上进行的游戏。随着科技的发展，现在手机的功能也越来越多，越来越强。而手游也不像什么"俄罗斯方块"那么简单，具有更强大的娱乐性和交互性。目前，中国国内手游玩家规模已经超过5亿，其发展空间还很大。

A 手游是一种玩具
B 手游很受欢迎
C 手游玩家男性比例较高
D 手机还没有支持5G网络

69. 内向和外向指的是"心理能量指向"的方向，而内向者的能量指向内部，所以他们对内心世界的兴趣会更加强大，并且喜欢安静和独处。然而当内向的人进行了高强度的社交活动、接受了超出自身精神承受能力的刺激时，会容易引起精神或生理上的不适，这种现象就叫做"社交宿醉"。

A 外向的人适合独处
B 社交活动对身心的危害很大
C 内向者易产生"社交宿醉"
D "社交宿碎"是由喝酒引起的

70. "学而不思则罔，思而不学则殆"是孔子提倡的一种读书及学习方法。意思是说，只读书而不积极思考，就不能有效地利用书上的知识；相反，如果只思考却不踏踏实实地学习和钻研，也无法达到理想的学习效果。只有将学习和思考结合起来，才能真正学到知识。

A 学习离不开思考

B 读书比思考更重要

C 只要思考就能利用书上的知识

D 要养成良好的阅读习惯

第三部分

第 71-90 题：请选出正确答案。

71-74.

世界地球日，即每年的4月22日，是一个专为世界环境保护而设立的节日，旨在提高民众对于现有环境问题的意识，并动员民众参与到环保运动中，通过绿色低碳生活，改善地球环境。

与此同时，联合国环境署于2018年发起了"中国地球卫士青年奖"，希望通过这个奖项培养新一代的环保领导者，集青年之力，守护地球未来。今年的奖项报名通道已经开通。年龄18至30岁的青年均可报名，报名者需提交自己的环保创意，经过网络投票和专家评审后，3名获奖者名单将在5月下旬公布。

据了解，比赛最终获胜者将每人获得15,000美元的种子基金、来自环保专家团的指导、在线创业培训课程、导师支持等奖励。

71. 关于世界地球日，可以知道：

　　A 每年5月中旬进行　　　　　　　B 目标是改善地球环境

　　C 要解决贫富差距　　　　　　　　D 由各个国家轮流举办

72. 根据第2段，"中国地球卫士青年奖"：

　　A 可以现场报名　　　　　　　　　B 获奖名单不公布

　　C 参赛者不能超过24岁　　　　　　D 由联合国环境署发起

73. 比赛最终获胜者：

　　A 需要到各地演讲　　　　　　　　B 有机会接受培训

　　C 来自世界各国　　　　　　　　　D 被奖励1万美元

74. 根据上文，下列哪项正确？

A 评审团由3人组成

B 青年创业者居多

C 要提高对环境问题的意识

D 应教育孩子讲卫生

75–78.

在人们的传统观念里，做生意的人都是为了赚钱，正所谓"无商不奸"，说的就是这个道理。然而，近几年，市面上出现了一款布鞋，价格便宜，而且穿着也很舒适，深受大众的喜爱。这款布鞋的制造商和其它商家不同，每卖出一双鞋就捐赠一双鞋给那些没有鞋穿的孩子。

其实，这款鞋刚上市的时候，销售情况不是很好。后来，一家报社报道了这个商家"卖一双，捐一双"的故事，并向人们传达了这个品牌的初衷——想让世界上没有鞋穿的孩子都有一双自己的鞋。人们为他的事迹所感动，短短一天之内，就接到了2,200个订单，没多久就卖出了10,000双鞋，这就意味着贫困地区的10,000双小脚得到鞋子的保护。

从来不做广告的汤姆斯鞋，截止目前已经共卖出3,800万双。这个品牌在做公益的同时，也为自己赢得了发展的空间，让每一个买汤姆斯鞋的人都觉得自己买的不仅仅是一双鞋，还送出了一份爱心。

75. 那款鞋怎么样：

A 鞋底太薄

B 非常时尚

C 款式已经过时了

D 既便宜又舒适

76. 后来销量为什么突然增多了？

A 大力宣传

B 改变了营销策略

C 出了新闻报道

D 厂家放弃了利润

77. 关于这个品牌，下列哪项正确？

    A 扩大公司规模　　　　　　　　B 有一万名员工

    C 员工都是年轻志愿者　　　　　D 经常做促销

78. 最适合做本文标题的是：

    A 廉价多销　　　　　　　　　　B 孩子的心声

    C 爱心布鞋　　　　　　　　　　D 一双布鞋的故事

79–82.

　　不久前，英国伦敦恩菲尔德的巴克莱银行，举行了一场"世界第一台ATM机投入使用50周年"纪念仪式。如今，由于自动取款机的存在，我们可以不受时间的限制，随时随地取钱。那么自动取款机是谁发明的呢？

　　巴伦在大学毕业后被一家印刷厂录取了。凭着聪明才干，巴伦在工作了七年后成为了这家印刷厂的总经理。上任第二天他便谈了一笔大订单，可是由于银行关门导致巴伦无法准时汇款，任凭他怎么哀求银行都不肯为他汇款。为了讲信誉和保住这笔生意，他只好亲自驾车往客户那里赶，也因此出车祸受了重伤。巴伦越想越气，要不是银行关门，就不会有这一系列的问题发生。那该如何解决这一问题呢？

　　有一天，巴伦在去买礼物的路上，看到了一家商场门口的自动巧克力售货机，他突发灵感，如果把巧克力售货机里的巧克力换成钱，再制作一个操作系统，不就可以实现钱的自由存取了吗？

　　英国巴克莱银行的董事长只听了巴伦不到三十秒的说明便直接对他说，如果他能设计出来这样一台机器，银行将第一个购买这种机器。经过巴伦两年的精心研究和制造，1967年6月27日，伦敦北郊的英国巴克莱银行安装了世界上第一台自动取款机。这台取款机被巴伦称为"自由银行"。

79. 巴伦上任的第二天遇到了什么麻烦？

    A 客户提出终止合同　　　　　　B 银行关门无法汇款

    C 公司遭受了巨大损失　　　　　　D 下班时车子出了故障

80. 巴伦从什么机器得到了灵感？

    A 咖啡机　　　　　　　　　　　　B 自动印刷器

    C 巧克力售货机　　　　　　　　　D 鲜花自动售卖机

81. 关于银行董事长，可以知道什么？

    A 答应购买他的机器　　　　　　B 打算和他一起设计

    C 不想购买他的机器　　　　　　D 认为他的设想很可笑

82. 根据上文，下列哪项正确？

    A 巴伦曾在银行工作　　　　　　B 巴伦发明了巧克力售货机

    C 银行的营业时间自由决定　　　D 如今取款不再受时间限制

83-86.

张建是一位著名医学家，他在临床医学上很有成就。到了晚年，张建准备寻找一个接班人。他在众多慕名而来的医学界才俊中，选了一个名叫李凡年轻医生。但是，医学研究十分枯燥，张建有点担心李凡无法坚持。

在他犹豫不决时，他的助理对他说："教授，据我所知，李凡家里很穷，您不妨请您的朋友假意出高薪聘请李凡，看看他会不会心动。如果他被金钱所诱惑，就说明他不配做您的弟子。"

没想到，张建却说："谢谢你的提议，但是我不能接受。因为我一直赞同一个观点，那就是疑人不用，用人不疑。信任，是用人的第一要诀，永远不要轻易考验人性。他家里贫穷，怎么会对金钱没有渴望呢？而且，做医学研究，我何必要求他必须是一个圣人呢？"最终，李凡成为了张建的弟子。若干年后，李凡也成为了一名十分有影响力的医学家。

有一次，李凡听说当年张建拒绝考验自己的事情后，非常感动。李凡说："如果当年老师用巨额的金钱来诱惑我，我肯定会掉进这个陷阱。因为当时我的母亲正躺在床上等待治疗，而我的弟弟妹妹们也在等着我供他们上学。如果那样，就不会有今天的我……。"

一个聪明的人，永远不会让别人在自己和利益之间做选择，而是尽量创造共同的利益；只有愚蠢的人，才去考验别人的人性，然后，两败俱伤。

83. 根据第1段，张建担心李凡：

A 受家庭影响大   B 学习不努力

C 总是和自己意见不同   D 不能坚持医学研究

84. 通过第3段，可以知道：

A 张建喜欢考验别人   B 助理不尊重张建

C 李凡成为了张建的弟子   D 李凡没什么成就

85. 第4段中，李凡的话是什么意思？

A 会接受巨额的金钱   B 抱怨老师对他不公平

C 对自己的成就不满意   D 后悔选择了现在的工作

86. 上文主要想告诉我们什么？

A 人生不必太纠结   B 别用弱点考验他人

C 要准备好接受考验   D 如何做人生的重要选择

87–90.

　　"葱郁的原始森林，感悟大自然的杰作，与自然界各种生灵亲密接触……"这些以"生态旅游"为卖点的旅游产品越来越受欢迎。然而，不少关心环保的人士和专家却对此提出质疑，他们认为生态旅游会对动物产生不良影响。

　　生态旅游作为一种旅游行为，其宗旨是培养旅行者强烈的环保意识，不仅要求生态游客行为要环保，而且生态旅游的对象不应受到损害。可实际上，就算是细心规划和监控的生态旅游，对动物也会有所影响，包括传播疾病、干扰动物日常生活等。而且，不少游客素质太差，给优美的生态环境造成了污染和破坏。尽管他们口口声声说尽最大努力保护生态环境，可他们真正做到的少之又少，业者和游客有能力做到的，大多只是一些最基本的要求，如不违反土地使用规则、不乱砍树木、不惊吓动物等。

　　另外，每逢节假日，生态多样的地区都是人山人海，这对动物们来说绝对不是什么好事。看到这么多人拥到身边，它们会特别容易紧张，从而出现心跳加快，繁殖率降低以及荷尔蒙失调的情况，有的甚至会死亡。

　　在拥有生态多样性的国家，生态旅游是不错的资源，但发展生态旅游之前，我们一定要做好研究工作，毕竟，动物的权益应该是首要考虑的问题。因为没有了动物就没有了生态，没有了生态就谈不上什么生态旅游了。

87. 第2段主要想告诉我们：

　　A 旅游会传播疾病　　　　　　　　B 很多游客注意环保
　　C 生态旅游影响生态环境　　　　　D 旅程应该经过精心安排

88. 文中画线的句子"最基本的要求"，不包括：

　　A 与环保人员合作　　　　　　　　B 不乱砍树木
　　C 不惊吓野生动物　　　　　　　　D 遵守土地使用规则

89. 生态旅游要首先考虑：

    A 从业者的健康   B 动物的权益

    C 游客的安全   D 人文环境

90. 根据上文，下列哪项正确？

    A 游客会影响动物的生活   B 专家大力支持生态旅游

    C 动物也喜欢和人类接触   D 生态旅游人气下跌

三、书写

第一部分

第 91-98 题：完成句子。

例如：发表　　　　这篇论文　　　　什么时候　　　是　　　　的

　　　　<u>这篇论文是什么时候发表的？</u>

91. 故事中的狐狸　　　　太狡猾　　　　真是　　　　了

92. 你同时　　　　北大清华　　　　了　　　　被　　　　恭喜　　　　录取

93. 遵守　　　请　　　规则　　　严格　　　考场

94. 中国大陆的　　　逐年　　　减少　　　劳动人口　　　正在

95. 这是一项　　　心理测试　　　待业青年的　　　针对

96. 我心中的　　　忍不住　　　妈妈　　　说出了　　　秘密

97. 没有　　　糟糕　　　我们的生活　　　并　　　那么　　　想象中的

98. 好评　　　一致　　　得到了　　　他的演技　　　大家的

第二部分

第 99-100 题：写短文。

99. 请结合下列词语（要全部使用，顺序不分先后），写一篇80字左右的短文。

从事、迟早、顺利、将来、待遇

100. 请结合这张图片写一篇80字左右的短文。

〈답안지 작성법〉

新汉语水平考试
HSK（五级）答题卡

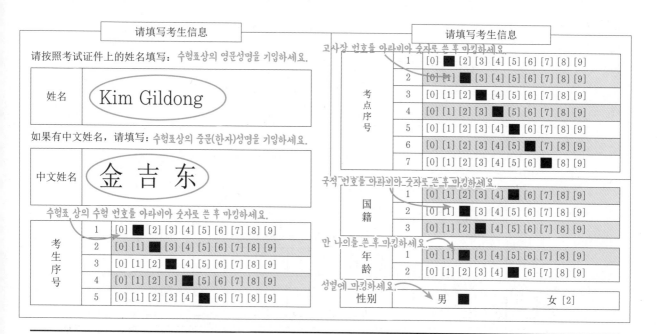

请填写考生信息

请按照考试证件上的姓名填写：수험표상의 영문성명을 기입하세요.

姓名 | Kim Gildong

如果有中文姓名，请填写：수험표상의 중문(한자)성명을 기입하세요.

中文姓名 | 金 吉 东

수험표 상의 수험 번호를 아라비아 숫자로 쓴 후 마킹하세요.

考生序号
1　[0] ■ [2] [3] [4] [5] [6] [7] [8] [9]
2　[0] [1] ■ [3] [4] [5] [6] [7] [8] [9]
3　[0] [1] [2] ■ [4] [5] [6] [7] [8] [9]
4　[0] [1] [2] [3] ■ [5] [6] [7] [8] [9]
5　[0] [1] [2] [3] [4] ■ [6] [7] [8] [9]

请填写考生信息

고사장 번호를 아라비아 숫자로 쓴 후 마킹하세요.

考点序号
1　[0] ■ [2] [3] [4] [5] [6] [7] [8] [9]
2　[0] [1] ■ [3] [4] [5] [6] [7] [8] [9]
3　[0] [1] [2] ■ [4] [5] [6] [7] [8] [9]
4　[0] [1] [2] [3] ■ [5] [6] [7] [8] [9]
5　[0] [1] [2] [3] [4] ■ [6] [7] [8] [9]
6　[0] [1] [2] [3] [4] [5] ■ [7] [8] [9]
7　[0] [1] [2] [3] [4] [5] [6] ■ [8] [9]

국적 번호를 아라비아 숫자로 쓴 후 마킹하세요.

国籍
1　[0] [1] [2] [3] [4] ■ [6] [7] [8] [9]
2　[0] ■ [2] [3] [4] [5] [6] [7] [8] [9]
3　[0] [1] [2] ■ [4] [5] [6] [7] [8] [9]

만 나이를 쓴 후 마킹하세요.

年龄
1　[0] [1] ■ [3] [4] [5] [6] [7] [8] [9]
2　[0] [1] [2] [3] [4] ■ [6] [7] [8] [9]

성별에 마킹하세요.

性别 | 男 ■ 　　女 [2]

注意 | 请用2B铅笔这样写：■ 2B 연필로 정답을 마킹하세요.

一、听力

1. [A] [B] [C] [D]　　6. [A] [B] [C] [D]　　11. [A] [B] [C] [D]　　16. [A] [B] [C] [D]　　21. [A] [B] [C] [D]
2. [A] [B] [C] [D]　　7. [A] [B] [C] [D]　　12. [A] [B] [C] [D]　　17. [A] [B] [C] [D]　　22. [A] [B] [C] [D]
3. [A] [B] [C] [D]　　8. [A] [B] [C] [D]　　13. [A] [B] [C] [D]　　18. [A] [B] [C] [D]　　23. [A] [B] [C] [D]
4. [A] [B] [C] [D]　　9. [A] [B] [C] [D]　　14. [A] [B] [C] [D]　　19. [A] [B] [C] [D]　　24. [A] [B] [C] [D]
5. [A] [B] [C] [D]　　10. [A] [B] [C] [D]　　15. [A] [B] [C] [D]　　20. [A] [B] [C] [D]　　25. [A] [B] [C] [D]

문항 배열 방향에 주의하세요.

26. [A] [B] [C] [D]　　31. [A] [B] [C] [D]　　36. [A] [B] [C] [D]　　41. [A] [B] [C] [D]
27. [A] [B] [C] [D]　　32. [A] [B] [C] [D]　　37. [A] [B] [C] [D]　　42. [A] [B] [C] [D]
28. [A] [B] [C] [D]　　33. [A] [B] [C] [D]　　38. [A] [B] [C] [D]　　43. [A] [B] [C] [D]
29. [A] [B] [C] [D]　　34. [A] [B] [C] [D]　　39. [A] [B] [C] [D]　　44. [A] [B] [C] [D]
30. [A] [B] [C] [D]　　35. [A] [B] [C] [D]　　40. [A] [B] [C] [D]　　45. [A] [B] [C] [D]

二、阅读

46. [A] [B] [C] [D]　　51. [A] [B] [C] [D]　　56. [A] [B] [C] [D]　　61. [A] [B] [C] [D]　　66. [A] [B] [C] [D]
47. [A] [B] [C] [D]　　52. [A] [B] [C] [D]　　57. [A] [B] [C] [D]　　62. [A] [B] [C] [D]　　67. [A] [B] [C] [D]
48. [A] [B] [C] [D]　　53. [A] [B] [C] [D]　　58. [A] [B] [C] [D]　　63. [A] [B] [C] [D]　　68. [A] [B] [C] [D]
49. [A] [B] [C] [D]　　54. [A] [B] [C] [D]　　59. [A] [B] [C] [D]　　64. [A] [B] [C] [D]　　69. [A] [B] [C] [D]
50. [A] [B] [C] [D]　　55. [A] [B] [C] [D]　　60. [A] [B] [C] [D]　　65. [A] [B] [C] [D]　　70. [A] [B] [C] [D]

71. [A] [B] [C] [D]　　76. [A] [B] [C] [D]　　81. [A] [B] [C] [D]　　86. [A] [B] [C] [D]
72. [A] [B] [C] [D]　　77. [A] [B] [C] [D]　　82. [A] [B] [C] [D]　　87. [A] [B] [C] [D]
73. [A] [B] [C] [D]　　78. [A] [B] [C] [D]　　83. [A] [B] [C] [D]　　88. [A] [B] [C] [D]
74. [A] [B] [C] [D]　　79. [A] [B] [C] [D]　　84. [A] [B] [C] [D]　　89. [A] [B] [C] [D]
75. [A] [B] [C] [D]　　80. [A] [B] [C] [D]　　85. [A] [B] [C] [D]　　90. [A] [B] [C] [D]

91. _____

92. _____

93. _____

94. _____

95. _____

96. _____

97. _____

98. _____

99.

48

80

100.

48

80

新汉语水平考试
HSK（五级）答题卡

注意	请用2B铅笔这样写：

一、听力

1. [A] [B] [C] [D]　　6. [A] [B] [C] [D]　　11. [A] [B] [C] [D]　　16. [A] [B] [C] [D]　　21. [A] [B] [C] [D]
2. [A] [B] [C] [D]　　7. [A] [B] [C] [D]　　12. [A] [B] [C] [D]　　17. [A] [B] [C] [D]　　22. [A] [B] [C] [D]
3. [A] [B] [C] [D]　　8. [A] [B] [C] [D]　　13. [A] [B] [C] [D]　　18. [A] [B] [C] [D]　　23. [A] [B] [C] [D]
4. [A] [B] [C] [D]　　9. [A] [B] [C] [D]　　14. [A] [B] [C] [D]　　19. [A] [B] [C] [D]　　24. [A] [B] [C] [D]
5. [A] [B] [C] [D]　　10. [A] [B] [C] [D]　　15. [A] [B] [C] [D]　　20. [A] [B] [C] [D]　　25. [A] [B] [C] [D]

26. [A] [B] [C] [D]　　31. [A] [B] [C] [D]　　36. [A] [B] [C] [D]　　41. [A] [B] [C] [D]
27. [A] [B] [C] [D]　　32. [A] [B] [C] [D]　　37. [A] [B] [C] [D]　　42. [A] [B] [C] [D]
28. [A] [B] [C] [D]　　33. [A] [B] [C] [D]　　38. [A] [B] [C] [D]　　43. [A] [B] [C] [D]
29. [A] [B] [C] [D]　　34. [A] [B] [C] [D]　　39. [A] [B] [C] [D]　　44. [A] [B] [C] [D]
30. [A] [B] [C] [D]　　35. [A] [B] [C] [D]　　40. [A] [B] [C] [D]　　45. [A] [B] [C] [D]

二、阅读

46. [A] [B] [C] [D]　　51. [A] [B] [C] [D]　　56. [A] [B] [C] [D]　　61. [A] [B] [C] [D]　　66. [A] [B] [C] [D]
47. [A] [B] [C] [D]　　52. [A] [B] [C] [D]　　57. [A] [B] [C] [D]　　62. [A] [B] [C] [D]　　67. [A] [B] [C] [D]
48. [A] [B] [C] [D]　　53. [A] [B] [C] [D]　　58. [A] [B] [C] [D]　　63. [A] [B] [C] [D]　　68. [A] [B] [C] [D]
49. [A] [B] [C] [D]　　54. [A] [B] [C] [D]　　59. [A] [B] [C] [D]　　64. [A] [B] [C] [D]　　69. [A] [B] [C] [D]
50. [A] [B] [C] [D]　　55. [A] [B] [C] [D]　　60. [A] [B] [C] [D]　　65. [A] [B] [C] [D]　　70. [A] [B] [C] [D]

71. [A] [B] [C] [D]　　76. [A] [B] [C] [D]　　81. [A] [B] [C] [D]　　86. [A] [B] [C] [D]
72. [A] [B] [C] [D]　　77. [A] [B] [C] [D]　　82. [A] [B] [C] [D]　　87. [A] [B] [C] [D]
73. [A] [B] [C] [D]　　78. [A] [B] [C] [D]　　83. [A] [B] [C] [D]　　88. [A] [B] [C] [D]
74. [A] [B] [C] [D]　　79. [A] [B] [C] [D]　　84. [A] [B] [C] [D]　　89. [A] [B] [C] [D]
75. [A] [B] [C] [D]　　80. [A] [B] [C] [D]　　85. [A] [B] [C] [D]　　90. [A] [B] [C] [D]

91. _____

92. _____

93. _____

94. _____

95. _____

96. _____

97. _____

98. _____

99.

48

80

100.

48

80

新汉语水平考试
HSK（五级）答题卡

请按照考试证件上的姓名填写：

姓名	

如果有中文姓名，请填写：

中文姓名	

考生序号		
	1	[0] [1] [2] [3] [4] [5] [6] [7] [8] [9]
	2	[0] [1] [2] [3] [4] [5] [6] [7] [8] [9]
	3	[0] [1] [2] [3] [4] [5] [6] [7] [8] [9]
	4	[0] [1] [2] [3] [4] [5] [6] [7] [8] [9]
	5	[0] [1] [2] [3] [4] [5] [6] [7] [8] [9]

考点序号		
	1	[0] [1] [2] [3] [4] [5] [6] [7] [8] [9]
	2	[0] [1] [2] [3] [4] [5] [6] [7] [8] [9]
	3	[0] [1] [2] [3] [4] [5] [6] [7] [8] [9]
	4	[0] [1] [2] [3] [4] [5] [6] [7] [8] [9]
	5	[0] [1] [2] [3] [4] [5] [6] [7] [8] [9]
	6	[0] [1] [2] [3] [4] [5] [6] [7] [8] [9]
	7	[0] [1] [2] [3] [4] [5] [6] [7] [8] [9]

国籍		
	1	[0] [1] [2] [3] [4] [5] [6] [7] [8] [9]
	2	[0] [1] [2] [3] [4] [5] [6] [7] [8] [9]
	3	[0] [1] [2] [3] [4] [5] [6] [7] [8] [9]

年龄		
	1	[0] [1] [2] [3] [4] [5] [6] [7] [8] [9]
	2	[0] [1] [2] [3] [4] [5] [6] [7] [8] [9]

性别	男 [1]	女 [2]

注意	请用2B铅笔这样写： ▬

一、听力

1. [A] [B] [C] [D]   6. [A] [B] [C] [D]   11. [A] [B] [C] [D]   16. [A] [B] [C] [D]   21. [A] [B] [C] [D]
2. [A] [B] [C] [D]   7. [A] [B] [C] [D]   12. [A] [B] [C] [D]   17. [A] [B] [C] [D]   22. [A] [B] [C] [D]
3. [A] [B] [C] [D]   8. [A] [B] [C] [D]   13. [A] [B] [C] [D]   18. [A] [B] [C] [D]   23. [A] [B] [C] [D]
4. [A] [B] [C] [D]   9. [A] [B] [C] [D]   14. [A] [B] [C] [D]   19. [A] [B] [C] [D]   24. [A] [B] [C] [D]
5. [A] [B] [C] [D]   10. [A] [B] [C] [D]   15. [A] [B] [C] [D]   20. [A] [B] [C] [D]   25. [A] [B] [C] [D]

26. [A] [B] [C] [D]   31. [A] [B] [C] [D]   36. [A] [B] [C] [D]   41. [A] [B] [C] [D]
27. [A] [B] [C] [D]   32. [A] [B] [C] [D]   37. [A] [B] [C] [D]   42. [A] [B] [C] [D]
28. [A] [B] [C] [D]   33. [A] [B] [C] [D]   38. [A] [B] [C] [D]   43. [A] [B] [C] [D]
29. [A] [B] [C] [D]   34. [A] [B] [C] [D]   39. [A] [B] [C] [D]   44. [A] [B] [C] [D]
30. [A] [B] [C] [D]   35. [A] [B] [C] [D]   40. [A] [B] [C] [D]   45. [A] [B] [C] [D]

二、阅读

46. [A] [B] [C] [D]   51. [A] [B] [C] [D]   56. [A] [B] [C] [D]   61. [A] [B] [C] [D]   66. [A] [B] [C] [D]
47. [A] [B] [C] [D]   52. [A] [B] [C] [D]   57. [A] [B] [C] [D]   62. [A] [B] [C] [D]   67. [A] [B] [C] [D]
48. [A] [B] [C] [D]   53. [A] [B] [C] [D]   58. [A] [B] [C] [D]   63. [A] [B] [C] [D]   68. [A] [B] [C] [D]
49. [A] [B] [C] [D]   54. [A] [B] [C] [D]   59. [A] [B] [C] [D]   64. [A] [B] [C] [D]   69. [A] [B] [C] [D]
50. [A] [B] [C] [D]   55. [A] [B] [C] [D]   60. [A] [B] [C] [D]   65. [A] [B] [C] [D]   70. [A] [B] [C] [D]

71. [A] [B] [C] [D]   76. [A] [B] [C] [D]   81. [A] [B] [C] [D]   86. [A] [B] [C] [D]
72. [A] [B] [C] [D]   77. [A] [B] [C] [D]   82. [A] [B] [C] [D]   87. [A] [B] [C] [D]
73. [A] [B] [C] [D]   78. [A] [B] [C] [D]   83. [A] [B] [C] [D]   88. [A] [B] [C] [D]
74. [A] [B] [C] [D]   79. [A] [B] [C] [D]   84. [A] [B] [C] [D]   89. [A] [B] [C] [D]
75. [A] [B] [C] [D]   80. [A] [B] [C] [D]   85. [A] [B] [C] [D]   90. [A] [B] [C] [D]

三、书写

91. _____

92. _____

93. _____

94. _____

95. _____

96. _____

97. _____

98. _____

99.

48

80

100.

48

80

회원가입만 해도 **혜택**이 쏟아진다!

시대에듀의
막강한 회원 혜택

— IT강좌, 할인권, 적립금 등 특별한 혜택을 드립니다. —

동영상 수강 회원만 누릴 수 있는 **138**만원 상당의 IT강좌 무료제공!

필수스킬!
영역별 기초 강좌 ▶

1 인터넷정보 검색 강좌
인터넷 활용강좌 제공

2 정보보호 개념잡기 강좌
정보보호 기술관련 강좌제공

3 초보자 회계기초 강좌
재무제표, 회계관련 강좌제공

요즘엔 내가 대세!
SNS 강좌 ▶

1 Facebook 잘 활용하기 강좌
스마트폰 페이스북 기능 활용강좌 제공

Twiter 잘 활용하기 강좌
스마트폰 트위터 기능 활용강좌 제공 **2**

취업, 승진에 필수!
자격증 강좌 ▶

1 파워포인트 강좌
MS Office 2014 강좌제공

2 워드/엑셀 강좌
MS Office 2014 강좌제공

3 한컴오피스 2014 강좌
워드프로세서 필수강좌제공

4 정보처리/사무자동화 강좌
인터넷 활용강좌 제공

5 컴퓨터활용능력
실기, 필기, 데이터베이스 강좌 제공

6 정보처리/사무자동화 강좌
기출문제 및 모의고사 자료제공

IT강좌
수강방법
▶▶▶▶▶▶▶

STEP 1
강좌제공은
회원가입 및 로그인이
필요합니다.

STEP 2
회원가입 구매를
진행합니다.

STEP 3
회원가입, 구매 후
마이페이지에
접속합니다.

STEP 4
제공되는 무료강의를
바로 수강가능합니다.

시대북 통합서비스 앱 안내

시대에듀

연간 1,500여 종의 수험서와 실용서를 출간하는 시대고시기획, 시대교육, 시대인에서
출간 도서 구매 고객에 대하여 도서와 관련한 "실시간 푸시 알림" 앱 서비스를 개시합니다.

이제 시험정보와 함께 도서와 관련한 다양한 서비스를
스마트폰에서 실시간으로 받을 수 있습니다.

❓ 사용방법 안내

1. 메인 및 설정화면

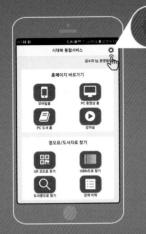

메뉴		
👤 로그아웃	>	로그인/로그아웃
💬 푸시 신청 내역관리	>	푸시 알림 신청내역을 확인하거나 취소할 수 있습니다.
❓ 질문/답변	>	1:1 질문과 답변(답변 시 푸시 알림)

2. 도서별 세부 서비스 신청화면

메인의 "도서명으로 찾기" 또는 "ISBN으로 찾기"로 도서를 검색, 선택하면
원하는 서비스를 신청할 수 있습니다.

| 제공 서비스 |

- 최신 이슈&상식 : 최신 이슈와 상식(주 1회)
- 뉴스로 배우는 필수 한자성어 : 시사 뉴스로 배우기 쉬운 한자성어(주 1회)
- 정오표 : 수험서 관련 정오 자료 업로드 시
- MP3 파일 : 어학 및 강의 관련 MP3 파일 업로드 시
- 시험일정 : 수험서 관련 시험 일정이 공고되고 게시될 때
- 기출문제 : 수험서 관련 기출문제가 게시될 때
- 도서업데이트 : 도서 부가 자료가 파일로 제공되어 게시될 때
- 개정법령 : 수험서 관련 법령이 개정되어 게시될 때
- 동영상강의 : 도서와 관련한 동영상강의 제공, 변경 정보가 발생한 경우

* 향후 서비스 자동 알림 신청 : 추가된 서비스에 대한 알림을 자동으로
　　　　　　　　　　　　　　　발송해 드립니다.

* 질문과 답변 서비스 : 도서와 동영상강의 등에 대한 1:1 고객상담

❓ **앱 설치방법** ▶ Google Play / Available on the App Store

| ← | 시대에듀로 검색 | 🎤 |

🎧 [고객센터]

1:1문의 http://www.sdedu.co.kr/cs

대표전화 1600-3600

본 앱 및 제공 서비스는 사전 예고 없이 수정, 변경되거나 제외될 수 있고, 푸시 알림 발송의 경우 기기변경이나 앱 권한 설정,
네트워크 및 서비스 상황에 따라 지연, 누락될 수 있으므로 참고하여 주시기 바랍니다.

지금은
독자시대

하나라도 해당이 된다면 지금 바로! 시대고시 홈페이지에 제보해주세요!

도서를
칭찬하고
싶다.

○○기능사
도서가
만들어지면
좋겠다.

도서에
오타/오류를
발견했는데
고치고 싶다.

자세한 해설이
수록되었으면
좋겠다.

정답이
다른 것 같은데
물어보고
싶다.

매월 추첨을 통해 선물을 드립니다~!

고객제안 ▶   오타/오류 신고

제보하기 전 먼저 확인해주세요!

· 시대고시기획 홈페이지 → 자료실 → 정오표 게시판에서 수정된 사항인지 확인하세요!
· 도서명 / 발행일 / 오류 페이지 / 오류내용을 작성하여 게시판에 올려주세요!
· 3일 안에 수정 사항에 관한 내용을 답변 또는 안내를 받으세요!(정오표에 없는 사항을
  적어주시면 이벤트에 자동 참여됩니다.)

※ 제보해주신 독자님께 매월 15일 추첨을 통해 문화상품권을 드립니다.
※ 선물은 기프티콘으로 지급됩니다.

베타테스터에 지원해보세요!

선정되면 도서지원을 해드립니다. 우수 베타테스터에게는 문화상품권까지!!!
책을 보시고 독자 입장에서 어려웠던 내용, 수정·보완했으면 하는 부분들을
홈페이지 게시판에 올려주세요.

시대고시기획 홈페이지(www.sidaegosi.com) ▶ 고객센터 ▶ 1:1문의(고객신문고)
TEL : 1600-3600 | **E-mail : webmaster@sidaegosi.com**

실무 비즈니스 영어&중국어 실력부터
ITT 통번역 시험 동시 대비!

하이패스!
비즈니스 영어 통번역
[영한편]

하이패스!
비즈니스 영어 통번역
[한영편]

하이패스!
비즈니스 중국어 통번역
[중한편]

하이패스!
비즈니스 중국어 통번역
[한중편]

핵심포인트 하나!

통번역 전문 교육그룹
타임스미디어 집필

20년 전통의 대한민국 통번역
대표 전문 교육기관 "타임스미디어"의
연구진들이 오랜 시간에 걸쳐 연구해 온
비즈니스 통번역 지문들을 엄선하여
집대성해 놓은 학습서

핵심포인트 둘!

비즈니스 핵심 주제별
실무 외국어 능력 함양

비즈니스에 핵심적으로
등장하는 다양한 주제(회사 소개,
인사 관리, 제품 주문 및 배송 등)에 따른
현장 비즈니스 외국어 학습 및
외국어 계약서 작성 방법 학습

핵심포인트 셋!

ITT 비즈니스 통번역
시험 완벽 대비

외국어 통번역 능력을 측정하는
ITT 통번역 시험 중에서도
"비즈니스 급수"에서 좋은 성적을 올릴 수 있도록
시험 출제 예상문제 40제 수록,
시험까지 완벽 대비

HSK 5급 고수들의 합격전략
4주 단기완성

합격 공략법 103개로
5급 4주 만에 통과하기!

▼

영역별 실전문제 풀이로
실전 감각 UP!

▼

실전모의고사 2회로
시험 완벽 대비!

▼

꼼꼼한 해설편으로
틀린 문제 바로잡기!

▼

휴대용 단어장으로
5급 빈출 어휘 공략!

HSK 전문 강사진이 공개한
합격 공략법 103개로
5급 한 번에 통과하기!

듣기
합격 공략법
24개로
한 번에 끝!

독해
합격 공략법
30개로
한 번에 끝!

4주
완성

쓰기
합격 공략법
49개로
한 번에 끝!

다운로드 필요 없이 QR코드 찍고
바로 듣는 유튜브 MP3 제공

꿈을 지원하는 행복…

여러분이 구입해 주신 도서 판매수익금의 일부가
국군장병 1인 1자격 취득 및 학점취득 지원사업과
낙도 도서관 지원사업에 쓰이고 있습니다.

정가 23,000원

ISBN 979-11-254-6438-9

명장명품을 위하여
(주)시대고시기획

● 발행일 2020년 2월 5일 │ 발행인 박영일 │ 책임편집 이해욱 │ 편 저 정소연, 김보름, 김은정, 이선민 │ 발행처 (주)시대고시기획 │ 등록번호 제10-1521호
● 주 소 서울시 마포구 큰우물로 75 [도화동 538 성지B/D] 9F │ 대표전화 **1600-3600** │ 팩 스 (02)701-8823
● 학습문의 www.sidaegosi.com (초판인쇄일 2019 · 12 · 3)

HSK 5급

고수들의 합격전략

4주 단기완성

해설편

실전테스트 & 영역별 미니모의고사
실전모의고사 정답 및 해설

(주)시대고시기획

PROFILE

정소연

- [현] LG, 현대 등 기업체 사내교육, 인텐시브 과정 전문 강의
- [전] 파고다종로 대표팀 HSK 최다 수강생
- [전] YBM강남 중국어 HSK 대표강사
- [전] 고려중국센터 3년 연속 마감
- 한국외국어대학교 교육대학원 중국어교육학 수료
- 건국대학교 중어중문과 학사
- 주요 저서 및 동영상 강의
  「전공략 新HSK4급 실전모의고사」(JRC북스)
  '전공략 新HSK4급 실전모의고사' 강의
  '고단백 HSK6급 입문 현장' 강의
  'Youtube real 중국어' 강의 외 다수

김은정

- [현] YBM어학원 강남센터 HSK 6급 대표강사
- [전] 서울 장로회신학교 중국어 강사
- [전] 강남JRC어학원 HSK 5, 6급 대표강사
- [전] 다수 국제 회의 통역 및 기업체 통역, 전문 기술 번역
- 중앙대학교 국제대학원 전문통번역학과(한중과) 석사 졸업
- 숙명여자대학교 중어중문학과 졸업
- 주요 저서 및 동영상 강의
  「정반합 신HSK6급」(동양북스)
  「전공략 5급 원패스 합격모의고사」(JRC북스)
  '북경대 HSK 6급 적중 모의고사 20일 완성' 강의
  'HSK5급 파이널 테스트' 강의
  '문장이 써지는 중국어 어법' 강의 외 다수

김보름

- [현] YBM어학원 강남센터 부원장
- [전] 문정이중국어연구소 부장
- [전] 윈글리쉬어학원/와삭주니어 팀장
- 요녕대학교 중국어학과 학사
- 주요 저서
  「basis중국어, 2」(동양북스)

이선민

- [현] 교육업체 LSM 대표 & 기업 교육
- [전] YBM어학원 강남센터 HSK4, 5급 대표강사
- [전] 경인여자대학교 중국어강사
- [전] 삼성전자, LG화학, 현대자동차, 아시아나항공 등 기업체 출강
- [전] HSK 연구회 연구위원
- [전] 동계아시안게임 통번역
- 중국 길림대학교 법학과 졸업
- 주요 저서 및 동영상 강의
  「정반합 신HSK4급」(동양북스)
  '신HSK 한 권으로 끝내기 3급' 강의
  '정반합 신HSK 4급' 강의
  '신HSK 이거 하나면 끝! 4급/5급' 강의
  '집중중국어 1권~2권' 강의 외 다수

陈英 감수

- [현] 배화여자대학 비즈니스중국어과 외국인전임교수
- [전] 杭州방송국 기자, <共和国之晨>프로그램 진행자
- [전] 浙江旅游学院 겸임교수
- 中国传媒大学 아나운서진행학과 졸업
- 浙江大学 중문과 졸업
- 山东大学 중문과 석사 졸업
- 北京师范大学哲学社会科学学院 철학과 박사 졸업

MP3 다운로드 안내

❶ www.sidaegosi.com에 접속
❷ 홈페이지 상단에 있는 항목 중 "MP3" 클릭
❸ 클릭 후 들어간 페이지에서 "HSK 5급 고수들의 합격전략"을 검색한 뒤 파일 다운로드

※ 또는 MP3를 별도로 다운로드할 필요 없이 휴대폰으로 표지의 QR코드를 스캔하여 실시간 유튜브 MP3를 들으실 수 있습니다.

정답 & 해설

제1, 2부분 대화형 대화를 듣고 질문에 답하기

1. 일치형 실전 테스트

정답 1. B   2. B   3. A   4. D   5. D

1

男: 亲爱的, 今天的蘑菇汤真不错, 清淡可口, 正是我喜欢的口味。
女: 不错吧? 这些蘑菇是我下班以后到超市买的, 新鲜极了。

问: 男的觉得蘑菇汤怎么样?

A 做法错了
B 很清淡
C 有点儿油腻
D 不太新鲜

남: 자기야, 오늘 버섯국 진짜 괜찮다. 담백하고 입맛에 맞아. 딱 내가 좋아하는 맛이야.
여: 괜찮지? 이 버섯 내가 퇴근하고 마트에 가서 산 건데 엄청 신선해.

질문: 남자는 버섯국이 어떻다고 생각하는가?

A 만드는 방법이 잘못됐다
B 담백하다
C 좀 느끼하다
D 별로 신선하지 않다

해설 보기의 清淡(담백하다), 油腻(느끼하다), 新鲜(신선하다)을 보고 음식에 관한 대화가 등장할 것을 예상한다. 남자가 清淡可口(담백하고 입에 맞아)라고 했으므로 일치하는 내용인 B에 O표시를 한다. 질문에서 남자가 버섯국을 어떻게 생각하는지 물었으므로 정답은 B이다.

어휘 [지문] 亲爱的 qīn'àide 자기야   蘑菇 mógu 몡 버섯   可口 kěkǒu 혱 맛있다, 입에 맞다   口味 kǒuwèi 몡 (개인의 음식에 대한) 기호, 입맛   [보기] 做法 zuòfǎ 몡 (만드는) 법   清淡 qīngdàn 혱 담백하다   油腻 yóunì 혱 기름지다

2

女: 哎, 我刚下载了一个新软件, 可是总提示运行失败, 你帮我看看。
男: 我看一下。这个系统没有更新过吗? 太旧了, 难怪软件运行不了。我帮你重新安装一下。

问: 软件为什么不能运行?

A 系统安装失败
B 电脑系统太旧
C 电脑中病毒了
D 软件是几年前下载的

여: 아 진짜. 방금 새로운 프로그램을 하나 다운받았는데 계속 실행 오류라고 뜨네. 좀 봐 줘.
남: 내가 볼게. 이 시스템 업그레이드한 적 없어? 너무 오래됐네. 그러니까 프로그램이 안 돌아가지. 내가 다시 설치해 줄게.

질문: 프로그램을 왜 실행할 수 없는가?

A 시스템 설치에 실패했다
B 컴퓨터 시스템이 너무 오래됐다
C 컴퓨터가 바이러스에 걸렸다
D 프로그램은 몇 년 전에 다운로드한 것이다

해설 보기의 系统安装(시스템 설치), 电脑(컴퓨터), 病毒(바이러스), 软件下载(프로그램 다운로드)를 보고 컴퓨터와 관련된 대화가 등장할 것을 예상한다. 남자의 말 这个系统没有更新过吗? 太旧了(이 시스템 업그레이드한 적 없어? 너무 오래됐네)를 듣고 내용이 일치하는 보기 B에 O표시를 한다. 질문에서 프로그램을 실행할 수 없는 이유를 물었으므로 정답은 B이다.

어휘 [지문] 哎 āi 캡 아이, 아이고   提示 tíshì 동 제시하다   运行失败 yùnxíng shībài 런타임 오류   更新 gēngxīn 동 갱신하다   难怪 nánguài 부 어쩐지   [보기] 系统 xìtǒng 몡 시스템   安装 ānzhuāng 동 설치하다   中病毒 zhòng bìngdú 바이러스에 걸리다   软件 ruǎnjiàn 몡 소프트웨어 프로그램, 앱   下载 xiàzǎi 동 다운로드하다

3

男：公司让我加班，我来晚了！现在几比几？我耽误了什么？

女：还是一比一。前半场踢得更精彩！你没看着太可惜了！

问：根据对话，可以知道什么？

남：회사에서 야근하라고 해서 늦게 왔어! 지금 몇 대 몇이야? 나 뭐 놓친 거야?

여：아직 1대 1이야. 전반전이 더 멋졌는데! 네가 못 봐서 너무 아깝다!

질문：대화를 통해 무엇을 알 수 있는가?

A 男的来得太晚了 B 比赛日期提前了 C 女的觉得比赛很无聊 D 下半场还没开始	**A 남자는 너무 늦게 왔다** B 시합 날짜가 앞당겨졌다 C 여자는 경기가 지루하다 D 후반전은 아직 시작하지 않았다

해설 보기의 比赛(경기), 下半场(후반전)을 보고 시합에 관한 내용임을 알 수 있다. 남자가 来晚了(늦게 왔다)라고 했으므로 일치하는 내용인 보기 A에 ◯표시를 한다. 질문에서 대화를 통해 알 수 있는 내용을 물었으므로 정답은 A이다.

어휘 지문 耽误 dānwu 통 시간을 지체하다가 일을 그르치다　前半场 qiánbànchǎng 명 전반전　보기 日期 rìqī 명 날짜　队 duì 명 팀　下半场 xiàbànchǎng 후반전

4

男：李女士，今年的母校校庆想请您来给学弟学妹们做个演讲，不知道您方便不方便。

女：没问题，就是不知道讲什么主题好。

男：您当年可是咱们学校的"学习模范"，围绕"提高学习效率"讲讲可以吗？

女：那讲"如何克服懒惰心理"怎么样？

男：不错，就这么定吧。

问：女的要讲的主题是什么？

남：이 여사님, 올해 모교 개교기념일 행사에서 여사님께서 후배들에게 강연을 해 주시길 부탁드리려고 합니다. 가능하실지 모르겠습니다.

여：문제 없습니다. 다만 어떤 주제로 강연하는 것이 좋을지 모르겠네요.

남：왕년에 '모범생'이셨으니, '학습 효율을 높이자'라는 주제로 강연하시는 건 어떨까요?

여：그럼 '어떻게 게으른 심리를 극복할까'는 어떨까요?

남：좋습니다. 그렇게 정하시죠.

질문：여자가 강연하려는 주제는 무엇인가?

A 母校发展史 B 自己的成功经历 C 如何提高学习效率 **D 克服懒惰心理**	A 모교 발전사 B 자신의 성공 경험 C 어떻게 학습 효율을 높이는가 **D 게으른 심리를 극복하자**

해설 보기의 母校(모교), 成功经历(성공 경험), 学习效率(학습 효율), 克服懒惰(게으름 극복하기)를 보고 공부와 인생에 관한 대화임을 짐작할 수 있다. 남자가 강연 주제로 두 번째 대화에서 提高学习效率(학습 능률을 높이다)라는 아이디어를 제안했다. 일치하는 내용인 보기 C에 '남자'라고 메모한다. 이어 여자는 두 번째 대화에서 如何克服懒惰心理(어떻게 해야 게으른 심리를 극복할 수 있는가)라고 했으므로 보기 D에 '여'라고 메모한다. 남자는 세 번째 대화에서 여자의 질문에 동의 의사를 밝혔다. 질문에서 여자가 강연하려는 주제를 물었으므로 정답은 D이다.

TIP▶ 남자의 말과 여자의 말이 보기에 모두 등장하여 녹음과 일치하는 보기가 2개 이상인 경우 마지막 질문까지 듣고 정답을 신중하게 선택해야 한다.

어휘 지문 女士 nǚshì 명 여사, 부인　校庆 xiàoqìng 명 개교기념일(행사)　学弟 xuédì 명 남자 후배　学妹 xuémèi 명 여자 후배　演讲 yǎnjiǎng 명 통 강연(하다)　主题 zhǔtí 명 주제　当年 dāngnián 명 그 당시　模范 mófàn 명 모범, 본받을 만한 사람　围绕 wéirào 통 ~을 중심에 놓다　보기 母校 mǔxiào 명 모교　如何 rúhé 대 어떻게　效率 xiàolǜ 명 효율　克服 kèfú 통 극복하다　懒惰 lǎnduò 형 나태하다, 게으르다

5

男：经理，由于一些个人原因，我想辞掉现在的工作。这是我的辞职报告。 女：为什么？是对公司的待遇不满意吗？ 男：不是，是因为我结婚后要搬到别的城市生活。 女：这样啊！那你把目前的工作交接一下。祝你新婚快乐。	남: 사장님, 제가 개인적인 사유로 일을 그만두고 싶습니다. 여기 제 사직서입니다. 여: 왜요? 회사 대우가 불만족스러운가요? 남: 아닙니다. 제가 결혼한 후에 다른 도시로 이사를 가야 해서요. 여: 그렇군요! 그럼 인수인계를 해 주세요. 즐거운 신혼 보내시고요.
问：男的为什么要辞职？	질문: 남자는 왜 일을 그만두려고 하는가?
A 工资太低 B 人际关系复杂 C 想跟妻子去旅游 **D 要搬到其他城市**	A 급여가 너무 낮다 B 대인 관계가 복잡하다 C 아내와 여행을 가고 싶어 한다 **D 다른 도시로 이사하려 한다**

해설 보기의 工资(급여), 人际关系(대인 관계), 旅游(여행), 搬(이사하다) 등을 보고 회사와 가정 생활에 관한 대화가 등장할 것을 예상한다. 남자가 두 번째 대화에서 要搬到别的城市生活(다른 도시로 이사를 가야 한다)라고 했으므로 일치하는 내용인 보기 D에 메모한다. 질문에서 남자가 일을 그만두려는 이유를 물었으므로 알맞은 정답은 D이다.

TIP▶ 중국의 결혼 관련 표현 : 우리나라에서 '국수 언제 먹여 줄 거야?'가 '언제 결혼할 거야?'와 같은 의미인 것처럼 중국에도 이와 유사한 인사말이 있다. 중국에서는 결혼식 때 하객들에게 사탕을 대접하므로 '你什么时候请我们吃喜糖？(사탕 언제 먹여 줄 거니?)'이라고 말한다. 吃喜糖 대신 喝喜酒(축하주를 마시다)를 사용하기도 한다.

어휘 〔지문〕 辞职报告 cízhí bàogào 명 사직서　待遇 dàiyù 명 (봉급·권리·지위 등의) 대우　交接 jiāojiē 통 인수인계하다　新婚 xīnhūn 명 신혼　〔보기〕 人际关系 rénjì guānxì 대인 관계

2. 의미 파악형 실전 테스트

정답 1. A　2. C　3. B　4. B　5. D

1

女：和其他面试的人相比，你认为自己有什么优势？ 男：我在人事管理方面有工作经验，具有较强的沟通能力。	여: 다른 면접자들과 비교해서 자신에게 어떤 강점이 있다고 생각합니까? 남: 저는 인사 관리 쪽에 업무경험이 있고, 비교적 뛰어난 의사소통 능력을 갖추고 있습니다.
问：男的认为自己的优势是什么？	질문: 남자는 자신의 강점이 무엇이라고 생각하는가?
A 善于沟通 B 做过经理 C 逻辑性强 D 极为严肃	**A 의사소통을 잘한다** B 매니저를 한 적이 있다 C 논리성이 강하다 D 매우 진지하다

해설 보기의 沟通(의사소통), 经理(매니저), 逻辑性(논리성)을 보고 능력에 관한 대화가 등장할 것을 예상한다. 보기의 어휘 중 强(강하다)의 유사한 표현으로 好(좋다)를, 善于(~을 잘한다)는 做得很好(아주 잘하다)를, 很有能力(능력이 많다)를, 沟通(의사소통)은 交流(교류하다)를, 严肃(엄숙하다)는 사람에게 쓸 경우 不开玩笑(농담하지 않는다)라는 표현을 연상하고 녹음을 듣는다. 남자의 말

具有较强的沟通能力(비교적 뛰어난 의사소통 능력을 갖추다)를 듣고 일치하는 보기인 A에 ○표시를 한다. 질문에서 남자가 생각하는 자신의 강점에 대해 물었으므로 정답은 A이다.

어휘 지문 面试 miànshì 몡 통 면접시험(하다)   优势 yōushì 몡 우위, 강점   人事管理 rénshì guǎnlǐ 몡 인사관리   보기 逻辑性 luójíxìng 몡 논리성   善于 shànyú ～에 능하다   沟通 gōutōng 통 교류하다, 소통하다   极为 jíwéi 뿐 지극히, 매우   严肃 yánsù 혱 근엄하다, 엄숙하다

2

男: 听说新疆那边气候极其恶劣, 你受得了吗?
女: 放心吧, 为了这次实地调查, 我已经做好了充分的准备。

问: 关于那个地方, 可以知道什么?

남: 신장 지역 기후가 대단히 열악하다고 하던데, 견딜 수 있겠어?
여: 걱정 마. 이번 현지 조사를 위해서 내가 이미 만반의 준비를 해 뒀어.

질문: 그 지역에 관해 무엇을 알 수 있는가?

A 风景优美	A 경치가 아름답다
B 交通快捷方便	B 교통이 빠르고 편리하다
C 气候不好	**C 기후가 좋지 않다**
D 当地人热情好客	D 현지인들이 친절하게 손님을 대한다

해설 보기의 风景(풍경), 交通(교통), 气候(기후), 当地人(현지인)을 보고 지역에 관한 대화가 등장할 것을 예상한다. 보기의 어휘 중 风景(풍경)은 동의어인 风光(풍경) 또는 景色(경치)로, 优美(아름답다)는 美丽(아름답다)로, 交通快捷方便(교통이 빠르고 편리하다)은 交通很发达(교통이 발달되어 있다)로, 不好(안 좋다)는 欠佳(좋지 않다), 不佳(좋지 않다), 恶劣(열악하다)로, 好客(손님 접대를 좋아하다)는 对客人很热情(손님에게 친절하다)으로 연상한 뒤 녹음을 듣는다. 여자가 新疆那边气候极其恶劣(신장 지역 기후가 대단히 열악하다)라고 했으므로 일치하는 내용인 보기 C에 ○표시를 한다. 질문에서 그 지역에 관해 알 수 있는 것을 물었으므로 정답은 C이다.

어휘 지문 新疆 Xīnjiāng 지명 신장 위구르 자치구   极其 jíqí 뿐 지극히, 매우   恶劣 èliè 혱 열악하다, 아주 나쁘다   受得了 shòudeliǎo 참을 수 있다, 견딜 수 있다   实地 shídì 몡 현지   调查 diàochá 통 조사하다   充分 chōngfèn 혱 충분하다   보기 风景 fēngjǐng 몡 풍경, 경치   优美 yōuměi 혱 우아하고 아름답다   快捷 kuàijié 혱 재빠르다   好客 hàokè 통 손님 접대를 좋아하다

3

男: 新来的员工工作态度不错, 主动性很强, 只是学历不够, 经验不足。
女: 这小伙子有耐心, 又虚心, 你好好培养一下吧。

问: 男的觉得那个小伙子怎么样?

남: 새로 온 직원은 근무 태도가 좋고, 아주 능동적이에요. 다만 학력과 경력이 부족하군요.
여: 젊은 사람이 인내심도 있고 겸손하니 자네가 잘 키워 보게.

질문: 남자는 그 젊은이를 어떻게 생각하는가?

A 十分坦率	A 대단히 솔직하다
B 比较积极	**B 비교적 적극적이다**
C 经验丰富	C 경험이 풍부하다
D 有些小气	D 다소 쩨쩨하다

해설 보기의 坦率(솔직하다), 积极(적극적이다), 小气(쩨쩨하다)를 보고 사람의 평가에 관한 대화임을 예상한다. 보기의 어휘 중 坦率(솔직하다)는 동의어인 诚实(정직하다)로, 积极(적극적이다)는 主动(능동적이다)으로, 经验丰富(경험이 풍부하다)는 工作很久了(일한지 오래됐다)로, 小气(쩨쩨하다)는 '不+반대말'인 不大方(관대하지 않다)으로 연상하고 녹음을 듣는다. 남자가 새로운 직원에 대해 主动性很强(아주 능동적이다)이라고 했으므로 비슷한 표현인 B에 ○표시를 한다. 질문에서 남자가 그 젊은이를 어떻게 생각하는지 물었으므로 정답은 B이다.

어휘 지문 员工 yuángōng 몡 직원   学历 xuélì 몡 학력   不足 bùzú 혱 부족하다   虚心 xūxīn 혱 겸손하다   培养 péiyǎng 통 키우다   보기 坦率 tǎnshuài 혱 솔직하다   小气 xiǎoqi 혱 쩨쩨하다, 속이 좁다

4

女: 咖啡机旁边的那个女的是谁? 以前在公司没见过她。

男: 新调来的业务部经理。

女: 那原来的张经理呢, 辞职了吗?

男: 没有, 张经理最近身体状况不太好, 不得不暂时请长假休息了。

问: 根据对话, 下列哪项正确?

A 张经理辞职了
B 业务部换经理了
C 女的是副总裁
D 张经理换部门了

여: 커피메이커 옆에 저 여자 누구예요? 예전에 회사에서 본 적이 없는데.

남: 새로 인사 이동해 온 사업부 매니저야.

여: 그러면 기존의 장 매니저는요? 그만뒀어요?

남: 아니야. 장 매니저는 최근 건강이 별로 좋지 않아서 어쩔 수 없이 잠시 장기 휴가를 신청했어.

질문: 대화에 근거하여 다음 중 옳은 것은?

A 장 매니저는 사직했다
B 사업부 매니저가 바뀌었다
C 여자는 부회장이다
D 장 매니저가 부서를 바꾸었다

해설 보기의 辞职(사직하다), 业务部(사업부), 副总裁(부회장), 部门(부서)을 보고 회사에 관한 대화가 등장할 것을 예상한다. 보기의 어휘 중 辞职(사직하다)은 不干了(일하지 않는다)로, 换经理(매니저를 바꾸다)는 新来的经理(새로 온 매니저)로, 换部门(부서를 바꾸다)은 调到别的部门去(다른 부서로 가게 되다)로 바꾸어 연상하고 녹음을 듣는다. 여자가 처음 본 여자에 대해 물었을 때 남자가 첫 번째 대화에서 新调来的业务部经理(새로 인사 이동해 온 사업부 매니저)라고 했으므로 유사한 표현인 B에 ○표시를 한다. 여자가 두 번째 대화에서 张经理呢, 辞职了吗?(장 매니저는요? 사직했나요?)라고 묻자 남자가 두 번째 대화에서 没有(아니요)라고 부정했으므로 A에 X표시를 한다. 질문에서 옳은 내용을 물었으므로 정답은 B이다.

어휘 [지문] 咖啡机 kāfēijī 몡 커피메이커 调 diào 통 이동하다, 전근시키다 辞职 cízhí 통 사직하다 身体状况 shēntǐ zhuàngkuàng 몡 건강상태 不得不 bùdébù 뷔 어쩔 수 없이 [보기] 业务部 yèwùbù 몡 사업부 副总裁 fùzǒngcái 몡 부총재, 부회장

5

男: 您好, 我看到会议室空着, 现在能用吗?

女: 抱歉, 这个会议室目前是几个部门在一起使用, 使用前需要事先预订。

男: 要提前多久呢?

女: 至少两个小时, 但随时都可以取消。

问: 关于会议室, 下列哪项正确?

A 不能临时取消
B 随时都可以使用
C 只能用两个小时
D 要提前预订

남: 안녕하세요. 회의실이 비어 있는 걸 봤는데 지금 사용할 수 있을까요?

여: 죄송하지만 이 회의실은 현재 몇 개 부서가 함께 사용하고 있어서 사용 전 반드시 예약을 해야 합니다.

남: 얼마 전에 해야 하나요?

여: 최소 2시간입니다. 하지만 언제든지 취소 가능합니다.

질문: 회의실에 관하여 다음 중 옳은 것은?

A 직전에 갑자기 취소할 수 없다
B 언제든지 사용 가능하다
C 두 시간만 사용할 수 있다
D 사전에 예약해야 한다

해설 보기의 临时(직전에), 随时(수시로), 两个小时(두 시간), 提前(사전에) 등의 시간을 나타내는 어휘와 要(~해야 한다), 不能(~해서는 안 된다)을 보고 행동과 시간에 관련된 대화임을 알 수 있다. 보기의 어휘 중 临时取消(갑자기 취소하다)는 突然取消(갑자기 취소하다)로, 随时都(언제든지 모두는) 什么时候都(언제든지 모두)로, 只能用两个小时(2시간만 사용할 수 있다)는 时间限制两个小时(시간 제한이 2시간이다)로, 提前预定(사전 예약)은 事先预订(사전 예약)으로 연상하고 녹음을 듣는다. 여자의 첫 번째 대화에서 使用前需要事先预订(사용 전에 반드시 예약을 해야 한다)이라고 했으므로 유사한 표현인 보기 D에 ○표시를 하고 B에 X표시를 한다. 질문에서 회의실에 관해 옳은 내용을 물었으므로 정답은 D이다.

어휘 [지문] 使用 shǐyòng 몡 통 사용(하다) [보기] 临时 línshí 통 그때가 되다, 때에 이르다 뷔 갑자기, 임시 取消 qǔxiāo 통 취소하다 随时 suíshí 뷔 수시로, 아무 때나 预订 yùdìng 통 예약하다

3. 핵심 어휘형 실전 테스트

정답 1. B 2. C 3. A 4. D 5. C

1

男：今天的节目要采访7位嘉宾，其中有一个男子偶像团体，你要合理分配时间，注意提问的顺序和方式。

女：好的，导演。我保证不会耽误时间的。

问：女的最可能是做什么的？

남: 오늘 프로그램에서 7명의 게스트를 인터뷰해야 하는데, 그 중에 남자 아이돌 그룹이 하나 있어요. 시간 알맞게 잘 분배하고 질문 순서와 방식에 신경 써야 해요.

여: 네, 감독님. 시간이 지연되지 않게 하겠습니다.

질문: 여자는 무엇을 하는 사람일 가능성이 높은가?

A 导演	B 主持人	A 감독	B 진행자
C 作家	D 志愿者	C 작가	D 자원봉사자

해설 보기의 导演(감독), 主持人(진행자), 作家(작가)를 보고 직업 및 신분을 묻는 문제이며 방송과 관련된 대화가 등장할 것을 예상한다. 보기 A, B, C의 관련 어휘로는 节目(프로그램), 演出(연출), 嘉宾(게스트), 采访(인터뷰하다) 등이 있고, 일반 작가와 관련된 어휘에는 写书(책을 쓰다), 新书(신간), 出版(출판하다), 小说(소설) 등을 들 수 있다. 志愿者(자원봉사자)는 服务(서비스하다), 奉献精神(봉사 정신) 등이 관련 어휘이다. 导演, 主持人, 作家는 방송을 구성하는 인물이므로 대화에서 사용되는 호칭에 주의하여 녹음을 듣는다. 남자는 여자에게 今天的节目要采访7位嘉宾(오늘 프로그램에서 7명의 게스트를 인터뷰해야 한다), 你要合理分配时间, 注意提问的顺序和方式(시간 알맞게 잘 분배하고 질문 순서와 방식에 신경써야 한다)이라고 당부하고 있으므로 남자는 导演, 여자는 主持人임을 알 수 있다. 결정적으로 여자는 남자를 导演(감독)이라고 불렀으므로, 보기 A에 '남자', 보기 B에 '여자'라고 메모한다. 질문에서 여자의 직업을 물었으므로 정답은 B이다.

어휘 〔지문〕 采访 cǎifǎng 〔통〕 인터뷰하다　嘉宾 jiābīn 〔명〕 귀빈, 귀한 손님　男子偶像团 nánzi ǒu'xiàngtuán 남자 아이돌 그룹　合理 hélǐ 〔형〕 합리적이다　分配 fēnpèi 〔통〕 분배하다, 할당하다　提问 tíwèn 〔통〕 질문하다　保证 bǎozhèng 〔통〕 보증하다, 확보하다　耽误 dānwu 〔통〕 시간을 지체하다, 일을 그르치다　〔보기〕 导演 dǎoyǎn 〔명〕 감독, 연출자　主持人 zhǔchírén 〔명〕 진행자, MC　志愿者 zhìyuànzhě 〔명〕 자원봉사자, 지원자

2

男：糟糕！我把钱包忘在宿舍了，得回去一趟。等一下，我去去就来。

女：不要紧。那儿可以用手机支付。

问：男的要回哪儿？

남: 아차! 지갑을 기숙사에 두고 왔네. 갔다 와야겠다. 잠깐 기다려. 금방 갔다 올게.

여: 괜찮아. 거기 모바일로 결제할 수 있어.

질문: 남자는 어디로 돌아가려고 하는가?

A 银行	B 停车场	A 은행	B 주차장
C 宿舍	D 面包店	C 기숙사	D 빵집

해설 보기를 보고 장소를 묻는 문제임을 예상한다. 银行(은행)의 관련 어휘로 开户(계좌 개설), 汇款(송금), 取款(인출), 定期存款(정기적금)을 들 수 있고, 停车场(주차장)은 停车(주차하다), 停车位置/车位(주차 자리), 停满了(만차되다)를 들 수 있으며, 面包店(빵집)은 蛋糕(케이크) 등을 들 수 있다. 宿舍(기숙사)는 녹음에 그대로 언급되는 경우가 많다. 녹음에서 유일하게 남자의 말에 장소가 언급되었다. 남자가 我把钱包忘在宿舍了(지갑을 기숙사에 두고 왔다)라고 했고, 我去去就来(바로 갔다 올게)라고 했으므로 키워드가 언급된 보기 C에 〇표시를 한다. 질문에서 남자가 어디로 가려는지 물었으므로 정답은 C이다.

어휘 〔지문〕 糟糕 zāogāo 아뿔싸, 아차　一趟 yítàng 한 번(오가는 횟수를 나타냄)　去去就来 qùqù jiùlái 잠깐 갔다 오다　不要紧 búyàojǐn 〔형〕 괜찮다, 문제없다　手机支付 shǒujī zhīfù 모바일 결제　〔보기〕 停车场 tíngchēchǎng 〔명〕 주차장　宿舍 sùshè 〔명〕 기숙사

3

男：这个衣柜是今年的新款，欧式风格，跟您刚选的床很搭配。

女：样式确实很独特，可以打折吗？

问：他们最可能在哪儿？

| A 家具店 | B 宾馆 |
| C 旅行社 | D 卧室 |

남: 이 옷장은 올해 새로운 디자인으로 유럽풍이에요. 방금 선택하신 침대와 잘 어울립니다.

여: 디자인이 확실히 독특하네요, 할인되나요?

질문: 그들은 어디에 있을 가능성이 높은가?

| A 가구점 | B 호텔 |
| C 여행사 | D 침실 |

해설 보기를 보고 장소를 묻는 문제임을 예상한다. 家具店(가구점)의 관련 어휘로 打折(할인), 优惠(혜택), 床(침대), 椅子(의자), 桌子(테이블), 送货上门/送到家门口(배송)를 들 수 있고, 宾馆(호텔)은 登记(체크인), 退房(체크아웃), 房卡(방 키), 保管行李(짐 보관)를 들 수 있으며, 旅行社(여행사)는 日程安排(여행 일정), 导游(가이드), 几点集合(몇 시 집합), 卧室(침실)은 睡觉(잠을 자다)를 들 수 있다. 남자의 말에 衣柜(옷장), 床(침대)이 언급되었고, 여자가 可以打折吗?(할인되나요?)라고 했으므로 가구 구입에 관한 대화가 진행되고 있음을 알 수 있다. 보기 A에 메모한다. 질문에서 이들이 있는 장소를 물었으므로 정답은 A이다.

어휘 지문 欧式 Ōushì 명 형 유럽(식의) 风格 fēnggé 명 스타일 搭配 dāpèi 통 어울리다 衣柜 yīguì 명 옷장 新款 xīnkuǎn 명 새로운 디자인 样式 yàngshì 명 양식, 스타일 独特 dútè 형 독특하다 보기 家具店 jiājù diàn 명 가구점 旅行社 lǚxíngshè 명 여행사 卧室 wòshì 명 침실

4

女：王猛在这次校内书画大赛中获得了冠军。

男：我也刚刚听说了，得奖作品都会在校园里展出。

女：真的吗？在哪儿？我也要欣赏他的作品。

男：就在纪念馆前面的广场上。

问：获奖作品将在哪儿展出？

A 在学校网站上
B 学校门口
C 艺术学院
D 在广场上

여: 왕멍이 이번 교내 서화 대회에서 우승했대.

남: 나도 방금 들었는데, 수상작들이 다 캠퍼스에 전시될 거라던데.

여: 정말? 어디서? 나도 걔 작품 구경해야겠다.

남: 기념관 앞 광장이래.

질문: 수상작은 어디에 전시될 예정인가?

A 학교 홈페이지 상에
B 교문 앞
C 예술 대학
D 광장에

해설 보기를 보고 장소를 묻는 문제임을 알 수 있다. 보기의 어휘는 특별한 관련 어휘가 있는 장소들이 아니므로 녹음에 직접 언급될 가능성이 높다. 남자의 첫 번째 대화에 등장한 校园里(캠퍼스 안)는 보기에 없다. 남자의 두 번째 대화에서 在纪念馆前面的广场上(기념관 앞 광장에서)이라고 언급되었으므로 보기 D에 〇표시를 한다. 질문에서 수상작이 전시되는 장소를 물었으므로 정답은 D이다.

어휘 지문 书画 shūhuà 명 서화 冠军 guànjūn 명 1등, 우승 得奖 déjiǎng 통 상을 받다 校园 xiàoyuán 명 교정 展出 zhǎnchū 통 전시하다 欣赏 xīnshǎng 통 감상하다 보기 广场 guǎngchǎng 명 광장 学院 xuéyuàn 명 단과대학

5

男：上个周末我在国家戏剧院看见你了，不过看你忙着我就先走了。

女：对，我去那儿等一位专家，要给他做一个独家采访。没看到你，真抱歉。

男：没关系。可以问一下采访哪位专家吗？

女：是一位天文学权威。

남: 지난주 주말에 국립 극장에서 너 봤는데 네가 바빠 보여서 그냥 먼저 갔어.

여: 맞아. 단독 인터뷰 하려고 거기 가서 전문가를 기다리고 있었어. 널 못 봤다니 정말 미안해.

남: 괜찮아. 어떤 전문가를 인터뷰했는지 물어봐도 돼?

여: 천문학 권위자였어.

问：女的最可能从事什么职业？	질문: 여자는 어떤 일이 종사할 가능성이 높은가?
A 演员　　　　　　B 教授 **C 记者**　　　　　　D 公务员	A 배우　　　　　　B 교수 **C 기자**　　　　　　D 공무원

해설 보기를 보고 직업 및 신분을 묻는 문제임을 알 수 있다. 보기의 어휘 演员(배우)은 관련 어휘로 台词(대사), 角色(역할), 拍电影(영화를 찍다), 拍戏(드라마를 촬영하다)를 들 수 있고, 教授(교수)는 大学老师(대학 선생님), 论文(논문), 导师(지도 교수)를 들 수 있으며, 公务员(공무원)은 准备考试(시험을 준비하다), 铁饭碗(철밥통, 평생 직업)을 들 수 있다. 여자의 첫 번째 대화에서 要给他做一个独家采访(단독 인터뷰를 하려고 한다)이라고 했으므로 여자의 직업이 기자임을 알 수 있다. 보기 C에 '여자'라고 메모한다. 나머지 대화에서 专家(전문가), 权威(권위자)가 등장하였으나 보기에 없는 내용이다. 질문에서 여자의 직업을 물었으므로 정답은 C이다.

어휘 [지문] 专家 zhuānjiā 몡 전문가　独家 dújiā 몡 독점, 단독　天文学 tiānwénxué 몡 천문학　权威 quánwēi 몡 권위자　[보기] 公务员 gōngwùyuán 몡 공무원

4. 행동 및 화제형 실전 테스트

정답 1. B　　2. C　　3. A　　4. A　　5. B

1

男：明天的驾照考试别紧张，像我们平时练习时那样开就可以。 女：你寒假陪我练了那么久，这次应该没问题了。	남: 내일 면허 시험 긴장하지 마. 우리가 평소에 연습할 때처럼 운전하기만 하면 될 거야. 여: 네가 겨울방학에 나 데리고 그렇게 오래 연습시켜 줬는데 이번엔 분명히 문제없을 거야.
问：男的寒假经常陪女的做什么？	질문: 남자는 겨울방학에 여자와 함께 자주 무엇을 했는가?
A 练瑜伽 **B 练车** C 做数学题 D 下象棋	A 요가 연습을 하다 **B 운전 연습을 하다** C 수학 문제를 풀다 D 장기를 두다

해설 보기가 모두 행동을 나타내므로 행동을 묻는 문제임을 알 수 있고, 보기에 练(연습하다)이 있으므로 무엇을 연습하는지를 주목해서 듣는다. 보기의 어휘 练瑜伽(요가하다)의 관련 어휘로 健身(헬스), 健美(건강미), 做运动(운동하다), 锻炼(단련하다)을 들 수 있고, 练车(운전 연습을 하다)는 驾驶执照/驾照(운전면허), 开车(운전하다)를 들 수 있다. 나머지 보기 做题(연습 문제를 풀다), 下象棋(장기를 두다)는 녹음에 그대로 언급될 가능성이 큰 어휘이다. 남자가 驾照考试别紧张(운전면허 시험에 긴장하지 말아라)이라고 했으므로 여자가 면허 시험을 본다는 것을 알 수 있다. 이어 여자의 말에 你寒假陪我练了那么久(네가 겨울방학에 나를 데리고 그렇게 오래 연습시켜 줬다)라고 했으므로 일치하는 내용인 보기 B에 O표시를 한다. 질문에서 남자가 겨울방학 때 여자와 무엇을 했는지 물었으므로 정답은 B이다.

어휘 [지문] 驾照 jiàzhào 몡 운전면허증(驾驶执照의 줄임말)　[보기] 瑜伽 yújiā 몡 요가　练车 liànchē 동 운전 연습을 하다　象棋 xiàngqí 몡 중국 장기

2

女：这是什么呀？屋子里全是一股难闻的味道。

男：臭豆腐，中国的传统小吃。虽然闻起来有点臭，但吃起来还不错，很下饭！

问：他们在谈什么？

A 中国传统文化
B 中国菜的特点
C 一种传统小吃
D 做菜方法

여: 이게 뭐야? 방안에 온통 고약한 냄새가 진동해.

남: 취두부라고 중국 전통 먹거리야. 냄새는 비록 좀 고약해도 먹어 보면 괜찮아. 식욕을 돋운다고!

질문: 그들은 무엇에 대해 말하고 있는가?

A 중국 전통 문화
B 중국 음식의 특징
C 전통 먹거리
D 음식을 만드는 방법

해설　보기의 中国(중국), 传统(전통), 菜(음식)를 보고 음식에 관한 대화가 등장할 것을 예상한다. 남자가 中国的传统小吃(중국 전통 먹거리)이라고 했으므로 일치하는 내용인 보기 C에 ○표시를 한다. 질문에서 화제를 물었으므로 정답은 C이다.

어휘　［지문］ 股 gǔ 맛·기체·냄새 따위를 세는 단위　难闻 nánwén ［형］ 냄새가 고약하다　臭豆腐 chòudòufu ［명］ 취두부　闻 wén ［동］ 듣다, 냄새를 맡다　臭 chòu ［형］ 구리다, 역겹다　下饭 xiàfàn ［형］ 입맛을 돋우다, 식욕이 당기다　［보기］ 传统 chuántǒng ［명］ 전통

3

男：乘务员，我妻子突然晕倒了。请帮帮我。

女：您先冷静一下。我马上广播找医务人员。

问：女的接下来会做什么？

A 广播找医生
B 给病人打针
C 送男的去医院
D 联系家属

남: 승무원, 제 아내가 갑자기 쓰러졌어요. 도와주세요.

여: 우선 진정하시고요. 제가 즉시 방송으로 의료인을 찾아보겠습니다.

질문: 여자는 이어서 무엇을 할 것인가?

A 방송으로 의사를 찾는다
B 환자에게 주사를 놔준다
C 남자를 병원에 보낸다
D 가족들에게 연락한다

해설　보기의 广播找医生(방송으로 의사를 찾다), 打针(주사를 놓다), 医院(병원)을 보고 질병 및 응급 상황과 관련된 행동 문제임을 예상한다. 남자가 여자를 乘务员(승무원)이라고 불렀으므로 현재 남자는 기차 또는 비행기에 탑승 중이며, 남자가 我妻子突然晕倒了(제 아내가 갑자기 쓰러졌어요)라고 했으므로 응급 상황이 발생했음을 알 수 있다. 이어 여자가 我马上广播找医务人员(제가 즉시 방송으로 의료인을 찾아보겠습니다)이라고 했으므로 일치하는 내용인 보기 A에 ○표시를 한다. 질문에서 여자가 이어서 하려는 행동을 물었으므로 정답은 A이다. 보기의 医生은 녹음에 医务人员(의료인)으로 변형하여 제시하였다. 나머지 보기 B, C, D의 내용은 언급되지 않았다.

어휘　［지문］ 乘务员 chéngwùyuán ［명］ 승무원　晕倒 yūndǎo ［동］ 기절하여 쓰러지다　医务人员 yīwù rényuán ［명］ 의료인　接下来 jiēxiàlái 다음으로, 이하는　［보기］ 家属 jiāshǔ ［명］ 가족, 가솔

4

女：你能不能快点儿？时间都来不及了。

男：急什么，粉丝签名会还有两个小时才开始呢。

女：到时候排队入场的人肯定会很多，而且说不定路上还堵车呢。

男：好吧，你先把车开出来，我换上衣服就出门。

问：他们要去做什么？

여: 좀 서두를 수 없어요? 시간 없단 말이에요.

남: 뭘 조급해 해요. 팬사인회는 두 시간이나 있어야 시작하는데.

여: 그때 되면 줄 서서 입장하는 사람들이 분명 많을 거란 말이에요. 어쩌면 길도 막힐지도 모르고.

남: 알았어요. 먼저 차 꺼내 와요. 나 옷만 갈아입고 바로 나갈게.

질문: 그들은 무엇을 하러 가는가?

A 参加签名会	A 사인회에 참석하다
B 退换衣服	B 옷을 반품하다
C 吃面条	C 국수를 먹다
D 看车展	D 모터쇼를 관람하다

해설 보기의 参加签名会(사인회에 참석하다), 退换衣服(옷을 교환하다), 吃面条(국수를 먹다), 看车展(모터쇼를 관람하다)은 서로 관련이 없는 내용이며, 각각의 동사가 확연히 구분된다. 여자의 첫 번째 대화에 你能不能快点儿?(좀 서두를 수 없어요?)이라고 재촉하는 내용이 등장하고, 남자가 이어서 粉丝签名会还有两个小时(팬사인회는 두 시간이나 있어야 시작하는데)이라고 하여 두 사람이 함께 팬사인회에 간다는 것을 알 수 있다. 보기 A에 ○표시를 한다. 질문에서 남녀가 무엇을 하러 가는지 물었으므로 정답은 A이다.

어휘 지문 粉丝 fěnsī 명 팬　入场 rùchǎng 통 입장하다　说不定 shuōbudìng ~일지도 모른다　보기 签名会 qiānmínghuì 명 사인회　退换 tuìhuàn 통 구매한 물품을 다른 물품으로 교환하다　车展 chēzhǎn 명 자동차 전시회, 모터쇼

5

男：我女儿今年上小学了，正在学汉语，我想找个中国的动画片给她看看。 女：我推荐《漫画汉语》，网上能搜索到，又能下载到手机里。 男：好，这部动画片有字幕吗？ 女：当然有中文字幕和拼音，而且对话也挺简单的，孩子理解起来并不难。 问：他们在谈什么？	남: 제 딸이 올해 초등학교에 올라가는데 마침 중국어를 배워서 중국 애니메이션을 찾아 보여주고 싶네요. 여: 저는 「만화 중국어」를 추천해요. 인터넷에서 검색할 수 있고 핸드폰으로 다운받을 수도 있어요. 남: 좋네요. 애니메이션에 자막은 있나요? 여: 당연히 중국어와 병음이 있죠. 게다가 대화도 간단해서 아이들이 이해하기에 절대 어렵지 않아요. 질문: 그들은 무엇에 대해 말하고 있는가?
A 网上搜索与下载 **B 学中文的动画片** C 汉语教材 D 课外活动	A 인터넷 검색과 다운로드 **B 중국어 학습 애니메이션** C 중국어 교재 D 방과 후 활동

해설 보기의 搜索与下载(검색과 다운로드), 学中文的动画片(중국어 학습 애니메이션), 汉语教材(중국어 교재), 课外活动(방과 후 활동)을 보고 중국어 학습에 관한 대화가 등장할 것을 예상한다. 남자가 첫 번째 대화에서 想找个中国的动画片给她看看(중국 애니메이션을 찾아 보여주고 싶네요)이라고 했으므로 일치하는 내용인 보기 B에 ○표시를 한다. 이어 여자가 我推荐《漫画汉语》(「만화 중국어」를 추천해요)라고 했으므로 남녀의 공통 화제가 중국어 만화임을 알 수 있다. 질문에서 이들이 말하고 있는 화제를 물었으므로 정답은 B이다.

어휘 지문 推荐 tuījiàn 통 추천하다　漫画 mànhuà 명 만화　字幕 zìmù 명 자막　보기 网上 wǎngshàng 명 인터넷　搜索 sōusuǒ 통 검색하다　下载 xiàzǎi 통 다운로드하다　动画片 dònghuàpiàn 명 만화 영화, 애니메이션　教材 jiàocái 명 교재

정답 1. A   2. D   3. C   4. B   5. D

1

女：没想到你居然会手工剪纸。怎么从来都没听你说过，剪得真漂亮！

男：也没有人问过我啊，再说这只是兴趣爱好而已。

问：女的是什么语气？

여: 네가 종이 공예를 할 줄은 전혀 생각 못했어. 왜 네가 말하는 걸 들어 본 적이 없지. 진짜 예쁘게 잘랐다!

남: 물어보는 사람이 없었거든. 그리고 그냥 취미일 뿐이야.

질문: 여자는 어떤 말투인가?

A 惊讶	B 发愁	A 놀라다	B 걱정하다
C 不耐烦	D 痛苦	C 귀찮다	D 고통스럽다

해설 보기를 보고 어투와 태도를 묻는 문제임을 알 수 있다. 보기 어휘의 뉘앙스를 살펴보면 惊讶(놀라다)만 중립적인 어투이며 나머지는 부정적인 뉘앙스이다. 남녀의 감정, 어투에 관한 표현에 포커스를 맞춰 듣는다. 녹음에서 여자가 남자의 종이 공예 솜씨를 언급하며 没想到你居然会手工剪纸(네가 종이 공예를 할 줄은 전혀 생각 못했어)이라고 하여 놀람을 나타냈으므로 보기 A에 '여자'라고 메모한다. 질문에서 여자의 말투에 대해 물었으므로 정답은 A이다.

TIP▶ 没想到(생각지도 못하다), 居然(뜻밖에)는 놀라움을 나타낼 때 자주 출제되는 표현이다.

어휘 지문 居然 jūrán 児 뜻밖에   手工 shǒugōng 명 수공, 손으로 하는 공예   剪纸 jiǎnzhǐ 명 종이를 오려 여러 가지 형상이나 모양을 만드는 종이 공예   再说 zàishuō 게다가, 덧붙여 말할 것은   兴趣爱好 xìngqù'àihào 명 취미와 애호   而已 éryǐ 조 ~뿐이다   보기 惊讶 jīngyà 놀라고 의아하다   发愁 fāchóu 동 근심하다, 걱정하다   不耐烦 búnàifán 형 귀찮다, 성가시다   痛苦 tòngkǔ 형 고통스럽다

2

男：这么冷的天，观众席居然都坐满了，这些球迷们真了不起。

女：那当然了，全国总决赛怎么能不来现场看呢？

问：女的的话是什么意思？

남: 이렇게 추운 날 관중석이 의외로 만석이네. 팬들 참 대단하다.

여: 그야 당연하지. 전국 결승전인데 어떻게 현장에 와서 보지 않을 수가 있겠어?

질문: 여자의 말은 어떤 의미인가?

A 现场球迷不多	A 현장에 축구 팬들이 많지 않다
B 人们都爱看直播	B 사람들이 모두 생중계로 보는 걸 좋아한다
C 不同意男的的话	C 남자의 말에 동의하지 않는다
D 当然要来现场看	**D 당연히 현장에 와서 봐야 한다**

해설 보기의 어휘 球迷(축구팬), 观众(관중), 直播(생중계), 决赛(결승전)를 보고 축구 경기에 관한 내용임을 짐작할 수 있다. 남자가 观众席居然都坐满了(관중석이 의외로 만석이네)라고 했으므로 축구 경기를 관람하는 팬들이 많음을 알 수 있다. 보기 A에 X표시를 한다. 여자가 全国总决赛怎么能不来现场看呢?(전국 결승전인데 어떻게 현장에 와서 보지 않을 수가 있겠어?)라고 하여 결승전은 당연히 현장에서 봐야 함을 반어적으로 표현하였다. 보기 D에 O표시를 한다. 질문에서 여자의 말이 어떤 뜻인가를 물었으므로 정답은 D이다.

어휘 지문 观众席 guānzhòngxí 명 관중석, 관객석   居然 jūrán 児 뜻밖에   了不起 liǎobuqǐ 형 보통이 아니다, 굉장하다   总决赛 zǒngjuésài 명 결승전   보기 直播 zhíbō 명 동 생방송(하다)   现场 xiànchǎng 명 현장   球迷 qiúmí 명 야구, 축구 등의 구기광

3

女：你不是说这个月中旬回国吗，怎么突然改成月底了呢？

男：谈判进行得不太顺利，投资方对我们的方案不太满意。

问：根据女的的话，可以知道什么？

A 月底签合同
B 男的想提前回国
C 回国日期推迟了
D 投资方取消了合作

여: 이달 중순에 귀국한다고 하지 않았어요? 왜 갑자기 월말로 바뀌었어요?

남: 협상이 그다지 순조롭지 못해서요. 투자자가 저희 방안에 별로 만족을 못 했어요.

질문: 여자의 말에 근거하여 무엇을 알 수 있는가?

A 월말에 계약서에 사인한다
B 남자는 앞당겨 귀국하고 싶다
C 귀국 날짜가 미뤄졌다
D 투자자가 합작을 취소했다

해설 보기의 合同(계약서), 推迟(미뤄지다), 取消了合作(합작을 취소했다)를 보고 비즈니스 일정에 문제가 생겼음을 알 수 있다. 여자가 你不是说这个月中旬回国吗，怎么突然改成月底了呢?(이달 중순에 귀국한다고 하지 않았어요? 왜 갑자기 월말로 바꿨어요?)라고 했으므로 남자의 귀국 날짜가 중순에서 월말로 미뤄졌음을 알 수 있다. 일치하는 내용인 보기 C에 O표시를 한다. 질문에서 여자의 말에 근거하여 알 수 있는 것을 물었으므로 정답은 C이다.

어휘 [지문] 中旬 zhōngxún 몡 중순　月底 yuèdǐ 몡 월말　谈判 tánpàn 몡 통 협상(하다)　方案 fāng'àn 몡 계획, 방안　[보기] 签 qiān 통 서명하다, 사인하다　合同 hétong 몡 계약서　日期 rìqī 몡 날짜　投资方 tóuzīfāng 몡 투자자　取消 qǔxiāo 통 취소하다　合作 hézuò 몡 통 협력하다

4

男：恭喜你顺利拿到了博士学位。

女：如果没有您的教导我想我是拿不到这个学位的，谢谢老师。

男：还有个好消息，我向学校推荐你留校工作，已经被批准了。

女：真的吗？真是太感谢您了！

问：女的现在心情怎么样？

A 灰心　　　　　　　B 激动
C 沮丧　　　　　　　D 委屈

남: 무사히 박사학위를 취득한 걸 축하하네.

여: 만일 선생님의 가르침이 없었다면 저는 이 학위를 딸 수 없었을 거예요. 감사합니다. 선생님.

남: 그리고 좋은 소식이 있네. 학교 측에 자네를 학교에 남아 일할 수 있게 추천했는데 벌써 승인받았네.

여: 정말이에요? 정말 너무 감사드립니다!

질문: 여자는 지금 심정이 어떠한가?

A 낙담하다　　　　　　**B 감격하다**
C 풀이 죽다　　　　　　D 억울하다

해설 보기를 보고 어투와 태도를 묻는 문제임을 알 수 있다. 남녀의 감정, 어투의 표현에 포커스를 맞추고 듣는다. 녹음에서 남자는 여자에게 박사학위를 취득한 것을 축하해 주고 있고 이에 여자는 첫 번째 대화에서 谢谢老师(선생님께 감사드린다)이라고 하였다. 또한 이어서 남자가 好消息(좋은 소식)를 전달하자 여자는 두 번째 대화에서 真是太感谢您了(정말 너무 감사드려요)라고 대답하였다. 따라서 여자의 감정을 나타내는 보기 B에 '여자'라고 메모한다. 질문에서 여자의 심정을 물었으므로 정답은 B이다.

어휘 [지문] 恭喜 gōngxǐ 통 축하하다　学位 xuéwèi 몡 학위　教导 jiàodǎo 통 가르치다, 지도하다　推荐 tuījiàn 통 추천하다　留校 liúxiào 통 학교에 남다　批准 pīzhǔn 통 (하급 기관의 의견 등을) 허가하다　[보기] 灰心 huīxīn 통 낙담하다　沮丧 jǔsàng 혱 풀이 죽다　委屈 wěiqu 혱 억울하다

5

女: 后天的讲座嘉宾已经定好了吗？

男: 新闻传播学院的孟教授，我给他发邮件了，正在等他的回复。

女: 孟教授不是出国参加学术会议了吗？

男: 真的吗？怪不得他一直没回复我的邮件。我这就去学院确认一下。

问: 关于孟教授，可以知道什么？

A 不知道学术会日程
B 是这次学术会的嘉宾
C 电子邮件密码忘了
D 很可能已经出国了

여: 내일 모레 강좌의 게스트는 다 정해졌어요?

남: 신문 방송 대학의 멍 교수님께 이메일을 보내드렸고요. 지금 회신 기다리고 있습니다.

여: 멍 교수님 학술회의 참석으로 출국하시지 않았어요?

남: 진짜요? 어쩐지 계속 제 이메일에 답이 없으시더라고요. 제가 바로 대학에 확인하러 가 보겠습니다.

질문: 멍 교수에 대해 무엇을 알 수 있는가?

A 학회 일정을 모른다
B 이번 학회의 게스트이다
C 이메일 비밀번호를 까먹었다
D 이미 출국했을 가능성이 높다

해설 보기의 어휘 学术会(학술 회의), 嘉宾(게스트), 出国(출국)를 보아 해외 학회 관련 대화가 등장할 것을 예상할 수 있다. 여자가 孟教授不是出国参加学术会议了吗?(멍 교수님 학술회의 참석으로 출국하시지 않았어요?)라고 하며 멍 교수가 출국했을 것이라고 반어적으로 시사하자, 남자가 怪不得他一直没回复我的邮件(어쩐지 계속 제 이메일에 답이 없으시더라고요)이라고 했다. 질문에서 멍 교수에 관해 알 수 있는 것을 물었으므로 정답은 D이다.

어휘 지문 ▶ 讲座 jiǎngzuò 몡 강좌　新闻传播学院 xīnwén chuánbō xuéyuàn 신문 방송 대학　邮件 yóujiàn 몡 메일　回复 huífù 몡 통 회답(하다)　怪不得 guàibude 면 어쩐지　确认 quèrèn 통 확인하다　보기 学术会 xuéshùhuì 몡 학술회, 학회　日程 rìchéng 몡 일정　嘉宾 jiābīn 몡 귀빈, 게스트

듣기 제1, 2부분 대화형 미니모의고사

정답 1. A   2. D   3. B   4. B   5. D   6. C   7. B   8. A   9. B   10. C
11. A   12. D   13. B   14. C   15. A

1

男: 你觉得你今天的表现怎么样？

女: 嗯，整体还不错，虽然刚开始有点儿紧张，但是并没有太大的影响。

问: 女的认为今天的表现怎么样？

A 整体不错
B 很不满意
C 相当糟糕
D 很不专业

남: 당신은 오늘 당신의 퍼포먼스가 어떤 것 같아요?

여: 음, 전체적으로 괜찮았어요. 비록 막 시작했을 때는 약간 긴장됐지만 그렇게 큰 영향은 없었습니다.

질문: 여자는 오늘 퍼포먼스가 어떻다고 여기는가?

A 전체적으로 괜찮다
B 매우 불만이다
C 상당히 엉망이다
D 매우 프로답지 못하다

해설 보기의 不错(괜찮다), 不满意(불만이다), 糟糕(엉망이다), 不专业(전문적이지 않다)를 보고 평가를 말하는 표현에 포커스를 맞추어 녹음을 듣는다. 남자가 퍼포먼스에 대한 의견을 물었고 여자는 이에 整体还不错(전체적으로 괜찮다)라고 했으므로 일치하는 내용인 A에 ○표시를 한다. 질문이 여자가 퍼포먼스에 대해 어떻게 생각하는가이므로 정답은 A이다.

어휘 지문 表现 biǎoxiàn 통 표현하다 몡 태도, 행동　보기 整体 zhěngtǐ 몡 전체　相当 xiāngdāng 면 상당히, 꽤　糟糕 zāogāo 혱 야단났다, 심하다　专业 zhuānyè 혱 전문적인

2

女：这支广告非常独特，不看到最后根本不知道原来是个广告。

男：对啊，的确很有创意，好像看了一部微电影一样。

问：他们在谈什么？

여: 이 광고 굉장히 독특하네. 마지막까지 보지 않으면 전혀 광고인 줄 모르겠어.

남: 맞아. 확실히 창의적이야. 마치 한 편의 짧은 영화를 보는 것 같았어.

질문: 그들은 무엇에 대해 말하고 있는가?

| A 网络剧 | B 音乐短片 | A 웹 드라마 | B 뮤직비디오 |
| C 电影 | **D 广告** | C 영화 | **D 광고** |

해설 보기의 어휘는 모두 명사형이고 공통적으로 영상물의 종류를 나타낸다. 녹음에 직접 언급되거나 관련 어휘가 등장하는지 주의해서 듣는다. 여자가 这支广告非常独特(이 광고 굉장히 독특하네)라고 하며 광고에 대해 칭찬하고 있고 남자가 好像看了一部微电影一样(짧은 영화 한 편을 보는 것 같다)이라고 했으므로 언급된 보기 C와 D에 O표시를 한다. 질문에서 이들이 대화하는 주제에 대해 물었으므로 정답은 D이다.

어휘 [지문] 独特 dútè 형 독특하다　根本 gēnběn 부 도무지, 전혀　的确 díquè 부 확실히, 참으로　创意 chuàngyì 명 새로운 고안, 창의　微电影 wēidiànyǐng 마이크로 필름　[보기] 网络剧 wǎngluòjù 명 웹 드라마　音乐短片 yīnyuè duǎnpiàn 명 뮤직비디오

3

男：对面有一家便利店，我们去买点儿冰镇果汁喝吧。

女：我最近肠胃不舒服，还是不喝凉的了。

问：女的最近怎么了？

남: 맞은편에 편의점 있는데 우리 가서 시원한 주스 좀 사서 마시자.

여: 나 요즘 위장이 안 좋아서 아무래도 찬 건 안 마실래.

질문: 여자는 요즘 어떠한가?

A 感冒了	A 감기에 걸렸다
B 肠胃不适	**B 위장이 불편하다**
C 想吃甜的	C 단것이 먹고 싶다
D 牙齿不好	D 치아가 좋지 않다

해설 보기의 어휘 感冒(감기), 肠胃(위장), 牙齿(치아), 不适(편치 않다)를 보고 건강에 관한 대화임을 알 수 있으며, 누가 어디가 불편한지에 포커스를 맞추어 녹음을 듣는다. 남자가 여자에게 주스를 마시자고 했고, 여자는 我最近肠胃不舒服(나 요즘 위장이 안 좋다)라고 했으므로 일치하는 내용인 B에 O표시를 한다. 질문에서 여자가 요즘 어떤지 물었으므로 정답은 B이다.

어휘 [지문] 便利店 biànlìdiàn 명 편의점　冰镇 bīngzhèn 동 얼음으로 차게 하다　[보기] 肠胃 chángwèi 명 장과 위　不适 búshì 형 편치 않다　牙齿 yáchǐ 명 치아

4

女：我刚接到了服装公司的电话，说我面试通过了，让我下周一开始上班。

男：太好了！恭喜你！这可是你一直想要的工作。

问：男的的话是什么意思？

여: 나 방금 전에 의류 회사 전화 받았는데 면접 통과했다고 다음 주 월요일부터 출근하래.

남: 너무 잘됐다! 축하해! 네가 줄곧 원하던 일이잖아.

질문: 남자의 말은 어떤 의미인가?

| A 担心 | **B 祝贺** | A 걱정하다 | **B 축하하다** |
| C 遗憾 | D 羡慕 | C 아쉽다 | D 부럽다 |

해설 보기가 모두 감정, 태도를 나타내므로 남녀의 감정 표현에 포커스를 맞추어 녹음을 듣는다. 여자가 면접이 통과됐다는 소식을 전했고 남자는 이에 太好了！恭喜你(너무 잘됐다! 축하해!)라고 했으므로 보기 B에 '남자'라고 메모한다. 질문에서 남자의 말의 의미를 물었으므로 정답은 B이다.

어휘 [보기] 遗憾 yíhàn 명 형 유감스럽다　恭喜 gōngxǐ 축하하다

5

男：听说有不少客人就是冲着这儿的葡萄酒来的，果然很有特色。

女：对，我们酒吧的葡萄酒都是自己生产的，口味独特，回味无穷。

问：对话最可能发生在哪儿？

A 饭店　　　　　　　B 果园
C 葡萄酒厂　　　　　**D 酒吧**

남: 많은 손님들이 이 포도주 때문에 여기에 몰린다더니 과연 특색이 있네요.

여: 맞습니다. 저희 바(bar)의 포도주는 다 저희가 직접 생산한 것이라 맛이 독특하고 뒷맛도 오래 남습니다.

질문: 대화는 어디에서 이루어지고 있는가?

A 호텔　　　　　　　B 과수원
C 포도주 공장　　　　**D 바**

해설 ┃ 보기가 모두 장소를 나타내므로 대화의 장소 또는 직접 언급되는 장소에 유의해서 듣는다. 남자는 葡萄酒(포도주)를 칭찬하고 있고, 이에 여자가 我们酒吧(저희 바)라고 표현하였으므로 보기 D에 O표시를 한다. 질문에서 대화가 이루어지고 있는 장소를 물었으므로 정답은 D이다.

어휘 ┃ 冲着 chòngzhe [개] ~를 향하여　果然 guǒrán [부] 과연, 생각한 대로　特色 tèsè [명] 특색　生产 shēngchǎn [동] 생산하다　口味 kǒuwèi [명] 맛　独特 dútè [형] 독특하다　回味无穷 huíwèi wúqióng 뒷맛이 무궁무진하다　[보기] 果园 guǒyuán [명] 과수원　酒厂 jiǔchǎng [명] 양조장(술공장)　酒吧 jiǔbā [명] 바(bar, 서양식 술집)

6

女：今天的讨论会上大家都积极发言，现场的气氛十分热烈。

男：是啊，今天的话题特别有趣。

问：女的觉得讨论会怎么样？

A 很快就结束了
B 话题没有新意
C 气氛热烈
D 大家都不发言

여: 오늘 토론회에서 모두들 적극적으로 발언해서 현장 분위기가 정말 뜨거웠어요.

남: 맞아요. 오늘 화제가 유난히 흥미로웠어요.

질문: 여자는 토론회가 어떻다고 느끼는가?

A 곧 끝난다
B 화제에 참신함이 없다
C 분위기가 뜨겁다
D 모두들 발언하지 않는다

해설 ┃ 보기의 结束(끝나다), 新意(참신함), 热烈(열렬하다), 不发言(발언하지 않는다)을 보고 어떤 행사에 관한 상황 및 분위기에 포커스를 맞추어 녹음을 듣는다. 여자의 말에 现场的气氛十分热烈(현장 분위기가 정말 뜨거웠어요)라고 언급되었으므로 보기 C에 '여자'라고 메모한다. 질문에서 여자가 토론회를 어떻게 느끼는지 물었으므로 정답은 C이다.

어휘 ┃ 讨论会 tǎolùnhuì [명] 토론회, 세미나　发言 fāyán [동] 발언(하다)　现场 xiànchǎng [명] 현장　话题 huàtí [명] 화제　[보기] 新意 xīnyì [명] 새로운 내용　气氛 qìfēn [명] 분위기　热烈 rèliè [형] 열렬하다

7

男：这几年咱们家乡的变化真是太大了，简直是翻天覆地。

女：可不是嘛，我记得这儿原来还是一条小河，现在变成市民公园了。

问：他们在谈论什么？

A 主题公园
B 家乡变化
C 业余时间
D 河流长度

남: 요 몇 년 우리 고향의 변화가 정말 컸어요. 그야말로 천지가 뒤바뀐 것 같아요.

여: 그러니까요. 제 기억엔 여기가 원래 작은 하천이었는데 지금은 시민 공원이 됐어요.

질문: 그들은 무엇에 대해 이야기하고 있는가?

A 테마파크
B 고향의 변화
C 여가 시간
D 하천의 길이

해설 보기의 公园(공원), 家乡(고향), 河流(하천)를 보고 장소에 관한 대화를 예상할 수 있으며, 대화의 장소 또는 화제에 포커스를 맞추어 녹음을 듣는다. 남자가 这几年咱们家乡的变化真是太大了(요 몇 년 우리 고향의 변화가 정말 컸어요)라고 했고, 여자가 이에 可不是嘛(그러게나 말이야)라고 하며 동의하고 있다. 일치하는 보기인 B에 ○표시를 한다. 질문에서 이들이 대화하는 주제를 물었으므로 정답은 B이다.

어휘 〔지문〕家乡 jiāxiāng 몡 고향 简直 jiǎnzhí 뮈 그야말로 翻天覆地 fān tiān fù dì 하늘과 땅이 뒤집히다. 커다란 변화가 일어나다 市民公园 shìmín gōngyuán 몡 시민 공원 〔보기〕主题公园 zhǔtí gōngyuán 테마파크 家乡 jiāxiāng 몡 고향 业余时间 yèyú shíjiān 몡 여가 시간 河流 héliú 몡 하천, 강줄기 长度 chángdù 몡 길이

8

女：你现在是学生，应该以学习为主，赚钱是次要的，千万不要因小失大啊。
男：您放心，我会掌握好分寸的。

问：女的希望男的怎么样？

A 别因小失大
B 要抓紧时间赚钱
C 别不懂装懂
D 多听别人的意见

여: 너는 지금 학생이니 학업이 주가 돼야지 돈 버는 건 그 다음이란다. 절대로 작은 이익 때문에 큰 것을 잃으면 안 돼
남: 걱정 마세요. 잘 분별하도록 하겠습니다.

질문: 여자는 남자가 어떻게 하기를 바라는가?

A 소탐대실하지 마라
B 시간을 아껴서 돈을 벌어라
C 모르면서 아는 척하지 마라
D 다른 사람의 의견을 많이 들어라

해설 보기의 别(~하지 마라), 要(~해야 한다), 多(많이 ~하라)를 보고 누가 누구에게 어떤 요구나 주의사항을 말하는지에 포커스를 맞추어 녹음을 듣는다. 여자가 남자에게 千万不要因小失大啊(절대로 작은 이익 때문에 큰 것을 잃으면 안 돼)라고 했으므로 내용이 그대로 일치하는 보기 A에 '여자'라고 메모한다. 질문에서 여자가 남자에게 바라는 행동을 물었으므로 정답은 A이다.

어휘 〔지문〕赚钱 zhuànqián 됭 돈을 벌다 次要 cìyào 혱 부차적인, 다음으로 중요한 掌握分寸 zhǎngwò fēncun 분별이 있다. 분수를 지키다. 처신을 잘하다 〔보기〕因小失大 yīn xiǎo shī dà 솅 작은 일로 말미암아 큰 일을 그르치다. 소탐대실하다 抓紧 zhuājǐn 됭 단단히 잡다. 서둘러 하다 赚钱 zhuànqián 됭 돈을 벌다 不懂装懂 bù dǒng zhuāng dǒng 솅 모르면서 아는 척하다

9

男：大夫，我的右腿走路时还是不方便，显得有些不太灵活。
女：先别着急，腿部受伤本来就恢复得比较慢。

问：关于男的，可以知道什么？

A 担心手术风险大
B 走路不灵活
C 手受伤了
D 已经完全恢复了

남: 의사 선생님, 제 오른쪽 다리가 걸을 때 아직도 불편해요. 그다지 좀 민첩해 보이지 않네요.
여: 우선 조급해 하지 마세요. 다리 부상은 원래 회복이 좀 느립니다.

질문: 남자에 관해 무엇을 알 수 있는가?

A 수술 위험이 클까 봐 걱정이다
B 걷는 것이 민첩하지 않다
C 손을 다쳤다
D 이미 완전히 회복되었다

해설 보기의 어휘에 手术(수술), 不灵活(민첩하지 않다), 受伤(다치다), 恢复(회복되다)를 보고 건강상태에 포커스를 맞추어 녹음을 듣는다. 남자는 의사에게 我的右腿走路时还是不方便，显得有些不太灵活(제 오른쪽 다리가 걸을 때 아직도 불편해요. 그다지 좀 민첩해 보이지 않네요)라고 했으므로 보기 B에 '남자'라고 메모한다. 질문이 남자에 관해 알 수 있는 것을 물었으므로 정답은 B이다.

어휘 〔지문〕显得 xiǎnde 됭 ~하게 보이다 灵活 línghuó 혱 민첩하다. 원활하다 〔보기〕手术 shǒushù 몡 수술 风险 fēngxiǎn 몡 위험 受伤 shòushāng 됭 상처를 입다 恢复 huīfù 됭 회복하다

10

女：这张一百的缺了个角，您还有别的纸币吗？
男：我没有现金，可以用手机支付吗？

问：那张一百元有什么问题？

A 太旧了
B 被撕成两半了
C 缺了一个角
D 是老款的纸巾

여: 이 백 위안짜리 지폐에 한쪽 모서리가 손실되었네요. 다른 지폐는 없으신가요?
남: 제가 현금이 없어서요. 모바일 결제 가능한가요?

질문: 백 위안짜리 지폐에 어떤 문제가 있는가?

A 너무 오래됐다
B 둘로 찢어졌다
C 모서리가 손실됐다
D 옛날 지폐이다

해설 보기의 旧(오래되다), 撕(찢다), 缺(손실되다)를 보고 물건의 파손에 관한 내용에 포커스를 맞추어 녹음을 듣는다. 여자가 这张 一百的缺了个角(이 백 위안이 한쪽 모서리가 손실되었네요)라고 했으므로 보기 C에 '여자'라고 메모한다. 질문에서 백 위안짜리 지폐에 어떤 문제가 있는지 물었으므로 정답은 C이다.

어휘 <u>지문</u> 缺 quē 통 모자라다, 파손되다   纸币 zhǐbì 명 지폐, 종이 돈   手机支付 shǒujī zhīfù 모바일 결제   <u>보기</u> 撕 sī 통 종이 따위를 손으로 찢다   老款 lǎokuǎn 명 구형, 예전 모델

11

女：喂，李经理，您好！我是人事部的张晴，我想跟您请半天假。
男：我听说你中午去急诊室了，哪里不舒服？
女：我突然肚子疼，上吐下泻。医生说我是食物中毒了。
男：没什么大问题就好了，回家好好养病吧，下午不用来上班了。

问：男的是什么意思？

A 批准请假
B 卫生最重要
C 把女的调到人事部
D 让女的加班

여: 여보세요. 이 매니저님, 안녕하세요! 인사부의 짱칭인데요. 반차를 신청하고 싶어서요.
남: 점심 때 응급실에 가셨다고 들었는데 어디가 안 좋으신가요?
여: 갑자기 배가 아프고 토하고 설사를 해요. 의사 선생님 말로는 식중독이랍니다.
남: 큰 문제가 없으면 됐어요. 귀가하셔서 몸 잘 추스르시고요. 오후엔 회사 나오실 필요 없습니다.

질문: 남자는 어떤 의미인가?

A 연차 신청을 승인하다
B 위생이 가장 중요하다
C 여자를 인사부로 발령하다
D 여자에게 야근하도록 하다

해설 보기의 请假(휴가 신청), 调到人事部(인사부로 발령받다), 加班(야근하다)을 보고 회사와 관련된 대화임을 예상할 수 있다. 여자는 남자에게 我想跟您请半天假(반차를 신청하고 싶어요)라고 하며 휴가를 신청했고, 이에 남자는 구체적인 상황을 묻고 나서 回家好好养病吧，下午不用来上班了(귀가하셔서 몸 잘 추스르시고요. 오후엔 회사 나오실 필요 없습니다)라고 했으므로 휴가 신청을 승인했음을 알 수 있다. 보기 A에 O표시를 한다. 질문이 남자의 말의 의미를 물었으므로 정답은 A이다.

어휘 <u>지문</u> 人事部 rénshìbù 명 인사부   急诊室 jízhěnshì 응급실   上吐下泻 shàng tù xià xiè 토하고 설사하다   食物中毒 shíwù zhòngdú 명 식중독   养病 yǎngbìng 명 요양하다   <u>보기</u> 批准 pīzhǔn 통 (하급기관의 의견·건의·요구 등을) 허가하다   卫生 wèishēng 명 형 위생(적이다)   调 diào 통 전근시키다

12

男：您这次饰演了一位著名谈判官，这对您来说有难度吗？

女：是，台词很专业，这是一个很有挑战性的角色。

男：您的演技得到了很多观众的认可，你是怎么做到的？

女：拍戏之前，我看了很多她的采访视频，又查阅了很多资料，这些都对我帮助很大。

问：关于女的，可以知道什么？

남: 이번에 유명한 협상가를 연기하셨는데 어려움이 있으셨나요?

여: 네, 대사가 아주 전문적이어서 대단히 도전적인 역할이었어요.

남: 당신의 연기는 수많은 시청자들에게 인정을 받았지요. 어떻게 해 내신 건가요?

여: 촬영 전, 그녀의 여러 인터뷰 영상을 봤고 자료도 많이 찾아 봤어요. 이런 것들이 저에게 큰 도움이 되었습니다.

질문: 여자에 관해 무엇을 알 수 있는가?

A 崇拜导演

B 想成为谈判官

C 不想演这个角色

D 演得非常好

A 감독을 존경한다

B 협상가가 되고 싶다

C 이 역할을 연기하고 싶지 않다

D 연기를 굉장히 잘한다

해설 보기의 导演(감독), 演(연기하다), 角色(역할)를 보고 연기자에 대한 대화 내용임을 알 수 있다. 남자가 두 번째 대화에서 您的演技得到了很多观众的认可(당신의 연기는 수많은 시청자들에게 인정을 받았지요)라고 했으므로 보기 B에 '여자'라고 메모한다. 질문에서 여자에 관해 알 수 있는 내용을 물었으므로 정답은 D이다.

어휘 지문 饰演 shìyǎn 통 ~역을 연기하다 难度 nándù 명 난이도 台词 táicí 명 대사 挑战性 tiǎozhànxìng 명 도전성 演技 yǎnjì 명 연기 得到认可 dédào rènkě 인정을 받다 拍戏 pāixì 통 촬영하다, 찍다 采访 cǎifǎng 명 통 인터뷰(하다) 视频 shìpín 명 동영상 查阅 cháyuè 통 찾아서 열람하다 资料 zīliào 명 자료 보기 崇拜 chóngbài 통 숭배하다 导演 dǎoyǎn 명 연출자, 감독 演 yǎn 통 공연하다, 연기하다 角色 juésè 명 배역 谈判官 tánpànguān 형 협상가, 교섭자

13

女：奶奶自己在家一定很寂寞，不如把她接到咱们家来住。

男：咱们家孩子多，每天太吵了，我担心她来以后不适应。

女：那我明天去看她的时候先征求一下她的意见。

男：好，明天我陪你一起去看吧。

问：女的想征求谁的意见？

여: 할머니께서 집에 혼자 계셔서 틀림없이 적적하실 테니 우리 집에 모셔 오는 것이 낫겠어.

남: 우리 집에 애들도 많아서 매일 너무 시끄러운데 적응 못하실까 봐 걱정이네.

여: 그럼 내가 내일 뵈러 갈 때 먼저 할머니 의견 좀 여쭤 볼게.

남: 그래. 내일 내가 당신이랑 같이 뵈러 갈게.

질문: 여자는 누구의 의견을 구하려고 하는가?

A 孩子   **B 奶奶**

C 邻居   D 外公

A 아이   **B 할머니**

C 이웃   D 외할아버지

해설 보기가 신분/관계를 나타내므로 남녀의 신분과 관계를 나타내는 표현에 주의하여 녹음을 듣는다. 여자는 할머니를 걱정하며 奶奶自己在家一定很寂寞(할머니께서 집에 혼자 계셔서 틀림없이 적적하실 것이다)라고 했고, 남자가 咱们家孩子多(우리 집에 아이들이 많아서)라고 걱정하자, 여자는 先征求一下她的意见(먼저 할머니 의견 좀 여쭤 볼게)이라고 했다. 따라서 보기 A, B에 O 표시를 한다. 질문에서 여자가 누구의 의견을 구하려고 하는지 물었으므로 알맞은 정답은 B이다.

어휘 지문 寂寞 jìmò 형 적적하다 不如 bùrú 통 ~하는 편이 낫다 征求 zhēngqiú 통 의견 등을 구하다 보기 外公 wàigōng 명 외조부

14

男：你在看电视剧吗？

女：不是，我在看一部纪录片，叫《舌尖上的中国》。你看过吗？

男：没看过，不过听说最近很火。是什么内容？

女：它为大家介绍了中国各地的传统小吃和美食。

问：那部纪录片是关于什么的？

A 传统文化
B 自然地理
C 各地美食
D 神话传说

남: 드라마 보고 있어요?

여: 아니요. 다큐멘터리 보고 있어요. 「혀 끝의 중국」이라고 하는데 본 적 있어요?

남: 본 적은 없어요. 하지만 최근에 인기 있다고 들었어요. 무슨 내용이에요?

여: 사람들에게 중국 각 지역의 전통 먹거리와 맛있는 음식들을 소개해 주는 거예요.

질문: 그 다큐멘터리는 무엇에 관한 것인가?

A 전통문화
B 자연과 지리
C 각지의 맛있는 음식들
D 신화와 전설

해설 보기의 어휘가 명사형이므로 대화의 화제를 묻는 문제임을 알 수 있다. 남자와 여자는 다큐멘터리에 관해 이야기하고 있고, 여자가 介绍了中国各地的传统小吃和美食(중국 각 지역의 전통 먹거리와 맛있는 음식들을 소개해 주는 거예요)이라고 다큐멘터리에 대해 설명했다. 키워드가 일치하는 보기 C에 메모한다. 질문에서 다큐멘터리가 무엇에 관한 것인지 물었으므로 정답은 C이다.

어휘 지문 电视剧 diànshìjù 명 TV드라마   纪录片 jìlùpiàn 명 기록 영화, 다큐멘터리   보기 传统文化 chuántǒng wénhuà 명 전통문화   自然地理 zìrán dìlǐ 명 자연 지리   各地 gèdì 명 각지   美食 měishí 명 맛있는 음식   神话传说 shénhuà chuánshuō 신화와 전설

15

女：你说的那本书在什么位置？

男：书架的第四层都是自我开发类的书籍，你到那儿找找。

女：我够不到，书架太高了。

男：柜台旁边有个小梯子，就在窗帘后面。

问：根据对话，下列哪项正确？

A 梯子在柜台旁边
B 女的个子很高
C 男的找到了杂志
D 四层是经济类的书

여: 말씀하신 책은 어느 위치에 있나요?

남: 서가의 네 번째 층이 다 자기계발 분야의 서적들입니다. 그쪽으로 가서 찾아보세요.

여: 제가 손이 닿지 않네요. 서가가 너무 높아요.

남: 카운터 옆에 작은 사다리가 있습니다. 바로 커튼 뒤쪽에요.

질문: 대화에 근거하여 다음 중 옳은 것은?

A 사다리는 카운터 옆에 있다
B 여자는 키가 크다
C 남자는 잡지를 찾았다
D 4층은 경제 분야의 책이다

해설 보기의 杂志(잡지), 书(책)를 보고 도서에 관한 내용임을 예상할 수 있다. 녹음에서 여자는 책의 위치를 물었고, 남자는 구체적인 위치를 알려 주었다. 이어 여자가 够不到(손이 닿지 않는다)라고 했고, 남자는 柜台旁边有个小梯子(카운터 옆에 작은 사다리가 있습니다)라고 했다. 따라서 일치하는 내용의 보기 A에 ○표시를 한다. 질문에서 대화에 근거하여 옳은 내용이 무엇인지 물었으므로 정답은 A이다.

어휘 지문 位置 wèizhì 명 위치   书架 shūjià 명 책장, 서가   自我开发 zìwǒ kāifā 자기계발   书籍 shūjí 명 서적   够不到 gòubudào 손이나 발이 닿지 않다   柜台 guìtái 명 카운터   梯子 tīzi 명 사다리   窗帘 chuānglián 창문 커튼   보기 梯子 tīzi 명 사다리   柜台 guìtái 명 카운터

듣기
제2부분 단문형
단문을 듣고 질문에 답하기

1. 이야기 글 실전 테스트

정답 1. D   2. B   3. A   4. C   5. B

1-3

²我有一个朋友，他擅长画漫画。一天，他拿了一张画好的漫画给我看，问："你看这漫画上的人是在笑还是在哭？"我接过来一看，是一个人的头像，一副泪流满面的样子。于是我说："当然是在哭。""那你把画儿倒过来看看，会怎么样呢？"朋友说到。于是我把漫画倒过来再一看，简直让人难以置信。¹刚才还是泪流满面的脸，现在居然一下子变得笑容满面了。虽然是同一个物体，但从不同的角度来看，看到的效果是不同的。³由此可见，当我们面对一件事，也应该学会换个角度看问题，这样才可以看透问题的两面性。

²나는 만화를 잘 그리는 친구가 한 명 있다. 어느 날 그가 다 그린 만화를 한 장 가져와 나에게 보여 주고 물었다. "네가 보기에 이 만화에 있는 사람이 웃고 있는 거 같니 아니면 울고 있는 거 같니?" 나는 건네 받아 보니 어떤 사람의 두상이었는데 얼굴에 온통 눈물 범벅인 모습이었다. 그래서 나는 말했다. "당연히 울고 있는 거지." "그럼 거꾸로 해서 보면 어떤 거 같아?" 친구가 말했다. 그래서 나는 만화를 거꾸로 해서 다시 봤더니 정말 믿을 수가 없었다. ¹방금 전까지만 해도 눈물 범벅이었던 얼굴이 지금은 순식간에 웃음이 얼굴에 가득한 게 아닌가. 비록 같은 물체라도 각도를 달리 해서 보니 보이는 효과가 달랐다. ³이로써 우리는 한 가지 일에 직면했을 때 관점을 바꿔서 문제를 볼 줄 알아야 문제의 양면성을 꿰뚫어 볼 수 있다는 것을 알 수 있다.

어휘 擅长 shàncháng 통 뛰어나다, 재간이있다   漫画 mànhuà 명 만화   头像 tóuxiàng 명 사진, 조각 등의 두상   副 fù 양 얼굴 표정을 나타낼 때 쓰임   泪流满面 lèiliú mǎnmiàn 얼굴이 눈물로 범벅이다   倒过来 dàoguòlái 거꾸로 돌리다   简直 jiǎnzhí 부 그야말로   难以置信 nán yǐ zhì xìn 성 믿기 어렵다   居然 jūrán 부 뜻밖에   笑容满面 xiào róng mǎn miàn 성 만면에 웃음을 띠다   物体 wùtǐ 명 물체   角度 jiǎodù 명 각도, 관점   由此可见 yóucǐ kějiàn 이로써 알 수 있다   面对 miànduì 통 직면하다   看透 kàntòu 통 꿰뚫어 보다   两面性 liǎngmiànxìng 명 양면성

1 把漫画倒过来看，那个头像有什么变化？ | 만화를 거꾸로 해서 보면 두상에 어떤 변화가 있는가?

A 眼睛闭上了
B 脸变大了
C 变成了两个人
D 表情变了

A 눈이 감겼다
B 얼굴이 커졌다
C 두 사람이 되었다
D 표정이 변했다

해설 보기의 眼镜(눈), 脸(얼굴), 表情(표정), 어기조사 了를 보고 얼굴의 변화에 관한 내용이 등장할 것을 예상할 수 있다. 친구가 那你把画儿倒过来看看(그럼 거꾸로 해서 봐 봐)이라고 하자, 刚才还是泪流满面的脸，现在居然一下子变得笑容满面了(방금 전까지만 해도 눈물 범벅이었던 얼굴이 지금은 순식간에 웃음이 얼굴에 가득한 게 아닌가)라고 하여 표정이 변하였음을 알 수 있다. 질문에서 만화를 거꾸로 해서 볼 때 어떤 변화가 있는지 물었으므로 정답은 D이다.

어휘 闭 bì 통 닫다, 다물다   表情 biǎoqíng 명 표정

2

根据这段话，下列哪项正确？	이 글에 근거하여 다음 중 옳은 것은?
A 他们俩都不懂艺术 **B 朋友善于画漫画** C 说话人想买这幅画 D 说话人心情不好	A 그 두 사람 모두 예술을 모른다 **B 친구는 만화를 잘 그린다** C 화자는 이 그림을 사고 싶어 한다 D 화자는 기분이 좋지 않다

해설 보기에 他们(그들), 朋友(친구), 说话人(화자)이 있으므로 이들에 관한 정보를 확인하는 문제임을 알 수 있다. '그들'이 不懂艺术 (예술을 모른다), '친구'가 善于画漫画(만화를 잘 그린다), '화자'가 想买这幅画(이 그림을 사고 싶어 한다), 心情不好(기분이 좋지 않다)의 정보를 녹음과 대조하며 듣는다. 녹음의 시작 부분에 我有一个朋友, 他擅长画漫画(나는 만화를 잘 그리는 친구가 한 명이 있다)라고 했으므로 보기 B에 ○표시를 한다. 질문이 이 글에 관해 옳은 내용이 무엇인가이므로 정답은 B이다.

TIP▶ 듣기 제2부분에서 옳은 내용을 고르는 문제는 지문의 전개 순서와 문제의 순서가 일치하지 않는 경우가 더 많다. 따라서 녹음을 듣기 전에 최대한 보기를 꼼꼼히 분석해 두어야 한다.

어휘 不懂 bùdǒng 통 모른다, 이해하지 못하다   善于 shànyú 통 ~에 능숙하다

3

这段话主要想告诉我们什么？	이 글은 우리에게 무엇을 알려 주는가？
A 要换个角度看问题 B 要多听别人的意见 C 遇事要冷静 D 不能不懂装懂	**A 관점을 바꾸어 문제를 봐야 한다** B 다른 사람의 의견을 많이 들어야 한다 C 어떤 일에 부딪혀도 침착해야 한다 D 모르면서 아는 척해서는 안 된다

해설 보기에 要(~해야 한다)와 不能(~해서는 안 된다)이 있으므로 교훈을 묻는 문제임을 예상할 수 있다. 보기의 키워드 多听意见(의 견을 많이 듣다), 换个角度看(관점을 바꾸어 보다), 冷静(침착하다), 不懂装懂(모르면서 아는 척하다)이 언급되는지 유의해서 듣는다. 녹음에서 由此可见(이로써 알 수 있다) 이하에 当我们面对一件事, 也应该学会换个角度看问题(한 가지 일에 직면했을 때 관점을 바꿔서 문제를 볼 줄 알아야 한다)라고 했으므로 내용이 일치하는 보기 A에 ○표시를 한다. 질문에서 이 글이 알려주고자 하는 바를 물었으므로 정답은 A이다.

어휘 遇事 yùshì 통 일이 발생하다, 일에 부딪치다   不懂装懂 bù dǒng zhuāng dǒng 성 모르면서 아는 척하다

4-5

| 著名歌唱家帕瓦罗蒂，在一次采访中讲述了自己过去的故事。帕瓦罗蒂小的时候很喜欢唱歌，在这方面也表现出了一定的天赋，但他同时也是一所师范大学的学生，学习成绩也不错。4临毕业时，他为自己的将来而感到苦恼，是做一名歌手还是做一名教师呢？经过再三考虑，他决定做教师，然后利用业余时间唱歌。这时，他父亲说："孩子，一个人不可能同时坐两把椅子，那样只会摔倒在中间的地上。在生活中，5你必须学会放弃一把椅子。" 最终，帕瓦罗蒂选择了唱歌这把"椅子"。他说："选择和放弃是一件痛苦的事情，但却是成功的前提。" | 저명한 성악가 파바로티는 한 인터뷰에서 자신의 옛날 이야기를 들려주었다. 파바로티는 어렸을 때 노래하는 걸 아주 좋아했고 이 방면에 어느 정도 타고난 자질을 보였다. 그러나 동시에 그는 사범대학의 학생으로 학업 성적도 썩 괜찮았다. 4졸업할 때가 되어 그는 자신의 장래로 고민을 했다. 가수를 할 것인가 아니면 교사를 할 것인가？ 심사 숙고한 끝에 그는 교사가 되기로 했고 여가 시간을 이용해 노래를 하기로 결심했다. 이때 그의 아버지께서 말씀하셨다. "얘야, 한 사람이 동시에 두 개의 의자에 앉을 수는 없는 법이다. 그렇게 하면 중간에 있는 바닥에 엎어질 수밖에 없어. 인생에서 5한 개의 의자는 포기할 줄 알아야 한단다." 결국 파바로티는 노래라는 이 '의자'를 선택했다. 그는 말했다. "선택과 포기는 고통스러운 일이지만 성공의 전제 조건이더라고요." |

어휘 歌唱家 gēchàngjiā 명 성악가, 가수   帕瓦罗蒂 Pàwǎluódì 인명 파바로티(이탈리아의 성악가)   讲述 jiǎngshù 통 이야기하다, 들

려주다　天赋 tiānfù 명 타고난 재능, 자질　师范大学 shīfàn dàxué 명 사범 대학　临 lín 통 어떤 시기에 임하다　苦恼 kǔnǎo 통 고민하다 형 괴롭다　教师 jiàoshī 명 교사, 교원　业余时间 yèyú shíjiān 명 여가 시간　摔倒 shuāidǎo 통 자빠지다, 엎어지다　最终 zuìzhōng 명 맨 마지막, 최후　前提 qiántí 명 선결 조건, 전제 조건

4

帕瓦罗蒂在毕业前为什么苦恼?	파바로티는 졸업 전에 왜 고민했는가?
A 成绩不理想 B 父亲不支持他唱歌 **C 不知道如何选择** D 无法顺利毕业	A 성적이 이상적이지 않았다 B 아버지는 그가 노래하는 것을 지지하지 않는다 **C 어떻게 선택해야 할지를 몰랐다** D 순조롭게 졸업할 수 없었다

해설　보기의 成绩(성적), 父亲不支持(아버지께서 지지하지 않는다), 如何选择(어떻게 선택할 것인가), 毕业(졸업하다)를 보고 학업, 진로와 관련된 내용임을 알 수 있다. 녹음에서 临毕业时, 他为自己的将来而感到苦恼, 是做一名歌手还是做一名教师呢? (졸업할 때가 되어 그는 자신의 장래로 고민을 했다. 가수를 할 것인가 아니면 교사를 할 것인가?)라고 했으므로 보기 C에 ○표시를 한다. 질문에서 파바로티가 졸업 전에 고민한 이유를 물었으므로 정답은 C이다.

어휘　如何 rúhé 대 어떻게　无法 wúfǎ 부 ~할 수 없다

5

父亲的话是什么意思?	아버지의 말은 어떤 의미인가?
A 椅子不能随便坐 **B 要学会放弃** C 唱歌不会有好前途 D 要分清需要和想要	A 의자에 마음대로 앉아서는 안 된다 **B 포기할 줄 알아야 한다** C 노래하는 것은 밝은 미래가 있을 수 없다 D '해야 하는 것'과 '하고 싶은 것'을 확실히 구분해야 한다

해설　보기에 不能(~해서는 안된다), 要(~해야 한다)가 있으므로 교훈에 관한 문제임을 알 수 있다. 보기의 키워드 随便坐(마음대로 앉다), 学会放弃(포기할 줄 알다), 有好前途(밝은 미래가 있다), 分清(구분하다)이 언급되는지 주의해서 듣는다. 녹음에서 아버지의 대화문에 你必须学会放弃一把椅子(한 개의 의자는 포기할 줄 알아야 한다)라고 했으므로 보기 B에 ○표시를 한다. 질문에서 아버지의 말의 의미를 물었으므로 정답은 B이다.

어휘　前途 qiántú 명 전도, 전망　分清 fēnqīng 통 분명하게 가리다

2. 설명문과 실용문 실전 테스트

> 정답　1. A　2. C　3. B　4. A　5. C　6. C

1-3

| 海底就好像是另一个世界，无论海面上掀起多大的风浪，海底始终保持着宁静。[1]但实际上，海底并不是一点声音也没有，海底的动物也会像人一样说悄悄话，只是我们听不到而已。想要听到海底的声音，就要戴上特制的水中听音器，那你会听到各种有趣的声音：像蜜蜂一样的嗡嗡声 | 해저는 마치 또 다른 세상과 같다. 해수면 위로 아무리 큰 풍랑이 일어도 해저는 늘 고요함을 유지한다. [1]그러나 실제로 해저에 약간의 소리도 없는 것은 아니다. 해저 동물들 역시 사람처럼 속삭이는 말을 하는데 단지 우리가 듣지 못할 뿐이다. 해저의 소리를 듣고 싶으면 특수 제작한 수중청음기를 끼면 꿀벌처럼 윙윙거리는 소리, 새처럼 짹짹이는 소리, 심지어 사람이 코를 고는 것 같이 드르렁거리는 소리 등, |

；像小鸟一样的啾啾声，甚至还有像人打鼾一样的呼噜声等。另外，由于3阳光也照射不到海底，水越深光线越暗，500米以下几乎是全黑的。在这一片漆黑的深海里，却有许多2"会动的星星"。其实，这是有发光器官的深水鱼在游动。

다양하고 흥미로운 소리를 들을 수 있다. 그 밖에, 3햇빛도 해저까지 비추지 못해서 수심이 깊어질수록 빛도 어두워져 500m 이하는 거의 온통 검다. 그런데 이 칠흑같이 어두운 심해에 수많은 2'움직이는 별'들이 있다. 사실 이것은 발광기관을 가진 심해어가 헤엄치는 것이다.

어휘 海底 hǎidǐ 몡 해저, 바다의 밑바닥   掀起 xiānqǐ 통 물결치다, 일다   风浪 fēnglàng 몡 풍랑   始终 shǐzhōng 뛰 시종일관   保持 bǎochí 통 유지하다   宁静 níngjìng 톙 고요하다   悄悄话 qiāoqiāohuà 몡 귓속말   而已 éryǐ 죄 ~일뿐이다   特制 tèzhì 특별제작하다   水中听音器 shuǐzhōng tīngyīnqì 몡 수중청음기   有趣 yǒuqù 톙 재미있다   蜜蜂 mìfēng 몡 꿀벌   嗡嗡声 wēngwēngshēng 윙윙거리는 소리   啾啾声 jiūjiūshēng 짹짹이는 소리   打鼾 dǎhān 통 코를 골다   呼噜声 hūlūshēng 드르렁거리는 소리   照射 zhàoshè 통 비추다, 쪼이다   光线 guāngxiàn 몡 빛, 광선   暗 àn 톙 어둡다   漆黑 qīhēi 톙 칠흑 같다   发光器官 fāguāng qìguān 몡 발광기관   游动 yóudòng 통 유동하다, 이리저리 옮겨다니다

1 关于海底的动物，可以知道什么？　　해저 동물에 관해 무엇을 알 수 있는가?

A 会发出各种声音　　　　　　　　A 각종 소리를 낸다
B 有些器官退化了　　　　　　　　B 몇몇 기관들이 퇴화됐다
C 寿命比较长　　　　　　　　　　C 수명이 비교적 길다
D 行动缓慢　　　　　　　　　　　D 행동이 느리다

해설 보기의 发出声音(소리를 내다), 退化(퇴화하다), 寿命(수명), 缓慢(느리다)을 보고 어떤 동물에 관한 정보가 등장할 것을 예상한다. 화자의 요지를 강조하는 수단인 但实际上(그러나 실제로) 이후에 海底并不是一点声音也没有, 海底的动物也会像人一样说悄悄话(해저에 약간의 소리도 없는 것은 아니다. 해저 동물들 역시 사람처럼 속삭이는 말을 한다)라고 했으므로 보기 A에 O 표시를 한다. 질문에서 해저 동물에 관해 알 수 있는 내용을 물었으므로 정답은 A이다.

어휘 发出 fāchū 통 빛, 소리 등을 내다   器官 qìguān 몡 생물의 기관   退化 tuìhuà 통 (기능 등이) 퇴화하다   寿命 shòumìng 몡 수명   行动 xíngdòng 몡 행동   缓慢 huǎnmàn 톙 느리다

2 说话人觉得，发光的深水鱼像什么？　　화자는 발광하는 심해어가 무엇과 같다고 생각하는가?

A 月亮　　　　　　B 萤火虫　　　　A 달　　　　　　　　B 반딧불이
C 星星　　　　　　D 路灯　　　　　C 별　　　　　　　　D 가로등

해설 보기의 어휘가 모두 명사로 세부 내용을 묻는 문제임을 예상할 수 있다. 녹음의 마지막 부분에 会动的星星(움직이는 별)이 언급되었고 이어 其实, 这是有发光器官的深水鱼在游动(사실 이것은 발광기관을 가진 심해어가 헤엄치는 것이다)이라고 했으므로 보기 C에 O표시를 한다. 질문에서 발광하는 심해어를 무엇에 비유했는지 물었으므로 정답은 C이다.

어휘 荧火虫 yínghuǒchóng 몡 반딧불이   星星 xīngxing 몡 별   路灯 lùdēng 몡 가로등

3 根据这段话，下列哪项正确？　　이 글에 근거하여 다음 중 옳은 것은?

A 深海鱼都十分危险　　　　　　　A 심해어는 모두 위험하다
B 阳光无法照射到海底　　　　　　B 햇빛이 해저까지 비추지 못한다
C 海底有很多秘密　　　　　　　　C 해저에는 많은 비밀이 있다
D 海底没有绿色植物　　　　　　　D 해저에는 녹색 식물이 없다

해설 보기의 深海鱼(심해어), 海底(해저)를 보고 해저 동물에 관한 설명문임을 예상할 수 있다. 보기의 키워드 危险(위험하다), 照射到

海底(해저까지 비추다), 秘密(비밀), 绿色植物(녹색 식물)가 언급되는지 주의해서 듣는다. 녹음에서 阳光也照射不到海底(햇빛도 해저까지 비추지 못한다)라고 했으므로 보기 B에 O표시를 한다. 질문에서 이 글에 관한 옳은 내용을 물었으므로 정답은 B이다.

어휘 深海鱼 shēnhǎiyú 명 심해어   无法 wúfǎ 부 ~할 방법이 없다   照射 zhàoshè 동 비추다, 쪼이다   海底 hǎidǐ 명 해저   秘密 mìmì 명 비밀

4-6

各位嘉宾大家好，欢迎大家前来参加本次国际天文学研讨会。这次的活动一共有五天，下面我来为大家介绍一下这五天的日程安排。第一天下午进行开幕晚会；4第二天我们将去大厅，听一场关于最新宇宙动态的报告；6第三天我们会安排大家和国外的专家进行一次交流；第四天将会有一场研讨会，5一会儿我会把研讨会的主题发给各位。最后一天，我将带领大家参观故宫、颐和园等景点，并合影留念。以上就是我们这次活动的日程安排。

내빈 여러분 안녕하십니까? 이번 국제 천문학 심포지엄에 참가해 주신 여러분을 환영합니다. 이번 행사는 총 5일로 5일간의 스케줄을 잠시 소개해 드리겠습니다. 첫째 날 오후에 개막식 만찬을 진행합니다. 4둘째 날은 그랜드홀에서 최신 우주 동향에 관한 보고서를 듣습니다. 6셋째 날은 해외 전문가들과 교류를 합니다. 넷째 날은 세미나가 있을 예정이며 5잠시 후에 제가 토론 주제를 배부해 드리겠습니다. 마지막 날엔 고궁, 이화원 등 관광지 방문 및 단체 기념 사진 촬영이 있겠습니다. 이상 이번 행사의 일정이었습니다.

어휘 各位 gèwèi 명 여러분   嘉宾 jiābīn 명 게스트, 귀빈   前来 qiánlái 동 오다   天文学 tiānwénxué 명 천문학   研讨会 yántǎohuì 명 연구 토론회   日程安排 rìchéng'ānpái 스케줄   开幕 kāimù 동 개막하다   晚会 wǎnhuì 명 파티, 만찬   大厅 dàtīng 명 홀, 로비   宇宙 yǔzhòu 명 우주   动态 dòngtài 명 동태   专家 zhuānjiā 명 전문가   主题 zhǔtí 명 주제   带领 dàilǐng 동 안내하다, 인솔하다   合影 héyǐng 동 함께 사진을 찍다   留念 liúniàn 동 기념으로 남겨 두다

4

第二天安排什么活动？	둘째 날에 어떤 행사를 계획했는가?
A 听报告	**A 보고를 듣는다**
B 研究讨论	B 연구 토론하다
C 看展览	C 전시회를 관람하다
D 做实验	D 실험을 하다

해설 보기의 어휘는 모두 행동을 나타내므로 구체적인 행동에 주의하여 녹음을 듣는다. 녹음에서 행사 일정에 대해 설명하면서 第二天我们将去大厅，听一场关于最新宇宙动态的报告(둘째 날은 그랜드홀에서 최신 우주 동향에 관한 보고서를 듣는다)라고 했으므로 보기 A에 O표시를 한다. 질문에서 둘째 날의 행사에 대해 물었으므로 정답은 A이다.

어휘 展览 zhǎnlǎn 명 전람회, 전시회   实验 shíyàn 명 동 실험(하다)

5

说话人要发给大家什么？	화자는 사람들에게 무엇을 나눠 주려고 하는가?
A 合影照片	A 단체 사진
B 日程表	B 일정표
C 研讨主题	**C 토론 주제**
D 最新研究结果	D 최신 연구 결과

해설 보기의 照片(사진), 日程表(일정표), 主题(주제), 结果(결과)를 보고 녹음에 그대로 언급되는지 주의하고 관련 정보를 메모하며 듣는다. 녹음의 마지막 부분에 一会儿我会把研讨会的主题发给各位(잠시 후에 제가 토론 주제를 배부해 드리겠습니다)라고 했으므로 보기 C에 O표시를 한다. 질문에서 화자가 사람들에게 나눠 주려고 하는 것에 대해 물었으므로 정답은 C이다.

어휘 合影 héyǐng 명 동 단체 사진(을 찍다)   日程表 rìchéngbiǎo 명 일정표   研讨 yántǎo 동 연구 토론하다   主题 zhǔtí 명 주제

6

根据这段话，可以知道什么？	이 글에 근거하여 무엇을 알 수 있는가?
A 第五天有闭幕晚会	A 다섯째 날 폐회 만찬이 있다
B 他们将到国外游览	B 그들은 해외로 여행을 갈 것이다
C 第三天进行交流	**C 셋째 날 교류한다**
D 整个活动持续一周	D 전체 행사는 1주일간 지속된다

해설 보기의 第五天(다섯째 날), 第三天(셋째 날), 活动(행사)을 보고 일정에 관한 세부 내용을 파악해야 함을 알 수 있다. 녹음에서 第三天我们会安排大家和国外的专家进行一次交流(셋째 날은 해외 전문가들과 교류를 합니다)라고 했으므로 보기 C에 O표시를 한다. 질문에서 이 글을 통해 알 수 있는 것을 물었으므로 정답은 C이다.

어휘 闭幕 bìmù 명 동 폐막(하다) 晚会 wǎnhuì 명 파티, 만찬 游览 yóulǎn 명 동 유람(하다) 持续 chíxù 동 지속하다

3. 논설문과 보도문 실전 테스트

정답 1. C 2. D 3. C 4. A 5. D

1-3

面试快要结束时，大多数的面试官都会问：您还有什么问题或者疑问吗？最后这个问题其实很关键，应聘者千万不要说没有问题。1通过这些问题，面试官能知道应聘者的关注点在哪里；同时，也会综合考虑应聘者是否符合他们公司的要求。因此，应聘者应该更主动地利用最后的机会，一定要问几个问题，让面试官觉得你对该公司很感兴趣，2否则会让面试官觉得你缺乏准备和积极性。需要注意的是，不要过多询问工资、假期、年终奖金、福利等待遇方面的问题。这可能会让面试官觉得你在乎的不是工作本身。3应聘者要问问自己所应聘的职务未来的一些具体要求、发展前景等，这样被录取的几率将会大大提高。

면접이 거의 끝날 무렵이면 대부분의 면접관들이 다 이렇게 묻는다. 다른 질문이나 궁금한 점이 있습니까? 마지막의 이 문제는 사실 매우 중요하다. 지원자는 절대로 질문이 없다고 말해서는 안 된다. 1 이 질문들을 통해 면접관은 지원자의 관심사가 어디에 있는지 알 수 있으며 또한 지원자가 그들의 회사가 요구하는 바에 부합하는지를 종합적으로 고려할 수 있다. 때문에 지원자는 더욱 자발적으로 마지막 기회를 이용해 몇 가지 질문을 해서 당신이 이 회사에 관심이 있음을 피력해야 한다. 2그렇지 않으면 면접관은 당신이 준비와 적극성이 부족하다고 생각할 수 있다. 주의해야 할 점은 임금, 연차, 연말 보너스, 복지 등 대우에 관한 질문을 너무 많이 해서는 안 된다는 것이다. 이는 면접관으로 하여금 당신이 신경쓰는 것이 일 자체가 아니라고 느끼게 만들 수 있다. 3지원자는 자신이 지원하는 직무의 앞으로의 구체적인 요구 사항, 발전 전망 등을 질문해야 한다. 이렇게 해야 채용될 확률이 크게 높아질 수 있다.

어휘 面试 miànshì 명 면접시험 疑问 yíwèn 명 의문 应聘者 yìngpìnzhě 명 지원자 关注点 guānzhùdiǎn 관심의 초점, 관심사 综合 zōnghé 동 종합하다 主动 zhǔdòng 형 자발적이다 缺乏 quēfá 결핍되다, 모자라다 询问 xúnwèn 동 문의하다 假期 jiàqī 명 휴가 기간 年终奖金 niánzhōng jiǎngjīn 명 연말 보너스 福利 fúlì 명 복리, 복지 本身 běnshēn 명 그 자체 职务 zhíwù 명 직무 未来 wèilái 명 멀지 않은 장래 具体 jùtǐ 형 구체적이다 发展前景 fāzhǎn qiánjǐng 명 발전성, 발전 전망 录取 lùqǔ 동 뽑다, 합격시키다 几率 jīlù 명 확률

1

通过最后的提问，面试官可以知道什么？	마지막 질문을 통해 면접관은 무엇을 알 수 있는가?
A 应聘者的要求 B 应聘者的综合能力 **C 应聘者的关注点** D 应聘者的情况	A 지원자의 요구 B 지원자의 종합적인 능력 **C 지원자의 관심사** D 지원자의 상황

해설 보기에 应聘者(지원자)가 공통적으로 있으므로 应聘者를 제외한 나머지 정보를 분석한다. 지원자의 要求(요구), 综合能力(종합적인 능력), 关注点(관심사), 情况(상황)이 언급되는지 주의해서 듣는다. 녹음에서 通过这些问题，面试官能知道应聘者的关注点在哪里(이 질문들을 통해 면접관은 지원자의 관심사가 어디에 있는지 알 수 있다)라고 했으므로 일치하는 내용인 보기 C에 ○표시를 한다. 질문에서 마지막 질문을 통해 면접관이 알 수 있는 내용을 물었으므로 정답은 C이다.

어휘 应聘者 yìngpìnzhě 몡 지원자 综合能力 zōnghé nénglì 종합적 능력 关注点 guānzhùdiǎn 관심의 초점, 관심사

2

应聘者最后如果不提问，这会让面试官觉得怎么样？	지원자가 마지막에 질문을 하지 않으면 면접관은 어떻게 생각하게 되는가?
A 性格不活泼 B 非常乐观积极 C 有团队精神 **D 缺乏积极性**	A 성격이 활발하지 않다 B 매우 낙관적이고 적극적이다 C 협동심이 있다 **D 적극성이 부족하다**

해설 보기의 不活泼(활발하지 않다). 乐观积极(낙관적이고 적극적이다). 团队精神(협동심). 积极性(적극성)을 보고 인물의 성격, 태도에 관한 정보를 주의해서 듣는다. 녹음에서 否则会让面试官觉得你缺乏准备和积极性(그렇지 않으면 면접관은 당신이 준비와 적극성이 부족하다고 생각할 수 있다)이라고 했으므로 키워드가 그대로 언급된 보기 D에 ○표시를 한다. 질문이 지원자가 질문을 하지 않을 경우 면접관이 어떻게 생각하는가이므로 정답은 D이다.

어휘 乐观 lèguān 혱 낙관적이다 团队精神 tuánduì jīngshén 몡 단체 정신, 협동심 缺乏 quēfá 통 결핍되다, 모자라다

3

说话人建议应聘者问什么样的问题？	화자는 지원자가 어떤 질문을 해야 한다고 제안하는가?
A 员工培训制度 B 企业文化 **C 职务发展前景** D 薪资待遇	A 직원 교육 제도 B 기업 문화 **C 직무 발전 전망** D 임금 대우

해설 보기의 员工培训(직원 교육). 企业文化(기업 문화). 职务(직무). 薪资(임금) 및 1번 문항의 지원자 관련 보기를 보고 직원 채용 및 회사 생활에 관한 내용이 등장할 것을 예상한다. 보기가 모두 명사형이므로 세부 내용을 묻는 문제임을 예상하고 보기의 키워드가 그대로 언급되는지 주의해서 듣는다. 녹음의 마지막 부분에 应聘者要问问自己所应聘的职务未来的一些具体要求、发展前景等(지원자는 자신이 지원하는 직무의 앞으로의 구체적인 요구 사항, 발전 전망 등을 질문해야 한다)이라고 했으므로 보기 C에 ○표시를 한다. 질문에서 화자는 지원자가 어떤 질문을 해야 한다고 생각하는지 물었으므로 정답은 C이다.

어휘 员工培训制度 yuángōng péixùn zhìdù 직원 교육 제도 企业文化 qǐyè wénhuà 기업 문화 职务 zhíwù 몡 직무 发展前景 fāzhǎn qiánjǐng 발전성, 발전 전망 薪资 xīnzī 몡 임금, 급료 待遇 dàiyù 몡 대우

统计显示，4近来传统文化类电视节目受到了广大观众的青睐，《中国成语大会》、《中华好诗词》等综艺节目，收视率都在直线上升。这些文化类节目的热播，间接地说明了优秀传统文化仍然深受群众喜爱。在这个外来文化"满天飞"的新时代，5我们要创新传播形式，让传统文化进一步融入到普通民众的生活中。

통계에 따르면 4최근 들어 전통문화 TV 프로그램이 많은 시청자들에게 사랑을 받고 있다. 「중국 사자성어 대회」 「중국의 아름다운 시」 등 예능 프로의 시청률이 수직 상승하고 있다. 이들 전통문화 프로그램의 인기리의 방영은 간접적으로 우수한 전통문화가 여전히 대중들에게 사랑 받고 있음을 시사해 준다. 요즘 같이 외래 문화가 '넘쳐나는' 새로운 시대에 5우리는 전파 방식을 혁신하여 전통문화가 일반 사람들의 생활 속으로 더 깊이 융화될 수 있게 해야 한다.

어휘 统计 tǒngjì 명 통계　显示 xiǎnshì 동 뚜렷하게 나타내보이다　广大 guǎngdà 형 사람 수가 많다　青睐 qīnglài 명 특별한 주목, 총애　综艺节目 zōngyì jiémù 명 예능 프로그램　收视率 shōushìlǜ 명 시청률　直线上升 zhíxiàn shàngshēng 급격히 상승하다　热播 rèbō 절찬리에 방영하다　满天飞 mǎntiānfēi 동 가득하다, 도처에 있다　创新 chuàngxīn 동 새것을 창조하다　传播 chuánbō 동 전파하다　形式 xíngshì 명 형식, 형태　融入 róngrù 동 융합되어 들어가다

4　关于传统文化类节目，可以知道什么？　전통문화 프로그램에 관해 무엇을 알 수 있는가?

A 最近正在热播
B 只能在网站上收看
C 观众不爱看
D 在周末播出

A 최근 인기리에 방영되고 있다
B 인터넷에서만 시청할 수 있다
C 시청자들이 즐겨 보지 않는다
D 주말에 방송한다

해설 보기의 热播(인기리에 방영하다), 收看(시청하다), 观众(시청자), 播出(방송하다)를 보고 TV프로그램에 관한 내용임을 알 수 있다. 녹음의 시작 부분에서 近来传统文化类电视节目受到了广大观众的青睐(최근 들어 전통문화 TV 프로그램이 많은 시청자들에게 사랑을 받고 있다)라고 했으므로 보기 A에 O표시를 한다. 질문에서 전통 문화 프로그램에 관해 알 수 있는 내용을 물었으므로 알맞은 정답은 A이다.

어휘 热播 rèbō 동 절찬리에 방영하다　收看 shōukàn 동 시청하다　播出 bōchū 동 방영하다

5　根据这段话，下列哪项正确？　이 글에 근거하여 다음 중 옳은 것은?

A 综艺节目的流行是必然的
B 传统文化已经脱离了新时代
C 中小学生要学古诗词
D 传统文化的传播形式需创新

A 예능 프로의 유행은 필연적이다
B 전통문화는 이미 새로운 시대를 벗어났다
C 중학생들은 고시를 배워야 한다
D 전통문화의 전파 형식은 혁신이 필요하다

해설 보기는 문장형으로 옳고 그름을 판단하는 유형일 가능성이 높다. 키워드 流行(유행), 脱离了新时代(새로운 시대를 벗어났다), 古诗词(고시), 传播形式(전파 형식)에 주의해서 듣는다. 녹음의 마지막 부분에서 我们要创新传播形式，让传统文化进一步融入到普通民众的生活中(우리는 전파 방식을 혁신하여 전통문화가 일반 사람들의 생활 속으로 더 깊이 융화될 수 있게 해야 한다)이라고 했으므로 보기 D에 O표시를 한다. 질문이 옳은 내용을 고르는 것이므로 정답은 D이다.

어휘 综艺节目 zōngyì jiémù 명 예능 프로그램　必然 bìrán 형 필연적이다　脱离 tuōlí 동 이탈하다, 떠나다　古诗词 gǔshīcí 명 고시조　传播 chuánbō 동 전파하다　形式 xíngshì 명 형식, 형태　创新 chuàngxīn 동 새것을 창조하다

듣기 제2부분 단문형 미니모의고사

정답 1. A 2. D 3. D 4. C 5. C 6. D 7. A 8. C

1-3

有家公司向全国公开招聘，¹待遇相当不错，因此吸引了很多求职者的目光。经过前期的网申简历和笔试，最后剩下了8个人。经理对这8个人说："²一周后，总裁将亲自面试你们。请回去好好儿准备准备。"面试那天，8个人都按照规定的时间来到了公司，可是面试结果却出乎意料。总裁录用了一个各方面条件都很一般的年轻人。其中一个应聘者好奇地问："我们当中比他出色的人有的是，您为什么要录用他呢？"总裁说："你们在服装、面试技巧等方面都做了充分的准备，³但他对我们的产品做了深入的市场调查与分析，还交了一份报告。还没被正式聘用，就这么勤奋，我们不用他还用谁呢？"

한 회사가 전국적으로 공개 채용을 했다. ¹대우 조건이 상당히 좋아서 많은 지원자들의 눈길을 끌었다. 앞서 온라인 이력서와 필기 시험을 거쳐 마지막으로 8명이 남았다. 사장은 이 8명에게 말했다. "²일주일 후에 회장님께서 직접 면접을 하실 겁니다. 돌아가서 잘 준비하세요." 면접 당일에 8명은 모두 규정된 시간에 회사에 도착했지만 면접 결과는 예상 밖이었다. 회장이 모든 분야의 조건이 그저 그런 젊은이를 뽑은 것이다. 그 중 한 지원자가 호기심에 물었다. "저희들 중에 그 사람보다 출중한 사람이 많은데 왜 그 사람을 뽑으신 건가요?" 회장이 말했다. "자네들 모두 복장, 면접 기술 등에서 모두 충분히 준비를 했네. ³하지만 그 젊은이는 우리 제품에 대해서 심도 있는 시장 조사와 분석을 하고 보고서까지 제출했다네. 아직 정식으로 뽑힌 것도 아닌데 이렇게나 부지런하고 열심이니 우리가 그를 뽑지 않으면 누굴 뽑겠나?"

어휘 公开 gōngkāi 명 동 공개(하다) 待遇 dàiyù 명 동 대우(하다) 相当 xiāngdāng 부 상당히, 꽤 求职者 qiúzhízhě 명 구직자 目光 mùguāng 명 눈빛, 눈길 网申简历 wǎngshēn jiǎnlì 온라인 이력서 笔试 bǐshì 명 필기 시험 剩下 shèngxia 동 남기다 总裁 zǒngcái 명 그룹의 총재 亲自 qīnzì 부 친히, 직접 面试 miànshì 명 동 면접시험(하다) 规定 guīdìng 명 동 규정(하다) 出乎意料 chū hū yì liào 동 예상을 벗어나다, 뜻밖이다 录用 lùyòng 동 채용하다 年轻人 niánqīngrén 명 젊은이 应聘者 yìngpìnzhě 명 지원자 好奇 hàoqí 형 호기심이 많다 出色 chūsè 형 출중하다 有的是 yǒudeshì 많이 있다, 숱하다 服装 fúzhuāng 명 복장 技巧 jìqiǎo 명 기교, 테크닉 充分 chōngfèn 형 충분하다 深入 shēnrù 동 깊이 파고들다 市场调查 shìchǎng diàochá 명 시장 조사 分析 fēnxi 명 동 분석(하다) 聘用 pìnyòng 동 임용하다, 직무를 맡기다 勤奋 qínfèn 형 근면하다, 열심이다

1

这家公司的招聘，为什么吸引了很多人？	이 회사의 채용 공고는 왜 많은 사람들을 끌었는가？
A 待遇丰厚	A 대우가 후하다
B 要求很低	B 요구가 낮다
C 公司的规模很大	C 회사의 규모가 크다
D 可以到国外工作	D 해외로 근무하러 갈 수 있다

해설 보기의 待遇(대우), 要求(요구), 公司的规模(회사의 규모), 国外工作(해외 근무)를 보고 기업의 채용 관련 정보를 주의해서 녹음을 듣는다. 녹음의 시작 부분에서 待遇相当不错，因此吸引了很多求职者的目光(대우 조건이 상당히 좋아서 많은 지원자들의 눈길을 끌었다)이라고 했으므로 보기 A에 O표시를 한다. 질문에서 이 회사의 채용에 사람들이 몰린 이유를 물었으므로 정답은 A이다.

어휘 待遇 dàiyù 명 동 대우(하다) 丰厚 fēnghòu 형 융숭하다, 푸짐하다 规模 guīmó 명 규모

2 最后由谁来面试?　　　　　　　　　　　　마지막에 누가 면접을 진행했는가?

A 秘书	B 部长	A 비서	B 부서장
C 主任	**D 总裁**	C 주임	**D 회장**

해설 보기가 회사의 직급을 나타내므로 등장인물의 직급 정보에 주의해서 녹음을 듣는다. 녹음에 등장한 직급은 求职者(구직자), 经理 (사장), 总裁(회장)인데 一周后, 总裁将亲自面试你们(일주일 후에 회장님께서 직접 면접을 하실 겁니다)이라고 했으므로 보기 D에 '일주일 후 직접 면접'이라고 메모한다. 질문에서 마지막으로 누가 면접을 진행했는지 물었으므로 정답은 D이다.

어휘 秘书 mìshū 몡 비서　部长 bùzhǎng 몡 부서장　主任 zhǔrèn 몡 주임　总裁 zǒngcái 몡 기업의 총수

3 关于那个年轻人, 下列哪项正确?　　　　　그 젊은이에 관해 다음 중 옳은 것은?

A 很有幽默感	A 대단히 유머 감각이 있다
B 最终未被录用	B 최종적으로 채용되지 않았다
C 沟通能力强	C 의사소통 능력이 뛰어나다
D 写了一份报告	**D 보고서를 한 편 작성했다**

해설 보기의 키워드는 幽默感(유머 감각), 未被录用(채용되지 않다), 沟通能力(의사소통 능력), 报告(보고서)로, 등장인물 중 누구에 관한 어떤 정보인지 주의해서 듣는다. 녹음에서 但他对我们的产品做了深入的市场调查与分析, 还交了一份报告(하지만 그 젊은이는 우리 제품에 대해서 심도 있는 시장 조사와 분석을 하고 보고서까지 제출했네)라고 했으므로 보기 D에 '그 젊은이'라고 메모한다. 질문이 그 젊은이에 관한 옳은 내용이 무엇인가이므로 정답은 D이다.

어휘 幽默感 yōumògǎn 몡 유머 감각　最终 zuìzhōng 몡 최종, 최후　未 wèi 뫼 ~하지 않다　录用 lùyòng 동 채용하다, 고용하다 沟通 gōutōng 몡 동 소통(하다)

4-6

阳光中的紫外线能够促进人体合成维生素D, 因此⁴人们通常认为只要晒太阳就能够帮助人体获得维生素D, 其实这是个错误的认识。晒太阳也需要挑选合适的时间, 可不能乱晒。一般来讲, 春、秋季时, 上午10点到11点; 夏季时, 上午8点到9点; ⁵冬季时, 上午9点到10点和下午4点到5点是晒太阳的最佳时间。另外, 专家提醒, ⁶阳光一定要与皮肤直接接触, 切忌隔着玻璃窗、窗帘或穿着衣服晒太阳, ⁶这样阳光中50%-70%的紫外线被阻拦在外, 就会大大降低日光浴的功效。

햇빛 속의 자외선은 인체가 비타민D를 합성하는 것을 촉진시킬 수 있다. 때문에 ⁴사람들은 일광욕을 하기만 하면 비타민D를 얻는데 도움이 된다고 여긴다. 사실 이것은 잘못된 인식이다. 일광욕도 적합한 시간을 골라서 해야지 함부로 햇빛을 쬐면 안 된다. 일반적으로 봄, 가을철은 오전 10시부터 11시까지, 여름철은 오전 8시부터 9시까지, ⁵겨울철은 오전 9시부터 10시까지 그리고 오후 4시부터 5시까지가 일광욕을 하기 가장 좋은 시간이다. 이 밖에 전문가들은 ⁶햇빛은 반드시 피부와 직접 닿아야 하며 절대로 유리창, 커튼을 사이에 두거나 옷을 입은 채로 일광욕을 해서는 안 된다고 지적한다. ⁶이렇게 하면 햇빛 속의 50%~70%의 자외선이 차단될 수 있어 일광욕의 효과가 크게 떨어질 수 있기 때문이다.

어휘 紫外线 zǐwàixiàn 몡 자외선　促进 cùjìn 몡 동 촉진(하다)　合成 héchéng 몡 동 합성(하다)　维生素 wéishēngsù 몡 비타민 通常 tōngcháng 몡 보통, 통상　晒太阳 shài tàiyang 햇볕을 쬐다, 일광욕하다　错误 cuòwù 혱 잘못된, 틀린　잘못 挑选 tiāoxuǎn 동 고르다, 선택하다　最佳 zuìjiā 혱 가장 적당하다　专家 zhuānjiā 몡 전문가　接触 jiēchù 몡 동 접촉(하다)　切忌 qièjì 동 절대 삼가다, 금물이다　隔着 gézhe ~을 사이에 두고　玻璃窗 bōlíchuāng 몡 유리창　窗帘 chuānglián 몡 커튼　阻拦 zǔlán 몡 동 저지(하다), 방해(하다)　日光浴 rìguāngyù 몡 일광욕　功效 gōngxiào 몡 효능, 효과

4

关于晒太阳，人们的错误认识是什么？	일광욕에 관해 사람들의 잘못된 인식은 무엇인가?
A 能治疗各种疾病 B 可以杀死细菌 **C 一定能获得维生素D** D 可以补充热量	A 각종 질병을 치료할 수 있다 B 세균을 죽일 수 있다 **C 비타민D를 반드시 얻을 수 있다** D 열량을 보충할 수 있다

해설 보기의 어휘 治疗疾病(질병을 치료하다), 杀死细菌(세균을 죽이다), 维生素D (비타민D), 热量(열량)을 보고 건강에 관한 내용임을 예상할 수 있다. 녹음에서 人们通常认为只要晒太阳就能够帮助人体获得维生素D，其实这是个错误的认识(사람들은 일광욕을 하기만 하면 비타민D를 얻는데 도움이 된다고 여기는데 사실 이것은 잘못된 인식이다)이라고 했으므로 키워드가 언급된 보기 C에 O표시를 한다. 질문에서 일광욕에 관한 잘못된 인식을 물었으므로 정답은 C이다. 보기 A, B, D의 내용은 언급되지 않았다.

어휘 治疗 zhìliáo 몡 통 치료(하다)　疾病 jíbìng 몡 질병　杀死 shāsǐ 통 죽이다　细菌 xìjūn 몡 세균　维生素 wéishēngsù 몡 비타민　补充 bǔchōng 몡 통 보충(하다)　热量 rèliàng 몡 열량

5

冬季什么时候晒太阳最好？	겨울철에는 언제 일광욕을 하는 것이 좋은가?
A 清晨6~7点 B 上午10~11点 **C 下午4~5点** D 午后5~7点	A 이른 아침 6~7시 B 오전 10~11시 **C 오후 4~5시** D 오후 5~7시

해설 보기의 어휘가 시간대를 나타내므로 녹음을 들을 때 시간 정보를 주의해서 듣는다. 녹음에서 일광욕을 하기 가장 좋은 시간대를 언급하며 봄, 가을에는 上午10点到11点(오전 10~11시), 여름에는 上午8点到9点(오전 8~9시), 겨울에는 上午9点到10点和下午4点到5点(오전 9~10시, 오후 4~5시)이라고 했으므로 녹음에 언급된 시간대인 보기 B에 '봄, 가을', 보기 C에 '겨울'이라고 메모한다. 질문에서 겨울철 일광욕하기 좋은 시간대를 물었으므로 정답은 C이다.

어휘 清晨 qīngchén 몡 동틀 무렵, 이른 아침　午后 wǔhòu 몡 오후

6

为什么不能隔着玻璃窗晒太阳？	왜 유리창을 사이에 두고 일광욕을 해서는 안 되는가?
A 会引起头晕 B 会对眼睛造成损伤 C 皮肤会发炎 **D 会挡住大部分紫外线**	A 어지러움을 일으킬 수 있다 B 눈을 손상시킬 수 있다 C 피부에 염증이 생길 수 있다 **D 대부분의 자외선을 차단할 수 있다**

해설 보기의 头晕(어지러움), 对眼镜造成损伤(눈에 손상을 초래하다), 发炎(염증), 挡住紫外线(자외선을 막다)을 보고 부작용 및 좋지 않은 영향이 언급되는지 주의해서 듣는다. 녹음에서 阳光一定要与皮肤直接接触(햇빛은 반드시 피부와 직접 닿아야 한다)라고 하며 그러지 않을 경우 这样阳光中50%-70%的紫外线被阻拦在外(이렇게 하면 햇빛 속의 50%~70%의 자외선이 차단될 수 있다)라고 했으므로 보기 D에 O표시를 한다. 질문에서 유리창을 사이에 두고 일광욕을 해서는 안 되는 이유를 물었으므로 정답은 D이다.

어휘 头晕 tóuyūn 혱 머리가 어지럽다　造成 zàochéng 통 초래하다　损伤 sǔnshāng 몡 통 손상(되다)　发炎 fāyán 염증을 일으키다　挡住 dǎngzhù 통 저지하다, 막아내다　紫外线 zǐwàixiàn 몡 자외선

宋太宗十分爱读书，他规定自己每天至少要看两、三卷《太平御览》，一年内把这些书都看完。可是，皇帝每天都要处理那么多国家大事，还要去读这么多书，7大臣们怕他太累，就去劝告他少读些书。宋太宗却回答说："读书对我来讲是一种享受，能从书中得到乐趣，况且我并不觉得劳神啊。"大臣们见宋太宗这样热爱读书，非常感动，也慢慢养成了每日看书的习惯。8宋太宗还常对大臣们说"开卷有益"，也就是说只要打开书本阅读，就一定会有收获。

송태종은 매우 독서를 즐겼다. 그는 매일 최소 2, 3권의「태평어람」을 보며 일 년 안에 이 책들을 완독하기로 스스로 정했다. 하지만 황제는 매일 국가의 수많은 대사를 처리해야 하는데 이렇게 많은 책까지 읽으려니 7신하들은 그가 지칠까 염려되어 독서를 줄일 것을 권하였다. 하지만 송태종은 대답했다. "독서는 나에게는 하나의 즐거움이고 책 속에서 재미를 얻을 수 있거늘. 게다가 전혀 수고롭지 않구나." 신하들은 송태종이 이렇게 독서를 좋아하는 것을 보고 굉장히 감동하여 매일 책을 보는 습관을 조금씩 들였다. 8송태종은 또한 신하들에게 자주 '책을 펼치면 이로움이 있다'라고 했는데, 다시 말해 책을 펼쳐 읽으면 반드시 얻는 것이 있다라는 말이다.

어휘 宋太宗 Sòng tàizōng 송나라 태종　规定 guīdìng 명 동 규정(하다)　《太平御览》 tàipíngyùlǎn 명「태평어람」　皇帝 huángdì 명 황제　处理 chǔlǐ 동 처리하다　大臣 dàchén 명 대신, 중신　劝告 quàngào 명 동 권고(하다)　享受 xiǎngshòu 동 누리다, 즐기다　乐趣 lèqù 명 즐거움, 재미　劳神 láoshén 동 근심하다　况且 kuàngqiě 접 하물며, 게다가　开卷有益 kāi juàn yǒu yì 성 책을 펼치면 이로움이 있다, 독서는 유익하다　收获 shōuhuò 동 수확하다 명 소득

7　大臣们为什么劝阻宋太宗？　　대신들은 왜 송태종을 말렸는가?

A 怕他疲劳	**A 그가 피로할까 봐**
B 怕他耽误国事	B 그가 나랏일을 그르칠까 봐
C 担心他养成不良习惯	C 그가 나쁜 습관을 기를까 봐
D 怕被老百姓讽刺	D 백성들에게 조롱 당할까 봐

해설 보기에 공통적으로 怕(두려워하다), 担心(걱정하다)이 있으므로 걱정하는 내용을 주의해서 듣는다. 보기의 키워드 疲劳(피로하다), 耽误国事(나랏일을 그르치다), 不良习惯(나쁜 습관), 讽刺(조롱 당하다)가 녹음에 언급되는지 확인한다. 녹음은 송태종에 관한 이야기로 大臣们怕他太累(신하들은 그가 지칠까 염려했다)라고 했으므로 보기 A에 ○표시를 한다. 질문에서 대신들이 송태종을 말린 이유를 물었으므로 정답은 A이다.

어휘 疲劳 píláo 형 피로하다　耽误 dānwu 동 시간을 지체하다가 일을 그르치다　老百姓 lǎobǎixìng 명 백성, 일반인　讽刺 fěngcì 명 동 풍자(하다)

8　"开卷有益"最可能是什么意思？　　'책을 펼치면 이로움이 있다'는 어떤 의미인가?

A 虚心使人进步	A 겸손은 사람을 성장시킨다
B 万事开头难	B 모든 일이 시작은 어렵다
C 读书有好处	**C 독서는 좋은 점이 있다**
D 国家太平	D 나라가 태평하다

해설 보기가 속담 또는 명언이므로 녹음을 들을 때 교훈적인 내용이 언급되는지 주의해서 듣는다. 녹음에서 宋太宗还常对大臣们说"开卷有益"，也就是说只要打开书本阅读，就一定会有收获(송태종은 또한 신하들에게 자주 '开卷有益'라고 했는데, 다시 말해 책을 펼쳐 읽으면 반드시 얻는 것이 있다)라고 했으므로 유사한 내용인 보기 C에 ○표시를 한다. 질문에서 '开卷有益'의 의미를 물었으므로 정답은 C이다.

어휘 虚心 xūxīn 형 겸허하다　进步 jìnbù 명 동 진보(하다)　万事开头难 wànshì kāitóu nán 어떤 일이든지 시작하기가 어렵다　太平 tàipíng 형 태평하다, 평안하다

제1부분 · 빈칸 채우기

1. 어휘 호응형 실전 테스트

정답 1. C 2. D 3. B 4. C 5. A 6. A 7. D

1-3

二战期间，为了加强对战斗机的防护，军方邀请了一位著名统计学家**1. C 制定**完善军用飞机护甲的方案。军方提供的**数据2. D 表明**，机翼、机身中央和尾翼容易遭到破坏。因此，军方主张主要加固这些弹痕多的部分。但统计学家却指出更应该注意弹痕少的部分，因为这些部分受到重创的飞机**3. B 根本**没机会返航。根据他的判断，军方最后加固了除飞机的机翼、机身中央和尾翼的其他部分。

2차 대전 중 전투기의 방어를 강화하기 위해 군에서 저명한 통계학자를 초빙하여 군용기의 장갑을 완벽하게 하는 **방안을 1. C 세우도록** 하였다. 군에서 제공한 데이터에는 비행기의 날개, 기체의 중앙과 꼬리 날개가 쉽게 파손된다고 **2. D 나타나 있었다**. 이 때문에 군에서는 탄흔이 많은 부분을 중점적으로 보강해야 한다고 주장했다. 하지만 통계학자는 탄흔이 적은 부분에 더 주의해야 한다고 지적했다. 왜냐하면 이 부분에 심각한 타격을 입은 비행기는 회항할 기회가 **3. B 아예** 없기 때문이다. 그의 판단에 따라 군에서는 최종적으로 기체의 날개, 기체의 중앙과 꼬리 날개를 제외한 다른 부분을 강화하였다.

어휘 二战 èrzhàn 몡 제2차 세계대전 期间 qījiān 몡 기간 加强 jiāqiáng 통 강화하다, 보강하다 战斗机 zhàndòujī 몡 전투기 防护 fánghù 통 방어하고 지키다 军方 jūnfāng 몡 군부, 군대 统计 tǒngjì 몡통 통계(하다) 完善 wánshàn 통 완벽해지게 하다 护甲 hùjiǎ 몡 장갑 装甲 총포탄을 막기 위한 특수 강철판 方案 fāng'àn 몡 계획, 방안 数据 shùjù 몡 데이터 机翼 jīyì 몡 비행기의 날개 机身 jīshēn 몡 비행기 등의 기체, 동체 中央 zhōngyāng 몡 중앙 尾翼 wěiyì 몡 미익, (비행기의) 꼬리 날개 遭到 zāodào 통 불행이나 불리한 일을 당하다 破坏 pòhuài 통 파괴하다, 훼손하다 加固 jiāgù 통 강화하다, 보강하다 弹痕 dànhén 몡 탄흔 指出 zhǐchū 통 지적하다 重创 zhòngchuāng 몡통 중상(을 입히다) 返航 fǎnháng 통 비행기·배 등이 귀항하다 其他 qítā 몡 기타, 그 외

1 A 诊断 B 询问 C 制定 D 违反 ｜ A 진단하다 B 문의하다 C 제정하다 D 위반하다

해설 빈칸은 [주어(统计学家)+＿＿+관형어(完善军用飞机护甲的)+목적어(方案)]의 구조로 빈칸은 方案을 목적어로 두는 술어 자리이다. 보기는 모두 동사이며 보기 중 方案과 호응하는 동사는 C 制定(제정하다)이다. 方案은 诊断(진단하다)이나 违反(위반하다)과 의미가 어울리지 않으므로 보기 A와 D를 소거한다. 또한 설계를 위해 전문가를 초빙했는데, 전문가가 오히려 方案을 문의한다는 것은 논리적으로 맞지 않으므로 보기 B도 소거한다.

- **制定** 制定计划 계획을 세우다 制定方案 방안을 세우다
- **违反** 违反法律 법률을 위반하다 违反交通规则 규칙을 위반하다

어휘 诊断 zhěnduàn 몡통 진단(하다) 询问 xúnwèn 통 알아 보다, 문의하다 制定 zhìdìng 통 (법규·계획 등을) 제정하다, 세우다 违反 wéifǎn 통 위반하다

2 A 主张 B 批准 C 体现 D 表明 ｜ A 주장하다 B 비준하다 C 구현하다 D 나타내다

해설 빈칸은 [관형어(军方提供的)+주어(数据)+____+]의 구조로 빈칸은 数据(데이터)를 주어로 두는 술어 자리이다. 빈칸의 문장은 '군에서 제공한 데이터가 ~한다'라는 뜻이고, 뒷부분은 구체적인 상황을 나타내므로 보기 중 빈칸에 들어갈 알맞은 어휘는 D 表明(나타내다)이다. 数据는 주장의 대상이 될 수 없으며, 하급기관의 의견을 허가하는 주체도 될 수 없고, 구체적인 형태나 행동으로 표현되거나 실현되는 대상이 될 수 없으므로 보기 A, B, C는 모두 적합하지 않다.

・批准	得到批准 비준을 받다		经过批准 비준을 거치다
・表明	研究表明 연구에서 나타내다		数据表明 데이터에서 나타내다

어휘 主张 zhǔzhāng 몡 동 주장(하다)   批准 pīzhǔn 동 비준하다, 허가하다 몡 허가, 승인   体现 tǐxiàn 동 구현하다, 구체적으로 실현하다   表明 biǎomíng 동 분명하게 밝히다

3

A 确定	B 根本	A 확정하다	B 전혀
C 只好	D 竟然	C 어쩔 수 없이	D 뜻밖에도

해설 빈칸은 [주어(飞机)+____+술어(没有)]의 구조로 빈칸은 동사 没有를 꾸며주는 부사어의 자리이다. 보기의 어휘 중에서 부정의 의미를 나타내는 没有와 호응하는 것은 B 根本(전혀)이다. 根本은 부정의 의미를 강조하는 역할을 한다. 빈칸의 문장이 '이 부분에 심각한 타격을 입은 비행기는 회항할 기회가 ~하게 없다'를 나타내므로 A, C는 의미상 어폐가 있다. 또한 이 사실은 전문가가 데이터에 근거하여 주장한 것이므로 보기 D도 논리적으로 적합하지 않다.

어휘 确定 quèdìng 동 확정하다 혱 확정적이다, 확고하다   根本 gēnběn 閉 전혀, 아예   只好 zhǐhǎo 閉 부득이, 할 수 없이   竟然 jìngrán 閉 뜻밖에도, 의외로

4-7

有些人喜欢开着灯睡觉，而有些人则因睡前开灯看书，睡着后便忘了关。开灯睡觉是一种浪费**4. C 能源**的行为，还会降低睡眠质量。人体生物节律，包括生物钟是人类在适应环境过程中自然形成的。**5. A 如果破坏了这些规律**，夜间开着灯睡觉，或在**6. A 强烈**的阳光下睡觉，都会使人产生一种"光压力"。"光压力"会影响人体正常代谢功能，比如使人体的心跳、脉搏、血压异常，久而久之，最终可能**7. A 导致**疾病。	어떤 사람들은 불 켜놓고 자는 걸 좋아하고, 반면 어떤 사람들은 자기 전 불을 켜놓고 책을 보다가 잠들어 버려 불 끄는 것을 잊기도 한다. 불을 켜놓고 잠을 자는 것은 **4. C 에너지**를 낭비하는 행위이며 수면의 질도 떨어뜨린다. 신체 시계를 포함한 인체의 바이오리듬은 인류가 환경에 적응하는 과정 중 자연스럽게 형성되었다. **5. A 만약 이러한 규칙을 파괴하고** 밤에 불을 켜 놓고 자거나 **6. A 강렬한** 햇빛 아래에서 잠을 잔다면 '빛 스트레스(light stress)'를 일으킬 수 있다. '빛 스트레스'는 예를 들어 인체의 심장 박동, 맥박, 혈압 이상 등 정상적인 대사 기능에 영향을 미칠 수 있다. 이러한 상태가 오래 지속되면 결국 질병을 **7. A 초래할** 수도 있다.

어휘 睡眠 shuìmián 몡 수면 동 잠자다   质量 zhìliàng 몡 품질   生物节律 shēngwù jiélǜ 몡 바이오리듬   包括 bāokuò 동 포함하다   生物钟 shēngwùzhōng 몡 신체 시계, 바이오시계   形成 xíngchéng 동 형성하다   代谢 dàixiè 몡 동 신진대사(하다)   心跳 xīntiào 몡 심장 박동   脉搏 màibó 몡 맥박   血压 xuèyā 몡 혈압   异常 yìcháng 혱 이상하다, 정상이 아니다   久而久之 jiǔ ér jiǔ zhī 오래오래 지속되다   疾病 jíbìng 몡 질병

4

A 资金	B 材料	A 자금	B 재료
C 能源	D 成分	C 에너지	D 성분

해설 빈칸은 [주어(开灯睡觉)+술어(是)+관형어(一种+浪费+____+的)+목적어(行为)]의 구조로 빈칸은 동사 浪费의 목적어 자리이다. 4개의 보기는 모두 浪费의 목적어가 될 수 있으므로 문맥을 살펴본다. 빈칸의 문장은 '불을 켜 놓고 잠 자는 것이 ~을 낭비하는 행위이다'라는 뜻이므로 의미가 적합한 것은 C 能源(에너지)이다.

・资金	投入资金 자금을 투입하다		资金不足 자금이 부족하다
・材料	建筑材料 건축 재료		搜集材料 자료를 수집하다

·能源	浪费**能源** 에너지를 낭비하다		节约**能源** 에너지를 절약하다
·成分	化学**成分** 화학 성분		主要**成分** 주요 성분

어휘 资金 zījīn 몡 자금　材料 cáiliào 몡 재료, 자료　能源 néngyuán 몡 에너지　成分 chéngfèn 몡 성분

5

A 如果破坏这些规律	A 만약 이러한 규칙을 파괴한다면
B 自从电灯出现以来	B 전등이 등장한 이래로
C 为了提高睡眠质量	C 수면의 질을 향상시키기 위해
D 如果继续这样破坏环境	D 만약 이렇게 환경을 계속 파괴한다면

해설 빈칸은 [_____+문장①(或……)+문장②(都会)]의 구조로 조동사 숲가 예상. 짐작을 나타내며 如果 가정절의 후속절로 호응하므로 보기 B, C를 제외한, A와 D의 문맥적인 관계를 따져본다. 빈칸 앞에서 빛과 수면의 질에 대한 설명으로 빛이 있으면 수면의 질이 떨어진다는 내용이 등장했고, 환경 파괴에 대한 내용은 등장하지 않았으므로 보기 D 如果继续这样破坏环境(이렇게 계속 환경을 파괴하다면)에서 대사 这样이 대신할 상황이 전혀 없다. A의 这些规律(이 규칙을)는 빈칸 앞문장의 人体生物节律(인체의 바이오리듬)를 가리키므로 정답은 A 如果破坏这些规律(만약 이러한 규칙을 파괴한다면)이다.

어휘 破坏 pòhuài 통 파괴하다　规律 guīlǜ 몡 법칙, 규칙　电灯 diàndēng 몡 전등　睡眠 shuìmián 몡 통 수면(하다)　质量 zhìliàng 몡 품질　继续 jìxù 통 계속하다

6

A 强烈	B 明确	A 강렬하다	B 명확하다
C 激烈	D 热烈	C 격렬하다	D 열렬하다

해설 빈칸은 [_____+的+명사(阳光)]의 구조로 빈칸은 阳光(햇빛)을 수식하는 관형어 자리이다. 보기는 모두 형용사이고, 이 중 阳光과 의미가 호응하는 것은 A 强烈(강렬하다)이다. 明确(명확하다)는 目标(목표)와 方向(방향)에 사용하고, 激烈(격렬하다)는 竞争(경쟁)과 함께 쓰이며, 热烈(열렬하다)는 태도나 현장의 분위기에 주로 사용한다.

·强烈	阳光**强烈** 햇빛이 강렬하다		反应**强烈** 반대가 강렬하다
·明确	**明确**的目标 명확한 목표		**明确**了方向 방향을 확실히 하다
·激烈	**激烈**的竞争 치열한 경쟁		**激烈**的比赛 격렬한 시합
·热烈	**热烈**的掌声 열렬한 박수 소리		**热烈**欢迎 열렬하게 환영하다

어휘 强烈 qiángliè 혱 강렬하다　明确 míngquè 혱 명확하다 통 명확하게 하다　激烈 jīliè 혱 격렬하다, 치열하다　热烈 rèliè 혱 열렬하다

7

A 配合	B 传染	A 협력하다	B 전염하다
C 实现	D 导致	C 실현하다	D 초래하다

해설 빈칸은 [부사어(可能)+_____+목적어(疾病)]의 구조로 빈칸은 疾病을 목적어로 두는 동사술어 자리이다. 보기는 모두 동사이고 이 중 疾病과 의미가 호응하는 것은 导致(초래하다)과 传染(전염되다)이다. '빛 스트레스'로 인한 심장 박동 등의 이상은 전염되지 않는 증상이므로 정답은 D 导致(초래하다)이다.

·配合	互相**配合** 서로 협력하다		密切**配合** 밀접하게 협력하다
·传染	**传染**疾病 질병을 옮기다		**传染**给他 그에게 옮기다
·实现	**实现**梦想 꿈을 실현하다		**实现**目标 목표를 실현하다
·导致	**导致**疾病 질병을 초래하다		**导致**交通堵塞 교통체증을 초래하다

어휘 导致 dǎozhì 통 부정적인 결과를 초래하다　传染 chuánrǎn 통 전염하다, 옮다　实现 shíxiàn 통 실현하다, 달성하다　配合 pèihé 통 협동하다, 협력하다

정답 1. B   2. C   3. A   4. A   5. B   6. C   7. B

1-3

妈妈做的饭菜总能勾起我们的食欲。那是因为妈妈的味道是我们从小就熟悉的味道，这种味道能满足人们的生理和心理需求。这是习惯的 **1. B 力量**。不仅是这样，有过特殊印象的食物也能引起人们的食欲。那是因为其食物所带来的快乐被大脑 **2. C 记忆** 了下来，就算过了很多年，那种快乐的 **3. A 感受** 会被再次激活，在这种刺激下，食欲自然就产生了。

어머니께서 만들어 주시는 음식은 늘 우리의 식욕을 불러일으킨다. 그것은 어머니의 맛이 우리가 어려서부터 익숙한 맛이기 때문이다. 이 맛은 사람의 생리적·심리적 요구를 만족시켜 줄 수 있다. 이것은 습관의 **1. B 힘**이다. 이뿐만 아니라 특별한 인상이 있는 음식도 사람들의 식욕을 불러일으킬 수 있다. 그것은 그 음식이 가져다 준 즐거움이 대뇌에 **2. C 기억되어** 수년이 지나가도 그러한 즐거운 **3. A 느낌**이 다시 살아나기 때문에 이러한 자극을 받으면 식욕은 자연스럽게 생겨난다.

어휘 勾 gōu 통 (생각이나 병 등을) 불러일으키다   食欲 shíyù 명 식욕   满足 mǎnzú 통 만족시키다   生理 shēnglǐ 명 생리   心理 xīnlǐ 명 심리   需求 xūqiú 명 수요, 필요   特殊 tèshū 형 특수하다, 특별하다   食物 shíwù 명 음식물   大脑 dànǎo 명 대뇌   就算 jiùsuàn 접 설령 ~이라도   激活 jīhuó 통 활성화하다   刺激 cìjī 명통 자극(하다)

1
| A 类型 | B 力量 | A 유형 | B 힘 |
| C 成分 | D 权力 | C 성분 | D 권력 |

해설 빈칸은 [주어(这)+동사(是)+관형어(习惯的+____)]의 구조로 빈칸은 习惯이 꾸며주는 목적어 자리이다. 의미상 적합하지 않은 C, D는 우선 소거한다. 빈칸의 앞에서 어려서부터 익숙한 엄마의 맛이 식욕을 불러일으킴을 설명하였고, 빈칸의 뒤에서는 즐거운 기억이 있는 음식이 식욕이 생기게 해준다고 했으므로 문맥상 '습관의 힘'이 가장 적합하다. 따라서 알맞은 정답은 B 力量(힘)이다.

어휘 类型 lèixíng 명 유형   力量 lìliang 명 힘   成分 chéngfèn 명 성분, 요소   权力 quánlì 명 권력

2
| A 刺激 | B 影响 | A 자극하다 | B 영향을 주다 |
| C 记忆 | D 幻想 | C 기억하다 | D 공상하다 |

해설 빈칸은 [被+행위자(大脑)+____+기타성분(了+下来)]의 구조로 빈칸은 동사술어 자리이다. 빈칸의 앞부분에서 熟悉的味道(익숙한 맛)에 대해 언급하였고 빈칸의 뒷문장에서 被再次激活(다시 살아난다)라고 했다. 따라서 빈칸 문장 '대뇌에 의해 ~되다'에 들어갈 알맞은 동사는 C 记忆(기억하다)이다.

어휘 刺激 cìjī 명통 자극(하다)   影响 yǐngxiǎng 명통 영향(을 주다)   记忆 jìyì 명통 기억(하다)   幻想 huànxiǎng 명통 공상(하다)

3
| A 感受 | B 智慧 | A 느낌 | B 지혜 |
| C 观念 | D 核心 | C 관념 | D 핵심 |

해설 빈칸은 [관형어(那种快乐的+____+부사어(会)+被+부사어(再次)+술어(激活)]의 구조로 빈칸은 형용사 快乐가 꾸며주는 명사 주어 자리이다. 빈칸의 앞부분에서 其食物所带来的快乐(그 음식이 가져다 준 즐거움)를 언급하였고, 빈칸의 문장이 '그러한 즐거운 ~이 다시 살아난다'라는 뜻이므로 빈칸에 들어갈 알맞은 어휘는 A 感受(느낌)이다.

어휘 感受 gǎnshòu 명 인상, 느낌   智慧 zhìhuì 명 지혜   观念 guānniàn 명 관념, 생각   核心 héxīn 명 핵심

4-7

人的年龄越大就越喜欢回忆过去，一句话或一个场景都能勾起他们的回忆，甚至是每当看到年轻人犯错误时，都会让他们想起自己当年4. A 相似的经历。

正是由于这个原因，目前社会上刮起了一股"回忆录"热风。一位出版社的编辑表示，近来很多老人打电话来5. B 咨询出版回忆录的问题，其中有的老人阅历丰富，想将自己的经历和感受写下来；6. C 有的老人经历并不特殊，但对于他们来说那只属于他们的独一无二的历史。出一本回忆录，人生好像才算7. B 完整。回忆过去是每个人的权利，与身份、地位和社会角色毫无关系。

사람은 나이가 많아질수록 지난 일을 회상하는 것을 좋아하게 된다. 말 한 마디, 장면 하나가 모두 그들의 회상을 불러일으킬 수 있다. 심지어 젊은이들이 잘못하는 걸 볼 때마다 그들은 자신이 왕년에 했던 **4. A 비슷한** 경험을 떠올린다.

이러한 이유로 인해 현재 사회에서는 한 바탕 '회고록' 열풍이 불었다. 한 출판사 편집자는 최근 들어 많은 어르신들이 전화로 회고록 출판에 대해 **5. B 상담하신다**고 밝혔다. 그 중에 어떤 분은 경험이 풍부하셔서 자신의 경험과 느낌을 기록해 두고 싶어 하신다고 했다. 반면 **6. C 어떤 어르신들은 경험이 결코 특별하지 않으신데** 그들에게는 그것 또한 그들의 유일무이한 역사라고 했다. 한 권의 회고록을 내고 나면 마치 인생이 그제서야 **7. B 완벽해지는** 것 같다. 옛일을 회상하는 것은 모든 사람의 권리로 신분, 지위, 사회적 역할과는 전혀 관계가 없다.

어휘　场景 chǎngjǐng 몡 장면, 신　勾 gōu 동 (생각이나 병 등을) 불러일으키다　犯错误 fàn cuòwù 실수하다　当年 dāngnián 몡 그 때, 그 당시　回忆录 huíyìlù 몡 회고록　热风 rèfēng 몡 열풍　出版社 chūbǎnshè 몡 출판사　编辑 biānjí 몡 편집인　阅历 yuèlì 몡 경험, 체험한 지식　属于 shǔyú ~에 속하다　独一无二 dú yī wú èr 졍 유일무이하다　算 suàn 동 ~으로 인정하다　权利 quánlì 몡 권리　身份 shēnfen 몡 신분　地位 dìwèi 몡 지위　角色 juésè 몡 역할　毫无 háowú 조금도 ~이 없다

4
| A 相似 | B 片面 | A 비슷하다 | B 일방적이다 |
| C 短暂 | D 独特 | C 시간이 짧다 | D 독특하다 |

해설　빈칸은 [＿＿＿+的+명사(经历)]의 구조로 빈칸은 经历를 꾸며주는 관형어 자리이다. 빈칸의 문장이 '젊은이들이 잘못하는 걸 볼 때마다 그들은 자신이 왕년에 했던 ~한 경험을 떠올린다'라는 뜻이므로 빈칸에 들어갈 어휘로 적합한 것은 A 相似(비슷하다)이다.

어휘　相似 xiāngsì 형 서로 닮다, 비슷하다　片面 piànmiàn 형 단편적이다　短暂 duǎnzàn 형 시간이 짧다　独特 dútè 형 독특하다

5
| A 争取 | B 咨询 | A 쟁취하다 | B 상담하다 |
| C 否认 | D 征求 | C 부인하다 | D 구하다 |

해설　빈칸은 [주어(很多老人)+술어1(打)+목적어1(电话)+来+＿＿＿+관형어(出版回忆记录的)+목적어2(问题)]의 구조로 빈칸은 연동문의 두 번째 술어 자리이다. 빈칸의 문장이 '많은 노인들이 전화해서 회고록 출판 문제를 ~한다'라는 뜻을 나타내므로 보기의 어휘 중 문맥상 의미가 어울리는 것은 B 咨询(상담하다)이다. 争取(쟁취하다)는 목적이나 목표에 사용하고, 征求(구하다)는 意见(의견), 否认(부인하다)은 어떤 사실이나 행위와 함께 사용한다.

어휘　争取 zhēngqǔ 동 쟁취하다　咨询 zīxún 동 자문을 구하다, 상담하다　否认 fǒurèn 동 부인하다, 부정하다　征求 zhēngqiú 동 의견 등을 구하다

6
A 不愿回忆痛苦的往事	A 괴로운 지난 일을 회상하고 싶어 하지 않는다
B 人生经历很坎坷	B 인생 경험이 순탄치 않다
C 有的老人经历并不特殊	**C 어떤 노인들은 경험이 결코 특별하지 않다**
D 不愿说出自己的真实想法	D 자신의 진실된 생각을 말하고 싶어 하지 않는다

해설　빈칸은 [문장①+세미콜론(;)+＿＿＿+但+문장②]의 구조로 세미콜론과 역접 접속사가 있으므로, '문장①과 문장②'는 대조 관계임을 알 수 있다. 문장①이 有的老人阅历丰富(어떤 노인은 경험이 풍부하다)이므로 빈칸에는 대조적인 의미인 보기 C 有的老人经历并不特殊(어떤 노인들은 경험이 결코 특별하지 않다)가 가장 적합하다.

어휘 痛苦 tòngkǔ 웹 고통스럽다, 괴롭다　往事 wǎngshì 멩 지난 일, 옛일　坎坷 kǎnkě 웹 순탄하지 못하다　特殊 tèshū 웹 특수하다, 특별하다　真实 zhēnshí 웹 진실하다

7

| A 时髦 | B 完整 | A 패셔너블하다 | B 완전하다 |
| C 领先 | D 神秘 | C 리드하다 | D 신비롭다 |

해설 빈칸은 [주어(人生)+부사어(好像才)+술어(算)+____]의 구조이다. 빈칸의 문장이 '한 권의 회고록을 내고 나면 마치 인생이 그제 서야 ~하게 되는 셈이다'라는 뜻이므로 보기 중 의미가 알맞은 것은 B 完整(완전하다)이다.

어휘 时髦 shímáo 웹 유행 웹 패셔너블하다　完整 wánzhěng 웹 제대로 갖추어져 있다　领先 lǐngxiān 통 앞서다, 리드하다　神秘 shénmì 웹 신비롭다 멩 신비감

3. 유의어 비교형 **실전 테스트**

정답 1. A　2. B　3. D　4. C　5. A　6. B　7. C

1-3

一位心理学家做了一个实验：在两家公司里，分别用两种不同的方式发放奖金。第一种采用的是递增500美元的方式：第一季度发3,000美元，第二季度3,500元，第三季度发4,000美元，第四季度发4,500美元。与此 1. A 相反，第二种采用的是递减的方式：第一季度发4,500美元，第二季度减为4,000美元……。虽然这两种方式的奖金总额都是15,000美元，但是第一种方式的满意度却 2. B 明显 高于第二种。

为什么会这样？心理学家这样解释：对于不可确定的收益，人们总是期待一次比一次多。员工一般情况下难以 3. D 预测 奖金的数额，如果一次比一次发得多，他们就会感到高兴；反之，他们就会感到无比失望，甚至还会表现出强烈的抱怨情绪。

한 심리학자가 다음과 같은 실험을 했다. 두 회사에서 각각 서로 다른 두 가지 방식으로 보너스를 지급했다. 첫 번째 채택한 것은 500달러씩 점차 늘리는 방식이다. 일사분기에는 3,000달러, 이사분기에는 3,500달러, 삼사분기에는 4,000달러, 사사분기에는 4,500달러를 지급했다. 이와 1. A 반대로, 두 번째로 채택한 것은 점차 줄이는 방식이다. 일사분기에 4,500달러, 이사분기에 4,000달러……. 비록 이 두 방식의 보너스 총액은 모두 15,000달러로 같았지만, 첫 번째 방식의 만족도가 두 번째보다 2. B 뚜렷하게 높았다.

어째서 이런 것일까? 심리학자는 다음과 같이 설명했다. 확정되지 않은 수익에 있어서 사람들은 늘 회를 거듭할수록 많아지길 기대한다. 직원들은 일반적으로 보너스의 액수를 3. D 예측하기가 어렵다. 만약 점점 더 많이 지급하면 그들은 기뻐할 것이나, 이와 반대라면 그들은 더할 나위 없이 실망할 것이고 심지어는 강렬한 원망의 감정을 표출할 수도 있다.

어휘 心理学家 xīnlǐ xuéjiā 멩 심리학자　实验 shíyàn 멩 통 실험(하다)　分别 fēnbié 분 각각, 따로따로　方式 fāngshì 멩 방식, 방법　发放 fāfàng 통 돈이나 물자를 지급하다　采用 cǎiyòng 통 채택하다　递增 dìzēng 통 점차 늘다　季度 jìdù 멩 분기　递减 dìjiǎn 통 점차 줄다　总额 zǒng'é 멩 총액　确定 quèdìng 통 확정하다, 확실히 하다　收益 shōuyì 멩 수입, 수익　期待 qīdài 멩 통 기대(하다)　员工 yuángōng 멩 직원과 노무자　难以 nányǐ ~하기 어렵다　数额 shù'é 멩 액수　反之 fǎnzhī 이와 반대로　无比 wúbǐ 비할 바 없다　表现 biǎoxiàn 멩 통 표현(하다)　强烈 qiángliè 웹 강렬하다　抱怨 bàoyuàn 통 원망하다　情绪 qíngxù 멩 정서, 기분

1

| A 相反 | B 一致 | A 상반되다 | B 일치하다 |
| C 同时 | D 既然 | C 동시에 | D 기왕 이렇게 된 바에야 |

해설 빈칸은 [第一种 : 递增(점진적 증가)+与此+____+第二种 : 递减(점진적 감소)]로 의미상 第一种과 第二种의 내용이 서로 상반된다. 따라서 빈칸에 들어갈 알맞은 어휘는 A 相反(상반되다)이다.

TIP▶ 与此相反(이와 반대로)은 앞뒤 문맥이 상반된 뜻일 때, 与此同时(이와 동시에/또한)는 앞문장을 보충 설명할 때 사용하는 삽입어이다.

어휘 相反 xiāngfǎn 图 상반되다, 반대되다   一致 yízhì 톈 일치하다   同时 tóngshí 몡 동시 쩹 동시에   既然 jìrán 쩹 기왕 이렇게 된 바에야

2

A 必要	B 明显	A 필요하다	B 명확하다
C 丝毫	D 究竟	C 조금도	D 도대체

해설 빈칸은 [부사어(却)+____+술어(高)+보어(于第二种)]의 구조로 부사어 자리이다. 빈칸의 문장이 '첫 번째 방식의 만족도가 두 번째보다 ~하게 높다'라는 뜻이므로 술어 高于와 어울리는 것은 B 明显(명확하다)이다. 보기의 어휘 중 究竟(도대체)은 의문문에 쓰는 부사이고, 丝毫(조금도)는 부정부사와 함께 결합한다.

• 必要	不**必要**的损失 불필요한 손실	**必要**的活动时间 필요한 활동 시간
• 明显	**明显**的效果 뚜렷한 효과	**明显**下降 뚜렷하게 하락하다
• 丝毫	没有**丝毫**的兴趣 약간의 흥미도 없다	**丝毫**没有胃口 조금도 입맛이 없다
• 究竟	**究竟**发生了什么事? 도대체 무슨 일이 생긴거야?	**导致**交通堵塞 교통체증을 초래하다

어휘 必要 bìyào 몡 필요 톈 필요로 하다   明显 míngxiǎn 톈 뚜렷하다, 분명하다   丝毫 sīháo 톉 조금도   究竟 jiūjìng 톉 도대체

3

A 预约	B 预防	A 예약하다	B 예방하다
C 预报	D 预测	C 예보하다	D 예측하다

해설 빈칸은 [주어(员工)+부사어(难以)+____+관형어(奖金的)+목적어(数额)]의 구조로 빈칸은 数额(액수)를 목적어로 두는 술어 자리이다. 보기의 어휘에 모두 预(미리/사전에)가 포함되어 있으므로 다른 한 글자로 의미를 구분한다. 빈칸의 문장이 '직원들은 일반적으로 보너스의 액수를 ~하기 어렵다'를 나타내므로 数额와 어울리는 D 预测(예측하다)가 적합하다. 预约(예약), 预防(예방), 预报(예보)는 모두 数额와 의미가 어울리지 않는다.

• 预订	**预订**房间 방을 예약하다 (订은 '예약하다, 주문하다'라는 뜻이다.)	**预订**航班 항공편을 예약하다
• 预防	**预防**疾病 질병을 예방하다 (防은 '방지하다, 방어하다'라는 뜻이다.)	**预防**火灾 화재를 예방하다
• 预报	天气**预报** 일기예보 (报는 '알리다, 보고하다'라는 뜻이다.)	
• 预测	**预测**未来 미래를 예측하다 (测는 '측량하다, 예측하다'라는 뜻이다.)	**预测**变化 변화를 예측하다

어휘 预订 yùdìng 몡 图 예약 주문(하다)   预防 yùfáng 몡 图 예방(하다)   预报 yùbào 몡 图 예보(하다)   预测 yùcè 몡 图 예측(하다)

4-7

如果有一台机器，只需平时用水量的十分之一就能把手洗得干干净净，**4. C 你愿意尝试一下吗**？	만약에 평소 물 사용량의 1/10 만으로 손을 깨끗하게 씻을 수 있는 장치가 있다면, **4. C 써 보시겠어요**?

第二届全球重大挑战峰会于7月15日在北京开幕，全球近800名科学、工程和产业界领袖及学生代表参加。浙江大学Hero学生团队就5. A 凭借这样一台空气洗手机，在参赛的15支世界顶尖名校代表队中获得了大赛唯一的金奖。

在接受采访的过程中，这些学生表示："其实研制这台机器的6. B 动机就是想节约水资源。因为洗手是日常生活中必须要做的一件事，那么为了节约用水，就只能减少用水量。这台空气洗手机的用水量只有7. C 平常的十分之一，通过压力将空气和水混合并喷出的原理，人们可以把手洗干净。"

据了解，目前该团队持有"空气洗手装置"的4个专利，并计划继续改进设备、走向商业化，在能源节约和城市建设过程中发挥作用。

제2회 Global Grand Challenges Summit이 7월 15일 북경에서 막을 열었다. 전 세계 약 800명의 과학, 엔지니어링 및 산업계의 리더들과 학생대표들이 참석하였다. 저지앙 대학(절강 대학)의 Hero 학생팀이 바로 이 에어 핸드 세척기 5. A 로 경연에 참석한 15개 세계 최정상 명문 대표팀 가운데 유일하게 금상을 받았다.

인터뷰에서 학생들은 다음과 같이 말했다. "사실 이 장치를 연구 제작한 6. B 동기는 바로 수자원을 절약하고 싶어서였어요. 손 씻기는 일상생활에서 꼭 해야 하는 일이잖아요. 그렇다면 물을 절약하려면 물 사용량을 줄여야만 하죠. 에어 핸드 세척기의 물 사용량은 7. C 평소의 1/10밖에 되지 않아요. 압력으로 공기와 물을 혼합하고 분사하는 원리를 통해서 사람들은 손을 깨끗하게 씻을 수 있어요."

소식에 따르면 현재 이 팀은 'Air Faucet System'의 4개의 특허를 보유하고 있으며 설비 개선 및 상업화를 통해 에너지 절약과 도시 건설에서 그 역할을 발휘하도록 할 계획이라고 한다.

어휘 机器 jīqì 圐 기계, 기기　用水量 yòngshuǐliàng 圐 용수량　届 jiè 窪 회, 기(회의·졸업 등 정기적인 횟수를 나타냄)　全球重大挑战峰会 quánqiúzhòngdà tiǎozhàn fēnghuì 글로벌 그랜드 챌린지 서밋 (Global Grand Challenges Summit)　开幕 kāimù 圐 개막하다　工程 gōngchéng 圐 공정　产业界 chǎnyèjiè 圐 산업계　领袖 lǐngxiù 圐 지도자, 영수　浙江大学 Zhèjiāng dàxué 절강 대학교　团队 tuánduì 圐 단체, 팀　支 zhī 窪 부대, 대오　顶尖 dǐngjiān 탑 레벨　代表队 dàibiǎoduì 圐 대표팀　唯一 wéiyī 圐 유일한, 하나밖에 없는　金奖 jīnjiǎng 圐 금상　采访 cǎifǎng 圐 취재하다, 인터뷰하다　研制 yánzhì 圐 연구 제작하다　水资源 shuǐzīyuán 圐 수자원　混合 hùnhé 圐 혼합하다, 함께 섞다　专利 zhuānlì 圐 특허　改进 gǎijìn 圐圐 개선(하다) 개량(하다)

4

A 这有什么了不起的	A 이게 뭐 대단하게 있어
B 其原理非常简单	B 그 원리는 굉장히 간단하다
C 你愿意试一下吗	**C 한번 써 보고 싶은가요**
D 你能了解内部结构吗	D 내부 구조를 이해할 수 있나요

해설 빈칸의 끝에 물음표가 있으므로 의문문 자리임을 알 수 있다. 빈칸의 앞부분에서 한 장치를 소개하며 如果有一台机器, 只需平时用水量的十分之一就能把手洗得干干净净(만일 평소 물 사용량의 1/10 만으로도 손을 깨끗하게 씻을 수 있는 장치가 있다면)이라고 가정했으므로 이어지는 빈칸에 들어갈 문장으로 알맞은 것은 제안하는 말인 C 你愿意试一下吗(한 번 써 보고 싶은가요)이다. 보기 A는 반어문으로 '대단하지 않다'는 뜻이므로 다음 이어지는 유일한 대상 수상이라는 의미와 흐름이 맞지 않다. B는 평서문이므로 제외시킨다. D는 뒤에 내부 구조에 대한 설명이 이어져야 하므로 역시 문맥의 흐름과 맞지 않다.

TIP▶ 문장 채우기에서는 문장부호가 중요한 힌트가 된다. 빈칸이 물음표(？)로 끝나면 의문문을 넣고, 빈칸의 앞이나 뒤에 세미콜론(；)이 있으면 나열/대조를 이루므로 앞뒤 문장의 형식을 살펴서 적합한 문장을 고르도록 한다.

어휘 了不起 liǎobuqǐ 圐 대단하다　原理 yuánlǐ 圐 원리　内部 nèibù 圐 내부　结构 jiégòu 圐 구조, 짜임새

5

A 凭借	B 代替	A ~에 의지하다	B 대신하다
C 处理	D 配合	C 처리하다	D 협동하다

해설 빈칸은 [주어(学生团队)+부사어(就)+＿＿＿+명사(空气洗手机), +술어(获得)了+목적어(金奖)]의 구조로 빈칸은 명사 空气洗手机(에어 핸드 세척기)를 목적어로 두는 동사술어 또는 개사 자리이다. 빈칸의 문장이 '학생팀이 에어 핸드 세척기를 ~하여 금상을 탔다'라는 뜻이므로 보기 중 빈칸에 들어갈 알맞은 어휘는 A 凭借(~에 의지하다)가 된다.

· 凭借	凭借语言来进行 언어를 통해 진행하다	凭借自己的优势取得了好成绩 자신의 강점에 기대어 좋은 성적을 얻었다
· 代替	以新的代替旧的 새것으로 옛것을 대신하다	
· 处理	处理问题 문제를 처리하다	处理业务 업무를 처리하다
· 配合	互相配合 상호협력하다	配合得很好 호흡이 잘 맞다

어휘 凭借 píngjiè 동 ~에 의지하다   代替 dàitì 동 대신하다, 대체하다   处理 chǔlǐ 동 처리하다   配合 pèihé 동 협동하다, 협력하다

6

A 决定	B 动机	A 결정	B 동기
C 规模	D 功能	C 규모	D 기능

해설 빈칸은 [관형어(研制这台机器的)+____+부사어(就)+술어(是)+목적어(想节约水资源)]의 구조로 빈칸은 주어 자리이다. '주어+是+목적어'는 '주어=목적어' 관계이거나 '是+목적어'가 주어를 설명하는 내용이 된다. 목적어 想节约水资源(수자원을 절약하고 싶다)은 제작 동기를 나타내는 것이므로 정답은 B 动机(동기)이다.

어휘 决定 juédìng 명 동 결정(하다)   动机 dòngjī 명 동기   规模 guīmó 명 규모   功能 gōngnéng 명 기능

7

A 日常	B 经常	A 일상	B 자주
C 平常	D 当时	C 평소	D 그 당시

해설 빈칸은 [주어(这台空气洗手机的用水量)+부사(只有)+____+的+명사(十分之一)]의 구조로 빈칸은 十分之一를 꾸며주는 관형어 자리이다. 빈칸의 문장이 '이 에어 핸드 세척기의 물 사용량은 단지 ~의 1/100이다'를 나타내므로 의미가 적합한 것은 C 平常(평소)이다. 부사는 관형어가 될 수 없으므로 经常(자주)은 빈칸에 부적합하고, 日常(일상)은 날마다 반복되는 생활을 의미하므로 적합하지 않다. 또한 과거의 일을 말하는 것이 아니므로 当时(그 당시)도 정답이 될 수 없다.

· 日常	日常生活 일상생활	日常工作 일상적인 업무
· 经常	经常练习 늘 연습하다	经常帮助有困难的人 늘 어려운 사람을 도와준다
· 当时	当时的心情 그 당시의 심정	当时的情景 그 당시의 광경

어휘 日常 rìcháng 명 일상 형 일상적인   经常 jīngcháng 부 늘, 항상   平常 píngcháng 명 평소 형 평범하다   当时 dàngshí 명 그 당시, 그 때

4. 문장 채우기형 실전 테스트

정답 1. B   2. C   3. A   4. D   5. C   6. B   7. D   8. C

1-4

在日常生活中，我们经常会遇见这样的情况，在遇到堵车、天气恶劣、交通事故等问题时，不少司机常会产生愤怒情绪，我们把这种由压力或挫折感所1. B 导致的愤怒情绪叫做"路怒症"，而这个路怒症会使司机有攻击性行为。

일상생활 속에서 우리는 이런 상황을 자주 마주하게 된다. 차가 막히고 날씨가 나쁘고 교통사고 등의 문제에 맞닥뜨리면 적잖은 운전자들은 분노하는 정서를 갖게 된다. 우리는 이렇게 스트레스 혹은 좌절감으로 인해 1. B 초래된 분노하는 정서를 일컬어 'roadrage(로드 레이지: 도로에서 벌어지는 운전자의 난폭 행동)'라고 한다. 이 로드 레이지는 운전자가 공격적인 행동을 하게 만든다.

一项研究显示，用虚拟实景让志愿者驾驶大型车辆，通过狭窄迂回的道路，期间司机需应付不同的限速提示，并且**2. C 大约**会有20辆车逼近他们。志愿者开始先听一些情绪高昂，节奏快的歌曲，10分钟后再**3. A 播放**忧伤抒情的慢歌。结果显示，曲调高昂的音乐虽会让司机心情愉悦，**4. D 但也会使司机注意力不集中**；而忧伤的慢歌则有助于减压，超速、偏离车道等情况也会随之减少。

한 연구에서 다음과 같이 밝혔다. 가상현실 이미징을 사용해서 지원자에게 대형 차량을 몰아 좁은 우회도로를 통과시키며 다양한 제한 속도를 따르게 했다. 또한 **2. C 대략** 20대 정도의 차량을 그들에게 근접시켰다. 지원자들은 처음엔 격정적이고 리듬이 빠른 곡을 듣다가 10분 후 다시 슬프고 서정적인 발라드 곡을 **3. A 재생했다**. 그 결과 격정적인 음악은 비록 운전자들의 기분은 즐겁게 해주었으나 **4. D 주의력을 집중시키지 못했다**. 반면 슬픈 발라드는 스트레스를 낮추는데 도움이 되어 과속, 차선 이탈 등의 상황이 그에 따라 감소하는 것을 보여주었다.

어휘 日常生活 rìcháng shēnghuó 명 일상생활　遇见 yùjiàn 동 만나다, 봉착하다　恶劣 èliè 형 열악하다, 아주 나쁘다　愤怒 fènnù 명 동 분노(하다)　情绪 qíngxù 명 정서, 기분　挫折感 cuòzhégǎn 명 좌절감　路怒症 lùnùzhèng 운전자의 난폭 행동　攻击性 gōngjīxìng 공격성　行为 xíngwéi 명 행동　志愿者 zhìyuànzhě 명 지원자　虚拟 xūnǐ 형 가상적인　实景 shíjǐng 명 실제 배경　狭窄 xiázhǎi 형 비좁다　迂回 yūhuí 동 우회하다　应付 yìngfù 동 대처하다　限速 xiànsù 동 속도를 제한하다　提示 tíshì 명 힌트 동 힌트를 제시하다　逼近 bījìn 동 바싹 접근하다　情绪高昂 qíngxù gāoáng 정서가 고양되다　节奏 jiézòu 명 리듬, 템포　歌曲 gēqǔ 명 노래, 멜로디　忧伤 yōushāng 형 슬프다　抒情 shūqíng 동 감정을 표현하다, 서정적이다　愉悦 yúyuè 형 유쾌하고 기쁘다　超速 chāosù 명 속도 위반 동 속도 제한을 어기다　偏离 piānlí 동 벗어나다　随之 suízhī 이에 따라

1

A 针对	B 导致	A 조준하다	B 초래하다
C 突出	D 吸引	C 두드러지게 하다	D 흡인하다, 끌다

해설 빈칸은 [관형어{由+명사(压力或挫折感)+所+____+的}+명사(愤怒情绪)]의 구조로 빈칸은 동사 관형어가 들어갈 자리이다. 또한 의미상 명사 愤怒情绪(분노하는 정서)를 수식하기에 알맞고 원인인 压力或挫折感(스트레스 혹은 좌절감)의 술어로 적합한 동사여야 한다. 빈칸의 앞뒤 문맥이 '스트레스 또는 좌절감이 ~하는 분노 정서'를 나타내므로 보기의 어휘 중 부정적인 결과와 함께 쓰이는 B 导致(초래하다)가 정답이다. 针对(겨냥하다)는 타겟팅하는 대상과 같이 쓰인다. 突出(두드러지게 하다)는 뒤에 강조하려는 대상과 어울리며, 吸引(끌다)은 매료시키거나 유치하는 대상과 어울린다.

TIP▶ 所는 관형어로 쓰이는 동사 앞에 쓰여 '~하는'이라는 뜻을 나타내고, '所A(동사)的B(명사)'에서 A와 B는 술어-목적어의 의미 관계를 가진다.

·针对	针对运输业的包装服务 운송업을 겨냥한 포장 서비스	针对老年的心理调查 노인들을 대상으로 한 심리테스트
·导致	导致停电 정전을 일으키다	导致了物价上涨 물가상승을 초래했다
·突出	突出特点 특징을 돋보이게 하다	表现突出 활약이 돋보이다
·吸引	吸引了许多消费者 많은 소비자들을 사로잡다	吸引游客 관광객을 유치하다

어휘 针对 zhēnduì 동 겨누다, 조준하다　导致 dǎozhì 동 초래하다, 야기하다　突出 tūchū 동 두드러지게 하다, 돋보이다　吸引 xīyǐn 동 끌다, 매료시키다

2

A 分别	B 假设	A 각각	B 가설(가정)하다
C 大约	D 其中	C 대략	D 그 중에서

해설 빈칸은 [접속사(并且)+____+부사어(会)+술어(有)+목적어(20辆车)]의 구조로 빈칸은 주어 또는 부사가 들어갈 수 있다. 빈칸의 문장이 '그리고 ~ 20대 차량을 그들에게 근접시켰다'라는 뜻이므로 수량사와 어울리는 C 大约(대략)가 적합하다. 分别(각각)와 其中(그 중에서)은 앞에 2개 이상의 대상이 있을 때 사용하고, 假设(가정하다)는 실제로 없는 상황을 있는 것으로 여긴다는 의미이기 때문에 문맥상 어울리지 않는다.

·分别	分别处理 따로따로 처리하다
·假设	假设这是真的，我们该怎么办？ 이것이 진짜라고 가정한다면, 우리는 어떻게 해야할까?

・大约	大约要用三个月的时间 대략 3개월의 시간이 든다
・其中	学校表扬了十名模范生，**其中**有两名是我们班的。 학교에서 모범생 10명을 표창하였는데, 그중 두 명이 우리반이다.

어휘 分别 fēnbié 튀 각각, 따로따로　假设 jiǎshè 통 가정하다　大约 dàyuē 튀 대략　其中 qízhōng 그 중에서

3

A 播放	B 展开	A 재생하다	B 펼치다
C 传播	D 出示	C 전파하다	D 제시하다

해설 빈칸은 [부사어(10分钟后再)+____+관형어(忧伤抒情的)+목적어(慢歌)]의 구조로 빈칸은 술어 자리이다. 빈칸의 문장이 '10분 후에 다시 슬프고 서정적인 발라드 곡을 ~했다'를 나타내므로 电影(영화), 音乐(음악) 등을 틀어준다는 의미인 A 播放(재생하다)이 적합하다. 展开(펼치다)는 토론, 날개 등에 사용하고, 传播(전파하다)는 빛, 소리, 소식을 전파한다는 뜻이다. 出示(제시하다)는 여권이나 면허증 등을 꺼내어 보여준다는 뜻으로 문맥상 적합하지 않다.

・播放	播放电视剧 드라마를 방송하다	播放歌曲 노래를 틀다
・展开	展开讨论 토론을 펼치다	展开竞赛 시합을 펼치다
・传播	传播消息 소식을 전파하다	传播流言 유언비어를 퍼뜨리다
・出示	出示护照 여권을 제시하다	出示身份证 신분증을 제시하다

어휘 播放 bōfàng 통 방영하다, 방송하다　展开 zhǎnkāi 통 펴다, 전개하다　传播 chuánbō 통 널리 퍼뜨리다 명 전파　出示 chūshì 통 제시하다, 내보이다

4

A 但也会让司机心平气和	A 그러나 운전자도 평온하게 만들 수 있다
B 尽量配合研究人员	B 가능한 연구진에 협조하다
C 路况不好时要尽量减速	C 도로 상황이 좋지 않을 때에는 마땅히 감속해야 한다
D 但也会使司机注意力不集中	D 그러나 운전자의 주의력을 집중시키지 못할 수도 있다

해설 빈칸은 [문장①(虽), ____]의 구조로 문장①에 접속사 虽(비록 ~하지만)가 있다. 虽는 '虽然……, 但是……(비록 ~하지만 ~하다)'의 호응 구조를 이루며, 앞절과 뒷절은 서로 상반되거나 대조되는 내용이다. 따라서 빈칸에는 역접을 나타내는 접속사가 있는 보기 A나 D가 들어가야 한다. 문장①에 心情愉悦(기분이 유쾌하다)라는 긍정적인 내용이 있으므로 빈칸은 이와 반대되는 부정적인 내용이 이어져야 한다. 따라서 알맞은 정답은 D 但也会使司机注意力不集中(그러나 운전자의 주의력을 집중시키지 못할 수도 있다)이다.

어휘 心平气和 xīn píng qì hé 성 마음이 평온하고 태도가 온화하다　尽量 jǐnliàng 튀 가능한 한　配合 pèihé 통 협동하다, 협력하다　人员 rényuán 명 인원, 요원　路况 lùkuàng 명 도로 상황　减速 jiǎnsù 통 감속하다　注意力 zhùyìlì 명 주의력　集中 jízhōng 통 집중하다

5-8

有一个文学青年前去拜访英国知名主编，希望发表自己的作品。主编看过青年的作品后很欣赏，不仅选登了其中一部分，还把他留在身边当助手，因此青年很 **5. C 感激** 主编。

可是随着一起工作的时间变长，两人在文章批判标准上产生了分歧。一次，在主编出差期间，青年没有征求主编的意见，擅自删掉了两篇主编已 **6. B 确定** 的文章。大家都觉得青年自作主张，一定

한 문학 청년이 자신의 작품을 발표하길 바라며, 영국의 유명한 편집장을 찾아갔다. 편집장은 청년의 작품을 본 후 매우 마음에 들어 하며, 그 중 일부분을 게재하고 그를 조수로 삼아 그의 곁에 두었다. 청년은 편집장에게 매우 **5. C 고마워했다**.

그러나 함께 일한 시간이 길어지면서 두 사람은 글을 판단하는 기준에 있어서 의견이 달라졌다. 한번은 편집장이 출장간 사이 청년은 편집장의 의견을 구하지도 않고 편집장이 이미 **6. B 확정한** 두 편의 글을 멋대로 삭제해 버렸다. 모두들 청년이 독단적으로 행동하여 틀

会被开除。青年也认识到了错误，**7. D 主动**向主编道歉。没想到主编却说："我看了你编的杂志，**8. C 开始的确很生气**，可后来我把之前的杂志和你新编的都拿给别人看，结果很多人都说你编的好，看来你是对的！"

从那之后，主编在许多稿件上都会征求青年的意见，杂志社办得越来越好，青年最后也成了大作家。

림없이 해고될 것이라 여겼다. 청년도 잘못을 인식하고 **7. D 자발적으로** 편집장에게 사과를 했다. 그러나 뜻밖에도 편집장이 이렇게 말했다. "자네가 편집한 기사를 나도 보았네. **8. C 처음엔 정말 화가 났지만**, 나중에 내가 그 전 글과 자네가 새로 편집한 것을 모두 다른 사람들에게 보여주었더니 다들 자네가 편집한 것이 좋다고 하더군. 보아하니 자네가 옳은 모양이야!"

그 후로, 편집장은 수 많은 원고에서 청년의 의견을 구했고 잡지사는 점점 잘되었다. 청년 역시 마침내 대작가가 되었다.

어휘 文学 wénxué 몡 문학　青年 qīngnián 몡 청년　拜访 bàifǎng 동 예를 갖추어 방문하다　知名 zhīmíng 혱 유명하다　主编 zhǔbiān 몡 편집장　发表 fābiǎo 동 발표하다　作品 zuòpǐn 몡 작품　欣赏 xīnshǎng 동 마음에 들어하다　选登 xuǎndēng 동 골라서 게재하다　助手 zhùshǒu 몡 조수　批判 pīpàn 동 비판하다　分歧 fēnqí 몡 (의견 따위의) 상이, 불일치　期间 qījiān 몡 기간　征求 zhēngqiú 동 의견 등을 구하다　擅自 shànzì 뷔 제멋대로, 독단적으로　删掉 shāndiào 동 문장 등을 삭제하다　自作主张 zìzuò zhǔzhāng 자신의 생각대로 정하다　开除 kāichú 동 해고하다　的确 díquè 뷔 확실히, 정말로　稿件 gǎojiàn 몡 원고　杂志社 zázhìshè 몡 잡지사

5
| A 鼓励 | B 抱怨 | A 격려하다 | B 원망하다 |
| **C 感激** | D 讽刺 | **C 감사하다** | D 풍자하다 |

해설 빈칸은 [주어(青年)+부사어(很)+____+목적어(主编)]의 구조로 빈칸은 主编을 목적어로 두는 동사술어 자리이다. 빈칸의 앞문장에서 편집장이 不仅选登了其中一部分，还把他留在身边当助手(청년의 글도 일부 실어주고 조수로까지 삼아 곁에 두었다)라고 했으므로 문맥상 적합한 것은 C 感激(감사하다)이다.

TIP▶ 감정, 심리 상태를 나타내는 동사들은 很(아주), 非常(매우) 등과 같은 정도부사의 수식을 받는다.

어휘 鼓励 gǔlì 동 격려하다, 북돋우다　抱怨 bàoyuàn 동 원망하다　感激 gǎnjī 몡 동 감격(하다)　讽刺 fěngcì 몡 동 풍자(하다)

6
| A 刊登 | **B 确定** | A 게재하다 | **B 확정하다** |
| C 改善 | D 集中 | C 개선하다 | D 집중하다 |

해설 빈칸은 [주어(主编)+부사어(已)+____+的+명사(文章)]의 구조이므로 빈칸은 主编을 주어로 갖는 술어이자, 文章을 수식하는 관형어 자리이다. 빈칸의 문장이 '편집장이 출장 간 사이에 청년은 편집장의 의견을 구하지 않고 편집장이 이미 ~한 글을 멋대로 지웠다'를 나타내므로 문맥상 적합한 어휘는 B 确定(확정하다)이다. 刊登(게재하다)은 신문, 잡지 등에 글을 싣는다는 뜻이고, 改善(개선하다)은 환경이나 조건에 사용하며, 集中(집중하다)은 주의력, 에너지 등과 사용한다.

어휘 刊登 kāndēng 동 게재하다, 싣다　确定 quèdìng 동 확정하다, 확인하다　改善 gǎishàn 동 개선하다　集中 jízhōng 동 집중하다

7
| A 虚心 | B 勤奋 | A 겸허하다 | B 근면하다 |
| C 谨慎 | D 主动 | C 신중하다 | **D 자발적이다** |

해설 빈칸은 [____+부사어(向主编)+술어(道歉)]의 구조로 주어 또는 부사어 자리이다. 빈칸의 앞문장에서 青年也认识到了错误(청년도 잘못을 인식했다)라고 했으므로 사과의 태도로 적합한 D 主动(자발적이다)이 들어가야 한다. 虚心(겸허하다)은 자신을 낮추고 남을 잘 받아들이는 태도를 말하고 谨慎(신중하다)은 조심스러운 태도를 나타내기 때문에 문맥상 적합하지 않다.

어휘 虚心 xūxīn 혱 겸허하다　勤奋 qínfèn 혱 근면하다　谨慎 jǐnshèn 혱 신중하다　主动 zhǔdòng 혱 능동적이다, 자발적이다

8	A 内容十分单一	A 내용이 매우 단일하다
	B 有很多错别字	B 잘못 쓰고 틀린 글자가 많다
	C 开始的确很生气	**C 처음엔 정말 매우 화가 났다**
	D 内容很受读者喜爱	D 내용이 독자들의 사랑을 많이 받는다

해설 빈칸은 [_____, 문장①(可是)]의 구조이며, 문장①에 역접을 나타내는 접속사 可是(그러나)가 있으므로 빈칸은 문장①과 상반된 내용이 들어가야 한다. 문장①이 结果很多人都说你编的好，看来你是对的(결과적으로 많은 사람들이 다 자네가 편집한 것을 좋다고 하니 자네가 옳은 것이네)라는 긍정적인 내용이므로 빈칸은 부정적인 내용이 들어가야 한다. 빈칸의 뒷부분이 '결과적으로'라고 하여 시간이 흐르고 난 뒤의 상황을 서술하고 있으므로 부정적인 내용의 보기 A, B, C 중에서 적합한 것은 C 开始的确很生气(처음엔 정말 매우 화가 났다)이다.

어휘 单一 dānyī 휑 단일하다　错别字 cuòbiézì 잘못 쓴 글자와 틀린 글자　的确 díquè 뤼 확실히　读者 dúzhě 뎽 독자　喜爱 xǐ'ài 뙹 애호하다, 사랑하다

독해 제1부분 미니모의고사

정답 1. B　2. D　3. C　4. B　5. C　6. A　7. B

1-3

蜜蜂是营群体生活的昆虫，**1. B 通常**一个蜂窝内生活着数万只蜜蜂。蜂窝一般很狭小、阴暗且潮湿，这些**2. D 条件**都非常适宜各种细菌和微生物的生长。不过，储存在蜂窝内的花粉、蜂蜜等都不会腐败变坏。这是为什么呢？科学家发现，在蜂窝内有一种叫蜂胶的物质，它可以有效地抑制和杀灭蜂窝内的病菌、霉菌而对蜜蜂无害。原来，蜂胶是有助于蜜蜂清洁蜂窝环境、**3. C 保存**食物以及保证蜜蜂健康的良药。	꿀벌은 군생하는 곤충이다. **1. B 통상적으로** 하나의 벌집에 수만 마리의 벌들이 살고 있다. 벌집은 일반적으로 협소하고, 어두침침한 데다가 습하기까지 하다. 이 **2. D 조건**들은 각종 세균과 미생물들이 생장하기에 굉장히 적합하다. 하지만 벌집에 저장해 둔 꽃가루, 벌꿀 등은 모두 부패되어 상하지 않는다. 이것은 어째서일까? 과학자들은 벌집 내부에 프로폴리스라고 불리는 물질이 있다는 것을 발견했다. 프로폴리스는 효과적으로 벌집 내부의 병원균, 곰팡이를 억제하고 없애버리는데 꿀벌에게는 무해했다. 알고 보니, 프로폴리스는 꿀벌들이 벌집 환경을 청결하게 하고 먹이를 **3. C 보존**하고 아울러 꿀벌들의 건강을 확보하는 데 도움을 주는 좋은 약이었다.

어휘 蜜蜂 mìfēng 뎽 꿀벌　群体 qúntǐ 뎽 단체, 집단　昆虫 kūnchóng 뎽 곤충　蜂窝 fēngwō 뎽 벌집　狭小 xiáxiǎo 휑 협소하다　阴暗 yīn'àn 휑 어두침침하다　且 qiě 쩹 게다가　潮湿 cháoshī 휑 축축하다, 눅눅하다　适宜 shìyí 휑 알맞다 뙹 적합하다　细菌 xìjūn 뎽 세균　微生物 wēishēngwù 뎽 미생물　生长 shēngzhǎng 뙹 생장하다　储存 chǔcún 뙹 저장하여 두다　花粉 huāfěn 뎽 꽃가루　蜂蜜 fēngmì 뎽 벌꿀　腐败 fǔbài 뙹 썩다, 부패하다　蜂胶 fēngjiāo 뎽 밀랍　物质 wùzhì 뎽 물질　抑制 yìzhì 뙹 억제하다　杀灭 shāmiè 뙹 박멸하다, 퇴치하다　病菌 bìngjūn 뎽 병원균　霉菌 méijūn 뎽 곰팡이　无害 wúhài 휑 무해하다　有助于 yǒuzhùyú ～에 도움이 되다　清洁 qīngjié 휑 깨끗하다 뙹 깨끗하게 하다　以及 yǐjí 쩹 및, 아울러　保证 bǎozhèng 뙹 담보하다, 보증하다　良药 liángyào 뎽 좋은 약

1	A 时常	**B 通常**	A 자주	**B 통상적으로**
	C 随时	D 照常	C 수시로	D 평소대로

해설 빈칸은 [문장.____+주어(一个蜂窝内)+술어(生活着)+목적어(数万只蜜蜂)]의 구조로 빈칸에는 부사어 또는 접속사가 올 수 있다. 보기의 어휘 중 A, C, D는 주어 뒤, 술어 앞에 위치하는 부사이므로 빈칸에 들어갈 수 없다. 通常(통상적으로)은 명사이지만 부

사어로서 술어 앞과 주어 앞에 모두 위치할 수 있으므로 빈칸에 들어갈 알맞은 정답은 B 通常(통상적으로)이다.

•时常	**时常**发生 자주 발생하다	**时常**到公园去散步 늘 공원으로 산책을 간다
•通常	我**通常**半夜才睡觉。나는 보통 밤 늦게 잔다.	
•随时	可以**随时**取消 아무 때나 취소할 수 있다	**随时**都可能出现 언제든지 나타날 수 있다
•照常	节日期间, 商店**照常**营业。연휴기간에도, 상점은 평소대로 정상영업을 한다.	

어휘 时常 shícháng 🖪 늘, 항상   通常 tōngcháng 🖪 통상, 보통   随时 suíshí 🖪 수시로, 언제나   照常 zhàocháng 🖪 평소대로

2

A 程序	B 规则	A 순서	B 규칙
C 资源	**D 条件**	C 자원	**D 조건**

해설 빈칸은 [관형어(这些)+____+부사어(都非常)+술어(适宜)+목적어(生长)]의 구조로 빈칸은 주어 자리이다. 대사 这些가 지칭하는 대상은 앞문장에서 벌집을 설명한 很狭小、阴暗且潮湿(협소하고, 어두침침한데다가 습하기까지 하다)이다. 이것은 조건을 나타내므로 알맞은 정답은 D 条件(조건)이다.

•程序	电脑**程序**专家 컴퓨터 프로그래머	
•规则	遵守交通**规则** 교통 규칙을 준수하다	游戏**规则** 게임의 룰
•资源	自然**资源** 자연 자원	**资源**丰富 자원이 풍부하다
•条件	气候**条件** 기후 조건	改善**条件** 조건을 개선하다

어휘 程序 chéngxù 🖲 순서, 프로그램   规则 guīzé 🖲 규칙, 법칙   资源 zīyuán 🖲 자원   条件 tiáojiàn 🖲 조건

3

A 搬运	B 组织	A 운반하다	B 조직하다
C 保存	D 吸收	**C 보존하다**	D 흡수하다

해설 빈칸은 〈주어(蜂胶)+술어(是)+관형어[술어(有助于)+목적어{주어(蜜蜂)+____+목적어(食物)}]+的+목적어(良药)〉의 구조이므로 빈칸은 食物를 목적어로 두는 술어 자리이다. 빈칸의 문장은 '프로폴리스는 꿀벌들이 먹이를 ~하게 하는 데 도움을 주는 좋은 약이다'라는 뜻이므로 보기 중 알맞은 것은 C 保存(보존하다)이다. 搬运(운반하다)은 食物와 함께 쓰일 수 있지만 프로폴리스가 음식을 운반하는 것은 아니므로 적합하지 않다.

•搬运	**搬运**食物 먹이를 나르다(운반하다)	**搬运**公司 운수회사
•组织	**组织**活动 활동을 조직하다	国际**组织** 국제기구
•保存	**保存**资料 자료를 보존하다	**保存**文物 문물을 보존하다
•吸收	**吸收**营养 영양을 흡수하다	消化**吸收** 소화흡수하다

어휘 搬运 bānyùn 🖲🖫 운송(하다)   组织 zǔzhī 🖲🖫 조직(하다)   保存 bǎocún 🖫 보존하다   吸收 xīshōu 🖫 흡수하다

4-7

羌族是中国西部的一个古老的民族，羌族人和其他少数民族一样能歌善舞，他们对歌舞的热爱体现在羌族的"萨朗"。萨朗是最具羌族**4. B特色**的圆圈群舞，目前已被列入四川省第二**5. C批**非物质文化遗产名录。羌语中称"萨朗"，原是"唱起来，跳起来"的意思，可后来词义扩大，**6. A成为了羌族舞的统称**。

강족은 중국 서부의 오래된 민족으로 강족 사람들은 다른 소수민족처럼 가무에 능하다. 그들의 가무에 대한 애정은 강족의 '싸랑(RrmeaSalengw)'에서 구체적으로 나타난다. '싸랑'은 강족의 **4. B 특색**을 가장 많이 지닌 윤무(써클댄스)이다. 오늘날 이미 사천성의 제 2 **5. C 그룹** 국가지정 문화재의 무형 문화유산 목록에 올랐다. 강족말로 '싸랑'이라 하면, 원래는 '노래하자, 춤추자'의 뜻이었다가 훗날 그 의미가 확대되어 **6. A 강족 무용의 통칭이 되었다.**

羌族萨朗属于集体性歌舞，由能歌善舞者领头，男女分列拉手成圈，边跳边唱，动作灵活多样，所唱的歌曲多是祖辈口头 **7. B 流传** 下来的古老民歌，主要用羌语演唱，是中国羌族独有代表性文化。

강족의 '싸랑'은 단체가무에 속한다. 가무에 능한 사람이 앞장서서 리드하며, 남녀가 나뉘어 손에 손을 잡고 동그랗게 원형을 만들어 춤을 추면서 노래를 부른다. 동작이 민첩하고 다양하며, 부르는 노래는 대다수 선조들의 구전으로 **7. B 전해** 내려온 오래된 민가로 주로 강족어로 부르는 중국 강족만의 대표적인 문화이다.

어휘 羌族 Qiāngzú 몡 강족 (쓰촨성 서북부에 분포되어 있는 중국 소수 민족)　古老 gǔlǎo 톙 오래되다　少数民族 shǎoshù mínzú 몡 소수 민족　能歌善舞 néng gē shàn wǔ 솅 노래도 잘하고 춤도 잘 춘다　体现 tǐxiàn 통 구체적으로 드러나다, 구현하다　萨朗 sàlàng 몡 쌀랭(Rrmea Salengw), 강족의 전통 무용　具 jù 통 갖추다, 가지다　圆圈群舞 yuánquān qúnwǔ 원형 댄스　被列入……名录 bèilièrù……mínglù ～리스트에 올려지다　非物质文化遗产 fēiwùzhì wénhuà yíchǎn 몡 무형 문화유산　属于 shǔyú ～에 속하다　集体性歌舞 jítǐxìnggēwǔ 단체 가무　领头 lǐngtóu 통 앞장서다　分列 fēnliè 통 분류하여 배열하다　拉手 lāshǒu 통 손에 손을 잡다　成圈 chéngquān 둘러서다　灵活 línghuó 톙 민첩하다, 융통성이 있다　歌曲 gēqǔ 몡 노래　祖辈 zǔbèi 몡 조상, 선조　口头 kǒutóu 몡 구두　民歌 míngē 몡 민가　独有 dúyǒu 통 혼자만이 가지고 있다　代表性 dàibiǎoxìng 몡 대표성

4

A 利益	B 特色	A 이익	B 특색
C 资格	D 理论	C 자격	D 이론

해설 빈칸은 [{술어(具)+관형어(羌族)+＿＿＿+的}+명사(圆圈群舞)]의 구조이므로 빈칸은 羌族(강족)의 수식을 받으며 具의 목적어가 되는 어휘의 자리이다. 보기의 어휘 중 '가장 강족의 ～을 갖춘 윤무이다'에 들어갈 알맞은 어휘는 B 特色(특색)이다.

어휘 利益 lìyì 몡 이익, 이득　特色 tèsè 몡 특색, 특징　资格 zīgé 몡 자격　理论 lǐlùn 몡 이론

5

A 些	B 幅	A 약간	B 폭
C 批	D 丝	C 무더기	D 가닥

해설 빈칸은 [수사(第二)+＿＿＿+명사(非物质文化遗产名录)]의 구조이므로 빈칸은 양사 자리이다. 보기의 어휘 중 非物质文化遗产名录는 한 개가 아니라 많은 양을 나타내므로 C 批(무더기)가 들어가야 한다. 些는 불확실한 수량을 나타내고, 幅은 천이나 그림을 세는 양사이다. 丝는 '오라기, 가닥'의 뜻으로 극소량을 나타내는 양사이다. 따라서 이들 3개의 보기는 모두 정확하게 등록번호를 매기는 문화재의 양사로 부적절하다.

・些	买些食品 약간의 식품을 사다	一些书 약간의 책
・幅	一幅画 한 폭의 그림	
・丝	一丝不苟 조금도 소홀히 하지 않다	一丝笑容 한 줄기 미소
・批	一批游客 한 무리의 관광객	一批研究资料 대량의 연구자료

어휘 些 xiē 톙 약간, 조금　幅 fú 톙 폭(그림 따위를 세는 단위)　丝 sī 톙 오라기, 가닥　批 pī 톙 사람의 무리, 물건의 한 무더기

6

A 成为了羌族舞的统称	A 강족 춤의 통칭이 되었다
B 失去了它原有的意义	B 그 원래의 의미를 잃었다
C 萨朗不再被羌族人使用	C '싸랑'은 더 이상 강족들에게 사용되지 않는다
D 其形式发生了变化	D 그 형식에 변화가 생겼다

해설 빈칸의 앞뒤 어순은 [문장①(原是"唱起来，跳起来"的意思)+문장②(可后来词义扩大)+＿＿＿]의 구조로 문장①에 기존의 뜻을 설명했고, 문장②에 역접을 나타내는 접속사 可를 사용하여 의미가 확대되었다고 했으므로 빈칸에는 원래의 의미(唱起来，跳起来)보다 확대된 의미가 들어가야 한다. 따라서 의미상 가장 적합한 정답은 A 成为了羌族舞的统称(강족 춤의 통칭이 되었다)이다.

어휘 统称 tǒngchēng 명 통 통칭(하여 부르다) 失去 shīqù 통 잃다 原有 yuányǒu 통 이전부터 있다 意义 yìyì 명 뜻, 의미 使用 shǐyòng 통 사용하다 形式 xíngshì 명 형식

7

A 思考	B 流传	A 생각하다	B 전해지다
C 延长	D 反应	C 연장하다	D 반응하다

해설 빈칸은 [주어(祖辈)+부사어(口头)+____+보어(下来)]의 구조이므로 빈칸은 口头(입으로)가 꾸며주고, 보어 下来(과거로부터 현재까지 지속됨)를 붙일 수 있는 술어 자리이다. 보기의 어휘 중 알맞은 것은 B 流传(전해지다)이다.

• 思考	**思考**问题 문제를 생각하다	独立**思考** 독립적으로 사고하다
• 流传	**流传**到今天 오늘날까지 전해지다	广泛**流传** 널리 퍼지다
• 延长	**延长**寿命 수명을 연장하다	**延长**了一天 하루를 연장했다
• 反应	引起了强烈的**反应** 강렬한 반응을 일으키다	化学**反应** 화학반응

어휘 思考 sīkǎo 명 통 사고(하다) 流传 liúchuán 통 전해지다, 세상에 널리 퍼지다 延长 yáncháng 통 연장하다 反应 fǎnyìng 명 통 반응(하다)

제2부분 일치하는 내용 고르기

1. 1:1 대조형 실전 테스트

정답 1. A   2. C   3. B   4. D   5. B

1

电影《英雄》、《十面埋伏》的导演张艺谋是中国目前最著名的导演之一。他在拍摄时注重细节的真实性，并且惯用浪漫的色彩，作品也多与中国传统文化相关。因此受到了国内外的广大关注。此外，除了拍摄电影他还担任过2008年北京奥运会开幕式和闭幕式的总导演。

영화 「英雄(영웅)」, 「十面埋伏(십면매복)」의 감독 장이머우는 현재 중국에서 가장 유명한 감독 중 하나이다. 그는 영화를 찍을 때 디테일의 리얼리티를 중시하고, 낭만적 색채를 자주 사용하며, 작품 역시 중국의 전통문화와 많은 관련이 있다. 때문에 국내외에서 많은 주목을 받았다. 이 밖에, 영화 촬영 외에도 그는 2008년 베이징올림픽 개막식과 폐막식의 총감독을 맡기도 했다.

A 张艺谋拍摄时重视细节的真实性
B 张艺谋是传统文化的宣传代表
C 张艺谋只拍摄过电影
D 张艺谋拍的历史剧很受欢迎

A 장이머우는 영화 촬영시 디테일의 리얼리티를 중시한다
B 장이머우는 중국문화 홍보대사이다
C 장이머우는 영화만 찍었다
D 장이머우가 찍은 사극은 인기가 많다

해설 보기에 张艺谋(장이머우)가 반복해서 제시되므로 张艺谋에 관한 내용임을 알 수 있다. 张艺谋를 제외한 보기의 키워드를 분석하면, A는 细节的真实性(디테일의 리얼리티), B는 文化宣传代表(문화 홍보 대사), C는 只拍摄过电影(영화만 찍었다), D는 历史剧(사극)이다. 지문에서 他在拍摄时注重细节的真实性(그는 영화를 찍을 때 디테일의 리얼리티를 중시한다)이라고 했으므로 일치하는 내용은 A이다.

어휘 [지문] 张艺谋 Zhāngyìmóu [인명] 장이모우(영화감독)　导演 dǎoyǎn [명] 감독　拍摄 pāishè [동] 촬영하다　注重 zhùzhòng [동] 중시하다　细节 xìjié [명] 사소한 부분　真实性 zhēnshíxìng [명] 진실성　惯用 guànyòng [동] 상용하다　相关 xiāngguān [동] 관련되다　广大 guǎngdà [형] 넓다, 크다　关注 guānzhù [명] 관심　担任 dānrèn [동] 맡다　奥运会 àoyùnhuì [명] 올림픽　开幕式 kāimùshì [명] 개막식　闭幕式 bìmùshì [명] 폐막식　[보기] 宣传 xuānchuán [명][동] 선전(하다)　代表 dàibiǎo [명][동] 대표(하다)

2

中国的著名诗句"此时无声胜有声"是说默默无声却比有声更感人。传统艺术的表现方法中也有一种称做"留白"的表现手法，被广泛应用于书画、诗歌等领域。在书画作品中，留白往往是留下一定的空白，给人以想象的空间；在诗词作品中，留白则指用简洁的语言来表达。

중국의 유명한 시구 '지금은 말하지 않는 것이 말하는 것보다 좋다'는 말 없이 잠잠한 것이 오히려 소리가 있는 것보다 감동적이라는 것을 말한다. 전통예술의 표현 방법 중에 '여백'이라고 불리는 표현 기법이 있는데 서화, 시가 등의 분야에 널리 응용된다. 서화 작품에서 여백은 보통 어느 정도 빈 공간을 남겨두어 사람들에게 상상의 여지를 준다. 시가에서 여백이란 간결한 언어로 표현하는 것을 말한다.

A 留白只适用书画作品
B 诗歌中的留白是指给人以想象的空间
C 留白是一种艺术表现手法
D 留白是现代文学的表现方法

A 여백은 서화 작품에만 적용한다
B 시가에서 여백은 사람들에게 상상의 여지를 준다
C 여백은 일종의 예술적 표현 기법이다
D 여백은 현대 문학의 표현 방법이다

해설 보기에 留白(여백)가 반복해서 제시되므로 留白에 관한 글임을 예상할 수 있다. 留白를 제외한 보기의 키워드로 A는 只适用书画(서화에만 적용한다), B는 诗歌中(시가 속)과 想象的空间(상상의 여지), C는 艺术表现手法(예술적 표현 기법), D는 现代文学(현대문학)이다. 보기 A의 단정적 표현 '只'에 주의하여 지문과 대조한다. 지문에서 传统艺术的表现方法中也有一种称做"留白"的表现手法(전통예술의 표현 방법 중에도 '여백'이라고 불리는 표현 기법이 있다)라고 했으므로 일치하는 내용은 C이다.

어휘 [지문] 此时无声胜有声 cǐshí wúshēng shèng yǒusheng 지금은 말하지 않는 것이 말하는 것보다 좋다 默默 mòmò 형 아무 말 없이 잠잠하다 感人 gǎnrén 형 감동적이다 留白 liúbái 여백을 남기다 广泛 guǎngfàn 형 광범위하다 应用 yìngyòng 동 응용하다 书画 shūhuà 명 서화 诗歌 shīgē 명 시가 领域 lǐngyù 명 분야, 영역 空白 kòngbái 명 공백, 여백 想象 xiǎngxiàng 명 동 상상(하다) 简洁 jiǎnjié 형 간결하다 表达 biǎodá 동 표현하다 [보기] 适用 shìyòng 동 적용하다 手法 shǒufǎ 명 수법, 기법

3

便仓镇位于盐城市204国道向南五十里处，这里的枯枝牡丹以奇、特、怪、灵著称于世。被名为"枯枝牡丹"，意为着这种花在花开的时候，枝叶枯萎而花朵艳丽。由于枯枝牡丹稀少珍贵，近年来当地政府对其不断加大保护力度。

삐엔창쩐은 옌청시 204번 국도에서 남쪽으로 50리에 위치하고 있다. 이곳의 마른가지 모란꽃은 특이한 외관과 습성으로 세계적으로 유명하다. '마른가지 모란꽃'으로 불리듯 이 꽃은 개화할 때, 가지와 잎은 시들한데 꽃송이는 아름답다. 마른가지 모란꽃은 희귀하여 최근 현지 정부는 부단히 보호에 더욱 힘을 쓰고 있다.

A 枯枝牡丹种类繁多
B 枯枝牡丹受到大力保护
C 牡丹一般在开花后才长叶子
D 枯枝牡丹开花盛期为2月

A 마른가지 모란꽃은 종류가 많다
B 마른가지 모란꽃은 대대적으로 보호받는다
C 모란꽃은 일반적으로 개화 후에야 잎이 자란다
D 마른가지 모란꽃은 개화 성수기가 2월이다

해설 보기에 枯枝牡丹(마른가지 모란꽃)이 반복해서 제시되므로 枯枝牡丹에 관한 글임을 예상할 수 있다. 枯枝牡丹를 제외한 보기의 키워드는, A는 种类(종류), B는 保护(보호), C는 叶子(잎), D는 2月(2월)이다. 지문에서 近年来当地政府对其不断加大保护力度(최근 현지 정부는 부단히 보호에 더욱 힘을 쓰고 있다)라고 했으므로 일치하는 내용은 B이다.

TIP▶ 만일 보기에 숫자가 있으면 지문에서 바로 대조하여 정답 여부를 파악할 수 있다. 이때 반드시 숫자 뒤의 단위를 함께 점검하도록 한다.

어휘 [지문] 便仓镇 Biàncāngzhèn 지명 삐엔창쩐(옌청 시에 위치한 소도시) 位于 wèiyú 동 ~에 위치하다 盐城市 Yánchéngshì 지명 옌청 시 枯枝牡丹 kūzhī mǔdān 명 마른가지 모란꽃 奇特 qítè 형 특이하다 形状 xíngzhuàng 명 외관 特异 tèyì 형 특이하다 习性 xíxìng 명 습성 著称 zhùchēng 동 유명하다 枝叶 zhīyè 나뭇가지와 잎 枯萎 kūwěi 형 시들다 花朵 huāduǒ 명 꽃송이 艳丽 yànlì 형 아름답다 稀少 xīshǎo 형 희소하다 珍贵 zhēnguì 진귀하다 当地 dāngdì 명 현지 政府 zhèngfǔ 명 정부 加大 jiādà 동 확대하다 力度 lìdù 힘, 역량 [보기] 繁多 fánduō 형 대단히 많다 大力 dàlì 부 강력하게, 힘껏 盛期 shèngqī 명 한창 때

4

眼药水在使用和保存的过程中，药液会由于保存环境的改变而很容易被空气中的微生物污染，从而使药效逐渐减弱，甚至会产生安全问题。因此，眼药水一旦打开，应尽快用完，长时间放置的眼药水最好及时扔掉，以免误用。

안약은 사용하고 보관하는 과정에서 약물이 보관 환경의 변화에 따라 쉽게 공기 중의 미생물에 오염될 수 있다. 이로 인해 약효가 점차 줄어들고 심지어 안전문제가 발생하기도 한다. 때문에 안약은 일단 개봉하면 가급적 빨리 다 써야 한다. 장기간 방치한 안약은 제때 폐기하여 오용을 피하는 것이 가장 좋다.

A 眼药水不宜过多使用
B 不能同时使用两种眼药水
C 眼药水应该低温储藏
D 眼药水打开后容易被污染

A 안약을 과다하게 사용하는 것은 좋지 않다
B 동시에 두 종류의 안약을 사용해서는 안 된다
C 안약은 저온 보관해야 한다
D 안약은 개봉 후 쉽게 오염된다

해설 보기에 眼药(안약)가 반복해서 제시되므로 眼药에 관한 글임을 예상할 수 있다. 眼药를 제외한 보기의 키워드로, A는 不宜过多使用(과다 사용은 좋지 않다), B는 不能同时使用两种(동시에 두 종류를 사용하는 것은 안 된다), C는 低温储藏(저온 보관), D는

容易被污染(쉽게 오염된다)을 지문과 대조한다. 지문에서 药液会由于保存环境的改变而很容易被空气中的微生物污染(약물이 보관 환경의 변화에 따라 쉽게 공기 중의 미생물에 오염될 수 있다)이라고 했으므로 일치하는 내용은 D 이다.

TIP▶ 독해 제2부분에서 가장 많이 등장하는 함정형 보기는 바로 상식적이고 논리적인 내용의 보기이다. 보기의 내용이 아무리 그럴듯해도 지문에 언급되지 않은 것은 정답이 아니다. 제2부분은 지문과 일치하는 내용의 보기가 정답임을 잊지 말아야 한다.

어휘 ^{지문} 药液 yàoyè 명 물약   微生物 wēishēngwù 명 미생물   从而 cóng'ér 접 따라서   药效 yàoxiào 명 약효   逐渐 zhújiàn 부 점차   减弱 jiǎnruò 동 약해지다   尽快 jǐnkuài 부 되도록 빨리   放置 fàngzhì 동 방치하다   及时 jíshí 부 제때에   以免 yǐmiǎn 접 ~하지 않도록   误用 wùyòng 동 오용하다   ^{보기} 眼药水 yǎnyàoshuǐ 명 안약   不宜 bùyí 동 ~하는 것은 좋지 않다   过多 guòduō 형 과다하다   低温 dīwēn 명 저온   储藏 chǔcáng 동 저장하다

5

随着现代人生活方式的不断改变，科技水平的不断提高，自行车的功能也在发生变化。它不再以代步工具的身份而受到欢迎，而是逐步向运动型、山地型、休闲型工具转变，成为了人们健身的重要选择。	현대인들의 생활방식이 끊임없이 변화하고 과학기술의 수준도 부단히 향상되며 자전거의 기능에도 변화가 생겼다. 자전거는 더 이상 보행을 대체하는 수단으로서 환영 받는 것이 아니라, 점차 운동용, 산악용, 레저용 도구로 변해 가며 사람들에게 피트니스의 주요한 선택지가 되었다.
A 自行车是环保的使者 **B 自行车的功能在发生变化** C 自行车是年轻人健身的首选 D 自行车失去了传统的代步工具的功能	A 자전거는 환경보호 대사이다 **B 자전거의 기능은 변화하고 있다** C 자전거는 젊은이들의 피트니스 1순위 선택지다 D 자전거는 전통적인 보행 대체 수단으로의 기능을 잃었다

해설 보기에 自行车(자전거)가 공통적으로 있으므로 自行车에 관한 글임을 예상할 수 있다. 自行车를 제외한 보기의 키워드를 살펴보면, A는 环保的使者(환경보호 대사), B는 功能(기능)과 变化(변화), C는 健身的首选(피트니스의 1순위 선택지), D는 失去了代步工具的功能(보행 대체 수단의 기능을 잃었다)이다. 지문에서 自行车的功能也在发生变化(자전거의 기능에도 변화가 생겼다)라고 했으므로 일치하는 내용은 B이다.

어휘 ^{지문} 方式 fāngshì 명 방식   科技 kējì 명 과학기술   工具 gōngjù 명 수단, 도구   逐步 zhúbù 부 차츰차츰   休闲 xiūxián 명 동 레저 활동(을 하다)   身份 shēnfen 명 신분, 지위   ^{보기} 使者 shǐzhě 명 사절   功能 gōngnéng 명 기능   健身 jiànshēn 동 몸을 튼튼하게 하다   首选 shǒuxuǎn 동 우선하여 선택하다   代步 dàibù 동 걸음을 대신하다

2. 주제 찾기형 실전 테스트

정답   1. D   2. A   3. C   4. B   5. D

1

每个人都会经历青春期，那个时期的人们，由于自我意识开始觉醒并迅速发展，很容易出现以自我为中心的倾向。但这个时期一旦过去了，人们就会开始冷静地、全面地认识并审视自己，不会过分炫耀，更不会过分掩饰。而那种认为自己最独特、最重要的想法会逐渐消失。	누구나 다 사춘기를 겪는다. 그 시기의 사람들은 자아의식이 깨어나고 빠르게 발달하기 때문에, 자기중심적인 경향이 쉽사리 나타난다. 그러나 일단 이 시기가 지나가면, 사람들은 침착하게 전반적으로 자신을 인식하고 자세히 살펴보게 되어 지나치게 거들먹거리고 감추거나 하지 않게 된다. 또한 자신이 제일 독특하고, 제일 중요하다는 생각도 점차 사라진다.
A 青春期的人容易产生愤怒情绪 B 过分炫耀对青春期的孩子有帮助 C 应该多多关注处于青春期的孩子 **D 青春期的人容易以自己为中心**	A 사춘기에 사람들은 쉽사리 분노심이 생긴다 B 지나치게 과시하는 것은 사춘기 아이들에겐 도움이 된다 C 사춘기의 아이들에게 관심을 많이 가져야 한다 **D 사춘기에 사람들은 쉽사리 자기중심적이 된다**

해설 보기에 青春期(사춘기)가 공통적으로 있으므로 青春期에 관한 글임을 알 수 있다. 青春期를 제외한 보기의 키워드를 살펴보면, A는 容易愤怒(쉽게 분노하다), B는 过分炫耀(지나치게 과시하다)와 有帮助(도움되다), C는 多多关注(관심을 많이 가지다), D는 以自己为中心(자기가 중심이다)이므로 지문과 대조한다. 지문에서 很容易出现以自我为中心的倾向(자기중심적인 경향이 쉽사리 나타난다)이라고 했으므로 일치하는 내용은 D이다.

어휘 〔지문〕 青春期 qīngchūnqī 圀 사춘기　自我意识 zìwǒ yìshí 圀 자의식　觉醒 juéxǐng 圄 각성하다　倾向 qīngxiàng 圀 경향　全面 quánmiàn 圀 전반적이다　审视 shěnshì 圄 자세히 살펴보다　掩饰 yǎnshì 圄 덮어 숨기다　逐渐 zhújiàn 圎 점차, 차츰　消失 xiāoshī 圄 사라지다　〔보기〕 愤怒 fènnù 圀 분노(하다)　情绪 qíngxù 圀 정서, 기분　炫耀 xuànyào 圄 뽐내다　关注 guānzhù 圄 관심을 가지다　处于 chǔyú 圄 어떤 상태에 처하다

2

　　在西藏日喀则的东南部，有一处被誉为摄影家眼中的天堂的地方，叫做多庆错。很多人根据谐音将其称为"多清湖"。这里不仅有清澈湛蓝的湖水，不远处还有卓木拉日雪山与之相依相伴，风景美不胜收，因此吸引了不少国内外的摄影爱好者。

티베트 시가체의 남동쪽에 뚜어칭추어라고 부르는 사진가들의 눈엔 낙원인 곳이 있다. 많은 사람들이 음을 맞춰 '뚜어칭후'라 부른다. 이곳은 맑고 푸른 호수와 멀지 않은 곳에 주어무라리(Qomo Lhari) 설산이 서로 접하고 있어 아름다운 풍경이 셀 수 없이 많다. 때문에 국내외의 적잖은 사진 애호가들을 끌었다.

A 多庆错景色秀丽
B 多庆错气候湿润
C 多庆错的湖水是绿色的
D 多庆错位于山东省

A 뚜어칭추어는 경치가 수려하다
B 뚜어칭추어는 기후가 습윤하다
C 뚜어칭추어의 호수는 초록빛이다
D 뚜어칭추어는 산동에 위치하고 있다

해설 보기에 多庆错(뚜어칭추어)가 공통적으로 있으므로 多庆错에 관한 글임을 알 수 있다. 多庆错를 제외한 보기의 키워드를 살펴보면, A는 景色秀丽(경치가 수려하다), B는 气候(기후), C는 湖水是绿色(호수가 초록빛이다), D는 山东省(산동성)이다. 지문의 마지막 부분에서도 多庆错(뚜어칭추어)가 天堂(천당)이라고 했으므로 경치가 아름다움을 유추할 수 있으며 마지막 부분에서도 风景美不胜收(아름다운 풍경이 셀 수 없이 많다)라고 했으므로 일치하는 내용은 A이다.

어휘 〔지문〕 西藏 Xīzàng 〔지명〕 티베트　日喀则 Rìkāzé 〔지명〕 시가체(티베트 중남부의 중심 도시)　被誉为 bèiyùwéi ~라고 불리다　摄影家 shèyǐngjiā 사진작가, 촬영가　天堂 tiāntáng 圀 천국, 낙원　多庆错 Duōqìngcuò 〔지명〕 다경조(호수)　谐音 xiéyīn 圄 음을 맞추다　清澈 qīngchè 圀 맑고 깨끗하다　湛蓝 zhànlán 圀 짙푸르다　卓木拉日 Zhuómùlà rì 〔지명〕 초모라리 산(Chomo Lhari)　雪山 xuěshān 圀 설산　相依相伴 xiāngyī xiāngbàn 서로 의지하고 함께하다　风景 fēngjǐng 圀 풍경, 경치　美不胜收 měi bú shèng shōu 〔성〕 훌륭한 것이 많아서 다 헤아릴 수 없다　〔보기〕 秀丽 xiùlì 圀 수려하다　湿润 shīrùn 圀 습윤하다

3

　　想象力是创造的基础与前提，尤其是在文学创作方面，想象力的重要性更为突出。比如中国神话中女娲补天的传说，古希腊神话中复仇女神的传说等等，都充分展现了人类丰富的想象力。而这些凭借想象力构成的神话传说是世界文学的重要源头。

상상력은 창조의 기초이자 전제이다. 특히 문학 창작 방면에서 상상력의 중요성은 보다 더 부각된다. 예를 들어 중국 신화의 여와가 하늘을 메운 전설이나, 고대 그리스 신화의 복수의 여신 전설 등은 모두 인간의 풍부한 상상력을 여실히 보여준다. 이들 상상력을 기반으로 구성된 신화와 전설은 세계 문학의 중요한 원천이 되었다.

A 文学是神话的源头
B 文学起源于古希腊
C 文学创作离不开想象力
D 神话传说具有鲜明的民族特色

A 문학은 신화의 원천이다
B 문학은 고대 그리스에서 기원하였다
C 문학 창작은 상상력과 뗄래야 뗄 수 없다
D 신화와 전설은 뚜렷한 민족적 특징을 지니고 있다

해설 보기에 文学(문학)가 공통적으로 있으므로 文学에 관한 글임을 알 수 있다. 文学를 제외한 보기의 키워드를 살펴보면, A는 神话的源头(신화의 원천이다), B는 起源于古希腊(고대 그리스에 기원한다), C는 离不开想象力(상상력과 뗄래야 뗄 수 없다), D는 民族特色(민족적 특징)이다. 지문의 도입부에서 상상력이 창조의 기초이자 전제라고 하면서 在文学创作方面，想象力的重要性更为突出(문학 창작 방면에서 상상력의 중요성은 보다 더 부각된다)라고 했으므로 일치하는 내용은 C이다.

어휘 지문 创造 chuàngzào 통 창조하다 前提 qiántí 명 전제 조건 突出 tūchū 형 두드러지다 女娲补天 nǚwā bǔtiān 여와가 하늘의 구멍을 메우다 传说 chuánshuō 명 전설, 설화 复仇 fùchóu 통 복수하다 女神 nǚshén 명 여신 充分 chōngfèn 부 충분히, 십분 展现 zhǎnxiàn 통 눈 앞에 펼치다, 전개하다 凭借 píngjiè 통 ~에 의하다 构成 gòuchéng 통 구성하다 보기 神话 shénhuà 명 신화 源头 yuántóu 명 근원 起源 qǐyuán 통 기원하다 古希腊 gǔxīlà 고대 그리스 创作 chuàngzuò 명 통 창작(하다) 离不开 líbukāi 떨어질 수 없다 具有 jùyǒu 통 가지다 鲜明 xiānmíng 형 뚜렷하다 特色 tèsè 명 특징, 특색

4

在中国的俗语和成语中，和"十"字相关的词语很多。如"十年树木"、"十年磨一剑"、"十年寒窗"等。这里的"十"代表的不是一个简单的数字，而是长期的坚持。如果长期坚持做一件事情，能让情况发生根本性的改变。历史证明，过早放弃的人都不会成功。

중국의 속담과 성어 중에 숫자 '10'과 관련된 어휘가 매우 많다. 예를 들어, '十年树木(나무를 키우는데 10년이 필요하다)', '十年磨一剑(10년 동안 오로지 검 한 자루만을 간다)', '十年寒窗(10년 동안 추운 창가에서 모질게 공부하다)' 등이 있다. 여기서 '10'이란 그저 간단한 숫자가 아니라 오랫동안의 꾸준함을 말한다. 만약 오랫동안 한 가지를 꾸준히 한다면, 상황을 근본적으로 변화시킬 수 있다. 역사는 증명한다. 너무 일찍 포기한 사람은 성공할 수 없다.

A 俗语与历史有关
B 坚持下去才能成功
C 放弃是成功的前提
D 俗语中"十"代表着不同的意义

A 속담은 역사와 관련되어 있다
B 꿋꿋이 버텨야 성공할 수 있다
C 포기는 성공의 전제 조건이다
D 속담 속 '10'은 서로 다른 의미를 나타낸다

해설 보기에 俗语(속담)가 공통적으로 있으므로 俗语에 관한 글임을 알 수 있다. 보기의 키워드를 살펴보면, A의 키워드는 俗语与历史有关(속담은 역사와 관련되어 있다), B의 키워드는 坚持下去(꿋꿋이 버틴다), C의 키워드는 成功的前提(성공의 전제 조건), D의 키워드는 10과 不同的意义(서로 다른 의미)이다. 지문과 키워드를 대조해 보면, 성어 속 숫자 10은 长期的坚持(오랫동안의 꾸준함)이라고 하며 마지막 부분에 过早放弃的人都不会成功(너무 일찍 포기한 사람은 성공할 수 없다)이라고 했으므로 B가 일치하는 내용이다.

어휘 지문 俗语 súyǔ 명 속담 成语 chéngyǔ 명 성어 相关 xiāngguān 통 상관되다 十年树木 shínián shùmù 나무를 기르는 데는 십 년이 필요하다(十年树木, 百年树人의 한 구절) 十年磨一剑 shínián mó yíjiàn 성 십 년 동안 오로지 검 한 자루만을 간다 十年寒窗 shínián hán chuāng 성 오랜 세월 부지런히 고생스럽게 학문에 힘쓰다 代表 dàibiǎo 통 대표하다 根本性 gēnběnxìng 근본적인 보기 前提 qiántí 명 전제 조건 意义 yìyì 명 뜻, 의의

5

四合木起源于1.4亿年前的古地中海植物区系，是一种较低矮的小灌木。因为它是一种极为古老且十分稀有的树种，所以有着植物界的"大熊猫"与"活化石"之称。目前，国家重点保护野生植物名录已将四合木确定为国家一级保护植物。

테트레나 몽골리카는 1억 4천만 년 전의 고대 지중해 식물상에서 기원한, 키가 비교적 작은 관목이다. 굉장히 오래되고 희귀하다 보니 식물계의 '자이언트 팬더', '살아있는 화석'이라는 이름을 지니고 있다. 현재 테트레나 몽골리카는 국가 중요 보호 야생식물 목록에 1급 보호식물로 지정되었다.

A 四合木只生长在中国
B 四合木在1,400年前被发现
C 四合木是一种高大的树种
D 四合木相当珍贵

A 테트레나 몽골리카는 중국에서만 자란다
B 테트레나 몽골리카는 1,400년 전에 발견되었다
C 테트레나 몽골리카는 키가 큰 수종이다
D 테트레나 몽골리카는 상당히 진귀하다

해설 보기에 四合木(테트레나 몽골리카)가 공통적으로 있으므로 이에 관한 글임을 알 수 있다. 보기의 키워드를 살펴보면 A의 키워드는 只生长在中国(중국에서만 자란다), B의 키워드는 1,400年前被发现(1,400년 전 발견), C의 키워드는 高大的树种(키가 큰 나무), D의 키워드는 珍贵(귀하다)이다. 지문의 마지막 분분에서 国家重点保护野生植物名录已将四合木确定为国家一级保护植物(테트레나 몽골리카는 국가 중요 보호 야생식물 목록에 1급 보호식물로 지정되었다)라고 했으므로 일치하는 내용은 D이다.

3. 강조형 실전 테스트

정답 1.B　2.C　3.C　4.D　5.A

1

人们通常认为，消费者对于汽车品牌的喜爱程度主要受汽车性能的影响，比如马力或者油耗。然而一项研究指出：在选购汽车时，除了性能以外，外观也在人们的重点考虑之列。品牌忠诚度以及人们对于品牌的喜爱在一定程度上也会受到外观影响的。当然，这并不是说人们只看重外观。	사람들은 보통 소비자의 자동차 브랜드에 대한 선호도는 주로 자동차의 성능, 예를 들어 마력이나 연비의 영향을 받을 것이라 생각한다. 그러나 한 연구에서 다음과 같이 밝혔다. 자동차를 구입할 때, 성능을 제외하고 외관도 사람들이 주요하게 고려하는 항목에 포함된다. 브랜드 충성도 및 브랜드에 대한 선호도 역시 어느 정도 외관의 영향을 받는다. 물론, 이것이 결코 사람들이 외관만을 본다는 것은 아니지만.
A 马力大的汽车不受欢迎 **B 消费者很在乎汽车的外观** C 汽车油耗越低性能就越好 D 汽车的大小与性能有密切关系	A 마력이 센 자동차는 인기가 없다 **B 소비자들은 자동차의 외관을 염두에 둔다** C 자동차는 연비가 낮을수록 성능이 좋다 D 자동차의 크기와 성능은 밀접한 관련이 있다

해설 보기에 汽车(자동차)가 공통적으로 있으므로 이에 관한 글임을 알 수 있다. 보기의 키워드를 살펴보면, A의 키워드는 马力大(마력이 세다), B는 外观(외관), C는 油耗越低(연비가 낮을수록), D는 大小与性能(크기와 성능)이다. 지문과 대조해 보면 B의 키워드가 접속사 然而(그러나) 뒤에서 外观也在人们的重点考虑之列(외관도 사람들이 주요하게 고려하는 항목에 포함된다)라고 언급되었으므로 일치하는 내용은 B이다.

2

2002年，电视剧《不要和陌生人说话》在中国热播，这部电视剧间接反映了中国人不善与陌生人接触的保守思想。但是现代教育理念却认为，让孩子从小就和陌生人适当接触对其成长是有益的，他们应该学会在需要帮助时如何向陌生求助。	2002년 TV드라마 「낯선 사람과 이야기하지 마세요」가 중국에서 인기리에 방영되었다. 이 드라마는 중국인들이 낯선 사람을 능숙하게 접하지 못하는 보수적인 생각을 간접적으로 반영하였다. 그러나 현대 교육이념에서는 다음과 같이 여긴다. 아이로 하여금 어려서부터 낯선 사람을 적당히 접하게 하는 것이 아이의 성장에 유익하다는 것이다. 아이들은 필요할 때 어떻게 낯선 사람에게 도움을 구해야 하는지 마땅히 배워야 한다.
A 父母是孩子的第一任老师 B 父母应加强与孩子的交流 **C 孩子应学会和陌生人沟通** D 电视剧对孩子的影响极大	A 부모는 아이의 첫 번째 스승이다 B 부모는 아이와의 대화를 더 많이 해야 한다 **C 아이는 낯선 사람과 소통하는 법을 배워야 한다** D TV 드라마가 아이들에게 미치는 영향이 지대하다

해설　보기에 父母(부모)와 孩子(아이)가 있으므로 교육에 관한 글임을 알 수 있다. 보기의 키워드를 살펴보면, A의 키워드는 第一任老师(첫 번째 스승), B는 加强交流(대화를 강화하다), C는 学会和陌生人沟通(낯선 사람과 소통하는 법을 배우다), D는 电视剧影响极大(TV드라마의 영향이 지대하다)이다. 지문과 대조해 보면 他们应该学会在需要帮助时如何向陌生人求助(아이들은 필요할 때 어떻게 낯선 사람에게 도움을 구해야 하는지 마땅히 배워야 한다)라고 언급되었으므로 C가 일치하는 내용임을 알 수 있다.

어휘　지문 电视剧 diànshìjù 명 TV드라마　陌生人 mòshēngrén 명 낯선 사람　热播 rèbō 통 절찬리에 방영하다　间接 jiànjiē 형 간접적인　反映 fǎnyìng 명 통 반영(하다)　不善 bùshàn 형 잘하지 못하다　保守 bǎoshǒu 형 보수적이다　理念 lǐniàn 명 이념　适当 shìdàng 형 적당하다　成长 chéngzhǎng 통 성장하다　有益 yǒuyì 형 유익하다　求助 qiúzhù 통 도움을 청하다　보기 加强 jiāqiáng 통 강화하다　学会 xuéhuì 통 배워서 할 수 있게 되다　沟通 gōutōng 통 소통하다

3

一项研究显示，人在无聊时大脑的思维是最自由的，可以无拘无束地发挥想象，在想象的世界里"漫游"，人们常说的"天马行空"，就是这个意思。然而，这种不受限制的想象并不是一无是处的，它为创造性思维提供了良好的条件。也就是说，无聊或许可以激发人们的创造力。	사람이 무료할 때 대뇌의 사고가 가장 자유로워 아무런 얽매임 없이 상상의 나래를 펼치고 상상의 세계 속에서 자유롭게 떠다닐 수 있다고 한 연구에서 밝혔다. 사람들이 흔히 말하는 '천마행공(天马行空)'이 바로 이런 의미이다. 그러나 이렇게 무한한 상상이 무엇 하나 맞는 것이 없는 것은 결코 아니다. 그것은 창의적 사고에 좋은 조건을 제공해 주었다. 즉, 무료함은 사람들의 창의력을 마구 불러일으킬 수 있다는 말이다.
A 无聊时人容易犯困 B 人类历史上的发明靠的都是想象 **C 无聊也有它的好处** D 人在无聊时意志很脆弱	A 무료할 땐 쉽게 졸음이 온다 B 역사적인 발명은 모두 상상에서 비롯되었다 **C 무료함도 그것만의 장점이 있다** D 사람은 무료할 때 의지가 약하다

해설　보기에 无聊(무료함)가 공통적으로 있으므로 이에 관한 글임을 알 수 있다. 보기의 키워드를 살펴보면, A의 키워드는 犯困(졸음이 온다), B는 发明靠想象(발명은 상상에 의존한다), C는 也有好处(좋은 점도 있다), D는 意志弱(의지가 약하다)이다. 지문과 키워드를 대조해 보면 지문에 삽입어 也就是说(다시 말하자면) 뒤에 无聊或许可以激发人们的创造力(무료함은 사람들의 창의력을 마구 불러일으킬 수 있다는 말이다)라고 하여 무료함의 장점을 언급했으므로 정답은 C이다.

어휘　지문 大脑 dànǎo 명 대뇌　思维 sīwéi 통 사고하다　自由 zìyóu 명 형 자유(롭다)　无拘无束 wú jū wú shù 성 자유롭다, 아무런 구속도 없다　发挥 fāhuī 통 발휘하다　想象 xiǎngxiàng 명 통 상상(하다)　漫游 mànyóu 통 자유롭게 유람하다　天马行空 tiān mǎ xíng kōng 성 말이 하늘을 나는 듯 빨리 달리다, 기풍이 호방하고 자유롭다　限制 xiànzhì 통 제한하다　一无是处 yì wú shì chù 성 하나도 옳은 곳이 없다　创造 chuàngzào 통 창조하다　或许 huòxǔ 부 어쩌면　激发 jīfā 통 감정을 불러일으키다　创造力 chuàngzàolì 명 창의력　보기 犯困 fànkùn 통 졸리다　靠 kào 통 ~에 달려 있다, 의거하다　意志 yìzhì 명 의지　脆弱 cuìruò 형 취약하다

4

近年来，股票作为投资的一种重要方式更加受到投资者的青睐。与基金相比，股票相对的利润更大，但是风险很高，因此，投资者在进入股市前最好先仔细观察，谨慎投资。也就是人们常说的：股市有风险，入市需谨慎。投资者应根据自己的经济状况，量力而行。	최근 들어 주식은 투자의 중요한 방식으로 투자자들에게 인기를 끌고 있다. 펀드와 비교하여, 주식은 상대적인 이윤이 더 많지만 리스크가 높다. 때문에, 투자자들은 주식시장에 진입하기 전 가급적이면 먼저 꼼꼼하게 관찰하고 신중하게 투자하는 것이 좋다. 즉, 흔히 말하는 '주시 식장은 리스크가 있으니 마켓 진입 시 신중함이 필요하다'가 된다. 투자자는 자신의 형편에 따라, 투자를 진행해야 한다.
A 股票比基金更加安全 B 股票必需一次性投入大笔的钱 C 基金的利润比股票多 **D 投资股票需要谨慎**	A 주식이 펀드보다 훨씬 안전하다 B 주식은 반드시 한 번에 거금을 투입해야 한다 C 펀드의 이윤이 주식보다 많다 **D 주식 투자는 신중함을 필요로 한다**

해설 보기에 股票(주식), 基金(펀드), 投资(투자)가 있으므로 투자에 관한 글임을 알 수 있다. 보기의 키워드를 살펴보면, A의 키워드는 股票安全(주식이 안전하다), B는 一次性投入大笔钱(한 번에 거금 투입), C는 基金利润多(펀드 이윤이 많다), D는 需要谨慎(신중해야 한다)이다. 지문과 대조해 보면 D의 키워드가 접속사 因此(이 때문에)의 뒤에 投资者在进入股市前最好仔细观察, 谨慎投资(투자자들은 주식 시장에 진입하기 전 가급적이면 먼저 꼼꼼하게 관찰하고 신중하게 투자하는 것이 좋다)라고 언급했으므로 일치하는 내용은 D이다.

어휘 〔지문〕 股票 gǔpiào 〔명〕 주식   投资 tóuzī 〔명〕〔동〕 투자(하다)   青睐 qīnglài 〔명〕 호감, 호의   基金 jījīn 〔명〕 펀드   相对 xiāngduì 〔형〕 상대적이다   利润 lìrùn 〔명〕 이윤   风险 fēngxiǎn 〔명〕 위험   股市 gǔshì 〔명〕 주식 시장   谨慎 jǐnshèn 〔형〕 신중하다   状况 zhuàngkuàng 〔명〕 형편, 상황   量力而行 liàng lì ér xíng 〔성〕 자신의 역량 능력에 따라 실행해야 한다   〔보기〕 一次性 yícìxìng 단번에, 일회성   投入 tóurù 〔동〕 투입하다   大笔钱 dàbǐqián 거액의 돈

5

骆驼曾是沙漠里唯一的交通工具, 被称为"沙漠之舟"。但随着现代社会科学的不断发展, 能够在沙漠里行进的现代化交通工具越来越多。因此, 骆驼作为交通工具的身影也渐渐淡出人们的视线。如今, 我们已经很少能看到成群的骆驼驮着货物在沙漠里穿行的情景了。

낙타는 일찍이 사막의 유일한 교통수단으로 '사막의 배'라 불리었다. 그러나 현대사회의 과학기술이 끊임없이 발전함에 따라 사막에서 다닐 수 있는 현대화된 교통수단들이 점차 많아졌다. 이 때문에 교통수단으로서의 낙타의 모습은 점차 사람들의 시야에서 사라져갔다. 오늘날 우리는 낙타가 물건을 등에 지고 무리를 지어 사막을 가로지르는 광경을 거의 볼 수 없다.

A 骆驼的运输功能在减弱
B 骆驼面临灭绝
C 沙漠污染越来越严重
D 骆驼依然是沙漠交通的"主力军"

A 낙타의 운송 기능은 약해지고 있다
B 낙타는 멸종의 위기에 처해있다
C 사막 오염이 점차 심각해진다
D 낙타는 여전히 사막 교통의 '주력 부대'이다

해설 보기에 骆驼(낙타)가 공통적으로 있으므로 이에 관한 글임을 알 수 있다. 보기의 키워드를 살펴보면, A의 키워드는 运输功能在减弱(운송 기능이 약해지고 있다), B는 灭绝(멸종), C는 沙漠污染(사막의 오염), D는 沙漠交通的"主力军"(사막 교통의 '주력 부대')이다. 지문과 대조해 보면 접속사 因此(이 때문에)의 뒤로 骆驼作为交通工具的身影也渐渐淡出人们的视线(교통수단으로서의 낙타의 모습은 점차 사람들의 시야에서 사라져갔다)이라고 했으므로 일치하는 내용은 A이다.

어휘 〔지문〕 骆驼 luòtuo 〔명〕 낙타   沙漠 shāmò 〔명〕 사막   唯一 wéiyī 〔형〕 유일한   工具 gōngjù 〔명〕 도구, 수단   被称为 bèichēngwéi ~라고 불리다   舟 zhōu 〔명〕 배   行进 xíngjìn 〔동〕 행진하다   身影 shēnyǐng 〔명〕 그림자, 모습   渐渐 jiànjiàn 〔부〕 점차   淡出 dànchū 〔명〕 페이드 아웃 〔동〕 조용히 떠나다   视线 shìxiàn 〔명〕 시선   成群 chéngqún 〔동〕 무리를 이루다   驮 tuó 〔동〕 짐승의 등에 싣다   货物 huòwù 〔명〕 물품, 화물   穿行 chuānxíng 〔동〕 헤치고 나아가다   情景 qíngjǐng 〔명〕 광경   〔보기〕 面临 miànlín 〔명〕 당면하다, 직면하다   灭绝 mièjué 〔동〕 멸절하다   运输 yùnshū 〔동〕 운송(하다)   减弱 jiǎnruò 〔동〕 약해지다   依然 yīrán 〔형〕 전과 다름없다   主力军 zhǔlìjūn 〔명〕 주력 부대

정답 1. B 2. C 3. D 4. B 5. B

1

有这样一种城市，市内有很多地块是用吸水材料建成的，这些地块平时可供市民休闲，遇到暴雨天则能大量吸收雨水，解决城市积水问题。由于这种像海绵一样能吸水的特性，这类城市被称为"海绵城市"。另外，被吸收的雨水还可以再次利用，有助于缓解城市水资源的紧张。

이런 도시가 있다. 시내의 많은 토지가 흡수소재로 지어져 평소엔 시민들에게 휴식을 제공하고, 폭우가 오면 대량으로 빗물을 흡수하여 도심에 물이 고이는 문제를 해결한다. 이렇게 스펀지처럼 물을 흡수하는 특성으로 인해 이러한 도시를 이른바 '스펀지 도시'라고 부른다. 그 밖에 흡수된 빗물은 재사용될 수 있어서 도시의 수자원 부족을 완화시키는 데 도움이 된다.

A 海绵城市人口流动较大
B 海绵城市能吸收和利用雨水
C 海绵城市多在南方降雨多的地方
D 海绵城市市民休闲设施相对落后

A 스펀지 도시는 인구 유동이 비교적 많다
B 스펀지 도시는 빗물을 흡수하여 이용할 수 있다
C 스펀지 도시는 남쪽의 강수량이 많은 지방에 주로 위치한다
D 스펀지 도시는 시민 휴식 시설이 상대적으로 낙후되어 있다

해설 보기에 海绵城市(스펀지 도시)가 공통적으로 있으므로 이에 관한 글임을 알 수 있다. 보기의 키워드를 살펴보면, A의 키워드는 人口流动较大(인구 유동량이 비교적 많다), B의 키워드는 吸收和利用雨水(빗물을 흡수하여 이용하다), C의 키워드는 在南方(남쪽에 있다), D의 키워드는 休闲设施落后(휴식 시설이 낙후되다)이다. 지문과 대조해 보면 B의 내용이 遇到暴雨天则能大量吸收雨水(폭우가 오면 대량으로 빗물을 흡수하여)로 언급되었으므로 일치하는 내용은 B이다.

어휘 <u>지문</u> 材料 cáiliào 몡 재료 建成 jiànchéng 통 건설하다 地块 dìkuài 몡 토지 供 gōng 통 공급하다 休闲 xiūxián 통 휴식 오락 활동을 즐기다 暴雨 bàoyǔ 몡 폭우 吸收 xīshōu 통 흡수하다 积水 jīshuǐ 통 물이 괴다 海绵 hǎimián 몡 스펀지 特性 tèxìng 몡 특성 有助于 yǒuzhùyú ~에 도움이 되다 缓解 huǎnjiě 통 완화시키다 <u>보기</u> 人口流动 rénkǒu liúdòng 인구 유동 降雨 jiàngyǔ 통 비가 내리다 몡 강우 设施 shèshī 몡 시설 相对 xiāngduì 혭 상대적이다 落后 luòhòu 혭 낙후되다

2

采访是记者这一行业的"必修课"，采访看起来简单，其实不然。光是采访前的准备工作就足以让人应接不暇。首先，要查找相关资料、充分了解被采访者。然后要制订采访提纲，设计好采访中的问题，其中更要注意的是提问方式。

인터뷰는 기자라는 직업에서는 '필수 과목'이다. 인터뷰는 보기엔 간단해 보이지만 사실은 그렇지 않다. 인터뷰 전의 준비만 해도 눈코 뜰새 없이 바쁘다. 우선, 관련 자료를 찾아 인터뷰 대상자를 충분히 파악해야 한다. 그리고 인터뷰 스크립트를 짜고 인터뷰 중 질문을 설계해야 한다. 그 중 더 신경 써야 할 것은 질문 방식이다.

A 采访过程中要善于随机应变
B 采访时要注意语气
C 采访前要做很多准备
D 采访前要先去拜访被采访者

A 인터뷰 과정에서 임기응변을 잘 해야 한다
B 인터뷰 시 말투에 주의해야 한다
C 인터뷰 전 많은 준비를 해야 한다
D 인터뷰 전 우선 인터뷰 대상자를 방문해야 한다

해설 보기에 采访(인터뷰)이 공통적으로 있으므로 이에 관한 글임을 알 수 있다. 보기의 키워드를 살펴보면, A의 키워드는 随机应变(임기응변), B의 키워드는 注意语气(말투 주의하기), C의 키워드는 多准备(많이 준비하기), D의 키워드는 先去拜访(우선 방문하기)이다. 지문과 대조해 보면 光是采访前的准备工作就足以让人应接不暇(인터뷰 전의 준비만 해도 눈코 뜰새 없이 바쁘다)라고 했으므로 일치하는 내용은 C이다.

어휘 <u>지문</u> 采访 cǎifǎng 몡 통 인터뷰(하다) 行业 hángyè 몡 직업, 업종 必修课 bìxiūkè 몡 필수 과목 其实不然 qíshí bùrán 사실은 그러하지 않다 足以 zúyǐ ~하기에 족하다 应接不暇 yìng jiē bù xiá 졩 대하느라 몹시 분주하다 查找 cházhǎo 통 조사하다, 찾다 相关 xiāngguān 통 관련되다 资料 zīliào 몡 자료 充分 chōngfèn 뷔 충분히 制订 zhìdìng 통 만들어 정하다

提纲 tígāng 명 대강, 스크립트   设计 shèjì 동 설계하다, 구상하다   提问 tíwèn 동 질문하다   보기 善于 shànyú 동 ~를 잘하다   随机应变 suí jī yìng biàn 성 임기응변하다   语气 yǔqì 명 말투   拜访 bàifǎng 동 예를 갖추어 방문하다

3

常年被冰雪覆盖的北极生活着一种会变色的动物——海象。它们是如何变色的呢？原来当海象处在冰冷的海水中时，由于血管收缩，皮肤就会变为灰白色。而它们上岸以后，血管又会扩张，因此皮肤又会变为棕红色。当一群海象爬在岩石上时，看上去就像一块巨大的棕红色地毯。	일 년 내내 얼음과 눈으로 뒤덮여 있는 북극에 자신의 색을 바꾸는 동물이 살고 있다. 바로 바다코끼리이다. 그들은 어떻게 색을 바꾸는 것일까? 알고 보니 바다코끼리가 차가운 바닷물 속에 있을 때에는 혈관이 수축하여 피부가 회색 빛을 띤 흰색으로 변하는데 그들이 뭍으로 올라오면 혈관은 다시 확장하여 피부가 다시 고동색으로 바뀌는 것이다. 그래서 바다코끼리 무리가 바위 위에 올라가 있으면, 거대한 고동색 카펫처럼 보인다.
A 海象在海里是为寻找食物 B 海象在水中皮肤呈棕红色 C 北极和南极都有海象 **D 海象的肤色多变**	A 바다코끼리가 바다 속에 있는 건 먹이를 찾기 위해서다 B 바다코끼리는 물 속에서 고동색을 띤다 C 북극과 남극에 모두 바다코끼리가 있다 **D 바다코끼리의 피부 색은 다양하게 변한다**

해설   보기에 海象(바다코끼리)이 공통적으로 있으므로 이에 관한 글임을 알 수 있다. 보기의 키워드를 살펴보면, A의 키워드는 海里(바다 속)와 寻找食物(먹이를 찾다), B의 키워드는 在水中(물 속)과 棕红色(고동색), C의 키워드는 北极和南极都有(북극과 남극에 다 있다), D의 키워드는 肤色多变(피부색이 다양하게 변한다)이다. 지문과 대조해 보면 도입 부분에 一种会变色的动物——海象(자신의 색을 바꾸는 동물: 바다코끼리)이라고 했으므로 일치하는 내용은 D이다.

어휘   지문 常年 chángnián 일 년 내내   冰雪 bīngxuě 명 얼음과 눈   覆盖 fùgài 동 뒤덮다   北极 běijí 명 북극   变色 biànsè 동 색이 변하다   海象 hǎixiàng 명 바다코끼리   如何 rúhé 어떻게   血管 xuèguǎn 명 혈관   收缩 shōusuō 동 수축하다   上岸 shàng'àn 동 뭍에 오르다   扩张 kuòzhāng 동 확장하다   棕红色 zōnghóngsè 명 고동색   群 qún 명 무리 떼   岩石 yánshí 명 암석   巨大 jùdà 형 거대하다   地毯 dìtǎn 명 카펫   보기 寻找 xúnzhǎo 동 찾다   食物 shíwù 명 음식물, 먹을 것   呈 chéng 동 (빛깔을) 띠다

4

西瓜是盛夏时节人们最爱的消暑食品之一。西瓜的西字大多数人认为是取其"来自西域"的意思。其实，它还有一个不为人知的名字。根据《本草纲目》记载，西瓜性寒、味甘、解暑，因此在古时，它又被称作"寒瓜"。	수박은 한여름철 사람들에게 가장 인기 있는 더위를 식혀주는 식품 가운데 하나이다. 西瓜의 西(서)자는 많은 사람들이 '西域(서역)에서 왔다'는 뜻으로 생각한다. 그러나 사실, 수박엔 사람들에게 알려지지 않은 이름이 있다. 「본초강목」의 기록에 따르면 수박은 성질이 차갑고, 맛이 달고, 더위를 식혀주어 먼 옛날 사람들은 수박을 '한과'라고도 불렀다.
A 西瓜有清热解毒的功效 **B 西瓜古时也称为寒瓜** C 西瓜清朝时期传入中国的 D 西瓜不适宜在北方种植	A 수박은 더위를 식혀주고 해독을 해 주는 효능이 있다 **B 수박은 먼 옛날 한과라고 불렀다** C 수박은 청나라 왕조 시기에 중국으로 전해 들어왔다 D 수박은 북방에서 재배하기엔 부적합하다

해설   보기에 西瓜(수박)가 공통적으로 있으므로 이에 관한 글임을 알 수 있다. 보기의 키워드를 살펴보면, A의 키워드는 解毒(해독), B의 키워드는 寒瓜(한과), C의 키워드는 清朝时期传入(청나라 왕조 시기에 전해 들어왔다), D의 키워드는 不适宜在北方种植(북방에서 재배하기엔 부적합하다)이다. 보기의 키워드를 대조해 보면 접속사 因此(이 때문에) 뒤로 因此在古时, 它又被称作"寒瓜"(먼 옛날 사람들은 수박을 '한과'라고도 불렀다)라고 했으므로 일치하는 내용은 B임을 알 수 있다.

어휘   지문 盛夏 shèngxià 명 한여름   时节 shíjié 명 때, 계절   消暑 xiāoshǔ 동 더위를 가시게 하다   西域 Xīyù 지명 서역   不为人知 bù wéi rén zhī 알려지지 않다   《本草纲目》Běncǎo gāngmù 명 「본초강목」   记载 jìzǎi 명 동 기록(하다)   性寒 xìnghán 속성이 차갑다   味甘 wèigān 맛이 달다   解暑 jiěshǔ 동 더위를 식히다   보기 清热 qīngrè 동 열을 내리다   解毒 jiědú 동 해독하다   功效 gōngxiào 명 효능, 효과   清朝 qīngcháo 청나라 왕조   时期 shíqī 명 시기   传入 chuánrù 동 전해 들어오다   适宜 shìyí 형 적합하다   种植 zhòngzhí 동 심다, 재배하다

5

世界上有很多东西都可以转让、赠予，但有一样东西仅仅属于你自己，而且比其他任何东西都更忠诚于你，那就是你的经历。你经历过的人和事，以及你在经历过程中而产生的感受和思考，都将是你宝贵的人生财富。

세상의 많은 것들이 양도, 증여가 가능하나 한 가지 오로지 당신 자신에게만 속하여 다른 어떤 것보다도 당신에게 충성하는 것이 있다. 바로 경험이다. 당신이 겪었던 사람과 일, 그리고 그 과정에서 생긴 감상과 생각들은 모두 다 당신의 소중한 인생의 재산이 된다.

A 经历对人生没有什么作用
B 经历是人生的财富
C 没有丰富经历的人都没有朋友
D 经历相似的人互相不信任

A 경험은 인생에 어떤 효과도 없다
B 경험은 인생의 재산이다
C 풍부한 경험이 없는 사람은 친구가 없다
D 경험이 서로 비슷한 사람은 서로 신뢰하지 않는다

해설 보기에 经历(경험)가 공통적으로 있으므로 이에 관한 글임을 알 수 있다. 보기의 키워드를 살펴보면, A의 키워드는 没有什么作用(어떤 효과도 없다), B의 키워드는 人生的财富(인생의 재산), C의 키워드는 没有朋友(친구가 없다), D의 키워드는 相似的人(비슷한 사람)과 不信任(신뢰하지 않는다)이다. 지문과 대조해 보면 마지막 부분에서 都将是你宝贵的人生财富(모두 다 당신의 소중한 인생의 재산이 된다)라고 했으므로 일치하는 내용은 B이다.

어휘 [지문] 转让 zhuǎnràng 통 양보하다, 양도하다 赠予 zèngyǔ 통 증여하다, 기증하다 仅仅 jǐnjǐn 부 단지, 겨우 属于 shǔyú 통 ~에 속하다 忠诚于 zhōngchéng yú ~에 충성하다 感受 gǎnshòu 명 느낌, 감상 宝贵 bǎoguì 형 귀중하다 财富 cáifù 명 부, 재산 [보기] 相似 xiāngsì 통 서로 닮다 信任 xìnrèn 통 믿다, 신임하다

제 3 부분 · 지문을 읽고 알맞은 정답 고르기

1. 세부 내용 대조형 | 실전 테스트

정답 1. D 2. B 3. C 4. D 5. A 6. B 7. C 8. B

1-4

"美图秀秀"是中国人都知道的一款图片处理软件, 可对图片进行美化、拼接等各种特殊处理, 更要得的是, 这款软件是免费的。

美图秀秀是由一位叫吴欣鸿的人开发的。吴欣鸿高中毕业后, 没有选择上大学, 而是开始了创业。[1]他先后创办了一家企业网站服务公司和一个交友网站, 但都以失败而告终, 然而他始终没有放弃自己的创业梦想。

一天, 他想将自己画的画儿上传到网上。在搜索修图工具的过程中, 他意外地发现人们对个性化图片的需求很大。而当时的图片处理软件大都专业性很强, 很难被普通人掌握。[2]他想, 为何不开发[4]一款简单好用的图片处理软件呢? 这一想法令他兴奋不已。

于是, 吴欣鸿再次出发, 先创办了美图网, 不久之后便推出了美图秀秀软件。[3]这款软件刚一推出就受到了众多网友的热捧。这也再一次说明吴欣鸿的想法是正确的。经过不断地调试和升级, 美图秀秀软件功能越来越多, 性能也日渐稳定。截至2015年1月, 美图秀秀的用户已超过4亿, 日活跃量高达两万多次。吴欣鸿终于成功了。

'메이투시우시우(美图秀秀)'는 중국인들이 다 아는 사진 편집 프로그램이다. 미화시키고, 모아 맞추는 등의 각종 특수한 효과를 사진에 준다. 더 근사한 것은 이 프로그램이 무료라는 것이다.

메이투시우시우는 우신홍이라는 사람이 개발하였다. 우신홍은 고교 졸업 후 대학 진학을 선택하지 않고 창업을 시작했다. [1]그는 잇따라 인터넷 서비스 업체와 온라인 데이트 사이트를 설립하였지만 모두 실패로 끝났다. 하지만 그는 시종일관 자신의 창업의 꿈을 포기하지 않았다.

그러던 어느 날 그가 자신이 그린 그림을 인터넷에 업로드하려고 사진 편집 툴을 검색하다 보니 뜻밖에도 사람들이 개성적인 사진에 대한 수요가 매우 높다는 것을 발견하게 되었다. 그 당시 사진 편집 프로그램은 대부분 전문성이 강해 일반인들이 숙달되기가 어려웠다. [2]그는 어째서 [4]간단하고 쓰기 좋은 사진 편집 프로그램을 개발하지 않을까 생각했다. 이 생각은 그를 매우 흥분시켰다.

그래서 우신홍은 다시 출발했다. 우선 '메이투(美图) 웹사이트'를 설립하고 얼마 뒤 메이투시우시우 프로그램을 출시했다. [3]프로그램이 출시되자마자 수많은 네티즌들의 열렬한 환영을 받았다. 이것은 또다시 우신홍의 생각이 맞았음을 증명했다. 끊임없는 디버깅과 테스트 업그레이드를 통해, 메이투시우시우 프로그램의 기능은 점차 다양해지고 성능도 나날이 안정적이 되어 갔다. 2015년 1월까지 메이투시우시우의 사용자는 이미 4억을 넘어, 일일 사용량이 2만여 건에 달한다. 우신홍은 마침내 성공했다.

어휘 美图秀秀 Měitúxiùxiù 몡 중국의 사진 편집 어플 图片处理软件 túpiàn chǔlǐruǎnjiàn 사진 편집 어플 美化 měihuà 몡 통 미화(하다) 拼接 pīnjiē 통 한데 퍼즐처럼 모아 맞추다 特殊处理 tèshū chǔlǐ 특수효과 要得 yàodé 형 근사하다, 훌륭하다 吴欣鸿 Wúxīnhóng 인명 '美图秀秀'의 창업자 开发 kāifā 통 개발하다 创业 chuàngyè 통 창업하다 创办 chuàngbàn 통 창립하다 网站服务公司 wǎngzhàn fúwù gōngsī 몡 인터넷 서비스업체 交友网站 jiāoyǒu wǎngzhàn 온라인 데이트 사이트 失败而告终 shībài ér gàozhōng 실패로 끝나다 上传 shàngchuán 통 업로드하다 搜索 sōusuǒ 통 검색하다 修图工具 xiūtú gōngjù 몡 사진 편집 툴 意外 yìwài 형 뜻밖이다 个性化图片 gèxìnghuà túpiàn 몡 특화된 사진, 개성있는 사진 需求 xūqiú 몡 수요 专业性 zhuānyèxìng 몡 전문성 掌握 zhǎngwò 통 숙달하다 为何 wèihé 대 왜 款 kuǎn 몡 양식, 스타일 不已 bùyǐ ~해 마지않다 推出 tuīchū 통 출시하다 网友 wǎngyǒu 몡 네티즌 热捧 rèpěng 통 열렬히 환영하다 调试 tiáoshì 통 디버그, 성능테스트 升级 shēngjí 통 업그레이드하다 性能 xìngnéng 몡 성능 日渐 rìjiàn 円 나날이 稳定 wěndìng 형 안정적이다 截至 jiézhì ~에까지 이르다 用户 yònghù 몡 가입자, 사용자 亿 yì 준 억 日活跃量 rìhuóyuèliàng 일일 사용량

1

根据第2段，吴欣鸿：	두 번째 단락을 근거하여 우신홍은?
A 选择了边上学边创业 B 开了一家电脑公司 C 想找一个稳定的工作 **D 创业失败过**	A 학업과 창업을 병행하기로 선택했다 B 컴퓨터 회사를 열었다 C 안정적인 일자리를 찾고 싶어 한다 **D 창업에 실패한 적이 있다**

해설 질문은 두 번째 단락에서 吴欣鸿(우신홍)에 관한 옳은 내용을 묻는 것으로, 보기의 키워드로 A는 边上学边创业(학업과 창업 병행), B는 电脑公司(컴퓨터 회사), C는 稳定的工作(안정적인 일자리), D는 创业失败(창업 실패)이다. 두 번째 단락에서 他先后创办了一家企业网站服务公司和一个交友网站，但都以失败而告终(그는 잇따라 인터넷 서비스 업체와 온라인 데이트 사이트를 설립하였지만 모두 실패로 끝났다)이라고 했으므로 우신홍에 관한 올바른 내용은 D이다.

2

第3段中画线词语"这一想法"指的是：	세 번째 단락의 밑줄 친 어휘 '이 생각'이 가리키는 것은?
A 代替别的处理图片 **B 开发图片处理软件** C 可以开一家照相馆 D 卖处理好的图片	A 다른 것을 대체하여 사진을 편집한다 **B 사진 편집 프로그램을 개발한다** C 사진관을 하나 개업한다 D 편집이 완료된 사진을 판다

해설 질문은 밑줄 친 어휘의 의미를 묻는 것으로 세 번째 단락에서 这一想法를 찾아 전후 맥락을 파악한다. 보기의 키워드로 A는 代替别的(다른 것을 대체하다), B는 开发(개발하다), C는 开一家照相馆(사진관을 하나 개업하다), D는 卖图片(사진을 팔다)이다. 지시대사 这(이)는 앞에 언급된 대상을 가리키는 역할을 하므로 这一想法(이 생각)가 가리키는 것을 파악하기 위해서 앞문장을 살펴본다. 앞문장에서 他想，为何不开发一款简单好用的图片处理软件呢？(그는 어째서 간단하고 쓰기 좋은 사진 편집 프로그램을 개발하지 않을까라고 생각했다)라고 했으므로 정답은 B이다.

어휘 代替 dàitì 图 대체하다 照相馆 zhàoxiàngguǎn 圆 사진관

3

美图秀秀刚推出时：	메이투시우시우는 갓 출시되었을 때?
A 没有太多人知道 B 收费太高 **C 受到网友欢迎** D 运行方面出了问题	A 너무 많은 사람이 알지 못했다 B 요금이 너무 높았다 **C 네티즌들의 환영을 받았다** D 운영 방면에 문제가 나타났다

해설 질문의 키워드 刚推出(갓 출시하다)를 지문에서 찾아 보기와 내용을 대조한다. 지문의 네 번째 단락에서 这款软件刚一推出就受到了众多网友的热捧(프로그램이 출시되자마자 수많은 네티즌들의 열렬한 환영을 받았다)이라고 했으므로 알맞은 정답은 C이다.

어휘 运行 yùnxíng 图 운행하다

4

根据上文，下列哪项正确？	윗글을 근거로 하여 다음 중 옳은 것은?
A 美图秀秀的用户有两万多人 B 吴欣鸿最后还是失败了 C 吴欣鸿认为创业不能成功 **D 美图秀秀简单易学**	A 메이투시우시우의 사용자는 2만 여 명이다 B 우신홍은 마지막에도 실패했다 C 우신홍은 창업이 성공할 수 없다고 여겼다 **D 메이투시우시우는 간단하고 배우기 쉽다**

질문은 전체 글에 관한 옳은 내용을 고르는 것으로 지문을 읽으면서 다른 문제들과 동시에 풀어야 하는 문제이다. 보기의 키워드로 A는 用户有两万多人(사용자가 2만여 명), B는 最后还是失败了(마지막에도 실패했다), C는 创业不能成功(창업은 성공할 수 없다), D는 简单易学(간단하고 배우기 쉽다)이다. 지문의 세 번째 단락에서 一款简单好用的图片处理软件(간단하고 쓰기 좋은 사진 편집 프로그램)을 언급하고 3번 문제에서 우신홍의 이러한 생각을 반영한 메이투시우시우 개발이 네티즌의 환영을 받았다고 했으므로 옳은 내용은 D이다.

TIP▶ 옳은 내용/그른 내용을 찾는 문제는 보기의 키워드를 지문과 대조하여 오답 3개를 먼저 소거시키면 남은 보기 하나가 정답이 되기 때문에 옳은 내용을 찾는 시간을 크게 단축시킬 수 있다. 오답을 먼저 소거시켜 정답을 찾는 '3+1'의 방법을 활용해 보자.

5-8

8买卖猴子和投资，你看懂多少？

有一个故事：一天，村庄里来了一个陌生人。他告诉村民们，他将以每只70元的价格收购猴子。村庄附近的森林里有很多猴子出没，村民开始对它们进行大肆捕捉。收猴人以每只70元的价格，收购了几千只猴子。当猴子的数量开始减少的时候，村民们停止了捕捉。

这时，收猴人放出话来，每只猴子的收购价格提高到150元。5这个价格是原来的两倍，村民们又重新投入到捕猴的行动中。

不久，猴子的数量更少了。村民们再次停止捕猴，开始恢复他们的耕作。收猴人把每只猴子的收购价格提高到180元。但是，森林里的猴子已经很少了，哪怕村民们再努力，也很难抓到一只猴子。

后来，收猴人把收购价格提高到350元。不过，他说自己必须回城里处理一些事情，收购猴子的事由他的助手代理。在收猴人回城之后，他的助手指着被老板收购到的几千只猴子对村民说："我们来做一笔交易吧。我以每只猴子300元的价格卖给你们，等我的老板从城里回来，你们再以350元的价格卖给他。"6村民拿出所有的积蓄买下所有的猴子。7但是，他们再也没看见收猴人和他的助手出现。从此，森林里又到处都是猴子的身影了。

你看懂了吗？投资和抓猴子一样。据统计，市场上面90%的散户都是那些买猴子的人，那个人可能会是您。不管你在哪个投资市场，股市还是现货发售市场，8只有识破庄家主力等阴谋策略，才能立于不败之地。

8원숭이를 매매하는 것과 투자, 당신은 얼마나 이해하는가?

한 이야기가 있다. 어느 날, 마을에 한 낯선 사람이 찾아 왔다. 그는 마을 사람들에게 마리당 70위안으로 원숭이를 사겠다고 했다. 마을 근처 숲에 원숭이가 많이 출몰했기 때문에 마을 사람들은 원숭이들을 마구마구 잡기 시작했다. 원숭이 장사꾼은 마리당 70위안으로 원숭이를 수천 마리 사들였다. 원숭이 수가 줄어들자 마을 사람들도 포획을 멈췄다.

이때, 원숭이 장사꾼이 넌지시 마리당 150위안으로 가격을 올리겠다고 했다. 5원래 가격의 두 배라서 마을 사람들은 또 다시 원숭이 잡기에 뛰어들었다.

얼마 지나지 않아 원숭이 수는 훨씬 더 많이 줄었다. 마을 사람들은 또다시 포획을 멈추고 그들의 농사일로 돌아갔다. 원숭이 장사꾼은 마리당 180위안으로 가격을 높였지만, 숲 속에는 이미 원숭이가 많이 줄어들어서 마을 사람들이 하루 종일 노력해도 한 마리조차 잡기가 힘들었다.

나중에 원숭이 장사꾼은 가격을 350위안으로 높였다. 하지만 처리할 일이 있다며 도시로 돌아가고 원숭이를 매입하는 일은 그의 조수에게 대신 맡겼다. 원숭이 장사꾼이 도시로 돌아가자, 조수는 사장이 사들인 원숭이 수천 마리를 가리키며 마을 사람들에게 말했다. "저희들끼리 거래를 좀 하시죠. 제가 마리당 300위안으로 여러분에게 원숭이를 팔겠습니다. 사장님께서 돌아오시면 350위안을 받고 파세요." 6마을 사람들은 모아 놓은 돈을 모두 꺼내어 원숭이를 사들였다. 7하지만 그들은 다시는 원숭이 장사꾼과 조수를 보지 못했다. 이때부터 숲 속에는 또 다시 원숭이들이 득실거렸다.

당신은 이해했는가? 투자와 원숭이 포획은 같다. 통계에 따르면, 시장의 개인투자자 중 90%가 모두 이렇게 원숭이를 잡는 사람이라고 한다. 그 사람이 혹시 당신인가? 당신이 어떤 투자시장에 있던지 주식 시장은 현물 판매 시장이라, 8투기 조장 주력 집단 등의 음모와 책략을 간파해야만 불패의 땅에 설 수 있다.

어휘 猴子 hóuzi 뗑 원숭이　投资 tóuzī 뗑통 투자(하다)　村庄 cūnzhuāng 뗑 마을, 촌락　陌生人 mòshēngrén 뗑 낯선 사람　收购 shōugòu 통 매입하다, 대량 매수하다　出没 chūmò 통 출몰하다　大肆 dàsì 뛩 마구마구　捕捉 bǔzhuō 통 잡다　放话 fànghuà 통 의중을 넌지시 드러내다, 흘리다　投入 tóurù 통 어떤 일에 뛰어들다　耕作 gēngzuò 통 경작하다, 농사짓다　笔 bǐ 뗑 뭉, 건　交易 jiāoyì 뗑 거래　积蓄 jīxù 뗑 모아둔 돈, 저금　身影 shēnyǐng 뗑 모습, 그림자　现货 xiànhuò 뗑 현물　发售

fāshòu 팔다　识破 shípò 통 간파하다, 꿰뚫어 보다　阴谋 yīnmóu 명 음모　策略 cèlüè 명 책략　股市 gǔshì 명 주식 시장
立于不败之地 lìyú búbàizhīdì 성 불패의 자리에 서다, 확고한 위치를 차지하다

5　根据第3段，收猴人为什么提高了猴子的价格？　　3번째 단락을 토대로 원숭이 장사꾼은 왜 원숭이 가격을 인상했는가?

A 鼓励村民多抓猴子　　　　　　　　　A 마을 사람들이 더 많은 원숭이를 잡게 하려고

B 猴子越来越少了　　　　　　　　　　B 원숭이가 줄어들어서

C 有很多人要收购猴子　　　　　　　　C 많은 사람들이 원숭이를 구매하길 원해서

D 市场上猴子供应不足　　　　　　　　D 시장에서 원숭이 공급이 부족하다

해설　질문에 의문대사 为什么(왜)가 있으므로 질문의 키워드 提高价格(가격을 인상하다)를 세 번째 단락에서 찾는다. 세 번째 단락에 질문의 키워드가 언급되었고 이어 这个价格是原来的两倍，村民又重新投入到捕猴的行动中(원래 가격의 두 배라서 마을 사람들은 또 다시 원숭이 잡기에 뛰어들었다)이라고 했으므로 가격 인상의 목적은 마을 사람들로 하여금 다시 포획하게 하려는 것임을 알 수 있으므로 옳은 내용은 A이다.

어휘　供应不足 gōngyìng bùzú 공급이 부족하다

6　根据上文，下列哪项正确？　　본문에 근거하여 다음 중 옳은 내용은?

A 村民们很会买卖　　　　　　　　　　A 마을 사람들은 장사를 잘 한다

B 收猴人挣了很多钱　　　　　　　　　B 원숭이 장사꾼은 돈을 많이 벌었다

C 收猴人帮助村民赚钱　　　　　　　　C 원숭이 장사꾼은 마을 사람들이 돈을 벌게 해 주었다

D 猴子给森林带来很大危害　　　　　　D 원숭이는 숲에 커다란 해를 초래한다

해설　질문은 전체 글에 관한 옳은 내용을 고르는 문제로 보기의 키워드를 분석하여 지문과 대조한다. 보기의 키워드로 A는 村民们很会买卖(마을 사람들이 장사를 잘하다), B는 挣了很多钱(돈을 많이 벌었다), C는 村民赚钱(마을 사람들이 돈을 벌다), D는 森林(숲)과 带来危害(해를 초래하다)이다. 다섯 번째 단락에서 村民拿出所有的积蓄买下所有的猴子。但是，他们再也没看见收猴人和他的助手出现(마을 사람들은 모아 놓은 돈을 모두 꺼내어 원숭이를 사들였다. 하지만 그들은 다시는 원숭이 장사꾼과 조수를 보지 못했다)이라고 하여 원숭이 장사꾼과 조수만 떼돈을 벌었음을 알 수 있다. 따라서 옳은 내용은 B이다. 보기 A와 C는 지문과 반대되는 내용이고, D의 내용은 언급되지 않았다.

어휘　挣钱 zhèngqián 통 돈을 벌다　赚钱 zhuànqián 통 이윤을 얻다　危害 wēihài 명 해 통 해를 끼치다

7　关于助手，可以知道：　　원숭이 장사꾼의 조수에 관해 맞는 것은?

A 既聪明又能干　　　　　　　　　　　A 똑똑하고 유능하다

B 赔偿了村民们损失的钱　　　　　　　B 마을 사람들의 돈을 배상해 주었다

C 与收猴人是同伙　　　　　　　　　　C 원숭이 장사꾼과 한패이다

D 劝村民释放猴子　　　　　　　　　　D 마을 사람들에게 원숭이를 놓아 주라고 했다

해설　질문은 조수에 관해 옳은 내용을 고르는 것으로 질문의 키워드는 助手(조수)이다. 다섯 번째 단락에서 원숭이 장사꾼이 먼저 도시로 돌아간 뒤 조수가 남아 원숭이를 비싼 값에 마을 사람들에게 팔았고 그 후, 但是，他们再也没看见收猴人和他的助手出现(하지만 그들은 다시는 원숭이 장사꾼과 조수를 보지 못했다)이라고 했으므로 조수는 원숭이 장사꾼과 한 패임을 알 수 있다. 따라서 정답은 C이다.

어휘　能干 nénggàn 형 뛰어나다, 유능하다　赔偿 péicháng 통 배상하다　同伙 tónghuǒ 명 한패거리　劝 quàn 통 권하다　释放 shìfàng 통 석방하다

8

上文主要想告诉我们什么？	본문이 우리에게 시사하는 바는?
A 要保护野生动物 **B 股市里有风险** C 相信自己才能成功 D 做买卖需要信任	A 야생 동물을 보호하자 **B 주식 시장의 위험성** C 자신을 믿어야만 성공할 수 있다 D 장사에는 신용이 필요하다

해설 질문은 이 이야기의 교훈을 묻는 문제이다. 지문의 도입 부분에서 买卖猴子和投资, 你看懂多少?(원숭이를 매매하는 것과 투자, 당신은 얼마나 이해하는가?)라고 투자에 관한 질문을 했고, 마지막 부분에서 只有识破庄家主力等阴谋策略, 才能立于不败之地(투기 조장 주력 집단 등의 음모나 책략을 간파해야만 불패의 땅에 설 수 있다)라고 했으므로 원숭이 장사꾼 이야기를 통해 주식에 대한 비유와 주의 사항을 말하고 있음을 알 수 있다. 따라서 이 글이 시사하는 바로 알맞은 정답은 B이다.

어휘 野生动物 yěshēng dòngwù 몡 야생동물　风险 fēngxiǎn 몡 위험성　做买卖 zuò mǎimai 장사하다　失败乃成功之母 shībài nǎi chénggōng zhī mǔ 실패는 성공의 어머니이다

---

2. 중심 내용 파악형　실전 테스트

정답　1. B　2. A　3. B　4. C　5. A　6. D　7. C　8. B

1-4

4牛玉亮是国家级非物质文化遗产口技的传承人, 也被人们称为 "善口技者"。

牛玉亮说: "我小时候喜欢听大自然的各种声音, 也爱模仿。直到我工作后, 跟着武汉杂技团去上海表演, 才认识了我师父周志成和师叔孙泰。" 拜师学艺后, 牛玉亮下了苦功夫, 每天早上5点就起床到郊外, 倾听、模仿各种来自大自然的声音。牛玉亮说: "1958年, 我在芜湖演出时, 就曾跟着一只黄莺学了整整8天。1口技模仿的声音来自真实的生活, 要想学好口技就必须走近大自然, 了解大自然, 学习大自然。"

2这种对口技的痴迷, 再加上模仿天赋和勤学苦练, 很快, 牛玉亮在口技界声名鹊起。但他并不满足于此, 经过多年的刻苦钻研, 3成功地研究出了循环发声法、循环呼吸法, 并用于表演, 使口技的发声和声域都比从前更为宽广。这就是 "牛氏" 口技绝活儿。不仅如此, 他在口技的表演形式上也不断创新, 注重表演的故事性, 还将口技与沙画、相声、诗朗诵等结合起来, 深受好评。

4니우위량은 국보급 무형 문화유산인 '성대모사'의 전승인으로 '성대모사 능력자'라고도 불린다.

니우위량은 다음과 같이 말했다. "저는 어릴 적에 자연의 다양한 소리를 듣고 따라 하기를 좋아했어요. 일을 시작하고 난 뒤에 우한 곡마단을 따라서 상해로 공연을 갔다가 비로서 제 스승이신 쪼우쯔청과 사숙인 쑨타이를 알게 되었습니다." 제자가 되어 기예를 배우고 난 뒤로, 니우위량은 각고의 노력을 기울였다. 매일 아침 5시에 일어나 교외 지역으로 가서 자연으로부터 오는 다양한 소리들을 경청하고 모방했다. 그는 말했다. "1958년에 저는 우후에서 공연을 했는데 꾀꼬리를 쫓아다니며 꼬박 8일간을 따라 했었죠. 1성대모사가 모방하는 소리는 실생활에서 기인합니다. 성대모사를 잘 습득하고 싶다면 반드시 자연 속으로 들어가야 하고, 자연을 이해하고, 자연을 배워야만 하죠."

2성대모사에 대한 고집에 모방의 천부적 소질과 부지런한 훈련이 더해져, 니우위량은 매우 빠르게 성대모사계에서 명성이 부쩍 높아졌다. 하지만 그는 결코 이제 만족하지 않고 다년간의 연구를 통해 3순환 발성법, 순환 호흡법을 성공적으로 연구해 내고 공연에도 사용하는 등, 성대모사의 발성과 음역을 모두 예전보다 더 넓혀주었다. 이것이 바로 '니우스' 성대모사 절기이다. 이뿐만 아니라, 그는 성대모사 공연 형식에 있어서도 끊임없이 새로운 것을 창조하고 공연의 스토리성을 중시하였다. 또한 샌드 애니메이션과 만담, 시 낭송 등과 성대모사를 결합시켜 크게 호평을 받았다.

어휘 牛玉亮 Niúyùliàng **인명** 니우위량(중국 전통성대모사의 대가)　国家级 guójiājí **명** 국보급　非物质文化遗产 fēiwùzhì wénhuà yíchǎn **명** 무형 문화재　口技 kǒujì **명** 성대모사　模仿 mófǎng **통** 모방하다　武汉 Wǔhàn **지명** 우한　杂技团 zájìtuán **명** 곡마단　师叔 shīshū **명** 스승의 동생　孙泰 Sūntài **인명** 쑨타이　拜师 bàishī **통** 스승으로 모시다, 제자가 되다　学艺 xuéyì **통** 기예를 배우다　下苦功夫 xià kǔgōngfu 각고의 노력을 기울이다　郊外 jiāowài **명** 교외　倾听 qīngtīng **통** 경청하다　芜湖 Wúhú **지명** 우후　黄莺 huángyīng **명** 꾀꼬리　痴迷 chīmí **통** 사로잡히다, 매혹되다　天赋 tiānfù **명** 타고난 자질　勤学 qínxué **통** 부지런히 배우다　苦练 kǔliàn **통** 꾸준히 연습하다　声名鹊起 shēng míng què qǐ **성** 명성이 하루아침에 높아지다　满足 mǎnzú **통** 만족하다　刻苦 kèkǔ **통** 몹시 애를 쓰다　钻研 zuānyán **통** 깊이 연구하다　循环 xúnhuán **명통** 순환(하다)　发声 fāshēng **명통** 발성(하다)　呼吸 hūxī **명통** 호흡(하다)　声域 shēngyù **명** 음역　宽广 kuānguǎng **형** 면적, 범위가 넓다　绝活 juéhuó **명** 특기　不仅如此 bùjǐn rúcǐ 이러할 뿐만 아니라　创新 chuàngxīn **통** 새 것을 창조하다　注重 zhùzhòng **통** 중시하다　沙画 shā huà **명** 샌드애니메이션　相声 xiàngsheng **명** 만담　诗朗诵 shīlǎngsòng 시 낭송　结合 jiéhé **명통** 결합(하다)　好评 hǎopíng **명** 호평

---

1 根据第2段，可以知道什么?　　　두 번째 단락을 근거로 하여 무엇을 알 수 있나?

A 牛玉亮在芜湖演了8天　　　　　　A 니우위량은 우후에서 8일간 공연했다
B 口技表演源于大自然　　　　　　**B '성대모사' 퍼포먼스는 대자연으로부터 왔다**
C 牛玉亮从小就拜师学艺　　　　　　C 니우위량은 어려서부터 선생님을 모시고 기예를 배웠다
D 口技表演需要创造力　　　　　　　D '성대모사' 퍼포먼스는 창의력을 필요로 한다

해설 질문이 두 번째 단락의 옳은 내용을 묻는 문제로 보기의 키워드를 분석한다. 보기의 키워드로 A는 芜湖演了8天(우후에서 8일간 공연했다), B는 源于大自然(대자연으로부터 오다), C는 从小就拜师(어려서부터 선생님을 모셨다), D는 创造力(창의력)이다. 두 번째 단락의 마지막 부분에서 口技模仿的声音来自真实的生活, 要想学好口技就必须走进大自然, 了解大自然, 学习大自然(성대모사가 모방하는 소리는 실생활에서 기인합니다. 성대모사를 잘 습득하고 싶다면 반드시 자연 속으로 들어가야 하고, 자연을 이해하고, 자연을 배워야만 하죠)이라고 하여 성대모사는 실생활에서 기인하며 자연 속에서 배워야 함을 언급했으므로 알맞은 정답은 B이다.

어휘 芜湖 Wúhú **지명** 우후　源于 yuányú ~에서 기원하다　拜师 bàishī **통** 스승으로 모시다, 제자가 되다　学艺 xuéyì **통** 기예를 배우다　创造力 chuàngzàolì **명** 창의력

---

2 画线词语 "声名鹊起" 最可能是什么意思?　밑줄 친 어휘 '명성이 하루아침에 높아지다'는 어떤 뜻일 가능성이 가장 큰가?

A 名声大振　　　　　A 명성이 자자하다
B 百家争鸣　　　　　B 서로 다른 학파들이 자유롭게 논쟁하다
C 声名狼藉　　　　　C 악명으로 이름나다
D 莫名其妙　　　　　D 영문을 모르다

해설 질문이 밑줄 친 어휘의 뜻을 묻는 문제이며 보기가 모두 사자성어이다. 밑줄 친 어휘의 앞뒤 문맥을 살펴보면 这种对口技的痴迷, 再加上模仿天赋和勤学苦练, 很快, 牛玉亮在口技界(성대모사에 대한 고집에 모방의 천부적 소질과 부지런한 훈련이 더해져, 니우위량은 매우 빠르게 성대모사계에서)라고 했으므로 보기의 어휘 중 의미가 연결되는 것은 A이다.

TIP▶ 사자성어에서 한두 개의 한자로 의미를 유추해 볼 수 있다. 보기 A의 振은 '떨치다, 흔들다'라는 뜻이므로 名声大振이 '명성을 크게 떨치다'라는 의미임을 유추할 수 있다. 이와 같이 개별 한자의 뜻을 알면 사자성어, 명언의 뜻을 파악하는데 큰 도움이 된다.

어휘 声名鹊起 shēng míng què qǐ **성** 명성이 하루아침에 높아지다　名声大振 míngshēng dàzhèn 명성이 자자하다　百家争鸣 bǎi jiā zhēng míng **성** 백가쟁명(서로 다른 학파들이 자유롭게 논쟁하다)　声名狼藉 shēng míng láng jí **성** 악명이 높다, 악명으로 이름나다　莫名其妙 mò míng qí miào **성** 영문을 모르다

3	文中，"牛氏"口技绝活儿指的是：	지문 중 '니우스' 성대모사 절기란?

A 具有故事性的表演	A 스토리성이 있는 공연
B 循环发声、呼吸法	**B 순환 발성, 호흡법**
C 相声和诗朗诵的结合	C 만담과 시 낭송의 결합
D 世代相传下来的技巧	D 대대손손 전해 내려오는 스킬

해설 질문의 키워드는 "牛氏"口技绝活儿('니우스' 성대모사 절기)이다. 보기의 키워드로 A는 故事性(스토리성), B는 循环发声、呼吸法(순환 발성, 호흡법), C는 相声和诗朗의 结合(만담과 시 낭송의 결합), D는 世代相传下来(대대손손 전해 내려오는)이다. 세 번째 단락에서 질문의 키워드가 这就是"牛氏"口技绝活儿(이것이 바로 '니우스' 성대모사 절기이다)라고 하였으므로, 这(이것)가 지칭하는 대상을 찾기 위해 앞문장을 살펴보아야 한다. 그 앞에 成功地研究出了循环发声法、循环呼吸法('순환발성법', '순환 호흡법'을 성공적으로 연구해 냈다)라고 했으므로 알맞은 정답은 B이다.

어휘 绝活 juéhuó 몡 특기   故事性 gùshìxìng 스토리성   具有 jùyǒu 통 갖추다   循环 xúnhuán 몡 통 순환(하다)   发声 fāshēng 몡 통 발성(하다)   呼吸 hūxī 몡 통 호흡(하다)   相声 xiàngsheng 몡 만담   诗朗诵 shīlǎngsòng 시 낭송   结合 jiéhé 몡 통 결합(하다)   世代相传 shì dài xiāng chuán 셩 대대로 전해지다, 대대로 물려받다   技巧 jìqiǎo 몡 기교

4	下列哪项最适合做上文标题？	다음 중 윗글의 제목으로 가장 적합한 것은?

A 民间表演艺术——口技	A 민간 공연 예술, 성대모사
B 口技的起源与发展	B 성대모사의 기원과 발전
C 善口技者——牛玉亮	**C 성대모사 능력자, 니우위량**
D 寻找口技，寻找传统	D '성대모사'를 찾아, 전통을 찾아

해설 질문에서 이 글의 제목을 묻고 있다. 지문의 시작 부분에서 牛玉亮是国家级非物质文化遗产口技的传承人，也被人们称为"善口技者"(니우위량은 국보급 무형문화유산인 '성대모사'의 전승인으로 '성대모사 능력자'라고도 불린다)라고 하여 니우위량의 소개로 시작한다. 지문의 두 번째, 세 번째 단락 모두 니우위량과 그의 성대모사에 관한 에피소드가 이어지므로 이 글의 제목으로 알맞은 것은 C이다.

어휘 民间 mínjiān 몡 민간   起源 qǐyuán 몡 통 기원(하다)   寻找 xúnzhǎo 통 찾다   传统 chuántǒng 몡 전통

5-8

地球上树木种类繁多，不同种类的树木，它们的树枝、树叶、果实的形状大小也不同，即使是同一种树木，也存在着一定的差别。但有一点是共同的，那就是：8几乎所有树木的树干都是圆柱形的。这是为什么呢？为了生存，世界上所有的生物总是朝着最应环境的方向发展。树木也不例外，圆柱形的树干就是树木对自然环境适应的结果。

首先，根据数学原理，5在表面积同等的情况下，圆柱体的容积是最大的。如果要用相同数量的材料做成容积最大的东西，最合适的当然是圆柱体了。我们日常生活中的自来水管、煤气管等都是应用这个原理的。

지구상의 나무의 종류는 굉장히 많다. 서로 다른 종류의 나무들은 가지, 잎사귀, 열매의 모양과 크기도 다 다르다. 설사 동일한 종류의 나무라도 어느 정도의 차이는 존재한다. 하지만 한 가지는 공통된다. 그것은 바로, 8거의 모든 나무의 줄기는 다 원통형이라는 것이다. 이것은 어째서일까? 생존을 위해 세상의 모든 생물체들은 늘 환경에 가장 잘 적응하는 쪽으로 발전을 한다. 나무 역시 예외가 아니라 원통형 나무 줄기는 자연 환경에 적응한 결과물이다.

우선, 수학 원리에 근거하면 5표면적이 같은 상황에서 원기둥체의 용적(부피)이 최대이다. 만약 같은 수량의 재료로 용적이 최대인 물건을 만들려면 가장 적합한 것은 당연히 원기둥체이다. 우리의 일상생활 속의 수도관, 가스관 등은 모두 이 원리를 응용한 것이다.

其次，6圆柱体具有最大的支撑力。高大的树冠的重量全靠一根主干支撑，尤其是硕果累累的果树，挂上成百上千的果实，须有强有力的树干支撑，才能维持生存。

此外，圆柱体的树干还能最大限度地减轻外来的伤害。我们知道，7树木的皮层是树木输送营养物质的通道，皮层一旦中断，树木就会死亡。树木是多年生的植物，它的一生难免要遭受很多外来的伤害，特别是自然灾害的袭击。如果树干是方形、扁形或有其他棱角的，更容易受到外界的冲击和伤害。圆形的树干就不同了，狂风吹打时，不论风卷着尘砂杂物从哪个方向来，受影响的都只是极少部分。8可见，圆柱形树干才是最理想的形状。

다음으로 6원기둥체는 가장 큰 지지력을 지닌다. 크고 높은 나무 줄기의 중량은 모두 원줄기 하나에 의존해 지탱한다. 특히나 과실이 주렁주렁 달린 유실수는 수많은 열매가 달려 있어 강력한 나무 줄기가 지탱해 주어야 비로서 생존할 수 있다.

이 밖에, 원기둥체인 나무 줄기는 최대한도로 외부에서 오는 피해를 줄여줄 수 있다. 알다시피, 7나무의 피층은 나무가 영양분을 운반하는 통로로이다. 이 피층이 일단 끊기면, 나무는 죽게 된다. 나무는 다년생 식물로 어쩔 수 없이 일생 동안 외부에서 오는 상해를 입을 수밖에 없다. 특히나 자연재해의 공격은 더 하다. 만약 나무 줄기가 정방형, 편형 혹은 기타 다른 다각형이라면, 외부로부터의 충격과 상해를 보다 더 쉽게 받을 것이다. 원형인 나무 줄기는 다르다. 사나운 바람이 불 때, 바람이 먼지, 모래와 같은 잡물을 말아 올려 어떤 방향으로부터 불어 와도 영향을 받는 부분은 지극히 적다. 8이를 통해, 원기둥체 나무 줄기야말로 가장 이상적인 형태임을 알 수 있다.

어휘 树木 shùmù 명 수목, 나무　繁多 fánduō 형 대단히 많다　树枝 shùzhī 나뭇가지　树叶 shùyè 명 나뭇잎　果实 guǒshí 명 열매, 과실　形状 xíngzhuàng 명 형상　存在 cúnzài 동 존재하다　差别 chābié 명 차이　树干 shùgàn 명 나무줄기　圆柱形 yuánzhùxíng 명 원통형　生存 shēngcún 동 생존(하다)　朝着 cháozhe 개 ~로 향하여　表面积 biǎomiànjī 명 표면적　例外 lìwài 동 예외로 하다　原理 yuánlǐ 명 원리　容积 róngjī 명 부피　材料 cáiliào 명 재료, 소재　自来水管 zìláishuǐguǎn 명 상수도관　煤气管 méiqìguǎn 명 가스관　应用 yìngyòng 동 응용하다　圆柱体 yuánzhùtǐ 명 원기둥체　具有 jùyǒu 동 구비하다, 가지다　支撑力 zhīchēnglì 지지력　硕果 shuòguǒ 큰 과실, 업적　累累 léiléi 주렁주렁한 모양　强有力 qiángyǒulì 강력하다　维持 wéichí 유지하다　树冠 shùguān 명 수관(나무 위쪽의 가지와 잎이 무성하여 갓 모양을 이룬 부분)　支撑 zhīchēng 동 버티다, 지탱하다　最大限度地 zuìdàxiàndù de 최대한도로　减轻 jiǎnqīng 경감하다, 덜다　输送 shūsòng 동 수송(하다)　通道 tōngdào 통로, 대로　一旦 yídàn 부 일단 ~한다면　死亡 sǐwáng 동 사망(하다)　难免 nánmiǎn 형 불가피하다　遭受 zāoshòu 동 불행 또는 손해를 만나다　灾害 zāihài 재해　袭击 xíjī 동 습격(하다)　方形 fāngxíng 명 정방형　扁形 biǎnxíng 명 편형　狂风 kuángfēng 광풍　棱角 léngjiǎo 모서리　吹打 chuīdǎ 동 (비나 바람이) 내습하다　冲击 chōngjī 충격 동 세차게 부딪치다　伤害 shānghài 명 동 상해(를 입히다)　尘砂 chénshā 모래먼지　杂物 záwù 잡다한 물건들　可见 kějiàn ~을 볼 수 있다　形状 xíngzhuàng 명 모양

5

煤气管为什么做成圆柱体？	가스관은 어째서 원기둥체로 만드나?
A 容积最大	**A 부피가 최대이다**
B 更加实用	B 더 실용적이다
C 更结实	C 더 튼튼하다
D 便于安装	D 설치하기에 편리하다

해설 질문에 이유를 묻는 의문대사 为什么(왜)가 있고, 질문의 키워드는 煤气管(가스관)과 圆柱体(원기둥)이다. 煤气管은 두 번째 단락 마지막 부분에 등장했다. 煤气管等都是应用这个原理的(가스관 등은 모두 이 원리를 응용한 것이다)라고 했으므로 이 원리를 파악하기 위해 앞부분을 살펴본다. 단락의 도입부에 수학의 원리를 언급했고, 在表面积同等的情况下，圆柱体的容积是最大的(면적이 같은 상황에서 원기둥체의 부피가 최대이다)라고 했으므로 가스관을 원기둥체로 만드는 이유로 알맞은 것은 A이다.

어휘 煤气管 méiqìguǎn 명 가스관　圆柱体 yuánzhùtǐ 명 원기둥체　容积 róngjī 명 용적, 부피　实用 shíyòng 형 실용적이다　结实 jiēshi 형 튼튼하다　便于 biànyú ~하기에 편리하다　安装 ānzhuāng 동 설치하다, 장치하다

6

根据第3段，圆柱体树干对果树有什么好处？

세 번째 단락을 토대로 원기둥체 나무 기둥은 유실수에 어떤 장점이 있는가?

A 更快地输送营养
B 可以减少虫害
C 能够缩短果实的成熟期
D 能够提供强大的支撑力

A 더 빠르게 영양분을 운반한다
B 해충을 줄일 수 있다
C 열매의 성숙기를 단축시킬 수 있다
D 강력한 지지력을 제공할 수 있다

해설 세 번째 단락에서 원기둥체가 과실나무에 어떤 장점이 있는지 찾는 문제이다. 질문의 키워드는 圆柱体树干(원기둥체 나무 기둥)과 果树(과일나무)이다. 세 번째 단락에서 圆柱体具有最大的支撑力(원기둥체는 가장 큰 지지력을 지닌다)라고 하여 원기둥체가 무게를 강하게 지탱한다고 하였고 이어 尤其是硕果累累的果树(특히나 과실이 주렁주렁 달린 유실수는), 须有强有力的树干支撑(강력한 나무 줄기가 지탱해 주어야 한다)이라고 했으므로 알맞은 정답은 D이다.

어휘 树干 shùgàn 囘 나무줄기 果树 guǒshù 囘 과일나무, 유실수 输送 shūsòng 囘圄 운송(하다) 营养 yíngyǎng 囘 영양 虫害 chónghài 囘 병충해 缩短 suōduǎn 圄 단축하다 果实 guǒshí 囘 과실 成熟期 chéngshúqī 囘 성숙기 强大 qiángdà 囘 강력하다 支撑力 zhīchēnglì 囘 지지력

7

根据最后一段，下列哪项正确？

마지막 단락을 토대로 다음 중 올바른 것은?

A 自然灾害对树木没什么影响
B 要禁止乱砍乱伐
C 树干皮层负责输送营养
D 狂风对树干的危害最大

A 자연재해는 나무에 어떤 영향도 미치지 않는다
B 함부로 벌목하는 것을 금지해야 한다
C 나무 줄기의 피층은 영양분 운반을 담당한다
D 사나운 바람이 나무 줄기에 주는 피해가 가장 크다

해설 질문은 마지막 단락에서 옳은 내용을 고르는 문제이다. 보기의 키워드로 A는 自然灾害(자연재해), B는 乱砍乱伐(함부로 벌목하다), C는 输送营养(영양분 운반), D는 狂风(사나운 바람)과 危害(피해)이다. 마지막 단락에서 树木的皮层是树木输送营养物质的通道(나무의 피층은 나무가 영양분을 운반하는 통로이다)라고 하여 일치하는 내용인 C가 정답이다.

TIP▶ 보기의 내용이 상식적인 내용이거나 실제 사실이라고 해도 질문에서 根据上文(본문에 근거하여), 根据最后一段(마지막 단락에 근거하여) 등의 전제가 있으면 반드시 지문에 등장한 내용만 정답으로 선택해야 한다.

어휘 自然灾害 zìrán zāihài 囘 자연재해 乱砍乱伐 luànkǎn lànfá 함부로 벌목하다 树干 shùgàn 囘 나무줄기 皮层 pícéng 囘 피질 输送 shūsòng 囘圄 운송(하다) 营养 yíngyǎng 囘 영양 狂风 kuángfēng 囘 광풍 危害 wēihài 囘圄 해(를 끼치다)

8

上文主要想告诉我们：

윗글은 우리에게 주로 무엇을 알려주려 하는가?

A 植物的生长条件
B 树干为什么是圆柱体的
C 大自然的生存规律
D 人应该尊重并保护自然

A 식물의 생장 조건
B 나무 줄기는 어째서 원기둥체인가
C 대자연의 생존 법칙
D 인간은 마땅히 자연을 존중하고 보호해야 한다

해설 질문은 이 글의 주제를 묻는 문제이다. 첫 번째 단락에서 几乎所有树木的树干都是圆柱形的。这是为什么呢？(거의 모든 나무의 줄기는 다 원통형이라는 것이다. 이것은 어째서일까?)라고 질문을 던졌고, 그 이하 단락에서 이에 대해 설명하고 있다. 또한 글의 마지막 부분에서 可见, 圆柱形树干才是最理想的形状(이를 통해, 원기둥체 나무 줄기야말로 가장 이상적인 형태임을 알 수 있다)이라고 했으므로 이 글의 주제로 알맞은 것은 B이다.

어휘 生长 shēngzhǎng 圄 생장하다 树干 shùgàn 囘 나무줄기 圆柱体 yuánzhùtǐ 囘 원기둥체 生存规律 shēngcún guīlǜ 囘 생존법칙 人类 rénlèi 囘 인류

1-4

仔细观察不难发现，4大部分商场的一楼都是卖化妆品和珠宝首饰什么的，而衣服总是在楼上。这绝不是偶然的，那到底是为什么呢？

化妆品和珠宝是属于需求弹性很大的商品，通俗点说就是属于可买可不买的东西。1如果放在一楼的话，逛商场的人们都要路过，极有可能在等人、接电话的时候，无意中看到一两件中意的商品，然后顺手买下。从商家营销的角度来说，这也能够增加销售额。

此外，无论是化妆品还是珠宝，都有着精美的包装和外形，就连充满嗅觉诱惑的香水和化妆品味道，也成为吸引路人进入商场的秘密武器。2这样一楼专柜的形象好了，就会给人档次很高的印象，相当于给商场做了一个很成功的"面子工程"。

位置更为重要的是男装女装的所在楼层，与男装相比，女装一般会在二、三层等较低的楼层。因为女性顾客对时装的需求弹性更大，一旦发现合适的，可能随机买得很多。但男性一般有购买需求才会去商场，所以不会介意多上一层楼。而且，3服装的销售量总是商场里最大的，有时候甚至人满为患。如果一楼是衣服的卖场，有可能会被堵得满满的，从外面看就会跟菜市场似的。

4可见，大部分商场这么设计都有其道理的。

자세히 관찰해 보면 4대부분의 쇼핑몰의 1층은 화장품과 쥬얼리 등을 판매하고 의류는 늘 위층에 있다는 것을 어렵지 않게 발견할 수 있다. 이것은 결코 우연이 아니다. 그렇다면 도대체 왜 그런 것일까?

화장품과 쥬얼리는 수요 탄력성이 큰 상품에 속한다. 통속적으로 말하자면 사도 그만 안 사도 그만인 물건이다. 1만약 1층에 위치시키면 쇼핑몰을 둘러보는 사람들이 모두 지나갈 것이고 간혹 기다리는 중이거나 통화를 하던 사람들이 무심코 마음에 드는 상품을 한두 개 발견하면 겸사겸사 구매할 수 있을 것이다. 이것 역시 쇼핑몰의 영업 관점에서 본다면 매출액을 증가시켜 줄 수 있다.

이 밖에, 화장품이나 쥬얼리나 모두 아름다운 포장과 외형을 지니고 있으며, 후각을 유혹하는 향수와 화장품 향조차도 지나가던 사람들을 쇼핑몰로 끌어들이는 비밀 병기가 된다. 2이렇게 1층 전문 매대의 이미지가 좋아지면, 클래스가 높아 보이는 인상을 줄 수 있어, 쇼핑몰은 매우 성공적인 '겉치레 행정'을 하는 것과 같다.

위치에서 더 중요한 것은 남녀 의류가 있는 층이다. 남성복과 비교했을 때 여성복은 보통 2, 3층 등의 낮은 층에 위치한다. 여성 고객은 유행하는 의상에 대한 수요의 탄력성이 크기 때문에, 일단 어울리는 것을 발견하면 닥치는 대로 구입할 수도 있다. 하지만 남성은 일반적으로 구매 수요가 있어야만 쇼핑몰에 가기 때문에 층을 더 많이 올라가는 것도 개의치 않는다. 게다가 3의류의 판매량이 늘 가장 많기 때문에, 간혹 많은 고객들로 문제가 되기도 한다. 만약 1층이 의류 매장이라면 인파가 잔뜩 밀려 밖에서는 마치 시장 같아 보일 수도 있다.

4이를 통해, 대부분 쇼핑몰들이 이렇게 설계하는 데에는 다 그만한 일리가 있다는 것을 알 수 있다.

어휘 观察 guānchá 圐 图 관찰(하다)   商场 shāngchǎng 圐 백화점, 쇼핑몰   化妆品 huàzhuāngpǐn 圐 화장품   珠宝 zhūbǎo 圐 보석   首饰 shǒushì 圐 장신구   偶然 ǒurán 圐 우연하다 图 우연히   属于 shǔyú ~에 속하다   需求弹性 xūqiú tánxìng 수요의 탄력성   通俗 tōngsú 圐 통속적이다   路过 lùguò 图 거치다, 경유하다   无意中 wúyìzhōng 무의식 중에   中意 zhòngyì 图 마음에 들다   顺手 shùnshǒu 图 겸사겸사   商家 shāngjiā 圐 상점   营销 yíngxiāo 图 마케팅하다   角度 jiǎodù 圐 관점   销售额 xiāoshòu'é 圐 매출액   此外 cǐwài 이 밖에   精美 jīngměi 圐 정교하고 아름답다   包装 bāozhuāng 圐 포장   外形 wàixíng 圐 외형   充满 chōngmǎn 图 충만하다, 넘치다   嗅觉 xiùjué 圐 후각   诱惑 yòuhuò 圐 图 유혹(하다)   香水 xiāngshuǐ 圐 향수   秘密 mìmì 圐 비밀   武器 wǔqì 圐 무기   专柜 zhuānguì 圐 전문판매대   形象 xíngxiàng 圐 이미지   档次 dàngcì 圐 등급   面子工程 miànzi gōngchéng 겉치레 행정   位置 wèizhì 圐 위치   男装 nánzhuāng 圐 남성복   女装 nǚzhuāng 圐 여성복   时装 shízhuāng 圐 유행 의상   随机 suíjī 圐 무작위의, 임의의   介意 jièyì 圐 개의하다   服装 fúzhuāng 圐 복장   销售量 xiāoshòuliàng 圐 판매량   人满为患 rén mǎn wéi huàn 圐 사람이 너무 많아 탈이다   似的 shìde 国 ~같다   设计 shèjì 圐 图 설계(하다)   道理 dàoli 圐 일리, 이치

1

根据第2段，化妆品和珠宝设在一楼有什么好处？	두 번째 단락을 토대로 화장품과 쥬얼리가 1층에 위치하면 어떤 좋은 점이 있는가?
A 满足顾客需要 B 便于客户结账 **C 有利于销售收入** D 增强神秘感	A 고객의 수요를 만족시킨다 B 고객이 계산하기 편리하다 **C 영업 수입에 유리하다** D 신비감을 더해 준다

해설 두번째 단락에서 질문의 키워드 化妆品和珠宝设在一楼(화장품과 쥬얼리가 1층에 위치하다)를 찾는다. 두 번째 단락은 화장품과 쥬얼리에 대해 설명하며 如果放在一楼的话(만약 1층에 위치시키면), 无意中看到一两件中意的商品, 然后顺手买下(무심코 마음에 드는 상품을 한 두 개 발견하면 겸사겸사 구매할 수 있을 것이다)라고 하였다. 이어 이러한 특징이 从商家营销的角度来说, 这也能够增加销售额(이것 역시 쇼핑몰의 영업 관점에서 본다면 매출고를 증가시켜 줄 수 있다)라고 했으므로 키워드가 등장한 C가 정답이다.

어휘 设在 shèzai ~에 마련되다　满足 mǎnzú 屠 만족시키다　便于 biànyú ~하기에 편리하다　客户 kèhù 圀 고객　结账 jiézhàng 屠 계산하다　有利于 yǒulìyú ~에 유리하다　销售 xiāoshòu 屠 판매하다　增添 zēngtiān 屠 더하다　神秘感 shénmìgǎn 圀 신비감

2

画线词语"面子工程"指的是：	밑줄 친 어휘 '겉치레 행정'이 가리키는 것은?
A 品牌折扣 B 昂贵的价格 **C 高档的形象** D 漂亮的服务员	A 브랜드 세일 B 비싼 가격 **C 고급스러운 이미지** D 아름다운 종업원

해설 질문에서 밑줄 친 어휘의 뜻을 묻고 있다. 밑줄 친 어휘 앞부분의 相当于는 'A相当于B(A는 B에 맞먹는다)'이므로 앞쪽으로 거슬러 올라가 A에 해당하는 내용을 찾으면 된다. 세 번째 단락의 밑줄 친 어휘 앞에서 这样一楼专柜的形象好了, 就会给人档次很高的印象(이렇게 1층 전문 매대의 이미지가 좋아지면, 클래스가 높아 보이는 인상을 줄 수 있다)이라고 했으므로 밑줄 친 어휘를 고급스러운 이미지를 위한 프로젝트의 뜻으로 생각해 볼 수 있다. 따라서 가장 알맞은 정답은 C이다.

어휘 面子工程 miànzi gōngchéng 圀 겉치레 행정　品牌 pǐnpái 圀 브랜드　折扣 zhékòu 圀 屠 할인(하다)　昂贵 ángguì 혱 물건값이 비싸다　高档 gāodàng 혱 고급의　装修 zhuāngxiū 圀 屠 인테리어(하다)

3

在商场中，销量最多的商品是：	쇼핑몰에서 판매량이 가장 많은 상품은?
A 服装 B 化妆品 C 小型家电 D 孕婴用品	**A 의류** B 화장품 C 소형 가전 D 출산 유아 용품

해설 질문의 키워드 销量最多(판매량이 가장 많다)를 지문에서 찾아 명사형으로 이루어진 보기와 대조해 본다. 네 번째 단락에 질문의 키워드가 등장하며 服装的销售量总是商场里最大的(의류의 판매량이 늘 가장 많다)라고 했으므로 쇼핑몰에서 판매량이 가장 많은 상품은 A이다.

TIP▶ 1, 2번 문제를 풀면서 읽은 顺手买下(겸사겸사 구매한다)라는 표현으로 화장품의 매출은 많지 않음을 알 수 있었다. 이렇게 앞의 문제를 풀면서 얻은 정보가 다른 문제를 푸는 데 도움이 될 수 있으므로 이미 읽은 지문의 내용을 기억하여 시간 단축 팁으로 활용해 보자.

어휘 销量 xiāoliàng 圀 판매량　服装 fúzhuāng 圀 복장　化妆品 huàzhuāngpǐn 圀 화장품　小型家电 xiǎoxíng jiādiàn 圀 소형 가전　孕婴用品 yùn yīng yòngpǐn 圀 출산·유아 용품

4	本文主要谈什么？	본문은 주로 무엇을 말하고 있나？

A 如何为商场做宣传	A 어떻게 쇼핑몰을 위해 광고하는가
B 商场如何分配楼层	**B 쇼핑몰은 어떻게 층수를 나누는가**
C 化妆品的营销方法	C 화장품의 마케팅 방법
D 商场的优惠活动	D 쇼핑몰의 할인 행사

해설 질문의 主要谈을 보고 주제를 찾는 문제임을 알 수 있다. 주제는 주로 첫 단락에 언급되는데, 지문의 시작 부분에서 大部分商场的一楼都是卖化妆品和珠宝首饰什么的, 而衣服总是在楼上(대부분 쇼핑몰의 1층은 화장품과 쥬얼리 등을 판매하고 의류는 늘 위층에 있다)이라고 하며 이어 那到底是为什么呢？(그러면 도대체 왜 그런 것인가?)라고 질문을 던졌다. 그리고 글의 마지막 부분에서 可见, 大部分商场这么设计都有其道理的(이를 통해, 대부분 쇼핑몰이 이렇게 설계하는 데에는 다 그만한 일리가 있다는 것을 알 수 있다)라고 했으므로 이 글의 주제로 알맞은 것은 B이다.

어휘 宣传 xuānchuán 명 동 선전(하다) 楼层 lóucéng 명 층수 分配 fēnpèi 명 동 분배(하다) 营销 yíngxiāo 동 마케팅하다 优惠活动 yōuhuì huódòng 할인 행사

5-8

汉森在一家广告公司工作，他在创意广告方面很有天赋，他的创意总是出人意料。不久前，他接到一个任务：策划制作一个特殊的沙滩广告，目的只有一个——为了预防皮肤癌的发生，5呼吁人们别过久地晒太阳。

为了做好这个广告，汉森花了整整一周的时间到沙滩观察。在考察中他发现，人们在来度假时一定会带着智能手机。于是，他想到了一个好主意：也许可以在无线网络上做文章。之后，汉森与他的技术团队，花了数十天时间，6终于研究出一款可供250位手机使用者同时接入网络的阴影无线网络系统。

团队用蓝色挡板在沙滩盖起一栋巨型建筑，7再将阴影无线网络安装在了建筑里。顾名思义，8阴影无线网络只有在建筑的阴影里才有信号，而且当太阳移动时，蓝色建筑的影子发生变化，信号区域也会随之变化。"哪儿有阴影，哪儿就有免费Wi-Fi"，这对沙滩上的游人来说多有诱惑力！很快，那些喜欢在沙滩游玩的人们主动放弃热情的太阳，被吸引到阴影里了。

汉森的广告词是：无线网络与阳光不可兼得。许多人表示这句广告词很绝妙。

한센은 한 광고 회사에서 근무한다. 그는 창의적 광고 분야에 천부적인 자질을 지니고 있다. 그의 창의적 아이디어는 늘 사람들의 예상을 뛰어넘었다. 얼마 전, 그는 미션을 하나 받았다. 특수한 백사장 광고를 기획, 제작하는 것으로 목표는 단 하나이다. 피부암의 발생을 예방하기 위해, 5사람들에게 지나치게 긴 시간 동안 햇빛을 쬐지 말라고 호소하는 것이다.

광고를 잘 만들기 위해, 한센은 꼬박 일주일 동안 백사장에서 관찰을 했다. 그는 관찰하면서 발견했다. 사람들이 바캉스를 보내러 올 때 스마트폰을 꼭 챙긴다. 그래서 그는 좋은 아이디어를 생각했다. 어쩌면 Wi-Fi에서 방법을 찾을 수 있겠다. 그 뒤로 한센은 그의 기술팀과 수십 일의 시간을 들여, 마침내 250명의 스마트폰 사용자들이 동시에 접속할 수 있는 6그늘 무선 인터넷(shadow Wi-Fi) 시스템을 연구해냈다.

기술팀은 파란색 칸막이판을 사용하여 백사장에 거대 건축물을 세운 뒤 7그늘 무선 인터넷을 구조물 안에 설치하였다. 이름 그대로, 8그늘 무선인터넷은 구조물의 그림자 안에만 신호가 있고, 태양이 이동하면 파란색 구조물의 그림자도 변화가 생겨서 신호지역도 그에 따라 변화하였다. '그림자가 있는 곳에 무료 Wi-Fi가 있다'는 것은 백사장의 여행객들에게 얼마나 매력적인가! 곧 백사장에서 뛰놀기를 즐기던 사람들이 알아서 열정의 태양을 포기하고 그림자 속으로 이끌려 들어오게 되었다.

한센의 광고 멘트는 'Wi-Fi와 태양을 둘 다 잡을 순 없어요'였다. 많은 이들이 이 광고 멘트가 절묘하다고 말했다.

어휘 汉森 Hàn sēn 인명 한센, Hansen 创意 chuàngyì 명 새로운 의견 동 새로운 착상을 펼치다 天赋 tiānfù 명 타고난 자질 出人意料 chū rén yì liào 예상을 뛰어넘다 策划 cèhuà 명 동 기획(하다) 制作 zhìzuò 동 제작하다 特殊 tèshū 형 특수하다 沙滩 shātān 명 백사장 预防 yùfáng 동 예방하다 皮肤癌 pífū'ái 명 피부암 呼吁 hūyù 동 호소하다 过久 guòjiǔ 형 시간이 너무 지나다 晒太阳 shài tàiyang 햇볕을 쬐다 观察 guānchá 동 관찰하다 考察 kǎochá 동 시찰하다, 고찰하다 度假 dùjià 동 휴가를 보내다 智能手机 zhìnéng shǒujī 스마트폰 无线网络 wúxiàn wǎngluò 무선 네트워크(wi-fi) 技术团队

jìshù tuánduì 기술진　款 kuǎn 〈양〉 종류, 스타일　接入 jiērù 〈동〉 액세스하다　阴影 yīnyǐng 〈명〉 그늘　无线网络系统 wúxiàn wǎngluò xìtǒng 무선 인터넷 시스템(wireless network)　挡板 dǎngbǎn 〈명〉 칸막이판　盖 gài 〈동〉 짓다, 세우다　栋 dòng 〈양〉 동, 채　巨型 jùxíng 〈형〉 대형의　建筑 jiànzhù 〈명〉 건축물　安装 ānzhuāng 〈동〉 설치하다, 장치하다　顾名思义 gù míng sī yì 〈성〉 이름 그대로, 이름을 보고 그 뜻을 생각하다　信号 xìnhào 〈명〉 신호　移动 yídòng 〈명〉〈동〉 이동(하다)　区域 qūyù 〈명〉 지역　随之 suízhī 이에 따라　游人 yóurén 〈명〉 관광객　诱惑力 yòuhuòlì 〈명〉 매력　游玩 yóuwán 〈동〉 뛰놀다　主动 zhǔdòng 〈형〉 자발적이다　不可兼得 bùkě jiāndé 두 마리 토끼를 다 잡을 수 없다　绝妙 juémiào 〈형〉 절묘하다, 더없이 훌륭하다

5 | 关于那个沙滩广告，可以知道什么？ | 그 백사장 광고에 관하여 무엇을 알 수 있는가？

A 是为了宣传一家沙滩旅馆　　　A 비치 호텔을 선전하기 위해서
B 提醒人们不要过久晒太阳　　**B 지나치게 긴 시간 햇빛을 쬐지 말 것을 일깨워 준다**
C 吸引了很多游客去沙滩　　　　C 수많은 여행객들을 백사장으로 끌어 당겼다
D 提醒人们保护海洋环境　　　　D 바다의 환경을 보호할 것을 일깨워 준다

해설 질문의 키워드는 沙滩广告(백사장 광고)이며 이에 관한 옳은 내용을 고르는 문제이다. 첫 번째 단락에 질문의 키워드가 언급되었으며 광고의 목적이 呼吁人们别过久地晒太阳(사람들에게 지나치게 긴 시간 동안 햇빛을 쬐지 말라고 호소하는 것이다)이라고 했으므로 일치하는 내용은 B이다.

어휘 沙滩 shātān 〈명〉 백사장　宣传 xuānchuán 〈명〉〈동〉 선전(하다)　晒太阳 shài tàiyang 햇볕을 쬐다　游客 yóukè 〈명〉 관광객

6 | 画线词语“做文章”最可能是什么意思？ | 밑줄 친 어휘 '방책을 꾀하다'는 어떤 뜻일 가능성이 높은가？

A 研究新方法　　　**A 새로운 방법을 연구하다**
B 写一部网络小说　　B 인터넷 소설을 쓰다
C 反复进行测试　　　C 반복적으로 측정을 한다
D 做贡献　　　　　　D 기여를 하다

해설 질문은 밑줄 친 어휘의 뜻을 묻는 문제이다. 做文章의 표면적 뜻이 아니라 글에서 나타내는 의미를 파악해야 한다. 두 번째 단락에서 밑줄 친 어휘 앞부분에 好主意(좋은 아이디어)를 언급했고, 좋은 아이디어에 대한 부연설명으로 也许可以在无线网络上做文章(어쩌면 Wi-Fi에서 방법을 찾을 수 있겠다)이라고 했다. 이어 뒷부분에서 终于研究出……阴影无线网络系统(마침내 ～한 그늘 무선인터넷 시스템을 연구해 냈다)이라고 했으므로 밑줄 친 어휘의 의미로 가장 알맞은 것은 A임을 알 수 있다.

어휘 做文章 zuò wénzhāng 글을 짓다, 방책을 꾀하다　网络小说 wǎngluò xiǎoshuō 〈명〉 인터넷 소설　反复 fǎnfù 〈동〉 되풀이하다　测试 cèshì 〈명〉〈동〉 측정(하다)　做贡献 zuò gòngxiàn 기여하다

7 | 关于那个巨型建筑，可以知道什么？ | 그 거대한 건축물에 관해 무엇을 알 수 있는가？

A 影响景区的美观　　A 관광지의 미관에 영향을 준다
B 是当地的标志性建筑　　B 현지의 랜드마크이다
C 可以防晒　　　　　C 자외선을 차단할 수 있다
D 内部装有无线网络　　**D 내부에 Wi-Fi가 설치되어 있다**

해설 질문의 키워드는 巨型建筑(거대한 건축물)로 지문에서 찾아 보기의 키워드와 대조해 본다. 세 번째 단락에서 巨型建筑을 언급하며 再将阴影无线网络安装在了建筑里(그늘 무선 인터넷을 구조물 안에 설치하였다)라고 했으므로 건축물에 관한 옳은 내용은 D이다.

어휘 景区 jǐngqū 〈명〉 관광지구　美观 měiguān 〈명〉 미관　当地 dāngdì 〈명〉 현지, 그 지방　标志性建筑 biāozhìxìng jiànzhù 〈명〉 랜드마크 빌딩　防晒 fángshài 자외선을 차단하다　内部 nèibù 〈명〉 내부

8

根据上文，下列哪项正确？	본문을 토대로 다음 중 올바른 것은?
A 很多人不愿意去沙滩 B 沙滩免费提供充电服务 C 汉森的创意被拒接了 **D 阴影处才有信号**	A 많은 사람들이 백사장에 가길 원치 않는다 B 백사장에서 충전 서비스를 무료로 제공한다 C 한센의 아이디어는 거절당했다 **D 그림자가 있는 곳에만 신호가 있다**

해설 질문은 전체 글의 옳은 내용을 고르는 문제이다. 보기의 키워드로 A는 不愿意去沙滩(백사장에 가길 원하지 않는다), B는 免费提供充电服务(무료 충전 서비스 제공), C는 被拒接了(거절당했다), D는 阴影(그림자)과 信号(신호)이다. 세 번째 단락에서 阴影无线网络只有在建筑的阴影里才有信号(그늘 무선인터넷은 구조물의 그림자 안에만 신호가 있다)라고 했으므로 옳은 내용은 D이다.

어휘 充电 chōngdiàn 통 충전하다　创意 chuàngyì 명 새로운 의견　阴影处 yīnyǐngchù 그늘진 곳　信号 xìnhào 명 신호

독해 제3부분 미니모의고사

정답 1. C　2. D　3. D　4. B　5. C　6. A　7. B　8. D

1-4

　　王静在外贸公司工作已经3年了，可她在公司的业绩一直平平的。原因是她的上司是个非常傲慢和刻薄的人，他对王静所有的工作都不加以称赞，反而时常泼些冷水。有一次，[1]王静主动搜集了一些有关出口的最新环保标准的信息，但是上司知道了，不但不称赞她主动工作，反而批评她不专心本职工作。[2]被一次次否定之后，王静再也不敢主动工作了，对工作也逐渐失去了热情。

　　后来，公司换了新主管。新主管[3]经常鼓励大家不要拘泥于部门与职责的限制，特别是提倡大家要畅所欲言。[3]由于新主管的积极鼓励，王静也积极地发表自己的看法了，对工作的热情也空前高涨，并且还主动学会了新东西。王静非常惊讶，原来自己还有这么多的潜能可以发掘。

　　其实，王静的变化，就是所谓的"皮格马利翁效应"起到了作用。运用到企业管理中，就要求领导对下属要投入感情、希望，使下属得以发挥自身的主动性、积极性和创造性。[4]如领导在交办某一项任务时，不妨对下属说："我相信你一定能办好"、"你是会有办法的"……这样下属就会容易受到启发和鼓励，往更好的方向努力。随着心态的改变，行动也越来越积极，最终做出更好的成绩。

　　왕징은 무역회사에서 이미 3년간 근무를 했지만, 사내에서 실적은 줄곧 평범했다. 원인은 그녀의 상관이 굉장히 오만하고 각박한 사람이라, 왕징이 한 모든 업무에 대해서 칭찬을 해주지 않고 오히려 늘 찬물만 끼얹었기 때문이다. 한번은 [1]왕징이 자발적으로 몇몇 수출 관련 최신 환경 보호 기준 정보를 수집했는데, 상관이 알고는 그녀가 능동적으로 업무를 한 것을 칭찬하기는커녕 오히려 본업에 전념하지 않는다며 비난했다. [2]거듭 퇴짜를 맞고 난 후, 왕징은 더 이상은 자발적으로 업무를 진행할 엄두를 내지 못하게 되었고 업무에도 점차 열정을 잃게 되었다.

　　나중에, 회사에서 신임 책임자를 교체했다. 신임 책임자는 부서와 직책의 제한에 얽매이지 말라며 [3]자주 모두를 격려해 주었고 특히나 서슴없는 발언을 독려했다. [3]신임 책임자의 적극적인 격려로, 왕징 역시 적극적으로 자신의 견해를 발표하게 되었고 업무에 대한 열정도 전에 없이 높아졌다. 게다가 스스로 새로운 것을 배우기까지 했다. 왕징은 자신이 이렇게 개발할 수 있는 잠재력이 많았다는 것에 굉장히 놀랐다.

　　사실, 왕징의 변화는 이른바 '피그말리온 효과'가 작용을 한 것이다. 기업 관리에 적용을 하면, 부하 직원에게 애정과 희망을 주어 직원 스스로 자발성, 적극성 그리고 창의력을 발휘할 수 있도록 리더에게 요구한다. 예를 들어, [4]리더가 어떤 미션을 맡길 때, 부하 직원에게 다음과 같이 말해주는 것도 좋다. "나는 자네가 반드시 잘 해낼 거라 믿네", "자네에게 방법이 있을 걸세" ……이렇게 하면 부하 직원은 깨달음과 격려를 쉽게 얻고 더 나은 방향으로 노력하게 된다. 마음의 자

세가 변화함에 따라 행동도 점차 적극적이게 되고 최종적으로 더 좋은 성적을 만들어 낼 수 있게 된다.

어휘 外贸 wàimào 圀 대외무역　业绩 yèjì 圀 실적　平平 píngpíng 휑 보통이다, 평범하다　上司 shàngsi 圀 상관, 상사　傲慢 àomàn 휑 오만하다　刻薄 kèbó 휑 각박하다　加以 jiāyǐ 圐 ~을 가하다　称赞 chēngzàn 圐 칭찬(하다)　反而 fǎn'ér 凷 오히려　时常 shícháng 凷 자주, 늘　泼冷水 pō lěngshuǐ 찬물을 끼얹다　搜集 sōují 圐 수집하다, 찾아 모으다　有关 yǒuguān 圐 ~에 관계되다　出口 chūkǒu 圀圐 수출(하다)　主动 zhǔdòng 휑 능동적이다　专心 zhuānxīn 圐 전념하다, 열중하다　本职 běnzhí 圀 본직　否定 fǒudìng 圐 부정하다　逐渐 zhújiàn 凷 점차, 차츰　失去 shīqù 圐 잃다　主管 zhǔguǎn 圀 주요 책임자　拘泥 jūnì 圐 구배되다, 구속받다　部门 bùmén 圀 분과, 부서　职责 zhízé 圀 직책　限制 xiànzhì 圐 제한(하다)　提倡 tíchàng 圐 제창하다, 장려하다　畅所欲言 chàng suǒ yù yán 졍 하고 싶은 말을 시원하게 다 말하다　发表 fābiǎo 圐 발표하다　空前 kōngqián 휑 전대 미문의　高涨 gāozhǎng 圐 고조하다, 급증하다　惊讶 jīngyà 휑 놀랍고 의아하다　潜能 qiánnéng 圀 잠재력, 가능성　发掘 fājué 圐 발굴하다, 캐내다　所谓 suǒwèi 소위, 이른바　皮格马利翁效应 Pígémǎlìwēng xiàoyìng 피그말리온 효과　领导 lǐngdǎo 圀 지도자　下属 xiàshǔ 圀 부하, 아랫사람　投入 tóurù 圐 투입하다, 넣다　得以 déyǐ 圐 ~할 수 있다　发挥 fāhuī 圐 발휘하다　主动性 zhǔdòngxìng 圀 능동성　创造性 chuàngzàoxìng 圀 창조성　交办 jiāobàn 圐 맡겨 처리시키다　某 mǒu 圃 어느　项 xiàng 휑 가지, 조항　启发 qǐfā 圐 계발(하다)　最终 zuìzhōng 圀 최종, 최후

---

1 王静为什么被上司批评了？　|　왕징은 어째서 상관에게 혼이 났나？

A 工作不认真　|　A 일하는 것이 성실하지 않다
B 上班时间做自己的兼职　|　B 근무시간에 자신의 파트타임잡을 한다
C 搜集出口信息　|　**C 수출 정보를 수집한다**
D 给公司造成重大损失　|　D 회사에 막대한 손실을 초래한다

해설 질문의 키워드는 被上司批评(상관에게 혼이 나다)이며, 이에 관한 이유를 묻고 있다. 첫 번째 단락에서 反而批评她(오히려 그녀를 꾸짖었다)라고 언급했고, 그 앞부분에 王静主动搜集了一些有关出口的最新环保标准的信息(왕징이 자발적으로 몇몇 수출 관련 최신 환경 보호 기준 정보를 수집했다)라고 하며 그녀를 꾸짖은 이유를 설명하였다. 따라서 알맞은 정답은 C이다.

어휘 兼职 jiānzhí 圀 겸직, 아르바이트　搜集 sōují 圐 수집하다, 찾아모으다　出口 chūkǒu 圀圐 수출(하다)　重大 zhòngdà 휑 중대하다, 크다　损失 sǔnshī 圀圐 손해(보다)

---

2 根据第1段，王静为什么失去了工作热情？　|　첫 번째 단락을 토대로 왕징이 업무에 열정을 잃은 까닭은？

A 人际关系紧张　|　A 대인관계가 껄끄럽다
B 无法适应公司环境　|　B 기업 환경에 적응할 수 없다
C 在一家公司呆太久　|　C 한 회사에 너무 오래 머물렀다
D 总是被否定　|　**D 늘 퇴짜를 맞는다**

해설 제한된 단락인 첫 번째 단락에서 질문의 키워드 失去了工作热情(업무에 열정을 잃다)의 원인을 찾는 문제이다. 단락의 마지막 부분에 질문의 키워드가 对工作也逐渐失去了热情(업무에도 점차 열정을 잃게 되었다)이라고 등장했고, 그 앞부분에 被一次次否定之后(거듭 퇴짜를 맞고 난 후)라고 했으므로 왕징이 열정을 잃은 이유로 알맞은 것은 D이다.

어휘 人际关系 rénjì guānxì 圀 대인관계　无法 wúfǎ 凷 ~할 방법이 없다　呆 dāi 圐 머무르다　否定 fǒudìng 圀圐 부정(하다)

3	关于新主管，下列哪项正确？	신임 책임자에 관해 다음 중 올바른 것은?

A 有多方面的才能	A 다방면의 재능이 있다
B 任何事都亲自动手	B 어떤 일도 직접 손을 댄다
C 不会称赞员工	C 직원들을 칭찬하지 않는다
D 激发了员工的积极性	**D 직원들의 적극성을 불러일으킨다**

해설 질문의 키워드는 新主管(신임 책임자)이며, 이에 관한 옳은 내용을 고르는 문제이다. 보기의 키워드, A는 才能(재능), B는 亲自动手(직접 손을 댄다), C는 不会称赞(칭찬을 할 줄 모르다), D는 激发积极性(적극성을 불러일으키다)을 지문과 대조한다. 두 번째 단락에서 经常鼓励大家(자주 모두를 격려하다), 由于新主管的积极鼓励, 王静也积极地发表自己的看法了(신임 책임자의 적극적인 격려로, 왕징 역시 적극적으로 자신의 견해를 발표하게 되었다)라고 했으므로 보기 D가 옳은 내용임을 알 수 있다.

어휘 才能 cáinéng 몡 재능, 재간　亲自 qīnzì 틧 몸소, 친히　动手 dòngshǒu 통 착수하다, 손을 대다　称赞 chēngzàn 통 칭찬하다　员工 yuángōng 몡 직원　激发 jīfā 통 (감정 등을)불러일으키다

4	"皮格马利翁效应"对领导者有什么启示？	'피그말리온 효과'는 리더에게 어떤 시사점을 주는가?

A 要给员工涨工资	A 직원들에게 급여를 인상해 주어야 한다
B 要善于鼓励员工	**B 직원들을 칭찬하는 데 능해야 한다**
C 要让员工信任领导	C 직원들로 리더를 신임하게 해야 한다
D 要虚心听取下属的意见	D 겸손하게 부하 직원의 의견을 수렴해야 한다

해설 질문은 皮格马利翁效应(피그말리온 효과)이 리더에게 주는 시사점에 대해 묻고 있다. 마지막 단락에서 要求领导(리더에게 요구한다)의 이후에 我相信你一定能办好(나는 자네가 반드시 잘 해낼 거라 믿네), 你是会有办法的(자네에게 방법이 있을 걸세)라고 하여 이러한 칭찬으로 인해 下属就会容易受到鼓励(부하 직원은 격려를 쉽게 받는다)라고 했으므로 칭찬의 효과를 시사했음을 알 수 있다. 따라서 정답은 B이다.

TIP▶ 글이 시사하는 바를 묻는 문제는 에피소드의 교훈을 찾는 문제와 동일하게 접근할 수 있는데, 앞의 문제들을 풀면서 파악한 스토리를 종합하여 글의 시사점을 찾을 수 있다. 또한 에피소드의 주요 시사점은 대부분 대화 속에 등장하므로 대화를 주의 깊게 살펴보도록 한다.

어휘 皮格马利翁效应 Pígémǎlìwēng xiàoyìng 피그말리온 효과　领导 lǐngdǎo 몡 지도자　启示 qǐshì 몡 시사(하다)　员工 yuángōng 몡 직원　涨工资 zhǎng gōngzī 급료를 인상하다　善于 shànyú ~를 잘하다　信任 xìnrèn 몡 통 신임(하다)　虚心 xūxīn 톈 겸허하다　听取 tīngqǔ 통 귀를 기울이다　下属 xiàshǔ 몡 부하, 아랫사람

5-8

仿生机器鱼，顾名思义，是一种外形像鱼，配备有探测传感器的自主机器。它能够在水中持续游动数小时，5主要用于发现水中的污染物。当发现污染物时，它便会绘制实时三维图，并标明当前水中存在什么物质以及位于什么地方。

除了寻找污染物外，机器鱼还会对污染物进行持续监视。这些机器鱼都使用高级群集智能技术，当其中有一条鱼发现有害物质时，会8把详细资料发送给其他同伴，然后它们会聚集在发现物质的区域来共同探测。

바이오 로봇 물고기는 이름을 통해서 알 수 있듯, 일종의 외형이 물고기 같은 탐측 감응 신호 장치를 장착한 자율 로봇이다. 수중에서 수 시간 동안 지속적으로 유영할 수 있으며, 5주로 수중의 오염 물질을 발견하는 데 쓰인다. 오염 물질을 발견하면 로봇 물고기는 3D 그래픽을 제작하여 현재 수중에 어떤 오염 물질이 존재하며 어디에 위치하고 있는지를 명시한다.

오염 물질을 찾는 것 외에도, 로봇 물고기는 오염 물질에 지속적인 감시를 한다. 이들 로봇 물고기들은 집단지성 기술을 사용하여 그들 중 한 마리가 유해 물질을 발견하면 8자세한 자료를 다른 동료들에게 전송한 후 발견 지역에 모여 공동으로 탐사와 측량을 진행한다.

另外，6机器鱼唯一的动力来自尾巴，由后部伸出的大鳍和小鳍带动。它们分别接在两只电机上，依次运动，给鱼提供前进的动力。

机器鱼装有自主导航装置，在电池7电量变低时，机器鱼会自动游回充电站充电，同时将水质数据通过无线局域网传送给研究人员。

如果试验进行良好，那么机器鱼就可用来监测世界各地河流、湖泊和海洋的污染。

그 밖에, 6로봇 물고기의 유일한 동력은 꼬리에서 오는데 뒤쪽에서 뻗어 나온 큰 지느러미와 작은 지느러미가 움직이게 한다. 이들은 각각 두 개의 전동기에 연결되어 순서대로 동작을 하여 로봇 물고기에게 전진하는 동력을 제공해 준다.

로봇 물고기는 관성 항법 장치를 탑재하고 있어, 7건전지의 전력량이 낮아지면 자동으로 충전소로 돌아와 충전을 한다. 동시에 수질 데이터를 무선랜을 통해 연구원들에게 전송한다.

만약 실험이 양호하게 진행된다면, 로봇 물고기는 전 세계 각지의 하천, 호수와 해양 오염을 감시 측량하는데 사용될 것이다.

어휘 仿生机器鱼 fǎngshēngjīqìyú 바이오 로봇 물고기　顾名思义 gù míng sī yì 정 이름을 보고 그 뜻을 생각하다. 이름 그대로　外形 wàixíng 외형　配备 pèibèi 통 배치하다　探测 tàncè 명통 탐측(하다)　传感器 chuángǎnqì 명 감응 신호 장치　持续 chíxù 통 지속하다　污染物 wūrǎnwù 명 오염 물질　游动 yóudòng 통 유동하다　绘制 huìzhì 통 (도면 등을) 제작하다　三维图 sānsānwéitú 3D그래픽　实时 shíshí 부 실시간으로　标明 biāomíng 통 명시하다　寻找 xúnzhǎo 통 찾다　监视 jiānshì 통 감시하다　群集智能 qúnjízhìnéng 집단 지성　资料 zīliào 명 자료　同伴 tóngbàn 명 동료　聚集 jùjí 통 모이다　区域 qūyù 명 구역　唯一 wéiyī 형 유일한, 하나밖에 없는　动力 dònglì 명 동력　尾巴 wěiba 명 꼬리　伸出 shēnchū 통 밖으로 내어 뻗다　鳍 qí 명 물고기의 지느러미　带动 dàidòng 통 이끌어 나가다　分别 fēnbié 부 각각, 따로따로　电机 dànjī 명 전기 기계　依次 yīcì 순서에 따르다　装有 zhuāngyǒu 담다, 싣다　导航装置 dǎoháng zhuāngzhì 항법 장치　电池 dànchí 건전지　自动 zìdòng 형 자동적인　充电 chōngdiàn 명통 충전(하다)　水质 shuǐzhì 명 수질　数据 shùjù 명 데이터　无线局域网 wúxiàn júyùwǎng 무선랜, Wi-fi　传送 chuánsòng 통 전달하여 보내다　试验 shìyàn 명통 테스트(하다)　监测 jiāncè 통 모니터링하다　河流 héliú 명 하천　湖泊 húpō 명 호수

5 机器鱼主要用于：

로봇 물고기는 주로 어디에 쓰이는가?

A 寻找海底沉船
B 为潜水员照明
C 发现水中污染物
D 帮助进行海滩搜救

A 해저의 침몰한 선박을 찾는다
B 잠수부에게 조명을 비춰준다
C 수중에서 오염 물질을 발견한다
D 해양 구조 및 수색을 도와준다

해설 질문의 키워드는 机器鱼(로봇 물고기)이며, 보기의 키워드를 살펴보면 A는 沉船(침몰한 배), B는 照明(조명), C는 污染物(오염 물질), D는 海滩搜救(해양 수색 및 구조)이다. 첫 번째 단락에서 질문의 핵심어가 등장하였고 主要用于发现水中的污染物(주로 수중의 오염물질을 발견하는 데 쓰인다)라고 했으므로 일치하는 내용인 C가 정답이다.

어휘 寻找 xúnzhǎo 통 찾다　海底 hǎidǐ 명 해저　沉船 chénchuán 명 침몰한 배　潜水员 qiánshuǐyuán 명 잠수부　照明 zhàomíng 명 조명 통 밝게 비추다　海滩 hǎitān 명 해변, 모래사장　搜救 sōujiù 명통 수색 구조(하다)

6 关于机器鱼的尾巴，可以知道什么？

로봇 물고기의 꼬리에 관하여 무엇을 알 수 있는가?

A 是前进的动力
B 带有小型螺旋桨
C 能够发出信号
D 可以上发条

A 전진의 동력이다
B 소형 프로펠러를 지니고 있다
C 신호를 낼 수 있다
D 태엽을 감을 수 있다

해설 질문의 키워드는 尾巴(꼬리)이며 이에 관한 옳은 내용을 찾는 문제이다. 세 번째 단락에서 机器鱼唯一的动力来自尾巴(로봇 물고기의 유일한 동력은 꼬리에서 온다)라고 했으므로 정답은 A이다.

독해
제 3 부분

어휘 动力 dònglì 몡 동력   带有 dàiyǒu 통 지니고 있다   小型 xiǎoxíng 혱 소형의   螺旋桨 luóxuánjiāng 몡 프로펠러   发出 fāchū (소리 등을) 내다   信号 xìnhào 몡 신호   上发条 shàng fātiáo 태엽을 감다

7

电量低时，机器鱼会怎么做？	전력량이 낮아지면 로봇 물고기는 어떻게 하는가?
A 静止不动，等待救援 **B 自行游回充电站** C 利用太阳能充电 D 自动关机	A 가만히 움직이지 않고 구조를 기다린다 **B 스스로 충전소로 돌아간다** C 태양 에너지를 이용해 충전한다 D 자동으로 전원을 끈다

해설 질문의 키워드는 电量低(전력량이 낮다)이며, 보기의 키워드를 살펴보면 A는 等待救援(구조를 기다리다), B는 回充电站(충전소로 돌아가다), C는 利用太阳能(태양 에너지를 이용하다), D는 自动关机(자동으로 꺼진다)이다. 네 번째 단락에서 电量变低时, 机器鱼会自动游回充电站充电(전력량이 낮아지면 로봇 물고기는 자동으로 충전소로 돌아와 충전을 한다)이라고 했으므로 전력량이 낮아질 때 로봇 물고기가 하는 행동은 B이다.

어휘 静止 jìngzhǐ 통 정지하다   等待 děngdài 통 기다리다   救援 jiùyuán 통 구조하다   自行 zìxíng 뷔 스스로, 자체로   太阳能 tàiyángnéng 몡 태양 에너지   充电 chōngdiàn 몡통 충전(하다)   自动 zìdòng 혱 자동적인   关机 guānjī 통 전원을 끄다

8

根据机器鱼，下列哪项正确？	로봇 물고기에 관해서 다음 중 올바른 것은?
A 可以在水下工作一个月 B 目前只能绘制平面图 C 体型一般都比较大 **D 可互相发送信息**	A 수중에서 1개월간 작업할 수 있다 B 현재 평면도만 제작 가능하다 C 체형이 일반적으로 다 비교적 크다 **D 서로 정보를 보낼 수 있다**

해설 질문은 로봇 물고기에 관한 옳은 내용을 찾는 문제이다. 보기의 키워드를 살펴보면 A는 在水下工作一个月(수중에서 1개월간 작업하다), B는 平面图(평면도), C는 体型比较大(체형이 비교적 크다), D는 互相发送信息(서로 정보를 보낸다)이다. 두 번째 단락에서 把详细资料发送给其他同伴(자세한 자료를 다른 동료들에게 전송한다)이라고 했으므로 옳은 내용은 D이다.

어휘 目前 mùqián 몡 현재   绘制 huìzhì 통 제도하다   平面图 píngmiàntú 몡 평면도   体型 tǐxíng 몡 체형   发送 fāsòng 통 보내다, 송출하다

1. 중국어의 어법 개념 잡기

확인학습 Ⅰ

정답

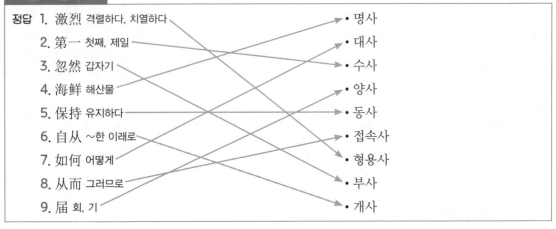

1. 激烈 격렬하다, 치열하다   • 명사
2. 第一 첫째, 제일   • 대사
3. 忽然 갑자기   • 수사
4. 海鲜 해산물   • 양사
5. 保持 유지하다   • 동사
6. 自从 ~한 이래로   • 접속사
7. 如何 어떻게   • 형용사
8. 从而 그러므로   • 부사
9. 届 회, 기   • 개사

확인학습 Ⅱ

정답

1.	老刘 (주어)	已经 (부사어)	签了 (술어)	正式的 (관형어)	购房合同 (목적어)
2.	他 (주어)	曾经 (부사어)	担任过 (술어)	国家队的 (관형어)	主教练 (목적어)
3.	这样做 (주어)	可以 (부사어)	节省 (술어)	不少 (관형어)	粮食 (목적어)
4.	这个 (관형어)	岛屿 (주어)	不对外 (부사어)	开放 (술어)	
5.	这种 (관형어)	药物 (주어)	能 (부사어)	促进 (술어)	消化并吸收 (목적어)

2. 주어, 술어, 목적어 배치 실전 테스트

정답 1. 那个杀毒软件好像过期了。

2. 花生具有很高的营养价值。

3. 品牌经理已经批准了我的推销方案。

4. 我在一家健身房担任个人教练。

5. 丝绸之路促进了经济文化上的交流。

1 好像　　杀毒软件　　那个　　过期了

관형어	주어	부사어	술어
那个杀毒 지시대사+양사+명사	软件 명사	好像 부사	过期了 동사+了
그 백신 프로그램은 기한이 만료된 것 같다.			

해설 **술어 배치** '동사+了' 형태인 过期了(기한이 만료됐다)를 술어에 배치한다.

주어 목적어 배치 술어 过期의 주체가 될 수 있는 杀毒软件(백신 프로그램)을 주어에 배치한다.

남은 어휘 배치 남은 어휘 那个(그 하나의)는 '대사+양사' 형태의 관형어이므로 의미상 알맞은 주어 杀毒软件 앞에 배치하여 문장을 완성한다.

어휘 杀毒 shādú 图 컴퓨터 바이러스를 제거하다　软件 ruǎnjiàn 图 소프트웨어 프로그램, 앱　好像 hǎoxiàng 图 마치 ~인 것 같다
过期 guòqī 图 기한이 지나다

2 具有　　花生　　营养价值　　很高的

주어	술어	관형어	목적어
花生 명사	具有 동사	很高的营养 정도부사+형용사+的+명사	价值 명사
땅콩은 매우 높은 영양가를 지니고 있다.			

해설 **술어 배치** 동사 具有(가지다)를 술어에 배치한다.

주어 목적어 배치 술어 具有의 주체로 花生(땅콩)을 주어에, 具有의 대상으로 营养价值(영양가)를 목적어에 배치한다.

남은 어휘 배치 남은 어휘 很高的(매우 높은)는 '……的' 형태의 관형어이므로 의미상 알맞은 목적어 营养价值 앞에 배치하여 문장을 완성한다.

어휘 花生 huāshēng 图 땅콩　具有 jùyǒu 图 가지다　营养 yíngyǎng 图 영양　价值 jiàzhí 图 가치

3 已经　　我的　　品牌经理　　推销方案　　批准了

관형어	주어	부사어	술어	관형어	목적어
品牌 명사	经理 명사	已经 부사	批准了 동사+了	我的推销 인칭대사+的+동사	方案 명사
브랜드 매니저가 이미 내 프로모션안을 승인했다.					

해설　**술어 배치** '동사+了' 형태인 批准了(허가했다)를 술어에 배치한다.
　　　주어 목적어 배치 술어 批准(허가하다)의 주체로 品牌经理(브랜드 매니저)를 주어에 배치하고, 批准의 대상인 推销方案(프로모션안)을 목적어에 배치한다.
　　　남은 어휘 배치 남은 어휘 我的(나의)는 '⋯⋯的' 형태의 관형어이므로 의미상 알맞은 목적어 方案 앞에 배치하고 부사 已经(이미)은 술어 앞 부사어로 배치하여 문장을 완성한다.

어휘　品牌 pǐnpái 몡 상표, 브랜드　批准 pīzhǔn 동 비준하다, 허가하다　推销 tuīxiāo 동 판로를 확장하다　方案 fāng'àn 몡 계획, 방안

4　一家　健身房　我在　担任　个人教练

주어	부사어	술어	관형어	목적어
我 인칭대사	在一家健身房 개사구(개사+수사+양사+명사)	担任 동사	个人 명사	教练 명사
나는 한 헬스장에서 개인 트레이너를 맡고 있다.				

해설　**술어 배치** 동사 担任(담당하다)을 술어에 배치한다.
　　　주어 목적어 배치 술어 担任의 대상으로 의미상 어울리는 个人教练(개인 트레이너)을 목적어에 배치하고, 担任의 주체가 되는 我(나)를 주어에 배치한다.
　　　남은 어휘 배치 남은 어휘 一家(한)는 '수사+양사' 형태의 관형어이므로 양사 家가 단위로 쓰일 수 있는 健身房(헬스장) 앞에 배치하여 문장을 완성한다.

어휘　健身房 jiànshēnfáng 몡 헬스장　担任 dānrèn 동 맡다, 담당하다　教练 jiàoliàn 몡 코치

5　促进了　经济文化上的　交流　丝绸之路

주어	술어	관형어	목적어
丝绸之路 명사+之+명사	促进了 동사+了	经济文化上的 명사+방위사+的	交流 명사
실크로드는 경제문화의 교류를 촉진시켰다.			

해설　**술어 배치** '동사+了' 형태인 促进了(촉진시켰다)를 술어에 배치한다.
　　　주어 목적어 배치 술어 促进(촉진시키다)의 대상이 될 수 있는 交流(교류)를 목적어에 배치하고, 促进의 주체인 丝绸之路(실크로드)를 주어로 배치한다. 丝绸之路는 丝绸(비단)+之(의)+路(길)로 구성되어 있다.
　　　남은 어휘 배치 남은 어휘 经济文化上的(경제문화의)는 '⋯⋯的' 형태의 관형어이므로 의미상 알맞은 목적어 交流 앞에 배치하여 문장을 완성한다.

어휘　丝绸之路 sīchóuzhīlù 몡 실크로드　促进 cùjìn 동 촉진시키다

실전 테스트

> 정답 1. 她获得了这届超模大赛的冠军。
>
> 2. 我姐姐曾经是个疯狂的球迷。
>
> 3. 这是一个关于黄河的神话故事。
>
> 4. 第二十一届上海国际电影节即将开幕。
>
> 5. 我们制定了详细的推广方案。

1 这届　她获得了　的冠军　超模大赛

주어	술어	관형어	목적어
她	获得了	这届超模大赛的	冠军
인칭대사	동사+了	지시대사+양사+명사+的	명사

그녀가 이번 회차 슈퍼모델 대회의 우승을 거머쥐었다.

해설 **술어 배치** '동사+了' 형태인 获得了(얻었다)를 술어 자리에 배치한다.

주어 목적어 배치 술어 获得(얻다)의 대상으로 의미상 어울리는 冠军(우승자)을 목적어 자리에 배치하고, 获得의 주체로 她(그녀)를 주어에 배치한다.

남은 어휘 배치 的冠军(~의 우승자)는 '구조조사的+명사'인 구조이므로 앞에 관형어를 배치해야 한다. 남은 어휘, '지시대사+양사'인 这届(이번)와 超模大赛(슈퍼모델 대회)를 관형어의 기본어순 '인지수량……的'에 따라 这届超模大赛로 배열하고 목적어 冠军 앞에 배치하여 문장을 완성한다.

TIP▶ 5급 빈출 양사 '届(회, 차)'는 정기적으로 열리는 大会(대회), 大赛(경기) 및 회의, 졸업연차 등에 쓰인다.

어휘 届 jiè 앙 회(정기적인 회의 또는 졸업년도에 쓰임)　超模 chāomó '超级模特(슈퍼모델)'의 준말　大赛 dàsài 명 (규모가 큰) 경기, 대회　冠军 guànjūn 명 우승, 1등

2 疯狂的　是个　我姐姐曾经　球迷

관형어	주어	부사어	술어	관형어	목적어
我	姐姐	曾经	是	个疯狂的	球迷
인칭대사	명사	부사	동사	양사+형용사+的	명사

나의 언니는 예전에 축구 광팬이었다.

해설 **술어 배치** 동사 是(…이다)를 술어 자리에 배치한다.

주어 목적어 배치 我姐姐曾经(나의 언니는 예전에)은 '명사+부사'의 구조로 我姐姐가 주어임을 알 수 있으며, 동사 是는 'A是B' 구조를 이루므로 의미상 어울리는 球迷(구기광)를 목적어에 배치한다.

남은 어휘 배치 남은 어휘 疯狂的(미친듯이 날뛰는)는 '……的' 형태의 관형어이므로 의미상 알맞은 목적어 球迷 앞에 배치한다. 양사 个는 관형어의 기본어순 '인지수량……的'에 따라 疯狂的 앞에 배치하여 문장을 완성한다.

어휘 曾经 céngjīng 문 일찍이　疯狂 fēngkuáng 형 미치다　球迷 qiúmí 명 (야구, 축구 등의) 구기광

3 这是一个 　关于　 神话故事 　黄河的

주어	술어	관형어	목적어
这 지시대사	是 동사	一个关于黄河的 수사+양사+개사구(개사+명사)+的	神话故事 명사
이것은 황허에 관련된 한 신화 이야기이다.				

해설 **술어 배치** 동사 是(…이다)를 술어 자리에 배치한다.
　　주어 목적어 배치 동사 是는 'A是B'의 구조를 이루는데, 주어로 这(이)가 是 앞에 이미 결합되어 있으므로 의미상 알맞은 神话故事(신화 이야기)를 목적어에 배치한다.
　　남은 어휘 배치 남은 어휘인 개사 关于(~에 관하여)는 '개사+명사(구)'의 개사구를 이루므로 의미가 어울리는 黄河 앞에 배치한다. 关于黄河的는 '……的' 형태의 관형어이므로 목적어 神话故事 앞에 배치시키고, 술어 是과 이미 결합되어 있는 '수사+양사' 형태의 一个(하나의)는 관형어의 기본어순 '인지수량……的'에 따라 一个关于黄河的神话故事로 배열하여 문장을 완성한다.

어휘 神话 shénhuà 명 신화

4 开幕 　上海国际电影节　 第二十一届 　即将

관형어	주어	부사어	술어
第二十一届 수사+양사	上海国际电影节 명사	即将 부사	开幕 동사
제 21회 상하이 국제 영화제가 곧 개막한다.				

해설 **술어 배치** 이합동사 开幕(막을 열다)를 술어 자리에 배치한다.
　　주어 목적어 배치 이합동사는 목적어를 가지지 않으므로 명사 上海国际电影节(상하이 국제 영화제)를 주어에 배치한다.
　　남은 어휘 배치 남은 어휘 第二十一届(제 21회)는 '수사+양사' 형태의 관형어이므로 주어 上海国际电影节 앞에 배치하고, 부사 即将(곧)은 부사어이므로 술어 앞에 배치하여 문장을 완성한다.

어휘 届 jiè 양 회(정기적인 회의 또는 졸업년도에 쓰임)　 即将 jíjiāng 부 곧, 머지않아　 开幕 kāimù 동 개막하다

5 方案 　详细的　 我们 　制定了　 推广

주어	술어	관형어	목적어
我们 인칭대사	制定了 동사+了	详细的推广 형용사+的+동사	方案 명사
우리는 상세한 보급 방안을 정했다.				

해설 **술어 배치** '동사+了' 형태의 制订了(정했다)를 술어 자리에 배치한다.
　　주어 목적어 배치 술어 制订(정하다)의 대상으로 의미상 어울리는 方案(방안)을 목적어 자리에 배치하고, 制订의 주체로 알맞은 我们(우리)을 주어에 배치한다.
　　남은 어휘 배치 남은 어휘 推广(보급)은 方案과 的 없이 결합하여 한 단어처럼 쓰이므로 推广方案으로 연결시키고 '……的' 형태의 관형어 详细的(상세한)를 다시 그 앞에 배치하여 문장을 완성한다.

어휘 制订 zhìdìng 동 만들어 정하다　 推广 tuīguǎng 동 널리 보급하다　 方案 fāng'àn 명 방안, 계획

정답 1. 她总是为未来的事情发愁。

2. 王导演一直专心地准备下周的乐器表演。

3. 请先不要向员工公开此消息。

4. 我丈夫在大学时代就热爱手工。

5. 疲劳驾驶是对生命安全不负责任的行为。

---

1 发愁　　她　　总是为　　事情　　未来的

주어	부사어	술어
她	总是为未来的事情	发愁
인칭대사	부사+개사구(개사+명사)+的+명사	동사
그녀는 늘 미래의 일을 걱정한다.		

해설　**술어 배치** 목적어를 갖지 않는 이합동사 发愁(걱정하다)를 술어에 배치한다.

주어 목적어 배치 술어 发愁의 주체인 她(그녀)를 주어에 배치한다.

남은 어휘 배치 부사 总是(늘)과 개사 为(…때문에, …에 대해서는)는 이미 '시부조……地개'의 순서대로 결합되어 있다. 개사 为는 '개사+명사(구)'의 개사구를 이루므로 事情(일) 앞에 배치한다. '……的' 형태 未来的(미래의)는 관형어이므로 의미상 알맞은 事情 앞에 배치하여 문장을 완성한다.

TIP▶ 이합동사가 있으면 호응하는 개사를 찾자. 发愁는 개사 为와 결합하여 '为……发愁(~을 걱정하다)'의 형식으로 쓰인다.

어휘　未来 wèilái 명 미래　发愁 fāchóu 통 걱정하다

---

2 下周的　　王导演　　准备　　一直　　专心地　　乐器表演

주어	부사어	술어	관형어	목적어
王导演	一直专心地	准备	下周的	乐器表演
명사	부사+형용사+地	동사	명사+的	관형어+명사
왕 감독은 줄곧 전심으로 다음 주 연주회를 준비하고 있다.				

해설　**술어 배치** 동사 准备(준비하다)를 술어에 배치한다

주어 목적어 배치 술어 准备의 주체로 王导演(왕 감독)을 주어에 배치하고, 准备의 대상으로 乐器表演(연주회)을 목적어에 배치한다.

남은 어휘 배치 남은 어휘 下周的(다음 주의)는 '……的' 형태의 관형어이므로 의미상 알맞은 목적어 乐器表演 앞에 배치한다. 一直(줄곧)과 专心地(전심으로)는 부사어의 기본어순 '시부조……地개'에 따라 一直专心地로 연결하여 술어 准备 앞에 배치하여 문장을 완성한다.

어휘　导演 dǎoyǎn 명 감독　专心 zhuānxīn 통 전념하다, 열중하다　乐器 yuèqì 명 악기

3 员工　　请先　　公开此消息　　不要向

请	부사어	술어	관형어	목적어
请 동사	先不要向员工 부사+부정부사+조동사+개사구(개사+명사)	公开 동사	此 지시대사	消息 명사

직원들에게는 우선 이 소식을 공개하지 마세요.

해설　**술어 배치** 주어는 없고, 请(~해 주세요)이 있으므로 请자 청유문을 완성한다. 청유문의 술어로 동사 公开(공개하다)를 배치한다.
주어 목적어 배치 술어 公开의 대상으로 목적어 此消息(이 소식)가 이미 뒤에 결합되어 있다. 결합된 제시어들을 청유문의 어순에 따라 请先公开此消息로 배치한다.
남은 어휘 배치 부사 先은 술어 请 뒤에 이미 결합되어 있다. 남은 어휘 不要向은 '부정부사+조동사+개사'의 형태인데, 개사 向은 '개사+명사(구)'의 개사구를 이루므로 의미가 어울리는 员工(직원)을 배치시킨다. 不要向员工을 술어 公开 앞에 배치하여 문장을 완성한다.

어휘　未来 wèilái 명 미래　　发愁 fāchóu 동 걱정하다

4 在大学时代　　我丈夫　　就　　手工　　热爱

주어	부사어	술어	목적어
我丈夫 인칭대사+명사	在大学时代就 개사구(개사+명사)+부사	热爱 동사	手工 명사

내 남편은 대학시절부터 이미 수공예를 굉장히 좋아했다.

해설　**술어 배치** 유일한 동사인 热爱(굉장히 좋아하다)를 술어에 배치한다.
주어 목적어 배치 술어 热爱의 주체로 我丈夫(내 남편)를 주어에 배치하고, 热爱의 대상으로 手工(수공예)을 목적어에 배치한다.
남은 어휘 배치 남은 어휘인 개사구 在大学时代(대학시절에)와 부사 就(벌써)는 개사구가 '언제(때)'를 나타내는 경우 부사가 개사구 뒤에 배치되므로 在大学时代就 순서로 배열하고, 이것을 다시 술어 앞에 배치하여 문장을 완성한다.

어휘　时代 shídài 명 시대, 시기　　热爱 rè'ài 동 열렬히 사랑하다　　手工 shǒugōng 명 수공예

5 疲劳驾驶　　是　　的行为　　不负责任　　对生命安全

주어	술어	관형어	목적어
疲劳驾驶 명사	是 동사	对生命安全不负责任的 개사구(개사+명사)+술목구+的	行为 명사

졸음운전은 생명과 안전에 대해 무책임한 행위이다.

해설　**술어 배치** 동사 是(~이다)를 술어 자리에 배치한다.
주어 목적어 배치 동사 是는 'A是B'의 구조를 이루므로 의미상 연결될 수 있는 疲劳驾驶(졸음운전)를 주어에 배치하고, 行为(행위)를 목적어에 배치한다.
남은 어휘 배치 목적어 行为 앞에 구조조사 的가 결합되어 있으므로 앞에 관형어를 배치해야 한다. 对개사구는 '对+대상+정도부사/부정부사+술어'의 어순을 이루므로 对生命安全不负责任으로 배치하여 문장을 완성한다.

어휘　疲劳 píláo 동 지치다, 피로해지다　　驾驶 jiàshǐ 동 운전하다　　负责任 fù zérèn 책임을 지다

5. 보어 배치 실전 테스트

> 정답 1. 他在比赛中表现得特别活跃。
> 2. 姥姥手术后元气恢复得相当快。
> 3. 书架上的书籍摆放得整整齐齐。
> 4. 中国最古老的城墙始建于781年。
> 5. 她从事了十年的会计工作。

1 表现得　　他　　在比赛中　　特别活跃

주어	부사어	술어	보어
他 인칭대사	在比赛中 개사구(개사+명사+방위명사)	表现 동사	得特别活跃 得+정도부사+형용사
그는 경기에서 특히나 적극적으로 활약했다.			

해설 **술어 배치** 구조조사 得, '정도부사+형용사'인 特别活跃(유난히도 적극적이다)가 있으므로 정도보어 문장임을 알 수 있다. 동사 表现(활약하다)을 술어에 배치하여 '술어+得+정도부사+형용사(表现得特别活跃)'의 순서로 완성한다.
주어 목적어 배치 술어 表现의 주체 他(그)를 주어에 배치한다.
남은 어휘 배치 남은 어휘인 개사구 在比赛中(경기에서)은 술어 앞 부사어에 배치하여 문장을 완성한다.

어휘 表现 biǎoxiàn 동 나타내다, 표현하다　活跃 huóyuè 동 활약하다 형 활발하고 적극적이다

2 相当快　　恢复得　　姥姥手术后　　元气

주어	부사어	목적어	술어	보어
姥姥 명사	手术后 명사+방위명사	元气 명사	恢复 동사	得相当快 得+정도부사+형용사
외할머니께서는 수술 후에 상당히 빠르게 원기를 회복하셨다.				

해설 **술어 배치** 구조조사 得, '정도부사+형용사'인 相当快(상당히 빠르다)가 있으므로 정도보어 문장임을 알 수 있다. 동사 恢复(회복하다)를 술어에 배치하여 恢复得相当快의 순서로 완성한다.
주어 목적어 배치 술어 恢复의 주체 姥姥(외할머니)를 주어에 배치한다. 정도보어 문장에서는 목적어를 술어 앞에 배치하므로 술어 恢复의 대상인 元气(원기)를 목적어에 배치하여 정도보어의 어순에 따라 姥姥元气恢复得相当快로 연결한다.
남은 어휘 배치 부사어 手术后(수술 후에)는 주어 뒤에 이미 배치되어 있으므로 姥姥手术后를 술어 앞에 배치하여 문장을 완성한다.

어휘 姥姥 lǎolao 명 외할머니　手术 shǒushù 명 수술　元气 yuánqì 명 원기, 기력

3 整整齐齐   书籍   书架上的   摆放得

관형어	주어	술어	보어
书架上的 명사+방위명사+的	**书籍** 명사	**摆放** 동사	**得整整齐齐** 得+형용사중첩

책꽂이 위의 책들이 매우 가지런하게 놓여 있다.

해설 **술어 배치** 구조조사 得와 형용사구 整整齐齐(매우 가지런하다)가 있으므로 정도보어 문장임을 알 수 있다. 동사 摆放(늘어놓다)을 술어에 배치하여, '술어+得+형용사구(摆放得整整齐齐)'의 순서로 완성한다.
주어 목적어 배치 술어 摆放의 주어로 의미상 알맞은 书籍(서적)를 배치한다.
남은 어휘 배치 남은 어휘 书架上的(책꽂이 위의)는 '……的' 형태의 관형어이므로 의미상 알맞은 주어 书籍 앞에 배치하여 문장을 완성한다.

어휘 书架 shūjià 몡 책꽂이   书籍 shūjí 몡 서적, 책   摆放 bǎifàng 통 두다, 놓다   整齐 zhěngqí 혱 가지런하다

4 781年   中国   始建于   最古老的   城墙

관형어	주어	술어	보어
中国最古老的 명사+정도부사+형용사+的	**城墙** 명사	**始建** 동사	**于781年** 개사구(개사+명사)

중국의 가장 오래된 성벽은 781년에 짓기 시작하였다.

해설 **술어 배치** '동사+于'를 보고 개사구 결과보어 문장임을 알 수 있다. 동사 始建(짓기 시작하다)을 술어에 배치한다. 개사 于 뒤에는 장소, 시간(때), 대상 등을 사용하므로 781年을 始建于 뒤에 배치한다.
주어 목적어 배치 술어 始建의 주어로 명사 城墙(성벽)를 배치한다.
남은 어휘 배치 남은 어휘 最古老的(가장 오래된)는 '……的' 형태의 관형어이므로 주어 城墙 앞에 배치한다. 어디의 성벽인지를 한정해 주는, 즉 소유/소속의 의미인 中国(중국)는 관형어의 어순 '소유/소속+……的'에 따라 中国最古老的로 배치하여 문장을 완성한다.

어휘 古老 gǔlǎo 혱 오래되다   城墙 chéngqiáng 몡 성벽

5 会计工作   她   从事了   十年的

주어	술어	보어	목적어
她 인칭대사	**从事了** 동사+了	**十年的** 시간명사+的	**会计工作** 관형어+명사

그녀는 회계 일에 10년간 종사했다.

해설 **술어 배치** '동사+了' 형태인 从事了(종사했다)를 술어에 배치한다.
주어 목적어 배치 술어 从事의 주체인 她(그녀)를 주어에, 从事의 대상인 会计工作(회계 일)를 목적어에 배치한다.
남은 어휘 배치 十年的(십 년)은 시간의 양이므로 시량보어로서 술어 뒤에 배치한다. 이때 일반명사 목적어 会计工作가 있으므로, 시량보어의 어순 '술어+시량보어(的)+일반명사 목적어'에 따라 '从事了十年的会计工作'로 배치하여 문장을 완성한다.

어휘 从事 cóngshì 통 종사하다   会计 kuàijì 몡 통 회계(하다)

6. 다양한 술어문 실전 테스트

> **정답** 1. 开幕式上的创意表演十分精彩。
> 2. 这种材料隔音效果格外好。
> 3. 这件睡衣是用丝绸做的。
> 4. 那条胡同里有不少传统建筑。
> 5. 请自觉遵守安全规则。

1 创意表演　精彩　十分　开幕式上的

관형어	주어	부사어	술어
开幕式上的创意 명사+방위명사+的+명사	**表演** 명사	**十分** 정도부사	**精彩** 형용사
개막식의 창작 공연은 굉장히 훌륭했다.			

해설 **술어 배치** 동사가 없고, 형용사와 정도부사가 있으므로 형용사술어문을 완성한다. 형용사 精彩(훌륭하다)를 술어에 배치한다.
주어 목적어 배치 술어 精彩의 묘사의 대상으로 명사 创意表演(창작공연)을 주어 자리에 배치한다.
남은 어휘 배치 남은 어휘 开幕式上的(개막식 상의)는 '…的' 형태의 관형어이므로 주어 创意表演 앞에 배치하고, 정도부사 十分(매우)은 형용사술어 精彩 앞에 배치하여 문장을 완성한다.

어휘 开幕式 kāimùshì 몡 개막식　创意 chuàngyì 몡 새로운 의견, 새로운 고안, 창의

2 格外　隔音效果　这种材料　好

관형어	큰 주어	큰 술어	
		작은 주어	작은 술어
这种 지시대사+양사	**材料** 명사	**隔音效果** 관형어+명사	**格外好** 정도부사+형용사
이런 종류의 소재는 방음 효과가 유난히 좋다.			

해설 **술어 배치** 동사가 없고, 두 개의 명사와 하나의 형용사가 있으므로 '주어+술어(작은 주어+작은 술어)' 구조의 주술술어문을 완성한다. 형용사 好(좋다)를 작은 술어에 배치시킨다.
주어 목적어 배치 큰 주어와 작은 주어를 구별하기 위해 'A的B'의 형식에 这种材料(이 재료)와 隔音效果(방음 효과)를 넣어 본다. 这种材料的隔音效果(이런 소재의 방음 효과)가 성립되므로, 큰 주어로 这种材料를, 작은 주어로 隔音效果를 배치한다.
남은 어휘 배치 남은 어휘 정도부사 格外(유난히)는 형용사술어 앞에 배치하여 문장을 완성한다.

어휘 隔音 géyīn 몡 동 방음(하다)　效果 xiàoguǒ 몡 효과　格外 géwài 囝 특별히, 유달리

3 丝绸　做的　这件　睡衣　是用

관형어	주어	술어	목적어
这件 지시대사+양사	睡衣 명사	是 동사	用丝绸做的 동사구+的

그 잠옷은 실크로 만든 것이다.

해설 **술어 배치** 是과 的가 있으므로 '是……的' 구문임을 알 수 있다. 是를 술어 자리에 배치한다. 또한 동사 用(사용하다)과 做(만들다)는 연동문의 순서로 배치해야 하는데, 用은 수단·방법을 나타내는 연동문에 쓰이므로 술어1에 배치하고 做를 술어2에 배치한다.
주어 목적어 배치 동사 用의 목적어로 의미상 알맞은 丝绸(실크)를 배치하여 是用丝绸做的(실크로 만든 것이다)를 완성하고, 술어의 주어로 의미상 알맞은 睡衣(잠옷)를 배치한다.
남은 어휘 배치 남은 어휘 这件(이)은 '지시대사+양사' 형태인 관형어이고, 양사 件은 옷을 세는 단위이므로 주어 睡衣 앞에 배치하여 문장을 완성한다.

어휘 丝绸 sīchóu 몡 비단, 실크

4 传统建筑　那条胡同　里　有不少

관형어	주어	술어	관형어	목적어
那条 지시대사+양사	胡同里 명사+방위명사	有 동사	不少传统 부정부사+형용사+명사	建筑 명사

그 골목안엔 적잖은 전통 민간 건축물들이 있다.

해설 **술어 배치** 동사 有(있다)를 술어에 배치한다.
주어 목적어 배치 방위명사 里가 있으므로 有자문의 존재의 용법임을 알 수 있다. 주어에 장소인 胡同(골목)을, 목적어에 무엇에 해당하는 建筑(건축물)를 배치한다.
남은 어휘 배치 방위명사 里는 장소를 나타내는 말 那条胡同(그 골목) 뒤에 那条胡同里로 배치하여 문장을 완성한다.

어휘 胡同 hútòng 몡 골목　传统 chuántǒng 몡 전통　建筑 jiànzhù몡 건축물

5 请　安全规则　遵守　自觉

请	부사어	술어	관형어	목적어
请 동사	自觉 형용사	遵守 동사	安全 형용사	规则 명사

스스로 안전 규칙을 준수하십시오.

해설 **술어 배치** 주어는 없고, 동사 请이 있으므로 청유문임을 알 수 있다. 청유문의 술어로 동사 遵守(준수하다)를 배치한다.
주어 목적어 배치 请과 遵守 모두 주어가 없다. 술어 遵守의 대상은 규칙이 되어야 하므로, 목적어에 安全规则(안전 규칙)를 배치한다.
남은 어휘 배치 형용사 自觉는 '자각적으로, 스스로'라는 뜻으로 부사어로 쓰일 수 있다. 따라서 술어 遵守 앞에 부사어로 배치하여 문장을 완성한다.

어휘 自觉 zìjué 혱 자각적이다　遵守 zūnshǒu 통 준수하다　规则 guīzé 몡 규칙

정답 1. 他把回收站里的文件删除了。
2. 王太太居然把聚会的事情忘了。
3. 我不小心把咖啡洒在电脑键盘上了。
4. 这道题把我弄糊涂了。
5. 如何将软件下载到手机上？

---

1 回收站里的文件　他　把　删除了

주어	把목적어	술어
他 인칭대사	把回收站里的文件 把+명사+방위명사+的+명사	删除了 동사+了
그가 컴퓨터 휴지통 속의 파일을 삭제했다.		

해설 **술어 배치** 개사 把가 있으므로 把자문을 완성한다. '동사+了' 형태인 删除了(삭제했다)를 술어에 배치한다.
주어 목적어 배치 술어 删除의 주체인 他(그)를 주어에 배치한다.
남은 어휘 배치 回收站里的文件(휴지통 속의 파일)은 把 뒤에 의미상의 목적어로 배치하여 문장을 완성한다.

어휘 回收站 huíshōuzhàn 圆 컴퓨터의 휴지통　文件 wénjiàn 圆 서류, 파일　删除 shānchú 圈 삭제하다, 지우다

---

2 聚会的事情　王太太　居然　忘了　把

주어	부사어	把목적어	술어
王太太 명사	居然 부사	把聚会的事情 把+명사+的+명사	忘了 동사+了
왕씨 아주머니께서 뜻밖에도 모임 일을 잊으셨다.			

해설 **술어 배치** 개사 把가 있으므로, 把자문임을 알 수 있다. '동사+了' 형태인 忘了(잊었다)를 술어에 배치한다.
주어 목적어 배치 술어 忘의 주체로 의미상 알맞은 王太太(왕씨 아주머니)를 주어에 배치한다.
남은 어휘 배치 聚会的事情(모임 일)은 把 뒤에 의미상의 목적어로 배치하고, 부사 居然(뜻밖에)은 부사어로 把 앞에 배치하여 문장을 완성한다.

어휘 太太 tàitai 圆 부인, 아주머니　居然 jūrán 凰 뜻밖에

---

3 我不小心　洒在　电脑键盘上　把咖啡　了

주어	부사어	把목적어	술어	보어
我	不小心	把咖啡	洒	在电脑键盘上了
인칭대사	부사	把+명사	동사	개사+명사+방위명사+了

내가 실수로 커피를 컴퓨터 키보드 위에 엎질렀다.

해설 **술어 배치** 개사 把가 있으므로, 把자문을 완성한다. '동사+개사' 형태인 洒在(~에 엎지르다)를 술어에 배치한다.
주어 목적어 배치 我不小心은 '대사+부사'이므로 我(나)가 주어임을 알 수 있다.
남은 어휘 배치 把의 의미상의 목적어는 이미 결합되어 있다. 동사 뒤 개사 在의 보어로 장소를 나타내는 어휘가 와야 하므로 电脑键盘上(컴퓨터 키보드 위)를 배치하고, 어기조사 了를 문장 끝에 배치하여 문장을 완성한다.

어휘 洒 sǎ 동 엎지르다   键盘 jiànpán 명 키보드

4 把我   弄   这道题   糊涂了

주어	把목적어	술어	보어
这道题	把我	弄	糊涂了
지시대사+양사+명사	把+인칭대사	동사	형용사+了

이 문제가 나를 어리둥절하게 만들었다.

해설 **술어 배치** 개사 把가 있으므로, 把자문임을 알 수 있다. 弄(하다)은 동사, 糊涂(얼떨떨하다)는 형용사이므로 把자문의 술어로 弄을, 술어의 기타성분으로 糊涂了를 배치하여, 弄糊涂了를 완성한다.
주어 목적어 배치 술어 弄의 주어로 의미상 알맞은 这道题를 배치한다.
남은 어휘 배치 把의 의미상의 목적어는 把我로 결합되어 있으므로, 这道题把我弄糊涂了로 문장을 완성한다.

어휘 糊涂 hútú 형 어리둥절하다, 얼떨떨하다

5 下载到   如何   软件   手机上   将

부사어	把목적어	술어	보어
如何	将软件	下载	到手机上
의문대사	将+명사	동사	개사+명사+방위명사

어떻게 앱을 핸드폰으로 다운로드하나요?

해설 **술어 배치** 개사 将(~을/를)이 있으므로 将(=把)자문을 완성한다. '동사+개사' 형태인 下载到(~에 다운로드하다)를 술어에 배치한다.
주어 목적어 배치 술어 下载(다운로드하다)의 주어는 없다. 명사 软件(앱)은 将의 의미상의 목적어에 배치시킨다.
남은 어휘 배치 개사 到 뒤에는 '시간/장소/정도/수량' 등을 나타내는 명사(구)/대사가 와야 하므로 手机上(핸드폰에)을 배치하여 下载到手机上을 완성한다. 의문대사 如何(어떻게)는 술어 앞에서 부사어로 쓰이므로 如何将软件下载到手机上?으로 배치하여 의문문을 완성한다.

어휘 如何 rúhé 대 어떻게   软件 ruǎnjiàn 명 소프트웨어 프로그램, 앱   下载 xiàzǎi 동 다운로드하다

8. 被자문 | 실전 테스트

> 정답 1. 他被一家外资企业录取了。
>
> 2. 具体的日程还没有被确定下来。
>
> 3. 飞机被认为是最安全的交通工具。
>
> 4. 无人驾驶车将被应用到现实生活中。
>
> 5. 鼓励和支持逐渐被人们所重视。

---

1 他　　录取了　　被　　外资企业　　一家

주어	被행위의 주체	술어
他	被一家外资企业	录取了
인칭대사	被+수사+양사+명사	동사+了
그는 한 외자기업에 채용되었다.		

해설 **술어 배치** 개사 被가 있으므로, 被자문을 완성한다. '동사+了' 형태인 录取了(뽑았다)를 술어에 배치한다.

　　주어 목적어 배치 被자문에서 술어 录取의 주어는 대상이 되므로 他(그)를 주어에 배치한다.

　　남은 어휘 배치 개사 被의 행위의 주체로 外资企业(외자기업)를 배치한다. 남은 어휘 一家(한)는 '수사+양사' 형태의 관형어이고, 양사 家가 단위로 쓰일 수 있는 外资企业 앞에 배치하여 문장을 완성한다.

어휘 外资 wàizī 圐 외자　企业 qǐyè 圐 기업　录取 lùqǔ 圐 채용하다

---

2 具体的　　被　　日程　　下来　　还没有　　确定

관형어	주어	부사어	被(행위의 주체)	술어	보어
具体的	日程	还没有	被	确定	下来
형용사+的	명사	부사+부정부사	개사	동사	동사
구체적인 일정은 아직 확정되지 않았다.					

해설 **술어 배치** 개사 被가 있으므로 被자문을 완성한다. 동사 确定(확정하다)을 술어에 배치한다.

　　주어 목적어 배치 被자문에서 술어 确定의 주어는 대상이 되므로 日程(일정)을 주어에 배치시킨다.

　　남은 어휘 배치 개사 被의 행위의 주체가 될 수 있는 명사(구)/대사가 없으므로 행위의 주체가 생략되었음을 알 수 있다. 被와 술어를 직접 연결시킨다. 복합방향보어 下来는 술어의 기타성분이므로 确定 뒤에 배치하여 确定下来를 완성한다. 具体的(구체적인)는 '……的' 형태의 관형어이므로 주어 日程 앞에 배치하고, 还没有(아직 ~하지 않았다)는 부사어이므로 개사 被 앞에 배치하여 문장을 완성한다.

어휘 具体 jùtǐ 圐 구체적이다　日程 rìchéng 圐 일정　确定 quèdìng 圐 확정하다

3 交通工具　被认为是　飞机　最安全的

주어	被(행위의 주체)	술어	목적어
飞机 명사	被 개사	认为 동사	是最安全的交通工具 술어+관형어+목적어

비행기는 가장 안전한 교통수단으로 여겨진다.

해설 **술어 배치** 개사 被가 있으므로, 被자문을 완성한다. 被认为是(~라고 여겨지다)는 행위의 주체가 생략되어 被와 술어가 결합되어 있음을 알 수 있다.
주어 목적어 배치 술어 被认为是의 대상인 飞机(비행기)를 주어에 배치한다. A被认为是B의 의미는 'A는 B로 여겨진다'이므로 의미상 알맞은 交通工具(교통수단)를 목적어에 배치한다.
남은 어휘 배치 最安全的는 '……的' 형태의 관형어이므로 交通工具 앞에 배치하여 문장을 완성한다.

어휘 工具 gōngjù 명 수단, 도구

4 应用到　无人驾驶车　将被　现实生活中

관형어	주어	부사어	被(행위의 주체)	술어	보어
无人驾驶 명사	车 명사	将 부사	被 개사	应用 동사	到现实生活中 개사구(개사+명사)+방위명사

자율주행 자동차는 장차 현실 생활에 적용될 것이다.

해설 **술어 배치** 개사 被가 있으므로, 被자문을 완성한다. 동사 应用(적용하다)의 뒤에 개사 到(~로)가 결합되어 있으므로 술어에 배치한다.
주어 목적어 배치 被자문의 술어 应用의 대상이 되는 无人驾驶车(자율주행 자동차)를 주어에 배치한다. 행위의 주체는 생략되어 있다.
남은 어휘 배치 개사구 결과보어 到 뒤에는 '시간/장소/정도/수량'이 와야 하므로 现实生活中(현실 생활 속에)을 到 뒤에 배치하여 应用到现实生活中을 완성한다. 부사 将(장차)은 이미 개사 앞에 결합되어 있으므로 이것을 술어 앞에 배치하여 문장을 완성한다.

어휘 驾驶 jiàshǐ 동 운전하다　将 jiāng 부 장차　应用 yìngyòng 동 응용하다　现实 xiànshí 명 현실 형 현실적이다

5 逐渐　鼓励和支持　重视　被人们　所

주어	부사어	被(행위의 주체)	술어
鼓励和支持 명사	逐渐 부사	被人们 개사+명사	所重视 所+동사

격려와 지지는 점차 사람들에게 중시 받는다.

해설 **술어 배치** 개사 被가 있으므로, 被자문을 완성한다. 또한 조사 所는 被자문에서 '被(=为wéi)+행위의 주체+所+술어(2음절 동사)'의 형식을 이루므로, 被人们所重视를 완성한다. 이때, 술어 뒤 기타성분은 주로 생략된다.
주어 목적어 배치 被자문의 술어 重视의 대상이 될 수 있는 鼓励和支持(격려와 지지)를 주어에 배치한다.
남은 어휘 배치 부사 逐渐(점차)은 개사 被 앞에 배치하여 문장을 완성한다.

어휘 逐渐 zhújiàn 부 점차, 차츰

정답 1. 她利用业余时间做网络主播。

2. 老刘贷款买了一辆豪车。

3. 班主任当时的表情无法用语言来形容。

4. 蜜蜂靠振动翅膀来发声。

5. 网上有很多免费资料可以下载。

---

1 网络主播　她利用　业余时间　做

주어	술어1	관형어	목적어1	술어2	관형어	목적어2
她 인칭대사	利用 동사	业余 형용사	时间 명사	做 동사	网络 명사	主播 명사

그녀는 여가시간을 이용해서 인터넷 방송 진행자를 하고 있다.

해설 **술어 배치** 동사는 利用(이용하다)과 做(~을 하다)가 있다. 利用은 수단·방식을 나타내는 연동문의 대표적인 동사이므로 술어1에 배치하고, 做를 술어2에 배치한다.

주어 목적어 배치 利用의 목적어로 业余时间(여가시간)을, 做의 목적어로 网络主播(인터넷 방송 진행자)를 배치한다. 利用의 주체로 她(그녀)를 주어에 배치하여 문장을 완성한다.

어휘 利用 liyòng 통 이용하다　业余 yèyú 형 여가의　网络 wǎngluò 명 네트워크　主播 zhǔbō 명 사회자, 진행자

---

2 买了　豪车　一辆　老刘　贷款

주어	술어1	술어2	관형어	목적어2
老刘 명사	贷款 동사	买了 동사+了	一辆 수사+양사	豪车 명사

라오리우는 은행대출을 받아서 고급 자동차를 한 대 구입했다.

해설 **술어 배치** 동사 买(사다)와 贷款(대출받다)이 있으므로 연동문의 어순에 따라 술어에 배치한다. 동작이 발생한 선후 관계에 따라 일반적으로 동태조사 了는 술어2 뒤에 배치한다. 시간 순서에 따라 贷款을 술어1에, 买를 술어2에 배치하여 贷款买了를 완성한다.

주어 목적어 배치 술어의 주체로 老刘(라오리우)를 주어 자리에 배치하고, 豪车(고급자동차)를 목적어에 배치한다.

남은 어휘 배치 一辆(한 대)은 '수사+양사' 형태의 관형어이고, 양사 辆이 차량을 세는 양사이므로 목적어 豪车 앞에 배치하여 문장을 완성한다.

어휘 贷款 dàikuǎn 통 은행에서 대출하다　豪车 háochē 명 고급자동차

---

3 来形容　班主任当时的　用　表情无法　语言

관형어	주어	부사어	술어1	목적어1	(来)	술어2
班主任当时的 명사+시간명사+的	表情 명사	无法 부사	用 동사	语言 명사	来 동사	形容 동사
담임 선생님의 당시의 표정은 말로 표현할 수가 없다.						

해설 **술어 배치** 동사는 用(사용하다), 来(오다), 形容(형용하다)이다. 用은 수단·방식을 나타내는 연동문의 술어1에 사용하므로 술어1에 배치하고, 形容를 술어2에 배치한다. 来는 동사를 연결하는 역할을 하므로 用来形容의 순서로 배치한다.

주어 목적어 배치 用의 목적어로 语言(언어)을 배치하여 用语言来形容(말로 형용하다)을 완성하고, 表情(표정)을 주어에 배치한다.

남은 어휘 배치 班主任当时的(담임 선생님의 당시의)는 '……的' 형태의 관형어이므로 의미상 알맞은 주어 表情(표정) 앞에 배치한다. 부사 无法(~할 방법이 없다)는 주어 뒤에 이미 결합되어 있으므로 班主任当时的表情无法用语言来形容으로 문장을 완성한다.

어휘 班主任 bānzhǔrèn 명 학급 담임   形容 xíngróng 통 형용하다   表情 biǎoqíng 명 표정   无法 wúfǎ 부 ~할 방법이 없다

4. 蜜蜂　靠　来发声　振动翅膀

주어	술어1	목적어1	来	술어2
蜜蜂 명사	靠 동사	振动翅膀 술목구	来 동사	发声 동사
꿀벌은 날개를 진동시켜 소리를 낸다.				

해설 **술어 배치** 동사는 靠(~에 의존하다), 振动(진동하다), 来(오다), 发声(소리를 내다)이다. 靠는 수단·방식을 나타내는 연동문의 대표적인 동사이므로 술어1에 배치하고, '靠+목적어1+来+술어2'의 어순을 만든다. 振动은 이미 목적어와 결합되어 있으며, 의미상 '날개를 진동시켜 소리를 내다'가 적합하므로 发声을 술어2에 배치한다.

주어 목적어 배치 의미상 수단·방식을 나타내는 振动翅膀(날개를 진동시키다)을 靠의 목적어에 배치하고, 소리를 내고 날개를 진동시키는 주체로 蜜蜂(꿀벌)을 주어에 배치하여 문장을 완성한다.

어휘 蜜蜂 mìfēng 명 꿀벌   振动 zhèndòng 통 진동하다   翅膀 chìbǎng 명 날개   发声 fāshēng 통 소리를 내다

5. 网上　很多　有　可以　下载　免费资料

주어	술어1	관형어	목적어1	부사어	술어2
网上 명사+방위명사	有 동사	很多免费 정도부사+형용사+동사	资料 명사	可以 조동사	下载 동사
인터넷에 다운받을 수 있는 무료 자료들이 아주 많다.					

해설 **술어 배치** 제시어 중 동사는 有(있다)와 下载(다운로드하다)이다.

주어 목적어 배치 동사 有의 목적어로 免费资料(무료 자료)를 배치하고, 有의 주어로 장소를 나타내는 网上을 배치한다.

남은 어휘 배치 很多는 관형어이므로 의미상 알맞은 목적어 免费资料 앞에 배치한다. 나머지 어휘들이 목적어 免费资料를 수식하려면 구조조사 的가 필요한데 제시어에 없다. 따라서 有자 연동문 '술어1(有)+목적어1(很多免费资料)+술어2(下载)'를 완성한다. 有자 연동문에서 조동사/개사구는 주로 술어2 앞에 배치하므로 조동사 可以(~할 수 있다)를 술어2 下载 앞에 배치하여 문장을 완성한다.

어휘 网上 wǎngshàng 명 인터넷   资料 zīliào 명 자료   下载 xiàzǎi 통 다운로드하다

정답 1. 他在比赛中的表现令人遗憾。
2. 那些年轻人的勇气真让人佩服。
3. 他的这番演讲令人深受启发。
4. 公司经营不佳使许多员工面临失业的风险。
5. 现在我们只能期待会有奇迹出现。

1 他在比赛中　令人　的表现　遗憾

관형어	주어1	술어1	목적어1/주어2	술어2
他在比赛中的 인칭대사+개사구(개사+명사+방위명사)+的	表现 명사	令 동사	人 명사	遗憾 형용사
그의 경기에서의 행동이 사람들을 유감스럽게 만들었다.				

해설 **술어 배치** 동사 令(~로 하여금 ~하게 하다)이 있으므로 겸어문을 완성한다. 겸어문의 어순 '술어1+겸어(목적어1/주어2)+술어2'에 따라 令을 술어1에 배치하고, 형용사 遗憾(유감스럽다)을 술어2에 배치한다.

주어 목적어 배치 人(사람)이 겸어로 이미 겸어동사 令과 결합되어 있으므로 명사 表现(행동)을 주어1에 배치하여 表现令人遗憾을 완성한다.

남은 어휘 배치 表现 앞에 구조조사 的가 있으므로 在比赛中(경기에서)을 관형어로 배치하여 문장을 완성한다.

어휘 表现 biǎoxiàn 몡 태도, 행동　遗憾 yíhàn 혱 유감스럽다

2 真让人　佩服　勇气　那些年轻人的

관형어	주어1	부사어	술어1	목적어1/주어2	술어2
那些年轻人的 지시대사+양사+명사+的	勇气 명사	真 부사	让 동사	人 명사	佩服 동사
그 젊은이들의 용기는 정말 사람들을 감탄하게 했다.					

해설 **술어 배치** 동사 让(~에게 ~하게 하다)이 있으므로 겸어문을 완성한다. 겸어문의 어순 '술어1+겸어(목적어1/주어2)+술어2'에 따라 让을 술어1에, 나머지 동사 佩服(감탄하다)를 술어2에 배치한다.

주어 목적어 배치 人(사람)은 겸어로 이미 겸어동사와 결합되어 있으므로 나머지 명사 勇气(용기)를 주어1에 배치하여 勇气真让人佩服를 완성한다.

남은 어휘 배치 남은 어휘 那些年轻人的(그 젊은이들의)는 '……的' 형태 관형어이므로 勇气 앞에 배치하여 문장을 완성한다. 정도부사 真은 겸어문에서 예외적으로 술어1 앞에 배치하는데 이미 让 앞에 결합된 형태로 제시되었다.

어휘 勇气 yǒngqì 몡 용기　佩服 pèifú 통 감탄하다

3 这番演讲　他的　深受启发　令人

관형어	주어1	술어1	목적어1/주어2	부사어	술어2	목적어2
他的这番 인칭대사+的+지시대사+양사	演讲 명사	令 동사	人 명사	深 형용사	受 동사	启发 명사

그의 이번 강연이 사람에게 큰 깨달음을 얻게 했다.

해설 **술어 배치** 동사 令(~에게 ~하게 하다)이 있으므로 겸어문을 완성한다. 겸어문의 어순 '술어1+겸어(목적어1/주어2)+술어2'에 따라 令을 술어1에, 나머지 동사 受(받다)를 술어2에 배치한다.

주어 목적어 배치 人(사람)은 겸어로 이미 겸어동사와 결합되어 있으므로 나머지 명사 演讲(강연)을 주어1에 배치하여 这番演讲令人深受启发를 완성한다.

남은 어휘 배치 남은 어휘 他的(그의)는 관형어의 어순 '인칭대사+지시대사+양사+명사'의 어순에 따라 这番演讲 앞에 배치하여 문장을 완성한다.

어휘 番 fān 양 번, 차례　演讲 yǎnjiǎng 명 동 강연(하다)　启发 qǐfā 명 계발, 계몽

4　使　面临　许多员工　失业的风险　公司经营不佳

주어	술어1	관형어	목적어1/주어2	술어2	관형어	목적어2
公司经营不佳 주술구	使 동사	许多 형용사	员工 명사	面临 동사	失业的 동사+的	风险 명사

회사 경영이 좋지 않아 수많은 직원들을 실업의 위기에 직면하게 했다.

해설 **술어 배치** 동사 使(~에게 ~하게 하다)가 있으므로 겸어문을 완성한다. 겸어문의 어순 '술어1+겸어(목적어1/주어2)+술어2'에 따라 使를 술어1에, 나머지 동사 面临(직면하다)을 술어2에 배치한다.

주어 목적어 배치 面临은 문제나 상황을 목적어로 가지므로 风险(위험)을 목적어에 배치한다. 위기에 직면하는 주체는 직원들이므로 员工(직원)을 面临의 주어에 배치하여, 许多员工面临失业的风险을 완성한다. 나머지 주술구인 公司经营不佳(회사 경영이 좋지 않다)가 의미상 직원들을 위기에 직면시키는 주체가 됨으로 전체 문장의 주어로 배치하여 문장을 완성한다.

어휘 经营 jīngyíng 명 동 경영(하다)　佳 jiā 형 좋다　员工 yuángōng 명 직원　面临 miànlín 동 직면하다　失业 shīyè 동 직업을 잃다　风险 fēngxiǎn 명 위험

5　只能期待会　出现　现在我们　有奇迹

부사어	주어1	부사어	술어1	부사어	술어2	목적어2/주어3	술어3
现在 시간명사	我们 대사	只能 부사+조동사	期待 동사	会 조동사	有 동사	奇迹 명사	出现 동사

지금 우리는 그저 나타날 기적이 있기만을 기대할 수밖에 없다.

해설 **술어 배치** 동사는 期待(~하기를 기대하다), 出现(나타나다), 有(있다)로 총 3개가 주어져 있다.

주어 목적어 배치 期待는 서술성목적어를 갖는 동사이므로 出现과 有를 목적어에 배치한다. 동사 有는 겸어문에서 '有+겸어(목적어1/주어2)+술어2'의 구조를 이루므로 有奇迹出现을 완성한다. 남은 어휘 我们(우리)은 주어1에 배치하여 문장을 완성한다.

어휘 期待 qīdài 동 기대하다　奇迹 qíjì 명 기적

정답 1. 墙角堆着几袋小麦。

2. 门上挂着一块顾客止步的牌子。

3. 校园的操场上新增了一批运动设备。

4. 天空中突然出现了一道闪电。

5. 孩子的房间里到处都是零食。

---

1 小麦　墙角　几袋　堆着

주어	술어	관형어	목적어
墙角 명사	堆着 동사+着	几袋 수사+양사	小麦 명사
담모퉁이에 밀 몇 포대가 쌓여 있다.			

해설 **술어 배치** 장소를 나타내는 墙角(담 모퉁이)와 존현문에 쓰이는 동사 堆着(쌓여 있다)가 있으므로 존현문을 완성한다. '동사+着' 형태인 堆着를 술어에 배치한다.

주어 목적어 배치 존현문에서 주어는 장소, 목적어는 사람/사물을 사용하므로 墙角를 주어에, 小麦(밀)를 목적어에 배치한다.

남은 어휘 배치 几袋(몇 포대)는 '수사+양사' 형태의 관형어이므로 의미상 알맞은 小麦 앞에 배치하여 문장을 완성한다.

어휘 墙角 qiángjiǎo 명 담의 구석　堆 duī 동 쌓이다　袋 dài 양 자루, 포대　小麦 xiǎomài 명 밀, 소맥

2 顾客止步　门上　的　牌子　挂着一块

주어	술어	관형어	목적어
门上 명사+방위명사	挂着 동사+着	一块顾客止步的 수사+양사+주술구+的	牌子 명사
문에 관계자 외 출입금지라고 한 팻말이 걸려 있다.			

해설 **술어 배치** 장소를 나타내는 门上(문 위에)과 존현문에 쓰이는 동사 挂(걸리다)가 있으므로 존현문을 완성한다. '동사+着' 형태인 挂着(걸려 있다)를 술어에 배치한다.

주어 목적어 배치 존현문에서 주어는 장소, 목적어는 사람/사물을 사용하므로 门上을 주어에 牌子(팻말)를 목적어에 배치한다.

남은 어휘 배치 남은 어휘 顾客止步(고객은 통행을 금지한다=관계자 외 출입금지)와 구조조사 的 의미상 알맞은 牌子 앞에 관형어로 배치하고, '수사+양사'인 一块(한) 역시 관형어이므로 관형어의 어순 '수사+양사+주술구的+명사'의 어순에 따라 一块顾客止步的牌子로 배치하여 문장을 완성한다.

어휘 止步 zhǐbù 동 걸음을 멈추다, 통행을 금지하다　牌子 páizi 명 팻말

3 一批   校园的操场上   新增了   运动设备

관형어	주어	부사어	술어	관형어	목적어
校园的 명사+的	操场上 명사+방위명사	新 형용사	增了 동사+了	一批运动 수사+양사+명사	设备 명사
캠퍼스 운동장에 대량의 운동 설비들이 새롭게 증설되었다.					

해설 **술어 배치** 장소를 나타내는 操场上(운동장 위에)과 존현문에 쓰이는 동사 增(증가하다)이 있으므로 존현문을 완성한다. '동사+了' 형태인 新增了(새로 늘렸다)를 술어에 배치한다.
주어 목적어 배치 존현문의 주어는 장소, 목적어는 사람/사물이므로 校园的操场上(캠퍼스 운동장)을 주어에, 设备(설비)를 목적어에 배치한다.
남은 어휘 배치 '수사+양사' 구조인 一批(대량의)는 의미상 알맞은 运动设备(운동 설비) 앞에 관형어로 배치하여 문장을 완성한다.

어휘 校园 xiàoyuán 圕 교정   操场 cāochǎng 圕 운동장   批 pī 圄 한 무더기   设备 shèbèi 圕 시설, 설비

4 出现了   一道   天空中   闪电   突然

주어	부사어	술어	관형어	목적어
天空中 명사+방위명사	突然 부사	出现了 동사+了	一道 수사+양사	闪电 명사
하늘에서 갑자기 한 줄기 번개가 나타났다.				

해설 **술어 배치** 장소를 나타내는 天空中(하늘에)과 존현문에 쓰이는 동사 出现(나타나다)이 있으므로 존현문을 완성한다. '동사+了' 형태인 出现了(나타났다)를 술어에 배치한다.
주어 목적어 배치 존현문의 주어는 장소, 목적어는 사람/사물이므로, 天空中을 주어에, 闪电(번개)을 목적어에 배치한다.
남은 어휘 배치 一道(한 줄기)는 '수사+양사' 형태의 관형어이므로 의미상 알맞은 闪电 앞에 배치하고 부사 突然(갑자기)은 술어 앞 배치하여 문장을 완성한다.

어휘 闪电 shǎndiàn 圕 번개

5 孩子的   到处   都是   房间里   零食

관형어	주어	부사어	술어	목적어
孩子的 명사+的	房间里 명사+방위명사	到处都 부사+부사	是 동사	零食 명사
아이의 방은 온 천지가 다 군것질거리이다.				

해설 **술어 배치** 장소를 나타내는 房间里(방 안에)와 동사 是, 사물명사 零食(간식)가 있으므로 존재를 나타내는 문장을 완성한다.
주어 목적어 배치 동사 是가 존재를 나타낼 때, 주어는 장소, 목적어는 사람/사물이므로, 房间里를 주어에, 零食는 목적어에 배치한다.
남은 어휘 배치 孩子的(아이의)는 '……的' 형태의 관형어이므로 의미상 알맞은 房间里 앞에 배치하고, 부사 到处(도처)와 都(모두)는 到处都로 연결하여 술어 是 앞에 배치하여 문장을 완성한다.

어휘 零食 língshí 圕 군것질, 간식

12. 비교문 실전 테스트

정답 1. 他的收入比去年同期增长了一倍。

2. 舅舅退休后反而比以前更忙了。

3. 人的生命比一切都要宝贵。

4. 我的记忆力远不如从前那么好。

5. 现在办理租房的手续比原来的复杂不少。

1 比　她的收入　去年同期　一倍　增长了

관형어	주어(비교대상A)	比비교대상B	술어	목적어
她的 인칭대사+的	收入 명사	比去年同期 比+시간명사	增加了 동사+了	一倍 수사+양사

그녀의 수입은 작년 동기보다 한 배 늘었다.

해설 **술어 배치** 개사 比가 있으므로 비교문임을 알 수 있다. '동사+了' 형태의 增长了(신장했다, 늘었다)를 비교문의 술어에 배치한다.
주어 목적어 배치 비교대상인 A와 B를 찾아야 하는데 她的收入(그녀의 수입)를 의미상 去年同期(작년 동기)와 비교하는 것이 타당하므로 她的收入를 비교대상A에 배치하고, 개사 比 뒤의 비교대상B에 去年同期(작년 같은 시기)를 배치한다.
남은 어휘 배치 남은 어휘 '수사+양사'인 一倍(한 배)는 비교문의 어순 'A 比 B +동사술어(了)+수량보어'의 어순에 따라 술어 뒤에 배치하여 문장을 완성한다.

어휘 同期 tóngqī 몡 같은 시기　增长 zēngzhǎng 통 늘어나다

2 反而比以前　舅舅退休后　忙了　更

주어(비교대상A)	부사어	比(비교대상B)	부사어	술어
舅舅 명사	退休后反而 동사+방위명사+부사	比以前 比+명사	更 부사	忙了 형용사+了

외삼촌께서는 퇴직 후 오히려 더 바빠지셨다.

해설 **술어 배치** 개사 比가 있으므로 비교문임을 알 수 있다. 형용사 忙(바쁘다)을 비교문의 술어에 배치한다.
주어 목적어 배치 비교대상 A와 B를 찾아야 한다. 개사 比 뒤에 비교대상B인 以前(예전)이 이미 결합되어 있으므로 이전과 비교할 수 있는 舅舅退休后(외삼촌은 퇴직 후)를 비교대상A에 배치한다. 따라서 전체 문장의 주어는 舅舅가 된다.
남은 어휘 배치 정도부사 更은 형용사술어 앞에 배치하여 문장을 완성한다.

어휘 舅舅 jiùjiu 몡 외삼촌　退休 tuìxiū 통 퇴직하다　反而 fǎn'ér 倁 오히려, 역으로

3 比　人的生命　一切　宝贵　都要

관형어	주어(비교대상A)	比(비교대상B)	부사어	술어
人的 명사+的	生命 명사	比一切 比+명사	都要 부사+비교의 강조要	宝贵 형용사
사람의 생명은 모든 것보다도 더 귀중하다.				

해설　**술어 배치** 개사 比가 있으므로 비교문임을 알 수 있다. 형용사 宝贵(귀중하다)를 비교문의 술어에 배치한다.
　　주어 목적어 배치 비교대상 A와 B를 찾아야 하는데 人的生命(사람의 생명)과 一切(온갖 것)가 있다. 술어 宝贵의 주체는 온갖 것보다는 생명이 적합하므로 人的生命을 비교대상 A에 배치하고, 一切를 개사 比 뒤의 비교대상 B로 배치하여, 人的生命比一切宝贵를 완성한다.
　　남은 어휘 배치 남은 어휘 都要는 주의해서 배치해야 한다. 要는 비교문에서 강조의 뜻을 나타내며 개사 比의 앞과 형용사술어 앞에 위치할 수 있다. 범위부사 都는 '모두, 다'라는 의미로 복수를 나타내는 一切(온갖 것) 뒤에 위치한다. 따라서 一切와 술어 宝贵 사이에 都要를 배치하여 문장을 완성한다. (쓰기 제1부분 04강 부사어 '범위부사 都의 고정격식' 참고)

어휘　宝贵 bǎoguì 혱 귀중하다

4　那么　记忆力　远不如从前　好　我的

관형어	주어(비교대상A)	부사어	比(비교대상B)	부사어	술어
我的 인칭대사+的	记忆力 명사	远 형용사	不如从前 동사+명사	那么 지시대사	好 형용사
내 기억력은 예전만도 못하다.					

해설　**술어 배치** 不如가 있으므로 비교문임을 알 수 있다. 형용사 好(좋다)를 비교문의 술어로 배치한다.
　　주어 목적어 배치 비교대상 A와 B를 찾아야 한다. 비교대상 B는 이미 不如 뒤에 결합되어 있으므로, 记忆力(기억력)를 A에 배치한다.
　　남은 어휘 배치 我的(나의)는 '……的'형태의 관형어이므로 의미상 알맞은 记忆力 앞에 배치한다. 不如 비교문의 기본 어순은 '비교대상A+不如+비교대상B+那么+술어'이므로, 대사 那么(그렇게)를 술어 앞에 배치하여 我的记忆力远不如从前那么好로 문장을 완성한다.

어휘　记忆力 jìyìlì 몡 기억력　从前 cóngqián 몡 이전

5　复杂　手续　不少　比原来的　现在办理租房的

부사어	관형어	주어(비교대상A)	比(비교대상B)	술어	보어
现在 시간명사	办理租房的 술목구+的	手续 명사	比原来的 比+명사+的	复杂 형용사	不少 부사+형용사
현재 주택 임대 처리 수속은 기존보다 많이 복잡하다.					

해설　**술어 배치** 개사 比가 있으므로 비교문임을 알 수 있다. 형용사 复杂(복잡하다)를 술어에 배치한다.
　　주어 목적어 배치 비교대상 A와 B를 찾아야 한다. B는 이미 比 뒤에 결합되어 있으므로 手续(수속)를 비교대상 A에 배치한다.
　　남은 어휘 배치 现在办理租房的(현재 주택 임대 처리하는)는 '……的' 형태의 관형어이므로 의미상 알맞은 手续 앞에 배치한다. 비교문에서 수량의 구체적인 차이를 나타내는 말은 술어 뒤에 배치하므로 复杂不少의 순서로 배치하여 문장을 완성한다.

어휘　办理 bànlǐ 동 처리하다　租房 zūfáng 동 가옥을 임대하다　手续 shǒuxù 몡 수속, 절차

정답	1. 抱怨是一种消极心里的表现。
	2. 她一直承受着巨大的压力。
	3. 这种农作物会在秋天成熟。
	4. 请勿把饮料带入场内。
	5. 她脸上露出了甜美的微笑。

1 是一种   消极心理的   抱怨   表现

주어	술어	관형어	목적어
抱怨 동사	是 동사	一种消极心里的 수사+양사+명사+的	表现 명사
원망은 일종의 부정적 심리의 표현이다.			

해설 **술어 배치** 동사 是(~이다)를 술어에 배치한다.
주어 목적어 배치 是는 'A是B(A는 B이다)'의 구조를 이루므로 抱怨(원망하다)을 주어 자리에, 表现(표현)을 목적어 자리에 배치한다.
남은 어휘 배치 消极心理的(부정적 심리)와 一种(일종의)은 관형어의 기본 어순 '수사+양사+……的'의 어순에 따라 一种消极心理的로 연결한 뒤 목적어 앞에 배치하여 문장을 완성한다.

어휘 抱怨 bàoyuàn 图 원망하다   消极 xiāojí 阌 소극적이다, 부정적이다   表现 biǎoxiàn 阌 태도, 행동

2 承受着   巨大的   一直   压力   她

주어	부사어	술어	관형어	목적어
她 인칭대사	一直 부사	承受着 동사+着	巨大的 형용사+的	压力 명사
그녀는 줄곧 엄청난 스트레스를 받고 있다.				

해설 **술어 배치** '동사+着' 형태인 承受着(감당하고 있다)를 술어에 배치한다.
주어 목적어 배치 술어 承受의 주체로 알맞은 她(그녀)를 주어에 배치하고, 承受의 대상으로 压力(스트레스)를 목적어에 배치한다.
남은 어휘 배치 巨大的(엄청난)는 '……的' 형태의 관형어이므로 의미상 알맞은 목적어 压力 앞에 배치시키고 부사 一直(줄곧)은 술어 앞에 배치하여 문장을 완성한다.

어휘 承受 chéngshòu 图 감당하다, 이겨 내다   巨大 jùdà 阌 거대하다

3 这种农作物　成熟　会在　秋天

관형어	주어	부사어	술어
这种	**农作物**	**会在秋天**	**成熟**
지시대사+양사	명사	조동사+개사구(개사+명사)	동사

이 종류의 농작물은 가을철에 여문다.

해설　**술어 배치** 동사 成熟(여물다)를 술어에 배치한다.
주어 목적어 배치 술어 成熟의 주체로 알맞은 农作物를 주어에 배치한다.
남은 어휘 배치 남은 어휘 '조동사+개사'인 会在(~에 ~할 것이다)에서 개사 在는 '개사+명사(구)/대사'의 개사구를 이루므로 명사 秋天과 연결한다. 그리고 会在秋天을 술어 앞에 배치하여 문장을 완성한다.

어휘　农作物 nóngzuòwù 몡 농작물　成熟 chéngshú 통 성숙하다, 여물다

4 带入　把饮料　请勿　场内

请	부사어	把목적어	술어	목적어
请	**勿**	**把饮料**	**带入**	**场内**
동사	부사	把+명사	동사+보어	명사

음료수를 장내로 가지고 들어오지 마세요.

해설　**술어 배치** 개사 把가 있으므로 把자문임을 알 수 있다. 또한 주어는 없고 청유문을 만드는 동사 请(~해 주세요)이 있으므로 请을 문장의 가장 앞에 배치시킨다. 把자문의 술어로 동사 带入(가지고 들어가다)를 배치시킨다. 带入는 带(지니다)와 入(들다)가 결합된 '동사+결과보어'의 형태이다.
주어 목적어 배치 술어 带入의 목적어로 의미상 알맞은 场内를 배치한다.
남은 어휘 배치 把자문의 어순 '把+의미상의 목적어+술어+기타성분'에 따라 把饮料(음료수를)를 술어 앞에 배치하고, 금지를 나타내는 부사 勿(~하지 말라)는 개사 把 앞에 배치하여 문장을 완성한다.

어휘　勿 wù 뿐 ~하지 마라, ~해서는 안 된다

5 露出了　微笑　她脸上　甜美的

관형어	주어	술어	관형어	목적어
她	**脸上**	**露出了**	**甜美的**	**微笑**
인칭대사	명사+방위명사	동사+了	형용사+的	명사

그녀의 얼굴에 달콤한 미소가 떠올랐다.

해설　**술어 배치** 방위명사가 결합된 脸上(얼굴 위에)과 동사 露出(드러나다)가 있으므로 존현문임을 알 수 있다. '동사+了' 형태인 露出了(드러났다)를 술어에 배치한다.
주어 목적어 배치 존현문의 주어는 장소/시간이고, 목적어는 불특정 사람/사물이므로 她脸上(그녀의 얼굴에)을 주어에 微笑(미소)를 목적어에 배치한다.
남은 어휘 배치 甜美的(달콤한)는 '……的' 형태의 관형어이므로 의미상 알맞은 목적어 微笑 앞에 배치하여 문장을 완성한다.

어휘　露出 lùchū 통 드러내다, 노출시키다　甜美 tiánměi 혱 달콤하다　微笑 wēixiào 몡 통 미소(하다)

쓰기
제 2 부분
80자 내외의 짧은 글짓기

1. 원고지 작성법

확인학습

		这	次	的	方	案	是	我	们	部	门	新	来	的	小
王	写	的	，		他	十	分	巧	妙	地	指	出	了	公	司	存
在	的	问	题	，		还	提	出	了	解	决	方	案	。	该	方
案	实	施	后	，		取	得	了	明	显	的	效	果	。	同	事
们	都	说	，		小	王	不	仅	十	分	能	干	，		还	很	谦
虚	，		只	要	他	再	积	累	几	年	经	验	，		就	可	以
升	职	。													

（48행 끝, 80행 끝 표기）

2. 99번 - 주제와 스토리 구상하기 실전 테스트

1　浪费、可怕、粮食、珍惜、养成

STEP 1　제시어 분석하여 주제 정하기

浪费 làngfèi 통 낭비하다	浪费时间 시간을 낭비하다	浪费能源 에너지를 낭비하다
可怕 kěpà 형 무섭다	可怕的后果 무서운 결과	令人可怕 두렵게 하다
粮食 liángshi 명 양식, 식량	粮食危机 식량 위기	造成粮食短缺 식량 부족을 초래하다
珍惜 zhēnxī 통 소중히 여기다	珍惜时间 시간을 소중히 여기다 珍惜一草一木 풀 한 포기 나무 한 그루도 소중히 여기다	
养成 yǎngchéng 통 습관 등을 기르다	养成良好的饮食习惯 훌륭한 식습관을 기르다 习惯是后天养成的 습관은 후천적으로 길러진다	

주제어/주제 : **浪费、粮食、珍惜** / 음식을 소중히 여기는 습관을 기르자.

도입 : 많은 사람들이 음식을 낭비하면서(浪费粮食) 그 결과가 얼마나 두려운지(多么可怕) 인식하지 못한다.

전개 : 우리는 음식을 소중히 여기는(珍惜粮食) 좋은 습관을 길러야 한다(养成好习惯). 절약 의식(节约的意识)을 가지고 적당하게, 먹을 만큼 담고 가능한 남기지 않아야 한다(尽量不剩饭菜).

마무리 : 나부터 시작하자(从我做起)!

STEP 3 작문하기

		我	们	随	处	都	可	以	看	到	浪	费	粮	食	的
现	象	。	也	许	很	多	人	还	未	意	识	到	其	后	果
多	么	可	怕	。	我	们	每	一	个	人	都	要	养	成	珍
惜	粮	食	的	好	习	惯	。	只	要	有	节	约	的	意	识,
其	实	做	起	来	很	简	单	:	点	菜	要	适	量	,	吃
多	少	盛	多	少	,	尽	量	不	剩	饭	菜	。	记	住	:
节	约	粮	食	从	我	做	起	!							

48
48

해석 우리는 어디서나 음식을 낭비하는 현상을 목격할 수 있다. 어쩌면 많은 사람들이 아직도 그 결과가 얼마나 두려운지 인식을 못하는 것 같다. 우리 모두는 음식을 소중히 하는 좋은 습관을 길러야 한다. 단지 절약 의식만 가져도 사실은 간단하게 할 수 있다. 음식 주문은 적당량으로 먹을 만큼만 담고, 가능한 남기지 않아야 한다. 기억하자. 음식 절약은 나부터 시작하는 것이다!

어휘 随处 suíchù 🄫 어디서나, 도처에   现象 xiànxiàng 🄜 현상   未 wèi 🄫 아직 ~하지 않다   意识 yìshí 🄜 🄳 의식(하다)   其 qí 🄴 그것(의)   后果 hòuguǒ 🄜 (주로 나쁜 측면의) 최후의 결과   适量 shìliàng 🄷 양이 적당하다   盛 chéng 🄳 그릇에 담다   尽量 jǐnliàng 🄫 가능한 한, 될 수 있는 대로

---

2   信任、利润、任何、共同、合作

STEP 1   제시어 분석하여 주제 정하기

信任 xìnrèn 🄜🄳 신임(하다)	失去信任 신뢰를 잃다	取得信任 신임을 얻다
利润 lìrùn 🄜 이윤	追求利润 이윤을 추구하다	创造利润 이윤을 창출하다
任何 rènhé 🄴 어떠한 ~라도	任何困难 어떠한 곤란(도)	没有任何效果 어떠한 효과도 없다
共同 gòngtóng 🄷 공동의 🄫 함께	共同的目标 공동의 목표	共同发展 함께 발전하다
合作 hézuò 🄜🄳 협력(하다)	合作顺利 협력이 순조롭다	合作伙伴 협력 파트너

주제어/주제 : 信任、合作 / 신뢰는 협력과 발전의 토대이다.

STEP 2   스토리 구상하기

도입 : 기업은 이윤 창출(创造利润)을 위해 공동으로 협력한다(共同合作).

전개 : 성공적인 협력의 전제(成功合作的前提)는 신뢰(信任)이다. 서로 신뢰하지 않으면 어떤 일도 해낼 수 없다(办不成).
마무리 : 인간 관계도 마찬가지로(人际关系也是一样) 서로 신뢰해야만(互相信任) 발전할 수 있다.

STEP 3 작문하기

		为	了	创	造	更	多	利	润	，		很	多	企	业	都	
会	选	择	共	同	合	作	。		然	而	，		成	功	合	作	的
前	提	就	是	信	任	；		信	任	就	是		合	作	的	基	础。 |48
无	论	做	什	么	事	，		如	果	不	能		互	相	信	任	，
就	会	办	不	成	任	何	事	情	。		人	际	关	系	也	是	80
一	样	，		只	有	互	相	信	任	，		才	能	更	好	地	发
展	。																

해석 보다 더 많은 이윤을 창출하기 위해 많은 기업들이 공동협력을 선택한다. 그러나 성공적인 협력의 전제 조건은 신뢰이며, 신뢰는 협력의 토대이다. 어떤 일을 하든지 만약 서로 신뢰할 수 없다면 어떤 일도 이룰 수 없다. 대인 관계도 이와 같다. 서로 신뢰해야만 비로서 더 잘 발전할 수 있다.

어휘 创造 chuàngzào 동 창조하다, 만들다　企业 qǐyè 명 기업　前提 qiántí 명 전제 조건　办不成 bànbuchéng 성사되지 못하다 人际关系 rénjì guānxì 명 대인 관계

---

3. 99번 - 어법 포인트 활용하기 **실전 테스트**

1 冷静、千万、火灾、措施、迅速

STEP 1 제시어 분석하여 주제 정하기

冷静 lěngjìng 형 침착하다	让自己冷静下来 자신을 진정시키다　保持冷静 침착함을 유지하다
千万 qiānwàn 부 부디, 제발	千万不要乱跑 절대로 함부로 뛰지 마라 千万不要慌张 절대로 당황하여 허둥거리지 마라
火灾 huǒzāi 명 화재	遇到火灾 화재에 봉착하다　发生火灾 화재가 발생하다
措施 cuòshī 명 조치, 대책	采取措施 조치를 취하다　有效措施 효과적인 조치
迅速 xùnsù 형 신속하다, 재빠르다	动作迅速 동작이 신속하다　迅速离开 신속하게 떠나다

주제어/주제 : 火灾 / 화재 발생 시 침착하게 대응하자.

STEP 2 스토리 구상하기

도입 : 화재가 나면(在遇到火灾时) 당황하지 마라. 그렇지 않으면(否则) 쉽게 혼란을 초래하게 된다.

전개 : 우선 침착해야 한다(先要冷静). 그래야만 올바른 대응 조치를 취할 수 있다(采取正确的措施).

마무리 : 탈출 시 신속하되(要迅速) 절대 엘리베이터에 탑승하지 말고(千万不能坐电梯) 안전 계단을 이용하자(走安全楼梯).

※ 어법 포인트 활용하기

- **在……时** ~할 때
- **A，否则B。** A해야 한다. 그렇지 않으면 B할 수도 있다.
- **比如** 예를 들어
- **只有A，才(能)B。** A해야만 비로서 B할 수 있다

STEP 3 작문하기

		在	遇	到	火	灾	**时**	,		不	要	慌	张	,		**否**	**则**
很	容	易	造	成	混	乱	。		先	要	冷	静	,		才	能	采
取	正	确	的	应	对	措	施	,		**比**	**如**	大	声	呼	救	让	(48)
救	生	员	知	道	自	己	的	位	置	。		逃	跑	时	,		动
作	一	定	要	讯	速	,		千	万	不	能	坐	电	梯	,		一	(80)
定	要	走	安	全	楼	梯	。		**只**	**有**	这	样	,		**才**	**能**	从
大	火	中	逃	出	。												

해석 화재가 발생했을 때 당황하지 마라. 그렇지 않으면 쉽사리 혼란을 초래한다. 일단은 침착해야만 비로서 올바른 대응 조치를 취할 수 있다. 예를 들어, 큰 소리로 구조대에 자신의 위치를 알릴 수 있다. 탈출 시 동작은 반드시 신속해야 한다. 절대로 엘리베이터에 탑승하지 말고 반드시 안전 계단으로 가라. 이렇게 해야만 비로소 화재 속에서도 안전하게 탈출할 수 있다.

어휘 慌张 huāngzhāng 톙 당황하다 造成 zàochéng 통 초래하다 混乱 hùnluàn 명 형 혼란(하다) 采取 cǎiqǔ 통 (수단·방법 등을) 택하다 应对 yìngduì 통 대응하다 呼救 hūjiù 통 (큰소리로) 도움을 청하다 救生员 jiùshēngyuán 명 인명 구조 요원 位置 wèizhì 명 위치 逃跑 táopǎo 통 달아나다 楼梯 lóutī 명 계단 逃出 táochū 통 탈출하다

---

2 尊重、亲切、看望、至今、毕业

STEP 1 제시어 분석하여 주제 정하기

尊重 zūnzhòng 통 존중하다	尊重别人 타인을 존중하다	得到尊重 존중받다
亲切 qīnqiè 톙 친절하다, 친근하다	感到亲切 친근감을 느끼다	亲切的微笑 친근한 미소
看望 kànwàng 통 찾아가보다, 문안하다	看望老师 선생님을 찾아뵙다	去医院看望 병원으로 문안가다
至今 zhìjīn 튄 지금까지, 오늘까지	至今（还是）忘不了 지금까지도 잊지 못하다 至今还保留着 오늘날까지 간직하고 있다	
毕业 bìyè 통 졸업하다	大学毕业后 대학 졸업 후	毕业两年了 졸업한지 2년이 되었다

주제어/주제 : 看望 / 병원에 입원하신 은사 장 선생님을 찾아뵙다.

도입 : 장 선생님께서 병원에 입원하셨다는 소식을 듣고(听说), 나는 선생님을 찾아뵙기(看望他)로 했다.

전개 : 장 선생님은 나의 중국어 선생님이셨는데 어느 나라 학생을 불문하고(不管) 관습을 다 존중해 주시고(尊重习惯), 모르는 문제도 늘 친절하게 설명해 주셨다(亲切地解答).

마무리 : 비록(虽然) 졸업한 지 수년이 되었지만(毕业了很多年), 나는 지금까지도(至今) 잊을 수가 없다.

※ 어법 포인트 활용하기

- **听说……** 듣자 하니
- **打算……** ~할 계획이다
- **不管**A, **都**B。 A에 상관없이 모두 다 B하다.
- **每次**A, **都**B。 매번 A할 때마다 B하다.
- **虽然**A, **但是**B。 비록 A하지만 그러나 B하다.

		听	说	张	老	住	院	了	,		我	打	算	和	几	个
同	学	去	看	望	他	。	张	老	师	是	我	的	汉	语	老	
师	,	**不**	**管**	是	哪	个	国	家	的	学	生	,	他	**都**	会	
尊	重	我	们	的	习	惯	。	每	次	我	们	遇	到	不	会	
的	问	题	,	他	都	会	十	分	亲	切	地	解	答	。	**虽**	
然	已	经	毕	业	了	很	多	年	,	**但**	我	至	今	还	是	
忘	不	了	老	师	的	课	。									

48

80

해석 장 선생님께서 병원에 입원하셨다는 소식을 듣고 나는 몇몇 동창들과 선생님을 찾아뵙기로 했다. 장 선생님께서는 나의 중국어 선생님이셨다. 어느 나라 학생인지를 불문하고 선생님께서는 우리들의 관습을 존중해 주셨다. 매번 못하는 문제가 생기면 선생님께서는 굉장히 친절하게 답해 주셨다. 비록 졸업한 지 수년이 되었지만, 나는 지금까지도 선생님의 수업을 잊을 수가 없다.

어휘 解答 jiědá 명 동 해답(하다)

STEP 1 ㅅ진 분석하여 푸제 정하기

1) 인물과 사물, 사건과 상황

: 언제(오늘 今天), 사건(엄마의 생일 妈妈的生日), 상황1(만든 음식이 맛없다 我们做的菜不好吃), 상황2(먹을 수 없어서 외식하다 没能吃，只好出去吃)

2) 인물의 표정 및 분위기

: 엄마(감동함 感动)

STEP 2 ㅅ토리 구상하기

도입 : 오늘은 엄마의 생일이다(妈妈的生日). 아빠는 장미꽃을 선물했다.

전개 : 나와 오빠(我和哥哥)는 본래 맛있는 식사를 만들어 드리려고 했는데(本来打算) 너무 맛이 없어서(特别不好吃) 결국 나가서 먹게 되었다(只好出去吃了).

마무리 : 엄마는 먹지는 못했지만 감동했다고 말씀해 주셨다(她说她仍然很感动).

STEP 3 작문하기

		今	天	是	妈	妈	的	生	日	，	爸	爸	送	给	了
妈	妈	一	束	玫	瑰	花	。	我	和	哥	哥	本	来	打	算
给	妈	妈	和	爸	爸	做	一	顿	丰	盛	的	晚	餐	，	可
是	没	想	到	，	我	们	做	的	菜	都	特	别	不	好	吃 。
没	办	法	，	只	好	出	去	吃	了	。	虽	然	妈	妈	没
能	吃	到	我	们	做	的	菜	，	但	是	她	说	她	仍	然
很	感	动	。												

48

80

해석 오늘은 엄마의 생신이다. 아버지께서는 엄마에게 장미 한 다발을 선물해 주셨다. 나랑 오빠는 원래 엄마, 아빠께 풍성한 저녁 식사를 만들어 드리려고 했지만, 뜻밖에도 우리가 만든 요리가 너무나 맛이 없었다. 어쩔 수 없이 밖으로 먹으러 나갈 수밖에 없었다. 비록 어머니께서는 우리가 만든 요리는 먹을 수는 없었지만, 그래도 감동했다고 말씀해 주셨다.

어휘 束 shù 양 다발, 묶음   玫瑰花 méiguihuā 명 장미꽃   顿 dùn 양 끼니   丰盛 fēngshèng 형 풍성하다   晚餐 wǎncān 명 만찬, 저녁 식사

2

STEP 1   사진 분석하여 주제 정하기

1) 인물과 사물, 사건과 상황
   : 누가 (샤오왕 小王), 상황1(매일 야근해서 피곤하다 连日加班), 사건(컵을 쏟다 打翻了杯子)

2) 인물의 표정 및 분위기
   : 표정(너무 피곤하다 累得不得了)

STEP 2   스토리 구상하기

도입 : 샤오왕은 연일 야근을 했다(连日加班).
전개 : 오전 업무시간에 피곤한 나머지 졸다가 컵을 엎고(打翻了杯子) 커피를 뒤집어 썼다(弄得满身都是咖啡).
마무리 : 사장이 보더니 집에 가서 하루 쉬게 했다(让他回家休息一天).

STEP 3   작문하기

	小	王	连	日	加	班	,	这	几	天	每	次	看	到
他	,	脸	色	都	非	常	难	看	。	因	为	太	累	,	上
午	工	作	时	,	小	王	不	知	不	觉	睡	着	了	,	醒
来	时	还	打	翻	了	桌	子	上	的	杯	子	,	弄	得	满
身	都	是	咖	啡	。	经	理	看	他	实	在	是	累	得	不
得	了	,	连	走	路	都	不	稳	了	,	于	是	让	他	回
家	休	息	一	天	。										

48
80

해석   샤오왕은 연일 계속해서 야근을 했다. 요 며칠 그를 볼 때 안색도 굉장히 나빠 보였다. 너무 피곤한 나머지 오전 업무 시간에 샤오왕은 저도 모르게 잠이 들었다가 깨면서 책상 위 컵을 엎어 온 몸에 커피를 뒤집어 썼다. 도무지 피곤해서 걷는 것도 불안한 그를 보더니 사장은 샤오왕에게 집에 돌아가 하루 쉬라고 했다.

어휘   连日 liánrì 명 연일   脸色 liǎnsè 명 안색, 낯빛   打翻 dǎfān 통 때려엎다, 뒤집어 엎다   弄得 nòngde 통 ~하게 하다(되다)
   不得了 bùdeliǎo 매우 심하다   稳 wěn 형 안정되다

5. 100번 – 논설문 쓰기 실전 테스트

1

STEP 1 사진 분석하여 주제 정하기

사진은 사람들이 줄을 서서 대중교통을 기다리는 모습이다. (주제 : 排队等候公共交通工具)

STEP 2 스토리 구상하기

도입	• 图片上有几个人在排队等车。 　사진 속 몇 사람이 줄 서서 차를 기다리고 있다. • 随着生活水平的提高，越来越多的人拥有了私家车。 　생활 수준이 향상됨에 따라, 점점 더 많은 사람들이 자가용을 보유하게 되었다. • 乘坐公共交通工具都要排队等候，因此人们更想买车。 　대중교통 수단을 이용하려면 줄을 서서 기다려야 해서 사람들이 더욱 차량을 구입하고 싶어 한다.
전개	• 其实公共交通也有不少好处。 　사실 대중교통도 적잖은 장점들이 있다. • 第一、可以保护环境；第二、可以节约能源；第三、既可以省时又可以省钱；第四、可以有效缓解交通拥堵；第五、可以减少空气污染。 　첫째, 환경을 보호할 수 있다. 둘째, 에너지를 절약할 수 있다. 셋째, 시간도 아끼고 돈도 아낄 수 있다. 넷째, 효과적으로 교통 체증을 완화시킬 수 있다. 다섯째, 공기 오염을 줄일 수 있다.
마무리	• 所以，大家多选择公共交通吧。 　그러니, 모두들 대중교통을 많이 선택하자.

STEP 3 작문하기

		随	着	生	活	水	平	的	提	高	，		越	来	越	多
的	人	拥	有	了	私	家	车	。	乘	坐	公	共	交	通	工
具	都	要	排	队	等	候	，	因	此	人	们	更	想	买	车。
其	实	公	共	交	通	工	具	也	有	不	少	好	处	。	第
一	，	可	以	保	护	环	境	；	第	二	，	可	以	节	约

48

80

能	源	；		第	三	，		既	可	以	省	时	又	可	以	省	钱	。
所	以	，		大	家	多	选	择	公	共	交	通	工	具	吧	。		

해석 생활 수준이 향상됨에 따라, 점점 더 많은 사람들이 자가용을 보유하게 되었다. 대중교통 수단을 이용하려면 줄을 서서 기다려야 해서 사람들이 더욱 차량을 구입하고 싶어 한다. 사실 대중교통도 적잖은 장점이 있다. 첫째, 환경을 보호할 수 있다. 둘째, 에너지를 절약할 수 있다. 셋째, 시간도 아끼고 돈도 아낄 수 있다. 그러니, 모두들 대중교통을 많이 선택하자.

어휘 私家车 sījiāchē 명 자가용　公共交通工具 gōnggòngjiāotōng gōngjù 명 대중교통 수단　等候 děnghòu 동 기다리다　能源 néngyuán 명 에너지　省时 shěngshí 동 시간을 절약하다　省钱 shěngqián 동 돈을 절약하다

2

STEP 1　사진 분석하여 주제 정하기

사진은 공항에서 바쁘게 달리고 있는 직장인의 모습이다. (주제 : 在机场奔跑的上班族)

STEP 2　스토리 구상하기

도입	• 图片上有两个人在机场奔跑。 사진의 두 사람이 공항에서 달리고 있다. • 随着生活水平的不断提高，飞机成了主要的交通工具。 생활 수준이 끊임없이 향상됨에 따라 비행기는 주요 교통 수단이 되었다. • 人们出门旅行、出差办公都会选择飞机。 사람들은 여행, 출장 시 비행기를 선택한다.
전개	• 为了赶飞机而奔跑的人也随处可见。 비행기를 잡기 위해 달리는 사람들을 어디서나 볼 수 있다. • 我们随时可见为了赶飞机而奔跑的人。 비행기를 잡기 위해 질주하는 사람들은 언제나 볼 수 있다. • 那么，为了避免迟到，应该怎么做呢？ 그렇다면, 지각을 피하기 위해 어떻게 해야 할까? • 第一、提前整理好行李；第二、最好在起飞前两个小时到机场；第三、要知道能够到达机场的多种公交路线。 첫째, 미리 짐을 정리해 둔다. 둘째, 비행기 이륙 2시간 전에는 공항에 도착하는 것이 좋다. 셋째, 공항에 도착하는 여러 가지 버스 노선을 알아 두자.
마무리	• 时间不等人，但我们可以调整自己的时间。 시간은 사람을 기다려 주지 않는다. 하지만, 우리는 자신의 시간을 조절할 수는 있다. • 记住，最好提前做好准备。 기억하자. 미리 준비하는 것이 제일 좋다.

		随	着	生	活	水	平	的	不	断	提	高	，	人	们
出	门	旅	行	、	出	差	办	公	都	会	选	择	飞	机	。
然	而	，	我	们	随	时	可	见	为	了	赶	飞	机	而	奔
跑	的	人	。	那	么	，	我	们	如	何	避	免	迟	到	呢？
第	一	、	提	前	整	理	好	行	李	；	第	二	、	尽	量
在	飞	机	起	飞	前	两	个	小	时	到	达	机	场	。	记
住	，	最	好	提	前	做	好	准	备	。					

48
80

해석 생활 수준이 향상 되면서 사람들은 여행, 출장 시 비행기를 선택한다. 그런데, 우리는 비행기 시간에 맞추려 질주하는 사람들을 언제나 볼 수 있다. 그렇다면, 우리는 어떻게 해야 지각을 피할 수 있을까? 첫째, 미리 짐을 잘 정리해 둔다. 둘째, 가급적 비행기 이륙 2시간 전에는 공항에 도착한다. 기억하자, 미리미리 준비하는 것이 가장 좋다.

어휘 随时 suíshí 🔳 언제나, 아무 때나   奔跑 bēnpǎo 빨리 뛰다   避免 bìmiǎn 🔳 피하다, 모면하다   尽量 jǐnliàng 🔳 되도록, 최대한

쓰기 제2부분 미니모의고사

1 虚心、竞争、改变、对手、不足

STEP 1   주제어 분석하여 주제 정하기

虚心 xūxīn 🔳 겸허하다	虚心接受 겸허하게 받아들이다 虚心地向他人学习 겸손하게 타인에게서 배우다	
竞争 jìngzhēng 🔳🔳 경쟁(하다)	竞争对手 경쟁상대	在竞争中 경쟁에서
改变 gǎibiàn 🔳 바꾸다, 바뀌다	改变现状 현재 상황을 변화시키다	改变自己 자신을 변화시키다
对手 duìshǒu 🔳 상대	竞争对手 경쟁상대	面对强大的对手 강력한 상대를 마주하다
不足 bùzú 🔳 부족하다 🔳 부족함	经验不足 경험이 부족하다	美中不足 옥의 티

주제어/주제 : 竞争、对手、不足 / 겸손하게 경쟁상대에게서 배우고 한 걸음 더 발전하자.

STEP 2   스토리 구상하기

도입 : 성공과 실패를 떠나(无论成功还是失败) 경쟁상대(竞争对手)에게 고마워해야 한다.
전개 : 그들과 경쟁할 때 나 자신의 부족함(自己的不足)을 발견하여 나를 변화시키고(改变自己) 실력을 높일 수 있다.
마무리 : 겸손하게 상대에게 배워야만(虚心地向对手学习) 나도 발전할 수 있다.

※ 어법 포인트 활용하기

- **无论**A，**都**B。 A를 막론하고 (예외없이) 다 B하다.
- **因为**+원인 왜냐하면 ∼하기 때문이다
- 원인/방법，**从而**+결과/목적 ∼때문에, 그리하여 ∼하다.
- **只有**A，**才**(**能**)B。 A해야만 비로소 B할 수 있다.

STEP 3 작문하기

		无	论	成	功	还	是	失	败	，		我	们	**都**	应	该
感	谢	竟	争	对	手	。	**因**	**为**	，		在	跟	他	们	竞	争
时	，	我	们	可	以	发	现	自	己	的	不	足	，	**从**	**而**	
能	及	时	改	变	自	己	，		并	提	高	自	己	的	能	力 。
我	们	要	知	道	，	**只**	**有**	虚	心	地	向	对	手	学	习 ，	
才	能	得	到	进	步	和	发	展	。							

48

80

해석 성공하던 실패하던 우리는 경쟁상대에게 고마워 해야 한다. 왜냐하면, 그들과 경쟁하며 우리는 자신의 부족함을 발견할 수 있고, 그리하여 자신을 변화시킴과 동시에 능력도 향상시킬 수 있기 때문이다. 우리는 알아야 한다. 겸손하게 경쟁상대에게 배워야만 비로서 한 걸음 더 나아가고 발전할 수 있다.

어휘 及时 jíshí 튄 제때에, 적시에   进步 jìnbù 몡 툉 진보(하다)

2

STEP 1   사진 분석하여 주제 정하기

1) 인물과 사물, 사건과 상황

  : 상황(회의를 해야 함 要开会)， 상황(사람이 오지않음 人没来), 언제(오늘 오전 今天上午), 사건(30분이 지나도 여전히 오지 않음 过了30分钟了，还没来), 누가(고객 顾客)

2) 인물의 표정 및 분위기

  : 할 말이 없다(无话可说)

도입 : 회사 고객과 회의를 하려고 했다(要跟公司的顾客开一个会).

전개 : 30분이 지나도(已经过了30分钟了) 오지 않고 전화도 받지 않았다. 1시간 뒤, 해명하길(解释说), 길이 막히고(路上堵车) 배터리도 없었다고 한다.

마무리 : 나는 정말 할말이 없었다(我实在无话可说).

STEP 3 작문하기

		今	天	上	午	要	跟	公	司	的	顾	客	开	一	个
会	。	但	是	会	议	时	间	已	经	过	了	30	分	钟	了,
他	还	没	来	。	我	给	他	打	了	好	几	次	电	话	,
他	都	没	接	。	一	个	小	时	后	,	他	终	于	气	喘
吁	吁	地	跑	来	了	。	他	解	释	说	,	来	的	时	候
路	上	堵	车	,	手	机	又	没	电	了	。	我	实	在	无
话	可	说	。												

48

80

해석 오늘 오전에 회사 고객과 회의를 열기로 했다. 하지만 회의 시간이 이미 30분이 지났는데도 여전히 오지 않았다. 나는 전화를 정말 여러 번 해 보았지만, 그는 다 받지 않았다. 한 시간 뒤, 그가 드디어 헐레벌떡 뛰어왔다. 그는 해명하며 말하길 오는 길에 차가 막혔고, 핸드폰도 배터리가 없었다고 했다. 나는 정말이지 할말이 없었다.

어휘 气喘吁吁地 qìchuǎnxūxū de 헐레벌떡하며 无话可说 wú huà kě shuō 할말이 없다, 이야기할 것이 없다

듣기

제1부분 1. B 2. D 3. B 4. C 5. A 6. A 7. D 8. A 9. B 10. A 11. C 12. B
13. C 14. D 15. C 16. B 17. D 18. C 19. A 20. B

제2부분 21. C 22. A 23. D 24. A 25. C 26. C 27. D 28. A 29. B 30. A 31. D 32. C
33. D 34. A 35. D 36. B 37. D 38. C 39. B 40. D 41. A 42. A 43. B 44. B
45. B

독해

제1부분 46. C 47. D 48. A 49. C 50. A 51. D 52. B 53. B 54. C 55. A 56. D 57. C
58. B 59. B 60. D

제2부분 61. A 62. C 63. C 64. B 65. D 66. B 67. D 68. B 69. A 70. C

제3부분 71. B 72. D 73. C 74. A 75. A 76. D 77. D 78. C 79. B 80. C 81. A 82. D
83. A 84. C 85. C 86. D 87. D 88. C 89. A 90. D

쓰기

제1부분

91. 奶奶说话的语气十分温柔。

92. 他的理由无法说服对方。

93. 书架上整齐地摆满了厚厚的书。

94. 我不小心把字幕文件删除了。

95. 目前我们的配送范围不包括沿海地区。

96. 家人的支持让我充满了力量。

97. 积极乐观的心态能给我们带来好机会。

98. 我们非常期待与贵公司进行品牌合作。

제2부분

99. 모범답안

　　网络已经成了我们生活中不可缺少的一部分，无论是工作还是学习，都离不开网络。因此，如何合理使用网络也成为了现代人应该思考的问题。过度使用网络不但会让人变得消极，还会因为缺乏交流而变得孤独。

100. 모범답안 – 에피소드

　　我哥哥开车开得很不错，他经常开车带我和我的朋友们出去玩儿。可是因为他很忙，所以有时候开车时也要打电话。虽然通话的时间都不长，但是我还是觉得这样太危险。有一次被警察看到，还交了罚款。真希望他能注意安全。

　　모범답안 – 논설문

　　随着手机的普及，开车时打电话已经成为了家常便饭。但是这种行为是十分危险的。第一、开车时打电话会分散驾驶者的注意力；第二、只用一只手控制方向盘会影响反应能力。这都是造成车祸的主要原因。为了生命安全，请不要开车打手机。

실전모의고사 1

듣기 제1부분

1

男：这次暑假我们去海边玩儿怎么样？可以在海上冲浪。

女：好主意，不过我的皮肤对紫外线过敏，得做好防晒准备。

问：女的要做什么？

A 做面膜
B 做防晒准备
C 去海外
D 学冲浪

남: 이번 여름휴가 때 바닷가로 놀러 가는 건 어때? 바다에서 서핑할 수 있는데.

여: 좋은 생각이야, 그런데 내 피부가 자외선에 알레르기가 있어서 자외선 차단 준비를 잘 해야만 해.

질문: 여자는 무엇을 해야 하는가?

A 팩을 하다
B 자외선 차단 준비를 하다
C 해외로 가다
D 파도타기를 배운다

해설 보기의 어휘가 모두 행동을 나타내므로 인물의 행동을 나타내는 동사에 주의해서 녹음을 듣는다. 防晒(자외선 차단), 海外(해외), 冲浪(파도타기)을 보고 바닷가 여행지와 관련된 대화를 예상해 볼 수 있다. 여자가 得做好防晒准备(자외선 차단 준비를 잘 해야만 해)라고 했으므로 보기 B에 O표시를 한다. 질문에서 여자가 해야 하는 행동을 물었으므로 정답은 B이다.

어휘 【지문】暑假 shǔjià 명 여름방학, 여름휴가   海边 hǎibiān 명 해변, 바닷가   冲浪 chōnglàng 명 통 파도타기(하다)   紫外线 zǐwàixiàn 명 자외선   过敏 guòmǐn 명 알레르기 형 과민하다   防晒 fángshài 자외선을 차단하다   【보기】面膜 miànmó 명 마스크팩   海外 hǎiwài 명 해외, 국외

2

女：离飞机起飞还有半个小时，你只有20分钟可以进行采访。

男：我保证在飞机起飞前结束采访的，不会耽误王总的行程。

问：男的最可能是做什么的？

A 秘书　　　　　B 空姐
C 机场安检人员　　**D 记者**

여: 비행기 이륙까지 아직 반 시간 남았네요. 인터뷰 진행은 단 20분만 가능합니다.

남: 비행기 이륙 전에 인터뷰를 마치겠습니다. 왕 사장님 스케줄을 지체시키진 않을 겁니다.

질문: 남자는 무슨 일을 할 가능성이 가장 큰가?

A 비서　　　　　B 스튜어디스
C 공항 보안 검색 요원　　**D 기자**

해설 보기의 어휘가 모두 직업/신분을 나타내므로 녹음을 들으면서 관련 어휘가 언급되는지 주의해서 듣는다. 空姐(스튜어디스)는 기내 안내 방송이 녹음에 주로 등장하고, 机场安检人员(공항 보안 검색 요원)은 관련 대화로 请把你的行李箱打开(짐가방을 열어주세요)등이 녹음에 등장한다. 记者(기자)는 관련 어휘로 采访(인터뷰하다), 新闻(뉴스) 등을 예상해 볼 수 있다. 남자가 我保证在飞机起飞前结束采访的(비행기 이륙 전에 인터뷰를 마치겠습니다)라고 했으므로 보기 D에 O표시를 한다. 질문에서 남자가 하는 일에 대해 물었으므로 정답은 D이다.

어휘 【지문】采访 cǎifǎng 명 통 인터뷰(하다)   保证 bǎozhèng 명 통 보증(하다)   耽误 dānwu 통 일을 그르치다, 시간을 허비하다   行程 xíngchéng 명 여정   【보기】秘书 mìshū 명 비서   空姐 kōngjiě 명 스튜어디스   安检人员 ānjiǎn rényuán 명 보안검사 요원

3

男：有什么好事儿让你激动成这样了？

女：我买的股票居然一下子翻了好几倍，怎么能不开心啊？

问：女的为什么高兴？

남: 무슨 일이 널 이렇게 흥분시킨 거야?

여: 내가 산 주식이 예상치도 못했는데 순식간에 몇 배나 올랐어. 어떻게 신나지 않을 수가 있겠어?

질문: 여자는 왜 기뻐하는가?

A 涨工资了	A 급여를 인상했다
B 股票涨了	**B 주식이 올랐다**
C 贷款还清了	C 대출을 모두 갚았다
D 环境变好了	D 환경이 좋아졌다

해설 보기의 키워드 工资(급여), 股票(주식), 贷款(대출), 环境(환경)이 언급되는지 확인한다. 여자의 말에 我买的股票居然一下子翻了好几倍(내가 산 주식이 뜻밖에도 순식간에 몇 배가 올랐어)라고 언급되었으므로 보기 B에 ○표시를 한다. 질문에서 여자가 기뻐하는 이유를 물었으므로 정답은 B이다. '주식 가격이 올랐다'라는 뜻으로 쓰인 翻(배로 증가하다)과 涨(오르다)은 유사한 표현이다.

어휘 [지문] 股票 gǔpiào 명 주식　居然 jūrán 부 뜻밖에　翻 fān 동 배로 증가하다　[보기] 涨 zhǎng 동 값, 수위가 오르다　贷款 dàikuǎn 명동 대출(하다)

4

女：我已经到你公司附近了。可这儿胡同太多，我迷路了，你出来接我一下吧。

男：我的公司确实不太好找，咱们还是在上次见面的那个酒吧见吧。

问：男的想在哪儿见面？

여: 나 벌써 너희 회사 근처에 도착했는데, 여기 골목이 너무 많아서 길을 잃었어. 나 좀 마중나와 줘.

남: 우리 회사가 확실히 찾기가 별로 좋진 않지. 우리 아무래도 지난번에 만났던 그 바(bar)에서 보는 게 좋겠다.

질문: 남자는 어디에서 만나자고 하는가?

A 公司	B 胡同口	A 회사	B 골목 어귀
C 酒吧	D 报社	**C 바(bar)**	D 신문사

해설 보기를 보고 장소를 묻는 문제임을 알 수 있다. 관련 어휘로 公司(회사)는 加班(시간외 근무를 하다), 夜班(야근하다), 还在工作(아직도 일하고 있다), 出差(출장가다) 등 업무 관련 어휘를, 酒吧(바)는 대부분 술을 주문하는 상황이, 报社(신문사)는 记者(기자), 采访(인터뷰), 新闻(뉴스) 등을 생각해 볼 수 있다. 남자의 말에 咱们还是在上次见面的那个酒吧见吧(우리 그냥 지난번에 만났던 그 바에서 만나는 게 좋겠다)라고 했으므로 보기 C에 ○표시를 한다. 질문에서 남자가 어디에서 만나자고 했는지 물었으므로 정답은 C이다.

TIP▶ 부사 还是는 이전의 선택지보다는 还是 이후의 선택지가 낫다는 의미로, 대부분 대화의 무게중심이 还是 뒤쪽에 있다.

어휘 [지문] 胡同 hútòng 명 골목　酒吧 jiǔbā 명 바, bar　[보기] 胡同口 hútòngkǒu 골목 어귀　报社 bàoshè 명 신문사

5

男：今年国庆节咱出国旅游放松一下心情吧。

女：国庆节去旅游的人太多了，咱们就去西安看名胜古迹，顺便去泡温泉。

问：女的为什么不建议出国？

남: 올해 국경절에 해외로 여행가서 기분 좀 편안하게 풀어 보자.

여: 국경절엔 여행가는 사람이 너무 많으니 우리 시안으로 명승지 보러 가자. 겸사겸사 온천욕도 하고.

질문: 여자는 왜 출국을 제안하지 않는가?

A 游客量大	**A 여행객이 많다**
B 离家太远	B 집에서 너무 멀다
C 机票太贵	C 비행기표가 너무 비싸다
D 没有景点	D 명소가 없다

해설 보기의 어휘 游客量(여행객 수), 机票(비행기표), 景点(명소)을 보고 여행에 관한 내용임을 알 수 있으며, 太远(너무 멀다), 太贵(너무 비싸다) 등의 어휘로 부정적인 내용이 등장함을 예상할 수 있다. 여자의 말에 国庆节去旅游的人太多了(국경절에 여행가는 사람이 너무 많다)라고 했으므로 보기 A에 O표시를 한다. 질문에서 여자가 출국을 제안하지 않는 이유를 물었으므로 정답은 A이다.

어휘 지문 国庆节 guóqìngjié 국경절   名胜古迹 míngshèng gǔjì 명 명승고적   泡温泉 pào wēnquán 온천욕을 하다   보기 游客 yóukè 명 관광객   景点 jǐngdiǎn 명 명소, 관광지

6

女: 又射中靶心了! 你这么高的水平，不应该在业余队，应该去国家队啊。 男: 哪里哪里，只不过今天状态不错而已。 问: 关于男的，可以知道什么？	여: 과녁 중심에 또 명중했네요! 이렇게 높은 수준인데 아마추어팀에 있으면 안 되죠. 국가대표팀으로 가셔야지요. 남: 별말씀을요. 그저 오늘 컨디션이 좋을 뿐이에요. 질문: 남자에 관하여 무엇을 알 수 있는가?
A 状态不错 B 刻苦训练 C 是国家队出身 D 成绩不如上次	A 컨디션이 좋다 B 맹훈련하다 C 국가대표팀 출신이다 D 성적이 지난번보다 못하다

해설 보기의 어휘 状态(컨디션), 训练(훈련), 国家队(국가대표팀)를 보고 스포츠에 관한 대화임을 예상한다. 남자의 말에 只不过今天状态不错而已(그저 오늘 컨디션이 좋을 뿐이에요)라고 했으므로 키워드가 언급된 보기 A에 '남자'라고 메모한다. 질문에서 남자에 관한 옳은 내용을 물었으므로 정답은 A이다.

어휘 지문 射中 shèzhòng 동 명중하다   靶心 bǎxīn 명 과녁의 중심   业余队 yèyúduì 명 아마추어팀   国家队 guójiāduì 명 국가대표팀   只不过 zhǐbúguò 다만 ~에 불과하다   状态 zhuàngtài 명 상태   而已 éryǐ 조 ~일뿐이다   보기 状态 zhuàngtài 명 상태   刻苦 kèkǔ 몹시 애를 쓰다   训练 xùnliàn 동 훈련하다   出身 chūshēn 동 출신(이다)   不如 bùrú 동 ~만 못하다

7

男: 听说你最近在找房子，怎么样？有合适的吗？ 女: 别提了，不是离公司太远，就是小得可怜，我的功夫都白费了。 问: 女的是什么意思？	남: 요즘 집 구한다며. 어때? 적당한 게 있어? 여: 말도 마. 회사에서 너무 멀지 않으면 형편없이 작아. 내 시간만 다 허비했어. 질문: 여자는 무슨 의미인가?
A 打算自己装修 B 学好功夫很难 C 嫌房子太贵 D 没找到合适的房子	A 셀프 인테리어를 할 계획이다 B 쿵푸를 잘 배우기가 어렵다 C 집이 너무 비싸 꺼려진다 D 적당한 집을 찾지 못했다

해설 보기의 어휘 装修(인테리어), 房子(집)를 보고 주택에 관한 대화임을 예상할 수 있다. 没找到(찾지 못하다), 太贵(너무 비싸다)가 있으므로 집을 구하거나 집값에 대한 불만에 겨냥하여 녹음을 듣는다. 남자의 말 在找房子(집을 구하고 있다)에서 관련 정보로 여자가 집을 구하고 있음을 확인할 수 있다. B를 제외한 A, C, D중 여자의 답변에서 别提了(말도 마)를 듣고 불만이 있다는 것을 확인할 수 있고, 远(멀다), 小(작다), 功夫都白费了(시간만 허비했다)로 마음에 드는 집이 없다는 것을 알 수 있다. 질문에서 여자의 말의 의미를 물었으므로 정답 D이다.

TIP▶ 功夫는 투자한 시간, 솜씨 및 무술의 뜻이 있으므로, 대화에서 어떻게 쓰였는지 전후 맥락으로 판단해야 한다. 白는 부사로 '헛되이'라는 뜻으로 白跑一趟(헛걸음을 하다)으로 쓰이거나, '공짜'라는 뜻으로 白吃(공짜로 먹다) 등으로 쓰인다.

어휘 지문 别提了 biétíle 말도 마라   不是A 就是B búshìA jiùshìB A이거나 아니면 B이다   白费 báifèi 동 허비하다   보기 装修 zhuāngxiū 동 집 따위의 내장 공사를 하다   嫌 xián 동 싫어하다

8

女：天气预报说今天有大雾，能见度在100米以下。

男：糟糕，你赶紧帮我看看高速公路会不会封。

问：男的担心什么？

여: 일기예보에서 오늘 짙은 안개가 껴서 가시 거리가 100m 이하래.

남: 큰일났네. 고속도로 차단되는지 좀 빨리 봐 줘.

질문: 남자는 무엇을 걱정하는가?

A 高速不能走
B 天气预报不准
C 出交通事故
D 航班延迟

A 고속도로를 탈 수 없다
B 일기예보가 정확하지 않다
C 교통사고가 난다
D 항공기가 지연된다

해설 보기의 天气预报(일기예보), 交通事故(교통사고), 航班(항공기)을 보고 날씨와 교통 상황에 관한 대화임을 예상한다. 不能走(갈 수 없다), 出事故(사고가 나다), 延迟(지연되다)를 보고 어떤 문제가 생겼는지를 겨냥하여 녹음을 듣는다. 남자의 말에 你赶紧帮我看看高速公路会不会封(고속도로가 봉쇄됐는지 빨리 봐 줘)이라고 했으므로 키워드가 언급된 보기 A에 ○표시를 한다. 질문에서 남자가 걱정하는 것을 물었으므로 정답은 A이다.

어휘 [지문] 大雾 dàwù [명] 짙은 안개　能见度 néngjiàndù [명] 가시 거리　糟糕 zāogāo 아뿔싸, 야단났군　赶紧 gǎnjǐn [부] 서둘러, 재빨리　封 fēng [동] 동봉하다, 막다　[보기] 交通事故 jiāotōng shìgù [명] 교통사고　延迟 yánchí [동] 연기하다, 지연되다

9

男：你怎么买了这么可爱的小剪刀？

女：这是女儿上课要用的，幼儿园老师让家长提前把美术课的工具都准备好。

问：根据对话，下列哪项正确？

남: 이렇게 귀여운 가위는 왜 샀어?

여: 딸아이 수업에 쓸 거야. 유치원 선생님이 학부모들에게 미술 수업 도구를 미리 준비시켜 달래서.

질문: 대화를 토대로 다음 중 올바른 것은?

A 明天有绘画课
B 剪刀是为女儿买的
C 这把剪刀有点儿大
D 妈妈想自学剪纸

A 내일 그림 수업이 있다
B 가위는 딸아이를 위해 샀다
C 가위가 좀 크다
D 엄마는 종이 공예를 독학하고 싶어 한다

해설 보기의 어휘 绘画课(그림 수업), 剪刀(가위), 剪纸(종이 공예)를 보고 미술에 관한 내용임을 알 수 있다. 남자가 여자에게 你怎么买了这么可爱的小剪刀？(이렇게 귀여운 작은 가위를 왜 샀어?)라고 했고 이에 여자는 这是女儿上课要用的(이건 딸이 수업에서 쓸 거야)라고 했으므로 남녀의 대화를 종합하여 일치하는 내용인 보기 B에 ○표시를 한다. 질문에서 옳은 내용을 물었으므로 정답은 B이다.

어휘 [지문] 剪刀 jiǎndāo [명] 가위　幼儿园 yòu'éryuán [명] 유치원　美术 měishù [명] 미술　工具 gōngjù [명] 도구　[보기] 绘画 huìhuà [명][동] 그림(을 그리다)　剪刀 jiǎndāo [명] 가위　剪纸 jiǎnzhǐ 종이를 오려 여러 가지 형상이나 모양을 만드는 종이 공예

10

女：这个项目必须在本月中旬结束，延期的话是要交违约金的。

男：从目前的进展情况来看，没有什么特殊情况出现的话，中旬结束没问题。

问：女的想什么时候结束项目？

여: 이 프로젝트는 이번 달 중순에 반드시 마쳐야 합니다. 지연되면 위약금을 내야 해요.

남: 현재 진전 상황으로 볼 때 특별한 상황이 생기지 않으면 중순에 마치는 건 문제없습니다.

질문: 여자는 프로젝트를 언제 마치고 싶어 하는가?

A 本月中旬 B 下个月末 C 越快越好 D 什么时候都可以	A 이번 달 중순 B 다음 달 말 C 빠를수록 좋다 D 언제든지 가능하다

해설 보기가 모두 시간 관련 정보이므로 언제 어떤 일을 하는지를 주의해서 듣는다. 中旬(중순)을 15일경으로, 月末(월말)는 月底(월말)로 바꾸어 사용할 수 있음에 대비한다. 여자가 这个项目必须在本月中旬结束(이 프로젝트는 이번 달 중순에 반드시 마쳐야 합니다)라고 했고, 남자도 中旬结束没问题(중순에 마치는 건 문제없다)라고 했으므로 일치하는 내용인 보기 A에 ○표시를 한다. 질문에서 여자가 언제 프로젝트를 마치고 싶어 하는지 물었으므로 정답은 A이다.

어휘 〔지문〕 项目 xiàngmù 명 항목, 프로젝트   中旬 zhōngxún 명 중순   延期 yánqī 통 연기하다, 지연되다   违约金 wéiyuējīn 명 위약금   进展 jìnzhǎn 명 통 진전(하다)   特殊 tèshū 형 특수하다   〔보기〕 中旬 zhōngxún 명 중순   月末 yuèmò 명 월말

11

男：请简单介绍一下贵公司的竞争优势。 女：在国内的视频行业中，我们公司的技术团队是最强的。 问：女的认为他们公司在哪方面占优势？	남: 귀사의 경쟁 우위를 간단히 소개해 주세요. 여: 국내 동영상 업계에서는 저희 회사 기술팀이 최고입니다. 질문: 여자는 그들의 회사가 어느 분야에서 우위를 선점하고 있다고 여기는가?
A 企业文化 B 综合竞争力 **C 技术团队** D 产品质量	A 기업 문화 B 종합 경쟁력 **C 기술팀** D 제품 퀄리티

해설 보기의 어휘 企业(기업), 竞争力(경쟁력), 团队(팀), 质量(퀄리티)을 보고 회사와 경쟁력에 관한 내용임을 예상한다. 남자의 요청에 대해 여자가 我们公司的技术团队是最强的(저희 회사 기술팀이 최고입니다)라고 했으므로 키워드가 언급된 보기 C에 ○표시를 한다. 질문에서 여자가 회사의 어떤 분야를 강점으로 생각하는지 물었으므로 정답은 C이다.

어휘 〔지문〕 竞争优势 jìngzhēng yōushì 명 경쟁 우위   视频 shìpín 명 동영상   行业 hángyè 명 업계, 업종   技术团队 jìshù tuánduì 명 기술팀, 기술진   〔보기〕 企业 qǐyè 명 기업   综合竞争力 zōnghé jìngzhēnglì 종합 경쟁력   团队 tuánduì 명 단체, 팀   产品 chǎnpǐn 명 제품

12

女：今天风大，阳台上的花盆会不会掉下去啊？还是搬进来吧。 男：放心吧，我已经给它安装了固定的架子。 问：男的是什么意思？	여: 오늘 바람이 많이 부는데 베란다 화분이 떨어지지 않을까? 아무래도 들여오는 게 좋겠어. 남: 걱정 마. 내가 벌써 고정틀 설치해 뒀어. 질문: 남자는 무슨 뜻인가?
A 应把花盆搬进来 **B 花盆固定好了** C 给花浇多了水 D 花盆需要晒太阳	A 화분을 들여 와야 한다 **B 화분을 고정했다** C 꽃에 물을 많이 주었다 D 화분은 햇볕을 쬘 필요가 있다

해설 보기에 공통적으로 花盆(화분)이 있으며, 보기의 키워드 搬进来(들여오다), 固定(고정시키다), 浇多了水(물을 많이 주었다), 晒太阳(햇볕을 쬐다) 등이 언급되는지 주의해서 듣는다. 여자는 화분을 걱정하며 还是搬进来吧(아무래도 들여오는 게 좋겠어)라고 했고, 이에 남자는 我已经给它安装了固定的架子(내가 이미 고정된 틀을 설치해 뒀어)라고 했으므로 키워드가 언급된 보기 B에 ○표시를 한다. 질문에서 남자의 말의 의미를 물었으므로 정답은 B이다.

어휘 [지문] 阳台 yángtái 명 베란다, 발코니   花盆 huāpén 명 화분   安装 ānzhuāng 동 설치하다   固定 gùdìng 형 고정된 동 고정하다   架子 jiàzi 명 틀, 선반 [보기] 浇水 jiāoshuǐ 동 물을 뿌리다   晒太阳 shài tàiyang 햇볕을 쬐다

13

男: 今天的狮子头太好吃了，正是我喜欢的味道，你是跟谁学的？ 女: 我下载了一个家常菜谱软件，照着那上面的方法做的。	남: 오늘 스즈토우(고기완자) 너무 맛있다. 딱 내가 좋아하는 맛이야. 누구한테 배웠어？ 여: 집밥 레시피 어플을 다운받아서 거기 있는 방법대로 만들었지.
问: 女的是什么意思？	질문: 여자는 무슨 뜻인가？
A 喜欢在家做菜 B 厨艺不太好 **C 从网上学的** D 要多吃蔬菜	A 집에서 음식을 즐겨 한다 B 요리 솜씨가 별로 좋지 않다 **C 인터넷에서 배웠다** D 야채를 많이 먹어야 한다

해설 보기의 어휘 做菜(음식을 하다), 厨艺(요리 솜씨), 蔬菜(야채)를 보고 요리에 관한 대화임을 예상한다. 남자는 여자에게 太好吃了(음식이 너무 맛있다)라고 했고, 이에 여자는 我下载了一个家常菜谱软件, 照着那上面的方法做的(집밥 레시피 어플을 다운받아서 거기에 있는 방법대로 만들었어)라고 했으므로 일치하는 내용인 C에 ○표시를 한다. 질문에서 여자의 말의 의미를 물었으므로 정답은 C이다.

어휘 [지문] 狮子头 shīzitóu 명 스즈토우(커다란 고기 완자)   下载 xiàzài 동 다운로드하다   家常 jiācháng 형 보통의, 일상의   菜谱 càipǔ 명 요리책, 레시피   软件 ruǎnjiàn 명 소프트웨어 프로그램, 앱   照着 zhàozhe ～대로 [보기] 厨艺 chúyì 명 요리 기술, 요리 솜씨   蔬菜 shūcài 명 채소

14

女: 地铁9号线下个月开通后，我从家到公司就可以不用换乘了。 男: 这样你每天上下班就方便多了。	여: 지하철 9호선이 다음 달에 개통하고 나면 집에서 회사까지 바로 갈 수 있게 될 거야. 남: 그러면 너 매일 출퇴근이 훨씬 편리해지겠다.
问: 根据对话，可以知道什么？	질문: 대화를 토대로 무엇을 알 수 있는가？
A 女的打算辞职 B 地铁不经过女的的单位 C 男的不喜欢坐地铁 **D 那列地铁还未开通**	A 여자는 퇴사할 계획이다 B 지하철이 여자의 회사를 경유하지 않는다 C 남자는 지하철 타는 것을 좋아하지 않는다 **D 지하철은 아직 개통하지 않았다**

해설 보기의 地铁(지하철), 辞职(사직하다), 单位(회사)를 보고 출근 시 교통 수단에 관한 내용임을 알 수 있다. 여자의 말에 地铁9号线下个月开通后(지하철 9호선이 다음 달에 개통하고 나면)라고 했으므로 유사한 내용인 보기 D에 ○표시를 한다. 질문에서 옳은 내용을 물었으므로 정답은 D이다.

어휘 [지문] 开通 kāitōng 동 개통하다   换乘 huànchéng 동 갈아타다 [보기] 辞职 cízhí 동 사직하다   单位 dānwèi 명 단체, 기관   还未 hái wèi 부 아직 ～하지 않았다

15

男：你还跟以前一样同时做好几个兼职吗？

女：这个学期因为要准备实验报告，时间不多，就找了一个辅导高中生化学的家教。

问：关于女的，可以知道什么？

A 马上要毕业了
B 想进报社实习
C 只有一份兼职
D 是美术专业的

남: 너 예전처럼 여러 개의 아르바이트를 동시에 하니?

여: 이번 학기에 실험 보고서를 준비해야 해서 시간이 많지 않아 고등학생 화학 과외 하나만 구했어.

질문: 여자에 관해 무엇을 알 수 있는가?

A 곧 졸업한다
B 신문사에 들어가서 인턴을 하고 싶다
C 아르바이트가 하나뿐이다
D 미술 전공이다

해설 보기의 어휘 毕业(졸업하다), 实习(인턴), 兼职(아르바이트), 美术专业(미술 전공)를 보고 대학 생활에 관한 내용임을 알 수 있다. 여자의 말에 时间不多，就找了一个辅导高中生化学的家教(시간이 많지 않아 고등학생 화학 과외 하나만 구했어)라고 했으므로 유사한 표현인 보기 C에 O표시를 한다. 질문에서 여자에 관한 옳은 내용을 물었으므로 정답은 C이다.

어휘 지문 兼职 jiānzhí 명 동 겸직(하다)　实验报告 shíyàn bàogào 실험 리포트　辅导 fǔdǎo 학습, 훈련 등을 도우며 지도하다　化学 huàxué 명 화학　家教 jiājiào 명 가정 교사　보기 报社 bàoshè 명 신문사　实习 shíxí 명 동 실습(하다)　美术专业 měishù zhuānyè 미술 전공

16

女：张教授，期末考试在总成绩中占多大比例？

男：这学期的综合成绩有三部分组成：期末考试占50%、期中考试占30%、平时成绩占20%。

问：哪部分成绩所占的比例最大？

A 上课表现　　　　**B 期末考试**
C 期中考试　　　　D 平时成绩

여: 장 교수님, 기말고사는 전체 성적에서 비중을 얼마나 차지하나요?

남: 이번 학기 종합 성적은 세 부분으로 나뉘는데 기말고사 50%, 중간고사 30% 그리고 평소 성적이 20%라네.

질문: 어떤 성적이 차지하는 비중이 가장 큰가?

A 수업 태도　　　　**B 기말고사**
C 중간고사　　　　D 평소 성적

해설 보기의 어휘 上课(수업하다), 考试(시험), 成绩(성적)를 보고 학교 시험에 관한 내용임을 예상한다. 남자의 말에 期末考试占50%、期中考试占30%、平时成绩占20%(기말고사 50%, 중간고사 30%, 평소 성적이 20%를 차지)이라고 했으므로 보기 B, C, D에 각각 백분율을 메모한다. 질문에서 비중이 큰 성적을 물었으므로 정답은 B이다.

TIP▶ 보기가 숫자로 제시된 경우 녹음에 2개 이상 언급되는 경우가 많다. 따라서 부가적인 정보를 꼼꼼히 메모하도록 한다.

어휘 지문 期末考试 qīmò kǎoshì 명 기말고사　总成绩 zǒngchéngjì 종합 성적　占 zhàn 동 차지하다　比例 bǐlì 명 비중　组成 zǔchéng 동 구성하다　期中考试 qīzhōng kǎoshì 명 중간고사　보기 表现 biǎoxiàn 명 태도 동 표현하다

17

男：请问，从这儿到上安大厦怎么走？

女：沿着这条路一直往西走，过百货大楼之后在第一个十字路口往右拐，再走大概100米就到了。

问：关于如何去上安大厦，下列哪项正确？

여: 실례합니다. 여기서 상안빌딩까지 어떻게 가나요?

남: 이 길 따라서 쭉 서쪽으로 가다가 백화점을 지나 첫 번째 사거리에서 오른쪽으로 약 100m 더 가시면 됩니다.

질문: 상안빌딩까지 가는 방법에 관해 다음 중 올바른 것은?

A 在百货大楼	A 백화점에 있다
B 一直往西走就能到	B 서쪽으로 쭉 가면 도착할 수 있다
C 只需要10分钟	C 10분이면 된다
D 在十字路口往右拐	**D 사거리에서 오른쪽으로 돈다**

해설 보기의 어휘 在(~에 있다), 往西走(서쪽으로 가다), 十字路口(사거리)를 보고 장소를 찾는 대화임을 예상할 수 있다. 여자가 在第一个十字路口往右拐(첫 번째 사거리에서 우회전 하라)라고 했으므로 일치하는 내용인 보기 D에 O표시를 한다. 질문에서 상안 빌딩까지 가는 법을 물었으므로 정답은 D이다.

TIP▶ 길 안내, 위치/장소 찾기는 자주 출제되는 유형은 아니지만, 방위에 대한 설명이 등장하기 때문에 녹음을 들으면서 반드시 동서남북, 전후좌우의 구분에 주의해야 한다.

어휘 지문 大厦 dàshà 명 빌딩, 고층 건물 沿着 yánzhe ~을 따라서 百货大楼 bǎihuò dàlóu 명 백화점 十字路口 shízì lùkǒu 명 사거리 拐 guǎi 동 방향을 바꾸다

18

女：我看中了一间小店铺，可是租金贵了些，要不要租？	여: 작은 가게가 하나 마음에 드는데 임대료가 조금 비싸. 빌릴까 말까?
男：这里紧靠商业街，人流量大，位置的确很好，租金贵一点，还可以接受的。	남: 여기는 상가 옆에 바로 붙어 있어서 유동 인구가 많아 위치가 확실히 좋잖아. 임대료가 조금 비싸지만 그래도 받아들일 수 있어.
问：男的认为这里怎么样？	질문: 남자는 이 곳이 어떻다고 생각하나?

A 人流量不多	A 유동 인구가 많지 않다
B 租金不合理	B 임대료가 합리적이지 않다
C 位置确实很好	**C 위치가 확실히 좋다**
D 适合开面包店	D 빵집을 열기에 적합하다

해설 보기의 어휘 人流量(유동 인구), 租金(임대료), 位置(위치)를 보고 점포 임대에 관한 내용임을 예상한다. 여자가 租金贵了些(임대료가 조금 비싸다)라고 하자, 남자는 人流量大, 位置的确很好(유동 인구가 많아서 위치가 확실히 좋다)라고 했으므로 일치하는 내용인 보기 C에 '남자'라고 메모해 둔다. 질문에서 남자가 이곳을 어떻게 생각하는지 물었으므로 정답은 C이다.

어휘 지문 看中 kànzhòng 동 보고 마음에 들다 店铺 diànpù 명 점포, 가게 租金 zūjīn 명 임대료 紧靠 jǐnkào 동 바로 옆에 바짝 붙어 있다 商业街 shāngyèjiē 명 상가 人流量 rénliúliàng 명 유동 인구량 位置 wèizhì 명 위치 的确 díquè 부 확실히 보기 合理 hélǐ 형 합리적이다 面包店 miànbāodiàn 명 빵가게, 베이커리

19

男：这篇文章真实地反映了很多社会问题。	남: 이 글은 수많은 사회문제들을 사실적으로 반영했어.
女：的确如此，而且作者的观点很有趣，我要把它推荐给王主编。	여: 확실히 그래. 게다가 작가의 관점도 재미있고. 왕 편집장에게 추천해야겠어.
问：女的打算怎么做？	질문: 여자는 어떻게 할 계획인가?

A 推荐给王主编	**A 왕 편집장에게 추천한다**
B 在杂志上发表	B 잡지에 발표한다
C 退给作者	C 저자에게 돌려준다
D 再进行修改	D 재수정한다

해설 보기의 어휘 主编(편집장), 杂志(잡지), 作者(저자)를 보고 어떤 글에 관한 내용임을 예상한다. 推荐(추천하다), 发表(발표하다)를 보고 글에 대한 긍정적 평가, 退给(돌려주다), 再修改(재수정하다)를 보고 글에 대한 부정적 평가를 구분하여 녹음을 듣는다. 남자

의 말에서 보기 관련 정보가 등장하지 않았다. 여자의 말에 我要把它推荐给王主编(그것을 왕 편집장에게 추천해야겠다)이라고 했으므로 일치하는 내용인 보기 A에 메모한다. 질문에서 여자가 할 행동을 물었으므로 정답은 A이다.

<u>어휘</u> [지문] 真实 zhēnshí 혱 진실하다   反映 fǎnyìng 통 반영하다   的确 díquè 튀 확실히   如此 rúcǐ 이와 같다   观点 guāndiǎn 몡 관점, 입장   推荐 tuījiàn 통 추천하다   主编 zhǔbiān 몡 편집장   [보기] 发表 fābiǎo 통 발표하다   修改 xiūgǎi 통 바로잡아 고치다

20

女: 我们部门的实习生嘉熙, 刚来了一个多月就转为正式员工了。 男: 我早就知道会这样, 小伙子又能干又谦虚。 问: 关于嘉熙, 可以知道什么?	여: 우리 부서 인턴생 지아시는 온 지 한 달여 만에 벌써 정규직으로 전환됐어. 남: 내 진작 이럴 줄 알았지. 젊은 녀석이 일도 잘하고 겸손하잖아. 질문: 지아시에 관해 무엇을 알 수 있는가?
A 平时表现不好 **B 已成为正式员工** C 换部门了 D 工作不太主动	A 평소 태도가 좋지 않다 **B 벌써 정직원이 되었다** C 부서를 바꾸었다 D 업무를 그다지 자발적으로 하지 않는다

<u>해설</u> 보기의 어휘 正式员工(정직원), 部门(부서), 工作(일)를 보고 회사 생활에 관한 대화를 예상한다. 表现不好(태도가 좋지 않다), 不太主动(그다지 자발적이지 않다)을 보고 평가를 나타내는 표현을 겨냥하여 녹음을 듣는다. 여자의 말에 实习生嘉熙, 刚来了一个多月就转为正式员工(인턴생 지아시는 온 지 한 달여 만에 정규직으로 전환됐어)이라고 했으므로 일치하는 내용인 보기 B에 '지아시'라고 메모해 둔다. 질문에서 지아시에 관한 옳은 내용을 물었으므로 정답은 B이다.

<u>어휘</u> [지문] 部门 bùmén 몡 부문, 부서   实习生 shíxíshēng 몡 실습생   转为 zhuǎnwéi 전환되다   员工 yuángōng 몡 직원   能干 nénggàn 혱 유능하다   谦虚 qiānxū 혱 겸손하다   [보기] 表现 biǎoxiàn 몡 태도, 품행 통 표현하다   主动 zhǔdòng 혱 능동적이다, 자발적이다

듣기 제2부분

21

男: 欢迎光临, 您很久没来了, 今天想做个什么发型? 女: 我想烫头发, 最近有什么优惠活动吗? 男: 今天是我们店开业两周年, 染发烫发全部八折。 女: 那好, 顺便帮我把流海剪一剪。 问: 他们现在在哪儿?	남: 어서 오세요. 오랫동안 안 오셨네요. 오늘은 어떤 헤어스타일로 하고 싶으세요? 여: 파마를 하고 싶어요. 요즘엔 어떤 할인 이벤트가 있나요? 남: 오늘은 저희 가게 개업 2주년이라 염색, 파마 모두 20% 할인됩니다. 여: 그거 좋네요. 하는 김에 앞머리도 조금 잘라 주세요. 질문: 그들은 지금 어디에 있는가?
A 手机店　　　　　B 健身房 **C 理发店**　　　　D 海鲜店	A 핸드폰 가게　　　　　B 헬스 클럽 **C 이발소**　　　　　D 해산물 가게

<u>해설</u> 보기를 보고 장소를 묻는 문제임을 알 수 있다. 장소 관련어로 手机店(핸드폰 가게)은 换新的手机(새 폰으로 바꾸고 싶다), 健身房(헬스 클럽)은 锻炼(단련하다), 减肥(다이어트), 理发店(이발소)은 剪头发(커트를 하다), 烫发(파마하다), 染发(염색하다), 海鲜店(해산물 가게)은 想吃鱼(생선이 먹고 싶다), 新鲜(신선하다) 등을 연상하고 녹음을 듣는다. 남녀의 대화에 등장하는 做发型(머리를 하다), 烫头发(파마를 하다), 染发烫发(염색, 파마), 把流海剪一剪(앞머리를 자르다)을 듣고 대화하는 장소가 미용실임을 추측할 수 있다. 질문에서 이들이 있는 장소를 물었으므로 정답은 C이다.

지문 欢迎光临 huānyíng guānglín 어서 오세요　发型 fàxíng 몡 헤어스타일　烫头发 tàng tóufa 파마하다　优惠活动 yōuhuì huódòng 몡 할인 행사　开业 kāiyè 통 개업하다　周年 zhōunián 몡 주년　染发 rǎnfà 통 머리를 염색하다　流海 liúhǎi 앞머리　剪 jiǎn 통 자르다　보기 健身房 jiànshēnfáng 몡 헬스클럽　理发店 lǐfàdiàn 몡 이발소　海鲜店 hǎixiāndiàn 해산물 가게

22

女：您好，我想咨询一下。申请社会学的研究生有什么要求？	여: 안녕하세요. 상담을 좀 하고 싶어서요. 사회학 대학원생 신청은 어떤 요구조건이 있나요？
男：首先要本科毕业，有学位证。英语成绩也要达到录取分数线。	남: 우선 본과를 졸업해서 학위증이 있어야 해요. 영어 성적도 커트라인은 되어야 하구요.
女：谢谢，那留学生可以申请奖学金吗？	여: 감사합니다. 그러면 유학생도 장학금 신청이 가능한가요？
男：无论是中国学生还是外国学生，只要被录取，都有资格申请奖学金，不过要达到规定的标准才会批准。	남: 중국학생이나 외국학생이나 일단 뽑히면 장학금을 신청할 자격이 있습니다. 하지만 정해진 기준이 되어야만 허가가 될 거예요.
问：下列哪项是申请社会学研究生的条件？	질문: 다음 중 사회학 대학원생 신청 조건인 것은？

A 具有本科学历	**A 학부 학위가 있다**
B 必需是中国学生	B 반드시 중국 학생이어야 한다
C 发表过学术论文	C 학술 논문을 발표한 적이 있다
D 可以没有英语成绩	D 영어 성적은 없어도 된다

보기의 어휘 本科学历(학부 학력), 学术论文(학술 논문), 英语成绩(영어 성적)를 보고 대학원 진학에 관한 내용임을 예상할 수 있다. 지원 조건에 대한 정보를 겨냥하여 녹음을 듣는다. 여자가 대학원생 신청 조건에 대해 문의하자, 남자는 首先要本科毕业，有学位证。英语成绩也要达到录取分数线(우선 학부를 졸업해서 학위증이 있어야 하고 영어 성적도 입학 커트라인을 넘어야 합니다)이라고 했으므로 일치하는 내용인 보기 A에 O표시를 해 둔다. 질문에서 사회학 대학원생의 신청 조건을 물었으므로 정답은 A이다.

지문 咨询 zīxún 몡 통 자문(하다)　申请 shēnqǐng 몡 통 신청(하다)　社会学 shèhuìxué 몡 사회학　研究生 yánjiūshēng 몡 대학원생　本科 běnkē 몡 (대학교의) 학부 과정　学位证 xuéwèizhèng 몡 학위 증명서　录取分数线 lùqǔ fēnshùxiàn 몡 합격 커트라인　奖学金 jiǎngxuéjīn 몡 장학금　录取 lùqǔ 통 시험으로 뽑다　资格 zīgé 몡 자격　批准 pīzhǔn 몡 통 허가(하다)　보기 学历 xuélì 몡 학력　发表 fābiǎo 몡 통 발표(하다)　学术论文 xuéshù lùnwén 몡 학술 논문

23

男：这几天做蹲起练习时，腿还像以前那么疼吗？	남: 요 며칠 앉았다 일어서는 훈련할 때, 다리가 아직도 예전처럼 그렇게 아픈가요？
女：不疼，只是小腿的肌肉稍微有点紧。	여: 아프지 않아요. 단지 종아리 근육이 좀 당깁니다.
男：那很正常，看来你术后恢复得很顺利。	남: 그건 아주 정상이에요. 보아하니 수술 후 회복이 순조롭네요.
女：谢谢大夫，要不是您这些日子来这儿指导我做康复训练，我不会好得这么快。	여: 감사합니다. 의사 선생님. 만일 선생님께서 며칠 동안 여기 오셔서 제가 재활 훈련하는 것을 지도해 주지 않으셨다면, 제가 이렇게 빨리 좋아질 순 없었을 거예요.
问：他们现在可能在哪儿？	질문: 그들은 지금 어디에 있을 가능성이 큰가？

A 急诊室	B X线室	A 응급실	B X-레이실
C 健身房	**D 康复中心**	C 헬스 클럽	**D 재활 센터**

보기의 어휘 중 병원 관련 장소가 3개 주어져 있다. 康复中心(재활 센터)의 관련 어휘로는 医生(의사), 手术(수술), 恢复(회복) 등이 등장할 수 있고, 健身房은 私人教练(헬스 트레이너), 减肥(다이어트), 练出来肌肉(근육 키우기) 등이 등장할 수 있다. 여자가

要不是您这些日子来这儿指导我做康复训练(만약에 선생님께서 요 며칠 여기 오셔서 제가 재활 훈련하는 것을 지도해 주지 않으셨다면)이라고 했으므로 재활 관련 장소인 보기 D에 메모한다. 질문에서 그들이 있는 장소를 물었으므로 정답은 D이다.

어휘 [지문] 蹲 dūn 통 쪼그리고 앉다   小腿 xiǎotuǐ 명 종아리   肌肉 jīròu 명 근육   恢复 huīfù 통 회복하다   指导 zhǐdǎo 통 지도하다   康复训练 kāngfù xùnliàn 명 재활 훈련   [보기] 急诊室 jízhěnshì 명 응급실   X线室 Xxiànshì X-레이실   健身房 jiànshēnfáng 명 헬스 클럽   康复中心 kāngfù zhōngxīn 재활 센터

24

女：刘洋，我上次送给您母亲的洗面奶她用了吗？效果怎么样？

男：我正要跟你说呢，她说用了以后皮肤不红也不痒了，让我一定要谢谢你。

女：那款洗面奶就是针对敏感肌肤研制的，长期使用可以有效地改善肤质和皱纹。

男：是吗？晚上回家我告诉她。

问：那款洗面奶有什么特点？

여: 료우양, 내가 지난번에 너희 어머니에게 보내 드렸던 폼클렌져 어머니 사용하셨어? 효과 어때?

남: 너한테 말하려던 참인데, 어머니가 쓰고 나니 피부가 빨갛지도 가렵지도 않다고 나더러 너한테 꼭 고맙다고 전해 달라 하셨어.

여: 그 폼클렌져가 민감성 피부를 대상으로 연구 제조된 거라 장기간 사용하면 효과적으로 피부타입과 주름을 개선시킬 수 있어.

남: 그래? 그럼 집에 가서 어머니께 알려 드려야겠다.

질문: 그 폼클렌져는 어떤 특징이 있는가?

A 适合敏感肌肤
B 可以美白肌肤
C 含中药成分
D 具有防晒功能

A 민감한 피부에 적합하다
B 피부를 희게 만들어 준다
C 한방 성분이 함유되어 있다
D 자외선 차단 기능이 있다

해설 보기의 어휘 敏感肌肤(민감성 피부), 美白(미백), 防晒功能(자외선 차단 기능)을 보고 화장품 관련 대화임을 예상한다. 여자의 두 번째 대화에서 那款洗面奶就是针对敏感肌肤研制的(그 폼 클렌져가 민감성 피부를 대상으로 연구 제조된 것이다)라고 했으므로 일치하는 내용인 보기 A에 O표시를 해 둔다. 질문에서 폼클렌져에 어떤 특징이 있는지 물었으므로 정답은 A이다.

어휘 [지문] 洗面奶 xǐmiànnǎi 명 폼클렌져   痒 yǎng 형 가렵다   针对 zhēnduì 통 겨누다   敏感肌肤 mǐngǎn jīfū 명 민감한 피부   研制 yánzhì 통 연구 제작하다   改善 gǎishàn 통 개선하다   肤质 fūzhì 명 피부타입   皱纹 zhòuwén 명 주름살   [보기] 美白 měibái 통 피부, 치아 등을 미백하다   含 hán 통 포함하다   中药 zhōngyào 중의약   成分 chéngfèn 명 성분, 요소   防晒 fángshài 자외선을 차단하다   功能 gōngnéng 명 기능

25

男：明天的辩论大赛准备得怎么样？

女：老师，我有点儿紧张，担心出错。

男：你反应速度快，逻辑也很清楚，一定没问题的，要对自己有信心。

女：希望如此，谢谢你的鼓励。

问：男的是什么意思？

남: 내일 토론 대회 준비는 어때?

여: 선생님, 저 조금 긴장 돼요. 실수할까 봐 걱정되고요.

남: 너는 반응 속도가 빠르고 논리도 명확하니 틀림없이 문제없을 거야. 너 자신에게 자신감을 가져.

여: 그러길 바래요. 격려 감사합니다.

질문: 남자는 무슨 뜻인가?

A 说话的速度要快
B 成败不重要
C 鼓励女的
D 比赛被推迟了

A 말하는 속도가 빨라야 한다
B 승패는 중요하지 않다
C 여자를 격려한다
D 시합이 미뤄졌다

해설 보기의 어휘 成败(승패), 鼓励(격려하다), 比赛(시합)를 보고 대회 출전에 관한 내용임을 예상한다. 남자의 말에 辩论大赛(토론 대회)가 언급됐으므로 스포츠 경기가 아닌 토론 대회임을 알 수 있다. 여자가 시합 전 걱정을 토로하자 남자가 一定没问题的，要对自己有信心(틀림없이 문제없을 거야. 너 자신에게 자신감을 가져)이라고 했으므로 보기 C에 '남자'라고 메모한다. 질문에서 남자의 말의 의미를 물었으므로 정답은 C이다.

어휘 지문 辩论大赛 biànlùn dàsài 토론 대회　出错 chūcuò 통 실수를 하다　反应速度 fǎnyìng sùdù 반응 속도　逻辑 luójí 명 논리　希望如此 xīwàng rúcǐ 그러길 바란다　보기 成败 chéngbài 명 성공과 실패

26

女：小说里的女主角是个古典美人，电视剧里这个演员和我想象的差太多了。	여: 소설 속 여주인공은 고전적인 미인인데 TV 드라마 속의 배우는 내 생각과는 차이가 너무 많이 난다.
男：对啊，女主角虽然颜值很高，但演技不行，总觉得不够温柔。	남: 맞아. 여주인공이 비록 외모는 예쁜데 연기가 안되네. 부드러움이 부족해.
女：看来电视剧不如小说。	여: 보아하니 드라마가 소설만 못하네.
男：那也不一定，我倒觉得改编成电视剧之后更有意思了。	남: 그건 꼭 그렇지만은 않지. 나는 오히려 드라마로 각색하고 나니 더 재미있는데.
问：男的觉得电视剧怎么样？	질문: 남자는 TV 드라마가 어떻다고 생각하는가?
A 收视率太差	A 시청률이 너무 떨어진다
B 充满想象力	B 상상력이 넘친다
C 更有意思	**C 더 재미있다**
D 没有真实感	D 리얼리티가 없다

해설 보기의 어휘 收视率(시청률), 真实感(리얼리티)을 보고 TV프로그램에 관한 내용임을 예상한다. 想象力(상상력), 真实感(리얼리티), 有意思(재미있다)에 관한 내용이 언급되는지 주의해서 녹음을 듣는다. 남자의 마지막 말에 我倒觉得改编成电视剧之后更有意思了(나는 오히려 드라마로 각색하고 나니 더 재미있는데)라고 했으므로 일치하는 내용인 보기 C에 메모한다. 질문에서 남자가 드라마를 어떻게 생각하는지 물었으므로 정답은 C이다.

어휘 지문 女主角 nǚzhǔjué 명 주연 여배우　古典美人 gǔdiǎn měirén 명 고전미인　电视剧 diànshìjù 명 TV 드라마　颜值 yánzhí 명 외모 지수, 비주얼　演技 yǎnjì 명 연기　温柔 wēnróu 형 온유하다　不如 bùrú 통 ~만 못하다　不一定 bùyídìng 반드시 ~하는 것은 아니다　改编 gǎibiān 통 각색하다　보기 收视率 shōushìlǜ 명 시청률　充满 chōngmǎn 통 충만하다, 넘치다　想象力 xiǎngxiànglì 명 상상력　真实感 zhēnshígǎn 명 사실감

27

男：我想去云南玩，报个旅行团怎么样？	남: 윈난으로 놀러 가려고 하는데, 패키지 신청하는 건 어떨까?
女：报团的话更省心，不过时间充裕的话，还是自己安排行程比较好。	여: 패키지가 신경이 덜 쓰이기는 하지만 시간이 여유롭다면, 직접 일정을 짜는 것이 더 좋아.
男：我也很想来一次自由行。对了，你上次是自己一个人去的云南吧？	남: 나도 한 번 자유여행을 가 보고 싶었어. 맞다. 너 지난번에 혼자서 윈난에 갔었잖아?
女：是啊，我上次去云南玩时的路线图还留着呢，一会儿给你吧。	여: 그래. 내가 지난번 윈난으로 놀러 갔을 때 안내도를 아직 가지고 있으니 이따가 너에게 줄게.
问：女的建议男的怎么做？	질문: 여자는 남자에게 어떻게 할 것을 제안했는가?
A 不需要带地图	A 지도를 챙길 필요가 없다
B 下载一个旅游软件	B 여행 어플을 다운받는다
C 请当地导游	C 현지 가이드를 청한다
D 自己安排行程	**D 스스로 일정을 짠다**

해설 보기의 어휘 地图(지도), 旅游软件(여행 어플), 导游(가이드), 行程(일정)을 보고 여행에 관한 내용임을 예상한다. 여자의 첫 번째 대화에서 还是自己安排行程比较好(스스로 일정을 짜는 것이 더 좋아)라고 했으므로 일치하는 내용인 보기 D에 메모한다. 부사 还是(~하는 편이 더 좋다)가 등장하면 还是 이후의 내용을 주목한다. 질문에서 여자가 어떻게 제안했는지 물었으므로 정답은 D이다.

어휘 **지문** 旅行团 lǚxíngtuán 명 여행단   省心 shěngxīn 통 걱정 근심을 덜다   充裕 chōngyù 형 넉넉하다, 여유가 있다   自由行 zìyóuxíng 명 통 자유여행(을 하다)   行程 xíngchéng 명 여정   **보기** 下载 xiàzǎi 통 다운로드하다   软件 ruǎnjiàn 명 소프트웨어, 프로그램, 앱   当地 dāngdì 명 현지

28

女：这是不是滴水的声音？谁没把水龙头关好？	여: 이거 물방울 떨어지는 소리 아니야? 누가 수도꼭지를 꼭 안 잠근 거야?
男：没有，厨房水管儿坏了，有点儿漏水。	남: 아니야. 주방 수도관이 망가져서 조금 물이 새.
女：找修理工了吗？	여: 수리 기사는 불렀어?
男：平时白天家里一直没人，打算周末再联系修理工过来修。	남: 평일 낮엔 계속 집에 사람이 없으니까 주말에 다시 수리 기사에게 연락해서 와서 고쳐 달라고 하려고.
问：为什么会有滴水的声音？	질문: 물방울 떨어지는 소리는 왜 나는가?

A 水管漏水	**A 수도관이 샌다**
B 楼上有人浇水	B 위층에서 누군가 물을 뿌린다
C 水龙头没关好	C 수도꼭지를 꼭 잠그지 않았다
D 电视机自己开了	D TV가 저절로 켜졌다

해설 보기의 어휘 중 3개에 水(물)에 대한 정보가 주어졌다. 漏水(물이 새다), 浇水(물을 뿌리다), 水龙头(수도꼭지)를 보고 물에 관련된 사건사고를 겨냥하여 녹음을 듣는다. 대화에서 남자가 厨房水管儿坏了，有点儿漏水(주방 수도관이 망가져서 조금 물이 새)라고 했으므로 일치하는 내용인 보기 A에 O표시를 해 둔다. 질문에서 물방울 떨어지는 소리가 왜 나는지 물었으므로 정답은 A이다.

어휘 **지문** 滴水 dīshuǐ 통 물이 방울방울 떨어지다   水龙头 shuǐlóngtóu 명 수도꼭지   水管 shuǐguǎn 명 수도관   漏水 lòushuǐ 통 물이 새다   修理工 xiūlǐgōng 명 수리공   白天 báitiān 명 낮   **보기** 浇水 jiāoshuǐ 통 물을 뿌리다

29

男：你好，我是隔壁1201号的，姓刘。	남: 안녕하세요. 옆집 1201호고요. 리우라고 합니다.
女：原来是刘先生，你是新搬来的吧？	여: 리우 씨이시군요. 새로 이사오셨죠?
男：还没呢，由于我家从明天开始装修，会打扰到你们休息，我对此感到很抱歉，装修可能还需要一段时间。	남: 아직이요. 저희 집이 내일부터 인테리어를 시작하는데, 쉬시는 데 폐를 끼칠 것 같아 죄송해서요. 인테리어가 시간도 좀 걸릴 것 같습니다.
女：没关系，有什么需要帮忙的尽管来找我。	여: 괜찮아요. 도움 필요하시면 언제든 찾아오세요.
问：男的为什么说抱歉？	질문: 남자는 왜 죄송하다고 말했는가?

A 没打招呼	A 인사를 하지 않았다
B 怕打扰到邻居	**B 이웃에 폐를 끼칠까 봐**
C 家里有病人	C 집에 환자가 있다
D 楼上孩子太吵	D 위층 아이가 너무 시끄럽다

해설 보기의 어휘 怕打扰到邻居(이웃에 폐를 끼칠까 봐), 楼上孩子太吵(위층 아이가 너무 시끄럽다)를 보고 이웃 간의 문제 상황이 등장할 것을 예상할 수 있다. 남자의 두 번째 대화에 由于我家从明天开始装修，会打扰到你们休息，我对此感到很抱歉(저희 집이 내일부터 인테리어를 시작하는데 쉬시는 데 폐를 끼칠 것 같아 죄송하다는 말씀드립니다)이라고 했으므로 일치하는 내용인 보기 B에 O표시를 해 둔다. 질문에서 남자가 사과한 이유를 물었으므로 정답은 B이다.

어휘 **지문** 隔壁 gébì 명 이웃, 옆집   装修 zhuāngxiū 통 인테리어를 하다   **보기** 吵 chǎo 형 시끄럽다

30

女：我刚才问了一下保安，他说故宫每周一闭馆，真是白来了一趟。 男：真可惜。不过幸好天气不错，既然来了，我们就在附近逛逛吧。 女：好主意，旁边有条小吃街，我们先去那儿吃点儿东西吧！ 男：好啊，我也正好饿了。 问：他们接下来要去哪儿？	여: 방금 전에 보안요원에게 물어봤더니 고궁은 매주 월요일에 폐관한대. 정말 헛걸음했어. 남: 정말 아쉽다. 하지만 다행히 날씨가 좋으니 기왕 온 김에 우리 근처에서 구경 좀 하자. 여: 좋은 생각이야. 옆에 먹자골목이 있으니까 우선 거기 가서 뭐 좀 먹자! 남: 좋아. 나도 마침 배고팠어. 질문: 그들은 다음으로 어디로 가려고 하는가?
A 小吃街　　　　　　B 故宫 C 商场　　　　　　　D 对面胡同	A 먹자골목　　　　　　B 고궁 C 쇼핑몰　　　　　　　D 맞은편 골목

해설 보기를 보고 장소를 묻는 문제임을 예상한다. 남자가 근처 구경을 제안하자, 여자가 旁边有条小吃街, 我们先去那儿吃点儿东西吧(옆에 먹자골목이 있으니까 우선 거기 가서 뭐 좀 먹자)라고 했으므로 키워드가 언급된 보기 A에 메모한다. 질문에서 그들이 가려고 하는 장소를 물었으므로 정답은 A이다.

어휘 [지문] 保安 bǎo'ān 통 명 보안(하다)　故宫 gùgōng 명 고궁　闭馆 bìguǎn 통 폐관하다　幸好 xìnghǎo 부 다행히, 운 좋게　小吃街 xiǎochījiē 명 먹자골목　[보기] 胡同 hútòng 명 골목

31-32

³¹国际护士节是每年的5月12日，是为了纪念对护理事业做出巨大贡献的南丁格尔，国际护士理事会于1912年设立的节日。以此来激励全世界的护理工作者，继承和发扬护理事业的光荣传统，倡导对待每一个病人都要有爱心、耐心、细心和责任心。从1988年开始，³²每年国际护士节都会设有一个主题，今年的主题是：护士，引领的声音——健康是人的权利。	³¹국제간호사의 날은 매년 5월 12일에 간호 활동에 지대한 공헌을 한 나이팅게일을 기념하기 위해 국제간호협의회가 1912년에 설립한 기념일이다. 이를 통해 전 세계 간호 종사자들을 격려하고 간호 활동의 전통을 계승 및 고양시키며, 모든 환우들을 사랑과 인내, 세심함과 책임감을 가지고 대할 것을 제창한다. 1988년부터 ³²매년 국제간호사의 날엔 하나의 주제를 정하기 시작했으며, '간호사, 앞장서서 목소리를 내라—건강은 인권이다'가 올해의 주제이다.

어휘 国际护士节 guójìhùshìjié 명 국제간호사의 날　纪念 jìniàn 명 통 기념(하다)　护理 hùlǐ 통 환자를 돌보다　事业 shìyè 명 사업, 비영리적 사업　巨大 jùdà 형 거대하다　贡献 gòngxiàn 명 통 공헌(하다)　南丁格尔 Nándīnggé'ěr 인명 나이팅게일　理事会 lǐshìhuì 명 이사회　设立 shèlì 통 세우다, 설립하다　激励 jīlì 명 통 격려(하다)　继承 jìchéng 통 계승하다　发扬 fāyáng 통 발양하다, 발휘하다　光荣 guāngróng 형 영광스럽다　倡导 chàngdǎo 통 제창하다　对待 duìdài 통 대처하다, 다루다　细心 xìxīn 형 세심하다　责任心 zérènxīn 명 책임감　设有 shèyǒu 통 ~의 시설이 되어 있다　主题 zhǔtí 명 주제　引领 yǐnlǐng 통 인도하다　权利 quánlì 명 권리

31

关于南丁格尔，可以知道什么？	나이팅게일에 관하여 무엇을 알 수 있는가？
A 出生于1912年 B 每年都为她庆祝生日 C 创办了国际护士理事会 **D 对护理事业贡献巨大**	A 1912년에 출생하였다 B 매년 그녀의 생일을 축하한다 C 국제간호협의회를 창립하였다 **D 간호 활동에 지대한 공헌을 하였다**

해설 护理事业(간호 활동), 护士(간호사), 生日(생일), 出生(출생하다)을 보고 간호 활동에 관련된 인물의 정보를 겨냥하여 녹음을 듣는다. 보기의 키워드로 贡献巨大(공헌이 지대하다), 庆祝生日(생일을 축하한다), 创办(창립하다), 出生于1912年(1912년에 출생했다)을 파악한다. 녹음에서 国际护士节是为了纪念对护理事业做出巨大贡献的南丁格尔(국제간호사의 날은 간호 활동에 지대한 공헌을 한 나이팅게일을 기념하기 위해)이라고 했으므로 일치하는 내용인 보기 D에 메모한다. 질문에서 나이팅게일에 관해 알 수 있는 내용을 물었으므로 정답은 D이다.

어휘 贡献 gòngxiàn 명 통 공헌(하다) 巨大 jùdà 형 거대하다 庆祝 qìngzhù 통 경축하다 创办 chuàngbàn 통 창립하다 理事会 lǐshìhuì 명 이사회

32 关于1988年后的国际护士节，下列哪项正确？ | 1988년 이후 국제간호사의 날에 관해 다음 중 올바른 것은?

A 以物质奖励为主
B 庆祝活动持续一周
C 每年的主题都不同
D 全体护士休假一天

A 물질적 장려가 위주다
B 경축 행사는 일주일간 계속된다
C 매년 주제가 다르다
D 모든 간호사들이 하루 동안 쉰다

해설 보기의 키워드 物质奖励(물질적 장려), 持续一周(일주일간 지속), 主题不同(테마가 다르다), 休假一天(하루 동안 쉰다)이 언급되는지 주의해서 듣는다. 녹음의 1988년 뒷부분에 每年国际护士节都会设有一个主题(매년 국제 간호사의 날엔 하나의 주제를 정하기 시작했다)라고 했으므로 일치하는 내용인 보기 C에 메모한다. 질문에서 1988년 이후 국제간호사의 날에 관해 옳은 내용을 물었으므로 정답은 C이다.

어휘 物质 wùzhì 명 물질 奖励 jiǎnglì 명 통 장려(하다) 庆祝活动 qìngzhù huódòng 경축 행사 持续 chíxù 통 지속하다 主题 zhǔtí 명 주제 休假 xiūjià 휴가를 보내다

33-35

金秋九月，又一批新生来到校园报到。一个外地学生，背着自己的行李走进了校园，因为行李太多、太重，很不方便。这时，正好有一位穿着旧式中山装、手提塑料袋的守门人模样的老爷爷路过，33这名学生就拜托那位老爷爷帮他看一下行李，自己去办理入学手续。那位老爷爷爽快地答应了。等这名学生把所有手续都办完，已经过了正午。这名学生赶紧回来后竟然发现34那位老爷爷还站在原地帮他看守行李，由于天气太热，他的衣服都湿透了。这名学生心里十分感动，诚恳地向老人表达了谢意。第二天的开学典礼上，这名学生惊讶地发现，昨天为自己看行李的老爷爷，竟然坐在主席台上，35原来他就是大名鼎鼎的北大副校长季羡林教授。

황금빛 9월, 또 한 무더기의 신입생들이 교정으로 몰려와 등록을 한다. 한 타지 학생이 자기 짐을 등에 메고 교정으로 들어왔다. 짐이 너무 많고 무거워서 굉장히 불편했다. 이때, 마침 구식 중산복을 입고 손에는 비닐봉투를 든 경비 아저씨 모습을 한 할아버지가 지나가자, 33이 학생은 할아버지에게 입학 수속을 하러 가게 짐을 좀 봐 달라고 부탁을 했다. 할아버지는 흔쾌히 허락해 주셨다. 학생이 모든 수속을 다 마치고 돌아왔을 때는 이미 정오가 지나 있었다. 학생이 서둘러 돌아온 뒤 보니 뜻밖에도 34할아버지가 아직도 그 자리에 서서 짐을 봐 주고 계셨다. 날이 너무 더워서 할아버지의 옷은 흠뻑 젖어 버렸다. 학생은 너무 고마워서 진심으로 노인에게 감사를 표했다. 이튿날 개학식 때 학생은 놀랍게도 어제 자신의 짐을 봐 준 할아버지가 연단 위에 앉아 계신 걸 발견했다. 35알고 보니 이 분이 그 유명한 북경대학교 부총장인 지셴린 교수였다.

어휘 一批 yìpī 한 무더기 校园 xiàoyuán 명 교정 报到 bàodào 통 등록하다, 도착하였음을 보고하다 旧式 jiùshì 명 형 구식(의) 中山装 zhōngshānzhuāng 명 인민복 塑料袋 sùliàodài 명 비닐봉지 守门人 shǒuménrén 명 경비 模样 múyàng 명 모양, 모습 路过 lùguò 통 거치다, 통과하다 拜托 bàituō 통 부탁드리다 办理 bànlǐ 통 처리하다 入学手续 rùxué shǒuxù 입학 수속 爽快 shuǎngkuai 형 시원스럽다 答应 dāying 통 응답하다 赶紧 gǎnjǐn 부 서둘러, 급히 原地 yuándì 명 제자리 看守 kānshǒu 통 돌보다, 지켜 서다 湿透 shītòu 통 흠뻑 젖다 诚恳 chéngkěn 형 간절하다 表达 biǎodá 통 나타내다 谢意 xièyì 명 감사의 뜻 开学典礼 kāixué diǎnlǐ 명 개학식 惊讶 jīngyà 형 놀랍고 의아하다 主席台 zhǔxítái 명 연단, 의장용 단상 大名鼎鼎 dà míng dǐng dǐng 성 명성이 높다 副校长 fùxiàozhǎng 명 교감 季羡林 jìxiànlín 인명 지셴린(중국 동방학의 대가)

33 这名学生请老爷爷帮什么忙？	학생은 할아버지에게 어떤 도움을 요청했는가?
A 搬行李	A 짐을 운반하다
B 带他去学生会办公室	B 그를 학생회 사무실로 데려다주다
C 帮他找校长	C 교장을 찾아주다
D 照看行李	**D 짐을 보다**

해설 보기의 어휘가 모두 행동을 나타내므로 인물의 행동에 주의하고 공통적으로 등장한 行李(짐)에 관한 내용에 주의해서 녹음을 듣는다. 学生会办公室(학생회 사무실), 找校长(교장을 찾다)을 보고 학교에서 발생한 사건임을 예상하고 녹음을 듣는다. 녹음에서 这名学生就拜托那位老爷爷帮他看一下行李(이 학생은 할아버지에게 입학 수속을 하러 가게 짐을 좀 봐달라고 부탁을 했다)라고 했으므로 보기 D에 메모한다. 질문에서 학생이 할아버지에게 어떤 도움을 요청했는지 물었으므로 정답은 D이다.

어휘 照看 zhàokàn 图 조심하다 지켜보다

34 关于那位老爷爷，可以知道什么？	할아버지에 관해 무엇을 알 수 있는가?
A 讲信用	**A 신용을 중시한다**
B 特别怕热	B 유난히 더위를 탄다
C 样子严肃	C 표정이 근엄하시다
D 骄傲自满	D 교만하고 자만하다

해설 보기의 어휘 讲信用(신용을 중시하다), 怕热(더위를 타다), 严肃(근엄하다), 骄傲(교만하다)를 보고 등장인물의 성격, 인품을 겨냥하여 녹음을 듣는다. 타지 학생이 할아버지에게 짐을 맡아 달라고 부탁한 이야기 뒷부분에 那位老爷爷还站在原地帮他看守行李(할아버지가 아직도 그 자리에서 짐을 봐 주고 계셨다)라고 했으므로 할아버지가 힘들게 약속을 지키셨음을 알 수 있다. 질문에서 할아버지에 관해 옳은 내용을 물었으므로 정답은 A이다.

TIP▶ 등장인물의 성격을 묻는 경우 이야기 속 사건을 통해 파악할 수 있으므로 사건 속에 나타난 인물의 행동과 대화에 집중한다.

어휘 信用 xìnyòng 图 신용　怕热 pàrè 图 더위를 타다, 더위에 약하다　严肃 yánsù 图 엄숙하다, 근엄하다　骄傲自满 jiāo ào zì mǎn 図 우쭐거리며 자만하다

35 根据这段话，下列哪项正确？	본문을 토대로 다음 중 올바른 것은?
A 那位老人已经退休了	A 노인은 이미 퇴직하였다
B 那天报到的学生很少	B 그날 등록한 학생들이 적다
C 那名学生不尊重老人	C 그 학생은 노인을 공경하지 않는다
D 那位老爷爷是副校长	**D 그 노인은 부총장이다**

해설 보기에 那位老人(그 노인)과 那名学生(그 학생)이 주어로 제시되었으므로 이들에 관한 정보를 파악하도록 한다. 보기의 키워드 退休了(퇴직했다), 报到的学生很少(등록한 학생이 적다), 不尊重老人(노인을 공경하지 않다), 副校长(부총장)이 언급되는지 확인한다. 녹음의 마지막 부분에 原来他就是大名鼎鼎的北大副校长季羡林教授(알고 보니 이 분이 그 유명한 북경대학교 부총장인 지셴린 교수였다)라고 했으므로 키워드가 언급된 보기 D에 O표시를 한다. 질문에서 옳은 내용을 물었으므로 정답은 D이다.

어휘 退休 tuìxiū 圀 图 퇴직(하다)　报到 bàodào 图 등록하다, 도착 보고를 하다　副校长 fùxiàozhǎng 圀 부총장, 교감

36-38

当今社会有很多人由于各种原因每天只睡5、6个小时，甚至更短，但他们却从不在乎。因而使自己的身体处于一种"睡眠负债"的状态。36"睡眠负债"泛指由于主动限制睡眠时间而造成的睡眠不足，38这种状态在都市人群中非常普遍。一方面，很多上班族劳累了一天，觉得下班后应该去放松娱乐，常常玩儿到凌晨才睡；另一方面，很多年轻人习惯于在夜深人静时处理白天未完成的工作。长期处于这种状况中，不但会影响情绪、工作表现，37还会降低记忆力、注意力和判断力，并且加速老化、造成肥胖，甚至引发其它严重的疾病。

오늘날 많은 사람들이 각종 원인으로 매일 5, 6시간 심지어는 더 짧은 시간 밖에 수면을 취하지 못하지만 대수롭지 않게 여긴다. 이로 인해 자신의 몸을 일종의 '수면 부채' 상태에 놓이게 한다. 36'수면 부채'는 일반적으로 자발적으로 수면 시간을 제한하여 수면 부족을 초래하는데, 38이러한 상태는 도시 사람들 사이에서는 굉장히 보편적이다. 한편, 수많은 샐러리맨들은 하루 종일 지치고 나면 퇴근 후엔 당연히 즐기러 가야 한다고 생각해서 자주 새벽녘까지 놀다가 잠을 잔다. 다른 한편으론, 수많은 젊은이들은 깊은 밤 조용한 시간에 낮에 다 마치지 못한 일을 처리하는 데 익숙해져 있다. 장기간 이러한 상태에 놓이면 정서와 업무 태도에 지장을 줄 수 있고, 37기억력, 주의력, 판단력을 떨어뜨릴 수 있으며, 노화를 가속화하고 비만을 초래하여 심지어 심각한 질병을 유발할 수도 있다.

어휘 当今 dāngjīn 圆 지금   不在乎 búzàihu 통 대수롭지 않게 여기다   处于 chǔyú 통 어떤 상태에 처하다   睡眠负债 shuìmián fùzhài 圆 수면 부채   状态 zhuàngtài 圆 상태   泛指 fànzhǐ 통 일반적으로 ~을 가리키다   主动 zhǔdòng 휑 능동적이다, 자발적이다   造成 zàochéng 통 야기하다, 초래하다   不足 bùzú 휑 부족하다   都市人群 dūshì rénqún 도시 사람들   上班族 shàngbānzú 圆 직장인   劳累 láolèi 통 피곤해지다   娱乐 yúlè 圆 오락, 즐거움   凌晨 língchén 圆 이른 새벽   习惯于 xíguànyú ~에 습관이 되다   夜深人静 yè shēn rén jìng 휑 밤이 깊어 인기척이 없다   情绪 qíngxù 圆 정서, 기분   表现 biǎoxiàn 圆 태도, 품행 통 표현하다   记忆力 jìyìlì 圆 기억력   注意力 zhùyìlì 圆 주의력   判断力 pànduànlì 圆 판단력   加速 jiāsù 통 가속시키다   老化 lǎohuà 통 노화하다   造成 zàochéng 통 야기하다, 초래하다   肥胖 féipàng 휑 뚱뚱하다   引发 yǐnfā 통 일으키다, 야기하다   疾病 jíbìng 圆 질병

36

"睡眠负债"是指什么？	'수면 부채'란 무엇을 가리키는가?
A 睡眠质量不好	A 수면의 질이 좋지 않다
B 睡眠不足	**B 수면이 부족하다**
C 精神压力过大	C 정신적 스트레스가 지나치게 크다
D 经济负担重	D 경제적 부담이 무겁다

해설 보기의 어휘 睡眠质量(수면의 질), 睡眠不足(수면 부족), 压力过大(스트레스가 지나치게 크다), 经济负担重(경제적 부담이 무겁다)을 보고 수면에 관한 정보 및 건강관련 정보를 겨냥하여 녹음을 듣는다. 녹음에서 "睡眠负债"泛指由于主动限制睡眠时间而造成的睡眠不足('수면 부채'는 일반적으로 자발적으로 수면 시간을 제한하여 수면 부족을 초래한다)라고 했으므로 키워드가 언급된 보기 B에 O표시를 해 둔다. 질문에서 '수면 부채'의 의미를 물었으므로 정답은 B이다.

어휘 睡眠 shuìmián 圆 통 수면(하다)   质量 zhìliàng 圆 품질   精神 jīngshén 圆 정신   负担 fùdān 圆 통 부담(하다)

37

"睡眠负债"会给人造成什么危害？	'수면 부채'는 사람에게 어떤 해를 끼치는가?
A 注意力下降	**A 주의력이 떨어진다**
B 没有食欲	B 식욕이 없다
C 视力下降	C 시력이 떨어진다
D 头发容易掉	D 머리가 잘 빠진다

해설 보기의 어휘 注意力(주의력), 食欲(식욕), 视力(시력), 掉头发(머리카락이 빠지다)를 보고 건강에 부정적인 영향을 주는 내용을 겨냥하여 녹음을 듣는다. 녹음의 마지막 부분에서 수면 부채의 부정적인 영향에 관해 설명하면서 还会降低记忆力、注意力和判断力(기억력, 주의력, 판단력을 떨어뜨릴 수 있다)라고 했으므로 키워드가 언급된 보기 A에 O표시를 한다. 질문에서 수면 부채가 어떤 해를 끼치는지 물었으므로 정답은 A이다.

어휘 危害 wēihài 명 동 해(를 끼치다)   注意力 zhùyìlì 명 주의력   食欲 shíyù 명 식욕   视力 shìlì 명 시력

38	根据这段话，下列哪项正确？	본문을 토대로 다음 중 올바른 것은?
	A 现代人夜生活丰富	A 현대인들은 야간 활동이 풍부하다
	B 消极情绪会传染	B 부정적 정서는 전염될 수 있다
	C 睡眠负债在都市很普遍	**C 수면 부채는 도시에서 보편적이다**
	D 年轻人压力都很大	D 젊은 사람들이 스트레스가 많다

해설 보기의 키워드 夜生活(야간 활동), 消极情绪(부정적 정서), 都市(도시), 年轻人(젊은 사람)이 녹음에 언급되는지 주의해서 듣는다. 녹음에서 这种状态在都市人群中非常普遍(이러한 상태는 도시 사람들 사이에서는 굉장히 보편적이다)이라고 했으므로 일치하는 내용인 보기 C에 O표시를 해 둔다. 질문에서 옳은 내용을 물었으므로 정답은 C이다.

TIP▶ 단문형의 옳고 그름을 묻는 문제는 질문과 지문의 전개 순서가 100% 일치하지 않는 경우가 많으므로, 녹음을 듣기 전 미리 보기를 분석한 뒤 관련 내용이 먼저 들리는 문항에 바로 메모해야 한다. 그렇지 않을 경우 38번과 같은 문제의 정답을 놓칠 가능성이 높다.

어휘 夜生活 yèshēnghuó 명 야간 사교 활동   消极情绪 xiāojí qíngxù 부정적인 정서   传染 chuánrǎn 동 전염하다

39-41

刚结婚不久女儿动不动就往娘家跑，39向娘家人大倒苦水，把自己丈夫的缺点一个一个地数落出来。有一天，她的母亲听完女儿的抱怨后，拿出纸笔说：“你每想到你丈夫的一个缺点，就在纸上点一个黑点。”女儿点啊点啊，点了很多黑点，说这些都是丈夫的缺点。母亲看了一眼就问：“除了这些黑点之外，你还看到什么？”女儿回答说：“纸上除了黑点之外，没有别的东西。”母亲又说：“40你换一个角度再看看。41除了黑点之外，更多的是空白呀。那些空白的地方正代表着你丈夫的优点。你比比看，是黑点儿多还是空白多呢？”女儿这才明白，相对于自己说的那些缺点而言，丈夫的优点其实更多。

막 결혼한 지 얼마 되지 않은 딸아이가 걸핏하면 친정으로 달려와 39친정 집 식구들에게 남편의 단점을 하나하나 늘어놓으며 고충을 털어놓았다. 그러던 어느 날, 엄마가 딸의 원망을 듣고 난 후, 펜과 종이를 꺼내 들고 말했다. "네 남편의 단점이 하나 생각날 때마다 종이 위에 점을 찍어 보렴." 딸아이는 찍고 또 찍고 수많은 점들을 찍고 이것들이 다 남편의 단점이라고 말했다. 엄마가 한 번 보고는 물었다. "이 검은색 점들 말고 또 뭐가 보이니?" 딸아이는 답했다. "종이 위엔 점 말고 다른 건 없는데요." 엄마가 또 말했다. "40관점을 바꾸어서 다시 보렴. 41검은 점 말고 더 많은 건 빈 공간이잖니. 이 비어있는 공간들이 바로 네 남편의 장점이란다. 비교해 보렴. 점이 많니 빈 공간이 많니?" 그제서야 딸아이는 이해가 되었다. 자신이 말한 단점에 비해서 남편의 장점이 사실은 훨씬 더 많았다.

어휘 动不动 dòngbúdòng 걸핏하면   娘家 niángjia 명 친정   倒苦水 dào kǔshuǐ 고통을 털어놓다   数落 shǔluo 동 쉬지 않고 수다스럽게 늘어놓다   抱怨 bàoyuàn 동 원망하다   角度 jiǎodù 명 각도, 관점   空白 kòngbái 명 공백   代表 dàibiǎo 명 동 대표(하다)   相对 xiāngduì 형 상대적이다 부 상대적으로

39

女儿向娘家人抱怨什么？	딸아이는 친정 식구들에게 무엇을 원망했는가?
A 做家务太累了	A 집안일이 너무 힘들다
B 丈夫缺点多	**B 남편이 단점이 많다**
C 常与丈夫吵架	C 자주 남편과 말다툼을 한다
D 和婆婆很难相处	D 시어머니와 잘 지내기가 어렵다

해설 보기의 어휘 家务(집안일), 丈夫(남편), 婆婆(시어머니)를 보고 주부 생활의 어려움에 관한 내용임을 예상할 수 있다. 녹음의 시작 부분에서 向娘家人大倒苦水, 把自己丈夫的缺点一个一个地数落出来(친정 집 식구들에게 남편의 단점을 하나하나 늘어놓으며 고충을 털어놓았다)라고 했으므로 이로써 알 수 있는 내용인 보기 B에 O표시를 해 둔다. 질문에서 딸이 친정 식구들에게 무엇을 원망하는지 물었으므로 정답은 B이다.

어휘 家务 jiāwù 圀 집안일   吵架 chǎojià 图 말다툼하다   婆婆 pópo 圀 시어머니   相处 xiāngchǔ 图 함께 살다

40

母亲主要想告诉女儿什么？	어머니는 딸에게 무엇을 알려 주려고 했는가?
A 要学会原谅他人	A 남을 용서할 줄 알아야 한다
B 要懂得尊重老人	B 노인을 공경할 줄 알아야 한다
C 别过分追求完美	C 너무 지나치게 완벽을 추구하지 말아라
D 要换个角度思考	**D 관점을 바꾸어 생각해야 한다**

해설 보기에 공통적으로 要(~해야 한다)가 있으므로 교훈을 묻는 문제임을 알 수 있다. 보기의 키워드 原谅他人(남을 용서하다), 尊重老人(노인을 공경하다), 追求完美(완벽을 추구하다), 换个角度(관점을 바꾸다)가 언급되는지 확인한다. 녹음에서 어머니의 당부에 你换一个角度再看看(관점을 바꾸어서 다시 보렴)이라고 했으므로 일치하는 내용인 보기 D에 메모한다. 질문에서 어머니가 딸에게 알려주고자 한 것을 물었으므로 정답은 D이다.

어휘 懂得 dǒngde 图 알다, 이해하다   过分 guòfèn 圐 지나치다   追求 zhuīqiú 图 추구하다   完美 wánměi 圐 완전하여 결함이 없다

41

关于那张纸，下列哪项正确？	그 종이에 관하여 다음 중 올바른 것은?
A 空白多于黑点儿	**A 빈 공간이 검은 점보다 많다**
B 最后被女儿撕了	B 결국엔 딸아이에게 찢겼다
C 上面有一幅名画	C 한 폭의 명화가 그려져 있다
D 有母亲的签名	D 어머니의 사인이 있다

해설 보기의 키워드 空白(빈 공간)와 黑点儿(검은 점), 被撕(찢기다), 名画(명화), 母亲的签名(어머니의 사인)이 언급되는지 주의해서 듣는다. 녹음에서 除了黑点之外, 更多的是空白呀(검은 점 말고 더 많은 건 빈 공간이잖니)라고 했으므로 일치하는 내용인 보기 A에 O표시를 해 둔다. 질문에서 종이에 관한 옳은 내용을 물었으므로 정답은 A이다.

어휘 空白 kòngbái 圀 공백, 여백   撕 sī 图 찢다   幅 fú 窂 폭(그림 등을 세는 단위)   签名 qiānmíng 圀 图 서명(하다)

茅台酒是中国的十大名酒之一，但最初它在国际市场上并不像现在这样有名。它在1915年首次到巴拿马国际博览会参展的时候，并没有人对它感兴趣。就在离博览会闭幕的时间越来越近时，工作人员十分焦急。这时，一个工作人员突然想到一个好办法，42他故意把一瓶茅台酒打翻在展厅地上。顿时，茅台酒的酒香散发到展厅的各个角落，来参观的客商们都被这醉人的酒香吸引了过来，同声称赞"好酒！好酒！"。这一绝招，不仅43使茅台酒夺得了这次博览会的金奖，更使它跻身于世界三大名酒行列。

마오타이 주는 중국의 10대 명주 가운데 하나이다. 하지만 처음엔 세계 시장에서 지금처럼 이렇게 유명하지는 않았다. 마오타이 주는 1915년 처음으로 파나마 국제 박람회에 참가하였으나 관심을 갖는 사람이 전혀 없었다. 박람회의 폐막이 다가오자, 스텝들은 굉장히 애가 탔다. 이때, 한 스텝이 갑자기 좋은 생각이 나서 42일부러 마오타이 주를 전시장 바닥에 엎었다. 순식간에 마오타이 주의 향기가 전시장의 구석구석까지 퍼져 참관하러 온 바이어들이 도취되어 마오타이 주의 향기에 이끌려 와서는 한 목소리로 모두 "좋은 술이네요! 좋은 술!"이라며 칭찬을 했다. 이 묘수는 43마오타이 주가 그 박람회에서 금상을 타게 만들어 주었고 더욱이 세계 3대 명주에 들게 해 주었다.

어휘 茅台酒 Máotáijiǔ 몡 마오타이 주　首次 shǒucì 몡 처음, 최초　巴拿马国际博览会 Bānámǎ guójì bólǎnhuì 파나마 국제 박람회　参展 cānzhǎn 통 전시회에 참가하다　闭幕 bìmù 몡 폐막(하다)　人员 rényuán 몡 요원　焦急 jiāojí 혱 초조하다　打翻 dǎfān 통 뒤집어 엎다　展厅 zhǎntīng 몡 전시홀　顿时 dùnshí 갑자기, 일시에　散发 sànfā 통 발산하다, 내뿜다　角落 jiǎoluò 몡 구석, 모퉁이　客商 kèshāng 몡 행상　醉人 zuìrén 통 취하게 하다　同声 tóngshēng 통 이구동성으로 말하다　称赞 chēngzàn 몡 통 칭찬(하다)　绝招 juézhāo 몡 묘수　夺得 duódé 통 이겨서 차지하다　金奖 jīnjiǎng 몡 금상　跻身于 jīshēnyú 행렬이나 경계에 들어서다　行列 hángliè 몡 행렬

42

工作人员是如何使茅台酒引起关注的？

스텝들은 어떻게 마오타이 주가 관심을 끌게 하였나？

A 故意把酒打翻
B 免费品尝酒
C 找明星宣传
D 送小礼物

A 일부러 술을 엎었다
B 공짜로 시음을 한다
C 유명 연예인을 섭외하여 홍보를 한다
D 작은 선물을 준다

해설 보기의 키워드 故意打翻(일부러 엎다), 免费品尝(무료로 맛보다), 明星宣传(연예인 홍보), 小礼物(작은 선물)가 언급되는지 주의해서 듣는다. 보기의 내용을 판촉 행사로 예상해 볼 수 있다. 녹음에서 他故意把一瓶茅台酒打翻在展厅地上(일부러 마오타이 주를 전시장 바닥에 엎었다)이라고 했으므로 일치하는 내용인 보기 A에 O표시를 한다. 질문에서 마오타이 주가 어떻게 관심 끌게 했는지 물었으므로 정답은 A이다.

어휘 打翻 dǎfān 통 뒤집어엎다　品尝 pǐncháng 통 시식하다, 맛보다　明星 míngxīng 몡 스타　宣传 xuānchuán 몡 통 선전(하다)

43

博览会上，茅台酒最终怎么样？

박람회에서 마오타이 주는 결국 어떻게 되었나？

A 全被喝光了
B 获得金奖
C 并没有引起关注
D 只签了一份合同

A 남김없이 마셔 동났다
B 금상을 받았다
C 전혀 관심을 끌지 못했다
D 계약을 단 한 건 체결했다

해설 보기의 어휘는 모두 주어가 없는 형식이므로 특정 대상을 설명하는 내용임을 알 수 있다. 被喝光(다 마셔 동났다), 获得金奖(금상을 받았다), 没有引起关注(관심을 끌지 못했다), 只签了一份合同(계약을 단 한 건 체결했다)을 보고 해당 상품에 대한 반응이 어떤지 겨냥하여 녹음을 듣는다. 녹음에서 使茅台酒夺得了这次博览会的金奖(마오타이 주가 그 박람회에서 금상을 타게 만들어 주었다)이라고 했으므로 키워드가 언급된 보기 B에 O표시를 해 둔다. 질문에서 마오타이 주가 어떻게 됐는지 물었으므로 정답은 B이다.

어휘 金奖 jīnjiǎng 몡 금상　关注 guānzhù 몡 통 관심(을 가지다)　签 qiān 통 서명하다　合同 hétong 몡 계약서

　　1989年，陶华碧用省吃俭用积攒下来的一点钱，开了一家专卖凉粉的小餐馆。44为了吸引更多顾客，她特地制作了一种麻辣酱，结果客人非常喜欢，她的小餐馆总是门庭若市。后来她发现，很多顾客不仅吃凉粉，还会特意买些麻辣酱带走，甚至有人不吃凉粉，专门来买麻辣酱。而且，她还发现附近很多餐馆的佐料中都有从她那儿买来的麻辣酱。45她想，既然那么多人喜欢我的麻辣酱，我还卖什么凉粉呢？于是，她办起了麻辣酱生产厂，生意也越做越大。这就是"老干妈辣酱"品牌的起源。

　　1989년, 타오화뻬는 아껴 먹고 아껴 쓰며 약간의 돈을 모아 자그마한 량펀 전문점을 오픈했다. 44더 많은 손님을 끌기 위해서 그녀는 일종의 마라지앙을 특별히 만들었는데, 손님들이 굉장히 좋아해서 그녀의 작은 식당은 늘 문전성시를 이루었다. 그러다가 나중에 그녀는 많은 손님들이 량펀도 먹고 특별히 마라지앙도 포장해 간다는 걸 발견했다. 심지어 어떤 사람은 량펀은 먹지도 않고 마라지앙만 사러 오기도 했다. 게다가, 근처의 많은 식당의 양념에 그녀의 가게에서 사간 마라지앙이 들어 있음을 알게 되었다. 45그녀는 생각했다. 이렇게 많은 사람들이 내가 만든 마라지앙을 좋아하는데 굳지 량펀을 팔아서 뭐하겠어? 그래서 그녀는 마라지앙 생산공장을 열게 되었고 사업도 점점 더 잘 되어갔다. 이것이 바로 '라오깐마 마라지앙' 브랜드의 시작이다.

어휘 陶华碧 Táohuábì **인명** 타오화뻬(老干妈麻辣酱 창업자)　省吃俭用 shěng chī jiǎn yòng **성** 아껴 먹고 아껴 쓰다　积攒 jīzǎn **동** 조금씩 모으다　专卖 zhuānmài 전매하다　凉粉 liángfěn **명** 녹두묵의 일종　餐馆 cānguǎn **명** 식당　特地 tèdì **부** 특별히, 각별히　制作 zhìzuò **동** 제조하다, 만들다　麻辣酱 málàjiàng 마라장　门庭若市 mén tíng ruò shì **성** 문전성시　特意 tèyì **부** 특별히, 일부러　佐料 zuǒliào **명** 양념, 조미료　品牌 pǐnpái **명** 상표　起源 qǐyuán **명** **동** 기원(하다)

44　陶华碧特地制作了麻辣酱，是为了什么？　타오화뻬는 특별히 마라지앙을 만들었는데 무엇을 위해서인가？

A 满足顾客的要求
B 吸引顾客
C 节省材料
D 提高凉粉的价格

A 고객의 니즈를 만족시키다
B 손님을 끌다
C 재료를 절약하다
D 량펀의 가격을 인상하다

해설 보기의 어휘 顾客的要求(손님의 니즈), 吸引顾客(손님을 끈다), 节省材料(재료를 아끼다), 提高价格(가격을 인상하다)를 보고 상점의 상황을 겨냥하여 녹음을 듣는다. 녹음에서 为了吸引更多顾客，她特地制作了一种麻辣酱(더 많은 손님을 끌기 위해서 그녀는 특별한 마라지앙을 만들었다)이라고 했으므로 키워드가 언급된 보기 B에 O표시를 한다. 질문이 타오화뻬가 특제 마라지앙을 왜 만들었는지 물었으므로 정답은 B이다.

어휘 满足 mǎnzú **동** 만족하다, 만족키시다　节省 jiéshěng **동** 아끼다, 절약하다

45　关于陶华碧，可以知道什么？　타오화뻬에 관하여 무엇을 알 수 있는가？

A 做凉粉的手艺不好
B 善于发现商机
C 不会经营餐馆
D 多次创业失败

A 량펀을 만드는 솜씨가 좋지 않다
B 사업 기회를 잘 발견한다
C 식당을 경영할 줄 모른다
D 여러 차례 창업에 실패했다

해설 보기의 키워드 手艺不好(솜씨가 좋다), 发现商机(비즈니스 기회를 포착하다), 不会经营(운영할 줄 모른다), 多次创业失败(창업에 여러 차례 실패했다)를 겨냥하여 녹음을 듣는다. 녹음의 마지막 부분에 장사가 잘된다는 내용 이후로 她想，既然那么多人喜欢我的麻辣酱，我还卖什么凉粉呢？于是，她办起了麻辣酱生产厂(그녀는 생각했다. 이렇게 많은 사람들이 내가 만든 마라지앙을 좋아하는데 굳지 량펀을 팔아서 뭐하겠어? 그래서 그녀는 마라지앙 생산공장을 열게 되었다)이라고 했으므로 새로운 사업 기회를 모색함을 알 수 있다. 질문에서 타오화뻬에 관한 옳은 내용을 물었으므로 정답은 B이다.

어휘 手艺 shǒuyì **명** 기술, 솜씨　善于 shànyú **동** ~에 능숙하다　商机 shāngjī **명** 비즈니스 기회　经营 jīngyíng **동** 경영하다　餐馆 cānguǎn **명** 식당　创业 chuàngyè **동** 창업하다

46-48

空气发电技术目前很少有人问津，**46. C 原因**是矿物能源的价格很低，以致人们还无需去考虑更换发电技术。目前，能源专家对空气发电前景看好：空气发电与热力发电**47. D 相比**，前者的二氧化碳排放量仅是后者的二十分之一，还可以有效控制温室气体的排放。如果该技术能**48. A 投入**使用，那么它将是生态能源领域的一项新突破。

공기 발전 기술은 오늘날 관심을 가지는 사람이 거의 없다. **46. C 원인**은 광물 에너지 자원의 가격이 여전히 낮아 발전 기술을 교체할 필요가 전혀 없기 때문이다. 현재, 에너지 전문가들은 공기 발전의 전망을 좋게 보고 있다. 공기 발전과 화력 발전을 **47. D 서로 비교해 보면**, 전자의 이산화탄소 배출량은 후자의 1/20 밖에 되지 않아, 효과적으로 온실가스의 배출을 컨트롤할 수 있다. 만약 이 기술을 상용화에 **48. A 투입**할 수 있다면, 장차 생태에너지 분야의 새로운 진전을 이룰 것이다.

어휘 空气发电技术 kōngqì fādiàn jìshù 공기 발전 기술　问津 wènjīn 통 (가격, 상황 등을) 묻다　矿物能源 kuàngwù néngyuán 광물 에너지원　更换 gēnghuàn 통 변경하다　必要 bìyào 형 필요 형 필요로 하다　目前 mùqián 명 현재　专家 zhuānjiā 명 전문가　前景 qiánjǐng 명 전망, 전도　热力发电 rèlì fādiàn 명 화력 발전　前者 qiánzhě 명 전자, 앞의 것　二氧化碳 èryǎnghuàtàn 이산화탄소, CO_2　排放 páifàng 통 배출하다　仅 jǐn 부 겨우, 단지　后者 hòuzhě 명 후자, 뒤의 것　有效 yǒuxiào 형 유효하다　控制 kòngzhì 통 제어하다　温室气体 wēnshì qìtǐ 명 온실가스　生态 shēngtài 명 생태　能源 néngyuán 명 에너지원　领域 lǐngyù 명 분야, 영역　突破 tūpò 통 돌파하다

46
A 结论	B 成果	A 결론	B 성과
C 原因	D 规律	**C 원인**	D 규칙

해설 빈칸은 [결과(사람들이 거의 관심이 없다), ___+是+원인(광물 에너지 자원의 가격이 여전히 낮아 발전 기술을 교체할 필요가 전혀 없다)]의 구조로 인과 관계를 이루고 있다. 따라서 원인을 나타내는 C 原因(원인)이 들어가야 한다.

·结论	得出**结论** 결론을 도출하다	下**结论** 결론을 내리다
·成果	取得**成果** 성과를 얻다	研究**成果** 연구 성과
·原因	由于天气**原因** 날씨로 인해	主要**原因** 주요 원인
·规律	自然**规律** 자연의 법칙	不**规律**的饮食习惯 불규칙적인 식습관

어휘 结论 jiélùn 명 결론　成果 chéngguǒ 명 성과, 일의 수확　原因 yuányīn 명 원인　规律 guīlǜ 명 법칙, 규칙

47
A 尽早	B 不如	A 되도록 일찍	B ~만 못하다
C 有关	**D 相比**	C 관련되다	**D 서로 비교하다**

해설 빈칸은 [a(空气发电)+与+b(热力发电)+___, 문장(前者……后者……)]의 구조이다. 빈칸 뒤에 쉼표(，)가 있으므로 부사어로 쓰여 뒤에 술어가 필요한 보기 A와 뒤에 비교의 대상을 사용하는 B를 소거한다. C, D는 모두 'a与b+有关/相比' 구조에 쓰이므로 쉼표 뒤의 내용에서 단서를 찾아야 한다. 빈칸의 뒷부분에서 前者(전자)가 后者(후자)의 1/20이라고 했으므로 둘을 비교한 내용임을 알 수 있다. 따라서 정답은 D 相比(서로 비교하다)이다.

·尽早	要**尽早**通知我 되도록 일찍 나에게 알려 줘	应该**尽早**预防 되도록 일찍 예방해야 한다
·不如	城市里的空气质量**不如**乡下。 도시의 공기의 질은 시골만 못하다.	
	城里太吵，**不如**住在郊区。 도시는 너무 시끄러워서 교외에서 사는 편이 낫다.	

- 有关　　　　有关部门 관련부서
　　　　　　　这与主题有关 이것은 주제와 관련있다
　　　　　　　('A与B有关(A는 B와 관련있다)'의 형태로 쓰인다.)

- 相比　　　　和肉相比，我更喜欢吃鱼。 고기와 비교하면 나는 생선을 더 좋아한다.
　　　　　　　和集体利益相比，个人利益是次要的。 단체의 이익과 비교하면 개인의 이익은 그 다음이다.
　　　　　　　('和A相比，B(A와 서로 비교하면 B하다)'의 형태로 쓰인다.)

어휘 尽早 jǐnzǎo 📖 되도록 일찍, 조속히　不如 bùrú 📖 ∼하는 편이 낫다　有关 yǒuguān 📖 관계가 있다　相比 xiāngbǐ 📖 서로 비교하다

48

A 投入	B 到达	A 투입하다	B 도착하다
C 推动	D 具备	C 추진하다	D 갖추다

해설 빈칸은 [조동사(能)+___+술어(使用)]의 구조이며 보기는 모두 동사이다. 投入 使用은 '상용화하다, 정식으로 사용하기 시작하다'라는 뜻으로 고정적으로 결합되어 사용한다. 따라서 정답은 A 投入(투입하다)이다. 到达(도착하다)는 구체적인 목적지를 주로 목적어로 취하고, 推动(추진하다)은 주로 사업, 프로젝트, 계획 등을 목적어로 취하며 具备(갖추다)는 능력, 조건, 자격 등을 목적어로 취하므로 모두 빈칸에 적합하지 않다.

- 投入	投入精力 에너지를 투입하다	把时间投入到学习中 시간을 공부에 투입하다
- 到达	到达目的地 목적지에 도착하다	到达山顶 산정상에 도달하다
- 推动	推动开发 개발을 추진하다	推动新政策 새로운 정책을 추진하다
- 具备	具备能力 능력을 갖추다	具备条件 조건을 갖추다

어휘 投入 tóurù 📖 뛰어들다, 투입하다　到达 dàodá 📖 목적지 등에 도착하다　推动 tuīdòng 📖 밀고나가다 추진하다 📖 추진　具备 jùbèi 📖 갖추다, 구비하다

49-52

我们打开电脑，会发现电脑中只有C盘、D盘、E盘，49. C 却没有A盘和B盘。尽管很多人都没有在意过，但有些人却对此十分疑惑。其实在电脑刚诞生的时候，还没有硬盘和光驱，那时数据存储主要靠软盘。软盘驱动器按照50. A 顺序占据了3.5英寸的A盘和5.25英寸的B盘的位置。后来，随着硬盘的51. D 产生，新的硬盘只能占据C盘以后的盘符了。如今，A盘早已被U盘所52. B 代替，而B盘更是早早地就被淘汰掉了，所以人们通常只能看到C盘以后的盘符了。

컴퓨터를 켜면 C드라이브, D드라이브, E드라이브만 있고 49. C A와 B드라이브는 없다는 걸 발견한다. 비록 많은 사람들이 신경 쓰지는 않지만, 몇몇 사람들은 이에 대해 굉장히 의문을 품는다. 사실 컴퓨터가 막 탄생했을 때에는 하드디스크와 시디롬 드라이브가 아직 없었다. 그 당시에는 데이터 저장을 주로 플로피디스켓에 의존했다. 디스크 드라이브는 50. A 순서대로 3.5인치의 A드라이브와 5.25인치의 B드라이브의 위치를 차지했다. 그러다 훗날, 하드 디스크가 51. D 생겨나면서 새로운 드라이브들은 C드라이브 이후의 드라이브 문자를 차지할 수밖에 없었다. 오늘날 A드라이브는 USB메모리에 52. B 대체되었고 B드라이브는 더욱 일찍 도태되어 사람들이 통상적으로 C드라이브 이후의 드라이브 문자만을 볼 수 있게 되었다.

어휘 打开 dǎkāi 📖 열다, 켜다　C盘 Cpán C드라이브　在意 zàiyì 📖 마음에 두다, 개의하다　疑惑 yíhuò 📖 의혹하다　诞生 dànshēng 📖 탄생하다　硬盘 yìngpán 📖 (컴퓨터의) 하드 디스크　光驱 guāngqū 📖 시디롬 드라이브　数据存储 shùjù cúnchǔ 데이터 저장　靠 kào 📖 기대다　软盘 ruǎnpán 📖 플로피 디스켓　驱动器 qūdòngqì 디스크 드라이브　占据 zhànjù 📖 차지하다　英寸 yīngcùn 📖 인치　位置 wèizhì 📖 위치　盘符 pánfú 컴퓨터의 드라이브 문자　淘汰 táotài 📖 도태하다

49

A 没发现鼠标	A 마우스를 발견하지 못했다
B 防火墙没有用	B 방화벽이 소용 없다
C 却没有A盘和B盘	**C A와 B드라이브는 없다**
D 它们的作用并不明显	D 그들의 기능은 전혀 명확하지 않다

해설 빈칸은 [C盘、D盘、E盘, ___]의 구조로 빈칸 앞문장에 只有(단지 ~만 있다)가 제시되어 있어. 빈칸은 대조 · 보완의 관계상 '없다'라는 내용이 등장해야 함을 알 수 있다. 따라서 빈칸에 들어갈 알맞은 문장은 C 却没有A盘和B盘(A와 B드라이브는 없다)이다. 다른 보기의 鼠标(마우스), 防火墙(방화벽), 作用(기능)에 대한 내용은 지문에 등장하지 않았으므로 적합하지 않다.

어휘 鼠标 shǔbiāo 몡 컴퓨터의 마우스　防火墙 fánghuǒqiáng 몡 방화벽　明显 míngxiǎn 혱 뚜렷하다, 분명하다

50

| **A 顺序** | B 比率 | **A 순서** | B 비율 |
| C 效果 | D 成分 | C 효과 | D 성분 |

해설 빈칸은 [개사(按照)+___+술어(占据了)+목적어(位置)]의 구조로 개사와 함께 쓰일 명사가 들어가야 한다. 빈칸의 뒷부분에 3.5英寸的A盘和5.25英寸的B盘的位置(3.5인치의 A드라이브와 5.25인치의 B드라이브의 위치)이라고 하여 디스크 드라이브 이름이 A, B 순서로 이름 지어졌음을 알 수 있다. 그리고 나서 C드라이브가 이름 지어졌다고 했으므로 빈칸에 들어갈 알맞은 어휘는 A 顺序(순서)이다.

어휘 顺序 shùnxù 몡 순서, 차례　比率 bǐlǜ 몡 비율　效果 xiàoguǒ 몡 효과　成分 chéngfèn 몡 성분

51

| A 出席 | B 成立 | A 출석하다 | B 결성하다 |
| C 承受 | **D 产生** | C 감당하다 | **D 생기다** |

해설 빈칸은 [개사(随着)+명사(硬盘)+的+___. 문장]의 구조로 '하드디스크가 ~함에 따라서 결과적으로 ~하다'라는 뜻을 나타낸다. 따라서 보기 중 문장의 의미에 적합한 것은 D 产生(생기다)이다. A의 出席(출석하다)는 행사, 모임 등에 사용하고, B의 成立(결성하다)는 조직 등의 설립과 이론의 성립을 나타낸다. C의 承受(감당하다)는 힘들고 어려운 일에 사용하므로 모두 빈칸에 적합하지 않다.

· 出席	**出席**大会 대회에 참석하다	**出席**婚礼 결혼식에 참석하다
· 成立	联合国**成立**于1945年。 UN은 1975년에 설립되었다.	**成立**了新中国 신중국을 세우다
· 承受	**承受**压力 스트레스를 감당하다	**承受**痛苦 고통을 감당하다
· 产生	**产生**影响 영향이 생기다	**产生**兴趣 흥미가 생기다

어휘 出席 chūxí 통 참석하다, 출석하다　成立 chénglì 통 (조직, 기구 따위를) 창립 · 결성하다　承受 chéngshòu 통 감당하다　产生 chǎnshēng 통 생기다, 발생하다

52

| A 雇用 | **B 代替** | A 고용하다 | **B 대체하다** |
| C 妨碍 | D 承担 | C 방해하다 | D 담당하다 |

해설 빈칸은 [被+명사(U盘)+所+___]의 구조로 'USB에 의해 ~당하다'라는 뜻을 나타낸다. 문맥에서 오늘날 A, B 드라이브를 볼 수 없는 이유를 설명하고 있으므로 보기의 어휘 중 빈칸에 들어갈 수 있는 것은 B 代替(대체하다)이다. 다른 보기 A의 雇佣(고용하다)은 직원 등 사람에게 사용하고, C의 妨碍(방해하다)는 의미상 적합하지 않다. D의 承担(담당하다)은 책임, 의무에 사용하다.

· 雇佣	**雇佣**员工 직원을 고용하다	**雇佣**了几个年轻人 젊은이를 몇 명 고용했다
· 代替	以新的**代替**旧的 새 것으로 옛 것을 대체하다	
	什么也**代替**不了妈妈的爱 무엇도 엄마의 사랑을 대신할 수 없다	
· 妨碍	**妨碍**交通 교통을 저해하다	**妨碍**工作 업무를 방해하다

·承担	承担责任 책임을 지다	承担义务 의무를 지다

어휘 雇用 gùyòng 몡 동 고용(하다) 代替 dàitì 동 대신하다 妨碍 fáng'ài 몡 동 방해(하다), 저해(하다) 承担 chéngdān 동 담당하다, 맡다

53-56

"熊孩子"是目前中国父母们称呼孩子的流行语，通常是指年龄小、不懂事、乱翻东西、不守规矩，往往没有受过<u>53. B 良好</u>的教育的孩子。 　　熊孩子在做恶作剧时常常会竭尽所能把家里<u>54. C 搞</u>得一团糟。你刚刚打扫好的卧室、第二天公司要用的会议材料、你心爱的玩偶……全都会成为牺牲品。他们的叫喊声回荡在每一家饭馆和每一节车厢里。看到小孩儿做了一些不可理喻的、带有<u>55. A 破坏</u>性的事情时，家长会说："这熊孩子"。 　　"熊孩子"有时候也表示对调皮孩子的爱称，那些孩子虽然调皮捣蛋，<u>56. D 但他们本身是带着善意的</u>，带给人们更多的是快乐。	'시옹하이즈'는 현재 중국의 부모들이 아이를 부르는 유행어이다. 보통 나이가 어리고, 철이 없으며, 물건을 마구 헤집고, 규칙을 지키지 않으며 종종 <u>53. B 좋은</u> 교육을 받아 보지 못한 아이들을 지칭한다. 　　시옹하이즈가 짓궂은 장난을 칠 때는 있는 대로 집안을 엉망으로 <u>54. C 만든다</u>. 막 청소를 마친 침실, 이튿날 회사에서 써야 하는 회의 자료, 애지중지하는 인형…… 모두 다 희생물이 될 수 있다. 그들의 고함 소리는 음식점과 객실에서 메아리 친다. 어린아이가 말로도 안 되고, <u>55. A 파괴적인</u> 일들을 할 때, 학부모들은 이 '이 시옹하이즈'라고 말한다. 　　'시옹하이즈'는 때때로 장난을 치며 까부는 아이에 대한 애칭을 나타내기도 한다. 이 아이들은 비록 말을 듣지 않고 억지를 부리기는 하지만, <u>52 C 그들 자체는 선의를 가지고 있고</u> 사람들에게 더 많은 즐거움을 가져다 준다.

어휘 熊孩子 xiónghàizi 몡 아동 사춘기의 아이를 지칭하는 유행어(속칭 미운 네 살) 称呼 chēnghu 동 일컫다 通常 tōngcháng 몡 통상, 일반 是指 shìzhǐ 동 ~를 가리키다 懂事 dǒngshì 철들다 翻 fān 동 뒤집다, 헤집다 守规矩 shǒu guījǔ 규칙을 지키다 恶作剧 èzuòjù 못된 장난 竭尽所能 jié jìn suǒ néng 할 수 있는 모든 바를 다하다 一团糟 yìtuánzāo 일이 엉망으로 뒤얽히다 卧室 몡 침실 心爱 xīn'ài 동 애지중지하다 玩偶 wán'ǒu 몡 인형 牺牲品 xīshēngpǐn 몡 희생물 叫喊声 jiàohǎnshēng 몡 고함소리 回荡 huídàng 동 소리가 울리다, 메아리치다 车厢 chēxiāng 몡 열차의 객실이나 찻간 不可理喻 bù kě lǐ yù 성 말로는 납득시킬 수 없다 调皮 tiáopí 형 말을 잘 듣지 않다, 장난치다 爱称 àichēng 몡 동 애칭(하다) 捣蛋 dǎodàn 동 억지를 부리다, 소란을 피우다

53	A 强烈	B 良好	A 강렬하다	B 양호하다
	C 珍惜	D 神秘	C 소중히 여기다	D 신비롭다

해설 빈칸은 [술어(受过)+___+的+관형어(教育的)+목적어(孩子)]의 구조로 빈칸은 教育를 수식하는 관형어 자리이다. 따라서 보기의 어휘 중 적합한 것은 B 良好(양호하다)이다. A의 强烈(강렬하다)는 자극, 반응, 태도에 사용하고, C의 珍惜(소중히 여기다)는 시간, 자원에 쓰인다. D의 神秘(신비롭다)는 교육을 수식하기에 적합하지 않다.

·强烈	强烈的阳光 강렬한 햇빛	强烈反对 강력히 반대하다
·良好	良好的状态 양호한 컨디션	良好的习惯 좋은 습관
·珍惜	珍惜时间 시간을 소중히 여기다	珍惜资源 자원을 소중히 여기다
·神秘	神秘的动物 신비한 동물	神秘的宇宙 신비한 우주

어휘 强烈 qiángliè 형 강렬하다 良好 liánghǎo 형 양호하다, 좋다 珍惜 zhēnxī 동 소중히 여기다 神秘 shénmì 몡 형 신비(하다)

54	A 扔	B 撕	A 던지다	B 찢다
	C 搞	D 扯	C ~하게 만들다	D 잡아 당기다

해설 빈칸은 [把+명사(家里)+___+보어(得一团糟)]의 구조로 빈칸은 술어의 자리이다. 결정적 힌트는 把家里로 빈칸의 문장이 '집안을 엉망으로 ~하게 한다'라는 뜻을 나타내므로 보기의 어휘 중 알맞은 것은 C 搞(~하게 만들다)이다.

TIP▶ 搞得一团糟는 고정적으로 결합하여 쓰이는 어휘로 '엉망진창으로 만들다'라는 뜻을 나타낸다. 이렇게 고정적으로 결합하는 어휘는 사전적 의미로 접근하면 정확한 뜻을 파악하기 어려우므로 이러한 관용구는 반드시 별도로 암기해 두자.

•扔	**扔**垃圾 쓰레기를 버리다 别把毛巾**扔**在沙发上 수건을 소파 위에 던져 놓지 말아라
•撕	100块钱**撕**成两半 100원짜리가 반으로 찢어졌다 他把书中的一页**撕**了下来。 그가 책 속의 한 페이지를 찢었다.
•搞	**搞**工作 일을 하다　　　　　　　　　　　**搞**清楚 분명하게 하다
•扯	用力向两边**扯**开 양쪽으로 잡아당기어 펴다　　她**扯**了我的衣袖 그녀가 내 소맷자락을 잡아당겼다

어휘 扔 rēng 图 던지다　撕 sī 图 찢다　搞 gǎo 图 하다, 꾸미다　扯 chě 图 잡아당기다

55

A 破坏	B 保守	A 파괴하다	B 보수적이다
C 改善	D 传染	C 개선하다	D 전염하다

해설 빈칸은 [술어(带有)+___+관형어(性的)+목적어(事情)]의 구조로 빈칸 뒤의 性과 결합할 수 있는 어휘가 들어가야 한다. 문맥상 말 안 듣는 아이의 행동을 나타내는 어휘가 들어가야 한다. 따라서 적합한 보기는 A 破坏(파괴하다)이다. 말 안 듣는 아이의 행동이 보수적이거나 질병처럼 전염성을 지닌다는 것은 어폐가 있으므로 보기 B, D는 소거시키고, C는 긍정적인 내용이므로 역시 적합하지 않다.

•破坏	**破坏**公物 공공기물을 훼손하다	**破坏**环境 환경을 파괴하다
•保守	**保守**秘密 비밀을 지니다	思想**保守** 생각이 보수적이다
•改善	**改善**条件 조건을 개선하다	**改善**生活 생활을 개선하다
•传染	**传染**疾病 질병을 전염시키다	**传染**给他 그에게 전염시키다

어휘 破坏 pòhuài 图 파괴하다, 훼손하다　保守 bǎoshǒu 图 지키다, 고수하다 图 보수적이다　改善 gǎishàn 명 图 개선(하다)　传染 chuánrǎn 图 전염하다, 옮다

56

A 不尊敬师长	A 어른을 존경하지 않다
B 做了很多错事	B 많은 실수를 했다
C 可没有得到大人们的重视	C 하지만 어른들에게 중시되지 않았다
D 但他们本身是带着善意的	**D 하지만 그들 자체는 선의를 가지고 있다**

해설 빈칸은 [앞문장(虽然调皮捣蛋:부정적 뉘앙스)+___]의 구조로 접속사 虽然과 호응하는 문장이 들어가야 한다. 접속사 虽然은 '虽然……, 但是……(비록 ~하지만 ~하다)'의 호응구조를 이루는데 앞문장과 뒷문장이 상반된 성격을 가지므로 빈칸은 '말 안 듣고 억지를 부리다'와 반대되는 긍정적 어휘가 들어가야 한다. 따라서 보기 중 알맞은 것은 C 但他们本身是带着善意的(하지만 그들 자체는 선의를 가지고 있다)이다.

어휘 尊敬 zūnjìng 명 图 존경(하다)　师长 shīzhǎng 명 스승과 나이 많은 어른에 대한 존칭　本身 běnshēn 명 그 자신, 그 자체　善意 shànyì 명 선의

57-60

火车上手机信号差，并不是因为沿途基站少、火车 **57. C 移动** 太快等等，其实干扰火车上手机信号的 "真凶" 竟然是车窗玻璃。

기차에서 핸드폰 신호가 약한 것은 선로 변에 기지국이 적고, 기차의 **57. C 이동**이 너무 빨라서 때문은 결코 아니다. 사실 기차에서 핸드폰 신호를 방해하는 '진범'은 뜻밖에도 차량의 창문 유리이다.

研究显示，火车的能耗1/3用于控制车厢内的温度，其中3%左右的能量会通过车窗流失。为了减少热量的流失，保持车厢内的温度，火车车窗的玻璃上通常会涂上一层超**58. B 薄**的金属涂层。

但是，这层对节能非常有用的涂层却有一个缺点，就是**59. B 阻挡**手机信号。火车车厢是金属制成的，车窗也涂上金属涂层之后，整个车厢就变成了一个"法拉第笼"（由金属或者良导体构成的笼子）。它能有效地隔绝笼体内外的电磁波的干扰，因此，**60. D 电磁信号很难传到车厢内**，在车厢内使用手机信号自然就不那么好了。

연구에서, 기차 에너지 소비의 1/3은 내부의 온도를 콘트롤하는데 쓰이며, 그 중 3% 정도는 차창을 통해 유실된다고 밝혔다. 에너지의 유실을 막고 기차 내부 온도를 유지하기 위하여, 차량 유리에 통상적으로 매우 **58. B 얇은** 금속도료를 한 겹 바른다. 하지만, 이 에너지 절약에 굉장히 유용한 도료는 한 가지 단점이 있다. 바로 핸드폰 신호를 **59. B 가로막는** 것이다. 기차의 객실도 금속으로 제작되는데 차창에도 금속 도료를 바르고 나면 전체 객실이 '패러데이의 새장(금속이나 전도체로 구성된 새장)'이 된다. 패러데이 새장은 효과적으로 새장 내부와 외부의 전자파 교란을 차단한다. 이 때문에, **60. D 전자 신호가 객실의 내부로 전달되기 어려워**. 기차 내부에서 사용하는 핸드폰 신호가 당연히 그리 좋지는 못하게 된다.

어휘 信号 xìnhào 몡 신호　沿途 yántú 길을 따라　基站 jīzhàn 몡 기지국　干扰 gānrǎo 통 교란시키다, 방해하다　真凶 zhēnxiōng 몡 진범　玻璃 bōli 몡 유리　显示 xiǎnshì 통 나타내 보이다, 분명하게 표현하다　能耗 nénghào 몡 에너지 소모　控制 kòngzhì 통 통제하다, 제어하다　车厢 chēxiāng 몡 열차의 객실이나 수화물 칸, 찻간　流失 liúshī 통 흘러나가다, 유실되다　保持 bǎochí 통 지키다, 유지하다　涂 tú 통 바르다, 칠하다　金属 jīnshǔ 몡 금속　涂层 túcéng 몡 도료를 칠한 층, 코팅　节能 jiénéng 통 에너지를 절약하다　法拉第笼 Fǎlādìlǒng 패러데이의 새장　良导体 liángdǎotǐ 몡 양도체　构成 gòuchéng 몡 통 구성(하다)　笼子 lóngzi 몡 새장　隔绝 géjué 통 단절시키다, 차단하다　电磁波 diàncíbō 몡 전자파

57

A 发送	B 逃跑	A 발송하다	B 도망가다
C 移动	D 传播	**C 이동하다**	D 전파하다

해설 빈칸은 [주어(火车)+___+부사어(太)+술어(快)]의 구조로 빈칸은 快(빠르다)와 호응하는 어휘가 들어가야 한다. 보기의 어휘 중 快와 호응하는 것은 C 移动(이동하다)이다. 다른 보기 A의 发送(발송하다)은 메일, 메시지에 쓰고, B의 逃跑(도망가다)는 문맥상 적합하지 않으며, D 传播(전파하다)는 소식 등에 사용하므로 모두 적합하지 않다.

・发送	**发送**邮件 메일을 발송하다	**发送**信号 신호를 보내다
・移动	向前**移动** 앞쪽으로 이동하다	**移动**电话 모바일폰
・传播	**传播**信息 소식을 전파하다	**传播**全世家 전 세계로 전파하다

어휘 发送 fāsòng 통 발송하다　逃跑 táopǎo 통 도망가다, 달아나다　移动 yídòng 몡 통 이동(하다)　传播 chuánbō 통 전파하다

58

A 浅	**B 薄**	A 얕다	**B 얇다**
C 嫩	D 斜	C 여리다	D 기울다

해설 빈칸은 [수량사(一层)+超+___+的+명사(涂层)]의 구조로 빈칸 앞의 超(초)와 호응하고 涂层을 꾸며줄 수 있고 양사 层(층, 겹)과 호응하는 어휘가 들어가야 한다. 보기의 어휘 중 한 겹의 두께를 나타낼 수 있는 것은 B 薄(얇다)이다. 참고로 超薄笔记本은 초슬림 노트북을 의미한다.

・浅	**浅**绿色 연녹색	水很**浅** 물이 얕다
・薄	爆肉切得**薄**一点 고기를 얇게 썰다	脸皮太**薄** 얼굴 피부가 너무 얇다
・嫩	肉非常**嫩** 고기가 연하다	小孩子的皮肤很**嫩** 어린아이의 피부는 여리다
・斜	向左倾**斜** 왼쪽으로 기울다	**斜**对面 대각선쪽으로 맞은편

어휘 浅 qiǎn 혱 얕다, 옅다　薄 báo 혱 두께가 얇다　嫩 nèn 혱 여리다, 부드럽다　斜 xié 혱 기울다, 비스듬하다

59	A 消灭	**B 阻挡**	A 소멸하다	**B 가로막다**
	C 躲藏	D 退步	C 숨다	D 퇴보하다

해설 빈칸은 [앞문장(……有一个缺点), 就是+___+목적어(手机信号)]의 구조로 빈칸은 핸드폰 신호와 호응하는 동사술어 자리이다. 또한 앞문장에 단점에 관한 내용이 있으므로 신호에 좋지 않은 영향을 미친다는 뜻의 어휘가 들어가야 한다. 보기 중 이에 적합한 것은 B 阻挡(가로막다)이다. 신호는 소멸하거나 수준이 퇴보하는 대상이 될 수 없으므로 보기 A와 D를 소거한다. C의 躲藏(숨다)은 일반적으로 목적어를 취하지 않는 자동사로 '躲藏+于/在'의 형태로 쓰인다.

· 消灭	消灭害虫 해충을 없애다	消灭敌人 적을 없애다
· 阻挡	阻挡我们 우리를 가로막다	阻挡前进的脚步 전진하는 발걸음을 가로막다
· 躲藏	躲藏在洞里 굴 속에 숨다	爬到树上躲藏起来 나무 위로 기어올라가 숨다
· 退步	英语水平退步了许多 영어 수준이 많이 퇴보했다	
	学习成绩明显退步了 학업성적이 확실히 뒤떨어졌다	

어휘 消灭 xiāomiè 동 없애다, 퇴치하다, 소멸하다　阻挡 zǔdǎng 동 저지하다, 가로막다　躲藏 duǒcáng 동 숨다　退步 tuìbù 명 동 퇴보(하다)

60	A 可以让一些光线通过	A 일부 광선을 통과시킬 수 있다	
	B 很多乘客会提出抗议	B 많은 승객들이 항의를 한다	
	C 坐火车干脆别使用手机	C 기차를 타면 아예 핸드폰을 사용하지 마라	
	D 电磁信号很难传到车厢内	**D 전자 신호가 객실 내부로 전달되기 어렵다**	

해설 빈칸은 [___. 뒷문장(在车厢内使用手机信号自然就不那么好了)]의 구조로 빈칸 뒷문장의 부사 就는 주로 앞문장에 대한 결과를 나타낸다. 따라서 빈칸은 핸드폰 신호가 약할 수밖에 없는 원인을 나타내야 하므로 전후 문맥상 알맞은 보기 D 电磁信号很难传到车厢内(전자 신호가 객실 내부로 전달되기 어렵다)가 정답이 된다.

어휘 光线 guāngxiàn 명 광선, 빛　乘客 chéngkè 명 승객　抗议 kàngyì 동 항의하다　干脆 gāncuì 부 차라리, 아예　电磁信号 diàncí xìnhào 명 전자 신호　车厢 chēxiāng 명 열차의 객실이나 수화물 칸

독해 제2부분

61

　　在孩子的成长过程中，父母的陪伴是必不可少的，有效的陪伴对孩子与他人建立亲密关系起着决定性的作用。有的父母一边玩儿手机一边陪孩子，这种陪伴是无效的。要用真诚的倾听和沟通陪伴孩子，这样才能使他们增加安全感，形成稳定而积极的心态。

　　아이의 성장과정에 부모가 함께해 주는 것은 필수적이며, 효과적인 동행은 아이가 타인과 친밀한 관계를 맺는데 결정적인 작용을 한다. 어떤 부모는 핸드폰을 하면서 아이 곁에 있기도 하는데 이렇게 곁에 있어 주는 것은 효과가 없다. 진심 어린 경청과 소통으로 아이와 함께 해 주어야만 비로서 아이들로 하여금 안전감을 갖고, 안정적이면서 긍정적인 심리상태를 형성하게 해 줄 수 있다.

A 有效陪伴利于孩子健康成长	**A 효과적인 동행은 아이의 건강한 성장에 도움이 된다**
B 不要过早让孩子接触手机	B 너무 이른 때 아이에게 핸드폰을 접하게 하지 마라
C 父母要与孩子多进行沟通	C 부모는 아이와 소통을 많이 해야 한다
D 好的习惯要从小培养	D 좋은 습관은 어려서부터 길러야 한다

보기에서 키워드를 살펴보면 A는 有效陪伴(유효한 동반)과 健康成长(건강한 성장), B는 不要过早(너무 이른 때)와 接触手机(핸드폰을 접하다), C는 多进行沟通(소통을 많이 하라), D는 习惯要从小培养(습관은 어려서부터 길러야 한다)이다. 지문에서 有效的陪伴对孩子与他人建立亲密关系起着决定性的作用(효과적인 동행은 아이가 타인과 친밀한 관계를 맺는데 결정적인 작용을 한다)이라고 했으므로 정답은 A이다.

TIP▶ 오답을 유도하는 함정형 보기는 주로 지문에 등장한 어휘를 활용하여 비슷해 보이나 엄밀하게 따지면 다른 내용으로, 체감 난이도를 높이는 기능을 한다. 지문과 유사한 내용의 보기인 경우 각별히 주의해야 한다.

어휘 지문 陪伴 péibàn 통 동행하다　必不可少 bì bù kě shǎo 생 없어서는 안 된다　有效 yǒuxiào 형 유효하다　建立 jiànlì 통 맺다, 세우다　亲密 qīnmì 형 친밀하다　无效 wúxiào 형 효과가 없다　真诚 zhēnchéng 형 진실하다　倾听 qīngtīng 통 경청하다　沟通 gōutōng 통 소통하다　安全感 ānquángǎn 명 안전감　形成 xíngchéng 통 형성하다　稳定 wěndìng 형 안정적이다　心态 xīntài 명 심리상태　보기 利于 lìyú ～에 이롭다　过早 guòzǎo 형 너무 이르다　接触 jiēchù 통 닿다, 접촉하다　培养 péiyǎng 통 양성하다

62

如今，"打工度假"已成为一种时尚。很多年轻人往往会在大学的最后一个学期选择利用大概一个学期的时间到国外旅行。而且旅行期间的所有支出都由他们在当地打工赚取，这种方式的旅行不仅可以帮助开阔视野，也可以在正式工作前让他们体验一下真实的社会。

A 打工度假是一种冒险行为
B 打工度假会耽误学习
C 打工度假在年轻群体中很流行
D 打工度假是一种逃避现实的现象

오늘날 '워킹홀리데이'는 이미 하나의 트렌드가 되었다. 많은 젊은이들이 대학의 마지막 학기 때 대략 한 학기 정도의 시간을 활용하여 해외 여행을 간다. 게다가 여행기간 중 모든 지출은 그들이 현지에서 아르바이트를 해서 번다. 이런 방식의 여행은 시야를 넓히는데 도움을 줄 뿐만 아니라, 정식으로 회사를 다니기 전에 그들로 하여금 현실 사회를 체험할 수 있게 해 준다.

A 워킹홀리데이는 위험을 무릅 쓰는 행위이다
B 워킹홀리데이는 학업을 그르칠 수 있다
C 워킹홀리데이는 젊은층에서 유행한다
D 워킹홀리데이는 일종의 현실도피 현상이다

보기에 공통적으로 打工度假(워킹홀리데이)가 있으므로 이를 소개하는 글임을 알 수 있다. 보기의 키워드를 살펴보면, A는 冒险行为(위험을 무릅쓰는 행위), B는 耽误学习(학업을 그르치다), C는 轻群体中很流行(젊은층에서 유행하다), D는 逃避现实(현실을 도피하다)이다. 보기의 키워드를 지문과 대조해 보면 지문의 도입부에서 "打工度假"已成为一种时尚。很多年轻人('워킹홀리데이'는 이미 하나의 트렌드가 되었다. 많은 젊은이들이)이라고 했으므로 워킹홀리데이가 젊은층의 트렌드임을 확인할 수 있다. 따라서 정답은 C이다.

어휘 지문 打工度假 dǎgōng dùjià 명 워킹홀리데이　支出 zhīchū 명 지출　打工 dǎgōng 통 아르바이트하다　赚取 zhuànqǔ 통 돈을 벌다　方式 fāngshì 명 방식　开阔 kāikuò 통 넓히다　视野 shìyě 명 시야　体验 tǐyàn 통 체험하다　真实 zhēnshí 형 진실하다　보기 冒险 màoxiǎn 통 위험을 무릅 쓰다　耽误 dānwu 통 지체하다, 그르치다　逃避 táobì 통 도피하다　现实 xiànshí 명 현실

63

人类活动所造成的各种污染使原本美丽的自然面目全非，其中光污染使我们失去了繁星满天的夜空。近年来，不少星空爱好者开始选择到西藏去看星星，这是因为西藏大部分地区还未受到光污染的侵害，星空资源非常丰富。

A 光污染使我们看不到太阳
B 光污染是一种自然灾害
C 很多人去西藏看星星
D 西藏的地理位置很低

인류 활동이 초래한 각종 오염은 본래는 아름다웠던 자연의 면모를 더 이상 찾아 볼 수 없게 만들었다. 그 중에서도 광공해는 우리에게 별빛 가득한 밤 하늘을 잃게 만들었다. 적잖은 아마추어 천체 관측가들은 별을 관측하기 위해 티벳행을 선택하기 시작했는데, 이는 티벳의 대부분 지역이 아직까지 광공해의 침입을 받지 않아 관측자원이 매우 풍부하기 때문이다.

A 광공해는 우리가 태양을 볼 수 없게 만들었다
B 광공해는 일종의 자연 재해이다
C 많은 사람들이 별을 보러 티벳으로 간다
D 티벳의 지리적 위치는 매우 낮다

해설 보기의 키워드를 살펴보면 A는 太阳(태양), B는 自然灾害(자연 재해), C는 很多人去西藏看星星(많은 사람들이 별을 보러 티벳으로 간다), D는 西藏的地理位置(티벳의 지리적 위치)이다. 지문과 대조해 보면 不少星空爱好者开始选择到西藏去看星星(적잖은 아마추어 천체 관측가들은 별을 관측하기 위해 티벳행을 선택하기 시작했다)이라고 하여 보기 C의 내용이 그대로 언급되었으므로 정답은 C이다.

어휘 지문 进步 jìnbù 명 통 진보(하다) 变本加厉 biàn běn jiā lì 성 더욱 심하게 되다 原本 yuánběn 부 원래 面目全非 miàn mù quán fēi 성 옛 모습을 찾아볼 수 없게 되다 光污染 guāngwūrǎn 광공해, 빛공해 失去 shīqù 통 잃다 繁星 fánxīng 명 무수한 별 满天 mǎntiān 명 온 하늘 夜空 yèkōng 명 밤하늘 星空 xīngkōng 별이 총총한 하늘 爱好者 àihàozhě 명 애호가, 마니아 西藏 Xīzàng 지명 티베트 侵害 qīnhài 통 침해하다 보기 灾害 zāihài 명 재해 地理 dìlǐ 명 지리 位置 wèizhì 명 위치

64

世界上一次性建设里程最长的高速铁路是中国的兰新高速铁路。它横跨甘肃、青海和新疆三省区，全长1776公里，同时也是中国首条在高原和戈壁荒漠地区修建的高速铁路。因此，兰新高速铁路被誉为现代"钢铁丝绸之路"。

A 兰新高速铁路预计明年通车
B 兰新高速铁路经过高原地区
C 中国西南地区目前还没有铁路
D 兰新高速铁路主要用于货运

세계적으로 단일 건설 길이가 가장 긴 고속 철도는 중국의 란신 고속 철도이다. 이 철도는 간수, 칭하이, 신지앙 3개 성의 지역을 가로지르며, 총 길이는 1776km이다. 또한 중국 최초로 고원과 사막의 황야 지대에 건설된 고속 철도이다. 때문에 란신 고속 철도는 현대의 '아이언 실크로드'로 불리운다.

A 란신 고속 철도는 내년에 개통될 전망이다
B 란신 고속 철도는 고원 지대를 지나간다
C 중국 남서지역은 현재 아직은 철도가 없다
D 란신 고속 철도는 주로 화물 운송에 쓰인다

해설 보기에 공통적으로 兰新高速铁路(란신 고속 철도)가 있으므로 이를 소개하는 글임을 알 수 있다. 보기의 키워드를 살펴보면 A는 明年通车(내년 개통), B는 经过高原地区(고원 지대를 지나간다), C는 西南(남서지역)과 还没有铁路(철도가 아직 없다), D는 用于货运(화물 운송에 쓰인다)이다. 지문의 두 번째 문장에서 在高原和戈壁荒漠地区修建的高速铁路(고원과 사막의 황야 지대에 건설된 고속 철도이다)라고 하여 사막의 황야 지역을 경유한다고 직접 언급했으므로 정답은 B이다.

어휘 지문 一次性 yícìxìng 부 단번에 里程 lǐchéng 명 길이 高速铁路 gāosù tiělù 고속 철도 兰新铁路 Lán Xīn tiělù 란신 철도(란저우와 우루무치 간의 철도) 横跨 héngkuà 통 걸쳐 있다, 뛰어넘다 甘肃 Gānsù 지명 간쑤성 青海 Qīnghǎi 지명 칭하이성 新疆 Xīnjiāng 지명 신장 위구르 자치구 全长 quáncháng 명 전체 길이 首 shǒu 형 최초의 高原 gāoyuán 명 고원 戈壁荒漠地区 Gēbì huāngmò dìqū 지명 고비 사막 지역 修建 xiūjiàn 통 건설하다 被誉为 bèiyùwéi ~라고 칭송받다 钢铁 gāngtiě 명 강철 丝绸之路 sīchóuzhīlù 명 실크로드 보기 预计 yùjì 통 전망하다, 예상하다 通车 tōngchē 통 철도나 도로가 개통하다 用于 yòngyú ~에 쓰다 货运 huòyùn 명 화물 운송

65

孔子说："民无信不立。"意思是一个人如果没有诚信，就不可能在社会上立足，说明了诚信的重要性。在市场经济中，企业的诚信也同样重要，它是对企业在道德、法律等方面的肯定，是一个企业的无形财产。没有诚信的企业便没有竞争资本，因此诚信也被称为企业家的"金质名片"。

A 金质名片是企业家地位的象征
B 企业都需要大量资金做后台
C 企业的竞争是人才的竞争
D 诚信对企业的发展极其重要

공자가 이르길, '백성의 믿음을 얻지 못하면 나라는 설 수 없다'고 하였다. 이것의 뜻은 만약 신용이 없다면 사회에 발 디디고 설 수가 없다는 것으로 신용의 중요성을 피력한 것이다. 시장경제에서 기업의 신용 또한 마찬가지로 중요하다. 신용은 기업에 대한 윤리와 법에서의 인정이며 기업의 무형의 자산이다. 신용이 없는 기업은 경쟁자본이 없다. 때문에 신용은 또한 기업가의 '골드 비즈니스 카드'라고 불린다.

A 골드 비즈니스 카드는 기업가의 지위의 상징이다
B 기업은 뒷받침으로 삼을 대량의 자본이 필요하다
C 기업의 경쟁은 인재의 경쟁이다
D 신용은 기업발전에 대단히 중요하다

해설 보기의 키워드를 살펴보면 A는 地位的象征(지위의 상징), B는 大量资金(대량의 자금), C는 人才的竞争(인재의 경쟁), D는 诚信重要(신뢰는 중요하다)이다. 큰따옴표(" ")로 제시된 어휘(사자성어, 속담 등)는 우선 건너뛰고 부연설명을 살펴본다. 지문의 중간 부분에서 说明了诚信的重要性。在市场经济中，企业的诚信也同样重要(즉 신용의 중요성을 피력했다. 시장경제에서 기업의 신용 또한 마찬가지로 중요하다)라고 했으므로 일치하는 내용은 D이다.

어휘 **지문** 民无信不立 mínwúxìnbùlì 백성의 믿음을 얻지 못하면 나라는 설 수 없다　诚信 chéngxìn 몡 图 신용(을 지키다)　立足 lìzú 图 발 붙이다, 서다　道德 dàodé 도덕, 윤리　法律 fǎlǜ 몡 법률　无形 wúxíng 톙 무형의, 보이지 않는　财产 cáichǎn 몡 재산　资本 zīběn 몡 자본　**보기** 地位 dìwèi 몡 지위　象征 xiàngzhēng 몡 图 상징(하다)　资金 zījīn 몡 자금　后台 hòutái 몡 뒷받침, 배경　极其 jíqí 튀 지극히　人才 réncái 몡 인재

66

人们一般认为在谈判中双方存在差异不是一件好事，这让双方难以沟通。其实不然，这种不同之处可以刺激双方产生更多想法，会使谈判更有利可图，富有创造性。多问对方几个有关差异的问题，多听取对方的意见，会让对方更加信任你，从而得到更加理想的结果。

사람들이 보통 협상에서 양측에 차이가 존재하는 것은 안 좋은 일로 여긴다. 이것이 양측의 소통을 어렵게 한다는 것이다. 그러나 사실은 그렇지 않다. 이렇게 다른 점들이 양측에 더 많은 아이디어들을 만들게 하여 협상에서 얻을 것을 더 많게, 보다 더 창의성을 가질 수 있게 해 준다. 상대방에게 몇몇 차이점에 대한 문제들을 더 많이 물어보고 그들의 의견을 더 많이 수렴하면 당신을 신뢰하게 만들어 더욱 이상적인 결과를 얻을 수 있다.

A 谈判的关键在于能否说服对方
B 不同意见对谈判有益
C 谈判双方都要为自己争取利益
D 谈判时要尽量使双方达成一致

A 협상의 관건은 상대방을 설득할 수 있는지의 여부에 달려 있다
B 서로 다른 의견들이 협상에 유익하다
C 협상하는 양측 모두 자신의 이익을 쟁취하려 한다
D 협상 시 가능한 한 양측의 의견을 일치시켜야 한다

해설 보기의 키워드를 살펴보면 A는 说服对方(상대방을 설득하다), B는 不同意见对谈判有益(서로 다른 의견들이 협상에 유익하다), C는 要为自己争取利益(자신의 이익을 쟁취하려 한다), D는 使双方达成一致(양측의 의견을 일치시키다)이다. 지문의 중간 부분에 반전을 나타내는 其实不然(사실은 그렇지 않다)이 있으므로 글에서 말하고자 하는 내용이 뒷부분에 제시됨을 알 수 있다. 지문에서 这种不同之处可以刺激双方产生更多想法，会使谈判更有利可图，富有创造性(이렇게 다른 점들이 양측에 더 많은 아이디어들을 만들게 하여 협상에서 얻을 것을 더 많게, 보다 더 창의성을 가질 수 있게 해 준다)이라고 했으므로 알맞은 정답은 B이다.

어휘 **지문** 谈判 tánpàn 몡 图 담판(하다), 협상(하다)　双方 shuāngfāng 몡 쌍방　存在 cúnzài 图 존재하다　差异 chāyì 몡 차이　难以 nányǐ 톙 ~하기 어렵다　沟通 gōutōng 图 소통하다　其实不然 qíshíbùrán 사실은 그렇지 않다　刺激 cìjī 图 자극하다　有利可图 yǒu lì kě tú 취할 이익이 있다　富有 fùyǒu 图 풍부하다　创造性 chuàngzàoxìng 몡 창조성　听取 tīngqǔ 图 귀를 기울이다　信任 xìnrèn 图 신임하다　从而 cóng'ér 젭 따라서, 그리하여　**보기** 说服 shuōfú 图 설득하다　争取 zhēngqǔ 图 쟁취하다　利益 lìyì 몡 이득, 이익　尽量 jǐnliàng 튀 가능한 한　达成一致 dáchéng yízhì 합의에 이르다

67

近年来，社区老年大学的成立受到了很多退休老人的好评。因为老年大学不仅丰富了他们的业余生活，还改善了老年人的心理健康状况。很多老人刚退休的时候，不适应每天呆在家里，无所事事的生活，而老年大学很好地解决了这一问题。社区老年大学的课程十分丰富，如书法、太极拳、象棋、盆栽等。

최근 들어, 지역사회의 노인대학 설립이 퇴직한 노인들에게 호평을 받고 있다. 노인대학이 비단 그들의 여가생활을 풍부하게 만들어 주었을 뿐만 아니라 노인들의 심리 건강 상태도 개선시켜 주었다는 것이다. 많은 노인들이 갓 퇴직한 후 할일 없이 집안에 머무는 삶에 적응하지 못하는데 노인 대학은 이러한 문제를 매우 잘 해결해 주었다. 지역사회의 노인대학은 서예, 태극권, 바둑, 분재 등 교과과정도 매우 다양하다.

A 老年人都不希望退休
B 退休后的生活十分丰富
C 老年大学很难迅速普及
D 老年大学有益于老人们的身心健康

A 노인들은 모두 퇴직하기를 원하지 않는다
B 퇴직 후의 삶은 굉장히 풍부하다
C 노인대학의 신속한 보급이 매우 어렵다
D 노인대학은 노인들의 심신 건강에 유익하다

해설 보기를 보고 노인대학을 소개하는 글임을 알 수 있다. 보기의 키워드로 A는 不希望退休(퇴직하기를 원하지 않는다), B는 退休后的生活十分丰富(퇴직 후의 삶은 굉장히 풍부하다), C는 很难迅速普及(신속한 보급이 매우 어렵다), D는 有益于老人们的身心健康(노인들의 심신 건강에 유익하다)이다. 이유를 나타내는 접속사 因为(왜냐하면) 뒤에 老年大学不仅丰富了他们的业余生活，还改善了老年人的心理健康状况(노인대학은 여가생활을 풍부하게 만들어 주었을 뿐만 아니라 노인들의 심리 건강 상태도 개선시켜 주었다)이라고 했으므로 일치하는 내용은 D이다.

어휘 🔵 社区 shèqū 몡 지역 사회　成立 chénglì 동 설립하다　业余生活 yèyú shēnghuó 여가생활　呆 dāi 동 머무르다　无所事事 wú suǒ shì shì 셩 아무 일도 하는 것이 없다　书法 shūfǎ 서예　太极拳 tàijíquán 몡 태극권　象棋 xiàngqí 몡 장기　盆栽 pénzāi 몡 분재　🔺 迅速 xùnsù 혱 신속하다　普及 pǔjí 동 보급하다　有益于 yǒuyì yú ~에 이롭다

68

　　服装搭配软件是时尚女性最爱的安卓软件之一。这款软件能够搭建一个虚拟的"试衣间"，给模特"穿"上选中的衣服，当然还可以任意搭配鞋、包等，以达到你最喜欢的效果。这样你就可以看到实际效果，在琳琅满目的衣服中挑选最适合你的那款。

　　피팅 앱은 패셔니한 여성들이 가장 선호하는 안드로이드 앱 중 하나이다. 이 앱은 가상 '피팅룸'을 구축하여, 모델에게 선택한 옷을 입혀볼 수 있다. 당신이 가장 마음에 들어 하는 효과를 내도록, 신발, 가방 등도 당연히 마음대로 피팅해 볼 수 있다. 이렇게 하면 당신은 실제 효과를 눈으로 확인할 수 있고, 수많은 옷들 중에서 당신에게 가장 잘 어울리는 핏을 선택할 수 있다.

A 该软件需要付费
B 该软件提供虚拟试衣功能
C 该软件的开发人是一位女性
D 和男性相比女性更爱网购

A 이 앱은 비용을 지불해야 한다
B 이 앱은 가상 피팅 기능을 제공한다
C 이 앱의 개발자는 여성이다
D 남성과 비교해서 여성이 인터넷 쇼핑을 더 선호한다

해설 보기의 키워드를 살펴보면, A는 付费(비용 지불), B는 虚拟试衣功能(가상 피팅 기능), C 开发人(개발자), D는 女性更爱网购(여성이 더 인터넷 쇼핑을 선호한다)이다. 지문에서 这款软件能够搭建一个虚拟的"试衣间"(이 앱은 가상 '피팅룸'을 구축하여, 모델에게 선택한 옷을 입혀볼 수 있다)이라고 했으므로 일치하는 내용은 B이다.

TIP▶ 패션피플을 '패피'라고 하는 것처럼, 중국어에서도 4글자를 2글자로 줄인 표현이 자주 등장한다. 예를 들면 5급에서는 环境保护(환경보호)-环保, 减轻压力(스트레스를 줄이다)-减压, 驾驶执照(운전면허)-驾照, 网上购物(인터넷 쇼핑)-网购 등이 있다.

어휘 🔵 软件 ruǎnjiàn 몡 소프트웨어, 앱　搭配 dāpèi 동 결합하다, 배합하다　时尚 shíshàng 몡 유행, 패션　安卓 ānzhuó 안드로이드　虚拟 xūnǐ 혱 가상적인　试衣间 shìyījiān 몡 피팅룸　模特 mótè 몡 모델　任意 rènyì 뷔 임의로　琳琅满目 lín láng mǎn mù 셩 갖가지 훌륭한 물건이 눈 앞에 가득하다　挑选 tiāoxuǎn 동 고르다, 선택하다　款 kuǎn 몡 양식, 스타일　🔺 付费 fùfèi 동 비용을 지불하다　试衣 shìyī 동 옷을 입어보다　开发人 kāifārén 몡 개발자　网购 wǎnggòu 인터넷 쇼핑(网上购物의 약칭)

69

　　"手指阅读器"是一项最新发明，它看上去和一般的戒指没什么两样，但是却有识别文字并发声阅读的功能。使用者将戴着阅读器的手指放置于文字上，阅读器就会朗读出来。手指阅读器适用于盲人和视力减退者，以及不能识别文字的人群。

　　'핑거 리더기'는 최신 발명품으로 보통 반지와 별반 다를 것이 없어 보이나, 문자를 식별하고 소리 내어 읽는 기능을 가지고 있다. 사용자가 리더기를 착용한 손가락을 문자 위에 놓으면 리더기가 바로 낭독해 준다. 핑거 리더는 시각 장애인과 시력이 떨어진 사람 및 문자를 식별하지 못하는 사람들에게 유용하다.

A 手指阅读器具备发声功能
B 手指阅读器无法识别图片
C 手指阅读器是用来锻炼手指的
D 手指阅读器是专门为盲人研发的

A 핑거 리더기는 음성 기능을 갖추고 있다
B 핑거 리더기는 그림을 인식할 수 없다
C 핑거 리더기는 손가락을 단련시키는 데 사용한다
D 핑거 리더기는 시각 장애인만을 위해 연구 개발되었다

해설 보기에 공통적으로 手指阅读器(핑거 리더기)가 있으므로 이를 소개하는 글임을 알 수 있다. 보기의 키워드를 살펴보면 A는 发声

功能(음성 기능). B는 识别图片(그림을 식별하다). C는 锻炼手指(손가락 단련), D는 专门为盲人(시각 장애인만을 위해서)이다. 첫 번째 문장에서 但是却有识别文字并发声阅读的功能(하지만 문자를 식별하고 소리 내어 읽는 기능을 가지고 있다)이라고 했으므로 일치하는 내용은 A이다.

70

大多数企业家创办企业的目的都是为了获取利润。但是有一些企业家却并非如此，他们以解决社会问题为出发点，被称为"社会企业家"。他们为理想所驱动，具有创造力，质疑现状、开拓新机遇、拒绝放弃，为建设一个更好的社会而努力。	대다수 기업가들이 기업을 세우는 목적은 모두 이윤을 얻기 위해서다. 그러나 몇몇 기업가들은 결코 이렇지 않다. 그들은 사회 문제 해결을 출발점으로 하여, '사회적 기업가'라고 불린다. 그들은 이상에 의해 움직이며, 창의력을 가지고 사회 현상에 의문을 던지며, 새로운 기회를 개척하고, 포기를 모르며, 보다 더 나은 사회를 건설하기 위해 노력한다.
A 所有企业家都应担负社会责任 B 利润是所有企业家的出发点 **C 社会企业家以建设美好社会为目的** D 社会企业家为了社会放弃理想	A 모든 기업가들은 마땅히 사회적 책임을 져야 한다 B 이윤은 모든 기업가들의 출발점이다 **C 사회적 기업가는 아름다운 사회 건설을 목표로 한다** D 사회적 기업가는 사회를 위해 이상을 포기한다

해설 보기의 키워드를 살펴보면 A는 社会责任(사회적 책임), B는 利润是出发点(이윤이 출발점), C는 建设美好社会(아름다운 사회 건설), D는 放弃理想(이상을 포기하다)이다. A와 B는 단정적 어휘인 所有(모든)에 주의하여 지문과 대조한다. 지문의 마지막 부분에서 他们为建设一个更好的社会而努力(그들은 보다 더 나은 사회를 건설하기 위해 노력한다)라고 했으므로 일치하는 내용은 C이다.

독해 제3부분

71-74

相信几乎所有的人都有过这种经历：当一首歌听过多遍后，脑子里满是这首歌的旋律，刷牙洗脸的时候嘴里不由自主哼出来的也是这首歌，甚至走在上班的路上，耳边还是它的旋律。我们说这是"耳虫"在不知不觉中"侵入"了你的大脑，它的学名叫做"不自主的音乐想象"。71 "耳虫"现象虽然普遍，但它基本上是无害的，只有少数人表示耳虫让他们无法集中注意力做事。	거의 모든 사람들에게 이런 경험이 있을 것이다. 노래 한 곡을 여러 번 듣고 난 후, 머릿 속에 온통 이 노래의 멜로디만 가득하고, 양치질하고 세수할 때도 입에서 절로 이 노래가 흥얼거리며 나오고, 심지어는 출근 길에도 귓가엔 이 노래 멜로디가 여전하다. 이것을 '이어웜(ear worm)'이 자기도 모르게 우리 뇌로 '침입했다'라고 말한다. 학명은 '비자발적 음악의 형상화'이다. 71'이어웜' 현상은 비록 보편적이지만 대체적으로 무해하다. 몇몇 소수의 사람만이 이어웜이 집중해서 일을 하지 못하게 한다고 할 뿐이다.

那么，这种现象有没有规律性呢？答案虽然是否定的，但是研究人员发现[72]当人们频繁接触同一种音乐时，出现"耳虫"现象的机率更高，受到的影响也更大。

到目前为止，"耳虫"现象还没有确切的科学依据，但调查中发现了[74]一些有效的解脱方法。其中，最有效果的方法就是"无为而治"，[73]即什么也不干或者直接睡觉去。其次是用其他方法分散注意力，如和别人聊天或者做一些自己感兴趣的事情，这些都是比较可行的方法。

그렇다면, 이 현상은 법칙이 있을까? 답은 비록 부정적이지만, 연구원들은 [72]사람들이 빈번하게 한 곡을 접하면 '이어웜' 현상이 나타날 확률이 훨씬 높고 영향도 더 크게 받는다는 것을 발견했다.

현재까지 '이어웜' 현상은 확실한 과학적 근거는 없지만, 조사에서 효과적으로 [74]벗어날 수 있는 몇몇 방법을 발견했다. 그중 가장 효과적인 방법은 바로 **'아무런 조치도 취하지 않고 저절로 치료된다'**는 것으로, [73]즉 아무것도 하지 않거나 바로 자버리는 것이다. 그 다음으로는 다른 사람과 수다를 떨거나 흥미있는 일 등의 다른 방법으로 주의력을 분산시키는 것으로 모두 비교적 해 볼 만한 방법들이다.

어휘 首 shǒu 양 시나 노래를 세는 단위　脑子 nǎozi 명 머리　旋律 xuánlǜ 명 선율, 멜로디　不由自主 bù yóu zì zhǔ 성 저절로 자기도 모르게　哼 hēng 동 흥얼거리다　耳虫 ěrchóng 명 이어웜(ear worm), 자꾸 귓전에 맴도는 곡조　不知不觉 bù zhī bù jué 성 자기도 모르는 사이에　侵入 qīnrù 명동 침입(하다)　无害 wúhài 무해하다　无法 wúfǎ 부 ~할 방법이 없다　集中 jízhōng 동 집중하다　注意力 zhùyìlì 명 주의력　规律性 guīlǜxìng 명 법칙성　否定 fǒudìng 명동 부정(하다)　研究人员 yánjiū rényuán 명 연구원　频繁 pínfán 형 잦다, 빈번하다　接触 jiēchù 동 닿다, 접촉하다　机率 jīlǜ 명 확률　到目前为止 dào mùqián wéizhǐ 지금까지　确切 quèqiè 형 확실하며 적절하다　依据 yījù 명 근거　解脱 jiětuō 동 벗어나다　无为而治 wú wéi ér zhì 성 아무런 조치도 취하지 않으면서 다스리다　分散 fēnsàn 동 분산하다　可行 kěxíng 형 실행할 만하다

71

根据第1段，"耳虫"现象：

A 只有极少人经历过
B 比较普遍的
C 是一种侵入大脑的虫子
D 通常不会影响到正常生活

첫 번째 단락에 근거하면 '이어웜' 현상은?

A 극히 적은 사람들만 겪어보았다
B 비교적 보편적이다
C 일종의 대뇌에 침입하는 벌레이다
D 보통 정상 생활에 영향을 미치지 않는다

해설 첫 번째 단락에서 '耳虫'에 관한 정보를 묻는 문제이다. 지문과 대조할 보기의 키워드로 极少人(극소수의 사람), 普遍(보편적이다), 虫子(벌레), 不会影响(지장을 주지 않는다)을 파악한다. 지문에서 "耳虫"现象虽然普遍('이어웜' 현상은 비록 보편적이지만)이라고 언급되어 보기 B가 그대로 출현하였다. 따라서 알맞은 정답은 B이다.

어휘 侵入 qīnrù 명동 침입(하다)　大脑 dànǎo 명 대뇌　虫子 chóngzi 명 벌레　通常 tōngcháng 명 일반, 보통

72

"耳虫"现象什么时候更容易出现？

A 失眠时
B 精神压过大时
C 持续听高分贝的音乐时
D 频繁听同种音乐时

'이어웜' 현상은 언제 더 쉽게 출현하는가?

A 불면증일 때
B 정신적 스트레스가 지나치게 많을 때
C 높은 데시벨의 음악을 지속적으로 들을 때
D 빈번하게 동일한 음악을 들을 때

해설 질문의 키워드는 什么时候更容易出现(언제 더 쉽사리 출현하다)이므로 지문에서 때를 지칭하는 어휘를 찾는다. 보기의 키워드는 失眠(불면증이다), 压力过大(스트레스가 과하다), 持续听高分贝(높은 데시벨을 지속해서 듣는다), 频繁听同一种音乐(빈번하게 동일한 음악을 듣는다)이다. 두 번째 단락에서 当人们频繁接触同一种音乐时，出现"耳虫"现象的机率更高，受到的影响也更大(사람들이 빈번하게 한 곡을 접하면 '이어웜' 현상이 나타날 확률이 훨씬 높고 영향도 더 크게 받는다는 것을 발견했다)라고 했으므로 보기 D와 일치한다. 따라서 정답은 D이다.

어휘 失眠 shīmián 명 불면증 동 잠을 이루지 못하다　频繁 pínfán 형 잦다, 빈번하다　持续 chíxù 동 지속하다　分贝 fēnbèi 양 데시벨

73

第3段中的画线词语最可能是什么意思？

세 번째 단락에 밑줄 친 어휘의 뜻으로 가장 가능성 있는 것은 무엇인가？

A 不治之症
B 没人能治得了
C 什么都不做
D 原因还不明确

A 불치병
B 고칠 수 있는 사람이 없다
C 아무 것도 하지 않는다
D 여전히 원인 불명이다

해설 밑줄 친 어휘의 뜻을 유추하는 문제이다. 세 번째 단락의 밑줄 친 어휘의 뒷문장에 就是(즉 ～이다)를 나타내는 即가 등장하여 即什么也不干或者直接睡觉去(즉 아무것도 하지 않거나 바로 자버리는 것이다)라고 했으므로 보기 C와 일치한다. 따라서 정답은 C이다.

어휘 不治之症 búzhìzhīzhèng 명 불치병   治得了 zhìdeliǎo 고칠 수 있다   明确 míngquè 형 명확하다

74

下列哪种不是解脱"耳虫"现象的方法？

다음 중 '이어웜' 현상을 벗어나는 방법이 아닌 것은？

A 控制好自己的情绪
B 直接睡觉去
C 分散注意力
D 做感兴趣的事情

A 자신의 감정을 컨트롤한다
B 바로 잠을 잔다
C 주의력을 분산시킨다
D 흥미 있는 일을 한다

해설 질문의 키워드는 解脱方法(벗어날 방법)이며 이에 포함되지 않는 보기 하나를 찾는 문제이다. 지문의 세 번째 단락에 질문의 키워드를 제시하며 '이어웜' 현상을 벗어나는 방법을 언급하고 있다. 보기 B, C, D는 그대로 언급되었으나 A는 등장하지 않았으므로 정답은 A이다.

TIP▶ 옳지 않은 내용을 고르는 문제는 질문에 不是(～이 아니다), 不包括(～을 포함하지 않는다), 不属于(～에 속하지 않는다) 등과 같은 어휘를 사용하니 이러한 질문이 제시된 문제에서 옳은 보기를 선택하지 않도록 주의해야 한다.

어휘 控制 kòngzhì 동 제어하다   情绪 qíngxù 명 기분, 정서   分散 fēnsàn 명 동 분산(하다)   注意力 zhùyìlì 명 주의력

75-78

　　张芳在一家酒店工作，负责酒店内部设计。由于工作关系，她经常去世界各地出差。然而，75每次出差时，白天辛苦的工作并没能让她入眠。这是因为酒店房间里有太多的娱乐设施，对休息造成影响。比如电视、电脑、电话、杂志，还有免费无线网络，可以随时用手机上网。这些休闲娱乐的项目虽然可以给顾客提供一定的方便，但却让他们不能专心休息。

　　于是，她想，如果有个酒店，能让客人舒舒服服地睡个好觉，一定会大受欢迎。出差回来后，张芳开始对自己的酒店进行大刀阔斧的改造：76将客房里的电视、钟表、电话等电子产品全部撤走，只留下一张床、77一盏光线较暗的灯。另外，她还让酒店准备了许多软硬高低不同的枕头，供客人自己选择。

　　짱팡은 한 호텔에서 근무하며 호텔 인테리어를 담당하고 있다. 업무상 그녀는 자주 세계 각지로 출장을 다닌다. 그런데, 75매번 출장 때마다 낮 시간의 고된 근무에도 그녀는 잠들 수가 없었다. 호텔방에 너무나 많은 오락 시설들이 휴식에 지장을 주었기 때문이었다. 예를 들어, TV, 컴퓨터, 전화, 잡지에 무료 무선 인터넷까지 있어 언제든지 핸드폰으로 인터넷도 할 수 있다. 이런 오락거리들은 비록 고객에게 어느 정도 편리함을 주지만 휴식에 집중할 수 없게 만들었다.

　　그래서 짱팡은 만약에 고객들이 편안하게 숙면을 취할 수 있는 호텔이 있다면 틀림없이 크게 환영 받을 것이라 생각했다. 출장에서 돌아온 뒤 짱팡은 자신의 호텔에 대대적인 개조를 단행했다. 76객실의 TV, 시계, 전화 등 전자제품을 모두 철수시키고, 침대 하나와 77비교적 어두운 조명 하나만 남겨두었다. 이 밖에도 그녀는 호텔에 여러 개의 경도와 높이가 다른 베개를 준비시켜 고객들이 스스로 선택하도록 제공하였다.

如果在这样一个单纯的环境里，客人依然不能入睡，酒店还会安排睡眠师帮助其入眠。从那以后，入住张芳的酒店的每一位客人都可以享受一夜好眠，这让他们非常开心，尤其是那些有睡眠障碍的人，便成了酒店的常客。

这样，张芳不仅解决了自己的睡眠问题，78还为酒店带来了巨大的收益。

만약에 이렇게 단순한 환경에서도 고객이 여전히 잠들지 못하면, 호텔에서 고객의 수면을 돕기 위해 수면환경 관리사를 배정할 것이다. 이로부터 짱팡의 호텔에 투숙하는 모든 고객들은 밤새 숙면을 취할 수 있게 되었다. 특히나 수면 장애가 있는 고객들은 굉장히 기뻐하며 호텔의 단골이 되었다.

이렇게 짱팡은 자신의 수면 문제도 해결하고 78호텔에도 막대한 수익을 안겨주었다.

어휘 内部 nèibù 몡 내부 设计 shèjì 몡 통 설계(하다) 各地 gèdì 몡 각지 入眠 rùmián 통 잠들다 娱乐设施 yúlè shèshī 몡 오락 시설 造成 zàochéng 통 초래하다 无线网络 wúxiàn wǎngluò 몡 무선 인터넷, wi-fi 随时 suíshí 뷔 수시로, 아무때나 休闲娱乐 xiūxián yúlè 몡 레저 专心 zhuānxīn 통 몰두하다, 전념하다 大刀阔斧 dà dāo kuò fǔ 셍 일을 과감하게 처리하다 改造 gǎizào 통 개조하다 钟表 zhōngbiǎo 몡 시계 撤走 chèzǒu 통 물러나다 盏 zhǎn 양 잔을 세는 단위 光线 guāngxiàn 몡 광선 暗 àn 혱 어둡다 枕头 zhěntou 몡 베개 单纯 dānchún 혱 단순하다 依然 yīrán 뷔 여전히 入睡 rùshuì 통 잠들다 睡眠师 shuìmiánshī 몡 수면 환경 관리사 入眠 rùmián 통 잠들다 享受 xiǎngshòu 통 누리다, 즐기다 障碍 zhàng'ài 몡 통 방해(하다) 常客 chángkè 몡 단골 손님 巨大 jùdà 혱 거대하다 收益 shōuyì 몡 수익, 이득

75	根据第1段，张芳：	첫 번째 단락에 근거하면 짱팡은?
	A 出差时睡不好觉	**A 출장 시 잠을 잘 자지 못한다**
	B 还没学会倒时差	B 아직 시차적응을 잘 할 줄 모른다
	C 抱怨酒店网速太慢	C 호텔의 인터넷 속도가 너무 느리다고 불평한다
	D 喜欢睡前玩手机	D 자기 전 핸드폰을 즐겨 한다

해설 첫 번째 단락에서 张芳에 관한 옳은 내용을 고르는 문제이다. 보기의 키워드로 出差时睡不好觉(출장 시 잠을 잘 자지 못한다), 倒时差(시차적응), 网速太慢(인터넷 속도가 너무 느리다). 睡前玩手机(자기 전에 핸드폰을 한다)를 파악해 둔다. 첫 번째 단락의 전환의 접속사 然而(그러나) 이후에 每次出差时，白天辛辛苦苦的工作也并没能让她入眠(매번 출장 때마다 낮 시간의 고된 근무에도 그녀는 잠들 수가 없었다)이라고 했으므로 보기 A와 일치함을 알 수 있다. 따라서 정답은 A이다.

어휘 学会 xuéhuì 통 배워서 할 수 있게 되다 倒时差 dǎo shíchā 시차에 적응하다 抱怨 bàoyuàn 통 원망하다 网速 wǎngsù 몡 인터넷 속도

76	根据上文，画线词语最可能是什么意思？	본문을 토대로 밑줄 친 어휘는 어떤 뜻일 가능성이 가장 높은가?
	A 为顾客表演	A 고객에게 공연을 해 준다
	B 规模很大	**B 규모가 크다**
	C 用大刀拆旧房	C 큰 칼로 집을 허문다
	D 做事风格很独特	D 일하는 스타일이 매우 독특하다

해설 밑줄 친 어휘의 의미를 유추하는 문제이다. 밑줄 친 어휘는 改造(개조)를 수식하고 있다. 밑줄 어휘 다음 부분에서 将客房里的电视、钟表、电话等电子产品全部撤走(객실의 TV, 시계, 전화 등 전자제품을 모두 철수시켰다)라고 했으므로 대대적으로 개조했음을 알 수 있다. 따라서 알맞은 정답은 B이다.

어휘 大刀阔斧 dà dāo kuò fǔ 셍 일을 과감하게 처리하다 规模 guīmó 몡 규모 大刀 dàdāo 몡 대도 拆 chāi 통 뜯다, 해체하다 风格 fēnggé 몡 스타일 独特 dútè 혱 독특하다

77 关于改造后的客房，可以知道什么？	개조한 이후의 객실에 관하여 무엇을 알 수 있는가?
A 无线网络设置了密码 B 换成了大床 C 为客人提供个人保险箱 **D 室内灯光变暗了**	A 무선 인터넷에 비밀번호를 설정하였다 B 큰 침대로 바꾸었다 C 고객에게 개인용 금고를 제공한다 **D 실내등이 어두워졌다**

해설 개조된 객실에 관한 옳은 내용을 고르는 문제이다. 질문의 키워드 改造(개조하다)를 지문에서 찾아 보기와 정보를 대조한다. 보기의 키워드로 密码(비밀번호), 换成了大床(큰 침대로 바꾸었다), 个人保险箱(개인용 금고), 灯光变暗了(등이 어두워졌다)를 지문에서 탐색한다. 두 번째 단락에서 一盏光线较暗的灯(비교적 어두운 조명 하나만 남겨두었다)이라고 했으므로 정답은 D이다.

TIP▶ 주술구(灯光+暗)를 '관형어+중심어(暗的+灯光)'로 바꾸어 제시하는 방법은 HSK에서 같은 의미를 나타낼 때 자주 사용하는 방법이니 주의하도록 한다.

어휘 改造 gǎizào 명 동 개조(하다) 客房 kèfáng 명 객실 无线网络 wúxiàn wǎngluò 명 무선 인터넷(wi-fi) 设置 shèzhì 동 설치하다 个人保险箱 gèrén bǎoxiǎnxiāng 개인용 금고 暗 àn 형 어둡다

78 根据上文，下列哪项正确？	본문에 따르면 다음 중 올바른 것은?
A 张芳是一名专门睡眠师 B 酒店换了老板 **C 酒店获得了更大的利润** D 张芳的想法是错的	A 쨩팡은 전문 수면환경 관리사이다 B 호텔은 사장을 교체했다 **C 호텔은 더 많은 이윤을 얻었다** D 쨩팡의 생각은 잘못되었다

해설 전체 지문에서 옳은 내용을 판단하는 문제로 보기 자체가 키워드가 된다. 보기의 키워드로 睡眠师(수면환경 관리사), 换了老板(사장을 교체했다), 更大的利润(더 많은 이윤), 想法是错的(생각이 잘못되었다)를 지문과 대조한다. 마지막 단락에서 还为酒店带来了巨大的收益(호텔에도 막대한 수익을 안겨주었다)라고 했으므로 정답은 C이다.

어휘 老板 lǎobǎn 명 사장 利润 lìrùn 명 이윤

79-82

郑作新是著名的鸟类专家，他从小就[81]好奇心特别旺盛，对任何事都很感兴趣，特别喜欢探索自然界的奥秘。

郑作新的家乡有一座山叫鼓山，[79]峰顶有一个老虎洞，洞内经常发出老虎的吼叫声。因此，登山的人大都"望洞却步"，不敢靠近。可[81][82]好奇心强的郑作新却有点半信半疑：都说有老虎，怎么从没有人见过呢？

于是，他约了几个胆子大的小伙伴，带好防身用的工具和干粮，决心去探探这老虎洞。当他们爬上山顶，找到山洞之后，孩子们顿时紧张起来，一个个都瞪大了眼睛，小心翼翼地往前移动着脚步。

쨩쭈어신은 저명한 조류학자이다. 그는 어려서부터 [81]호기심이 유난히 왕성하여 어떤 일에든지 흥미를 가졌는데 특히나 자연의 신비를 탐색하길 좋아했다.

쨩쭈어신의 고향엔 '구싼'이라 부르는 산이 있었는데 [79]정상에 호랑이굴이 있어서 늘 호랑이 울음 소리가 났다. 이 때문에 산에 오르는 사람들은 대부분은 '동굴을 바라보며 뒷걸음질 치고', 감히 가까이 다가가지 못했다. 하지만 [81][82]호기심이 강한 쨩쭈어신은 다소 반신반의했다. 다들 호랑이가 있다고 말은 하는데 어째서 여태껏 본 사람이 없는 걸까?

그래서 그는 몇몇 담이 큰 꼬마 친구들과 호신구와 건량을 챙겨서 호랑이굴을 탐색하러 가기로 했다. 그들이 정상에 도착하여 동굴을 찾고 나니 아이들은 갑자기 긴장이 되기 시작했다. 하나같이 눈을 커다랗게 뜨고는 조심조심 앞으로 발걸음을 옮겼다.

他们刚走近洞口时猛然一声震耳欲聋的虎啸声传来。有几个孩子吓得连忙往后退。但是，声响过后又马上恢复了平静，根本没出现什么老虎。于是，郑作新和伙伴们壮了壮胆，再次走到洞前，认真听了好半天，终于明白是怎么回事：80原来是山上的狂风吹过山洞，发出了巨大的声响，像老虎吼叫一般。一传十，十传百，传来传去变成了"山顶上有老虎"。

就这样郑作新和伙伴们"捉住老虎"的消息很快传遍了当地。从此，人们登鼓山时再也不用绕开老虎洞了。

그들이 호랑이굴에 들어가자 마자 갑자기 귀청이 떨어질만큼 커다란 호랑이 울음 소리가 들려왔다. 몇몇 아이들은 놀란 나머지 얼른 뒤로 물러났다. 하지만 소리가 나고 난 뒤에도 또다시 조용해지고 무슨 호랑이는 전혀 나타나지도 않았다. 그래서 쩡쭈어신은 친구들과 용기를 좀 내어 다시 동굴 앞으로 걸어갔다. 진지하게 한참을 듣고 나서 마침내 어찌된 영문인지를 알게 되었다. 80알고 보니 산 위의 거센 바람이 동굴을 통과하여 불면서 엄청난 소리를 내는데 그것이 마치 호랑이가 울부짖는 것 같았던 것이다. 한 입 건너 두 입 건너 말이 퍼지면서 '산 위에 호랑이가 있다'가 된 것이었다.

이렇게 쩡쭈어신이 친구들과 '호랑이를 잡았다'는 소식이 매우 빠르게 그 지방에 퍼졌다. 이때부터 사람들은 구산에 오를 때 다시는 호랑이굴을 돌아서 피해가지 않게 되었다.

어휘 郑作新 Zhèngzuòxīn **인명** 쩡쭈어신(중국의 조류학자)　鸟类专家 niǎolèi zhuānjiā **명** 조류 전문가　好奇心 hàoqíxīn **명** 호기심 旺盛 wàngshèng **형** 왕성하다　探索 tànsuǒ **동** 탐색하다　奥秘 àomì **명** 신비　家乡 jiāxiāng **명** 고향　峰顶 fēngdǐng **명** 산 꼭대기, 정상　老虎洞 lǎohǔdòng 호랑이 굴　发出 fāchū **동** 빛, 소리 등을 내다　吼叫声 hǒujiàoshēng **명** 고함　登山 dēngshān **명** **동** 등산(하다)　大都 dàdōu **부** 대개, 대부분　却步 quèbù **동** 뒷걸음질치다, 뒤로 물러서다　不敢 bùgǎn 감히 ~ 하지 못하다　靠近 kàojìn **동** 가까이 다가가다　半信半疑 bàn xìn bàn yí **성** 반신반의하다　干粮 gānliáng **명** 건량(여행·행군 때 휴대하는 건조 식품)　防身 fángshēn **동** 몸을 지키다　胆子 dǎnzi **명** 담력, 용기　顿时 dùnshí **부** 갑자기, 바로　小心翼翼 xiǎo xīn yì yì **성** 매우 조심스럽다　移动 yídòng **명** **동** 이동(하다)　猛然 měngrán **부** 갑자기, 돌연　震耳欲聋 zhèn ěr yù lóng **성** 귀청이 떨어질만큼 소리가 크다　连忙 liánmáng **부** 얼른, 재빨리　声响 shēngxiǎng **명** **동** 소리내다　平静 píngjìng **형** 평온하다, 고요하다　根本 gēnběn **부** 전혀, 아예　壮胆 zhuàngdǎn **동** 담을 키우다, 대담해지다　狂风 kuángfēng **명** 미친듯이 사납게 부는 바람　声响 shēngxiǎng **명** 소리, 음향　吼叫 hǒujiào **동** 으르렁거리다, 울부짖다　一传十, 十传百 yì chuán shí, shí chuán bǎi **성** 빨리 퍼져 나가다　伙伴 huǒbàn **명** 친구, 동반자　捉住 zhuōzhù **동** 잡다　传遍 chuánbiàn **동** 두루 퍼지다　当地 dāngdì **명** 현지, 그 지방　从此 cóngcǐ **부** 그로부터, 이제부터　绕开 ràokāi **동** 돌아서 피하다

---

79 以前登鼓山的人为什么"望洞却步"？

예전에 구산에 오르는 사람들은 왜 '동굴을 보면 뒷걸음질을 쳤는가?

A 洞口太高
B 以为洞内有老虎
C 没有通往山洞的路
D 这个山洞没有尽头

A 동굴 입구가 너무 높다
B 동굴 속에 호랑이가 있는 줄 알았다
C 동굴로 통하는 길이 없다
D 이 동굴은 끝이 없다

해설 질문의 키워드는 望洞却步(동굴을 바라보며 뒷걸음질 치다)이며 이것의 원인을 묻는 문제이다. 키워드가 포함된 문장에서 접속사 因此(이 때문에)를 보고 원인이 앞문장에 있음을 알 수 있다. 키워드가 제시된 곳의 앞문장에 峰顶有一个老虎洞, 洞内经常发出老虎的吼叫声(정상에 호랑이굴이 있어서 늘 호랑이 울음 소리가 났다)이라고 했으므로 정답은 B이다.

어휘 洞口 dòngkǒu **명** 동굴의 입구　通往 tōngwǎng **동** ~으로 통하다　尽头 jìntóu **명** 막바지, 말단

---

80 根据第4段，下列哪项正确？

네 번째 단락을 토대로 다음 중 올바른 것은?

A 老虎出现了
B 听到洞里的流水声
C 吼声原来是风声
D 洞里有人居住

A 호랑이가 나타났다
B 동굴 안에서 물 흐르는 소리를 들었다
C 울부짖는 소리는 알고 보니 바람 소리였다
D 동굴 속에 사람이 거주하고 있다

해설 네 번째 단락에서 옳은 내용을 고르는 문제이다. 보기의 키워드는 老虎出现了(호랑이가 나타났다), 流水声(물 흐르는 소리), 原来是风声(알고 보니 바람 소리였다), 洞里有人(동굴 속에 사람이 있다)이므로 지문과 대조한다. 지문에서 原来是山上的狂风吹过山洞，发出了巨大的声响，像老虎吼叫一般(알고 보니 산 위의 거센 바람이 동굴을 통과하여 불면서 엄청난 소리를 내는데, 그것이 마치 호랑이가 울부짖는 것 같았던 것이다)이라고 했으므로 보기 C의 내용과 일치함을 알 수 있다. 따라서 정답은 C이다.

TIP▶ 에피소드에서는 사건의 결말 혹은 진상을 파악할 때, 终于(마침내), 最后(결국), 原来(알고 보니)와 같은 어휘를 자주 사용하므로 이러한 어휘가 등장한 부분을 주의깊게 살피도록 한다.

어휘 吼声 hǒushēng 명 울부짖는 소리   风声 fēngshēng 명 바람 소리   居住 jūzhù 통 거주하다, 살다

81
关于郑作新，可以知道什么？	쩡쭈어신에 관하여 무엇을 알 수 있는가?
A 好奇心强 B 是个探险家 C 常让父母操心 D 喜欢恶作剧	**A 호기심이 강하다** B 탐험가이다 C 늘 부모님을 걱정시킨다 D 짓궂은 장난을 좋아한다

해설 주인공 郑作新에 관한 정보를 파악하는 문제이다. 보기의 키워드 好奇心(호기심), 探险家(탐험가), 父母操心(부모님이 걱정하다), 恶作剧(짓궂은 장난)를 지문과 대조한다. 보기 A의 내용이 첫 번째 단락에서 好奇心特别旺盛(호기심이 유난히 왕성하다)으로, 두 번째 단락에서 好奇心强的郑作新(호기심이 강한 쩡쭈어신)으로 두 번 등장하였으므로 정답은 A이다.

TIP▶ 주인공에 관련된 정보는 보통 어린 시절의 성격, 사건의 극복을 통해 알 수 있는 성격, 인품, 업적 등이 주로 출제된다.

어휘 好奇心 hàoqíxīn 명 호기심   探险家 tànxiǎnjiā 명 탐험가   操心 cāoxīn 통 마음을 졸이다   恶作剧 èzuòjù 명 못된 장난

82
上文主要告诉我们:	윗글이 우리에게 알려 주려고 하는 것은?
A 要爱护身边的动物 B 凡事都要坚持到底 C 要多听别人的意见 **D 要有怀疑精神**	A 곁에 있는 동물들을 사랑하고 보호하자 B 모든 일에 끝까지 버텨야 한다 C 다른 사람의 의견을 많이 들어야 한다 **D 의심하는 마인드를 가져야 한다**

해설 지문의 주제 또는 교훈을 묻는 문제이다. 보기의 키워드로 要爱护动物(동물을 사랑하자), 要坚持到底(끝까지 버텨야 한다), 要有怀疑精神(의심하는 마인드가를 가져야 한다), 要多听意见(의견을 많이 들어야 한다)을 파악하여 지문과 대조한다. 지문에서 쩡쭈어신이 好奇心强的郑作新却有点半信半疑(호기심이 강한 쩡쭈어신은 다소 반신반의했다)라고 했고, 지문은 호랑이의 존재를 의심하여 산으로 직접 탐색하러 간 뒤 호랑이가 없다는 것을 밝혀낸 이야기로, 사람들의 이야기를 무조건 믿지 말고 의심하고 직접 확인하는 것이 필요하다는 교훈을 얻을 수 있다. 따라서 가장 관련성이 높은 정답은 D이다.

TIP▶ 에피소드의 주제와 교훈은 사건의 발단-전개-결말을 파악하거나 마지막 단락의 사건의 극복 및 결말을 보면 빠르게 파악할 수 있다. 또한 앞서 해결한 3개 문항의 질문과 정답을 통해서도 쉽게 파악할 수 있으니 시간을 절약하는 팁으로 활용해 보자.

어휘 爱护 àihù 통 애호하다, 잘 보살피다, 사랑하고 보호하다   凡事 fánshì 명 만사   坚持到底 jiānchí dàodǐ 끝까지 견디다

83-86

著名心理学家埃里克森认为，86在幼儿阶段，如果孩子得到自我管理的机会和支持，那么他们长大后自主选择和控制行为的能力会非常高。

六到七岁的时候，大部分孩子已经学会认识钟表，并对时间以及与时间相关的规则有了一定的概念，比如会83看懂课程表，知道完成作业和上交的期限等。

저명한 심리학자 에릭슨은 86유아 시기에 만약 아이가 자기 관리의 기회와 지지를 얻는다면 그들은 성장 후 스스로 선택하고 행동을 통제하는 능력이 굉장히 높을 것이라고 말했다.

여섯, 일곱 살에 대부분의 아이들은 이미 시계를 인식할 줄 알고, 83교과 과정표를 보고 이해하고 과제를 끝내고 제출하는 기한을 아는 것 등, 시간 및 시간에 관련된 규칙에 대해서 어느 정도 개념을 지니게 된다.

然而，很多家长经常会出于担心孩子迟到、害怕孩子浪费时间等方面的考虑，总喜欢<u>不厌其烦</u>地跟在孩子的后面，84不停地催促孩子做这做那：到了晚上要催促孩子睡觉，早上要提醒他们起床，连做作业也有父母监督。长此以往，孩子很可能找不到自我存在感。

正确的做法是，应该事先和孩子商量，让他们自主安排时间。比如，孩子出去玩儿之前，可以事先跟孩子商量，玩多长时间就要回家；看电视的时候，可以让孩子自己决定看到什么时候，到点就按照约定执行。85 86总之，家长不应该控制孩子的时间，而应该让他们学会自己支配时间，并成为时间的主人。

그러나 많은 학부모들이 아이가 지각할까, 시간을 낭비할까 등의 원인으로 번거로움을 모르는 듯이 늘상 아이의 뒤를 따라다니며 84끊임없이 이거 해라 저러 해라며 아이를 재촉한다. 저녁이 되면 자라고 재촉하고 아침이면 일어나라며 깨우고 심지어 과제도 감독하는 부모들이 있다. 이러한 상태가 오래 지속되면 아이는 자아존재감을 찾지 못할 수도 있다.

올바른 방법은 사전에 아이와 상의하여 그들로 하여금 스스로 시간을 짜게 하는 것이다. 예를 들어 아이가 나가서 놀기 전에 미리 아이와 얼마 동안 놀고 귀가를 해야 할지 상의하고 TV를 시청할 때는 아이 스스로 언제까지 볼지 결정하게 하여 시간이 되면 약속대로 행하는 것이다. 85 86한 마디로 학부모는 아이의 시간을 컨트롤하는 대신 아이들이 스스로 시간을 지배하고 시간의 주인이 되는 법을 익힐 수 있게 해 주어야 한다.

어휘 心理学家 xīnlǐxuéjiā 명 심리학자　埃里克森 Āilǐkèsēn 인명 에릭슨(심리학자)　幼儿阶段 yòu'ér jiēduàn 유아 시기　自我管理 zìwǒ guǎnlǐ 자기 관리　自主 zìzhǔ 명 동 자주(적으로 하다)　控制 kòngzhì 동 제어하다, 통제하다　行为 xíngwéi 명 행위　钟表 zhōngbiǎo 명 시계　相关 xiāngguān 동 관련되다　规则 guīzé 명 규율, 규칙　概念 gàiniàn 명 개념　课程表 kèchéngbiǎo 명 교과 과정표, 수업 시간표　上交 shàngjiāo 동 윗사람에게 넘기다　期限 qīxiàn 명 기한　自主感 zìzhǔgǎn 명 자주성　出于 chūyú ~에서 비롯되다　不厌其烦 bú yàn qí fán 성 귀찮아하지 않다　催促 cuīcù 동 재촉하다　监督 jiāndū 동 감독하다　长此以往 cháng cǐ yǐ wǎng 성 늘 이대로 나아가다. 이 식으로 하다(주로 나쁜 방향을 가리킴)　约定 yuēdìng 명 동 약속(하다)　执行 zhíxíng 동 집행하다　总之 zǒngzhī 접 요컨대. 한마디로 말하면　支配 zhīpèi 명 동 지배(하다)

83

六到七岁的孩子，大多会：	여섯, 일곱 살의 아이들은 대부분?
A 看懂课程表	A 수업 시간표를 보고 이해한다
B 自己上下学	B 혼자서 등하교를 한다
C 帮父母做家务	C 부모님이 집안일 하시는 것을 돕는다
D 监督父母	D 부모님을 감독한다

해설 질문의 키워드는 六到七岁的孩子(여섯, 일곱 살의 아이들)로 지문에서 찾아 일치하는 내용의 보기를 찾는다. 두 번째 단락의 도입부에 看懂课程表(수업 시간표를 보고 이해한다)가 예시로 등장했으므로 알맞은 정답은 A이다.

어휘 课程表 kèchéngbiǎo 명 교과 과정표, 수업 시간표　家务 jiāwù 명 가사, 집안일　监督 jiāndū 동 감독하다

84

第3段划线词语最可能是什么意思？	세 번째 단락의 밑줄 친 어휘의 뜻으로 가장 가능성 있는 것은?
A 心情愉快	A 유쾌하다
B 非常认真	B 굉장히 진지하다
C 不怕麻烦	C 귀찮은 것도 마다하지 않다
D 很不耐烦	D 매우 성가시다

해설 밑줄 친 어휘의 뜻을 유추하는 문제이다. 밑줄 친 어휘의 전후 맥락과 한자 분석으로 접근해 보면, 아침부터 저녁까지 심지어 과제 감독까지 끊임없이 아이를 따라 다니며 재촉하는 상황이 등장했으며, 밑줄 친 어휘 不厌其烦에서 厌(싫증나다, 싫어하다)과 烦(번거롭다)의 뜻을 글자 그대로 풀이하면 '그것의(其) 번거로움도(烦) 싫어하지(厌) 않다(不)'이므로 C가 정답으로 가장 적합함을 알 수 있다.

어휘 不耐烦 búnàifán 형 귀찮다, 성가시다

85

根据第4段，家长要：

A 帮助孩子写作业
B 替孩子安排时间
C 鼓励孩子自我管理时间
D 教育孩子听从父母的话

네 번째 단락에 근거하면 학부모는?

A 아이가 과제하는 것을 도와주어야 한다
B 아이를 대신해 시간을 짜 주어야 한다
C 아이가 스스로 시간을 관리하게 격려해 주어야 한다
D 아이가 부모의 말을 듣고 따르도록 가르쳐야 한다

해설 네 번째 단락에서 학부모가 해야 할 행동을 묻는 문제이다. 보기의 키워드로 作业(과제), 安排时间(시간을 짠다), 自我管理(자기 관리), 听从父母的话(부모의 말을 듣는다)를 지문과 대조한다. 네 번째 단락의 总之(한 마디로) 이후에 家长不应该控制孩子的 时间，而应该让他们学会自己支配时间，并成为时间的主人(학부모는 아이의 시간을 컨트롤 하는 대신 아이들이 스스로 시 간을 지배하고 시간의 주인이 되는 법을 익힐 수 있게 해주어야 한다)이라고 했으므로 알맞은 정답은 C이다.

어휘 听从 tīngcóng 툉 말을 듣다, 따르다

86

本文主要想告诉我们什么？

A 不要经常催促孩子
B 孩子无法自我控制
C 要多抽出时间陪孩子
D 要培养孩子的自主能力

본문은 우리에게 무엇을 주로 알려 주려고 하는가?

A 아이를 늘 재촉하지 말아라
B 아이가 셀프 컨트롤할 방법이 없다
C 시간을 많이 내어 아이와 함께 해 주어라
D 아이의 자주성을 키워 주어야 한다

해설 본문의 주제 및 교훈을 묻는 문제이다. 주제 문제는 앞서 해결한 3개 문항의 질문과 정답을 통해서도 파악할 수 있으니 시간을 절 약하는 팁으로 활용해 보자. 주제는 주로 두괄식, 미괄식으로 제시되므로 첫 단락과 마지막 단락을 주의해서 살핀다. 첫 번째 단락 에서 在幼儿阶段，如果孩子得到自我管理的机会和支持，那么他们长大后自主选择和控制行为的能力会非常高(유아 시기에 만약 아이가 자기 관리의 기회와 지지를 얻는다면 그들은 성장 후 스스로 선택하고 행동을 통제하는 능력이 굉장히 높을 것이라고 말했다)라고 했다. 또한 마지막 단락의 总之(한 마디로) 이하에서도 而应该让他们学会自己支配时间，并成为时间 的主人(아이들이 스스로 시간을 지배하고 시간의 주인이 되는 법을 익힐 수 있게 해주어야 한다)이라고 했으므로 알맞은 정답은 D이다.

어휘 催促 cuīcù 툉 재촉하다　无法 wúfǎ 閉 ~할 방법이 없다　自我控制 zìwǒ kòngzhì 셀프 컨트롤　培养 péiyǎng 툉 양성하다, 키우다

87-90

　　只有年轻人才会网购？如果你这样想就大错 特错了。中国互联网消费趋势报告显示，87 50岁 以上的中老年群体正逐渐成为不少网购商品的主 要消费者。

　　该报告通过数据分析发现，使用网络购物的 50岁以上的中老年用户已经达到175万人，其中， 成功完成过网上交易的人数达130万。这些曾被电 商忽视的中老年群体如今"摇身一变"，成为了 网购的"新生代"。更令人吃惊的是，56岁以上 消费者购买图书的比例比90后年轻人高82%、比80 后高42%，且比平均水平高38%。

　　젊은이들만 인터넷 쇼핑을 한다? 만약 당신이 이렇게 생각한다면 크게 잘못 생각하고 있는 것이다. '차이나 인터넷 소비 경향 리포트' 에 따르면, 87 50세 이상의 중장년층이 점차 적잖은 인터넷 쇼핑 상 품의 주요 소비자로 떠오르고 있다.

　　리포트는 데이터 분석을 통해 다음과 같은 사실을 발견했다. 인터 넷 쇼핑을 사용하는 50세 이상의 중장년층 사용자가 이미 175만 명에 달하며, 그중 성공적으로 인터넷 거래를 마친 사용자는 130만 명에 달했다. 예전엔 전자상거래에서 홀시 받던 중장년들이 지금은 '대변 신'하여 인터넷 쇼핑의 '신세대'가 되었다. 더욱 놀라운 것은 56세 이 상의 소비자들의 도서 구매 비중은 90년대 이후 출생자보다 82%, 80 년대 이후 출생자 보다 42%, 평균보다 38%가 높았다.

那么，中老年消费者爱在网上买什么呢？排名第一的是食品和饮料。80岁的陆奶奶说："这些大件不好拿，网购的话，就可以送到家里了。"她在网上购物一般会选择大米、油、卫生纸等分量大、体积大的物品，88网购只要在家动动手指，快递就会送到家里，方便多了。

另外，老年人今年网购的出境旅游上的花费同比增长了167%。境内旅游中，酒店消费增加20倍，景点门票增加3倍。89老年人对线上旅游产品的热情还带动了相关产品的网购量。例如，老年人在语言培训等方面的消费也大幅增加。

可见，老年群体无疑成为了新的经济增长点。

그렇다면 중장년층 소비자들은 인터넷으로 무엇을 즐겨 구매할까? 1위에 오른 것은 식품과 음료였다. 80세의 루 할머니는, "크고 무거운 것들은 들기가 마땅치 않은데 만약에 인터넷 쇼핑을 하면 집으로 배송이 되잖아요."라고 말했다. 그녀는 인터넷 구매로 보통 쌀, 기름, 화장지 등 용량이 크고 부피가 큰 물품을 고르는데, 88인터넷 쇼핑은 손가락만 조금 움직이면 택배로 집까지 배송해 주니 훨씬 편리하다고 밝혔다.

그 밖에 노년층이 올해 인터넷 쇼핑으로 구매한 해외여행 상품 지출은 동기 대비 167% 성장하였다. 국내 여행 상품 중에서는 호텔 지출이 20배, 관광 명소의 입장권이 3배 증가하였다. 89노년층의 온라인 여행 상품에 대한 열기는 관련 상품의 인터넷 구매량의 증가를 이끌었다. 예를 들어, 노년층의 어학 학습 등의 소비 역시 크게 증가했다.

이로써 노년층이 새로운 경제 성장점이 되었다는 것은 의심의 여지가 없어 보인다.

어휘 网购 wǎnggòu 인터넷 쇼핑(을 하다), 网上购物의 줄임말　大错特错 dà cuò tè cuò 성 완전히 틀리다　趋势 qūshì 명 추세, 경향　显示 xiǎnshì 통 뚜렷하게 나타내 보이다　中老年 zhōnglǎonián 명 중년과 노년　群体 qúntǐ 명 군체, 그룹　逐渐 zhújiàn 명 점차, 차츰　消费者 xiāofèizhě 명 소비자　数据 shùjù 명 데이터　分析 fēnxi 통 분석(하다)　交易 jiāoyì 명 동 거래(하다)　曾 céng 명 일찍이　电商 diànshāng 전자상거래(电子商务의 줄임말)　忽视 hūshì 통 경시하다, 소홀히하다　如今 rújīn 명 오늘날　摇身一变 yáo shēn yí biàn 성 사람의 태도・말・행동 등이 갑자기 크게 변하다　新生代 xīnshēngdài 명 신세대, 신생대　比例 bǐlì 명 비율, 비중　平均 píngjūn 명 형 평균(적인)　排名 páimíng 명 랭킹 통 순위를 매기다　大米 dàmǐ 명 쌀　油 yóu 명 기름　卫生纸 wèishēngzhǐ 명 화장지　分量 fènliang 명 무게　体积 tǐjī 명 부피　物品 wùpǐn 명 물품　手指 shǒuzhǐ 명 손가락　出境旅游 chūjìng lǚyóu 해외 여행　花费 huāfei 명 비용, 경비　同比 tóngbǐ 명 (전년도)동기 대비　境内旅游 jìngnèi lǚyóu 국내 여행　景点 jǐngdiǎn 명 명소　带动 dàidòng 통 이끌어 움직이다　语言培训 yǔyán péixùn 어학 학습　大幅 dàfú 형 대폭(적인)　无疑 wúyí 부 의심할 바 없이

87 根据第1段，可以知道什么？ | 첫 번째 단락을 토대로 무엇을 알 수 있는가?

A 老年人使用网络很困难 | A 노년층이 인터넷을 사용하는 것이 어렵다
B 只有年轻人才会网购 | B 젊은이들만 인터넷 쇼핑을 할 줄 안다
C 电商发展速度极快 | C 전자상거래는 발전 속도가 매우 빠르다
D 老年人越来越喜欢网购 | **D 노년층은 점점 인터넷 쇼핑을 좋아한다**

해설 첫 번째 단락에서 옳은 내용을 고르는 문제이다. 첫 번째 단락에서 50岁以上的中老年群体正逐渐成为不少网购商品的主要消费者(50세 이상의 중장년층이 점차 적잖은 인터넷 쇼핑 상품의 주요 소비자로 떠오르고 있다)라고 했으므로 보기 D가 일치함을 알 수 있다. 따라서 정답은 D이다.

어휘 网络 wǎngluò 명 네트워크

88 第3段中陆奶奶的例子，主要是为了说明： | 세 번째 단락 중 루 할머니의 예시는 무엇을 설명하고자 함인가?

A 老人的生活中有很多不便 | A 노인들의 생활에 불편함이 많다
B 许多老年人不愿出门 | B 수많은 노인들이 외출을 원하지 않는다
C 老年人爱网购的主要原因 | **C 노년층이 인터넷 쇼핑을 즐기는 주요 원인**
D 老人不想寻求他人的帮助 | D 노인들은 다른 사람의 도움을 청하고 싶어하지 않는다

해설 세 번째 단락에서 질문의 키워드 陆奶奶(루할머니)를 찾아 정보를 확인하는 문제이다. 보기의 키워드로 老人的生活(노인들의 삶), 不愿出门(외출을 원치 않는다), 爱网购的主要原因(인터넷 쇼핑을 즐기는 주요 원인), 不想寻求他人的帮助(다른 사람의 도움을 청하고 싶어 하지 않는다)를 지문과 대조한다. 세 번째 단락의 도입부에서 那么，中老年消费者爱在网上买什么呢？(그렇다면, 중장년층 소비자들은 인터넷으로 무엇을 즐겨 구매할까?)라고 질문했고, 이에 대해 陆奶奶를 소개하며 网购只要在家动动手指，快递就会送到家，方便多了(인터넷 쇼핑은 손가락만 조금 움직이면 택배로 집까지 배송해 주니 훨씬 편리하다)라고 인터넷 쇼핑을 하는 이유를 밝혔으므로 정답은 C가 된다.

어휘 例子 lìzi 명 예, 보기   不便 búbiàn 형 불편하다   出门 chūmén 통 외출하다, 집을 떠나 멀리가다   寻求 xúnqiú 통 찾다

89 老年人语言培训消费增长得益于: 노년층의 어학 학습 소비 증가는 무엇 덕분인가?

A 线上旅游消费的增长	**A 온라인 여행 소비의 증가**
B 老年人喜欢网购书籍	B 노년층은 인터넷 서적의 구매를 좋아한다
C 网络教育的发展	C 온라인 교육의 발달
D 政府的支持	D 정부의 지원

해설 질문의 키워드 老年人语言培训消费增长(노년층의 어학 학습 소비 증가)의 원인을 묻는 문제이다. 보기의 키워드로 线上旅游消费的增长(온라인 여행 소비의 증가), 喜欢网购书籍(인터넷 서적의 구매를 좋아한다), 网络教育(온라인 교육), 政府(정부)를 지문과 대조한다. 네 번째 단락에서 例如(예를 들어) 이하에 질문의 키워드가 등장했고, 그 앞부분에서 老年人对线上旅游产品的热情还带动了相关产品的网购量(노년층의 온라인 여행 상품에 대한 열기는 관련 상품의 인터넷 구매량의 증가를 이끌었다)이라고 했으므로 알맞은 정답은 A이다.

어휘 语言培训 yǔyán péixùn 어학 학습   得益于 déyìyú ~덕분이다   书籍 shūjí 명 서적, 책   政府 zhèngfǔ 명 정부

90 最适合做上文标题的是: 윗글의 가장 적합한 제목은?

A 老年人的读书热	A 노년층의 독서 붐(boom)
B 网购的利与弊	B 인터넷 쇼핑의 장단점
C 电商对实体经济带来的影响	C 전자상거래가 실물 경제에 가져온 영향
D 老年人成为网购主力军	**D 노년층이 인터넷 쇼핑의 주력이 되다**

해설 본문의 제목을 찾는 문제이다. 제목과 주제를 파악하는 것은 이미 해결한 위의 3개 문제를 통해 정답을 얻을 수 있고, 소단락의 주제를 통합하여 찾을 수도 있다. 첫 번째 단락에서 50세 이상 중장년층의 인터넷 구매 증가, 두 번째 단락에서 인터넷 도서 구매의 경우 평균보다 중장년층이 높은 비중을 차지, 세 번째 단락에서 노년층이 인터넷 쇼핑을 즐기는 주요 원인, 네 번째 단락에서 노년층의 온라인 여행 소비의 증가, 마지막 단락에서 중장년층이 새로운 경제 성장점이 되었다는 결론이 제시되었으므로 알맞은 정답은 D이다.

TIP▶ 주제와 제목은 가장 포괄적인 내용을 담아야 하므로 일부 단락의 소주제에 치우치지 않도록 주의한다.

어휘 利 lì 명 이익, 이로움   弊 bì 명 폐해   主力军 zhǔlìjūn 명 주력부대, 중심이 되는 세력   电商 diànshāng 전자상거래(电子商务의 줄임말)   实体经济 shítǐ jīngjì 명 실물 경제

91 温柔　奶奶说话　十分　的语气

관형어	주어	부사어	술어
奶奶说话的 주술구+的	**语气** 명사	**十分** 부사	**温柔** 형용사
할머니께서 말씀하시는 어투는 매우 온유하다.			

해설 **술어 배치** 정도부사 十分(매우)과 温柔(온유하다)가 있으므로 형용사술어문임을 알 수 있다.

주어 목적어 배치 형용사술어문은 목적어가 없으므로, 명사 语气(어투)를 주어에 배치한다.

남은 어휘 배치 주어 语气 앞에 구조조사 的가 결합되어 있으므로 관형어를 배치해야 한다. 의미상 적합한 奶奶说话(할머니가 말씀하시다)를 구조조사 的 앞에 배치하여 语气를 수식하는 구조를 완성한다. 정도부사 十分(매우)은 형용사술어 앞에 배치하여 문장을 완성한다.

어휘 语气 yǔqì 몡 말투, 어투　温柔 wēnróu 혱 온유하다

92 无法　他的理由　对方　说服

관형어	주어	부사어	술어	목적어
他的 인칭대사+的	**理由** 명사	**无法** 부사	**说服** 동사	**对方** 명사
그의 이유는 상대방을 설득할 방법이 없다.				

해설 **술어 배치** 동사 说服(설득하다)를 술어에 배치한다.

주어 목적어 배치 술어 说服의 주체로 알맞은 理由(이유)를 주어에, 说服의 대상으로 对方(상대방)을 목적어에 배치한다.

남은 어휘 배치 '······的' 형태의 관형어 他的(그의)는 이미 주어 앞에 결합되어 있으며, 부사어로 주로 쓰이는 无法(~할 방법이 없다)는 술어 앞에 배치하여 문장을 완성한다.

어휘 无法 wúfǎ 뮈 ~할 방법이 없다　说服 shuōfú 동 설득하다, 납득시키다　对方 duìfāng 몡 상대방

93 厚厚的书　书架　整齐地　摆满了　上

주어	부사어	술어	보어	관형어	목적어
书架上 명사+방위명사	**整齐地** 형용사+地	**摆** 동사	**满了** 형용사+了	**厚厚的** 형용사+的	**书** 명사
책장 위에 두꺼운 책들이 가지런히 진열되어 있다.					

해설 **술어 배치** 개사가 없이 장소를 나타내는 방위명사와 불특정 명사, 그리고 존현문에 자주 사용되는 동사 摆(진열하다)를 보고 존현문임을 예상한다. '동사+了' 형태인 摆满了(~가 가득 진열되어 있다)를 술어 배치한다.

주어 목적어 배치 존현문에서 주어는 장소/시간이므로 书架(책장)에 방위명사 上(위에)을 결합하여 주어 배치하고, 목적어는 불특정 사람/사물 명사이므로 书(책)를 목적어에 배치한다.

남은 어휘 배치 厚厚的(두꺼운)는 '······的' 형태의 관형어이므로 의미상 알맞은 목적어 书 앞에 배치하고, 整齐地(가지런히)는

실전모의고사 1

'……地' 형태의 부사어이므로 술어 앞에 배치하여 문장을 완성한다.

어휘 书架 shūjià 명 책꽂이, 서가   整齐 zhěngqí 형 가지런하다   摆 bǎi 통 진열하다

94 我 了 字幕文件 不小心把 删除

주어	부사어	把목적어	술어	기타성분
我 인칭대사	**不小心** 부정부사+형용사	**把字幕文件** 把+명사	**删除** 동사	**了** 동태조사

내가 실수로 자막파일을 삭제했다.

해설 **술어 배치** 제시어 중 개사 把가 있으므로 把자문임을 알 수 있다. 동사 删除(삭제하다)를 술어에 배치한다.
주어 목적어 배치 술어 删除의 주체로 我(나)를 주어 자리에, 삭제의 대상으로 字幕文件(자막파일)을 把의 의미상의 목적어에 배치한다.
남은 어휘 배치 부사어로 자주 쓰이는 不小心(실수로)은 이미 把와 결합되어 있으며, 동태조사 了를 술어 뒤에 배치하여 문장을 완성한다.

어휘 字幕 zìmù 명 자막   文件 wénjiàn 명 서류, 파일   删除 shānchú 통 삭제하다, 지우다

95 目前我们的 包括沿海地区 配送范围 不

부사어	관형어	주어	부사어	술어	관형어	목적어
目前 시간명사	**我们的配送** 인칭대사+的+동사	**范围** 명사	**不** 부사	**包括** 동사	**沿海** 명사	**地区** 명사

현재 저희의 배송 범위는 바닷가 지역을 포함하지 않습니다.

해설 **술어 배치** 동사 包括(포함하다)를 술어에 배치한다.
주어 목적어 배치 술어 包括의 대상이 되는 沿海地区(바닷가 지역)는 이미 목적어로 결합되어 있다. 包括의 주체로 配送范围(배송 범위)를 주어에 배치한다.
남은 어휘 배치 부정부사 不는 술어 앞 부사어로 배치한다. 目前我们的(현재 우리의)는 '……的' 형태의 관형어이므로 의미상 알맞은 주어 配送范围 앞에 배치하여 문장을 완성한다.

어휘 目前 mùqián 명 지금, 현재   配送 pèisòng 통 배송하다   范围 fànwéi 명 범위   包括 bāokuò 통 포함하다   沿海 yánhǎi 명 연해, 바닷가 근처 지방   地区 dìqū 명 지역

96 充满了 让我 家人的 力量 支持

관형어	주어	술어1	목적어1/주어2	술어2	목적어2
家人的 명사+的	**支持** 동사	**让** 동사	**我** 인칭대사	**充满了** 동사+了	**力量** 명사

가족들의 응원이 나를 힘이 가득차게 만들었다.

해설 **술어 배치** 제시어에 동사 让(~로 하여금 ~하게 만들다)이 있으므로 겸어문을 완성한다. 让을 겸어문의 술어1에 배치하고 '동사+了' 형태인 充满了(목적어가 가득했다)를 술어2에 배치한다.
주어 목적어 배치 술어 充满의 목적어로 의미상 알맞은 力量(힘)을 배치하고, 술어 让의 목적어이자 술어 充满의 주어로 我(나)

를 배치하여 让我充满了力量(~이 나로 하여금 힘이 가득차게 만들었다)을 완성한다. 그런 뒤 술어 让의 주체로 의미상 알맞은 支持(지지)를 주어에 배치한다.

남은 어휘 배치 家人的(가족들의)는 '……的' 형태의 관형어이므로 의미상 알맞은 支持 앞에 배치하여 문장을 완성한다.

TIP▶ ▶ 充满은 주로 긍정적인 추상 목적어를 가진다. '~가 충만하다, 가득하다'를 나타내며 주로 力量(힘), 爱情(사랑), 信心(자신감), 快乐(즐거움), 热情(열정)과 함께 쓰인다.

어휘 充满 chōngmǎn 통 가득 채우다, 충만하다　力量 lìliang 명 힘

---

97 积极乐观的心态　能　带来好机会　给我们

관형어	주어	부사어	술어	관형어	목적어
积极乐观的 형용사+的	**心态** 명사	**能给我们** 조동사+개사구(개사+대사)	**带来** 동사	**好** 형용사	**机会** 명사
적극적이고 낙관적인 마음가짐은 우리에게 좋은 기회를 가져다줄 수 있다.					

해설 **술어 배치** 동사 带来(가져오다)를 술어에 배치한다.
주어 목적어 배치 목적어는 이미 술어 뒤에 결합하여 제시되었으므로, 나머지 명사 心态(마음가짐)를 주어에 배치한다.
남은 어휘 배치 남은 어휘 조동사 能(할 수 있다)과 개사구 给我们(우리에게)은 부사어의 어순에 따라 能给我们으로 연결한 뒤 술어 앞에 배치하여 문장을 완성한다.

어휘 乐观 lèguān 명 형 낙관(적이다)　心态 xīntài 명 마음 상태

---

98 期待能与贵公司　我们　非常　进行品牌合作

주어	부사어	술어	목적어
我们 인칭대사	**非常** 부사	**期待** 동사	**能与贵公司进行品牌合作** 조동사+개사구(개사+명사)+술어+목적어
저희들은 귀사와 브랜드 협력을 진행할 수 있기를 매우 고대합니다.			

해설 **술어 배치** 술어가 될 수 있는 동사는 期待(~하기를 기대하다)와 进行(진행하다)이다.
주어 목적어 배치 进行은 이미 목적어와 결합되어 있고, 期待는 서술성목적어를 가지는 동사이므로 '进行+목적어'를 期待의 목적어로 배치한다. 술어 期待의 주체로 我们(우리)을 주어에 배치한다.
남은 어휘 배치 정도부사 非常(매우)은 감정, 심리 상태를 나타내는 동사도 수식할 수 있으므로 期待 앞에 배치하여 문장을 완성한다.

어휘 期待 qīdài 통 기대하다　贵公司 guìgōngsī 명 귀사　品牌 pǐnpái 명 브랜드, 상표　合作 hézuò 명 통 협력(하다)

99	交流、网络、消极、合理、缺少

모범답안

STEP 1 제시어 분석하여 주제 정하기

交流 jiāoliú 통 교류하다, 왕래하다	与父母交流 부모와 소통하다	缺乏交流 소통이 부족하다
网络 wǎngluò 명 인터넷	通过网络 인터넷을 통해서	沉迷于网络游戏 인터넷 게임에 빠지다
消极 xiāojí 형 소극적이다, 부정적이다	消极情绪 부정적 정서	消极的生活态度 부정적인 삶의 태도
合理 hélǐ 형 합리적이다	要求合理 요구가 합리적이다	合理(地)使用 합리적으로 사용하다
缺少 quēshǎo 통 모자라다, 결핍되다	缺少经验 경험이 부족하다	缺少吸引力 흡인력이 부족하다

주제어/주제 : **网络、合理、消极** / 우리 생활에 없어서는 안되는 인터넷, 합리적으로 사용하자.

STEP 2 스토리 구상하기

도입 : 인터넷(网络)은 우리 생활에 없어서는 안 되는(不可缺少) 부분이 되었다.
전개 : 무슨 일을 하든 인터넷과 떨어질 수 없다(离不开网络). 따라서 합리적 사용(合理使用)이 중요하다.
마무리 : 과도한 사용은 사람을 부정적으로 만들고(让人变得消极) 교류 부족(缺乏交流)으로 외롭게 만들 수도 있다.

※ 어법 포인트 활용하기

· 无论(=不管)A，都B A에도 불구하고 모두 B하다
· 不但(=不仅)A，而且还/也B A뿐만 아니라, 게다가 B하다
· 因此 그래서, 그러므로
· 因为A(원인)，而B(결과) A때문에 B하다

STEP 3 작문하기

		网	络	已	经	成	了	我	们	生	活	中	不	可	缺
少	的	一	部	分	，	**无**	**论**	是	工	作	还	是	学	习	，
都	**离**	**不**	**开**	**网**	**络**	。	**因**	**此**	，	如	何	合	理	使	用
网	络	也	成	为	了	现	代	人	应	该	思	考	的	问	题。
过	度	使	用	网	络	**不**	**但**	会	让	人	变	得	消	极	，
还	会	因	为	缺	乏	交	流	**而**	变	得	孤	独	。		

48

80

해석 인터넷은 이미 우리 생활에서 없어서는 안될 한 부분이 되었다. 업무나 공부를 막론하고 인터넷과 떨어질래야 떨어질 수가 없다. 이 때문에 어떻게 합리적으로 인터넷을 사용할 것인지는 현대인들이 반드시 숙고해야 할 문제가 되었다. 과도한 인터넷 사용은 비단 사람을 부정적으로 변화시킬 뿐만 아니라, 소통의 부족으로 인해 외롭게 만들 수도 있다.

어휘 使用 shǐyòng 통 사용하다   变得 biànde ~하게 변하다   缺乏 quēfá 통 결핍되다   孤独 gūdú 형 고독하다

100

모범답안 - 에피소드

STEP 1 사진 분석하여 주제 정하기

1) 인물과 사물, 사건과 상황
: 누가(오빠 哥哥), 사건(운전할 때 전화를 한다 开车时打电话)

2) 인물의 표정, 분위기
: 상태(이러면 위험하다 这样太危险), 감정(안전에 주의하면 좋겠다 希望他能注意安全)

STEP 2 스토리 구상하기

도입 : 오빠는 운전을 잘한다(开车开得很不错).
전개 : 일이 바쁘다 보니 운전 중에도 전화를 한다(开车时也要打电话). 내가 보기엔 위험하다(危险). 한번은 교통 경찰에게 벌금을 문 적도 있다(交了罚款).
마무리 : 안전에 주의하면 좋겠다(注意安全).

※ 어법 포인트 활용하기
· 因为A(원인), 所以B(결과) A때문에 그래서 B하다
· 虽然(=尽管)A, 但是B 비록 A하지만 그러나 B하다

STEP 3 작문하기

		我	哥	哥	开	车	开	得	很	不	错	,	他	经	常
开	车	带	我	和	我	的	朋	友	们	出	去	玩	儿	。	可
是	因	为	他	很	忙	,	所	以	有	时	候	开	车	时	也
要	打	电	话	。	虽	然	通	话	的	时	间	都	不	长	,
但	是	我	还	是	觉	得	这	样	太	危	险	。	有	一	次
被	警	察	看	到	,	还	交	了	罚	款	。	真	希	望	他
能	注	意	安	全	。										

48

80

해설 우리 오빠는 운전을 썩 잘한다. 오빠는 자주 나와 친구들을 태우고 놀러 나가기도 한다. 하지만 오빠가 바쁘다 보니 어떤 때는 운전 중에도 전화를 해야 한다. 비록 통화 시간이 길지는 않지만, 그래도 이렇게 하면 너무 위험하다고 생각된다. 한번은 교통 경찰에게 발견되어 벌금까지 물었다. 오빠가 정말로 안전에 주의할 수 있으면 좋겠다.

어휘 交罚款 jiāo fákuǎn 벌금을 내다

STEP 1 사진 분석하여 주제 정하기

사진은 한 남자가 운전하면서 통화하고 있는 모습으로, 운전 중 통화하는 것에 관한 자신의 견해를 전달하는 글을 구상한다. (주제 : 开车打手机)

STEP 2 스토리 구상하기

도입	• 图片上有一个人一边开车一边打电话。 사진에는 한 사람이 운전을 하면서 통화를 하고 있다. • 随着手机的普及，开车时接打电话已经成为了家常便饭。 핸드폰이 보급됨에 따라 운전 중 통화는 다반사가 되었다.
전개	• 但是这种行为是十分危险的。 하지만 이러한 행위는 대단히 위험하다. • 开车打电话的危害真是太大了。 운전 중 통화의 위험성은 정말 매우 크다. • 第一、会分散驾驶者的注意力，随之大大削弱司机的应变能力；第二、只用一只手控制方向盘会影响反应能力；第三、会造成交通拥堵：驾驶车速比正常速度要慢得多；第四、会使驾驶者的视野变得狭窄，降低外围视觉的感知能力。 첫째, 운전자의 집중력을 분산시킴에 따라 임기응변력을 크게 약화시킬 수 있다. 둘째, 한 손으로만 운전대를 제어하면 반응력에 지장을 줄 수 있다. 셋째, 차량 운전 속도가 정상 속도에 비해 크게 느려 교통 체증을 유발할 수 있다. 넷째, 운전자의 시야를 좁혀 주변 시야 감지 능력을 저하시킬 수 있다.
마무리	• 因此，为了你和他人的生命安全，请不要开车打手机。 그러니, 당신과 다른 사람의 생명과 안전을 위해, 운전 중 통화는 하지 말자.

STEP 3 작문하기

		随	着	手	机	的	普	及	，	开	车	时	打	电	话
已	经	成	为	了	家	常	便	饭	。	但	是	这	种	行	为
是	十	分	危	险	的	。	第	一	、	开	车	时	打	电	话
会	分	散	驾	驶	者	的	注	意	力	；	第	二	、	只	用
一	只	手	控	制	方	向	盘	会	影	响	反	应	能	力	。
这	都	是	造	成	车	祸	的	主	要	原	因	。	为	了	生
命	安	全	，	请	不	要	开	车	打	手	机	。			

48

80

해설 핸드폰이 보급됨에 따라 운전 중 통화는 다반사가 되었다. 하지만 이러한 행위는 대단히 위험하다. 첫째, 운전 중 통화는 운전자의 집중력을 분산시킬 수 있다. 둘째, 한 손으로만 운전대를 조정하면 반응 능력에 지장을 줄 수 있다. 이는 모두 교통사고를 초래하는 주요 원인이다. 생명과 안전을 위해 운전 중 통화를 하지 말자.

어휘 家常便饭 jiāchángbiànfàn 몡 흔히 있는 일, 다반사　分散 fēnsàn 퉁 분산시키다　驾驶者 jiàshǐzhě 몡 운전자　注意力 zhùyìlì 몡 주의력　方向盘 fāngxiàngpán 몡 자동차 핸들

듣 기

제1부분											
1. C	2. C	3. A	4. B	5. D	6. B	7. B	8. A	9. C	10. D	11. A	12. D
13. B	14. C	15. A	16. D	17. D	18. C	19. D	20. B				

제2부분											
21. C	22. B	23. C	24. D	25. D	26. C	27. A	28. B	29. B	30. A	31. A	32. B
33. C	34. C	35. B	36. D	37. A	38. D	39. D	40. C	41. D	42. A	43. A	44. C
45. D											

독 해

제1부분											
46. A	47. D	48. B	49. A	50. B	51. B	52. D	53. A	54. B	55. D	56. B	57. C
58. C	59. A	60. D									

제2부분									
61. C	62. A	63. B	64. C	65. B	66. A	67. D	68. B	69. C	70. A

제3부분											
71. B	72. D	73. B	74. C	75. D	76. C	77. A	78. C	79. B	80. C	81. A	82. D
83. D	84. C	85. A	86. B	87. C	88. A	89. B	90. A				

쓰 기

제1부분

91. 故事中的狐狸真是太狡猾了。

92. 恭喜你同时被北大清华录取了。

93. 请严格遵守考场规则。

94. 中国大陆的劳动人口正在逐年减少。

95. 这是一项针对待业青年的心理测试。

96. 妈妈忍不住说出了我心中的秘密。

97. 我们的生活并没有想象中的那么糟糕。

98. 他的演技得到了大家的一致好评。

제2부분

99. 모범답안

　　我最近交了一个男朋友，妈妈听说后马上打电话问我："他从事什么工作？待遇好不好？"虽然我很喜欢我的男朋友，但是我们才交往一个月，将来还不知道呢。可是妈妈却说："你迟早要结婚，如果交往得顺利，当然就要考虑这些。"

100. 모범답안 – 에피소드

　　小时候我特别喜欢玩儿水，我一直以为，水笼头里面永远会有水出来。上小学以后，老师告诉我们要节约用水。老师说，现在全世界严重缺水，如果再不节约用水，那么总有一天我们会连水都喝不上。从那时起，我决心要从小事做起，节约用水。

　　모범답안 – 논설문

　　人们普遍认为水是用不完的，可实际上，地球的水资源是十分有限的。那么，我们怎样才能有效地节水呢？第一、洗碗、洗脸时不要开着水龙头，用完就马上关好；第二、洗完菜的水也可以用来冲马桶或者用来拖地、浇花。要知道，节约用水，人人有责。

듣기 제1부분

1

男：你换手机了？我看看，屏幕真大，外壳颜色
也很适合你。

女：是啊，我上个星期买的，是今年的新款，还
能无线充电呢。

问：那款手机有什么特点？

남: 핸드폰 바꿨어? 좀 보자. 화면 정말 크다. 케이스 색상도 너한
테 잘 어울리고.

여: 그래. 지난주에 샀는데 올해 새 모델이야. 무선 충전도 된다고.

질문: 핸드폰은 어떤 특징이 있는가?

A 是二手的	A 중고이다
B 很小巧	B 작고 깜찍하다
C 可无线充电	**C 무선 충전이 가능하다**
D 能恢复数据	D 데이터를 복구할 수 있다

해설 보기의 二手(중고), 小巧(작고 깜찍하다), 无线充电(무선 충전), 恢复数据(데이터 복구)를 보고 전자 제품에 관한 대화를 예상할 수 있다. 여자의 말에 还能无线充电呢(무선 충전도 된다)라고 했으므로 일치하는 보기 C에 O표시를 해 둔다. 질문에서 핸드폰에 어떤 특징이 있는지 물었으므로 정답은 C이다.

어휘 지문 屏幕 píngmù 명 스크린, 화면 外壳 wàiké 명 케이스 新款 xīnkuǎn 명 새로운 모델 无线充电 wúxiàn chōngdiàn 무선 충전 보기 二手 èrshǒu 명 중고 小巧 xiǎoqiǎo 형 작고 깜찍하다 恢复数据 huīfù shùjù 데이터를 복구하다

2

女：你射击射得这么准，一定不是新手，以前学
过吗？

男：我父亲是国家射击队总教练，所以我从小就
开始学了。

问：关于男的可以知道什么？

여: 사격이 이렇게나 정확한데, 틀림없이 초보는 아닌 거 같아요.
예전에 배워 본 적 있어요?

남: 저희 아버지께서 사격 국가대표팀 총감독이셔서 어려서부터 배
웠어요.

질문: 남자에 대하여 무엇을 알 수 있는가?

A 不擅长射击	A 사격을 잘하지 못한다
B 是国家队的	B 국가대표팀이다
C 学过射击	**C 사격을 배운 적이 있다**
D 想当射击教练	D 사격 코치가 되고 싶다

해설 보기의 어휘 射击(사격), 国家队(국가대표팀), 学过(배운 적이 있다), 教练(코치)을 보고 사격 스포츠 관련 대화를 예상할 수 있다. 사격 실력에 관한 내용에 주의해서 녹음을 듣는다. 남자의 말에서 我父亲是国家射击队总教练, 所以我从小就开始学了(저희 아버지께서 사격 국가대표팀 총감독이셔서 어려서부터 배웠어요)라고 했으므로 일치하는 보기 C에 O표시를 한다. 질문에서 남자에 관해 알 수 있는 내용을 물었으므로 정답은 C이다.

어휘 지문 射击 shèjī 명 동 사격(하다) 准 zhǔn 형 정확하다 新手 xīnshǒu 명 초보, 초심자 国家射击队 guójiā shèjīduì 사격 국가대표팀 总教练 zǒngjiàoliàn 명 총감독, 수석 코치 보기 擅长 shàncháng 동 정통하다, 뛰어나다 国家队 guójiāduì 국가대표팀 射击 shèjī 명 동 사격(하다) 教练 jiàoliàn 명 코치

3

男：老婆，今天开幕式我穿这套西服怎么样？
女：配上那条领带，颜色显得有点儿暗，换那条海蓝色的领带吧。

问：女的觉得男的穿得怎么样？

남: 여보, 오늘 개막식에 이 양복 입을 건데 어때?
여: 그 넥타이랑 매치하니까 색이 좀 어두워 보여요. 바다색 넥타이로 바꿔 보세요.

질문: 여자는 남자가 어떻게 입었다고 여기는가?

A 颜色显得暗
B 西服太旧了
C 不合适
D 非常时尚

A 색이 어두워 보인다
B 양복이 너무 오래됐다
C 어울리지 않는다
D 굉장히 트렌디하다

해설 보기의 어휘 西服(양복), 颜色(색상), 不合适(어울리지 않는다), 旧(오래되다), 暗(어둡다), 时尚(유행, 스타일리시하다)을 보고 옷에 관한 대화를 예상할 수 있다. 여자가 남자의 옷을 보고 颜色显得有点儿暗(색이 다소 어두워 보이네)이라고 말했으므로 일치하는 내용인 보기 A에 ○표시를 해 둔다. 질문에서 여자가 남자가 옷을 어떻게 입었다고 생각하는지 물었으므로 정답은 A이다.

어휘 【지문】老婆 lǎopo 몡 마누라, 처　开幕式 kāimùshì 몡 개막식　套 tào 양 세트　西服 xīfú 몡 양복　配 pèi 통 배합하다　领带 lǐngdài 몡 넥타이　显得 xiǎnde 통 ～하게 보이다　暗 àn 혱 색이 검다, 어둡다　海蓝色 hǎilánsè 오션 블루 컬러　【보기】时尚 shíshàng 몡 시대적 풍모 혱 스타일리시하다

4

女：李教授，听说您对国际经济方面很有研究，可以给观众朋友们介绍一下目前的国际经济形势吗？
男：好的，我也很希望可以和观众朋友们一起探讨。

问：男的对哪方面有研究？

여: 이 교수님, 국제 경제 방면에 연구가 상당하시다고 들었는데, 관객 여러분께 지금의 국제 경제 정세를 좀 소개해 주시겠습니까?
남: 네, 저도 관객 여러분과 함께 토론하길 바랍니다.

질문: 남자는 어느 분야를 연구했는가?

A 文化　　　　　　**B 经济**
C 历史　　　　　　D 政治

A 문화　　　　　　**B 경제**
C 역사　　　　　　D 정치

해설 보기가 모두 명사이므로 대화의 화제를 염두에 두고 녹음을 듣는다. 여자의 말에서 您对国际经济方面很有研究(당신은 국제 경제 방면에 연구가 상당하시다)라고 했으므로 보기 B에 '남자'라고 메모해 둔다. 질문에서 남자가 어느 분야를 연구했는지 물었으므로 일치하는 내용인 B가 정답이다.

어휘 【지문】国际经济 guójì jīngjì 국제 경제　形势 xíngshì 몡 정세　探讨 tàntǎo 몡 통 연구토론(하다)　【보기】政治 zhèngzhì 몡 정치

5

男：下星期是姥姥的七十大寿，酒店都订好了吗？
女：放心吧，都安排好了。姥姥为我们操了一辈子心，这么重要的日子怎么能忘呢。

问：他们在说谁？

남: 다음 주가 외할머니 칠순인데 호텔은 예약했니?
여: 걱정 마. 벌써 다 마련했어. 외할머니께서 평생을 우리 때문에 노심초사하셨는데 이렇게 중요한 날을 어떻게 까먹어.

질문: 그들은 누구 이야기를 하고 있는가?

A 外公　　　　　　B 舅舅
C 姑妈　　　　　　**D 姥姥**

A 외할아버지　　　　B 외삼촌
C 고모　　　　　　**D 외할머니**

해설 보기는 모두 가족 관계를 나타내므로, 대화에 등장하는 관계 및 호칭에 주의하여 녹음을 듣는다. 남자의 말에서 姥姥的七十大寿(외할머니의 칠순인데)라고 언급되었으므로 일치하는 보기인 D에 '칠순'이라고 메모해 둔다. 여자의 말에서도 외할머니만 등장하고 다른 가족은 언급되지 않았다. 질문에서 누구에 관해 이야기하고 있는지 물었으므로 정답은 D이다.

지문 姥姥 lǎolao 명 외할머니 大寿 dàshòu 명 50세 이상 노인들의 매 10주년 생일 订 dìng 동 예약하다 操心 cāoxīn 동 걱정하다, 애태우다 一辈子 yíbèizi 명 한평생, 일생 보기 外公 wàigōng 명 외조부 舅舅 jiùjiu 명 외삼촌 姑妈 gūmā 명 고모 姥姥 lǎolao 명 외할머니

6

女：我们是星期天去海洋馆吧？几点集合来着？
　　我不小心把短信删掉了。
男：刘彬说八点半来接我们，提前十五钟在我家
　　集合吧。

问：他们星期天几点集合？

| A 8:00 | B 8:15 |
| C 8:30 | D 8:45 |

여: 우리 일요일에 아쿠아리움 가기로 했지? 몇 시에 모이는 거였지? 내가 실수로 문자를 삭제했어.
남: 리우삔이 8시 반에 데리러 온다고 했으니까 15분 전에 우리 집에서 모이자.

질문: 그들은 일요일 몇 시에 모이는가?

| A 8:00 | B 8:15 |
| C 8:30 | D 8:45 |

해설 보기를 보고 시간 관련 대화임을 예상한다. 모두 8시이므로 몇 분인지를 파악하여 녹음을 듣는다. 15분은 十五分/一刻라고 말하고, 30분은 半, 45분은 四十五分/三刻/差一刻九点(9시 15분 전)이라고 말하므로 이러한 표현을 연상해 둔다. 남자의 말에서 刘彬说八点半来接我们, 提前十五钟在我家集合吧(리우삔이 8시 반에 데리러 온다고 했으니까 15분 전에 우리 집에서 모이자)라고 했으므로 보기 C에 '데리러 오는 시간', 보기 B에 '모이는 시간'이라고 메모해 둔다. 질문에서 몇 시에 모이는지 물었으므로 정답은 B이다.

TIP▶ 시간 관련 문제에서는 간단한 시간 계산이 요구될 수도 있다. 따라서 시간 및 숫자 관련 문제는 꼼꼼히 메모하여 녹음을 듣도록 하자.

어휘 지문 海洋馆 hǎiyángguǎn 명 아쿠아리움 集合 jíhé 동 집합하다, 모이다 来着 láizhe 조 ~하고 있었다(회상하는 어조) 删 shān 동 지우다, 삭제하다

7

男：你虽然已经出院了，但是你的腿并没有完全
　　恢复。一个月之内最好不要参加训练。
女：谢谢医生，我会注意的。

问：关于女的可以知道什么？

A 还没出院
B 腿没恢复好
C 要领取保险金
D 可以加强训练

남: 이미 퇴원하긴 했지만 다리는 완전히 다 회복된 것이 아니에요. 한 달 안에는 가급적 훈련에 참가하지 마세요.
여: 감사합니다, 의사 선생님. 주의하겠습니다.

질문: 여자에 관하여 무엇을 알 수 있는가?

A 아직 퇴원하지 않았다
B 다리가 다 회복되지 않았다
C 보험금을 받으려고 한다
D 훈련을 강화해도 된다

해설 보기의 出院(퇴원하다), 恢复(회복하다), 保险金(보험금)을 보고 병원, 치료 관련 내용을 겨냥하여 녹음을 듣는다. 남자의 말에서 你的腿并没有完全恢复(다리는 완전히 다 회복된 것이 아니에요)라고 하였으므로 보기 B에 ○표시를 해 둔다. 질문에서 여자에 관해 알 수 있는 내용을 물었으므로 정답은 B이다.

어휘 지문 出院 chūyuàn 동 퇴원하다 恢复 huīfù 동 회복하다 训练 xùnliàn 명 동 훈련(하다) 보기 领取 lǐngqǔ 동 받다, 수령하다 保险金 bǎoxiǎnjīn 명 보험료 加强 jiāqiáng 동 강화하다

8

女：喂，我在胡同里找了半天，也没找到你说的 那个地方啊。

男：它就在靠近马路的那个宠物用品店的左边。

问：女的怎么了？

A 没找到地方

B 记错了地址

C 找了12个小时

D 在商场迷路了

여: 여보세요. 내가 골목에서 한참 찾았는데 네가 말한 그곳을 못 찾겠어.

남: 대로 쪽에 있는 애완동물 용품가게 왼쪽에 바로 있는데.

질문: 여자는 어떻게 된 것인가?

A 장소를 찾지 못했다

B 주소를 잘못 기억했다

C 12시간 동안 찾았다

D 쇼핑몰에서 길을 잃었다

해설 보기의 没找到(찾지 못했다), 记错了地址(주소를 잘못 기억했다), 迷路了(길을 잃었다)를 보고 장소를 찾는 중 발생한 부정적 상황을 겨냥하여 녹음을 듣는다. 여자와 남자는 통화를 하고 있고 여자가 没找到你说的那个地方(네가 말한 그곳을 못 찾았어)이라고 하였으므로 보기 A에 ○표시를 해 둔다. 질문에서 여자가 어떻게 된 것인지 물었으므로 정답은 A이다.

어휘 [지문] 胡同 hútòng 명 골목　靠近 kàojìn 형 가깝다　马路 mǎlù 명 대로, 큰길　宠物用品店 chǒngwù yòngpǐndiàn 애완동물 용품가게　地址 dìzhǐ 명 주소　[보기] 商场 shāngchǎng 명 쇼핑몰, 상가　迷路 mílù 통 길을 잃다

9

男：请你谈谈获得冠军的感想。

女：首先我要感谢我的家人，没有他们的支持就 没有今天的我。当然这和我自己多年的努力 和运气也是分不开的。

问：下列哪项不是女的获胜的原因？

A 自己的努力

B 家人的支持

C 完善的训练计划

D 运气

남: 우승 소감을 좀 말씀해 주세요.

여: 우선은 저희 가족들에게 감사해요. 가족들의 응원이 없었더라면 오늘의 저는 없었을 거예요. 그리고 당연히 제 수년간의 노력과 운도 떼어 놓을 수 없고요.

질문: 다음 중 여자가 우승한 원인이 아닌 것은?

A 자신의 노력

B 가족의 응원

C 완벽한 훈련 계획

D 운

해설 보기의 努力(노력), 支持(응원), 训练计划(훈련 계획), 运气(운)를 보고 스포츠 관련 인물의 긍정적인 상황을 겨냥하여 녹음을 듣는다. 남자는 여자에게 우승 소감을 부탁했고 여자는 没有他们的支持就没有今天的我(가족들의 응원이 없었더라면 오늘의 저는 없었을 거예요)라고 했으므로 일치하는 내용인 보기 B에 ○표시를 한다. 이어서 当然这和我自己多年的努力和运气也是分不开的(당연히 제 수년간의 노력과 운도 떼어 놓을 수 없고요)라고 하였으므로 보기 A와 D에 ○표시를 한다. 질문에서 여자가 우승한 원인이 아닌 것을 물었으므로 지문에 언급되지 않은 C가 정답이다.

어휘 [지문] 冠军 guànjūn 명 1등, 우승　感想 gǎnxiǎng 명 감상　运气 yùnqi 명 운세, 운수　获胜 huòshèng 통 승리하다, 이기다　[보기] 完善 wánshàn 형 완벽하다　训练 xùnliàn 명 통 훈련(하다)

10

女：先生，这里是私人展厅，不允许外人进入， 请您马上离开。

男：实在抱歉，我没注意，我以为是免费展览馆。

问：男的怎么了？

여: 선생님, 이곳은 개인 전시장이라 외부인의 출입을 금합니다. 바로 나가 주십시오.

남: 정말 죄송합니다. 제가 미처 보지 못해서 무료 전시관인 줄 알았습니다.

질문: 남자는 어떻게 된 것인가?

A 没买门票	A 입장권을 사지 않았다
B 迷路了	B 길을 잃었다
C 看错了门牌号	C 번지수를 잘못 봤다
D 闯入了私人展厅	**D 개인 전시장에 난입했다**

해설 보기의 门票(입장권), 迷路了(길을 잃었다), 看错了门牌号(번지수를 잘못 봤다), 闯入了私人展厅(개인 전시장으로 난입했다)을 보고 장소에 대한 부정적인 상황에 주의하여 녹음을 듣는다. 여자의 말에서 这里是私人展厅，不允许外人进入，请您马上离开(이곳은 개인 전시장이라 외부인의 출입을 금합니다. 바로 나가 주세요)라고 하였으므로 남자가 잘못 출입하였음을 알 수 있다. 보기 D에 ○표시를 한다. 질문에서 남자는 어떻게 된 것인지 물었으므로 정답은 D이다.

어휘 지문 私人 sīrén 명 개인 展厅 zhǎntīng 명 전시홀 外人 wàirén 명 외부 사람 展览馆 zhǎnlǎnguǎn 명 전시관 보기 门票 ménpiào 명 입장권 门牌号 ménpáihào 명 문패 번호, 번지수 闯入 chuǎngrù 동 뛰어들다

11

男：这不是战争纪录片吗？你不是只喜欢看甜蜜爱情片吗？	남: 이거 전쟁 다큐멘터리 아니야? 달콤한 로맨스 영화만 즐겨 보는 거 아니었어?
女：我正在做一期关于和平的节目，看这个战争纪录片也是工作的一部分。	여: 내가 한창 평화에 관한 프로그램을 제작 중이라 이걸 보는 것도 업무의 한 부분이야.
问：女的为什么观看战争纪录片？	질문: 여자는 왜 전쟁 다큐멘터리를 보는가?
A 做节目需要	**A 프로그램 제작에 필요하다**
B 准备讲座	B 강연을 준비한다
C 要采访一位军人	C 군인을 인터뷰하려고
D 对战争历史感兴趣	D 전쟁 역사에 관심이 있다

해설 보기의 做节目需要(프로그램 제작에 필요하다), 准备讲座(강연을 준비한다), 要采访一位军人(군인을 인터뷰하려고), 对战争历史感兴趣(전쟁 역사에 관심이 있다)를 보고 행동의 목표가 무엇인지를 겨냥하여 녹음을 듣는다. 여자의 말에서 我正在做一期关于和平的节目，看这个也是工作的一部分(내가 한창 평화에 관한 프로그램을 제작 중이라 이걸 보는 것도 업무의 한 부분이야)이라고 하였으므로 프로그램 제작을 위해서 전쟁 다큐를 시청 중임을 알 수 있다. 여자가 전쟁 다큐를 시청하는 이유를 물었으므로 정답은 A이다.

어휘 지문 战争纪录片 zhànzhēng jìlùpiàn 전쟁 다큐멘터리 甜蜜 tiánmì 형 달콤하다 爱情片 àiqíngpiān 명 애정 영화, 로맨스 영화 观看 guānkàn 동 관람하다, 보다 讲座 jiǎngzuò 명 강좌 보기 和平 hépíng 명 평화 采访 cǎifǎng 명 동 인터뷰(하다) 军人 jūnrén 명 군인 感兴趣 gǎn xìngqù 동 흥미를 느끼다

12

女：我的无线键盘坏了，得赶快买个新的。	여: 내 무선 키보드가 고장 나서 얼른 새거 하나 사야 해.
男：趁着商场还没关门，咱们现在就去买吧，顺便买个鼠标垫。	남: 쇼핑몰 문 닫기 전이니 지금 바로 사러 가자. 가는 김에 마우스 패드도 하나 사고.
问：他们接下来会去哪儿？	질문: 그들은 어디로 갈 것인가?

A 免税店	B 网吧	A 면세점	B PC방
C 游乐场	**D 商场**	C 놀이공원	**D 쇼핑몰**

해설 보기가 모두 장소이므로 장소 관련 정보에 주의해서 녹음을 듣는다. 장소 관련 어휘로 免税店(면세점)은 免税(면세하다), 网吧(PC방)는 网速(인터넷 속도), 网络(인터넷), 上网(인터넷하다), 玩游戏(게임을 하다) 등을, 游乐场(놀이공원)은 玩耍(놀다), 旋转木马(회전목마), 迷宫(미로), 玩得开心(즐겁게 놀다)을, 商场(쇼핑몰)은 买东西(쇼핑하다), 逛逛(구경하고 돌아다니다), 优惠活动(할인행사), 打折(DC), 试试穿(입어 보다) 등을 관련 어휘로 연상해 볼 수 있다. 남자의 말에서 趁着商场还没关门, 咱们现在就去买吧(쇼핑몰 문 닫기 전이니 지금 바로 사러 가자)라고 했으므로 보기 D에 ○표시를 한다. 질문에서 이동할 장소를 물었으므로 정답은 D이다.

어휘 ^{지문} 无线键盘 wúxiàn jiànpán ^명 무선 키보드　赶快 gǎnkuài ^부 얼른, 빨리　趁着 chènzhe 때·기회를 이용해서　鼠标垫 shǔbiāodiàn ^명 마우스 패드　接下来 jiēxiàlái 다음은, 이하는　^{보기} 免税店 miǎnshuìdiàn ^명 면세점　网吧 wǎngbā ^명 PC방　游乐场 yóulèchǎng ^명 놀이동산　商场 shāngchǎng ^명 쇼핑몰, 상가

¹³

男：你们能按时完成这项任务吗？	남: 제때에 임무 완수할 수 있겠어요?
女：俗话说"众人拾柴火焰高"，我们团结起来力量大，一定能够按时达成目标。	여: 옛말에 '여러 사람이 힘을 합쳐 땔감을 모아 태우면 불꽃이 거세진다'고 하잖아요, 저희가 단결하면 그만큼 힘도 커지니까 제때에 목표 달성할 수 있습니다.
问：女的是什么意思？	질문: 여자는 무슨 뜻인가?
A 火越烧越旺	A 불길이 타오를수록 거세진다
B 能够按时完成	**B 제때에 마칠 수 있다**
C 要重视个人的力量	C 개인의 역량을 중시해야 한다
D 团队能力差	D 팀의 역량이 떨어진다

해설 보기의 按时完成(제때에 마치다), 个人的力量(개인의 역량), 团队能力(팀의 역량)를 보고 업무 완성 및 개인과 팀의 역량 비교를 겨냥하여 녹음을 듣는다. 남자는 여자에게 임무를 완수할 수 있는지 물었고 여자가 能够按时达成目标(제때에 목표 달성할 수 있습니다)라고 했으므로 일치하는 보기 B에 ○표시를 한다. 질문에서 여자의 말의 의미를 물었으므로 정답은 B이다.

어휘 ^{지문} 项 xiàng ^양 가지, 항　俗话 súhuà ^명 옛말, 속담　众人拾柴火焰高 zhòngrén shíchái huǒyàngāo 많은 사람이 힘을 합하면 그만큼 힘이 커진다　团结 tuánjié ^{명·동} 단결(하다)　力量 lìliang ^명 힘, 역량　达成 dáchéng ^동 달성하다　目标 mùbiāo ^명 목표물　^{보기} 烧 shāo ^동 태우다, 불사르다　旺 wàng ^형 왕성하다, 맹렬하다

¹⁴

女：你怎么一副没睡醒的样子？昨晚，你又没睡好吗？	여: 왜 잠이 안 깬 모습이야? 어제 저녁에 또 잘 못 잤어?
男：我昨天白天忙了一天，晚上又上了夜班，现在眼睛都快睁不开了。	남: 어제 낮에 종일 바쁘고 밤에도 야근을 했더니 지금 눈도 못 뜰 지경이야.
问：男的现在怎么样？	질문: 남자는 현재 어떠한가?
A 很委屈	A 억울하다
B 没胃口	B 입맛이 없다
C 太困了	**C 너무 졸리다**
D 眼睛不适	D 눈이 불편하다

해설 보기의 没胃口(입맛이 없다), 困(졸리다), 眼睛不适(눈이 불편하다)를 보고 몸 상태를 겨냥하여 녹음을 듣는다. 여자가 你又没睡好吗？(또 잘 못 잤어?)라고 질문하자 남자가 我昨天白天忙了一天, 晚上又上了夜班, 现在眼睛都快睁不开了(어제 낮에 종일 바쁘고 밤에도 야근을 했더니 지금 눈도 못 뜰 지경이야)라고 했으므로 남자는 피곤한 상태임을 알 수 있다. 남자가 현재 어떠한지를 질문했으므로 정답은 C이다.

어휘 지문 副 fù 양 얼굴 표정을 나타낼 때 쓰임　睡醒 shuìxǐng 통 잠이 깨다　夜班 yèbān 명 야근　睁不开 zhēngbukāi 눈을 뜰 수 없다　보기 委屈 wěiqu 형 억울하다　没胃口 méi wèikǒu 입맛이 없다　不适 búshì 형 편치 않다, 불편하다

15

男：再加把劲儿！已经爬了一大半了，估计再爬 半小时，咱们就能到山顶了。	남: 조금 더 힘내요! 벌써 거의 다 올라왔어요. 30분 더 가면 정상 에 도착할 수 있습니다.
女：好的。前面的台阶好像变陡了，大家都小心 点儿。	여: 좋아요. 앞쪽에 계단이 가파른 것 같으니 모두들 조심하세요.
问：根据对话，可以知道什么？	질문: 대화를 통해 무엇을 알 수 있는가?
A 还没爬到山顶	**A 아직 정상에 도착하지 않았다**
B 没看见前面台阶	B 앞쪽에 계단을 보지 못했다
C 累得走不动了	C 지쳐서 걸을 수도 없다
D 爬了半个多小时	D 반 시간 넘게 등반했다

해설　보기의 山顶(산정상), 台阶(계단), 累(지치다), 爬了(산에 올랐다)를 보고 등산 관련 대화임을 예상할 수 있다. 남자의 말에서 估计 再爬半小时，咱们就能到山顶了(30분 더 가면 정상에 도착할 수 있습니다)라고 하였으므로 보기 A에 ○표시를 한다. 대화를 통해 알 수 있는 것을 물었으므로 정답은 A이다.

어휘　지문 加把劲儿 jiā bǎ jìnr 힘을 내라!　一多半 yìduōbàn 명 대다수, 대부분　山顶 shāndǐng 명 산꼭대기, 산 정상　台阶 táijiē 명 계단　陡 dǒu 형 가파르다, 깎아지르다　보기 走不动 zǒubudòng 걸을 수가 없다, 움직이지 못하다

16

女：周六晚上的同学聚会，你怎么不去了？	여: 토요일 저녁 동창회에 왜 가지 않게 된 거야?
男：公司临时安排我周六晚上和老板陪一个重要 客户吃饭。	남: 회사에서 갑자기 토요일 저녁에 사장이랑 같이 중요한 고객을 모시고 식사를 하라고 해서.
问：男的为什么不去参加同学聚会了？	질문: 남자는 왜 동창회에 참석하지 않게 되었나?
A 没收到通知	A 알림을 받지 못했다
B 跟同学关系不好	B 동창들과 사이가 좋지 않다
C 感觉没什么意义	C 별로 의미가 없다고 느낀다
D 要陪客户吃饭	**D 고객을 모시고 식사를 해야 한다**

해설　보기의 没收到通知(알림을 받지 못했다), 关系不好(사이가 좋지 않다), 没什么意义(별로 의미가 없다), 要陪客户吃饭(고객을 모시고 식사를 해야 한다)을 키워드로 삼고 지문에 언급되는지 주의하여 녹음을 듣는다. 여자가 남자에게 동창회에 가지 않는 이유를 물었고 남자가 公司临时安排我陪一个重要客户吃饭(회사에서 갑자기 중요한 고객을 모시고 식사를 하라고 한다)이라고 했으므로 남자의 불참 이유로 보기 D에 ○표시를 한다. 질문에서 남자가 왜 동창회에 참석하지 않는지 물었으므로 정답은 D이다.

어휘　지문 同学聚会 tóngxué jùhuì 동창회　临时 línshí 형 잠시의, 일시적인　客户 kèhù 명 고객, 거래처　보기 通知 tōngzhī 명 동 통지(하다)　意义 yìyì 명 의미, 보람

17

男：现在重新研发新产品的话，会浪费大量的资 金。	남: 지금 신제품을 새로 연구 개발한다면 엄청난 자금을 낭비할 수 있습니다.
女：我也同意张经理的看法，对老产品进行改进， 然后重新推出新产品，这样更实际些。	여: 저도 장 사장의 생각에 동의합니다. 기존 제품을 개선시켜 다시 새로 출시하는 것이 더 현실적이에요.
问：女的是什么意思？	질문: 여자는 무슨 뜻인가?

A 不赞成男的的意见	A 남자의 의견에 찬성하지 않는다
B 要重新研发新产品	B 신제품을 새로 연구 개발해야 한다
C 要加强宣传	C 홍보를 강화해야 한다
D 应完善现有产品	**D 기존 제품을 보완해야 한다**

해설 보기의 不赞成(찬성하지 않는다), 要重新研发(새로 연구 개발해야 한다), 要加强宣传(홍보를 강화해야 한다), 应完善现有产品(기존 제품을 보완해야 한다)을 보고 제품에 관한 내용을 예상하고 녹음을 듣는다. 여자가 对老产品进行改进, 然后重新推出, 更实际些(기존 제품을 개선시켜 다시 새로 출시하는 것이 더 현실적이다)라고 하였으므로 보기 D에 ○표시를 한다. 질문에서 여자의 말의 뜻을 물었으므로 정답은 D이다.

어휘 【지문】研发 yánfā 통 연구 제작하여 개발하다　资金 zījīn 명 자금　改进 gǎijìn 명 통 개량(하다)　推出 tuīchū 통 시장에 내놓다. 출시하다 【보기】赞成 zànchéng 명 통 찬성(하다)　加强 jiāqiáng 통 강화하다　宣传 xuānchuán 명 통 선전(하다)　完善 wánshàn 형 완전하다 통 완벽해지게 하다　现有 xiànyǒu 형 현존하다

18

女：你帮我看一下这个月的日程安排，欧洲的会议要开几天？	여: 유럽 회의가 며칠 동안 열리는지 이번 달 스케줄 좀 봐 주겠어?
男：会议要开三天，4号到6号，您7号才能从欧洲回来。	남: 회의는 3일 동안 열리고요. 4일에서 6일까지입니다. 7일에 유럽에서 돌아오십니다.
问：关于女的，可以知道什么？	질문: 여자에 관하여 무엇을 알 수 있는가?

A 在澳洲签合同	A 오스트레일리아에서 계약한다
B 负责销售工作	B 마케팅 업무를 맡는다
C 5号在欧洲	**C 5일에는 유럽에 있다**
D 正在考虑辞职	D 사직을 고려 중이다

해설 보기의 签合同(계약서에 서명하다), 销售工作(마케팅 업무), 5号在欧洲(5일에 유럽에 있다), 考虑辞职(사직을 고려하다)를 보고 직장인에 관한 글임을 예상한다. 여자가 남자에게 스케줄을 확인해 달라고 했고, 남자가 4号到6号, 您7号才能从欧洲回来(4일에서 6일까지로 7일에 유럽에서 돌아오신다)라고 했으므로 보기 C에 ○표시를 한다. 질문에서 여자에 관해 알 수 있는 것을 질문하였으므로 정답은 C이다.

어휘 【지문】日程安排 rìchéng ānpái 명 스케줄　欧洲 Ōuzhōu 명 유럽 【보기】澳洲 Àozhōu 지명 오스트레일리아　签 qiān 통 서명하다　合同 hétong 명 계약서　销售 xiāoshòu 통 판매하다　辞职 cízhí 통 사직하다

19

男：你怎么突然录视频啊？	남: 왜 갑자기 동영상을 찍어?
女：有个朋友要结婚了，可我因为工作不能参加她的婚礼，所以我想录段视频送给她以表示我的祝福。	여: 친구가 곧 결혼하는데 일 때문에 결혼식에 참석할 수 없어서 축하한다고 동영상 찍어서 보내 주려고 해.
问：关于女的可以知道什么？	질문: 여자에 관하여 무엇을 알 수 있는가?

A 要拍婚礼视频	A 결혼식 영상을 찍으려 한다
B 快要结婚了	B 곧 결혼한다
C 刚出差回来	C 출장에서 막 돌아왔다
D 无法参加朋友的婚礼	**D 친구의 결혼식에 참석할 수 없다**

20

女: 下周六是我父母结婚50周年纪念日，你帮我出出主意，怎么庆祝好呢？ 男: 50周年？那可是金婚！是很重要的日子。给他们拍一套老年婚纱照怎么样？ 问: 男的建议怎么做？	여: 다음 주 토요일에 우리 부모님 결혼 50주년 기념일인데 아이디어 좀 짜 봐. 어떻게 축하해 드릴까？ 남: 50주년? 그럼 금혼인데, 굉장히 중요한 날이네. 리마인드 웨딩 사진 찍어 드리는 건 어떨까？ 질문: 남자는 어떻게 하자고 제안했는가?
A 亲自做晚餐 **B 给父母拍照** C 陪父母去旅行 D 送黄金戒指	A 직접 만찬을 짓는다 **B 부모님께 사진을 찍어 드린다** C 부모님을 모시고 여행을 간다 D 금 반지를 해 드린다

듣기 제2부분

21

男: 你和昨天来的那个新同事认识吗？ 女: 对，上个月参加志愿者活动时见过一面。 男: 还真是巧啊！ 女: 谁说不是呢！他很幽默，经常把身边的人逗得哈哈大笑，所以对他印象很深。 问: 关于新同事，下列哪项正确？	남: 어제 새로 온 동료랑 알아？ 여: 응, 지난달에 자원 봉사활동에 참가했을 때 한 번 본 적이 있어. 남: 정말 이런 우연이！ 여: 누가 아니래！ 유머러스하고 늘 곁에 있는 사람들을 하하거리며 웃게 해 줘서 그에 대한 인상이 깊어. 질문: 새로운 동료에 관해 다음 중 올바른 것은？
A 手很巧 B 聪明能干 **C 做过志愿者** D 是男的的同屋	A 손재주가 좋다 B 똑똑하고 능력있다 **C 자원 봉사를 한 적이 있다** D 남자의 룸메이트이다

해설 보기의 手很巧(손재주가 좋다), 聪明能干(똑똑하고 능력있다), 志愿者(자원 봉사자), 同屋(룸메이트)를 보고 인물에 관한 정보에 주의하여 녹음을 듣는다. 남자가 새로온 직장 동료에 대해 묻자, 여자가 参加志愿者活动时见过一面(자원 봉사활동에 참가했을 때 한 번 본 적이 있어)이라고 하였으므로 보기 C에 ○표시를 한다. 새로운 직장 동료에 관해 올바른 정보를 물었으므로 정답은 C 이다.

어휘 지문 志愿者活动 zhìyuànzhě huódòng 자원 봉사활동   巧 qiǎo 형 공교롭다   谁说不是呢 shéi shuō búshì ne 누가 아니래!   逗 dòu 동 웃기다   哈哈大笑 hāhādàxiào 하하거리며 크게 웃다   보기 能干 nénggàn 형 일을 잘하다, 유능하다   志愿者 zhìyuànzhě 명 자원 봉사자   同屋 tóngwū 명 룸메이트

22

女：你的电动自行车卖出去了吗？	여: 네 전동 자전거 팔았니?
男：还没有，我也快愁死了。我这个月中旬就要出国了，得尽快把它卖出去。	남: 아직 아니야. 나도 걱정돼 죽겠어. 이번 달 중순에 출국해야 해서 되도록 빨리 팔아야 하는데.
女：你可以上网看看二手交易平台，在那儿发个信息。	여: 인터넷에 들어가서 중고 거래 플랫폼 좀 봐 봐. 거기에 판매 정보 올려.
男：这个主意真好，我就去试试。	남: 그 아이디어 정말 좋다. 바로 해 봐야지.
问：男的在为什么事发愁？	질문: 남자는 어떤 일로 걱정하고 있는가?
A 出国签证	A 출국 비자
B 卖自行车	**B 자전거를 팔다**
C 网上购物	C 인터넷 쇼핑
D 还贷款	D 대출금을 상환하다

해설 보기의 卖自行车(자전거를 팔다), 网上购物(인터넷 쇼핑), 还贷款(대출금을 상환하다)을 보고 금전 거래에 관한 대화를 예상할 수 있다. 핵심동사 买(사다), 卖(팔다), 还(갚다)과 명사 自行车와 贷款을 겨냥하여 녹음을 듣는다. 여자가 自行车卖出去了吗? (자전거 팔았니?)라고 했으므로 보기 B에 '남자'라고 메모한다. 남자가 还没有, 我也快愁死了(아직 아니야. 나도 걱정돼 죽겠어)라고 했으므로 남자는 자전거를 팔지 못해 걱정하고 있는 상황임을 알 수 있다. 질문에서 남자가 어떤 일로 걱정하는지 물었으므로 정답은 B이다.

어휘 지문 电动自行车 diàndòng zìxíngchē 명 전동 자전거   愁死了 chóusǐ le 걱정되어 죽겠다   中旬 zhōngxún 명 중순   尽快 jǐnkuài 부 되도록, 빨리   二手交易平台 èrshǒu jiāoyì píngtái 중고 거래 플랫폼   보기 还贷款 huán dàikuǎn 대출금을 갚다

23

男：这次校园设计大赛你参加了吗？听说竞争相当激烈。	남: 이번 교내 디자인 대회 너 참가했니? 경쟁이 상당히 치열했다던데.
女：一直到半决赛都很顺利，就差了0.2分，得了个亚军，感到很遗憾。	여: 준결승까지는 계속 순조로웠는데. 겨우 0.2점 차이로 준우승을 해서 아쉬워.
男：那也已经不错了。	남: 그것만도 이미 훌륭한걸.
女：谢谢，下次我一定会得冠军的。	여: 고마워. 다음 번엔 꼭 우승할 거야.
问：根据对话，可以知道什么？	질문: 대화를 토대로 무엇을 알 수 있는가?
A 女的没进入决赛	A 여자는 결승전에 진출하지 못했다
B 大赛结果不公平	B 대회 결과가 불공정하다
C 女的没拿到冠军	**C 여자는 우승하지 못했다**
D 男的观看了比赛	D 남자는 시합을 관람했다

해설 보기의 决赛(결승전), 不公平(불공정하다), 冠军(우승)을 보고 시합, 경기에 관련된 대화임을 예상 할 수 있다. 여자의 두 번째 대화에서 得了个亚军(준우승을 했다)이라고 했고, 두 번째 대화에서 下次我一定会得冠军的(다음 번엔 꼭 우승할 거야)라고 했으므로 보기 C에 ○표시를 해 둔다. 질문에서 대화에서 알 수 있는 내용을 물었으므로 정답은 C이다.

어휘 지문 校园 xiàoyuán 명 교정　设计 shèjì 명 동 디자인(하다)　竞争 jìngzhēng 명 동 경쟁(하다)　相当 xiāngdāng 형 상당하다 부 상당히　激烈 jīliè 형 격렬하다, 치열하다　半决赛 bànjuésài 명 준결승　亚军 yàjūn 준우승자　遗憾 yíhàn 명 형 유감 (스럽다)　冠军 guànjūn 명 우승자　보기 决赛 juésài 명 결승　公平 gōngpíng 형 공평하다　观看 guānkàn 동 관람하다, 보다

24

女：浩宇，这是谁的照片啊？长得这么帅，好像明星。 男：是我二哥，这是他大学期间做兼职模特照的。 女：那你哥哥现在是职业模特吗？ 男：不是。他毕业后自己创业开了一家网店。 问：关于浩宇的哥哥，可以知道什么？	여: 하오위, 이건 누구 사진이야? 잘생겨서 연예인 같다. 남: 우리 둘째 형이야. 대학시절에 파트타임 모델할 때 찍은 거야. 여: 그러면 너희 오빠 지금은 직업 모델이야? 남: 아니. 졸업한 후에 온라인 쇼핑몰을 직접 창업했어. 질문: 하오위의 형에 관하여 무엇을 알 수 있는가?
A 正在打工 B 很喜欢摄影 C 开了一家电脑公司 **D 当过模特**	A 아르바이트를 하고 있다 B 촬영을 매우 좋아한다 C 컴퓨터 회사를 오픈했다 **D 모델을 한 적이 있다**

해설 보기의 打工(아르바이트하다), 摄影(촬영하다), 电脑公司(컴퓨터 회사), 模特(모델)를 보고 직업에 대한 정보를 겨냥하여 녹음을 듣는다. 남자가 这是他大学期间做兼职模特的(대학 시절에 파트타임 모델할 때 찍은 것이다)라고 했으므로 보기 D에 '남자의 형'이라고 메모해 둔다. 질문에서 하오위의 형에 대한 내용을 물었으므로 정답은 D이다.

TIP▶ 최근 아르바이트로 打工(아르바이트하다)보다 兼职(겸직하다)의 출제 빈도가 높아지고 있다. 직장인, 학생들의 겸업, 파트타임 잡, 투잡, 쓰리잡 등의 N잡을 나타내므로 兼职도 꼭 외워두자.

어휘 지문 明星 míngxīng 명 인기 있는 배우나 운동선수, 스타　兼职模特 jiānzhí mótè 파트타임 모델　创业 chuàngyè 동 창업하다 网店 wǎngdiàn 명 인터넷 상점, 온라인 쇼핑몰　보기 打工 dǎgōng 동 아르바이트 하다　摄影 shèyǐng 명 동 촬영(하다)　模特 mótè 명 모델

25

男：您的这把小提琴看起来有些年头儿了。 女：这是我学小提琴的第一天父亲送给我的礼物，它已经跟着我50多年了。 男：真是一把有纪念意义的小提琴！那您是怎么开始拉小提琴的呢？ 女：我的父亲非常喜欢小提琴，在我父亲的影响下，我也就对小提琴产生了兴趣。 问：关于女的，可以知道什么？	남: 당신의 바이올린은 오래돼 보입니다. 여: 제가 바이올린을 배운 첫날 아버지께서 저에게 선물해 주신 것이라 저와 함께한 지도 50여 년이나 되었네요. 남: 정말 기념적인 의미가 있는 바이올린이네요! 그러면 어떻게 바이올린을 켜기 시작하신 건가요? 여: 아버지께서 바이올린을 굉장히 좋아하셔서 아버지의 영향으로 저 역시 바이올린에 흥미가 생겼어요. 질문: 여자에 관하여 무엇을 알 수 있는가?
A 父亲不喜欢小提琴 B 制作小提琴 C 是著名指挥家 **D 拉小提琴超过50年**	A 아버지께서 바이올린을 좋아하지 않는다 B 바이올린을 제작한다 C 저명한 지휘자이다 **D 바이올린을 켠 지 50년이 넘었다**

해설 보기의 小提琴(바이올린), 指挥家(지휘자)를 보고 음악 관련 대화를 예상할 수 있다. 여자가 这是我学小提琴的第一天父亲送给我的礼物，它已经跟着我50多年了(제가 바이올린을 배운 첫날 아버지께서 저에게 선물해 주신 것이라 저와 함께한 지도 50여 년이나 되었네요)라고 했으므로 보기 D에 ○표시를 한다. 질문에서 여자에 관해 알 수 있는 것을 물었으므로 정답은 D이다.

어휘 〔지문〕 小提琴 xiǎotíqín 〔명〕 바이올린　有些年头儿 yǒuxiē niántóur 여러 해가 되다　纪念意义 jìniàn yìyì 기념적인 의미　兴趣 xìngqù 〔명〕 흥미　〔보기〕 制作 zhìzuò 〔동〕 제작하다, 만들다　指挥家 zhǐhuījiā 〔명〕 지휘자

26

女：听说你打算辞职，对公司的工资待遇不满意吗？ 男：待遇好是好，但是要经常出差和上夜班。 女：哦，太累了，是吧？ 男：不是，我妻子怀孕了，我想多抽点儿时间照顾她和孩子。 问：男的为什么准备辞职？	여: 사직하려고 한다던데 회사의 급여 대우가 마음에 들지 않나요？ 남: 대우가 좋기는 한데요. 잦은 출장과 야근을 해야 해서요. 여: 아, 너무 힘들어서 그런 거로군요？ 남: 아닙니다. 제 아내가 임신을 했는데 시간을 많이 내서 아내와 아이를 돌보고 싶어서요. 질문: 남자는 왜 사직을 준비하는가？
A 要随时加班 B 待遇不怎么样 **C 想多抽点时间陪家人** D 工作环境太差	A 수시로 잔업을 해야 한다 B 대우가 별로이다 **C 시간을 좀 많이 내어 가족들과 함께 하려고 한다** D 업무 환경이 너무 떨어진다

해설 보기의 加班(잔업하다), 待遇(대우), 陪家人(가족들과 함께 하다), 工作环境(업무 환경)을 보고 일과 가정에 대한 대화를 예상할 수 있다. 업무 관련 부정적인 내용에 주의해서 녹음을 듣는다. 여자가 남자에게 사직의 이유를 물었고 남자는 我想多抽点儿时间照顾她和孩子(아닙니다. 시간을 많이 내서 아내와 아이들 돌보고 싶어서요)라고 하였으므로 일치하는 내용인 보기 C에 O표시를 한다. 질문에서 남자가 사직을 준비하는 이유를 질문하였으므로 정답은 C가 된다.

어휘 〔지문〕 辞职 cízhí 〔동〕 사직하다　工资待遇 gōngzī dàiyù 급여 대우　夜班 yèbān 〔명〕 야근　怀孕 huáiyùn 〔동〕 임신하다　抽时间 chōu shíjiān 시간을 내다　〔보기〕 随时 suíshí 〔부〕 수시로, 언제나　待遇 dàiyù 〔명〕〔동〕 대우(하다)

27

男：今天的行程是怎么安排的？ 女：先参观历史博物馆，午饭后是自由活动时间，下午3点集合。 男：在哪儿集合？ 女：还在这儿，所以不要走得太远。 问：关于行程的安排，可以知道什么？	남: 오늘 여행 일정은 어떻게 짰나요？ 여: 우선 역사 박물관을 견학하고 점심 식사 후엔 자유 활동 시간이고요. 오후 3시에는 집합합니다. 남: 어디에서 모이나요？ 여: 다시 이곳에서 집합하니 너무 멀리 가지 마세요. 질문: 여행 일정에 관하여 무엇을 알 수 있는가？
A 先参观博物馆 B 下午要拍合影 C 集合时间不确定 D 不能单独行动	**A 우선 박물관을 견학한다** B 오후에 단체 사진을 찍는다 C 집합 시간은 미확정이다 D 단독으로 행동하면 안 된다

해설 보기의 参观博物馆(박물관을 견학하다), 拍合影(단체 사진을 찍는다), 集合(집합하다), 单独行动(단독으로 행동하다)을 보고 단체 여행 관련 대화를 예상할 수 있다. 주요 일정과 활동 및 주의사항, 공지를 겨냥하여 녹음을 듣는다. 남자가 일정에 대해 물었고 여자가 先参观历史博物馆(우선 역사 박물관을 견학한다)이라고 하였으므로 보기 A에 O표시를 한다. 질문에서 여행 일정에 관해 알 수 있는 내용을 물었으므로 정답은 A가 된다.

어휘 〔지문〕 行程 xíngchéng 〔명〕 여정, 노정　博物馆 bówùguǎn 〔명〕 박물관　集合 jíhé 〔명〕 집합하다, 모이다　〔보기〕 拍 pāi 〔동〕 촬영하다　合影 héyǐng 〔명〕 단체 사진　确定 quèdìng 〔동〕 확정하다 〔형〕 확정적이다　单独 dāndú 〔부〕 단독으로, 혼자서　行动 xíngdòng 〔명〕〔동〕 행동(하다)

28

女：您好，请问昨天有人在504教室里捡到过充电器吗？

男：是哪个牌子的？有什么特殊标记吗？

女：是小米的，插头的地方有点儿旧。

男：这儿有好几个小米的充电器，你来看看哪个是你的。

女：这个是，谢谢你。

问：根据对话，下列哪项正确？

A 女的要买插头
B 充电器找到了
C 充电线比较旧
D 充电器是新的

여: 안녕하세요, 실례지만 어제 504호 강의실에서 충전기 습득하신 분 있나요?

남: 어느 브랜드 건데요? 특별한 표시라도 있나요?

여: 샤오미 거고요. 플러그 있는 곳이 조금 낡았어요.

남: 여기에 샤오미 충전기가 여러 개 있는데 와서 어느 것이 학생 것인지 좀 보세요.

여: 이거네요. 감사합니다.

질문: 대화를 토대로 다음 중 올바른 것은?

A 여자는 플러그를 구매하려고 한다
B 충전기를 찾았다
C 충전기 케이블이 비교적 낡았다
D 충전기는 새것이다

해설 보기에 充电器(충전기)가 공통적으로 있으므로 이에 관한 대화임을 알 수 있다. 보기의 키워드로 要买插头(플러그를 구매하려고 한다), 找到了(찾았다), 线比较旧(케이블이 비교적 낡았다), 是新的(새것이다)가 언급되는지 주의해서 녹음을 듣는다. 여자가 충전기를 습득한 사람이 있는지 물었고 이에 남자가 你来看哪个是你的(와서 어느 것이 학생 것인지 보세요)라고 하자 여자가 这个是(이것이다)라고 하였으므로 여자는 충전기를 되찾았음을 알 수 있다. 질문에서 대화에 근거하여 옳은 내용을 물었으므로 정답은 B이다.

어휘 [지문] 充电器 chōngdiànqì 몡 충전기　牌子 páizi 몡 상표　特殊 tèshū 톙 특수하다　标记 biāojì 몡 기호, 마크　[보기] 插头 chātóu 몡 플러그　充电线 chōngdiànxiàn 몡 충전 케이블

29

男：我刚刚申请了退款，请问多久才能通过审核？

女：一般情况下，申请退款之后5天之内联系客户。

男：那申请通过后，会马上把退款给我吗？

女：是，钱会退回到您付款用的账户中。

问：男的在咨询什么事情？

A 贷款
B 退款
C 电子银行
D 跨行转账

남: 제가 이제 막 반환 신청을 했는데요. 얼마나 있어야 심사가 통과될까요?

여: 일반적인 상황에서는 반환 신청 후 5일 이내에 고객님께 연락이 갑니다.

남: 그러면 신청이 통과되고 나서 바로 저에게 반환금이 지급되나요?

여: 네. 고객님의 결제용 계좌로 돌아갑니다.

질문: 남자는 어떤 일을 상담하고 있는가?

A 대출
B 반환
C 인터넷 뱅킹
D 타행 이체

해설 보기를 보고 금융 활동에 대한 대화임을 예상할 수 있다. 보기 자체가 키워드가 된다. 남자가 첫 번째 대화에서 申请了退款(반환 신청을 했다)이라고 하였으므로 키워드가 언급된 보기 B에 ○표시를 한다. 질문에서 남자가 무엇을 상담하는지 물었으므로 정답은 B가 된다.

어휘 [지문] 申请 shēnqǐng 몡 동 신청(하다)　退款 tuìkuǎn 몡 동 환불(하다)　审核 shěnhé 동 심의하다, 심사하여 결정하다　客户 kèhù 몡 고객, 거래처　账户 zhànghù 몡 계좌　咨询 zīxún 몡 동 자문하다, 상의하다　[보기] 贷款 dàikuǎn 몡 동 대출(하다)　电子银行 diànzǐ yínháng 인터넷 뱅킹　跨行转账 kuàháng zhuǎnzhàng 타행 이체

30

女：这间教室上什么课呀？整个教室里都挤满了人。

男：没办法，谁让这节是宋教授的课呢。

女：宋教授是教什么的，这么受学生欢迎？

男：法律。不过听说他讲课方式很特别，生动有趣，大家都爱听。

问：关于宋教授，可以知道什么？

여: 이 강의실은 무슨 수업을 하는 거야? 전체 강의실이 사람들로 꽉 찼네.

남: 어쩔 수 없지. 누가 송 교수님 수업 아니랄까 봐.

여: 송 교수님이 뭘 가르치시는데 이렇게나 학생들에게 인기가 많데?

남: 법률. 그런데 교수님 강의 방식이 특별하고 생동적이고 재미도 있어서 모두들 좋아한데.

질문: 송 교수에 관하여 무엇을 알 수 있는가?

A 讲课很生动	A 강의가 생동적이다
B 是教历史的	B 역사를 가르치는 사람이다
C 对学生很严格	C 학생에게 매우 엄격하다
D 发表了很多论文	D 많은 논문을 발표했다

해설 보기의 讲课(강의), 教(가르치다)를 보고 강의 및 교수에 관한 대화임을 예상할 수 있다. 보기의 키워드 生动(생동감 있다), 历史(역사), 严格(엄격하다), 发表(발표하다)가 언급되는지 주의해서 녹음을 듣는다. 남자가 听说他讲课方式很特别，生动有趣(교수님 강의 방식이 특별하고 생동적이고 재미도 있다)라고 하였으므로 일치하는 내용인 보기 A에 ○표시를 한다. 질문에서 송 교수에 관하여 알 수 있는 것을 물었으므로 정답은 A이다.

어휘 ^{지문} 整个 zhěnggè 형 전체의, 온통의   挤满 jǐmǎn 통 가득 차다, 꽉 차다   法律 fǎlǜ 명 법률   讲课方式 jiǎngkè fāngshì 강의 방식   生动 shēngdòng 형 생동감 있다   ^{보기} 生动 shēngdòng 형 생동감 있다   发表 fābiǎo 명 통 발표(하다)   论文 lùnwén 명 논문

31-32

　我爸平时工作比较忙，对我的照顾就很少。我记得有一次上学的时候，我爸爸好不容易抽空儿，接我放学了，结果没接到，回家后非常生气地对我说："31小小年纪不学好，居然还逃课。"我回答说："爸，我没有啊。"我爸说："你还跟我狡辩？我在你们初中校门口等到所有学生都走了，我都没看见你出来。"我听后无奈地说："爸，32我都上高中了，你在初中校门口当然接不到我。"

　우리 아빠는 평소에 일이 좀 바빠 나를 거의 돌보지 못하신다. 내 기억에 한번은 학교 다닐 때 아빠가 어렵게 시간을 내서 하굣길에 나를 데리러 오셨는데, 결국 나를 못 만나셨다. 집에 돌아오셔서는 광장히 화를 내시며 내게 말씀하셨다. "31나이도 어린 것이 열심히 배우진 않고 수업을 빼먹다니." 나는 대답했다. "아빠, 저 안 그랬어요." 아빠가 말씀하셨다. "게다가 변명까지 해? 내가 너희 중학교 교문에서 다른 학생 다 갈 때까지 기다렸는데 네 녀석 나오는 건 못 봤다." 아빠의 말을 듣고 나서 나는 어이가 없어 말했다. "아빠, 32저 벌써 고등학교 다니거든요. 중학교 교문에서는 당연히 저를 못 만나죠."

어휘 好不容易 hǎoburóngyi 부 가까스로, 간신히   抽空儿 chōukōngr 시간을 내다   放学 fàngxué 통 학교가 파하다   居然 jūrán 부 뜻밖에   逃课 táokè 명 통 무단 결석(하다)   狡辩 jiǎobiàn 통 교활하게 변명을 하다   无奈 wúnài 어찌할 도리가 없다

31

关于爸爸，可以知道什么？	아빠에 관해서 무엇을 알 수 있는가?
A 以为我逃课了	A 내가 수업을 빼먹은 줄 안다
B 喜欢抽烟	B 흡연을 즐긴다
C 和我同学吵架了	C 나의 학교 친구랑 싸웠다
D 去参加家长会了	D 학부모회에 갔다

해설 보기의 逃课(무단 결석), 抽烟(흡연), 吵架(말다툼하다), 家长会(학부모회)를 키워드로 삼아 녹음을 듣는다. 지문에서 小小年纪不学好，居然还逃课(나이도 어린 것이 열심히 배우진 않고 수업을 빼먹다니)라고 했으므로 보기 A에 '아빠'라고 메모한다. 질문에서 아빠에 관해 알 수 있는 것을 물었으므로 정답은 A이다.

어휘 逃课 táokè 명 동 무단결석(하다)　吵架 chǎojià 동 다투다, 말다툼하다　家长会 jiāzhǎnghuì 학부모회

32	根据这段话，下列哪项正确？	이 글에 근거하여 다음 중 올바른 것은?
	A 我感到很惭愧 **B 我现在是高中生** C 爸爸帮我做功课 D 爸爸被老板批评了	A 나는 송구스러웠다 **B 나는 현재 고등학생이다** C 아빠는 내가 과제하는 것을 도와주신다 D 아빠는 사장님에게 꾸지람을 들었다

해설 보기의 惭愧(송구스럽다), 现在是高中生(현재는 고등학생이다), 帮我做功课(과제를 도와주신다), 被老板批评了(사장에게 꾸지람을 듣다)를 키워드로 삼고 녹음을 듣는다. 지문에서 我都上高中了(벌써 고등학교 다닌다)라고 언급됐으므로 보기 B에 ○표시를 한다. 질문에서 이 글에 관한 옳은 내용을 물었으므로 정답은 B이다.

어휘 惭愧 cánkuì 형 부끄럽다, 송구스럽다　高中生 gāozhōngshēng 명 고등학생　做功课 zuò gōngkè 학생이 선생님이 내 준 숙제를 하다

33-35

戰国时期，齐国、楚国和晋国的实力逐渐强大，33鲁国却很弱小。鲁国的国王害怕自己的国家被齐国吞并，所以就想把自己的几个儿子分别送到楚国和晋国，他想如果有一天齐国来攻打鲁国，可以从其他两个国家带兵回来帮忙。可鲁国有一个大臣不同意国王的做法，他认为鲁国应该和齐国做好朋友。他向国王说："陛下，前几天，34我的一个邻居家里失火了。离他家五里路有一条大河，于是人们都跑到河边去打水来救火。但是大河太远，等人们打来了水，34房子已经被火烧完了。35所以说，远水是救不了近火的。要是齐国有一天真的来攻打我们，那两国就像是那条离我们很远的大河，等他们来帮忙时，我们已经被齐国消灭了。但是如果我们和齐国搞好关系，一旦有事，还怕他们不来救援吗？"

전국 시기에, 제나라, 초나라, 그리고 진나라의 힘은 점차 강대해졌는데 33노나라는 약소하였다. 노나라의 국왕은 자신의 나라가 제나라에 흡수될까 두려워 자신의 몇몇 아들들을 각각 초나라와 진나라로 보내 만약 언젠가 제나라가 노나라를 공격하면 그 두 나라에서 군사를 이끌고 돌아와 도와주기를 바랐다. 하지만 노나라의 한 중신이 왕의 이러한 방법에 동의하지 않았다. 그는 노나라가 마땅히 제나라와 우의를 다져야 한다고 여겼다. 그는 국왕에게 아뢰었다. "폐하, 며칠 전 34제 이웃의 집에 불이 났습니다. 그 집에서 5리 길 떨어진 곳에 큰 강이 있어 사람들이 모두 불을 끄기 위해 강변으로 물을 길으러 달려갔지요. 하지만 강이 너무 멀어 사람들이 물을 길어 오자 34집은 이미 전소되었습니다. 35그러니 먼 곳의 물은 가까운 곳의 불을 끌 수는 없었다는 말이지요. 만약 제나라가 언제고 정말 우리 나라를 공격한다면 그 두 나라는 우리에게서 멀리 떨어진 큰 강과 같이 그들의 도움을 기다리다 우리가 제나라에 의해 멸망해 버릴 수 있습니다. 하지만 만약 우리가 제나라와의 관계를 잘 다져둔다면 유사 시 그들이 구원해 주러 오지 않을까 걱정할 필요가 뭐 있겠습니까?"

어휘 战国 Zhànguó 명 전국 시대　齐国 Qíguó 제나라　楚国 Chǔguó 초나라　晋国 Jìnguó 진나라　实力 shílì 명 실력, 힘　逐渐 zhújiàn 부 점차, 차츰차츰　强大 qiángdà 형 강대하다　鲁国 Lǔguó 노나라　弱小 ruòxiǎo 형 약소하다　吞并 tūnbìng 동 병탄하다, 삼키다　分别 fēnbié 부 각각, 따로따로　攻打 gōngdǎ 동 공격하다　带兵 dàibīng 군대를 이끌다　大臣 dàchén 명 대신, 중신　陛下 bìxià 명 폐하　失火 shīhuǒ 동 실화하다, 불이 나다　打水 dǎshuǐ 동 물을 긷다　救火 jiùhuǒ 동 불을 끄다　烧 shāo 동 태우다, 불사르다　救 jiù 동 구하다, 구제하다　远水救不了近火 yuǎnshuǐ jiùbùliǎo jìnhuǒ 먼 데 있는 것은 절박한 때에 도움이 되지 않는다　消灭 xiāomiè 동 소멸하다, 없어지다　搞好关系 gǎohǎo guānxì 관계를 잘 맺다　救援 jiùyuán 동 구원하다, 구조하다

33	关于鲁国，下列哪项正确？	노나라에 관하여 다음 중 올바른 것은?
	A 国王没有儿子 B 被齐国吞并了 **C 国力弱小** D 失去了民心	A 국왕은 아들이 없다 B 제나라에 흡수되었다 **C 국력이 약하다** D 민심을 잃었다

해설 부정적인 상황들이 보기로 주어졌다. 보기의 키워드로 没有儿子(아들이 없다), 被齐国吞并了(제나라에 흡수되었다), 国力弱小(국력이 약하다), 失去了民心(민심을 잃었다)을 삼고 녹음을 듣는다. 지문에서 鲁国却很弱小(노나라는 작고 약하다)라고 하였으므로 보기 C에 O표시를 해 둔다. 질문에서 노나라에 관한 옳은 내용을 물었으므로 정답은 C이다.

어휘 鲁国 Lǔguó 노나라   国王 guówáng 몡 국왕   齐国 Qíguó 제나라   吞并 tūnbìng 통 병탄하다, 삼키다   国力 guólì 몡 국력 弱小 ruòxiǎo 혱 약소하다   失去 shīqù 통 잃다, 잃어버리다   民心 mínxīn 몡 민심

34	邻居家最后怎么样了？	이웃집은 마지막에 어떻게 되었는가?
	A 搬走了 B 得救了 **C 被火烧完了** D 被消灭了	A 이사갔다 B 구조 받았다 **C 전소되었다** D 멸망당했다

해설 보기의 키워드로 搬走了(이사갔다), 得救了(구조 받았다), 被火烧完了(전소되었다), 被消灭了(멸망당했다)를 삼고 부정적인 결말에 주의해서 녹음을 듣는다. 지문에서 我的一个邻居家里失火了(한 이웃집에 불이 났다), 房子已经被火烧完了(집이 이미 전소되었다)라고 하였으므로 보기 C에 O표시를 한다. 질문에서 이웃이 결국 어떻게 되었는지 물었으므로 정답은 C이다.

어휘 得救 déjiù 통 구조 받다, 구출되다   烧 shāo 통 태우다, 불사르다   消灭 xiāomiè 통 소멸하다, 없어지다

35	大臣为什么不同意国王的做法？	신하는 어째서 국왕의 방법에 동의하지 않았는가?
	A 常在河边走会湿鞋 **B 远水救不了近火** C 要远离齐国 D 楚国已经灭亡了	A 강변을 거닐면 신발이 젖는다 **B 먼 곳의 물은 가까운 곳의 불을 끌 수 없다** C 제나라를 멀리해야 한다 D 초나라는 이미 멸망하였다

해설 보기의 내용을 살펴 보면, 河边走会湿鞋(강변을 거닐면 신발이 젖는다)는 영향을 받지 않을 수 없다는 뜻이고, 远水救不了近火(먼 곳의 물은 가까운 곳의 불을 끌 수 없다)는 먼 데 있는 것은 절박한 때에 도움이 되지 않는다는 비유적인 의미이다. 보기 C와 D는 사건의 결말에 해당하는 내용이므로 要远离齐国(제나라를 멀리해야 한다)와 楚国已经灭亡了(초나라는 이미 멸망하였다)라는 두 사건이 녹음에 등장하는지 주의해서 듣는다. 지문에서 所以说，远水是救不了近火的(그러니 먼 곳의 물은 가까운 곳의 불을 끌 수는 없었다는 말이지요)라고 하여 보기 B가 그대로 등장했으므로 O표시를 해 둔다. 질문에서 신하가 국왕의 방법에 동의하지 않는 이유를 물었으므로 정답은 B가 된다.

TIP▶ 에피소드 지문의 마지막 문제는 주로 시사점, 교훈을 찾는 문제이다. 따라서 이야기의 전체 흐름과 마지막 교훈이 등장하는 부분을 주의해서 들어야 한다.

어휘 大臣 dàchén 몡 대신, 중신   湿鞋 shī xié 신발이 젖다   远离 yuǎnlí 통 멀리하다   灭亡 mièwáng 통 멸망하다

　　以往的研究已经证明，那些擅长策略游戏的人，如下国际象棋的人，往往能在智商测试中拿到很高的分数。而一项最新研究³⁶把研究对象扩展到了每天数百万人都在玩的热门网络游戏上，结果显示，那些策略游戏玩得好的玩家，智商比正常人的平均水平更高。由于这些游戏往往比其他游戏更复杂，尤其是多人在线战术竞技游戏，³⁷需要更多的脑力和社交互动，³⁸因此玩家在游戏中表现得越好，智商就越高，就像是下棋的人。研究者强调，这些游戏有可能作为智商测试的指标，成为更多科学研究的有力工具。

과거 연구에서 전략 게임을 잘하는 사람들, 예를 들어 체스를 하는 사람들은 보통 아이큐 테스트에서 높은 점수를 받았다는 것이 이미 증명되었다. 그리고 최신 연구에서 매일 수백만 명이 사용하는 인기 ³⁶온라인 게임으로 연구 대상을 확대하여 전략 게임에서 활약이 뛰어난 게이머들의 아이큐가 정상인의 평균보다 훨씬 높다는 결과가 나타났다. 이들 게임은 종종 다른 게임에 비해 더 복잡한데, 특히나 MOBA는 ³⁷더 많은 지력과 사회적 상호작용을 필요로 하기 때문에 ³⁸게이머가 게임에서 활약이 뛰어날수록 아이큐가 높았다. 연구자들은 다음과 같이 강조했다. 이들 게임은 아이큐 측정의 지표로 삼을 수 있어 보다 더 많은 과학 연구의 유력한 수단이 될 수 있다.

어휘 以往 yǐwǎng 명 이전, 과거　指出 zhǐchū 통 지적하다, 가리키다　擅长 shàncháng 통 장기가 있다, 뛰어나다　策略游戏 cèlüè yóuxì 전략 게임　国际象棋 guójì xiàngqí 명 체스　智商测试 zhìshāng cèshì 아이큐 검사　分数 fēnshù 명 점수　扩展 kuòzhǎn 통 확장하다　热门 rèmén 명 인기 있는　网络游戏 wǎngluò yóuxì 온라인 게임　显示 xiǎnshì 통 뚜렷하게 나타내보이다　玩家 wánjiā 명 게이머　平均 píngjūn 명 평균 형 평균적인　多人在线战术竞技游戏 duōrén zàixiàn zhànshù jìngjì yóuxì 멀티플레이어 온라인배틀 아레나, MOBA　脑力 nǎolì 명 지력, 이해력　社交互动 shèjiāo hùdòng 사회적 상호 교류　表现 biǎoxiàn 명 통 표현(하다)　下棋 xiàqí 통 장기(바둑)를 두다　强调 qiángdiào 통 강조하다　作为 zuòwéi 통 ~로 여기다, 간주하다　指标 zhǐbiāo 명 지표　有力工具 yǒulì gōngjù 유력한 수단

36　与以往的研究相比，最新研究有什么不同？

과거 연구와 서로 비교하여 최신 연구는 무엇이 다른가?

A 数据量不足
B 研究对象限于年轻人
C 实验样本更丰富
D 以网络游戏为研究对象

A 데이터량이 부족하다
B 연구 대상이 젊은이로 한정되었다
C 실험 샘플이 더 풍부하다
D 온라인 게임이 연구 대상이다

해설 보기의 数据量(데이터량), 年轻人(젊은이), 实验样本(실험 샘플), 网络游戏(인터넷 게임)를 키워드로 삼고 녹음을 듣는다. 보기 B에는 연구 대상이 젊은이라고 했고 D에서는 온라인 게임이라고 했으므로 연구 대상에 관한 정보에 주의해서 녹음을 듣는다. 지문에서 최신 연구에서는 把研究对象扩展到了网络游戏上(연구 대상을 온라인 게임으로 확대하였다)이라고 했으므로 보기 D에 O표시를 해 둔다. 질문에서 과거와 달라진 최신 연구의 차이점을 물었으므로 정답은 D가 된다.

어휘 以往 yǐwǎng 명 이전, 과거　相比 xiāngbǐ 통 서로 비교하다　数据量 shùjùliàng 데이터량　不足 bùzú 형 부족하다, 모자라다　限于 xiànyú ~에 한정하다　样本 yàngběn 명 견본, 표본　网络游戏 wǎngluò yóuxì 온라인 게임

37　策略游戏对玩家有什么要求？

전략 게임은 게이머에게 무엇을 요구하는가?

A 脑力
B 领导力
C 熟练的操作能力
D 组织能力

A 지력
B 리더쉽
C 숙련된 조작 능력
D 조직 능력

해설 보기가 명사이고 모두 사람의 능력을 나타내므로 이에 관한 내용이 지문에 언급되는지 주의해서 듣는다. 지문에서 전략 게임에 대하여 需要更多的脑力和社交互动(더 많은 지력과 사회적 상호작용을 필요로 한다)이라고 하였으므로 일치하는 보기 A에 O표시를 해둔다. 전략 게임의 게이머에게 필요한 능력을 물었으므로 정답은 A가 된다.

어휘 策略游戏 cèlüè yóuxì 전략 게임　玩家 wánjiā 명 컴퓨터 게이머　脑力 nǎolì 명 지력, 이해력　领导力 lǐngdǎolì 리더쉽　操作 cāozuò 명 동 조작(하다)　熟练 shúliàn 형 숙련되다　组织 zǔzhī 명 동 조직(하다)

38

根据这段话，什么样的人智商比较高？	이 글에 근거하면 어떤 사람의 아이큐가 비교적 높은가?
A 可靠的人	A 믿을 만한 사람
B 喜欢玩游戏的人	B 게임을 즐겨 하는 사람
C 善于合作的人	C 협력을 잘하는 사람
D 游戏中表现好的人	**D 게임에서 활약이 뛰어난 사람**

해설 보기가 모두 어떠한 사람을 나타내고 있다. 보기의 키워드로 可靠(믿을 만하다), 喜欢玩游戏(게임플레이를 즐긴다), 善于合作(협력을 잘한다), 游戏中表现好(게임에서 활약이 뛰어나다)를 삼고 녹음을 듣는다. 지문에서 因此玩家在游戏中表现得越好，智商就越高(게이머가 게임에서 활약이 뛰어날수록 아이큐가 높았다)라고 하였으므로 보기 D에 '아이큐가 높다'라고 메모를 한다. 질문에서 어떤 사람의 아이큐가 비교적 높은지를 물었으므로 정답은 D이다.

어휘 智商 zhìshāng 명 지능지수, IQ　可靠 kěkào 형 믿을 만하다, 믿음직하다　善于 shànyú 동 ~에 능숙하다, ~를 잘하다　合作 hézuò 동 협력(하다)　表现 biǎoxiàn 명 동 표현(하다)

39-41

　　美国前总统里根小时候曾到一家制鞋店做一双鞋。鞋匠问里根："39你是想要方头鞋还是圆头鞋？"里根不知道哪种鞋适合自己，一时回答不上来。于是，39鞋匠叫他回去考虑清楚后再来告诉他。过了几天，里根仍然举棋不定，最后鞋匠对他说："好吧，我知道该怎么做了。两天后你来取新鞋。"

　　去店里取鞋的时候，里根发现鞋匠给自己做的鞋子40一只是方头的，另一只是圆头的。"怎么会这样？"他感到纳闷。"等了你几天，你都拿不定主意，当然就由我这个做鞋的来决定了。"鞋匠回答。

　　里根后来回忆起这段往事时说："从那以后，41我认识到一点：自己的事自己拿主意。如果自己遇事犹豫不决，就等于把决定权拱手让给了别人。一旦别人作出糟糕的决定，到时后悔的是自己。"

미국의 전 대통령 레이건은 어릴 적에 제화점에서 신발을 한 켤레 만든 적이 있었다. 제화공이 레이건에게 물었다. "39신발코를 사각으로 해줄까 둥글게 해줄까?" 레이건은 어떤 신발이 자신에게 어울리는지 몰라 잠시 답을 하지 못했다. 그래서 39제화공은 레이건에게 돌아가서 고민을 잘 해 보고 그에게 알려 달라고 했다. 며칠이 지났지만 레이건은 여전히 결정을 내리지 못하고 있었다. 결국 제화공이 레이건에게 말했다. "좋다. 아저씨가 어떻게 해야 할지 알겠구나. 이틀 후에 신발을 찾으러 오렴."

신발을 찾으러 제화점에 갔을 때, 레이건은 제화공이 자신에게 만들어 준 신발이 40한 짝은 네모난 코, 다른 한 짝은 둥근 코임을 발견했다. "왜 이렇게 된 거에요?" 레이건은 답답했다. "며칠을 기다렸지만 네가 결정을 내리지 못했잖니. 그러니 당연히 이 신발 만드는 아저씨가 결정을 해야지." 제화공이 답했다.

레이건은 훗날 이 사건을 회상하며 말했다. "그때부터, 41저는 한 가지를 깨달았지요. 자신의 일은 자신이 결정해야 한다는 것을요. 만약 자신이 어떤 일에 부딪쳐 주저하게 되면 결정권을 공손히 다른 사람에게 양도하는 것과 같은 것이 됩니다. 일단 다른 사람이 엉망으로 결정을 하면 그때가 되어 후회하는 것은 자기 자신이에요."

어휘 总统 zǒngtǒng 명 대통령　里根 Lǐgēn 인명 레이건, Reagan　制鞋店 zhìxiédiàn 명 제화점　方头 fāngtóu 명 네모난 머리　圆头 yuántóu 명 둥근 머리　一时 yìshí 명 잠시, 일시　鞋匠 xiéjiang 명 제화공　举棋不定 jǔ qí bú dìng 성 주저하며 결정짓지 못하다　纳闷 nàmèn 동 마음에 의혹이 생겨 답답하다　拿不定主意 nábudìng zhǔyi 생각을 정하지 못하다　往事 wǎngshì 명 지난 일, 옛일　遇事 yùshì 동 일이 발생하다, 일에 부딪치다　犹豫不决 yóu yù bù jué 성 결단을 내리지 못하고 망설이다　等于 děngyú ~와 같다　决定权 juédìngquán 명 결정권　拱手 gǒngshǒu 동 공수하다　让给 rànggěi 동 ~에게 넘겨주다, 양도하다　糟糕 zāogāo 형 엉망이다

39

鞋匠让里根回去仔细考虑什么?	제화공은 레이건에게 돌아가서 무엇을 곰곰히 고민해 보라고 했는가?
A 用什么材料做	A 어떤 재료를 사용해서 만들까
B 选鞋跟的高度	B 신발 굽의 높이를 선택한다
C 选哪种颜色好	C 어떤 색상을 선택하는 것이 좋은가
D 做哪种样式好	**D 어떤 스타일로 만드는 것이 좋은가**

해설 보기에 모두 의문대사가 있으며, 키워드로 材料(재료), 鞋跟的高度(구두굽의 높이), 颜色(색상), 样式(모양)를 삼고 녹음을 듣는다. 지문의 도입부에 你是想要方头鞋还是圆头鞋?(신발코를 사각으로 해줄까 둥글게 해줄까?)라고 하여 신발 모양에 대해 질문했고, 이어 回去考虑清楚(돌아가서 곰곰히 고민해 봐라)라고 하였으므로 유사한 내용인 보기 D에 ○표시를 해 둔다. 질문에서 레이건에게 고민해 보라고 한 것이 무엇인지 물었으므로 정답은 D이다.

어휘 材料 cáiliào 몡 재료 鞋跟儿 xiégēnr 몡 구두굽, 힐 高度 gāodù 몡 높이 样式 yàngshì 몡 모양, 양식

40

关于那双鞋, 下列哪项正确?	그 신발에 관하여 다음 중 올바른 것은?
A 不好搭配	A 매치하기 나쁘다
B 穿起来很舒服	B 신어보면 매우 편하다
C 两只不一样	**C 두 짝이 다르다**
D 符合他的要求	D 그의 요구에 부합하다

해설 보기의 不好搭配(매치하기 나쁘다), 舒服(편하다), 两只不一样(두 짝이 다르다), 符合他的要求(그의 요구에 부합하다)를 보고 완성된 신발에 대한 평가를 겨냥하여 녹음을 듣는다. 一只是方头的, 另一只是圆头的(한 짝은 네모코, 한 짝은 둥근코)라고 하였으므로 보기 C에 ○표시를 한다. 질문에서 신발에 관해 올바른 정보를 물었으므로 정답은 C이다.

어휘 搭配 dāpèi 통 배합하다, 조합하다

41

通过那件事, 里根学到了什么?	그 사건을 통해서 레이건은 무엇을 배웠는가?
A 三思而后行	A 신중하게 고려한 다음 행동한다
B 为人要谦虚	B 사람 됨됨이가 겸손해야 한다
C 做人要有原则	C 처신에 원칙이 있어야 한다
D 遇事不能犹豫	**D 어떤 일이 생겨도 주저하면 안 된다**

해설 보기가 건설적이고 진취적인 내용이므로 에피소드의 교훈을 묻는 문제임을 알 수 있다. 스토리의 흐름을 파악하는 것이 중요하며 마지막 부분에 교훈이 제시되는지 주의해서 녹음을 듣는다. 보기의 키워드로 三思而后行(신중하게 고려한 다음 행동한다), 谦虚(겸손함), 原则(원칙), 不能犹豫(머뭇거려서는 안 된다)를 삼고 녹음을 듣는다. 지문은 어린 레이건이 시간을 끌며 스스로 선택하지 못해 제화공이 멋대로 결정하여 신발의 좌우가 다른 모양이 되었다는 이야기이다. 지문의 마지막 부분에서 我认识到一点：自己的事自己拿主意(저는 한 가지를 깨달았지요. 자신의 일은 자신이 결정해야 한다는 것을요)라고 했으므로 가장 근접한 내용인 보기 D에 메모한다. 질문에서 그 사건을 통해 레이건이 무엇을 배웠는지 물었으므로 정답은 D이다.

어휘 三思而后行 sānsī ér hòuxíng 세 번 숙고한 다음 행동하다 为人 wéirén 몡 사람 됨됨이, 인간성 谦虚 qiānxū 혱 겸허하다 遇事 yùshì 통 일이 발생하다, 일에 부딪치다 犹豫不决 yóu yù bù jué 쎙 결단을 내리지 못하고 망설이다, 주저주저하다

42-43

中国民用航空局现行规定严禁乘客在飞行全程中使用手机，其目的是为了安全。但国外有研究表明，42飞机上使用手机主要对地面网络造成干扰，而绝大多数商业航班是可以承受来自便携电子设备的电波干扰的。因此，在一定限制条件下，可以允许乘客在飞行过程中使用手机。对乘客来说，这当然是个好消息；43但依我看，还存在着一些问题，如果管理跟不上，或者乘客自觉性差的话，允许乘客在航班飞行途中使用手机，实际效果并不一定好，至少有待检验。

중국 민용 항공국의 현행 규정에서는 비행 전 구간의 핸드폰 사용을 엄금하고 있다. 그 목적은 안전을 위해서이다. 하지만 해외 연구에서 다음과 같이 밝혔다. 42기내에서 핸드폰을 사용하면 주로 지상 통신망을 교란시키는데 절대 다수의 상업 항공기는 휴대용 전자 기기에서 오는 전파 방해를 감당할 수 있다. 이 때문에 어느 정도 제한된 조건에서는 승객들에게 비행 중 핸드폰 사용을 허가해 줄 수 있다. 승객들에게 있어서 이것은 당연히 좋은 소식이지만 43내가 보기엔 여전히 몇몇 문제점이 존재한다. 만약 관리가 따라주지 못하거나 승객의 자각성이 떨어진다면 승객에게 기내 핸드폰 사용을 허가해 주는 것은 실효가 반드시 좋다고는 할 수 없다. 최소한 검증할 필요는 있다.

어휘 中国民用航空局 zhōngguó mínyòng hángkōngjú 중국 민용 항공국, CAAC 现行 xiànxíng 휑 현행의 规定 guīdìng 몡 동 규정(하다) 严禁 yánjìn 동 엄금하다 乘客 chéngkè 몡 승객 全程 quánchéng 몡 전체의 노정, 전 코스 表明 biǎomíng 동 표명하다, 분명하게 보이다 网络 wǎngluò 몡 네트워크 造成 zàochéng 동 초래하다 干扰 gānrǎo 몡 동 교란(시키다) 商业航班 shāngyè hángbān 상업용 항공기 承受 chéngshòu 동 감당하다, 이겨 내다 便携 biànxié 휑 휴대용, 간편한 电子设备 diànzǐ shèbèi 전자 설비 电波干扰 diànbō gānrǎo 전파 방해 限制 xiànzhì 몡 동 제한(하다) 跟不上 gēnbushàng 따라갈 수 없다, 미치지 못하다 自觉性 zìjuéxìng 몡 자각성 有待 yǒudài ~이 기대되다 检验 jiǎnyàn 동 검증(하다)

42 在飞机上使用手机，会对什么产生影响？

기내에서 핸드폰을 사용하면 무엇에 영향을 미치는가?

A 地面网络
B 飞行信号
C 自动驾驶系统
D 飞机的飞行系统

A 지상 통신망
B 비행 신호
C 자동 조종 장치
D 비행기의 비행 시스템

해설 보기가 모두 명사이므로 지문에 그대로 언급되는지 주의해서 녹음을 듣는다. 지문에서 飞机上使用手机主要对地面网络造成干扰(기내에서 핸드폰을 사용하면 주로 지상통신망을 교란시킨다)라고 했으므로 보기 A에 '干扰(교란)'라고 메모해 둔다. 질문에서 기내 핸드폰 사용이 영향을 미치는 대상을 물었으므로 정답은 A가 된다.

어휘 飞行 fēixíng 몡 동 비행(하다) 信号 xìnhào 몡 신호 网络 wǎngluò 몡 네트워크

43 关于在飞机上使用手机，下列哪项是说话人的看法？

기내에서 핸드폰을 사용하는 것이 관하여 다음 중 화자의 견해는?

A 实际效果未必好
B 乘客不能接受
C 应该立即施行
D 利大于弊

A 실효가 반드시 좋다고 할 수 없다
B 승객이 받아들일 수 없다
C 즉시 시행해야 한다
D 장점이 단점보다 많다

해설 보기의 效果未必好(효과가 반드시 좋지 않을 수도 있다), 不能接受(받아들일 수 없다), 立即施行(즉시 시행하다), 利大于弊(장점이 단점보다 많다)를 보고 어떤 정책 시행에 대한 평가를 겨냥하여 녹음을 듣는다. 지문의 但依我看(그러나 내가 보기에) 이하에서 实际效果并不一定好(실효가 반드시 좋지 않을 수도 있다)라고 하였으므로 보기 A에 O표시를 해 둔다. 질문에서 화자의 견해를 물었으므로 정답은 A가 된다.

어휘 立即 lìjí 튀 즉시, 당장 施行 shīxíng 동 시행하다 乘客 chéngkè 몡 승객 未必 wèibì 튀 반드시 ~한 것은 아니다 利 lì 몡 이익, 이로움 弊 bì 몡 폐해

"爱心冰箱，免费领取。"最近，一台放满面包、任何人都能免费拿取的保鲜冷柜，在温州迅速走红。44"爱心冰箱"又叫"分享冰箱"，是从欧洲开始流行起来的一种分享文化。它主张居民将家中多余的食物放入室外冰箱或冷柜中，帮助有需要的人。如此做有两个好处：一方面，能解决每个家庭食品超量而且容易变质的问题；另一方面，还可以给需要获得帮助的人，尤其是无家可归者，在45避免资源的浪费的同时，还能实现第二次分配。

'사랑의 냉장고, 무료로 가져가세요.' 최근 빵으로 가득 차고 누구든지 무료로 꺼내갈 수 있는 신선 아이스박스가 원저우 시에서 빠르게 인기를 끌고 있다. 44'사랑의 냉장고' 또는 '셰어링 냉장고'는 유럽에서 유행하기 시작한 일종의 셰어링 문화이다. 주민들에게 가정에서 남아도는 음식물을 실외 냉장고 혹은 아이스박스에 넣어 필요한 사람들을 돕자는 것이다. 이렇게 하면 두 가지 좋은 점이 있다. 한 측면으로 가정의 음식이 남아 쉽게 변질되는 문제를 해결할 수 있고, 또 다른 측면으로 도움을 필요로 하는 사람들, 특히 돌아갈 집이 없는 사람들에게도 줄 수 있어 45자원의 낭비를 피하는 동시에 재분배를 실현할 수 있는 것이다.

어휘 爱心 àixīn 명 사랑하는 마음　领取 lǐngqǔ 동 받다, 수령하다　拿取 náqǔ 동 취하다, 가지다　保鲜 bǎoxiān 동 신선도를 유지하다　冷柜 lěngguì 명 냉동고　温州 Wēnzhōu 지명 원저우 시　迅速 xùnsù 형 신속하다, 급속하다　走红 zǒuhóng 동 인기가 오르다　分享 fēnxiǎng 동 함께 나누다　欧洲 Ōuzhōu 명 유럽　居民 jūmín 명 주민　多余 duōyú 형 여분의, 쓸데없는　食物 shíwù 명 음식물　如此 rúcǐ 이와 같다, 이러하다　超量 chāoliàng 형 과량하다　变质 biànzhì 명동 변질(되다)　无家可归者 wújiākěguīzhě 명 노숙자　避免 bìmiǎn 동 피하다, 모면하다　资源 zīyuán 명 천연 자원　第二次分配 dìercì fēnpèi 2차 분배

44 关于"爱心冰箱"，可以知道什么？ / '사랑의 냉장고'에 관하여 무엇을 알 수 있는가?

A 防止食品变质 / A 식품의 변질을 방지한다
B 由政府提供 / B 정부가 제공한다
C 是分享活动 / **C 셰어링 활동이다**
D 有食品安全问题 / D 식품 안전 문제가 있다

해설 보기에 食品(식품)이 있으므로 음식에 관한 내용임을 예상할 수 있다. 보기의 키워드로 防止食品变质(식품 변질을 방지한다), 政府(정부), 分享(공유하다), 食品安全问题(식품 안전 문제)를 삼고 녹음을 듣는다. 지문에서 爱心冰箱"又叫"分享冰箱"，是从欧洲开始流行起来的一种分享文化('사랑의 냉장고' 또는 '셰어링 냉장고'는 유럽에서 유행하기 시작한 셰어링 문화이다)라고 했으므로 보기 C에 O표시를 해 둔다. 질문에서 '사랑의 냉장고'에 대하여 알 수 있는 것을 물었으므로 정답은 C이다.

어휘 防止 fángzhǐ 동 방지하다　变质 biànzhì 명동 변질(되다)　政府 zhèngfǔ 명 정부　分享 fēnxiǎng 동 함께 나누다

45 "爱心冰箱"有什么好处？ / '사랑의 냉장고'는 어떤 장점이 있는가?

A 实现公平分配 / A 공평한 분배를 실현한다
B 解决环境问题 / B 환경 문제를 해결한다
C 增加食品销量 / C 식품 판매량을 증가시킨다
D 避免食物浪费 / **D 음식물의 낭비를 피한다**

해설 보기의 내용이 긍정적인 효과를 나타내며 보기의 키워드는 公平分配(공평한 분배), 环境问题(환경 문제), 食品销量(식품 판매량), 食物浪费(음식물의 낭비)이다. 지문에서 사랑의 냉장고의 좋은 기능으로 避免资源的浪费(자원의 낭비를 피한다)라고 했으므로 보기 D에 O표시를 한다. 질문에서 '사랑의 냉장고'의 장점을 물었으므로 정답은 D이다.

어휘 公平 gōngpíng 형 공평하다　分配 fēnpèi 명동 분배(하다)　销量 xiāoliàng 명 판매량　避免 bìmiǎn 동 피하다, 모면하다　食物 shíwù 명 음식물

46-48

马在古代是一种非常重要的交通工具。到了唐代，骑马成为最大众化的习俗，上至贵族，下至平民，均以骑马为**46. A 时尚**。正因为唐代骑马之风大盛，所以相马术也流行一时。中唐大诗人李贺曾作《马诗二十三首》，其中多首涉及相马。例如第4首中写道："向前敲瘦骨，犹自带铜声。"意思是说，只有骨瘦**47. D 而**坚硬的马才是好马。

随着生产力的发展，现代交通工具取代了马，但骑马仍是一项**48. B 充满**乐趣、深受人们喜爱的体育运动。

말은 고대에 굉장히 중요한 교통수단이었다. 당대에 이르러 기마는 가장 대중적인 풍습이 되어, 위로는 귀족으로부터 아래로는 평민에 이르기까지 모두 말 타기가 **46. A 유행**이었다. 당대 기마 풍습의 대성행으로 인해 상마술(말의 관상을 보는 기술) 역시 한때 유행하였다. 중당 시기의 대시인 리허는 「마시 23수」를 지었는데 그 중 여러 수가 상마술을 언급했다. 예를 들어, 제4수에서, '앞을 향해 마른 뼈를 두드리면 놋쇠 소리가 난다'라고 쓰여 있다. 마른**47. D 고** 단단한 말이어야만 비로서 좋은 말이라는 뜻이다.

생산력이 발전하면서 현대의 교통수단이 일찍이 말을 대체했지만 승마는 여전히 즐거움이 **48. B 넘치고**, 사람들에게 사랑받는 스포츠이다.

어휘 古代 gǔdài 몡 고대　交通工具 jiāotōng gōngjù 몡 교통 수단　唐代 tángdài 몡 당대, 당 왕조　骑马 qímǎ 기마, 말을 타다　大众化 dàzhònghuà 몡 통 대중화(하다)　习俗 xísú 습관과 풍속　贵族 guìzú 몡 귀족　平民 píngmín 몡 평민　均 jūn 児 모두, 다　大盛 dàshèng 크게 성행하다　相马术 xiàngmǎshù 상마술(말의 관상을 보는 법)　中唐 zhōngtáng 몡 당대 중기　诗人 shīrén 몡 시인　李贺 Lǐhè 인몡 리허(당나라 시인, 이백, 이상은과 함께 三李라 칭함)　首 shǒu 양 (시, 노래 따위의) 수　涉及 shèjí 통 언급하다　坚硬 jiānyìng 혱 단단하다　取代 qǔdài 통 대체하다　项 xiàng 양 항목, 조항　乐趣 lèqù 몡 즐거움, 재미　喜爱 xǐ'ài 통 좋아하다, 애호하다

46
A 时尚	B 高等	A 트렌드	B 고등의
C 豪华	D 公平	C 호화롭다	D 공평하다

해설 빈칸은 [以+骑马+为+____]의 구조로 '以A为B'는 'A를 B로 여기다'라는 뜻이다. 따라서 빈칸은 '말을 타는 것을 ~로 여긴다'라는 뜻을 나타낸다. 빈칸의 앞문장에서 대중적인 풍습이라고 언급됐으므로 가장 적합한 보기는 A 时尚(트렌드)이다.

· 时尚	时尚潮流 유행	时尚文化街 패션문화 거리
· 高等	高等学校 대학 이상의 전문 고등교육 기관	高等动物 고등 동물
· 豪华	豪华轿车 고급자동차	豪华的婚礼 호화로운 결혼식
· 公平	公平待遇 공평한 대우	公平竞争 공정한 경쟁

어휘 时尚 shíshàng 몡 시대적 풍모, 최신 유행　高等 gāoděng 혱 고등의, 고급의　豪华 háohuá 혱 호화롭다　公平 gōngpíng 혱 공평하다

47
A 既	B 则	A ~할 뿐만 아니라	B 오히려
C 与	D 而	C ~와	D ~하고

해설 빈칸은 [骨+형용사(瘦)+____+형용사(坚硬)]의 구조로 빈칸은 형용사 瘦와 坚硬 사이에 위치하므로 단어와 단어를 연결해 주는 접속사 자리임을 알 수 있다. 보기 중 형용사를 연결할 수 있는 접속사로 A의 既(~할 뿐만 아니라)는 '既……, 又……'의 구조에서 첫번째 형용사 앞에 위치해야 하므로 빈칸에 적합하지 않다. D의 而(~하고)은 '형용사+而+형용사'의 구조로 사용할 수 있으므로 알맞은 정답은 D 而(~하고)이다.

· 既	① 既A又B → 做什么菜**既**省钱又好吃? 어떤 음식을 해야 돈도 아끼고 맛도 좋을까?
	② 既A也B → 她多才多艺，**既**会跳舞，也会唱歌。 그녀는 다재다능해서 춤도 출줄 알고 노래도 부를 줄 안다.
· 则	欲速**则**不达 너무 서두르면 도리어 이루지 못한다
	南方湿润，北方**则**干燥。 남방은 습하고 반면 북방은 건조하다.
· 与	春季**与**秋季 봄철과 가을철　　这件事**与**他无关 이 일은 그와 관련이 없다
· 而	① 형용사와 형용사, 형용사와 동사(구) 연결(명사에 사용하지 않음)
	→ 严肃**而**认真 엄숙하면서도 진지하다
	② 목적, 원인, 근거, 방법과 연결
	→ 为+목적+而+행동:为考试**而**复习 시험을 위해 복습하다
	→ 因+원인+而+결과:他不会因此**而**生气 그는 이것 때문에 화내지는 않을 것이다

어휘 既 jì 접 ～할 뿐만 아니라　则 zé 접 오히려, 그러나　与 yǔ 접 ～와/과　而 ér 접 ～하고

48

A 扩大	B 充满	A 확대하다	B 충만하다
C 吸引	D 贡献	C 끌다	D 공헌하다

해설 빈칸은 [___+목적어(乐趣)]의 구조로 빈칸은 乐趣(즐거움)를 목적어로 취할 수 있는 동사술어 자리이다. 보기 중 가장 알맞은 것은 B 充满(충만하다)이다. 充满은 주로 추상적인 목적어로 자신감, 활력, 열정 등을 사용할 수 있다. 보기 A의 扩大(확대하다)는 규모, 범위와 함께 쓰이고, C의 吸引(끌다)은 손님, 관광객 등 사람에 사용한다. D의 贡献(공헌하다)은 의미상 乐趣와 호응할 수 없으므로 모두 적합하지 않다.

· 扩大	扩大规模 규모를 확대하다	扩大范围 범위를 넓히다
· 充满	充满信心 자신감이 넘치다	充满笑声 웃음소리가 넘치다
· 吸引	吸引顾客 손님을 끌다	吸引力 흡인력
· 贡献	做出巨大的**贡献** 지대한 공헌을 하다	
	把一生**贡献**给了护理事业 평생을 간호활동에 바쳤다	

어휘 扩大 kuòdà 동 확대하다, 넓히다　充满 chōngmǎn 동 충만하다, 넘치다　吸引 xīyǐn 동 끌다, 매료시키다　贡献 gòngxiàn 명 동 공헌(하다)

49-52

随着"她经济"概念的出现，女性的市场潜力更加受到关注。对于旅游市场而言，同样如此。旅游消费已经超过网购、奢侈品，成为女性首选的休闲娱乐消费。80%女性认为旅行比奢侈品更有49.A 价值，还可以让其人生更具幸福感。

目前，女性已经成为旅游的实际"主导者"。调查显示，在团队或者家庭出游中，女性不仅是决策的主导者，还担任着重要的50.B 角色，包括出游目的地，日程安排，游玩项目等，都是由女性做出决定的。

另外，女性在旅游中最关注的51.B 因素是安全和环境。一名上海游客赵某在受访时表示："即使一些国家非常具有吸引力，52.D 但安全没有保障的话，肯定会被排除的"。

'쉬코노미(SHEconomy)' 개념이 등장함에 따라 여성의 시장 잠재력이 더욱 주목을 받게 되었다. 여행 시장에 있어서도 마찬가지로 여행 소비는 이미 인터넷 쇼핑, 사치품을 뛰어 넘어 여성들이 우선적으로 선택하는 오락 레져 소비가 되었다. 80%의 여성들이 여행이 사치품보다 더 **49. A 가치**가 있고, 그들의 인생을 보다 더 행복하게 만들어 준다고 여겼다.

현재, 여성들은 이미 여행의 실질적인 '주도자'가 되었다. 단체 혹은 가족 여행에서 여성은 결정의 주도자일 뿐만 아니라 여행 목적지, 일정 계획, 놀이 프로그램을 포함하여 모두 여성이 결정을 내리는 등 중요한 **50. B 역할**까지 담당하고 있음이 조사에서 나타났다.

그 밖에, 여성이 여행에서 가장 주의를 기울이는 **51. B 요소**는 안전과 환경이었다. 상해 여행객인 짜오모 씨는 인터뷰에서, "설사 몇몇 나라들이 굉장히 매력이 있다고 해도, **52. D 안전이 보장되지 않는다면**, 틀림없이 제외될 거예요."라고 밝혔다.

어휘 她经济 Tājīngjì 쉬코노미(여성의 사회 활동이 많아짐에 따라 여성과 관련된 경제 현상이 증가한 것을 부르는 말) 概念 gàiniàn 📖 개념 潜力 qiánlì 📖 잠재 능력 更加 gèngjiā 🔆 더욱더, 한층 关注 guānzhù 📖 관심(을 가지다) 网购 wǎnggòu 인터넷 쇼핑을 하다(网上购物의 줄임말) 奢侈品 shēchǐpǐn 📖 사치품 首选 shǒuxuǎn 🔆 우선하여 선택하다 休闲娱乐消费 xiūxiányúlè xiāofèi 여가 소비 主导者 zhǔdǎozhě 주도자 显示 xiǎnshì 🔆 뚜렷하게 나타내보이다 团队 tuánduì 📖 단체 出游 chūyóu 🔆 여행하러 나가다 决策 juécè 🔆 방법·정책을 결정하다 担任 dānrèn 🔆 담당하다 包括 bāokuò 🔆 포괄하다, 포함하다 日程安排 rìchéng ānpái 일정 안배 游玩项目 yóuwán xiàngmù 놀이 항목 受访 shòufǎng 🔆 인터뷰를 받다 吸引力 xīyǐnlì 📖 매력 흡인력 排除 páichú 🔆 배제하다

49

A 价值	B 核心	A 가치	B 핵심
C 义务	D 代表性	C 의무	D 대표성

해설 빈칸은 [주어(旅行比奢侈品)+부사어(更)+술어(有)+___]의 구조로 빈칸은 명사목적어 자리이다. 앞문장에서 여행 소비가 인터넷 쇼핑과 사치품을 넘어섰다고 했고 뒷문장에서 인생을 더 행복하게 해 준다고 했으므로 의미가 적합한 것은 A 价值(가치)이다.

• 价值	很有**价值** 매우 가치가 있다	**价值**观 가치관
• 核心	**核心**技术 핵심 기술	**核心**问题 핵심 문제
• 义务	**义务**教育 의무교육	尽**义务** 의무를 다하다
• 代表	具有**代表**性 대표성을 지니다	最具**代表**性的建筑 가장 대표적인 건축물

어휘 价值 jiàzhí 📖 가치 核心 héxīn 📖 핵심, 주요 부분 义务 yìwù 📖 의무 代表性 dàibiǎoxìng 📖 대표성

50

A 指挥	B 角色	A 지휘(하다)	B 역할
C 请求	D 职务	C 부탁(하다)	D 직무

해설 빈칸은 [술어(担任着)+관형어(重要的)+___]의 구조로 빈칸은 担任과 호응하며 빈칸 뒷부분 都是由女性做出决定的(모두 여성이 결정한다)와 문맥상 어울리는 명사가 들어가야 한다. 보기 중 결정권자로서의 '역할'을 담당하는 것이 가장 적합하므로 정답은 B 角色(역할)이다.

• 指挥	**指挥**军队 군대를 지휘하다	**指挥**乐队 악단을 지휘하다
• 角色	扮演**角色** 역할을 하다, 배역을 맡다	这个**角色**很生动 이 역은 생동감이 있다
• 请求	向A**请求** A에게 요청하다	答应(A的)**请求** (A의) 부탁을 들어주다
• 职务	担任**职务** 직무를 맡다	辞去**职务** 직무를 사퇴하다

어휘 指挥 zhǐhuī 📖🔆 지휘(하다) 角色 juésè 📖 배역, 역할 请求 qǐngqiú 📖🔆 요청(하다) 职务 zhíwù 📖 직무

51

A 话题	B 因素	A 화제	B 요소
C 证据	D 后果	C 증거	D 나쁜 결과

해설 빈칸은 [관형어(最关注的)+___+술어(是)+목적어(安全和环境)]의 구조로 빈칸은 주어 자리이다. 'A是B'는 'A는 B이다'라는 뜻이므로 빈칸의 문장은 '가장 주목할 ~은 안전과 환경이다'를 나타낸다. 따라서 가장 적합한 것은 B 因素(요소)이다.

어휘 话题 huàtí 📖 화제 因素 yīnsù 📖 요소, 요인 证据 zhèngjù 📖 증거 后果 hòuguǒ 📖 (주로 나쁜 측면의) 최후의 결과

52

A 可当地人并不热情	A 하지만 현지인들이 전혀 친절하지 않다
B 我或许会很满足	B 나는 어쩌면 매우 만족할 수도 있다
C 而且许多人觉得无所谓	C 게다가 많은 사람들이 어쩔 수 없다고 생각한다
D 但安全没有保障的话	**D 하지만 안전이 보장되지 않는다면**

해설 빈칸은 [문장(即使一些国家非常具有吸引力)，___, 문장(肯定会被排除的)]의 구조로 빈칸 뒷문장의 '会……的'는 앞문장의 예상되는 결과를 나타낸다. 빈칸의 전후 문맥이 '몇몇 나라가 매력이 있어도 ~때문에 반드시 제외될 것이다'라는 뜻을 나타내므로 빈칸에는 부정적인 내용이 들어가야 한다. 빈칸의 앞부분에 여행에서 가장 중요한 요소가 안전과 환경이다라는 내용이 언급됐으므로 문맥상 가장 적합한 것은 D 但安全没有保障的话(하지만 안전이 보장되지 않는다면)이다.

어휘 当地 dāngdì 몡 현지, 그 지방　或许 huòxǔ 튄 아마, 혹시　满足 mǎnzú 혱 동 만족하다　无所谓 wúsuǒwèi 관계없다, 아랑곳하지 않다　保障 bǎozhàng 몡 동 보장(하다)

53-56

有一位著名的二胡名家，在一次演奏会中发现手上所拿的二胡53. **A 居然**不是自己平时所用的那把，而是一把破旧的二胡。原来是有人故意把它换掉了，想让他在观众面前出丑。

二胡名家虽然心中不快，但他必须用这把二胡上台表演。他对观众说："今天我将在这里54. **B 证明**给各位看，只要演奏的人用心用情，无论用什么样的乐器，都能演奏出好的音乐。"

于是，他就用心地演奏起来。观众从那把破旧的二胡中，<u>55. **D 听到了最打动人心的音乐**</u>，每个人都被深深地吸引了。在演奏结束时，观众都给予他最热烈的<u>56. **B 掌声**</u>，肯定他的音乐才华和演奏技巧。

한 유명한 얼후 명인이 한번은 연주회에서 자신이 수중에 들고 있는 얼후가 <u>53. **A 뜻밖에도**</u> 자신이 평소 사용하던 것이 아니라 낡고 오래된 얼후라는 것을 발견했다. 알고 보니 누군가 고의로 얼후를 뒤바꾸어 관객들 앞에서 그가 망신당하게 하려는 것이었다.

얼후 명인은 비록 속으론 불쾌했지만, 이 얼후를 사용해서 무대에 올라 연주를 해야 했다. 그는 관객들에게 말했다. "오늘 저는 이곳에서 연주하는 사람이 마음을 다하기만 하면 어떤 악기를 써도 좋은 음악을 연주할 수 있다는 것을 여러분에게 <u>54. **B 증명하려고**</u> 합니다."

그래서 그는 마음을 다해 연주를 시작했다. 관객들은 그 낡고 오래된 얼후에서 <u>55. **D 최고로 마음을 울리는 음악을 듣게 되었고**</u>, 모두들 깊이 매료되었다. 연주가 끝나자 관객들은 그에게 가장 열렬한 <u>56. **B 박수**</u>를 보내며 그의 음악적 재능과 연주 기술을 인정했다.

어휘 二胡 èrhú 몡 얼후(중국 전통 악기)　名家 míngjiā 몡 명인　演奏会 yǎnzòuhuì 몡 연주회　破旧 pòjiù 혱 낡고 오래되다　出丑 chūchǒu 동 망신하다, 체면을 잃다　不快 búkuài 혱 불쾌하다　上台 shàngtái 동 무대에 오르다　各位 gèwèi 몡 여러분　用心 yòngxīn 혱 마음을 쓰다, 심혈을 기울이다　给予 jǐyǔ 동 ~을 주다　热烈 rèliè 혱 열렬하다　才华 cáihuá 몡 뛰어난 재능　技巧 jìqiǎo 몡 기교, 테크닉

53

A 居然	B 依然	A 뜻밖에	B 여전히
C 忽然	D 果然	C 갑자기	D 과연

해설 빈칸은 [부사어(在一次演奏会中)+술어(发现)+목적어{관형어(手上所拿的)+주어(二胡)+___+부사(不) 술어(是)+관형어(自己平时所用的)+목적어(那把)}]의 구조로 빈칸은 주어 뒤 부정부사 不의 앞, 또 다른 부사의 자리이다. 문맥상 손에 들린 얼후가 평소 사용하던 것이 아닌 낡고 오래된 얼후임을 연주회에서 발견한 상황이다. 따라서 보기에서 가장 적합한 부사는 A 居然(뜻밖에)이다.

TIP▶ 빈칸이 부사의 자리인 경우 전후 문맥을 살펴서 의미와 뉘앙스를 파악해야 한다.

어휘 居然 jūrán 튄 뜻밖에, 의외로　依然 yīrán 혱 의연하다 튄 여전히　忽然 hūrán 튄 갑자기, 별안간　果然 guǒrán 튄 과연, 생각한 대로

54

A 说明	B 证明	A 설명하다	B 증명하다
C 模仿	D 宣传	C 모방하다	D 선전하다

해설 빈칸은 [부사어(今天)+주어(我)+부사어(将在这里)+___+보어(给各位看)]의 구조로 빈칸은 개사구 결과보어와 결합할 수 있는 동사술어 자리이다. 문맥상 낡은 얼후로 골탕을 먹이려는 사람이 있는 상황에서 악기에 관계없이 마음만으로 좋은 음악을 연주할 수 있다는 것을 보여주어야 하므로 알맞은 정답은 B 证明(증명하다)이다.

어휘 说明 shuōmíng 명 동 설명(하다)　证明 zhèngmíng 동 증명하다 명 증명(서)　模仿 mófǎng 명 동 모방(하다)　宣传 xuānchuán 명 동 선전(하다)

55

A 发出刺耳的声音	A 귀에 거슬리는 소리를 낸다
B 对此非常好奇	B 이에 대해 굉장히 호기심을 느낀다
C 发现那把二胡的价值	C 그 얼후의 가치를 발견했다
D 听到了最打动人心的音乐	**D 가장 감동적인 음악을 들었다**

해설 빈칸은 [___, 문장(每个人都被深深地吸引了)]의 구조로 빈칸은 뒤의 결과 '모든 사람들이 깊이 매료되었다'의 원인이 들어가야 한다. 귀에 거슬리는 소리, 호기심, 얼후의 가치 발견은 매료된다는 결과를 도출하기엔 논리적으로 부적절하므로 보기 A, B, C는 모두 소거한다. 감동적인 음악을 듣고 깊이 매료된다는 것이 적합하므로 정답은 D 听到了最打动人心的音乐(가장 감동적인 음악을 들었다)이다.

어휘 发出 fāchū 동 (소리 등을) 내다　刺耳 cì'ěr 형 귀를 자극하다, 귀에 거슬리다　好奇 hàoqí 형 호기심이 많다　二胡 èrhú 명 얼후(중국의 전통 악기)　价值 jiàzhí 명 가치　打动 dǎdòng 동 마음을 움직이다, 감동시키다

56

A 气氛	B 掌声	A 분위기	B 박수 소리
C 祝贺	D 争论	C 축하(하다)	D 논쟁(하다)

해설 빈칸은 [술어(给予)+목적어(他)+관형어(最热烈的)+___]의 구조로 热烈(열렬한)와 호응하는 명사 자리이다. 전후 문맥의 흐름상 연주가 끝나고 관객들이 연주자에게 줄 수 있는 것으로 알맞은 것은 B 掌声(박수 소리)이다.

어휘 气氛 qìfēn 명 분위기　掌声 zhǎngshēng 명 박수 소리　祝贺 zhùhè 명 동 축하(하다)　争论 zhēnglùn 명 동 논쟁(하다)

57-60

　　失业不仅给个人带来经济负担，而且对57. C **整个** 社会的影响也不小。所谓摩擦性失业，一般是指由于劳动人员的暂时流动而造成的失业，包括由于季节性因素造成的失业。例如，为了寻找新的工作而58. C **辞职** 后，工人暂时未能找到工作而造成的失业现象，就是典型的摩擦性失业。

　　经济总是变动的，工人寻找最适合自己的工作是需要时间的，因此，一定数量的摩擦性失业是不可避免的。然而，从目前中国的就业市场来看，主要的59. A **矛盾** 在于，求职者不能按照自己的意愿找到合适的岗位；而企业很难找到合适的人才，又不能适应求职者的要求。归根到底，摩擦性失业对个人来说是时间的浪费，60. D **对社会来说也是资源的浪费**。

　　실업은 개인에게 경제적 부담을 초래할 뿐만 아니라, 57. C 전체 사회에 미치는 영향도 적지 않다. 소위 마찰적 실업이란 계절적인 원인으로 초래된 실업을 포함하여, 일반적으로 노동자의 일시적인 유동으로 초래된 실업을 지칭한다. 예를 들어, 새로운 일을 찾고자 58. B 회사를 그만둔 후, 근로자가 잠시 일을 구하지 못해 초래된 실업 현상이 바로 전형적인 마찰적 실업이다.

　　경제는 늘 변하기 때문에 근로자가 자신에게 가장 알맞은 일을 구하는 데에는 시간이 필요하다. 이 때문에 일정 수의 마찰적 실업은 불가피하다. 하지만, 현재 중국의 취업시장을 보면, 주된 59. A 모순은 다음에 있다. 구직자는 자신의 바람에 맞는 적합한 일자리를 찾지 못하는 반면 기업은 적합한 인재를 찾지 못하는 데다가 구직자의 요구에도 적응하지 못하고 있다. 결국 한 마디로, 마찰적 실업이란 개인에게 있어 시간의 낭비이자 60. D 사회에 있어서도 자원의 낭비이다.

어휘 | 失业 shīyè 图 직업을 잃다 经济负担 jīngjì fùdān 图 경제적 부담 所谓 suǒwèi 소위 이른바, ~란 摩擦性失业 mócāxìng shīyè 图 마찰적 실업 是指 shìzhǐ ~를 가리키다 劳动人员 láodòng rényuán 图 근로자 流动 liúdòng 图 옮겨 다니다, 유동하다 造成 zàochéng 图 초래하다 典型 diǎnxíng 图 전형(적이다) 变动 biàndòng 图图 변동(하다) 包括 bāokuò 图 포함하다 季节性 jìjiéxìng 图 계절성 因素 yīnsù 图 원인, 요소 不可避免 bùkě bìmiǎn (어떤 일이 발생하는 것을) 피할 길이 없다 就业 jiùyè 图 취직하다, 취업하다 在于 zàiyú 图 에 있다, ~에 달려 있다 求职者 qiúzhízhě 图 구직자 意愿 yìyuàn 图 염원 岗位 gǎngwèi 图 직책, 근무처 归根到底 guīgēn dàodǐ 결국, 한 마디로 말해

57

A 统一	B 个别	A 통일적인	B 개별적인
C 整个	D 大规模	**C 전체의**	D 대규모

해설 | 빈칸은 [개사(对)+___+관형어(社会的)+명사(影响)]의 구조로 빈칸은 社会(사회)를 수식하는 관형어 자리이다. 보기의 문장이 '不仅……(个人), 而且……(社会)'의 형식을 이루므로 개인에서 사회로 확대되는 의미임을 알 수 있다. 따라서 개인과 대조되는 사회를 수식하는 것으로 적합한 것은 C 整个(전체의)이다. A의 统一(통일)는 '분열', B의 个别(개별)는 '낱낱', 개개의 의미로 '종합'과 반대되는 개념이다. D의 大规模(대규모)는 소규모와 반대되는 개념이므로 모두 빈칸에 적합하지 않다.

어휘 | 统一 tǒngyī 图图 통일(하다) 图 통일적인 个别 gèbié 图 개개의, 개별적인 整个 zhěnggè 图 전체의 大规模 dàguīmo 图 대규모의

58

A 保留	B 追求	A 보류하다	B 추구하다
C 辞职	D 退休	**C 사직하다**	D 퇴직하다

해설 | 빈칸은 [개사(为了)+주술구(寻找新的工作)+而+___]의 구조로 빈칸은 접속사 而 뒤에 들어갈 동사 자리이다. 빈칸의 문맥상 '새로운 일을 구하기 위해 ~한 뒤 잠시 일을 찾지 못한 실업 상태이다'라는 뜻이므로 보기 중 적합한 것은 C 辞职(사직하다)이다.

·保留	**保留**意见 의견을 보류하다	**保留**着传统 전통을 간직하다
·辞职	提出**辞职** 사직서를 제출하다	从公司**辞职** 회사에서 그만두다
·追求	**追求**成功 성공을 쫓다	**追求**美好的生活 굿 라이프를 추구하다
·退休	从公司**退休** 회사에서 퇴직하다	**退休**年龄 퇴직연령

어휘 | 保留 bǎoliú 图 보류하다, 보존하다 辞职 cízhí 图 사직하다 追求 zhuīqiú 图 추구하다 退休 tuìxiū 图 (정년 등으로) 퇴직하다

59

A 矛盾	B 观点	A 모순	B 관점
C 优势	D 意外	C 우위	D 의외(의 사고)

해설 | 빈칸은 [관형어(主要的)+___+술어(在于)]의 구조로 빈칸은 주어 자리이다. 전후 문맥을 살펴보면, 구직자는 적합한 일자리를 못 찾는 반면 기업은 적합한 인재를 못 찾는 상황이다. 따라서 이러한 상황을 나타내는 것으로 적합한 것은 A 矛盾(모순)이다.

·矛盾	产生**矛盾** 갈등이 발생하다	闹**矛盾** 사이가 틀어지다, 의견충돌이 발생하다
·观点	坚持自己的**观点** 자신의 관점을 고수하다	从A的**观点**来看 A관점에서 보면
·优势	占**优势** 우위를 차지하다	发挥**优势** 강점을 발휘하다
·意外	发生**意外** 의외의 사고가 발생하다	感到**意外** 의외라고 생각하다

어휘 | 矛盾 máodùn 图 모순, 갈등 观点 guāndiǎn 图 관점, 입장 优势 yōushì 图 우세, 우위 意外 yìwài 图 의외, 의외의 사고 图 뜻밖이다

60

A 充分发挥了作用	A 충분히 역할을 잘 발휘하다
B 是对家人的责任	B 가족에 대한 책임이다
C 其实也是一种机会	C 사실은 일종의 기회이기도 하다
D 对社会来说也是资源的浪费	**D 사회적으로도 자원의 낭비이다**

해설 빈칸 문장의 도입부에 사용된 归根到底(결국)의 이하에는 전체 문장의 결론, 요지가 등장한다. 빈칸은 [문장(摩擦性失业+对个人来说是时间的浪费), ___]의 구조로 앞문장에서 '시간 낭비이다'라는 부정적인 결론을 제시했으므로 빈칸 역시 부정적인 내용이 들어가야 한다. 따라서 가장 적합한 전개는 D 对社会来说也是资源的浪费(사회적으로도 자원의 낭비이다)이다.

어휘 充分 chōngfèn 형 충분하다   发挥 fāhuī 동 발휘하다   资源 zīyuán 명 자원

독해 제2부분

61

人工智能程序"阿尔法围棋"在"人机围棋大战"中最终获胜，这让很多人开始不安。可事实上，这并不意味着人工智能已经超越了人类，只能再次证明人类的程序设计能力超强。如果有一天阿尔法围棋可以独自去海滩度假的话，"战胜"人类才会成为可能。

인공지능 프로그램 '알파고'가 '인간과 기계의 세기의 대결'에서 최종 승리함으로써 많은 사람들을 불안하게 만들었다. 하지만 사실상, 이것은 결코 인공지능이 인간을 뛰어넘었음을 의미하는 것은 아니며, 그저 인간의 프로그래밍 능력이 막강하다는 것을 재차 입증할 수 있었을 뿐이다. 만약 언젠가 알파고가 혼자서 백사장으로 휴가를 갈 수 있게 된다면, 인간을 '싸워 이기는' 것이 비로서 가능해질 것이다.

A 决赛在沙滩进行	A 결승전은 백사장에서 진행했다
B 人类担忧自身安全	B 인간은 자신의 안전을 걱정한다
C 人工智能还不能超越人类	**C 인공지능은 아직 인간을 뛰어넘을 수 없다**
D 阿尔法喜欢下围棋	D 알파고는 바둑을 즐겨 둔다

해설 보기의 키워드를 살펴보면 A는 沙滩(백사장), B는 担忧安全(안전을 걱정하다), C는 不能超越人类(인간을 뛰어넘을 수 없다), D는 喜欢下围棋(바둑을 즐겨 둔다)이다. 전환 관계를 나타내는 접속사 可(그러나)의 뒷부분에 可事实上，这并不意味着人工智能已经超越了人类(하지만 사실상, 이것은 결코 인공지능이 인간을 뛰어넘었음을 의미하는 것은 아니다)라고 했으므로 일치하는 내용은 C임을 알 수 있다.

어휘 지문 人工智能程序 réngōngzhìnéng chéngxù 인공지능 프로그램   阿尔法围棋 ā'ěrfǎwéiqí 알파고, AlphaGo   最终 zuìzhōng 명 형 최종(의)   获胜 huòshèng 동 승리하다, 이기다   不安 bù'ān 형 불안하다   事实上 shìshíshang 사실상, 실제로   意味着 yìwèizhe 의미하다, 뜻하다   超越 chāoyuè 동 넘어서다, 뛰어넘다   程序设计 chéngxù shèjì 명 프로그래밍   独自 dúzì 부 혼자서   海滩 hǎitān 명 모래사장   度假 dùjià 동 휴가를 보내다   战胜 zhànshèng 동 승리를 거두다   보기 决赛 juésài 명 결승전   沙滩 shātān 명 백사장   担忧 dānyōu 동 걱정하다   人工智能 réngōng zhìnéng 명 인공 지능   棋艺 qíyì 명 장기(바둑) 솜씨

62

目前，带鱼、黄花鱼、金枪鱼等经济价值高的深海鱼在捕鱼业中深受欢迎。它们生活在深海区域，受污染程度低，并且营养价值极高，因此成为了餐桌上的常客。但是，这些深海鱼生长速度缓慢、繁殖困难，过度捕捞会导致这些鱼类的数量急剧下降，甚至灭绝。

현재 갈치, 황조기, 참치 등 경제가치가 높은 심해어들이 어업계에서 대단히 환영받고 있다. 심해어는 바다 깊은 지역에 서식하여 오염도가 낮은데다 영양가도 대단히 높아서 식탁의 '단골 손님'이 되었다. 그러나, 심해어들은 성장 속도가 느리고, 번식이 어려워 과도한 포획은 이들 어종의 개체수를 급격히 떨어뜨릴 수 있으며, 심지어 멸종을 초래할 수도 있다.

A 深海鱼营养价值很高	A 심해어는 영양가가 매우 높다
B 海底资源非常丰富	B 해저 자원이 굉장히 풍부하다
C 海洋污染日益严重	C 해양 오염이 날로 심각해진다
D 深海鱼的生长速度很快	D 심해어의 성장 속도가 빠르다

해설 보기의 키워드를 살펴보면 A는 营养价值(영양가), B는 海底资源(해저 자원), C는 海洋污染(해양 오염), D는 生长速度(성장 속도)이므로 지문과 대조한다. 지문의 두 번째 문장에서 并且营养价值极高(영양가도 대단히 높다)라고 했으므로 일치하는 내용은 A이다.

어휘 지문 目前 mùqián 명 지금, 현재   带鱼 dàiyú 명 갈치   黄花鱼 huánghuāyú 명 황조기   金枪鱼 jīnqiāngyú 명 참치   价值 jiàzhí 명 가치   深海鱼 shēnhǎiyú 명 심해어   捕鱼业 bǔyúyè 명 어업   区域 qūyù 명 구역, 지역   程度 chéngdù 명 정도   餐桌 cānzhuō 명 식탁   常客 chángkè 명 단골 손님   生长 shēngzhǎng 통 생장하다, 성장하다   缓慢 huǎnmàn 형 느리다, 더디다   繁殖 fánzhí 명 통 번식(하다)   过度 guòdù 과도하다   捕捞 bǔlāo 통 물고기를 잡다   急剧 jíjù 형 급격하다   下降 xiàjiàng 통 낮아지다, 줄어들다   灭绝 mièjué 통 멸절하다   보기 海底 hǎidǐ 명 해저   资源 zīyuán 명 자원   营养价值 yíngyǎng jiàzhí 명 영양 가치   日益 rìyì 부 날로

63

孩子在经历挫折之后最希望从父母那里得到的并不是安慰，更不是责备，而是父母的鼓励与信任。就算孩子在竞争中失败了也无关紧要，只要父母能对他们挑战的过程给予肯定和赞赏，他们就会更有信心并愿意接受新的挑战，争取下一次的胜利。

아이가 좌절을 겪고 나서 부모에게 바라는 것은 결코 위로가 아니고, 책망은 더욱 아니며, 부모의 격려와 믿음이다. 설령 아이가 경쟁에서 실패를 하더라도 그것은 중요하지 않다.

아이들이 도전하는 과정에서 부모가 인정해 주고 칭찬만 해 주어도 아이들은 훨씬 더 자신감 있게 새로운 도전을 받아들이고 다음의 승리를 목표로 노력할 것이다.

A 父母的教育比学校的教育更有效	A 부모의 교육이 학교 교육보다 더 효과적이다
B 父母的鼓励能让孩子变得自信	**B 부모의 격려는 아이가 자신감을 가질 수 있게 해 준다**
C 孩子在失败时需要父母的安慰	C 아이가 실패하면 부모의 위로가 필요하다
D 应该让孩子多经历挫折	D 아이가 더 많은 좌절을 겪게 해 주어야 한다

해설 보기의 키워드를 살펴보면 A는 学校的教育(학교 교육), B는 父母的鼓励(부모의 격려)와 变得自信(자신감 있게 변하다), C는 失败时需要安慰(실패하면 위로가 필요하다), D는 多经历挫折(좌절을 많이 겪어라)이므로 지문과 대조한다. 마지막 문장에서 只要父母能对他们挑战的过程给予肯定和赞赏，他们就会更有信心并愿意接受新的挑战，争取下一次的胜利(부모가 인정해 주고 칭찬만 해 주어도 아이들은 훨씬 더 자신감 있게 새로운 도전을 받아들이고 다음의 승리를 목표로 노력할 것이다)라고 했으므로 일치하는 내용은 B이다.

어휘 지문 挫折 cuòzhé 명 통 좌절(하다)   安慰 ānwèi 명 통 위로(하다)   责备 zébèi 통 탓하다   信任 xìnrèn 명 통 신임(하다)   就算 jiùsuàn 접 설령 ~하더라도   无关紧要 wú guān jǐn yào 성 중요하지 않다, 대수롭지 않다   挑战 tiǎozhàn 명 통 도전(하다)   给予 jǐyǔ 통 ~을 주다   赞赏 zànshǎng 통 칭찬하다   争取 zhēngqǔ 통 쟁취하다   胜利 shènglì 명 통 승리(하다)   보기 有效 yǒuxiào 형 효력이 있다

64

人们常说"外行看热闹"，对于不懂摄影的人来说，摄影看起来就是按下快门这么简单。可事实上，内行们眼中的摄影是一门需要思考和等待的艺术。为了这一按，要经过漫长的观察和选择。虽然也会有妙手偶得的佳作，但是这种直觉也有赖于长期的思考和拍摄经验的积累。

사람들은 흔히 '문외한은 겉모습만 본다'고 말한다. 사진 촬영을 잘 모르는 이들에게 촬영은 셔터만 누르면 되는 정도로 간단해 보인다. 하지만, 사실 전문가의 눈에 비치는 촬영이란 생각과 기다림을 필요로 하는 하나의 예술이다. 한 번의 셔터를 누르기 위해 엄청나게 긴 관찰과 선택을 거쳐야 한다. 물론 달인이 우연히 얻은 훌륭한 작품도 있지만 이런 직감마저도 오랜 시간의 숙고와 촬영 경험이 쌓여야만 한다.

A 照片能反映出摄影师的水平	A 사진은 카메라맨의 수준을 반영한다
B 好的摄影师只靠直觉	B 훌륭한 카메라맨은 직감에만 의존한다
C 作品通常是偶然获得的	C 작품은 보통 우연히 얻어진다
D 摄影是一门需要思考的艺术	**D 촬영은 숙고가 필요한 예술이다**

해설 보기에 照片(사진)과 摄影师(카메라맨)가 있으므로 이에 관련된 글임을 알 수 있다. 보기의 키워드로 A는 摄影师的水平(카메라맨의 수준), B는 只靠直觉(직감에만 의존한다), C는 偶然获得(우연히 얻다), D는 需要思考(생각이 필요하다)이므로 지문과 대조한다. 전환을 나타내는 접속사 可(그러나) 뒷부분에 事实上, 内行们眼中的摄影是一门需要思考和等待的艺术(사실 전문가의 눈에 비치는 촬영이란 생각과 기다림을 필요로 하는 하나의 예술이다)라고 했으므로 일치하는 내용은 D이다.

TIP▶ 보기에 只(단지)과 같은 단정적 어휘가 있을 경우 반드시 지문에도 등장했는지를 꼼꼼히 따져야 한다.

어휘 지문 外行看热闹 wàiháng kànrènào 문외한은 겉모습에 매달린다 ['内行看门道, 外行看热闹(전문가는 정수를 깊이 파악하고 문외한은 겉모습에 매달린다)'의 한 구절] 不懂 bùdǒng 동 모르다, 이해하지 못하다 摄影 shèyǐng 명 동 촬영(하다) 按 àn 동 (손이나 손가락으로) 누르다 快门 kuàimén 명 사진기의 셔터 等待 děngdài 동 기다리다 漫长 màncháng 형 기나 길다 观察 guānchá 명 동 관찰(하다) 妙手 miàoshǒu 명 명수, 달인 偶得 ǒudé 우연히 얻다 佳作 jiāzuò 명 가작, 뛰어난 작품 直觉 zhíjué 명 직감 有赖于 yǒulàiyú ~에 의존하다 보기 摄影师 shèyǐngshī 명 사진사, 카메라맨 偶然 ǒurán 형 우연하다 부 우연히 靠 kào 동 기대다

65

中国有很多跟诸葛亮相关的俗语，"事后诸葛亮"就是其中之一，它具有讽刺意义，比喻一些人在事情发生前不发表任何意见，在出现糟糕的结果之后反而滔滔不绝，说自己早就料到事情的结果是这样。民间俗语中也常用"马后炮"也是用来讽刺这种人。	중국에는 제갈공명과 관련된 속담이 아주 많다. '사건이 끝나고 나서 큰소리 치다'가 그 중 하나로 풍자적 의미를 지니고 있다. 어떤 사람들은 일이 발생하기 전엔 어떤 의견도 내지 않다가 나쁜 결과가 생기자 되려 자신이 일찌감치 결과가 이리 될 줄 알았노라고 구구절절 끊임없이 말을 해대는 것을 비유한다. 민간 속담 중에서도 자주 사용하는 '뒷북치다' 역시 이런 사람을 풍자하는데 사용한다.
A 诸葛亮总是在事后发表意见	A 제갈공명은 늘 사건이 터진 후에 의견을 밝혔다
B 这句俗语常被用来讽刺人	**B 이 속담은 사람을 풍자하는 데 자주 쓰인다**
C 沉默是最好的解决方法	C 침묵은 최고의 해결 방법이다
D 这句俗语指的是下棋的方法	D 그 속담은 바둑 두는 방법을 지칭한다

해설 보기에 공통적으로 俗语(속담)가 있으므로 이에 관한 설명글임을 예상할 수 있다. 보기의 키워드로 A는 事后发表(사건 후에 발표한다), B는 讽刺人(사람을 풍자한다), C는 沉默(침묵), D는 下棋的方法(바둑을 두는 방법)이므로 지문과 대조한다. 지문의 첫 번째 문장과 마지막 문장에서 讽刺(풍자하다)가 두 번 등장하여 이 두 표현 모두 풍자적 의미가 있음을 나타냈으므로 일치하는 내용은 B이다.

어휘 지문 诸葛亮 Zhūgě Liàng 인명 제갈량 相关 xiāngguān 동 관련되다 俗语 súyǔ 명 속담 事后诸葛亮 shìhòu Zhūgěliàng 사건이 끝나고 나서 큰소리치다 讽刺 fěngcì 명 동 풍자(하다) 意义 yìyì 명 뜻, 의의 比喻 bǐyù 동 비유하다 糟糕 zāogāo 형 엉망이 되다 滔滔不绝 tāo tāo bù jué 성 끊임없이 말하다 料到 liàodào 동 예측하다 马后炮 mǎhòupào 행차 뒤의 나팔, 뒷북치는 것 보기 沉默 chénmò 명 동 침묵(하다) 下棋 xiàqí 동 바둑을 두다

66

澳洲东部的海域里，有一种神奇的小鱼叫清洁鱼。鱼如其名，清洁鱼专为生病的大鱼搞清洁，所以又被称为"鱼医生"。当生病的大鱼前来求医时，首先张开大口，让小小的清洁鱼进入到它的嘴里来。清洁鱼只凭嘴尖去清洁病鱼伤口上的坏死组织和致病的细菌，而这些被"清除"的污物正是它们的食物。	오스트레일리아 동쪽 해역에 닥터 피쉬라고 부르는 신기한 작은 물고기가 있다. 그 이름과 같이 닥터 피쉬는 병에 걸린 큰 물고기를 깨끗하게 청소를 해주어 '물고기 의사'라고도 불린다. 병에 걸린 큰 물고기가 치료를 요청하러 오면 우선 입을 크게 벌리고 자그마한 닥터 피쉬를 입 안으로 들인다. 닥터 피쉬는 오로지 주둥이 끝으로만 상처 부위의 괴사한 조직과 병을 유발하는 세균을 깨끗하게 청소한다. 그리고 '깨끗이 제거'된 이 오물들이 바로 닥터 피쉬의 먹이이다.

A 清洁鱼用嘴尖"工作"	A 닥터 피쉬는 주둥이 끝으로 '일을 한다'
B 清洁鱼主要以大鱼为食	B 닥터 피쉬는 주로 큰 물고기를 먹이로 한다
C 深海鱼身上携带很多细菌	C 심해어는 몸에 세균을 많이 가지고 있다
D 清洁鱼攻击力很强	D 닥터 피쉬는 공격성이 매우 강하다

해설 보기의 키워드를 살펴보면 A는 嘴尖(주둥이의 뾰족한 끝), B는 以大鱼为食(큰 물고기를 먹이로 한다), C는 深海鱼(심해어)와 细菌(세균), D는 攻击力(공격성)이다. 마지막 문장에서 清洁鱼只凭嘴尖去清洁病鱼伤口上的坏死组织和致病的细菌('닥터 피쉬'는 오로지 주둥이 끝으로만 상처부위의 괴사한 조직과 병을 유발하는 세균을 깨끗하게 청소한다)이라고 했으므로 일치하는 내용은 A이다.

어휘 [지문] 澳洲 Àozhōu [지명] 호주(澳大利亚의 줄인말) 海域 hǎiyù [명] 해역 神奇 shénqí [형] 신기하다 清洁鱼 qīngjiéyú 닥터 피쉬 搞 gǎo [동] 하다, 처리하다 清洁 qīngjié [형] 청결하다 前来 qiánlái [동] 다가오다 求医 qiúyī [동] 의사를 찾아가 진찰 받다 张开 zhāngkāi [동] 열다, 벌리다 凭 píng [동] 의지하다 尖 jiān [명] 물체의 날카로운 끝부분이나 뾰족한 윗부분 伤口 shāngkǒu [명] 상처 부위 坏死 huàisǐ [명][동] 괴사(하다) 组织 zǔzhī [명] 조직 致病 zhìbìng [동] 병을 유발하다 细菌 xìjūn [명] 세균 清除 qīngchú [동] 완전히 제거하다 污物 wūwù [명] 오물, 더러운 것 食物 shíwù [명] 음식물 [보기] 携带 xiédài [동] 지니다 攻击力 gōngjīlì [명] 공격성, 공격력

67

"三十而立"是一个成语，是说"30岁的人应该能依靠自己的本领独立承担责任，并已经确定自己的人生目标"。目前很多年龄将近30岁的人受这种传统观念的影响，不能面对自己生活及事业上的失败，心中充满了压力对社交也失去了兴趣。这种现象被称为"29岁现象"。	'서른 살이 되어 말과 행동에 어긋남이 없다'라는 성어가 있다. 이것은 '사람이 서른이면 마땅히 자신의 능력으로 독립적으로 책임을 질 수 있어야 하고, 자신의 인생 목표를 이미 확정해야 한다'는 것을 말한다. 현재 서른에 가까운 많은 사람들이 이러한 전통적 관념의 영향을 받아 자신의 삶과 일에 있어서 실패를 직시하지 못해 심리적으로 스트레스가 심하고 사교에 대해서도 흥미를 잃는다. 이런 현상을 일컬어 '29세 현상'이라고 한다.
A 29岁是人生中最重要的时期	A 29세는 인생의 가장 중요한 시기다
B 成年人应该懂得承担责任	B 성인은 마땅히 책임을 질 줄 알아야 한다
C 30岁以后压力会变大	C 30세 이후 스트레스가 커진다
D "29岁现象"与传统观念有关	**D '29세 현상'은 전통적 관념과 관련이 있다**

해설 보기의 키워드를 찾으면 A는 29岁最重要(20세가 가장 중요하다), B는 成年人(성인)과 承担责任(책임을 지다), C는 压力会变大(스트레스가 커진다), D는 与传统观念有关(전통과 관련있다)이므로 지문과 대조한다. 지문에서 目前很多年龄将近30岁的人受这种传统观念的影响(현재 서른에 가까운 많은 사람들이 이러한 전통적 관념의 영향을 받는다)이라고 했으므로 일치하는 내용은 D이다.

어휘 [지문] 三十而立 sānshí'érlì 서른 살이 되어 말과 행동에 어긋남이 없다 成语 chéngyǔ [명] 성어 依靠 yīkào [동] 의지하다 本领 běnlǐng [명] 능력, 재능 独立 dúlì [동] 독립하다 承担 chéngdān [동] 맡다, 담당하다 确定 quèdìng [동] 확정하다 传统 chuántǒng [명] 전통 观念 guānniàn [명] 관념, 생각 充满 chōngmǎn [동] 충만하다 难以 nányǐ ~하기 어렵다 集中 jízhōng [동] 집중하다 兴趣 xìngqù [명] 흥미 [보기] 时期 shíqī [명] 시기 成年人 chéngniánrén [명] 성인 懂得 dǒngde [동] 알다, 이해하다 有关 yǒuguān [동] 관계가 있다

68

所谓"手游"就是指可以在手机上进行的游戏。随着科技的发展，现在手机的功能也越来越多，越来越强。而手游也不像什么"俄罗斯方块"那么简单，具有更强大的娱乐性和交互性。目前，中国国内手游玩家规模已经超过5亿，其发展空间还很大。	이른바 '모바일 게임'이란 핸드폰에서 하는 게임을 가리킨다. 과학 기술이 발전함에 따라 현재 핸드폰의 기능도 점차 다양해지고 강력해졌다. 모바일 게임 역시 무슨 '테트리스'처럼 그렇게 간단하지 않고, 보다 더 강력한 오락성과 맞춤성을 갖추게 되었다. 현재 중국 내 모바일 게임 사용자 규모는 이미 5억을 넘어섰으며 그 발전 가능성은 여전히 크다.

A 手游是一种玩具 **B 手游很受欢迎** C 手游玩家男性比例较高 D 手机还没有支持5G网络	A 모바일 게임은 일종의 장난감이다 **B 모바일 게임이 인기가 있다** C 모바일 게임 사용자는 남성의 비율이 비교적 높다 D 핸드폰은 아직 5G 인터넷을 지원하지 않는다

해설 보기의 키워드를 살펴보면 A는 玩具(장난감), B는 男性比例(남성 비율), C는 受欢迎(인기 있다), D는 5G网络(5G 인터넷)이므로 지문과 대조한다. 지문의 마지막 부분에서 中国国内手游玩家规模已经超过5亿, 其发展空间还很大(중국 국내 모바일 게임 사용자 규모는 이미 5억을 넘어섰으며, 그 발전 가능성은 여전히 크다)라고 했으므로 일치하는 내용은 B이다.

어휘 지문 所谓 suǒwèi 소위 ~란   手游 shǒuyóu 명 모바일 게임   科技 kējì 명 과학기술   功能 gōngnéng 명 기능   俄罗斯方块 éluósīfāngkuài 명 테트리스   具有 jùyǒu 동 갖추다, 지니다   娱乐性 yúlèxìng 명 오락성   交互性 jiāohùxìng 명 상호 작용   보기 玩家 wánjiā 명 게이머   玩具 wánjù 명 장난감   比例 bǐlì 명 비례, 비율   网络 wǎngluò 네트워크

69

内向和外向指的是"心理能量指向"的方向,而内向者的能量指向内部, 所以他们对内心世界的兴趣会更加强大, 并且喜欢安静和独处。然而当内向的人进行了高强度的社交活动、接受了超出自身精神承受能力的刺激时, 会容易引起精神或生理上的不适, 这种现象就叫做"社交宿醉"。	내향성과 외향성은 '정신 에너지가 지향'하는 방향을 가리킨다. 내성적인 사람의 에너지는 내면을 지향한다. 따라서 그들은 내면 세계의 흥미가 더 강하고 조용하고 혼자 있는 것을 즐긴다. 그러나 내성적인 사람이 고강도의 사교 활동을 하거나 자신이 감당할 수 있는 능력을 벗어난 자극을 받으면 쉽사리 정신적, 생리적 불편함을 일으킬 수 있다. 이러한 현상을 일컬어 '내향인 숙취'라고 한다.
A 外向的人适合独处 B 社交活动对身心的危害很大 **C 内向者易产生"社交宿醉"** D "社交宿碎"是由喝酒引起的	A 외항적인 사람은 혼자 있는 것이 적합하다 B 사교 활동이 심신에 미치는 피해가 크다 **C 내성적인 사람이 '내향인 숙취'가 쉽게 생긴다** D '내향인 숙취'는 음주로 인해 유발된다

해설 보기의 키워드를 살펴보면 A는 独处(혼자 있다), B는 对身心的危害很大(심신에 미치는 피해가 크다), C는 内向者易产生"社交宿醉"(내성적인 사람이 '내향인 숙취'가 쉽게 생긴다), D는 喝酒引起(음주로 인해 유발된다)이므로 지문과 대조한다. 지문에서 내성적인 사람이 자신이 감당할 수 없는 상황에서 会容易引起精神或生理上的不适, 这种现象就叫做"社交宿醉"(쉽사리 정신적, 생리적 불편함을 초래할 수 있다. 이러한 현상을 일컬어 '내향인 숙취'라고 한다)라고 했으므로 일치하는 내용은 C임을 알 수 있다.

어휘 지문 内向 nèixiàng 형 내성적이다   外向 wàixiàng 형 외향적이다   心理能量 xīnlǐ néngliàng 정신 에너지   指向 zhǐxiàng 동 지향하다   独处 dúchǔ 동 혼자 지내다   社交活动 shèjiāo huódòng 사교 활동   超出 chāochū 동 넘다, 초과하다   承受能力 chéngshòu nénglì 감당할 수 있는 능력   刺激 cìjī 명 동 자극(하다)   不适 búshì 몸이 편치 않다   社交宿醉 shèjiāo sùzuì 명 내향인 숙취(Social Hangover)   보기 危害 wēihài 명 위해

70

"学而不思则罔, 思而不学则殆"是孔子提倡的一种读书及学习方法。意思是说, 只读书而不积极思考, 就不能有效地利用书上的知识; 相反, 如果只思考却不踏踏实实地学习和钻研, 也无法达到理想的学习效果。只有将学习和思考结合起来, 才能真正学到知识。	'배우기만 하고 생각하지 않으면 얻는 것이 없고, 생각만 하고 배우지 않으면 위태롭다'는 공자가 주장한 독서와 학습의 방법이다. 책만 읽고 적극적으로 사고하지 않으면 효과적으로 책 속의 지식을 이용할 수 없다는 의미이다. 반대로, 만약에 생각만 하고 착실하게 공부하고 깊이 파고 들어 연구하지 않으면, 이상적인 학습 효과를 달성할 수 없다. 학습과 사고를 결합시켜야만 비로서 진정으로 지식을 배울 수 있다.

A 学习离不开思考	A 학습은 사고와 뗄래야 뗄 수 없다
B 读书比思考更重要	B 독서가 사고보다 중요하다
C 只要思考就能利用书上的知识	C 생각만 잘해도 책 속의 지식을 이용할 수 있다
D 要养成良好的阅读习惯	D 훌륭한 독서 습관을 길러야 한다

해설 보기의 키워드를 살펴보면 A는 读书更重要(독서가 더 중요하다), B는 学习离不开思考(학습은 사고와 뗄래야 뗄 수 없다), C는 只要思考(생각만 잘해도), D는 阅读习惯(독서 습관)이므로 지문과 대조한다. 큰따옴표 속의 속담 등의 표현은 해석하지 말고 부연설명을 살펴본다. 지문의 마지막 문장에서 只有将学习和思考结合起来, 才能真正学到知识(학습과 사고를 결합시켜야만 비로서 진정으로 지식을 배울 수 있다)라고 했으므로 일치하는 내용은 A이다.

어휘 **지문** 学而不思则罔, 思而不学则殆 xué'érbùsī zéwǎng, sīérbùxuézédài 배우기만 하고 생각하지 않으면 얻는 것이 없고, 생각만 하고 배우지 않으면 위태롭다　孔子 Kǒngzǐ **인명** 공자　提倡 tíchàng **동** 제창하다　利用 lìyòng **동** 이용하다　踏踏实实 tātashíshí 착실하다, 성실하다　钻研 zuānyán **동** 깊이 연구하다　结合 jiéhé **동** 결합시키다　**보기** 离不开 líbukāi 떨어질 수 없다

독해 제3부분

71-74

世界地球日, 即每年的4月22日, 是一个专为世界环境保护而设立的节日, 旨在74提高民众对于现有环境问题的意识, 并动员民众参与到环保运动中, 通过绿色低碳生活, 71改善地球环境。

与此同时, 72联合国环境署于2018年发起了"中国地球卫士青年奖", 希望通过这个奖项培养新一代的环保领导者, 集青年之力, 守护地球未来。今年的奖项报名通道已经开通。年龄18至30岁的青年均可报名, 报名者需提交自己的环保创意, 经过网络投票和专家评审后, 3名获奖者名单将在5月下旬公布。

据了解, 比赛73最终获胜者将每人获得15,000美元的种子基金、来自环保专家团的指导、在线创业培训课程、导师支持等奖励。

지구의 날은 매년 4월 22일로 세계 환경 보호를 위해 설립된 기념일이다. 그 취지는 대중의 74환경 현안에 대한 인식 재고와 더불어 환경 보호 운동에 동참시켜 친환경적 저탄소 생활을 통해 71지구의 환경을 개선하는 데 있다.

이와 동시에, 72UN 환경 계획은 2018년 '중국 청소년 지구환경대상'을 발기하여, 본 대회를 통해 새로운 세대의 환경 보호 리더를 양성하고 청년들의 힘을 모아 지구의 미래를 보호할 수 있기를 바란다고 밝혔다. 올해 대회의 등록 채널이 이미 오픈 되었으며 18세에서 30세의 청년들은 모두 참가 가능하다. 참가자들은 자신의 참신한 아이디어를 제출해야 하고, 인터넷 투표와 전문가들의 심사를 거친 후 5월 중순 3명의 수상자 명단을 발표한다.

소식에 따르면 대회의 73최종 우승자는 15,000달러의 시드 머니와 환경 전문가들의 멘토링, 온라인 창업 교육 과정, 지도 교수 지원 등의 포상을 받게 된다.

어휘 世界地球日 shìjièdìqiúrì 지구의 날　即 jí **부** 즉　专 zhuān **부** 전문적으로　设立 shèlì **동** 세우다, 설립하다　旨 zhǐ **명** 목적, 취지　民众 mínzhòng **명** 민중　意识 yìshí **명** 의식(하다)　动员 dòngyuán **동** 동원하다, 설득하다　参与 cānyù **동** 참여하다　绿色低碳生活 lǜsè dītàn shēnghuó 친환경적 저탄소 생활　改善 gǎishàn **명** **동** 개선(하다)　与此同时 yǔcǐ tóngshí 이와 동시에, 아울러　联合国环境署 Liánhéguó huánjìngshǔ UN 환경계획　发起 fāqǐ **동** 제창하다, 발기하다　地球卫士青年奖 dìqiú wèishì qīngnián jiǎng 청년 지구환경대상(Young Champions of the earth)　奖项 jiǎngxiàng **명** 상의 종목　培养 péiyǎng **동** 배양하다　领导者 lǐngdǎozhě **명** 지도자, 리더　守护 shǒuhù **동** 수호하다, 지키다　未来 wèilái **명** 미래　通道 tōngdào **명** 채널, 통로　均 jūn **부** 모두, 다　提交 tíjiāo **동** 제출하다　创意 chuàngyì 새로운 고안, 창의　网络 wǎngluò **명** 네트워크　投票 tóupiào **명** **동** 투표(하다)　评审 píngshěn **동** 심사하다, 평가하다　下旬 xiàxún **명** 하순　公布 gōngbù **동** 공표하다　最终 zuìzhōng **명** **형** 최종(의)　获胜者 huòshèngzhě **명** 우승자　种子基金 zhǒngzijījīn 종잣돈, 시드 머니　指导 zhǐdǎo **명** **동** 지도(하다)　创业 chuàngyè **동** 사업을 시작하다, 창업하다　培训 péixùn **동** 훈련하다, 양성하다　课程 kèchéng **명** 교육 과정, 커리큘럼　导师 dǎoshī **명** 지도 교사, 지도 교수　奖励 jiǎnglì **명** **동** 표창(하다)

71

关于世界地球日，可以知道：	지구 환경의 날에 관해 알 수 있는 것은?
A 每年5月中旬进行 **B 目标是改善地球环境** C 要解决贫富差距 D 由各个国家轮流举办	A 매년 5월 중순에 진행한다 **B 목표는 지구 환경을 개선하는 것이다** C 빈부 격차를 해결하려 한다 D 각국이 돌아가며 개최한다

해설 질문의 키워드 世界地球日(지구의 날)에 관한 옳은 내용을 고르는 문제이다. 보기의 키워드 5月中旬(5월 중순), 改善地球环境(지구 환경을 개선하다), 贫富差距(빈부 격차), 轮流举办(돌아가며 개최하다)을 지문과 대조한다. 첫 번째 단락에서 질문의 키워드가 등장했고 旨在(취지는 ~에 있다)의 이하에서 改善地球环境(지구 환경을 개선하다)이라고 했으므로 그대로 일치하는 보기 B가 정답이다.

어휘 中旬 zhōngxún 명 중순   改善 gǎishàn 명 통 개선(하다)   贫富差距 pínfù chājù 빈부 격차   轮流 lúnliú 통 돌아가면서 하다

72

根据第2段，"中国地球卫士青年奖"：	두 번째 단락에 따르면 '중국 청소년 지구환경대상'은?
A 可以现场报名 B 获奖名单不公布 C 参赛者不能超过24岁 **D 由联合国环境署发起**	A 현장 등록이 가능하다 B 수상자 명단은 공개하지 않는다 C 참가자는 24세를 넘어서는 안 된다 **D UN 환경 계획이 발기하였다**

해설 두 번째 단락에서 中国地球卫士青年奖(중국 청소년 지구환경대상)에 관한 옳은 내용을 묻는 문제이다. 보기의 키워드 现场报名(현장 등록), 名单不公布(명단은 비공개한다), 不能超过24岁(24세를 넘어서는 안된다), 由联合国环境署发起(UN 환경 계획이 발기하였다)를 지문과 대조한다. 中国地球卫士青年奖의 앞부분에서 联合国环境署于2018年发起了(UN 환경 계획은 2018년에 발기하였다)라고 했으므로 정답은 D이다.

어휘 现场 xiànchǎng 명 현장   获奖 huòjiǎng 통 상을 받다   名单 míngdān 명 명단   公布 gōngbù 통 공표하다   参赛者 cānsàizhě 명 참가자   联合国环境署 Liánhéguó huánjìngshǔ UN환경계획

73

比赛最终获胜者：	대회 최종 우승자는?
A 需要到各地演讲 **B 有机会接受培训** C 来自世界各国 D 被奖励1万美元	A 각지로 강연을 하러 가야 한다 **B 교육을 받을 기회가 있다** C 세계 각국에서 왔다 D 만 달러를 상금으로 받는다

해설 질문의 키워드는 最终获胜者(최종 우승자)이며, 보기의 키워드 演讲(강연하다), 接受培训(교육을 받는다), 来自世界各国(세계 각국에서 왔다), 1万美元(만 달러)을 지문과 대조한다. 질문의 키워드가 세 번째 단락에 등장했다. 获得在线创业培训课程等奖励(온라인에서 창업 교육 등의 포상을 받는다)라고 했으므로 알맞은 정답은 B이다.

어휘 最终 zuìzhōng 명 형 최종(의)   获胜者 huòshèngzhě 명 우승자   各地 gèdì 명 각지, 각처   培训 péixùn 통 훈련하다, 양성하다   奖励 jiǎnglì 명 통 표창(하다)

74

根据上文，下列哪项正确？	본문에 근거하여 다음 중 올바른 것은?
A 评审团由3人组成 B 青年创业者居多 **C 要提高对环境问题的意识** D 应教育孩子讲卫生	A 판정단은 3명으로 구성된다 B 청년 창업자가 다수를 차지한다 **C 환경 문제에 대한 인식을 높여야 한다** D 아이들이 위생을 중시하도록 교육해야 한다

해설 지문 전체에서 옳은 내용을 고르는 문제이다. 보기의 키워드 3人(3인), 青年创业者(청년 창업자), 提高对环境问题的意识(환경 문제에 대한 인식을 재고하다), 讲卫生(위생을 중시하다)을 지문과 대조한다. 첫 번째 단락에서 提高民众对于现有环境问题的 意识(환경 현안에 대한 인식을 재고하다)이라고 했으므로 정답은 C이다.

어휘 评审团 píngshěntuán 판정단　组成 zǔchéng 통 구성하다, 조직하다　创业者 chuàngyèzhě 몡 창업자　居多 jūduō 다수를 차지하다　意识 yìshí 몡 통 의식(하다)　讲卫生 jiǎng wèishēng 위생을 중시하다

75-78

在人们的传统观念里，做生意的人都是为了赚钱，正所谓"无商不奸"，说的就是这个道理。然而，近几年，市面上75出现了一款布鞋，价格便宜，而且穿着也很舒适，深受大众的喜爱。这款布鞋的制造商和其它商家不同，每卖出一双鞋就捐赠一双鞋给那些没有鞋穿的孩子。

其实，这款鞋刚上市的时候，销售情况不是很好。后来，76一家报社报道了这个商家"卖一双，捐一双"的故事，并向人们传达了这个品牌的初衷——想让世界上没有鞋穿的孩子都有一双自己的鞋。人们为他的事迹所感动，短短一天之内，就接到了2,200个订单，没多久就卖出了10,000双鞋，这就意味着贫困地区的10,000双小脚得到鞋子的保护。

从来不做广告的汤姆斯鞋，截止目前已经共卖出3,800万双。这个品牌在做公益的同时，也77为自己赢得了发展的空间，78让每一个买汤姆斯鞋的人都觉得自己买的不仅仅是一双鞋，还送出了一份爱心。

사람들의 전통적인 관념에서 장사꾼들은 모두 이윤을 남기는 것을 목적으로 한다. 이른바 '상인들은 모두 교활하다'가 말하는 것이 바로 이 이치이다. 하지만 최근 75시장에 등장한 페브릭 슈즈가 저렴한 가격과 착화 시 편안함으로 대중들에게 많은 사랑을 받고 있다. 이 페브릭 슈즈의 제조업체는 여타 다른 제조업체와 달리 한 켤레가 판매될 때마다 신발이 없는 아이들에게 한 켤레를 기부해 준다.

사실 이 신발이 갓 출시되었을 때에는 판매 상황이 좋지 않았다. 그러다가 훗날, 76한 신문사에서 이 제조업자가 '한 켤레 판매 시, 한 켤레를 기부합니다'라는 이야기를 보도하며 해당 브랜드의 초심, '세상의 모든 신발이 없는 아이들에게 자신의 신발을 갖게 해 주고 싶다'를 대중들에게 전하자 사람들이 그의 업적에 감동하여 단 하루 만에 2,200개 주문을 받게 되었고, 얼마 지나지 않아 10,000 켤레를 판매하였다. 이는 곧 빈곤 지역의 만 쌍의 작은 발들이 신발의 보호를 받게 되었음을 의미한다.

여태껏 광고를 한 적이 없는 Tt&Mm 슈즈는 현재까지 이미 3,800만 켤레를 판매하였다. 이 브랜드는 공익사업을 하는 동시에, 77스스로의 발전 가능성도 얻게 되었고, 78 Tt&Mm 슈즈를 구매하는 모든 사람들에게 자신이 구매한 것은 비단 신발 한 켤레뿐만 아니라 사랑의 마음도 보내 주었음을 느끼게 해 주었다.

어휘 传统观念 chuántǒng guānniàn 전통적 관념　做生意 zuò shēngyi 장사를 하다, 사업을 하다　赚钱 zhuànqián 통 돈을 벌다　所谓 suǒwèi 소위, 이른바　无商不奸 wúshāngbùjiān 상인들은 모두 교활하다(폄하하는 말)　道理 dàoli 몡 일리, 이치　市面 shìmiàn 몡 시장　布鞋 bùxié 몡 헝겊신　大众 dàzhòng 몡 대중　受喜爱 shòu xǐ'ài 사랑을 받다　制造商 zhìzàoshāng 몡 제조상, 제조업체　商家 shāngjiā 몡 상점, 업체　捐赠 juānzèng 통 기증하다, 기부하다　上市 shàngshì 통 상품이 시장에 나오다　销售 xiāoshòu 통 팔다, 판매하다　捐 juān 통 부조하다, 기부하다　品牌 pǐnpái 몡 상표, 브랜드　传达 chuándá 통 전하다, 전달하다　初衷 chūzhōng 몡 최초의 소망, 초심　事迹 shìjì 몡 사적　订单 dìngdān 몡 주문서　意味着 yìwèizhe 의미하다, 뜻하다　贫困地区 pínkùn dìqū 빈곤 지역　保护 bǎohù 몡 통 보호(하다)　汤姆斯鞋 Tāngmǔsī xié Tt&Mm(탐스 슈즈)　公益 gōngyì 몡 공익　赢得 yíngdé 통 얻다, 획득하다　爱心 àixīn 사랑하는 마음

75 那款鞋怎么样：	그 신발은 어떤가?
A 鞋底太薄	A 신발 밑창이 너무 얇다
B 非常时尚	B 굉장히 패셔너블하다
C 款式已经过时了	C 디자인이 이미 유행이 지났다
D 既便宜又舒适	**D 싸고 편하다**

해설 질문의 키워드는 那款鞋(그 신발)로 이에 관한 옳은 내용을 찾는 문제이다. 보기의 키워드 鞋底(신발 밑창), 时尚(패셔너블하다), 过时了(유행이 지났다), 既便宜又舒适(싸고 편하다)를 지문과 대조한다. 첫 번째 단락에 질문의 키워드가 등장하여 价格便宜,

而且穿着也很舒适(가격이 저렴하고 신었을 때 편하다)라고 했으므로 정답은 D이다.

어휘 鞋底儿 xiédǐr 뎽 신발의 밑창　薄 báo 헹 얇다　时尚 shíshàng 뎽 헹 유행(하다)　款式 kuǎnshì 스타일, 디자인　过时 guòshí 뇽 시대에 뒤떨어지다, 유행이 지나다

76

后来销量为什么突然增多了?	나중에 판매량이 왜 급증했는가?
A 大力宣传	A 대대적으로 선전하다
B 改变了营销策略	B 마케팅 전략을 바꾸었다
C 出了新闻报道	**C 보도 기사가 나갔다**
D 厂家放弃了利润	D 공장에서 이윤을 포기했다

해설 질문의 키워드는 销量为什么突然增多(판매량이 왜 급증했는가)로 페브릭 슈즈의 판매 증가 원인을 찾는 문제이다. 보기의 키워드로 宣传(선전하다), 营销策略(마케팅 전략), 新闻报道(보도 기사), 放弃了利润(이윤을 포기하다)을 지문과 대조한다. 구체적인 판매 수치가 등장하는 두 번째 단락에서 卖出了10,000双鞋(10,000켤레를 판매했다)의 앞부분에 一家报社报道了这个商家"卖一双，捐一双"的故事(한 신문사에서 이 제조업자가 '한 켤레 판매 시, 한 켤레를 기부합니다'라는 이야기를 보도했다)이라고 했으므로 정답은 C이다.

어휘 销量 xiāoliàng 뎽 상품의 판매량　大力 dàlì 쀠 강력하게, 힘껏　宣传 xuānchuán 뎽 뇽 선전(하다)　营销策略 yíngxiāo cèlüè 마케팅 전략　新闻报道 xīnwén bàodào 보도 기사　厂家 chǎngjiā 뎽 공장 제조업자　利润 lìrùn 뎽 이윤

77

关于这个品牌，下列哪项正确?	이 브랜드에 관하여 다음 중 올바른 것은?
A 扩大公司规模	**A 회사 규모를 확대했다**
B 有一万名员工	B 만 명의 직원이 있다
C 员工都是年轻志愿者	C 직원이 모두 젊은 자원 봉사자들이다
D 经常做促销	D 늘 판촉을 한다

해설 이 브랜드에 관한 옳은 내용을 고르는 문제이다. 보기의 키워드로 扩大公司规模(회사 규모를 확대하다), 一万名员工(만 명의 직원), 年轻志愿者(젊은 자원 봉사자), 做促销(판촉을 하다)를 지문과 대조한다. 세 번째 단락에서 为自己赢得了发展的空间(자사를 위한 발전 공간도 얻게 되었다)이라고 하였으므로 회사의 성장 및 발전 기회와 가능성을 확보했음을 알 수 있다. 따라서 정답은 A이다. 이 문제는 보기의 키워드가 직접적으로 등장하지 않은 전형적인 의미 파악형 문제이다.

TIP▶ 发展空间(발전 공간)은 发展可能性(발전 가능성)을 나타내며 최근 시험에 비교적 자주 출현하고 있으니 함께 정리해 두자.

어휘 扩大 kuòdà 뇽 확대하다, 넓히다　规模 guīmó 뎽 규모　员工 yuángōng 뎽 직원과 노무자　志愿者 zhìyuànzhě 자원봉사자, 지원자　促销 cùxiāo 뇽 판매를 촉진시키다

78

最适合做本文标题的是:	본문의 제목으로 가장 적합한 것은?
A 廉价多销	A 박리다매
B 孩子的心声	B 아이들의 마음의 소리
C 爱心布鞋	**C 사랑의 신발**
D 一双布鞋的故事	D 한 켤레 페브릭 슈즈 이야기

해설 제목을 묻는 문제이다. 앞서 푼 3개 문항의 질문과 정답을 정리하여 정답을 도출할 수 있으며, 에피소드의 전반적인 내용을 이해했다면 정답을 쉽게 찾을 수 있는 문제이다. 마지막 문장에서 每一个买汤姆斯鞋的人都觉得自己买的不仅仅是一双鞋，还送出了一份爱心(Tt&Mm을 구매하는 모든 사람들에게 자신이 구매한 것은 비단 신발 한 켤레 뿐만 아니라, 사랑의 마음도 보내주었음을 느끼게 해 주었다)이라고 했으므로 알맞은 정답은 C이다.

TIP▶ 제목은 반드시 한눈에 전체 이야기를 알 수 있는 압축적인 키워드가 포함되어야 함을 잊지 말자.

어휘 廉价 liánjià 명 헐값 형 저렴하다   销 xiāo 동 팔다, 판매하다   心声 xīnshēng 명 마음의 소리   爱心 àixīn 명 사랑하는 마음
布鞋 bùxié 명 헝겊신

79-82

　　不久前，英国伦敦恩菲尔德的巴克莱银行，举行了一场"世界第一台ATM机投入使用50周年"纪念仪式。82如今，由于自动取款机的存在，我们可以不受时间的限制，随时随地取钱。那么自动取款机是谁发明的呢？

　　巴伦在大学毕业后被一家印刷厂录取了。凭着聪明才干，巴伦在工作了七年后成为了这家印刷厂的总经理。上任第二天他便谈了一笔大订单，79可是由于银行关门导致巴伦无法准时汇款，任凭他怎么哀求银行都不肯为他汇款。为了讲信誉和保住这笔生意，他只好亲自驾车往客户那里赶，也因此出车祸受了重伤。巴伦越想越气，要不是银行关门，就不会有这一系列的问题发生。那该如何解决这一问题呢？

　　有一天，巴伦在去买礼物的路上，80看到了一家商场门口的自动巧克力售货机，他突发灵感，如果把巧克力售货机里的巧克力换成钱，再制作一个操作系统，不就可以实现钱的自由存取了吗？

　　英国巴克莱银行的董事长只听了巴伦不到三十秒的说明便直接对他说，81如果他能设计出来这样一台机器，银行将第一个购买这种机器。经过巴伦两年的精心研究和制造，1967年6月27日，伦敦北郊的英国巴克莱银行安装了世界上第一台自动取款机。这台取款机被巴伦称为"自由银行"。

얼마 전, 영국 런던의 엔필드의 바클레이(Barclays) 은행은 '세계 최초 ATM기 가동 50주년' 기념행사를 열었다. 82오늘날, ATM기의 존재로 인해 우리는 시간의 제약을 받지 않고 언제 어디서나 예금을 인출할 수 있다. 그렇다면, ATM기는 누가 발명한 것일까?

배런은 대학 졸업 후 한 인쇄 공장에 채용되었다. 총명함과 수완 덕에 배런은 입사 7년 후 인쇄 공장의 사장이 되었다. 부임 이튿날 그는 대량의 주문을 수주했다. 그런데 79은행이 문을 닫아 배런은 제때에 송금할 수 없었다. 그가 아무리 애원을 해도 은행은 그에게 송금해 주려고 하지 않았다. 신용을 지키고 거래를 확보하기 위해 그는 어쩔 수 없이 직접 차량을 몰고 고객에게 갔다. 그러나 이로 인해 교통사고가 나서 중상을 입게 되었다. 배런은 생각할수록 화가 났다. 만약 은행이 문을 닫지 않았다면 일련의 문제들은 발생하지 않았을 것이다. 그렇다면 이 문제를 어떻게 해결해야 할 것인가?

그러던 어느 날, 배런은 선물을 사러 가던 길에 80한 쇼핑몰 입구의 초콜릿 자동판매기를 보고는, 갑자기 영감이 생겼다. 만약 초콜릿 판매기의 초콜릿을 돈으로 바꾸고 운영 시스템을 설치하면 입출금 자율화를 실현시킬 수 있는것 아니겠는가?

영국 바클레이 은행 이사장은 배런의 설명을 30초도 듣지 않고 81만약 그가 이런 기기를 설계해낼 수 있다면 자신의 은행이 첫 번째로 기기를 구매하겠노라고 했다. 2년 간의 연구와 제작을 거쳐 1967년 6월 27일 런던 북쪽 교외 지역의 바클레이 은행은 세계 최초의 자동인출기를 설치했다. 배런은 이 인출기를 '자유은행'이라고 불렀다.

어휘 伦敦 Lúndūn 지명 런던   恩菲尔德 ēnfēi'ěrdé 지명 엔필드(영국의 지방)   巴克莱银行 Bākèlái Yínháng 바클레이 은행, Barclays Bank   投入使用 tóurù shǐyòng 운영에 들어가다, 상용화하다   周年 zhōunián 명 주년   纪念仪式 jìniàn yíshì 기념식, 기념 행사   自动取款机 zìdòng qǔkuǎnjī 현금자동인출기, ATM   限制 xiànzhì 명 동 제한(하다)   随时随地 suíshísuídì 언제 어디서나   取钱 qǔqián 은행에서 돈을 찾다   发明 fāmíng 명 동 발명(하다)   巴伦 Bālún 인명 배런(존 셰퍼드 배런, John Shepherd Barron)   印刷厂 yìnshuāchǎng 명 인쇄소 공장   录取 lùqǔ 동 채용하다, 합격시키다   凭着 píngzhe 개 ~에 의거하여, ~에 근거하여   才干 cáigàn 명 재능, 수완   上任 shàngrèn 동 부임하다   大订单 dàdìngdān 대량 주문   导致 dǎozhì 동 초래하다, 가져오다   无法 wúfǎ 부 ~할 방법이 없다   汇款 huìkuǎn 동 송금하다   任凭 rènpíng 접 ~하여도, ~하더라도   哀求 āiqiú 동 애원하다, 애걸하다   不肯 bùkěn ~하려고 하지 않다   讲信誉 jiǎng xìnyù 신용을 중시하다   保住 bǎozhù 동 확보하다 지켜내다   亲自 qīnzì 부 몸소, 친히   驾车 jiàchē 차를 몰다   客户 kèhù 명 고객, 거래처   车祸 chēhuò 명 교통 사고   重伤 zhòngshāng 명 중상   一系列 yíxìliè 일련의   商场 shāngchǎng 명 상가, 쇼핑몰   自动售货机 zìdòng shòuhuòjī 자동 판매기   突发灵感 tūfā línggǎn 갑자기 영감이 떠오르다   操作系统 cāozuò xìtǒng 운영 체제   自由 zìyóu 명 형 자유(롭다)   董事长 dǒngshìzhǎng 명 회장, 이사장   设计 shèjì 명 설계(하다)   机器 jīqì 명 기계, 기기   购买 gòumǎi 동 구매하다   精心 jīngxīn 형 공들이다, 정성들이다   制造 zhìzào 동 제조하다, 만들다   安装 ānzhuāng 동 설치하다

巴伦上任的第二天遇到了什么麻烦？	배런이 취임한 이튿날 어떤 번거로운 일이 생겼는가?
A 客户提出终止合同 **B 银行关门无法汇款** C 公司遭受了巨大损失 D 下班时车子出了故障	A 고객이 계약 중지를 제기했다 **B 은행이 문을 닫아 송금을 할 수 없었다** C 회사가 엄청난 손실을 입었다 D 퇴근 길에 차량이 고장 났다

해설 부임 이튿날 생긴 번거로운 일을 묻는 문제이다. 질문의 키워드는 上任的第二天(취임한 이튿날)이다. 보기의 키워드 终止合同(계약을 중지하다), 无法汇款(송금할 수가 없다), 巨大损失(엄청난 손실), 车子出了故障(차량이 고장났다)을 지문과 대조한다. 두 번째 단락에서 질문의 키워드가 등장했고 전환을 나타내는 접속사 可是(그러나) 이하에 银行关门导致巴伦无法准时汇款(은행이 문을 닫아 배런은 제때에 송금할 수 없었다)이라고 했으므로 정답은 B이다.

어휘 上任 shàngrèn 图 부임하다 无法 wúfǎ 图 ~할 방법이 없다 汇款 huìkuǎn 图 송금하다 遭受 zāoshòu 图 (불행 또는 손해를) 만나다, 입다 巨大损失 jùdà sǔnshī 막대한 손실 故障 gùzhàng 명 (기계 따위의) 고장

巴伦从什么机器得到了灵感？	배런은 어떤 기계로부터 영감을 얻었는가?
A 咖啡机 B 自动印刷器 **C 巧克力售货机** D 鲜花自动售卖机	A 커피머신 B 자동 인쇄기 **C 초콜릿 판매기** D 생화 자판기

해설 질문의 키워드는 什么机器(어떤 기계)와 得到灵感(영감을 얻다)이다. 질문의 키워드를 찾아 보기와 대조한다. 세 번째 단락에서 灵感(영감)이 언급되었고 앞부분에서 看到了一家商场门口的自动巧克力售货机(한 쇼핑몰 입구의 초콜릿 자동 판매기를 보았다)라고 했으므로 정답은 C이다.

어휘 机器 jīqì 명 기계, 기기 灵感 línggǎn 명 영감 印刷器 yìnshuāqì 명 인쇄기 鲜花 xiānhuā 명 생화 自动售货机 zìdòng shòuhuòjī 명 자동 판매기

关于银行董事长，可以知道什么？	은행 이사장에 관하여 무엇을 알 수 있는가?
A 答应购买他的机器 B 打算和他一起设计 C 不想购买他的机器 D 认为他的设想很可笑	**A 그의 기계를 구매하겠다고 했다** B 그와 함께 설계할 계획이다 C 그의 기계를 구매하고 싶어하지 않는다 D 그의 구상이 가소롭다고 여긴다

해설 질문의 키워드는 银行董事长(은행 이사장)이며 보기의 키워드 购买机器(기기를 구매하다), 一起设计(함께 설계하다), 不想购买(구매하고 싶지 않다), 很可笑(가소롭다)를 지문과 대조한다. 네 번째 단락에서 질문의 키워드가 등장했다. 그 이하의 문장에서 如果他能设计出来这样一台机器，银行将第一个购买这种机器(그가 이런 기기를 설계해낼 수 있다면 자신의 은행이 첫 번째로 기기를 구매하겠노라고 했다)라고 했으므로 정답은 A이다.

어휘 董事长 dǒngshìzhǎng 명 회장, 이사장 购买 gòumǎi 图 구매하다 机器 jīqì 명 기계, 기기 设计 shèjì 명 설계하다 设想 shèxiǎng 명 图 상상(하다), 구상(하다) 可笑 kěxiào 형 우스꽝스럽다, 가소롭다

根据上文，下列哪项正确？	본문을 토대로 다음 중 올바른 것은?
A 巴伦曾在银行工作 B 巴伦发明了巧克力售货机 C 银行的营业时间自由决定 **D 如今取款不再受时间限制**	A 배런은 예전에 은행에서 근무한 적이 있다 B 배런은 초콜릿 판매기를 발명했다 C 은행의 영업 시간은 자유롭게 결정한다 **D 오늘날 예금 인출은 더 이상 시간의 제약을 받지 않는다**

해설 전체 지문에서 옳은 내용을 고르는 문제이다. 보기의 키워드 曾在银行工作(예전에 은행에서 근무했었다), 发明了巧克力销售机(초콜릿 판매기를 발명했다), 银行的营业时间自由决定(은행의 영업 시간은 자유롭게 결정한다), 取款不再受时间限制(예금 인출은 더 이상 시간의 제약을 받지 않는다)를 지문과 대조한다. 첫 번째 단락에서 如今，由于自动取款机的存在，我们可以不受时间的限制，随时随地地取钱(오늘날, ATM기의 존재로 인해 우리는 시간의 제약을 받지 않고 언제 어디서나 예금을 인출할 수 있다)이라고 하였으므로 정답은 D이다.

어휘 发明 fāmíng 명 동 발명(하다)　售货机 shòuhuòjī 판매기　营业 yíngyè 명 동 영업(하다)　自由 zìyóu 명 형 자유(롭다)　如今 rújīn 명 오늘날　取款 qǔkuǎn 동 예금을 인출하다　限制 xiànzhì 명 동 제한(하다)

83-86

张建是一位著名医学家，他在临床医学上很有成就。到了晚年，张建准备寻找一个接班人。他在众多慕名而来的医学界才俊中，选了一个名叫李凡的年轻医生。但是83医学研究十分枯燥，张建有点担心李凡无法坚持。

在他犹豫不决时，他的助理对他说："教授，据我所知，李凡家里很穷，您不妨请您的朋友假意出高薪聘请李凡，看看他会不会心动。如果他被金钱所诱惑，就说明他不配做您的弟子。"

没想到，张建却说："谢谢你的提议，但是我不能接受。因为我一直赞同一个观点，那就是疑人不用，用人不疑。信任，是用人的第一要诀，永远不要轻易考验人性。他家里贫穷，怎么会对金钱没有渴望呢？而且，做医学研究，我何必要求他必须是一个圣人呢？"84最终，李凡成为了张建的弟子。若干年后，李凡也成为了一名十分有影响力的医学家。

有一次，李凡听说当年张建拒绝考验自己的事情后，非常感动。李凡说："85如果当年老师用巨额的金钱来诱惑我，我肯定会掉进这个陷阱。因为当时我的母亲正躺在床上等待治疗，而我的弟弟妹妹们也在等着我供他们上学。如果那样，就不会有今天的我……。"

86一个聪明的人，永远不会让别人在自己和利益之间做选择，而是尽量创造共同的利益；只有愚蠢的人，才去考验别人的人性，然后，两败俱伤。

짱지엔은 저명한 의학자로 임상의학에서 대단한 성과를 거두었다. 말년에 짱지엔은 후계자를 찾을 준비를 하였다. 명성을 듣고 찾아 온 수많은 의학계의 인재들 중, 리판이라는 젊은 의사를 선택하게 되었다. 하지만 83의학 연구라는 것이 대단히 따분하고 재미없는 지라 짱지엔은 리판이 버티지 못할 까 염려되었다.

그가 머뭇거리며 결정을 하지 못하자 그의 조수가 말했다. "교수님, 제가 알기로 리판의 가정 형편이 좋지 못한데 친구에게 일부러 고액 연봉을 제시하며 리판을 뽑겠다고 해서 그가 마음이 동하는지 아닌지 떠보는 것도 나쁘지 않을 것 같습니다. 만약 그가 돈에 혹한다면 교수님의 제자가 될 자격이 없는 것이죠."

뜻밖에도 짱지엔은 이렇게 말했다. "자네의 제의도 고맙네만 나는 받아들일 수 없네. 내가 줄곧 동의하는 하나의 관점이 있는데 바로 '의심스러우면 쓰지 말고, 일단 사람을 쓰면 의심하지 말라'일세. 신뢰란 사람을 부리는 첫 번째 비결이야. 절대로 함부로 사람의 인성을 시험해서는 안 되는 것일세. 그의 집이 가난한데 어찌 돈에 대한 갈급함이 없을 수 있겠나? 게다가, 의학 연구를 하는데 구태여 그에게 성자일 것을 요구할 필요가 어디 있나?" 84결국 리판은 짱지엔의 제자가 되었다. 몇 년 후 리판 역시 매우 영향력 있는 의학자가 되었다.

한번은 리판이 왕년에 짱지엔이 자신을 시험하고자 한 것을 거절한 사건을 듣고 굉장히 감동했다. 리판은 말했다. "85만약에 그때 선생님께서 거액의 돈으로 저를 유혹하셨다면 저는 틀림없이 그 함정에 빠지고 말았을 겁니다. 당시에 어머니께서는 병상에 누워 치료만 기다리고 계셨고, 동생들도 제가 그들의 학비를 대주길 기다리고 있었거든요. 만약 그랬다면 오늘의 저는 없었을 겁니다……."

86현명한 사람은 절대로 다른 이에게 자신과 이익 중에서 선택을 하게 만들지 않고 되도록이면 공동의 이익을 창출하려고 한다. 오로지 어리석은 사람만이 다른 이의 인성을 시험하려 하다가 양쪽 모두 해를 입게 되는 법이다.

어휘 临床医学 línchuáng yīxué 임상의학　成就 chéngjiù 몡 동 성취(하다)　晩年 wǎnnián 몡 만년, 노년　接班人 jiēbānrén 몡 후계자　众多 zhòngduō 혱 매우 많다　慕名而来 mù míng' ér lái 명성을 사모하여 찾아오다　才俊 cáijùn 몡 재능이 뛰어난 사람　枯燥 kūzào 혱 무미건조하다　无法 wúfǎ ~할 방법이 없다　犹豫不决 yóu yù bù jué 셩 결단을 내리지 못하고 망설이다　助理 zhùlǐ 보조　不妨 bùfáng ~해도 무방하다　假意 jiǎyì 튀 고의로, 일부러　高薪 gāoxīn 몡 높은 임금　聘请 pìnqǐng 동 초빙하다　心动 xīndòng 동 마음이 움직이다. 마음이 내키다　诱惑 yòuhuò 몡 동 유혹(하다)　不配 búpèi 어울리지 않다　弟子 dìzǐ 몡 제자, 학생　提议 tíyì 몡 동 제의(하다)　赞同 zàntóng 동 동의하다　观点 guāndiǎn 몡 관점, 입장　疑人不用, 用人不疑 yírén búyòng, yòngrén búyí 의심스러우면 쓰지 말고, 일단 사람을 쓰면 의심하지 마라　信任 xìnrèn 몡 동 신임(하다)　用人 yòngrén 몡 사람을 쓰다, 부리다　要诀 yàojué 몡 비결　考验 kǎoyàn 몡 동 시험(하다), 시련(을 주다)　人性 rénxìng 몡 인성, 인간의 본성　渴望 kěwàng 몡 동 갈망(하다)　何必 hébì 튀 구태여 ~할 필요가 있는가　圣人 shèngrén 몡 성인　若干 ruògān 약간, 어느 정도　巨额 jù'é 몡 혱 거액(의)　陷阱 xiànjǐng 몡 함정　治疗 zhìliáo 몡 동 치료(하다)　供 gōng 몡 동 공급(하다)　利益 lìyì 몡 이익　创造 chuàngzào 몡 동 창조(하다)　愚蠢 yúchǔn 혱 어리석다, 우둔하다　两败俱伤 liǎng bài jù shāng 셩 싸운 쌍방이 모두 손실을 입다

83

根据第1段，张建担心李凡:	첫 번째 단락에서 쌍지엔은 리판이 어떻게 할까 걱정했는가?
A 受家庭影响大	A 가정의 영향을 크게 받는다
B 学习不努力	B 공부를 열심히 하지 않는다
C 总是和自己意见不同	C 늘 자신과 의견이 다르다
D 不能坚持医学研究	**D 의학 연구를 끝까지 버티지 못한다**

해설 첫 번째 단락에서 쌍지엔이 걱정하는 이유를 찾는 문제이다. 보기의 키워드 家庭影响(가정의 영향), 不努力(노력하지 않는다), 意见不同(의견이 다르다), 不能坚持(끝까지 버티지 못하다)를 지문과 대조한다. 첫 번째 단락에서 질문의 핵심어가 등장하였다. 전환의 접속사 但是 이하에서 医学研究十分枯燥, 张建有点担心李凡无法坚持(의학 연구라는 것이 대단히 따분하고 재미없는지라, 쌍지엔은 리판이 버티지 못할까 염려되었다)이라고 하였으므로 정답은 D가 된다.

84

通过第3段，可以知道:	세 번째 단락을 통해서 무엇을 알 수 있는가?
A 张建喜欢考验别人	A 쌍지엔은 다른 사람을 시험해 보길 좋아한다
B 助理不尊重张建	B 조수는 쌍지엔을 존중하지 않는다
C 李凡成为了张建的弟子	**C 리판은 쌍지엔의 제자가 되었다**
D 李凡没什么成就	D 리판은 별다른 성과가 없다

해설 세 번째 단락에서 옳은 내용을 고르는 문제이다. 보기의 키워드 喜欢考验别人(다른 사람을 시험해 보길 좋아한다), 不尊重张建(쌍지엔을 존중하지 않는다), 成为了张建的弟子(쌍지엔의 제자가 되었다), 没什么成就(별다른 성과가 없다)를 지문과 대조한다. 세 번째 단락에서 信任, 是用人的第一要诀, 永远不要轻易考验人性(신뢰란 사람을 부리는 첫 번째 비결이야. 절대로 함부로 사람의 인성을 시험해서는 안되는 것일세)이라고 했으므로 보기 A는 소거한다. 쌍지엔의 말이 끝나고 最终, 李凡成为了张建的弟子(최종적으로 리판은 쌍지엔의 제자가 되었다)라고 하였으므로 정답은 C이다.

어휘 考验 kǎoyàn 몡 동 시험(하다), 시련(을 주다)　弟子 dìzǐ 몡 제자, 학생　成就 chéngjiù 몡 동 성취(하다)

85

第4段中，李凡的话是什么意思?	네 번째 단락에서 리판의 말은 무슨 뜻인가?
A 会接受巨额的金钱	**A 거액의 돈을 받아들였을 것이다**
B 抱怨老师对他不公平	B 선생님이 그에게 불공평한 것을 원망하다
C 对自己的成就不满意	C 자신의 성취에 불만족하다
D 后悔选择了现在的工作	D 현재의 직업을 선택한 것을 후회한다

네 번째 단락에서 李凡의 말의 의미를 묻는 문제이다. 보기의 키워드 接受巨额(거액을 받아들이다), 抱怨老师(선생님을 원망하다), 对成就不满意(성취에 불만족하다), 后悔选择了现在的工作(현재의 직업을 선택한 것을 후회한다)를 지문과 대조한다. 네 번째 단락에서 如果当年老师用巨额的金钱来诱惑我, 我肯定会掉进这个陷阱(만약에 왕년에 선생님께서 거액의 돈으로 저를 유혹하셨다면 저는 틀림없이 그 함정에 빠지고 말았을 거예요)이라고 했으므로 정답은 A가 된다.

어휘 巨额 jù'é 몡 혱 거액(의)　抱怨 bàoyuàn 동 원망하다　公平 gōngpíng 혱 공평하다　成就 chéngjiù 몡 동 성취(하다)

86

上文主要想告诉我们什么？ | 윗 글은 우리에게 주로 무엇을 알려 주려고 하는가?

A 人生不必太纠结 | A 인생은 너무 갈등할 필요가 없다
B 别用弱点考验他人 | **B 약점을 이용해서 타인을 시험하지 말라**
C 要准备好接受考验 | C 시련을 받아들일 준비를 잘 해 두어야 한다
D 如何做人生的重要选择 | D 어떻게 인생의 중요한 선택을 하는가

해설 주제 및 교훈을 묻는 문제이다. 앞서 84번의 쟝지엔의 말 信任, 是用人的第一要诀, 永远不要轻易考验人性。他家里贫穷, 怎么会对金钱没有渴望呢？(신뢰란 사람을 부리는 첫 번째 비결이야, 절대로 함부로 사람의 인성을 시험해서는 안 되는 것일세. 그의 집이 가난한데 어찌 돈에 대한 갈급함이 없을 수 있겠나?)와, 다섯 번째 단락의 一个聪明的人, 永远不会让别人在自己和利益之间做选择(현명한 사람은 절대로 다른 이에게 자신과 이익 중에서 선택을 하게 만들지 않는다)를 통해 알맞은 정답은 B 임을 알 수 있다.

어휘 纠结 jiūjié 동 서로 뒤엉키다, 결탁하다　弱点 ruòdiǎn 몡 약점　考验 kǎoyàn 몡 동 시험(하다), 시련(을 주다)

87-90

"葱郁的原始森林, 感悟大自然的杰作, 与自然界各种生灵亲密接触……"这些以"生态旅游"为卖点的旅游产品越来越受欢迎。然而, 不少关心环保的人士和专家却对此提出质疑, 他们认为生态旅游会对动物产生不良影响。

生态旅游作为一种旅游行为, 其宗旨是培养旅行者强烈的环保意识, 不仅要求生态游客行为要环保, 而且生态旅游的对象不应受到损害。可实际上, 87就算是细心规划和监控的生态旅游, 对动物也会有所影响, 包括传播疾病、90干扰动物日常生活等。而且, 不少游客素质太差, 给优美的生态环境造成了污染和破坏。尽管他们口口声声说尽最大努力保护生态环境, 可他们真正做到的少之又少, 业者和游客有能力做到的, 大多只是一些88最基本的要求, 如不违反土地使用规则、不乱砍树木、不惊吓动物等。

另外, 每逢节假日, 生态多样的地区都是人山人海, 这对动物们来说绝对不是什么好事。看到这么多人拥到身边, 它们会特别容易紧张, 从而出现心跳加快, 繁殖率降低以及荷尔蒙失调的情况, 有的甚至会死亡。

'초목이 무성한 원시림에서 대자연의 걸작을 느끼고, 자연계의 다양한 생명체들과 친밀하게 접촉해 보자……' 이렇게 '생태관광'을 셀링포인트로 하는 관광상품이 점점 인기를 얻고 있다. 하지만, 적잖은 환경보호 인사들과 전문가들은 이에 대해 의문을 제기하고 있다. 그들은 생태관광이 동물들에게 좋지 않은 영향을 미칠 것이라 여긴다.

생태관광은 일종의 여행 행위로서, 그 취지는 여행객들에게 강한 환경보호 의식을 길러주는 것이다. 생태관광객의 행동은 친환경적이어야 하고, 생태관광의 대상 역시 피해를 입어서는 안 된다. 그러나 실제로는 87아무리 세심하게 기획하고 감독하는 생태관광일지라도 질병의 전파, 90동물의 일상생활 방해 등을 포함하여 동물들에게 어느 정도는 영향을 미친다. 게다가 적잖은 여행객들은 기본 소양이 너무 형편없어 아름다운 생태환경에 오염과 훼손을 초래했다. 비록 그들은 최대한 노력하여 생태환경을 보호했다고 구구절절 말하지만 그들이 진정으로 해낸 것은 거의 없다. 88토지 사용 규정 위반하지 않기, 함부로 벌목하지 않기, 동물 놀래키지 않기 등 그저 몇몇 가장 기본적인 요구 조건들 뿐이다.

그 밖에, 매번 휴일이면 생태가 다양한 지역은 모두 인산인해로, 이는 동물들에게 있어서 절대로 좋은 일은 아니다. 수많은 사람들이 곁에 몰려 드는 것을 보면 동물들은 굉장히 긴장하여 심장박동이 빨라지고, 번식률이 떨어지고 호르몬 불균형 현상이 발생하며 어떤 동물들은 심지어 죽기도 한다.

在拥有生态多样性的国家，生态旅游是不错的资源，但发展生态旅游之前，我们一定要做好研究工作，毕竟，89动物的权益应该是首要考虑的问题。因为没有了动物就没有了生态，没有了生态就谈不上什么生态旅游了。

생태 다양성을 보유한 국가에서 생태관광은 훌륭한 자원이나, 생태관광을 발전시키기에 앞서 반드시 연구작업이 선행되어야 한다. 결국 89동물의 권익이 우선적으로 고려해야 할 문제인 것이다. 동물들이 없어진다면 생태가 없어질 것이고, 생태가 없어진다면 생태관광이라는 것은 말할 수도 없게 되는 것이다.

어휘 葱郁 cōngyù 웹 울창하다　原始森林 yuánshǐ sēnlín 웹 원시림　感悟 gǎnwù 통 느끼어 깨닫다　杰作 jiézuò 웹 걸작　生灵 shēnglíng 웹 생명이 있는 사물　接触 jiēchù 통 접촉(하다)　生态旅游 shēngtài lǚyóu 웹 친환경 관광, 생태관광　卖点 màidiǎn 웹 상품의 매력, 구매력　人士 rénshì 웹 인사, 명망 있는 사람　质疑 zhìyí 질의하다　作为 zuòwéi 웹 ~로 하다 괜 ~의 신분으로서　宗旨 zōngzhǐ 웹 주지, 취지　培养 péiyǎng 통 키우다, 배양하다　强烈 qiángliè 웹 강렬하다, 뚜렷하다　意识 yìshí 통 의식(하다)　游客 yóukè 웹 관광객, 여행객　行为 xíngwéi 웹 행위　损害 sǔnhài 해치다, 손해를 주다　实际上 shíjìshang 사실상, 실제로　就算 jiùsuàn 웹 설령 ~이라도　规划 guīhuà 웹통 기획(하다)　监控 jiānkòng 통 감독하고 규제하다　有所 yǒusuǒ 다소 ~하다　传播 chuánbō 통 퍼뜨리다, 전파하다　疾病 jíbìng 웹 질병　干扰 gānrǎo 통 교란시키다, 방해하다　素质 sùzhì 웹 소양, 자질　优美 yōuměi 웹 아름답다　造成 zàochéng 통 야기하다, 초래하다　破坏 pòhuài 통 파괴하다, 훼손하다　口口声声 kǒukou shēngshēng 입을 열 때마다　尽 jìn 될 수 있는 대로 ~하다　少之又少 shǎo zhī yòu shǎo 미미하다, 있으나마나 하다　违反 wéifǎn 통 위반하다　规则 guīzé 웹 규칙　砍 kǎn 통 (도끼 따위로) 찍다　惊吓 jīngxià 통 놀래키다, 놀라다　每逢 měiféng ~할 때마다　节假日 jiéjiàrì 웹 경축일과 휴일　多样 duōyàng 웹 다양하다　人山人海 rén shān rén hǎi 솅 인산인해　绝对 juéduì 웹 절대적인 뷔 절대로　拥 yōng 통 밀어닥치다　心跳 xīntiào 웹 심장박동 통 가슴이 뛰다　繁殖率 fánzhílǜ 웹 번식률　以及 yǐjí 웹 및, 아울러　荷尔蒙 hé'ěrméng 웹 호르몬　失调 shītiáo 균형을 잃다　拥有 yōngyǒu 통 보유하다　多样性 duōyàngxìng 웹 다양성　资源 zīyuán 웹 자원　毕竟 bìjìng 뷔 필경, 어쨌든　权益 quányì 웹 권익　首要 shǒuyào 웹 가장 중요하다　谈不上 tánbushàng 말할 나위가 못되다

87

第2段主要想告诉我们：	두 번째 단락이 우리에게 주로 알려 주려는 것은?
A 旅游会传播疾病 B 很多游客注意环保 **C 生态旅游影响生态环境** D 旅程应该经过精心安排	A 여행이 질병을 퍼뜨릴 수 있다 B 많은 여행객들이 환경보호에 신경을 쓴다 **C 생태관광이 생태 환경에 영향을 미친다** D 여행 일정은 꼼꼼한 계획을 거쳐야 한다

해설 두 번째 단락의 주제 및 교훈을 묻는 문제이다. 보기의 키워드 会传播疾病(질병을 퍼뜨릴 수 있다), 注意环保(환경보호에 신경을 쓴다), 影响生态环境(생태 환경에 영향을 미친다), 经过精心安排(꼼꼼한 계획을 거쳐야 한다)를 지문과 대조한다. 두 번째 단락에서 전환을 나타내는 可实际上(그러나 실제로는) 이하의 문장에서 就算是细心规划和监控的生态旅游, 对动物也会有所影响(아무리 세심하게 기획하고 감독하는 생태관광일지라도 동물들에게 어느 정도는 영향을 미친다)이라고 했으므로 정답은 C가 된다.

어휘 传播 chuánbō 통 퍼뜨리다, 전파하다　疾病 jíbìng 웹 질병　生态旅游 shēngtài lǚyóu 웹 친환경관광, 생태관광　旅程 lǚchéng 웹 여정, 여로　精心 jīngxīn 웹 정성 들이다, 심혈을 기울이다

88

文中画线的句子"最基本的要求"，<u>不包括</u>：	지문의 밑줄 친 문장 '가장 기본적인 요구'가 <u>포함하지 않는</u> 것은?
A 与环保人员合作 B 不乱砍树木 C 不惊吓野生动物 D 遵守土地使用规则	**A 환경 지킴이와 협력하다** B 함부로 벌목하지 않는다 C 야생 동물을 놀래키지 않는다 D 토지 사용 규칙을 준수한다

해설 밑줄 친 最基本的要求(가장 기본적인 요구)에 포함되지 않는 것을 찾는 문제이다. 질문의 부정부사 不에 주의하자. 보기의 키워드 环保人员(환경 지킴이 요원), 不乱砍(함부로 벌목하지 않는다), 不惊吓动物(동물을 놀래키지 않는다), 遵守土地使用规则(토지 사용 규칙을 준수한다)를 지문과 대조한다. 두 번째 단락에서 질문의 핵심어가 등장하고, 이어 예시를 나타내는 (比)如(예를 들어)가 등장했다. 그 이후에서 보기의 키워드를 대조한다. 지문에서 不违反土地使用规则(토지 사용 규정을 위반하지 않는다)라

고 했으므로 D는 옳은 내용이다. 또한 보기 B의 不乱砍树木와 C의 不惊吓(野生)动物가 그대로 제시되었다. 따라서 포함하지 않는 내용은 A이다.

어휘 包括 bāokuò 툉 포함하다   环保人员 huánbǎo rényuán 몡 환경지킴이   砍 kǎn 툉 (도끼 따위로) 찍다   惊吓 jīngxià 툉 놀래키다, 놀라다   遵守 zūnshǒu 툉 준수하다, 지키다

89

生态旅游要首先考虑:	생태관광에서 우선적으로 고려해야 할 것은?
A 从业者的健康	A 종사자의 건강
B 动物的权益	**B 동물의 권익**
C 游客的安全	C 여행객의 안전
D 人文环境	D 인문 환경

해설 생태관광에서 우선적으로 고려해야 하는 대상을 찾는 문제이다. 질문의 키워드는 首先考虑이다. 보기의 키워드 从业者的健康(종사자의 건강), 动物的权益(동물의 권익), 游客的安全(여행객의 안전), 人文环境(인문 환경)을 지문과 대조한다. 네 번째 단락에서 키워드가 등장했고, 앞부분에 动物的权益(동물의 권익)라고 하였으므로 알맞은 정답은 B임을 알 수 있다.

어휘 从业者 cóngyèzhě 몡 종사자   权益 quányì 몡 권익   游客 yóukè 몡 관광객, 여행객   人文环境 rénwén huánjìng 몡 인문 환경

90

根据上文，下列哪项正确?	윗글에 근거하여 다음 중 올바른 것은?
A 游客会影响动物的生活	**A 관광객이 동물의 생활에 영향을 줄 수 있다**
B 专家大力支持生态旅游	B 전문가들은 생태관광을 크게 지지한다
C 动物也喜欢和人类接触	C 동물도 인간과의 접촉을 좋아한다
D 生态旅游人气下跌	D 생태관광의 인기가 떨어진다

해설 전체 지문에서 옳은 내용을 고르는 문제이다. 보기의 키워드 游客会影响动物的生活(관광객이 동물의 생활에 영향을 줄 수 있다), 专家大力支持生态旅游(전문가들은 생태관광을 크게 지지한다), 动物也喜欢和人类接触(동물도 인간과의 접촉을 좋아한다), 生态旅游人气下跌(생태관광의 인기가 떨어진다)를 지문과 대조한다. 두 번째 단락에서 干扰动物日常生活(동물의 일상생활을 방해한다)라고 했으므로 정답은 A이다.

어휘 游客 yóukè 몡 관광객, 여행객   大力 dàlì 뷔 강력하게, 힘껏   人类 rénlèi 몡 인류, 인간   人气 rénqì 몡 인기   下跌 xiàdiē 툉 하락하다, 떨어지다

쓰기   제1부분

91   故事中的狐狸   太狡猾   真是   了

관형어	주어	부사어	술어
故事中的	**狐狸**	**真是太**	**狡猾了**
명사+방위명사+的	명사	부사+부사	형용사+了

이야기 속 여우는 정말 너무 교활하다.

해설 **술어 배치** 정도부사 太(너무)와 형용사 狡猾(교활하다)를 보고 형용사술어문임을 알 수 있다.
주어 목적어 배치 형용사술어문은 목적어가 없으므로 명사 狐狸(여우)를 주어에 배치한다.
남은 어휘 배치 부사 太(너무)는 이미 형용사 앞에 결합되어 있으므로 또 다른 부사 真是(정말)를 그 앞에 배치하여 문장을 완성한다.

어휘 狐狸 húli 명 여우　狡猾 jiǎohuá 형 교활하다

92　你同时　北大清华　了　被　恭喜　录取

술어	주어	부사어	被行为의 주체	술어	기타성분
恭喜 동사	你 인칭대사	同时 시간명사	被北大清华 被+명사	录取 동사	了 동태조사

북경대와 청화대에 동시에 합격한 걸 축하해.

해설 **술어 배치** 제시어 중 개사 被가 있으므로, 被자문을 완성한다. 동사는 录取(뽑다)와 恭喜(축하하다)인데 恭喜는 겸어동사로 쓰여, '恭喜+주어+술어'의 구조를 이룬다. 被자문의 술어로 录取를 배치한다.
주어 목적어 배치 술어 录取의 주체는 北大清华(북경대와 청화대)이며 录取의 대상은 你(너)가 되므로 被자문의 주어로 你를, 被자 뒤에 오는 행위의 주체로 北大清华를 배치한다.
남은 어휘 배치 동태조사 了는 술어 뒤에 배치시키고 전체문장은 겸어문 '恭喜+주어+술어'의 어순에 따라 恭喜你同时被北大清华录取了로 배치하여 문장을 완성한다.

어휘 恭喜 gōngxǐ 통 축하하다　录取 lùqǔ 통 시험으로 합격시키다, 뽑다

93　遵守　请　规则　严格　考场

请	부사어	술어	관형어	목적어
请 동사	严格 형용사	遵守 동사	考场 명사	规则 명사

고사장 규정을 엄격하게 준수해 주세요.

해설 **술어 배치** 동사 请(~해 주세요)이 있으므로 청유문을 완성한다. 请을 문장의 가장 앞에 배치한다. 请 이하의 부탁하는 내용은 술목구 형태가 등장하므로 遵守(준수하다)를 술어에 배치한다.
주어 목적어 배치 술어 遵守의 대상은 규칙이 되므로 遵守의 목적어로 规则(규정)를 배치한다.
남은 어휘 배치 남은 어휘 명사 考场(고사장)은 의미상 알맞은 规则 앞에 배치하여 考场规则(고사장 규정)을 완성한다. 형용사 严格는 술어 앞에서 구조조사 地 없이 부사어로 쓸 수 있으므로, 严格遵守(엄격하게 준수하다)로 배치하여 문장을 완성한다.

어휘 遵守 zūnshǒu 통 준수하다, 지키다　考场 kǎochǎng 명 고사장　规则 guīzé 명 규정, 규칙

94　中国大陆的　逐年　减少　劳动人口　正在

관형어	주어	부사어	술어
中国大陆的劳动 명사+的+명사	人口 명사	正在逐年 부사+부사	减少 동사

중국 대륙의 노동 인구는 해마다 감소하고 있는 중이다.

해설 **술어 배치** 동사 减少(감소하다)를 술어에 배치한다.
주어 목적어 배치 술어 减少의 주체는 人口(인구)이므로 人口를 주어에 배치한다.
남은 어휘 배치 中国大陆的(중국 대륙의)는 '……的' 형태의 관형어이므로 의미상 알맞은 주어 劳动人口(노동 인구) 앞에 배치한다. 부사 逐渐(점차)과 正在(~하는 중이다)는 부사어의 어순 '시간부사+상태부사'에 따라 正在逐渐으로 배치하여 문장을 완성한다.

어휘 大陆 dàlù 명 대륙   劳动 láodòng 명동 노동(하다)   人口 rénkǒu 명 인구   逐年 zhúnián 부 해마다, 매년

95 这是一项　心理测试　待业青年的　针对

주어	술어	관형어	목적어
这 지시대사	是 동사	一项针对待业青年的心理 수사+양사+술목구+的+명사	测试 명사
이것은 취준생을 대상으로 한 심리테스트이다.			

해설 **술어 배치** 동사 是(이다)를 술어에 배치한다.
주어 목적어 배치 是는 'A是B(A는 B이다)'를 이루므로 목적어에 명사 心理测试(심리테스트)를 배치한다.
남은 어휘 배치 남은 어휘 待业青年的(취준생의)와 针对(~을 대상으로 하다)는 관형어의 기본어순에 따라 针对待业青年的로 연결하고 이것을 목적어 心理测试 앞에 배치하여 문장을 완성한다.

어휘 项 xiàng 양 항목, 조항   针对 zhēnduì 통 겨누다, 조준하다   待业青年 dàiyè qīngnián 명 취준생   测试 cèshì 명 측정, 테스트

96 我心中的　忍不住　妈妈　说出了　秘密

주어	술어	서술성목적어		목적어
		술어	관형어	
妈妈 명사	忍不住 동사	说出了 동사+보어+了	我心中的 대사+명사+방위명사+的	秘密 명사
엄마는 참다 못해 내 맘속의 비밀을 말해 버렸다.				

해설 **술어 배치** 제시어 중 술어가 될 수 있는 것은 '동사+了' 형태인 说出了(말했다)와 忍不住(참다 못해 …하다)가 있다.
주어 목적어 배치 술어 说의 목적어로 의미상 알맞은 秘密(비밀)를 배치하고, 忍不住는 서술성목적어를 가지므로, 说出了秘密를 忍不住의 목적어로 배치한다. 忍不住의 주체로 妈妈를 전체 문장의 주어로 배치한다.
남은 어휘 배치 我心中的(내 맘속의)는 '……的' 형태의 관형어이므로 의미상 알맞은 목적어 秘密 앞에 배치하여 문장을 완성한다.

TIP▶ 忍不住의 빈출 목적어 : 忍不住笑了起来(참다 못해 웃기 시작했다), 忍不住流下了眼泪(참지 못해 눈물을 흘렸다), 忍不住咬上一口(참다 못해 한 입 깨물었다)

어휘 忍不住 rěnbuzhù 참을 수 없다   秘密 mìmì 명 비밀

97 没有　糟糕　我们的生活　并　那么　想象中的

관형어	주어(비교대상A)	부사어	有/没有(비교대상B)	부사어	술어
我们的 인칭대사+的	生活 명사	并 부사	没有想象中的 没有+명사구+的	那么 지시대사	糟糕 형용사
우리의 삶은 상상하는 것만큼 그렇게 엉망인 것은 아니다.					

해설 **술어 배치** 제시어에 没有와 那么가 있으므로 有비교문임을 알 수 있다. 형용사 糟糕(엉망이다)를 술어에 배치한다.
주어 목적어 배치 有 비교문은 '비교대상A+有/没有+비교대상B+那么+술어'이므로, 生活(생활)와 명사구 想象中的(상상한 것)를 비교대상 A와 B에 각각 배치한다.

남은 어휘 배치 我们的(우리의)는 '……的' 형태의 관형어이므로 의미상 알맞은 주어 生活 앞에 배치한다. 부정을 강조하는 부사 并(결코)은 没 앞에 배치하고, 부사어 那么(그렇게)는 형용사 술어 糟糕 앞에 배치하여 문장을 완성한다.

어휘 想像 xiǎngxiàng 명 동 상상(하다) 糟糕 zāogāo 형 엉망이다

---

98 好评 一致 得到了 他的演技 大家的

관형어	주어	술어	관형어	목적어
他的 인칭대사+的	**演技** 명사	**得到了** 동사+了	**大家的一致** 인칭대사+的+형용사	**好评** 명사

그의 연기는 모두의 일치된 호평을 받았다.

해설 **술어 배치** '동사+了' 형태의 得到了(얻었다)를 술어에 배치한다.
주어 목적어 배치 술어 得到의 대상으로 의미상 알맞은 好评(호평)을 목적어에 배치하고, 得到의 주체로 演技(연기)를 주어에 배치한다.
남은 어휘 배치 他的(그의)는 '……的' 형태의 관형어이므로 의미상 알맞은 주어 演技 앞에 배치한다. 남은 어휘 大家的(모두의)와 一致(일치된)는 모두 목적어 好评(호평)을 수식하는 관형어이다. 묘사성 관형어의 어순은 的가 있는 관형어의 뒤에 的가 없는 관형어를 배치하므로 大家的一致好评으로 문장을 완성한다.

어휘 演技 yǎnjì 명 연기 一致 yízhì 형 일치하다 好评 hǎopíng 명 호평

쓰기 **제2부분**

99 从事、迟早、顺利、将来、待遇

모범답안

STEP 1 제시어 분석하여 주제 정하기

从事 cóngshì 동 종사하다	从事……工作 ~일에 종사하다	从事……行业 ~업종에 종사하다
迟早 chízǎo 부 조만간	迟早会 조만간 ~할 것이다	迟早要 조만간 ~해야 한다
顺利 shùnlì 형 순조롭다	发展顺利 발전이 순조롭다	进行得很顺利 순조롭게 진행되다
待遇 dàiyù 명 동 대우(하다)	公司的待遇很好 회사의 대우가 좋다 物质待遇不断提高 물질적 대우가 끊임없이 향상되다	
将来 jiānglái 명 장래, 미래	将来要当一名老师 미래에 선생님이 되려고 한다 为将来着想 앞날을 생각하다	

주제어/주제 : 从事、待遇、将来 / 딸의 남자친구의 직업에 관해 관심을 갖는 엄마

STEP 2 주제어 선정하고 스토리 구상하기

도입 : 최근에 남자친구를 사귀었다.
전개 : 엄마가 무슨 일을 하느냐(从事什么工作), 대우(待遇)가 어떠냐 물으셨다. 아직 한 달밖에 안되었는데, 앞으로 어찌될지도 모르는데……(将来还不知道)

마무리 : 하지만 엄마는 어쨌든 결혼도 해야 할 텐데(迟早要结婚) 잘 사귀면(交往得顺利) 생각해야 하는 거라고 하셨다.

※ 어법 포인트 활용하기
- 虽然(=尽管)A, 但是B   비록 A하지만 그러나 B하다
- 如果A, 那么就B   만약 A한다면 그렇다면 B일 것이다

STEP 3 작문하기

		我	最	近	交	了	一	个	男	朋	友	，		妈	妈	听	
说	后	马	上	打	电	话	问	我	："	他	从	事	什	么	工	
作	？	待	遇	好	不	好	？"	**虽**	**然**	我	很	喜	欢	我	的	48
男	朋	友	，	**但**	**是**	我	们	才	交	往	一	个	月	，		将
来	还	不	知	道	呢	。		可	是	妈	妈	说	："	你	迟	早	80
要	结	婚	，	**如**	**果**	交	往	得	顺	利	，		当	然	**就**	要
考	虑	这	些	。"												

정답 나는 최근에 남자친구를 사귀었다. 엄마는 들으시곤 당장 전화를 걸어 물어보셨다. "어떤 일을 하니? 대우는 좋다니?" 내가 비록 남자친구를 좋아하긴 하지만 겨우 사귄 지 한 달밖에 안되었는데, 앞날도 모르는 거구. 하지만 엄마는 되려, "너도 조만간 결혼해야 하는데, 만약에 교제가 순조로우면 당연히 이런 것들도 고려해야 하잖니"라고 말씀하셨다.

어휘 交往 jiāowǎng 통 교제하다

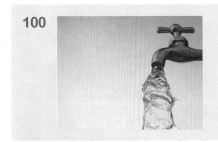

100

모범답안 - 에피소드

STEP 1 사진 분석하여 주제 정하기

1) 인물과 사물, 사건과 상황
: 누가(我), 언제(小时候), 상황(玩水), 어디에서(全世界), 사건(严重缺水)

2) 인물의 표정, 분위기
: 작은 일부터 하기로 결심하다(决心要从小事做起)

도입 : 어릴 땐 수도꼭지에서(水龙头里面) 영원히 물이 계속 나올 거라(永远会有水出来) 생각했다(以为).

전개 : 선생님 말씀이(老师说) 세계적으로 물이 부족한데(缺水) 아끼지 않으면 조만간 먹을 물도 없을 거라고 하셨다(连水都喝不上).

마무리 : 나는 작은 일부터 시작해서 물을 아끼기로(节约用水) 결심했다(决心).

※ 어법 포인트 활용하기

- 如果A, (那么)就B　만약 A한다면 B할 것이다
- 连A都B　A조차도 B하다
- 从A起　A부터 시작하여

STEP 3　작문하기

		小	时	候	我	特	别	喜	欢	玩	儿	水	，		我	一
直	以	为	，		水	笼	头	里	面	永	远	会	有	水	出	来。
上	小	学	以	后	，		老	师	告	诉	我	们	要	节	约	用
水	。	老	师	说	，		现	在	全	世	界	严	重	缺	水	，
如	果	再	不	节	约	用	水	，		**那**	**么**	总	有	一	天	我
们	会	连	水	都	喝	不	上	。		**从**	那	时	**起**	，		我	决
心	要	从	小	事	做	起	，		节	约	用	水	。			

48

80

정답 나는 어릴 적에 물놀이를 좋아했다. 나는 수도꼭지에서는 물이 영원히 나올 거라 생각했다. 초등학교에 진학하고 나니, 선생님께서 우리들에게 물을 아끼라고 알려주셨다. 선생님이 전 세계가 심각하게 물이 부족한데 만약 더 이상 물을 아끼지 않으면 조만간 우리는 물도 마실 수 없게 될 거라고 하셨다. 그때부터 시작해서 나는 작은 일부터 시작해서 물을 아끼기로 결심했다.

어휘 缺水 quēshuǐ 통 물이 모자라다　总有一天 zǒngyǒu yìtiān 언젠가는　决心 juéxīn 명·통 결심(하다)

모범답안2 - 논설문

STEP 1　사진 분석하기

사진은 수도꼭지에서 물이 콸콸 나오는 모습으로 수자원 낭비에 관한 자신의 견해를 전달하는 글을 구상한다. (주제 : 浪费水资源)

STEP 2　스토리 구상하기

도입	• 图片上有一个水龙头一直开着。 　사진 속 수도꼭지가 계속 틀어져 있다. • 随着生活水平的提高，水资源的浪费越来越严重。 　생활 수준이 향상됨에 따라 수자원의 낭비가 점점 심각해진다. • 随着人们环保意识的增强，节约用水越来越受到人们的重视。 　사람들의 환경보호 의식이 강화됨에 따라 물 절약이 점점 사람들에게 중시받는다.

| | | 전개 | | • 地球的水资源是十分有限的。
지구의 수자원은 매우 한정적이다.

• 那么，我们怎样才能有效地节水呢？
그렇다면, 우리는 어떻게 효과적으로 물을 아낄 수 있을까?

• 第一、洗碗、洗脸时不要开着水龙头，用完就马上关好；第二、洗完菜的水也可以用来冲马桶或者用来拖地、浇花；第三、衣服要集中一起洗或者手洗。
첫째, 설거지와 세안 시 수도꼭지를 틀어 놓지 말고, 다 쓰면 바로 잠그자. 둘째, 채소를 씻은 물로 변기 물을 내리거나 바닥을 닦고, 화초에 물을 주는 데 사용할 수 있다. 셋째, 옷은 한꺼번에 모아서 빨거나 손세탁을 하자. |
| 마무리 | • 要知道，节约用水，人人有责。
물을 아끼는 것은 우리 모두가 책임이 있다는 것을 알아야겠다. |

STEP 3 작문하기

		人	们	普	遍	认	为	水	是	用	不	完	的	，		可
实	际	上	，		地	球	的	水	资	源	是	十	分	有	限	的。
那	么	，		我	们	怎	样	才	能	有	效	地	节	水	呢	？
第	一	、	洗	碗	、		洗	脸	时	不	要	开	着	水	笼	头，
用	完	就	马	上	关	好	；		第	二	、		洗	完	菜	的	水
也	可	以	用	来	冲	马	桶	或	者	用	来	拖	地	、		浇
花	。		要	知	道	，		节	约	用	水	，		人	人	有	责	。

48

80

해석 사람들은 보편적으로 물은 무한하다고 여긴다. 하지만 사실, 지구의 수자원은 유한하다. 그렇다면 우리는 어떻게 효과적으로 물을 아낄 수 있을까? 첫째, 설거지와 세안 시 수도꼭지를 틀어 놓지 말자. 사용을 마치면 바로 바로 잠그자. 둘째, 채소를 씻은 물로 변기 물을 내리거나 바닥을 닦고 화초에 물을 주는 데 사용할 수 있다. 물을 아끼는 것은 우리 모두가 책임이 있다는 것을 알아야겠다.

어휘 实际上 shíjìshang 튄 사실상, 실제로 水龙头 shuǐlóngtóu 뗑 수도꼭지 冲 chōng 튕 물을 붓다, 물을 부어서 씻다 马桶 mǎtǒng 뗑 변기 拖地 tuōdì 바닥을 닦다 浇花 jiāohuā 튕 꽃에 물을 주다 人人有责 rén rén yǒu zé 모든 사람이 책임이 있다

좋은 책을 만드는 길
독자님과 함께하겠습니다.

도서에 궁금한 점, 아쉬운 점, 만족스러운 점이
있으시다면 어떤 의견이라도 말씀해 주세요.
시대고시기획은 독자님의 의견을 모아 더 좋은 책으로 보답하겠습니다.

www.sidaegosi.com

HSK 5급 고수들의 합격전략 4주 단기완성

초판1쇄 발행	2020년 02월 05일(인쇄 2019년 12월 03일)
발 행 인	박영일
책 임 편 집	이해욱
저 자	정소연, 김보름, 김은정, 이선민
감 수	陈英
편 집 진 행	이지현, 신기원
표지디자인	이미애
편집디자인	양혜련, 하한우
발 행 처	(주)시대고시기획
출 판 등 록	제 10-1521호
주 소	서울시 마포구 큰우물로 75 [도화동 538 성지 B/D] 9F
전 화	1600-3600
팩 스	02-701-8823
홈 페 이 지	www.sidaegosi.com
I S B N	979-11-254-6438-9 (13720)
정 가	23,000원

필수 어휘 2500

HSK 5급 단어장

단어장 활용법

1. 매일 50개 단어를 학습하고 암기합니다.

2. 어려운 단어는 아래와 같이 단어 옆 박스(□)에 체크 표시를 한
   뒤 복습합니다.

✅ Day 01

0001 □	阿姨 3급	āyí	몡 아주머니
0002 □	啊 3급	a	조 ① 문장 끝에 쓰여 감탄의 어7 ② 평서문·의문문·명령문의 끝
0003 □	哎 5급	āi	캄 아이, 아이고 (의외·의아·불'

3. 매일 50개 단어를 3회에 걸쳐 암기하고, 1회 암기를 완료할 때
   마다 박스(□)에 체크 표시를 합니다.

☑ 1번 외우기   ☑ 2번 외우기   □ 3번 외우기

4. 하단의 마무리 학습으로 주요 단어를 테스트해 봅니다.

※ 다음 어휘의 뜻을 바르게 연결해 보세요.

1. 爱护 •   • a. 동 위로하다 형 마음이 편하다
2. 安慰 •   • b. 동 처리하다, 해결하다
3. 安装 •   • c. 동 아끼고 보호하다, 소중히 보살피다
4. 把握 •   • d. 동 쥐다, 잡다, (추상적인 것을) 파악하다
5. 摆 •   • e. 동 포함하다, 포괄하다

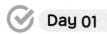

0001 ☐	阿姨 3급	āyí	몡 아주머니
0002 ☐	啊 3급	a	丞 1. 문장 끝에 쓰여 감탄의 어기를 나타냄 2. 평서문·의문문·명령문의 끝에 쓰여 어기를 나타냄
0003 ☐	哎 5급	āi	감 아이, 아이고 (의외·의아·불만의 기분을 나타냄)
0004 ☐	唉 5급	āi	감 아, 아이구 (탄식·연민을 나타내는 소리)
0005 ☐	矮 3급	ǎi	혱 (키가) 작다, (높이가) 낮다
0006 ☐	爱 1급	ài	몡 동 사랑(하다)
0007 ☐	爱好 3급	àihào	동 애호하다, ~하기를 즐기다 몡 취미
0008 ☐	爱护 5급	àihù	동 아끼고 보호하다, 소중히 보살피다
0009 ☐	爱情 4급	àiqíng	몡 애정, 사랑
0010 ☐	爱惜 5급	àixī	동 아끼다, 소중하게 여기다
0011 ☐	爱心 5급	àixīn	몡 사랑하는 마음
0012 ☐	安静 3급	ānjìng	혱 조용하다, 고요하다
0013 ☐	安排 4급	ānpái	동 안배하다, 처리하다
0014 ☐	安全 4급	ānquán	몡 혱 안전(하다)
0015 ☐	安慰 5급	ānwèi	동 위로하다 혱 마음이 편하다
0016 ☐	安装 5급	ānzhuāng	동 설치하다, 고정시키다
0017 ☐	岸 5급	àn	몡 언덕, (강)기슭
0018 ☐	暗 5급	àn	혱 (색깔이) 어둡다, 은밀한, 비밀의
0019 ☐	按时 4급	ànshí	부 제때에, 제시간에
0020 ☐	按照 4급	ànzhào	개 ~에 따라, ~대로
0021 ☐	熬夜 5급	áoyè	동 밤을 새다, 철야하다
0022 ☐	八 1급	bā	수 8, 여덟
0023 ☐	把 3급	bǎ	개 ~을/를 양 ~자루
0024 ☐	把握 5급	bǎwò	동 쥐다, 잡다, (추상적인 것을) 파악하다
0025 ☐	爸爸 1급	bàba	몡 아빠
0026 ☐	吧 2급	ba	丞 문장 끝에 쓰여 추측·청유·명령의 어기를 나타냄
0027 ☐	白 2급	bái	혱 희다, 하얗다
0028 ☐	百 2급	bǎi	수 100, 백

0029 □	摆 5급	bǎi	동 놓다, 배치하다
0030 □	百分之 4급	bǎifēnzhī	퍼센트
0031 □	班 3급	bān	명 반, 조
0032 □	搬 3급	bān	동 운반하다, 옮기다, 이사하다
0033 □	半 3급	bàn	수 2분의 1, 반
0034 □	办法 3급	bànfǎ	명 방법, 수단
0035 □	办理 5급	bànlǐ	동 처리하다, 해결하다
0036 □	办公室 3급	bàngōngshì	명 사무실, 행정 부서
0037 □	帮忙 3급	bāngmáng	동 일을 돕다, 도움을 주다
0038 □	帮助 2급	bāngzhù	동 돕다, 원조하다
0039 □	棒 4급	bàng	형 (성적이) 좋다, (수준이) 높다
0040 □	傍晚 5급	bàngwǎn	명 저녁 무렵
0041 □	包 3급	bāo	동 싸다　명 보따리
0042 □	包裹 5급	bāoguǒ	명 소포　동 싸다, 포장하다
0043 □	包含 5급	bāohán	동 포함하다
0044 □	包括 5급	bāokuò	동 포함하다, 포괄하다
0045 □	包子 4급	bāozi	명 (소가 든) 찐빵, 빠오즈
0046 □	薄 5급	báo	형 얇다
0047 □	饱 3급	bǎo	형 배부르다
0048 □	宝贝 5급	bǎobèi	명 귀염둥이, 보물, 보배
0049 □	保持 5급	bǎochí	동 유지하다, 지키다
0050 □	保存 5급	bǎocún	동 보존하다, 간직하다

※ 다음 어휘의 뜻을 바르게 연결해 보세요.

1. 爱护・
2. 安慰・
3. 安装・
4. 把握・
5. 摆　・
6. 办理・
7. 包括・
8. 保持・

a. 동 위로하다 형 마음이 편하다
b. 동 처리하다, 해결하다
c. 동 아끼고 보호하다, 소중히 보살피다
d. 동 쥐다, 잡다, (추상적인 것을) 파악하다
e. 동 포함하다, 포괄하다
f. 동 유지하다, 지키다
g. 동 설치하다, 고정시키다
h. 동 놓다, 배치하다

정답 1. c　2. a　3. g　4. d　5. h　6. b　7. e　8. f

3

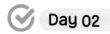

0051 ☐	宝贵 5급	bǎoguì	(형) 진귀한, 귀중한
0052 ☐	保护 4급	bǎohù	(동) 보호하다
0053 ☐	保留 5급	bǎoliú	(동) 남겨 두다, 보존하다
0054 ☐	保险 5급	bǎoxiǎn	(명) 보험 (형) 안전하다
0055 ☐	保证 4급	bǎozhèng	(동) 보증하다 (명) 담보
0056 ☐	抱 4급	bào	(동) 안다, 껴안다
0057 ☐	报到 5급	bàodào	(동) 도착하였음을 보고하다
0058 ☐	报道 5급	bàodào	(명) (동) 보도(하다)
0059 ☐	报告 5급	bàogào	(명) 보고, 보고서 (동) 보고하다
0060 ☐	报名 4급	bàomíng	(동) 신청하다, 등록하다, 지원하다
0061 ☐	抱歉 4급	bàoqiàn	(동) 미안해하다, 죄송합니다.
0062 ☐	报社 5급	bàoshè	(명) 신문사
0063 ☐	抱怨 5급	bàoyuàn	(동) 원망하다
0064 ☐	报纸 2급	bàozhǐ	(명) 신문
0065 ☐	悲观 5급	bēiguān	(형) 비관적이다
0066 ☐	杯子 1급	bēizi	(명) 잔, 컵
0067 ☐	北方 3급	běifāng	(명) 북방, 북쪽
0068 ☐	北京 1급	Běijīng	(명) 베이징
0069 ☐	被 3급	bèi	(개) ~에 의해 ~당하다
0070 ☐	倍 4급	bèi	(양) 배, 배수
0071 ☐	背 5급	bèi	(명) 등, 뒷면 (동) 외우다
0072 ☐	背景 5급	bèijǐng	(명) 배후, 배경
0073 ☐	被子 5급	bèizi	(명) 이불
0074 ☐	本 1급	běn	(양) 권
0075 ☐	本科 5급	běnkē	(명) (대학교의) 학부 (과정)
0076 ☐	本来 4급	běnlái	(부) 본래, 원래
0077 ☐	本领 5급	běnlǐng	(명) 능력, 재능, 솜씨
0078 ☐	本质 5급	běnzhì	(명) 본질
0079 ☐	笨 4급	bèn	(형) 멍청하다, 어리석다

0080 ☐	鼻子 3급	bízi	몡 코
0081 ☐	比 2급	bǐ	동 비교하다, 재다
0082 ☐	彼此 5급	bǐcǐ	대 피차, 서로
0083 ☐	比较 3급	bǐjiào	동 비교하다 부 비교적
0084 ☐	笔记本 3급	bǐjìběn	몡 노트, 노트북
0085 ☐	比例 5급	bǐlì	몡 비, 비례
0086 ☐	比如 4급	bǐrú	접 예를 들어
0087 ☐	比赛 3급	bǐsài	몡 경기, 시합
0088 ☐	毕竟 5급	bìjìng	부 결국, 필경, 끝내
0089 ☐	避免 5급	bìmiǎn	동 피하다, 모면하다
0090 ☐	必然 5급	bìrán	혱 필연적이다 부 분명히, 반드시
0091 ☐	必须 3급	bìxū	부 반드시 ~해야 한다
0092 ☐	必要 5급	bìyào	혱 필요로 하다
0093 ☐	毕业 4급	bìyè	몡 동 졸업(하다)
0094 ☐	编辑 5급	biānjí	동 편집하다 몡 편집자
0095 ☐	鞭炮 5급	biānpào	몡 폭죽
0096 ☐	遍 4급	biàn	양 번, 차례
0097 ☐	便 5급	biàn	혱 편리하다 부 곧, 바로
0098 ☐	变化 3급	biànhuà	동 몡 변화(하다)
0099 ☐	辩论 5급	biànlùn	동 변론하다, 논쟁하다
0100 ☐	标点 5급	biāodiǎn	몡 구두점

※ 다음 어휘의 뜻을 바르게 연결해 보세요.

1. 报到·
2. 抱怨·
3. 背景·
4. 本科·
5. 彼此·
6. 毕竟·
7. 避免·
8. 便 ·

a. 부 결국, 필경, 끝내
b. 몡 배후, 배경
c. 동 도착하였음을 보고하다
d. 몡 (대학교의) 학부 (과정)
e. 대 피차, 서로
f. 혱 편리하다 부 곧, 바로
g. 동 피하다, 모면하다
h. 동 원망하다

정답 1. c 2. h 3. b 4. d 5. e 6. a 7. g 8. f

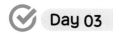

Day 03

0101 ☐	标志 5급	biāozhì	몡 표지, 지표 통 명시하다, 상징하다
0102 ☐	标准 4급	biāozhǔn	몡 표준, 기준 톙 표준적이다
0103 ☐	表达 5급	biǎodá	통 (생각, 감정을) 표현하다
0104 ☐	表格 4급	biǎogé	몡 표, 양식
0105 ☐	表面 5급	biǎomiàn	몡 표면, 외관
0106 ☐	表明 5급	biǎomíng	통 표명하다, 분명하게 보이다
0107 ☐	表情 5급	biǎoqíng	몡 표정 통 (기분을) 나타내다
0108 ☐	表示 4급	biǎoshì	통 나타내다, 가리키다
0109 ☐	表现 5급	biǎoxiàn	통 표현하다 몡 태도
0110 ☐	表演 4급	biǎoyǎn	몡 연기 통 연기하다, 연출하다
0111 ☐	表扬 4급	biǎoyáng	몡 통 표창(하다)
0112 ☐	别 2급	bié	분 ~하지 마라 톙 별개의, 다른
0113 ☐	别人 3급	biérén	몡 다른 사람
0114 ☐	宾馆 2급	bīnguǎn	몡 호텔
0115 ☐	冰激凌 5급	bīngjīlíng	몡 아이스크림
0116 ☐	冰箱 3급	bīngxiāng	몡 냉장고
0117 ☐	病毒 5급	bìngdú	몡 바이러스
0118 ☐	播放 5급	bōfàng	통 방송하다
0119 ☐	玻璃 5급	bōli	몡 유리
0120 ☐	博士 4급	bóshì	몡 박사
0121 ☐	博物馆 5급	bówùguǎn	몡 박물관
0122 ☐	脖子 5급	bózi	몡 목
0123 ☐	不但…… 而且…… 3급	búdàn…… érqiě……	젭 ~뿐만 아니라 게다가
0124 ☐	不断 5급	búduàn	분 끊임없이, 늘
0125 ☐	不过 4급	búguò	젭 그런데, 그러나
0126 ☐	不见得 5급	bújiàndé	통 반드시 ~라고는 할 수 없다
0127 ☐	不客气 1급	búkèqi	사양하지 않다. 천만에요.
0128 ☐	不耐烦 5급	búnàifán	톙 못 참다, 귀찮다

0129 □	不要紧 5급	búyàojǐn	휑 괜찮다, 문제없다
0130 □	补充 5급	bǔchōng	동 보충하다 명 보충
0131 □	不 1급	bù	부 동사, 형용사 앞에 쓰여 부정을 나타냄
0132 □	布 5급	bù	명 천, 베
0133 □	不安 5급	bù'ān	형 불안하다
0134 □	不得不 4급	bùdébù	~하지 않으면 안 된다
0135 □	不得了 5급	bùdéliǎo	형 매우 심하다
0136 □	部分 4급	bùfen	명 부분, 일부
0137 □	不管 4급	bùguǎn	접 ~에 관계없이, ~을 막론하고
0138 □	不仅 4급	bùjǐn	접 ~일 뿐만 아니라
0139 □	部门 5급	bùmén	명 부분, 부서
0140 □	不然 5급	bùrán	형 그렇지 않으면
0141 □	不如 5급	bùrú	동 ~만 못하다, ~하는 편이 낫다
0142 □	步骤 5급	bùzhòu	명 순서, 차례
0143 □	不足 5급	bùzú	형 부족하다, 모자라다
0144 □	擦 4급	cā	동 닦다, 비비다
0145 □	猜 4급	cāi	동 추측하다
0146 □	财产 5급	cáichǎn	명 재산
0147 □	材料 4급	cáiliào	명 재료, 원자재
0148 □	踩 5급	cǎi	동 밟다
0149 □	采访 5급	cǎifǎng	동 취재하다, 인터뷰하다
0150 □	彩虹 5급	cǎihóng	명 무지개

※ 다음 어휘의 뜻을 바르게 연결해 보세요.

1. 表达 •
2. 表明 •
3. 病毒 •
4. 播放 •
5. 不见得•
6. 补充 •
7. 不得了•
8. 不然 •

a. 동 방송하다
b. 동 표명하다, 분명하게 보이다
c. 동 (생각, 감정을) 표현하다
d. 형 그렇지 않으면
e. 형 매우 심하다
f. 명 바이러스
g. 동 반드시 ~라고는 할 수 없다
h. 동 보충하다 명 보충

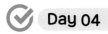

0151 ☐	采取 5급	cǎiqǔ	동 채택하다, 취하다
0152 ☐	菜 1급	cài	명 채소, 요리
0153 ☐	菜单 3급	càidān	명 메뉴, 메뉴판
0154 ☐	参观 4급	cānguān	명 동 참관(하다)
0155 ☐	参加 3급	cānjiā	동 참가하다, 참여하다
0156 ☐	参考 5급	cānkǎo	동 참고하다 명 참조
0157 ☐	餐厅 4급	cāntīng	명 식당
0158 ☐	参与 5급	cānyù	동 참여하다
0159 ☐	惭愧 5급	cánkuì	형 부끄럽다
0160 ☐	操场 5급	cāochǎng	명 운동장
0161 ☐	操心 5급	cāoxīn	동 마음을 쓰다, 걱정하다
0162 ☐	草 3급	cǎo	명 풀
0163 ☐	册 5급	cè	명 책 양 권
0164 ☐	厕所 4급	cèsuǒ	명 화장실
0165 ☐	测验 5급	cèyàn	명 동 시험(하다)
0166 ☐	层 3급	céng	양 층, 겹
0167 ☐	曾经 5급	céngjīng	부 일찍이, 이미
0168 ☐	插 5급	chā	동 끼우다, 삽입하다
0169 ☐	差距 5급	chājù	명 차, 격차
0170 ☐	叉子 5급	chāzi	명 포크
0171 ☐	茶 1급	chá	명 차
0172 ☐	差 3급	chà	형 부족하다, 좋지 않다
0173 ☐	差不多 4급	chàbuduō	형 거의 비슷하다, 큰 차이가 없다
0174 ☐	拆 5급	chāi	동 뜯다, 떼다
0175 ☐	产品 5급	chǎnpǐn	명 제품
0176 ☐	产生 5급	chǎnshēng	명 동 발생(하다)
0177 ☐	长 2급	cháng	형 길다
0178 ☐	尝 4급	cháng	동 맛보다, 시험해 보다
0179 ☐	长城 4급	Chángchéng	명 만리장성

0180 □	长江 4급	Chángjiāng	몡 장강, 양쯔강
0181 □	常识 5급	chángshí	몡 상식
0182 □	长途 5급	chángtú	몡 장거리, 먼 길
0183 □	场 4급	chǎng	양 회, 번
0184 □	唱歌 2급	chànggē	통 노래를 부르다
0185 □	抄 5급	chāo	통 베끼다
0186 □	超过 4급	chāoguò	통 초과하다, 따라 앞서다
0187 □	超级 5급	chāojí	혱 초(超), 뛰어난
0188 □	超市 3급	chāoshì	몡 슈퍼마켓
0189 □	朝 5급	cháo	꺠 ~을 향하여
0190 □	潮湿 5급	cháoshī	혱 축축하다, 눅눅하다
0191 □	吵 5급	chǎo	혱 시끄럽다 통 떠들어 대다
0192 □	炒 5급	chǎo	통 볶다, 해고하다
0193 □	吵架 5급	chǎojià	통 다투다, 말다툼하다
0194 □	车库 5급	chēkù	몡 차고
0195 □	车厢 5급	chēxiāng	몡 객실이나 수화물칸
0196 □	彻底 5급	chèdǐ	뷔 철저히 통 철저히 하다
0197 □	沉默 5급	chénmò	통 침묵하다 혱 과묵하다
0198 □	趁 5급	chèn	꺠 (때, 기회를) 이용해서
0199 □	衬衫 3급	chènshān	몡 셔츠, 와이셔츠
0200 □	称 5급	chēng	통 부르다, 불리우다

※ 다음 어휘의 뜻을 바르게 연결해 보세요.

1. 采取・　　　　　　　　　　a. 통 채택하다, 취하다
2. 操心・　　　　　　　　　　b. 몡 통 발생(하다)
3. 曾经・　　　　　　　　　　c. 통 끼우다, 삽입하다
4. 插 ・　　　　　　　　　　d. 통 부르다, 불리우다
5. 产生・　　　　　　　　　　e. 통 다투다, 말다툼하다
6. 潮湿・　　　　　　　　　　f. 혱 축축하다, 눅눅하다
7. 吵架・　　　　　　　　　　g. 뷔 일찍이, 이미
8. 称 ・　　　　　　　　　　h. 통 마음을 쓰다, 걱정하다

정답 1. a 2. h 3. g 4. c 5. b 6. f 7. e 8. d

9

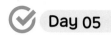

0201 ☐	称呼 5급	chēnghu	동 부르다, 일컫다
0202 ☐	称赞 5급	chēngzàn	명 동 칭찬(하다)
0203 ☐	承担 5급	chéngdān	동 담당하다, 맡다
0204 ☐	程度 5급	chéngdù	명 정도
0205 ☐	成分 5급	chéngfèn	명 성분, 요소
0206 ☐	成功 4급	chénggōng	명 동 성공(하다)
0207 ☐	成果 5급	chéngguǒ	명 성과, (일의) 수확
0208 ☐	成绩 3급	chéngjì	명 성적
0209 ☐	成就 5급	chéngjiù	명 성취, 성과 동 성취하다, 이루다
0210 ☐	诚恳 5급	chéngkěn	형 진실하다, 간절하다
0211 ☐	成立 5급	chénglì	동 (조직, 기구 등을) 창립하다
0212 ☐	成人 5급	chéngrén	명 어른, 성인
0213 ☐	承认 5급	chéngrèn	동 승인하다, 동의하다, 시인하다
0214 ☐	诚实 4급	chéngshí	형 성실하다
0215 ☐	城市 3급	chéngshì	명 도시
0216 ☐	承受 5급	chéngshòu	동 감당하다, 이어받다
0217 ☐	成熟 5급	chéngshú	동 성숙하다, (과일, 곡식이) 익다
0218 ☐	成为 4급	chéngwéi	동 ～으로 되다
0219 ☐	程序 5급	chéngxù	명 순서, 절차, 프로그램
0220 ☐	成语 5급	chéngyǔ	명 성어
0221 ☐	成长 5급	chéngzhǎng	동 성장하다, 자라다
0222 ☐	乘坐 4급	chéngzuò	동 (탈것에) 타다
0223 ☐	吃 1급	chī	동 먹다
0224 ☐	吃惊 4급	chījīng	동 (깜짝) 놀라다
0225 ☐	吃亏 5급	chīkuī	동 손해를 보다
0226 ☐	迟到 3급	chídào	동 지각하다
0227 ☐	池塘 5급	chítáng	명 못, 저수지
0228 ☐	持续 5급	chíxù	동 지속하다
0229 ☐	迟早 5급	chízǎo	부 조만간

0230 ☐	尺子 5급	chǐzi	몡 자, 척도, 기준
0231 ☐	翅膀 5급	chìbǎng	몡 날개
0232 ☐	冲 5급	chōng	동 돌진하다
0233 ☐	充电器 5급	chōngdiànqì	몡 충전기
0234 ☐	充分 5급	chōngfèn	형 충분하다
0235 ☐	充满 5급	chōngmǎn	동 가득차다
0236 ☐	重复 5급	chóngfù	몡 동 중복(하다)
0237 ☐	重新 4급	chóngxīn	뷔 다시, 거듭
0238 ☐	宠物 5급	chǒngwù	몡 애완동물
0239 ☐	抽屉 5급	chōuti	몡 서랍
0240 ☐	抽象 5급	chōuxiàng	몡 추상 형 추상적이다
0241 ☐	抽烟 4급	chōuyān	동 담배를 피우다
0242 ☐	丑 5급	chǒu	형 못생기다, 밉다
0243 ☐	臭 5급	chòu	형 (냄새가) 지독하다, 구리다
0244 ☐	出 2급	chū	동 나가다, 출석하다
0245 ☐	出版 5급	chūbǎn	몡 동 출판(하다)
0246 ☐	出差 4급	chūchāi	동 출장하다
0247 ☐	出发 4급	chūfā	몡 동 출발(하다)
0248 ☐	初级 5급	chūjí	몡 초급
0249 ☐	出口 5급	chūkǒu	동 수출하다 몡 출구
0250 ☐	出色 5급	chūsè	형 특별히 훌륭하다, 대단히 뛰어나다

※ 다음 어휘의 뜻을 바르게 연결해 보세요.

1. 称呼・   a. 형 (냄새가) 지독하다, 구리다
2. 程度・   b. 동 부르다, 일컫다
3. 承受・   c. 동 손해를 보다
4. 吃亏・   d. 동 감당하다, 이어받다
5. 持续・   e. 형 특별히 훌륭하다, 대단히 뛰어나다
6. 充分・   f. 몡 정도
7. 臭 ・   g. 형 충분하다
8. 出色・   h. 동 지속하다

정답 1. b 2. f 3. d 4. c 5. h 6. g 7. a 8. e

Day 06

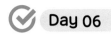

0251	□	出生 4급	chūshēng	[명] [동] 출생(하다)
0252	□	出示 5급	chūshì	[동] 내보이다, 제시하다
0253	□	出席 5급	chūxí	[동] 참석하다, 출석하다
0254	□	出现 4급	chūxiàn	[동] 출현하다
0255	□	出租车 1급	chūzūchē	[명] 택시
0256	□	除夕 5급	chúxī	[명] 섣달 그믐날 밤
0257	□	除了 3급	chú le	[접] ~을 제외하고, ~외에 또
0258	□	厨房 4급	chúfáng	[명] 부엌, 주방
0259	□	除非 5급	chúfēi	[접] 오직 ~하여야 (비로소)
0260	□	处理 5급	chǔlǐ	[동] 처리하다, (문제를) 해결하다
0261	□	穿 2급	chuān	[동] 입다, 신다, 뚫다
0262	□	船 3급	chuán	[명] 배, 선박
0263	□	传播 5급	chuánbō	[동] 전파하다, 널리 퍼뜨리다
0264	□	传染 5급	chuánrǎn	[동] 전염하다, 감염하다
0265	□	传说 5급	chuánshuō	[동] 이리저리 말이 전해지다 [명] 전설, 소문
0266	□	传统 5급	chuántǒng	[명] 전통
0267	□	传真 4급	chuánzhēn	[명] [동] 팩스(를 보내다)
0268	□	窗户 4급	chuānghu	[명] 창문
0269	□	窗帘 5급	chuānglián	[명] 창문 커튼, 블라인드
0270	□	闯 5급	chuǎng	[동] 갑자기 뛰어 들다
0271	□	创造 5급	chuàngzào	[동] 창조하다, 만들다
0272	□	吹 5급	chuī	[동] (바람이) 불다, 입으로 힘껏 불다
0273	□	春 3급	chūn	[명] 봄
0274	□	词典 3급	cídiǎn	[명] 사전
0275	□	词汇 5급	cíhuì	[명] 어휘
0276	□	词语 4급	cíyǔ	[명] 단어
0277	□	辞职 5급	cízhí	[동] 사직하다
0278	□	此外 5급	cǐwài	이 밖에, 이 외에

0279 ☐	次 2급	cì	양 번, 횟수
0280 ☐	刺激 5급	cìjī	명 동 자극(하다)
0281 ☐	次要 5급	cìyào	형 이차적인, 부차적인
0282 ☐	匆忙 5급	cōngmáng	형 매우 바쁘다
0283 ☐	聪明 3급	cōngming	형 총명하다, 똑똑하다
0284 ☐	从 2급	cóng	개 ~부터
0285 ☐	从此 5급	cóngcǐ	부 지금부터, 여기부터
0286 ☐	从而 5급	cóng'ér	접 따라서, 그리하여
0287 ☐	从来 4급	cónglái	부 지금까지, 여태껏
0288 ☐	从前 5급	cóngqián	명 종전, 이전
0289 ☐	从事 5급	cóngshì	동 종사하다, 일을 하다
0290 ☐	粗糙 5급	cūcāo	형 거칠다, 투박하다
0291 ☐	粗心 4급	cūxīn	형 세심하지 못하다, 부주의하다
0292 ☐	醋 5급	cù	명 식초, 질투
0293 ☐	促进 5급	cùjìn	동 촉진하다
0294 ☐	促使 5급	cùshǐ	동 ~하도록 하다
0295 ☐	催 5급	cuī	동 독촉하다, 촉진시키다
0296 ☐	存 4급	cún	동 있다, 저장하다, 저축하다
0297 ☐	存在 5급	cúnzài	명 동 존재(하다)
0298 ☐	错 2급	cuò	형 틀리다, 나쁘다
0299 ☐	措施 5급	cuòshī	명 동 조치(하다), 대책
0300 ☐	错误 4급	cuòwù	명 실수, 잘못 형 틀리다

※ 다음 어휘의 뜻을 바르게 연결해 보세요.
1. 出席 ·
2. 除非 ·
3. 传染 ·
4. 传统 ·
5. 辞职 ·
6. 从而 ·
7. 从事 ·
8. 措施 ·

a. 명 전통
b. 동 참석하다, 출석하다
c. 동 전염하다, 감염하다
d. 동 사직하다
e. 접 따라서, 그리하여
f. 명 동 조치(하다), 대책
g. 접 오직 ~하여야 (비로소)
h. 동 종사하다, 일을 하다

정답 1.b 2.g 3.c 4.a 5.d 6.e 7.h 8.f

13

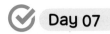

Day 07

0301 □	答应 5급	dāying	[동] 대답하다, 동의하다
0302 □	答案 4급	dá'àn	[명] 답안, 해답
0303 □	达到 5급	dádào	[동] 달성하다, 도달하다
0304 □	打扮 4급	dǎban	[동] 분장하다, 치장하다
0305 □	打电话 1급	dǎ diànhuà	전화를 걸다
0306 □	打工 5급	dǎgōng	[동] 아르바이트하다, 일하다
0307 □	打交道 5급	dǎ jiāodao	[동] 교제하다, 사귀다
0308 □	打篮球 2급	dǎ lánqiú	농구를 하다
0309 □	打喷嚏 5급	dǎ pēntì	[동] 재채기를 하다
0310 □	打扰 4급	dǎrǎo	[동] 방해하다, 지장을 주다
0311 □	打扫 3급	dǎsǎo	[동] 청소하다
0312 □	打算 3급	dǎsuàn	[동] ~하려고 하다, ~할 작정이다
0313 □	打听 5급	dǎtīng	[동] 물어보다, 알아보다
0314 □	打印 4급	dǎyìn	[동] 인쇄하다
0315 □	打招呼 4급	dǎ zhāohu	인사하다
0316 □	打折 4급	dǎzhé	[동] 할인하다, 에누리하다
0317 □	打针 4급	dǎzhēn	[동] 주사를 놓다
0318 □	大 1급	dà	[형] 크다
0319 □	大方 5급	dàfang	[형] 시원스럽다, 대범하다
0320 □	大概 4급	dàgài	[부] 아마도 [형] 대강의
0321 □	大家 2급	dàjiā	[명] 모두, 여러분
0322 □	大厦 5급	dàshà	[명] 큰 건물, 빌딩
0323 □	大使馆 4급	dàshǐguǎn	[명] 대사관
0324 □	大象 5급	dàxiàng	[명] 코끼리
0325 □	大型 5급	dàxíng	[형] 대형의
0326 □	大约 4급	dàyuē	[부] 대략
0327 □	呆 5급	dāi	[형] 우둔하다 [동] 머무르다
0328 □	带 3급	dài	[동] 지니다, 휴대하다
0329 □	戴 4급	dài	[동] 착용하다, 쓰다

0330 ☐	代表 5급	dàibiǎo	몡 대표 통 대표하다
0331 ☐	大夫 4급	dàifu	몡 의사
0332 ☐	贷款 5급	dàikuǎn	통 대출하다 몡 대출금
0333 ☐	代替 5급	dàitì	통 대신하다, 대체하다
0334 ☐	待遇 5급	dàiyù	몡 대우 통 대우하다
0335 ☐	单纯 5급	dānchún	혱 단순하다
0336 ☐	单调 5급	dāndiào	혱 단조롭다
0337 ☐	单独 5급	dāndú	뷔 단독으로, 혼자서
0338 ☐	担任 5급	dānrèn	통 맡다, 담당하다
0339 ☐	单位 5급	dānwèi	몡 단위, (단체·기관의) 부처
0340 ☐	耽误 5급	dānwu	통 (시간을 지체하다가) 일을 그르치다
0341 ☐	担心 3급	dānxīn	통 염려하다, 걱정하다
0342 ☐	单元 5급	dānyuán	몡 단원
0343 ☐	胆小鬼 5급	dǎnxiǎoguǐ	몡 겁쟁이
0344 ☐	淡 5급	dàn	혱 (맛이) 싱겁다, (색이) 엷다
0345 ☐	蛋糕 3급	dàngāo	몡 케이크
0346 ☐	当 4급	dāng	통 맡다, 담당하다
0347 ☐	当地 5급	dāngdì	몡 그 지방, 현지
0348 ☐	当然 3급	dāngrán	뷔 당연히, 물론 혱 당연하다
0349 ☐	当心 5급	dāngxīn	통 조심하다, 주의하다
0350 ☐	挡 5급	dǎng	통 막다, 가리다

※ 다음 어휘의 뜻을 바르게 연결해 보세요.

1. 达到· 　　　　　a. 통 아르바이트하다, 일하다
2. 打工· 　　　　　b. 몡 그 지방, 현지
3. 打听· 　　　　　c. 혱 대형의
4. 大型· 　　　　　d. 통 대신하다, 대체하다
5. 代替· 　　　　　e. 몡 대우 통 대우하다
6. 待遇· 　　　　　f. 통 달성하다, 도달하다
7. 单位· 　　　　　g. 통 물어보다, 알아보다
8. 当地· 　　　　　h. 몡 단위, (단체·기관의) 부처

정답 1.f 2.a 3.g 4.c 5.d 6.e 7.h 8.b

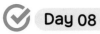 **Day 08**

0351 ☐	当时 4급	dàngshí	몡 당시, 그 때
0352 ☐	刀 4급	dāo	몡 칼
0353 ☐	倒霉 5급	dǎoméi	혱 재수 없다, 불운하다
0354 ☐	导演 5급	dǎoyǎn	동 연출하다 몡 감독
0355 ☐	导游 4급	dǎoyóu	몡 관광 안내원, 가이드
0356 ☐	岛屿 5급	dǎoyǔ	몡 섬, 열도
0357 ☐	导致 5급	dǎozhì	동 야기하다, 초래하다
0358 ☐	到 2급	dào	동 도착하다, 도달하다 개 ~에, ~까지
0359 ☐	倒 4급	dào	동 거꾸로 되다, 반대로 되다
0360 ☐	到处 4급	dàochù	몡 도처, 곳곳
0361 ☐	到达 5급	dàodá	동 도착하다, 도달하다
0362 ☐	道德 5급	dàodé	몡 도덕 혱 도덕적이다
0363 ☐	到底 4급	dàodǐ	변 도대체, 마침내
0364 ☐	道理 5급	dàoli	몡 도리, 일리
0365 ☐	道歉 4급	dàoqiàn	동 사과하다
0366 ☐	的 1급	de	조 ~의 (수식 또는 종속 관계를 나타냄)
0367 ☐	得 2급	de	조 동사나 형용사 뒤에 쓰여 보어를 연결시키는 역할을 함
0368 ☐	地 3급	de	조 단어 뒤에 쓰여 부사어를 만듦
0369 ☐	得意 4급	déyì	동 의기양양하다
0370 ☐	得 4급	děi	동 ~해야 한다
0371 ☐	灯 3급	dēng	몡 등, 등불
0372 ☐	登记 5급	dēngjì	몡 등록 동 등록하다, 체크인하다
0373 ☐	登机牌 4급	dēngjīpái	몡 탑승권
0374 ☐	等 2급	děng	동 기다리다
0375 ☐	等 4급	děng	조 등, 따위
0376 ☐	等待 5급	děngdài	동 기다리다 몡 대기
0377 ☐	等于 5급	děngyú	동 ~와 같다, ~이나 다름없다
0378 ☐	低 4급	dī	혱 낮다

0379 □	滴 5급	dī	[동] 한 방울씩 떨어지다
0380 □	的确 5급	díquè	[부] 확실히, 분명히
0381 □	敌人 5급	dírén	[명] 적
0382 □	底 4급	dǐ	[명] 밑, 끝
0383 □	递 5급	dì	[동] 넘겨주다, 전해 주다
0384 □	地道 5급	dìdao	[형] 진짜의, 본고장의
0385 □	弟弟 2급	dìdi	[명] 아우, 남동생
0386 □	地点 4급	dìdiǎn	[명] 지점, 장소, 위치
0387 □	地方 3급	dìfang	[명] 장소, 부분, 점
0388 □	地理 5급	dìlǐ	[명] 지리
0389 □	地球 4급	dìqiú	[명] 지구
0390 □	地区 5급	dìqū	[명] 지구, 지역
0391 □	地毯 5급	dìtǎn	[명] 카펫
0392 □	地铁 3급	dìtiě	[명] 지하철
0393 □	地图 3급	dìtú	[명] 지도
0394 □	地位 5급	dìwèi	[명] 위치, 지위
0395 □	第一 2급	dìyī	[수] 첫 번째, 최초
0396 □	地震 5급	dìzhèn	[명] 지진
0397 □	地址 4급	dìzhǐ	[명] 주소
0398 □	点 1급	diǎn	[명] 시
0399 □	点心 5급	diǎnxin	[명] 간식, 딤섬
0400 □	电池 5급	diànchí	[명] 전지

※ 다음 어휘의 뜻을 바르게 연결해 보세요.

1. 导演 · a. [명] 전지
2. 导致 · b. [동] 연출하다 [명] 감독
3. 到达 · c. [명] 등록 [동] 등록하다, 체크인하다
4. 登记 · d. [동] 야기하다, 초래하다
5. 等待 · e. [동] 도착하다, 도달하다
6. 的确 · f. [명] 지구, 지역
7. 地区 · g. [부] 확실히, 분명히
8. 电池 · h. [동] 기다리다 [명] 대기

[정답] 1. b 2. d 3. e 4. c 5. h 6. g 7. f 8. a

0401 ☐	电脑 1급	diànnǎo	몡 컴퓨터
0402 ☐	电视 1급	diànshì	몡 텔레비전
0403 ☐	电台 5급	diàntái	몡 방송국
0404 ☐	电梯 3급	diàntī	몡 엘리베이터
0405 ☐	电影 1급	diànyǐng	몡 영화
0406 ☐	电子邮件 3급	diànzǐ yóujiàn	몡 전자 우편, 이메일
0407 ☐	掉 4급	diào	동 떨어지다
0408 ☐	钓 5급	diào	동 낚시질하다
0409 ☐	调查 4급	diàochá	몡 동 조사(하다)
0410 ☐	顶 5급	dǐng	몡 꼭대기 양 꼭대기가 있는 물건을 세는 양사
0411 ☐	丢 4급	diū	동 잃다, 잃어버리다
0412 ☐	东 3급	dōng	몡 동쪽
0413 ☐	冬 3급	dōng	몡 겨울
0414 ☐	东西 1급	dōngxi	몡 물건, 음식
0415 ☐	懂 2급	dǒng	동 알다, 이해하다
0416 ☐	冻 5급	dòng	동 얼다
0417 ☐	洞 5급	dòng	몡 구멍, 동굴
0418 ☐	动画片 5급	dònghuàpiàn	몡 만화 영화
0419 ☐	动物 3급	dòngwù	몡 동물
0420 ☐	动作 4급	dòngzuò	몡 동작 동 움직이다
0421 ☐	都 1급	dōu	부 모두, 다
0422 ☐	逗 5급	dòu	동 희롱하다, 놀리다 혱 우습다
0423 ☐	豆腐 5급	dòufu	몡 두부
0424 ☐	读 1급	dú	동 읽다, 공부하다
0425 ☐	独立 5급	dúlì	동 독립하다, 독자적으로 하다
0426 ☐	独特 5급	dútè	혱 독특하다, 특수하다
0427 ☐	堵车 4급	dǔchē	몡 교통 체증 동 교통이 체증되다
0428 ☐	度过 5급	dùguò	동 보내다, 지내다
0429 ☐	肚子 4급	dùzi	몡 복부

0430 ☐	短 3급	duǎn	(형) 짧다
0431 ☐	短信 4급	duǎnxìn	(명) 메시지
0432 ☐	段 3급	duàn	(양) 사물이나 시간의 한 구분을 나타냄
0433 ☐	断 5급	duàn	(동) 자르다, 끊다
0434 ☐	锻炼 3급	duànliàn	(동) (몸과 마음을) 단련하다
0435 ☐	堆 5급	duī	(동) 쌓이다, 쌓다 (양) 무더기, 더미
0436 ☐	对 2급	duì	(형) 맞다, 옳다
0437 ☐	对 2급	duì	(개) ~에게, ~에 대하여
0438 ☐	对比 5급	duìbǐ	(명) (동) 대비(하다)
0439 ☐	对不起 1급	duìbuqǐ	미안합니다.
0440 ☐	对待 5급	duìdài	(동) 대우하다, 접대하다, 대처하다
0441 ☐	对方 5급	duìfāng	(명) 상대방, 상대편
0442 ☐	对话 4급	duìhuà	(명) (동) 대화(하다)
0443 ☐	兑换 5급	duìhuàn	(동) 환전하다, 현금으로 바꾸다
0444 ☐	对面 4급	duìmiàn	(명) 반대편, 정면
0445 ☐	对手 5급	duìshǒu	(명) 상대
0446 ☐	对象 5급	duìxiàng	(명) 대상, (연애 · 결혼의) 상대
0447 ☐	对于 4급	duìyú	(개) ~에 대해
0448 ☐	吨 5급	dūn	(양) 톤, 1,000킬로그램
0449 ☐	蹲 5급	dūn	(동) 쪼그리고 앉다, 웅크려 앉다
0450 ☐	顿 5급	dùn	(동) 잠시 멈추다 (양) 번, 차례

※ 다음 어휘의 뜻을 바르게 연결해 보세요.

1. 钓 ·
2. 洞 ·
3. 逗 ·
4. 独立·
5. 独特·
6. 对待·
7. 对象·
8. 顿 ·

a. (형) 독특하다, 특수하다
b. (동) 대우하다, 접대하다, 대처하다
c. (동) 희롱하다, 놀리다 (형) 우습다
d. (동) 독립하다, 독자적으로 하다
e. (명) 대상, (연애 · 결혼의) 상대
f. (명) 구멍, 동굴
g. (동) 잠시 멈추다 (양) 번, 차례
h. (동) 낚시질하다

정답 1. h 2. f 3. c 4. d 5. a 6. b 7. e 8. g

0451 ☐	多 1급	duō	톙 (수량이) 많다
0452 ☐	多亏 5급	duōkuī	囝 덕분에, 다행히
0453 ☐	多么 3급	duōme	囝 얼마나, 어느 정도
0454 ☐	多少 1급	duōshao	때 얼마, 몇
0455 ☐	多余 5급	duōyú	톙 여분의, 나머지의, 쓸데없는
0456 ☐	朵 5급	duǒ	囲 꽃봉오리 璽 송이(꽃·구름 등을 세는 양사)
0457 ☐	躲藏 5급	duǒcáng	图 숨다, 피하다
0458 ☐	饿 3급	è	톙 배고프다
0459 ☐	恶劣 5급	èliè	톙 아주 나쁘다, 열악하다
0460 ☐	嗯 5급	èng	囼 응, 그래(허락이나 대답을 나타냄)
0461 ☐	而 4급	ér	찁 ~하고
0462 ☐	儿童 4급	értóng	囲 어린이, 아동
0463 ☐	儿子 1급	érzi	囲 아들
0464 ☐	耳朵 3급	ěrduo	囲 귀
0465 ☐	耳环 5급	ěrhuán	囲 귀고리
0466 ☐	二 1급	èr	㉘ 둘
0467 ☐	发 3급	fā	图 보내다, 발생하다
0468 ☐	发表 5급	fābiǎo	囲 图 발표(하다)
0469 ☐	发愁 5급	fāchóu	图 근심하다, 걱정하다
0470 ☐	发达 5급	fādá	图 발달하다, 발전하다
0471 ☐	发抖 5급	fādǒu	图 (벌벌) 떨다
0472 ☐	发挥 5급	fāhuī	图 발휘하다
0473 ☐	发明 5급	fāmíng	囲 图 발명(하다)
0474 ☐	发票 5급	fāpiào	囲 영수증, 송장
0475 ☐	发烧 3급	fāshāo	图 열이 나다
0476 ☐	发生 4급	fāshēng	图 발생하다, 생기다
0477 ☐	发现 3급	fāxiàn	囲 图 발견(하다)
0478 ☐	发言 5급	fāyán	囲 图 발언(하다)
0479 ☐	发展 4급	fāzhǎn	囲 图 발전(하다)

0480 ☐	罚款 5급	fákuǎn	몡 됭 벌금(을 내다)
0481 ☐	法律 4급	fǎlǜ	몡 법률
0482 ☐	法院 5급	fǎyuàn	몡 법원
0483 ☐	翻 5급	fān	됭 뒤집다, (책을) 펼치다
0484 ☐	翻译 4급	fānyì	됭 번역하다, 통역하다
0485 ☐	烦恼 4급	fánnǎo	됭 몡 번뇌(하다)
0486 ☐	繁荣 5급	fánróng	혱 번영하다, 번창하다
0487 ☐	反而 5급	fǎn'ér	틧 오히려 젭 반대로
0488 ☐	反对 4급	fǎnduì	몡 됭 반대(하다)
0489 ☐	反复 5급	fǎnfù	됭 반복하다, 되풀이하다
0490 ☐	反应 5급	fǎnyìng	몡 됭 반응(하다)
0491 ☐	反映 5급	fǎnyìng	몡 반영 됭 반영하다, 반영시키다
0492 ☐	反正 5급	fǎnzheng	틧 어쨌든, 아무튼
0493 ☐	饭店 1급	fàndiàn	몡 호텔, 여관, 식당
0494 ☐	范围 5급	fànwéi	몡 범위
0495 ☐	方 5급	fāng	몡 사각형, 지방, 측
0496 ☐	方案 5급	fāng'àn	몡 방안, 계획
0497 ☐	方便 3급	fāngbiàn	혱 편리하다
0498 ☐	方法 4급	fāngfǎ	몡 방법, 수단
0499 ☐	方面 4급	fāngmiàn	몡 방면, 분야
0500 ☐	方式 5급	fāngshì	몡 방식, 방법

※ 다음 어휘의 뜻을 바르게 연결해 보세요.
1. 多亏・
2. 多余・
3. 发愁・
4. 发挥・
5. 罚款・
6. 反映・
7. 范围・
8. 方式・

a. 몡 반영 됭 반영하다, 반영시키다
b. 몡 범위
c. 됭 근심하다, 걱정하다
d. 틧 덕분에, 다행히
e. 몡 방식, 방법
f. 몡 됭 벌금(을 내다)
g. 됭 발휘하다
h. 혱 여분의, 나머지의, 쓸데없는

정답 1. d 2. h 3. c 4. g 5. f 6. a 7. b 8. e

0501 ☐	方向 4급	fāngxiàng	몡 방향
0502 ☐	妨碍 5급	fáng'ài	몡 통 지장(을 주다), 방해(하다)
0503 ☐	房东 4급	fángdōng	몡 집주인
0504 ☐	房间 2급	fángjiān	몡 방법, 수단
0505 ☐	仿佛 5급	fǎngfú	뷔 마치 ~인 듯하다
0506 ☐	放 3급	fàng	통 놓다, 두다
0507 ☐	放弃 4급	fàngqì	통 버리다, 포기하다
0508 ☐	放暑假 4급	fàngshǔjià	통 여름 방학을 하다
0509 ☐	放松 4급	fàngsōng	통 늦추다, 느슨하게 하다
0510 ☐	放心 3급	fàngxīn	통 마음을 놓다, 안심하다
0511 ☐	非 5급	fēi	통 ~이 아니다 뷔 꼭, 반드시
0512 ☐	非常 2급	fēicháng	뷔 대단히, 심히
0513 ☐	飞机 1급	fēijī	몡 비행기
0514 ☐	肥皂 5급	féizào	몡 비누
0515 ☐	废话 5급	fèihuà	몡 쓸데없는 말
0516 ☐	分 3급	fēn	통 나누다, 구분하다
0517 ☐	分别 5급	fēnbié	통 헤어지다, 구별하다 몡 구별하다 뷔 각각
0518 ☐	分布 5급	fēnbù	통 분포하다, 널려 있다
0519 ☐	纷纷 5급	fēnfēn	뷔 잇달아 혱 분분하다
0520 ☐	分配 5급	fēnpèi	몡 통 분배(하다), 배급(하다)
0521 ☐	分手 5급	fēnshǒu	통 헤어지다, 이별하다
0522 ☐	分析 5급	fēnxi	몡 통 분석(하다)
0523 ☐	分钟 1급	fēnzhōng	몡 분
0524 ☐	份 4급	fèn	양 벌, 세트, (신문이나 문건의) 부
0525 ☐	奋斗 5급	fèndòu	통 (목적을 달성하기 위해) 분투하다
0526 ☐	丰富 4급	fēngfù	혱 풍부하다, 많다
0527 ☐	风格 5급	fēnggé	몡 풍격, 성품
0528 ☐	风景 5급	fēngjǐng	몡 풍경, 경치
0529 ☐	疯狂 5급	fēngkuáng	혱 미치다, 미친 듯이 날뛰다

22

0530 ☐	风俗 5급	fēngsú	몡 풍속
0531 ☐	风险 5급	fēngxiǎn	몡 위험
0532 ☐	讽刺 5급	fěngcì	몡 동 풍자(하다)
0533 ☐	否定 5급	fǒudìng	몡 부정 동 부정하다 혱 부정적인
0534 ☐	否认 5급	fǒurèn	동 부인하다, 부정하다
0535 ☐	否则 4급	fǒuzé	젭 만약 그렇지 않으면
0536 ☐	扶 5급	fú	동 떠받치다, 부축하다, 돕다
0537 ☐	幅 5급	fú	얭 폭(그림 등을 세는 양사)
0538 ☐	符合 4급	fúhé	동 부합하다, 맞다
0539 ☐	服务员 2급	fúwùyuán	몡 종업원
0540 ☐	服装 5급	fúzhuāng	몡 복장
0541 ☐	辅导 5급	fǔdǎo	동 (학습·훈련 등을) 도우며 지도하다
0542 ☐	富 4급	fù	혱 재산이 많다, 부유하다
0543 ☐	附近 3급	fùjìn	몡 부근, 근처
0544 ☐	付款 4급	fùkuǎn	동 돈을 지불하다
0545 ☐	妇女 5급	fùnǚ	몡 부녀자
0546 ☐	父亲 4급	fùqīn	몡 부친
0547 ☐	复习 3급	fùxí	몡 동 복습(하다)
0548 ☐	复印 4급	fùyìn	몡 동 복사(하다)
0549 ☐	复杂 4급	fùzá	혱 복잡하다
0550 ☐	负责 4급	fùzé	동 책임이 있다. 책임을 지다

※ 다음 어휘의 뜻을 바르게 연결해 보세요.

1. 妨碍·　　　　　　　　a. 몡 위험
2. 分别·　　　　　　　　b. 몡 복장
3. 纷纷·　　　　　　　　c. 튄 잇달아 혱 분분하다
4. 分析·　　　　　　　　d. 동 헤어지다, 구별하다 몡 구별하다 튄 각각
5. 风景·　　　　　　　　e. 몡 동 지장(을 주다), 방해(하다)
6. 风险·　　　　　　　　f. 몡 동 분석(하다)
7. 幅　·　　　　　　　　g. 얭 폭(그림 등을 세는 양사)
8. 服装·　　　　　　　　h. 몡 풍경, 경치

정답 1. e　2. d　3. c　4. f　5. h　6. a　7. g　8. b

0551 ☐	复制 5급	fùzhì	몡 동 복제(하다)
0552 ☐	改变 4급	gǎibiàn	동 바뀌다, 바꾸다 몡 변화
0553 ☐	改革 5급	gǎigé	몡 동 개혁(하다)
0554 ☐	改进 5급	gǎijìn	몡 동 (태도, 방법, 일 등을) 개진(하다), 개선(하다)
0555 ☐	改善 5급	gǎishàn	몡 동 (환경, 관계 등을) 개선(하다)
0556 ☐	改正 5급	gǎizhèng	몡 동 개정(하다), 시정(하다)
0557 ☐	盖 5급	gài	몡 덮개, 뚜껑 동 덮다, 집을 짓다
0558 ☐	概括 5급	gàikuò	동 대충 총괄하다
0559 ☐	概念 5급	gàiniàn	몡 개념
0560 ☐	干杯 4급	gānbēi	동 건배하다, 잔을 비우다
0561 ☐	干脆 5급	gāncuì	형 간단명료하다 부 차라리, 아예
0562 ☐	干净 3급	gānjìng	형 깨끗하다, 깔끔하다
0563 ☐	干燥 5급	gānzào	형 건조하다
0564 ☐	赶 4급	gǎn	동 뒤쫓다, (시간에) 대다, 서두르다
0565 ☐	敢 4급	gǎn	동 감히 ~하다
0566 ☐	感动 4급	gǎndòng	동 감동하다, 감동시키다
0567 ☐	感激 5급	gǎnjī	몡 동 감격(하다)
0568 ☐	赶紧 5급	gǎnjǐn	부 서둘러, 재빨리
0569 ☐	感觉 4급	gǎnjué	몡 감각, 느낌 동 느끼다
0570 ☐	赶快 5급	gǎnkuài	부 빨리, 얼른
0571 ☐	感冒 3급	gǎnmào	몡 동 감기(에 걸리다)
0572 ☐	感情 4급	gǎnqíng	몡 감정
0573 ☐	感受 5급	gǎnshòu	동 (영향을) 받다 몡 느낌, 인상
0574 ☐	感想 5급	gǎnxiǎng	몡 감상
0575 ☐	感谢 4급	gǎnxiè	몡 동 감사(하다)
0576 ☐	感兴趣 3급	gǎnxìngqù	동 흥미를 느끼다, 관심을 갖다
0577 ☐	干 4급	gàn	동 (일을) 하다
0578 ☐	干活儿 5급	gànhuór	동 (육체적인) 일을 하다
0579 ☐	刚 4급	gāng	부 막, 바로, 마침

0580 □	刚才 3급	gāngcái	몡 지금 막, 방금
0581 □	钢铁 5급	gāngtiě	몡 철강 혭 굳은, 강한
0582 □	高 2급	gāo	혭 높다
0583 □	高档 5급	gāodàng	혭 고급의, 상등의
0584 □	高级 5급	gāojí	몡 혭 고급(의), 상급(의)
0585 □	高速公路 4급	gāosù gōnglù	몡 고속도로
0586 □	高兴 1급	gāoxìng	혭 기쁘다, 즐겁다
0587 □	搞 5급	gǎo	동 하다, 다루다, ~에 종사하다
0588 □	告别 5급	gàobié	동 헤어지다, 작별 인사를 하다
0589 □	告诉 2급	gàosù	동 알리다, 말하다
0590 □	胳膊 4급	gēbo	몡 팔
0591 □	哥哥 2급	gēge	몡 형, 오빠
0592 □	隔壁 5급	gébì	몡 이웃, 이웃집
0593 □	格外 5급	géwài	뷔 각별히, 특별히, 별도로
0594 □	个 1급	gè	양 개, 명
0595 □	各 4급	gè	떼 여러, 각각
0596 □	个别 5급	gèbié	혭 개개의, 일부의
0597 □	个人 5급	gèrén	몡 개인
0598 □	个性 5급	gèxìng	몡 개성
0599 □	各自 5급	gèzì	몡 각자, 제각기
0600 □	个子 3급	gèzi	몡 키

※ 다음 어휘의 뜻을 바르게 연결해 보세요.
1. 改善 ·
2. 饲镐 ·
3. 干燥 ·
4. 感受 ·
5. 高档 ·
6. 搞 ·
7. 隔壁 ·
8. 个别 ·

a. 몡 동 (환경, 관계 등을) 개선(하다)
b. 동 하다, 다루다, ~에 종사하다
c. 몡 동 개정(하다), 시정(하다)
d. 혭 고급의, 상등의
e. 몡 이웃, 이웃집
f. 동 (영향을) 받다 몡 느낌, 인상
g. 혭 개개의, 일부의
h. 혭 건조하다

정답 1. a 2. c 3. h 4. f 5. d 6. b 7. e 8. g

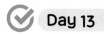

Day 13

0601 ☐	给 2급	gěi	동 주다 개 ~을 위하여, ~에게
0602 ☐	跟 3급	gēn	동 따라가다 개 ~와/과
0603 ☐	根 5급	gēn	명 뿌리 양 가닥, 개(가늘고 긴 것을 세는 단위)
0604 ☐	根本 5급	gēnběn	명 근본, 기초 부 본래, 원래
0605 ☐	根据 3급	gēnjù	동 명 근거(하다), 의거(하다)
0606 ☐	更 3급	gèng	부 더욱, 더
0607 ☐	公布 5급	gōngbù	동 공포하다, 공표하다
0608 ☐	工厂 5급	gōngchǎng	명 공장
0609 ☐	工程师 5급	gōngchéngshī	명 기사, 엔지니어
0610 ☐	功夫 4급	gōngfu	명 시간, 노력
0611 ☐	公共汽车 2급	gōnggòng qìchē	명 버스
0612 ☐	公斤 3급	gōngjīn	양 킬로그램
0613 ☐	工具 5급	gōngjù	명 도구, 수단
0614 ☐	公开 5급	gōngkāi	명 동 공개(하다)
0615 ☐	公里 4급	gōnglǐ	양 킬로미터(km)
0616 ☐	功能 5급	gōngnéng	명 기능, 작용
0617 ☐	公平 5급	gōngpíng	형 공평하다
0618 ☐	工人 5급	gōngrén	명 노동자
0619 ☐	公司 2급	gōngsī	명 회사
0620 ☐	恭喜 5급	gōngxǐ	동 축하하다
0621 ☐	工业 5급	gōngyè	명 공업
0622 ☐	公寓 5급	gōngyù	명 아파트
0623 ☐	公园 3급	gōngyuán	명 공원
0624 ☐	公元 5급	gōngyuán	명 서기
0625 ☐	公主 5급	gōngzhǔ	명 공주
0626 ☐	工资 4급	gōngzī	명 임금, 노임
0627 ☐	工作 1급	gōngzuò	명 동 일(하다)
0628 ☐	共同 4급	gòngtóng	형 공동의 부 함께

0629 □	贡献 5급	gòngxiàn	몡 통 공헌(하다), 기여(하다)
0630 □	沟通 5급	gōutōng	통 통하다, 소통하다, 교류하다
0631 □	狗 1급	gǒu	몡 개
0632 □	够 4급	gòu	혱 충분하다, 넉넉하다
0633 □	构成 5급	gòuchéng	몡 통 구성(하다), 형성(하다)
0634 □	购物 4급	gòuwù	통 물건을 구입하다, 쇼핑하다
0635 □	姑姑 5급	gūgu	몡 고모
0636 □	估计 4급	gūjì	통 예측하다, 추측하다
0637 □	姑娘 5급	gūniang	몡 처녀, 아가씨
0638 □	古代 5급	gǔdài	몡 고대, 옛날
0639 □	古典 5급	gǔdiǎn	몡 고전
0640 □	鼓励 4급	gǔlì	통 격려하다, 북돋우다
0641 □	股票 5급	gǔpiào	몡 증권
0642 □	骨头 5급	gǔtou	몡 뼈
0643 □	鼓舞 5급	gǔwǔ	통 고무하다, 격려하다
0644 □	鼓掌 5급	gǔzhǎng	통 손뼉 치다, 박수하다
0645 □	故事 3급	gùshi	몡 이야기
0646 □	故意 4급	gùyì	튄 고의로, 일부러
0647 □	固定 5급	gùdìng	혱 고정된 통 고정하다
0648 □	顾客 4급	gùkè	몡 고객
0649 □	刮风 3급	guāfēng	통 바람이 불다
0650 □	挂 4급	guà	통 (고리에) 걸다, 전화를 끊다

※ 다음 어휘의 뜻을 바르게 연결해 보세요.

1. 根本 ·
2. 功能 ·
3. 工人 ·
4. 恭喜 ·
5. 贡献 ·
6. 构成 ·
7. 鼓掌 ·
8. 固定 ·

a. 혱 고정된 통 고정하다
b. 몡 노동자
c. 통 축하하다
d. 통 손뼉 치다, 박수하다
e. 몡 근본, 기초 튄 본래, 원래
f. 몡 통 공헌(하다), 기여(하다)
g. 몡 통 구성(하다), 형성(하다)
h. 몡 기능, 작용

정답 1. e 2. h 3. b 4. c 5. f 6. g 7. d 8. a

Day 14

Day 14

0651 □	挂号 5급	guàhào	[동] 등록하다, 접수시키다
0652 □	乖 5급	guāi	[형] (어린이가) 얌전하다, 말을 잘 듣다
0653 □	拐弯 5급	guǎiwān	[동] 커브 돌다, 방향을 틀다
0654 □	怪不得 5급	guàibude	[부] 과연, 어쩐지
0655 □	关 3급	guān	[동] 닫다, 끄다
0656 □	官 5급	guān	[명] 관리, 공무원
0657 □	关闭 5급	guānbì	[동] 닫다
0658 □	观察 5급	guānchá	[동] [명] 관찰(하다)
0659 □	观点 5급	guāndiǎn	[명] 관점, 입장
0660 □	关键 4급	guānjiàn	[명] 관건, 키포인트
0661 □	观念 5급	guānniàn	[명] 관념, 생각
0662 □	关系 3급	guānxi	[명] 관계, 관련
0663 □	关心 3급	guānxīn	[동] [명] 관심(을 갖다)
0664 □	关于 3급	guānyú	[개] ~에 관해서
0665 □	观众 4급	guānzhòng	[명] 관중
0666 □	管理 4급	guǎnlǐ	[명] [동] 관리(하다)
0667 □	管子 5급	guǎnzi	[명] 관, 파이프, 튜브
0668 □	冠军 5급	guànjūn	[명] 우승, 1등
0669 □	光 4급	guāng	[명] 빛, 광선
0670 □	光滑 5급	guānghuá	[형] 매끄럽다, 반들반들하다
0671 □	光临 5급	guānglín	[명] [동] 왕림(하다)
0672 □	光明 5급	guāngmíng	[명] 광명 [형] 밝다
0673 □	光盘 5급	guāngpán	[명] 시디(CD)
0674 □	广播 4급	guǎngbō	[동] 방송하다 [명] 라디오 방송
0675 □	广场 5급	guǎngchǎng	[명] 광장
0676 □	广大 5급	guǎngdà	[형] 넓다, 광범하다
0677 □	广泛 5급	guǎngfàn	[형] 광범위하다, 폭넓다
0678 □	广告 4급	guǎnggào	[명] 광고, 선전

0679 □	逛 4급	guàng	동 한가롭게 거닐다, 산보하다
0680 □	规定 4급	guīdìng	동 규정하다 명 규정, 규칙
0681 □	规矩 5급	guīju	명 규율 형 (행위가) 단정하다
0682 □	规律 5급	guīlǜ	명 법칙, 규율
0683 □	规模 5급	guīmó	명 규모
0684 □	归纳 5급	guīnà	명 동 귀납(하다)
0685 □	规则 5급	guīzé	명 규칙, 규율
0686 □	贵 2급	guì	형 비싸다
0687 □	柜台 5급	guìtái	명 계산대, 카운터
0688 □	滚 5급	gǔn	동 구르다, 돌다, 꺼져.
0689 □	锅 5급	guō	명 냄비, 솥
0690 □	国籍 4급	guójí	명 국적
0691 □	国际 4급	guójì	명 국제
0692 □	国家 3급	guójiā	명 국가, 나라
0693 □	国庆节 5급	guóqìngjié	명 건국 기념일
0694 □	国王 5급	guówáng	명 국왕
0695 □	果然 5급	guǒrán	부 과연, 생각한대로
0696 □	果实 5급	guǒshí	명 과실, 수확, 성과
0697 □	果汁 4급	guǒzhī	명 과일주스
0698 □	过 3급	guò	동 지나다, 경과하다, 겪다
0699 □	过程 4급	guòchéng	명 과정
0700 □	过分 5급	guòfèn	동 (말이나 행동이) 지나치다, 과분하다

※ 다음 어휘의 뜻을 바르게 연결해 보세요.

1. 怪不得 •
2. 关闭 •
3. 观点 •
4. 冠军 •
5. 广泛 •
6. 规模 •
7. 果然 •
8. 过分 •

a. 동 닫다
b. 명 우승, 1등
c. 형 광범위하다, 폭넓다
d. 부 과연, 어쩐지
e. 부 과연, 생각한대로
f. 동 (말이나 행동이) 지나치다, 과분하다
g. 명 관점, 입장
h. 명 규모

정답 1. d 2. a 3. g 4. b 5. c 6. h 7. e 8. f

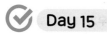

0701 □	过敏 5급	guòmǐn	[명] 알레르기 [형] 과민하다
0702 □	过期 5급	guòqī	[동] 기한을 넘기다
0703 □	过去 3급	guòqù	[동] 지나가다 [명] 과거
0704 □	过 2급	guo	[조] 동사 뒤에 놓여 과거의 경험을 나타냄
0705 □	哈 5급	hā	[감] 하하
0706 □	还 2급	hái	[부] 아직, 더, 또
0707 □	还是 3급	háishi	[부] 아직도 [접] 아니면
0708 □	孩子 2급	háizi	[명] 아동, 아이
0709 □	海关 5급	hǎiguān	[명] 세관
0710 □	海鲜 5급	hǎixiān	[명] 해산물, 해물
0711 □	海洋 4급	hǎiyáng	[명] 해양
0712 □	害怕 3급	hàipà	[동] 두려워하다, 무서워하다
0713 □	害羞 4급	hàixiū	[동] 부끄러워하다, 수줍어하다
0714 □	寒假 4급	hánjià	[명] 겨울 방학
0715 □	喊 5급	hǎn	[동] 외치다, 큰 소리로 부르다
0716 □	汗 4급	hàn	[명] 땀
0717 □	汉语 1급	Hànyǔ	[명] 중국어
0718 □	航班 4급	hángbān	[명] 항공편
0719 □	行业 5급	hángyè	[명] 업무, 직업
0720 □	豪华 5급	háohuá	[형] (생활이) 호화롭다, (건축 · 장식이) 화려하다
0721 □	好 1급	hǎo	[형] 좋다, 안녕하다
0722 □	好吃 2급	hǎochī	[형] 맛있다, 맛나다
0723 □	好处 4급	hǎochu	[명] 장점, 좋은 점
0724 □	好像 4급	hǎoxiàng	[동] 마치 ~과 같다
0725 □	号 1급	hào	[명] 일, 번호
0726 □	好客 5급	hàokè	[동] 손님 접대를 좋아하다
0727 □	号码 4급	hàomǎ	[명] 번호, 숫자
0728 □	好奇 5급	hàoqí	[형] 호기심이 많다
0729 □	喝 1급	hē	[동] 마시다

0730 □	和 1급	hé	젭 ~와/과
0731 □	何必 5급	hébì	부 구태여 ~할 필요가 있는가?
0732 □	合法 5급	héfǎ	형 법에 맞다, 합법적이다
0733 □	合格 4급	hégé	동 명 합격(하다)
0734 □	何况 5급	hékuàng	젭 하물며, 더군다나
0735 □	合理 5급	hélǐ	형 도리에 맞다, 합리적이다
0736 □	和平 5급	hépíng	명 형 평화(롭다)
0737 □	合适 4급	héshì	형 적당하다, 알맞다
0738 □	合同 5급	hétong	명 계약서
0739 □	核心 5급	héxīn	명 (과일의) 씨, 핵심
0740 □	合影 5급	héyǐng	동 함께 사진을 찍다 명 단체사진
0741 □	盒子 4급	hézi	명 작은 상자
0742 □	合作 5급	hézuò	명 동 합작(하다), 협력(하다)
0743 □	黑 2급	hēi	형 검다, 까맣다
0744 □	黑板 3급	hēibǎn	명 칠판
0745 □	很 1급	hěn	부 매우, 아주
0746 □	恨 5급	hèn	명 한, 원한, 원망 동 원망하다
0747 □	红 2급	hóng	형 붉다, 빨갛다
0748 □	猴子 5급	hóuzi	명 원숭이
0749 □	厚 4급	hòu	형 두껍다 명 두께
0750 □	后背 5급	hòubèi	명 등

※ 다음 어휘의 뜻을 바르게 연결해 보세요.

1. 过敏 ·
2. 过期 ·
3. 行业 ·
4. 豪华 ·
5. 何必 ·
6. 核心 ·
7. 恨 ·
8. 猴子 ·

a. 동 기한을 넘기다
b. 형 (생활이) 호화롭다, (건축·장식이) 화려하다
c. 명 업무, 직업
d. 부 구태여 ~할 필요가 있는가?
e. 명 (과일의) 씨, 핵심
f. 명 원숭이
g. 명 한, 원한, 원망 동 원망하다
h. 명 알레르기 형 과민하다

정답 1. h 2. a 3. c 4. b 5. d 6. e 7. g 8. f

31

0751 ☐	后果 5급	hòuguǒ	몡 (주로 나쁜 측면의) 최후의 결과
0752 ☐	后悔 4급	hòuhuǐ	몡 동 후회(하다)
0753 ☐	后来 3급	hòulái	뷔 그 뒤에, 그 다음에
0754 ☐	后面 1급	hòumiàn	몡 뒤쪽
0755 ☐	忽然 5급	hūrán	뷔 갑자기, 돌연
0756 ☐	忽视 5급	hūshì	동 소홀히 하다, 경시하다
0757 ☐	呼吸 5급	hūxī	몡 동 호흡(하다)
0758 ☐	壶 5급	hú	몡 주전자
0759 ☐	蝴蝶 5급	húdié	몡 나비
0760 ☐	胡说 5급	húshuō	동 허튼소리를 하다 몡 허튼소리
0761 ☐	胡同 5급	hútòng	몡 골목
0762 ☐	糊涂 5급	hútú	몡 나비
0763 ☐	互联网 4급	hùliánwǎng	몡 인터넷
0764 ☐	护士 4급	hùshi	몡 간호사
0765 ☐	互相 4급	hùxiāng	뷔 서로, 상호
0766 ☐	护照 3급	hùzhào	몡 여권
0767 ☐	花 3급	huā	몡 꽃
0768 ☐	花 3급	huā	동 (돈, 시간을) 쓰다
0769 ☐	花生 5급	huāshēng	몡 땅콩
0770 ☐	滑 5급	huá	혱 반들반들하다, 교활하다 동 미끄러지다
0771 ☐	华裔 5급	huáyì	몡 화교가 거주국에서 낳은 자녀
0772 ☐	画 3급	huà	동 몡 그림(을 그리다)
0773 ☐	划 5급	huà	동 긋다, 가르다
0774 ☐	话题 5급	huàtí	몡 화제
0775 ☐	化学 5급	huàxué	몡 화학
0776 ☐	怀念 5급	huáiniàn	동 그리워하다, 그리다
0777 ☐	怀疑 4급	huáiyí	동 의심하다
0778 ☐	怀孕 5급	huáiyùn	동 임신하다
0779 ☐	坏 3급	huài	혱 나쁘다, 상하다

0780 □	欢迎 3급	huānyíng	동 환영하다
0781 □	还 3급	huán	동 돌려주다, 갚다
0782 □	环境 3급	huánjìng	명 환경
0783 □	缓解 5급	huǎnjiě	동 완화되다, 풀어지다, 완화시키다
0784 □	换 3급	huàn	동 교환하다, 바꾸다
0785 □	幻想 5급	huànxiǎng	명 동 환상(하다)
0786 □	慌张 5급	huāngzhāng	형 당황하다, 허둥대다
0787 □	黄河 3급	Huánghé	명 황허
0788 □	黄金 5급	huángjīn	명 황금
0789 □	灰 5급	huī	명 재, 먼지
0790 □	挥 5급	huī	동 휘두르다, (군대를) 지휘하다
0791 □	灰尘 5급	huīchén	명 먼지
0792 □	恢复 5급	huīfù	동 회복되다, 회복하다
0793 □	灰心 5급	huīxīn	동 낙담하다, 낙심하다
0794 □	回 1급	huí	동 되돌아가다
0795 □	回忆 4급	huíyì	명 동 회상(하다), 추억(하다)
0796 □	回答 3급	huídá	동 명 대답(하다)
0797 □	会 1급	huì	동 ~을 할 수 있다, ~할 것이다
0798 □	汇率 5급	huìlǜ	명 환율
0799 □	会议 3급	huìyì	명 회의
0800 □	婚礼 5급	hūnlǐ	명 결혼식

※ 다음 어휘의 뜻을 바르게 연결해 보세요.

1. 后果·
2. 忽然·
3. 滑 ·
4. 划 ·
5. 怀念·
6. 幻想·
7. 灰心·
8. 婚礼·

a. 명 동 환상(하다)
b. 명 (주로 나쁜 측면의) 최후의 결과
c. 동 긋다, 가르다
d. 형 반들반들하다, 교활하다 동 미끄러지다
e. 명 결혼식
f. 동 낙담하다, 낙심하다
g. 동 그리워하다, 그리다
h. 부 갑자기, 돌연

정답 1. b 2. h 3. d 4. c 5. g 6. a 7. f 8. e

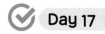

0801 □	婚姻 5급	hūnyīn	몡 혼인, 결혼
0802 □	活动 4급	huódòng	동 활동하다, 운동하다
0803 □	活泼 4급	huópō	혱 활발하다, 활기차다
0804 □	活跃 5급	huóyuè	동 활발히 하다 혱 활동적이다
0805 □	火 4급	huǒ	몡 불
0806 □	伙伴 5급	huǒbàn	몡 짝, 동료, 동업자
0807 □	火柴 5급	huǒchái	몡 성냥
0808 □	火车站 2급	huǒchēzhàn	몡 기차역
0809 □	获得 4급	huòdé	동 획득하다, 얻다
0810 □	或许 5급	huòxǔ	뷔 아마, 혹시, 어쩌면
0811 □	或者 3급	huòzhě	졉 ~이거나, ~든지
0812 □	基本 5급	jīběn	몡 기본 혱 기본적인
0813 □	机场 2급	jīchǎng	몡 공항
0814 □	基础 4급	jīchǔ	몡 기초, 기반
0815 □	鸡蛋 2급	jīdàn	몡 계란, 달걀
0816 □	激动 4급	jīdòng	동 감격하다, 흥분하다
0817 □	几乎 3급	jīhū	뷔 거의 비슷하다, 큰 차이가 없다
0818 □	机会 3급	jīhuì	몡 기회
0819 □	积极 4급	jījí	혱 적극적이다
0820 □	积累 4급	jīlěi	동 쌓이다, 축적하다
0821 □	激烈 5급	jīliè	혱 격렬하다, 격하다
0822 □	机器 5급	jīqì	몡 기계, 기기
0823 □	肌肉 5급	jīròu	몡 근육
0824 □	极 3급	jí	뷔 아주, 몹시, 매우
0825 □	及格 5급	jígé	동 합격하다
0826 □	集合 5급	jíhé	동 몡 집합(하다)
0827 □	急忙 5급	jímáng	혱 급하다, 바쁘다
0828 □	极其 5급	jíqí	뷔 지극히, 매우
0829 □	及时 4급	jíshí	뷔 제때에, 적시에

0830 □	即使 4급	jíshǐ	웹 설령 ~하더라도
0831 □	集体 5급	jítǐ	몡 집단, 단체
0832 □	急诊 5급	jízhěn	몡 통 급진(하다)
0833 □	集中 5급	jízhōng	통 집중하다, 모으다
0834 □	几 1급	jǐ	주 몇
0835 □	寄 4급	jì	통 부치다, 보내다
0836 □	记得 3급	jìde	통 기억하고 있다
0837 □	计划 4급	jìhuà	몡 통 계획(하다)
0838 □	季节 3급	jìjié	몡 계절, 철
0839 □	系领带 5급	jìlǐngdài	통 넥타이를 매다
0840 □	记录 5급	jìlù	통 몡 기록(하다)
0841 □	纪录 5급	jìlù	몡 최고 기록, 다큐멘터리
0842 □	纪律 5급	jìlǜ	몡 규율, 법칙
0843 □	寂寞 5급	jìmò	혱 적막하다, 고요하다
0844 □	纪念 5급	jìniàn	통 기념하다 몡 기념 혱 기념의
0845 □	既然 4급	jìrán	웹 기왕 이렇게 된 이상
0846 □	技术 4급	jìshù	몡 기술
0847 □	计算 5급	jìsuàn	몡 통 계산(하다)
0848 □	继续 4급	jìxù	몡 통 계속(하다)
0849 □	记忆 5급	jìyì	몡 통 기억(하다)
0850 □	记者 4급	jìzhě	몡 기자

※ 다음 어휘의 뜻을 바르게 연결해 보세요.

1. 活跃 •
2. 伙伴 •
3. 激烈 •
4. 肌肉 •
5. 极其 •
6. 集中 •
7. 寂寞 •
8. 记忆 •

a. 몡 짝, 동료, 동업자
b. 혱 적막하다, 고요하다
c. 몡 근육
d. 혱 격렬하다, 격하다
e. 뷔 지극히, 매우
f. 통 활발히 하다 혱 활동적이다
g. 통 집중하다, 모으다
h. 몡 통 기억(하다)

정답 1. f 2. a 3. d 4. c 5. e 6. g 7. b 8. h

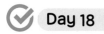

0851 □	家 1급	jiā	몡 집 얭 가정, 가게·기업 등을 세는 단위
0852 □	加班 4급	jiābān	동 야근하다, 초과 근무하다
0853 □	嘉宾 5급	jiābīn	몡 귀한 손님, 가빈
0854 □	家具 4급	jiāju	몡 가구
0855 □	家庭 5급	jiātíng	몡 가정
0856 □	家务 5급	jiāwù	몡 가사, 집안일
0857 □	家乡 5급	jiāxiāng	몡 고향
0858 □	加油站 4급	jiāyóuzhàn	몡 주유소
0859 □	夹子 5급	jiāzi	몡 집게
0860 □	假 4급	jiǎ	몡 가짜 혱 가짜의
0861 □	甲 5급	jiǎ	몡 갑
0862 □	假如 5급	jiǎrú	젭 만약, 만일
0863 □	假设 5급	jiǎshè	동 가정하다
0864 □	假装 5급	jiǎzhuāng	동 가장하다, ~인 체하다
0865 □	嫁 5급	jià	동 시집가다
0866 □	价格 4급	jiàgé	몡 가격
0867 □	驾驶 5급	jiàshǐ	동 (자동차·선박·비행기 등을) 운전하다
0868 □	价值 5급	jiàzhí	몡 가치
0869 □	肩膀 5급	jiānbǎng	몡 어깨
0870 □	坚持 4급	jiānchí	동 견지하다, 끝까지 버티다
0871 □	艰巨 5급	jiānjù	혱 어렵고도 방대하다
0872 □	坚决 5급	jiānjué	혱 단호하다, 결연하다
0873 □	艰苦 5급	jiānkǔ	혱 힘들고 어렵다, 고생스럽다
0874 □	坚强 5급	jiānqiáng	혱 굳세다, 굳고 강하다
0875 □	兼职 5급	jiānzhí	몡 겸직 동 겸직하다
0876 □	捡 5급	jiǎn	동 줍다
0877 □	检查 3급	jiǎnchá	동 검사하다, 점검하다
0878 □	简单 3급	jiǎndān	혱 간단하다, 단순하다
0879 □	剪刀 5급	jiǎndāo	몡 가위

0880 □	减肥 4급	jiǎnféi	(동) 체중을 줄이다, 다이어트하다
0881 □	简历 5급	jiǎnlì	(명) 약력
0882 □	减少 4급	jiǎnshǎo	(동) 덜다, 줄이다
0883 □	简直 5급	jiǎnzhí	(부) 그야말로, 완전히
0884 □	件 2급	jiàn	(양) 일이나 옷을 세는 단위
0885 □	健康 3급	jiànkāng	(명) (형) (몸이) 건강(하다)
0886 □	建立 5급	jiànlì	(동) 건립하다, 설립하다, 맺다, 제정하다
0887 □	见面 3급	jiànmiàn	(동) 만나다, 대면하다
0888 □	键盘 5급	jiànpán	(명) 건반, 키보드
0889 □	建设 5급	jiànshè	(명) (동) 건설(하다)
0890 □	健身 5급	jiànshēn	(동) 몸을 튼튼히 하다
0891 □	建议 4급	jiànyì	(명) (동) 건의(하다)
0892 □	建筑 5급	jiànzhù	(동) 건축하다 (명) 건축물
0893 □	将来 4급	jiānglái	(명) 장래, 미래
0894 □	讲 3급	jiǎng	(동) 이야기하다, 말하다
0895 □	奖金 4급	jiǎngjīn	(명) 상금, 보너스
0896 □	讲究 5급	jiǎngjiu	(동) 중히 여기다 (형) 정교하다
0897 □	讲座 5급	jiǎngzuò	(명) 강좌
0898 □	降低 4급	jiàngdī	(동) 낮추다, 인하하다, 하락하다
0899 □	降落 4급	jiàngluò	(동) 착륙하다, (가격이) 떨어지다
0900 □	酱油 5급	jiàngyóu	(명) 간장

※ 다음 어휘의 뜻을 바르게 연결해 보세요.

1. 嘉宾 ·
2. 家务 ·
3. 价值 ·
4. 兼职 ·
5. 捡 ·
6. 简直 ·
7. 建筑 ·
8. 讲究 ·

a. (동) 줍다
b. (동) 중히 여기다 (형) 정교하다
c. (명) 가치
d. (명) 가사, 집안일
e. (동) 건축하다 (명) 건축물
f. (부) 그야말로, 완전히
g. (명) 귀한 손님, 가빈
h. (명) 겸직 (동) 겸직하다

정답 1. g 2. d 3. c 4. h 5. a 6. f 7. e 8. b

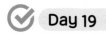

0901 ☐	教 3급	jiāo	동 가르치다
0902 ☐	交 4급	jiāo	동 넘기다, 제출하다
0903 ☐	浇 5급	jiāo	동 (물·액체를) 뿌리다
0904 ☐	骄傲 4급	jiāo'ào	형 자랑스럽다, 거만하다
0905 ☐	交换 5급	jiāohuàn	명 동 교환(하다)
0906 ☐	交际 5급	jiāojì	명 동 교제(하다)
0907 ☐	交流 4급	jiāoliú	동 교류하다, 왕래하다
0908 ☐	郊区 4급	jiāoqū	명 교외 지역
0909 ☐	胶水 5급	jiāoshuǐ	명 고무풀
0910 ☐	交通 4급	jiāotōng	명 교통
0911 ☐	交往 5급	jiāowǎng	명 동 왕래(하다), 교제(하다)
0912 ☐	角 3급	jiǎo	양 화폐 단위
0913 ☐	脚 3급	jiǎo	명 발
0914 ☐	角度 5급	jiǎodù	명 각도
0915 ☐	狡猾 5급	jiǎohuá	형 교활하다, 간사하다
0916 ☐	饺子 4급	jiǎozi	명 교자
0917 ☐	叫 1급	jiào	동 외치다, 부르다, (이름을) ~라고 하다
0918 ☐	教材 5급	jiàocái	명 교재
0919 ☐	教练 5급	jiàoliàn	명 코치 동 (운전·운동 등을) 훈련하다, 코치하다
0920 ☐	教室 2급	jiàoshì	명 교실
0921 ☐	教授 4급	jiàoshòu	동 교수하다 명 교수
0922 ☐	教训 5급	jiàoxun	명 동 교훈(하다)
0923 ☐	教育 4급	jiàoyù	명 동 교육(하다)
0924 ☐	接 3급	jiē	동 잇다, 연결하다
0925 ☐	接触 5급	jiēchù	동 접촉하다, 교제하다 명 접촉
0926 ☐	接待 5급	jiēdài	명 동 접대(하다)
0927 ☐	街道 3급	jiēdào	명 거리, 큰길
0928 ☐	阶段 5급	jiēduàn	명 단계, 계단

0929 □	接近 5급	jiējìn	동 접근하다, 가까이하다 형 가깝다
0930 □	结实 5급	jiēshi	형 굳다, (신체가) 튼튼하다, 견실하다
0931 □	接受 4급	jiēshòu	동 받아들이다, 수락하다
0932 □	接着 4급	jiēzhe	부 잇따라, 연이어
0933 □	节 4급	jié	동 절약하다, 아껴 쓰다
0934 □	结构 5급	jiégòu	명 구성, 구조, 조직, 기구
0935 □	结果 4급	jiéguǒ	명 결과 부 결국, 드디어
0936 □	结合 5급	jiéhé	명 동 결합(하다)
0937 □	结婚 3급	jiéhūn	동 결혼하다
0938 □	结论 5급	jiélùn	명 결론
0939 □	节目 3급	jiémù	명 프로그램, 항목
0940 □	节日 3급	jiérì	명 기념일, 명절
0941 □	节省 5급	jiéshěng	동 아끼다, 절약하다
0942 □	结束 3급	jiéshù	동 끝나다, 마치다
0943 □	节约 4급	jiéyuē	동 절약하다
0944 □	结账 5급	jiézhàng	동 계산하다, 장부를 결산하다
0945 □	姐姐 2급	jiějie	명 누나, 언니
0946 □	解决 3급	jiějué	동 해결하다
0947 □	解释 4급	jiěshì	동 해설하다, 설명하다
0948 □	借 3급	jiè	동 빌려 주다, 빌리다
0949 □	戒 5급	jiè	동 끊다, 경계하다
0950 □	届 5급	jiè	양 회, 기(정기적인 회의, 졸업년차 등에 쓰임)

※ 다음 어휘의 뜻을 바르게 연결해 보세요.

1. 浇 ·
2. 角度 ·
3. 教练 ·
4. 接触 ·
5. 接待 ·
6. 结合 ·
7. 结账 ·
8. 届 ·

· a. 명 동 결합(하다)
· b. 명 각도
· c. 동 접촉하다, 교제하다 명 접촉
· d. 동 (물·액체를) 뿌리다
· e. 명 코치 동 (운전·운동 등을) 훈련하다, 코치하다
· f. 양 회, 기(정기적인 회의, 졸업년차 등에 쓰임)
· g. 명 동 접대(하다)
· h. 동 계산하다, 장부를 결산하다

정답 1. d 2. b 3. e 4. c 5. g 6. a 7. h 8. f

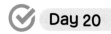

0951 □	借口 5급	jièkǒu	동 핑계로 삼다 명 구실, 핑계
0952 □	介绍 2급	jièshào	동 소개하다
0953 □	戒指 5급	jièzhi	명 반지
0954 □	金属 5급	jīnshǔ	명 금속
0955 □	今天 1급	jīntiān	명 오늘
0956 □	尽管 4급	jǐnguǎn	부 얼마든지 접 비록 ～라 하더라도
0957 □	紧急 5급	jǐnjí	형 긴급하다, 긴박하다
0958 □	尽快 5급	jǐnkuài	부 되도록 빨리
0959 □	尽量 5급	jǐnliàng	부 가능한 한, 되도록, 최대한
0960 □	谨慎 5급	jǐnshèn	형 신중하다
0961 □	紧张 4급	jǐnzhāng	형 긴장해 있다, 바쁘다
0962 □	进 2급	jìn	동 (바깥에서 안으로) 들다
0963 □	近 2급	jìn	형 가깝다
0964 □	进步 5급	jìnbù	명 동 진보(하다)
0965 □	近代 5급	jìndài	명 근대, 근세
0966 □	进口 5급	jìnkǒu	동 수입하다
0967 □	尽力 5급	jìnlì	동 힘을 다하다
0968 □	进行 4급	jìnxíng	동 진행하다, (어떤 활동을) 하다
0969 □	禁止 4급	jìnzhǐ	명 동 금지(하다)
0970 □	精彩 4급	jīngcǎi	형 뛰어나다, 훌륭하다
0971 □	经常 3급	jīngcháng	부 늘, 항상
0972 □	经典 5급	jīngdiǎn	명 경전, 고전
0973 □	经过 3급	jīngguò	동 경과하다, 경험하다
0974 □	经济 4급	jīngjì	명 경제
0975 □	京剧 4급	jīngjù	명 경극
0976 □	经理 3급	jīnglǐ	명 기업의 책임자, 사장, 매니저
0977 □	经历 4급	jīnglì	동 겪다, 경험하다 명 경험
0978 □	精力 5급	jīnglì	명 정력
0979 □	经商 5급	jīngshāng	동 장사하다

0980 ☐	精神 5급	jīngshen	몡 원기, 활력
0981 ☐	经验 4급	jīngyàn	몡 경험
0982 ☐	经营 5급	jīngyíng	동 경영하다, 운영하다
0983 ☐	警察 4급	jǐngchá	몡 경찰
0984 ☐	景色 4급	jǐngsè	몡 경치, 풍경
0985 ☐	竟然 4급	jìngrán	뷔 뜻밖에도, 결국, 마침내
0986 ☐	竞争 4급	jìngzhēng	몡 동 경쟁(하다)
0987 ☐	镜子 4급	jìngzi	몡 거울
0988 ☐	究竟 4급	jiūjìng	뷔 도대체, 필경, 결국
0989 ☐	九 1급	jiǔ	쥐 9, 아홉
0990 ☐	久 3급	jiǔ	혱 오래다, (시간이) 길다
0991 ☐	酒吧 5급	jiǔbā	몡 바(bar)
0992 ☐	就 2급	jiù	뷔 곧, 바로
0993 ☐	旧 3급	jiù	혱 옛날의, 과거의, 낡다
0994 ☐	救 5급	jiù	동 구하다, 구제하다
0995 ☐	救护车 5급	jiùhùchē	몡 구급차
0996 ☐	舅舅 5급	jiùjiu	몡 외삼촌
0997 ☐	居然 5급	jūrán	뷔 뜻밖에, 확실히
0998 ☐	桔子 5급	júzi	몡 귤
0999 ☐	举 4급	jǔ	동 들어 올리다
1000 ☐	举办 4급	jǔbàn	동 거행하다, 개최하다

※ 다음 어휘의 뜻을 바르게 연결해 보세요.

1. 尽快 ·   a. 혱 신중하다
2. 谨慎 ·   b. 몡 정력
3. 进口 ·   c. 뷔 되도록 빨리
4. 经典 ·   d. 몡 외삼촌
5. 精力 ·   e. 동 수입하다
6. 经营 ·   f. 몡 바(bar)
7. 酒吧 ·   g. 몡 경전, 고전
8. 舅舅 ·   h. 동 경영하다, 운영하다

정답 1. c 2. a 3. e 4. g 5. b 6. h 7. f 8. d

1001 ☐ 举行 4급	jǔxíng	동 거행하다, 개최하다, 실시하다
1002 ☐ 具备 5급	jùbèi	동 갖추다, 구비하다
1003 ☐ 巨大 5급	jùdà	형 거대하다
1004 ☐ 聚会 4급	jùhuì	명 모임 동 모이다
1005 ☐ 拒绝 4급	jùjué	명 동 거절(하다)
1006 ☐ 俱乐部 5급	jùlèbù	명 구락부, 클럽
1007 ☐ 距离 4급	jùlí	명 거리, 간격
1008 ☐ 据说 5급	jùshuō	말하는 바에 의하면 ~라 한다
1009 ☐ 具体 5급	jùtǐ	형 구체적이다, 특정의
1010 ☐ 句子 3급	jùzi	명 문장, 구
1011 ☐ 觉得 2급	juéde	동 ~라고 여기다, 느끼다
1012 ☐ 决定 3급	juédìng	동 결정하다, 결심하다
1013 ☐ 绝对 5급	juéduì	형 절대(의) 부 절대로, 반드시
1014 ☐ 决赛 5급	juésài	명 결승전
1015 ☐ 角色 5급	juésè	명 배역, 역할, 인물
1016 ☐ 决心 5급	juéxīn	명 동 결심(하다)
1017 ☐ 军事 5급	jūnshì	명 군사
1018 ☐ 均匀 5급	jūnyún	형 균등하다, 고르다
1019 ☐ 捐 5급	juān	동 바치다, 헌납하다, 기부하다
1020 ☐ 咖啡 2급	kāfēi	명 커피
1021 ☐ 卡车 5급	kǎchē	명 트럭
1022 ☐ 开 1급	kāi	동 열다
1023 ☐ 开发 5급	kāifa	동 개발하다
1024 ☐ 开放 5급	kāifàng	동 개방하다 형 개방적이다
1025 ☐ 开幕式 5급	kāimùshì	명 개막식
1026 ☐ 开始 2급	kāishǐ	동 시작하다
1027 ☐ 开水 5급	kāishuǐ	명 끓는 물, 끓인 물
1028 ☐ 开玩笑 4급	kāi wánxiào	농담을 하다, 웃기다
1029 ☐ 开心 4급	kāixīn	형 유쾌하다, 즐겁다

1030 ☐	砍 5급	kǎn	통 (도끼 따위로) 찍다
1031 ☐	看 1급	kàn	통 보다, 구경하다, (눈으로만) 읽다
1032 ☐	看不起 5급	kànbuqǐ	경멸하다, 깔보다
1033 ☐	看法 4급	kànfǎ	명 견해, 주장
1034 ☐	看见 1급	kànjiàn	통 보다, 보이다
1035 ☐	看望 5급	kànwàng	통 방문하다, 문안하다
1036 ☐	考虑 4급	kǎolǜ	명 통 고려(하다)
1037 ☐	考试 2급	kǎoshì	명 통 시험(을 보다)
1038 ☐	烤鸭 4급	kǎoyā	명 오리 구이
1039 ☐	靠 5급	kào	통 기대다, (물건을) 기대어 두다, 다가서다
1040 ☐	棵 4급	kē	양 그루, 포기
1041 ☐	颗 5급	kē	양 알, 방울(둥글고 작은 알맹이를 세는 데 쓰임)
1042 ☐	科学 4급	kēxué	명 과학
1043 ☐	咳嗽 4급	késou	명 통 기침(하다)
1044 ☐	渴 3급	kě	형 목 타다
1045 ☐	可爱 3급	kě'ài	형 사랑스럽다, 귀엽다
1046 ☐	可见 5급	kějiàn	접 ~라는 것을 알 수 있다
1047 ☐	可靠 5급	kěkào	형 믿을 만하다, 믿음직하다
1048 ☐	可怜 4급	kělián	형 가련하다, 불쌍하다
1049 ☐	可能 2급	kěnéng	부 아마도, 아마
1050 ☐	可怕 5급	kěpà	형 두렵다, 무섭다

※ 다음 어휘의 뜻을 바르게 연결해 보세요.

1. 具备 •
2. 据说 •
3. 均匀 •
4. 开发 •
5. 看不起•
6. 靠 •
7. 颗 •
8. 可靠 •

a. 경멸하다, 깔보다
b. 통 기대다, (물건을) 기대어 두다, 다가서다
c. 형 균등하다, 고르다
d. 통 갖추다, 구비하다
e. 형 믿을 만하다, 믿음직하다
f. 양 알, 방울(둥글고 작은 알맹이를 세는 데 쓰임)
g. 통 개발하다
h. 말하는 바에 의하면 ~라 한다

정답 1. d 2. h 3. c 4. g 5. a 6. b 7. f 8. e

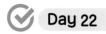

1051 □	可是 4급	kěshì	쩹 그러나, 하지만
1052 □	可惜 4급	kěxī	혱 아쉽다, 아깝다 동 아쉬워하다
1053 □	可以 2급	kěyǐ	동 ~할 수 있다, ~해도 좋다
1054 □	课 2급	kè	명 수업, 강의
1055 □	刻 3급	kè	양 15분
1056 □	克 5급	kè	양 그램(g)
1057 □	课程 5급	kèchéng	명 교육 과정, 커리큘럼
1058 □	克服 5급	kèfú	동 극복하다
1059 □	客观 5급	kèguān	혱 객관적이다 명 객관
1060 □	刻苦 5급	kèkǔ	동 고생을 참아내다
1061 □	客人 3급	kèrén	명 손님
1062 □	客厅 4급	kètīng	명 객실, 응접실
1063 □	肯定 4급	kěndìng	동 긍정하다 혱 긍정적이다 부 확실히
1064 □	空 4급	kōng	혱 (속이) 텅 비다
1065 □	空间 5급	kōngjiān	명 공간
1066 □	空气 4급	kōngqì	명 공기, 그릇
1067 □	空调 3급	kōngtiáo	명 에어컨
1068 □	恐怕 4급	kǒngpà	부 아마 ~일 것이다
1069 □	空闲 5급	kòngxián	혱 비어 있다, 한가하다
1070 □	控制 5급	kòngzhì	동 제압하다, 제어하다
1071 □	口 3급	kǒu	명 입, 말, 맛
1072 □	口味 5급	kǒuwèi	명 맛, 기호, 취향
1073 □	哭 3급	kū	동 (소리 내어) 울다
1074 □	苦 4급	kǔ	혱 쓰다, 고생스럽다
1075 □	裤子 3급	kùzi	명 바지
1076 □	夸 5급	kuā	동 과장하다, 칭찬하다
1077 □	夸张 5급	kuāzhāng	동 과장하다, 과장하여 말하다
1078 □	块 1급	kuài	양 덩어리, 조각, 위안(화폐 단위)
1079 □	快 2급	kuài	혱 (속도가) 빠르다

1080 ☐	会计 5급	kuàijì	동 회계하다 명 회계원
1081 ☐	快乐 2급	kuàilè	형 즐겁다, 유쾌하다
1082 ☐	筷子 3급	kuàizi	명 젓가락
1083 ☐	宽 5급	kuān	형 넓다 명 폭, 너비
1084 ☐	矿泉水 4급	kuàngquánshuǐ	명 미네랄워터
1085 ☐	昆虫 5급	kūnchóng	명 곤충
1086 ☐	困 4급	kùn	형 졸리다
1087 ☐	困难 4급	kùnnan	명 곤란, 어려움 형 (생활이) 어렵다
1088 ☐	扩大 5급	kuòdà	동 확대하다, 넓히다
1089 ☐	拉 4급	lā	동 끌다, 당기다
1090 ☐	垃圾桶 4급	lājītǒng	명 쓰레기통
1091 ☐	辣 4급	là	명 매운 맛 형 맵다
1092 ☐	来 1급	lái	동 오다
1093 ☐	来不及 4급	láibují	미치지 못하다, 시간이 맞지 않다
1094 ☐	来得及 4급	láidejí	늦지 않다
1095 ☐	来自 4급	láizì	동 ~에서 오다
1096 ☐	辣椒 5급	làjiāo	명 고추
1097 ☐	蓝 3급	lán	형 남색의
1098 ☐	拦 5급	lán	동 가로막다, 저지하다
1099 ☐	懒 4급	lǎn	형 게으르다, 나태하다
1100 ☐	烂 5급	làn	형 흐물흐물하다, 썩다, 낡다

※ 다음 어휘의 뜻을 바르게 연결해 보세요.

1. 克服·
2. 刻苦·
3. 控制·
4. 口味·
5. 夸张·
6. 宽 ·
7. 扩大·
8. 烂 ·

a. 형 흐물흐물하다, 썩다, 낡다
b. 형 넓다 명 폭, 너비
c. 동 제압하다, 제어하다
d. 동 극복하다
e. 명 맛, 기호, 취향
f. 동 고생을 참아내다
g. 동 과장하다, 과장하여 말하다
h. 동 확대하다, 넓히다

정답 1. d 2. f 3. c 4. e 5. g 6. b 7. h 8. a

1101 ☐	朗读 5급	lǎngdú	동 낭독하다
1102 ☐	浪费 4급	làngfèi	동 낭비하다
1103 ☐	浪漫 4급	làngmàn	형 로맨틱하다, 낭만적이다
1104 ☐	劳动 5급	láodòng	명 동 노동(하다), 일(하다)
1105 ☐	劳驾 5급	láojià	동 죄송합니다. 실례합니다. 수고하십니다.
1106 ☐	老 3급	lǎo	형 늙다, 나이 먹다
1107 ☐	老百姓 5급	lǎobǎixìng	명 백성, 국민
1108 ☐	老板 5급	lǎobǎn	명 주인
1109 ☐	老虎 4급	lǎohǔ	명 호랑이
1110 ☐	姥姥 5급	lǎolao	명 외할머니
1111 ☐	老婆 5급	lǎopo	명 마누라, 처
1112 ☐	老师 1급	lǎoshī	명 선생님
1113 ☐	老实 5급	lǎoshi	형 솔직하다, 성실하다
1114 ☐	老鼠 5급	lǎoshǔ	명 쥐
1115 ☐	乐观 5급	lèguān	형 낙관적이다, 희망차다
1116 ☐	了 1급	le	조 동작의 완료, 변화를 나타냄
1117 ☐	雷 5급	léi	명 천둥, 우레
1118 ☐	累 2급	lèi	형 지치다, 피곤하다
1119 ☐	类型 5급	lèixíng	명 유형
1120 ☐	冷 1급	lěng	형 춥다
1121 ☐	冷淡 5급	lěngdàn	형 쓸쓸하다, 냉담하다, 냉정하다
1122 ☐	冷静 4급	lěngjìng	형 조용하다, 냉정하다 동 침착하게 하다
1123 ☐	离 2급	lí	개 ~에서, ~로부터
1124 ☐	梨 5급	lí	명 배, 배나무
1125 ☐	离婚 5급	líhūn	동 명 이혼(하다)
1126 ☐	离开 3급	líkāi	동 떠나다, 벗어나다
1127 ☐	厘米 5급	límǐ	명 센티미터
1128 ☐	里 1급	lǐ	명 속, 안
1129 ☐	礼拜天 4급	lǐbàitiān	명 일요일

1130 ☐	理发 4급	lǐfà	통 이발하다
1131 ☐	理解 4급	lǐjiě	명 통 이해(하다)
1132 ☐	理论 5급	lǐlùn	명 이론
1133 ☐	礼貌 4급	lǐmào	명 예의 형 예의 바르다
1134 ☐	礼物 3급	lǐwù	명 선물
1135 ☐	理想 4급	lǐxiǎng	명 이상 형 이상적이다
1136 ☐	理由 5급	lǐyóu	명 이유
1137 ☐	厉害 4급	lìhai	형 사납다, 대단하다
1138 ☐	立即 5급	lìjí	부 즉시, 곧
1139 ☐	立刻 5급	lìkè	부 즉시, 곧, 당장
1140 ☐	力量 5급	lìliang	명 힘, 능력, 역량
1141 ☐	力气 4급	lìqi	명 (육체적인) 힘, 체력
1142 ☐	例如 4급	lìrú	예를 들면
1143 ☐	利润 5급	lìrùn	명 이윤
1144 ☐	历史 3급	lìshǐ	명 역사
1145 ☐	利息 5급	lìxī	명 이식, 이자
1146 ☐	利益 5급	lìyì	명 이익, 이득
1147 ☐	利用 5급	lìyòng	명 통 이용(하다)
1148 ☐	俩 4급	liǎ	두 개, 두 사람
1149 ☐	连 4급	lián	부 계속하여, 연이어
1150 ☐	联合 5급	liánhé	명 통 연합(하다)

※ 다음 어휘의 뜻을 바르게 연결해 보세요.

1. 老板 ·　　　　　　　　　　a. 형 쓸쓸하다, 냉담하다, 냉정하다
2. 老实 ·　　　　　　　　　　b. 명 이유
3. 类型 ·　　　　　　　　　　c. 부 즉시, 곧
4. 冷淡 ·　　　　　　　　　　d. 형 솔직하다, 성실하다
5. 理由 ·　　　　　　　　　　e. 명 유형
6. 立即 ·　　　　　　　　　　f. 명 힘, 능력, 역량
7. 力量 ·　　　　　　　　　　g. 명 이익, 이득
8. 利益 ·　　　　　　　　　　h. 명 주인

정답 1. h 2. d 3. e 4. a 5. b 6. c 7. f 8. g

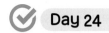

Day 24

1151 ☐	连忙 5급	liánmáng	[부] 얼른, 급히
1152 ☐	联系 4급	liánxì	[명] [동] 연결(하다), 연락(하다)
1153 ☐	连续 5급	liánxù	[동] 연속하다, 계속하다
1154 ☐	脸 3급	liǎn	[명] 얼굴
1155 ☐	恋爱 5급	liàn'ài	[명] [동] 연애(하다)
1156 ☐	练习 3급	liàn xí	[동] 연습하다, 익히다 [명] 연습
1157 ☐	良好 5급	liánghǎo	[형] 양호하다, 좋다
1158 ☐	凉快 4급	liángkuai	[형] 서늘하다, 선선하다
1159 ☐	粮食 5급	liángshi	[명] 양식, 식량
1160 ☐	两 2급	liǎng	[수] 2, 둘
1161 ☐	辆 3급	liàng	[양] 대 (차량을 셀 때 쓰는 양사)
1162 ☐	亮 5급	liàng	[형] 밝다, 환하다, (소리가) 크고 맑다
1163 ☐	聊天 3급	liáotiān	[동] 한담하다
1164 ☐	了不起 5급	liǎobuqǐ	[형] 보통이 아니다, 뛰어나다
1165 ☐	了解 3급	liǎojiě	[동] 알다, 이해하다
1166 ☐	列车 5급	lièchē	[명] 열차
1167 ☐	邻居 3급	línjū	[명] 이웃, 이웃 사람
1168 ☐	临时 5급	línshí	[동] 그때가 되다 [명] 임시, 잠시
1169 ☐	零 2급	líng	[수] 0, 공
1170 ☐	铃 5급	líng	[명] 방울, 종, 벨
1171 ☐	灵活 5급	línghuó	[형] 민첩하다, 융통성이 있다, 원활하다
1172 ☐	零件 5급	língjiàn	[명] 부품, 부속품
1173 ☐	零钱 4급	língqián	[명] 잔돈, 용돈
1174 ☐	零食 5급	língshí	[명] 간식
1175 ☐	领导 5급	lǐngdǎo	[동] 지도하다 [명] 지도, 지도자
1176 ☐	领域 5급	lǐngyù	[명] 영역, 분야
1177 ☐	另外 4급	lìngwài	[대] 별도의, 다른
1178 ☐	留 4급	liú	[동] 머무르다, 묵다, 남기다
1179 ☐	流传 5급	liúchuán	[동] 유전하다, 세상에 널리 퍼지다

1180 □	浏览 5급	liúlǎn	동 대충 훑어보다
1181 □	流泪 5급	liúlèi	동 눈물을 흘리다
1182 □	流利 4급	liúlì	형 (문장, 말 등이) 유창하다
1183 □	流行 4급	liúxíng	명 동 유행(하다)
1184 □	留学 3급	liúxué	동 명 유학(하다)
1185 □	六 1급	liù	수 6, 여섯
1186 □	龙 5급	lóng	명 용
1187 □	楼 3급	lóu	명 층, 건물
1188 □	漏 5급	lòu	동 새다, 빠지다
1189 □	路 2급	lù	명 길, 도로
1190 □	陆地 5급	lùdì	명 육지, 뭍
1191 □	绿 3급	lǜ	형 푸르다 명 초록색
1192 □	乱 4급	luàn	형 어지럽다 동 어지럽히다
1193 □	轮流 5급	lúnliú	동 교대로 하다, 돌아가면서 하다
1194 □	论文 5급	lùnwén	명 논문
1195 □	逻辑 5급	luójí	명 논리 형 논리적이다
1196 □	落后 5급	luòhòu	동 낙오하다, 낙후되다, 뒤처지다
1197 □	录取 5급	lùqǔ	동 (시험으로) 채용하다, 합격시키다, 뽑다
1198 □	陆续 5급	lùxù	부 끊임없이, 계속하여
1199 □	录音 5급	lùyīn	동 녹음하다 명 녹음
1200 □	旅行 4급	lǚxíng	명 동 여행(하다)

※ 다음 어휘의 뜻을 바르게 연결해 보세요.

1. 良好・   a. 명 영역, 분야
2. 粮食・   b. 동 지도하다 명 지도, 지도자
3. 临时・   c. 동 그때가 되다 명 임시, 잠시
4. 领导・   d. 동 (시험으로) 채용하다, 합격시키다, 뽑다
5. 领域・   e. 형 양호하다, 좋다
6. 漏 ・   f. 명 양식, 식량
7. 逻辑・   g. 명 논리 형 논리적이다
8. 录取・   h. 동 새다, 빠지다

정답 1. e 2. f 3. c 4. b 5. a 6. h 7. g 8. d

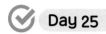

1201 ☐	旅游 2급	lǚyóu	몡 图 여행(하다), 관광(하다)
1202 ☐	律师 4급	lǜshī	몡 변호사
1203 ☐	妈妈 1급	māma	몡 엄마, 어머니
1204 ☐	麻烦 4급	máfan	휑 귀찮다, 성가시다 图 귀찮게 하다
1205 ☐	马 3급	mǎ	몡 말
1206 ☐	马虎 4급	mǎhu	휑 소홀하다, 건성건성하다
1207 ☐	马上 3급	mǎshàng	된 곧, 즉시
1208 ☐	骂 5급	mà	图 욕하다, 질책하다, 꾸짖다
1209 ☐	吗 1급	ma	图 문장 끝에 쓰여 의문을 표시함
1210 ☐	买 1급	mǎi	图 사다
1211 ☐	卖 2급	mài	图 팔다, 판매하다
1212 ☐	麦克风 5급	màikèfēng	몡 마이크
1213 ☐	馒头 5급	mántou	몡 만두, 찐빵
1214 ☐	满 4급	mǎn	휑 가득하다 图 (정한 기한이) 다 차다
1215 ☐	满意 3급	mǎnyì	휑 만족하다, 만족스럽다
1216 ☐	满足 5급	mǎnzú	휑 만족하다 图 만족시키다
1217 ☐	慢 2급	màn	휑 느리다
1218 ☐	忙 2급	máng	휑 바쁘다
1219 ☐	猫 1급	māo	몡 고양이
1220 ☐	毛 4급	máo	몡 털 얭 '마오'(화폐 단위)
1221 ☐	毛病 5급	máobìng	몡 약점, 결점, 고장
1222 ☐	矛盾 5급	máodùn	몡 갈등, 모순 휑 모순적이다
1223 ☐	毛巾 4급	máojīn	몡 수건, 타월
1224 ☐	冒险 5급	màoxiǎn	图 모험하다, 위험을 무릅쓰다
1225 ☐	贸易 5급	màoyì	몡 무역, 교역
1226 ☐	帽子 3급	màozi	몡 모자
1227 ☐	没关系 1급	méiguānxi	관계가 없다, 괜찮다, 문제없다
1228 ☐	眉毛 5급	méimao	몡 눈썹

1229 ☐	煤炭 5급	méitàn	명 석탄
1230 ☐	媒体 5급	méitǐ	명 매체, 매개물
1231 ☐	没有 1급	méiyǒu	동 없다, 가지고 있지 않다
1232 ☐	每 2급	měi	대 매, ~마다
1233 ☐	美丽 4급	měilì	형 아름답다
1234 ☐	美术 5급	měishù	명 미술, 그림
1235 ☐	魅力 5급	mèilì	명 매력
1236 ☐	妹妹 2급	mèimei	명 누이동생
1237 ☐	门 2급	mén	명 문, 출입구
1238 ☐	梦 4급	mèng	명 꿈
1239 ☐	梦想 5급	mèngxiǎng	명 동 몽상(하다), 망상(에 빠지다)
1240 ☐	迷路 4급	mílù	동 길을 잃다
1241 ☐	米 3급	mǐ	명 쌀 양 미터
1242 ☐	米饭 1급	mǐfàn	명 밥, 쌀밥
1243 ☐	蜜蜂 5급	mìfēng	명 꿀벌
1244 ☐	密码 4급	mìmǎ	명 암호, 비밀 번호
1245 ☐	秘密 5급	mìmì	형 은밀하다 명 비밀
1246 ☐	密切 5급	mìqiè	형 밀접하다, 긴밀하다
1247 ☐	秘书 5급	mìshū	명 비서, 비밀문서
1248 ☐	免费 4급	miǎnfèi	동 무료로 하다
1249 ☐	面包 3급	miànbāo	명 빵
1250 ☐	面对 5급	miànduì	동 마주 보다, 직접 대면하다

※ 다음 어휘의 뜻을 바르게 연결해 보세요.

1. 骂 ·
2. 满足 ·
3. 矛盾 ·
4. 冒险 ·
5. 媒体 ·
6. 魅力 ·
7. 密切 ·
8. 面对 ·

a. 형 만족하다 동 만족시키다
b. 명 매력
c. 명 갈등, 모순 형 모순적이다
d. 동 욕하다, 질책하다, 꾸짖다
e. 형 밀접하다, 긴밀하다
f. 동 마주 보다, 직접 대면하다
g. 명 매체, 매개물
h. 동 모험하다, 위험을 무릅쓰다

정답 1. d 2. a 3. c 4. h 5. g 6. b 7. e 8. f

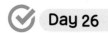

1251 ☐	面积 5급	miànjī	몡 면적
1252 ☐	面临 5급	miànlín	동 (문제·상황에) 직면하다, 당면하다
1253 ☐	面条 2급	miàntiáo	몡 국수
1254 ☐	苗条 5급	miáotiao	혱 (여성의 몸매가) 날씬하다
1255 ☐	描写 5급	miáoxiě	몡 동 묘사(하다)
1256 ☐	秒 4급	miǎo	양 초(시간의 단위)
1257 ☐	民族 4급	mínzú	몡 민족
1258 ☐	敏感 5급	mǐngǎn	혱 민감하다, 감수성이 예민하다
1259 ☐	明白 3급	míngbai	혱 분명하다 동 이해하다, 알다
1260 ☐	名牌 5급	míngpái	몡 유명 상표
1261 ☐	名片 5급	míngpiàn	몡 명함
1262 ☐	明确 5급	míngquè	혱 명확하다 동 명확하게 하다
1263 ☐	名胜古迹 5급	míngshèng gǔjì	몡 명승고적
1264 ☐	明天 1급	míngtiān	몡 내일
1265 ☐	明显 5급	míngxiǎn	혱 뚜렷하다, 분명하다
1266 ☐	明星 5급	míngxīng	몡 스타
1267 ☐	名字 1급	míngzi	몡 이름, 사물의 명칭
1268 ☐	命令 5급	mìnglìng	몡 동 명령(하다)
1269 ☐	命运 5급	mìngyùn	몡 운명, 발전 변화의 추세
1270 ☐	摸 5급	mō	동 (손으로) 짚어 보다, 어루만지다, 더듬다
1271 ☐	模仿 5급	mófǎng	몡 모방 동 모방하다
1272 ☐	模糊 5급	móhu	혱 모호하다 동 애매하게 하다
1273 ☐	模特 5급	mótè	몡 모델
1274 ☐	摩托车 5급	mótuōchē	몡 오토바이
1275 ☐	陌生 5급	mòshēng	혱 생소하다, 낯설다
1276 ☐	某 5급	mǒu	떼 어느, 아무
1277 ☐	母亲 4급	mǔqīn	몡 모친, 어머니
1278 ☐	目标 5급	mùbiāo	몡 표적, 목표
1279 ☐	目的 4급	mùdì	몡 목적

1280 □	目录 5급	mùlù	명 목록, 목차, 차례
1281 □	目前 5급	mùqián	명 지금, 현재
1282 □	木头 5급	mùtou	명 나무, 목재
1283 □	拿 3급	ná	동 (손으로) 잡다, 가지다
1284 □	哪 1급	nǎ	대 어느, 어떤
1285 □	哪怕 5급	nǎpà	접 설령, 가령
1286 □	哪儿 1급	nǎr	대 어디, 어느 곳
1287 □	那 1급	nà	대 저것, 그것
1288 □	奶奶 3급	nǎinai	명 할머니
1289 □	耐心 4급	nàixīn	명 참을성 형 인내심이 강하다
1290 □	男 2급	nán	명 남자, 남성
1291 □	南 3급	nán	명 남, 남쪽
1292 □	难 3급	nán	형 어렵다, 곤란하다
1293 □	难道 4급	nándào	부 설마 ~하겠는가?
1294 □	难怪 5급	nánguài	부 과연, 어쩐지
1295 □	难过 3급	nánguò	형 괴롭다, 슬프다
1296 □	难免 5급	nánmiǎn	형 면하기 어렵다, 불가피하다
1297 □	难受 4급	nánshòu	형 괴롭다, 참을 수 없다
1298 □	脑袋 5급	nǎodai	명 뇌, 머리, 두뇌
1299 □	呢 1급	ne	조 의문문의 끝에 쓰여 의문을 나타냄
1300 □	内 4급	nèi	명 안, 안쪽, 내부

※ 다음 어휘의 뜻을 바르게 연결해 보세요.

1. 面临 ·
2. 描写 ·
3. 明显 ·
4. 模糊 ·
5. 某 ·
6. 哪怕 ·
7. 难怪 ·
8. 难免 ·

a. 형 모호하다 동 애매하게 하다
b. 동 (문제·상황에) 직면하다, 당면하다
c. 부 과연, 어쩐지
d. 접 설령, 가령
e. 대 어느, 아무
f. 형 면하기 어렵다, 불가피하다
g. 명 동 묘사(하다)
h. 형 뚜렷하다, 분명하다

정답 1. b 2. g 3. h 4. a 5. e 6. d 7. c 8. f

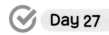

1301 ☐	内部 5급	nèibù	몡 내부
1302 ☐	内科 5급	nèikē	몡 내과
1303 ☐	内容 4급	nèiróng	몡 내용
1304 ☐	嫩 5급	nèn	톙 부드럽다, 연하다
1305 ☐	能 1급	néng	동 ~할 수 있다 (능력을 표시함)
1306 ☐	能干 5급	nénggàn	톙 능력이 뛰어나다, 유능하다
1307 ☐	能力 4급	nénglì	몡 능력, 역량
1308 ☐	能源 5급	néngyuán	몡 에너지원
1309 ☐	你 1급	nǐ	떼 너, 당신
1310 ☐	年 1급	nián	몡 해, 년
1311 ☐	年代 5급	niándài	몡 연대, 시대
1312 ☐	年级 3급	niánjí	몡 학년
1313 ☐	年纪 5급	niánjì	몡 (사람의) 연령, 나이
1314 ☐	年龄 4급	niánlíng	몡 연령, 나이
1315 ☐	年轻 3급	niánqīng	톙 젊다
1316 ☐	念 5급	niàn	동 생각하다, (소리내어) 읽다 몡 생각
1317 ☐	鸟 3급	niǎo	몡 새
1318 ☐	您 2급	nín	떼 당신, 귀하(你를 높여 부르는 말)
1319 ☐	宁可 5급	nìngkě	쩹 차라리, 오히려
1320 ☐	牛奶 2급	niúnǎi	몡 우유
1321 ☐	牛仔裤 5급	niúzǎikù	몡 청바지
1322 ☐	浓 5급	nóng	톙 (농도가) 진하다, 짙다
1323 ☐	农村 5급	nóngcūn	몡 농촌
1324 ☐	农民 5급	nóngmín	몡 농민
1325 ☐	农业 5급	nóngyè	몡 농업
1326 ☐	弄 4급	nòng	동 다루다, 하다, 행하다
1327 ☐	努力 3급	nǔlì	동 몡 노력(하다)
1328 ☐	女 2급	nǚ	몡 여자
1329 ☐	女儿 1급	nǚ'ér	몡 딸

1330 ☐	女士 5급	nǚshì	몡 부인, 여사
1331 ☐	暖和 4급	nuǎnhuo	톙 따뜻하다
1332 ☐	欧洲 5급	Ōuzhōu	몡 유럽
1333 ☐	偶尔 4급	ǒu'ěr	빈 이따금, 때때로
1334 ☐	偶然 5급	ǒurán	톙 우연하다 빈 우연히
1335 ☐	爬山 3급	pá shān	됭 몡 등산(하다)
1336 ☐	拍 5급	pāi	됭 손바닥으로 치다
1337 ☐	排队 4급	páiduì	됭 줄을 서다, 정렬하다
1338 ☐	排列 4급	páiliè	됭 배열하다, 정렬하다
1339 ☐	派 5급	pài	몡 파벌 됭 파견하다
1340 ☐	盘子 3급	pánzi	몡 쟁반
1341 ☐	判断 4급	pànduàn	몡 됭 판단(하다)
1342 ☐	盼望 5급	pànwàng	됭 간절히 바라다, 희망하다
1343 ☐	旁边 2급	pángbiān	몡 옆
1344 ☐	胖 3급	pàng	톙 뚱뚱하다, 살지다
1345 ☐	跑步 2급	pǎobù	됭 달리다 몡 구보, 달리기
1346 ☐	陪 4급	péi	됭 모시다, 동반하다
1347 ☐	赔偿 5급	péicháng	몡 됭 배상(하다)
1348 ☐	培训 5급	péixùn	됭 훈련·양성하다
1349 ☐	培养 5급	péiyǎng	됭 양성하다, 키우다
1350 ☐	佩服 5급	pèifú	됭 탄복하다, 감탄하다

※ 다음 어휘의 뜻을 바르게 연결해 보세요.

1. 内部 ·
2. 能源 ·
3. 宁可 ·
4. 浓 ·
5. 欧洲 ·
6. 拍 ·
7. 盼望 ·
8. 佩服 ·

a. 톙 (농도가) 진하다, 짙다
b. 몡 에너지원
c. 됭 손바닥으로 치다
d. 몡 유럽
e. 됭 간절히 바라다, 희망하다
f. 몡 내부
g. 됭 탄복하다, 감탄하다
h. 젭 차라리, 오히려

정답 1. f　2. b　3. h　4. a　5. d　6. c　7. e　8. g

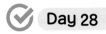 **Day 28**

1351 ☐	配合 5급	pèihé	통 협동하다, 배합하다
1352 ☐	盆 5급	pén	명 대야, 화분
1353 ☐	朋友 1급	péngyou	명 친구
1354 ☐	碰 5급	pèng	통 맞부딪치다, 닿다
1355 ☐	批 5급	pī	양 무리, 떼
1356 ☐	披 5급	pī	통 걸치다, 덮다
1357 ☐	批评 4급	pīpíng	통 비평하다
1358 ☐	批准 5급	pīzhǔn	통 비준하다 명 허가, 승인
1359 ☐	皮肤 4급	pífū	명 피부
1360 ☐	啤酒 3급	píjiǔ	명 맥주
1361 ☐	疲劳 5급	píláo	명 피로 통 지치다, 피로해지다
1362 ☐	脾气 4급	píqi	명 성격, 기질
1363 ☐	皮鞋 3급	píxié	명 가죽 구두
1364 ☐	匹 5급	pǐ	양 필(말·노새 등의 가축을 세는 단위)
1365 ☐	篇 4급	piān	양 편 (문장을 세는 단위)
1366 ☐	便宜 2급	piányi	형 (값이) 싸다
1367 ☐	骗 4급	piàn	통 속이다, 기만하다
1368 ☐	片 5급	piàn	명 조각, 판, 편 양 편평하고 얇은 모양의 것에 쓰임
1369 ☐	片面 5급	piànmiàn	명 한쪽, 일방 형 일방적이다
1370 ☐	飘 5급	piāo	통 (바람에) 나부끼다, 펄럭이다
1371 ☐	票 2급	piào	명 표, 증명서
1372 ☐	漂亮 1급	piàoliang	형 아름답다, 예쁘다
1373 ☐	拼音 5급	pīnyīn	명 병음
1374 ☐	频道 5급	píndào	명 채널
1375 ☐	乒乓球 4급	pīngpāngqiú	명 탁구, 탁구공
1376 ☐	平 5급	píng	형 평평하다 통 평평하게 만들다
1377 ☐	凭 5급	píng	통 ~에 근거하다, 의지하다
1378 ☐	平安 5급	píng'ān	형 평안하다, 무사하다

1379 ☐	平常 5급	píngcháng	몡 평소 혱 보통이다, 평범하다
1380 ☐	平等 5급	píngděng	몡 혱 평등(하다), 대등(하다)
1381 ☐	平方 5급	píngfāng	몡 제곱, 평방
1382 ☐	苹果 1급	píngguǒ	몡 사과
1383 ☐	平衡 5급	pínghéng	몡 평형 동 평형 되게 하다
1384 ☐	评价 5급	píngjià	몡 동 평가(하다)
1385 ☐	平静 5급	píngjìng	혱 (환경이) 평온하다, (태도·감정이) 차분하다
1386 ☐	平均 5급	píngjūn	몡 균등 혱 균등한 동 균등히 하다
1387 ☐	平时 4급	píngshí	몡 보통 때, 평소
1388 ☐	瓶子 3급	píngzi	몡 병
1389 ☐	破 4급	pò	동 찢어지다, 파손되다
1390 ☐	破产 5급	pòchǎn	동 파산하다
1391 ☐	破坏 5급	pòhuài	동 파괴하다, 훼손하다, 타파하다
1392 ☐	迫切 5급	pòqiè	혱 절실하다, 절박하다
1393 ☐	葡萄 4급	pútáo	몡 포도
1394 ☐	普遍 4급	pǔbiàn	혱 보편적이다, 널리 퍼져 있다
1395 ☐	普通话 4급	pǔtōnghuà	몡 현대 중국어의 표준어
1396 ☐	七 1급	qī	수 7, 일곱
1397 ☐	期待 5급	qīdài	몡 동 기대(하다)
1398 ☐	期间 5급	qījiān	몡 기간
1399 ☐	妻子 2급	qīzi	몡 아내
1400 ☐	骑 3급	qí	동 (동물이나 자전거 등에) 타다

※ 다음 어휘의 뜻을 바르게 연결해 보세요.
1. 配合 ·
2. 批 ·
3. 批准 ·
4. 飘 ·
5. 凭 ·
6. 平均 ·
7. 迫切 ·
8. 期待 ·

a. 동 비준하다 몡 허가, 승인
b. 동 (바람에) 나부끼다, 펄럭이다
c. 혱 절실하다, 절박하다
d. 양 무리, 떼
e. 동 ~에 근거하다, 의지하다
f. 몡 동 기대(하다)
g. 동 협동하다, 배합하다
h. 몡 균등 혱 균등한 동 균등히 하다

정답 1. g 2. d 3. a 4. b 5. e 6. h 7. c 8. f

1401 ☐	其次 4급	qícì	몡 다음, 그다음, 부차적인 위치
1402 ☐	奇怪 3급	qíguài	혱 이상하다, 의아하다
1403 ☐	奇迹 5급	qíjì	몡 기적
1404 ☐	其实 3급	qíshí	튀 사실은, 실제는
1405 ☐	其他 3급	qítā	몡 기타, 그 외
1406 ☐	其余 5급	qíyú	몡 나머지, 남은 것
1407 ☐	其中 4급	qízhōng	그 중
1408 ☐	起床 2급	qǐchuáng	통 일어나다, 기상하다
1409 ☐	启发 5급	qǐfā	몡 통 계발(하다)
1410 ☐	起飞 3급	qǐfēi	통 이륙하다, 날아오르다
1411 ☐	起来 3급	qǐlai	통 일어나다, 일어서다
1412 ☐	企业 5급	qǐyè	몡 기업
1413 ☐	气氛 5급	qìfēn	몡 분위기
1414 ☐	气候 4급	qìhòu	몡 기후
1415 ☐	汽油 5급	qìyóu	몡 휘발유, 가솔린
1416 ☐	千 2급	qiān	쉬 천
1417 ☐	签 5급	qiān	통 서명하다, 사인하다
1418 ☐	铅笔 2급	qiānbǐ	몡 연필
1419 ☐	千万 4급	qiānwàn	튀 부디, 제발
1420 ☐	谦虚 5급	qiānxū	혱 겸손하다, 겸허하다
1421 ☐	签证 4급	qiānzhèng	몡 비자, 사증
1422 ☐	钱 1급	qián	몡 돈, 화폐
1423 ☐	前面 1급	qiánmiàn	몡 앞, 전면
1424 ☐	前途 5급	qiántú	몡 앞길, 전망
1425 ☐	浅 5급	qiǎn	혱 얕다
1426 ☐	欠 5급	qiàn	통 하품하다
1427 ☐	枪 5급	qiāng	몡 총
1428 ☐	墙 5급	qiáng	몡 벽, 담
1429 ☐	强调 5급	qiángdiào	통 강조하다

1430 □	强烈 5급	qiángliè	형 강렬하다
1431 □	抢 5급	qiǎng	동 빼앗다, 탈취하다, 앞다투어 ~하다
1432 □	敲 4급	qiāo	동 두드리다, 치다
1433 □	悄悄 5급	qiāoqiāo	형 조용하다, 은밀하다
1434 □	桥 4급	qiáo	명 다리, 교량
1435 □	瞧 5급	qiáo	동 보다, 구경하다
1436 □	巧克力 4급	qiǎokèlì	명 초콜릿
1437 □	巧妙 5급	qiǎomiào	형 (방법이나 기술 등이) 교묘하다
1438 □	切 5급	qiē	동 끊다, 자르다, 썰다
1439 □	亲爱 5급	qīn'ài	동 친애하다, 사랑하다
1440 □	亲戚 4급	qīnqī	명 친척
1441 □	亲切 5급	qīnqiè	형 친근하다, 친절하다 명 친근감
1442 □	亲自 5급	qīnzì	부 몸소, 친히
1443 □	勤奋 5급	qínfèn	형 근면하다, 꾸준하다
1444 □	轻 4급	qīng	형 가볍다, 약하다
1445 □	青 5급	qīng	형 푸르다, 진녹색의
1446 □	清楚 3급	qīngchu	형 분명하다, 뚜렷하다
1447 □	青春 5급	qīngchūn	명 청춘
1448 □	清淡 5급	qīngdàn	형 담백하다, 연하다
1449 □	青少年 5급	qīngshàonián	명 청소년
1450 □	轻视 5급	qīngshì	동 경시하다, 얕보다

※ 다음 어휘의 뜻을 바르게 연결해 보세요.

1. 奇迹·
2. 气氛·
3. 谦虚·
4. 前途·
5. 强调·
6. 瞧 ·
7. 勤奋·
8. 轻视·

a. 명 앞길, 전망
b. 명 기적
c. 명 분위기
d. 형 근면하다, 꾸준하다
e. 동 경시하다, 얕보다
f. 형 겸손하다, 겸허하다
g. 동 보다, 구경하다
h. 동 강조하다

정답 1. b 2. c 3. f 4. a 5. h 6. g 7. d 8. e

59

1451 ☐	轻松 4급	qīngsōng	톙 수월하다, 가볍다, 홀가분하다
1452 ☐	轻易 5급	qīngyì	튄 수월하게, 함부로 톙 간단하다
1453 ☐	晴 2급	qíng	톙 맑다, 개어 있다
1454 ☐	情景 5급	qíngjǐng	뎡 광경, 정경
1455 ☐	情况 4급	qíngkuàng	뎡 상황, 정황, 형편
1456 ☐	情绪 5급	qíngxù	뎡 정서, 기분
1457 ☐	请 1급	qǐng	동 요청하다, 초빙하다, 초대하다
1458 ☐	请假 3급	qǐngjià	동 휴가를 받다, 휴가를 신청하다
1459 ☐	请求 5급	qǐngqiú	동 청구하다, 부탁하다 뎡 청구, 요구
1460 ☐	庆祝 5급	qìngzhù	동 경축하다
1461 ☐	穷 4급	qióng	톙 가난하다, 궁하다
1462 ☐	秋 3급	qiū	뎡 가을
1463 ☐	球迷 5급	qiúmí	뎡 축구광
1464 ☐	区别 4급	qūbié	동 구별하다 뎡 구별, 차이
1465 ☐	趋势 5급	qūshì	뎡 추세, 경향
1466 ☐	取 4급	qǔ	동 얻다, 가지다, 찾다
1467 ☐	娶 5급	qǔ	동 장가가다, 아내를 얻다
1468 ☐	取消 5급	qǔxiāo	동 취소하다, 제거하다
1469 ☐	去 1급	qù	동 가다
1470 ☐	去年 2급	qùnián	뎡 작년, 지난 해
1471 ☐	去世 5급	qùshì	동 세상을 떠나다, 사망하다
1472 ☐	圈 5급	quān	뎡 원, 동그라미, 범위
1473 ☐	全部 4급	quánbù	뎡 전부 톙 전부의
1474 ☐	权力 5급	quánlì	뎡 권력
1475 ☐	权利 5급	quánlì	뎡 권리
1476 ☐	全面 5급	quánmiàn	뎡 전면 톙 전면적이다
1477 ☐	劝 5급	quàn	동 권하다, 권고하다
1478 ☐	缺点 4급	quēdiǎn	뎡 결점, 부족한 점
1479 ☐	缺乏 5급	quēfá	동 결핍되다, 모자라다

1480 □	缺少 4급	quēshǎo	[동] 모자라다, 결핍하다
1481 □	却 4급	què	[부] 도리어, 오히려
1482 □	确定 5급	quèdìng	[동] 확정하다 [형] 확정적이다
1483 □	确认 5급	quèrèn	[명] [동] 확인(하다)
1484 □	确实 4급	quèshí	[형] 확실하다 [부] 확실히
1485 □	群 5급	qún	[명] 무리, 군중
1486 □	裙子 3급	qúnzi	[명] 치마, 스커트
1487 □	然而 4급	rán'ér	[접] 그렇지만, 그러나, 그런데
1488 □	然后 3급	ránhòu	[접] 그리고 나서
1489 □	燃烧 5급	ránshāo	[명] [동] 연소(하다)
1490 □	让 2급	ràng	[동] ~하게 하다, 양보하다
1491 □	绕 5급	rào	[동] 휘감다, 돌다, 우회하다
1492 □	热 1급	rè	[형] 덥다, 뜨겁다
1493 □	热爱 5급	rè'ài	[동] 열렬히 사랑하다
1494 □	热烈 5급	rèliè	[형] 열렬하다
1495 □	热闹 4급	rènao	[형] 왁자지껄하다 [동] 떠들썩하게 놀다
1496 □	热情 3급	rèqíng	[명] 열정, 의욕 [형] 친절하다
1497 □	热心 5급	rèxīn	[형] 열성적이다, 친절하다
1498 □	人 1급	rén	[명] 사람, 인간
1499 □	人才 5급	réncái	[명] 인재
1500 □	人口 5급	rénkǒu	[명] 인구

※ 다음 어휘의 뜻을 바르게 연결해 보세요.

1. 情绪 •	a. [동] 결핍되다, 모자라다
2. 趋势 •	b. [명] 정서, 기분
3. 圈 •	c. [명] 권력
4. 权力 •	d. [명] 추세, 경향
5. 缺乏 •	e. [명] [동] 연소(하다)
6. 燃烧 •	f. [명] 인구
7. 热烈 •	g. [명] 원, 동그라미, 범위
8. 人口 •	h. [형] 열렬하다

정답 1. b 2. d 3. g 4. c 5. a 6. e 7. h 8. f

1501 ☐	人类 5급	rénlèi	몡 인류
1502 ☐	人民币 5급	rénmínbì	몡 인민폐
1503 ☐	人生 5급	rénshēng	몡 인생
1504 ☐	人事 5급	rénshì	몡 인사, 세상 물정
1505 ☐	人物 5급	rénwù	몡 인물
1506 ☐	人员 5급	rényuán	몡 인원, 요원
1507 ☐	忍不住 5급	rěnbuzhù	통 참을 수 없다, ~하지 않을 수 없다
1508 ☐	任何 4급	rènhé	때 어떠한, 무슨
1509 ☐	认识 1급	rènshi	통 알다, 인식하다
1510 ☐	认为 3급	rènwéi	통 여기다, 생각하다
1511 ☐	任务 4급	rènwu	몡 임무, 책무
1512 ☐	认真 3급	rènzhēn	혱 진지하다, 성실하다
1513 ☐	扔 4급	rēng	통 던지다, 내버리다
1514 ☐	仍然 4급	réngrán	뷔 여전히, 아직도, 변함없이
1515 ☐	日 2급	rì	몡 낮, 하루, 일
1516 ☐	日常 5급	rìcháng	혱 일상의 몡 평소
1517 ☐	日程 5급	rìchéng	몡 일정
1518 ☐	日记 4급	rìjì	몡 일기
1519 ☐	日历 5급	rìlì	몡 일력, 달력
1520 ☐	日期 5급	rìqī	몡 (특정한) 날짜, 기간
1521 ☐	日用品 5급	rìyòngpǐn	몡 일용품
1522 ☐	日子 5급	rìzi	몡 날, 날수
1523 ☐	容易 3급	róngyì	혱 쉽다, 용이하다
1524 ☐	如果 3급	rúguǒ	젭 만일, 만약
1525 ☐	如何 5급	rúhé	때 어떻게, 어떠한가
1526 ☐	如今 5급	rújīn	몡 지금, 이제, 오늘날
1527 ☐	入口 4급	rùkǒu	몡 입구
1528 ☐	软 5급	ruǎn	혱 부드럽다, 온화하다
1529 ☐	软件 5급	ruǎnjiàn	몡 소프트웨어

1530 □	弱 5급	ruò	혱 허약하다, 약하다
1531 □	洒 5급	sǎ	동 (물을) 뿌리다
1532 □	三 1급	sān	수 3, 셋
1533 □	伞 3급	sǎn	명 우산
1534 □	散步 4급	sànbù	동 산책하다, 산보하다
1535 □	嗓子 5급	sǎngzi	명 목, 목구멍
1536 □	色彩 5급	sècǎi	명 색채
1537 □	森林 4급	sēnlín	명 숲, 삼림
1538 □	杀 5급	shā	동 죽이다, 살해하다
1539 □	沙发 4급	shāfā	명 소파
1540 □	沙漠 5급	shāmò	명 사막
1541 □	沙滩 5급	shātān	명 모래톱, 백사장
1542 □	傻 5급	shǎ	혱 어리석다, 미련하다
1543 □	晒 5급	shài	동 햇볕이 내리쬐다
1544 □	删除 5급	shānchú	동 삭제하다 명 삭제
1545 □	闪电 5급	shǎndiàn	명 번개 동 번개가 번쩍하다
1546 □	善良 5급	shànliáng	혱 선량하다, 착하다
1547 □	善于 5급	shànyú	혱 ~에 능숙하다, ~을 잘하다
1548 □	扇子 5급	shànzi	명 부채
1549 □	商店 1급	shāngdiàn	명 상점
1550 □	伤害 5급	shānghài	동 상해하다, 손상시키다

※ 다음 어휘의 뜻을 바르게 연결해 보세요.

1. 人类 ·
2. 忍不住 ·
3. 日程 ·
4. 如何 ·
5. 软件 ·
6. 色彩 ·
7. 删除 ·
8. 善于 ·

a. 혱 ~에 능숙하다, ~을 잘하다
b. 명 인류
c. 때 어떻게, 어떠한가
d. 명 색채
e. 동 참을 수 없다, ~하지 않을 수 없다
f. 동 삭제하다 명 삭제
g. 명 소프트웨어
h. 명 일정

정답 1. b　2. e　3. h　4. c　5. g　6. d　7. f　8. a

Day 32

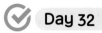

1551	□	商量 4급	shāngliáng	[동] 의논하다, 상의하다
1552	□	商品 5급	shāngpǐn	[명] 상품
1553	□	商务 5급	shāngwù	[명] 상무, 상업상의 용무
1554	□	伤心 4급	shāngxīn	[동] 슬퍼하다, 상심하다
1555	□	商业 5급	shāngyè	[명] 상업
1556	□	上 1급	shàng	[명] 위 [동] 오르다, 가다
1557	□	上班 2급	shàngbān	[동] 출근하다
1558	□	上当 5급	shàngdàng	[동] 속다, 속임수에 걸리다
1559	□	上网 3급	shàngwǎng	[동] 인터넷에 접속하다
1560	□	上午 1급	shàngwǔ	[명] 오전
1561	□	稍微 4급	shāowēi	[부] 조금, 약간
1562	□	勺子 4급	sháozi	[명] 국자, 숟가락
1563	□	少 1급	shǎo	[형] 적다, 부족하다
1564	□	蛇 5급	shé	[명] 뱀
1565	□	舍不得 5급	shěbude	[동] 아쉽다, 미련이 남다
1566	□	设备 5급	shèbèi	[명] 설비, 시설 [동] 갖추다
1567	□	社会 4급	shèhuì	[명] 사회
1568	□	射击 5급	shèjī	[명] [동] 사격(하다)
1569	□	设计 5급	shèjì	[동] 계책을 꾸미다
1570	□	设施 5급	shèshī	[명] 시설
1571	□	摄影 5급	shèyǐng	[명] [동] 촬영(하다)
1572	□	谁 1급	shéi	[대] 누구, 아무
1573	□	深 4급	shēn	[형] 깊다, 심오하다
1574	□	伸 5급	shēn	[동] (신체나 물체의 일부분을) 펴다, 내밀다
1575	□	身材 5급	shēncái	[명] 체격, 몸매
1576	□	身份 5급	shēnfen	[명] 신분, 지위
1577	□	深刻 5급	shēnkè	[형] 깊다, 핵심을 찌르다
1578	□	申请 4급	shēnqǐng	[명] [동] 신청(하다)
1579	□	身体 2급	shēntǐ	[명] 신체, 몸, 건강

1580 ☐	神话 5급	shénhuà	몡 신화
1581 ☐	什么 1급	shénme	떼 무엇, 어떤, 무슨
1582 ☐	神秘 5급	shénmì	몡 혱 신비(하다)
1583 ☐	甚至 4급	shènzhì	틧 심지어 졉 더욱
1584 ☐	升 5급	shēng	동 오르다, 올리다 양 리터(L)
1585 ☐	生病 2급	shēngbìng	동 병이 나다, 발병하다
1586 ☐	生产 5급	shēngchǎn	몡 동 생산(하다)
1587 ☐	声调 5급	shēngdiào	몡 성조, 말투
1588 ☐	生动 5급	shēngdòng	혱 생동감 있다
1589 ☐	生活 4급	shēnghuó	몡 동 생활(하다)
1590 ☐	生命 4급	shēngmìng	몡 생명 혱 생동감 있다
1591 ☐	生气 3급	shēngqì	동 화내다, 성내다
1592 ☐	生日 2급	shēngrì	몡 생일, 생신
1593 ☐	生意 4급	shēngyi	몡 장사, 영업
1594 ☐	声音 3급	shēngyīn	몡 소리, 목소리
1595 ☐	生长 5급	shēngzhǎng	동 생장하다, 나서 자라다
1596 ☐	绳子 5급	shéngzi	몡 새끼, 밧줄
1597 ☐	省 4급	shěng	동 아끼다, 절약하다 몡 성(지방 행정 단위)
1598 ☐	省略 5급	shěnglüè	몡 동 생략(하다)
1599 ☐	剩 4급	shèng	동 남다
1600 ☐	胜利 5급	shènglì	몡 동 승리(하다)

※ 다음 어휘의 뜻을 바르게 연결해 보세요.

1. 商务 ·
2. 设备 ·
3. 设施 ·
4. 身材 ·
5. 深刻 ·
6. 升 ·
7. 生动 ·
8. 省略 ·

a. 몡 동 생략(하다)
b. 몡 상무, 상업상의 용무
c. 몡 체격, 몸매
d. 몡 설비, 시설 동 갖추다
e. 혱 깊다, 핵심을 찌르다
f. 동 오르다, 올리다 양 리터(L)
g. 몡 시설
h. 혱 생동감 있다

정답 1. b 2. d 3. g 4. c 5. e 6. f 7. h 8. a

1601 ☐	诗 5급	shī	몡 시, 시경
1602 ☐	失败 4급	shībài	몡 동 실패(하다)
1603 ☐	师傅 4급	shīfu	몡 스승, 숙련공, 선생
1604 ☐	失眠 5급	shīmián	몡 불면증
1605 ☐	失去 5급	shīqù	동 잃다, 잃어버리다
1606 ☐	湿润 5급	shīrùn	혱 습윤하다, 축축하다
1607 ☐	失望 4급	shīwàng	동 실망하다, 낙담하다
1608 ☐	失业 5급	shīyè	동 직업을 잃다, 실업하다
1609 ☐	狮子 5급	shīzi	몡 사자
1610 ☐	十 1급	shí	준 10, 열
1611 ☐	时差 5급	shíchā	몡 시차
1612 ☐	时代 5급	shídài	몡 (역사상의) 시대, 시기, 시절
1613 ☐	十分 4급	shífēn	뵈 매우, 대단히
1614 ☐	时候 1급	shíhou	몡 시간, 기간, 때
1615 ☐	实话 5급	shíhuà	몡 실화
1616 ☐	实际 4급	shíjì	혱 실제적이다 몡 실제
1617 ☐	实践 5급	shíjiàn	몡 동 실천(하다), 실행(하다)
1618 ☐	时间 2급	shíjiān	몡 시간, 기간, 때
1619 ☐	时刻 5급	shíkè	몡 시각 뵈 시시각각
1620 ☐	时髦 5급	shímáo	몡 혱 유행(이다), 현대적(이다)
1621 ☐	时期 5급	shíqī	몡 시기, 특정한 때
1622 ☐	时尚 5급	shíshàng	몡 시대적 유행, 풍조
1623 ☐	石头 5급	shítou	몡 돌, 바위
1624 ☐	食物 5급	shíwù	몡 음식물
1625 ☐	实习 5급	shíxí	몡 동 실습(하다)
1626 ☐	实现 5급	shíxiàn	동 실현하다, 달성하다
1627 ☐	实验 5급	shíyàn	몡 동 실험(하다)
1628 ☐	实用 5급	shíyòng	동 실제로 쓰다 몡 혱 실용(적이다)
1629 ☐	实在 4급	shízài	뵈 참으로, 정말 혱 진실하다

1630 □	使 4급	shǐ	[동] ~에게 ~하게 하다, ~시키다
1631 □	使劲儿 5급	shǐjìnr	[동] 힘을 쓰다
1632 □	使用 4급	shǐyòng	[명] [동] 사용(하다)
1633 □	始终 5급	shǐzhōng	[명] 시종 [부] 처음부터 한결같이
1634 □	是 1급	shì	[동] ~이다, 네(응답의 말)
1635 □	试 3급	shì	[동] [명] 시험(하다)
1636 □	士兵 5급	shìbīng	[명] 사병, 병사
1637 □	市场 5급	shìchǎng	[명] 시장
1638 □	似的 5급	shìde	[조] 비슷하다, ~과 같다
1639 □	是否 4급	shìfǒu	~인지 아닌지
1640 □	适合 4급	shìhé	[동] 적합하다, 알맞다
1641 □	世纪 4급	shìjì	[명] 세기
1642 □	世界 3급	shìjiè	[명] 세계, 세상
1643 □	试卷 5급	shìjuàn	[명] 시험지
1644 □	事情 2급	shìqing	[명] 일, 사건
1645 □	事实 5급	shìshí	[명] 사실
1646 □	事物 5급	shìwù	[명] 사물
1647 □	事先 5급	shìxiān	[명] 사전
1648 □	适应 4급	shìyìng	[명] [동] 적응(하다)
1649 □	收 4급	shōu	[동] (물건을) 거두다, 얻다
1650 □	收获 5급	shōuhuò	[동] 수확하다 [명] 수확, 성과

※ 다음 어휘의 뜻을 바르게 연결해 보세요.

1. 失眠 ·	a. [형] 습윤하다, 축축하다
2. 湿润 ·	b. [명] 시대적 유행, 풍조
3. 实践 ·	c. [명] 사전
4. 时尚 ·	d. [명] [동] 실천(하다), 실행(하다)
5. 实现 ·	e. [명] 시종 [부] 처음부터 한결같이
6. 始终 ·	f. [명] 불면증
7. 事先 ·	g. [동] 수확하다 [명] 수확, 성과
8. 收获 ·	h. [동] 실현하다, 달성하다

정답 1. f 2. a 3. d 4. b 5. h 6. e 7. c 8. g

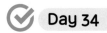

Day 34

1651 ☐	收据 5급	shōujù	명 영수증
1652 ☐	收入 4급	shōurù	명 수입, 소득 통 수록하다
1653 ☐	收拾 4급	shōushi	통 치우다, 정리하다
1654 ☐	首 5급	shǒu	명 머리, 우두머리 양 수(시·사 등을 세는 단위)
1655 ☐	手表 2급	shǒubiǎo	명 손목시계
1656 ☐	首都 4급	shǒudū	명 수도
1657 ☐	手工 5급	shǒugōng	명 수공
1658 ☐	手机 2급	shǒujī	명 휴대폰, 핸드폰
1659 ☐	手术 5급	shǒushù	명 수술
1660 ☐	手套 5급	shǒutào	명 장갑
1661 ☐	首先 4급	shǒuxiān	명 우선, 맨 먼저, 첫째
1662 ☐	手续 5급	shǒuxù	명 수속, 절차
1663 ☐	手指 5급	shǒuzhǐ	명 손가락
1664 ☐	瘦 3급	shòu	형 마르다, 여위다
1665 ☐	受不了 4급	shòubuliǎo	참을 수 없다
1666 ☐	受到 4급	shòudao	통 ~을 받다
1667 ☐	售货员 4급	shòuhuòyuán	명 점원, 판매원
1668 ☐	寿命 5급	shòumìng	명 수명, 목숨
1669 ☐	受伤 5급	shòushāng	통 상처를 입다, 부상을 당하다
1670 ☐	书 1급	shū	명 책
1671 ☐	输 4급	shū	통 패하다, 지다, 운송하다
1672 ☐	蔬菜 5급	shūcài	명 채소
1673 ☐	舒服 3급	shūfu	형 편안하다, 상쾌하다
1674 ☐	书架 5급	shūjià	명 책꽂이, 책장
1675 ☐	输入 5급	shūrù	통 명 입력(하다)
1676 ☐	舒适 5급	shūshì	형 기분이 좋다, 쾌적하다
1677 ☐	叔叔 3급	shūshu	명 아저씨, 숙부
1678 ☐	梳子 5급	shūzi	명 빗

1679 ☐	熟练 5급	shúliàn	형 숙련되어 있다, 능숙하다
1680 ☐	熟悉 4급	shúxī	동 충분히 알다, 상세히 알다
1681 ☐	数 5급	shǔ	동 세다, ~로 꼽히다
1682 ☐	鼠标 5급	shǔbiāo	명 마우스
1683 ☐	属于 5급	shǔyú	동 ~에 속하다, ~에 소속되다
1684 ☐	树 3급	shù	명 나무 동 심다
1685 ☐	数据 5급	shùjù	명 데이터
1686 ☐	数量 4급	shùliàng	명 수량, 양
1687 ☐	数码 5급	shùmǎ	명 디지털
1688 ☐	数学 3급	shùxué	명 수학
1689 ☐	数字 4급	shùzì	명 숫자
1690 ☐	刷牙 3급	shuāyá	동 이를 닦다 명 칫솔
1691 ☐	摔倒 5급	shuāidǎo	동 자빠지다, 엎어지다
1692 ☐	甩 5급	shuǎi	동 휘두르다, 내던지다, 떼 버리다
1693 ☐	帅 4급	shuài	형 멋지다, 잘생기다
1694 ☐	双 3급	shuāng	형 두, 쌍 양 쌍, 켤레
1695 ☐	双方 5급	shuāngfāng	명 쌍방
1696 ☐	水 1급	shuǐ	명 물
1697 ☐	水果 1급	shuǐguǒ	명 과일
1698 ☐	水平 3급	shuǐpíng	명 수준
1699 ☐	税 5급	shuì	명 세금
1700 ☐	睡觉 1급	shuìjiào	동 자다

※ 다음 어휘의 뜻을 바르게 연결해 보세요.

1. 手工 ·
2. 手续 ·
3. 受伤 ·
4. 输入 ·
5. 舒适 ·
6. 属于 ·
7. 数码 ·
8. 税 ·

a. 동 상처를 입다, 부상을 당하다
b. 명 디지털
c. 명 수공
d. 명 수속, 절차
e. 형 기분이 좋다, 쾌적하다
f. 명 세금
g. 동 ~에 속하다, ~에 소속되다
h. 동 명 입력(하다)

정답 1. c 2. d 3. a 4. h 5. e 6. g 7. b 8. f

1701 □	顺便 4급	shùnbiàn	톙 ~하는 김에
1702 □	顺利 4급	shùnlì	톙 순조롭다
1703 □	顺序 4급	shùnxù	톙 순서, 차례
1704 □	说 1급	shuō	톙 말하다
1705 □	说不定 5급	shuōbudìng	톙 단언하기가 어렵다 톙 아마
1706 □	说服 5급	shuōfú	톙 톙 설득(하다)
1707 □	说话 2급	shuōhuà	톙 말하다, 이야기하다
1708 □	说明 4급	shuōmíng	톙 톙 설명(하다)
1709 □	硕士 4급	shuòshì	톙 석사
1710 □	撕 5급	sī	톙 (천·종이 따위를 손으로) 찢다
1711 □	丝绸 5급	sīchóu	톙 비단, 명주
1712 □	丝毫 5급	sīháo	톙 조금도, 추호도
1713 □	司机 3급	sījī	톙 운전사
1714 □	思考 5급	sīkǎo	톙 톙 사고(하다)
1715 □	私人 5급	sīrén	톙 개인
1716 □	思想 5급	sīxiǎng	톙 사상, 생각, 견해
1717 □	死 4급	sǐ	톙 죽다
1718 □	四 1급	sì	톙 4, 넷
1719 □	似乎 5급	sìhu	톙 마치 ~인 것 같다
1720 □	送 2급	sòng	톙 보내다, 주다, 선물하다
1721 □	搜索 5급	sōusuǒ	톙 수색 톙 수색(하다), 자세히 뒤지다
1722 □	速度 4급	sùdù	톙 속도
1723 □	塑料袋 4급	sùliàodài	톙 비닐봉지
1724 □	宿舍 5급	sùshè	톙 기숙사
1725 □	酸 4급	suān	톙 시다, 시큼하다
1726 □	虽然…… 但是…… 2급	suīrán…… dànshì……	톙 비록~, 하지만~
1727 □	随便 4급	suíbiàn	톙 마음대로 톙 제멋대로 하다
1728 □	随身 5급	suíshēn	톙 몸에 지니다, 휴대하다

1729 ☐	随时 5급	suíshí	🎐 수시로, 언제나
1730 ☐	随手 5급	suíshǒu	🎐 ~하는 김에 ~하다
1731 ☐	随着 4급	suízhe	~에 따라, ~따라서
1732 ☐	岁 1급	suì	🎐 세, 살 (나이를 세는 단위)
1733 ☐	碎 5급	suì	🎐 부서지다, 깨지다
1734 ☐	孙子 4급	sūnzi	🎐 손자
1735 ☐	损失 5급	sǔnshī	🎐 🎐 손실(하다), 손해(보다)
1736 ☐	缩短 5급	suōduǎn	🎐 단축하다, 줄이다
1737 ☐	锁 5급	suǒ	🎐 자물쇠 🎐 잠그다
1738 ☐	所 5급	suǒ	🎐 장소, 곳
1739 ☐	所有 4급	suǒyǒu	🎐 모든 🎐 🎐 소유(하다)
1740 ☐	他 1급	tā	🎐 그
1741 ☐	她 1급	tā	🎐 그녀
1742 ☐	它 2급	tā	🎐 그, 그것(사람 이외의 것을 가리킴)
1743 ☐	台 4급	tái	🎐 대(기계, 설비 등을 셀 때 쓰는 양사)
1744 ☐	抬 4급	tái	🎐 들다, 들어올리다
1745 ☐	台阶 5급	táijiē	🎐 층계
1746 ☐	太 1급	tài	🎐 너무, 매우, 대단히
1747 ☐	态度 4급	tàidu	🎐 태도, 기색
1748 ☐	太极拳 5급	tàijíquán	🎐 태극권
1749 ☐	太太 5급	tàitai	🎐 처, 부인
1750 ☐	太阳 3급	shānghài	🎐 태양, 해

※ 다음 어휘의 뜻을 바르게 연결해 보세요.

1. 说不定 •
2. 说服 •
3. 私人 •
4. 似乎 •
5. 随身 •
6. 随时 •
7. 锁 •
8. 太太 •

a. 🎐 처, 부인
b. 🎐 자물쇠 🎐 잠그다
c. 🎐 개인
d. 🎐 마치 ~인 것 같다
e. 🎐 🎐 설득(하다)
f. 🎐 단언하기가 어렵다 🎐 아마
g. 🎐 몸에 지니다, 휴대하다
h. 🎐 수시로, 언제나

정답 1. f 2. e 3. c 4. d 5. g 6. h 7. b 8. a

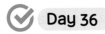
1751 □	谈 4급	tán	동 말하다, 이야기하다
1752 □	弹钢琴 4급	tán gāngqín	피아노를 치다
1753 □	谈判 5급	tánpàn	명 동 담판(하다), 교섭(하다)
1754 □	坦率 5급	tǎnshuài	형 솔직하다 부 솔직하게
1755 □	汤 4급	tāng	명 국, 탕
1756 □	糖 4급	táng	명 사탕, 설탕
1757 □	躺 4급	tǎng	동 눕다, 드러눕다
1758 □	趟 4급	tàng	양 차례, 번(사람이나 차의 왕래하는 횟수를 나타냄)
1759 □	烫 5급	tàng	동 데다, (머리를) 파마하다 형 뜨겁다
1760 □	逃 5급	táo	동 달아나다, 도망치다
1761 □	桃 5급	táo	명 복숭아, 호두
1762 □	逃避 5급	táobì	동 도피하다
1763 □	淘气 5급	táoqì	형 장난이 심하다
1764 □	讨价还价 5급	tǎojiàhuánjià	흥정하다
1765 □	讨论 4급	tǎolùn	명 동 토론(하다)
1766 □	讨厌 4급	tǎoyàn	동 싫어하다, 미워하다
1767 □	套 5급	tào	명 덮개 양 세트, 벌
1768 □	特别 3급	tèbié	부 특히, 특별히
1769 □	特点 4급	tèdiǎn	명 특징, 특성
1770 □	特色 5급	tèsè	명 특색, 특징
1771 □	特殊 5급	tèshū	형 특수하다, 특별하다
1772 □	特征 5급	tèzhēng	명 특징
1773 □	疼 3급	téng	동 아프다
1774 □	疼爱 5급	téng'ài	동 매우 귀여워하다
1775 □	踢足球 2급	tīzúqiú	축구를 하다
1776 □	题 2급	tí	명 제목, 문제
1777 □	提 4급	tí	동 끌어올리다, 들다, 제시하다, 언급하다
1778 □	提倡 5급	tíchàng	동 제창하다
1779 □	提纲 5급	tígāng	명 대강

1780 □	提高 3급	tígāo	통 향상시키다, 높이다
1781 □	提供 4급	tígōng	통 제공하다
1782 □	题目 5급	tímù	명 제목, 표제
1783 □	提前 4급	tíqián	통 (시간이나 기한을) 앞당기다
1784 □	提问 5급	tíwèn	명 통 질문(하다)
1785 □	提醒 4급	tíxǐng	통 일깨우다, 주의를 환기시키다
1786 □	体会 5급	tǐhuì	통 겸험하여 알다, 이해하다 명 (체험에서 얻은) 느낌
1787 □	体贴 5급	tǐtiē	통 자상하게 돌보다
1788 □	体现 5급	tǐxiàn	통 구현하다, 구체적으로 드러내다
1789 □	体验 5급	tǐyàn	명 통 체험(하다)
1790 □	体育 3급	tǐyù	명 체육
1791 □	天空 5급	tiānkōng	명 하늘, 공중
1792 □	天气 1급	tiānqì	명 날씨
1793 □	天真 5급	tiānzhēn	형 천진하다, 순진하다
1794 □	甜 3급	tián	형 달다, 달콤하다
1795 □	填空 4급	tiánkòng	통 빈칸에 써 넣다
1796 □	条 3급	tiáo	양 가늘고 긴 것을 세는 양사
1797 □	条件 4급	tiáojiàn	명 조건
1798 □	调皮 5급	tiáopí	통 장난치다, 까불다
1799 □	调整 5급	tiáozhěng	명 통 조정(하다)
1800 □	挑战 5급	tiǎozhàn	명 통 도전(하다)

※ 다음 어휘의 뜻을 바르게 연결해 보세요.

1. 坦率 · 　　　　　　　a. 통 구현하다, 구체적으로 드러내다
2. 淘气 · 　　　　　　　b. 형 특수하다, 특별하다
3. 套 · 　　　　　　　　c. 명 덮개 양 세트, 벌
4. 特殊 · 　　　　　　　d. 형 솔직하다 부 솔직하게
5. 提倡 · 　　　　　　　e. 명 통 조정(하다)
6. 体现 · 　　　　　　　f. 명 하늘, 공중
7. 天空 · 　　　　　　　g. 통 제창하다
8. 调整 · 　　　　　　　h. 형 장난이 심하다

정답 1. d 2. h 3. c 4. b 5. g 6. a 7. f 8. e

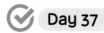

1801 ☐	跳舞 2급	tiàowǔ	통 명 춤(을 추다)
1802 ☐	听 1급	tīng	통 듣다
1803 ☐	停 4급	tíng	통 멈추다, 서다, 정지하다
1804 ☐	挺 4급	tǐng	부 매우, 아주 형 곧다
1805 ☐	通常 5급	tōngcháng	명 통상, 일반
1806 ☐	通过 4급	tōngguò	통 건너가다, 통과하다
1807 ☐	通知 4급	tōngzhī	통 통지하다, 알리다 명 통지
1808 ☐	同情 4급	tóngqíng	명 통 동정(하다)
1809 ☐	同时 4급	tóngshí	명 동시, 같은 때 부 동시에 접 또한
1810 ☐	同事 3급	tóngshì	명 동료, 동업자
1811 ☐	同学 1급	tóngxué	명 동창, 학우
1812 ☐	同意 3급	tóngyì	명 통 동의(하다)
1813 ☐	统一 5급	tǒngyī	명 통 통일(하다) 형 일치한
1814 ☐	痛苦 5급	tòngkǔ	명 고통, 아픔 형 고통스럽다
1815 ☐	痛快 5급	tòngkuai	형 통쾌하다, 시원스럽다 통 마음껏 놀다
1816 ☐	偷 5급	tōu	통 훔치다 부 남몰래
1817 ☐	头发 3급	tóufa	명 머리카락
1818 ☐	投入 5급	tóurù	통 뛰어들다, 넣다, 몰입하다
1819 ☐	投资 5급	tóuzī	통 명 투자(하다)
1820 ☐	透明 5급	tòumíng	형 투명하다, 공개적이다
1821 ☐	突出 5급	tūchū	통 돌파하다, 뚫다 형 돋보이다, 뛰어나다
1822 ☐	突然 3급	tūrán	형 갑작스럽다 부 갑자기
1823 ☐	图书馆 3급	túshūguǎn	명 도서관
1824 ☐	吐 5급	tǔ	통 토하다, 내뱉다
1825 ☐	土地 5급	tǔdì	명 땅, 토지
1826 ☐	土豆 5급	tǔdòu	명 감자
1827 ☐	兔子 5급	tùzi	명 토끼
1828 ☐	团 5급	tuán	명 단체, 집단
1829 ☐	推 4급	tuī	통 밀다

1830 ☐	推迟 4급	tuīchí	동 미루다, 연기하다
1831 ☐	推辞 5급	tuīcí	동 거절하다
1832 ☐	推广 5급	tuīguǎng	동 널리 보급하다
1833 ☐	推荐 5급	tuījiàn	동 추천하다
1834 ☐	腿 3급	tuǐ	명 다리
1835 ☐	退 5급	tuì	동 물러나다, 떠나다
1836 ☐	退步 5급	tuìbù	동 퇴보하다 명 후회, 퇴보
1837 ☐	退休 5급	tuìxiū	동 명 퇴직(하다)
1838 ☐	脱 4급	tuō	동 벗다
1839 ☐	袜子 4급	wàzi	명 양말
1840 ☐	歪 5급	wāi	형 비스듬하다, 옳지 않다 동 기울이다
1841 ☐	外 2급	wài	명 밖, 바깥
1842 ☐	外公 5급	wàigōng	명 외조부
1843 ☐	外交 5급	wàijiāo	명 외교
1844 ☐	完 2급	wán	동 다하다, 끝나다, 완성하다
1845 ☐	玩 2급	wán	동 놀다
1846 ☐	完成 3급	wánchéng	동 완성하다
1847 ☐	玩具 5급	wánjù	명 장난감, 완구
1848 ☐	完美 5급	wánměi	형 매우 훌륭하다, 완전무결하다
1849 ☐	完全 4급	wánquán	형 완전하다 부 완전히, 아주
1850 ☐	完善 5급	wánshàn	형 완전하다, 완벽하다 동 완전해지게 하다

※ 다음 어휘의 뜻을 바르게 연결해 보세요.

1. 通常 •
2. 偷 •
3. 投资 •
4. 突出 •
5. 推广 •
6. 外交 •
7. 完美 •
8. 完善 •

a. 동 명 투자(하다)
b. 동 돌파하다, 뚫다 형 돋보이다, 뛰어나다
c. 명 외교
d. 동 훔치다 부 남몰래
e. 형 완전하다, 완벽하다 동 완전해지게 하다
f. 형 매우 훌륭하다, 완전무결하다
g. 명 통상, 일반
h. 동 널리 보급하다

정답 1. g 2. d 3. a 4. b 5. h 6. c 7. f 8. e

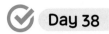

1851 □	完整 5급	wánzhěng	형 제대로 갖추어져 있다, 온전하다
1852 □	碗 3급	wǎn	명 공기, 그릇
1853 □	晚上 2급	wǎnshang	명 저녁, 밤
1854 □	万 3급	wàn	수 만
1855 □	万一 5급	wànyī	접 만일, 만약에
1856 □	王子 5급	wángzǐ	명 왕자
1857 □	往 2급	wǎng	개 ~쪽으로, ~을 향해
1858 □	往返 5급	wǎngfǎn	동 왕복하다
1859 □	网络 5급	wǎngluò	명 네트워크
1860 □	网球 4급	wǎngqiú	명 테니스, 테니스공
1861 □	往往 4급	wǎngwǎng	부 자주, 종종
1862 □	网站 4급	wǎngzhàn	명 웹 사이트
1863 □	忘记 3급	wàngjì	동 잊어버리다, 소홀히 하다
1864 □	危害 5급	wēihài	동 해를 끼치다 명 위해, 해
1865 □	危险 4급	wēixiǎn	명 형 위험(하다)
1866 □	微笑 5급	wēixiào	명 동 미소(짓다)
1867 □	威胁 5급	wēixié	명 동 위협(하다)
1868 □	违反 5급	wéifǎn	동 위반하다, 위반되다
1869 □	围巾 5급	wéijīn	명 목도리, 스카프
1870 □	围绕 5급	wéirào	동 둘러싸다, ~을 중심에 놓다
1871 □	维修 5급	wéixiū	동 보수하다 명 수리, 수선
1872 □	唯一 5급	wéiyī	형 유일한, 하나밖에 없는
1873 □	尾巴 5급	wěiba	명 꼬리
1874 □	伟大 5급	wěidà	형 위대하다
1875 □	委屈 5급	wěiqu	형 억울하다 명 억울함
1876 □	为 3급	wèi	개 ~에게, ~을 위하여
1877 □	位 3급	wèi	양 ~분, ~명
1878 □	胃 5급	wèi	명 위
1879 □	喂 1급	wèi	감 야, 어이, 여보세요

1880 □	未必 5급	wèibì	男 반드시 ~한 것은 아니다
1881 □	味道 4급	wèidao	명 맛, 느낌
1882 □	胃口 5급	wèikǒu	명 식욕, 입맛
1883 □	未来 5급	wèilái	명 미래
1884 □	为了 3급	wèile	개 ~을 위하여
1885 □	卫生间 4급	wèishēngjiān	명 화장실
1886 □	为什么 2급	wèishénme	대 무엇 때문에, 왜
1887 □	位于 5급	wèiyú	동 ~에 위치하다
1888 □	位置 5급	wèizhì	명 위치
1889 □	温度 4급	wēndù	명 온도
1890 □	温暖 5급	wēnnuǎn	형 따뜻하다, 따스하다
1891 □	温柔 5급	wēnróu	형 온유하다, 부드럽고 순하다
1892 □	闻 5급	wén	동 듣다, (냄새를) 맡다
1893 □	文化 3급	wénhuà	명 문화
1894 □	文件 5급	wénjiàn	명 서류, 문건
1895 □	文具 5급	wénjù	명 문구
1896 □	文明 5급	wénmíng	명 문명, 문화
1897 □	文学 5급	wénxué	명 문학
1898 □	文章 4급	wénzhāng	명 글, 문장, 저작
1899 □	文字 5급	wénzì	명 문자, 글자
1900 □	吻 5급	wěn	동 키스하다, 입맞춤하다

※ 다음 어휘의 뜻을 바르게 연결해 보세요.

1. 万一・ 　　　　　　a. 男 반드시 ~한 것은 아니다
2. 网络・ 　　　　　　b. 명 서류, 문건
3. 维修・ 　　　　　　c. 형 억울하다 명 억울함
4. 委屈・ 　　　　　　d. 동 보수하다 명 수리, 수선
5. 未必・ 　　　　　　e. 명 문학
6. 位于・ 　　　　　　f. 동 ~에 위치하다
7. 文件・ 　　　　　　g. 명 네트워크
8. 文学・ 　　　　　　h. 접 만일, 만약에

정답 1. h 2. g 3. d 4. c 5. a 6. f 7. b 8. e

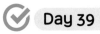
1901 □	稳定 5급	wěndìng	형 안정하다 동 안정시키다
1902 □	问 2급	wèn	동 묻다, 질문하다
1903 □	问候 5급	wènhòu	동 안부를 묻다, 문안 드리다
1904 □	问题 2급	wèntí	명 문제, 질문
1905 □	我 1급	wǒ	대 나, 저
1906 □	我们 1급	wǒmen	대 우리(들)
1907 □	卧室 5급	wòshì	명 침실
1908 □	握手 5급	wòshǒu	동 명 악수(하다)
1909 □	污染 4급	wūrǎn	동 명 오염(시키다), 오염되다
1910 □	屋子 5급	wūzi	명 방
1911 □	无 4급	wú	동 없다
1912 □	无聊 4급	wúliáo	형 지루하다, 심심하다
1913 □	无论 4급	wúlùn	접 ~에도 불구하고, ~에 관계없이
1914 □	无奈 5급	wúnài	동 어찌 할 도리가 없다, 부득이하다
1915 □	无数 5급	wúshù	형 무수하다, 매우 많다
1916 □	无所谓 5급	wúsuǒwèi	상관없다, 관계없다
1917 □	五 1급	wǔ	수 5, 다섯
1918 □	武术 5급	wǔshù	명 무술
1919 □	勿 5급	wù	부 ~하지 마라, ~해서는 안 된다
1920 □	雾 5급	wù	명 안개
1921 □	误会 4급	wùhuì	명 동 오해(하다)
1922 □	物理 5급	wùlǐ	명 물리(학)
1923 □	物质 5급	wùzhì	명 물질
1924 □	西 3급	xī	명 서쪽
1925 □	西瓜 2급	xīguā	명 수박
1926 □	西红柿 4급	xīhóngshì	명 토마토
1927 □	吸取 5급	xīqǔ	동 빨아들이다, 흡수하다, 받아들이다
1928 □	吸收 5급	xīshōu	동 흡수하다, 받아들이다
1929 □	希望 2급	xīwàng	명 동 희망(하다)

1930 □	吸引 4급	xīyǐn	통 끌어당기다, 매료시키다
1931 □	习惯 3급	xíguàn	명 습관, 버릇
1932 □	洗 2급	xǐ	통 씻다
1933 □	喜欢 1급	xǐhuan	좋아하다, 즐거워하다
1934 □	洗手间 3급	xǐshǒujiān	명 화장실
1935 □	洗澡 3급	xǐzǎo	통 목욕하다
1936 □	系统 5급	xìtǒng	명 계통, 체계 형 체계적이다
1937 □	系 5급	xì	명 학과, 계통
1938 □	细节 5급	xìjié	명 자세한 사정, 세부
1939 □	戏剧 5급	xìjù	명 연극, 각본
1940 □	瞎 5급	xiā	통 눈이 멀다, 실명하다
1941 □	下 1급	xià	명 밑, 아래, 나중, 다음
1942 □	夏 3급	xià	명 여름
1943 □	吓 5급	xià	통 놀라다, 겁을 주다
1944 □	夏令营 5급	xiàlìngyíng	명 여름 캠프
1945 □	下午 1급	xiàwǔ	명 오후
1946 □	下雨 1급	xiàyǔ	통 비가 내리다
1947 □	下载 5급	xiàzài	통 다운로드하다
1948 □	先 3급	xiān	부 먼저, 우선
1949 □	先生 1급	xiānsheng	명 선생, 씨 (성인 남자에 대한 존칭)
1950 □	鲜艳 5급	xiānyàn	형 (색이) 산뜻하고 아름답다

※ 다음 어휘의 뜻을 바르게 연결해 보세요.

1. 稳定·　　　　　　　　　　a. 형 안정하다 통 안정시키다
2. 握手·　　　　　　　　　　b. 통 흡수하다, 받아들이다
3. 无奈·　　　　　　　　　　c. 통 명 악수(하다)
4. 物质·　　　　　　　　　　d. 형 (색이) 산뜻하고 아름답다
5. 吸收·　　　　　　　　　　e. 통 다운로드하다
6. 系统·　　　　　　　　　　f. 통 어찌 할 도리가 없다, 부득이하다
7. 下载·　　　　　　　　　　g. 명 계통, 체계 통 체계적이다
8. 鲜艳·　　　　　　　　　　h. 명 물질

정답 1. a　2. c　3. f　4. h　5. b　6. g　7. e　8. d

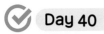 **Day 40**

1951 ☐	咸 4급	xián	휑 (맛이) 짜다
1952 ☐	显得 5급	xiǎnde	동 (어떠한 상황이) 드러나다, ~하게 보이다
1953 ☐	显然 5급	xiǎnrán	휑 명백하다, 분명하다
1954 ☐	显示 5급	xiǎnshì	동 나타내 보이다, 보여주다
1955 ☐	县 5급	xiàn	명 현
1956 ☐	现代 5급	xiàndài	명 현대
1957 ☐	现金 4급	xiànjīn	명 현금
1958 ☐	羡慕 4급	xiànmù	동 부러워하다
1959 ☐	现实 5급	xiànshí	명 현실 휑 현실적이다
1960 ☐	现象 5급	xiànxiàng	명 현상
1961 ☐	现在 1급	xiànzài	명 지금, 현재
1962 ☐	限制 5급	xiànzhì	동 제한하다, 규제하다 명 제한, 한정
1963 ☐	香 4급	xiāng	휑 향기롭다, 맛있다 명 향
1964 ☐	香肠 5급	xiāngcháng	명 소시지
1965 ☐	相处 5급	xiāngchǔ	동 함께 살다, 함께 지내다
1966 ☐	相当 5급	xiāngdāng	휑 같다, 상당하다
1967 ☐	相对 5급	xiāngduì	동 서로 대립이 되다 휑 상대적이다
1968 ☐	相反 4급	xiāngfǎn	동 상반되다, 반대되다
1969 ☐	相关 5급	xiāngguān	동 상관되다, 관련되다
1970 ☐	香蕉 3급	xiāngjiāo	명 바나나
1971 ☐	相似 5급	xiāngsì	동 닮다, 비슷하다
1972 ☐	相同 4급	xiāngtóng	휑 서로 같다, 똑같다
1973 ☐	相信 3급	xiāngxìn	동 믿다
1974 ☐	详细 4급	xiángxì	휑 상세하다, 자세하다
1975 ☐	想 1급	xiǎng	동 생각하다, ~하고 싶다
1976 ☐	响 4급	xiǎng	동 소리를 내다, 소리가 나다
1977 ☐	想念 5급	xiǎngniàn	동 그리워하다
1978 ☐	享受 5급	xiǎngshòu	동 향수하다, 누리다
1979 ☐	想象 5급	xiǎngxiàng	동 상상하다

1980 ☐	向 3급	xiàng	刑 ~로, ~을 향하여
1981 ☐	像 3급	xiàng	동 닮다, 비슷하다
1982 ☐	项 5급	xiàng	양 가지, 조항
1983 ☐	项链 5급	xiàngliàn	명 목걸이
1984 ☐	项目 5급	xiàngmù	명 항목, 사항
1985 ☐	橡皮 4급	xiàngpí	명 지우개, 고무
1986 ☐	象棋 5급	xiàngqí	명 중국 장기
1987 ☐	象征 5급	xiàngzhēng	명 동 상징(하다)
1988 ☐	消费 5급	xiāofèi	명 동 소비(하다)
1989 ☐	消化 5급	xiāohuà	명 동 소화(하다)
1990 ☐	消极 5급	xiāojí	형 소극적이다, 부정적인
1991 ☐	消失 5급	xiāoshī	동 사라지다, 없어지다
1992 ☐	销售 5급	xiāoshòu	동 팔다, 판매하다
1993 ☐	消息 4급	xiāoxi	명 정보, 뉴스
1994 ☐	小 1급	xiǎo	형 작다, 적다, 어리다
1995 ☐	小吃 4급	xiǎochī	명 간단한 음식, 스낵
1996 ☐	小伙子 4급	xiǎohuǒzi	명 젊은이, 총각
1997 ☐	小姐 1급	xiǎojie	명 아가씨
1998 ☐	小麦 5급	xiǎomài	명 소맥, 밀
1999 ☐	小气 5급	xiǎoqi	형 인색하다, 쩨쩨하다, 도량이 좁다
2000 ☐	小时 2급	xiǎoshí	명 시간

※ 다음 어휘의 뜻을 바르게 연결해 보세요.

1. 显得 ·
2. 限制 ·
3. 相当 ·
4. 相关 ·
5. 享受 ·
6. 项目 ·
7. 消极 ·
8. 销售 ·

a. 동 팔다, 판매하다
b. 동 향수하다, 누리다
c. 동 상관되다, 관련되다
d. 동 (어떠한 상황이) 드러나다, ~하게 보이다
e. 동 제한하다, 규제하다   명 제한, 한정
f. 형 소극적이다, 부정적인
g. 형 같다, 상당하다
h. 명 항목, 사항

정답 1. d 2. e 3. g 4. c 5. b 6. h 7. f 8. a

2001 □	小说 4급	xiǎoshuō	명 소설
2002 □	小心 3급	xiǎoxīn	동 조심하다, 주의하다
2003 □	笑 2급	xiào	동 웃다
2004 □	效果 4급	xiàoguǒ	명 효과
2005 □	笑话 4급	xiàohua	명 우스운 이야기, 우스갯소리
2006 □	效率 5급	xiàolǜ	명 효율, 능률
2007 □	孝顺 5급	xiàoshùn	동 효도하다
2008 □	校长 3급	xiàozhǎng	명 학교장
2009 □	些 1급	xiē	양 약간, 조금
2010 □	歇 5급	xiē	동 쉬다, 휴식하다
2011 □	斜 5급	xié	형 기울다 동 기울이다
2012 □	写 1급	xiě	동 글씨를 쓰다
2013 □	血 5급	xiě	명 피
2014 □	写作 5급	xiězuò	동 글을 짓다 명 작품
2015 □	谢谢 1급	xièxie	감사합니다. 고맙습니다.
2016 □	新 2급	xīn	형 새롭다, 새로운
2017 □	辛苦 4급	xīnku	형 고생스럽다 동 수고했습니다.
2018 □	心理 5급	xīnli	명 심리
2019 □	心情 4급	xīnqíng	명 심정, 마음, 기분
2020 □	欣赏 5급	xīnshǎng	동 감상하다, 좋다고 여기다
2021 □	新闻 3급	xīnwén	명 뉴스
2022 □	新鲜 3급	xīnxiān	형 신선하다
2023 □	心脏 5급	xīnzàng	명 심장
2024 □	信封 4급	xìnfēng	명 편지봉투
2025 □	信号 5급	xìnhào	명 신호
2026 □	信任 5급	xìnrèn	명 동 신임(하다)
2027 □	信息 4급	xìnxī	명 소식, 뉴스, 정보
2028 □	信心 4급	xìnxīn	명 자신, 믿음
2029 □	信用卡 3급	xìnyòngkǎ	명 신용 카드

2030 ☐	兴奋 4급	xīngfèn	통 흥분하다, 감격하다 명 흥분
2031 ☐	星期 1급	xīngqī	명 요일
2032 ☐	行 4급	xíng	형 좋다, 괜찮다
2033 ☐	形成 5급	xíngchéng	통 형성하다, 이루다
2034 ☐	行动 5급	xíngdòng	통 행동하다
2035 ☐	行李箱 3급	xínglǐxiāng	명 트렁크, 여행용 가방
2036 ☐	行人 5급	xíngrén	명 행인, 여행자
2037 ☐	形容 5급	xíngróng	통 형용하다, 묘사하다
2038 ☐	形式 5급	xíngshì	명 형식, 형태
2039 ☐	形势 5급	xíngshì	명 정세, 형편
2040 ☐	行为 5급	xíngwéi	명 행위
2041 ☐	形象 5급	xíngxiàng	명 (구체적인) 형상
2042 ☐	形状 5급	xíngzhuàng	명 형상, 물체의 외관
2043 ☐	醒 4급	xǐng	통 깨다
2044 ☐	姓 2급	xìng	명 성 통 ~을 성으로 하다
2045 ☐	性别 4급	xìngbié	명 성별
2046 ☐	幸福 4급	xìngfú	명 통 행복(하다)
2047 ☐	性格 4급	xìnggé	명 성격
2048 ☐	幸亏 5급	xìngkuī	부 다행히, 운 좋게
2049 ☐	幸运 5급	xìngyùn	명 행운 형 운이 좋다
2050 ☐	性质 5급	xìngzhì	명 성질, 성격

※ 다음 어휘의 뜻을 바르게 연결해 보세요.

1. 效率 •　　　　　　　　　　a. 형 기울다 통 기울이다
2. 斜 •　　　　　　　　　　　b. 명 심리
3. 心理 •　　　　　　　　　　c. 명 통 신임(하다)
4. 欣赏 •　　　　　　　　　　d. 명 효율, 능률
5. 信任 •　　　　　　　　　　e. 통 형성하다, 이루다
6. 形成 •　　　　　　　　　　f. 명 (구체적인) 형상
7. 形象 •　　　　　　　　　　g. 부 다행히, 운 좋게
8. 幸亏 •　　　　　　　　　　h. 통 감상하다, 좋다고 여기다

정답 1. d 2. a 3. b 4. h 5. c 6. e 7. f 8. g

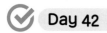

2051 □	胸 5급	xiōng	몡 가슴, 마음
2052 □	兄弟 5급	xiōngdì	몡 형과 동생, 형제
2053 □	熊猫 3급	xióngmāo	몡 판다
2054 □	修改 5급	xiūgǎi	통 바로잡아 고치다, 개정하다
2055 □	修理 4급	xiūlǐ	통 수리하다, 고치다
2056 □	休息 2급	xiūxi	몡 통 휴식(하다)
2057 □	休闲 5급	xiūxián	몡 통 휴식 오락 활동(을 즐기다)
2058 □	虚心 5급	xūxīn	혱 겸허하다
2059 □	需要 3급	xūyào	통 요구되다, 필요로 하다 몡 수요, 필요
2060 □	许多 4급	xǔduō	혱 대단히 많은, 허다한
2061 □	叙述 5급	xùshù	몡 통 서술(하다), 설명(하다)
2062 □	宣布 5급	xuānbù	통 선포하다, 공표하다
2063 □	宣传 5급	xuānchuán	몡 통 선전(하다)
2064 □	选择 3급	xuǎnzé	몡 통 선택(하다)
2065 □	学历 5급	xuélì	몡 학력
2066 □	学期 4급	xuéqī	몡 학기
2067 □	学生 1급	xuésheng	몡 학생
2068 □	学术 5급	xuéshù	몡 학술
2069 □	学问 5급	xuéwen	몡 학문, 학식
2070 □	学习 1급	xuéxí	몡 통 공부(하다)
2071 □	学校 1급	xuéxiào	몡 학교
2072 □	雪 2급	xuě	몡 눈
2073 □	询问 5급	xúnwèn	통 알아보다, 문의하다
2074 □	寻找 5급	xúnzhǎo	통 찾다
2075 □	训练 5급	xùnliàn	몡 통 훈련(하다)
2076 □	迅速 5급	xùnsù	혱 신속하다, 급속하다
2077 □	押金 5급	yājīn	몡 보증금, 담보금
2078 □	压力 4급	yālì	몡 압력, 스트레스
2079 □	牙齿 5급	yáchǐ	몡 이, 치아

2080 ☐	牙膏 4급	yágāo	몡 치약
2081 ☐	亚洲 4급	Yàzhōu	몡 아시아 주
2082 ☐	呀 4급	ya	죠 어세를 돕는 어기조사
2083 ☐	盐 4급	yán	몡 소금
2084 ☐	延长 5급	yáncháng	몡 동 연장(하다)
2085 ☐	严格 4급	yángé	혱 엄격하다, 엄하다
2086 ☐	研究 4급	yánjiū	몡 동 연구(하다)
2087 ☐	颜色 2급	yánsè	몡 색채, 색
2088 ☐	严肃 5급	yánsù	혱 엄숙하다, 진지하다
2089 ☐	严重 4급	yánzhòng	혱 중대하다, 심각하다
2090 ☐	演出 4급	yǎnchū	몡 동 공연(하다)
2091 ☐	演讲 5급	yǎnjiǎng	몡 동 강연(하다), 연설(하다)
2092 ☐	眼镜 4급	yǎnjìng	몡 안경
2093 ☐	眼睛 2급	yǎnjing	몡 눈의 통칭
2094 ☐	演员 4급	yǎnyuán	몡 배우, 연기자
2095 ☐	宴会 5급	yànhuì	몡 연회
2096 ☐	阳光 4급	yángguāng	몡 햇빛
2097 ☐	羊肉 2급	yángròu	몡 양고기
2098 ☐	阳台 5급	yángtái	몡 발코니
2099 ☐	痒 5급	yǎng	혱 가렵다, 근질근질하다
2100 ☐	养成 4급	yǎngchéng	동 양성하다, 기르다, 키우다

※ 다음 어휘의 뜻을 바르게 연결해 보세요.

1. 修改 ·
2. 虚心 ·
3. 宣传 ·
4. 寻找 ·
5. 迅速 ·
6. 延长 ·
7. 严肃 ·
8. 痒　·

a. 혱 겸허하다
b. 동 찾다
c. 동 바로잡아 고치다, 개정하다
d. 혱 엄숙하다, 진지하다
e. 몡 동 연장(하다)
f. 혱 가렵다, 근질근질하다
g. 혱 신속하다, 급속하다
h. 몡 동 선전(하다)

정답 1. c 2. a 3. h 4. b 5. g 6. e 7. d 8. f

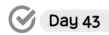

2101 □	样式 5급	yàngshì	몡 양식, 형식, 견본
2102 □	样子 4급	yàngzi	몡 모양, 형태
2103 □	腰 5급	yāo	몡 허리
2104 □	邀请 4급	yāoqǐng	몡 동 초청(하다), 초대(하다)
2105 □	要求 3급	yāoqiú	몡 동 요구(하다)
2106 □	摇 5급	yáo	동 (좌우로) 흔들다, 흔들어 움직이다
2107 □	咬 5급	yǎo	동 물다, 깨물다
2108 □	药 2급	yào	몡 약간, 조금
2109 □	要 2급	yào	동 필요하다, 원하다, ~해야 한다
2110 □	要不 5급	yàobù	젭 그렇지 않으면
2111 □	要是 4급	yàoshi	젭 만일 ~이라면
2112 □	钥匙 4급	yàoshi	몡 열쇠
2113 □	爷爷 3급	yéye	몡 할아버지, 조부님
2114 □	也 2급	yě	부 ~도, 역시
2115 □	也许 4급	yěxǔ	부 어쩌면, 아마도
2116 □	页 4급	yè	양 페이지, 쪽
2117 □	夜 5급	yè	몡 밤
2118 □	业务 5급	yèwù	몡 업무, 일
2119 □	业余 5급	yèyú	형 여가의, 근무 시간 외의
2120 □	叶子 4급	yèzi	몡 잎
2121 □	一 1급	yī	수 1, 하나
2122 □	衣服 1급	yīfu	몡 옷, 의복
2123 □	依然 5급	yīrán	형 의연하다, 전과 다름이 없다
2124 □	医生 1급	yīshēng	몡 의사
2125 □	医院 1급	yīyuàn	몡 병원
2126 □	一辈子 5급	yíbèizi	몡 한평생, 일생
2127 □	一旦 5급	yídàn	몡 일단(만약) ~한다면
2128 □	一定 3급	yídìng	부 반드시, 필히, 꼭
2129 □	移动 5급	yídòng	몡 동 이동(하다)

2130 ☐	一共 3급	yígòng	몡 합계 児 전부, 모두
2131 ☐	遗憾 5급	yíhàn	몡 혱 유감(스럽다)
2132 ☐	一会儿 3급	yíhuìr	잠시, 잠깐 동안
2133 ☐	一律 5급	yílǜ	혱 일률적이다 児 일률적으로
2134 ☐	移民 5급	yímín	됭 이민하다
2135 ☐	一切 4급	yíqiè	몡 일체, 모든 것 혱 일체의
2136 ☐	疑问 5급	yíwèn	몡 의문
2137 ☐	一下 2급	yíxià	양 시험삼아 해 보다 児 금방
2138 ☐	一样 3급	yíyàng	혱 같다, 동일하다
2139 ☐	一再 5급	yízài	児 몇 번이나, 수차, 거듭
2140 ☐	一致 5급	yízhì	몡 혱 일치(하다)
2141 ☐	以 4급	yǐ	갸 ~으로써, ~을 가지고
2142 ☐	乙 5급	yǐ	몡 을 쉬 두 번째
2143 ☐	以及 5급	yǐjí	졉 및, 그리고, 아울러
2144 ☐	已经 2급	yǐjing	児 이미, 벌써
2145 ☐	以来 5급	yǐlái	몡 이래, 동안
2146 ☐	以前 3급	yǐqián	몡 이전
2147 ☐	以为 4급	yǐwéi	됭 생각하다, 여기다
2148 ☐	椅子 1급	yǐzi	몡 의자
2149 ☐	亿 5급	yì	쉬 억
2150 ☐	一般 3급	yìbān	혱 같다, 보통이다

※ 다음 어휘의 뜻을 바르게 연결해 보세요.

1. 腰 ·
2. 要不 ·
3. 业务 ·
4. 依然 ·
5. 一旦 ·
6. 遗憾 ·
7. 一致 ·
8. 以来 ·

a. 졉 그렇지 않으면
b. 혱 의연하다, 전과 다름이 없다
c. 몡 이래, 동안
d. 몡 혱 일치(하다)
e. 몡 혱 유감(스럽다)
f. 몡 일단(만약) ~한다면
g. 몡 업무, 일
h. 됭 몡 허리

정답 1. h 2. a 3. g 4. b 5. f 6. e 7. d 8. c

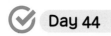

2151 ☐	一边 3급	yìbiān	몡 한쪽, 한편
2152 ☐	一点儿 1급	yìdiǎnr	조금
2153 ☐	意见 4급	yìjiàn	몡 의견
2154 ☐	议论 5급	yìlùn	통 왈가왈부하다 몡 논의, 시비
2155 ☐	一起 2급	yìqǐ	틧 같이, 함께
2156 ☐	艺术 4급	yìshù	몡 예술
2157 ☐	意思 2급	yìsi	몡 생각, 의견
2158 ☐	意外 5급	yìwài	혱 의외이다, 뜻밖이다
2159 ☐	义务 5급	yìwù	몡 의무
2160 ☐	意义 5급	yìyì	몡 뜻, 의미, 의의
2161 ☐	一直 3급	yìzhí	틧 똑바로, 계속해서
2162 ☐	阴 2급	yīn	혱 흐리다
2163 ☐	因此 4급	yīncǐ	젭 그래서, 그러므로
2164 ☐	因而 5급	yīn'ér	젭 그러므로, 그래서
2165 ☐	因素 5급	yīnsù	몡 구성 요소, 원인, 요소
2166 ☐	因为…… 所以…… 2급	yīnwèi…… suǒyǐ……	젭 ~때문에 그래서
2167 ☐	音乐 3급	yīnyuè	몡 음악
2168 ☐	银 5급	yín	몡 은
2169 ☐	银行 3급	yínháng	몡 은행
2170 ☐	饮料 3급	yǐnliào	몡 음료
2171 ☐	引起 4급	yǐnqǐ	통 (주의를) 끌다, 야기하다, (사건 등을) 일으키다
2172 ☐	印刷 5급	yìnshuā	몡 통 인쇄(하다)
2173 ☐	印象 4급	yìnxiàng	몡 인상
2174 ☐	应该 3급	yīnggāi	통 마땅히 ~해야 한다
2175 ☐	英俊 5급	yīngjùn	혱 재능이 출중하다, 영준하다
2176 ☐	英雄 5급	yīngxióng	몡 영웅
2177 ☐	赢 4급	yíng	통 이기다
2178 ☐	迎接 5급	yíngjiē	통 영접하다, 맞이하다

2179 □	营养 5급	yíngyǎng	몡 영양, 양분
2180 □	营业 5급	yíngyè	몡 동 영업(하다)
2181 □	影响 3급	yǐngxiǎng	동 몡 영향(을 주다)
2182 □	影子 5급	yǐngzi	몡 그림자
2183 □	硬 5급	yìng	혱 단단하다, 굳다 뷔 억지로
2184 □	应付 5급	yìngfù	동 대응하다, 대처하다
2185 □	硬件 5급	yìngjiàn	몡 하드웨어
2186 □	应聘 4급	yìngpìn	동 초빙에 응하다, 지원하다
2187 □	应用 5급	yìngyòng	동 몡 응용(하다)
2188 □	拥抱 5급	yōngbào	동 포옹하다
2189 □	拥挤 5급	yōngjǐ	동 한데 모이다 혱 붐비다
2190 □	勇敢 4급	yǒnggǎn	혱 용감하다
2191 □	勇气 5급	yǒngqì	몡 용기
2192 □	永远 4급	yǒngyuǎn	혱 영원하다 뷔 늘, 항상
2193 □	用 3급	yòng	동 쓰다, 사용하다 몡 쓸모, 용도
2194 □	用功 5급	yònggōng	동 힘써 배우다, (공부에) 힘쓰다
2195 □	用途 5급	yòngtú	몡 용도
2196 □	优点 4급	yōudiǎn	몡 장점, 우수한 점
2197 □	优惠 5급	yōuhuì	혱 특혜의, 우대의
2198 □	悠久 5급	yōujiǔ	혱 유구하다
2199 □	优美 5급	yōuměi	혱 우아하고 아름답다
2200 □	幽默 4급	yōumò	몡 혱 유머(러스하다)

※ 다음 어휘의 뜻을 바르게 연결해 보세요.

1. 意外 ·
2. 因而 ·
3. 因素 ·
4. 印刷 ·
5. 营养 ·
6. 硬件 ·
7. 拥挤 ·
8. 悠久 ·

a. 몡 영양, 양분
b. 몡 구성 요소, 원인, 요소
c. 혱 의외이다, 뜻밖이다
d. 몡 동 인쇄(하다)
e. 혱 유구하다
f. 동 한데 모이다 혱 붐비다
g. 몡 하드웨어
h. 젭 그러므로, 그래서

정답 1. c 2. h 3. b 4. d 5. a 6. g 7. f 8. e

2201 ☐	优势 5급	yōushì	몡 우세, 우위
2202 ☐	优秀 4급	yōuxiù	혱 우수하다, 뛰어나다
2203 ☐	由 4급	yóu	깨 ~이/가(동작의 주체를 나타냄), ~으로부터
2204 ☐	邮局 4급	yóujú	몡 우체국
2205 ☐	游览 5급	yóulǎn	몡 동 유람(하다)
2206 ☐	尤其 4급	yóuqí	뷔 특히, 더욱
2207 ☐	游戏 3급	yóuxì	동 놀다, 장난치다
2208 ☐	游泳 2급	yóuyǒng	동 몡 수영(하다)
2209 ☐	由于 4급	yóuyú	깨 ~때문에 젭 ~로 인하여
2210 ☐	犹豫 5급	yóuyù	동 주저하다, 망설이다
2211 ☐	油炸 5급	yóuzhá	동 기름에 튀기다
2212 ☐	有 1급	yǒu	동 있다, 가지고 있다, ~만큼 되다
2213 ☐	友好 4급	yǒuhǎo	몡 혱 우호(적이다)
2214 ☐	有利 5급	yǒulì	혱 유리하다, 유익하다
2215 ☐	有名 3급	yǒumíng	혱 유명하다
2216 ☐	有趣 4급	yǒuqù	혱 재미있다, 흥미 있다
2217 ☐	友谊 4급	yǒuyì	몡 우의, 우정
2218 ☐	又 3급	yòu	뷔 또, 다시
2219 ☐	幼儿园 5급	yòu'éryuán	몡 유치원
2220 ☐	右边 2급	yòubiān	몡 오른쪽
2221 ☐	鱼 2급	yú	몡 물고기
2222 ☐	愉快 4급	yúkuài	혱 기분이 좋다, 기쁘다
2223 ☐	娱乐 5급	yúlè	몡 오락, 즐거움
2224 ☐	于是 4급	yúshì	젭 그래서, 그리하여
2225 ☐	与 4급	yǔ	깨 ~와/과
2226 ☐	语法 4급	yǔfǎ	몡 어법, 문법
2227 ☐	羽毛球 4급	yǔmáoqiú	몡 배드민턴
2228 ☐	语气 5급	yǔqì	몡 어기, 어세, 말투
2229 ☐	与其 5급	yǔqí	젭 ~하기 보다는, ~하느니 차라리

2230 □	语言 4급	yǔyán	몡 언어
2231 □	预报 5급	yùbào	몡 동 예보(하다)
2232 □	遇到 3급	yùdào	동 만나다, 마주치다
2233 □	预订 5급	yùdìng	동 예약하다, 예매하다
2234 □	预防 5급	yùfáng	몡 동 예방(하다)
2235 □	玉米 5급	yùmǐ	몡 옥수수
2236 □	预习 4급	yùxí	몡 동 예습(하다)
2237 □	元 3급	yuán	몡 위안, 중국의 화폐 단위
2238 □	圆 5급	yuán	혱 둥글다
2239 □	元旦 5급	yuándàn	몡 원단, 설날
2240 □	员工 5급	yuángōng	몡 종업원
2241 □	原来 4급	yuánlái	뷔 원래, 본래 혱 원래의
2242 □	原谅 4급	yuánliàng	동 양해하다, 용서하다
2243 □	原料 5급	yuánliào	몡 원료, 소재
2244 □	原因 4급	yuányīn	몡 원인
2245 □	原则 5급	yuánzé	몡 원칙
2246 □	远 2급	yuǎn	혱 멀다
2247 □	愿望 5급	yuànwàng	몡 희망, 바람
2248 □	愿意 3급	yuànyì	동 ~하기를 바라다
2249 □	约会 4급	yuēhuì	몡 약속
2250 □	月 1급	yuè	몡 월, 달

※ 다음 어휘의 뜻을 바르게 연결해 보세요.

1. 优势·　　　　　　　a. 몡 오락, 즐거움
2. 犹豫·　　　　　　　b. 몡 원칙
3. 有利·　　　　　　　c. 혱 유리하다, 유익하다
4. 娱乐·　　　　　　　d. 동 주저하다, 망설이다
5. 与其·　　　　　　　e. 몡 우세, 우위
6. 预订·　　　　　　　f. 젭 ~하기 보다는, ~하느니 차라리
7. 原则·　　　　　　　g. 몡 희망, 바람
8. 愿望·　　　　　　　h. 동 예약하다, 예매하다

정답 　1. e　2. d　3. c　4. a　5. f　6. h　7. b　8. g

Day 46

2251 □	越 3급	yuè	[동] 넘다, 정도를 넘다
2252 □	阅读 4급	yuèdú	[동] 읽다, 열독하다
2253 □	月亮 3급	yuèliang	[명] 달
2254 □	乐器 5급	yuèqì	[명] 악기
2255 □	晕 5급	yūn	[형] 어지럽다 [동] 기절하다
2256 □	云 4급	yún	[명] 구름
2257 □	允许 4급	yǔnxǔ	[동] 허가하다
2258 □	运动 2급	yùndòng	[명] 운동
2259 □	运气 5급	yùnqi	[명] 운명, 운세
2260 □	运输 5급	yùnshū	[명] [동] 운수(하다), 운송(하다)
2261 □	运用 5급	yùnyòng	[명] [동] 운용(하다), 활용(하다)
2262 □	杂志 4급	zázhì	[명] 잡지
2263 □	灾害 5급	zāihài	[명] 재해
2264 □	在 1급	zài	[동] 존재하다, 있다
2265 □	再 2급	zài	[부] 다시, 또
2266 □	在乎 5급	zàihū	[동] 마음에 두다, 개의하다
2267 □	再见 1급	zàijiàn	또 뵙겠습니다. 안녕히 계십시오.
2268 □	再三 5급	zàisān	[부] 재삼, 여러 번
2269 □	在于 5급	zàiyú	[동] ~에 있다, ~에 달려있다
2270 □	咱们 4급	zánmen	[대] 우리, 우리들
2271 □	赞成 5급	zànchéng	[명] [동] 찬성(하다)
2272 □	赞美 5급	zànměi	[동] 찬미하다, 칭송하다
2273 □	暂时 4급	zànshí	[명] 잠깐, 잠시
2274 □	脏 4급	zāng	[형] 더럽다 [동] 더럽히다
2275 □	糟糕 5급	zāogāo	[동] 못쓰게 되다, 엉망이 되다
2276 □	早上 2급	zǎoshang	[명] 아침
2277 □	造成 5급	zàochéng	[동] 조성하다, 만들다
2278 □	则 5급	zé	[접] 그러나 [부] 바로 ~이다
2279 □	责备 5급	zébèi	[동] 탓하다, 책망하다

2280 □	责任 4급	zérèn	몡 책임
2281 □	怎么 1급	zěnme	때 어떻게, 왜
2282 □	怎么样 1급	zěnmeyàng	때 어떻게, 왜
2283 □	增加 4급	zēngjiā	몡 증가 통 증가하다, 더하다
2284 □	摘 5급	zhāi	통 따다, 꺾다
2285 □	窄 5급	zhǎi	휑 (폭이) 좁다
2286 □	粘贴 5급	zhāntiē	통 붙이다, 바르다
2287 □	展开 5급	zhǎnkāi	통 펴다, 펼치다
2288 □	展览 5급	zhǎnlǎn	몡 전람 통 전람하다, 전람회
2289 □	站 3급	zhàn	통 서다, 일어서다 몡 정거장
2290 □	占 5급	zhàn	통 차지하다, 점령하다
2291 □	占线 4급	zhànxiàn	통 (전화가) 통화중이다
2292 □	战争 5급	zhànzhēng	몡 전쟁
2293 □	张 3급	zhāng	얭 종이, 책상, 침대 등을 세는 단위
2294 □	长 3급	zhǎng	통 생기다, 자라다
2295 □	涨 5급	zhǎng	통 물이 붇다, (값이) 오르다
2296 □	长辈 5급	zhǎngbèi	몡 손윗사람, 연장자
2297 □	掌握 5급	zhǎngwò	통 파악하다, 숙달하다, 주관하다
2298 □	丈夫 2급	zhàngfu	몡 남편
2299 □	账户 5급	zhànghù	몡 계좌
2300 □	招待 5급	zhāodài	통 초청하다, 초대하다, 접대하다

※ 다음 어휘의 뜻을 바르게 연결해 보세요.
1. 晕 ·
2. 运输 ·
3. 灾害 ·
4. 糟糕 ·
5. 造成 ·
6. 责备 ·
7. 掌握 ·
8. 账户 ·

a. 통 탓하다, 책망하다
b. 통 조성하다, 만들다
c. 몡 재해
d. 휑 어지럽다 통 기절하다
e. 몡 통 운수(하다), 운송(하다)
f. 통 파악하다, 숙달하다, 주관하다
g. 몡 계좌
h. 통 못쓰게 되다, 엉망이 되다

정답 1. d 2. e 3. c 4. h 5. b 6. a 7. f 8. g

93

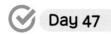

2301 □	招聘 4급	zhāopìn	동 초대하다, 초빙하다
2302 □	着火 5급	zháohuǒ	동 불나다, 발화하다
2303 □	着急 3급	zháojí	동 조급해하다, 초조해하다
2304 □	着凉 5급	zháoliáng	동 감기에 걸리다
2305 □	找 2급	zhǎo	동 찾다, 구하다
2306 □	照 4급	zhào	동 비추다, (사진, 영화를) 찍다
2307 □	照常 5급	zhàocháng	동 평소와 같다, 평소대로 하다
2308 □	照顾 3급	zhàogù	동 돌보다, 보살펴 주다
2309 □	召开 5급	zhàokāi	동 (회의 등을) 열다
2310 □	照片 3급	zhàopiàn	명 사진
2311 □	照相机 3급	zhàoxiàngjī	명 사진기, 카메라
2312 □	哲学 5급	zhéxué	명 형 철학(적이다)
2313 □	这 1급	zhè	대 이, 이것
2314 □	着 2급	zhe	조 ~하고 있다, ~해 있다
2315 □	真 2급	zhēn	부 정말, 참으로
2316 □	针对 5급	zhēnduì	동 겨누다, 대하다
2317 □	真实 5급	zhēnshí	형 진실하다
2318 □	珍惜 5급	zhēnxī	동 진귀하게 여겨 아끼다, 소중히 여기다
2319 □	真正 4급	zhēnzhèng	형 진정한 부 진실로
2320 □	诊断 5급	zhěnduàn	명 동 진단(하다)
2321 □	阵 5급	zhèn	명 (군대의) 진 양 잠시 동안
2322 □	振动 5급	zhèndòng	명 동 진동(하다)
2323 □	睁 5급	zhēng	동 눈을 뜨다
2324 □	争论 5급	zhēnglùn	명 동 쟁론(하다), 논쟁(하다)
2325 □	征求 5급	zhēngqiú	동 널리 구하다, 모집하다
2326 □	争取 5급	zhēngqǔ	동 쟁취하다, ~을 목표로 노력하다
2327 □	整个 5급	zhěnggè	형 전체의, 온통의
2328 □	整理 4급	zhěnglǐ	명 동 정리(하다)
2329 □	整齐 5급	zhěngqí	형 단정하다, 가지런하다 동 가지런히 하다

2330 ☐	整体 5급	zhěngtǐ	형 전체, 총체
2331 ☐	正 5급	zhèng	형 곧다, 바르다
2332 ☐	挣 5급	zhèng	동 (돈이나 재산 등을) 노력하여 벌다
2333 ☐	正常 4급	zhèngcháng	형 정상적이다
2334 ☐	政府 5급	zhèngfǔ	명 정부
2335 ☐	正好 4급	zhènghǎo	형 꼭 알맞다 부 마침, 때마침
2336 ☐	证件 5급	zhèngjiàn	명 증서, 증명서
2337 ☐	证据 5급	zhèngjù	명 증거, 근거
2338 ☐	证明 4급	zhèngmíng	명 증명서, 증명 동 증명하다
2339 ☐	正确 4급	zhèngquè	형 정확하다, 틀림없다
2340 ☐	正式 4급	zhèngshì	형 정식의, 공식의
2341 ☐	正在 2급	zhèngzài	부 마침, 바야흐로
2342 ☐	政治 5급	zhèngzhì	명 정치
2343 ☐	只 3급	zhī	양 마리 (동물을 세는 단위)
2344 ☐	之 4급	zhī	조 ~의(수식 관계를 나타냄)
2345 ☐	支 5급	zhī	양 자루 (가늘고 긴 물건을 세는 단위)
2346 ☐	支持 4급	zhīchí	동 힘써 견디다, 지지하다
2347 ☐	知道 2급	zhīdào	동 알다, 이해하다
2348 ☐	支票 5급	zhīpiào	명 수표
2349 ☐	知识 4급	zhīshi	명 지식
2350 ☐	直 5급	zhí	형 곧다, 똑바르다, 수직이다

※ 다음 어휘의 뜻을 바르게 연결해 보세요.

1. 照常 ·
2. 召开 ·
3. 针对 ·
4. 征求 ·
5. 争取 ·
6. 挣 ·
7. 证件 ·
8. 政治 ·

a. 명 정치
b. 명 증서, 증명서
c. 동 평소와 같다, 평소대로 하다
d. 동 (회의 등을) 열다
e. 동 쟁취하다, ~을 목표로 노력하다
f. 동 널리 구하다, 모집하다
g. 동 겨누다, 대하다
h. 동 (돈이나 재산 등을) 노력하여 벌다

정답 1. c 2. d 3. g 4. f 5. e 6. h 7. b 8. a

2351 □	值得 4급	zhídé	동 ~할 만한 가치가 있다
2352 □	直接 4급	zhíjiē	명 형 직접(의), 직접적(인)
2353 □	植物 4급	zhíwù	명 식물
2354 □	职业 4급	zhíyè	명 직업 형 전문가적인
2355 □	执照 5급	zhízhào	명 면허증
2356 □	只 3급	zhǐ	부 단지, 오직
2357 □	指 4급	zhǐ	동 가리키다, 지적하다
2358 □	指导 5급	zhǐdǎo	명 동 지도(하다)
2359 □	只好 4급	zhǐhǎo	부 부득이, 할 수 없이
2360 □	指挥 5급	zhǐhuī	명 동 지휘(하다)
2361 □	只要 4급	zhǐyào	접 ~하기만 하면, 만약 ~라면
2362 □	只有…… 才…… 3급	zhǐyǒu……cái……	접 ~해야만 ~하다
2363 □	制定 5급	zhìdìng	동 (법규·계획 등을) 제정하다, 만들다
2364 □	制度 5급	zhìdù	명 제도, 규정
2365 □	智慧 5급	zhìhuì	명 지혜, 슬기
2366 □	至今 5급	zhìjīn	부 지금까지, 오늘까지
2367 □	质量 4급	zhìliàng	명 품질, 질
2368 □	治疗 5급	zhìliáo	명 동 치료(하다)
2369 □	至少 4급	zhìshǎo	부 최소한, 적어도
2370 □	秩序 5급	zhìxù	명 질서, 순서
2371 □	至于 5급	zhìyú	동 ~의 정도에 이르다 개 ~에 관해서는
2372 □	志愿者 5급	zhìyuànzhě	명 자원봉사자, 지원자
2373 □	制造 5급	zhìzào	동 제조하다, 만들다
2374 □	制作 5급	zhìzuò	동 제작하다, 만들다
2375 □	中国 1급	Zhōngguó	명 중국
2376 □	中间 3급	zhōngjiān	명 속, 중, 가운데
2377 □	中介 5급	zhōngjiè	명 중개, 매개
2378 □	中文 3급	Zhōngwén	명 중국어

2379 ☐	中午 1급	zhōngwǔ	몡 점심, 정오
2380 ☐	中心 5급	zhōngxīn	몡 중심, 중요 지역
2381 ☐	中旬 5급	zhōngxún	몡 중순
2382 ☐	终于 3급	zhōngyú	뷔 마침내, 결국
2383 ☐	种 3급	zhǒng	얭 종류, 가지
2384 ☐	种类 5급	zhǒnglèi	몡 종류
2385 ☐	重 4급	zhòng	휑 무겁다
2386 ☐	重大 5급	zhòngdà	휑 중대하다, 크다
2387 ☐	重点 4급	zhòngdiǎn	몡 중점, 중요한 점
2388 ☐	重量 5급	zhòngliàng	몡 중량, 무게
2389 ☐	重视 4급	zhòngshì	몡 동 중시(하다)
2390 ☐	重要 3급	zhòngyào	휑 중요하다
2391 ☐	周到 5급	zhōudào	휑 꼼꼼하다, 세심하다
2392 ☐	周末 3급	zhōumò	몡 주말
2393 ☐	周围 4급	zhōuwéi	몡 주위, 사방
2394 ☐	猪 5급	zhū	몡 돼지
2395 ☐	逐步 5급	zhúbù	뷔 한 걸음 한 걸음, 차츰차츰
2396 ☐	逐渐 5급	zhújiàn	뷔 점차, 점점
2397 ☐	竹子 5급	zhúzi	몡 대나무
2398 ☐	煮 5급	zhǔ	동 삶다, 익히다
2399 ☐	主持 5급	zhǔchí	동 주관하다, 주재하다
2400 ☐	主动 5급	zhǔdòng	휑 능동적이다, 적극적이다

※ 다음 어휘의 뜻을 바르게 연결해 보세요.

1. 执照 ・   a. 뷔 점차, 점점
2. 制度 ・   b. 뷔 지금까지, 오늘까지
3. 至今 ・   c. 몡 제도, 규정
4. 志愿者・   d. 몡 면허증
5. 种类 ・   e. 몡 돼지
6. 猪 ・   f. 몡 종류
7. 逐渐 ・   g. 휑 능동적이다, 적극적이다
8. 主动 ・   h. 몡 자원봉사자, 지원자

정답 1. d 2. c 3. b 4. h 5. f 6. e 7. a 8. g

2401 ☐	主观 5급	zhǔguān	몡 혱 주관(적이다)
2402 ☐	主人 5급	zhǔrén	몡 주인, 손님을 접대하는 사람
2403 ☐	主任 5급	zhǔrèn	몡 주임
2404 ☐	主题 5급	zhǔtí	몡 주제
2405 ☐	主席 5급	zhǔxí	몡 의장, 주석
2406 ☐	主要 3급	zhǔyào	혱 주요하다 뷔 주로, 대부분
2407 ☐	主意 4급	zhǔyi	몡 생각, 의견
2408 ☐	主张 5급	zhǔzhāng	몡 주장, 견해 동 주장하다
2409 ☐	住 1급	zhù	동 살다, 거주하다, 숙박하다
2410 ☐	注册 5급	zhùcè	몡 동 등록(하다)
2411 ☐	祝福 5급	zhùfú	몡 동 축복(하다)
2412 ☐	祝贺 4급	zhùhè	몡 동 축하(하다)
2413 ☐	著名 4급	zhùmíng	혱 저명하다, 유명하다
2414 ☐	注意 3급	zhùyì	동 주의하다, 조심하다
2415 ☐	抓 5급	zhuā	동 (손가락으로) 꽉 쥐다, (시간·기회를) 붙잡다
2416 ☐	抓紧 5급	zhuājǐn	동 꽉 쥐다, 단단히 잡다
2417 ☐	专家 5급	zhuānjiā	몡 전문가
2418 ☐	专门 4급	zhuānmén	몡 전문 뷔 일부러
2419 ☐	专心 5급	zhuānxīn	동 몰두하다, 전념하다
2420 ☐	专业 4급	zhuānyè	몡 전공, 학과, 전문
2421 ☐	转 4급	zhuǎn	동 달라지다, 바뀌다, 돌아가다
2422 ☐	转变 5급	zhuǎnbiàn	동 바뀌다, 전환하다
2423 ☐	赚 4급	zhuàn	동 벌다, 이윤을 얻다
2424 ☐	装 5급	zhuāng	동 치장하다, ~인 체하다, 싣다
2425 ☐	装饰 5급	zhuāngshì	동 치장하다, 장식하다 몡 장식품
2426 ☐	装修 5급	zhuāngxiū	동 인테리어를 하다
2427 ☐	转告 5급	zhuǎngào	동 전언하다, 전달하다
2428 ☐	撞 5급	zhuàng	동 부딪치다, 충돌하다
2429 ☐	状况 5급	zhuàngkuàng	몡 상황, 형편

2430 ☐	状态 5급	zhuàngtài	명 상태
2431 ☐	追 5급	zhuī	동 쫓다, 뒤따르다, 구하다
2432 ☐	追求 5급	zhuīqiú	동 추구하다, 구애하다
2433 ☐	准备 2급	zhǔnbèi	동 준비하다
2434 ☐	准确 4급	zhǔnquè	형 확실하다, 틀림없다
2435 ☐	准时 4급	zhǔnshí	명 정각 부 정시에, 제때에
2436 ☐	桌子 1급	zhuōzi	명 탁자, 테이블
2437 ☐	资格 5급	zīgé	명 자격
2438 ☐	资金 5급	zījīn	명 자금
2439 ☐	资料 5급	zīliào	명 자료
2440 ☐	姿势 5급	zīshì	명 자세, 모양
2441 ☐	咨询 5급	zīxún	동 자문하다 명 컨설턴트
2442 ☐	资源 5급	zīyuán	명 자원
2443 ☐	紫 5급	zǐ	명 형 자색(의)
2444 ☐	仔细 4급	zǐxì	형 꼼꼼하다, 자세하다
2445 ☐	字 1급	zì	명 글자, 문자
2446 ☐	自从 5급	zìcóng	개 ~에서, ~이래
2447 ☐	自动 5급	zìdòng	부 자발적으로 형 자동적인
2448 ☐	自豪 5급	zìháo	동 스스로 긍지를 느끼다
2449 ☐	自己 3급	zìjǐ	대 자기, 자신 부 스스로
2450 ☐	自觉 5급	zìjué	동 자각하다, 스스로 느끼다

※ 다음 어휘의 뜻을 바르게 연결해 보세요.

1. 主张 ·
2. 祝福 ·
3. 专家 ·
4. 装饰 ·
5. 装修 ·
6. 追求 ·
7. 资询 ·
8. 自动 ·

a. 부 자발적으로 형 자동적인
b. 동 치장하다, 장식하다 명 장식품
c. 명 전문가
d. 명 동 축복(하다)
e. 형 주장, 견해 동 주장하다
f. 동 인테리어를 하다
g. 동 추구하다, 구애하다
h. 동 자문하다 명 컨설턴트

정답 1. e 2. d 3. c 4. b 5. f 6. g 7. h 8. a

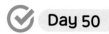

2451 ☐	字母 5급	zìmǔ	몡 자모
2452 ☐	字幕 5급	zìmù	몡 (영화 따위의) 자막
2453 ☐	自然 4급	zìrán	몡 자연 뷔 저절로
2454 ☐	自私 5급	zìsī	혱 이기적이다
2455 ☐	自行车 3급	zìxíngchē	몡 자전거
2456 ☐	自信 4급	zìxìn	몡 용 자신(하다)
2457 ☐	自由 5급	zìyóu	몡 자유 혱 자유롭다
2458 ☐	自愿 5급	zìyuàn	몡 용 자원(하다)
2459 ☐	综合 5급	zōnghé	몡 용 종합(하다)
2460 ☐	总裁 5급	zǒngcái	몡 (정당·그룹의) 총재
2461 ☐	总共 5급	zǒnggòng	뷔 모두, 전부
2462 ☐	总结 4급	zǒngjié	몡 용 총괄(하다)
2463 ☐	总理 5급	zǒnglǐ	몡 총리
2464 ☐	总是 3급	zǒngshì	뷔 늘, 줄곧, 결국
2465 ☐	总算 5급	zǒngsuàn	뷔 겨우, 간신히, 전체적으로 ~한 셈이다
2466 ☐	总统 5급	zǒngtǒng	몡 총통, 대통령
2467 ☐	总之 5급	zǒngzhī	젭 요컨대, 총괄적으로 말해서
2468 ☐	走 2급	zǒu	용 걷다, 걸어가다
2469 ☐	租 4급	zū	용 빌려 주다, 빌리다
2470 ☐	组 5급	zǔ	몡 조, 그룹 양 세트
2471 ☐	组成 5급	zǔchéng	용 구성하다, 조직하다
2472 ☐	组合 5급	zǔhé	몡 용 조합(하다)
2473 ☐	嘴 3급	zuǐ	몡 입의 속칭, 말
2474 ☐	醉 5급	zuì	용 취하다, 취하게 하다
2475 ☐	最 2급	zuì	뷔 가장, 제일
2476 ☐	最初 5급	zuìchū	몡 최초, 처음
2477 ☐	最好 4급	zuìhǎo	혱 가장 좋다 뷔 제일 좋기는
2478 ☐	最后 3급	zuìhòu	몡 최후, 맨 마지막
2479 ☐	最近 3급	zuìjìn	몡 최근, 요즈음

2480 □	尊敬 5급	zūnjìng	몡 동 존경(하다)
2481 □	遵守 5급	zūnshǒu	동 준수하다, 지키다
2482 □	尊重 4급	zūnzhòng	동 존중하다, 중시하다
2483 □	昨天 1급	zuótiān	명 어제
2484 □	左边 2급	zuǒbiān	명 왼쪽
2485 □	左右 4급	zuǒyòu	명 좌와 우, 가량, 안팎
2486 □	坐 1급	zuò	동 앉다
2487 □	做 1급	zuò	동 만들다, 하다
2488 □	座 4급	zuò	양 동, 채(산, 건축물 등을 세는 양사)
2489 □	作家 4급	zuòjiā	명 작가
2490 □	作品 5급	zuòpǐn	명 작품
2491 □	作为 5급	zuòwéi	동 ~로 하다, ~로 삼다
2492 □	座位 4급	zuòwèi	명 자리, 좌석
2493 □	作文 5급	zuòwén	동 명 작문(하다)
2494 □	作业 3급	zuòyè	명 숙제, 과제
2495 □	作用 4급	zuòyòng	동 명 작용(하다)
2496 □	作者 4급	zuòzhě	명 작가, 필자
2497 □	组织 5급	zǔzhī	명 동 조직(하다), 구성(하다)
2498 □	阻止 5급	zǔzhǐ	동 저지하다, 가로막다
2499 □	饼干 4급	bǐnggān	명 과자, 비스킷
2500 □	并且 4급	bìngqiě	접 또한, 그리고

※ 다음 어휘의 뜻을 바르게 연결해 보세요.
1. 自私 ·
2. 总共 ·
3. 总之 ·
4. 醉 ·
5. 最初 ·
6. 尊敬 ·
7. 遵守 ·
8. 阻止 ·

a. 명 최초, 처음
b. 동 준수하다, 지키다
c. 접 요컨대, 총괄적으로 말해서
d. 부 모두, 전부
e. 동 저지하다, 가로막다
f. 명 동 존경(하다)
g. 형 이기적이다
h. 동 취하다, 취하게 하다

정답 1. g 2. d 3. c 4. h 5. a 6. f 7. b 8. e

101

MEMO